注释法典丛书
新五版·15

中华人民共和国
公 安
注释法典

中国法制出版社
CHINA LEGAL PUBLISHING HOUSE

我国的立法体系[1]

机关	立法权限
全国人民代表大会	修改宪法，制定和修改刑事、民事、国家机构的和其他的基本法律
全国人民代表大会常务委员会	制定和修改除应当由全国人民代表大会制定的法律以外的其他法律；在全国人民代表大会闭会期间，对全国人民代表大会制定的法律进行部分补充和修改；根据全国人民代表大会授权制定相关法律；解释法律。
国务院	根据宪法、法律和全国人民代表大会及其常务委员会的授权，制定行政法规。
省、自治区、直辖市的人民代表大会及其常务委员会	根据本行政区域的具体情况和实际需要，在不同宪法、法律、行政法规相抵触的前提下，制定地方性法规。
设区的市、自治州的人民代表大会及其常务委员会	在不同上位法相抵触的前提下，可对城乡建设与管理、生态文明建设、历史文化保护、基层治理等事项制定地方性法规。
经济特区所在地的省、市的人民代表大会及其常务委员会	根据全国人民代表大会的授权决定，制定法规，在经济特区范围内实施。
上海市人民代表大会及其常务委员会	根据全国人民代表大会常务委员会的授权决定，制定浦东新区法规，在浦东新区实施。
海南省人民代表大会及其常务委员会	根据法律规定，制定海南自由贸易港法规，在海南自由贸易港范围内实施。
民族自治地方的人民代表大会	依照当地民族的政治、经济和文化的特点，制定自治条例和单行条例。对法律和行政法规的规定作出变通的规定，但不得违背法律或者行政法规的基本原则，不得对宪法和民族区域自治法的规定以及其他有关法律、行政法规专门就民族自治地方所作的规定作出变通规定。
国务院各部、委员会、中国人民银行、审计署和具有行政管理职能的直属机构以及法律规定的机构	根据法律和国务院的行政法规、决定、命令，在本部门的权限范围内，制定规章。
省、自治区、直辖市和设区的市、自治州的人民政府	根据法律、行政法规和本省、自治区、直辖市的地方性法规，制定规章。设区的市、自治州人民政府制定的地方政府规章限于城乡建设与管理、生态文明建设、历史文化保护、基层治理等方面的事项。
中央军事委员会	根据宪法和法律制定军事法规，在武装力量内部实施。
中国人民解放军各战区、军兵种和中国人民武装警察部队	根据法律和中央军事委员会的军事法规、决定、命令，在其权限范围内制定军事规章，在武装力量内部实施。
国家监察委员会	根据宪法和法律、全国人民代表大会常务委员会的有关决定，制定监察法规。
最高人民法院、最高人民检察院	作出属于审判、检察工作中具体应用法律的解释。

---

[1] 本图表为编者根据《立法法》相关规定编辑整理，供参考。

■ 因为专业　所以卓越

出 版 说 明

"注释法典"丛书是我社集数年法规编撰经验，创新出版的大型实用法律工具书。本套工具书不仅全面反映我国立法成果与现状，全面收录相关领域重要法律文件，而且秉持权威、实用的理念，从条文【注释】、【实务问答】及【裁判规则】多角度阐释重要法律规定，相信能够成为广大读者理解、掌握、适用法律的首选工具书。

本套工具书以中国特色社会主义法律体系为主线，结合实践确定分册，独家打造七重法律价值：

一、内容全面

本分册涵盖公安领域重要的法律、法规、部门规章、司法解释等文件，收录的文件均为现行有效文本，方便读者全面、及时掌握相关规定。

二、注释精炼

在重要法律文件前设【理解与适用】，介绍该法历史沿革、主要内容、适用注意事项；以【注释】形式对重难点条文进行详细阐释。注释内容在吸取全国人大常委会法制工作委员会、最高人民法院等权威解读的基础上，结合最新公布的相关规定及司法实践全新撰写，保证注释内容的准确性与时效性。另外，在重要条文注释中，提炼简明小标题，并予以加粗，帮助读者快速把握条文注释主要内容。

三、实务问答

在相关法条下设【实务问答】，内容来源于最高人民法院司法观点、相关函复等，解答法律适用中的重点与难点。

四、案例指导

在相关法条下设【案例】，案件主要来源于最高人民法院、最高人民检察院指导性案例及公报案例，整理【裁判规则】，展示解决法律问题的权威实例。

五、关联法规链接

在相关法条下以【链接】的方式索引关联条文，提供相关且有效的条文援引，全面体现相关法律规定。

六、层级清晰　检索便捷

（1）目录按照法律文件的效力等级分为法律及文件、行政法规及文件、部门规章及文件、司法解释及文件四个层级。（2）每一层级下法律文件大多按照公布或者最后一次修改时间排列，以方便读者快速定位目标文件，但为了方便读者对某一类问题进行集中查找，本书将一些联系紧密的文件进行了集中排版。

七、超值增值服务

为了使读者能够全面了解解决法律问题的实例，准确适用法律，同时及时充分了解我国立法的动态信息，凡是购买本书的读者，均可获得以下超值增值服务：（1）扫码添加书后"法规编辑部"公众号→点击菜单栏→进入资料下载栏→选择注释法典资料项→点击网址或扫码下载，即可获取最高人民法院、最高人民检察院指导性案例电子版；（2）通过"法规编辑部"公众号，及时了解最新立法信息，并可线上留言，编辑团队会就图书相关疑问进行动态解答。

能够为大家学习法律、解决法律难题提供实实在在的帮助，是我们全心努力的方向，衷心欢迎广大读者朋友反馈意见、建议。

中国法制出版社
2023 年 7 月

目 录[*]

一、综合

● 法律
中华人民共和国人民警察法 …………… 1
  （2012 年 10 月 26 日）
中华人民共和国人民武装警察法 ……… 21
  （2020 年 6 月 20 日）
中华人民共和国行政处罚法 …………… 25
  （2021 年 1 月 22 日）
中华人民共和国行政强制法 …………… 51
  （2011 年 6 月 30 日）
中华人民共和国国家赔偿法 …………… 64
  （2012 年 10 月 26 日）
中华人民共和国国家情报法 …………… 74
  （2018 年 4 月 27 日）
中华人民共和国境外非政府组织境内活
  动管理法 ……………………………… 76
  （2017 年 11 月 4 日）
中华人民共和国反恐怖主义法 ………… 80
  （2018 年 4 月 27 日）
中华人民共和国反间谍法 ……………… 90
  （2023 年 4 月 26 日）

● 行政法规及文件
公安机关组织管理条例 ………………… 95
  （2006 年 11 月 13 日）

公安机关督察条例 ……………………… 98
  （2011 年 8 月 31 日）
中华人民共和国人民警察使用警械和武
  器条例 ………………………………… 99
  （1996 年 1 月 16 日）

● 部门规章及文件
公安机关办理行政案件程序规定 …… 101
  （2020 年 8 月 6 日）
公安机关办理刑事复议复核案件程序规
  定 ……………………………………… 126
  （2014 年 9 月 13 日）
公安机关人民警察纪律条令 ………… 129
  （2010 年 4 月 21 日）
公安机关人民警察内务条令 ………… 132
  （2021 年 10 月 28 日）
公安机关人民警察执法过错责任追究
  规定 …………………………………… 148
  （2016 年 1 月 14 日）
公安机关信访工作规定 ……………… 150
  （2023 年 5 月 19 日）

二、治安管理

● 法律
中华人民共和国治安管理处罚法 …… 157
  （2012 年 10 月 26 日）

● 行政法规及文件
拘留所条例 …………………………… 174
  （2012 年 2 月 23 日）

---

[*] 编者按：本目录中的时间为法律文件的公布时间或最后一次修正、修订公布时间。

娱乐场所管理条例 …………………… 176
　　(2020 年 11 月 29 日)
营业性演出管理条例 …………………… 181
　　(2020 年 11 月 29 日)
防范和处置非法集资条例 ……………… 187
　　(2021 年 1 月 26 日)
旅馆业治安管理办法 …………………… 191
　　(2022 年 3 月 29 日)
● 部门规章及文件
公安机关执行《中华人民共和国治安管
　理处罚法》有关问题的解释 ………… 192
　　(2006 年 1 月 23 日)
公安机关执行《中华人民共和国治安管
　理处罚法》有关问题的解释(二) ……… 194
　　(2007 年 1 月 8 日)
公安机关治安调解工作规范 …………… 196
　　(2007 年 12 月 8 日)
娱乐场所治安管理办法 ………………… 197
　　(2008 年 6 月 3 日)

三、禁毒

● 法律
中华人民共和国禁毒法 ………………… 201
　　(2007 年 12 月 29 日)
● 行政法规及文件
戒毒条例 ………………………………… 214
　　(2018 年 9 月 18 日)
● 部门规章及文件
公安机关缴获毒品管理规定 …………… 218
　　(2016 年 5 月 19 日)
公安机关强制隔离戒毒所管理办法 …… 221
　　(2011 年 9 月 28 日)
吸毒成瘾认定办法 ……………………… 226
　　(2016 年 12 月 29 日)
吸毒检测程序规定 ……………………… 227
　　(2016 年 12 月 16 日)

四、刑事侦查

● 法律
中华人民共和国刑法 …………………… 229
　　(2020 年 12 月 26 日)
中华人民共和国刑事诉讼法 …………… 309
　　(2018 年 10 月 26 日)
● 行政法规及文件
中华人民共和国看守所条例 …………… 337
　　(1990 年 3 月 17 日)
● 部门规章及文件
行政执法机关移送涉嫌犯罪案件的规定 … 340
　　(2020 年 8 月 7 日)
公安机关办理刑事案件程序规定 ……… 342
　　(2020 年 7 月 20 日)
公安机关办理伤害案件规定 …………… 376
　　(2005 年 12 月 27 日)
公安机关适用继续盘问规定 …………… 379
　　(2020 年 8 月 6 日)
公安机关适用刑事羁押期限规定 ……… 383
　　(2006 年 1 月 27 日)
公安机关办理刑事案件电子数据取证规
　则 ……………………………………… 386
　　(2018 年 12 月 13 日)
公安机关办理犯罪记录查询工作规定 … 392
　　(2021 年 12 月 3 日)
看守所留所执行刑罚罪犯管理办法 …… 393
　　(2013 年 10 月 23 日)

司法解释及文件

最高人民法院关于适用《中华人民共和国刑事诉讼法》的解释(节录) ………… 399
(2021年1月26日)

最高人民检察院、公安部关于刑事立案监督有关问题的规定(试行) ………… 418
(2010年7月26日)

最高人民检察院、公安部关于公安机关管辖的刑事案件立案追诉标准的规定(一) ………… 419
(2008年6月25日)

最高人民检察院、公安部关于公安机关管辖的刑事案件立案追诉标准的规定(一)的补充规定 ………… 434
(2017年4月27日)

最高人民检察院、公安部关于公安机关管辖的刑事案件立案追诉标准的规定(二) ………… 439
(2022年4月6日)

最高人民检察院、公安部关于公安机关管辖的刑事案件立案追诉标准的规定(三) ………… 453
(2012年5月16日)

最高人民法院、最高人民检察院、公安部、国家安全部、司法部关于办理刑事案件严格排除非法证据若干问题的规定 …… 456
(2017年6月20日)

最高人民法院、最高人民检察院、公安部、国家安全部、司法部关于办理死刑案件审查判断证据若干问题的规定 …… 460
(2010年6月13日)

最高人民法院、最高人民检察院、公安部、司法部关于进一步加强社区矫正工作衔接配合管理的意见 ………… 466
(2016年9月22日)

最高人民法院、最高人民检察院、公安部、国家安全部关于取保候审若干问题的规定 ………… 468
(2022年9月5日)

最高人民法院、最高人民检察院、公安部、国家安全部、司法部关于适用认罪认罚从宽制度的指导意见 ………… 473
(2019年10月11日)

最高人民检察院、公安部关于加强和规范补充侦查工作的指导意见 ………… 480
(2020年3月27日)

最高人民法院、最高人民检察院、公安部、司法部印发《关于加强减刑、假释案件实质化审理的意见》的通知 ……… 483
(2021年12月1日)

最高人民法院、最高人民检察院、公安部、司法部关于印发《关于未成年人犯罪记录封存的实施办法》的通知 ……… 485
(2022年5月24日)

最高人民法院、最高人民检察院、公安部、国家安全部、司法部关于规范量刑程序若干问题的意见 ………… 487
(2020年11月5日)

最高人民法院、最高人民检察院、公安部、司法部关于对判处管制、宣告缓刑的犯罪分子适用禁止令有关问题的规定(试行) ………… 490
(2011年4月28日)

最高人民法院、最高人民检察院关于办理盗窃刑事案件适用法律若干问题的解释 ………… 491
(2013年4月2日)

最高人民法院、最高人民检察院关于办理寻衅滋事刑事案件适用法律若干问题的解释 ………… 493
(2013年7月15日)

最高人民法院、最高人民检察院关于办理敲诈勒索刑事案件适用法律若干问题的解释 ………… 494
(2013年4月23日)

最高人民法院、最高人民检察院、公安部、司法部关于办理性侵害未成年人刑事案件的意见 ………… 495
(2023年5月24日)

五、道路交通管理

● **法律**

中华人民共和国道路交通安全法 ………… 499
　（2021 年 4 月 29 日）

● **行政法规及文件**

中华人民共和国道路交通安全法实施条例 ………… 512
　（2017 年 10 月 7 日）

中华人民共和国道路运输条例 ………… 523
　（2023 年 7 月 20 日）

● **部门规章及文件**

道路交通事故处理程序规定 ………… 529
　（2017 年 7 月 22 日）

道路交通安全违法行为处理程序规定 …… 541
　（2020 年 4 月 7 日）

交通警察道路执勤执法工作规范 ………… 549
　（2008 年 11 月 15 日）

六、户籍和出入境管理

● **法律**

中华人民共和国居民身份证法 ………… 556
　（2011 年 10 月 29 日）

中华人民共和国出境入境管理法 ………… 558
　（2012 年 6 月 30 日）

中华人民共和国海关法 ………… 567
　（2021 年 4 月 29 日）

中华人民共和国护照法 ………… 575
　（2006 年 4 月 29 日）

中华人民共和国户口登记条例 ………… 577
　（1958 年 1 月 9 日）

● **行政法规及文件**

居住证暂行条例 ………… 579
　（2015 年 11 月 26 日）

中华人民共和国外国人入境出境管理条例 ………… 581
　（2013 年 7 月 12 日）

● **部门规章及文件**

中华人民共和国临时居民身份证管理办法 ………… 585
　（2005 年 6 月 7 日）

中华人民共和国普通护照和出入境通行证签发管理办法 ………… 586
　（2011 年 12 月 20 日）

外国人在中国永久居留审批管理办法 …… 589
　（2004 年 8 月 15 日）

中华人民共和国边境管理区通行证管理办法 ………… 591
　（2014 年 6 月 29 日）

港澳台居民居住证申领发放办法 ………… 593
　（2018 年 8 月 6 日）

● **司法解释及文件**

最高人民法院、最高人民检察院关于办理妨害国（边）境管理刑事案件应用法律若干问题的解释 ………… 595
　（2012 年 12 月 12 日）

七、危险品和特种行业管理

- **法律**

  中华人民共和国枪支管理法 …………… 597
  （2015 年 4 月 24 日）

- **行政法规及文件**

  民用爆炸物品安全管理条例 …… 601
  （2014 年 7 月 29 日）

  易制毒化学品管理条例 ………… 607
  （2018 年 9 月 18 日）

- **部门规章及文件**

  仿真枪认定标准 ………………… 612
  （2008 年 2 月 19 日）

  管制刀具认定标准 ……………… 613
  （2007 年 1 月 14 日）

  易制爆危险化学品治安管理办法 ………… 613
  （2019 年 7 月 6 日）

- **司法解释及文件**

  最高人民法院、最高人民检察院、公安部、工业和信息化部、住房和城乡建设部、交通运输部、应急管理部、国家铁路局、中国民用航空局、国家邮政局关于依法惩治涉枪支、弹药、爆炸物、易燃易爆危险物品犯罪的意见 ……… 617
  （2021 年 12 月 28 日）

八、信息安全管理

- **法律**

  中华人民共和国数据安全法 …………… 620
  （2021 年 6 月 10 日）

  中华人民共和国反电信网络诈骗法 …… 623
  （2022 年 9 月 2 日）

  中华人民共和国网络安全法 …………… 629
  （2016 年 11 月 7 日）

  全国人民代表大会常务委员会关于加强网络信息保护的决定 ……………… 636
  （2012 年 12 月 28 日）

- **行政法规及文件**

  中华人民共和国计算机信息系统安全保护条例 ……………………………… 636
  （2011 年 1 月 8 日）

  关键信息基础设施安全保护条例 ……… 638
  （2021 年 7 月 30 日）

  互联网上网服务营业场所管理条例 …… 642
  （2022 年 3 月 29 日）

- **部门规章及文件**

  公安机关互联网安全监督检查规定 …… 646
  （2018 年 9 月 15 日）

  网络安全审查办法 ……………………… 649
  （2021 年 12 月 28 日）

  网络产品安全漏洞管理规定 …………… 651
  （2021 年 7 月 12 日）

  常见类型移动互联网应用程序必要个人信息范围规定 ……………………… 652
  （2021 年 3 月 12 日）

  数据出境安全评估办法 ………………… 655
  （2022 年 7 月 7 日）

- **司法解释及文件**

  最高人民法院、最高人民检察院、公安部关于办理信息网络犯罪案件适用刑事诉讼程序若干问题的意见 …………… 657
  （2022 年 8 月 26 日）

  最高人民法院、最高人民检察院关于办理侵犯公民个人信息刑事案件适用法律若干问题的解释 ……………………… 659
  （2017 年 5 月 8 日）

最高人民法院、最高人民检察院、公安部
　关于办理电信网络诈骗等刑事案件适
　用法律若干问题的意见 …………… 661
　（2016年12月19日）

最高人民法院、最高人民检察院、公安部
　关于办理电信网络诈骗等刑事案件适
　用法律若干问题的意见(二) ………… 664
　（2021年6月17日）

九、扫黑除恶

● 法律
中华人民共和国反有组织犯罪法 ………… 667
　（2021年12月24日）
● 部门规章及文件
公安机关反有组织犯罪工作规定 ………… 684
　（2022年8月26日）
● 司法解释及文件
最高人民法院、最高人民检察院、公安
　部、司法部关于办理恶势力刑事案件
　若干问题的意见 …………………… 690
　（2019年2月28日）
最高人民法院、最高人民检察院、公安
　部、司法部关于办理"套路贷"刑事案
　件若干问题的意见 ………………… 693
　（2019年2月28日）
最高人民法院、最高人民检察院、公安
　部、司法部印发《关于办理非法放贷刑
　事案件若干问题的意见》的通知 ……… 695
　（2019年7月23日）
最高人民法院、最高人民检察院、公安
　部、司法部关于办理利用信息网络实
　施黑恶势力犯罪刑事案件若干问题的
　意见 ………………………………… 696
　（2019年7月23日）

最高人民法院、最高人民检察院、公安
　部、司法部关于办理黑恶势力刑事案
　件中财产处置若干问题的意见 ……… 698
　（2019年4月9日）
最高人民法院、最高人民检察院、公安
　部、司法部关于办理实施"软暴力"的
　刑事案件若干问题的意见 ………… 700
　（2019年4月9日）
最高人民法院、最高人民检察院、公安
　部、司法部关于跨省异地执行刑罚的
　黑恶势力罪犯坦白检举构成自首立功
　若干问题的意见 …………………… 702
　（2019年10月21日）
最高人民法院、最高人民检察院、公安
　部、司法部关于依法严惩利用未成年
　人实施黑恶势力犯罪的意见 ………… 703
　（2020年3月23日）

一、综合

中华人民共和国人民警察法

- 1995年2月28日第八届全国人民代表大会常务委员会第十二次会议通过
- 根据2012年10月26日第十一届全国人民代表大会常务委员会第二十九次会议《关于修改〈中华人民共和国人民警察法〉的决定》修正

理解与适用

人民警察是武装性质的国家治安行政力量和刑事司法力量,承担预防、制止和惩治违法犯罪活动,保护人民,维持社会治安秩序,服务经济社会发展,维护国家安全的职责。正是由于其性质、地位的重要性和特殊性,国家颁布实施了大量的法律、法规来规范人民警察的行为,保障人民警察的权益。1995年2月28日公布施行的《中华人民共和国人民警察法》(以下简称《人民警察法》),是我国历史上首部完整、系统的警察"基本法"。

2012年3月14日,第十一届全国人大五次会议审议通过了《关于修改〈中华人民共和国刑事诉讼法〉的决定》,对刑事诉讼法作了重要修改完善。为解决与修改后的刑事诉讼法相关规定不一致、不衔接的问题,2012年10月26日第十一届全国人大常委会第二十九次会议通过了《关于修改〈中华人民共和国人民警察法〉的决定》,将《人民警察法》第6条第11项修改为:"对被判处拘役、剥夺政治权利的罪犯执行刑罚。"

一、《人民警察法》与《中华人民共和国公务员法》的关系

人民警察是我国公务员的重要组成部分,因此自2019年6月1日起施行的关于公务员人事管理的《中华人民共和国公务员法》同样也适用于人民警察。其与《人民警察法》是一般法与特别法的关系,两者相互补充,当两者的规定不一致时,则优先适用特别法——《人民警察法》的规定。

二、人民警察的职责和权限

人民警察包括公安机关、国家安全机关、监狱的人民警察和人民法院、人民检察院的司法警察。

《人民警察法》规定了公安机关人民警察的14项职责,根据不同的职责,公安机关人民警察分为不同的警种,分工协作。而对于各个警种的民警,分别都有大量的法律、法规、规章和其他规范性文件规范其工作。此外,为确保人民警察依法履行职责,进行警务活动,《人民警察法》还赋予公安机关人民警察以下职权:实施行政强制措施、行政处罚权(《人民警察法》第7条);强行带离现场权(《人民警察法》第8条);盘问、检查、留置权(《人民警察法》第9条);使用武器、警械权(《人民警察法》第10、11条);搜查权(《人民警察法》第12条);执行拘传、逮捕等刑事强制措施(《人民警察法》第12条);优先乘坐公共交通工具权(《人民警察法》第13条);优先通行权(《人民警察法》第13条);优先使用权(《人民警察法》第13条);采取保护性约束措施权(《人民警察法》第14条);限制人员、车辆通行或停留权(《人民警察法》第15条);交通管制权(《人民警察法》第15条);现场管制、现场处置权(《人民警察法》第17条);强行驱散权(《人民警察法》第17条);法律、法规授予的其他职权。公安机关人民警察以外的其他人民警察也应当依照相关法律、法规的规定行使职权。

三、人民警察的义务和纪律

《人民警察法》在规定警察职权的同时也规定了其必须履行的义务和遵守的纪律。人民警察

应当履行社会救助和公益方面的义务。《110接处警工作规则》对110报警服务台受理报警、求助、投诉的范围，接警时的基本要求以及接警后的处置、警务保障作了详细规定；另外《公安派出所执法执勤工作规范》对民警应当受理报案、控告、举报、群众扭送和投案自首等事项作了规定。人民警察不得有《人民警察法》第22条规定的违法乱纪的行为，否则应当根据本法中第48条和《行政机关公务员处分条例》给予行政处分，构成犯罪的，依法追究刑事责任。

人民警察还必须按规定着装，佩带警察标志或持有人民警察证件，保持警容严整。对此，《公安机关人民警察内务条令》《人民警察警衔标志式样和佩带办法》《人民警察警徽使用管理规定》以及《公安机关人民警察证使用管理规定》进行了全面的规定。

四、人民警察的管理制度

《人民警察法》"组织管理"一章中对人民警察的组织机构设置、职务序列、警衔制度、录用、培训、服务年限和奖励等作了原则性的规定。自2007年1月1日起施行的《公安机关组织管理条例》对公安机关的设置、编制和经费，警察职务设置、管理和待遇作了更为详细的规定。人民警察依法实行警衔制度，警衔是区分人民警察等级、表明人民警察身份的称号、标志和国家给予人民警察的荣誉。《中华人民共和国人民警察警衔条例》规定了人民警察警衔等级设置，警衔的授予、晋级、保留、降级和取消。人民警察的录用必须按照国家规定，公开考试，严格考核，择优选用。2007年《公务员录用规定（试行）》发布（2019年10月15日修订《公务员录用规定》），1996年9月10日发布的《公安机关人民警察录用办法》（人发〔1996〕84号）同时废止。对于表现突出、有显著成绩和特殊贡献的人民警察个人或集体应当给予奖励，《公安机关人民警察奖励条令》对奖励的类别、对象、等级、条件、标准、审批、撤销以及获奖的标志、待遇等都作了规定，该条令适用于全国各级公安机关，包括铁路、交通、民航、森林公安机关和海关缉私机关及其人民警察。

"警务保障"一章中对人民警察执行上级决定和命令，公民和组织对警察执行职务的协助和支持义务，警服、警用标志和警械、证件的管理，经费来源，装备建设，工资福利待遇以及伤残抚恤和优待作了规定。

人民警察执行职务，除应依法建立人民警察内部监督外，还应当依法接受监察机关、人民检察院以及社会和公民的监督。人民警察依法建立督察制度，对公安机关人民警察执行法律、法规、遵守纪律的情况进行监督。对于公安机关人民警察执法质量的监督，公安部颁布了一系列的规章加以规范，包括《公安机关执法质量考核评议规定》《公安机关内部执法监督工作规定》《公安机关人民警察执法过错责任追究规定》等。如果人民警察在执行职务中给公民或者组织的合法权益造成损害的，应当依照《国家赔偿法》和其他相关法律法规的规定给予赔偿。

第一章　总　则

第一条　【立法目的】[①]为了维护国家安全和社会治安秩序，保护公民的合法权益，加强人民警察的队伍建设，从严治警，提高人民警察的素质，保障人民警察依法行使职权，保障改革开放和社会主义现代化建设的顺利进行，根据宪法，制定本法。

第二条　【人民警察的任务和范围】人民警察的任务是维护国家安全，维护社会治安秩序，保护公民的人身安全、人身自由和合法财产，保护公共财产，预防、制止和惩治违法犯罪活动。

人民警察包括公安机关、国家安全机关、监狱、劳动教养管理机关的人民警察和人民法院、人民检察院的司法警察。

注释《刑法》[②]分则第一章具体规定了危害国家安全的犯罪行为和处罚。包括背叛国家罪，分裂国家罪、煽动分裂国家罪，武装叛乱、暴乱罪，颠覆国家政权罪、煽动颠覆国家政权罪，资助危害国家安全犯罪活动罪，投敌叛变罪，叛逃罪，间谍罪，为境外窃取、刺探、收买、非法提供国家秘密、情报罪，资敌罪。

---

① 条文主旨为编者所加，下同。
② 为便于阅读，本书中相关法律文件标题中的"中华人民共和国"字样都予以省略。

《治安管理处罚法》第2条规定,扰乱公共秩序,妨害公共安全,侵犯人身权利、财产权利,妨害社会管理,具有社会危害性,尚不够刑事处罚的,由公安机关给予治安管理处罚。

第三条 【基本要求和宗旨】人民警察必须依靠人民的支持,保持同人民的密切联系,倾听人民的意见和建议,接受人民的监督,维护人民的利益,全心全意为人民服务。

第四条 【活动准则】人民警察必须以宪法和法律为活动准则,忠于职守,清正廉洁,纪律严明,服从命令,严格执法。

注释 公安纪律

公安机关人民警察应当严格遵守《人民警察法》《公务员法》等法律法规关于公安机关人民警察纪律的规定。公安机关人民警察违纪违法,应当承担纪律责任的,依照《公安机关人民警察纪律条令》给予处分。法律、行政法规、国务院决定对公安机关人民警察处分另有规定的,从其规定。

第五条 【依法执行公务受法律保护】人民警察依法执行职务,受法律保护。

第二章 职 权

第六条 【公安机关人民警察的职责】公安机关的人民警察按照职责分工,依法履行下列职责:

(一) 预防、制止和侦查违法犯罪活动;

(二) 维护社会治安秩序,制止危害社会治安秩序的行为;

(三) 维护交通安全和交通秩序,处理交通事故;

(四) 组织、实施消防工作,实行消防监督;

(五) 管理枪支弹药、管制刀具和易燃易爆、剧毒、放射性等危险物品;

(六) 对法律、法规规定的特种行业进行管理;

(七) 警卫国家规定的特定人员,守卫重要的场所和设施;

(八) 管理集会、游行、示威活动;

(九) 管理户政、国籍、入境出境事务和外国人在中国境内居留、旅行的有关事务;

(十) 维护国(边)境地区的治安秩序;

(十一) 对被判处拘役、剥夺政治权利的罪犯执行刑罚;

(十二) 监督管理计算机信息系统的安全保护工作;

(十三) 指导和监督国家机关、社会团体、企业事业组织和重点建设工程的治安保卫工作,指导治安保卫委员会等群众性组织的治安防范工作;

(十四) 法律、法规规定的其他职责。

注释 本条第14项所指的"法律",是指全国人民代表大会及其常务委员会制定的法律。"法规"包括行政法规和地方性法规,行政法规是指由国务院根据宪法和法律制定的规范性文件;地方性法规是指省、自治区、直辖市人民代表大会及其常务委员会根据本行政区域的具体情况和实际需要,在不同宪法、法律、行政法规相抵触的前提下制定的规范性文件,以及设区的市的人民代表大会及其常务委员会在不同上位法相抵触的前提下,对城乡建设与管理、环境保护、历史文化保护等方面事项制定的规范性文件。

第七条 【实施行政强制措施、行政处罚的权力】公安机关的人民警察对违反治安管理或者其他公安行政管理法律、法规的个人或者组织,依法可以实施行政强制措施、行政处罚。

注释 行政强制措施

行政强制措施是指行政机关在实施行政管理的过程中,依法对公民人身自由进行暂时性限制,或者对公民、法人或者其他组织的财产实施暂时性控制的措施。

行政强制措施可分为以下两类:一是限制人身自由的行政强制措施,即在紧急状态下,对公民的人身自由依法加以限制的行政行为;二是限制财产流通的行政强制措施。我国现行限制人身自由的行政强制措施主要有传唤、讯问、强制隔离、强制戒毒、限期出境、强制遣返等。我国现行限制财产流通的行政强制措施主要有查封、扣押、冻结财产等。

行政处罚

行政处罚是指行政机关依法对违反行政管理秩序的公民、法人或者其他组织,以减损权益或者增加义务的方式予以惩戒的行为。

行政处罚的种类有:(1)警告、通报批评;(2)罚款、没收违法所得、没收非法财物;(3)暂扣许可证件、降低资质等级、吊销许可证件;(4)限制开展生产经营活动、责令停产停业、责令关闭、限制从业;(5)行政拘留;(6)法律、行政法规规定的其他行政处罚。《治安管理处罚法》规定的治安管理处罚的种类为：（1）警告；（2）罚款；（3）行政拘留；（4）吊销公安机关发放的许可证。对违反治安管理的外国人，可以附加适用限期出境或者驱逐出境。

实务问答 人民警察实施行政强制措施和行政处罚时有哪些违法行为？

人民警察应当依法实施行政强制措施、行政处罚，当出现下列行为之一的，应给予行政处分；构成犯罪的，依法追究刑事责任：（1）刑讯逼供、体罚、虐待、侮辱他人的；（2）超过询问查证的时间限制人身自由的；（3）不执行罚款决定与罚款收缴分离制度或者不按规定将罚没的财物上缴国库或者依法处理的；（4）私分、侵占、挪用、故意毁坏收缴、扣押的财物的；（5）违反规定使用或者不及时返还被侵害人财物的；（6）违反规定不及时退还保证金的；（7）利用职务上的便利收受他人财物或者谋取其他利益的；（8）当场收缴罚款不出具罚款收据或者不如实填写罚款数额的；（9）有徇私舞弊、滥用职权、不依法履行法定职责的其他情形的。办理治安案件的公安机关有前述行为的，对直接负责的主管人员和其他直接责任人员给予相应的行政处分。

链接《治安管理处罚法》；《公安机关执行〈中华人民共和国治安管理处罚法〉有关问题的解释》；《公安机关执行〈中华人民共和国治安管理处罚法〉有关问题的解释（二）》；《行政处罚法》；《公安机关办理行政案件程序规定》第九章

第八条【强行带离现场、依法予以拘留的权力】公安机关的人民警察对严重危害社会治安秩序或者威胁公共安全的人员，可以强行带离现场，依法予以拘留或者采取法律规定的其他措施。

注释 不执行行政拘留的情形

根据《公安机关办理行政案件程序规定》第164条的规定，违法行为人具有下列情形之一，依法应当给予行政拘留处罚的，应当作出处罚决定，但不送拘留所执行：（1）已满十四周岁不满十六周岁的；（2）已满十六周岁不满十八周岁，初次违反治安管理或者其他公安行政管理的。但是，曾被收容教养、被行政拘留依法不执行行政拘留或者曾因实施扰乱公共秩序，妨害公共安全，侵犯人身权利、财产权利，妨害社会管理的行为被人民法院判决有罪的除外；（3）七十周岁以上的；（4）孕妇或者正在哺乳自己婴儿的妇女。

链接《治安管理处罚法》第21条、第三章；《公安机关办理行政案件程序规定》第163、164条

第九条【盘问、检查的权力】为维护社会治安秩序，公安机关的人民警察对有违法犯罪嫌疑的人员，经出示相应证件，可以当场盘问、检查；经盘问、检查，有下列情形之一的，可以将其带至公安机关，经该公安机关批准，对其继续盘问：

（一）被指控有犯罪行为的；

（二）有现场作案嫌疑的；

（三）有作案嫌疑身份不明的；

（四）携带的物品有可能是赃物的。

对被盘问人的留置时间自带至公安机关之时起不超过24小时，在特殊情况下，经县级以上公安机关批准，可以延长至48小时，并应当留有盘问记录。对于批准继续盘问的，应当立即通知其家属或者其所在单位。对于不批准继续盘问的，应当立即释放被盘问人。

经继续盘问，公安机关认为对被盘问人需要依法采取拘留或者其他强制措施的，应当在前款规定的期间作出决定；在前款规定的期间不能作出上述决定的，应当立即释放被盘问人。

注释 继续盘问

继续盘问是指公安机关的人民警察为了维护社会治安秩序，对有违法犯罪嫌疑的人员当场盘问、检查后，发现具有法定情形而将其带至公安机关继续进行盘问的措施。"有违法犯罪嫌疑的人员"既包括中国公民（含港澳台居民），也包括不享有外交特权的外国人和无国籍人。它是法律赋予公安机关审查有违法犯罪嫌疑人员的一项强制性措施。

实施继续盘问，时限一般应控制在12小时；对在12小时以内确实难以证实或者排除其违法犯罪嫌疑的，可以延长至24小时；对不讲真实姓名、住址、身份，且在24小时以内仍不能证实或者排除其违法犯罪嫌疑的，可以延长至48小时。该时限自有违法犯罪嫌疑的人员被带至公安机关之时起，至被盘问人可以自由离开公安机关之时或者被决定刑事拘留、逮捕、行政拘留、强制戒毒而移交有关监管场所执行之时止，包括呈报和审批继续盘问、延长继续盘问时间、处理决定的时间。

实务问答 1. 禁止人民警察在实施继续盘问过程中的哪些违法行为？

公安机关应在本条规定的适用范围和时限内

适用继续盘问,禁止:(1)超适用范围继续盘问;(2)超时限继续盘问;(3)适用继续盘问不履行审批、登记手续;(4)以继续盘问代替处罚;(5)将继续盘问作为催要罚款、收费的手段;(6)批准继续盘问后不立即对有违法犯罪嫌疑的人员继续进行盘问;(7)以连续继续盘问的方式变相拘禁他人。

在继续盘问期间,公安机关及其人民警察应当依法保障被盘问人的合法权益,严禁:(1)对被盘问人进行刑讯逼供;(2)殴打、体罚、虐待、侮辱被盘问人;(3)敲诈勒索或者索取、收受贿赂;(4)侵吞、挪用、损毁被盘问人的财物;(5)违反规定收费或者实施处罚;(6)其他侵犯被盘问人合法权益的行为。

对在继续盘问中发现被盘问人不具有适用继续盘问条件的,或者已经证实其有违法犯罪行为的,或者有证据证明其有犯罪嫌疑的,应当立即终止继续盘问,并立即释放被盘问人或者依法作出处理决定。对经过继续盘问已经排除违法犯罪嫌疑,或者经过批准的继续盘问、延长继续盘问时限届满,尚不能证实其违法犯罪嫌疑的,应当立即释放被盘问人。

2. 在哪些情形下不得适用继续盘问?

对具有下列情形之一的人员,不得适用继续盘问:(1)有违反治安管理或者犯罪嫌疑,但未经当场盘问、检查的;(2)经过当场盘问、检查,已经排除违反治安管理和犯罪嫌疑的;(3)涉嫌违反治安管理行为的法定最高处罚为警告、罚款或者其他非限制人身自由的行政处罚的;(4)从其住处、工作地点抓获以及其他应当依法直接适用传唤或者拘传的;(5)已经到公安机关投案自首的;(6)明知其所涉案件已经作为治安案件受理或者已经立为刑事案件的;(7)不属于公安机关管辖的案件或者事件当事人的;(8)患有精神病、急性传染病或者其他严重疾病的;(9)其他不符合规定条件的。

3. 对不满16周岁的未成年人、怀孕或正哺乳自己不满1周岁婴儿的妇女以及已满70周岁的老年人适用继续盘问时,应当遵守什么规定?

对应当继续盘问的不满16周岁的未成年人、怀孕或者正在哺乳自己不满1周岁婴儿的妇女以及已满70周岁的老年人,必须在其被带至公安机关之时起的4小时以内盘问完毕,且不得将其送入候问室。如果在晚上9点至次日早上7点之间释放的,应当通知其家属或者监护人领回;对身份

不明或者没有家属和监护人而无法通知的,应当护送至其住地。

4. 被盘问人在继续盘问期间突患疾病或者受伤的,公安机关应如何处理?

对在继续盘问期间突患疾病或者受伤的被盘问人,公安派出所应当立即采取措施予以救治,通知其家属或者单位,并向县、市、旗公安局或者城市公安分局负责人报告,做好详细记录。对被盘问人身份不明或者没有家属和单位而无法通知的,应当在《继续盘问登记表》上注明。救治费由被盘问人或者其家属承担。但是,由于公安机关或者他人的过错导致被盘问人患病、受伤的,救治费由有过错的一方承担。

5. 被盘问人在继续盘问期间死亡的,公安机关应如何处理?

被盘问人在继续盘问期间死亡的,公安派出所应当做好以下工作:(1)保护好现场,保管好尸体;(2)立即报告所属县、市、旗公安局或者城市公安分局的主管负责人或者值班负责人、警务督察部门和主公安派出所工作的部门;(3)立即通知被盘问人的家属或者单位。

县、市、旗公安局或者城市公安分局接到被盘问人死亡的报告后,应当做好以下工作:(1)立即通报同级人民检察院;(2)在24小时以内委托具有鉴定资格的人员进行死因鉴定;(3)在作出鉴定结论后3日以内将鉴定结论送达被盘问人的家属或者单位。对被盘问人身份不明或者没有家属和单位而无法通知的,应当在鉴定结论上注明。被盘问人的家属或者单位对鉴定结论不服的,可以在收到鉴定结论后的7日以内向上一级公安机关申请重新鉴定。上一级公安机关接到申请后,应当在3日以内另行委托具有鉴定资格的人员进行重新鉴定。

链接《公安机关适用继续盘问规定》

第十条 【紧急情况下使用武器的权力】遇有拒捕、暴乱、越狱、抢夺枪支或者其他暴力行为的紧急情况,公安机关的人民警察依照国家有关规定可以使用武器。

注释 根据《人民警察使用警械和武器条例》的规定,武器是指人民警察按照规定装备的枪支、弹药等致命性警用武器。人民警察违法使用武器造成不应有的人员伤亡、财产损失,构成犯罪的,依法追究刑事责任;尚不构成犯罪的,依法给予行政处

分;对受到伤亡或财产损失的人员,由该人民警察所属机关依照《国家赔偿法》的有关规定给予赔偿,依法使用武器造成无辜人员伤亡或者财产损失的也应依法给予赔偿。

实务问答 1. **人民警察在哪些情况下可以使用武器?**

人民警察判明有下列暴力犯罪行为的紧急情形之一,经警告无效的,可以使用武器:(1)放火、决水、爆炸等严重危害公共安全的;(2)劫持航空器、船舰、火车、机动车或者驾驶车、船等机动交通工具,故意危害公共安全的;(3)抢夺、抢劫枪支弹药、爆炸、剧毒等危险物品,严重危害公共安全的;(4)使用枪支、爆炸、剧毒等危险物品实施犯罪或者以使用枪支、爆炸、剧毒等危险物品相威胁实施犯罪的;(5)破坏军事、通讯、交通、能源、防险等重要设施,足以对公共安全造成严重、紧迫危险的;(6)实施凶杀、劫持人质等暴力行为,危及公民生命安全的;(7)国家规定的警卫、守卫、警戒的对象和目标受到暴力袭击、破坏或者有受到暴力袭击、破坏的紧迫危险的;(8)结伙抢劫或者持械抢劫公私财物的;(9)聚众斗殴、暴乱等严重破坏社会治安秩序,用其他方法不能制止的;(10)以暴力方法抗拒或者阻碍人民警察依法履行职责或者暴力袭击人民警察,危及人民警察生命安全的;(11)在押人犯、罪犯聚众骚乱、暴乱、行凶或脱逃的;(12)劫夺在押人犯、罪犯的;(13)实施放火、决水、爆炸、凶杀、抢劫或者其他严重暴力犯罪行为后拒捕、逃跑的;(14)犯罪分子携带枪支、爆炸、剧毒等危险物品拒捕、逃跑的;(15)法律、行政法规规定可以使用武器的其他情形。人民警察依照上述规定使用武器,来不及警告或者警告后可能导致更为严重危害后果的,可以直接使用武器。

2. **什么情况下人民警察不得使用枪支等武器?**

在下列情况下人民警察不得使用武器:(1)发现实施犯罪的人为怀孕妇女、儿童的,但是使用枪支、爆炸、剧毒等危险物品实施暴力犯罪的除外;(2)犯罪分子处于群众聚集的场所或者存放大量易燃、易爆、剧毒、放射性等危险物品的场所的,但是不使用武器予以制止,将发生更为严重危害后果的除外;(3)处理一般治安案件、群众上访事件和调解民事纠纷的;(4)在巡逻、盘查可疑人员未遇暴力抗拒和暴力袭击时;(5)从事大型集会保卫工作的;(6)在疏导通路交通和查处交通违章时;(7)与他人发生个人纠纷时;(8)使用枪支可能引起严重后果时。

3. **人民警察遇有什么情形时,应当立即停止使用武器?**

当犯罪分子停止实施犯罪,服从人民警察命令时;或者犯罪分子失去继续实施犯罪能力时,人民警察应当立即停止使用武器。

链接《人民警察使用警械和武器条例》第9-15条;《公安机关人民警察执法过错责任追究规定》第6条第11项、第7-24条;《国家赔偿法》

第十一条 【对严重违法犯罪活动使用警械的权力】为制止严重违法犯罪活动的需要,公安机关的人民警察依照国家有关规定可以使用警械。

注释 根据《人民警察使用警械和武器条例》的规定,警械是指人民警察按照规定装备的警棍、催泪弹、高压水枪、特种防暴枪、手铐、脚镣、警绳等警用器械。办理未成年人犯罪案件不得使用警械,但确有行凶、逃跑、自杀、自伤、自残等现实危险的除外。人民警察违法使用警械造成不应有的人员伤亡、财产损失,构成犯罪的,依法追究刑事责任;尚不构成犯罪的,依法给予行政处分;对受到伤亡或财产损失的人员,由该人民警察所属机关依照《国家赔偿法》的有关规定给予赔偿,依法使用警械造成无辜人员伤亡或者财产损失的也应依法给予赔偿。

实务问答 1. **什么情形下人民警察可以使用警棍、催泪弹、高压水枪、特种防暴枪等驱逐性、制服性警械?**

人民警察遇有下列情形之一,经警告无效的,可以使用驱逐性、制服性警械:(1)结伙斗殴、殴打他人、寻衅滋事、侮辱妇女或者进行其他流氓活动的;(2)聚众扰乱车站、码头、民用航空站、运动场等公共场所秩序的;(3)非法举行集会、游行、示威的;(4)强行冲越人民警察为履行职责设置的警戒线的;(5)以暴力方法抗拒或者阻碍人民警察依法履行职责的;(6)袭击人民警察的;(7)危害公共安全、社会秩序和公民人身安全的其他行为,需要当场制止的;(8)法律、行政法规规定可以使用警械的其他情形。

人民警察依照规定使用驱逐性、制服性警械时,应当以制止违法犯罪行为为限度;违法犯罪行为得到制止时,应当立即停止使用。

2. 什么情形下人民警察可以使用手铐、脚镣、警绳等约束性警械?

根据《人民警察使用警械和武器条例》第8条的规定,人民警察依法执行下列任务,遇有违法犯罪分子可能脱逃、行凶、自杀、自伤或者有其他危险行为的,可以使用约束性警械:(1)抓获违法犯罪分子或者犯罪重大嫌疑的;(2)执行逮捕、拘留、看押、押解、审讯、拘传、强制传唤的;(3)法律、行政法规规定可以使用警械的其他情形。人民警察依照规定使用约束性警械的,不得故意造成人身伤害。

根据《公安机关办理刑事案件程序规定》第157条的规定,对犯罪嫌疑人执行拘传、拘留、逮捕、押解过程中,应当依法使用约束性警械,而不是"可以"使用。

链接 本法第49条;《人民警察使用警械和武器条例》第7、8、14、15条;《公安机关办理刑事案件程序规定》第157条;《公安机关人民警察执法过错责任追究规定》第6条第11项、第7-24条;《国家赔偿法》

第十二条 【刑事强制措施】 为侦查犯罪活动的需要,公安机关的人民警察可以依法执行拘留、搜查、逮捕或者其他强制措施。

注释 **刑事诉讼中的强制措施**

刑事诉讼中的强制措施,是指公安机关、人民检察院和人民法院为了保证刑事诉讼的顺利进行,而依法对刑事案件的犯罪嫌疑人、被告人的人身自由采取限制或剥夺的各种强制性方法。我国刑事诉讼中的强制措施包括:拘传、取保候审、监视居住、拘留、逮捕。

拘传

拘传是指公安机关、人民检察院和人民法院强制犯罪嫌疑人、被告人到案接受讯问的一种强制措施。

根据《刑事诉讼法》第117条的规定,对不需要逮捕、拘留的犯罪嫌疑人,可以传唤到犯罪嫌疑人所在市、县内的指定地点或者到他的住处进行讯问,但是应当出示人民检察院或者公安机关的证明文件。对在现场发现的犯罪嫌疑人,经出示工作证件,可以口头传唤,但应当在讯问笔录中注明。传唤、拘传持续的时间不得超过十二小时;案情特别重大、复杂,需要采取拘留、逮捕措施的,经县级以上公安机关负责人批准,传唤、拘传持续的时间不得超过二十四小时。不得以连续传唤、拘传的形式变相拘禁犯罪嫌疑人。传唤、拘传犯罪嫌疑人,应当保证犯罪嫌疑人的饮食和必要的休息时间。拘传期限届满,未作出采取其他强制措施决定的,应当立即结束拘传。

取保候审和监视居住

取保候审是指公安机关、人民检察院和人民法院对符合一定条件的犯罪嫌疑人、被告人责令其提出保证人或交纳保证金,保证其不逃避侦查和审判,并随传随到的一种强制措施。

监视居住是指公安机关、人民检察院和人民法院依法限令犯罪嫌疑人、被告人不得离开住处或指定的居所,并限制其行动的一种强制措施。

根据《刑事诉讼法》第67条的规定,人民法院、人民检察院和公安机关对有下列情形之一的犯罪嫌疑人、被告人,可以取保候审:(1)可能判处管制、拘役或者独立适用附加刑的;(2)可能判处有期徒刑以上刑罚,采取取保候审不致发生社会危险性的;(3)患有严重疾病、生活不能自理,怀孕或者正在哺乳自己婴儿的妇女,采取取保候审不致发生社会危险性的;(4)羁押期限届满,案件尚未办结,需要采取取保候审的。取保候审由公安机关执行。根据《公安机关办理刑事案件程序规定》第81条第2款的规定,对拘留的犯罪嫌疑人,证据不符合逮捕条件,以及提请逮捕后,人民检察院不批准逮捕,需要继续侦查,并且符合取保候审条件的,可以依法取保候审。

根据《刑事诉讼法》第74条的规定,人民法院、人民检察院和公安机关对符合逮捕条件,有下列情形之一的犯罪嫌疑人、被告人,可以监视居住:(1)患有严重疾病、生活不能自理的;(2)怀孕或者正在哺乳自己婴儿的妇女;(3)系生活不能自理的人的唯一扶养人;(4)因为案件的特殊情况或者办理案件的需要,采取监视居住措施更为适宜的;(5)羁押期限届满,案件尚未办结,需要采取监视居住措施的。对符合取保候审条件,但犯罪嫌疑人、被告人不能提出保证人,也不交纳保证金的,可以监视居住。监视居住由公安机关执行。根据《公安机关办理刑事案件程序规定》第109条第2、3、4款的规定,对人民检察院决定不批准逮捕的犯罪嫌疑人,需要继续侦查,并且符合监视居住条件的,可以监视居住。对于符合取保候审条件,但犯罪嫌疑人不能提出保证人,也不交纳保证金的,可以监视居住。对于被取保候审人违反该规定第89条、第90条规定的,可以监视居住。

根据《刑事诉讼法》第79条的规定,人民法院、人民检察院和公安机关对犯罪嫌疑人、被告人取保候审最长不得超过十二个月,监视居住最长不得超过六个月。在取保候审、监视居住期间,不得中断对案件的侦查、起诉和审理。对于发现不应当追究刑事责任或者取保候审、监视居住期限届满的,应当及时解除取保候审、监视居住。解除取保候审、监视居住,应当及时通知被取保候审、监视居住人和有关单位。

拘留

拘留是指公安机关、人民检察院对现行犯或重大嫌疑分子,在法定的紧急情况下,临时采取的限制其人身自由的一种强制措施。

根据《刑事诉讼法》第82条的规定,公安机关对于现行犯或者重大嫌疑分子,如果有下列情形之一的,可以先行拘留:(1)正在预备犯罪、实行犯罪或者在犯罪后即时被发觉的;(2)被害人或者在场亲眼看见的人指认他犯罪的;(3)在身边或者住处发现有犯罪证据的;(4)犯罪后企图自杀、逃跑或者在逃的;(5)有毁灭、伪造证据或者串供可能的;(6)不讲真实姓名、住址,身份不明的;(7)有流窜作案、多次作案、结伙作案重大嫌疑的。

逮捕

逮捕是指公安机关、人民检察院和人民法院,为了防止犯罪嫌疑人或者被告人实施妨碍刑事诉讼的行为,逃避侦查、起诉、审判或者发生社会危险性,而依法暂时剥夺其人身自由的一种强制措施。

根据《刑事诉讼法》第81条的规定,对有证据证明有犯罪事实,可能判处徒刑以上刑罚的犯罪嫌疑人、被告人,采取取保候审尚不足以防止发生下列社会危险性的,应当予以逮捕:(1)可能实施新的犯罪的;(2)有危害国家安全、公共安全或者社会秩序的现实危险的;(3)可能毁灭、伪造证据,干扰证人作证或者串供的;(4)可能对被害人、举报人、控告人实施打击报复的;(5)企图自杀或者逃跑的。批准或者决定逮捕,应当将犯罪嫌疑人、被告人涉嫌犯罪的性质、情节,认罪认罚等情况,作为是否可能发生社会危险性的考虑因素。对有证据证明有犯罪事实,可能判处十年有期徒刑以上刑罚的,或者有证据证明有犯罪事实,可能判处徒刑以上刑罚,曾经故意犯罪或者身份不明的,应当予以逮捕。被取保候审、监视居住的犯罪嫌疑人、被告人违反取保候审、监视居住规定,情节严重的,可以予以逮捕。

其他侦查措施

公安机关侦查犯罪过程中,还可依法采用各种侦查手段和措施,主要有:讯问犯罪嫌疑人,询问证人、被害人,勘验、检查,搜查,扣押物证、书证,查询、冻结存款、汇款,鉴定、辨认,通缉等。

链接《刑事诉讼法》第六章;《公安机关办理刑事案件程序规定》第六章;《最高人民法院、最高人民检察院、公安部、国家安全部关于取保候审若干问题的规定》

第十三条 【优先通行权】公安机关的人民警察因履行职责的紧急需要,经出示相应证件,可以优先乘坐公共交通工具,遇交通阻碍时,优先通行。

公安机关因侦查犯罪的需要,必要时,按照国家有关规定,可以优先使用机关、团体、企业事业组织和个人的交通工具、通信工具、场地和建筑物,用后应当及时归还,并支付适当费用;造成损失的,应当赔偿。

注释 本条规定公安机关的人民警察在执行紧急任务时的优先乘坐权、优先通行权和优先使用权。

人民警察因履行职责的紧急需要,在出示相应证件,如人民警察证等证件后,可以优先乘坐公共交通工具,遇交通阻碍时,可优先通行。另外,根据《警车管理规定》,警车在执行紧急任务使用警用标志灯具、警报器时,也享有优先通行权;警车及其护卫的车队,在确保安全的原则下,可以不受行驶路线、行驶方向、行驶速度和交通信号灯、交通标志标线的限制。遇使用警用标志灯具、警报器的警车及其护卫的车队,其他车辆和人员应当立即避让;交通警察在保证交通安全的前提下,应当提供优先通行的便利。

本条规定了公安机关在侦查犯罪时的优先使用权。另外,根据《戒严法》第17条的规定,在非常紧急的情况下,执行戒严任务的人民警察、人民武装警察、人民解放军的现场指挥员可以直接决定临时征用,地方人民政府应当给予协助。临时征用物在使用完毕后应及时归还。造成损失的,应当给予相应补偿。

实务问答 警车在执行什么任务时可以使用警用标志灯具、警报器,享有优先通行权?

警车在执行下列任务时可以使用警用标志灯具、警报器:(1)赶赴刑事案件、治安案件、交通事故及其他突发事件现场;(2)追捕犯罪嫌疑人和在逃的罪犯;(3)追缉交通肇事逃逸车辆和人员;(4)押解犯罪嫌疑人、罪犯;(5)执行警卫、警戒和治安、交通巡逻等任务。任务紧急使用警用标志灯具、警报器时,享有优先通行权;警车及其护卫的车队,在确保安全的原则下,可以不受行驶路线、行驶方向、行驶速度和交通信号灯、交通标志标线的限制。但是非执行紧急任务时,不得使用警报器、标志灯具,也不享有道路优先通行权。

链接 《道路交通安全法》第53条;《警车管理规定》第16-18条

第十四条 【对精神病人采取保护性约束措施的权力】 公安机关的人民警察对严重危害公共安全或者他人人身安全的精神病人,可以采取保护性约束措施。需要送往指定的单位、场所加以监护的,应当报请县级以上人民政府公安机关批准,并及时通知其监护人。

注释 本条规定了对严重危害公共安全或者他人人身安全的精神病人可以采取保护性约束措施。另外根据《治安管理处罚法》第15条的规定,醉酒的人在醉酒状态中,对本人有危险或者对他人的人身、财产或者公共安全有威胁的,应当对其采取保护性措施约束至酒醒。

链接 《治安管理处罚法》第15条

第十五条 【交通管制权】 县级以上人民政府公安机关,为预防和制止严重危害社会治安秩序的行为,可以在一定的区域和时间,限制人员、车辆的通行或者停留,必要时可以实行交通管制。

公安机关的人民警察依照前款规定,可以采取相应的交通管制措施。

注释 交通管制是公安机关交通管理部门根据相关法律、法规的规定,对车辆和行人在道路上通行以及其他与交通有关的活动所实施的带有疏导、禁止、限制或指示性质的行为。一般是在集会游行、大型群众性活动、道路桥梁建设、救灾抢险、执行重要警卫任务等情况下对交通行为实行限制,主要是临时性的。实行交通管制后,市民应该遵守管制通告,积极配合交警部门的工作。

第十六条 【公安机关采取技术侦察措施的职权】 公安机关因侦查犯罪的需要,根据国家有关规定,经过严格的批准手续,可以采取技术侦察措施。

注释 这里的技术侦察措施,主要指侦查机关运用技术装备调查作案人和案件证据的一种秘密侦察措施,包括电子监听(俗称窃听)、秘密录像、秘密拍照、用机器设备排查、传送个人情况数据以及用机器设备对比数据等手段。

链接 《刑事诉讼法》第150-154条;《公安机关办理刑事案件程序规定》第八章第十节

第十七条 【突发事件现场管制权】 县级以上人民政府公安机关,经上级公安机关和同级人民政府批准,对严重危害社会治安秩序的突发事件,可以根据情况实行现场管制。

公安机关的人民警察依照前款规定,可以采取必要手段强行驱散,并对拒不服从的人员强行带离现场或者立即予以拘留。

注释 根据《突发事件应对法》第50条的规定,社会安全事件发生后,组织处置工作的人民政府应当立即组织有关部门并由公安机关针对事件的性质和特点,依照有关法律、行政法规和国家其他有关规定,采取下列一项或者多项应急处置措施:(1)强制隔离使用器械相互对抗或者以暴力行为参与冲突的当事人,妥善解决现场纠纷和争端,控制事态发展;(2)对特定区域内的建筑物、交通工具、设备、设施以及燃料、燃气、电力、水的供应进行控制;(3)封锁有关场所、道路,查验现场人员的身份证件,限制有关公共场所内的活动;(4)加强对易受冲击的核心机关和单位的警卫,在国家机关、军事机关、国家通讯社、广播电台、电视台、外国驻华使领馆等单位附近设置临时警戒线;(5)法律、行政法规和国务院规定的其他必要措施。

严重危害社会治安秩序的事件发生时,公安机关应当立即依法出动警力,根据现场情况依法采取相应的强制性措施,尽快使社会秩序恢复正常。

链接 《突发事件应对法》第50条

第十八条 【其他机关警察的职权】 国家安全机关、监狱、劳动教养管理机关的人民警察和人民法院、人民检察院的司法警察,分别依照有关法律、行政法规的规定履行职权。

第十九条 【非工作时间遇有紧急情况应履行职责】 人民警察在非工作时间,遇有其职责范围内的紧急情况,应当履行职责。

注释 本条是关于人民警察在非工作时间遇有紧急情况时应履行职责的规定。实施的主体是所有的人民警察,而不仅限于公安机关的人民警察;"职责范围"为各警种具体的工作范围,且为"紧急情况"。本条规定指出人民警察在遇到职责范围内的紧急情况时,即使不是在工作时间内也应当履行职责,这样规定一方面可以杜绝借口不在工作时间内而逃避履行职责的现象;另一方面也确认了人民警察在非工作时间对紧急情况履行职责的合法性。

第三章 义务和纪律

第二十条 【基本义务】人民警察必须做到:

(一)秉公执法,办事公道;

(二)模范遵守社会公德;

(三)礼貌待人,文明执勤;

(四)尊重人民群众的风俗习惯。

第二十一条 【救助义务】人民警察遇到公民人身、财产安全受到侵犯或者处于其他危难情形,应当立即救助;对公民提出解决纠纷的要求,应当给予帮助;对公民的报警案件,应当及时查处。

人民警察应当积极参加抢险救灾和社会公益工作。

注释 治安调解

对于公民提出的解决纠纷的要求,人民警察可以对其进行治安调解。

治安调解是指对于因民间纠纷引起的违反治安管理、情节较轻的治安案件,在公安机关的主持下,以国家法律、法规和规章为依据,在查清事实、分清责任的基础上,劝说、教育并促使双方交换意见,达成协议,对治安案件做出处理的活动。民间纠纷是指公民之间、公民和单位之间,在生活、工作、生产经营等活动中产生的纠纷。违反治安管理的行为包括殴打他人、故意伤害、侮辱、诽谤、诬告陷害、故意损毁财物、干扰他人正常生活、侵犯隐私等行为。对不构成违反治安管理行为的民间纠纷,应当告知当事人向人民法院或者人民调解组织申请处理。

不适用治安调解的情形

违反治安管理有下列情形之一的,不适用治安调解:(1)雇凶伤害他人的;(2)结伙斗殴的;(3)寻衅滋事的;(4)多次实施违反治安管理行为的;(5)当事人在治安调解过程中又针对对方实施违反治安管理行为的;(6)当事人明确表示不愿意调解处理的;(7)调解过程中,违法嫌疑人逃跑的;(8)其他不宜治安调解的。

治安调解应当遵循的原则

治安调解应遵循以下原则:(1)合法原则。治安调解应当按照法律规定的程序进行,双方当事人达成的协议必须符合法律规定。(2)公正原则。治安调解应当分清责任,实事求是地提出调解意见,不得偏袒一方。(3)公开原则。治安调解应当公开进行,涉及国家机密、商业秘密或者个人隐私,以及双方当事人都要求不公开的除外。(4)自愿原则。治安调解应当在当事人双方自愿的基础上进行。被侵害人可以自己参加调解,也可以委托他人参加,但应当向公安机关提交委托书并注明委托权限。达成协议的内容,必须是双方当事人真实意思表示。(5)及时原则。治安调解应当及时进行,使当事人尽快达成协议,解决纠纷。对明显不构成轻伤、不需要伤情鉴定以及损毁财物价值不大,不需要进行价值认定的治安案件,应当在受理案件后的3个工作日内完成调解;对需要伤情鉴定或者价值认定的治安案件,应当在伤情鉴定文书和价值认定结论出具后的3个工作日内完成调解。对一次调解不成,有必要再次调解的,应当在第一次调解后的7个工作日内完成。治安调解不成应当在法定的办案期限内及时依法处罚,不得久拖不决。(6)教育原则。治安调解应当通过查清事实,讲明道理,指出当事人的错误和违法之处,教育当事人自觉守法并通过合法途径解决纠纷。

及时查处报警案件

根据《110接处警工作规则》规定,城市和县(旗)公安局指挥中心应设立110报警服务台,负责全天24小时受理公众紧急电话报警、求助和对公安机关及其人民警察现时发生的违法违纪或者失职行为的投诉。110报警服务台对接报的案(事)件,应当根据警情的性质、事态规模、紧急程度迅速处置;在应对紧急求助时,应当积极参加应急处置工作,并配合有关部门充分履行职责,为社会提供服务,对不属于职责范围内的可能危及公共安全、人身或财产安全的紧急求助也应当派警进行先期处置并给予必要的协助。《公安派出所执法执勤工作规范》规定公安派出所民警在处案(事)件时,应当做到接到出警指令后,在城市5分钟内到达现场,在农村以最快的速度到达现场。对于公民110报警,公安机关应当出警却没有出警的,根据《行政诉讼法》和《国家赔偿法》的相关规定,公民有权请求赔偿。

110报警服务台的受案范围

(1)110报警服务台受理报警的范围是:①刑事案件;②治安案(事)件;③危及人身、财产安全或者社会治安秩序的群体性事件;④自然灾害、治安灾害事故;⑤其他需要公安机关处置的与违法犯罪有关的报警。

(2)110报警服务台受理求助的范围:①发生溺水、坠楼、自杀等状况,需要公安机关紧急救助的;②老人、儿童以及智障人员、精神疾病患者等人员走失,需要公安机关在一定范围内帮助查找的;③公众遇到危难,处于孤立无援状况,需要立即救助的;④涉及水、电、气、热等公共设施出现险情,威胁公共安全、人身或者财产安全和工作、学习、生活秩序,需要公安机关先期紧急处置的;⑤需要公安机关处理的其他紧急求助事项。另外,根据《关于预防和制止家庭暴力的若干意见》,家庭暴力报警也被纳入"110"出警工作范围。

(3)110报警服务台受理投诉的范围:公安机关及其人民警察正在发生的违反《人民警察法》《公安机关督察条例》等法律、法规和人民警察各项纪律规定,违法行使职权,不履行法定职责,不遵守各项执法、服务、组织、管理制度和职业道德的各种行为。

链接《公安机关办理行政案件程序规定》第十章;《110接处警工作规则》;《公安派出所执法执勤工作规范》;《城市人民警察巡逻规定》第4条;《公路巡逻民警队警务工作规范》第7条

第二十二条 【禁止行为】人民警察不得有下列行为:

(一)散布有损国家声誉的言论,参加非法组织,参加旨在反对国家的集会、游行、示威等活动,参加罢工;

(二)泄露国家秘密、警务工作秘密;

(三)弄虚作假,隐瞒案情,包庇、纵容违法犯罪活动;

(四)刑讯逼供或者体罚、虐待人犯;

(五)非法剥夺、限制他人人身自由,非法搜查他人的身体、物品、住所或者场所;

(六)敲诈勒索或者索取、收受贿赂;

(七)殴打他人或者唆使他人打人;

(八)违法实施处罚或者收取费用;

(九)接受当事人及其代理人的请客送礼;

(十)从事营利性的经营活动或者受雇于任何个人或者组织;

(十一)玩忽职守,不履行法定义务;

(十二)其他违法乱纪的行为。

第二十三条 【按照规定着装等义务】人民警察必须按照规定着装,佩带人民警察标志或者持有人民警察证件,保持警容严整,举止端庄。

注释 着装

根据《公安机关人民警察内务条令》的规定,公安民警着装,是指公安机关人民警察按规定穿戴警服和警用标志。公安民警在规定的工作时间应当按要求着装。遇有下列情形之一的,可以不着装:(1)执行侦查(察)、警卫、外事等特殊工作任务不宜着装的;(2)工作时间非因公外出的;(3)女性民警怀孕期间;(4)其他不宜或者不需要着装的情形。

警徽

警徽是人民警察的象征和标志。人民警察必须爱护警徽,维护警徽的尊严。警徽可以用于警服、警帽、警用交通工具、标志等物品上,除法律法规规定的情形外,使用警徽及其图案应当经地(市)级以上人民警察机关批准。警徽及其图案不得用于有碍于警徽庄严的场合或者物品。警徽为人民警察专用标志,其他单位和个人不得持有、使用、制作、仿造、伪造和买卖警徽,也不得使用与警徽及其图案相类似的标志。

警证

公安机关人民警察使用统一的人民警察证。人民警察证是公安机关人民警察身份和依法执行职务的凭证和标志。人民警察在依法执行职务时,除法律、法规另有规定外,应当随身携带人民警察证,主动出示并表明人民警察身份。不得涂改、损坏、复制、转借、抵押、赠送、买卖人民警察证,不得将人民警察证用于非警务活动或者非法活动。如有违反的,应当依照有关规定予以纪律处分或者追究法律责任。

链接《公安机关人民警察内务条令》第四章第一节;《人民警察警衔标志式样和佩带办法》;《人民警察警徽使用管理规定》;《公安机关人民警察证

使用管理规定》;《公安机关督察条例实施办法》第32条

第四章　组织管理

第二十四条　【组织机构设置和职务序列管理】国家根据人民警察的工作性质、任务和特点,规定组织机构设置和职务序列。

注释　**人民警察职务序列**

公安机关人民警察职务分为警官职务、警员职务和警务技术职务。

公安机关履行警务指挥职责的人民警察实行警官职务序列。公安机关领导成员和内设综合管理机构警官职务由高至低为:省部级正职、省部级副职、厅局级正职、厅局级副职、县处级正职、县处级副职、乡科级正职、乡科级副职。公安机关内设执法勤务机构警官职务由高至低为:总队长、副总队长、支队长、副支队长、大队长、副大队长、中队长、副中队长。县级以上地方人民政府公安机关派出机构、内设执法勤务机构和不设区的市、县、自治县公安局根据工作需要,可以设置主管政治工作的政治委员、教导员、指导员等警官职务。

公安机关履行警务执行职责的人民警察实行警员职务序列。公安机关及其内设综合管理机构警员职务由高至低为:巡视员、副巡视员、调研员、副调研员、主任科员、副主任科员、科员、办事员。公安机关内设执法勤务机构警员职务由高至低为:一级警长、二级警长、三级警长、四级警长、一级警员、二级警员、三级警员。

公安机关从事警务技术工作的人民警察实行警务技术职务序列。警务技术职务的设置,按照国家规定执行。

链接　《公安机关组织管理条例》第三章

第二十五条　【警衔制度】人民警察依法实行警衔制度。

注释　警衔是区分人民警察等级、表明人民警察身份的称号、标志和国家给予人民警察的荣誉。人民警察警衔按照人民警察职务等级编制警衔授予。一般而言,警衔高的人民警察对警衔低的人民警察,警衔高的为上级,如果警衔高的人民警察在职务上隶属于警衔低的人民警察时,职务高的为上级。

警衔等级设置

人民警察警衔设五等十三级:(1)总警监、副总警监;(2)警监:一级、二级、三级;(3)警督:一级、二级、三级;(4)警司:一级、二级、三级;(5)警员:一级、二级。担任专业技术职务的人民警察的警衔,在警衔前冠以"专业技术"。

担任行政职务的人民警察实行下列职务等级编制警衔:(1)部级正职:总警监;(2)部级副职:副总警监;(3)厅(局)级正职:一级警监至二级警监;(4)厅(局)级副职:二级警监至三级警监;(5)处(局)级正职:三级警监至二级警督;(6)处(局)级副职:一级警督至三级警督;(7)科(局)级正职:一级警督至一级警司;(8)科(局)级副职:二级警督至二级警司;(9)科员(警长)职:三级警督至三级警司;(10)办事员(警员)职:一级警司至二级警员。

担任专业技术职务的人民警察实行下列职务等级编制警衔:(1)高级专业技术职务:一级警监至二级警督;(2)中级专业技术职务:一级警督至二级警司;(3)初级专业技术职务:三级警督至一级警员。

警衔的晋级

二级警督以下包括二级警督的人民警察警衔的晋级,在其职务等级编制警衔幅度内,二级警员至一级警司,每晋升一级为3年;一级警司至一级警督,每晋升一级为4年。警司晋升警督,经相应的人民警察院校培训合格后,方可晋升。在职的人民警察在院校培训的时间,计算在警衔晋级的期限内。

晋级的条件:(1)执行国家的法律、法规和政策,遵纪守法;(2)胜任本职工作;(3)联系群众,廉洁奉公,作风正派。晋级期限届满,经考核具备晋级条件的,应当逐级晋升;不具备晋级条件的,应当延期晋升。在工作中有突出功绩的,可以提前晋升。

一级警督以上包括一级警督的人民警察警衔的晋级,在职务等级编制警衔幅度内,根据其德才表现和工作实绩实行选升。警督晋升警监,经相应的人民警察院校培训合格后,方可晋升。

获得记一等功以上奖励的个人,可以按照有关规定提前晋升警衔。

人民警察由于职务提升,其警衔低于新任职务等级编制警衔的最低警衔的,应当晋升至新任职务等级编制警衔的最低警衔。

警衔的降级

人民警察因不胜任现任职务被调任下级职务，其警衔高于新任职务等级编制警衔的最高警衔的，应当调整至新任职务等级编制警衔的最高警衔。调整警衔的批准权限与原警衔的批准权限相同。人民警察违犯警纪的，可以给予警衔降级的处分。警衔降级的批准权限与原警衔的批准权限相同。人民警察受警衔降级处分后，其警衔晋级的期限按照降级后的警衔等级重新计算。人民警察警衔降级不适用于二级警员。

警衔的保留、取消

人民警察离休、退休的，其警衔予以保留，但不得佩带标志。人民警察调离警察工作岗位或者辞职、退职的，其警衔不予保留。

人民警察被开除公职的，或者因犯罪被依法判处剥夺政治权利或者有期徒刑以上刑罚的（包括离退休警察），其警衔相应取消。

警衔津贴

经国务院批准，人民警察实行警衔津贴，包括各级公安、安全、监狱和各级人民法院、人民检察院中评定授予警衔的在职人民警察。津贴标准按衔级执行。

链接《人民警察警衔条例》

第二十六条 【任职条件】担任人民警察应当具备下列条件：

（一）年满18岁的公民；

（二）拥护中华人民共和国宪法；

（三）有良好的政治、业务素质和良好的品行；

（四）身体健康；

（五）具有高中毕业以上文化程度；

（六）自愿从事人民警察工作。

有下列情形之一的，不得担任人民警察：

（一）曾因犯罪受过刑事处罚的；

（二）曾被开除公职的。

第二十七条 【人民警察的录用】录用人民警察，必须按照国家规定，公开考试，严格考核，择优选用。

第二十八条 【领导职务任职条件】担任人民警察领导职务的人员，应当具备下列条件：

（一）具有法律专业知识；

（二）具有政法工作经验和一定的组织管理、指挥能力；

（三）具有大学专科以上学历；

（四）经人民警察院校培训，考试合格。

注释 本条规定了担任人民警察领导职务人员的任职条件，拟任人员应当具备本条规定的条件。其中，"具有政法工作经验"是指具有公、检、法、司、安全等政法部门或者在党委、政府中担任主要领导职务以及主管过政法工作的经历。

第二十九条 【教育培训】国家发展人民警察教育事业，对人民警察有计划地进行政治思想、法制、警察业务等教育培训。

第三十条 【服务年限和最高任职年龄】国家根据人民警察的工作性质、任务和特点，分别规定不同岗位的服务年限和不同职务的最高任职年龄。

第三十一条 【奖励制度】人民警察个人或者集体在工作中表现突出，有显著成绩和特殊贡献的，给予奖励。奖励分为：嘉奖、三等功、二等功、一等功、授予荣誉称号。

对受奖励的人民警察，按照国家有关规定，可以提前晋升警衔，并给予一定的物质奖励。

注释 自2016年1月1日起施行的《公安机关人民警察奖励条令》，对公安机关的奖励工作进行了规定。该条令适用于全国各级公安机关，铁路、交通、民航、森林公安机关和海关缉私部门及其人民警察。公安机关所属单位及其在编在职人员，公安机关见习期人民警察、离退休人民警察、在编职工勤人员和公安院校全日制普通学历教育学生参照执行。《公安机关人民警察奖励条令》规定，奖励分为集体奖励和个人奖励。集体奖励的对象是各级公安机关建制单位和为完成专项工作临时成立的非建制单位；个人奖励的对象是各级公安机关在职在编人民警察。因公牺牲或者病故的人民警察，生前有重大贡献或者突出事迹，符合奖励条件的，可以追授奖励。

实务问答 1. 公安机关人民警察集体或个人获得奖励的条件是什么？

符合下列条件之一的集体和个人，应当给予奖励：(1)依法打击危害国家安全和公共安全、颠覆国家政权、破坏社会秩序和经济秩序、侵犯公私财产和公民人身权利等违法犯罪活动，维护国家安全和社会稳定，成绩突出的；(2)加强社会治安管理，依法查处和制止扰乱公共秩序、侵犯人身权利、妨害社会管理等违法行为，维护治安稳定和公共安全,成绩突出的;(3)依法妥善处理重大突发事件,积极参加抢险救灾,圆满完成重大活动安全保卫任务,成绩突出的;(4)加强公安基层基础建设,落实各项管理防范措施,有效预防和制止违法犯罪活动,成绩突出的;(5)依法履行行政管理职能,科学、文明、规范管理,提高工作质量和效率,成绩突出的;(6)加强科技强警工作,有发明创造、科技创新成果或者创造典型经验,成绩突出的;(7)密切联系群众,热情为群众服务,成绩突出的;(8)加强思想政治工作,强化教育、管理和监督,推动队伍正规化建设,成绩突出的;(9)加强执法监督管理,推动执法规范化建设,成绩突出的;(10)认真完成综合管理、警务保障和国际警务合作等工作任务,成绩突出的;(11)秉公执法,清正廉洁,勇于与社会不良风气作斗争,成绩突出的;(12)在其他方面成绩突出的。

2. 奖励分为哪几个等级,各等级奖励待遇是什么?

集体奖励由低至高依次为:嘉奖、记三等功、二等功、一等功,授予荣誉称号。集体授予荣誉称号的名称,根据受奖集体的事迹特点确定。个人奖励由低至高依次为:嘉奖、记三等功、二等功、一等功,授予荣誉称号。授予个人的荣誉称号分为全国公安系统二级英雄模范、一级英雄模范称号。

对符合奖励条件的集体和个人,根据其事迹及作用、影响,按照以下标准确定奖励等级:(1)对成绩突出的,给予嘉奖;(2)对成绩突出,有较大贡献的,记三等功;(3)对成绩显著,有重要贡献的,记二等功;(4)对成绩显著,有重大贡献和影响的,记一等功;(5)对成绩卓著,有特殊贡献和重大影响,堪称典范的,可以授予荣誉称号。

奖励批准机关对获得奖励的集体和个人统一按照下列标准颁发奖金:集体嘉奖五千元,集体三等功一万元,集体二等功两万元,集体一等功三万元,集体荣誉称号五万元。个人嘉奖两千元,个人三等功五千元,个人二等功一万元,个人一等功两万元,全国公安系统二级英雄模范五万元,全国公安系统一级英雄模范八万元。集体奖励的奖金一般作为工作经费由集体使用,原则上不得向个人发放。

获得授予或者追授全国公安系统一级英雄模范、二级英雄模范荣誉称号奖励的个人的子女,符合条件的,可以保送进入普通公安高等院校学习;

获得记一等功以上奖励的个人,可以按照有关规定提前晋升警衔。

获得记三等功以上奖励(含追记、追授的)的个人死亡后,按照国家有关规定增发一次性抚恤金。

获得全国公安系统一级英雄模范、二级英雄模范称号的个人死亡后,按照有关规定进行吊唁。

获得奖励的个人,根据国家有关规定享受其他待遇。

3. 什么情况下应当撤销奖励?

获得奖励的集体或者个人,有下列情形之一的,应当撤销其奖励:(1)伪造事迹或者申报奖励时隐瞒严重问题,骗取奖励的;(2)严重违反规定奖励程序的;(3)获得授予荣誉称号奖励的集体发生违法违纪问题,造成恶劣影响的;(4)获得授予荣誉称号奖励的个人受到开除处分、刑事处罚,或者犯有其他严重错误,丧失模范作用的;(5)法律、法规规定应当撤销奖励的其他情形。

链接 《公安机关人民警察奖励条令》

第五章 警务保障

第三十二条 【上级决定和命令的执行】人民警察必须执行上级的决定和命令。

人民警察认为决定和命令有错误的,可以按照规定提出意见,但不得中止或者改变决定和命令的执行;提出的意见不被采纳时,必须服从决定和命令;执行决定和命令的后果由作出决定和命令的上级负责。

注释 上级

根据《公安机关人民警察内务条令》第21条的规定,公安民警依据领导职务和警衔,构成上级与下级或者同级关系。领导职务高的是上级,领导职务低的是下级,领导职务相当的是同级;在没有领导职务或者难以确定领导职务高低时,警衔高的是上级,警衔低的是下级,警衔相同的是同级。

下达命令

根据《公安机关人民警察内务条令》第27条的规定,上级(机关)有权对下级(机关)下达命令。命令通常逐级下达,情况紧急时,也可以越级下达。越级下达命令时,除特殊情况外,下达命令的上级(机关)应当将所下达命令及时通知受令者的直接上级(机关)。命令下达后,上级(机关)应当及时检查执行情况;如果情况发生变化,应当及时下达补充命令或者新的命令。

命令的执行

根据《公安机关人民警察内务条令》第28条的规定,下级(机关)必须坚决执行上级(机关)的命令,并将执行情况及时报告。下级(机关)认为命令有错误的,可以提出意见,上级(机关)应当及时给予答复。在没有明确答复之前,下级(机关)不得中止或者改变命令的执行;提出的意见不被采纳时,必须服从命令。执行命令的后果由作出命令的上级(机关)负责。执行中如果情况发生重大变化,原命令确实无法继续执行而又来不及或者无法请示报告上级(机关)时,下级(机关)应根据上级(机关)的精神要求,以高度负责的态度,果断临机处置,事后迅速报告。下级(机关)对超越法律法规规定的职责范围的命令,有权拒绝执行,并同时向下达命令的上级(机关)报告。

不同建制的公安民警执行职务时的指挥原则

根据《公安机关人民警察内务条令》第30条的规定,不同建制的公安民警在共同执行任务时,应当服从共同上级所指定负责人的领导和指挥。公安民警处置突发事件或者遇有紧急情况,在建制不明时,依据领导职务和警衔确定领导指挥关系。

链接 《公安机关人民警察内务条令》第三章

第三十三条 【拒绝执行超越法定职责的指令】人民警察对超越法律、法规规定的人民警察职责范围的指令,有权拒绝执行,并同时向上级机关报告。

第三十四条 【公民和组织的支持和协助义务】人民警察依法执行职务,公民和组织应当给予支持和协助。公民和组织协助人民警察依法执行职务的行为受法律保护。对协助人民警察执行职务有显著成绩的,给予表彰和奖励。

公民和组织因协助人民警察执行职务,造成人身伤亡或者财产损失的,应当按照国家有关规定给予抚恤或者补偿。

第三十五条 【拒绝或阻碍人民警察依法执行职务应受处罚的行为】拒绝或者阻碍人民警察依法执行职务,有下列行为之一的,给予治安管理处罚:

(一)公然侮辱正在执行职务的人民警察的;

(二)阻碍人民警察调查取证的;

(三)拒绝或者阻碍人民警察执行追捕、搜查、救险等任务进入有关住所、场所的;

(四)对执行救人、救险、追捕、警卫等紧急任务的警车故意设置障碍的;

(五)有拒绝或者阻碍人民警察执行职务的其他行为的。

以暴力、威胁方法实施前款规定的行为,构成犯罪的,依法追究刑事责任。

注释 根据《治安管理处罚法》第50条的规定,阻碍人民警察依法执行职务的处警告或者200元以下罚款,情节严重的处5日以上10日以下拘留,可并处500元以下罚款,且应从重处罚。以暴力、威胁方法阻碍人民警察依法执行职务的,依照《刑法》第277条规定,处3年以下有期徒刑、拘役、管制或者罚金;故意阻碍国家安全机关、公安机关依法执行国家安全工作任务,未使用暴力、威胁方法,造成严重后果的,也依此处罚。

链接 《治安管理处罚法》第50条;《刑法》第277条

第三十六条 【警用标志、制式服装和警械的管理】人民警察的警用标志、制式服装和警械,由国务院公安部门统一监制,会同其他有关国家机关管理,其他个人和组织不得非法制造、贩卖。

人民警察的警用标志、制式服装、警械、证件为人民警察专用,其他个人和组织不得持有和使用。

违反前两款规定的,没收非法制造、贩卖、持有、使用的人民警察警用标志、制式服装、警械、证件,由公安机关处15日以下拘留或者警告,可以并处违法所得5倍以下的罚款;构成犯罪的,依法追究刑事责任。

注释 不得非法制造、贩卖、持有、使用人民警察警用标志、制式服装、警械、证件。非法生产、买卖人民警察制式服装、车辆号牌等专用标志、警械,情节严重的,根据《刑法》第281条的规定,处3年以下有期徒刑、拘役或者管制,并处或者单处罚金;单位犯此罪的,对单位判处罚金,并对其直接负责的主管人员和其他直接责任人员,依照前述规定处罚。

链接 《刑法》第281条;《公安机关警戒带使用管理办法》第10条

第三十七条 【经费来源】国家保障人民警察的经费。人民警察的经费,按照事权划分的原则,分别列入中央和地方的财政预算。

第三十八条 【警察工作所必需的通讯、训练设施和交通及基础设施的建设】人民警察工作所必需的通讯、训练设施和交通、消防以及派出所、监管场所等基础设施建设,各级人民政府应当列入基本建设规划和城乡建设总体规划。

第三十九条 【国家加强警察装备的现代化建设】国家加强人民警察装备的现代化建设,努力推广、应用先进的科技成果。

第四十条 【工资及其他福利待遇】人民警察实行国家公务员的工资制度,并享受国家规定的警衔津贴和其他津贴、补贴以及保险福利待遇。

第四十一条 【抚恤和优待】人民警察因公致残的,与因公致残的现役军人享受国家同样的抚恤和优待。

人民警察因公牺牲或者病故的,其家属与因公牺牲或者病故的现役军人家属享受国家同样的抚恤和优待。

注释 法律依据

为了做好人民警察的抚恤优待工作,激励人民警察的奉献精神,根据《人民警察法》和国家有关优抚法规、政策,2014年4月30日民政部、最高人民法院、最高人民检察院等部门公布了《人民警察抚恤优待办法》。伤残人民警察、人民警察烈士遗属、因公牺牲人民警察遗属、病故人民警察遗属依照本办法的规定享受抚恤优待。另外,伤残抚恤金标准按照《军人抚恤优待条例》规定执行;伤残等级评定程序按照《伤残抚恤管理办法》有关规定办理。

烈士评定标准

根据《人民警察抚恤优待办法》第8条的规定,人民警察死亡,符合下列情形之一的,评定为烈士:(1)在依法查处违法犯罪行为、执行国家安全工作任务、执行反恐怖任务和处置突发事件中牺牲的;(2)抢险救灾或者其他为了抢救、保护国家财产、集体财产、公民生命财产牺牲的;(3)在执行外交任务或者国家派遣的对外援助、维持国际和平任务中牺牲的;(4)在执行武器装备科研试验任务中牺牲的;(5)其他牺牲情节特别突出,堪为楷模的。人民警察在处置突发事件、执行边海防执勤或者抢险救灾任务中失踪,经法定程序宣告死亡的,按照烈士对待。

伤残抚恤金

根据《人民警察抚恤优待办法》第31条的规定,伤残人民警察,按照伤残等级享受伤残抚恤金。伤残抚恤金由发给其伤残证件的县级人民政府民政部门发给,其标准按照《军人抚恤优待条例》规定执行。

链接《军人抚恤优待条例》;《伤残抚恤管理办法》;《烈士褒扬条例》;《人民警察抚恤优待办法》

第六章 执法监督

第四十二条 【接受人民检察院和行政监察机关的监督】人民警察执行职务,依法接受人民检察院和行政监察机关的监督。

第四十三条 【上级机关对下级机关执法活动的监督】人民警察的上级机关对下级机关的执法活动进行监督,发现其作出的处理或者决定有错误的,应当予以撤销或者变更。

注释 本条是关于人民警察的上级机关对下级机关执法活动的监督的规定。根据《公安机关内部执法监督工作规定》,上级机关对下级机关执法活动的监督属于公安机关内部执法监督的一种,公安机关内部执法监督还包括上级业务部门对下级业务部门、本级公安机关对所属业务部门、派出机构及其人民警察的各项执法活动的监督。

执法考核评议

各级公安机关应对下级公安机关和所属执法部门的执法情况按《公安机关执法质量考核评议规定》的内容和标准每年进行一次全面考核评议,将考核评议结果报上一级公安机关并在本级公安机关予以通报。执法质量考核评议采取平时考查与年度考核评议相结合的方法。各级公安机关应当建立考核评议档案,如实记载平时专项执法检查、专案调查、案件审核等工作情况,作为年度考核评议的重要依据。执法质量考核评议结果作为衡量公安机关及其所属执法部门工作实绩的重要指标。考核评议结果以年度积分为准,分为优秀、达标、不达标三档。

公安机关办理各类案件的基本要求是:(1)依法受理案件,如实立案;(2)执法主体合法,符合管辖范围规定,无越权办案的情形;(3)案件事实清楚,证据确实充分;(4)调查取证合法、及时、客观、全面,无篡改、伪造、隐瞒、毁灭证据以及因故意或者严重过失导致案件证据无法取得等情形;(5)定性及适用法律、法规、规章准确，量处适当，无违法撤销案件、升格或降格处理，以及应当处罚而不处罚、不应当处罚而予以处罚等情形；(6)适用强制措施、侦查措施、调查措施法律手续完备，程序合法；(7)法律文书规范、完备，案卷装订规范。

责任追究的要求

开展执法监督和执法过错责任追究工作，应当达到以下标准：(1)严格执行上级公安机关的监督决定和命令，无拒不执行、拖延执行等情形；(2)对业已发现的错误案件，及时纠正，无故意隐瞒、拒不纠正的情形；(3)依法及时追究过错责任人的过错责任，无应当追究而不追究或降格追究的情形。

对于公安机关人民警察在执行职务中，故意或者过失造成的认定事实错误、适用法律错误、违反法定程序或者其他执法错误，应当根据其违法事实、情节、后果和责任程度分别追究行政责任、经济责任和刑事责任。在执法过错责任追究工作中，公安业务部门、法制、督察、人事等部门应当互相支持，积极配合。

实务问答 1. 公安机关所属执法部门或派出机构具有哪些情形时，本级公安机关年度考核评议结果被确定为不达标？

公安机关所属执法部门或派出机构具有下列情形之一的，本级公安机关年度考核评议结果应定为不达标：(1)刑讯逼供致人重伤、死亡或者殴打、体罚、虐待被监管人导致其重伤、死亡；(2)滥用警械武器致人死亡的；(3)因对监管场所管理不当导致被监管人集体脱逃的；(4)因重大执法过错造成多人重伤、死亡的重大事故的；(5)因黄、赌、毒违法犯罪现象严重或者出现重大执法问题被新闻媒体曝光，经查证属实，造成恶劣社会影响的；(6)被考核评议单位拒绝接受考核评议或者弄虚作假的。

2. 对公安机关人民警察的哪些行为应当按照规定追究执法过错责任？

根据《公安机关人民警察执法过错责任追究规定》，公安机关人民警察在执行职务中，有下列情形之一的，应当追究执法过错责任：(1)违反法律规定，对应当立案或者撤销的刑事、行政案件不予立案、撤销，对不应当立案或者撤销的案件予以立案、撤销的；(2)在办案中弄虚作假、逼供、骗供、诱供、逼取证人证言的，或者在勘验、检查、鉴定中出现重大失误、疏漏而造成案件错误处理的；(3)因办案人员的主观过错导致案件主要犯罪事实错误，检察院不予批捕、不起诉或者人民法院判决无罪的；(4)应当报捕而未报捕导致检察院在审查报捕时增捕重大犯罪嫌疑人的；(5)呈报少年收容教养、收容教育，因办案人员的主观过错导致案件主要事实错误，审批机关或有关部门不予批准的；(6)因办案人员的主观过错导致案件主要事实错误或者严重违反法定程序，被人民法院、复议机关撤销具体行政行为的；(7)对没有犯罪事实或者没有证据证明有犯罪重大嫌疑的人，错误采取刑事拘留、取保候审、监视居住等刑事强制措施，或者超过法定期限办案情节严重的；(8)违反法律规定，作出拘留、罚款、吊销许可证和执照、没收财物等行政处罚，或者采取少年收容教养、收容教育等限制人身自由措施的；(9)违反法律规定，办理保外就医、所外执行的；(10)违反法律规定，对财产采取查封、扣押、冻结等强制措施，或者违反国家规定征收财物、收取费用的；(11)违反法律规定，使用警械、武器，情节恶劣或造成严重后果的；(12)违反法律规定，阻碍当事人行使申诉、控告、听证、复议、诉讼和其他合法权利，情节恶劣或造成严重后果的；(13)不履行办案协作职责，或者阻碍异地公安机关依法办案，情节恶劣或造成严重后果的；(14)错误执行或者拒不执行发生法律效力的刑事、行政裁判、复议决定和其他纠正违法的决定、命令，造成严重后果的；(15)拒绝或者拖延履行法定职责造成严重后果的；(16)其他故意或者过失违反法律、法规、规章规定，应当予以追究的执法过错。

3. 发生执法过错的，如何确定各直接责任人员的责任？

公安机关发生执法过错的，应当根据人民警察在办案中各自承担的职责，区分不同情况，分别追究案件审批人、审核人、办案人、鉴定人及其他直接责任人员的责任：(1)办案人、审核人、审批人都有故意或过失造成执法过错的，应当分别承担责任，其中审批人承担主要责任。(2)审批人在审批时改变或者不采纳办案人、审核人的正确意见造成执法过错的，由审批人承担全部责任。(3)违反规定的程序，擅自行使职权造成执法过错的，由直接责任人员承担责任。(4)因办案人或者审核人弄虚作假、隐瞒真相，导致审批人错误审批造成执法过错的，由办案人或者审核人承担主要责任。

(5)因鉴定人提供虚假、错误鉴定结论造成执法过错的,由鉴定人承担主要责任。(6)下级公安机关按照规定向上级公安机关请示的案件,因上级公安机关批复、决定错误造成执法过错的,由上级公安机关有关责任人员承担责任。

4. 哪些情形下发生执法过错的,可以不追究人民警察的责任?

具有下列情形之一,改变案件定性、处理的,不追究人民警察的责任:(1)法律规定不明确或者有关司法解释不一致的;(2)因不能预见或无法抗拒的原因致使错误发生的;(3)执行上级命令的;(4)按照办案协作规定协助办案的。

5. 哪些情形下可以从轻或者免予追究执法过错责任人的责任?

凡具有下列情形之一的,可以从轻或者免予追究执法过错责任:(1)由于轻微过失造成执法过错的;(2)主动承认错误,并及时纠正的;(3)执法过错发生后能够配合有关部门工作,减少损失、挽回影响的;(4)情节轻微、尚未造成严重后果的。

6. 哪些情形下应当从重追究人民警察执法过错责任?

有下列情形之一的,应当从重追究人民警察执法过错责任:(1)因贪赃枉法、徇私舞弊、刑讯逼供、蓄意报复、陷害等故意造成执法过错的;(2)阻碍对执法过错责任进行追究的;(3)对检举、控告、申诉人打击报复的;(4)连续多次发生执法过错的;(5)情节恶劣、后果比较严重的。

链接《公安机关内部执法监督工作规定》;《公安机关执法质量考核评议规定》;《公安机关人民警察执法过错责任追究规定》;《公安部关于公安机关执行〈人民警察法〉有关问题的解释》

第四十四条 【接受社会和公民的监督】人民警察执行职务,必须自觉地接受社会和公民的监督。人民警察机关作出的与公众利益直接有关的规定,应当向公众公布。

第四十五条 【办案过程中的回避】人民警察在办理治安案件过程中,遇有下列情形之一的,应当回避,当事人或者其法定代理人也有权要求他们回避:

(一)是本案的当事人或者是当事人的近亲属的;

(二)本人或者其近亲属与本案有利害关系的;

(三)与本案当事人有其他关系,可能影响案件公正处理的。

前款规定的回避,由有关的公安机关决定。

人民警察在办理刑事案件过程中的回避,适用刑事诉讼法的规定。

注释 根据《刑事诉讼法》的规定,侦查人员有下列情形之一,应当自行回避,当事人及其法定代理人也有权要求他们回避:(1)是本案的当事人或者是当事人的近亲属的;(2)本人或者他的近亲属和本案有利害关系的;(3)担任过本案的证人、鉴定人、辩护人、诉讼代理人的;(4)与本案当事人有其他关系,可能影响公正处理案件的。侦查人员不得接受当事人及其委托的人的请客送礼,不得违反规定会见当事人及其委托的人。如有违反的,应当依法追究法律责任。当事人及其法定代理人有权要求他们回避。

侦查人员的回避由公安机关负责人决定;公安机关负责人的回避,由同级人民检察院检察委员会决定。对侦查人员的回避作出决定前,侦查人员不能停止对案件的侦查。

链接《刑事诉讼法》第29—31条;《公安机关办理刑事案件程序规定》第三章;《公安机关办理行政案件程序规定》第三章

第四十六条 【公民或组织对违法违纪行为的检举、控告权】公民或者组织对人民警察的违法、违纪行为,有权向人民警察机关或者人民检察院、行政监察机关检举、控告。受理检举、控告的机关应当及时查处,并将查处结果告知检举人、控告人。

对依法检举、控告的公民或者组织,任何人不得压制和打击报复。

注释 任何单位和个人不得以任何借口和手段打击报复检举、控告人及其亲属或假想检举、控告人。指使他人打击报复的,或者被指使人、被指使单位的主要负责人和直接责任人员明知实施的行为是打击报复的,以打击报复论处。根据《刑法》第254条的规定,国家机关工作人员滥用职权、假公济私,对控告人、申诉人、批评人、举报人实行报复陷害的,处2年以下有期徒刑或者拘役;情节严重的,处2年以上7年以下有期徒刑。

链接《刑法》第254条

第四十七条 【内部督察制度】公安机关建立督察制度,对公安机关的人民警察执行法律、法规、遵守纪律的情况进行监督。

注释 督察工作的基本任务是保障和监督公安机关及其人民警察依法履行职责、行使职权和遵守纪律。公安机关的督察体制是：公安部建立督察委员会，统一领导全国公安督察工作，对公安部部长负责；县级以上地方各级人民政府公安机关建立督察机构，对本级公安机关所属单位和下级公安机关履行职责、行使职权和遵守纪律情况进行监督，对上一级公安机关督察机构和本级公安机关行政首长负责；公安部和县级以上人民政府公安机关的督察机构建立由专门人员组成的警务督察队。根据《公安机关督察条例》的规定，公安机关督察方式为现场督察，现场督察是指警务督察人员对公安机关及其人民警察在执法执勤活动中依法履行职责、行使职权和遵守纪律的情况进行的同步监督和检查。现场督察的范围包括：(1)重要的警务部署、措施、活动的组织实施情况；(2)重大社会活动的秩序维护和重点地区、场所治安管理的组织实施情况；(3)治安突发事件处置的情况；(4)刑事案件、治安案件的受理、立案、侦查、调查、处罚和强制措施的实施情况；(5)治安、交通、户政、出入境等公安行政管理法律、法规的执行情况；(6)使用武器、警械以及警用车辆、警用标志的情况；(7)处置公民报警、请求救助和控告申诉的情况；(8)文明执勤、文明执法和遵守警容风纪规定的情况；(9)组织管理和警务保障的情况；(10)公安机关及其人民警察履行职责、行使职权和遵守纪律的其他情况。

链接 《公安机关督察条例》；《公安机关督察条例实施办法》；《公安机关人民警察执法过错责任追究规定》

第七章　法律责任

第四十八条　【行政处分】 人民警察有本法第二十二条所列行为之一的，应当给予行政处分；构成犯罪的，依法追究刑事责任。

行政处分分为：警告、记过、记大过、降级、撤职、开除。对受行政处分的人民警察，按照国家有关规定，可以降低警衔、取消警衔。

对违反纪律的人民警察，必要时可以对其采取停止执行职务、禁闭的措施。

注释 本条规定，对有本法第22条所列行为的人民警察，应给予行政处分，处分分为：警告、记过、记大过、降级、撤职、开除。根据《公务员法》第64条第2款的规定，受处分的期间为：警告，6个月；记过，12个月；记大过，18个月；降级、撤职，24个月。人民警察违犯警纪的，按照《人民警察警衔条例》的规定，还可给予警衔降级的处分；被开除公职或者因犯罪被依法判处剥夺政治权利或有期徒刑以上刑罚的(该情形包括离退休警察)，其警衔相应取消。

实务问答 1. 在哪些情形下可以对人民警察采取停止执行职务的措施？

人民警察有下列行为之一的，可以对其采取停止执行职务的措施：(1)拒不执行上级公安机关和领导的决定、命令或者违抗命令不服从指挥，可能造成严重后果的；(2)涉嫌泄露国家秘密、警务工作秘密的；(3)弄虚作假、隐瞒案情，包庇、纵容违法犯罪活动的；(4)刑讯逼供或者体罚、虐待犯罪嫌疑人、被告人和罪犯，情节比较严重的；(5)涉嫌敲诈勒索或者索取、收受贿赂的；(6)违反规定使用武器、警械，造成严重后果的；(7)违法实施处罚或者收取费用，造成恶劣影响的；(8)接受当事人及其亲属或者代理人请客送礼，数额较大，造成恶劣影响的；(9)从事营利性的经营活动或者应聘、受雇于任何个人、组织搞营利性经营活动，不听制止的；(10)玩忽职守，不履行法定义务，造成严重后果的；(11)其他违反纪律的行为有必要采取停止执行职务措施的。

停止执行职务的期限是10日以上60日以下。对被停止执行职务的人民警察，应当收回其枪支、警械和执行职务的有关证件。停止执行职务期间，除特殊情况外，不得离开居住地；因特殊情况需要外出的，应向对其执行停止执行职务的督察机构报告，并得到批准。

2. 在哪些情形下可以对人民警察采取禁闭的措施？

人民警察有下列行为之一并不听制止，可能造成恶劣影响的，可以对其采取禁闭的措施：(1)违抗命令，不服从指挥，可能造成严重危害的；(2)涉嫌泄露公安工作秘密或者为犯罪嫌疑人通风报信的；(3)威胁、恐吓、蓄意报复他人的；(4)殴打他人或者唆使他人打人的；(5)酗酒滋事，扰乱工作秩序和公共秩序的；(6)其他有必要采取禁闭措施的。

禁闭的期限是1日以上7日以下。对被禁闭

的人民警察,应当收回其枪支、警械和执行职务的有关证件。

链接 《公务员法》第64条;《公职人员政务处分法》第8条;《行政机关公务员处分条例》;《人民警察警衔条例》第21、22条;《公安机关督察条例》

第四十九条 【违规使用武器、警械的责任】 人民警察违反规定使用武器、警械,构成犯罪的,依法追究刑事责任;尚不构成犯罪的,应当依法给予行政处分。

注释 人民警察使用警械和武器,应当以制止违法犯罪行为,尽量减少人员伤亡、财产损失为原则,不得违反规定使用警械和武器。在使用警械和武器前,应当命令在场无关人员躲避。人民警察违反规定使用武器、警械,应当追究其行政、刑事责任。造成不应有的人员伤亡、财产损失时,应由该人民警察所属机关依照《国家赔偿法》的有关规定给予赔偿。根据《公安机关督察条例》第11条以及《公安机关督察条例实施办法》第33条的规定,督察人员在现场督察中发现公安机关的人民警察有下列违反规定使用武器、警械情形的,可以当场予以扣留:(1)无持枪证而携带武器的;(2)违反规定携带武器、警械进入禁止区域、场所的;(3)违反规定配枪或持有警械的;(4)其他违反《枪支管理法》和《人民警察使用警械和武器条例》等法律、法规和规章规定的行为,必要时,可扣留其佩带的武器、警械。

链接 《人民警察使用警械和武器条例》;《公安机关督察条例》第11条;《公安机关督察条例实施办法》第33条

第五十条 【损害赔偿】 人民警察在执行职务中,侵犯公民或者组织的合法权益造成损害的,应当依照《中华人民共和国国家赔偿法》和其他有关法律、法规的规定给予赔偿。

注释 人民警察在执行职务中,给公民、法人或者其他组织的合法权益造成损害的,受害公民、法人或其他组织有权要求赔偿。受害的公民死亡,其继承人和其他有扶养关系的亲属有权要求赔偿;受害的法人或者其他组织终止的,承受其权利的法人或者其他组织有权要求赔偿。

应予赔偿的情形

根据《国家赔偿法》第3条、第17条的规定,人民警察在行使职权过程中有下列侵犯人身权情形之一的,受害人有权取得赔偿:(1)违法拘留或者违法采取限制公民人身自由的行政强制措施的;(2)非法拘禁或者以其他方法非法剥夺公民身自由的;(3)以殴打、虐待等行为或者唆使、放纵他人以殴打、虐待等行为造成公民身体伤害或者死亡的;(4)违法使用武器、警械造成公民身体伤害或者死亡的;(5)违反刑事诉讼法的规定对公民采取拘留措施的,或者依照刑事诉讼法规定的条件和程序对公民采取拘留措施,但是拘留时间超过刑事诉讼法规定的时限,其后决定撤销案件、不起诉或者判决宣告无罪终止追究刑事责任的;(6)对公民采取逮捕措施后,决定撤销案件、不起诉或者判决宣告无罪终止追究刑事责任的;(7)刑讯逼供或者以殴打、虐待等行为或者唆使他人以殴打、虐待等行为造成公民身体伤害或者死亡的;(8)造成公民身体伤害或者死亡的其他违法行为。

根据《国家赔偿法》第4条、第18条的规定,人民警察在行使职权过程中有下列侵犯财产权情形之一的,受害人有权取得赔偿:(1)违法实施罚款、吊销许可证和执照、责令停产停业、没收财物等行政处罚的;(2)违法对财产采取查封、扣押、冻结、追缴等强制措施的;(3)违法征收、征用财产的;(4)造成财产损害的其他违法行为。

国家赔偿以支付赔偿金为主要方式,但是能够返还财产或者恢复原状的,予以返还财产或者恢复原状。一般由侵权人民警察所属机关负责赔偿。

不予赔偿的情形

根据《国家赔偿法》第5条和第19条的规定,当出现下列情形时,公安机关不承担当事人所请求的损害赔偿责任:(1)人民警察与行使职权无关的个人行为;(2)因公民、法人和其他组织自己的行为致使损害发生的;因公民自己故意作虚伪供述,或者伪造其他有罪证据被羁押或者被判处刑罚的;因公民自伤、自残等故意行为致使损害发生的;(3)依照《刑法》第17条、第18条规定不负刑事责任的人被羁押的;(4)依照《刑事诉讼法》第16条、第177条第2款、第284条第2款、第290条规定不追究刑事责任的人被羁押的;(5)法律规定的其他情形。

追偿

人民警察在行使行政职权的过程中,主观上存在故意或重大过失,国家可以追究责任人的部分或全部责任。

人民警察在行使刑事侦查职权过程中,有下

列情形之一的,国家可以追究责任人的部分或全部责任:(1)刑讯逼供或者以殴打、虐待等行为或者唆使、放纵他人以殴打、虐待等行为造成公民身体伤害或者死亡的;(2)违法使用武器、警械造成公民身体伤害或者死亡的;(3)在处理案件中有贪污受贿、徇私舞弊、枉法裁判行为的。

链接《国家赔偿法》

案例 邓某某申请重庆市某区公安局违法使用武器致伤赔偿案(2018年11月13日最高人民法院发布10起人民法院国家赔偿和司法救助典型案例)

裁判规则: 李某作为警察,在接到出警任务后和辅警张勇到现场,看见邓某某正持刀追砍他人,应当依法履行职责制止其不法行为。邓某某无故寻衅滋事,持刀追砍他人,其行为已严重危及他人生命安全。在警察到达现场后,邓某某不但不听从警察命令,反而在听到鸣枪警告后持刀逼向警察,导致被警察开枪打伤。从当时的情况看,邓某某的行为已危及人民警察的生命安全,故李某对邓某某的开枪行为具有合法性。国家赔偿法以切实保障人权为核心宗旨,但同时,其亦具有促进和维护国家机关及其工作人员依法行使职权的功能作用。本案中,人民警察使用武器是否合法,成为认定关键。在国家赔偿案件的审理过程中,既不能对违法行使职权的不法行为听之任之,漠视赔偿请求人的合法权益,也不能因盲目追求所谓保障人权的效果,而对国家工作人员合法正当行为过于苛责,以至于挫伤国家工作人员依法正当履职的积极性。

第八章 附 则

第五十一条 【武装警察部队的任务】 中国人民武装警察部队执行国家赋予的安全保卫任务。

第五十二条 【施行日期】 本法自公布之日起施行。1957年6月25日公布的《中华人民共和国人民警察条例》同时废止。

中华人民共和国人民武装警察法

· 2009年8月27日第十一届全国人民代表大会常务委员会第十次会议通过
· 2020年6月20日第十三届全国人民代表大会常务委员会第十九次会议修订
· 2020年6月20日中华人民共和国主席令第48号公布
· 自2020年6月21日起施行

第一章 总 则

第一条 为了规范和保障人民武装警察部队履行职责,建设强大的现代化人民武装警察部队,维护国家安全和社会稳定,保护公民、法人和其他组织的合法权益,制定本法。

第二条 人民武装警察部队是中华人民共和国武装力量的重要组成部分,由党中央、中央军事委员会集中统一领导。

第三条 人民武装警察部队坚持中国共产党的绝对领导,贯彻习近平强军思想,贯彻新时代军事战略方针,按照多能一体、维稳维权的战略要求,加强练兵备战,坚持依法从严,加快建设发展,有效履行职责。

第四条 人民武装警察部队担负执勤、处置突发社会安全事件、防范和处置恐怖活动、海上维权执法、抢险救援和防卫作战以及中央军事委员会赋予的其他任务。

第五条 人民武装警察部队应当遵守宪法和法律,忠于职守,依照本法和其他法律的有关规定履行职责。

人民武装警察部队依法履行职责的行为受法律保护。

第六条 对在执行任务中做出突出贡献的人民武装警察,依照有关法律和中央军事委员会的规定给予表彰和奖励。

对协助人民武装警察执行任务有突出贡献的个人和组织,依照有关法律、法规的规定给予表彰和奖励。

第七条 人民武装警察部队实行衔级制度,衔级制度的具体内容由法律另行规定。

第八条 人民武装警察享有法律、法规规定的现役军人的权益。

第二章　组织和指挥

第九条　人民武装警察部队由内卫部队、机动部队、海警部队和院校、研究机构等组成。

内卫部队按照行政区划编设，机动部队按照任务编设，海警部队在沿海地区按照行政区划和任务区域编设。具体编设由中央军事委员会确定。

第十条　人民武装警察部队平时执行任务，由中央军事委员会或者中央军事委员会授权人民武装警察部队组织指挥。

人民武装警察部队平时与人民解放军共同参加抢险救援、维稳处突、联合训练演习等非战争军事行动，由中央军事委员会授权战区指挥。

人民武装警察部队战时执行任务，由中央军事委员会或者中央军事委员会授权战区组织指挥。

组织指挥具体办法由中央军事委员会规定。

第十一条　中央国家机关、县级以上地方人民政府应当与人民武装警察部队建立任务需求和工作协调机制。

中央国家机关、县级以上地方人民政府因重大活动安全保卫、处置突发社会安全事件、防范和处置恐怖活动、抢险救援等需要人民武装警察部队协助的，应当按照国家有关规定提出需求。

执勤目标单位可以向负责执勤任务的人民武装警察部队提出需求。

第十二条　调动人民武装警察部队执行任务，坚持依法用兵、严格审批的原则，按照指挥关系、职责权限和运行机制组织实施。批准权限和程序由中央军事委员会规定。

遇有重大灾情、险情或者暴力恐怖事件等严重威胁公共安全或者公民人身财产安全的紧急情况，人民武装警察部队应当依照中央军事委员会有关规定采取行动并同时报告。

第十三条　人民武装警察部队根据执行任务需要，参加中央国家机关、县级以上地方人民政府设立的指挥机构，在指挥机构领导下，依照中央军事委员会有关规定实施组织指挥。

第十四条　中央国家机关、县级以上地方人民政府对人民武装警察部队执勤、处置突发社会安全事件、防范和处置恐怖活动、抢险救援工作进行业务指导。

人民武装警察部队执行武装警卫、武装守卫、武装守护、武装警戒、押解、押运等任务，执勤目标单位可以对在本单位担负执勤任务的人民武装警察部队进行执勤业务指导。

第三章　任务和权限

第十五条　人民武装警察部队主要担负下列执勤任务：

（一）警卫对象、重要警卫目标的武装警卫；

（二）重大活动的安全保卫；

（三）重要的公共设施、核设施、企业、仓库、水源地、水利工程、电力设施、通信枢纽等目标的核心要害部位的武装守卫；

（四）重要的桥梁和隧道的武装守护；

（五）监狱、看守所等场所的外围武装警戒；

（六）直辖市，省、自治区人民政府所在地的市和其他重要城市（镇）的重点区域、特殊时期以及特定内陆边界的武装巡逻；

（七）协助公安机关、国家安全机关依法执行逮捕、追捕任务，协助监狱、看守所等执勤目标单位执行押解、追捕任务，协助中国人民银行、国防军工单位等执勤目标单位执行押运任务。

前款规定的执勤任务的具体范围，依照国家有关规定执行。

第十六条　人民武装警察部队参与处置动乱、暴乱、骚乱、非法聚集事件、群体性事件等突发事件，主要担负下列任务：

（一）保卫重要目标安全；

（二）封锁、控制有关场所和道路；

（三）实施隔离、疏导、带离、驱散行动，制止违法犯罪行为；

（四）营救和救护受困人员；

（五）武装巡逻，协助开展群众工作，恢复社会秩序。

第十七条　人民武装警察部队参与防范和处置恐怖活动，主要担负下列任务：

（一）实施恐怖事件现场控制、救援、救护，以及武装巡逻、重点目标警戒；

（二）协助公安机关逮捕、追捕恐怖活动人员；

（三）营救人质、排除爆炸物；

（四）参与处置劫持航空器等交通工具事件。

第十八条　人民武装警察部队参与自然灾

害、事故灾难、公共卫生事件等突发事件的抢险救援，主要担负下列任务：

（一）参与搜寻、营救、转移或者疏散受困人员；

（二）参与危险区域、危险场所和警戒区的外围警戒；

（三）参与排除、控制灾情和险情，防范次生和衍生灾害；

（四）参与核生化救援、医疗救护、疫情防控、交通设施抢修抢建等专业抢险；

（五）参与抢救、运送、转移重要物资。

第十九条 人民武装警察执行任务时，可以依法采取下列措施：

（一）对进出警戒区域、通过警戒哨卡的人员、物品、交通工具等按照规定进行检查；对不允许进出、通过的，予以阻止；对强行进出、通过的，采取必要措施予以制止；

（二）在武装巡逻中，经现场指挥员同意并出示人民武装警察证件，对有违法犯罪嫌疑的人员当场进行盘问并查验其证件，对可疑物品和交通工具进行检查；

（三）协助执行交通管制或者现场管制；

（四）对聚众扰乱社会治安秩序、危及公民人身财产安全、危害公共安全或者执勤目标安全的，采取必要措施予以制止、带离、驱散；

（五）根据执行任务的需要，向相关单位和人员了解有关情况或者在现场以及与执行任务相关的场所实施必要的侦察。

第二十条 人民武装警察执行任务时，发现有下列情形的人员，经现场指挥员同意，应当及时予以控制并移交公安机关、国家安全机关或者其他有管辖权的机关处理：

（一）正在实施犯罪的；

（二）通缉在案的；

（三）违法携带危及公共安全物品的；

（四）正在实施危害执勤目标安全行为的；

（五）以暴力、威胁等方式阻碍人民武装警察执行任务的。

第二十一条 人民武装警察部队协助公安机关、国家安全机关和监狱等执行逮捕、追捕任务，根据所协助机关的决定，协助搜查犯罪嫌疑人、被告人、罪犯的人身和住所以及涉嫌藏匿犯罪嫌疑人、被告人、罪犯或者违法物品的场所、交通工具等。

第二十二条 人民武装警察执行执勤、处置突发社会安全事件、防范和处置恐怖活动任务使用警械和武器，依照人民警察使用警械和武器的规定以及其他有关法律、法规的规定执行。

第二十三条 人民武装警察执行任务，遇有妨碍、干扰的，可以采取必要措施排除阻碍、强制实施。

人民武装警察执行任务需要采取措施的，应当严格控制在必要限度内，有多种措施可供选择的，应当选择有利于最大程度地保护个人和组织权益的措施。

第二十四条 人民武装警察因执行任务的紧急需要，经出示人民武装警察证件，可以优先乘坐公共交通工具；遇交通阻碍时，优先通行。

第二十五条 人民武装警察因执行任务的需要，在紧急情况下，经现场指挥员出示人民武装警察证件，可以优先使用或者依法征用个人和组织的设备、设施、场地、建筑物、交通工具以及其他物资、器材，任务完成后应当及时归还或者恢复原状，并按照国家有关规定支付费用；造成损失的，按照国家有关规定给予补偿。

第二十六条 人民武装警察部队出境执行防范和处置恐怖活动等任务，依照有关法律、法规和中央军事委员会的规定执行。

第四章　义务和纪律

第二十七条 人民武装警察应当服从命令、听从指挥，依法履职尽责，坚决完成任务。

第二十八条 人民武装警察遇有公民的人身财产安全受到侵犯或者处于其他危难情形，应当及时救助。

第二十九条 人民武装警察不得有下列行为：

（一）违抗上级决定和命令、行动消极或者临阵脱逃；

（二）违反规定使用警械、武器；

（三）非法剥夺、限制他人人身自由，非法检查、搜查人身、物品、交通工具、住所、场所；

（四）体罚、虐待、殴打监管羁押、控制的对象；

（五）滥用职权、徇私舞弊，擅离职守或者玩忽职守；

（六）包庇、纵容违法犯罪活动；

(七)泄露国家秘密、军事秘密；

(八)其他违法违纪行为。

第三十条　人民武装警察执行任务,应当按照规定着装,持有人民武装警察证件,按照规定使用摄录器材录像取证、出示证件。

第三十一条　人民武装警察应当举止文明,礼貌待人,遵守社会公德,尊重公民的宗教信仰和民族风俗习惯。

第五章　保障措施

第三十二条　为了保障人民武装警察部队执行任务,中央国家机关、县级以上地方人民政府及其有关部门应当依据职责及时向人民武装警察部队通报下列情报信息：

(一)社会安全信息；

(二)恐怖事件、突发事件的情报信息；

(三)气象、水文、海洋环境、地理空间、灾害预警等信息；

(四)其他与执行任务相关的情报信息。

中央国家机关、县级以上地方人民政府应当与人民武装警察部队建立情报信息共享机制,可以采取联通安全信息网络和情报信息系统以及数据库等方式,提供与执行任务相关的情报信息及数据资源。

人民武装警察部队对获取的相关信息,应当严格保密、依法运用。

第三十三条　国家建立与经济社会发展相适应、与人民武装警察部队担负任务和建设发展相协调的经费保障机制。所需经费按照国家有关规定列入预算。

第三十四条　执勤目标单位及其上级主管部门应当按照国家有关规定,为担负执勤任务的人民武装警察部队提供执勤设施、生活设施等必要的保障。

第三十五条　在有毒、粉尘、辐射、噪声等严重污染或者高温、低温、缺氧以及其他恶劣环境下的执勤目标单位执行任务的人民武装警察,享有与执勤目标单位工作人员同等的保护条件和福利补助,由执勤目标单位或者其上级主管部门给予保障。

第三十六条　人民武装警察部队的专用标志、制式服装、警械装备、证件、印章,按照中央军事委员会有关规定监制和配备。

第三十七条　人民武装警察部队应当根据执行任务的需要,加强对所属人民武装警察的教育和训练,提高依法执行任务的能力。

第三十八条　人民武装警察因执行任务牺牲、伤残的,按照国家有关军人抚恤优待的规定给予抚恤优待。

第三十九条　人民武装警察部队依法执行任务,公民、法人和其他组织应当给予必要的支持和协助。

公民、法人和其他组织对人民武装警察部队执行任务给予协助的行为受法律保护。

公民、法人和其他组织因协助人民武装警察部队执行任务牺牲、伤残或者遭受财产损失的,按照国家有关规定给予抚恤优待或者相应补偿。

第六章　监督检查

第四十条　人民武装警察部队应当对所属单位和人员执行法律、法规和遵守纪律的情况进行监督检查。

第四十一条　人民武装警察受中央军事委员会监察委员会、人民武装警察部队各级监察委员会的监督。

人民武装警察执行执勤、处置突发社会安全事件、防范和处置恐怖活动、海上维权执法、抢险救援任务,接受人民政府及其有关部门、公民、法人和其他组织的监督。

第四十二条　中央军事委员会监察委员会、人民武装警察部队各级监察委员会接到公民、法人和其他组织的检举、控告,或者接到县级以上人民政府及其有关部门对人民武装警察违法违纪行为的情况通报后,应当依法及时查处,按照有关规定将处理结果反馈检举人、控告人或者通报县级以上人民政府及其有关部门。

第七章　法律责任

第四十三条　人民武装警察在执行任务中不履行职责,或者有本法第二十九条所列行为之一的,按照中央军事委员会的有关规定给予处分。

第四十四条　妨碍人民武装警察依法执行任务,有下列行为之一的,由公安机关依法给予治安管理处罚：

(一)侮辱、威胁、围堵、拦截、袭击正在执行任务的人民武装警察的；

(二)强行冲闯人民武装警察部队设置的警戒带、警戒区的；

(三)拒绝或者阻碍人民武装警察执行追捕、检查、搜查、救险、警戒等任务的；

(四)阻碍执行任务的人民武装警察部队的交通工具和人员通行的；

(五)其他严重妨碍人民武装警察执行任务的行为。

第四十五条　非法制造、买卖、持有、使用人民武装警察部队专用标志、警械装备、证件、印章的，由公安机关处十五日以下拘留或者警告，可以并处违法所得一倍以上五倍以下的罚款。

第四十六条　违反本法规定，构成犯罪的，依法追究刑事责任。

第八章　附　则

第四十七条　人民武装警察部队执行海上维权执法任务，由法律另行规定。

第四十八条　人民武装警察部队执行防卫作战任务，依照中央军事委员会的命令执行。

第四十九条　人民武装警察部队执行戒严任务，依照《中华人民共和国戒严法》的有关规定执行。

第五十条　人民武装警察部队文职人员在执行本法规定的任务时，依法履行人民武装警察的有关职责和义务，享有相应权益。

第五十一条　本法自 2020 年 6 月 21 日起施行。

中华人民共和国行政处罚法

- 1996 年 3 月 17 日第八届全国人民代表大会第四次会议通过
- 根据 2009 年 8 月 27 日第十一届全国人民代表大会常务委员会第十次会议《关于修改部分法律的决定》第一次修正
- 根据 2017 年 9 月 1 日第十二届全国人民代表大会常务委员会第二十九次会议《关于修改〈中华人民共和国法官法〉等八部法律的决定》第二次修正
- 2021 年 1 月 22 日第十三届全国人民代表大会常务委员会第二十五次会议修订
- 2021 年 1 月 22 日中华人民共和国主席令第 70 号公布
- 自 2021 年 7 月 15 日起施行

理 解 与 适 用

《中华人民共和国行政处罚法》(以下简称《行政处罚法》)是我国规范政府共同行政行为的一部重要法律，于 1996 年 3 月 17 日由第八届全国人民代表大会第四次会议通过，根据 2009 年 8 月 27 日第十一届全国人民代表大会常务委员会第十次会议《关于修改部分法律的决定》第一次修正，根据 2017 年 9 月 1 日第十二届全国人民代表大会常务委员会第二十九次会议《关于修改〈中华人民共和国法官法〉等八部法律的决定》第二次修正，2021 年 1 月 22 日由第十三届全国人民代表大会常务委员会第二十五次会议修订通过，自 2021 年 7 月 15 日起施行。

制定和修改《行政处罚法》，是我国行政法治建设中的一件大事，也是加强社会主义民主政治建设的一个重要步骤。《行政处罚法》的制定和修改，对于规范行政机关有效地依法行政，改进行政管理工作，加强廉政建设，维护社会秩序和公共利益，保护公民的合法权益，促进社会主义市场经济的健康发展，起到重要作用。

2021 年修订的主要考虑包括：一是贯彻落实党中央重大决策部署，立法主动适应改革需要，体现和巩固行政执法领域中取得的重大改革成果。二是坚持问题导向，适应实践需要，扩大地方的行政处罚设定权限，加大重点领域行政处罚力度。三是坚持权由法定的法治原则，增加综合行政执法，赋予乡镇人民政府、街道办事处行政处罚权，完善行政处罚程序，严格行政执法责任，更好地保障严格规范公正文明执法。四是把握通用性，从行政处罚法是行政处罚领域的通用规范出发,认真总结实践经验,发展和完善行政处罚的实体和程序规则,为单行法律、法规设定行政处罚和行政机关实施行政处罚提供基本遵循。

1. 增加行政处罚的定义、扩大行政处罚的种类

原《行政处罚法》第八条列举了七项行政处罚种类,但没有规定何为行政处罚,实践中遇到不少困难,本次修订作了完善。(1)增加行政处罚的定义。第二条规定:"行政处罚是指行政机关依法对违反行政管理秩序的公民、法人或者其他组织,以减损权益或者增加义务的方式予以惩戒的行为。"简单来讲就是新的不利处分。(2)增加行政处罚种类。第九条增加规定通报批评、降低资质等级、限制开展生产经营活动、责令关闭、限制从业。

2. 扩大地方性法规设定行政处罚的权限

为充分发挥地方性法规在地方治理中的作用,第十二条第三款增加规定:"法律、行政法规对违法行为未作出行政处罚规定,地方性法规为实施法律、行政法规,可以补充设定行政处罚。拟补充设定行政处罚的,应当通过听证会、论证会等形式广泛听取意见,并向制定机关作出书面说明。地方性法规报送备案时,应当说明补充设定行政处罚的情况。"同时,第十一条第三款进一步明确了行政法规设定行政处罚的创制性立法权。

3. 完善行政处罚实施主体规定

(1)根据党和国家机构改革和行政执法体制改革要求,首次规定"综合行政执法",在原第十六条基础上增加一款,作为第十八条第一款,规定:"国家在城市管理、市场监管、生态环境、文化市场、交通运输、应急管理、农业等领域推行建立综合行政执法制度,相对集中行政处罚权。"(2)进一步规范委托行政处罚。在原第十八条基础上增加一款,作为第二十条第二款,规定:"委托书应当载明委托的具体事项、权限、期限等内容。委托行政机关和受委托组织应当将委托书向社会公布。"(3)规定交由乡镇人民政府、街道办事处行使县级人民政府部门的行政处罚权,但第二十四条规定了基层管理迫切需要、能够有效承接、定期组织评估、省(自治区、直辖市)决定应当公布、加强执法能力建设、完善评议考核制度等诸多限制性要求。

4. 完善行政处罚的适用

(1)规定责令退赔和非法所得为"利润"。第二十八条第二款规定:"当事人有违法所得,除依法应当退赔的外,应当予以没收。违法所得是指实施违法行为所取得的款项。法律、行政法规、部门规章对违法所得的计算另有规定的,从其规定。"(2)规定过错推定原则。这是对应受行政处罚行为构成要件的重大修改。第三十三条第二款规定:"当事人有证据足以证明没有主观过错的,不予行政处罚。法律、行政法规另有规定的,从其规定。"(3)首次规定了行政协助。第二十六条规定:"行政机关因实施行政处罚的需要,可以向有关机关提出协助请求。协助事项属于被请求机关职权范围内的,应当依法予以协助。"(4)规定同一个违法行为违反多个法律规范应当给予罚款处罚的,按照罚款数额高的规定处罚。(5)完善了"两法衔接"。首次要求从司法机关到行政机关的逆循环,及"对依法不需要追究刑事责任或者免予刑事处罚,但应当给予行政处罚的,司法机关应当及时将案件移送有关行政机关",并对衔接机制作了进一步规定,要求"行政处罚实施机关与司法机关之间应当加强协调配合,建立健全案件移送制度,加强证据材料移交、接收衔接,完善案件处理信息通报机制"。(6)规范行政处罚自由裁量权行使。完善了从轻或者减轻行政处罚,增加了初次违法可以不予处罚。增加规定行政机关可以依法制定行政处罚裁量基准。(7)完善追责时效,涉及公民生命健康安全、金融安全等重点领域的违法行为的追责期限由两年延长至五年。(8)增加"从旧兼从轻"适用规则,实施行政处罚,适用违法行为发生时的法律、法规、规章的规定。但是,作出行政处罚决定时,法律、法规、规章已被修改或者废止,且新的规定处罚较轻或者不认为是违法的,适用新的规定。(9)完善行政处罚决定无效制度。行政处罚没有依据或者实施主体不具有行政主体资格的,以及违反法定程序构成重大且明显违法的,行政处罚无效。(10)明确行政处罚证据种类和适用规则,规定证据必须经查证属实,方可作为认定案件事实的根据;以非法手段取得的证据,不得作为认定案件事实的根据。(11)进一步明确适用范

围。外国人、无国籍人、外国组织在中华人民共和国领域内有违法行为,应当给予行政处罚的,适用本法,法律另有规定的除外。

5. 完善行政处罚的程序

(1)明确公示要求,增加规定行政处罚的实施机关、立案依据、实施程序和救济渠道等信息应当公示;具有一定社会影响的行政处罚决定应当依法公开。(2)体现全程记录,增加规定行政机关应当依法以文字、音像等形式,对行政处罚的启动、调查取证、审核、决定、送达、执行等进行全过程记录,归档保存。(3)细化法制审核程序,列明适用情形,明确未经法制审核或者审核未通过的,不得作出行政处罚决定。(4)规范非现场执法,利用电子技术监控设备收集、固定违法事实的,应当经过法制和技术审核,确保电子技术监控设备符合标准、设置合理、标志明显,设置地点应当向社会公布。电子技术监控设备记录违法事实应当真实、清晰、完整、准确。同时,要保障陈述权、申辩权。(5)进一步完善回避制度,细化回避情形,明确对回避申请应当依法审查,但不停止调查或者实施行政处罚。(6)增加规定发生重大传染病疫情等突发事件,为了控制、减轻和消除突发事件引起的社会危害,行政机关对违反突发事件应对措施的行为,依法快速、从重处罚,但不完全等于简化程序。(7)适应行政执法实际需要,将适用简易程序的罚款数额在五十元以下和一千元以下,分别提高至二百元以下和三千元以下。(8)增加立案程序和办理时限,除当场作出的行政处罚外,行政机关认为符合立案标准的,应当立案;案件办理时限原则上是九十日。(9)完善听证程序,扩大适用范围,增加了没收较大数额违法所得、没收较大价值非法财物,降低资质等级、责令关闭、限制从业,其他较重的行政处罚,适当延长申请期限,明确行政机关应当结合听证笔录作出决定。(10)增加电子送达,当事人同意并签订确认书的,行政机关可以采用传真、电子邮件等方式,将行政处罚决定书等送达当事人。

6. 完善行政处罚的执行

(1)适应行政执法实际需要,将行政机关当场收缴的罚款数额由二十元以下提高至一百元以下。(2)与《行政强制法》相衔接,完善行政处罚的强制执行程序,规定当事人逾期不履行行政处罚决定的,行政机关可以根据法律规定实施行政强制执行。(3)明确行政机关批准延期、分期缴纳罚款的,申请人民法院强制执行的期限,自暂缓或者分期缴纳罚款期限结束之日起计算。(4)增加对限制人身自由的行政处罚决定,当事人可以申请暂缓执行。(5)明确当事人申请行政复议或者提起行政诉讼的,加处罚款的数额在行政复议或者行政诉讼期间不予计算。(6)增加电子支付,当事人还可以通过电子支付系统缴纳罚款。

7. 加强行政执法监督

(1)增加规定罚款、没收违法所得或者没收非法财物拍卖的款项,不得同作出行政处罚决定的行政机关及其工作人员的考核、考评直接或者变相挂钩。(2)增加规定县级以上人民政府应当定期组织开展行政执法评议、考核,加强对行政处罚的监督检查,规范和保障行政处罚的实施。

第一章 总 则

第一条 【立法目的】为了规范行政处罚的设定和实施,保障和监督行政机关有效实施行政管理,维护公共利益和社会秩序,保护公民、法人或者其他组织的合法权益,根据宪法,制定本法。

第二条 【行政处罚的定义】行政处罚是指行政机关依法对违反行政管理秩序的公民、法人或者其他组织,以减损权益或者增加义务的方式予以惩戒的行为。

第三条 【适用范围】行政处罚的设定和实施,适用本法。

注释 行政处罚法定原则

本条体现了行政处罚法定原则,包括行政处罚依法设定和行政处罚依法实施两个方面。

第一,行政处罚的设定必须法定,是指受到行政处罚的当事人行为、种类、幅度等设定都需要有法律依据,主要包括行政处罚的种类法定和行政处罚设定权限法定。在行政处罚的种类设定方面,本法第9条对行政处罚的种类作了明确规定。据此,行政机关只能在其所规定的种类范围内予以处罚,不得超出法律规定范围自行创设行政处罚种类。并且,本法第9条还明确规定,只有法律和行政法规才能创设新的行政处罚种类。同时,在行政处罚的设定权限方面,本法第10条至第14条也明确规定了法律、行政法规、地方性法规、部门规章和地方政府规章各自的设定权限。除此之外,其他规范性文件禁止设定行政处罚。

第二,行政处罚的实施必须法定,是指行政处罚实施主体及其职权、实施原则和实施程序都必须法定,主要包括行政处罚实施主体法定、实施程序法定等内容。在行政处罚实施主体法定方面,本法第三章作了明确规定。按照规定,不是所有行政机关都能够实施行政处罚,必须是具有行政处罚权的行政机关在法定职权范围内方可实施行政处罚;在行政处罚实施程序法定方面,本法第五章也作了明确规定。行政机关在实施行政处罚时,不仅要求有实体法律依据,而且必须遵守本法规定的程序。

第四条 【适用对象】公民、法人或者其他组织违反行政管理秩序的行为,应当给予行政处罚的,依照本法由法律、法规、规章规定,并由行政机关依照本法规定的程序实施。

注释 行政处罚的适用条件

行政处罚的适用条件如下:(1)公民、法人或者其他组织的行为违反行政管理秩序应当承担法律责任。(2)法律、法规或者规章明确规定,公民、法人或者其他组织违反行政管理秩序应当给予行政处罚的,才能给予行政处罚。(3)行政处罚只能由行政机关依照法定程序实施。这是行政处罚区别于刑事处罚的关键。

第五条 【适用原则】行政处罚遵循公正、公开的原则。

设定和实施行政处罚必须以事实为依据,与违法行为的事实、性质、情节以及社会危害程度相当。

对违法行为给予行政处罚的规定必须公布;未经公布的,不得作为行政处罚的依据。

注释 公正、公开原则

公正,是指公平正直、不偏私。公正原则是处罚合法原则的必要补充,这是因为在行政处罚时,有时虽然在形式上是合法的,是在法定的幅度和范围内实施的,但是有明显的不合理、不适当之处。

公开,是指不加隐蔽。公开原则是合法原则、公正原则的外在表现形式,具体是指处罚的依据、过程、决定等是公开的、开放的。主要表现在:(1)处罚的依据必须是公开的,不能依据内部文件实施处罚;(2)处罚的程序对相对人是公开的,例如,获取证据的渠道是公开的,检查是公开的,处罚决定是公开的;(3)在行政处罚的实施过程中,行为人有申辩和了解有关情况的权利。

过罚相当原则

违法行为与处罚相适应的原则,也叫过罚相当原则,是指实施的处罚与行为人的主观过错、违法行为造成的后果相当。其具体要求是:对违法事实、性质、情节及社会危害程度等因素基本相同的同类行政违法行为,所采取的措施和手段应当必要、适当,所适用的法律依据、处罚种类和幅度应当基本相同,行政处罚的种类、轻重程度、减免应与违法行为相适应,排除不相关因素的干扰,防止处罚畸轻畸重、重罪轻罚、轻罪重罚等。

违反过罚相当原则的直接表现是行政处罚显失公正。行政处罚显失公正是指行政机关及其工作人员或法律、法规授权组织在对行政管理相对人实施行政处罚时,给予的行政处罚存在明显的不合理性。其表现形式有畸轻畸重、同种情况不同对待或不同情况同样对待等。

链接 《政府信息公开条例》;《国务院办公厅关于全面推行行政执法公示制度执法全过程记录制度重大执法决定法制审核制度的指导意见》;《交通运输部关于规范交通运输行政处罚自由裁量权的若干意见》;《规范环境行政处罚自由裁量权若干意见》

第六条 【处罚与教育相结合原则】实施行政处罚,纠正违法行为,应当坚持处罚与教育相结合,教育公民、法人或者其他组织自觉守法。

注释 处罚与教育相结合是行政处罚法的重要原则之一,在理解行政处罚时尤其需要理解:行政处罚不是目的,而是一种手段,应当把处罚的手段和教育的目的结合起来,既不能以教代罚,更不能以罚代教,只有坚持处罚与教育相结合,才能真正达到保障法律实施、防止违法和犯罪、保障公民合法权益、维护安定团结的社会秩序的最终目的。

本条应与不予处罚、可以不予处罚、减轻处罚、从轻处罚等条款结合起来适用。实践中不少地方和部门编制了上述四张清单。各省、自治区、直辖市基本制定了行政处罚裁量基准。

第七条 【被处罚者的权利】公民、法人或者其他组织对行政机关所给予的行政处罚，享有陈述权、申辩权；对行政处罚不服的，有权依法申请行政复议或者提起行政诉讼。

公民、法人或者其他组织因行政机关违法给予行政处罚受到损害的，有权依法提出赔偿要求。

注释 陈述权、申辩权

陈述权、申辩权是指行政相对人在行政机关实施行政处罚的过程中，可以陈述事实、理由，可以对被指控的事实进行答辩；行政机关实施处罚时应当听取当事人对所指控的事实和适用法律、法规或者规章的意见，允许其申辩。行政机关不得因为相对人的陈述和申辩而加重处罚。

救济权

公民、法人或者其他组织因行政机关的违法或不当行为，致使其合法权益受到损害的，可以按照不同的途径请求国家予以补救。这里所指的救济途径很多，如相对人请求行政机关改正错误、申诉、申请行政复议或者提起行政诉讼、要求国家赔偿等。

链接《行政复议法》第11条；《行政诉讼法》第12条；《国家赔偿法》第3-5条

第八条 【被处罚者承担的其他法律责任】公民、法人或者其他组织因违法行为受到行政处罚，其违法行为对他人造成损害的，应当依法承担民事责任。

违法行为构成犯罪，应当依法追究刑事责任的，不得以行政处罚代替刑事处罚。

注释 行政处罚与民事责任的竞合适用上，由于两种法律责任的性质完全相异，一个是行政机关给予违法者以行政处罚，一个是违法者向受害者承担民事侵权责任，在责任的承担上既不发生冲突，也不会发生重责吸收轻责的情况。因此，违法者应同时承担两种法律责任，不能因予以行政处罚而免除其民事责任，也不能因其已承担民事责任而免除或从轻、减轻行政处罚。此外，需要结合本法没收违法所得、责令退赔的规定，以及《民法典》第187条等，贯彻民事责任优先赔偿规定。

同样的道理，违法行为构成犯罪的，也不能以行政处罚代替刑事处罚，必须移送司法机关处理，本法第27条、第35条都作了相应规定，《行政执法机关移送涉嫌犯罪案件的规定》是本法的配套规定。

链接《刑法》第13条；《治安管理处罚法》第8条；《行政执法机关移送涉嫌犯罪案件的规定》

第二章 行政处罚的种类和设定

第九条 【处罚的种类】行政处罚的种类：

（一）警告、通报批评；

（二）罚款、没收违法所得、没收非法财物；

（三）暂扣许可证件、降低资质等级、吊销许可证件；

（四）限制开展生产经营活动、责令停产停业、责令关闭、限制从业；

（五）行政拘留；

（六）法律、行政法规规定的其他行政处罚。

注释 警告、通报批评

警告和通报批评属于申诫罚。

警告是指行政机关对有违法行为的公民、法人或者其他组织提出警示和告诫，使其认识所应负责任的一种处罚。其目的是通过给予行为人告诫，使其以后不再作出违法行为。警告通常用于情节较轻、危害性不大的违法行为，如《治安管理处罚法》第75条第1款规定，饲养动物，干扰他人正常生活的，处警告。根据修订后的《行政处罚法》第59条第1款的规定，行政机关给予当事人行政处罚应当制作行政处罚决定书。行政处罚一般是要式行政行为，但警告在特定情况下可以通过口头方式作出，如《道路交通安全法》第87条第2款规定，对于情节轻微，未影响道路通行的，指出违法行为，给予口头警告后放行。

罚款、没收违法所得、没收非法财物

罚款、没收违法所得、没收非法财物属于传统财产罚。罚款指行政机关责令有违法行为的公民、法人或者其他组织在一定期限内缴纳一定数量货币的处罚行为。罚款是实践中被广泛适用的行政处罚种类。没收违法所得与没收非法财物指国家行政机关将违法所得与非法财物收归国有的行政处罚，具有强制性与无偿性的特征。较罚款而言，其惩戒程度更为严厉，在适用程序上要求也相对更为严格。

暂扣许可证件、降低资质等级、吊销许可证件

暂扣许可证件、降低资质等级、吊销许可证件属于资格罚，指行政机关对有违法行为的公民、法人或者其他组织，通过暂扣、吊销许可证件、降低资质等级的方式暂时剥夺或永久剥夺其从事生产或经营权利的行政处罚。暂扣许可证件、降低资质等级、吊销许可证件是较为严厉的行政处罚,只有法律和行政法规可以设定吊销营业执照的行政处罚,地方性法规无权设定此类处罚。

限制开展生产经营活动、责令停产停业、责令关闭、限制从业

限制开展生产经营活动相对于责令停产停业而言,范围和效果更轻,限制开展生产经营活动是在原有生产经营范围的基础上加以控制或缩减,但生产经营活动并不停止,而责令停产停业则意味着生产经营活动处于全面暂停的状态。限制从业多发生在对于行业准入有特定要求的专业领域内,如《食品安全法》第135条第1款规定,被吊销许可证的食品生产经营者及其法定代表人、直接负责的主管人员和其他直接责任人员自处罚决定作出之日起5年内不得申请食品生产经营许可,或者从事食品生产经营管理工作、担任食品生产经营企业食品安全管理人员。

行政拘留

行政拘留是指有关行政机关对违反行政法律规范的公民,在短期内限制其人身自由的一种处罚。由于目前我国的行政拘留主要是治安拘留,因此,行政拘留也称治安拘留。行政拘留不同于刑事拘留,前者是特定行政机关(公安机关)依据行政管理法律对违反行政法律规范的公民所实施的一种惩戒措施,而后者则是公安机关依据刑事诉讼法,对于应该逮捕的现行犯或重大犯罪嫌疑分子实施的一种强制措施。另外,行政拘留的期限也不同于刑事拘留的期限。

法律、行政法规规定的其他行政处罚

这一规定主要有两个目的:一是现行法律、行政法规对行政处罚其他种类的规定仍然保留、有效;二是以后的法律、行政法规还可以在行政处罚法规定的处罚种类之外设定其他处罚种类。

链接 《治安管理处罚法》第10条;《道路交通安全法》第88、89条;《工商行政管理机关行政处罚案件违法所得认定办法》

第十条 【法律对处罚的设定】法律可以设定各种行政处罚。

限制人身自由的行政处罚,只能由法律设定。

注释 这里的法律是指全国人大及其常委会按照立法程序制定的法律规范。法律不仅可以设定《行政处罚法》第9条规定的各种行政处罚,也可以规定其他种类的行政处罚。另外,由于限制人身自由的行政处罚包括行政拘留和其他人身罚,均涉及公民的人身自由权利,应当而且只能由法律来设定。其他法律规范,包括行政法规、地方性法规和规章均不得设定限制人身自由的行政处罚。

第十一条 【行政法规对处罚的设定】行政法规可以设定除限制人身自由以外的行政处罚。

法律对违法行为已经作出行政处罚规定,行政法规需要作出具体规定的,必须在法律规定的给予行政处罚的行为、种类和幅度的范围内规定。

法律对违法行为未作出行政处罚规定,行政法规为实施法律,可以补充设定行政处罚。拟补充设定行政处罚的,应当通过听证会、论证会等形式广泛听取意见,并向制定机关作出书面说明。行政法规报送备案时,应当说明补充设定行政处罚的情况。

第十二条 【地方性法规对处罚的设定】地方性法规可以设定除限制人身自由、吊销营业执照以外的行政处罚。

法律、行政法规对违法行为已经作出行政处罚规定,地方性法规需要作出具体规定的,必须在法律、行政法规规定的给予行政处罚的行为、种类和幅度的范围内规定。

法律、行政法规对违法行为未作出行政处罚规定,地方性法规为实施法律、行政法规,可以补充设定行政处罚。拟补充设定行政处罚的,应当通过听证会、论证会等形式广泛听取意见,并向制定机关作出书面说明。地方性法规报送备案时,应当说明补充设定行政处罚的情况。

注释 地方性法规设定行政处罚的具体要求

地方性法规是指省、自治区、直辖市、设区的市的人民代表大会及其常务委员会制定的法律规范性文件。

需要注意的是:(1)法律、行政法规已经对应受行政处罚的行为作出明确规定的,地方性法规不得在此之外再增加新的应受行政处罚的行为;(2)法律、行政法规已经对某一受行政处罚行为设定了几种处罚种类,地方性法规不得在此之外增加或者变相增加其他处罚种类,如法律只规定了警告、责令拆除,地方性法规就不能增加罚款;(3)法律、行政法规对行政处罚的幅度已有明确规定,地方性法规只能在规定的行政处罚幅度内作出规定,可以在法律、行政法规规定的行政处罚的幅度内提高下限或者降低上限,但不得突破行政处罚的幅度,降低下限或者提高上限。比如,法律规定对某一行为处以1万元以上2万元以下的罚款,地方性法规就不得超越这个幅度,规定处以5千元以上2.5万元以下的罚款。

案例 新泰市某盐业有限公司诉原新泰市盐务局行政处罚案(2020年7月27日最高人民法院产权保护行政诉讼典型案例之六)

裁判规则:盐资源作为关系国计民生的重要物资,盐业行政主管部门应当依法依规对相关生产、经营活动进行监管,深化"放管服"改革,满足市场和企业发展需求。《盐业管理条例》①作为规范盐业管理领域的行政法规,对违反该条例的行为设定了相应的行政处罚,但对盐业公司之外的其他企业购买经营工业用盐的行为没有设定行政处罚,地方性法规不能对该行为设定行政处罚,盐业行政主管部门不能超出《盐业管理条例》规定的给予行政处罚行为的范围作出行政处罚决定。本案的典型意义在于,人民法院通过再审审查程序明确了设定行政处罚的权限,彰显了司法的监督纠错功能,保护了企业正常的生产经营权,有利于进一步激发市场活力,促进民营经济健康发展。

第十三条 【国务院部门规章对处罚的设定】 国务院部门规章可以在法律、行政法规规定的给予行政处罚的行为、种类和幅度的范围内作出具体规定。

尚未制定法律、行政法规的,国务院部门规章对违反行政管理秩序的行为,可以设定警告、通报批评或者一定数额罚款的行政处罚。罚款的限额由国务院规定。

注释 部门规章设定行政处罚的情形

国务院部门规章设定行政处罚可以分为两种情况:

第一,法律、行政法规规定了行政处罚,规章可以在法律、法规规定的给予行政处罚的行为、种类和幅度范围内作出具体的规定,这也是本条第1款的规定。但本条第1款并不是指规章可以设定一项新的行政处罚,而是指规章可以在上位法规定的范围内作出更为具体的规定。也就是说,如果上位法规定了某一行为可以处以相应的处罚,那么规章可以根据这一行为的轻重情节,在处种类和幅度范围内作出更为具体、详细的规定,这是对于上位法规定的细化。

第二,法律、行政法规尚未规定行政处罚的,规章可以对违反行政管理秩序的行为设定警告、通报批评或者一定数额罚款的行政处罚。规章设定行政处罚的行为范围并没有特别限制,本条规定的"违反行政管理秩序的行为"与本法第2条中行政处罚的定义内容相一致,也就是说,规章可以就所有类型的行为设定相应的处罚。规章设定行政处罚的种类范围限于"警告、通报批评或者一定数额罚款的行政处罚",同时罚款的数额应符合国务院的规定。

法律可以设定各种行政处罚,行政法规可以设定除限制人身自由以外的行政处罚,地方性法规可以设定除限制人身自由、吊销营业执照以外的行政处罚,与法律、法规相比,规章设定行政处罚的种类范围更为狭小,仅能设定警告、通报批评和一定数额的罚款。

实务问答 部门规章与地方性法规规定的处罚幅度不一致的,如何适用?

《行政诉讼法》第63条第1款、第3款规定,人民法院审理行政案件,以法律和行政法规、地方性法规为依据。地方性法规适用于本行政区域内发生的行政案件。人民法院审理行政案件,参照规章。《立法法》第106条第1款第2项规定,地方性法规与部门规章之间对同一事项的规定不一致,不能确定如何适用时,由国务院提出意见,国务院认为应当适用地方性法规的,应当决定在该地方适用地方性法规的规定;认为应当适用部门规章的,应当提请全国人民代表大会常务委员会裁决。

根据上述规定,地方性法规与国务院部门规章对同一事项规定不一致,人民法院认为应当适用地方性法规的,可以适用地方性法规的规定;认为不能确定如何适用时,可以依照《立法法》第106条第1款第2项的规定办理。

链接 《立法法》第106条

第十四条 【地方政府规章对处罚的设定】 地方政府规章可以在法律、法规规定的给予行政处罚的行为、种类和幅度的范围内作出具体规定。

尚未制定法律、法规的,地方政府规章对违反

---

① 后被《食盐专营办法》废止。

行政管理秩序的行为,可以设定警告、通报批评或者一定数额罚款的行政处罚。罚款的限额由省、自治区、直辖市人民代表大会常务委员会规定。

注释 罚款的限额

罚款的限额,省、自治区、直辖市人民代表大会常务委员会规定不一。比如,广东省规定,尚未制定法律、行政法规或者地方性法规的,规章对违反行政管理秩序的行为,设定的罚款数额不得超过20万元;但对涉及公共安全、生态环境保护、历史文化保护、有限自然资源开发利用以及食品药品安全等直接关系人身健康、生命财产安全方面的违反行政管理秩序的行为,可以设定不超过30万元的罚款。再如,江西省规定,政府规章设定罚款限额按下列规定执行:(1)对公民违反行政管理秩序的行为,设定罚款不超过500元,但对直接关系人身健康、生命财产安全以及直接涉及国家安全、生态环境保护、历史文化保护、有限自然资源开发利用方面的违反行政管理秩序的行为,从事经营活动的,设定罚款不超过5万元;非经营活动的,设定罚款不超过3万元。(2)对法人或者其他组织违反行政管理秩序的行为,设定罚款不超过3万元,但直接关系人身健康、生命财产安全以及直接涉及国家安全、生态环境保护、历史文化保护、有限自然资源开发利用方面的违反行政管理秩序的行为,从事经营活动的,设定罚款不超过20万元;非经营活动的,设定罚款不超过10万元。

第十五条 【对行政处罚定期评估】国务院部门和省、自治区、直辖市人民政府及其有关部门应当定期组织评估行政处罚的实施情况和必要性,对不适当的行政处罚事项及种类、罚款数额等,应当提出修改或者废止的建议。

注释 "立法后评估"是指"法律实施一定时间后对法律的功能作用、实施效果的评论估价和在此基础上对整个立法质量、价值的评论估价"①。

本条重在对行政处罚的实施过程进行跟踪评价,发现不恰当的行政处罚相关规定并及时修正。从《行政处罚法》第10条至第14条的规定来看,不仅法律、行政法规可以设定行政处罚,地方性法规、国务院部门规章、地方政府规章均可以在一定范围内设定行政处罚,设定行政处罚的机关范围广、层级也各不相同。行政处罚会对公民、法人或者其他组织的权益造成严重不利的影响,在设定行政处罚前需要对科学性、必要性、合理性作严密论证,在设定之后仍需要对实施过程中反映的问题加以收集、研判,对于其中不适当的规定应当通过法定程序予以修改或废止。因此,本条的规定对于完善行政处罚立法的整体制度、推动行政处罚立法更适应社会现实发展,无疑具有重要的意义,并且弥补了之前法律规定的缺失。

第十六条 【其他规范性文件不得设定行政处罚】除法律、法规、规章外,其他规范性文件不得设定行政处罚。

注释 其他规范性文件

本条所指的其他规范性文件,主要包括:无法律或者地方性法规制定权的国家权力机关制定的规范性文件,无行政法规或者规章制定权的行政机关制定的具有普遍约束力的决定、命令,军事机关、审判机关、检察机关的规范性文件,社会团体、行业组织章程,政党的文件,等等。上述规范性文件因其性质不能设定公民、组织的义务,因此,不得设定行政处罚。

法律、法规或者规章以外的规范性文件,虽然不能设定行政处罚,但可以在上一层法律规范赋予的自由裁量权范围内,对行政处罚的种类、幅度作出具体的规定。

第三章 行政处罚的实施机关

第十七条 【处罚的实施】行政处罚由具有行政处罚权的行政机关在法定职权范围内实施。

注释 处罚的实施机关

行政机关并非都具有行政处罚权。行政机关作为国家机关的一种,是由国家依法设立并代表国家依法行使行政权,掌握国家行政事务的机关,它们都具有法定的行政权力,但作为行政处罚主体的,只能是那些具有外部管理职能的行政机关。那些没有外部管理职能的内部行政机关,如机关事务管理部门、人事部门、决策咨询机构、内部协调机构等不能作为行政处罚的主体。

处罚的实施范围

违反行政管理秩序的行为只能由主管行政机关依职权给予行政处罚,行政机关对自己职权范围外的违法行为没有行政处罚权。例如,行政拘

---

① 孙晓东:《立法后评估的原理与应用》,中国政法大学出版社2016年版,第5页。

留只能由公安机关行使,公安机关以外的其他行政机关不得作为实施行政拘留的处罚主体。

链接《治安管理处罚法》第7条;《道路交通安全法》第5条;《矿产资源法》第39、40、42、44条

第十八条 【相对集中行政处罚权】国家在城市管理、市场监管、生态环境、文化市场、交通运输、应急管理、农业等领域推行建立综合行政执法制度,相对集中行政处罚权。

国务院或者省、自治区、直辖市人民政府可以决定一个行政机关行使有关行政机关的行政处罚权。

限制人身自由的行政处罚权只能由公安机关和法律规定的其他机关行使。

注释 原则上,行政处罚由具有行政处罚权的行政机关在法定职权范围内实施,但是在一定的条件下,一个行政机关可以行使有关行政机关的行政处罚权,这就是行政处罚权的调配制度。行政处罚权的合理调配,有利于提高行政处罚的工作效率。按照本条的规定,行政处罚权的集中调配应该符合以下条件:一是行政处罚权的集中调配只能由国务院或者省、自治区、直辖市人民政府决定,其他任何组织和个人均不得调配行政处罚权;二是一个行政机关行使另一个行政机关的行政处罚权,这两个行政机关之间职权相互接近或者具有相互关联性;三是限制人身自由的行政处罚权只能由公安机关和法律规定的其他机关行使。

第十九条 【授权实施行政处罚】法律、法规授权的具有管理公共事务职能的组织可以在法定授权范围内实施行政处罚。

注释 法律、法规授权

授权是指特定的国家机关以法律、法规的形式把某些行政权力授予非行政机关的组织行使,从而使该组织取得行政管理的主体资格,即在法定授权范围内可以以自己的名义独立地行使权力,独立地承担因行使这些权力而引起的法律后果。

有效授权成立的条件

1. 授权主体必须是特定的国家机关,任何人都不能作为授权主体。根据《行政处罚法》的规定,下列机关可以成为授权的主体:(1)全国人大及其常委会;(2)国务院;(3)省级地方人大及其常委会。当然,不同的授权主体各自的授权范围和授权内容是有明显区别的。

2. 授权必须在法律规定的范围内实施,某些专有权力不得授权。如行政拘留等限制人身自由的行政处罚只能由公安机关实施,则法律法规不得授权给其他行政机关实施。

3. 授权应当以公开、规范的方式进行。所谓公开,是指授权的内容、范围及被授权组织的地位、作用等必须公之于众,通过内部文件方式确定授权是无效的,对相对人不具有法律拘束力。所谓规范化,是指授权的内容、范围及被授权组织的地位等事项应当是具有相当稳定性和普遍适用性的。根据《行政处罚法》的规定,授权非行政机关的组织实施行政处罚,必须以法律、行政法规或者地方性法规的方式进行,其他形式的授权是无效的。

第二十条 【委托实施行政处罚】行政机关依照法律、法规、规章的规定,可以在其法定权限内书面委托符合本法第二十一条规定条件的组织实施行政处罚。行政机关不得委托其他组织或者个人实施行政处罚。

委托书应当载明委托的具体事项、权限、期限等内容。委托行政机关和受委托组织应当将委托书向社会公布。

委托行政机关对受委托组织实施行政处罚的行为应当负责监督,并对该行为的后果承担法律责任。

受委托组织在委托范围内,以委托行政机关名义实施行政处罚;不得再委托其他组织或者个人实施行政处罚。

注释 行政处罚的委托

行政处罚的委托,是指有行政处罚权的行政机关,依法将其部分行政处罚权委托给有关组织,由受委托的组织在委托的权限内以委托行政机关的名义实施行政处罚。行政处罚的委托是一种具有特殊性质的行政行为,其主要特征是:被委托者以委托行政机关的名义实施行政处罚,行为的法律后果由委托行政机关承受。

委托机关的义务

委托行政机关对受委托组织在委托权限内的行为的后果承担法律责任。委托行政机关应当对受委托的组织实施行政处罚的行为负责监督,包括对受委托组织的行为、行为方式及行为后果等诸多方面的监督。

受委托组织的义务

1. 受委托组织必须以委托行政机关的名义实施行政处罚,以自己名义实施的行政处罚无效,并应承担法律责任。

2. 受委托组织应当在委托权限内实施行政处罚,不得超越具体的权限范围。受委托组织可以实施什么种类的行政处罚以及适用条件都有明确的界限,受委托组织应在这个界限内活动,委托行政机关不对超越委托权限的行为负责。

3. 受委托组织不得再委托其他组织或者个人实施行政处罚。再委托是指被委托人把处罚权又转委托其他组织或者个人行使。

县级以上人民政府能否委托事业组织实施行政处罚

县级以上人民政府依照法律、法规或者规章的规定,可以委托符合法定条件的事业组织实施行政处罚,受委托组织在委托范围内,以委托的县级以上人民政府的名义实施处罚。

第二十一条 【受托组织的条件】受委托组织必须符合以下条件:

(一)依法成立并具有管理公共事务职能;

(二)有熟悉有关法律、法规、规章和业务并取得行政执法资格的工作人员;

(三)需要进行技术检查或者技术鉴定的,应当有条件组织进行相应的技术检查或者技术鉴定。

注释 行政执法资格

行政执法资格是从事行政执法活动人员应当具备的基本要件,是从事行政执法活动的前提和基础。确立行政执法人员资格制度的目的是通过设立执法准入门槛,增强行政执法的严肃性,规范行政执法行为,提高执法水平和质量,达到依法行政的目的。

链接《民用航空行政处罚实施办法》第 11-17 条

第四章 行政处罚的管辖和适用

第二十二条 【地域管辖】行政处罚由违法行为发生地的行政机关管辖。法律、行政法规、部门规章另有规定的,从其规定。

注释 违法行为发生地

违法行为发生地是确定管辖的基本标准。行为人实施了行政违法行为,在其实施过程中任何一个阶段被发现,该地方都可以成为违法行为发生地。违法行为发生地可以包括违法行为实施地和违法行为结果地。制造、运输、销售假药涉及多个地方的,每个地方相应的行政机关都拥有地域管辖权。

链接《治安管理处罚法》第 91 条;《海关行政处罚实施条例》第 3、4 条;《教育行政处罚暂行实施办法》第 5 条;《道路交通安全违法行为处理程序规定》第 4、5 条;《生态环境行政处罚办法》第 13-17 条;《安全生产违法行为行政处罚办法》第 6、10、11 条;《市场监督管理行政处罚程序规定》第 7-17 条

第二十三条 【级别管辖】行政处罚由县级以上地方人民政府具有行政处罚权的行政机关管辖。法律、行政法规另有规定的,从其规定。

注释 级别管辖

县级以上地方人民政府的部门拥有行政处罚权,这是基本规定。根据单行法,我国行政处罚权的实施主体配置面广,从国务院一直到乡镇政府,从国务院部门到县级政府部门甚至是县级政府部门的派出机构,都有行政处罚权。法律、行政法规明确赋予地方人民政府的职权,县级以上地方各级人大及其常委会、县级以上地方各级人民政府不得擅自改变。法律、行政法规笼统规定由地方各级人民政府或者县级以上地方各级人民政府行使的职权,中央已决定就有关领域的行政管理体制进行改革的,设区的市政府可以据此对市辖区政府的职权进行调整或者上收。

职能管辖

并不是所有的行政机关都"具有行政处罚权","具有行政处罚权"也必须按照法定权限和程序,由两名以上具有行政执法人员资格的执法人员执法。上级法律规范规定了职能管辖机关的,下级法律规范不能与其相抵触,不能改变这一规定。

第二十四条 【行政处罚权的承接】省、自治区、直辖市根据当地实际情况,可以决定将基层管理迫切需要的县级人民政府部门的行政处罚权交由能够有效承接的乡镇人民政府、街道办事处行使,并定期组织评估。决定应当公布。

承接行政处罚权的乡镇人民政府、街道办事处应当加强执法能力建设,按照规定范围、依照法定程序实施行政处罚。

有关地方人民政府及其部门应当加强组织协调、业务指导、执法监督,建立健全行政处罚协调配合机制,完善评议、考核制度。

第二十五条 【管辖权争议】两个以上行政机关都有管辖权的,由最先立案的行政机关管辖。

对管辖发生争议的,应当协商解决,协商不成的,报请共同的上一级行政机关指定管辖;也可以直接由共同的上一级行政机关指定管辖。

注释 共同的上一级行政机关

指定管辖的原则和法律基础是上下级行政关系。这里的共同上一级行政机关,与共同上级行政机关不同,是指能够同时指挥、管理不同下级行政机关且最为直接的行政管理机关。《行政处罚法》作出这样的规定,一方面是考虑指定管辖的权威性,另一方面也不至于过度影响执法效率。发生管辖权争议的不同行政机关,如果是同级人民政府的不同工作部门,则共同的上一级行政机关为同级人民政府;如果一个是同级人民政府的工作部门,一个是上级垂直管理部门,则要层报至上级垂直管理部门所属的人民政府指定管辖;如果是不同行政区域的同一性质的工作部门,则层报共同的上一级行政主管部门;如果是不同区域的县级以上人民政府,则由共同的上一级人民政府,直至国务院进行指定管辖。

实务问答 1. 如何报请指定管辖?

报请应当是正式的行政程序,既可以由其中一个行政机关逐级呈报,也可以由涉及管辖权争议的全部行政机关共同进行呈报。报请指定管辖不仅应当制作正式的请示文件,还应当附必要的说明材料或初步调查的证据材料,以供上级行政机关判断是否属于均有法定管辖权的行政机关之间发生的管辖权异议。

2. 如何进行指定管辖?

共同的上一级行政机关收到报请指定管辖的请示后,应当进行必要的审查后作出指定管辖决定书,并分别通知各具有管辖权的行政机关。为及时解决管辖权异议,尽快启动立案调查程序,上一级行政机关也应当在合理的期限内作出指定管辖决定,如果有法律、法规、规章对此作出明确规定,应当按照该规定执行。

第二十六条 【行政协助】行政机关因实施行政处罚的需要,可以向有关机关提出协助请求。协助事项属于被请求机关职权范围内的,应当依法予以协助。

注释 行政协助是行政管理的常态,是指行政机关和法律、法规授权的具有管理公共事务职能的组织,因全面履行行政职责需要,向无隶属关系的行政机关请求协助,被请求机关依法提供协助的行为。

协助的原因通常包括,出于法定原因,单独行使职权难以实现行政目标的;行使职权所必需的文书、资料等信息为被请求机关所掌握,自行收集难以获得的;等等。

协助事项不属于被请求机关职权范围内的,违反请求协助程序的,协助请求缺乏合法性依据,被请求机关应当拒绝协助。由被请求机关以外的其他行政机关提供协助更具效能的,被请求行政机关提供协助将严重妨碍自身履行职权的,被请求机关可以拒绝协助。

第二十七条 【行政处罚与刑事司法的衔接】违法行为涉嫌犯罪的,行政机关应当及时将案件移送司法机关,依法追究刑事责任。对依法不需要追究刑事责任或者免予刑事处罚,但应当给予行政处罚的,司法机关应当及时将案件移送有关行政机关。

行政处罚实施机关与司法机关之间应当加强协调配合,建立健全案件移送制度,加强证据材料移交、接收衔接,完善案件处理信息通报机制。

注释 移送的条件

第一种情形是行政机关向司法机关的移送。违法当事人的违法行为涉嫌犯罪是行政处罚案件由行政机关向司法机关移送的前提条件。若该违法行为不涉嫌犯罪,则不论其后果多么严重、情节多么恶劣,行政机关都不必把案件移送司法机关。第二种情形是司法机关向行政机关的移送。即司法机关审查发现对该违法行为依法不需要追究刑事责任或者免予刑事处罚,但应当给予行政处罚的,司法机关应当及时将案件移送有关行政机关。无论是哪一种情形下的移送,都必须遵循及时性的要求。

移送的对象

在我国,法院、检察院、公安机关通常都被称作司法机关。三机关在行使司法权方面各有分工。《刑事诉讼法》第3条第1款规定:"对刑事案件的侦查、拘留、执行逮捕、预审,由公安机关负责。检察、批准逮捕、检察机关直接受理的案件的侦查、提起公诉,由人民检察院负责。审判由人民法院负责。除法律特别规定的以外,其他任何机关、团体和个人都无权行使这些权力。"这样,行政处罚案件的移送，实际上是依照三机关各自不同的司法管辖权限而将案件在行政机关和司法机关之间移送。

移送的内容

行政机关及司法机关在移送案件时应当全案移送，同时将所收集的证据材料全部移交。本条规定，行政处罚实施机关与司法机关之间应当加强协调配合，加强证据材料移交、接收衔接。对于行政执法程序中收集的相关证据能否在刑事程序中直接适用，根据《刑事诉讼法》及《公安机关办理刑事案件程序规定》，主要有直接适用和重新收集两种形式。在行政执法与刑事司法行刑衔接中，行政证据的合理高效使用制度还有待司法实践进一步完善。

链接《行政执法机关移送涉嫌犯罪案件的规定》；《公安机关办理行政案件程序规定》；《公安机关受理行政执法机关移送涉嫌犯罪案件规定》；《最高人民检察院关于推进行政执法与刑事司法衔接工作的规定》

第二十八条 【改正违法行为及没收违法所得】行政机关实施行政处罚时，应当责令当事人改正或者限期改正违法行为。

当事人有违法所得，除依法应当退赔的外，应当予以没收。违法所得是指实施违法行为所取得的款项。法律、行政法规、部门规章对违法所得的计算另有规定的，从其规定。

注释 在执法实践中，关于违法所得的相关法律、行政法规及规章众多，对于违法所得也有不同的处理方式，比如，《食品安全法》规定直接没收违法所得，《保险法》规定没收违法所得与以违法所得为基数的罚款并处，《民办教育促进法》规定以退还为前提没收违法所得，《证券投资基金法》规定以违法所得作为罚款数额的依据，《财政违法行为处罚处分条例》规定限期退还违法所得等多种不同处理方式。本条第2款规定，"法律、行政法规、部门规章对违法所得的计算另有规定的，从其规定"，据此，本法对法律、行政法规及部门规章所规定的这些处理方式均予以认可。

第二十九条 【同一行为不得重复处罚】对当事人的同一个违法行为，不得给予两次以上罚款的行政处罚。同一个违法行为违反多个法律规范应当给予罚款处罚的，按照罚款数额高的规定处罚。

注释 一事不二罚

本条规定含有两层意思：(1)对当事人的同一个违法行为，可能存在两次以上的行政处罚；(2)对当事人同一个违法行为需要给予两次以上行政处罚的，不允许给予两次以上的罚款处罚。但是，以下几种情况不受本条规定的限制：(1)行政机关作出的罚款处罚因为法定事由被撤销，但根据具体情况仍需要对违法行为进行处理的，行政机关依法重新作出罚款的处罚。(2)行政机关对违法行为同时适用罚款和其他处罚，罚款执行后，其他处罚出于客观原因无法执行，于是行政机关依法将其他处罚变更为罚款。(3)行政机关作出罚款决定后，行为人有能力履行而拒不履行的，行政机关依法提高原罚款数额。

实务问答如何理解"按照罚款数额高的规定处罚"？

如何理解"按照罚款数额高的规定处罚"？是不同行政机关分别履行行政程序，明确拟罚款的金额之后，互相协商比较，再作出一个数额较高的处罚，还是直接比较两种违法行为法律责任中罚款的幅度？实务中，出于行政效率和可操作性的考量，应当理解为后者为宜。例如，甲规范的罚款幅度是5000元到10000元，乙规范的处罚幅度是1000元到50000元，则应当按照乙规范的规定处罚。如此，也更符合本条后半句的语义。但是，乙规范所授权的行政机关在裁量罚款金额时，应当将甲规范的罚款幅度也纳入裁量要素予以考虑，一般不得低于甲规范的处罚幅度下限。

上述情形主要适用于同步启动的行政程序。如果适用甲规范的行政程序已经完成，行政机关不知道乙规范的存在，已经作出了罚款决定，则出于法秩序安定的考虑，没有必要把已作出的罚款决定撤销，再由适用乙规范的行政机关启动行政程序作出数额更高的罚款决定。换句话说，适用乙规范的行政机关应当受到本条第一句的拘束，而无适用本条第二句的空间。但是，适用乙规范的行政机关可以通过内部行政方式告知适用甲规范的行政机关。

第三十条 【对未成年人处罚的限制】不满十四周岁的未成年人有违法行为的，不予行政处罚，责令监护人加以管教；已满十四周岁不满十八周岁的未成年人有违法行为的，应当从轻或者减轻行政处罚。

注释 "已满"和"不满"

2021年修订后的《行政处罚法》的附则部分没有对"以上""以下""不满"等用语进行定义，因此对"已满"和"不满"的理解适用应当遵循语义解释的一般规则。《民法典》第13条规定"自然人从出生时起到死亡时止"。第17条规定："十八周岁以上的自然人为成年人。不满十八周岁的自然人为未成年人。"因此，自然人在14周岁生日当天实施违法行为的，不能适用"不予行政处罚"的规定；自然人在18周岁生日当天实施违法行为的，不能适用"应当从轻或者减轻行政处罚"的规定。

关于应当从轻或者减轻行政处罚的适用问题

针对已满14周岁不满18周岁的未成年人实施的违法行为，本条在从轻或者减轻行政处罚之前增加了"应当"二字。从立法技术角度，这一规定更加规范。本条适用时需要注意，"应当"二字既修饰"从轻或者减轻行政处罚"，即相对于成年人实施相同违法行为的处罚，应当从轻或者减轻；同时，"应当"也修饰"行政处罚"，即相对于不满14周岁的未成年人，已满14周岁不满18周岁的未成年人实施违法行为的，不能不予处罚。

链接 《治安管理处罚法》第12、21条

第三十一条 【精神病人及限制性精神病人处罚的限制】 精神病人、智力残疾人在不能辨认或者不能控制自己行为时有违法行为的，不予行政处罚，但应当责令其监护人严加看管和治疗。间歇性精神病人在精神正常时有违法行为的，应当给予行政处罚。尚未完全丧失辨认或者控制自己行为能力的精神病人、智力残疾人有违法行为的，可以从轻或者减轻行政处罚。

注释 精神病人、智力残疾人不承担行政处罚责任的原因在于其不具备识别和避免风险发生的能力，不构成行政违法行为。精神病人、智力残疾人、间歇性精神病人在不能辨认或者不能控制自己行为时有违法行为的，违法行为相关的违禁品，有关行政机关可以依法予以收缴。

链接 《治安管理处罚法》第13条；《民法典》第28、36条

第三十二条 【从轻、减轻处罚的条件】 当事人有下列情形之一，应当从轻或者减轻行政处罚：

（一）主动消除或者减轻违法行为危害后果的；

（二）受他人胁迫或者诱骗实施违法行为的；

（三）主动供述行政机关尚未掌握的违法行为的；

（四）配合行政机关查处违法行为有立功表现的；

（五）法律、法规、规章规定其他应当从轻或者减轻行政处罚的。

注释 **从轻处罚**

从轻处罚，是指行政机关在法定的处罚方式和处罚幅度内，对有违法行为的当事人在数种处罚方式所允许的幅度内适用较低限的处罚。从轻处罚并不是绝对要适用最轻的处罚方式和最低的处罚幅度，而是由行政机关在具体的违法案件中，根据法定或者酌定的从轻情节予以裁量。

减轻处罚

减轻处罚，是指行政机关对有违法行为的当事人在法定的处罚幅度最低限以下适用行政处罚。减轻处罚是对当事人科以低于法定最低限的处罚，但减轻处罚不是毫无限制地减轻，它必须是有减轻处罚的情节，而且体现过罚相当的原则。在程度上，它应位于从轻处罚与免除处罚之间，而不得逾越这一范围，处罚减轻的程度不得达到免除处罚的程度。

主动供述行政机关尚未掌握的违法行为

这里所说"主动供述行政机关尚未掌握的违法行为"，既包括在行政机关尚未发现违法行为人之前主动向行政机关供述自己的违法行为，也包括在被行政机关调查后主动供述行政机关尚未掌握的自己的其他违法行为。如果供述的是行政机关尚未掌握的他人的违法行为则不属于这种情况，符合立功条件的，按照本条第4项处理。主动供述违法行为表现了违法行为人改恶向善的意愿，相对于负隅顽抗甚至故意编造谎言误导行政机关调查工作的违法行为人而言，更易于教育，适用较轻的行政处罚即可达到处罚目的。应当注意的是，实践中有的违法行为人供述违法事实后，对自己的行为性质进行辩解，这种情况可以视为陈述或申辩，不影响供述情节的成立。

链接 《治安管理处罚法》第19、20条；《公安机关办理行政案件程序规定》第159条；《价格违法行为行政处罚规定》第17条；《安全生产违法行为行政处罚办法》第55、56条；《交通运输部关于规范交通运输行政处罚自由裁量权的若干意见》；《规范环境行政处罚自由裁量权若干意见》

第三十三条 【不予处罚的条件】违法行为轻微并及时改正,没有造成危害后果的,不予行政处罚。初次违法且危害后果轻微并及时改正的,可以不予行政处罚。

当事人有证据足以证明没有主观过错的,不予行政处罚。法律、行政法规另有规定的,从其规定。

对当事人的违法行为依法不予行政处罚的,行政机关应当对当事人进行教育。

注释 不予处罚

不予处罚,是指行政主体依照法律、法规的规定,因为有法定事由存在,对本应给予处罚的违法行为人免除对其适用行政处罚。

初次违法

初次违法,是指当事人第一次实施违法行为。如果当事人存在多次违法的情况,即便违法行为轻微、及时纠正且没有危害后果,行政机关一般也不能不予行政处罚。

链接《治安管理处罚法》第21条;《公安机关办理行政案件程序规定》第157、158条

第三十四条 【行政处罚裁量基准】行政机关可以依法制定行政处罚裁量基准,规范行使行政处罚裁量权。行政处罚裁量基准应当向社会公布。

注释 行政裁量

行政裁量是行政主体在适用法律规范裁断个案时由于法律规范与案件事实之间的差异而享有的由类推法律要件、补充法律要件进而确定法律效果的自由,简言之,行政机关有事实裁量和效果裁量两类裁量权。

行政机关实施行政管理,应当遵循公平、公正的原则。要平等对待行政管理相对人,不偏私、不歧视。行使自由裁量权应当符合法律目的,排除不相关因素的干扰;所采取的措施和手段应当必要、适当;行政机关实施行政管理可以采用多种方式实现行政目的的,应当避免采用损害当事人权益的方式。

链接《国务院办公厅关于进一步规范行政裁量权基准制定和管理工作的意见》

第三十五条 【刑罚的折抵】违法行为构成犯罪,人民法院判处拘役或者有期徒刑时,行政机关已经给予当事人行政拘留的,应当依法折抵相应刑期。

违法行为构成犯罪,人民法院判处罚金时,行政机关已经给予当事人罚款的,应当折抵相应罚金;行政机关尚未给予当事人罚款的,不再给予罚款。

注释 刑事责任优先原则

行政处罚案件实施过程中,违法行为构成犯罪的,应当中止行政处罚程序,根据《行政执法机关移送涉嫌犯罪案件的规定》等规定及时移送。

同类处罚措施可以折抵

本条的目的是避免同一违法行为受到两次评价,这是广义的"一事不二罚",或者是"禁止双重评价"。拘役或者有期徒刑、行政拘留都属于人身自由方面的惩戒,折抵可以一日折抵一日,罚款和罚金也可以直接折抵。

链接《治安管理处罚法》第92条;《行政执法机关移送涉嫌犯罪案件的规定》第11条

第三十六条 【处罚的时效】违法行为在二年内未被发现的,不再给予行政处罚;涉及公民生命健康安全、金融安全且有危害后果的,上述期限延长至五年。法律另有规定的除外。

前款规定的期限,从违法行为发生之日起计算;违法行为有连续或者继续状态的,从行为终了之日起计算。

注释 违法行为的连续状态

违法行为有连续状态,是指当事人基于同一个违法故意,连续实施数个独立的行政违法行为,并触犯同一个行政处罚规定的情形。如在相隔不太长的时间里多次贩卖盗版光碟,或者多次制造假酒等情况,就属于违法行为有连续状态。

违法行为的继续状态

违法行为有继续状态,是指行为人的一个违法行为实施后,该行为及其造成的不法状态处于不间断持续的状态。如违规搭建棚屋或其他建筑物、开设地下赌场等。

未被发现

本条规定的发现违法违纪行为的主体是处罚机关或有权处罚的机关,公安、检察、法院、纪检监察机关和司法行政机关都是行使社会公权力的机关,对违法违纪行为的发现都应当具有《行政处罚法》规定的法律效力。因此上述任何一个机关对违法违纪行为只要启动调查、取证和立案程序,均可视为"发现";群众举报后被认定属实的,发现时间以举报时间为准。

对于违法建筑物,即使没有被有关行政机关发现,但是违法的状态在持续之中,应随时发现随

时处理。只要违法建筑物存在，就不受"二年内未发现"的限制。

长期追诉时效

长期追诉时效为5年。"公民生命健康安全、金融安全等"列入5年追诉时效是为了加大对重大违法行为的惩戒。

时效的特别规定

(1)违反治安管理行为在6个月内没有被公安机关发现的,不再处罚。(2)违反税收法律、行政法规应当给予行政处罚的行为,在5年内未被发现的,不再给予行政处罚。

链接《治安管理处罚法》第22条;《税收征收管理法》第86条

第三十七条 【法不溯及既往】 实施行政罚,适用违法行为发生时的法律、法规、规章的规定。但是,作出行政处罚决定时,法律、法规、规章已被修改或者废止,且新的规定处罚较轻或者不认为是违法的,适用新的规定。

注释 法不溯及既往原则是基本原则。本条采用从旧兼从轻原则,即原则上适用旧法,但新法对行为人有利时,适用新法,体现了对当事人权益的保障。

第三十八条 【行政处罚的无效】 行政处罚没有依据或者实施主体不具有行政主体资格的,行政处罚无效。

违反法定程序构成重大且明显违法的,行政处罚无效。

注释 **主体资格**

行政机关必须在本机关职权范围内实施,超出自己机关的职权实施行政处罚的,行政处罚无效。行政机关之外的其他组织,应当具有法律、行政法规、地方性法规的授权。除了以上按照职权执法之外,还有委托执法,受委托组织也可以以委托主体的名义开展执法。

程序违法

程序影响行政处罚行为效力的限度是"重大且明显违法"。《行政诉讼法》第75条规定:"行政行为有实施主体不具有行政主体资格或者没有依据等重大且明显违法情形,原告申请确认行政行为无效的,人民法院判决确认无效。"第76条规定:"人民法院判决确认违法或者无效的,可以同时判决责令被告采取补救措施;给原告造成损失的,依法判决被告承担赔偿责任。"此外,第74条

规定,行政行为程序轻微违法,但对原告权利不产生实际影响的,人民法院判决确认违法,但不撤销行政行为。

第五章 行政处罚的决定

第一节 一般规定

第三十九条 【信息公示】 行政处罚的实施机关、立案依据、实施程序和救济渠道等信息应当公示。

注释 **事前公示**

本条规定的是事前公示。《国务院办公厅关于全面推行行政执法公示制度执法全过程记录制度重大执法决定法制审核制度的指导意见》规定,行政执法机关要统筹推进行政执法事前公开与政府信息公开、权责清单公布、"双随机、一公开"监管等工作。全面准确及时主动公开行政执法主体、人员、职责、权限、依据、程序、救济渠道和随机抽查事项清单等信息。根据有关法律法规,结合自身职权职责,编制并公开本机关的服务指南、执法流程图,明确执法事项名称、受理机构、审批机构、受理条件、办理时限等内容。公开的信息要简明扼要、通俗易懂,并及时根据法律法规及机构职能变化情况进行动态调整。

第四十条 【处罚的前提】 公民、法人或者其他组织违反行政管理秩序的行为,依法应当给予行政处罚的,行政机关必须查明事实;违法事实不清、证据不足的,不得给予行政处罚。

注释 **查明事实**

(1)查明违法行为主体是一人或几个人(法人或者其他组织),行为主体是否具有责任能力;

(2)是在什么时间实施的行为,是否超过追究时效;

(3)是在什么地点实施的行为;

(4)行为的具体情况、过程等;

(5)行为造成了什么样的结果。

链接《治安管理处罚法》第93条

第四十一条 【电子技术监控设备的适用】 行政机关依照法律、行政法规规定利用电子技术监控设备收集、固定违法事实的,应当经过法制和技术审核,确保电子技术监控设备符合标准、设置合理、标志明显,设置地点应当向社会公布。

电子技术监控设备记录违法事实应当真实、

清晰、完整、准确。行政机关应当审核记录内容是否符合要求;未经审核或者经审核不符合要求的,不得作为行政处罚的证据。

行政机关应当及时告知当事人违法事实,并采取信息化手段或者其他措施,为当事人查询、陈述和申辩提供便利。不得限制或者变相限制当事人享有的陈述权、申辩权。

注释 设定电子技术监控设备必须经过法制和技术审核。实践中,注意与本法第50条关于国家秘密、商业秘密和个人隐私的保密规定结合起来适用。《民法典》第1039条规定:"国家机关、承担行政职能的法定机构及其工作人员对于履行职责过程中知悉的自然人的隐私和个人信息,应当予以保密,不得泄露或者向他人非法提供。"

电子技术监控设备记录具有证据效力的前提是,满足证据的真实性、关联性、合法性要求,"真实、清晰、完整、准确"是具体标准。鉴于电子技术监控设备记录可能存在瑕疵,因此,本条规定了"人机结合",目的是通过执法人员的审核,确保其符合证据的基本要求。实践中,注意与本法第58条关于处罚决定法制审核的规定结合起来适用。

在此情形下,行政机关的告知义务和当事人的查询、陈述和申辩权是法定权利。未履行相关程序的,根据本法第38条的规定,相关行政处罚行为可以被认定为无效。与普通程序不同,当事人拥有查询权。

链接《民法典》第1039条

第四十二条 【执法人员要求】行政处罚应当由具有行政执法资格的执法人员实施。执法人员不得少于两人,法律另有规定的除外。

执法人员应当文明执法,尊重和保护当事人合法权益。

注释 不是行政机关所有的工作人员都有权开展执法活动。行政机关的在职在编的工作人员,且必须具有行政执法人员才能够执法。行政执法人员是通过行政执法资格认证,取得行政执法证件,在法定职权范围内从事行政执法活动的人员。

文明执法是我国对行政执法的基本要求之一,保障当事人合法权益是基本原则之一。文明执法要求加强内部管理,健全纪律约束机制,加强行政执法人员思想建设、作风建设。行政执法所采取的措施和手段必要、适当;行政机关实施行政管理可以采用多种方式实现行政目的的,应当避免采用损害当事人权益的方式实施处罚。

第四十三条 【回避】执法人员与案件有直接利害关系或者有其他关系可能影响公正执法的,应当回避。

当事人认为执法人员与案件有直接利害关系或者有其他关系可能影响公正执法的,有权申请回避。

当事人提出回避申请的,行政机关应当依法审查,由行政机关负责人决定。决定作出之前,不停止调查。

注释 回避是程序正当的基本要求。行政机关工作人员履行职责,与行政管理相对人存在利害关系时,应当回避。应当回避而没有回避的,应当适用本法第38条的规定,行政处罚无效。

回避的情形包括行政执法人员是当事人或者代理人的配偶、父母、子女、兄弟姐妹、祖父母、外祖父母、孙子女、外孙子女等近亲属,伯叔姑舅姨、兄弟姐妹、堂兄弟姐妹、表兄弟姐妹、侄子女、甥子女等三代以内旁系血亲关系,朋友、同学等其他关系密切人员,以及与本案有利益冲突等可能影响公正执法的人员。

第四十四条 【行政机关的告知义务】行政机关在作出行政处罚决定之前,应当告知当事人拟作出的行政处罚内容及事实、理由、依据,并告知当事人依法享有的陈述、申辩、要求听证等权利。

注释 告知事项

根据本条的规定,行政机关应当告知当事人如下事项:(1)拟作出的行政处罚内容及事实、理由这种事实必须清楚、明确,而且必须有相应的证据证明。(2)拟作出的行政处罚的依据。即行政机关是根据哪一部法律、法规、规章的哪些具体规定作出行政处罚的。(3)当事人依法享有的权利。按照本法规定,当事人有如下权利:①陈述权和包括听证在内的申辩权。当事人可以陈述自己的理由,依法要求举行听证会,就事实和法律的适用等为自己申辩。②申请行政复议或提起行政诉讼的权利。③要求行政赔偿的权利。公民、法人或者其他组织因行政机关违法给予行政处罚受到损害的,有权依法获得赔偿。

第四十五条 【当事人的陈述权和申辩权】当事人有权进行陈述和申辩。行政机关必须充分听取当事人的意见,对当事人提出的事实、理由和证据,应当进行复核;当事人提出的事实、理由或者证据成立的,行政机关应当采纳。

行政机关不得因当事人陈述、申辩而给予更重的处罚。

注释 陈述、申辩、要求听证等是当事人的权利,当事人可以放弃。陈述、申辩过程中,当事人提出的事实、理由和证据成立的,行政机关要予以采纳。本法第33条第2款规定了过错推定条款,当事人要证明自己没有主观过错的,可以在陈述、申辩过程中提出。

为了保护当事人充分行使陈述权、申辩权,本条规定了陈述、申辩不加罚,类似于刑事诉讼过程中的"上诉不加刑"。

链接 《治安管理处罚法》第94条;《道路交通安全法实施条例》第110条

第四十六条 【证据】证据包括:

（一）书证;

（二）物证;

（三）视听资料;

（四）电子数据;

（五）证人证言;

（六）当事人的陈述;

（七）鉴定意见;

（八）勘验笔录、现场笔录。

证据必须经查证属实,方可作为认定案件事实的根据。

以非法手段取得的证据,不得作为认定案件事实的根据。

注释 证据的种类具体包括:

第一,书证。是指以文字、符号所记录或者表达的思想内容,证明案件事实的文书,如罚款单据、财产没收单据、营业执照、商标注册证、档案、报表、图纸、会计账册、专业技术资料等。

第二,物证。是指用外形、特征、质量等说明案件事实的部分或者全部物品。物证具有较强的客观性、特定性和不可替代性。书证和物证的区别在于,书证以其内容来证明案件事实,物证则以其物质属性和外观特征来证明案件事实。有时同一个物体既可以作物证也可以作书证。

第三,视听资料。是指运用录音、录像等科学技术手段记录下来的有关案件事实和材料,如用手机录制的当事人的谈话、拍摄的当事人形象及活动等。结合《最高人民法院关于行政诉讼证据若干问题的规定》第12条规定,行政机关采用以证明案件事实的录音、录像等视听资料,应当符合下列要求:(1)提供有关资料的原始载体,提供原始载体确有困难的,可以提供复制件;(2)注明制作方法、制作时间、制作人和证明对象等;(3)声音资料应当附有该声音内容的文字记录。难以识别是否经过修改的视听资料,不能单独作为定案依据。同时,行政机关利用电子技术监控设备形成的视听资料,还应符合本法第41条的相关规定。

第四,电子数据。是指以数字化形式存储、处理、传输的数据。《最高人民法院关于民事诉讼证据的若干规定》第14条规定,电子数据包括下列信息、电子文件:(1)网页、博客、微博客等网络平台发布的信息;(2)手机短信、电子邮件、即时通信、通讯群组等网络应用服务的通信信息;(3)用户注册信息、身份认证信息、电子交易记录、通信记录、登录日志等信息;(4)文档、图片、音频、视频、数字证书、计算机程序等电子文件;(5)其他以数字化形式存储、处理、传输的能够证明案件事实的信息。

第五,证人证言。是指证人以口头或者书面方式向行政机关所作的对案件事实的陈述。凡是知道案件情况,可以真实表述的人,都可以成为证人。

第六,当事人的陈述。是指当事人就自己所经历的案件事实,向行政机关所作的叙述、承认和辩解。当事人主要包括违法行为人及受害人。

第七,鉴定意见。是指鉴定机构或者行政机关指定具有专门知识或者技能的人,对案件中出现的专门性问题,通过分析、检验、鉴别等方式作出的书面意见。

第八,勘验笔录、现场笔录。勘验笔录是指行政机关对能够证明案件事实的现场的物证,就地进行分析、检验、勘查后作出的记录。

根据《最高人民法院关于适用〈中华人民共和国行政诉讼法〉的解释》第43条的规定,有下列情形之一的,属于"以非法手段取得的证据":(1)严重违反法定程序收集的证据材料;(2)以违反法律强制性规定的手段获取且侵害他人合法权益的证据材料;(3)以利诱、欺诈、胁迫、暴力等手段获取的证据材料。

链接 《最高人民法院关于行政诉讼证据若干问题的规定》;《最高人民法院关于民事诉讼证据的若干规定》

第四十七条 【行政处罚全过程记录】行政机关应当依法以文字、音像等形式,对行政处罚的启动、调查取证、审核、决定、送达、执行等进行全过程记录,归档保存。

注释 行政执法全过程记录是行政执法活动合法有效的重要保证。行政执法机关要通过文字、音像等记录形式,对行政执法的启动、调查取证、审核、决定、送达、执行等全部过程进行记录,并全面系统归档保存,做到执法全过程留痕和可回溯管理。

文字记录

文字记录是以纸质文件或电子文件形式对行政执法活动进行全过程记录的方式。主要包括对行政处罚程序的立案审批、调查取证、行政处罚事先告知书、听证告知书、听证笔录、鉴定意见、法制审核过程、处罚决定、文书送达过程等的记录。

音像记录

音像记录是通过照相机、录音机、摄像机、执法记录仪、视频监控等记录设备,实时对行政执法过程进行记录的方式。行政机关应建立健全执法音像记录管理制度,明确执法音像记录的设备配备、使用规范、记录要素、存储应用、监督管理等要求。

链接 《公安机关办理行政案件程序规定》第52条;《生态环境行政处罚办法》第78-80条;《国务院办公厅关于全面推行行政执法公示制度执法全过程记录制度重大执法决定法制审核制度的指导意见》

第四十八条 【行政处罚决定公示制度】具有一定社会影响的行政处罚决定应当依法公开。

公开的行政处罚决定被依法变更、撤销、确认违法或者确认无效的,行政机关应当在三日内撤回行政处罚决定信息并公开说明理由。

注释 本条规定的行政处罚决定公示制度,制度设计来源于《国务院办公厅关于全面推行行政执法公示制度执法全过程记录制度重大执法决定法制审核制度的指导意见》和《政府信息公开条例》第20条等。行政执法公示是保障行政相对人和社会公众知情权、参与权、表达权、监督权的重要措施。行政执法机关要在执法决定作出之日起20个工作日内,向社会公布执法机关、执法对象、执法类别、执法结论等信息,接受社会监督,行政许可、行政处罚的执法决定信息要在执法决定作出之日起7个工作日内公开,但法律、行政法规另有规定的除外。根据《政府信息公开条例》第20条,本行政机关认为具有一定社会影响的行政处罚决定,属于主动公开的范围。

链接 《自然资源行政处罚办法》第40条;《政府信息公开条例》第23、24、25条;《国务院办公厅关于全面推行行政执法公示制度执法全过程记录制度重大执法决定法制审核制度的指导意见》;《市场监督管理行政处罚信息公示规定》第13条

第四十九条 【突发事件应对】发生重大传染病疫情等突发事件,为了控制、减轻和消除突发事件引起的社会危害,行政机关对违反突发事件应对措施的行为,依法快速、从重处罚。

注释 突发事件是指突然发生,造成或者可能造成严重社会危害,需要采取应急处置措施予以应对的自然灾害、事故灾难、公共卫生事件和社会安全事件。按照社会危害程度、影响范围等因素,自然灾害、事故灾难、公共卫生事件分为特别重大、重大、较大和一般四级。在此状态下,"快速、从重处罚"的目的是减轻社会危害后果,充分发挥行政处罚的矫正和预防功能。

链接 《突发事件应对法》;《传染病防治法》;《突发公共卫生事件应急条例》;《国家突发公共卫生事件应急预案》

第五十条 【保密义务】行政机关及其工作人员对实施行政处罚过程中知悉的国家秘密、商业秘密或者个人隐私,应当依法予以保密。

注释 **国家秘密**

根据《保守国家秘密法》第2条、第9条的规定,国家秘密是指关系国家安全和利益,依照法定程序确定,在一定时间内只限一定范围的人员知悉的事项。具体内容包括:(1)国家事务重大决策中的秘密事项;(2)国防建设和武装力量活动中的秘密事项;(3)外交和外事活动中的秘密事项以及对外承担保密义务的秘密事项;(4)国民经济和社会发展中的秘密事项;(5)科学技术中的秘密事项;(6)维护国家安全活动和追查刑事犯罪中的秘密事项;(7)经国家保密行政管理部门确定的其他秘密事项。政党的秘密事项中符合上述规定的,属于国家秘密。

商业秘密

根据《反不正当竞争法》第9条第4款的规定,商业秘密是指不为公众所知悉、具有商业价值并经权利人采取相应保密措施的技术信息、经营

信息等商业信息。根据《最高人民法院关于审理侵犯商业秘密民事案件适用法律若干问题的规定》第1条的规定,技术信息是指与技术有关的结构、原料、组分、配方、材料、样品、样式、植物新品种繁殖材料、工艺、方法或其步骤、算法、数据、计算机程序及其有关文档等信息。经营信息是指与经营活动有关的创意、管理、销售、财务、计划、样本、招投标材料、客户信息、数据等信息。判断权利人是否采取了相应保密措施,可以根据商业秘密及其载体的性质、商业秘密的商业价值、保密措施的可识别程度、保密措施与商业秘密的对应程度以及权利人的保密意愿等因素综合认定。

个人隐私

隐私是指自然人的私人生活安宁和不愿为他人知晓的私密空间、私密活动、私密信息。自然人享有隐私权,任何组织或者个人不得以刺探、侵扰、泄露、公开等方式侵害他人的隐私权。自然人的个人信息受法律保护。个人信息是指以电子或者其他方式记录的能够单独或者与其他信息结合识别特定自然人的各种信息,包括自然人的姓名、出生日期、身份证件号码、生物识别信息、住址、电话号码、电子邮箱、健康信息、行踪信息等。

链接《民法典》第1032、1034、1039条;《保守国家秘密法》第2、9条;《反不正当竞争法》第9条;《最高人民法院关于审理侵犯商业秘密民事案件适用法律若干问题的规定》第1、5条;《政府信息公开条例》第14、15条;《公职人员政务处分法》第39条;《刑法》第219、253、398条

第二节 简易程序

第五十一条 【当场处罚的情形】违法事实确凿并有法定依据,对公民处以二百元以下、对法人或者其他组织处以三千元以下罚款或者警告的行政处罚的,可以当场作出行政处罚决定。法律另有规定的,从其规定。

注释 **当场处罚的条件**

1. 违法的事实确凿。一般来说,当场处罚的行政违法行为具有案情简单、事实清楚、证据确凿的特点,因此执法人员比较容易查明事实真相。

2. 当场处罚须有法定的依据。对当场处罚的行为,必须有法律、行政法规或者规章的规定,而且这些规定应符合本法规定。

3. 仅限于对公民处以200元以下、对法人或者其他组织处以3000元以下罚款或者警告的行政处罚。

链接《治安管理处罚法》第100条;《道路交通安全法》第107条

案例 贝某丰诉海宁市公安局交通警察大队道路交通管理行政处罚案(最高人民法院指导案例90号)

裁判规则:贝某丰驾驶案涉车辆沿海宁市西山路行驶,遇行人正在通过人行横道,未停车让行。海宁交警大队执法交警当场将案涉车辆截停,核实了贝某丰的驾驶员身份,适用简易程序向贝某丰口头告知了违法行为的基本事实、拟作出的行政处罚、依据及其享有的权利等,并在听取贝某丰的陈述和申辩后,当场制作并送达了公安交通管理简易程序处罚决定书。

礼让行人是文明安全驾驶的基本要求。机动车驾驶人驾驶车辆行经人行横道,遇行人正在人行横道通行或者停留时,应当主动停车让行,除非行人明确示意机动车先通过。公安机关交通管理部门对不礼让行人的机动车驾驶人依法作出行政处罚的,人民法院应予支持。

第五十二条 【当场处罚的程序】执法人员当场作出行政处罚决定的,应当向当事人出示执法证件,填写预定格式、编有号码的行政处罚决定书,当场交付当事人。当事人拒绝签收的,应当在行政处罚决定书上注明。

前款规定的行政处罚决定书应当载明当事人的违法行为,行政处罚的种类和依据、罚款数额、时间、地点,申请行政复议、提起行政诉讼的途径和期限以及行政机关名称,并由执法人员签名或者盖章。

执法人员当场作出的行政处罚决定,应当报所属行政机关备案。

注释 当场作出行政处罚决定的,必须用有号码的格式文书、事后还要备案,送达方式是当场直接送达。执法文书不能省略违法行为,必须告知当事人救济权。根据《行政复议法》第12条,对县级以上地方各级人民政府工作部门的具体行政行为不服的,申请人可以选择向该部门的本级人民政府或者上一级主管部门申请行政复议。对海关、金融、国税、外汇管理等实行垂直领导的行政机关和国家安全机关的具体行政行为不服的,向上一级主管部门申请行政复议。

链接 《治安管理处罚法》第101条;《道路交通安全法实施条例》第107-109条

第五十三条 【当场处罚的履行】对当场作出的行政处罚决定,当事人应当依照本法第六十七条至第六十九条的规定履行。

注释 本条是关于履行当场作出的行政处罚决定的规定。当事人签收行政处罚决定书后,该行政处罚决定即发生法律效力,当事人应当依法全面履行行政处罚决定确定的义务。本条规定对简易程序作出的行政处罚决定同样应当遵照本法第67条、第68条、第69条的规定,以决定和收缴相分离为原则、以当场收缴为例外。需要指出的是,无论是决定和收缴分离还是当场收缴罚款,行政机关及其执法人员都必须依法出具国务院财政部门或者省、自治区、直辖市人民政府财政部门统一制发的专用票据。不出具财政部门统一制发的专用票据的,当事人有权拒绝缴纳罚款。

第三节 普通程序

第五十四条 【调查取证与立案】除本法第五十一条规定的可以当场作出的行政处罚外,行政机关发现公民、法人或者其他组织有依法应当给予行政处罚的行为的,必须全面、客观、公正地调查、收集有关证据;必要时,依照法律、法规的规定,可以进行检查。

符合立案标准的,行政机关应当及时立案。

注释 **行政机关收集证据的要求**

所谓全面,就是要收集所有能够证明行政违法行为的证据,既要收集对当事人可以实施行政处罚的证据,也要收集有利于当事人的证据;既要收集原始证据,也要收集传来证据;既要收集直接证据,也要收集间接证据;既要收集书面证据,也要收集口头证据。

所谓客观,就是从客观实际出发,避免先入为主地去收集证据。

所谓公正,主要是指依法实施行政处罚可能要涉及双方当事人,或者当事人有数个,此时收集证据就要做到公正,不能为偏袒某方而在收集证据上失去公正。

应当立案而不予立案

本条第2款的目的是防止行政机关不作为,应当立案而不立案的,依据本法第75条,县级以上人民政府可以主动监督,公民、法人或者其他组织对行政机关实施行政处罚的行为,有权申诉或者检举;行政机关应当认真审查,发现有错误的,应当主动改正。第76条对不立案也在法律责任方面作出了规定。

链接 《行政诉讼法》第70条;《治安管理处罚法》第79条

第五十五条 【出示证件与协助调查】执法人员在调查或者进行检查时,应当主动向当事人或者有关人员出示执法证件。当事人或者有关人员有权要求执法人员出示执法证件。执法人员不出示执法证件的,当事人或者有关人员有权拒绝接受调查或者检查。

当事人或者有关人员应当如实回答询问,并协助调查或者检查,不得拒绝或者阻挠。询问或者检查应当制作笔录。

注释 行政执法人员执法必须出示执法证件,以代表国家公权力,各省、自治区、直辖市所属部门执法人员实施行政处罚的,必须持省级政府颁发的执法证件,国务院部门执法人员执法的,需要持本部门颁发的执法证件。根据《行政强制法》第18条,行政机关实施行政强制措施应当出示执法身份证件。"执法人员不得少于两人"是基本规定,2021年修订时删除,是因为第42条已经规定。

第五十六条 【证据收集程序】行政机关在收集证据时,可以采取抽样取证的方法;在证据可能灭失或者以后难以取得的情况下,经行政机关负责人批准,可以先行登记保存,并应当在七日内及时作出处理决定,在此期间,当事人或者有关人员不得销毁或者转移证据。

注释 **对证据的先行登记保存**

在司法实践中,对先行登记保存证据行为进行审查应注意以下几个方面:一是先行登记保存的证据必须是与违法行为有直接必然关联的证据;二是先行登记保存的证据是行政执法人员收集证据时,在证据可能灭失或者以后难以取得的情况下采取的必要措施,必须具有先行登记保存的必要性;三是证据保存手段应当与证据保存目的相适应,采取适当的手段和方法;四是需要利用涉案物品的实质性特征作为证据,而又不能用其他取证手段代替时,才能对证据先行登记保存,如果可采取询问、拍照、录像、勘验等其他形式收集证明和认定行为人违法事实的证据,就不应采取查封、扣押方式进行先行登记保存;五是是否经行政机关负责人批准,是否在7日内作出了相应处理。

第五十七条 【处罚决定】调查终结,行政机关负责人应当对调查结果进行审查,根据不同情况,分别作出如下决定:

(一)确有应受行政处罚的违法行为的,根据情节轻重及具体情况,作出行政处罚决定;

(二)违法行为轻微,依法可以不予行政处罚的,不予行政处罚;

(三)违法事实不能成立的,不予行政处罚;

(四)违法行为涉嫌犯罪,移送司法机关。

对情节复杂或者重大违法行为给予行政处罚,行政机关负责人应当集体讨论决定。

注释 人民法院对一般行政处罚案件应当审查是否经过行政机关负责人审查,主要审查是否有行政机关负责人相应的书面审查记录。未经行政机关负责人审查而迳行作出行政处罚决定的,该行政处罚决定违法。对复杂、重大的行政处罚案件,应当审查是否经过行政机关负责人集体讨论程序,这里主要审查是否有集体讨论的书面证据。未经行政机关负责人集体讨论的,该行政处罚决定构成重大程序违法,依法应予撤销。

链接《治安管理处罚法》第95条

第五十八条 【法制审核】有下列情形之一,在行政机关负责人作出行政处罚的决定之前,应当由从事行政处罚决定法制审核的人员进行法制审核;未经法制审核或者审核未通过的,不得作出决定:

(一)涉及重大公共利益的;

(二)直接关系当事人或者第三人重大权益,经过听证程序的;

(三)案件情况疑难复杂、涉及多个法律关系的;

(四)法律、法规规定应当进行法制审核的其他情形。

行政机关中初次从事行政处罚决定法制审核的人员,应当通过国家统一法律职业资格考试取得法律职业资格。

注释 审核内容

审核内容包括行政执法主体是否合法,行政执法人员是否具备执法资格;行政执法程序是否合法;案件事实是否清楚,证据是否合法充分;适用法律、法规、规章是否准确,裁量基准运用是否适当;执法是否超越执法机关法定权限;行政执法文书是否完备、规范;违法行为是否涉嫌犯罪、需要移送司法机关;等等。

审核意见

法制审核机构完成审核后,要根据不同情形,提出同意或者存在问题的书面审核意见。行政执法承办机构要对法制审核机构提出的存在问题的审核意见进行研究,作出相应处理后再次报送法制审核。行政执法机关主要负责人是推动落实本机关重大执法决定法制审核制度的第一责任人,对本机关作出的行政执法决定负责。

国家统一法律职业资格

担任法官、检察官、律师、公证员、法律顾问、仲裁员(法律类)及政府部门中从事行政处罚决定审核、行政复议、行政裁决的人员,应当取得国家统一法律职业资格。法律职业资格考试制度是国家统一组织的选拔合格法律职业人才的国家考试制度。现将司法考试制度调整为国家统一法律职业资格考试制度,实行全国统一组织、统一命题、统一标准、统一录取的考试方式,一年一考。

链接《国务院办公厅关于全面推行行政执法公示制度执法全过程记录制度重大执法决定法制审核制度的指导意见》;《国家统一法律职业资格考试实施办法》

第五十九条 【行政处罚决定书的内容】行政机关依照本法第五十七条的规定给予行政处罚,应当制作行政处罚决定书。行政处罚决定书应当载明下列事项:

(一)当事人的姓名或者名称、地址;

(二)违反法律、法规、规章的事实和证据;

(三)行政处罚的种类和依据;

(四)行政处罚的履行方式和期限;

(五)申请行政复议、提起行政诉讼的途径和期限;

(六)作出行政处罚决定的行政机关名称和作出决定的日期。

行政处罚决定书必须盖有作出行政处罚决定的行政机关的印章。

注释 行政处罚的履行方式和期限

行政处罚的履行方式是指当事人以什么行为履行行政处罚,如到指定银行缴纳罚款、拆除违章建筑等。期限是法律规定的或者由行政机关要求、限定当事人履行行政处罚决定的期间,如当事人应当在15日内到指定的银行缴纳罚款,当事人应当在行政机关要求的1个月内拆除违章建筑,等等。当事人不按照行政处罚决定书载明的履行方式和限定的期限履行行政处罚决定,即属于违法,行政机关可以采取执行措施,强制当事人履行处罚决定。

链接 《治安管理处罚法》第96条;《安全生产违法行为行政处罚办法》第30条

第六十条 【行政处罚决定作出期限】行政机关应当自行政处罚案件立案之日起九十日内作出行政处罚决定。法律、法规、规章另有规定的,从其规定。

注释 以前行政处罚案件没有办理时限,规定90日的办理时限,是为了体现效率行政的要求。但证券、农业、生态环保等有些领域的案件办理具有一定特殊性,本条为例外规定留了余地。

超期作出的行政处罚决定属于违反法定程序,对于该行政处罚决定,人民法院应当结合个案具体情况,依法作出裁判,原则上,如对被处罚人未产生实质性的不利影响,存在轻微程序性违法,可判决确认违法。

第六十一条 【送达】行政处罚决定书应当在宣告后当场交付当事人;当事人不在场的,行政机关应当在七日内依照《中华人民共和国民事诉讼法》的有关规定,将行政处罚决定书送达当事人。

当事人同意并签订确认书的,行政机关可以采用传真、电子邮件等方式,将行政处罚决定书等送达当事人。

注释 **送达回证**

送达文书必须有送达回证,由受送达人在送达回证上记明收到日期,签名或者盖章。受送达人在送达回证上的签收日期为送达日期。

送达方式

1. 直接送达。送达文书,应当直接送交受送达人。受送达人是公民的,本人不在交他的同住成年家属签收;受送达人是法人或者其他组织的,应当由法人的法定代表人、其他组织的主要负责人或者该法人、组织负责收件的人签收;受送达人有诉讼代理人的,可以送交其代理人签收;受送达人已向行政机关指定代收人的,送交代收人签收。受送达人的同住成年家属,法人或者其他组织的负责收件的人,诉讼代理人或者代收人在送达回证上签收的日期为送达日期。

2. 留置送达。受送达人或者他的同住成年家属拒绝接收诉讼文书的,送达人可以邀请有关基层组织或者所在单位的代表到场,说明情况,在送达回证上记明拒收事由和日期,由送达人、见证人签名或者盖章,把文书留在受送达人的住所;也可以把文书留在受送达人的住所,并采用拍照、录像等方式记录送达过程,即视为送达。

3. 委托送达。直接送达文书有困难的,可以委托其他机关代为送达。

4. 邮寄送达。邮寄送达的,以回执上注明的收件日期为送达日期。

5. 转交送达。受送达人是军人的,通过其所在部队团以上单位的政治机关转交。受送达人被监禁的,通过其所在监所转交。受送达人被采取强制性教育措施的,通过其所在强制性教育机构转交。

6. 公告送达。受送达人下落不明,或者用其他方式无法送达的,公告送达。自发出公告之日起,经过60日,即视为送达。公告送达,应当在案卷中记明原因和经过。

送达确认书

送达确认书,既可以邮寄送达,也可以通过传真、电子邮件等方式送达,提高了送达效率。以传真、电子邮件等到达受送达人特定系统的日期为送达日期。

链接 《治安管理处罚法》第97条;《民事诉讼法》第87-95条;《最高人民法院关于适用〈中华人民共和国民事诉讼法〉的解释》第130-141条;《海关办理行政处罚案件程序规定》第24-28条;《安全生产违法行为行政处罚办法》第31条

第六十二条 【处罚的成立条件】行政机关及其执法人员在作出行政处罚决定之前,未依照本法第四十四条、第四十五条的规定向当事人告知拟作出的行政处罚内容及事实、理由、依据,或者拒绝听取当事人的陈述、申辩,不得作出行政处罚决定;当事人明确放弃陈述或者申辩权利的除外。

第四节 听证程序

第六十三条 【听证权】行政机关拟作出下列行政处罚决定,应当告知当事人有要求听证的权利,当事人要求听证的,行政机关应当组织听证:

(一)较大数额罚款;

(二)没收较大数额违法所得、没收较大价

非法财物；

（三）降低资质等级、吊销许可证件；

（四）责令停产停业、责令关闭、限制从业；

（五）其他较重的行政处罚；

（六）法律、法规、规章规定的其他情形。

当事人不承担行政机关组织听证的费用。

注释 听证是指在作出行政处罚决定前由行政机关组织的，在调查取证人员、案件当事人及其他利害关系人参加的情况下，听取各方陈述、辩明、对质及证据证明的法定程序。

第六十四条 【听证程序】听证应当依照以下程序组织：

（一）当事人要求听证的，应当在行政机关告知后五日内提出；

（二）行政机关应当在举行听证的七日前，通知当事人及有关人员听证的时间、地点；

（三）除涉及国家秘密、商业秘密或者个人隐私依法予以保密外，听证公开举行；

（四）听证由行政机关指定的非本案调查人员主持；当事人认为主持人与本案有直接利害关系的，有权申请回避；

（五）当事人可以亲自参加听证，也可以委托一至二人代理；

（六）当事人及其代理人无正当理由拒不出席听证或者未经许可中途退出听证的，视为放弃听证权利，行政机关终止听证；

（七）举行听证时，调查人员提出当事人违法的事实、证据和行政处罚建议，当事人进行申辩和质证；

（八）听证应当制作笔录。笔录应当交当事人或者其代理人核对无误后签字或者盖章。当事人或者其代理人拒绝签字或者盖章的，由听证主持人在笔录中注明。

注释 当事人申请听证的期限

2021 年修订了当事人要求听证的期限，原条文规定应当在行政机关告知后 3 日内提出，本条适当延长当事人申请听证的期限至 5 日内，进一步保障当事人的听证权利。这里的"5 日内"是不变期限，本法没有作出可以延长的规定，如果行政相对人超出规定期限行使该权利，不受法律保护。

缺席听证的法律后果

对于当事人申请听证，行政机关已经做好听证的组织工作，通知了时间及地点，当事人及其代理人无正当理由拒不出席听证或者在听证活动进行中未经许可中途退出的，视为当事人放弃听证权利，行政机关终止听证，行政机关可进入下一步处罚程序，体现了行政效率的要求，亦对恶意反复以申请听证为由阻碍行政处罚的行为进行了规制。

链接《治安管理处罚法》第98条；《海关行政处罚实施条例》第49条；《海关办理行政处罚案件程序规定》；《财政行政处罚听证实施办法》；《司法行政机关行政处罚听证程序规定》

第六十五条 【听证结束后的处理】听证结束后，行政机关应当根据听证笔录，依照本法第五十七条的规定，作出决定。

第六章 行政处罚的执行

第六十六条 【履行义务】行政处罚决定依法作出后，当事人应当在行政处罚决定书载明的期限内，予以履行。

当事人确有经济困难，需要延期或者分期缴纳罚款的，经当事人申请和行政机关批准，可以暂缓或者分期缴纳。

注释 自行、主动履行

行政处罚决定生效后，当事人应当自觉履行。判断当事人是否自行、主动履行了处罚决定应从以下三个方面展开：一是当事人是否实际履行。行政处罚决定书依法送达后，当事人应当以自己的实际行动履行行政处罚决定所设定的义务，如缴纳罚款、主动停产停业、改正违法行为等，即以实际的作为或者不作为履行行政处罚决定。二是当事人是否按时履行。通常情况下，行政处罚决定书都会载明当事人履行处罚决定的期限，如在行政处罚决定作出后15日内到指定的银行缴纳罚款等。如果当事人逾期不缴纳罚款，就意味着其已经放弃自愿履行的机会，行政机关便可以采取强制措施，督促或迫使其履行。三是当事人是否完全履行。当事人接到行政处罚决定书后，应当全面履行行政处罚决定的内容，不能只履行其中的一部分。如果行政处罚决定要求当事人缴纳罚款并责令其停产停业，而当事人只缴纳了罚款却没有停产停业，就属于没有完全履行行政处罚决定。

延期、分期缴纳罚款

根据本条规定，行政处罚决定依法作出后，当事人应当在行政处罚决定书载明的期限内予以履行。当事人申请延期或者分期缴纳罚款需要符合以下几个条件：第一，行政机关依法作出了对当事人予以罚款的行政处罚决定，且已经生效。行政机关对当事人作出处罚决定且已经依法向其送达，是该当事人向行政机关申请延期或者分期缴纳罚款的前提。第二，当事人缴纳罚款存在困难。第三，当事人提出申请。第四，行政机关批准。

链接《道路交通安全法》第108条

第六十七条 【罚缴分离原则】作出罚款决定的行政机关应当与收缴罚款的机构分离。

除依照本法第六十八条、第六十九条的规定当场收缴的罚款外，作出行政处罚决定的行政机关及其执法人员不得自行收缴罚款。

当事人应当自收到行政处罚决定书之日起十五日内，到指定的银行或者通过电子支付系统缴纳罚款。银行应当收受罚款，并将罚款直接上缴国库。

注释 电子支付

所谓电子支付是指付款人与收款人之间以非现金的电子形式完成货币交易的行为。当前，我国在5G技术和电子支付方面已经走在世界前列，这种支付手段在提高人们物质文化生活水平方面发挥了重要作用。可以说，电子支付已经影响人民生活的方方面面，完全改变了以往的交易模式。这其中，电子支付也为缴纳罚款提供了便利条件，当事人可以通过移动终端随时完成罚款缴纳行为。

第六十八条 【当场收缴罚款范围】依照本法第五十一条的规定当场作出行政处罚决定，有下列情形之一，执法人员可以当场收缴罚款：

（一）依法给予一百元以下罚款的；

（二）不当场收缴事后难以执行的。

注释 依据本法第51条的规定，执法人员可以依照简易程序依法当场作出行政处罚决定，同时存在下列情形的，可以当场收缴罚款：(1)依法给予100元以下罚款的。(2)不当场收缴罚款事后难以执行的。

链接《治安管理处罚法》第104条

第六十九条 【边远地区当场收缴罚款】在边远、水上、交通不便地区，行政机关及其执法人员依照本法第五十一条、第五十七条的规定作出罚款决定后，当事人到指定的银行或者通过电子支付系统缴纳罚款确有困难，经当事人提出，行政机关及其执法人员可以当场收缴罚款。

注释 本条是关于行政机关及其执法人员可以当场收缴罚款的特殊规定，主要是针对特殊地区收缴罚款所遇到的特殊情况而作出的特别规定。本条既适用于依据简易程序作出的处罚决定，也适用于依据普通程序作出的处罚决定。

依据本条规定，在同时具备以下三个条件的特殊情形下，执法人员才可当场收缴罚款：(1)违法行为地限于边远、水上、交通不便地区。(2)当事人到指定的银行或者通过电子支付系统缴纳罚款确有困难。虽处于边远、水上、交通不便地区，但结合处理案件及当事人的具体情况，如果当事人到指定的银行或通过电子支付系统缴纳罚款不存在困难，执法人员不得当场收缴罚款。(3)当事人自行提出当场缴纳罚款的要求。这是当场收缴罚款的必要条件，如当事人没有提出当场缴纳罚款，其愿意自行到指定的银行或者通过电子支付系统缴纳，执法人员也不得当场收缴罚款。另外，行政机关及其执法人员不得以此为依据，要求或者变相要求当事人"提出"当场缴纳罚款，更不得进行"议价"罚款。

第七十条 【罚款票据】行政机关及其执法人员当场收缴罚款的，必须向当事人出具国务院财政部门或者省、自治区、直辖市人民政府财政部门统一制发的专用票据；不出具财政部门统一制发的专用票据的，当事人有权拒绝缴纳罚款。

注释 本条是关于行政机关及其执法人员当场收缴罚款应出具专用票据的规定。实践中，可从以下三个层面加以把握：一是行政机关及其执法人员当场收缴罚款的，必须使用国务院财政部门或省、自治区、直辖市人民政府财政部门统一制发的专用票据；二是行政机关及其执法人员必须向当事人出具专用票据；三是行政机关及其执法人员当场收缴罚款的，如果不出具或出具的不是国务院财政部门或省、自治区、直辖市人民政府财政部门统一制发的专用票据，当事人有权拒绝缴纳罚款。

链接《治安管理处罚法》第106条

第七十一条 【当场收缴罚款的缴纳期限】执法人员当场收缴的罚款，应当自收缴罚款之日起二日内，交至行政机关；在水上当场收缴的罚款，应当自抵岸之日起二日内交至行政机关；行政机关应当在二日内将罚款缴付指定的银行。

第七十二条 【执行措施】当事人逾期不履行行政处罚决定的,作出行政处罚决定的行政机关可以采取下列措施:

(一)到期不缴纳罚款的,每日按罚款数额的百分之三加处罚款,加处罚款的数额不得超出罚款的数额;

(二)根据法律规定,将查封、扣押的财物拍卖、依法处理或者将冻结的存款、汇款划拨抵缴罚款;

(三)根据法律规定,采取其他行政强制执行方式;

(四)依照《中华人民共和国行政强制法》的规定申请人民法院强制执行。

行政机关批准延期、分期缴纳罚款的,申请人民法院强制执行的期限,自暂缓或者分期缴纳罚款期限结束之日起计算。

注释 行政处罚决定作出后,当事人本应自觉履行,如果当事人未能主动履行,则涉及行政处罚的强制执行问题。关于行政处罚强制的执行方式,按执行主体划分,有行政机关强制执行和申请人民法院强制执行两类;按执行方式划分,有通过加处罚款等方式迫使当事人履行的间接执行方式,也有直接拍卖、处理查封、扣押财产等直接执行方式。行政机关是直接强制执行,还是申请人民法院强制执行,关键在于行政机关对于特定的行政处罚决定有无法定的强制执行权。本条分别规定了加处罚款,拍卖、处理查封、扣留财产或划拨冻结存款、汇款,法律规定的其他方式,申请人民法院强制执行等四种执行方式,前三种方式均属于行政机关强制执行。

链接 《道路交通安全法》第109条;《最高人民法院关于适用〈中华人民共和国行政诉讼法〉的解释》第152-161条;《全国人民代表大会常务委员会法制工作委员会关于环保部门就环境行政处罚决定申请人民法院强制执行的期限有关问题的答复》

第七十三条 【不停止执行及暂缓执行】当事人对行政处罚决定不服,申请行政复议或者提起行政诉讼的,行政处罚不停止执行,法律另有规定的除外。

当事人对限制人身自由的行政处罚决定不服,申请行政复议或者提起行政诉讼的,可以向作出决定的机关提出暂缓执行申请。符合法律规定情形的,应当暂缓执行。

当事人申请行政复议或者提起行政诉讼的,加处罚款的数额在行政复议或者行政诉讼期间不予计算。

第七十四条 【没收的非法财物的处理】除依法应当予以销毁的物品外,依法没收的非法财物必须按照国家规定公开拍卖或者按照国家有关规定处理。

罚款、没收的违法所得或者没收非法财物拍卖的款项,必须全部上缴国库,任何行政机关或者个人不得以任何形式截留、私分或者变相私分。

罚款、没收的违法所得或者没收非法财物拍卖的款项,不得同作出行政处罚决定的行政机关及其工作人员的考核、考评直接或者变相挂钩。除依法应当退还、退赔的外,财政部门不得以任何形式向作出行政处罚决定的行政机关返还罚款、没收的违法所得或者没收非法财物拍卖的款项。

注释 只有将罚没收入与行政机关及其工作人员的利益割裂开来,才能使行政处罚权的行使具备公正性。一方面要使没收入所得的款项与行政机关及其工作人员的考核、考评脱钩;另一方面要充分保障行政机关运行及开展行政管理的经费,将其与实施行政处罚获得的款项独立开来。本法规定罚款、没收的违法所得或者没收非法财物拍卖的款项,不得作为作出行政处罚决定的行政机关及其工作人员考核、考评的标准或依据,财政部门不得以任何形式返还罚款、没收的违法所得或者返还没收非法财物的拍卖款项,为禁止性条款,是对行政机关及财政部门的规范约束,违反上述规定的,还应当承担本法第78条规定的法律责任。

第七十五条 【监督检查】行政机关应当建立健全对行政处罚的监督制度。县级以上人民政府应当定期组织开展行政执法评议、考核,加强对行政处罚的监督检查,规范和保障行政处罚的实施。

行政机关实施行政处罚应当接受社会监督。公民、法人或者其他组织对行政机关实施行政处罚的行为,有权申诉或者检举;行政机关应当认真审查,发现有错误的,应当主动改正。

注释 行政处罚监督是指依法享有监督权的国家机关、社会组织和公民对行使行政处罚设定和实施权的机关及其工作人员的行政处罚设定和实施行为的合法性所实施的监督。通过明确行政处的监督主体、监督对象、监督内容、监督权等,建立行政处罚的监督制度。行政处罚的监督包括行政机关内部监督、社会监督、行政复议、行政诉讼等制度,本条所规定的行政处罚监督包含行政机关内部监督及社会监督。

链接 《治安管理处罚法》第114条;《道路交通安全法》第84条;《道路交通安全法实施条例》第98、100、101条

第七章 法律责任

第七十六条 【上级行政机关的监督】行政机关实施行政处罚,有下列情形之一,由上级行政机关或者有关机关责令改正,对直接负责的主管人员和其他直接责任人员依法给予处分:

(一)没有法定的行政处罚依据的;

(二)擅自改变行政处罚种类、幅度的;

(三)违反法定的行政处罚程序的;

(四)违反本法第二十条关于委托处罚的规定的;

(五)执法人员未取得执法证件的。

行政机关对符合立案标准的案件不及时立案的,依照前款规定予以处理。

注释 **执法人员未取得执法证件的**

根据本法第42条的规定,行政处罚应当由具有行政执法资格的执法人员实施。代表行政机关实施行政处罚措施的必须是具备行政执法资格的行政执法人员,其他人员不得实施。在具体执法中,部分执法人员是聘用的合同工、临时工、协管等,均不具备执法资格,有的行政机关也以此作为不承担法律责任的借口,这不符合法治政府建设的要求。国务院发布的《全面推进依法行政实施纲要》《国务院关于加强市县政府依法行政的决定》规定,健全行政执法人员资格制度,对拟上岗行政执法的人员要进行相关法律知识考试,经考试合格的才能授予其行政执法资格、上岗行政执法,没有取得执法资格的不得从事行政执法工作。如果行政机关派出不具备资格的行政执法人员实施行政处罚,该处罚行为违法,需要追究法律责任,由该行政机关承担。

链接 《治安管理处罚法》第116条

第七十七条 【当事人的拒绝处罚权及检举权】行政机关对当事人进行处罚不使用罚款、没收财物单据或者使用非法定部门制发的罚款、没收财物单据的,当事人有权拒绝,并有权予以检举,由上级行政机关或者有关机关对使用的非法单据予以收缴销毁,对直接负责的主管人员和其他直接责任人员依法给予处分。

注释 罚款和没收的财物属于国家所有,行政机关应当将其上缴国库。本法第70条已经强化了票据管理,必须是国务院财政部门或者省、自治区、直辖市人民政府财政部门统一制发的专用票据。赋予当事人的检举权,有助于加强对行政执法人员的监督。

第七十八条 【自行收缴罚款的处理】行政机关违反本法第六十七条的规定自行收缴罚款的,财政部门违反本法第七十四条的规定向行政机关返还罚款、没收的违法所得或者拍卖款项的,由上级行政机关或者有关机关责令改正,对直接负责的主管人员和其他直接责任人员依法给予处分。

注释 罚款决定与罚款收缴分离是基本规定,本法第68条是例外规定,行政机关不能将罚款充作经费,作为创收的手段。行政机关执法所需经费的拨付,按照国家有关规定执行。财政部门不得将行政机关的罚款、没收违法所得或者拍卖款项,与行政机关的经费挂钩或者变相挂钩。如果有关机关违反这些基本规定,则行政处罚将丧失基本的监管功能,且带来不良社会影响,因此,本条规定了责任条款。

第七十九条 【私分罚没财物的处理】行政机关截留、私分或者变相私分罚款、没收的违法所得或者财物的,由财政部门或者有关机关予以追缴,对直接负责的主管人员和其他直接责任人员依法给予处分;情节严重构成犯罪的,依法追究刑事责任。

执法人员利用职务上的便利,索取或者收受他人财物,将收缴罚款据为己有,构成犯罪的,依法追究刑事责任;情节轻微不构成犯罪的,依法给予处分。

注释 行政执法人员行使职权,应当公正无私,不得以手中的权力谋取私利。执法人员利用职务上的便利,索取或者收受他人财物、将收缴罚款据为己有,构成犯罪的,应当依法追究刑事责任;情节轻微不构成犯罪的,依法给予处分。

第八十条 【使用、损毁查封、扣押财物的法律责任】行政机关使用或者损毁查封、扣押的财物,对当事人造成损失的,应当依法予以赔偿,对

直接负责的主管人员和其他直接责任人员依法给予处分。

注释 本条所指的行政机关使用或者毁损查封、扣押的财物,对当事人造成损失而应当承担的赔偿责任,应为行政赔偿责任。有关行政机关承担赔偿责任的损失范围、赔偿义务机关的确定、赔偿方式、赔偿标准及赔偿程序等,应当适用《国家赔偿法》中有关行政赔偿的规定以及《最高人民法院关于审理行政赔偿案件若干问题的规定》等。

链接《国家赔偿法》第4条;《最高人民法院关于审理行政赔偿案件若干问题的规定》

第八十一条 【违法实行检查和执行措施的法律责任】 行政机关违法实施检查措施或者执行措施,给公民人身或者财产造成损害、给法人或者其他组织造成损失的,应当依法予以赔偿,对直接负责的主管人员和其他直接责任人员依法给予处分;情节严重构成犯罪的,依法追究刑事责任。

注释 检查措施与执行措施均与行政处罚相对人或其他利害关系人的权益密切相关,故法律、法规及规章对此设定了严格的实体及程序要求。行政机关违法实施检查措施或者执行措施,造成行政处罚相对人或其他利害关系人损失的,应当依照本条规定承担相应赔偿责任。

链接《治安管理处罚法》第117条;《道路交通安全法》第115、116条

第八十二条 【以行代刑的责任】 行政机关对应当依法移交司法机关追究刑事责任的案件不移交,以行政处罚代替刑事处罚,由上级行政机关或者有关机关责令改正,对直接负责的主管人员和其他直接责任人员依法给予处分;情节严重构成犯罪的,依法追究刑事责任。

注释 公职人员任免机关、单位对违法的公职人员给予处分,处分的程序、申诉等适用《公职人员政务处分法》等法律,《行政机关公务员处分条例》等行政法规,国务院部门规章和国家有关规定。

第八十三条 【行政不作为的法律责任】 行政机关对应当予以制止和处罚的违法行为不予制止、处罚,致使公民、法人或者其他组织的合法权益、公共利益和社会秩序遭受损害的,对直接负责的主管人员和其他直接责任人员依法给予处分;情节严重构成犯罪的,依法追究刑事责任。

注释 "法无授权不可为",要求行政机关必须经过法律授权行使权力,没有经过法律授权不能乱作为。反之,"法定职责必须为",要求行政机关行使权力时,应当严格按照法律的规定履行法定职责,不可推诿,否则就是失职。本法的立法宗旨在于既要保护公民、法人或者其他组织的合法权益,又要保障行政机关有效地实施行政管理,以维护公共利益和社会秩序。行政机关滥施处罚,侵犯公民、法人或者其他组织的合法权益,与依法行政的要求相悖;反之,行政机关怠于履行法定职责,对应当予以制止和处罚的违法行为不予制止、处罚,也不被法律所允许。

链接《刑法》第397条;《道路交通安全法》第117条

第八章 附 则

第八十四条 【属地原则】 外国人、无国籍人、外国组织在中华人民共和国领域内有违法行为,应当给予行政处罚的,适用本法,法律另有规定的除外。

第八十五条 【工作日】 本法中"二日""三日""五日""七日"的规定是指工作日,不含法定节假日。

第八十六条 【施行日期】 本法自2021年7月15日起施行。

中华人民共和国行政强制法

- 2011年6月30日第十一届全国人民代表大会常务委员会第二十一次会议通过
- 2011年6月30日中华人民共和国主席令第49号公布
- 自2012年1月1日起施行

第一章 总 则

第一条 【立法目的】 为了规范行政强制的设定和实施,保障和监督行政机关依法履行职责,维护公共利益和社会秩序,保护公民、法人和其他组织的合法权益,根据宪法,制定本法。

注释 行政强制法是行政法领域中的一部重要法律,与行政处罚法、行政许可法并称为行政程序立法的"三部曲"。在实践中,行政强制既存在"乱"和"滥"的问题,也存在"软"的问题。"乱"施和"滥"施行政强制侵害了老百姓的合法权益,难以

建立和谐的群众关系,不利于构建和谐社会。"软"使正常社会秩序得不到维护,妨碍多数人的生活和工作,最终损害公共利益,对群众关系造成了不利影响,也不利于构建和谐社会。行政强制法围绕行政权和当事人权利这一基本关系,将立法目的定位于规范、保障、监督行政强制权以及保护当事人权益,通过平衡公共利益和个人权益,使行政强制权能在法制轨道上平稳运行,解决"乱""滥"和"软"的问题,促进群众关系和谐、社会和谐。

第二条 【行政强制的定义】本法所称行政强制,包括行政强制措施和行政强制执行。

行政强制措施,是指行政机关在行政管理过程中,为制止违法行为、防止证据损毁、避免危害发生、控制危险扩大等情形,依法对公民的人身自由实施暂时性限制,或者对公民、法人或者其他组织的财物实施暂时性控制的行为。

行政强制执行,是指行政机关或者行政机关申请人民法院,对不履行行政决定的公民、法人或者其他组织,依法强制履行义务的行为。

注释 行政强制的界定

本条将行政强制确定为一个法律概念,明确了行政强制包括行政强制措施和行政强制执行,行政强制的以下特点有利于将行政强制与其他具体行政行为相区分。行政强制具有以下四个特点:(1)行政性,即行政强制是发生在行政管理领域中,为了实现行政管理目的,主要由行政机关依照行政程序作出的行政行为。值得一提的是,申请法院强制执行中执行机关是人民法院,理论上行使的是司法权,但考虑到我国行政强制执行体制的现状,可将其理解为行政权的延伸,一并纳入本法规范。行政性特点可以将行政强制与刑事强制及诉讼强制区分开。(2)服从性,即行政强制是典型的行政机关单方行为,当事人必须服从决定,没有自由选择的余地。服从性特点可以将行政强制与行政合同、行政指导、行政许可、行政给付等非强制性具体行政行为区分开。(3)物理性,即行政强制是直接作用于当事人人身、财产等权利,具有限制人身和改变财产物理状态效果的具体行政行为。其发生可见动作的有形行为,而不是无形行为;不仅是意思行为,还是实力行为。物理性特点可以将行政强制与行政处罚、责令停止建设等行政命令相区分。(4)依附性,即行政强制尽管作为一类独立的具体行政行为存在,但依附性仍是其特点,行政强制本身不是目的,不能为了强制而强制,行政强制总是为其他行政行为的作出或者实现而服务的。

行政强制措施

(1)行政强制措施是一类具体行政行为,不能理解为物理意义上的手段和方法。(2)行政强制措施是一类暂时性控制措施,不是对当事人人身、财产权利的最终处分。暂时性控制是行政强制措施依附性特点的体现,行政强制措施并不是对当事人人身、财产权利的剥夺,而只是暂时限制。如没收是对当事人财产权利的剥夺,但查封、扣押并不改变财产的所有权。剥夺和限制有时难以区分,如限制人身自由,剥夺也是限制,限制也是剥夺,这时要划清行政强制措施概念,应当从时间入手,行政强制措施限制人身、财产权利的时间相对要短得多,这也体现了暂时性的特点。(3)行政强制措施是为了便于行政决定的作出或者行政目的的实现,不能作为制裁手段。制止违法行为、防止证据损毁、避免危害发生、控制危险扩大是实施行政强制措施的前提。在实践中,要防止两种倾向:一是,将行政强制措施作为逼迫当事人履行罚款等行政决定的手段,这与行政强制措施的特点不符。二是,行政强制措施没有制裁性体现为期限较短,行政机关不能久扣、久封不决,将行政强制措施当成了行政处罚。

注意,制止违法行为、防止证据损毁、避免危害发生、控制危险扩大四类情形主要是为揭示行政强制措施的特点,也是为设定行政强制措施提供的指引,而不是普遍授权,不能作为实施的直接依据,不能直接依据本条规定而实施行政强制措施。

行政强制执行

(1)行政强制执行的前提是存在一个生效的行政决定,是执行行政决定的行为,目的是保障行政决定内容得到实现。(2)行政强制执行的效果是对当事人人身、财产权利的剥夺,但这种处分来自作为执行基础的原行政决定,而不是来源于行政强制执行。(3)我国行政强制执行包括两种形式:行政机关自行强制执行和申请人民法院强制执行。其中申请人民法院强制执行主要由法院来执行,但并不妨碍在行政强制法中将其归入广义的行政强制执行概念中,适用行政强制执行的基本原则,以及规定具体申请和受理程序,至于如何执行则适用行政诉讼法、民事诉讼法中有关强制执行的规定。(4)行政强制执行的具体方式包括三类:执行罚、代履行和直接强制执行。

行政强制措施与行政强制执行的区别

行政强制措施与行政强制执行的不同在于:(1)行政强制措施是在行政决定作出前行政机关所采取的强制手段。如行政执法人员在执法过程中发现违法行为,可以将违法行为涉及的财物进行查封、扣押,行政机关实施查封、扣押要交付查封、扣押决定书。这时向当事人交付查封、扣押决定书主要是为了证明查封、扣押的事实存在,行政机关还需要根据情况作出处罚决定或者处理决定。一般情况下,查封、扣押发生在行政机关作出处罚决定或者处理决定之前。而行政强制执行是在行政决定作出后,为了执行该行政决定所采取的强制手段,如对违法行为人处以罚款,当事人逾期拒不缴纳罚款,行政机关或者人民法院就可以依法从该违法行为人的银行账户上划拨相应的款项。(2)行政强制措施都是暂时性的,查封、扣押的期限不得超过三十日;情况复杂的,经行政机关负责人批准,可以延长三十日,法律、行政法规对期限另有规定的除外。而行政强制执行是终局性的,如执行罚款,将从当事人那里执行的罚款上缴国库,即执行终结,除非行政决定被撤销或者执行错误,该罚款不会回转。

第三条 【适用范围】行政强制的设定和实施,适用本法。

发生或者即将发生自然灾害、事故灾难、公共卫生事件或者社会安全事件等突发事件,行政机关采取应急措施或者临时措施,依照有关法律、行政法规的规定执行。

行政机关采取金融业审慎监管措施、进出境货物强制性技术监控措施,依照有关法律、行政法规的规定执行。

第四条 【合法性原则】行政强制的设定和实施,应当依照法定的权限、范围、条件和程序。

第五条 【适当原则】行政强制的设定和实施,应当适当。采用非强制手段可以达到行政管理目的的,不得设定和实施行政强制。

第六条 【教育与强制相结合原则】实施行政强制,应当坚持教育与强制相结合。

第七条 【不得利用行政强制谋利】行政机关及其工作人员不得利用行政强制权为单位或者个人谋取利益。

第八条 【相对人的权利与救济】公民、法人或者其他组织对行政机关实施行政强制,享有陈述权、申辩权;有权依法申请行政复议或者提起行政诉讼;因行政机关违法实施行政强制受到损害的,有权依法要求赔偿。

公民、法人或者其他组织因人民法院在强制执行中有违法行为或者扩大强制执行范围受到损害的,有权依法要求赔偿。

注释 **陈述权、申辩权**

陈述权重在陈述,指当事人对行政机关实施行政强制所认定的事实及适用法律是否准确、适当,陈述自己的看法和意见,同时也提出自己的主张和要求。申辩权重在意见交锋,指当事人针对行政机关提出的证据和处理决定,提出不同意见,申诉理由、加以辩解。

法律救济途径

根据《行政复议法》第11条第2项规定,有下列情形之一的,公民、法人或者其他组织可以依照本法申请行政复议:……(二)对行政机关作出的行政强制措施、行政强制执行决定不服。

根据《行政诉讼法》第12条第2项规定,人民法院受理公民、法人或者其他组织提起的下列诉讼:(二)对限制人身自由或者对财产的查封、扣押、冻结等行政强制措施和行政强制执行不服的。

链接 《行政复议法》;《行政诉讼法》;《国家赔偿法》

第二章 行政强制的种类和设定

第九条 【行政强制措施种类】行政强制措施的种类:

(一)限制公民人身自由;

(二)查封场所、设施或者财物;

(三)扣押财物;

(四)冻结存款、汇款;

(五)其他行政强制措施。

注释 **限制公民人身自由**

限制公民人身自由是法律的专属立法权,根据《立法法》第11条的规定,只有法律才能设定。目前我国设定限制公民人身自由的法律主要有《人民警察法》《治安管理处罚法》《道路交通安全法》《海关法》《出境入境管理法》等。上述法律规定的限制公民人身自由的措施有：盘问、留置盘问、传唤、强制传唤、扣留、拘留、人身检查、强制检测、约束、隔离、强制隔离、强行带离现场、强行驱散、驱逐、禁闭等。

查封场所、设施或者财物

查封是行政机关限制当事人对其财产的使用和处分的强制措施。主要是对不动产或者其他不便移动的财产，由行政机关以加贴封条的方式限制当事人对财产的移动或者使用。法律、法规中除使用"查封"外，还经常用"封存"一词，少数情况下也使用"封闭""关闭或者限制使用场所""禁止或者限制使用设备、设施"等表述。

扣押财物

扣押是行政机关解除当事人对其财物的占有，并限制其处分的强制措施。与查封的区别：一是扣押主要是针对可移动的财产，二是扣押的财产由行政机关保管。除了使用"扣押"外，法律、法规规定中还经常使用"暂扣""扣留"等。

冻结存款、汇款

冻结主要是限制金融资产流动的强制措施。包括冻结银行存款、汇款和邮政企业汇款，也包括股票等有价证券。

第十条　【行政强制措施设定权】行政强制措施由法律设定。

尚未制定法律，且属于国务院行政管理职权事项的，行政法规可以设定除本法第九条第一项、第四项和应当由法律规定的行政强制措施以外的其他行政强制措施。

尚未制定法律、行政法规，且属于地方性事务的，地方性法规可以设定本法第九条第二项、第三项的行政强制措施。

法律、法规以外的其他规范性文件不得设定行政强制措施。

第十一条　【行政强制措施设定的统一性】法律对行政强制措施的对象、条件、种类作了规定的，行政法规、地方性法规不得作出扩大规定。

法律中未设定行政强制措施的，行政法规、地方性法规不得设定行政强制措施。但是，法律规定特定事项由行政法规规定具体管理措施的，行政法规可以设定除本法第九条第一项、第四项和应当由法律规定的行政强制措施以外的其他行政强制措施。

第十二条　【行政强制执行方式】行政强制执行的方式：

（一）加处罚款或者滞纳金；
（二）划拨存款、汇款；
（三）拍卖或者依法处理查封、扣押的场所、设施或者财物；
（四）排除妨碍、恢复原状；
（五）代履行；
（六）其他强制执行方式。

注释 加处罚款或者滞纳金

加处罚款或者滞纳金在学理上属于执行罚，是间接强制的执行方式。执行罚是对于拒不履行行政决定确定的金钱给付义务的当事人，以加处新的金钱给付义务的方式，迫使当事人履行。如《行政处罚法》第72条规定，到期不缴纳罚款的，每日按罚款数额的百分之三加处罚款。执行罚经过一定期限，当事人仍不履行时，可以采取直接强制执行。

划拨存款、汇款

划拨存款、汇款是直接强制执行方式，根据《商业银行法》第29条、第30条的规定，采取划拨存款、汇款方式执行，需要由法律明确授权。目前行政机关划拨存款的，只适用于税收和征收社会保险费等少数领域，《税收征收管理法》第40条和《海关法》第60条使用的是"扣缴"一词。

拍卖或者依法处理查封、扣押的场所、设施或者财物

这是对执行金钱给付义务采取强制执行方式，属于直接强制。根据本法第46条第3款的规定，当事人在法定期限内不申请行政复议或者提起行政诉讼，经催告仍不履行的，在实施行政管理过程中已经采取查封、扣押措施的行政机关，可以将查封、扣押的财物依法拍卖抵缴罚款。

排除妨碍、恢复原状

排除妨碍、恢复原状概念来源于《民法典》规定的民事责任形式。排除妨碍就是排除对权利人行使人身权或者财产权的阻碍，恢复原状就是通过修理等手段使受到损坏的财产恢复到损坏前状况。在行政管理中，公民、法人或者其他组织的行为侵害的不是其他民事主体的权利，而是公共财产，影响了行政管理秩序，也可能要承担排除妨碍、恢复原状的责任。

代履行

代履行是当事人拒绝履行行政决定的义务

时,由行政机关或者第三人代替当事人履行行政决定的义务,并向当事人收取履行费用的执行方式。区别代履行和直接强制,一是看是否属于排除妨碍、恢复原状的情形,就是当事人应当履行的义务是由当事人事先的作为引起的,需要由当事人消除违法的后果;二是否强迫当事人自己消除自己违法的后果,代履行排除了强迫当事人做出一定行为,体现了对当事人人格和自由的尊重;三是是否属于由当事人承担费用;四是如果代履行时当事人抵抗,则不能代履行;五是代履行的前提是行政决定的义务是可替代履行的,就是当事人履行和其他人履行效果没有不同。对不能履行的义务,只能直接强制,不能代履行。

链接《行政处罚法》第 72 条;《税收征收管理法》第 32、37、40 条;《水法》第 65 条;《固体废物污染环境防治法》第 113 条;《森林法》第 81 条

第十三条 【行政强制执行设定权】行政强制执行由法律设定。

法律没有规定行政机关强制执行的,作出行政决定的行政机关应当申请人民法院强制执行。

注释 我国的行政强制执行制度是由行政诉讼法规定的。《行政诉讼法》第 97 条规定:"公民、法人或者其他组织对行政行为在法定期限内不提起诉讼又不履行的,行政机关可以申请人民法院强制执行,或者依法强制执行。"这一规定确立了行政机关自己强制执行和申请法院强制执行并行的模式。本法维持了行政机关执行和申请法院执行的体制。

链接《行政诉讼法》第 97 条;《行政处罚法》第 72 条;《道路交通安全法》第 109 条;《国有土地上房屋征收与补偿条例》第 28 条

第十四条 【听取社会意见、说明必要性及影响】起草法律草案、法规草案,拟设定行政强制的,起草单位应当采取听证会、论证会等形式听取意见,并向制定机关说明设定该行政强制的必要性、可能产生的影响以及听取和采纳意见的情况。

第十五条 【已设定的行政强制的评价制度】行政强制的设定机关应当定期对其设定的行政强制进行评价,并对不适当的行政强制及时予以修改或者废止。

行政强制的实施机关可以对已设定的行政强制的实施情况及存在的必要性适时进行评价,并将意见报告该行政强制的设定机关。

公民、法人或者其他组织可以向行政强制的设定机关和实施机关就行政强制的设定和实施提出意见和建议。有关机关应当认真研究论证,并以适当方式予以反馈。

第三章 行政强制措施实施程序

第一节 一般规定

第十六条 【实施行政强制措施的条件】行政机关履行行政管理职责,依照法律、法规的规定,实施行政强制措施。

违法行为情节显著轻微或者没有明显社会危害的,可以不采取行政强制措施。

第十七条 【行政强制措施的实施主体】行政强制措施由法律、法规规定的行政机关在法定职权范围内实施。行政强制措施权不得委托。

依据《中华人民共和国行政处罚法》的规定行使相对集中行政处罚权的行政机关,可以实施法律、法规规定的与行政处罚权有关的行政强制措施。

行政强制措施应当由行政机关具备资格的行政执法人员实施,其他人员不得实施。

注释 行政强制措施的实施主体

一是只有行政机关才能实施行政强制措施。二是行政机关中,只有法律、法规授予行政强制措施权的才能实施,未经授权的行政机关不得作为实施主体。三是法律、行政法规授权的具有管理公共事务职能的组织在法定授权范围内,可以实施行政强制。四是代表行政机关实施行政强制措施的必须是具备资格的行政执法人员,其他人员不得实施。

相对集中行政强制措施权

相对集中行政强制措施权是指将单行法律、法规授权各行政机关的行政强制措施权从原行政机关的管理职能中分离出来,由一个行政机关统一行使;行政强制措施权相对集中后,被集中的行政机关不得再行使。根据《行政处罚法》第 18 条的规定,国务院或者经国务院授权的省、自治区、直辖市人民政府可以决定一个行政机关行使有关行政机关的行政处罚权,但限制人身自由的行政处罚只能由公安机关和法律规定的其他机关行使。

链接《行政处罚法》第 18 条;《国务院关于进一步推进相对集中行政处罚权工作的决定》;《国务院

办公厅关于继续做好相对集中行政处罚权试点工作的通知》

第十八条 【一般程序】行政机关实施行政强制措施应当遵守下列规定:

(一)实施前须向行政机关负责人报告并经批准;

(二)由两名以上行政执法人员实施;

(三)出示执法身份证件;

(四)通知当事人到场;

(五)当场告知当事人采取行政强制措施的理由、依据以及当事人依法享有的权利、救济途径;

(六)听取当事人的陈述和申辩;

(七)制作现场笔录;

(八)现场笔录由当事人和行政执法人员签名或者盖章,当事人拒绝的,在笔录中予以注明;

(九)当事人不到场的,邀请见证人到场,由见证人和行政执法人员在现场笔录上签名或者盖章;

(十)法律、法规规定的其他程序。

注释 行政执法人员应当对实施行政强制措施的现场情况予以书面记录。现场笔录一般包括以下内容:(1)实施行政强制措施的事由、时间、地点、当事人、实施人员、其他参加人员的到场情况;(2)实施行政强制措施的过程和结果;(3)当事人的陈述和申辩,或者见证人对实施提出的意见或者看法等;(4)其他需要记录的有关情况。当事人应在现场笔录上签名或者盖章,这是现场笔录发生法律效力的要件之一;当事人拒绝签名或者盖章的,行政执法人员应当在笔录上注明,这种情况不影响笔录的效力。

第十九条 【情况紧急时的程序】情况紧急,需要当场实施行政强制措施的,行政执法人员应当在二十四小时内向行政机关负责人报告,并补办批准手续。行政机关负责人认为不应当采取行政强制措施的,应当立即解除。

注释 根据本条规定,实施即时强制应当遵守几个基本条件:(1)要符合法律规定的情形,具备必要性。本条将即时强制的实施条件笼统地归纳为"情况紧急",一般指在紧迫场合,如不采取强制措施会损害公共利益和他人利益的情形。由于实践中的行政行为情形复杂,本法无法对即时强制的实施条件明确规定,只能依据各单行法律、法规的规定或者由执法人员作出判断。(2)必须遵循法定程序。本条规定了即时强制的特别程序,即事后报告和补办手续的程序。事后报告程序需要特别注意两点:一是事后报告必须在实施行政强制措施后二十四小时内。当然,本规定也不排斥当场实施强制措施当场报告的做法。二是情况紧急当场实施行政强制措施,除了可以事后报告并补办批准手续外,本法第18条第2项至第9项、第20条等规定的其他程序仍必须履行。(3)事后救济。即时强制本身的特点决定了其即时性,大多是由于情况紧急而不容拖延,并且有的属于事实行为,所以对有的即时强制的救济不能适用撤销诉讼,当事人只能请求损害赔偿或损失补偿的救济。但是,在有些情况下,即时强制的影响具有持续性,如对人身的隔离。对于这种持续性的即时强制,本法规定行政机关负责人认为不应当采取行政强制措施的,应当立即解除,尽量减轻对当事人的损害,造成损害的,当事人可以要求赔偿或补偿。

第二十条 【限制人身自由行政强制措施的程序】依照法律规定实施限制公民人身自由的行政强制措施,除应当履行本法第十八条规定的程序外,还应当遵守下列规定:

(一)当场告知或者实施行政强制措施后立即通知当事人家属实施行政强制措施的行政机关、地点和期限;

(二)在紧急情况下当场实施行政强制措施的,在返回行政机关后,立即向行政机关负责人报告并补办批准手续;

(三)法律规定的其他程序。

实施限制人身自由的行政强制措施不得超过法定期限。实施行政强制措施的目的已经达到或者条件已经消失,应当立即解除。

注释 按照法律规定,限制人身自由行政强制措施的临时性特点决定了期限不能太长。《治安管理处罚法》第83条规定,询问查证违反治安管理行为人的时间不得超过八小时,最长不得超过二十四小时;《海关法》第6条规定扣留走私犯罪嫌疑人的时间不得超过二十四小时,特殊情况下可以延长至四十八小时。

链接《立法法》第11、12条;《治安管理处罚法》第83条;《海关法》第6条

第二十一条 【涉嫌犯罪案件的移送】违法行为涉嫌犯罪应当移送司法机关的,行政机关应当

将查封、扣押、冻结的财物一并移送,并书面告知当事人。

注释 按照《行政执法机关移送涉嫌犯罪案件的规定》,行政执法机关对公安机关决定立案的案件,应当自接到立案通知书之日起三日内将涉案物品以及与案件有关的其他材料移交公安机关,并办结交接手续;法律、行政法规另有规定的,依照其规定。

链接 《行政执法机关移送涉嫌犯罪案件的规定》

第二节 查封、扣押

第二十二条 【查封、扣押实施主体】查封、扣押应当由法律、法规规定的行政机关实施,其他任何行政机关或者组织不得实施。

第二十三条 【查封、扣押对象】查封、扣押限于涉案的场所、设施或者财物,不得查封、扣押与违法行为无关的场所、设施或者财物;不得查封、扣押公民个人及其所扶养家属的生活必需品。

当事人的场所、设施或者财物已被其他国家机关依法查封的,不得重复查封。

注释 涉案的场所、设施或者财物,是指违法者从事违法行为所使用的场所、设施或者财物,以及违法所得、非法持有的违禁品等与违法行为有关的场所、设施或者财物。其他法律、法规对查封、扣押的范围有限制性规定的,应当依照该法律、法规的规定执行。按照《最高人民法院关于人民法院民事执行中查封、扣押、冻结财产的规定》,生活必需品包括:被执行人及其所扶养家属生活所必需的衣服、家具、炊具、餐具及其他家庭生活必需的物品;被执行人及其所扶养家属完成义务教育所必需的物品;被执行人及其所扶养家属用于身体缺陷所必需的辅助工具、医疗物品等。被执行人及其所扶养家属生活所必需的居住房屋,人民法院可以查封,但不得拍卖、变卖或者抵债。

链接 《治安管理处罚法》第89条;《最高人民法院关于人民法院民事执行中查封、扣押、冻结财产的规定》

第二十四条 【查封、扣押实施程序】行政机关决定实施查封、扣押的,应当履行本法第十八条规定的程序,制作并当场交付查封、扣押决定书和清单。

查封、扣押决定书应当载明下列事项:

(一)当事人的姓名或者名称、地址;

(二)查封、扣押的理由、依据和期限;

(三)查封、扣押场所、设施或者财物的名称、数量等;

(四)申请行政复议或者提起行政诉讼的途径和期限;

(五)行政机关的名称、印章和日期。

查封、扣押清单一式二份,由当事人和行政机关分别保存。

第二十五条 【查封、扣押期限】查封、扣押的期限不得超过三十日;情况复杂的,经行政机关负责人批准,可以延长,但是延长期限不得超过三十日。法律、行政法规另有规定的除外。

延长查封、扣押的决定应当及时书面告知当事人,并说明理由。

对物品需要进行检测、检验、检疫或者技术鉴定的,查封、扣押的期间不包括检测、检验、检疫或者技术鉴定的期间。检测、检验、检疫或者技术鉴定的期间应当明确,并书面告知当事人。检测、检验、检疫或者技术鉴定的费用由行政机关承担。

第二十六条 【对查封、扣押财产的保管】对查封、扣押的场所、设施或者财物,行政机关应当妥善保管,不得使用或者损毁;造成损失的,应当承担赔偿责任。

对查封的场所、设施或者财物,行政机关可以委托第三人保管,第三人不得损毁或者擅自转移、处置。因第三人的原因造成的损失,行政机关先行赔付后,有权向第三人追偿。

因查封、扣押发生的保管费用由行政机关承担。

第二十七条 【查封、扣押后的处理】行政机关采取查封、扣押措施后,应当及时查清事实,在本法第二十五条规定的期限内作出处理决定。对违法事实清楚,依法应当没收的非法财物予以没收;法律、行政法规规定应当销毁的,依法销毁;应当解除查封、扣押的,作出解除查封、扣押的决定。

第二十八条【解除查封、扣押的情形】有下列情形之一的,行政机关应当及时作出解除查封、扣押决定:

(一)当事人没有违法行为;

(二)查封、扣押的场所、设施或者财物与违法行为无关;

(三)行政机关对违法行为已经作出处理决定,不再需要查封、扣押;

（四）查封、扣押期限已经届满；

（五）其他不再需要采取查封、扣押措施的情形。

解除查封、扣押应当立即退还财物；已将鲜活物品或者其他不易保管的财物拍卖或者变卖的，退还拍卖或者变卖所得款项。变卖价格明显低于市场价格，给当事人造成损失的，应当给予补偿。

第三节 冻 结

第二十九条 【冻结的实施主体、数额限制、不得重复冻结】冻结存款、汇款应当由法律规定的行政机关实施，不得委托给其他行政机关或者组织；其他任何行政机关或者组织不得冻结存款、汇款。

冻结存款、汇款的数额应当与违法行为涉及的金额相当；已被其他国家机关依法冻结的，不得重复冻结。

第三十条 【冻结的程序、金融机构的配合义务】行政机关依照法律规定决定实施冻结存款、汇款的，应当履行本法第十八条第一项、第二项、第三项、第七项规定的程序，并向金融机构交付冻结通知书。

金融机构接到行政机关依法作出的冻结通知书后，应当立即予以冻结，不得拖延，不得在冻结前向当事人泄露信息。

法律规定以外的行政机关或者组织要求冻结当事人存款、汇款的，金融机构应当拒绝。

第三十一条 【冻结决定书交付期限及内容】依照法律规定冻结存款、汇款的，作出决定的行政机关应当在三日内向当事人交付冻结决定书。冻结决定书应当载明下列事项：

（一）当事人的姓名或者名称、地址；

（二）冻结的理由、依据和期限；

（三）冻结的账号和数额；

（四）申请行政复议或者提起行政诉讼的途径和期限；

（五）行政机关的名称、印章和日期。

第三十二条 【冻结期限及其延长】自冻结存款、汇款之日起三十日内，行政机关应当作出处理决定或者作出解除冻结决定；情况复杂的，经行政机关负责人批准，可以延长，但是延长期限不得超过三十日。法律另有规定的除外。

延长冻结的决定应当及时书面告知当事人，并说明理由。

第三十三条 【解除冻结的情形】有下列情形之一的，行政机关应当及时作出解除冻结决定：

（一）当事人没有违法行为；

（二）冻结的存款、汇款与违法行为无关；

（三）行政机关对违法行为已经作出处理决定，不再需要冻结；

（四）冻结期限已经届满；

（五）其他不再需要采取冻结措施的情形。

行政机关作出解除冻结决定的，应当及时通知金融机构和当事人。金融机构接到通知后，应当立即解除冻结。

行政机关逾期未作出处理决定或者解除冻结决定的，金融机构应当自冻结期满之日起解除冻结。

第四章 行政机关强制执行程序

第一节 一般规定

第三十四条 【行政机关强制执行】行政机关依法作出行政决定后，当事人在行政机关决定的期限内不履行义务的，具有行政强制执行权的行政机关依照本章规定强制执行。

第三十五条 【催告】行政机关作出强制执行决定前，应当事先催告当事人履行义务。催告应当以书面形式作出，并载明下列事项：

（一）履行义务的期限；

（二）履行义务的方式；

（三）涉及金钱给付的，应当有明确的金额和给付方式；

（四）当事人依法享有的陈述权和申辩权。

第三十六条 【陈述、申辩权】当事人收到催告书后有权进行陈述和申辩。行政机关应当充分听取当事人的意见，对当事人提出的事实、理由和证据，应当进行记录、复核。当事人提出的事实、理由或者证据成立的，行政机关应当采纳。

第三十七条 【强制执行决定】经催告，当事人逾期仍不履行行政决定，且无正当理由的，行政机关可以作出强制执行决定。

强制执行决定应当以书面形式作出，并载明下列事项：

（一）当事人的姓名或者名称、地址；

（二）强制执行的理由和依据；

（三）强制执行的方式和时间；
（四）申请行政复议或者提起行政诉讼的途径和期限；
（五）行政机关的名称、印章和日期。

在催告期间，对有证据证明有转移或者隐匿财物迹象的，行政机关可以作出立即强制执行决定。

第三十八条 【催告书、行政强制决定书送达】催告书、行政强制执行决定书应当直接送达当事人。当事人拒绝接收或者无法直接送达当事人的，应当依照《中华人民共和国民事诉讼法》的有关规定送达。

第三十九条 【中止执行】有下列情形之一的，中止执行：
（一）当事人履行行政决定确有困难或者暂无履行能力的；
（二）第三人对执行标的主张权利，确有理由的；
（三）执行可能造成难以弥补的损失，且中止执行不损害公共利益的；
（四）行政机关认为需要中止执行的其他情形。

中止执行的情形消失后，行政机关应当恢复执行。对没有明显社会危害，当事人确无能力履行，中止执行满三年未恢复执行的，行政机关不再执行。

注释 中止执行是指强制执行程序开始后，由于出现致使强制执行无法进行下去的特殊情况，行政机关暂时停止强制执行程序，待该情况消除后，继续执行。

中止执行有四种法定情形：(1)当事人履行行政决定确有困难或者暂无履行能力的。确有困难或者暂无履行能力的包括以下情形：一是不可抗力，发生当事人无法预见、无法预防、无法避免和无法控制的事件，以致当事人不能如期履行义务，如发生海啸、地震等情况；二是经济或生活困难，除维持家庭基本生活以外，当事人无力履行金钱给付义务；三是因突发疾病等身体健康原因暂不能履行义务的；四是其他情形。(2)第三人对执行标的主张权利，确有理由的。第三人是指当事人以外的，法律上利益或者权利将受到强制执行的影响的公民、法人或者其他组织。第三人主张权利的内容主要是指物权或者债权。如第三人对

执行标的主张抵押权、质权、所有权，以及因租赁关系而享有的使用权等。此种情况下执行标的是有争议的标的，需要确定权属后才能执行；第三人确有理由的，应当中止执行。这是基于保护第三人利益的角度作出的规定。(3)执行可能造成难以弥补的损失，且中止执行不损害公共利益的。强制执行应坚持比例原则，应采取最小损害的方式实现行政管理目的。在可能造成难以弥补损失的情况下，如果不中止执行，会使强制执行得不偿失。(4)行政机关认为需要中止执行的其他情形。如强制执行可能导致被执行人过激行为(自杀或暴力对抗)或者发现据以执行的行政决定存在问题等。

链接 《行政诉讼法》第56条；《行政复议法》第42条

第四十条 【终结执行】有下列情形之一的，终结执行：
（一）公民死亡，无遗产可供执行，又无义务承受人的；
（二）法人或者其他组织终止，无财产可供执行，又无义务承受人的；
（三）执行标的灭失的；
（四）据以执行的行政决定被撤销的；
（五）行政机关认为需要终结执行的其他情形。

注释 终结执行是指在执行过程中，由于发生某种特殊情况，执行程序没有必要或不可能继续进行，从而结束执行程序。

终结执行有以下五种情形：
1. 公民死亡，无遗产可供执行，又无义务承受人的。有义务就要有承担义务的主体，当义务承担主体消亡，而这种义务又没有继承主体时，义务便归于消灭。被执行的公民死亡，行政机关可以先中止执行，等待继承人承受义务。如果被执行公民的遗产继承人没有放弃继承，行政机关可以变更被执行人，在这种情况下并不增加或消灭执行义务内容，由继承人在遗产的范围内履行义务；如果继承人放弃继承，行政机关可以直接强制执行被执行公民的遗产；如果被执行公民既无遗产，又无义务承受人，强制执行工作将无法进行，因此应当终结执行。
2. 法人或者其他组织终止，无财产可供执行，又无义务承受人的。法人或者其他组织终止的原

因有:(1)依法被撤销;(2)自行解散;(3)依法被宣告破产;(4)其他原因,如合并、分立、国家经济政策的调整和发生战争等。一般来说,只有在依法被宣告破产的情况下,才会发生没有义务承受人的情况。

3. 执行标的灭失的。在执行程序中,执行标的灭失,是执行过程中发生的特殊情况。即作为执行标的的财物,因自然或人为因素的作用改变其固有的物理、化学性质,失去原有形态、数量、质量、价值,永久不能恢复原状的法律状态。

4. 据以执行的行政决定被撤销。行政决定是基础行政行为,是强制执行的依据。行政决定被撤销,强制执行便成为"无根之木""无源之水",因此应终结执行。行政决定被部分撤销的,执行机关应就原决定撤销部分终结执行。行政决定的撤销包括三种情况:一是行政机关主动撤销。作出行政决定的行政机关或其上级行政机关撤销已生效的行政决定。二是诉讼撤销。行政诉讼法规定,行政行为有下列情形之一的,判决撤销或者部分撤销,并可以判决被告重新作出行政行为:(1)证据不足的;(2)适用法律、法规错误的;(3)违反法定程序的;(4)超越职权的;(5)滥用职权的;(6)明显不当的。三是复议撤销。行政复议法规定,具体行政行为有下列情形之一的,决定撤销:(1)主要事实不清、证据不足的;(2)适用依据不合法的;(3)违反法定程序的;(4)超越或者滥用职权的。

5. 行政机关认为需要终结执行的其他情形。该条款是弹性条款,行政机关可以根据终结执行的基本精神和实际情况,决定其他需要终结执行的情形。

应注意的是:(1)中止执行和终结执行的区别。中止执行和终结执行都会使强制执行程序停止。但中止执行和终结执行有着明显的不同。执行中止是执行程序的暂时停止,待造成中止的原因消除后,执行程序恢复,执行工作继续进行;而终结执行后,执行程序就宣告结束,以后也不再恢复。(2)终结执行和执行完毕的区别。执行完毕时,作为强制执行基础的行政决定书的内容已经全部落实;而终结执行则不同,债权人的权利没有全部实现,行政决定书的内容没有全部落实。

第四十一条 【执行回转】在执行中或者执行完毕后,据以执行的行政决定被撤销、变更,或者执行错误的,应当恢复原状或者退还财物;不能恢复原状或者退还财物的,依法给予赔偿。

注释 执行回转制度是一项错误弥补制度,是指在执行中或者执行完毕后,据以执行的行政决定被撤销、变更,或者执行错误的,行政机关对已被执行的财产重新恢复到执行程序开始前状态的执行制度。

执行回转的前提条件包括三个方面:被执行的行政决定被撤销、变更,或者执行错误。这里既包括实体上的撤销、变更行为,也包括程序上的执行错误。

执行回转的方式是恢复原状或者退还财物。恢复原状是指将原物恢复到受损害前的形状、性能或状态的赔偿方式。退还财物分为几种情况:执行标的为特定物的,应返还特定物;执行标的为种类物的,应返还相同规格、数量和品质的种类物;执行标的为"金钱给付"的,应当返还相同数额的金钱及其孳息。

链接《国家赔偿法》第二章

第四十二条 【执行和解】实施行政强制执行,行政机关可以在不损害公共利益和他人合法权益的情况下,与当事人达成执行协议。执行协议可以约定分阶段履行;当事人采取补救措施的,可以减免加处的罚款或者滞纳金。

执行协议应当履行。当事人不履行执行协议的,行政机关应当恢复强制执行。

第四十三条 【文明执法】行政机关不得在夜间或者法定节假日实施行政强制执行。但是,情况紧急的除外。

行政机关不得对居民生活采取停止供水、供电、供热、供燃气等方式迫使当事人履行相关行政决定。

第四十四条 【强制拆除】对违法的建筑物、构筑物、设施等需要强制拆除的,应当由行政机关予以公告,限期当事人自行拆除。当事人在法定期限内不申请行政复议或者提起行政诉讼,又不拆除的,行政机关可以依法强制拆除。

第二节 金钱给付义务的执行

第四十五条 【加处罚款或滞纳金】行政机关依法作出金钱给付义务的行政决定,当事人逾期不履行的,行政机关可以依法加处罚款或者滞纳金。加处罚款或者滞纳金的标准应当告知当事人。

加处罚款或者滞纳金的数额不得超出金钱给付义务的数额。

注释 加处罚款或者滞纳金属于执行罚,是间接强制的一种。所谓执行罚是指,义务人不履行法定义务,而该义务又不能由他人代为履行或暂时尚不需由他人代为履行,有执行权的机关可通过使不履行义务的法定义务人承担新的持续不断的给付金钱义务,促使其履行义务。

为了防止加处罚款或者滞纳金被滥用,法律明确规定了适用加处罚款或者滞纳金的条件,行政机关在适用加处罚款或者滞纳金时必须遵循以下条件:一是当事人逾期不履行金钱给付义务的行政决定。金钱给付义务包括税收、行政事业性收费、罚款等以给付金钱作为义务内容的义务。二是行政机关应当将加处罚款或者滞纳金的标准告知当事人。告知对行政机关来说是一项法定义务,如果不履行这一义务将被认定为程序违法。三是加处罚款或者滞纳金的数额不得超出金钱给付义务的数额。四是加处罚款或者滞纳金次数限制。加处罚款或者滞纳金可以多次适用,至于适用几次为限,现在没有法律规定,似乎可以直至义务人履行义务为止。但是一般认为,执行罚款的适用也应该有次数限制,否则不符合比例原则。

链接《行政处罚法》第72条;《海关法》第60条;《劳动法》第100条;《水法》第70条;《税收征收管理法》第32条;《道路交通安全法》第109条

第四十六条 【金钱给付义务的直接强制执行】行政机关依照本法第四十五条规定实施加处罚款或者滞纳金超过三十日,经催告当事人仍不履行的,具有行政强制执行权的行政机关可以强制执行。

行政机关实施强制执行前,需要采取查封、扣押、冻结措施的,依照本法第三章规定办理。

没有行政强制执行权的行政机关应当申请人民法院强制执行。但是,当事人在法定期限内不申请行政复议或者提起行政诉讼,经催告仍不履行的,在实施行政管理过程中已经采取查封、扣押措施的行政机关,可以将查封、扣押的财物依法拍卖抵缴罚款。

第四十七条 【划拨存款、汇款】划拨存款、汇款应当由法律规定的行政机关决定,并书面通知金融机构。金融机构接到行政机关依法作出划拨存款、汇款的决定后,应当立即划拨。

法律规定以外的行政机关或者组织要求划拨当事人存款、汇款的,金融机构应当拒绝。

第四十八条 【委托拍卖】依法拍卖财物,由行政机关委托拍卖机构依照《中华人民共和国拍卖法》的规定办理。

第四十九条 【划拨的存款、汇款的管理】划拨的存款、汇款以及拍卖和依法处理所得的款项应当上缴国库或者划入财政专户。任何行政机关或者个人不得以任何形式截留、私分或者变相私分。

第三节 代 履 行

第五十条 【代履行】行政机关依法作出要求当事人履行排除妨碍、恢复原状等义务的行政决定,当事人逾期不履行,经催告仍不履行,其后果已经或者将危害交通安全、造成环境污染或者破坏自然资源的,行政机关可以代履行,或者委托没有利害关系的第三人代履行。

第五十一条 【实施程序、费用、手段】代履行应当遵守下列规定:

(一)代履行前送达决定书,代履行决定书应当载明当事人的姓名或者名称、地址,代履行的理由和依据、方式和时间、标的、费用预算以及代履行人;

(二)代履行三日前,催告当事人履行,当事人履行的,停止代履行;

(三)代履行时,作出决定的行政机关应当派员到场监督;

(四)代履行完毕,行政机关到场监督的工作人员、代履行人和当事人或者见证人应当在执行文书上签名或者盖章。

代履行的费用按照成本合理确定,由当事人承担。但是,法律另有规定的除外。

代履行不得采用暴力、胁迫以及其他非法方式。

第五十二条 【立即实施代履行】需要立即清除道路、河道、航道或者公共场所的遗洒物、障碍物或者污染物,当事人不能清除的,行政机关可以决定立即实施代履行;当事人不在场的,行政机关应当在事后立即通知当事人,并依法作出处理。

第五章 申请人民法院强制执行

第五十三条 【非诉行政执行】当事人在法定

期限内不申请行政复议或者提起行政诉讼,又不履行行政决定的,没有行政强制执行权的行政机关可以自期限届满之日起三个月内,依照本章规定申请人民法院强制执行。

第五十四条 【催告与执行管辖】行政机关申请人民法院强制执行前,应当催告当事人履行义务。催告书送达十日后当事人仍未履行义务的,行政机关可以向所在地有管辖权的人民法院申请强制执行;执行对象是不动产的,向不动产所在地有管辖权的人民法院申请强制执行。

第五十五条 【申请执行的材料】行政机关向人民法院申请强制执行,应当提供下列材料:

(一)强制执行申请书;

(二)行政决定书及作出决定的事实、理由和依据;

(三)当事人的意见及行政机关催告情况;

(四)申请强制执行标的情况;

(五)法律、行政法规规定的其他材料。

强制执行申请书应当由行政机关负责人签名,加盖行政机关的印章,并注明日期。

第五十六条 【申请受理与救济】人民法院接到行政机关强制执行的申请,应当在五日内受理。

行政机关对人民法院不予受理的裁定有异议的,可以在十五日内向上一级人民法院申请复议,上一级人民法院应当自收到复议申请之日起十五日内作出是否受理的裁定。

第五十七条 【书面审查】人民法院对行政机关强制执行的申请进行书面审查,对符合本法第五十五条规定,且行政决定具备法定执行效力的,除本法第五十八条规定的情形外,人民法院应当自受理之日起七日内作出执行裁定。

第五十八条 【实质审查】人民法院发现有下列情形之一的,在作出裁定前可以听取被执行人和行政机关的意见:

(一)明显缺乏事实根据的;

(二)明显缺乏法律、法规依据的;

(三)其他明显违法并损害被执行人合法权益的。

人民法院应当自受理之日起三十日内作出是否执行的裁定。裁定不予执行的,应当说明理由,并在五日内将不予执行的裁定送达行政机关。

行政机关对人民法院不予执行的裁定有异议的,可以自收到裁定之日起十五日内向上一级人民法院申请复议,上一级人民法院应当自收到复议申请之日起三十日内作出是否执行的裁定。

第五十九条 【申请立即执行】因情况紧急,为保障公共安全,行政机关可以申请人民法院立即执行。经人民法院院长批准,人民法院应当自作出执行裁定之日起五日内执行。

第六十条 【执行费用】行政机关申请人民法院强制执行,不缴纳申请费。强制执行的费用由被执行人承担。

人民法院以划拨、拍卖方式强制执行的,可以在划拨、拍卖后将强制执行的费用扣除。

依法拍卖财物,由人民法院委托拍卖机构依照《中华人民共和国拍卖法》的规定办理。

划拨的存款、汇款以及拍卖和依法处理所得的款项应当上缴国库或者划入财政专户,不得以任何形式截留、私分或者变相私分。

第六章 法律责任

第六十一条 【实施行政强制违法责任】行政机关实施行政强制,有下列情形之一的,由上级行政机关或者有关部门责令改正,对直接负责的主管人员和其他直接责任人员依法给予处分:

(一)没有法律、法规依据的;

(二)改变行政强制对象、条件、方式的;

(三)违反法定程序实施行政强制的;

(四)违反本法规定,在夜间或者法定节假日实施行政强制执行的;

(五)对居民生活采取停止供水、供电、供热、供燃气等方式迫使当事人履行相关行政决定的;

(六)有其他违法实施行政强制情形的。

第六十二条 【违法查封、扣押、冻结的责任】违反本法规定,行政机关有下列情形之一的,由上级行政机关或者有关部门责令改正,对直接负责的主管人员和其他直接责任人员依法给予处分:

(一)扩大查封、扣押、冻结范围的;

(二)使用或者损毁查封、扣押场所、设施或者财物的;

(三)在查封、扣押法定期间不作出处理决定或者未依法及时解除查封、扣押的;

(四)在冻结存款、汇款法定期间不作出处理决定或者未依法及时解除冻结的。

案例 刘云务诉山西省太原市公安局交通警察支队晋源一大队道路交通管理行政强制案(2017 年

6月13日最高人民法院行政审判十大典型案例（第一批））

裁判规则：深入推进依法行政，加快建设法治政府，要求必须坚持严格规范公正文明执法。行政机关既要严格执法以维护社会管理秩序，也要公正把握执法尺度，兼顾相对人合法权益的保护。为维护道路交通秩序，预防和减少交通事故，保护人身、财产安全，公安机关交通管理部门有权依法扣留违法车辆。存在裁量余地时，对违法车辆的扣留应以实现行政目的为限，尽可能选择对相对人合法权益损害最小的方式。违反法定程序，无正当理由长期扣留车辆，过度推诿卸责，严重突破实现行政目的的限度，且对相对人合法权益造成重大损害，显已违背严格规范公正文明的执法要求。人民法院依法予以纠正，救济相对人合法权益，监督行政机关依法行使职权，助推依法行政，促进法治政府如期建成。

第六十三条 【截留、私分或变相私分查封、扣押的财物、划拨的存款、汇款和拍卖、依法处理所得款项的法律责任】行政机关将查封、扣押的财物或者划拨的存款、汇款以及拍卖和依法处理所得的款项，截留、私分或者变相私分的，由财政部门或者有关部门予以追缴；对直接负责的主管人员和其他直接责任人员依法给予记大过、降级、撤职或者开除的处分。

行政机关工作人员利用职务上的便利，将查封、扣押的场所、设施或者财物据为己有的，由上级行政机关或者有关部门责令改正，依法给予记大过、降级、撤职或者开除的处分。

第六十四条 【利用行政强制权谋利的法律责任】行政机关及其工作人员利用行政强制权为单位或者个人谋取利益的，由上级行政机关或者有关部门责令改正，对直接负责的主管人员和其他直接责任人员依法给予处分。

注释 本条是关于行政机关或者法律、行政法规授权的具有管理公共事务职能的组织及其工作人员滥用行政强制权应承担的法律责任的规定。理解这一规定要注意以下几点：

一是利用行政强制权为单位或者个人谋取利益的主体不仅包括行政机关及其工作人员，还包括法律、行政法规授权的具有管理公共事务职能的组织及其工作人员。

二是行政机关及其工作人员利用行政强制权为单位或者个人谋取利益属于滥用职权的行为。所谓"滥用职权"指的是，行政机关或者法律、行政法规授权的具有管理公共事务职能的组织及其工作人员违背法律授权目的行使法定职权。

三是滥用行政强制权的，由上级行政机关或者有关部门责令改正，对直接负责的主管人员和其他直接责任人员依法给予处分。本条规定的法律责任是行政处分。但是，行政机关或者法律、行政法规授权的具有管理公共事务职能的组织及其工作人员利用行政强制权为单位或者个人谋取利益，给当事人造成损失的，应当给予国家赔偿。

第六十五条 【金融机构违反冻结、划拨规定的法律责任】违反本法规定，金融机构有下列行为之一的，由金融业监督管理机构责令改正，对直接负责的主管人员和其他直接责任人员依法给予处分：

（一）在冻结前向当事人泄露信息的；

（二）对应当立即冻结、划拨的存款、汇款不冻结或者不划拨，致使存款、汇款转移的；

（三）将不应当冻结、划拨的存款、汇款予以冻结或者划拨的；

（四）未及时解除冻结存款、汇款的。

第六十六条 【执行款项未划入规定账户的法律责任】违反本法规定，金融机构将款项划入国库或者财政专户以外的其他账户的，由金融业监督管理机构责令改正，并处以违法划拨款项二倍的罚款；对直接负责的主管人员和其他直接责任人员依法给予处分。

违反本法规定，行政机关、人民法院指令金融机构将款项划入国库或者财政专户以外的其他账户的，对直接负责的主管人员和其他直接责任人员依法给予处分。

第六十七条 【人民法院及其工作人员强制执行违法的责任】人民法院及其工作人员在强制执行中有违法行为或者扩大强制执行范围的，对直接负责的主管人员和其他直接责任人员依法给予处分。

第六十八条 【赔偿和刑事责任】违反本法规定，给公民、法人或者其他组织造成损失的，依法给予赔偿。

违反本法规定，构成犯罪的，依法追究刑事责任。

注释 本条所指的赔偿通常是指对公民、法人或者其他组织的人身权、财产权造成的直接损失给予赔偿，一般以支付赔偿金为主要方式，能够返还财产或者恢复原状的，予以返还财产或恢复原状。对公民造成精神损害的，应当在侵权行为影响的范围内，为受害人消除影响，恢复名誉，赔礼道歉；造成严重后果的，应当依法支付相应的精神损害抚慰金。

链接 《刑法》第382条、第383条、第385条、第397条

第七章 附 则

第六十九条 【期限的界定】本法中十日以内期限的规定是指工作日，不含法定节假日。

第七十条 【法律、行政法规授权的组织实施行政强制受本法调整】法律、行政法规授权的具有管理公共事务职能的组织在法定授权范围内，以自己的名义实施行政强制，适用本法有关行政机关的规定。

第七十一条 【施行时间】本法自2012年1月1日起施行。

中华人民共和国国家赔偿法

- 1994年5月12日第八届全国人民代表大会常务委员会第七次会议通过
- 根据2010年4月29日第十一届全国人民代表大会常务委员会第十四次会议《关于修改〈中华人民共和国国家赔偿法〉的决定》第一次修正
- 根据2012年10月26日第十一届全国人民代表大会常务委员会第二十九次会议《关于修改〈中华人民共和国国家赔偿法〉的决定》第二次修正

第一章 总 则

第一条 【立法目的】为保障公民、法人和其他组织享有依法取得国家赔偿的权利，促进国家机关依法行使职权，根据宪法，制定本法。

第二条 【依法赔偿】国家机关和国家机关工作人员行使职权，有本法规定的侵犯公民、法人和其他组织合法权益的情形，造成损害的，受害人有依照本法取得国家赔偿的权利。

本法规定的赔偿义务机关，应当依照本法及时履行赔偿义务。

第二章 行政赔偿

第一节 赔偿范围

第三条 【侵犯人身权的行政赔偿范围】行政机关及其工作人员在行使行政职权时有下列侵犯人身权情形之一的，受害人有取得赔偿的权利：

（一）违法拘留或者违法采取限制公民人身自由的行政强制措施的；

（二）非法拘禁或者以其他方法非法剥夺公民人身自由的；

（三）以殴打、虐待等行为或者唆使、放纵他人以殴打、虐待等行为造成公民身体伤害或者死亡的；

（四）违法使用武器、警械造成公民身体伤害或者死亡的；

（五）造成公民身体伤害或者死亡的其他违法行为。

注释 **违法拘留、行政强制措施**

违法拘留中的拘留指的是行政拘留。行政拘留是公安机关依法对违反行政管理秩序的公民采取的短期剥夺或限制其人身自由的一种行政处罚措施。行政拘留只能由县级以上的公安机关作出决定，其他任何行政机关都没有决定的权力。其他行政执法人员如果遇到需要对行政相对人进行拘留的情况时，必须向公安机关提出申请，由公安机关进行拘留；如果行政执法人员自行采取行政拘留措施，则属于行政越权行为，是违法拘留。

行政强制措施，是指国家行政机关为了维护和实现行政管理秩序，预防和制止社会危害事件与违法行为的发生与存在，依照法律、法规规定，针对特定公民、法人或者其他组织的人身、财产及行为进行临时约束或处置、限制当事人权利的强制行为。

非法拘禁或者以其他方法非法剥夺公民人身自由的表现形式

非法拘禁或者以其他方法非法剥夺公民人身自由，既包括无法定权限的国家机关实施的限制公民人身自由的行为，也包括有限制人身自由权的国家机关以非法律规定的名目或理由限制公民的人身自由的行为。主要有两种情形：

（1）没有限制公民人身自由的权力的行政机关实施的剥夺公民人身自由的行为，如工商、税务

等行政机关采取行政拘留即构成非法拘禁；

（2）有法定权限的国家机关超过法定期限或者条件羁押，如公安机关对犯罪嫌疑人采取强制禁闭、超期羁押、连续传唤等强制措施。

此类行为一旦实施即为既遂，不论时间长短，都构成对公民人身自由权的侵害。

唆使、放纵

"唆使、放纵"是指不是由行政机关及其工作人员直接实施的，而是由他人实施的殴打、虐待等行为，但行政机关及其工作人员有教唆、指使的行为或者负有制止上述行为的义务但放任上述行为发生的情形，对此，国家应当承担赔偿责任。

链接《行政处罚法》第81条；《民航行政机关行政赔偿办法》第5条；《海关行政赔偿办法》第5条

第四条 【侵犯财产权的行政赔偿范围】 行政机关及其工作人员在行使行政职权时有下列侵犯财产权情形之一的，受害人有取得赔偿的权利：

（一）违法实施罚款、吊销许可证和执照、责令停产停业、没收财物等行政处罚的；

（二）违法对财产采取查封、扣押、冻结等行政强制措施的；

（三）违法征收、征用财产的；

（四）造成财产损害的其他违法行为。

注释 本条是关于侵犯财产权的行政赔偿范围的规定。

财产权是以财产为客体的权利，是公民的基本权利之一。《国家赔偿法》上的财产权是指具有直接经济内容的权利，包括物权、债权、知识产权、继承权、经营自主权、物质帮助权等。

公安机关不履行、拖延履行法定职责如何承担行政赔偿责任

根据《最高人民法院关于公安机关不履行、拖延履行法定职责如何承担行政赔偿责任问题的答复》的规定，公安机关不履行或者拖延履行保护公民、法人或者其他组织人身权、财产权法定职责，致使公民、法人或者其他组织人身、财产遭受损失的，应当承担相应的行政赔偿责任。公民、法人或者其他组织人身、财产损失系第三人行为造成的，应当由第三人承担民事侵权赔偿责任；第三人民事赔偿不足、无力承担赔偿责任或者下落不明的，应当根据公安机关不履行、拖延履行法定职责行为在损害发生过程和结果中所起的作用等因素，判决其承担相应的行政赔偿责任。公安机关承担

相应的赔偿责任后，可以向实施侵权行为的第三人追偿。

链接《海关行政赔偿办法》第6条；《司法行政关行政赔偿、刑事赔偿办法》第7条

第五条 【行政侵权中的免责情形】 属于下列情形之一的，国家不承担赔偿责任：

（一）行政机关工作人员与行使职权无关的个人行为；

（二）因公民、法人和其他组织自己的行为致使损害发生的；

（三）法律规定的其他情形。

第二节 赔偿请求人和赔偿义务机关

第六条 【行政赔偿请求人】 受害的公民、法人和其他组织有权要求赔偿。

受害的公民死亡，其继承人和其他有扶养关系的亲属有权要求赔偿。

受害的法人或者其他组织终止的，其权利承受人有权要求赔偿。

注释 行政赔偿请求人

《国家赔偿法》规定的行政赔偿请求人包括以下三类：

（1）公民。作为行政赔偿请求人包括以下几种情况：①受害的公民本人；②当受害人为无民事行为能力或限制民事行为能力人时，由其监护人或法定代理人代为行使；③受害人的继承人；④与受害人有扶养关系的其他亲属。

（2）法人。法人是具有民事权利能力和民事行为能力，依法独立享有民事权利和承担民事义务的组织。因国家行政机关及其工作人员违法行使职权而受到侵害的法人，在赔偿范围内有权作为行政赔偿请求人提出赔偿请求。如果该法人在取得赔偿前终止，则承受其权利义务的法人作为行政赔偿请求人。

（3）其他组织。其他组织是指不符合法人条件或不具有法人资格的组织。同法人一样，这类组织的合法权益如果受到行政机关及其工作人员违法行使行政职权的侵害，也有权作为行政赔偿请求人提出赔偿请求。如果其在取得赔偿前由于解散或被撤销、取缔等原因而终止，则承受其权利义务的组织作为行政赔偿请求人。

除上述主体外，下列单位和个人也可以获得国家赔偿：

（1）与行政赔偿案件处理结果有法律上的利害关系的其他公民、法人或者其他组织有权作为第三人参加行政赔偿诉讼。

（2）受害的公民死亡，其生前抚养的无劳动能力的人有权提起行政赔偿诉讼。

（3）企业法人或者其他组织被行政机关撤销、变更、兼并、注销，认为经营自主权受到侵害，依法提起行政赔偿诉讼，原企业法人或其他组织，或者对其享有权利的法人或其他组织均具有原告资格。

链接《海关行政赔偿办法》第10、11条；《民航行政机关行政赔偿办法》第8、9条；《最高人民法院关于审理行政赔偿案件若干问题的规定》

第七条【行政赔偿义务机关】行政机关及其工作人员行使行政职权侵犯公民、法人和其他组织的合法权益造成损害的，该行政机关为赔偿义务机关。

两个以上行政机关共同行使行政职权时侵犯公民、法人和其他组织的合法权益造成损害的，共同行使行政职权的行政机关为共同赔偿义务机关。

法律、法规授权的组织在行使授予的行政权力时侵犯公民、法人和其他组织的合法权益造成损害的，被授权的组织为赔偿义务机关。

受行政机关委托的组织或者个人在行使受委托的行政权力时侵犯公民、法人和其他组织的合法权益造成损害的，委托的行政机关为赔偿义务机关。

赔偿义务机关被撤销的，继续行使其职权的行政机关为赔偿义务机关；没有继续行使其职权的行政机关的，撤销该赔偿义务机关的行政机关为赔偿义务机关。

注释 行政赔偿义务机关的确定

由于行政管理活动的复杂性，所以分清谁是行政赔偿义务机关并不是一件简单的事。具体而言，我国的行政赔偿义务机关包括以下五种情形：

（1）单独赔偿义务机关。即单个行政机关致害时，谁实施侵权行为，谁就是赔偿义务机关。致害主体是行政机关工作人员的，则其所属的行政机关为赔偿义务机关。注意"所属"指职权所属的行政机关，而不一定是该工作人员所隶属的行政机关。

（2）共同赔偿义务机关。共同赔偿义务机关的规定，避免了赔偿义务机关之间互相推诿，有利于受害人行使赔偿请求权。需要说明的是：两个以上行政机关是指两个以上具有独立主体资格的行政机关，不包括同一行政机关内部的两个以上部门，也不包括同一行政机关内部具有从属关系的两个以上行政机关和组织；并且，共同赔偿义务机关之间承担连带责任，受害人可以向任意一个机关请求赔偿，该机关应当赔偿，赔偿后可以要求其他有连带责任的行政机关承担其应当承担的部分。如果引起行政诉讼，共同赔偿义务机关为共同被告。赔偿请求人坚持对其中一个或者几个侵权机关提起行政赔偿诉讼，以被起诉的机关为被告，未被起诉的机关追加为第三人。

（3）授权组织作赔偿义务机关。授权的一个最重要的法律后果是使本不具有行政机关身份的组织也取得了国家公权力主体的地位，在授权范围内，能够以自己的名义行使职权、履行职责，并独立承担相应的法律责任。

（4）委托的行政机关作为赔偿义务机关。实践中，行政机关将部分职权委托给组织或个人行使，委托行政较为普遍。需要注意的是，如果受委托的组织或个人所实施的致害行为与委托的职权无关，则属于个人行为，国家不承担赔偿责任。所谓"无关"，是指受委托的组织或者个人的行为与委托的职权或者公务之间没有任何实质性的联系。凡是接受委托的组织或者个人为了行使委托的职权或者是为了执行委托的公务而实施的行为，都应当由委托的行政机关负责，因为，委托的行政机关对受委托的组织或者个人负有监管的责任。

（5）行政机关被撤销的赔偿义务机关。实践中，行政机关会有被撤销的情况。如果被撤销的行政机关是赔偿义务机关，会出现赔偿义务机关变更的情况。行政机关被撤销，作为法人的机关已终止，一般会有其他的机关承受其职权、职责，被撤销的行政机关所应承担的赔偿义务也应由其承受，从而成为新的赔偿义务机关。如果被撤销机关的职权已不存在，便没有继续行使职权的国家机关，这时一般由作出撤销决定的行政机关承受其职权。继续行使其职权的行政机关或者撤销该赔偿义务机关的行政机关并不是侵犯公民、法人和其他组织合法权益造成损害的机关，法律规定在这种特殊情况下由他们作为赔偿义务机关。

链接 《行政诉讼法》第7条；《最高人民法院关于审理行政赔偿案件若干问题的规定》；《海关行政赔偿办法》第12—14条

第八条　【经过行政复议的赔偿义务机关】 经复议机关复议的，最初造成侵权行为的行政机关为赔偿义务机关，但复议机关的复议决定加重损害的，复议机关对加重的部分履行赔偿义务。

第三节　赔偿程序

第九条　【赔偿请求人要求行政赔偿的途径】 赔偿义务机关有本法第三条、第四条规定情形之一的，应当给予赔偿。

赔偿请求人要求赔偿，应当先向赔偿义务机关提出，也可以在申请行政复议或者提起行政诉讼时一并提出。

第十条　【行政赔偿的共同赔偿义务机关】 赔偿请求人可以向共同赔偿义务机关中的任何一个赔偿义务机关要求赔偿，该赔偿义务机关应当先予赔偿。

第十一条　【根据损害提出数项赔偿要求】 赔偿请求人根据受到的不同损害，可以同时提出数项赔偿要求。

第十二条　【赔偿请求人递交赔偿申请书】 要求赔偿应当递交申请书，申请书应当载明下列事项：

（一）受害人的姓名、性别、年龄、工作单位和住所，法人或者其他组织的名称、住所和法定代表人或者主要负责人的姓名、职务；

（二）具体的要求、事实根据和理由；

（三）申请的年、月、日。

赔偿请求人书写申请书确有困难的，可以委托他人代书；也可以口头申请，由赔偿义务机关记入笔录。

赔偿请求人不是受害人本人的，应当说明与受害人的关系，并提供相应证明。

赔偿请求人当面递交申请书的，赔偿义务机关应当当场出具加盖本行政机关专用印章并注明收讫日期的书面凭证。申请材料不齐全的，赔偿义务机关应当当场或者在五日内一次性告知赔偿请求人需要补正的全部内容。

第十三条　【行政赔偿义务机关作出赔偿决定】 赔偿义务机关应当自收到申请之日起两个月内，作出是否赔偿的决定。赔偿义务机关作出赔偿决定，应当充分听取赔偿请求人的意见，并可以与赔偿请求人就赔偿方式、赔偿项目和赔偿数额依照本法第四章的规定进行协商。

赔偿义务机关决定赔偿的，应当制作赔偿决定书，并自作出决定之日起十日内送达赔偿请求人。

赔偿义务机关决定不予赔偿的，应当自作出决定之日起十日内书面通知赔偿请求人，并说明不予赔偿的理由。

第十四条　【赔偿请求人向法院提起诉讼】 赔偿义务机关在规定期限内未作出是否赔偿的决定，赔偿请求人可以自期限届满之日起三个月内，向人民法院提起诉讼。

赔偿请求人对赔偿的方式、项目、数额有异议的，或者赔偿义务机关作出不予赔偿决定的，赔偿请求人可以自赔偿义务机关作出赔偿或者不予赔偿决定之日起三个月内，向人民法院提起诉讼。

第十五条　【举证责任】 人民法院审理行政赔偿案件，赔偿请求人和赔偿义务机关对自己提出的主张，应当提供证据。

赔偿义务机关采取行政拘留或者限制人身自由的强制措施期间，被限制人身自由的人死亡或者丧失行为能力的，赔偿义务机关的行为与被限制人身自由的人的死亡或者丧失行为能力是否存在因果关系，赔偿义务机关应当提供证据。

第十六条　【行政追偿】 赔偿义务机关赔偿损失后，应当责令有故意或者重大过失的工作人员或者受委托的组织或者个人承担部分或者全部赔偿费用。

对有故意或者重大过失的责任人员，有关机关应当依法给予处分；构成犯罪的，应当依法追究刑事责任。

第三章　刑事赔偿

第一节　赔偿范围

第十七条　【侵犯人身权的刑事赔偿范围】 行使侦查、检察、审判职权的机关以及看守所、监狱管理机关及其工作人员在行使职权时有下列侵犯人身权情形之一的，受害人有取得赔偿的权利：

（一）违反刑事诉讼法的规定对公民采取拘留措施的，或者依照刑事诉讼法规定的条件和程序

对公民采取拘留措施,但是拘留时间超过刑事诉讼法规定的时限,其后决定撤销案件、不起诉或者判决宣告无罪终止追究刑事责任的;

(二)对公民采取逮捕措施后,决定撤销案件、不起诉或者判决宣告无罪终止追究刑事责任的;

(三)依照审判监督程序再审改判无罪,原判刑罚已经执行的;

(四)刑讯逼供或者以殴打、虐待等行为或者唆使、放纵他人以殴打、虐待等行为造成公民身体伤害或者死亡的;

(五)违法使用武器、警械造成公民身体伤害或者死亡的。

注释 属于国家赔偿法第十七条第一项、第二项规定的终止追究刑事责任的情形

解除、撤销拘留或者逮捕措施后虽尚未撤销案件、作出不起诉决定或者判决宣告无罪,但是符合下列情形之一的,属于国家赔偿法第十七条第一项、第二项规定的终止追究刑事责任:

(一)办案机关决定对犯罪嫌疑人终止侦查的;

(二)解除、撤销取保候审、监视居住、拘留、逮捕措施后,办案机关超过一年未移送起诉、作出不起诉决定或者撤销案件的;

(三)取保候审、监视居住法定期限届满后,办案机关超过一年未移送起诉、作出不起诉决定或者撤销案件的;

(四)人民检察院撤回起诉超过三十日未作出不起诉决定的;

(五)人民法院决定按撤诉处理后超过三十日,人民检察院未作出不起诉决定的;

(六)人民法院准许刑事自诉案件自诉人撤诉的,或者人民法院决定对刑事自诉案件按撤诉处理的。

案例 1. 郑传振申请福建省南平市中级人民法院再审无罪国家赔偿案(国家赔偿法颁布实施二十五周年典型案例)

裁判规则: 本案是首例由高级人民法院审理并决定赔偿的刑事冤错国家赔偿案件,首次明确了数罪并罚的案件经再审改判部分罪名不成立,监禁期限超出再审判决确定的刑期的,赔偿请求人有权获得相应的国家赔偿。

保障人民群众享有更加充分的权利和自由,是人民司法的最高理想追求。根据1995年1月1日起施行的国家赔偿法规定,依照审判监督程序再审改判无罪,原判刑罚已经执行的,受害人有取得赔偿的权利。但在数罪并罚情形下,经再审改判部分罪名不成立,监禁期限超出再审判决确定刑期的应否赔偿,法律没有明确规定。本案中,人民法院深刻把握国家赔偿法的立法精神,明确了数罪并罚案件再审后,部分罪名不成立但实际羁押时间超过再审改判确定刑期的,赔偿请求人有权获得相应的国家赔偿。这一通过个案审理确定的国家赔偿领域裁判规则,最终被2016年起施行的《最高人民法院、最高人民检察院关于办理刑事赔偿案件适用法律若干问题的解释》(第六条)所吸收,上升为司法解释规范。该案在深层次上推进了公平正义的实现与司法裁判的良规递进,体现出司法对基本人权的现实关怀与制度保障。

2. 王建中申请吉林省高级人民法院再审无罪国家赔偿案(国家赔偿法颁布实施二十五周年典型案例)

裁判规则: 本案是最高人民法院赔偿委员会审理的首例国家赔偿案件。该案的赔偿决定,明确了刑事赔偿案件中侵犯人身自由权、生命健康权的赔偿标准,以及恢复名誉的实施方式。本案的审判实践,体现了人民法院在早期对国家赔偿立法精神的贯彻实施,对人权的切实保障。

国家赔偿法规定,中级以上人民法院设立赔偿委员会,审理国家赔偿案件。1995年1月,最高人民法院成立了赔偿委员会并设立了赔偿委员会办公室,第一届赔偿委员会主任委员、副主任委员分别由两位副院长兼任,其他委员由本院有关审判庭庭长兼任,负责审理本院受理的国家赔偿案件,指导全国法院国家赔偿审判工作。本案是最高人民法院赔偿委员会成立后审理的首例国家赔偿案件。本案发生在国家赔偿法实施初期,错判羁押时间较长,赔偿金额较大。赔偿义务机关通过在赔偿请求人所在地召开会议、公开宣布赔偿决定、当场给付赔偿金的方式,为赔偿请求人恢复名誉、消除影响,最大可能地帮助请求人回归社会、融入社区。最高人民法院赔偿委员会在依法维持原赔偿决定的同时,明确了刑事赔偿案件中侵犯人身自由权、生命健康权的赔偿标准,以及恢复名誉的实施方式,对于国家赔偿法实施初期全国法院审理此类案件起到了有力的指导作用。

3. 聂树斌再审无罪国家赔偿案(国家赔偿法

颁布实施二十五周年典型案例）

裁判规则：最高人民法院于2016年对聂树斌案再审改判无罪后，聂树斌父母向人民法院提出国家赔偿申请，此案成为全社会关注的热点案件。因错误判决被执行死刑引发的国家赔偿案件，如何正确履行国家责任，合理确定赔偿项目、赔偿数额和赔偿方式，充分维护受害人亲属的合法权益，是国家赔偿案件审理中的重点和难点。

聂树斌再审改判无罪是我国法治建设进程中具有标志意义的重要事件，其后续引发的国家赔偿案件也是衡量我国人权保障能力和保障水平的标志性案件。人民法院与赔偿请求人在死亡赔偿金、丧葬费和侵犯人身自由赔偿金及聂树斌母亲生活费等方面依法定标准达成一致意见的基础上，通过双方协商确定了精神损害抚慰金，体现了国家对此类情况下受害人亲属的诚意，对其相关权利的全力维护和保障。在重大有影响的国家赔偿案件处理过程中，让赔偿请求人充分表达赔偿意愿，通过协商达成一致意见的方式解决纠纷，有利于全面保障受害人及其亲属的合法权益。

链接 《最高人民法院关于适用〈中华人民共和国国家赔偿法〉若干问题的解释（一）》第7条

第十八条 【侵犯财产权的刑事赔偿范围】行使侦查、检察、审判职权的机关以及看守所、监狱管理机关及其工作人员在行使职权时有下列侵犯财产权情形之一的，受害人有取得赔偿的权利：

（一）违法对财产采取查封、扣押、冻结、追缴等措施的；

（二）依照审判监督程序再审改判无罪，原判罚金、没收财产已经执行的。

第十九条 【刑事赔偿免责情形】属于下列情形之一的，国家不承担赔偿责任：

（一）因公民自己故意作虚伪供述，或者伪造其他有罪证据被羁押或者被判处刑罚的；

（二）依照刑法第十七条、第十八条规定不负刑事责任的人被羁押的；

（三）依照刑事诉讼法第十五条、第一百七十三条第二款、第二百七十三条第二款、第二百七十九条规定不追究刑事责任的人被羁押的；

（四）行使侦查、检察、审判职权的机关以及看守所、监狱管理机关的工作人员与行使职权无关的个人行为的；

（五）因公民自伤、自残等故意行为致使损害

发生的；

（六）法律规定的其他情形。

案例 邓永华申请重庆市南川区公安局违法使用武器致伤国家赔偿案（国家赔偿法颁布实施二十五周年典型案例）

裁判规则：人民警察在执行职务过程中，当生命安全受到威胁时，可以在必要限度内合理使用武器，对赔偿请求人因此受到的损失，依法不予赔偿。

本案是入选案例中唯一一件不予国家赔偿的案件。人民警察负有侦查违法犯罪活动、维护社会治安秩序、保障人民生命财产安全等职责，作为其权能体现及实施方式之一的武器使用问题极易引发社会关注。人民警察在与违法犯罪嫌疑人较量博弈的瞬息之间，难以精准确认其武器使用的合法性及适度性，往往不敢使用武器或者使用武器不及时。国家赔偿制度是一个硬币的两面，在平冤理直、扶危济困的同时，又要保护国家机关及其工作人员依法正常履职。人民法院在审理此类国家赔偿案件时，既要注重保障赔偿请求人的合法权益，又要注意维护人民警察的执法权威，对人民警察合法合理使用武器的行为予以支持。本案是构建执法权与公民权平衡发展和良性互动的典型案例，体现了国家赔偿平冤理直与维护公权的双重意义所在。

链接 《刑法》第13、17、18、37条；《刑事诉讼法》第16条、第177条第2款、第284条第2款、第290条；《监狱法》第14条第1款；《看守所条例》第4条

第二节 赔偿请求人和赔偿义务机关

第二十条 【刑事赔偿请求人】赔偿请求人的确定依照本法第六条的规定。

第二十一条 【刑事赔偿义务机关】行使侦查、检察、审判职权的机关以及看守所、监狱管理机关及其工作人员在行使职权时侵犯公民、法人和其他组织的合法权益造成损害的，该机关为赔偿义务机关。

对公民采取拘留措施，依照本法的规定应当给予国家赔偿的，作出拘留决定的机关为赔偿义务机关。

对公民采取逮捕措施后决定撤销案件、不起诉或者判决宣告无罪的，作出逮捕决定的机关为

赔偿义务机关。

再审改判无罪的,作出原生效判决的人民法院为赔偿义务机关。二审改判无罪,以及二审发回重审后作无罪处理的,作出一审有罪判决的人民法院为赔偿义务机关。

第三节 赔偿程序

第二十二条 【刑事赔偿的提出和赔偿义务机关先行处理】赔偿义务机关有本法第十七条、第十八条规定情形之一的,应当给予赔偿。

赔偿请求人要求赔偿,应当先向赔偿义务机关提出。

赔偿请求人提出赔偿请求,适用本法第十一条、第十二条的规定。

第二十三条 【刑事赔偿义务机关赔偿决定的作出】赔偿义务机关应当自收到申请之日起两个月内,作出是否赔偿的决定。赔偿义务机关作出赔偿决定,应当充分听取赔偿请求人的意见,并可以与赔偿请求人就赔偿方式、赔偿项目和赔偿数额依照本法第四章的规定进行协商。

赔偿义务机关决定赔偿的,应当制作赔偿决定书,并自作出决定之日起十日内送达赔偿请求人。

赔偿义务机关决定不予赔偿的,应当自作出决定之日起十日内书面通知赔偿请求人,并说明不予赔偿的理由。

第二十四条 【刑事赔偿复议申请的提出】赔偿义务机关在规定期限内未作出是否赔偿的决定,赔偿请求人可以自期限届满之日起三十日内向赔偿义务机关的上一级机关申请复议。

赔偿请求人对赔偿的方式、项目、数额有异议的,或者赔偿义务机关作出不予赔偿决定的,赔偿请求人可以自赔偿义务机关作出赔偿或者不予赔偿决定之日起三十日内,向赔偿义务机关的上一级机关申请复议。

赔偿义务机关是人民法院的,赔偿请求人可以依照本条规定向其上一级人民法院赔偿委员会申请作出赔偿决定。

第二十五条 【刑事赔偿复议的处理和对复议决定的救济】复议机关应当自收到申请之日起两个月内作出决定。

赔偿请求人不服复议决定的,可以在收到复议决定之日起三十日内向复议机关所在地的同级人民法院赔偿委员会申请作出赔偿决定;复议机关逾期不作决定的,赔偿请求人可以自期限届满之日起三十日内向复议机关所在地的同级人民法院赔偿委员会申请作出赔偿决定。

第二十六条 【举证责任分配】人民法院赔偿委员会处理赔偿请求,赔偿请求人和赔偿义务机关对自己提出的主张,应当提供证据。

被羁押人在羁押期间死亡或者丧失行为能力的,赔偿义务机关的行为与被羁押人的死亡或者丧失行为能力是否存在因果关系,赔偿义务机关应当提供证据。

第二十七条 【赔偿委员会办理案件程序】人民法院赔偿委员会处理赔偿请求,采取书面审查的办法。必要时,可以向有关单位和人员调查情况、收集证据。赔偿请求人与赔偿义务机关对损害事实及因果关系有争议的,赔偿委员会可以听取赔偿请求人和赔偿义务机关的陈述和申辩,并可以进行质证。

第二十八条 【赔偿委员会办理案件期限】人民法院赔偿委员会应当自收到赔偿申请之日起三个月内作出决定;属于疑难、复杂、重大案件的,经本院院长批准,可以延长三个月。

第二十九条 【赔偿委员会的组成】中级以上的人民法院设立赔偿委员会,由人民法院三名以上审判员组成,组成人员的人数应当为单数。

赔偿委员会作赔偿决定,实行少数服从多数的原则。

赔偿委员会作出的赔偿决定,是发生法律效力的决定,必须执行。

第三十条 【赔偿委员会重新审查程序】赔偿请求人或者赔偿义务机关对赔偿委员会作出的决定,认为确有错误的,可以向上一级人民法院赔偿委员会提出申诉。

赔偿委员会作出的赔偿决定生效后,如发现赔偿决定违反本法规定的,经本院院长决定或者上级人民法院指令,赔偿委员会应当在两个月内重新审查并依法作出决定,上一级人民法院赔偿委员会也可以直接审查并作出决定。

最高人民检察院对各级人民法院赔偿委员会作出的决定,上级人民检察院对下级人民法院赔偿委员会作出的决定,发现违反本法规定的,应当向同级人民法院赔偿委员会提出意见,同级人民法院赔偿委员会应当在两个月内重新审查并依法作出决定。

第三十一条　【刑事赔偿的追偿】赔偿义务机关赔偿后，应当向有下列情形之一的工作人员追偿部分或者全部赔偿费用：

（一）有本法第十七条第四项、第五项规定情形的；

（二）在处理案件中有贪污受贿，徇私舞弊，枉法裁判行为的。

对有前款规定情形的责任人员，有关机关应当依法给予处分；构成犯罪的，应当依法追究刑事责任。

第四章　赔偿方式和计算标准

第三十二条　【赔偿方式】国家赔偿以支付赔偿金为主要方式。

能够返还财产或者恢复原状的，予以返还财产或者恢复原状。

注释　国家赔偿的方式，是指国家承担赔偿责任的各种形式。根据本条规定，国家赔偿是以金钱赔偿为主要方式，以返还财产、恢复原状为补充方式，即在大部分情形下，应当通过支付货币的方式进行赔偿，只有在返还财产、恢复原状为可能和适当之时，才可以返还财产、恢复原状的方式赔偿。

采用返还财产方式进行国家赔偿需具备的条件

返还财产是指赔偿义务机关将违法取得的财产返还受害人的赔偿方式，一般是指返还原物，也包括种类物，只适用于财产权受到损害时的赔偿，一般需要满足以下几个条件：

(1)原物仍然存在，具有返还的可能性；

(2)采用返还财产方式比采用金钱赔偿方式更快捷；

(3)返还财物不影响公务的正常执行。

采用恢复原状的赔偿方式需具备的条件

恢复原状是指赔偿义务机关对受害人的财产进行修复，使之恢复到受损害前的形状、性能和状态的赔偿方式。此种方式的适用不以受害人提出请求为前提，只要赔偿义务机关认为必要即可适用，一般需满足以下条件：

(1)受损害的财产或者其他合法权益能够恢复；

(2)采用恢复原状的方式比金钱赔偿方式更快捷；

(3)恢复原状不会妨碍公务，也不会损害公共利益。

第三十三条　【人身自由的国家赔偿标准】侵犯公民人身自由的，每日赔偿金按照国家上年度职工日平均工资计算。

注释　根据《最高人民法院关于人民法院赔偿委员会依照〈中华人民共和国国家赔偿法〉第三十条规定纠正原生效的赔偿委员会决定应如何适用人身自由赔偿标准问题的批复》，人民法院赔偿委员会依照《中华人民共和国国家赔偿法》第三十条规定纠正原生效的赔偿委员会决定时，原决定的错误系漏算部分侵犯人身自由天数的，应在维持原决定支付的人身自由赔偿金的同时，就漏算天数按照重新审查或者直接审查后作出决定时的上年度国家职工日平均工资标准计算相应的人身自由赔偿金；原决定的错误系未支持人身自由赔偿请求的，按照重新审查或者直接审查后作出决定时的上年度国家职工日平均工资标准计算人身自由赔偿金。

链接　《海关行政赔偿办法》第43条

第三十四条　【生命健康权的国家赔偿标准】侵犯公民生命健康权的，赔偿金按照下列规定计算：

（一）造成身体伤害的，应当支付医疗费、护理费，以及赔偿因误工减少的收入。减少的收入每日的赔偿金按照国家上年度职工日平均工资计算，最高额为国家上年度职工年平均工资的五倍；

（二）造成部分或者全部丧失劳动能力的，应当支付医疗费、护理费、残疾生活辅助具费、康复费等因残疾而增加的必要支出和继续治疗所必需的费用，以及残疾赔偿金。残疾赔偿金根据丧失劳动能力的程度，按照国家规定的伤残等级确定，最高不超过国家上年度职工年平均工资的二十倍。造成全部丧失劳动能力的，对其扶养的无劳动能力的人，还应当支付生活费；

（三）造成死亡的，应当支付死亡赔偿金、丧葬费，总额为国家上年度职工年平均工资的二十倍。对死者生前扶养的无劳动能力的人，还应当支付生活费。

前款第二项、第三项规定的生活费的发放标准，参照当地最低生活保障标准执行。被扶养的人是未成年人的，生活费给付至十八周岁止；其他无劳动能力的人，生活费给付至死亡时止。

链接《最高人民法院关于审理人身损害赔偿案件适用法律若干问题的解释》

第三十五条 【精神损害的国家赔偿标准】有本法第三条或者第十七条规定情形之一，致人精神损害的，应当在侵权行为影响的范围内，为受害人消除影响，恢复名誉，赔礼道歉；造成严重后果的，应当支付相应的精神损害抚慰金。

注释 **精神损害赔偿的适用原则**

根据《最高人民法院关于审理国家赔偿案件确定精神损害赔偿责任适用法律若干问题的解释》，遵循了以下原则：一是依法赔偿。解释严格依照现行国家赔偿法的规定，既没有扩大也没有缩小精神损害赔偿的适用范围，既没有增加也没有减少其适用条件，力求权利保护的法律红利得到充分释放的同时，恪守法律的底线和红线。

二是规范裁量。解释在归纳法官综合考量因素，如精神受损状况，侵权行为的目的和方式，侵权人员过错程度等因素之外，还结合国家赔偿审判经验，首次以列举的形式对"造成严重后果"等客观情形加以规范，以期更好地指导法官准确认定精神损害赔偿责任。

三是合理平衡。解释在坚持同等情况同等对待的同时，兼顾了同一侵权行为所致精神损害的个体差异情况。按照解释第九条规定，在确定具体赔偿数额时，应当统筹兼顾社会整体发展水平，参考精神受到损害以及造成严重后果的情况、侵权行为的具体情节、侵权机关及其工作人员的违法过错程度、受害人的职业和影响范围等诸多因素，力求精神损害赔偿责任的认定更为合理衡平。

造成严重后果

有下列情形之一的，可以认定为国家赔偿法第三十五条规定的"造成严重后果"：

（一）无罪或者终止追究刑事责任的人被羁押六个月以上；

（二）受害人经鉴定为轻伤以上或者残疾；

（三）受害人经诊断、鉴定为精神障碍或者精神残疾，且与侵权行为存在关联；

（四）受害人名誉、荣誉、家庭、职业、教育等方面遭受严重损害，且与侵权行为存在关联。

受害人无罪被羁押十年以上；受害人死亡；受害人经鉴定为重伤或者残疾一至四级，且生活不能自理；受害人经诊断、鉴定为严重精神障碍或者精神残疾一至二级，生活不能自理，且与侵权行为存在关联的，可以认定为后果特别严重。

"精神损害抚慰金"的具体数额的合理确定

精神损害的赔偿数额根据以下因素确定：

（一）侵权人的过错程度，但是法律另有规定的除外；

（二）侵权行为的目的、方式、场合等具体情节；

（三）侵权行为所造成的后果；

（四）侵权人的获利情况；

（五）侵权人承担责任的经济能力；

（六）受理诉讼法院所在地的平均生活水平。

链接《最高人民法院关于确定民事侵权精神损害赔偿责任若干问题的解释》

第三十六条 【财产权的国家赔偿标准】侵犯公民、法人和其他组织的财产权造成损害的，按照下列规定处理：

（一）处罚款、罚金、追缴、没收财产或者违法征收、征用财产的，返还财产；

（二）查封、扣押、冻结财产的，解除对财产的查封、扣押、冻结；造成财产损坏或者灭失的，依照本条第三项、第四项的规定赔偿；

（三）应当返还的财产损坏的，能够恢复原状的恢复原状，不能恢复原状的，按照损害程度给付相应的赔偿金；

（四）应当返还的财产灭失的，给付相应的赔偿金；

（五）财产已经拍卖或者变卖的，给付拍卖或者变卖所得的价款；变卖的价款明显低于财产价值的，应当支付相应的赔偿金；

（六）吊销许可证和执照、责令停产停业的，赔偿停产停业期间必要的经常性费用开支；

（七）返还执行的罚款或者罚金、追缴或者没收的金钱，解除冻结的存款或者汇款的，应当支付银行同期存款利息；

（八）对财产权造成其他损害的，按照直接损失给予赔偿。

案例 1. 菲利浦海运公司申请广东省揭阳市公安局刑事违法扣押国家赔偿案（国家赔偿法颁布实施二十五周年典型案例）

裁判规则：公安机关以涉嫌走私为由扣押外籍货船上所载的货物，十六年后撤销刑事侦查案件，对于赔偿请求人财产损失的认定，应当基于违法扣押行为造成的直接损失。被扣押财产无法恢复原状、返还原物的,应当给付相应的赔偿金。

案系涉外刑事赔偿案件。扣押行为发生在广东沿海地区走私猎獭的上个世纪90年代,公安机关以涉嫌走私为由扣押外籍公司货船上的货物,十六年后才撤销刑事案件,造成外籍公司财产损失,侵害了该公司的财产权,应给予赔偿。对金钱损失,根据《最高人民法院、最高人民检察院关于办理刑事赔偿案件适用法律若干问题的解释》的相关规定,应支付相应利息;对财产损失,根据国家赔偿法第三十六条第三项的规定,不能恢复原状的,以直接损失为标准,按照损害程度给付相应的赔偿金。另外,具有涉外因素的国家赔偿案件审理,应坚持司法对等保护原则,正视本国公安机关侵犯外籍公司财产权的违法事实,平等对待中外主体,适用我国法律保护外籍公司的合法财产权益。通过依法赔偿,提高了外籍主体对我国司法机关公正司法的信心,对发展中外经济交流,营造良好的法治化营商环境具有积极意义。

2. 沈阳北鹏房地产开发有限公司申请辽宁省公安厅刑事违法扣押国家赔偿案(国家赔偿法颁布实施二十五周年典型案例)

裁判规则: 本案是最高人民法院赔偿委员会受理并决定赔偿的首例涉及财产权益的刑事违法扣押赔偿案。国家赔偿法没有规定违法扣押金钱应否计息及如何计息,但鉴于刑事扣押与追缴存在密切关系,故从平衡各方利益、完善裁判规则的角度考虑,参照有关违法追缴的计息规定予以计息,并将计息标准进一步细化。

本案是公正、高效、阳光、便民司法的典范,通过公开质证,敲响了本部大法官到巡回法庭办案的"第一槌",通过听取意见、证据交换、开庭质证、分步协商、远程视频决议、电子签章等,有效促成了协议达成和当庭宣布决定、当日完成送达。本案中隐含的对违法扣押金钱的赔偿应予计息并细化的计息标准的规则,被《最高人民法院、最高人民检察院关于办理刑事赔偿案件适用法律若干问题的解释》所吸收,推动了该解释的顺利出台。(第二十条第一款规定"返还执行的罚款或者罚金、追缴或者没收的金钱,解除冻结的汇款的,应当支付银行同期存款利息,利率参照赔偿义务机关作出赔偿决定时中国人民银行公布的人民币整存整取定期存款一年期基准利率确定,不计算复利。)本案的顺利审结,也彰显了人民法院充分发挥审判职能作用,通过国家赔偿审判保护企业产权和企业家合法权益的职责担当。

第三十七条 【国家赔偿费用】赔偿费用列入各级财政预算。

赔偿请求人凭生效的判决书、复议决定书、赔偿决定书或者调解书,向赔偿义务机关申请支付赔偿金。

赔偿义务机关应当自收到支付赔偿金申请之日起七日内,依照预算管理权限向有关的财政部门提出支付申请。财政部门应当自收到支付申请之日起十五日内支付赔偿金。

赔偿费用预算与支付管理的具体办法由国务院规定。

第五章 其他规定

第三十八条 【民事、行政诉讼中的司法赔偿】人民法院在民事诉讼、行政诉讼过程中,违法采取对妨害诉讼的强制措施、保全措施或者对判决、裁定及其他生效法律文书执行错误,造成损害的,赔偿请求人要求赔偿的程序,适用本法刑事赔偿程序的规定。

第三十九条 【国家赔偿请求时效】赔偿请求人请求国家赔偿的时效为两年,自其知道或者应当知道国家机关及其工作人员行使职权时的行为侵犯其人身权、财产权之日起计算,但被羁押等限制人身自由期间不计算在内。在申请行政复议或者提起行政诉讼时一并提出赔偿请求的,适用行政复议法、行政诉讼法有关时效的规定。

赔偿请求人在赔偿请求时效的最后六个月内,因不可抗力或者其他障碍不能行使请求权的,时效中止。从中止时效的原因消除之日起,赔偿请求时效期间继续计算。

第四十条 【对等原则】外国人、外国企业和组织在中华人民共和国领域内要求中华人民共和国国家赔偿的,适用本法。

外国人、外国企业和组织的所属国对中华人民共和国公民、法人和其他组织要求该国国家赔偿的权利不予保护或者限制的,中华人民共和国与该外国人、外国企业和组织的所属国实行对等原则。

第六章 附 则

第四十一条 【不得收费和征税】赔偿请求人

要求国家赔偿的,赔偿义务机关、复议机关和人民法院不得向赔偿请求人收取任何费用。

对赔偿请求人取得的赔偿金不予征税。

第四十二条 【施行时间】本法自1995年1月1日起施行。

中华人民共和国国家情报法

· 2017年6月27日第十二届全国人民代表大会常务委员会第二十八次会议通过
· 根据2018年4月27日第十三届全国人民代表大会常务委员会第二次会议《关于修改〈中华人民共和国国境卫生检疫法〉等六部法律的决定》修正

第一章 总 则

第一条 为了加强和保障国家情报工作,维护国家安全和利益,根据宪法,制定本法。

第二条 国家情报工作坚持总体国家安全观,为国家重大决策提供情报参考,为防范和化解危害国家安全的风险提供情报支持,维护国家政权、主权、统一和领土完整、人民福祉、经济社会可持续发展和国家其他重大利益。

第三条 国家建立健全集中统一、分工协作、科学高效的国家情报体制。

中央国家安全领导机构对国家情报工作实行统一领导,制定国家情报工作方针政策,规划国家情报工作整体发展,建立健全国家情报工作协调机制,统筹协调各领域国家情报工作,研究决定国家情报工作中的重大事项。

中央军事委员会统一领导和组织军队情报工作。

第四条 国家情报工作坚持公开工作与秘密工作相结合、专门工作与群众路线相结合、分工负责与协作配合相结合的原则。

第五条 国家安全机关和公安机关情报机构、军队情报机构(以下统称国家情报工作机构)按照职责分工,相互配合,做好情报工作、开展情报行动。

各有关国家机关应当根据各自职能和任务分工,与国家情报工作机构密切配合。

第六条 国家情报工作机构及其工作人员应当忠于国家和人民,遵守宪法和法律,忠于职守,纪律严明,清正廉洁,无私奉献,坚决维护国家安全和利益。

第七条 任何组织和公民都应当依法支持、协助和配合国家情报工作,保守所知悉的国家情报工作秘密。

国家对支持、协助和配合国家情报工作的个人和组织给予保护。

第八条 国家情报工作应当依法进行,尊重和保障人权,维护个人和组织的合法权益。

第九条 国家对在国家情报工作中作出重大贡献的个人和组织给予表彰和奖励。

第二章 国家情报工作机构职权

第十条 国家情报工作机构根据工作需要,依法使用必要的方式、手段和渠道,在境内外开展情报工作。

第十一条 国家情报工作机构应当依法搜集和处理境外机构、组织、个人实施或者指使、资助他人实施的,或者境内外机构、组织、个人相勾结实施的危害中华人民共和国国家安全和利益行为的相关情报,为防范、制止和惩治上述行为提供情报依据或者参考。

第十二条 国家情报工作机构可以按照国家有关规定,与有关个人和组织建立合作关系,委托开展相关工作。

第十三条 国家情报工作机构可以按照国家有关规定,开展对外交流与合作。

第十四条 国家情报工作机构依法开展情报工作,可以要求有关机关、组织和公民提供必要的支持、协助和配合。

第十五条 国家情报工作机构根据工作需要,按照国家有关规定,经过严格的批准手续,可以采取技术侦察措施和身份保护措施。

第十六条 国家情报工作机构工作人员依法执行任务时,按照国家有关规定,经过批准,出示相应证件,可以进入限制进入的有关区域、场所,可以向有关机关、组织和个人了解、询问有关情况,可以查阅或者调取有关的档案、资料、物品。

第十七条 国家情报工作机构工作人员因执行紧急任务需要,经出示相应证件,可以享受通行便利。

国家情报工作机构工作人员根据工作需要,

按照国家有关规定，可以优先使用或者依法征用有关机关、组织和个人的交通工具、通信工具、场地和建筑物，必要时，可以设置相关工作场所和设备、设施，任务完成后应当及时归还或者恢复原状，并依照规定支付相应费用；造成损失的，应当补偿。

第十八条 国家情报工作机构根据工作需要，按照国家有关规定，可以提请海关、出入境边防检查等机关提供免检等便利。

第十九条 国家情报工作机构及其工作人员应当严格依法办事，不得超越职权、滥用职权，不得侵犯公民和组织的合法权益，不得利用职务便利为自己或者他人谋取私利，不得泄露国家秘密、商业秘密和个人信息。

第三章 国家情报工作保障

第二十条 国家情报工作机构及其工作人员依法开展情报工作，受法律保护。

第二十一条 国家加强国家情报工作机构建设，对其机构设置、人员、编制、经费、资产实行特殊管理，给予特殊保障。

国家建立适应情报工作需要的人员录用、选调、考核、培训、待遇、退出等管理制度。

第二十二条 国家情报工作机构应当适应情报工作需要，提高开展情报工作的能力。

国家情报工作机构应当运用科学技术手段，提高对情报信息的鉴别、筛选、综合和研判分析水平。

第二十三条 国家情报工作机构工作人员因执行任务，或者与国家情报工作机构建立合作关系的人员因协助国家情报工作，其本人或者近亲属人身安全受到威胁时，国家有关部门应当采取必要措施，予以保护、营救。

第二十四条 对为国家情报工作作出贡献并需要安置的人员，国家给予妥善安置。

公安、民政、财政、卫生、教育、人力资源社会保障、退役军人事务、医疗保障等有关部门以及国有企业事业单位应当协助国家情报工作机构做好安置工作。

第二十五条 对因开展国家情报工作或者支持、协助和配合国家情报工作导致伤残或者牺牲、死亡的人员，按照国家有关规定给予相应的抚恤优待。

个人和组织因支持、协助和配合国家情报工作导致财产损失的，按照国家有关规定给予补偿。

第二十六条 国家情报工作机构应当建立健全严格的监督和安全审查制度，对其工作人员遵守法律和纪律等情况进行监督，并依法采取必要措施，定期或者不定期进行安全审查。

第二十七条 任何个人和组织对国家情报工作机构及其工作人员超越职权、滥用职权和其他违法违纪行为，有权检举、控告。受理检举、控告的有关机关应当及时查处，并将查处结果告知检举人、控告人。

对依法检举、控告国家情报工作机构及其工作人员的个人和组织，任何个人和组织不得压制和打击报复。

国家情报工作机构应当为个人和组织检举、控告、反映情况提供便利渠道，并为检举人、控告人保密。

第四章 法律责任

第二十八条 违反本法规定，阻碍国家情报工作机构及其工作人员依法开展情报工作的，由国家情报工作机构建议相关单位给予处分或者由国家安全机关、公安机关处警告或者十五日以下拘留；构成犯罪的，依法追究刑事责任。

第二十九条 泄露与国家情报工作有关的国家秘密的，由国家情报工作机构建议相关单位给予处分或者由国家安全机关、公安机关处警告或者十五日以下拘留；构成犯罪的，依法追究刑事责任。

第三十条 冒充国家情报工作机构工作人员或者其他相关人员实施招摇撞骗、诈骗、敲诈勒索等行为的，依照《中华人民共和国治安管理处罚法》的规定处罚；构成犯罪的，依法追究刑事责任。

第三十一条 国家情报工作机构及其工作人员有超越职权、滥用职权，侵犯公民和组织的合法权益，利用职务便利为自己或者他人谋取私利，泄露国家秘密、商业秘密和个人信息等违法违纪行为的，依法给予处分；构成犯罪的，依法追究刑事责任。

第五章 附 则

第三十二条 本法自2017年6月28日起施行。

中华人民共和国境外
非政府组织境内活动管理法

- 2016年4月28日第十二届全国人民代表大会常务委员会第二十次会议通过
- 根据2017年11月4日第十二届全国人民代表大会常务委员会第三十次会议《关于修改〈中华人民共和国会计法〉等十一部法律的决定》修正

第一章 总 则

第一条 为了规范、引导境外非政府组织在中国境内的活动,保障其合法权益,促进交流与合作,制定本法。

第二条 境外非政府组织在中国境内开展活动适用本法。

本法所称境外非政府组织,是指在境外合法成立的基金会、社会团体、智库机构等非营利、非政府的社会组织。

第三条 境外非政府组织依照本法可以在经济、教育、科技、文化、卫生、体育、环保等领域和济困、救灾等方面开展有利于公益事业发展的活动。

第四条 境外非政府组织在中国境内依法开展活动,受法律保护。

第五条 境外非政府组织在中国境内开展活动应当遵守中国法律,不得危害中国的国家统一、安全和民族团结,不得损害中国国家利益、社会公共利益和公民、法人以及其他组织的合法权益。

境外非政府组织在中国境内不得从事或者资助营利性活动、政治活动,不得非法从事或者资助宗教活动。

第六条 国务院公安部门和省级人民政府公安机关,是境外非政府组织在中国境内开展活动的登记管理机关。

国务院有关部门和单位、省级人民政府有关部门和单位,是境外非政府组织在中国境内开展活动的相应业务主管单位。

第七条 县级以上人民政府公安机关和有关部门在各自职责范围内对境外非政府组织在中国境内开展活动依法实施监督管理、提供服务。

国家建立境外非政府组织监督管理工作协调机制,负责研究、协调、解决境外非政府组织在中国境内开展活动监督管理和服务便利中的重大问题。

第八条 国家对为中国公益事业发展做出突出贡献的境外非政府组织给予表彰。

第二章 登记和备案

第九条 境外非政府组织在中国境内开展活动,应当依法登记设立代表机构;未登记设立代表机构需要在中国境内开展临时活动的,应当依法备案。

境外非政府组织未登记设立代表机构、开展临时活动未经备案的,不得在中国境内开展或者变相开展活动,不得委托、资助或者变相委托、资助中国境内任何单位和个人在中国境内开展活动。

第十条 境外非政府组织符合下列条件,根据业务范围、活动地域和开展活动的需要,可以申请在中国境内登记设立代表机构:

(一)在境外合法成立;

(二)能够独立承担民事责任;

(三)章程规定的宗旨和业务范围有利于公益事业发展;

(四)在境外存续二年以上并实质性开展活动;

(五)法律、行政法规规定的其他条件。

第十一条 境外非政府组织申请登记设立代表机构,应当经业务主管单位同意。

业务主管单位的名录由国务院公安部门和省级人民政府公安机关会同有关部门公布。

第十二条 境外非政府组织应当自业务主管单位同意之日起三十日内,向登记管理机关申请设立代表机构登记。申请设立代表机构登记,应当向登记管理机关提交下列文件、材料:

(一)申请书;

(二)符合本法第十条规定的证明文件、材料;

(三)拟设代表机构首席代表的身份证明、简历及其无犯罪记录证明材料或者声明;

(四)拟设代表机构的住所证明材料;

(五)资金来源证明材料;

(六)业务主管单位的同意文件;

(七)法律、行政法规规定的其他文件、材料。

登记管理机关审查境外非政府组织代表机构设立申请,根据需要可以组织专家进行评估。

登记管理机关应当自受理申请之日起六十日内作出准予登记或者不予登记的决定。

第十三条　对准予登记的境外非政府组织代表机构，登记管理机关发给登记证书，并向社会公告。登记事项包括：

（一）名称；

（二）住所；

（三）业务范围；

（四）活动地域；

（五）首席代表；

（六）业务主管单位。

境外非政府组织代表机构凭登记证书依法办理税务登记，刻制印章，在中国境内的银行开立银行账户，并将税务登记证件复印件、印章式样以及银行账户报登记管理机关备案。

第十四条　境外非政府组织代表机构需要变更登记事项的，应当自业务主管单位同意之日起三十日内，向登记管理机关申请变更登记。

第十五条　有下列情形之一的，境外非政府组织代表机构由登记管理机关注销登记，并向社会公告：

（一）境外非政府组织撤销代表机构的；

（二）境外非政府组织终止的；

（三）境外非政府组织代表机构依法被撤销登记或者吊销登记证书的；

（四）由于其他原因终止的。

境外非政府组织代表机构注销登记后，设立该代表机构的境外非政府组织应当妥善办理善后事宜。境外非政府组织代表机构不具有法人资格，涉及相关法律责任的，由该境外非政府组织承担。

第十六条　境外非政府组织未在中国境内设立代表机构，在中国境内开展临时活动的，应当与中国的国家机关、人民团体、事业单位、社会组织（以下称中方合作单位）合作进行。

第十七条　境外非政府组织开展临时活动，中方合作单位应当按照国家规定办理审批手续，并在开展临时活动十五日前向其所在地的登记管理机关备案。备案应当提交下列文件、材料：

（一）境外非政府组织合法成立的证明文件、材料；

（二）境外非政府组织与中方合作单位的书面协议；

（三）临时活动的名称、宗旨、地域和期限等相关材料；

（四）项目经费、资金来源证明材料及中方合作单位的银行账户；

（五）中方合作单位获得批准的文件；

（六）法律、行政法规规定的其他文件、材料。

在赈灾、救援等紧急情况下，需要开展临时活动的，备案时间不受前款规定的限制。

临时活动期限不超过一年，确实需要延长期限的，应当重新备案。

登记管理机关认为备案的临时活动不符合本法第五条规定的，应当及时通知中方合作单位停止临时活动。

第三章　活 动 规 范

第十八条　境外非政府组织代表机构应当以登记的名称，在登记的业务范围和活动地域内开展活动。

境外非政府组织不得在中国境内设立分支机构，国务院另有规定的除外。

第十九条　境外非政府组织代表机构应当于每年12月31日前将包含项目实施、资金使用等内容的下一年度活动计划报业务主管单位，业务主管单位同意后十日内报登记管理机关备案。特殊情况下需要调整活动计划的，应当及时向登记管理机关备案。

第二十条　境外非政府组织在中国境内开展活动不得对中方合作单位、受益人附加违反中国法律法规的条件。

第二十一条　境外非政府组织在中国境内活动资金包括：

（一）境外合法来源的资金；

（二）中国境内的银行存款利息；

（三）中国境内合法取得的其他资金。

境外非政府组织在中国境内活动不得取得或者使用前款规定以外的资金。

境外非政府组织及其代表机构不得在中国境内进行募捐。

第二十二条　设立代表机构的境外非政府组织应当通过代表机构在登记管理机关备案的银行账户管理用于中国境内的资金。

开展临时活动的境外非政府组织应当通过中方合作单位的银行账户管理用于中国境内的资

金,实行单独记账,专款专用。

未经前两款规定的银行账户,境外非政府组织、中方合作单位和个人不得以其他任何形式在中国境内进行项目活动资金的收付。

第二十三条 境外非政府组织应当按照代表机构登记的业务范围、活动地域或者与中方合作单位协议的约定使用资金。

第二十四条 境外非政府组织代表机构应当执行中国统一的会计制度。财务会计报告应当经中国境内会计师事务所审计。

第二十五条 境外非政府组织在中国境内开展活动,应当按照中国有关外汇管理的规定办理外汇收支。

第二十六条 境外非政府组织代表机构应当依法办理税务登记、纳税申报和税款缴纳等事项。

第二十七条 境外非政府组织代表机构在中国境内聘用工作人员应当遵守法律、行政法规,并将聘用的工作人员信息报业务主管单位和登记管理机关备案。

第二十八条 境外非政府组织代表机构、开展临时活动的境外非政府组织不得在中国境内发展会员,国务院另有规定的除外。

第二十九条 境外非政府组织代表机构应当设一名首席代表,可以根据业务需要设一至三名代表。

有下列情形之一的,不得担任首席代表、代表:

(一)无民事行为能力或者限制民事行为能力的;

(二)有犯罪记录的;

(三)依法被撤销登记、吊销登记证书的代表机构的首席代表、代表,自被撤销、吊销之日起未逾五年的;

(四)法律、行政法规规定的其他情形。

第三十条 开展临时活动的境外非政府组织,应当以经备案的名称开展活动。

境外非政府组织、中方合作单位应当于临时活动结束后三十日内将活动情况、资金使用情况等书面报送登记管理机关。

第三十一条 境外非政府组织代表机构应当于每年1月31日前向业务主管单位报送上一年度工作报告,经业务主管单位出具意见后,于3月31日前报送登记管理机关,接受年度检查。

年度工作报告应当包括经审计的财务会计报告、开展活动的情况以及人员和机构变动的情况等内容。

境外非政府组织代表机构应当将年度工作报告在登记管理机关统一的网站上向社会公开。

第三十二条 中国境内任何单位和个人不得接受未登记代表机构、开展临时活动未经备案的境外非政府组织的委托、资助,代理或者变相代理境外非政府组织在中国境内开展活动。

第四章 便利措施

第三十三条 国家保障和支持境外非政府组织在中国境内依法开展活动。各级人民政府有关部门应当为境外非政府组织在中国境内依法开展活动提供必要的便利和服务。

第三十四条 国务院公安部门和省级人民政府公安机关会同有关部门制定境外非政府组织活动领域和项目目录,公布业务主管单位名录,为境外非政府组织开展活动提供指引。

第三十五条 县级以上人民政府有关部门应当依法为境外非政府组织提供政策咨询、活动指导服务。

登记管理机关应当通过统一的网站,公布境外非政府组织申请设立代表机构以及开展临时活动备案的程序,供境外非政府组织查询。

第三十六条 境外非政府组织代表机构依法享受税收优惠等政策。

第三十七条 对境外非政府组织代表机构进行年度检查不得收取费用。

第三十八条 境外非政府组织代表机构首席代表和代表中的境外人员,可以凭登记证书、代表证明文件等依法办理就业等工作手续。

第五章 监督管理

第三十九条 境外非政府组织在中国境内开展活动,应当接受公安机关、有关部门和业务主管单位的监督管理。

第四十条 业务主管单位负责对境外非政府组织设立代表机构、变更登记事项、年度工作报告提出意见,指导、监督境外非政府组织及其代表机构依法开展活动,协助公安机关等部门查处境外非政府组织及其代表机构的违法行为。

第四十一条 公安机关负责境外非政府组织

代表机构的登记、年度检查，境外非政府组织临时活动的备案，对境外非政府组织及其代表机构的违法行为进行查处。

公安机关履行监督管理职责，发现涉嫌违反本法规定行为的，可以依法采取下列措施：

（一）约谈境外非政府组织代表机构的首席代表以及其他负责人；

（二）进入境外非政府组织在中国境内的住所、活动场所进行现场检查；

（三）询问与被调查事件有关的单位和个人，要求其对与被调查事件有关的事项作出说明；

（四）查阅、复制与被调查事件有关的文件、资料，对可能被转移、销毁、隐匿或者篡改的文件、资料予以封存；

（五）查封或者扣押涉嫌违法活动的场所、设施或者财物。

第四十二条 公安机关可以查询与被调查事件有关的单位和个人的银行账户，有关金融机构、金融监督管理机构应当予以配合。对涉嫌违法活动的银行账户资金，经设区的市级以上人民政府公安机关负责人批准，可以提请人民法院依法冻结；对涉嫌犯罪的银行账户资金，依照《中华人民共和国刑事诉讼法》的规定采取冻结措施。

第四十三条 国家安全、外交外事、财政、金融监督管理、海关、税务、外国专家等部门按照各自职责对境外非政府组织及其代表机构依法实施监督管理。

第四十四条 国务院反洗钱行政主管部门依法对境外非政府组织代表机构、中方合作单位以及接受境外非政府组织资金的中国境内单位和个人开立、使用银行账户过程中遵守反洗钱和反恐怖主义融资法律规定的情况进行监督管理。

第六章　法律责任

第四十五条 境外非政府组织代表机构、开展临时活动的境外非政府组织或者中方合作单位有下列情形之一的，由设区的市级以上人民政府公安机关给予警告或者责令限期停止活动；没收非法财物和违法所得；情节严重的，由登记管理机关吊销登记证书、取缔临时活动：

（一）未按照规定办理变更登记、备案相关事项的；

（二）未按照登记或者备案的名称、业务范围、活动地域开展活动的；

（三）从事、资助营利性活动，进行募捐或者违反规定发展会员的；

（四）违反规定取得、使用资金，未按照规定开立、使用银行账户或者进行会计核算的；

（五）未按照规定报送年度活动计划、报送或者公开年度工作报告的；

（六）拒不接受或者不按照规定接受监督检查的。

境外非政府组织代表机构、开展临时活动的境外非政府组织或者中方合作单位以提供虚假材料等非法手段，取得代表机构登记证书或者进行临时活动备案的，或者有伪造、变造、买卖、出租、出借登记证书、印章行为的，依照前款规定处罚。

第四十六条 有下列情形之一的，由设区的市级以上人民政府公安机关予以取缔或者责令停止违法行为；没收非法财物和违法所得；对直接责任人员给予警告，情节严重的，处十日以下拘留：

（一）未经登记、备案，以境外非政府组织代表机构、境外非政府组织名义开展活动的；

（二）被撤销登记、吊销登记证书或者注销登记后以境外非政府组织代表机构名义开展活动的；

（三）境外非政府组织临时活动期限届满或者临时活动被取缔后在中国境内开展活动的；

（四）境外非政府组织未登记代表机构、临时活动未备案，委托、资助中国境内单位和个人在中国境内开展活动的。

中国境内单位和个人明知境外非政府组织未登记代表机构、临时活动未备案，与其合作的，或者接受其委托、资助，代理或者变相代理其开展活动、进行项目活动资金收付的，依照前款规定处罚。

第四十七条 境外非政府组织、境外非政府组织代表机构有下列情形之一的，由登记管理机关吊销登记证书或者取缔临时活动；尚不构成犯罪的，由设区的市级以上人民政府公安机关对直接责任人员处十五日以下拘留：

（一）煽动抗拒法律、法规实施的；

（二）非法获取国家秘密的；

（三）造谣、诽谤或者发表、传播其他有害信息，危害国家安全或者损害国家利益的；

（四）从事或者资助政治活动，非法从事或者

(五)有其他危害国家安全、损害国家利益或者社会公共利益情形的。

境外非政府组织、境外非政府组织代表机构有分裂国家、破坏国家统一、颠覆国家政权等犯罪行为的,由登记管理机关依照前款规定处罚,对直接责任人员依法追究刑事责任。

第四十八条 境外非政府组织、境外非政府组织代表机构违反本法规定被撤销登记、吊销登记证书或者临时活动被取缔的,自被撤销、吊销、取缔之日起五年内,不得在中国境内再设立代表机构或者开展临时活动。

未登记代表机构或者临时活动未备案开展活动的境外非政府组织,自活动被取缔之日起五年内,不得在中国境内再设立代表机构或者开展临时活动。

有本法第四十七条规定情形之一的境外非政府组织,国务院公安部门可以将其列入不受欢迎的名单,不得在中国境内再设立代表机构或者开展临时活动。

第四十九条 境外非政府组织代表机构被责令限期停止活动的,由登记管理机关封存其登记证书、印章和财务凭证。对被撤销登记、吊销登记证书的,由登记管理机关收缴其登记证书、印章并公告作废。

第五十条 境外人员违反本法规定的,有关机关可以依法限期出境、遣送出境或者驱逐出境。

第五十一条 公安机关、有关部门和业务主管单位及其工作人员在境外非政府组织监督管理工作中,不履行职责或者滥用职权、玩忽职守、徇私舞弊的,依法追究法律责任。

第五十二条 违反本法规定,构成违反治安管理行为的,由公安机关依法给予治安管理处罚;构成犯罪的,依法追究刑事责任。

第七章 附 则

第五十三条 境外学校、医院、自然科学和工程技术的研究机构或者学术组织与境内学校、医院、自然科学和工程技术的研究机构或者学术组织开展交流合作,按照国家有关规定办理。

前款规定的境外学校、医院、机构和组织在中国境内的活动违反本法第五条规定的,依法追究法律责任。

第五十四条 本法自2017年1月1日起施行。

中华人民共和国反恐怖主义法

· 2015年12月27日第十二届全国人民代表大会常务委员会第十八次会议通过
· 根据2018年4月27日第十三届全国人民代表大会常务委员会第二次会议《关于修改〈中华人民共和国国境卫生检疫法〉等六部法律的决定》修正

第一章 总 则

第一条 为了防范和惩治恐怖活动,加强反恐怖主义工作,维护国家安全、公共安全和人民生命财产安全,根据宪法,制定本法。

第二条 国家反对一切形式的恐怖主义,依法取缔恐怖活动组织,对任何组织、策划、准备实施、实施恐怖活动,宣扬恐怖主义,煽动实施恐怖活动,组织、领导、参加恐怖活动组织,为恐怖活动提供帮助的,依法追究法律责任。

国家不向任何恐怖活动组织和人员作出妥协,不向任何恐怖活动人员提供庇护或者给予难民地位。

第三条 本法所称恐怖主义,是指通过暴力、破坏、恐吓等手段,制造社会恐慌、危害公共安全、侵犯人身财产,或者胁迫国家机关、国际组织,以实现其政治、意识形态等目的的主张和行为。

本法所称恐怖活动,是指恐怖主义性质的下列行为:

(一)组织、策划、准备实施、实施造成或者意图造成人员伤亡、重大财产损失、公共设施损坏、社会秩序混乱等严重社会危害的活动的;

(二)宣扬恐怖主义,煽动实施恐怖活动,或者非法持有宣扬恐怖主义的物品,强制他人在公共场所穿戴宣扬恐怖主义的服饰、标志的;

(三)组织、领导、参加恐怖活动组织的;

(四)为恐怖活动组织、恐怖活动人员、实施恐怖活动或者恐怖活动培训提供信息、资金、物资、劳务、技术、场所等支持、协助、便利的;

(五)其他恐怖活动。

本法所称恐怖活动组织,是指三人以上为实

施恐怖活动而组成的犯罪组织。

本法所称恐怖活动人员，是指实施恐怖活动的人和恐怖活动组织的成员。

本法所称恐怖事件，是指正在发生或者已经发生的造成或者可能造成重大社会危害的恐怖活动。

第四条 国家将反恐怖主义纳入国家安全战略，综合施策，标本兼治，加强反恐怖主义的能力建设，运用政治、经济、法律、文化、教育、外交、军事等手段，开展反恐怖主义工作。

国家反对一切形式的以歪曲宗教教义或者其他方法煽动仇恨、煽动歧视、鼓吹暴力等极端主义，消除恐怖主义的思想基础。

第五条 反恐怖主义工作坚持专门工作与群众路线相结合，防范为主、惩防结合和先发制敌、保持主动的原则。

第六条 反恐怖主义工作应当依法进行，尊重和保障人权，维护公民和组织的合法权益。

在反恐怖主义工作中，应当尊重公民的宗教信仰自由和民族风俗习惯，禁止任何基于地域、民族、宗教等理由的歧视性做法。

第七条 国家设立反恐怖主义工作领导机构，统一领导和指挥全国反恐怖主义工作。

设区的市级以上地方人民政府设立反恐怖主义工作领导机构，县级人民政府根据需要设立反恐怖主义工作领导机构，在上级反恐怖主义工作领导机构的领导和指挥下，负责本地区反恐怖主义工作。

第八条 公安机关、国家安全机关和人民检察院、人民法院、司法行政机关以及其他有关国家机关，应当根据分工，实行工作责任制，依法做好反恐怖主义工作。

中国人民解放军、中国人民武装警察部队和民兵组织依照本法和其他有关法律、行政法规、军事法规以及国务院、中央军事委员会的命令，并根据反恐怖主义工作领导机构的部署，防范和处置恐怖活动。

有关部门应当建立联动配合机制，依靠、动员村民委员会、居民委员会、企业事业单位、社会组织，共同开展反恐怖主义工作。

第九条 任何单位和个人都有协助、配合有关部门开展反恐怖主义工作的义务，发现恐怖活动嫌疑或者恐怖活动嫌疑人员的，应当及时向公安机关或者有关部门报告。

第十条 对举报恐怖活动或者协助防范、制止恐怖活动有突出贡献的单位和个人，以及在反恐怖主义工作中作出其他突出贡献的单位和个人，按照国家有关规定给予表彰、奖励。

第十一条 对在中华人民共和国领域外对中华人民共和国国家、公民或者机构实施的恐怖活动犯罪，或者实施的中华人民共和国缔结、参加的国际条约所规定的恐怖活动犯罪，中华人民共和国行使刑事管辖权，依法追究刑事责任。

第二章 恐怖活动组织和人员的认定

第十二条 国家反恐怖主义工作领导机构根据本法第三条的规定，认定恐怖活动组织和人员，由国家反恐怖主义工作领导机构的办事机构予以公告。

第十三条 国务院公安部门、国家安全部门、外交部门和省级反恐怖主义工作领导机构对于需要认定恐怖活动组织和人员的，应当向国家反恐怖主义工作领导机构提出申请。

第十四条 金融机构和特定非金融机构对国家反恐怖主义工作领导机构的办事机构公告的恐怖活动组织和人员的资金或者其他资产，应当立即予以冻结，并按照规定及时向国务院公安部门、国家安全部门和反洗钱行政主管部门报告。

第十五条 被认定的恐怖活动组织和人员对认定不服的，可以通过国家反恐怖主义工作领导机构的办事机构申请复核。国家反恐怖主义工作领导机构应当及时进行复核，作出维持或者撤销认定的决定。复核决定为最终决定。

国家反恐怖主义工作领导机构作出撤销认定的决定的，由国家反恐怖主义工作领导机构的办事机构予以公告；资金、资产已被冻结的，应当解除冻结。

第十六条 根据刑事诉讼法的规定，有管辖权的中级以上人民法院在审判刑事案件的过程中，可以依法认定恐怖活动组织和人员。对于在判决生效后需要由国家反恐怖主义工作领导机构的办事机构予以公告的，适用本章的有关规定。

第三章 安全防范

第十七条 各级人民政府和有关部门应当组织开展反恐怖主义宣传教育，提高公民的反恐怖主义意识。

教育、人力资源行政主管部门和学校、有关职业培训机构应当将恐怖活动预防、应急知识纳入教育、教学、培训的内容。

新闻、广播、电视、文化、宗教、互联网等有关单位，应当有针对性地面向社会进行反恐怖主义宣传教育。

村民委员会、居民委员会应当协助人民政府以及有关部门，加强反恐怖主义宣传教育。

第十八条　电信业务经营者、互联网服务提供者应当为公安机关、国家安全机关依法进行防范、调查恐怖活动提供技术接口和解密等技术支持和协助。

第十九条　电信业务经营者、互联网服务提供者应当依照法律、行政法规规定，落实网络安全、信息内容监督制度和安全技术防范措施，防止含有恐怖主义、极端主义内容的信息传播；发现含有恐怖主义、极端主义内容的信息的，应当立即停止传输，保存相关记录，删除相关信息，并向公安机关或者有关部门报告。

网信、电信、公安、国家安全等主管部门对含有恐怖主义、极端主义内容的信息，应当按照职责分工，及时责令有关单位停止传输、删除相关信息，或者关闭相关网站、关停相关服务。有关单位应当立即执行，并保存相关记录，协助进行调查。对互联网上跨境传输的含有恐怖主义、极端主义内容的信息，电信主管部门应当采取技术措施，阻断传播。

第二十条　铁路、公路、水上、航空的货运和邮政、快递等物流运营单位应当实行安全查验制度，对客户身份进行查验，依照规定对运输、寄递物品进行安全检查或者开封验视。对禁止运输、寄递，存在重大安全隐患，或者客户拒绝安全查验的物品，不得运输、寄递。

前款规定的物流运营单位，应当实行运输、寄递客户身份、物品信息登记制度。

第二十一条　电信、互联网、金融、住宿、长途客运、机动车租赁等业务经营者、服务提供者，应当对客户身份进行查验。对身份不明或者拒绝身份查验的，不得提供服务。

第二十二条　生产和进口单位应当依照规定对枪支等武器、弹药、管制器具、危险化学品、民用爆炸物品、核与放射物品作出电子追踪标识，对民用爆炸物品添加安检示踪标识物。

运输单位应当依照规定对运营中的危险化学品、民用爆炸物品、核与放射物品的运输工具通过定位系统实行监控。

有关单位应当依照规定对传染病病原体等物质实行严格的监督管理，严密防范传染病病原体等物质扩散或者流入非法渠道。

对管制器具、危险化学品、民用爆炸物品，国务院有关主管部门或者省级人民政府根据需要，在特定区域、特定时间，可以决定对生产、进出口、运输、销售、使用、报废实施管制，可以禁止使用现金、实物进行交易或者对交易活动作出其他限制。

第二十三条　发生枪支等武器、弹药、危险化学品、民用爆炸物品、核与放射物品、传染病病原体等物质被盗、被抢、丢失或者其他流失的情形，案发单位应当立即采取必要的控制措施，并立即向公安机关报告，同时依照规定向有关主管部门报告。公安机关接到报告后，应当及时开展调查。有关主管部门应当配合公安机关开展工作。

任何单位和个人不得非法制作、生产、储存、运输、进出口、销售、提供、购买、使用、持有、报废、销毁前款规定的物品。公安机关发现的，应当予以扣押；其他主管部门发现的，应当予以扣押，并立即通报公安机关；其他单位、个人发现的，应当立即向公安机关报告。

第二十四条　国务院反洗钱行政主管部门、国务院有关部门、机构依法对金融机构和特定非金融机构履行反恐怖主义融资义务的情况进行监督管理。

国务院反洗钱行政主管部门发现涉嫌恐怖主义融资的，可以依法进行调查，采取临时冻结措施。

第二十五条　审计、财政、税务等部门在依照法律、行政法规的规定对有关单位实施监督检查的过程中，发现资金流入流出涉嫌恐怖主义融资的，应当及时通报公安机关。

第二十六条　海关在对进出境人员携带现金和无记名有价证券实施监管的过程中，发现涉嫌恐怖主义融资的，应当立即通报国务院反洗钱行政主管部门和有管辖权的公安机关。

第二十七条　地方各级人民政府制定、组织实施城乡规划，应当符合反恐怖主义工作的需要。

地方各级人民政府应当根据需要，组织、督促有关建设单位在主要道路、交通枢纽、城市公共区域的重点部位，配备、安装公共安全视频图像信息系统等防范恐怖袭击的技防、物防设备、设施。

第二十八条 公安机关和有关部门对宣扬极端主义，利用极端主义危害公共安全、扰乱公共秩序、侵犯人身财产、妨害社会管理的，应当及时予以制止，依法追究法律责任。

公安机关发现极端主义活动的，应当责令立即停止，将有关人员强行带离现场并登记身份信息，对有关物品、资料予以收缴，对非法活动场所予以查封。

任何单位和个人发现宣扬极端主义的物品、资料、信息的，应当立即向公安机关报告。

第二十九条 对被教唆、胁迫、引诱参与恐怖活动、极端主义活动，或者参与恐怖活动、极端主义活动情节轻微，尚不构成犯罪的人员，公安机关应当组织有关部门、村民委员会、居民委员会、所在单位、就读学校、家庭和监护人对其进行帮教。

监狱、看守所、社区矫正机构应当加强对服刑的恐怖活动罪犯和极端主义罪犯的管理、教育、矫正等工作。监狱、看守所对恐怖活动罪犯和极端主义罪犯，根据教育改造和维护监管秩序的需要，可以与普通刑事罪犯混合关押，也可以个别关押。

第三十条 对恐怖活动罪犯和极端主义罪犯被判处徒刑以上刑罚的，监狱、看守所应当在刑满释放前根据其犯罪性质、情节和社会危害程度，服刑期间的表现，释放后对所居住社区的影响等进行社会危险性评估。进行社会危险性评估，应当听取有关基层组织和原办案机关的意见。经评估具有社会危险性的，监狱、看守所应当向罪犯服刑地的中级人民法院提出安置教育建议，并将建议书副本抄送同级人民检察院。

罪犯服刑地的中级人民法院对于确有社会危险性的，应当在罪犯刑满释放前作出责令其在刑满释放后接受安置教育的决定。决定书副本应当抄送同级人民检察院。被决定安置教育的人员对决定不服的，可以向上一级人民法院申请复议。

安置教育由省级人民政府组织实施。安置教育机构应当每年对被安置教育人员进行评估，对于确有悔改表现，不致再危害社会的，应当及时提出解除安置教育的意见，报决定安置教育的中级人民法院作出决定。被安置教育人员有权申请解除安置教育。

人民检察院对安置教育的决定和执行实行监督。

第三十一条 公安机关应当会同有关部门，将遭受恐怖袭击的可能性较大以及遭受恐怖袭击可能造成重大的人身伤亡、财产损失或者社会影响的单位、场所、活动、设施等确定为防范恐怖袭击的重点目标，报本级反恐怖主义工作领导机构备案。

第三十二条 重点目标的管理单位应当履行下列职责：

（一）制定防范和应对处置恐怖活动的预案、措施，定期进行培训和演练；

（二）建立反恐怖主义工作专项经费保障制度，配备、更新防范和处置设备、设施；

（三）指定相关机构或者落实责任人员，明确岗位职责；

（四）实行风险评估，实时监测安全威胁，完善内部安全管理；

（五）定期向公安机关和有关部门报告防范措施落实情况。

重点目标的管理单位应当根据城乡规划、相关标准和实际需要，对重点目标同步设计、同步建设、同步运行符合本法第二十七条规定的技防、物防设备、设施。

重点目标的管理单位应当建立公共安全视频图像信息系统值班监看、信息保存使用、运行维护等管理制度，保障相关系统正常运行。采集的视频图像信息保存期限不得少于九十日。

对重点目标以外的涉及公共安全的其他单位、场所、活动、设施，其主管部门和管理单位应当依照法律、行政法规规定，建立健全安全管理制度，落实安全责任。

第三十三条 重点目标的管理单位应当对重要岗位人员进行安全背景审查。对有不适合情形的人员，应当调整工作岗位，并将有关情况通报公安机关。

第三十四条 大型活动承办单位以及重点目标的管理单位应当依照规定，对进入大型活动场所、机场、火车站、码头、城市轨道交通站、公路长途客运站、口岸等重点目标的人员、物品和交通工具进行安全检查。发现违禁品和管制物品，应当予以扣留并立即向公安机关报告；发现涉嫌违法犯罪人员，应当立即向公安机关报告。

第三十五条　对航空器、列车、船舶、城市轨道车辆、公共电汽车等公共交通运输工具，营运单位应当依照规定配备安保人员和相应设备、设施，加强安全检查和保卫工作。

第三十六条　公安机关和有关部门应当掌握重点目标的基础信息和重要动态，指导、监督重点目标的管理单位履行防范恐怖袭击的各项职责。

公安机关、中国人民武装警察部队应当依照有关规定对重点目标进行警戒、巡逻、检查。

第三十七条　飞行管制、民用航空、公安等主管部门应当按照职责分工，加强空域、航空器和飞行活动管理，严密防范针对航空器或者利用飞行活动实施的恐怖活动。

第三十八条　各级人民政府和军事机关应当在重点国(边)境地段和口岸设置拦阻隔离网、视频图像采集和防越境报警设施。

公安机关和中国人民解放军应当严密组织国(边)境巡逻，依照规定对抵离国(边)境前沿、进出国(边)境管理区和国(边)境通道、口岸的人员、交通运输工具、物品，以及沿海沿边地区的船舶进行查验。

第三十九条　出入境证件签发机关、出入境边防检查机关对恐怖活动人员和恐怖活动嫌疑人员，有权决定不准其出境入境、不予签发出境入境证件或者宣布其出境入境证件作废。

第四十条　海关、出入境边防检查机关发现恐怖活动嫌疑人员或者涉嫌恐怖活动物品的，应当依法扣留，并立即移送公安机关或者国家安全机关。

第四十一条　国务院外交、公安、国家安全、发展改革、工业和信息化、商务、旅游等主管部门应当建立境外投资合作、旅游等安全风险评估制度，对中国在境外的公民以及驻外机构、设施、财产加强安全保护，防范和应对恐怖袭击。

第四十二条　驻外机构应当建立健全安全防范制度和应对处置预案，加强对有关人员、设施、财产的安全保护。

第四章　情报信息

第四十三条　国家反恐怖主义工作领导机构建立国家反恐怖主义情报中心，实行跨部门、跨地区情报信息工作机制，统筹反恐怖主义情报信息工作。

有关部门应当加强反恐怖主义情报信息搜集工作，对搜集的有关线索、人员、行动类情报信息，应当依照规定及时统一归口报送国家反恐怖主义情报中心。

地方反恐怖主义工作领导机构应当建立跨部门情报信息工作机制，组织开展反恐怖主义情报信息工作，对重要的情报信息，应当及时向上级反恐怖主义工作领导机构报告，对涉及其他地方的紧急情报信息，应当及时通报相关地方。

第四十四条　公安机关、国家安全机关和有关部门应当依靠群众，加强基层基础工作，建立基层情报信息工作力量，提高反恐怖主义情报信息工作能力。

第四十五条　公安机关、国家安全机关、军事机关在其职责范围内，因反恐怖主义情报信息工作的需要，根据国家有关规定，经过严格的批准手续，可以采取技术侦察措施。

依照前款规定获取的材料，只能用于反恐怖主义应对处置和对恐怖活动犯罪、极端主义犯罪的侦查、起诉和审判，不得用于其他用途。

第四十六条　有关部门对于在本法第三章规定的安全防范工作中获取的信息，应当根据国家反恐怖主义情报中心的要求，及时提供。

第四十七条　国家反恐怖主义情报中心、地方反恐怖主义工作领导机构以及公安机关等有关部门应当对有关情报信息进行筛查、研判、核查、监控，认为有发生恐怖事件危险，需要采取相应的安全防范、应对处置措施的，应当及时通报有关部门和单位，并可以根据情况发出预警。有关部门和单位应当根据通报做好安全防范、应对处置工作。

第四十八条　反恐怖主义工作领导机构、有关部门和单位、个人应当对履行反恐怖主义工作职责、义务过程中知悉的国家秘密、商业秘密和个人隐私予以保密。

违反规定泄露国家秘密、商业秘密和个人隐私的，依法追究法律责任。

第五章　调　查

第四十九条　公安机关接到恐怖活动嫌疑的报告或者发现恐怖活动嫌疑，需要调查核实的，应当迅速进行调查。

第五十条　公安机关调查恐怖活动嫌疑，可

以依照有关法律规定对嫌疑人员进行盘问、检查、传唤，可以提取或者采集肖像、指纹、虹膜图像等人体生物识别信息和血液、尿液、脱落细胞等生物样本，并留存其签名。

公安机关调查恐怖活动嫌疑，可以通知了解有关情况的人员到公安机关或者其他地点接受询问。

第五十一条 公安机关调查恐怖活动嫌疑，有权向有关单位和个人收集、调取相关信息和材料。有关单位和个人应当如实提供。

第五十二条 公安机关调查恐怖活动嫌疑，经县级以上公安机关负责人批准，可以查询嫌疑人员的存款、汇款、债券、股票、基金份额等财产，可以采取查封、扣押、冻结措施。查封、扣押、冻结的期限不得超过二个月，情况复杂的，可以经上一级公安机关负责人批准延长一个月。

第五十三条 公安机关调查恐怖活动嫌疑，经县级以上公安机关负责人批准，可以根据其危险程度，责令恐怖活动嫌疑人员遵守下列一项或者多项约束措施：

（一）未经公安机关批准不得离开所居住的市、县或者指定的处所；

（二）不得参加大型群众性活动或者从事特定的活动；

（三）未经公安机关批准不得乘坐公共交通工具或者进入特定的场所；

（四）不得与特定的人员会见或者通信；

（五）定期向公安机关报告活动情况；

（六）将护照等出入境证件、身份证件、驾驶证件交公安机关保存。

公安机关可以采取电子监控、不定期检查等方式对其遵守约束措施的情况进行监督。

采取前两款规定的约束措施的期限不得超过三个月。对不需要继续采取约束措施的，应当及时解除。

第五十四条 公安机关经调查，发现犯罪事实或者犯罪嫌疑人的，应当依照刑事诉讼法的规定立案侦查。本章规定的有关期限届满，公安机关未立案侦查的，应当解除有关措施。

第六章 应对处置

第五十五条 国家建立健全恐怖事件应对处置预案体系。

国家反恐怖主义工作领导机构应当针对恐怖事件的规律、特点和可能造成的社会危害，分级、分类制定国家应对处置预案，具体规定恐怖事件应对处置的组织指挥体系和恐怖事件安全防范、应对处置程序以及事后社会秩序恢复等内容。

有关部门、地方反恐怖主义工作领导机构应当制定相应的应对处置预案。

第五十六条 应对处置恐怖事件，各级反恐怖主义工作领导机构应当成立由有关部门参加的指挥机构，实行指挥长负责制。反恐怖主义工作领导机构负责人可以担任指挥长，也可以确定公安机关负责人或者反恐怖主义工作领导机构的其他成员单位负责人担任指挥长。

跨省、自治区、直辖市发生的恐怖事件或者特别重大恐怖事件的应对处置，由国家反恐怖主义工作领导机构负责指挥；在省、自治区、直辖市范围内发生的涉及多个行政区域的恐怖事件或者重大恐怖事件的应对处置，由省级反恐怖主义工作领导机构负责指挥。

第五十七条 恐怖事件发生后，发生地反恐怖主义工作领导机构应当立即启动恐怖事件应对处置预案，确定指挥长。有关部门和中国人民解放军、中国人民武装警察部队、民兵组织，按照反恐怖主义工作领导机构和指挥长的统一领导、指挥，协同开展打击、控制、救援、救护等现场应对处置工作。

上级反恐怖主义工作领导机构可以对应对处置工作进行指导，必要时调动有关反恐怖主义力量进行支援。

需要进入紧急状态的，由全国人民代表大会常务委员会或者国务院依照宪法和其他有关法律规定的权限和程序决定。

第五十八条 发现恐怖事件或者疑似恐怖事件后，公安机关应当立即进行处置，并向反恐怖主义工作领导机构报告；中国人民解放军、中国人民武装警察部队发现正在实施恐怖活动的，应当立即予以控制并将案件及时移交公安机关。

反恐怖主义工作领导机构尚未确定指挥长的，由在场处置的公安机关职级最高的人员担任现场指挥员。公安机关未能到达现场的，由在场处置的中国人民解放军或者中国人民武装警察部队职级最高的人员担任现场指挥员。现场应对处置人员无论是否属于同一单位、系统，均应当服从现场指挥员的指挥。

指挥长确定后,现场指挥员应当向其请示、报告工作或者有关情况。

第五十九条 中华人民共和国在境外的机构、人员、重要设施遭受或者可能遭受恐怖袭击的,国务院外交、公安、国家安全、商务、金融、国有资产监督管理、旅游、交通运输等主管部门应当及时启动应对处置预案。国务院外交部门应当协调有关国家采取相应措施。

中华人民共和国在境外的机构、人员、重要设施遭受严重恐怖袭击后,经与有关国家协商同意,国家反恐怖主义工作领导机构可以组织外交、公安、国家安全等部门派出工作人员赴外开展应对处置工作。

第六十条 应对处置恐怖事件,应当优先保护直接受到恐怖活动危害、威胁人员的人身安全。

第六十一条 恐怖事件发生后,负责应对处置的反恐怖主义工作领导机构可以决定由有关部门和单位采取下列一项或者多项应对处置措施:

(一)组织营救和救治受害人员,疏散、撤离并妥善安置受到威胁的人员以及采取其他救助措施;

(二)封锁现场和周边道路,查验现场人员的身份证件,在有关场所附近设置临时警戒线;

(三)在特定区域内实施空域、海(水)域管制,对特定区域内的交通运输工具进行检查;

(四)在特定区域内实施互联网、无线电、通讯管制;

(五)在特定区域内或者针对特定人员实施出境入境管制;

(六)禁止或者限制使用有关设备、设施,关闭或者限制使用有关场所,中止人员密集的活动或者可能导致危害扩大的生产经营活动;

(七)抢修被损坏的交通、电信、互联网、广播电视、供水、排水、供电、供气、供热等公共设施;

(八)组织志愿人员参加反恐怖主义救援工作,要求具有特定专长的人员提供服务;

(九)其他必要的应对处置措施。

采取前款第三项至第五项规定的应对处置措施,由省级以上反恐怖主义工作领导机构决定或者批准;采取前款第六项规定的应对处置措施,由设区的市级以上反恐怖主义工作领导机构决定。应对处置措施应当明确适用的时间和空间范围,并向社会公布。

第六十二条 人民警察、人民武装警察以及其他依法配备、携带武器的应对处置人员,对在现场持枪支、刀具等凶器或者使用其他危险方法,正在或者准备实施暴力行为的人员,经警告无效的,可以使用武器;紧急情况下或者警告后可能导致更为严重危害后果的,可以直接使用武器。

第六十三条 恐怖事件发生、发展和应对处置信息,由恐怖事件发生地的省级反恐怖主义工作领导机构统一发布;跨省、自治区、直辖市发生的恐怖事件,由指定的省级反恐怖主义工作领导机构统一发布。

任何单位和个人不得编造、传播虚假恐怖事件信息;不得报道、传播可能引起模仿的恐怖活动的实施细节;不得发布恐怖事件中残忍、不人道的场景;在恐怖事件的应对处置过程中,除新闻媒体经负责发布信息的反恐怖主义工作领导机构批准外,不得报道、传播现场应对处置的工作人员、人质身份信息和应对处置行动情况。

第六十四条 恐怖事件应对处置结束后,各级人民政府应当组织有关部门帮助受影响的单位和个人尽快恢复生活、生产,稳定受影响地区的社会秩序和公众情绪。

第六十五条 当地人民政府应当及时给予恐怖事件受害人员及其近亲属适当的救助,并向失去基本生活条件的受害人员及其近亲属及时提供基本生活保障。卫生、医疗保障等主管部门应当为恐怖事件受害人员及其近亲属提供心理、医疗等方面的援助。

第六十六条 公安机关应当及时对恐怖事件立案侦查,查明事件发生的原因、经过和结果,依法追究恐怖活动组织、人员的刑事责任。

第六十七条 反恐怖主义工作领导机构应当对恐怖事件的发生和应对处置工作进行全面分析、总结评估,提出防范和应对处置改进措施,向上一级反恐怖主义工作领导机构报告。

第七章 国际合作

第六十八条 中华人民共和国根据缔结或者参加的国际条约,或者按照平等互惠原则,与其他国家、地区、国际组织开展反恐怖主义合作。

第六十九条 国务院有关部门根据国务院授权,代表中国政府与外国政府和有关国际组织开展反恐怖主义政策对话、情报信息交流、执法合作和国际资金监管合作。

在不违背我国法律的前提下，边境地区的县级以上地方人民政府及其主管部门，经国务院或者中央有关部门批准，可以与相邻国家或者地区开展反恐怖主义情报信息交流、执法合作和国际资金监管合作。

第七十条　涉及恐怖活动犯罪的刑事司法协助、引渡和被判刑人移管，依照有关法律规定执行。

第七十一条　经与有关国家达成协议，并报国务院批准，国务院公安部门、国家安全部门可以派员出境执行反恐怖主义任务。

中国人民解放军、中国人民武装警察部队派员出境执行反恐怖主义任务，由中央军事委员会批准。

第七十二条　通过反恐怖主义国际合作取得的材料可以在行政处罚、刑事诉讼中作为证据使用，但我方承诺不作为证据使用的除外。

第八章　保障措施

第七十三条　国务院和县级以上地方各级人民政府应当按照事权划分，将反恐怖主义工作经费分别列入同级财政预算。

国家对反恐怖主义重点地区给予必要的经费支持，对应对处置大规模恐怖事件给予经费保障。

第七十四条　公安机关、国家安全机关和有关部门，以及中国人民解放军、中国人民武装警察部队，应当依照法律规定的职责，建立反恐怖主义专业力量，加强专业训练，配备必要的反恐怖主义专业设备、设施。

县级、乡级人民政府根据需要，指导有关单位、村民委员会、居民委员会建立反恐怖主义工作力量、志愿者队伍，协助、配合有关部门开展反恐怖主义工作。

第七十五条　对因履行反恐怖主义工作职责或者协助、配合有关部门开展反恐怖主义工作导致伤残或者死亡的人员，按照国家有关规定给予相应的待遇。

第七十六条　因报告和制止恐怖活动，在恐怖活动犯罪案件中作证，或者从事反恐怖主义工作，本人或者其近亲属的人身安全面临危险的，经本人或者其近亲属提出申请，公安机关、有关部门应当采取下列一项或者多项保护措施：

（一）不公开真实姓名、住址和工作单位等个人信息；
（二）禁止特定的人接触被保护人员；
（三）对人身和住宅采取专门性保护措施；
（四）变更被保护人员的姓名，重新安排住所和工作单位；
（五）其他必要的保护措施。

公安机关、有关部门应当依照前款规定，采取不公开被保护单位的真实名称、地址，禁止特定的人接近被保护单位，对被保护单位办公、经营场所采取专门性保护措施，以及其他必要的保护措施。

第七十七条　国家鼓励、支持反恐怖主义科学研究和技术创新，开发和推广使用先进的反恐怖主义技术、设备。

第七十八条　公安机关、国家安全机关、中国人民解放军、中国人民武装警察部队因履行反恐怖主义职责的紧急需要，根据国家有关规定，可以征用单位和个人的财产。任务完成后应当及时归还或者恢复原状，并依照规定支付相应费用；造成损失的，应当补偿。

因开展反恐怖主义工作对有关单位和个人的合法权益造成损害的，应当依法给予赔偿、补偿。有关单位和个人有权依法请求赔偿、补偿。

第九章　法律责任

第七十九条　组织、策划、准备实施、实施恐怖活动，宣扬恐怖主义，煽动实施恐怖活动，非法持有宣扬恐怖主义的物品，强制他人在公共场所穿戴宣扬恐怖主义的服饰、标志，组织、领导、参加恐怖活动组织，为恐怖活动组织、恐怖活动人员、实施恐怖活动或者恐怖活动培训提供帮助的，依法追究刑事责任。

第八十条　参与下列活动之一，情节轻微，尚不构成犯罪的，由公安机关处十日以上十五日以下拘留，可以并处一万元以下罚款：

（一）宣扬恐怖主义、极端主义或者煽动实施恐怖活动、极端主义活动的；
（二）制作、传播、非法持有宣扬恐怖主义、极端主义的物品的；
（三）强制他人在公共场所穿戴宣扬恐怖主义、极端主义的服饰、标志的；
（四）为宣扬恐怖主义、极端主义或者实施恐怖主义、极端主义活动提供信息、资金、物资、劳务、技术、场所等支持、协助、便利的。

第八十一条 利用极端主义,实施下列行为之一,情节轻微,尚不构成犯罪的,由公安机关处五日以上十五日以下拘留,可以并处一万元以下罚款:

(一)强迫他人参加宗教活动,或者强迫他人向宗教活动场所、宗教教职人员提供财物或者劳务的;

(二)以恐吓、骚扰等方式驱赶其他民族或者有其他信仰的人员离开居住地的;

(三)以恐吓、骚扰等方式干涉他人与其他民族或者有其他信仰的人员交往、共同生活的;

(四)以恐吓、骚扰等方式干涉他人生活习俗、方式和生产经营的;

(五)阻碍国家机关工作人员依法执行职务的;

(六)歪曲、诋毁国家政策、法律、行政法规,煽动、教唆抵制人民政府依法管理的;

(七)煽动、胁迫群众损毁或者故意损毁居民身份证、户口簿等国家法定证件以及人民币的;

(八)煽动、胁迫他人以宗教仪式取代结婚、离婚登记的;

(九)煽动、胁迫未成年人不接受义务教育的;

(十)其他利用极端主义破坏国家法律制度实施的。

第八十二条 明知他人有恐怖活动犯罪、极端主义犯罪行为,窝藏、包庇,情节轻微,尚不构成犯罪的,或者在司法机关向其调查有关情况、收集有关证据时,拒绝提供的,由公安机关处十日以上十五日以下拘留,可以并处一万元以下罚款。

第八十三条 金融机构和特定非金融机构对国家反恐怖主义工作领导机构的办事机构公告的恐怖活动组织及恐怖活动人员的资金或者其他资产,未立即予以冻结的,由公安机关处二十万元以上五十万元以下罚款,并对直接负责的董事、高级管理人员和其他直接责任人员处十万元以下罚款;情节严重的,处五十万元以上罚款,并对直接负责的董事、高级管理人员和其他直接责任人员,处十万元以上五十万元以下罚款,可以并处五日以上十五日以下拘留。

第八十四条 电信业务经营者、互联网服务提供者有下列情形之一的,由主管部门处二十万元以上五十万元以下罚款,并对其直接负责的主管人员和其他直接责任人员处十万元以下罚款;情节严重的,处五十万元以上罚款,并对其直接负责的主管人员和其他直接责任人员,处十万元以上五十万元以下罚款,可以由公安机关对其直接负责的主管人员和其他直接责任人员,处五日以上十五日以下拘留:

(一)未依照规定为公安机关、国家安全机关依法进行防范、调查恐怖活动提供技术接口和解密等技术支持和协助的;

(二)未按照主管部门的要求,停止传输、删除含有恐怖主义、极端主义内容的信息,保存相关记录,关闭相关网站或者关停相关服务的;

(三)未落实网络安全、信息内容监督制度和安全技术防范措施,造成含有恐怖主义、极端主义内容的信息传播,情节严重的。

第八十五条 铁路、公路、水上、航空的货运和邮政、快递等物流运营单位有下列情形之一的,由主管部门处十万元以上五十万元以下罚款,并对其直接负责的主管人员和其他直接责任人员处十万元以下罚款:

(一)未实行安全查验制度,对客户身份进行查验,或者未依照规定对运输、寄递物品进行安全检查或者开封验视的;

(二)对禁止运输、寄递,存在重大安全隐患,或者客户拒绝安全查验的物品予以运输、寄递的;

(三)未实行运输、寄递客户身份、物品信息登记制度的。

第八十六条 电信、互联网、金融业务经营者、服务提供者未按规定对客户身份进行查验,或者对身份不明、拒绝身份查验的客户提供服务的,主管部门应当责令改正;拒不改正的,处二十万元以上五十万元以下罚款,并对其直接负责的主管人员和其他直接责任人员处十万元以下罚款;情节严重的,处五十万元以上罚款,并对其直接负责的主管人员和其他直接责任人员,处十万元以上五十万元以下罚款。

住宿、长途客运、机动车租赁等业务经营者、服务提供者有前款规定情形的,由主管部门处十万元以上五十万元以下罚款,并对其直接负责的主管人员和其他直接责任人员处十万元以下罚款。

第八十七条 违反本法规定,有下列情形之

一的，由主管部门给予警告，并责令改正；拒不改正的，处十万元以下罚款，并对其直接负责的主管人员和其他直接责任人员处一万元以下罚款：

（一）未依照规定对枪支等武器、弹药、管制器具、危险化学品、民用爆炸物品、核与放射物品作出电子追踪标识，对民用爆炸物品添加安检示踪标识物的；

（二）未依照规定对运营中的危险化学品、民用爆炸物品、核与放射物品的运输工具通过定位系统实行监控的；

（三）未依照规定对传染病病原体等物质实行严格的监督管理，情节严重的；

（四）违反国务院有关主管部门或者省级人民政府对管制器具、危险化学品、民用爆炸物品决定的管制或者限制交易措施的。

第八十八条 防范恐怖袭击重点目标的管理、营运单位违反本法规定，有下列情形之一的，由公安机关给予警告，并责令改正；拒不改正的，处十万元以下罚款，并对其直接负责的主管人员和其他直接责任人员处一万元以下罚款：

（一）未制定防范和应对处置恐怖活动的预案、措施的；

（二）未建立反恐怖主义工作专项经费保障制度，或者未配备防范和处置设备、设施的；

（三）未落实工作机构或者责任人员的；

（四）未对重要岗位人员进行安全背景审查，或者未将有不适合情形的人员调整工作岗位的；

（五）对公共交通运输工具未依照规定配备安保人员和相应设备、设施的；

（六）未建立公共安全视频图像信息系统值班监看、信息保存使用、运行维护等管理制度的。

大型活动承办单位以及重点目标的管理单位未依照规定对进入大型活动场所、机场、火车站、码头、城市轨道交通站、公路长途客运站、口岸等重点目标的人员、物品和交通工具进行安全检查的，公安机关应当责令改正；拒不改正的，处十万元以下罚款，并对其直接负责的主管人员和其他直接责任人员处一万元以下罚款。

第八十九条 恐怖活动嫌疑人员违反公安机关责令其遵守的约束措施的，由公安机关给予警告，并责令改正；拒不改正的，处五日以上十五日以下拘留。

第九十条 新闻媒体等单位编造、传播虚假恐怖事件信息，报道、传播可能引起模仿的恐怖活动的实施细节，发布恐怖事件中残忍、不人道的场景，或者未经批准，报道、传播现场应对处置的工作人员、人质身份信息和应对处置行动情况的，由公安机关处二十万元以下罚款，并对其直接负责的主管人员和其他直接责任人员，处五日以上十五日以下拘留，可以并处五万元以下罚款。

个人有前款规定行为的，由公安机关处五日以上十五日以下拘留，可以并处一万元以下罚款。

第九十一条 拒不配合有关部门开展反恐怖主义安全防范、情报信息、调查、应对处置工作的，由主管部门处二千元以下罚款；造成严重后果的，处五日以上十五日以下拘留，可以并处一万元以下罚款。

单位有前款规定行为的，由主管部门处五万元以下罚款；造成严重后果的，处十万元以下罚款；并对其直接负责的主管人员和其他直接责任人员依照前款规定处罚。

第九十二条 阻碍有关部门开展反恐怖主义工作的，由公安机关处五日以上十五日以下拘留，可以并处五万元以下罚款。

单位有前款规定行为的，由公安机关处二十万元以下罚款，并对其直接负责的主管人员和其他直接责任人员依照前款规定处罚。

阻碍人民警察、人民解放军、人民武装警察依法执行职务的，从重处罚。

第九十三条 单位违反本法规定，情节严重的，由主管部门责令停止从事相关业务、提供相关服务或者责令停产停业；造成严重后果的，吊销有关证照或者撤销登记。

第九十四条 反恐怖主义工作领导机构、有关部门的工作人员在反恐怖主义工作中滥用职权、玩忽职守、徇私舞弊，或者有违反规定泄露国家秘密、商业秘密和个人隐私等行为，构成犯罪的，依法追究刑事责任；尚不构成犯罪的，依法给予处分。

反恐怖主义工作领导机构、有关部门及其工作人员在反恐怖主义工作中滥用职权、玩忽职守、徇私舞弊或者有其他违法违纪行为的，任何单位和个人有权向有关部门检举、控告。有关部门接到检举、控告后，应当及时处理并回复检举、控告人。

第九十五条 对依照本法规定查封、扣押、冻

第九十六条　有关单位和个人对依照本法作出的行政处罚和行政强制措施决定不服的,可以依法申请行政复议或者提起行政诉讼。

第十章　附　则

第九十七条　本法自 2016 年 1 月 1 日起施行。2011 年 10 月 29 日第十一届全国人民代表大会常务委员会第二十三次会议通过的《全国人民代表大会常务委员会关于加强反恐怖工作有关问题的决定》同时废止。

中华人民共和国反间谍法

- 2014 年 11 月 1 日第十二届全国人民代表大会常务委员会第十一次会议通过
- 2023 年 4 月 26 日第十四届全国人民代表大会常务委员会第二次会议修订
- 2023 年 4 月 26 日中华人民共和国主席令第 4 号公布
- 自 2023 年 7 月 1 日起施行

第一章　总　　则

第一条　为了加强反间谍工作,防范、制止和惩治间谍行为,维护国家安全,保护人民利益,根据宪法,制定本法。

第二条　反间谍工作坚持党中央集中统一领导,坚持总体国家安全观,坚持公开工作与秘密工作相结合、专门工作与群众路线相结合,坚持积极防御、依法惩治、标本兼治,筑牢国家安全人民防线。

第三条　反间谍工作应当依法进行,尊重和保障人权,保障个人和组织的合法权益。

第四条　本法所称间谍行为,是指下列行为:

(一)间谍组织及其代理人实施或者指使、资助他人实施,或者境内外机构、组织、个人与其相勾结实施的危害中华人民共和国国家安全的活动;

(二)参加间谍组织或者接受间谍组织及其代理人的任务,或者投靠间谍组织及其代理人的;

(三)间谍组织及其代理人以外的其他境外机构、组织、个人实施或者指使、资助他人实施,或者境内机构、组织、个人与其相勾结实施的窃取、刺探、收买、非法提供国家秘密、情报以及其他关系国家安全和利益的文件、数据、资料、物品,或者策动、引诱、胁迫、收买国家工作人员叛变的活动;

(四)间谍组织及其代理人实施或者指使、资助他人实施,或者境内外机构、组织、个人与其相勾结实施针对国家机关、涉密单位或者关键信息基础设施等的网络攻击、侵入、干扰、控制、破坏等活动;

(五)为敌人指示攻击目标的;

(六)进行其他间谍活动的。

间谍组织及其代理人在中华人民共和国领域内,或者利用中华人民共和国的公民、组织或者其他条件,从事针对第三国的间谍活动,危害中华人民共和国国家安全的,适用本法。

第五条　国家建立反间谍工作协调机制,统筹协调反间谍工作中的重大事项,研究、解决反间谍工作中的重大问题。

第六条　国家安全机关是反间谍工作的主管机关。

公安、保密等有关部门和军队有关部门按照职责分工,密切配合,加强协调,依法做好有关工作。

第七条　中华人民共和国公民有维护国家的安全、荣誉和利益的义务,不得有危害国家的安全、荣誉和利益的行为。

一切国家机关和武装力量、各政党和各人民团体、企业事业组织和其他社会组织,都有防范、制止间谍行为,维护国家安全的义务。

国家安全机关在反间谍工作中必须依靠人民的支持,动员、组织人民防范、制止间谍行为。

第八条　任何公民和组织都应当依法支持、协助反间谍工作,保守所知悉的国家秘密和反间谍工作秘密。

第九条　国家对支持、协助反间谍工作的个人和组织给予保护。

对举报间谍行为或者在反间谍工作中做出重大贡献的个人和组织,按照国家有关规定给予表彰和奖励。

第十条　境外机构、组织、个人实施或者指使、资助他人实施的,或者境内机构、组织、个人与境外机构、组织、个人相勾结实施的危害中华人民共和国国家安全的间谍行为，都必须受到法律追究。

第十一条　国家安全机关及其工作人员在工作中，应当严格依法办事，不得超越职权、滥用职权，不得侵犯个人和组织的合法权益。

国家安全机关及其工作人员依法履行反间谍工作职责获取的个人和组织的信息，只能用于反间谍工作。对属于国家秘密、工作秘密、商业秘密和个人隐私、个人信息的，应当保密。

第二章　安全防范

第十二条　国家机关、人民团体、企业事业组织和其他社会组织承担本单位反间谍安全防范工作的主体责任，落实反间谍安全防范措施，对本单位的人员进行维护国家安全的教育，动员、组织本单位的人员防范、制止间谍行为。

地方各级人民政府、相关行业主管部门按照职责分工，管理本行政区域、本行业有关反间谍安全防范工作。

国家安全机关依法协调指导、监督检查反间谍安全防范工作。

第十三条　各级人民政府和有关部门应当组织开展反间谍安全防范宣传教育，将反间谍安全防范知识纳入教育、培训、普法宣传内容，增强全民反间谍安全防范意识和国家安全素养。

新闻、广播、电视、文化、互联网信息服务等单位，应当面向社会有针对性地开展反间谍宣传教育。

国家安全机关应当根据反间谍安全防范形势，指导有关单位开展反间谍宣传教育活动，提高防范意识和能力。

第十四条　任何个人和组织都不得非法获取、持有属于国家秘密的文件、数据、资料、物品。

第十五条　任何个人和组织都不得非法生产、销售、持有、使用间谍活动特殊需要的专用间谍器材。专用间谍器材由国务院国家安全主管部门依照国家有关规定确认。

第十六条　任何公民和组织发现间谍行为，应当及时向国家安全机关举报；向公安机关等其他国家机关、组织举报的，相关国家机关、组织应当立即移送国家安全机关处理。

国家安全机关应当将受理举报的电话、信箱、网络平台等向社会公开，依法及时处理举报信息，并为举报人保密。

第十七条　国家建立反间谍安全防范重点单位管理制度。

反间谍安全防范重点单位应当建立反间谍安全防范工作制度，履行反间谍安全防范工作要求，明确内设职能部门和人员承担反间谍安全防范职责。

第十八条　反间谍安全防范重点单位应当加强对工作人员反间谍安全防范的教育和管理，对离岗离职人员脱密期内履行反间谍安全防范义务的情况进行监督检查。

第十九条　反间谍安全防范重点单位应当加强对涉密事项、场所、载体等的日常安全防范管理，采取隔离加固、封闭管理、设置警戒等反间谍物理防范措施。

第二十条　反间谍安全防范重点单位应当按照反间谍技术防范的要求和标准，采取相应的技术措施和其他必要措施，加强对要害部门部位、网络设施、信息系统的反间谍技术防范。

第二十一条　在重要国家机关、国防军工单位和其他重要涉密单位以及重要军事设施的周边安全控制区域内新建、改建、扩建建设项目的，由国家安全机关实施涉及国家安全事项的建设项目许可。

县级以上地方各级人民政府编制国民经济和社会发展规划、国土空间规划等有关规划，应当充分考虑国家安全因素和划定的安全控制区域，征求国家安全机关的意见。

安全控制区域的划定应当统筹发展和安全，坚持科学合理、确有必要的原则，由国家安全机关会同发展改革、自然资源、住房城乡建设、保密、国防科技工业等部门以及军队有关部门共同划定，报省、自治区、直辖市人民政府批准并动态调整。

涉及国家安全事项的建设项目许可的具体实施办法，由国务院国家安全主管部门会同有关部门制定。

第二十二条　国家安全机关根据反间谍工作需要，可以会同有关部门制定反间谍技术防范标准，指导有关单位落实反间谍技术防范措施，对存在隐患的单位，经过严格的批准手续，可以进行反间谍技术防范检查和检测。

第三章　调查处置

第二十三条　国家安全机关在反间谍工作中

依法行使本法和有关法律规定的职权。

第二十四条 国家安全机关工作人员依法执行反间谍工作任务时,依照规定出示工作证件,可以查验中国公民或者境外人员的身份证明,向有关个人和组织问询有关情况,对身份不明、有间谍行为嫌疑的人员,可以查看其随带物品。

第二十五条 国家安全机关工作人员依法执行反间谍工作任务时,经设区的市级以上国家安全机关负责人批准,出示工作证件,可以查验有关个人和组织的电子设备、设施及有关程序、工具。查验中发现存在危害国家安全情形的,国家安全机关应当责令其采取措施立即整改。拒绝整改或者整改后仍存在危害国家安全隐患的,可以予以查封、扣押。

对依照前款规定查封、扣押的电子设备、设施及有关程序、工具,在危害国家安全的情形消除后,国家安全机关应当及时解除查封、扣押。

第二十六条 国家安全机关工作人员依法执行反间谍工作任务时,根据国家有关规定,经设区的市级以上国家安全机关负责人批准,可以查阅、调取有关的文件、数据、资料、物品,有关个人和组织应当予以配合。查阅、调取不得超出执行反间谍工作任务所需的范围和限度。

第二十七条 需要传唤违反本法的人员接受调查的,经国家安全机关办案部门负责人批准,使用传唤证传唤。对现场发现的违反本法的人员,国家安全机关工作人员依照规定出示工作证件,可以口头传唤,但应当在询问笔录中注明。传唤的原因和依据应当告知被传唤人。对无正当理由拒不接受传唤或者逃避传唤的人,可以强制传唤。

国家安全机关应当在被传唤人所在市、县内的指定地点或者其住所进行询问。

国家安全机关对被传唤人应当及时询问查证。询问查证的时间不得超过八小时;情况复杂,可能适用行政拘留或者涉嫌犯罪的,询问查证的时间不得超过二十四小时。国家安全机关应当为被传唤人提供必要的饮食和休息时间。严禁连续传唤。

除无法通知或者可能妨碍调查的情形以外,国家安全机关应当及时将传唤的原因通知被传唤人家属。在上述情形消失后,应当立即通知被传唤人家属。

第二十八条 国家安全机关调查间谍行为,经设区的市级以上国家安全机关负责人批准,可以依法对涉嫌间谍行为的人身、物品、场所进行检查。

检查女性身体的,应当由女性工作人员进行。

第二十九条 国家安全机关调查间谍行为,经设区的市级以上国家安全机关负责人批准,可以查询涉嫌间谍行为人员的相关财产信息。

第三十条 国家安全机关调查间谍行为,经设区的市级以上国家安全机关负责人批准,可以对涉嫌用于间谍行为的场所、设施或者财物依法查封、扣押、冻结;不得查封、扣押、冻结与被调查的间谍行为无关的场所、设施或者财物。

第三十一条 国家安全机关工作人员在反间谍工作中采取查阅、调取、传唤、检查、查询、查封、扣押、冻结等措施,应当由二人以上进行,依照有关规定出示工作证件及相关法律文书,并由相关人员在有关笔录等书面材料上签名、盖章。

国家安全机关工作人员进行检查、查封、扣押等重要取证工作,应当对全过程进行录音录像,留存备查。

第三十二条 在国家安全机关调查了解有关间谍行为的情况、收集有关证据时,有关个人和组织应当如实提供,不得拒绝。

第三十三条 对出境后可能对国家安全造成危害,或者对国家利益造成重大损失的中国公民,国务院国家安全主管部门可以决定其在一定期限内不准出境,并通知移民管理机构。

对涉嫌间谍行为人员,省级以上国家安全机关可以通知移民管理机构不准其出境。

第三十四条 对入境后可能进行危害中华人民共和国国家安全活动的境外人员,国务院国家安全主管部门可以通知移民管理机构不准其入境。

第三十五条 对国家安全机关通知不准出境或者不准入境的人员,移民管理机构应当按照国有关规定执行;不准出境、入境情形消失的,国家安全机关应当及时撤销不准出境、入境决定,并通知移民管理机构。

第三十六条 国家安全机关发现涉及间谍行为的网络信息内容或者网络攻击等风险,应当依照《中华人民共和国网络安全法》规定的职责分工,及时通报有关部门,由其依法处置或者责令电信业务经营者、互联网服务提供者及时采取修复漏洞、加固网络防护、停止传输、消除程序和内容、暂停相关服务、下架相关应用、关闭相关网站等措施，保存相关记录。情况紧急，不立即采取措施将对国家安全造成严重危害的，由国家安全机关责令有关单位修复漏洞、停止相关传输、暂停相关服务，并通报有关部门。

经采取相关措施，上述信息内容或者风险已经消除的，国家安全机关和有关部门应当及时作出恢复相关传输和服务的决定。

第三十七条　国家安全机关因反间谍工作需要，根据国家有关规定，经过严格的批准手续，可以采取技术侦察措施和身份保护措施。

第三十八条　对违反本法规定，涉嫌犯罪，需要对有关事项是否属于国家秘密或者情报进行鉴定以及需要对危害后果进行评估的，由国家保密部门或者省、自治区、直辖市保密部门按照程序在一定期限内进行鉴定和组织评估。

第三十九条　国家安全机关经调查，发现间谍行为涉嫌犯罪的，应当依照《中华人民共和国刑事诉讼法》的规定立案侦查。

第四章　保障与监督

第四十条　国家安全机关工作人员依法履行职责，受法律保护。

第四十一条　国家安全机关依法调查间谍行为，邮政、快递等物流运营单位和电信业务经营者、互联网服务提供者应当提供必要的支持和协助。

第四十二条　国家安全机关工作人员因执行紧急任务需要，经出示工作证件，享有优先乘坐公共交通工具、优先通行等通行便利。

第四十三条　国家安全机关工作人员依法执行任务时，依照规定出示工作证件，可以进入有关场所、单位；根据国家有关规定，经过批准，出示工作证件，可以进入限制进入的有关地区、场所、单位。

第四十四条　国家安全机关因反间谍工作需要，根据国家有关规定，可以优先使用或者依法征用国家机关、人民团体、企业事业组织和其他社会组织以及个人的交通工具、通信工具、场地和建筑物等，必要时可以设置相关工作场所和设施设备，任务完成后应当及时归还或者恢复原状，并依照规定支付相应费用；造成损失的，应当给予补偿。

第四十五条　国家安全机关因反间谍工作需要，根据国家有关规定，可以提请海关、移民管理等检查机关对有关人员提供通关便利，对有关资料、器材等予以免检。有关检查机关应当依法予以协助。

第四十六条　国家安全机关工作人员因执行任务，或者个人因协助执行反间谍工作任务，本人或者其近亲属的人身安全受到威胁时，国家安全机关应当会同有关部门依法采取必要措施，予以保护、营救。

个人因支持、协助反间谍工作，本人或者其近亲属的人身安全面临危险的，可以向国家安全机关请求予以保护。国家安全机关应当会同有关部门依法采取保护措施。

个人和组织因支持、协助反间谍工作导致财产损失的，根据国家有关规定给予补偿。

第四十七条　对为反间谍工作做出贡献并需要安置的人员，国家给予妥善安置。

公安、民政、财政、卫生健康、教育、人力资源和社会保障、退役军人事务、医疗保障、移民管理等有关部门以及国有企业事业单位应当协助国家安全机关做好安置工作。

第四十八条　对因开展反间谍工作或者支持、协助反间谍工作导致伤残或者牺牲、死亡的人员，根据国家有关规定给予相应的抚恤优待。

第四十九条　国家鼓励反间谍领域科技创新，发挥科技在反间谍工作中的作用。

第五十条　国家安全机关应当加强反间谍专业力量人才队伍建设和专业训练，提升反间谍工作能力。

对国家安全机关工作人员应当有计划地进行政治、理论和业务培训。培训应当坚持理论联系实际、按需施教、讲求实效，提高专业能力。

第五十一条　国家安全机关应当严格执行内部监督和安全审查制度，对其工作人员遵守法律和纪律等情况进行监督，并依法采取必要措施，定期或者不定期进行安全审查。

第五十二条　任何个人和组织对国家安全机关及其工作人员超越职权、滥用职权和其他违法行为，都有权向上级国家安全机关或者监察机关、人民检察院等有关部门检举、控告。受理检举、控告的国家安全机关或者监察机关、人民检察院等有关部门应当及时查清事实，依法处理，并将处理结果及时告知检举人、控告人。

对支持、协助国家安全机关工作或者依法检举、控告的个人和组织,任何个人和组织不得压制和打击报复。

第五章　法律责任

第五十三条　实施间谍行为,构成犯罪的,依法追究刑事责任。

第五十四条　个人实施间谍行为,尚不构成犯罪的,由国家安全机关予以警告或者处十五日以下行政拘留,单处或者并处五万元以下罚款,违法所得在五万元以上的,单处或者并处违法所得一倍以上五倍以下罚款,并可以由有关部门依法予以处分。

明知他人实施间谍行为,为其提供信息、资金、物资、劳务、技术、场所等支持、协助,或者窝藏、包庇,尚不构成犯罪的,依照前款的规定处罚。

单位有前两款行为的,由国家安全机关予以警告,单处或者并处五十万元以下罚款,违法所得在五十万元以上的,单处或者并处违法所得一倍以上五倍以下罚款,并对直接负责的主管人员和其他直接责任人员,依照第一款的规定处罚。

国家安全机关根据相关单位、人员违法情节和后果,可以建议有关主管部门依法责令停止从事相关业务、提供相关服务或者责令停产停业、吊销有关证照、撤销登记。有关主管部门应当将作出行政处理的情况及时反馈国家安全机关。

第五十五条　实施间谍行为,有自首或者立功表现的,可以从轻、减轻或者免除处罚;有重大立功表现的,给予奖励。

在境外受胁迫或者受诱骗参加间谍组织、敌对组织,从事危害中华人民共和国国家安全的活动,及时向中华人民共和国驻外机构如实说明情况,或者入境后直接或者通过所在单位及时向国家安全机关如实说明情况,并有悔改表现的,可以不予追究。

第五十六条　国家机关、人民团体、企业事业组织和其他社会组织未按照本法规定履行反间谍安全防范义务的,国家安全机关可以责令改正;未按照要求改正的,国家安全机关可以约谈相关负责人,必要时可以将约谈情况通报该单位上级主管部门;产生危害后果或者不良影响的,国家安全机关可以予以警告、通报批评;情节严重的,对负有责任的领导人员和直接责任人员,由有关部门依法予以处分。

第五十七条　违反本法第二十一条规定新建、改建、扩建建设项目的,由国家安全机关责令改正,予以警告;拒不改正或者情节严重的,责令停止建设或者使用、暂扣或者吊销许可证件,或者建议有关主管部门依法予以处理。

第五十八条　违反本法第四十一条规定的,由国家安全机关责令改正,予以警告或者通报批评;拒不改正或者情节严重的,由有关主管部门依照相关法律法规予以处分。

第五十九条　违反本法规定,拒不配合数据调取的,由国家安全机关依照《中华人民共和国数据安全法》的有关规定予以处罚。

第六十条　违反本法规定,有下列行为之一,构成犯罪的,依法追究刑事责任;尚不构成犯罪的,由国家安全机关予以警告或者处十日以下行政拘留,可以并处三万元以下罚款:

(一)泄露有关反间谍工作的国家秘密;

(二)明知他人有间谍犯罪行为,在国家安全机关向其调查有关情况、收集有关证据时,拒绝提供;

(三)故意阻碍国家安全机关依法执行任务;

(四)隐藏、转移、变卖、损毁国家安全机关依法查封、扣押、冻结的财物;

(五)明知是间谍行为的涉案财物而窝藏、转移、收购、代为销售或者以其他方法掩饰、隐瞒;

(六)对依法支持、协助国家安全机关工作的个人和组织进行打击报复。

第六十一条　非法获取、持有属于国家秘密的文件、数据、资料、物品,以及非法生产、销售、持有、使用专用间谍器材,尚不构成犯罪的,由国家安全机关予以警告或者处十日以下行政拘留。

第六十二条　国家安全机关对依照本法查封、扣押、冻结的财物,应当妥善保管,并按照下列情形分别处理:

(一)涉嫌犯罪的,依照《中华人民共和国刑事诉讼法》等有关法律的规定处理;

(二)尚不构成犯罪,有违法事实的,对依法应当没收的予以没收,依法应当销毁的予以销毁;

(三)没有违法事实的,或者与案件无关的,应当解除查封、扣押、冻结,并及时返还相关财物;造成损失的,应当依法予以赔偿。

第六十三条 涉案财物符合下列情形之一的，应当依法予以追缴、没收，或者采取措施消除隐患：

（一）违法所得的财物及其孳息、收益，供实施间谍行为所用的本人财物；

（二）非法获取、持有的属于国家秘密的文件、数据、资料、物品；

（三）非法生产、销售、持有、使用的专用间谍器材。

第六十四条 行为人及其近亲属或者其他相关人员，因行为人实施间谍行为从间谍组织及其代理人获取的所有利益，由国家安全机关依法采取追缴、没收等措施。

第六十五条 国家安全机关依法收缴的罚款以及没收的财物，一律上缴国库。

第六十六条 境外人员违反本法的，国务院国家安全主管部门可以决定限期出境，并决定其不准入境的期限。未在规定期限内离境的，可以遣送出境。

对违反本法的境外人员，国务院国家安全主管部门决定驱逐出境的，自被驱逐出境之日起十年内不准入境，国务院国家安全主管部门的处罚决定为最终决定。

第六十七条 国家安全机关作出行政处罚决定之前，应当告知当事人拟作出的行政处罚内容及事实、理由、依据，以及当事人依法享有的陈述、申辩、要求听证等权利，并依照《中华人民共和国行政处罚法》的有关规定实施。

第六十八条 当事人对行政处罚决定、行政强制措施决定、行政许可决定不服的，可以自收到决定书之日起六十日内，依法申请复议；对复议决定不服的，可以自收到复议决定书之日起十五日内，依法向人民法院提起诉讼。

第六十九条 国家安全机关工作人员滥用职权、玩忽职守、徇私舞弊，或者有非法拘禁、刑讯逼供、暴力取证、违反规定泄露国家秘密、工作秘密、商业秘密和个人隐私、个人信息等行为，依法予以处分，构成犯罪的，依法追究刑事责任。

第六章　附　则

第七十条 国家安全机关依照法律、行政法规和国家有关规定，履行防范、制止和惩治间谍行为以外的危害国家安全行为的职责，适用本法有关规定。

公安机关在依法履行职责过程中发现、惩治危害国家安全的行为，适用本法的有关规定。

第七十一条 本法自 2023 年 7 月 1 日起施行。

公安机关组织管理条例

· 2006 年 11 月 1 日国务院第 154 次常务会议通过
· 2006 年 11 月 13 日中华人民共和国国务院令第 479 号公布
· 自 2007 年 1 月 1 日起施行

第一章　总　则

第一条 为了规范公安机关组织管理，保障公安机关及其人民警察依法履行职责，根据《中华人民共和国公务员法》、《中华人民共和国人民警察法》，制定本条例。

第二条 公安机关是人民民主专政的重要工具，人民警察是武装性质的国家治安行政力量和刑事司法力量，承担依法预防、制止和惩治违法犯罪活动，保护人民，服务经济社会发展，维护国家安全，维护社会治安秩序的职责。

第三条 公安部在国务院领导下，主管全国的公安工作，是全国公安工作的领导、指挥机关。

县级以上地方人民政府公安机关在本级人民政府领导下，负责本行政区域的公安工作，是本行政区域公安工作的领导、指挥机关。

第四条 公安机关实行行政首长负责制。

第二章　公安机关的设置

第五条 县级以上人民政府公安机关依照法律、行政法规规定的权限和程序设置。

第六条 设区的市公安局根据工作需要设置公安分局。市、县、自治县公安局根据工作需要设置公安派出所。

公安分局和公安派出所的设立、撤销，按照规定的权限和程序审批。

第七条 县级以上地方人民政府公安机关和公安分局内设机构分为综合管理机构和执法勤务机构。

执法勤务机构实行队建制,称为总队、支队、大队、中队。

第八条　县级以上地方人民政府公安机关和公安分局内设机构的设立、撤销,按照国家规定的权限和程序审批。

第九条　看守所、拘留所、戒毒所、收容教育所依照法律、行政法规的规定设置。

第三章　公安机关人民警察职务

第十条　公安机关人民警察职务分为警官职务、警员职务和警务技术职务。

第十一条　公安机关履行警务指挥职责的人民警察实行警官职务序列。

公安机关领导成员和内设综合管理机构警官职务由高至低为:省部级正职、省部级副职、厅局级正职、厅局级副职、县处级正职、县处级副职、乡科级正职、乡科级副职。

公安机关内设执法勤务机构警官职务由高至低为:总队长、副总队长、支队长、副支队长、大队长、副大队长、中队长、副中队长。

县级以上地方人民政府公安机关派出机构、内设执法勤务机构和不设区的市、县、自治县公安局根据工作需要,可以设置主管政治工作的政治委员、教导员、指导员等警官职务。

第十二条　公安机关履行警务执行职责的人民警察实行警员职务序列。

公安机关及其内设综合管理机构警员职务由高至低为:巡视员、副巡视员、调研员、副调研员、主任科员、副主任科员、科员、办事员。

公安机关内设执法勤务机构警员职务由高至低为:一级警长、二级警长、三级警长、四级警长、一级警员、二级警员、三级警员。

第十三条　公安机关从事警务技术工作的人民警察实行警务技术职务序列。

警务技术职务的设置,按照国家规定执行。

第十四条　公安机关人民警察的级别,根据所任职务及其德才表现、工作实绩和资历确定。

第十五条　公安机关人民警察职务与级别的对应关系,由国务院另行规定。

第十六条　公安机关人民警察任职,应当符合国家规定的任职资格条件。

第十七条　县级以上地方人民政府公安机关正职领导职务的提名,应当事先征得上一级公安机关的同意。

县级以上地方人民政府公安机关副职领导职务的任免,应当事先征求上一级公安机关的意见。

第十八条　公安机关内设机构警官职务、警员职务的任免,由本公安机关按照干部管理权限决定或者报批。

公安分局领导成员职务以及公安派出所警官职务、警员职务的任免,由派出公安分局、公安派出所的公安机关决定。

第四章　公安机关的编制和经费

第十九条　公安机关人民警察使用的国家行政编制,实行专项管理。

第二十条　公安部根据工作需要,向国务院机构编制管理机关提出公安机关编制的规划和调整编制的意见,由国务院机构编制管理机关审核,按照规定的权限和程序审批。

第二十一条　省、自治区、直辖市人民政府根据工作需要,可以向国务院机构编制管理机关提出调整公安机关编制的申请。

国务院机构编制管理机关对省、自治区、直辖市人民政府调整公安机关编制的申请,征求公安部意见后进行审核,按照规定的权限和程序审批。

第二十二条　公安机关根据工作需要,经中央公务员主管部门或者省、自治区、直辖市公务员主管部门批准,可以对专业性较强的职位和辅助性职位实行聘任制。但是,对公安执法职位或者涉及国家秘密的职位,不实行聘任制。

第二十三条　公安机关应当按照国家规定,将各项罚没收入和行政事业性收费收入全额上缴财政。

县级以上人民政府按照国家规定的经费项目和标准,将公安机关经费列入财政预算,实行全额保障,并对经济困难地区的公安工作给予必要的经费支持。

第五章　公安机关人民警察管理

第二十四条　公安机关录用人民警察实行考试录用制度。

公安机关录用的人民警察应当符合国家规定的条件。

第二十五条　公安部机关及其实行公务员制度的直属机构人民警察录用考试,由中央公务员主管部门负责组织。

县级以上地方人民政府公安机关人民警察录用考试,由省、自治区、直辖市公务员主管部门负责组织。县级以上地方人民政府公安机关按照国家规定,承担相应的录用工作。

第二十六条 调任、转任到公安机关担任人民警察职务的,应当符合担任公安机关人民警察的条件和拟任职位所要求的资格条件。

公安机关应当对调任、转任人选进行严格考察,并按照管理权限审批。必要时,可以对调任人选进行考试。

第二十七条 公安机关人民警察实行警衔制度。公安机关授予警衔的人员应当是使用国家专项编制的在职人员。

第二十八条 公安机关按照管理权限对人民警察进行考核。

考核结果作为调整公安机关人民警察职务、级别、工资以及辞退、奖励、培训的依据。

第二十九条 公安机关人民警察应当经过公安院校等人民警察培训机构培训并考试、考核合格,方可任职、晋升职务、授予警衔、晋升警衔。

公安机关应当组织人民警察接受国家规定的培训。

第三十条 公安机关人民警察有下列情形之一的,应当予以辞退:

(一)在年度考核中,连续两年被确定为不称职的;

(二)不胜任现职工作,又不接受其他安排的;

(三)因所在公安机关调整、撤销、合并或者缩减编制员额需要调整工作,本人拒绝合理安排的;

(四)不履行人民警察义务,不遵守人民警察纪律,经教育仍无转变,不适合继续在公安机关工作,又不宜给予开除处分的;

(五)旷工或者因公外出、请假期满无正当理由逾期不归连续超过15天,或者1年内累计超过30天的。

第三十一条 公安机关人民警察有下列情形之一的,不得辞退:

(一)因公致残,被确认丧失或者部分丧失工作能力的;

(二)患病或者负伤,在规定的医疗期内的;

(三)女性人民警察在孕期、产假、哺乳期内的;

(四)法律、行政法规规定的其他不得辞退的情形。

第三十二条 公安机关人民警察个人或者集体在工作中表现突出,有显著成绩和特殊贡献的,应当根据国家规定给予奖励。

奖励分为:嘉奖、记三等功、记二等功、记一等功、授予荣誉称号。

对受奖励的公安机关人民警察,可以根据国家规定提前晋升警衔,并给予一次性奖金或者其他待遇。

拟以国务院名义授予荣誉称号的,由人事部审核后报国务院审批;拟授予全国公安系统一级英雄模范称号的,由人事部会同公安部审批;拟授予全国公安系统二级英雄模范称号的,由公安部依据国家有关规定审批。

第三十三条 公安机关人民警察违法违纪的,应当根据国家规定给予处分;构成犯罪的,依法追究刑事责任。

处分分为:警告、记过、记大过、降级、撤职、开除。

对受处分的公安机关人民警察,根据国家规定降低警衔或者取消警衔。

对公安机关人民警察的处分由任免机关或者监察机关决定。

第三十四条 公安机关人民警察对涉及本人的人事处理决定不服,或者认为有关部门及其领导人员侵犯其合法权益的,可以依法申请复核,提出申诉或者控告。

第六章 公安机关人民警察待遇

第三十五条 公安机关人民警察享受国家规定的符合其职业特点的工资待遇。

第三十六条 公安机关人民警察实行国家规定的保险制度,保障其在退休、患病、工伤、生育、失业等情况下获得帮助和补偿。

第三十七条 公安机关人民警察因公致残的,应当享受必要的治疗、康复,其中被评定残疾的人员享受国家规定的抚恤和优待。

公安机关人民警察因公牺牲或者病故的,家属享受国家规定的抚恤和优待。

第三十八条 公安机关人民警察实行国家规定的工时制度和休假制度。

公安机关人民警察在法定工作日之外工作

的,应当补休;不能补休的,应当给予补助,具体办法由人事部会同财政部规定。

第三十九条　公安机关人民警察达到国家规定的退休年龄或者完全丧失工作能力的,应当退休。

公安机关人民警察符合国家规定的提前退休条件的,本人自愿提出申请,经任免机关批准,可以提前退休。

第四十条　公安机关人民警察退休后,享受国家规定的退休金和其他福利待遇。

第七章　附　则

第四十一条　新疆生产建设兵团的公安机关和经批准参照《中华人民共和国公务员法》管理的公安机关所属事业单位的组织管理,适用本条例。

第四十二条　本条例自2007年1月1日起施行。

公安机关督察条例

- 1997年6月20日中华人民共和国国务院令第220号发布
- 2011年8月24日国务院第169次常务会议修订通过
- 2011年8月31日中华人民共和国国务院令第603号公布
- 自2011年10月1日起施行

第一条　为了完善公安机关监督机制,保障公安机关及其人民警察依法履行职责、行使职权和遵守纪律,根据《中华人民共和国人民警察法》的规定,制定本条例。

第二条　公安部督察委员会领导全国公安机关的督察工作,负责对公安部所属单位和下级公安机关及其人民警察依法履行职责、行使职权和遵守纪律的情况进行监督,对公安部部长负责。公安部督察机构承担公安部督察委员会办事机构职能。

县级以上地方各级人民政府公安机关督察机构,负责对本级公安机关所属单位和下级公安机关及其人民警察依法履行职责、行使职权和遵守纪律的情况进行监督,对上一级公安机关督察机构和本级公安机关行政首长负责。

县级以上地方各级人民政府公安机关的督察机构为执法勤务机构,由专职人员组成,实行队建制。

第三条　公安部设督察长,由公安部一名副职领导成员担任。

县级以上地方各级人民政府公安机关设督察长,由公安机关行政首长兼任。

第四条　督察机构对公安机关及其人民警察依法履行职责、行使职权和遵守纪律的下列事项,进行现场督察:

(一)重要的警务部署、措施、活动的组织实施情况;

(二)重大社会活动的秩序维护和重点地区、场所治安管理的组织实施情况;

(三)治安突发事件的处置情况;

(四)刑事案件、治安案件的受理、立案、侦查、调查、处罚和强制措施的实施情况;

(五)治安、交通、户政、出入境、边防、消防、警卫等公安行政管理法律、法规的执行情况;

(六)使用武器、警械以及警用车辆、警用标志的情况;

(七)处置公民报警、请求救助和控告申诉的情况;

(八)文明执勤、文明执法和遵守警容风纪规定的情况;

(九)组织管理和警务保障的情况;

(十)公安机关及其人民警察依法履行职责、行使职权和遵守纪律的其他情况。

第五条　督察机构可以向本级公安机关所属单位和下级公安机关派出督察人员进行督察,也可以指令下级公安机关督察机构对专门事项进行督察。

第六条　县级以上地方各级人民政府公安机关督察机构查处违法违纪行为,应当向上一级公安机关督察机构报告查处情况;下级公安机关督察机构查处不力的,上级公安机关督察机构可以直接进行督察。

第七条　督察机构可以派出督察人员参加本级公安机关或者下级公安机关的警务工作会议和重大警务活动的部署。

第八条　督察机构应当开展警务评议活动,听取国家机关、社会团体、企业事业组织和人民群众对公安机关及其人民警察的意见。

第九条　督察机构对群众投诉的正在发生的公安机关及其人民警察违法违纪行为，应当及时出警，按照规定给予现场处置，并将处理结果及时反馈投诉人。

投诉人的投诉事项已经进入信访、行政复议或者行政诉讼程序的，督察机构应当将投诉材料移交有关部门。

第十条　督察机构对本级公安机关所属单位和下级公安机关拒不执行法律、法规和上级决定、命令，可以责令执行；对本级公安机关所属单位或者下级公安机关作出的错误决定、命令，可以决定撤销或者变更，报本级公安机关行政首长批准后执行。

第十一条　督察人员在现场督察中发现公安机关人民警察违法违纪的，可以采取下列措施，当场处置：

（一）对违反警容风纪规定的，可以当场予以纠正；

（二）对违反规定使用武器、警械以及警用车辆、警用标志的，可以扣留其武器、警械、警用车辆、警用标志；

（三）对违法违纪情节严重、影响恶劣的，以及拒绝、阻碍督察人员执行现场督察工作任务的，必要时，可以带离现场。

第十二条　督察机构认为公安机关人民警察违反纪律需要采取停止执行职务、禁闭措施的，由督察机构作出决定，报本级公安机关督察长批准后执行。

停止执行职务的期限为10日以上60日以下；禁闭的期限为1日以上7日以下。

第十三条　督察机构认为公安机关人民警察需要给予处分或者降低警衔、取消警衔的，督察机构应当提出建议，移送有关部门依法处理。

督察机构在督察工作中发现公安机关人民警察涉嫌犯罪的，移送司法机关依法处理。

第十四条　公安机关人民警察对停止执行职务和禁闭决定不服的，可以在被停止执行职务或者被禁闭期间向作出决定的公安机关的上一级公安机关提出申诉。由公安部督察机构作出的停止执行职务、禁闭的决定，受理申诉的机关是公安部督察委员会。

受理申诉的公安机关对不服停止执行职务的申诉，应当自收到申诉之日起5日内作出是否撤销停止执行职务的决定；对不服禁闭的申诉，应当在收到申诉之时起24小时内作出是否撤销禁闭的决定。

申诉期间，停止执行职务、禁闭决定不停止执行。

受理申诉的公安机关认为停止执行职务、禁闭决定确有错误的，应当予以撤销，并在适当范围内为当事人消除影响，恢复名誉。

第十五条　督察人员在督察工作中，必须实事求是，严格依法办事，接受监督。

督察机构及其督察人员对于公安机关及其人民警察依法履行职责、行使职权的行为应当予以维护。

第十六条　督察人员应当具备下列条件：

（一）坚持原则，忠于职守，清正廉洁，不徇私情，严守纪律；

（二）具有大学专科以上学历和法律专业知识、公安业务知识；

（三）具有3年以上公安工作经历和一定的组织管理能力；

（四）经过专门培训合格。

第十七条　督察人员执行督察任务，应当佩带督察标志或者出示督察证件。

督察标志和督察证件的式样由公安部制定。

第十八条　本条例自2011年10月1日起施行。

中华人民共和国人民警察使用警械和武器条例

· 1996年1月8日国务院第41次常务会议通过
· 1996年1月16日中华人民共和国国务院令第191号发布
· 自发布之日起施行

第一章　总　则

第一条　为了保障人民警察依法履行职责，正确使用警械和武器，及时有效地制止违法犯罪行为，维护公共安全和社会秩序，保护公民的人身安全和合法财产，保护公共财产，根据《中华人民共和国人民警察法》和其他有关法律的规定，制定本条例。

第二条 人民警察制止违法犯罪行为,可以采取强制手段;根据需要,可以依照本条例的规定使用警械;使用警械不能制止,或者不使用武器制止,可能发生严重危害后果的,可以依照本条例的规定使用武器。

第三条 本条例所称警械,是指人民警察按照规定装备的警棍、催泪弹、高压水枪、特种防暴枪、手铐、脚镣、警绳等警用器械;所称武器,是指人民警察按照规定装备的枪支、弹药等致命性警用武器。

第四条 人民警察使用警械和武器,应当以制止违法犯罪行为,尽量减少人员伤亡、财产损失为原则。

第五条 人民警察依法使用警械和武器的行为,受法律保护。

人民警察不得违反本条例的规定使用警械和武器。

第六条 人民警察使用警械和武器前,应当命令在场无关人员躲避;在场无关人员应当服从人民警察的命令,避免受到伤害或者其他损失。

第二章 警械的使用

第七条 人民警察遇有下列情形之一,经警告无效的,可以使用警棍、催泪弹、高压水枪、特种防暴枪等驱逐性、制服性警械:

(一)结伙斗殴、殴打他人、寻衅滋事、侮辱妇女或者进行其他流氓活动的;

(二)聚众扰乱车站、码头、民用航空站、运动场等公共场所秩序的;

(三)非法举行集会、游行、示威的;

(四)强行冲越人民警察为履行职责设置的警戒线的;

(五)以暴力方法抗拒或者阻碍人民警察依法履行职责的;

(六)袭击人民警察的;

(七)危害公共安全、社会秩序和公民人身安全的其他行为,需要当场制止的;

(八)法律、行政法规规定可以使用警械的其他情形。

人民警察依照前款规定使用警械,应当以制止违法犯罪行为为限度;当违法犯罪行为得到制止时,应当立即停止使用。

第八条 人民警察依法执行下列任务,遇有违法犯罪分子可能脱逃、行凶、自杀、自伤或者有其他危险行为的,可以使用手铐、脚镣、警绳等约束性警械:

(一)抓获违法犯罪分子或者犯罪重大嫌疑人的;

(二)执行逮捕、拘留、看押、押解、审讯、拘传、强制传唤的;

(三)法律、行政法规规定可以使用警械的其他情形。

人民警察依照前款规定使用警械,不得故意造成人身伤害。

第三章 武器的使用

第九条 人民警察判明有下列暴力犯罪行为的紧急情形之一,经警告无效的,可以使用武器:

(一)放火、决水、爆炸等严重危害公共安全的;

(二)劫持航空器、船舰、火车、机动车或者驾驶车、船等机动交通工具,故意危害公共安全的;

(三)抢夺、抢劫枪支弹药、爆炸、剧毒等危险物品,严重危害公共安全的;

(四)使用枪支、爆炸、剧毒等危险物品实施犯罪或者以使用枪支、爆炸、剧毒等危险物品相威胁实施犯罪的;

(五)破坏军事、通讯、交通、能源、防险等重要设施,足以对公共安全造成严重、紧迫危险的;

(六)实施凶杀、劫持人质等暴力行为,危及公民生命安全的;

(七)国家规定的警卫、守卫、警戒的对象和目标受到暴力袭击、破坏或者有受到暴力袭击、破坏的紧迫危险的;

(八)结伙抢劫或者持械抢劫公私财物的;

(九)聚众械斗、暴乱等严重破坏社会治安秩序,用其他方法不能制止的;

(十)以暴力方法抗拒或者阻碍人民警察依法履行职责或者暴力袭击人民警察,危及人民警察生命安全的;

(十一)在押人犯、罪犯聚众骚乱、暴乱、行凶或者脱逃的;

(十二)劫夺在押人犯、罪犯的;

(十三)实施放火、决水、爆炸、凶杀、抢劫或者其他严重暴力犯罪行为后拒捕、逃跑的;

（十四）犯罪分子携带枪支、爆炸、剧毒等危险物品拒捕、逃跑的；

（十五）法律、行政法规规定可以使用武器的其他情形。

人民警察依照前款规定使用武器，来不及警告或者警告后可能导致更为严重危害后果的，可以直接使用武器。

第十条　人民警察遇有下列情形之一的，不得使用武器：

（一）发现实施犯罪的人为怀孕妇女、儿童的，但是使用枪支、爆炸、剧毒等危险物品实施暴力犯罪的除外；

（二）犯罪分子处于群众聚集的场所或者存放大量易燃、易爆、剧毒、放射性等危险物品的场所的，但是不使用武器予以制止，将发生更为严重危害后果的除外。

第十一条　人民警察遇有下列情形之一的，应当立即停止使用武器：

（一）犯罪分子停止实施犯罪，服从人民警察命令的；

（二）犯罪分子失去继续实施犯罪能力的。

第十二条　人民警察使用武器造成犯罪分子或者无辜人员伤亡的，应当及时抢救受伤人员，保护现场，并立即向当地公安机关或者该人民警察所属机关报告。

当地公安机关或者该人民警察所属机关接到报告后，应当及时进行勘验、调查，并及时通知当地人民检察院。

当地公安机关或者该人民警察所属机关应当将犯罪分子或者无辜人员的伤亡情况，及时通知其家属或者其所在单位。

第十三条　人民警察使用武器的，应当将使用武器的情况如实向所属机关书面报告。

第四章　法律责任

第十四条　人民警察违法使用警械、武器，造成不应有的人员伤亡、财产损失，构成犯罪的，依法追究刑事责任；尚不构成犯罪的，依法给予行政处分；对受到伤亡或者财产损失的人员，由该人民警察所属机关依照《中华人民共和国国家赔偿法》的有关规定给予赔偿。

第十五条　人民警察依法使用警械、武器，造成无辜人员伤亡或者财产损失的，由该人民警察所属机关参照《中华人民共和国国家赔偿法》的有关规定给予补偿。

第五章　附　则

第十六条　中国人民武装警察部队执行国家赋予的安全保卫任务时使用警械和武器，适用本条例的有关规定。

第十七条　本条例自发布之日起施行。1980年7月5日公布施行的《人民警察使用武器和警械的规定》同时废止。

公安机关办理行政案件程序规定

- 2012年12月19日公安部令第125号修订发布
- 根据2014年6月29日公安部令第132号《公安部关于修改部分部门规章的决定》第一次修正
- 根据2018年11月25日公安部令第149号《公安部关于修改〈公安机关办理行政案件程序规定〉的决定》第二次修正
- 根据2020年8月6日公安部令第160号《公安部关于废止和修改部分规章的决定》第三次修正

第一章　总　则

第一条　为了规范公安机关办理行政案件程序，保障公安机关在办理行政案件中正确履行职责，保护公民、法人和其他组织的合法权益，根据《中华人民共和国行政处罚法》《中华人民共和国行政强制法》《中华人民共和国治安管理处罚法》等有关法律、行政法规，制定本规定。

第二条　本规定所称行政案件，是指公安机关依照法律、法规和规章的规定对违法行为人决定行政处罚以及强制隔离戒毒等处理措施的案件。

本规定所称公安机关，是指县级以上公安机关、公安派出所、依法具有独立执法主体资格的公安机关业务部门以及出入境边防检查站。

第三条　办理行政案件应当以事实为根据，以法律为准绳。

第四条　办理行政案件应当遵循合法、公正、公开、及时的原则，尊重和保障人权，保护公民的人格尊严。

第五条 办理行政案件应当坚持教育与处罚相结合的原则,教育公民、法人和其他组织自觉守法。

第六条 办理未成年人的行政案件,应当根据未成年人的身心特点,保障其合法权益。

第七条 办理行政案件,在少数民族聚居或者多民族共同居住的地区,应当使用当地通用的语言进行询问。对不通晓当地通用语言文字的当事人,应当为他们提供翻译。

第八条 公安机关及其人民警察在办理行政案件时,对涉及的国家秘密、商业秘密或者个人隐私,应当保密。

第九条 公安机关人民警察在办案中玩忽职守、徇私舞弊、滥用职权、索取或者收受他人财物的,依法给予处分;构成犯罪的,依法追究刑事责任。

第二章 管 辖

第十条 行政案件由违法行为地的公安机关管辖。由违法行为人居住地公安机关管辖更为适宜的,可以由违法行为人居住地公安机关管辖,但是涉及卖淫、嫖娼、赌博、毒品的案件除外。

违法行为地包括违法行为发生地和违法结果发生地。违法行为发生地,包括违法行为的实施地以及开始地、途经地、结束地等与违法行为有关的地点;违法行为有连续、持续或者继续状态的,违法行为连续、持续或者继续实施的地方都属于违法行为发生地。违法结果发生地,包括违法对象被侵害地、违法所得的实际取得地、藏匿地、转移地、使用地、销售地。

居住地包括户籍所在地、经常居住地。经常居住地是指公民离开户籍所在地最后连续居住一年以上的地方,但在医院住院就医的除外。

移交违法行为人居住地公安机关管辖的行政案件,违法行为地公安机关在移交前应当及时收集证据,并配合违法行为人居住地公安机关开展调查取证工作。

第十一条 针对或者利用网络实施的违法行为,用于实施违法行为的网站服务器所在地、网络接入地以及网站建立者或者管理者所在地,被侵害的网络及其运营者所在地,违法过程中违法行为人、被侵害人使用的网络及其运营者所在地,被侵害人被侵害时所在地,以及被侵害人财产遭受损失地公安机关可以管辖。

第十二条 行驶中的客车上发生的行政案件,由案发后客车最初停靠地公安机关管辖;必要时,始发地、途经地、到达地公安机关也可以管辖。

第十三条 行政案件由县级公安机关及其公安派出所、依法具有独立执法主体资格的公安机关业务部门以及出入境边防检查站按照法律、行政法规、规章授权和管辖分工办理,但法律、行政法规、规章规定由设区的市级以上公安机关办理的除外。

第十四条 几个公安机关都有权管辖的行政案件,由最初受理的公安机关管辖。必要时,可以由主要违法行为地公安机关管辖。

第十五条 对管辖权发生争议的,报请共同的上级公安机关指定管辖。

对于重大、复杂的案件,上级公安机关可以直接办理或者指定管辖。

上级公安机关直接办理或者指定管辖的,应当书面通知被指定管辖的公安机关和其他有关的公安机关。

原受理案件的公安机关自收到上级公安机关书面通知之日起不再行使管辖权,并立即将案卷材料移送被指定管辖的公安机关或者办理的上级公安机关,及时书面通知当事人。

第十六条 铁路公安机关管辖列车上,火车站工作区域内,铁路系统的机关、厂、段、所、队等单位内发生的行政案件,以及在铁路线上放置障碍物或者损毁、移动铁路设施等可能影响铁路运输安全、盗窃铁路设施的行政案件。对倒卖、伪造、变造火车票案件,由最初受理的铁路或者地方公安机关管辖。必要时,可以移送主要违法行为发生地的铁路或者地方公安机关管辖。

交通公安机关管辖港航管理机构管理的轮船上、港口、码头工作区域内和港航系统的机关、厂、所、队等单位内发生的行政案件。

民航公安机关管辖民航管理机构管理的机场工作区域以及民航系统的机关、厂、所、队等单位内和民航飞机上发生的行政案件。

国有林区的森林公安机关管辖林区内发生的行政案件。

海关缉私机构管辖阻碍海关缉私警察依法执行职务的治安案件。

第三章 回 避

第十七条 公安机关负责人、办案人民警察有下列情形之一的,应当自行提出回避申请,案件当事人及其法定代理人有权要求他们回避:

(一)是本案的当事人或者当事人近亲属的;

(二)本人或者其近亲属与本案有利害关系的;

(三)与本案当事人有其他关系,可能影响案件公正处理的。

第十八条 公安机关负责人、办案人民警察提出回避申请的,应当说明理由。

第十九条 办案人民警察的回避,由其所属的公安机关决定;公安机关负责人的回避,由上一级公安机关决定。

第二十条 当事人及其法定代理人要求公安机关负责人、办案人民警察回避的,应当提出申请,并说明理由。口头提出申请的,公安机关应当记录在案。

第二十一条 对当事人及其法定代理人提出的回避申请,公安机关应当在收到申请之日起二日内作出决定并通知申请人。

第二十二条 公安机关负责人、办案人民警察具有应当回避的情形之一,本人没有申请回避,当事人及其法定代理人也没有申请其回避的,有权决定其回避的公安机关可以指令其回避。

第二十三条 在行政案件调查过程中,鉴定人和翻译人员需要回避的,适用本章的规定。

鉴定人、翻译人员的回避,由指派或者聘请的公安机关决定。

第二十四条 在公安机关作出回避决定前,办案人民警察不得停止对行政案件的调查。

作出回避决定后,公安机关负责人、办案人民警察不得再参与该行政案件的调查和审核、审批工作。

第二十五条 被决定回避的公安机关负责人、办案人民警察、鉴定人和翻译人员,在回避决定作出前所进行的与案件有关的活动是否有效,由作出回避决定的公安机关根据是否影响案件依法公正处理等情况决定。

第四章 证 据

第二十六条 可以用于证明案件事实的材料,都是证据。公安机关办理行政案件的证据包括:

(一)物证;

(二)书证;

(三)被侵害人陈述和其他证人证言;

(四)违法嫌疑人的陈述和申辩;

(五)鉴定意见;

(六)勘验、检查、辨认笔录,现场笔录;

(七)视听资料、电子数据。

证据必须经过查证属实,才能作为定案的根据。

第二十七条 公安机关必须依照法定程序,收集能够证实违法嫌疑人是否违法、违法情节轻重的证据。

严禁刑讯逼供和以威胁、欺骗等非法方法收集证据。采用刑讯逼供等非法方法收集的违法嫌疑人的陈述和申辩以及采用暴力、威胁等非法方法收集的被侵害人陈述、其他证人证言,不能作为定案的根据。收集物证、书证不符合法定程序,可能严重影响执法公正的,应当予以补正或者作出合理解释;不能补正或者作出合理解释的,不能作为定案的根据。

第二十八条 公安机关向有关单位和个人收集、调取证据时,应当告知其必须如实提供证据,并告知其伪造、隐匿、毁灭证据,提供虚假证词应当承担的法律责任。

需要向有关单位和个人调取证据的,经公安机关办案部门负责人批准,开具调取证据通知书,明确调取的证据和提供时限。被调取人应当在通知书上盖章或者签名,被调取人拒绝的,公安机关应当注明。必要时,公安机关应当采用录音、录像等方式固定证据内容及取证过程。

需要向有关单位紧急调取证据的,公安机关可以在电话告知人民警察身份的同时,将调取证据通知书连同办案人民警察的人民警察证复印件通过传真、互联网通讯工具等方式送达有关单位。

第二十九条 收集调取的物证应当是原物。在原物不便搬运、不易保存或者依法应当由有关部门保管、处理或者依法应返还时,可以拍摄或者制作足以反映原物外形或者内容的照片、录像。

物证的照片、录像,经与原物核实无误或者经鉴定证明为真实的,可以作为证据使用。

第三十条 收集、调取的书证应当是原件。

在取得原件确有困难时,可以使用副本或者复制件。

书证的副本、复制件,经与原件核实无误或者经鉴定证明为真实的,可以作为证据使用。书证有更改或者更改迹象不能作出合理解释的,或者书证的副本、复制件不能反映书证原件及其内容的,不能作为证据使用。

第三十一条　物证的照片、录像,书证的副本、复制件,视听资料的复制件,应当附有关制作过程及原件、原物存放处的文字说明,并由制作人和物品持有人或者持有单位有关人员签名。

第三十二条　收集电子数据,能够扣押电子数据原始存储介质的,应当扣押。

无法扣押原始存储介质的,可以提取电子数据。提取电子数据,应当制作笔录,并附电子数据清单,由办案人民警察、电子数据持有人签名。持有人无法或者拒绝签名的,应当在笔录中注明。

由于客观原因无法或者不宜依照前两款规定收集电子数据的,可以采取打印、拍照或者录像等方式固定相关证据,并附有关原因、过程等情况的文字说明,由办案人民警察、电子数据持有人签名。持有人无法或者拒绝签名的,应当注明情况。

第三十三条　刑事案件转为行政案件办理的,刑事案件办理过程中收集的证据材料,可以作为行政案件的证据使用。

第三十四条　凡知道案件情况的人,都有作证的义务。

生理上、精神上有缺陷或者年幼,不能辨别是非、不能正确表达的人,不能作为证人。

第五章　期间与送达

第三十五条　期间以时、日、月、年计算,期间开始之时或者日不计算在内。法律文书送达的期间不包括路途上的时间。期间的最后一日是节假日的,以节假日后的第一日为期满日期,但违法行为人被限制人身自由的期间,应当至期满之日为止,不得因节假日而延长。

第三十六条　送达法律文书,应当遵守下列规定:

(一)依照简易程序作出当场处罚决定的,应当将决定书当场交付被处罚人,并由被处罚人在备案的决定书上签名或者捺指印;被处罚人拒绝的,由办案人民警察在备案的决定书上注明;

(二)除本款第一项规定外,作出行政处罚决定和其他行政处理决定,应当在宣告后将决定书当场交付被处理人,并由被处理人在附卷的决定书上签名或者捺指印,即为送达;被处理人拒绝的,由办案人民警察在附卷的决定书上注明;被处理人不在场的,公安机关应当在作出决定的七日内将决定书送达被处理人,治安管理处罚决定应当在二日内送达。

送达法律文书应当首先采取直接送达方式,交给受送达人本人;受送达人不在的,可以交付其成年家属、所在单位的负责人员或者其居住地居(村)民委员会代收。受送达人本人或者代收人拒绝接收或者拒绝签名和捺指印的,送达人可以邀请其邻居或者其他见证人到场,说明情况,也可以对拒收情况进行录音录像,把文书留在受送达人处,在附卷的法律文书上注明拒绝的事由、送达日期,由送达人、见证人签名或者捺指印,即视为送达。

无法直接送达的,委托其他公安机关代为送达,或者邮寄送达。经受送达人同意,可以采用传真、互联网通讯工具等能够确认其收悉的方式送达。

经采取上述送达方式仍无法送达的,可以公告送达。公告的范围和方式应当便于公民知晓,公告期限不得少于六十日。

第六章　简易程序和快速办理

第一节　简易程序

第三十七条　违法事实确凿,且具有下列情形之一的,人民警察可以当场作出处罚决定,有违禁品的,可以当场收缴:

(一)对违反治安管理行为人或者道路交通违法行为人处二百元以下罚款或者警告的;

(二)出入境边防检查机关对违反出境入境管理行为人处五百元以下罚款或者警告的;

(三)对有其他违法行为的个人处五十元以下罚款或者警告、对单位处一千元以下罚款或者警告的;

(四)法律规定可以当场处罚的其他情形。

涉及卖淫、嫖娼、赌博、毒品的案件,不适用当场处罚。

第三十八条　当场处罚,应当按照下列程序

实施：

（一）向违法行为人表明执法身份；

（二）收集证据；

（三）口头告知违法行为人拟作出行政处罚决定的事实、理由和依据，并告知违法行为人依法享有的陈述权和申辩权；

（四）充分听取违法行为人的陈述和申辩。违法行为人提出的事实、理由或者证据成立的，应当采纳；

（五）填写当场处罚决定书并当场交付被处罚人；

（六）当场收缴罚款的，同时填写罚款收据，交付被处罚人；未当场收缴罚款的，应当告知被处罚人在规定期限内到指定的银行缴纳罚款。

第三十九条　适用简易程序处罚的，可以由人民警察一人作出行政处罚决定。

人民警察当场作出行政处罚决定的，应当于作出决定后的二十四小时内将当场处罚决定书报所属公安机关备案，交通警察应当于作出决定后的二日内报所属公安机关交通管理部门备案。在旅客列车、民航飞机、水上作出行政处罚决定的，应当在返回后的二十四小时内报所属公安机关备案。

第二节　快速办理

第四十条　对不适用简易程序，但事实清楚，违法嫌疑人自愿认错认罚，且对违法事实和法律适用没有异议的行政案件，公安机关可以通过简化取证方式和审核审批手续等措施快速办理。

第四十一条　行政案件具有下列情形之一的，不适用快速办理：

（一）违法嫌疑人系盲、聋、哑人，未成年人或者疑似精神病人的；

（二）依法应当适用听证程序的；

（三）可能作出十日以上行政拘留处罚的；

（四）其他不宜快速办理的。

第四十二条　快速办理行政案件前，公安机关应当书面告知违法嫌疑人快速办理的相关规定，征得其同意，并由其签名确认。

第四十三条　对符合快速办理条件的行政案件，违法嫌疑人在自行书写材料或者询问笔录中承认违法事实、认错认罚，并有视音频记录、电子数据、检查笔录等关键证据能够相互印证的，公安机关可以不再开展其他调查取证工作。

第四十四条　对适用快速办理的行政案件，可以由专兼职法制员或者办案部门负责人审核后，报公安机关负责人审批。

第四十五条　对快速办理的行政案件，公安机关可以根据不同案件类型，使用简明扼要的格式询问笔录，尽量减少需要文字记录的内容。

被询问人自行书写材料的，办案单位可以提供样式供其参考。

使用执法记录仪等设备对询问过程录音录像的，可以替代书面询问笔录，必要时，对视听资料的关键内容和相应时间段等作文字说明。

第四十六条　对快速办理的行政案件，公安机关可以根据违法行为人认错悔改、纠正违法行为、赔偿损失以及被侵害人谅解情况等情节，依法对违法行为人从轻、减轻处罚或者不予行政处罚。

对快速办理的行政案件，公安机关可以采用口头方式履行处罚前告知程序，由办案人民警察在案卷材料中注明告知情况，并由被告知人签名确认。

第四十七条　对快速办理的行政案件，公安机关应当在违法嫌疑人到案后四十八小时内作出处理决定。

第四十八条　公安机关快速办理行政案件时，发现不适宜快速办理的，转为一般案件办理。快速办理阶段依法收集的证据，可以作为定案的根据。

第七章　调查取证

第一节　一般规定

第四十九条　对行政案件进行调查时，应当合法、及时、客观、全面地收集、调取证据材料，并予以审查、核实。

第五十条　需要调查的案件事实包括：

（一）违法嫌疑人的基本情况；

（二）违法行为是否存在；

（三）违法行为是否为违法嫌疑人实施；

（四）实施违法行为的时间、地点、手段、后果以及其他情节；

（五）违法嫌疑人有无法定从重、从轻、减轻以及不予行政处罚的情形；

（六）与案件有关的其他事实。

第五十一条　公安机关调查取证时，应当防止泄露工作秘密。

第五十二条　公安机关进行询问、辨认、检查、勘验，实施行政强制措施等调查取证工作时，人民警察不得少于二人，并表明执法身份。

接报案、受案登记、接受证据、信息采集、调解、送达文书等工作，可以由一名人民警察带领警务辅助人员进行，但应当全程录音录像。

第五十三条　对查获或者到案的违法嫌疑人应当进行安全检查，发现违禁品或者管制器具、武器、易燃易爆等危险品以及与案件有关的需要作为证据的物品的，应当立即扣押；对违法嫌疑人随身携带的与案件无关的物品，应当按照有关规定予以登记、保管、退还。安全检查不需要开具检查证。

前款规定的扣押适用本规定第五十五条和第五十六条以及本章第七节的规定。

第五十四条　办理行政案件时，可以依法采取下列行政强制措施：

（一）对物品、设施、场所采取扣押、扣留、查封、先行登记保存、抽样取证、封存文件资料等强制措施，对恐怖活动嫌疑人的存款、汇款、债券、股票、基金份额等财产还可以采取冻结措施；

（二）对违法嫌疑人采取保护性约束措施、继续盘问、强制传唤、强制检测、拘留审查、限制活动范围，对恐怖活动嫌疑人采取约束措施等强制措施。

第五十五条　实施行政强制措施应当遵守下列规定：

（一）实施前须依法向公安机关负责人报告并经批准；

（二）通知当事人到场，当场告知当事人采取行政强制措施的理由、依据以及当事人依法享有的权利、救济途径。当事人不到场的，邀请见证人到场，并在现场笔录中注明；

（三）听取当事人的陈述和申辩；

（四）制作现场笔录，由当事人和办案人民警察签名或者盖章，当事人拒绝的，在笔录中注明。当事人不在场的，由见证人和办案人民警察在笔录上签名或者盖章；

（五）实施限制公民人身自由的行政强制措施的，应当当场告知当事人家属实施强制措施的公安机关、理由、地点和期限；无法当场告知的，应当在实施强制措施后立即通过电话、短信、传真等方式通知；身份不明、拒不提供家属联系方式或者因自然灾害等不可抗力导致无法通知的，可以不予通知。告知、通知家属情况或者无法通知家属的原因应当在询问笔录中注明。

（六）法律、法规规定的其他程序。

勘验、检查时实施行政强制措施，制作勘验、检查笔录的，不再制作现场笔录。

实施行政强制措施的全程录音录像，已经具备本条第一款第二项、第三项规定的实质要素的，可以替代书面现场笔录，但应当对视听资料的关键内容和相应时间段等作文字说明。

第五十六条　情况紧急，当场实施行政强制措施的，办案人民警察应当在二十四小时内依法向其所属的公安机关负责人报告，并补办批准手续。当场实施限制公民人身自由的行政强制措施的，办案人民警察应当在返回单位后立即报告，并补办批准手续。公安机关负责人认为不应当采取行政强制措施的，应当立即解除。

第五十七条　为维护社会秩序，人民警察对有违法嫌疑的人员，经表明执法身份后，可以当场盘问、检查。对当场盘问、检查后，不能排除其违法嫌疑，依法可以适用继续盘问的，可以将其带至公安机关，经公安派出所负责人批准，对其继续盘问。对违反出境入境管理的嫌疑人依法适用继续盘问的，应当经县级以上公安机关或者出入境边防检查机关负责人批准。

继续盘问的时限一般为十二小时；对在十二小时以内确实难以证实或者排除其违法犯罪嫌疑的，可以延长至二十四小时；对不讲真实姓名、住址、身份，且在二十四小时以内仍不能证实或者排除其违法犯罪嫌疑的，可以延长至四十八小时。

第五十八条　违法嫌疑人在醉酒状态中，对本人有危险或者对他人的人身、财产或者公共安全有威胁的，可以对其采取保护性措施约束至酒醒，也可以通知其家属、亲友或者所属单位将其领回看管，必要时，应当送医院醒酒。对行为举止失控的醉酒人，可以使用约束带或者警绳等进行约束，但是不得使用手铐、脚镣等警械。

约束过程中，应当指定专人严加看护。确认醉酒人酒醒后，应当立即解除约束，并进行询问。约束时间不计算在询问查证时间内。

第五十九条　对恐怖活动嫌疑人实施约束措

施，应当遵守下列规定：

（一）实施前须经县级以上公安机关负责人批准；

（二）告知嫌疑人采取约束措施的理由、依据以及其依法享有的权利、救济途径；

（三）听取嫌疑人的陈述和申辩；

（四）出具决定书。

公安机关可以采取电子监控、不定期检查等方式对被约束人遵守约束措施的情况进行监督。

约束措施的期限不得超过三个月。对不需要继续采取约束措施的，应当及时解除并通知被约束人。

第二节 受 案

第六十条 县级公安机关及其公安派出所、依法具有独立执法主体资格的公安机关业务部门以及出入境边防检查站对报案、控告、举报、群众扭送或者违法嫌疑人投案，以及其他国家机关移送的案件，应当及时受理并按照规定进行网上接报案登记。对重复报案、案件正在办理或者已经办结的，应当向报案人、控告人、举报人、扭送人、投案人作出解释，不再登记。

第六十一条 公安机关应当对报案、控告、举报、群众扭送或者违法嫌疑人投案分别作出下列处理，并将处理情况在接报案登记中注明：

（一）对属于本单位管辖范围内的案件，应当立即调查处理，制作受案登记表和受案回执，并将受案回执交报案人、控告人、举报人、扭送人；

（二）对属于公安机关职责范围，但不属于本单位管辖的，应当在二十四小时内移送有管辖权的单位处理，并告知报案人、控告人、举报人、扭送人、投案人；

（三）对不属于公安机关职责范围的事项，在接报案时能够当场判断的，应当立即口头告知报案人、控告人、举报人、扭送人、投案人向其他主管机关报案或者投案，报案人、控告人、举报人、扭送人、投案人对口头告知内容有异议或者不能当场判断的，应当书面告知，但因没有联系方式、身份不明等客观原因无法书面告知的除外。

在日常执法执勤中发现的违法行为，适用前款规定。

第六十二条 属于公安机关职责范围但不属于本单位管辖的案件，具有下列情形之一的，受理案件或者发现案件的公安机关及其人民警察应当依法先行采取必要的强制措施或者其他处置措施，再移送有管辖权的单位处理：

（一）违法嫌疑人正在实施危害行为的；

（二）正在实施违法行为或者违法后即时被发现的现行犯被扭送至公安机关的；

（三）在逃的违法嫌疑人已被抓获或者被发现的；

（四）有人员伤亡，需要立即采取救治措施的；

（五）其他应当采取紧急措施的情形。

行政案件移送管辖的，询问查证时间和扣押等措施的期限重新计算。

第六十三条 报案人不愿意公开自己的姓名和报案行为的，公安机关应当在受案登记时注明，并为其保密。

第六十四条 对报案人、控告人、举报人、扭送人、投案人提供的有关证据材料、物品等应当登记，出具接受证据清单，并妥善保管。必要时，应当拍照、录音、录像。移送案件时，应当将有关证据材料和物品一并移交。

第六十五条 对发现或者受理的案件暂时无法确定为刑事案件或者行政案件的，可以按照行政案件的程序办理。在办理过程中，认为涉嫌构成犯罪的，应当按照《公安机关办理刑事案件程序规定》办理。

第三节 询 问

第六十六条 询问违法嫌疑人，可以到违法嫌疑人住处或者单位进行，也可以将违法嫌疑人传唤到其所在市、县内的指定地点进行。

第六十七条 需要传唤违法嫌疑人接受调查的，经公安派出所、县级以上公安机关办案部门或者出入境边防检查机关负责人批准，使用传唤证传唤。对现场发现的违法嫌疑人，人民警察经出示人民警察证，可以口头传唤，并在询问笔录中注明违法嫌疑人到案经过、到案时间和离开时间。

单位违反公安行政管理规定，需要传唤其直接负责的主管人员和其他直接责任人员的，适用前款规定。

对无正当理由不接受传唤或者逃避传唤的违反治安管理、出境入境管理的嫌疑人以及法律规定可以强制传唤的其他违法嫌疑人，经公安派出所、县级以上公安机关办案部门或者出入境边防检查机关负责人批准,可以强制传唤。强制传唤时,可以依法使用手铐、警绳等约束性警械。

公安机关应当将传唤的原因和依据告知被传唤人,并通知其家属。公安机关通知被传唤人家属适用本规定第五十五条第一款第五项的规定。

第六十八条 使用传唤证传唤的,违法嫌疑人被传唤到案后和询问查证结束后,应当由其在传唤证上填写到案和离开时间并签名。拒绝填写或者签名的,办案人民警察应当在传唤证上注明。

第六十九条 对被传唤的违法嫌疑人,应当及时询问查证,询问查证的时间不得超过八小时;案情复杂、违法行为依法可能适用行政拘留处罚的,询问查证的时间不得超过二十四小时。

不得以连续传唤的形式变相拘禁违法嫌疑人。

第七十条 对于投案自首或者群众扭送的违法嫌疑人,公安机关应当立即进行询问查证,并在询问笔录中记明违法嫌疑人到案经过、到案和离开时间。询问查证时间适用本规定第六十九条第一款的规定。

对于投案自首或者群众扭送的违法嫌疑人,公安机关应当适用本规定第五十五条第一款第五项的规定通知其家属。

第七十一条 在公安机关询问违法嫌疑人,应当在办案场所进行。

询问查证期间应当保证违法嫌疑人的饮食和必要的休息时间,并在询问笔录中注明。

在询问查证的间隙期间,可以将违法嫌疑人送入候问室,并按照候问室的管理规定执行。

第七十二条 询问违法嫌疑人、被侵害人或者其他证人,应当个别进行。

第七十三条 首次询问违法嫌疑人时,应当问明违法嫌疑人的姓名、出生日期、户籍所在地、现住址、身份证件种类及号码,是否为各级人民代表大会代表,是否受过刑事处罚或者行政拘留、强制隔离戒毒、社区戒毒、收容教养等情况。必要时,还应当问明其家庭主要成员、工作单位、文化程度、民族、身体状况等情况。

违法嫌疑人为外国人的,首次询问时还应当问明其国籍、出入境证件种类及号码、签证种类、入境时间、入境事由等情况。必要时,还应当问明其在华关系人等情况。

第七十四条 询问时,应当告知被询问人必须如实提供证据、证言和故意作伪证或者隐匿证据应负的法律责任,对与本案无关的问题有拒绝回答的权利。

第七十五条 询问未成年人时,应当通知其父母或者其他监护人到场,其父母或者其他监护人不能到场的,也可以通知未成年人的其他成年亲属,所在学校、单位、居住地基层组织或者未成年人保护组织的代表到场,并将有关情况记录在案。确实无法通知或者通知后未到场的,应当在询问笔录中注明。

第七十六条 询问聋哑人时,应当有通晓手语的人提供帮助,并在询问笔录中注明被询问人的聋哑情况以及翻译人员的姓名、住址、工作单位和联系方式。

对不通晓当地通用的语言文字的被询问人,应当为其配备翻译人员,并在询问笔录中注明翻译人员的姓名、住址、工作单位和联系方式。

第七十七条 询问笔录应当交被询问人核对,对没有阅读能力的,应当向其宣读。记录有误或者遗漏的,应当允许被询问人更正或者补充,并要求其在修改处捺指印。被询问人确认笔录无误后,应当在询问笔录上逐页签名或者捺指印。拒绝签名和捺指印的,办案人民警察应当在询问笔录中注明。

办案人民警察应当在询问笔录上签名,翻译人员应当在询问笔录的结尾处签名。

询问时,可以全程录音、录像,并保持录音、录像资料的完整性。

第七十八条 询问违法嫌疑人时,应当听取违法嫌疑人的陈述和申辩。对违法嫌疑人的陈述和申辩,应当核查。

第七十九条 询问被侵害人或者其他证人,可以在现场进行,也可以到其单位、学校、住所、其居住地居(村)民委员会或者其提出的地点进行。必要时,也可以书面、电话或者当场通知其到公安机关提供证言。

在现场询问的,办案人民警察应当出示人民警察证。

询问前,应当了解被询问人的身份以及其与被侵害人、其他证人、违法嫌疑人之间的关系。

第八十条 违法嫌疑人、被侵害人或者其他证人请求自行提供书面材料的,应当准许。必要时,办案人民警察也可以要求违法嫌疑人、被侵害人或者其他证人自行书写。违法嫌疑人、被侵害人或者其他证人应当在其提供的书面材料的结尾处签名或者捺指印。对打印的书面材料，违法嫌疑人、被侵害人或者其他证人应当逐页签名或者捺指印。办案人民警察收到书面材料后，应当在首页注明收到日期，并签名。

第四节 勘验、检查

第八十一条 对于违法行为案发现场，必要时应当进行勘验，提取与案件有关的证据材料，判断案件性质，确定调查方向和范围。

现场勘验参照刑事案件现场勘验的有关规定执行。

第八十二条 对与违法行为有关的场所、物品、人身可以进行检查。检查时，人民警察不得少于二人，并应当出示人民警察证和县级以上公安机关开具的检查证。对确有必要立即进行检查的，人民警察经出示人民警察证，可以当场检查；但检查公民住所的，必须有证据表明或者有群众报警公民住所内正在发生危害公共安全或者公民人身安全的案(事)件，或者违法存放危险物质，不立即检查可能会对公共安全或者公民人身、财产安全造成重大危害。

对机关、团体、企业、事业单位或者公共场所进行日常执法监督检查，依照有关法律、法规和规章执行，不适用前款规定。

第八十三条 对违法嫌疑人，可以依法提取或者采集肖像、指纹等人体生物识别信息；涉嫌酒后驾驶机动车、吸毒、从事恐怖活动等违法行为的，可以依照《中华人民共和国道路交通安全法》《中华人民共和国禁毒法》《中华人民共和国反恐怖主义法》等规定提取或者采集血液、尿液、毛发、脱落细胞等生物样本。人身安全检查和当场检查时已经提取、采集的信息，不再提取、采集。

第八十四条 对违法嫌疑人进行检查时，应当尊重被检查人的人格尊严，不得以有损人格尊严的方式进行检查。

检查妇女的身体，应当由女性工作人员进行。

依法对卖淫、嫖娼人员进行性病检查，应当由医生进行。

第八十五条 检查场所或者物品时，应当注意避免对物品造成不必要的损坏。

检查场所时，应当有被检查人或者见证人在场。

第八十六条 检查情况应当制作检查笔录。检查笔录由检查人员、被检查人或者见证人签名；被检查人不在场或者拒绝签名的，办案人民警察应当在检查笔录中注明。

检查时的全程录音录像可以替代书面检查笔录，但应当对视听资料的关键内容和相应时间段等作文字说明。

第五节 鉴定

第八十七条 为了查明案情，需要对专门性技术问题进行鉴定的，应当指派或者聘请具有专门知识的人员进行。

需要聘请本公安机关以外的人进行鉴定的，应当经公安机关办案部门负责人批准后，制作鉴定聘请书。

第八十八条 公安机关应当为鉴定提供必要的条件，及时送交有关检材和比对样本等原始材料，介绍与鉴定有关的情况，并且明确提出要求鉴定解决的问题。

办案人民警察应当做好检材的保管和送检工作，并注明检材送检环节的责任人，确保检材在流转环节中的同一性和不被污染。

禁止强迫或者暗示鉴定人作出某种鉴定意见。

第八十九条 对人身伤害的鉴定由法医进行。

卫生行政主管部门许可的医疗机构具有执业资格的医生出具的诊断证明，可以作为公安机关认定人身伤害程度的依据，但具有本规定第九十条规定情形的除外。

对精神病的鉴定，由有精神病鉴定资格的鉴定机构进行。

第九十条 人身伤害案件具有下列情形之一的，公安机关应当进行伤情鉴定：

（一）受伤程度较重，可能构成轻伤以上伤害程度的；

（二）被侵害人要求作伤情鉴定的；

（三）违法嫌疑人、被侵害人对伤害程度有争议的。

第九十一条 对需要进行伤情鉴定的案件，被侵害人拒绝提供诊断证明或者拒绝进行伤情鉴定的，公安机关应当将有关情况记录在案，并可以根据已认定的事实作出处理决定。

经公安机关通知，被侵害人无正当理由未在公安机关确定的时间内作伤情鉴定的，视为拒绝鉴定。

第九十二条 对电子数据涉及的专门性问题难以确定的，由司法鉴定机构出具鉴定意见，或者由公安部指定的机构出具报告。

第九十三条 涉案物品价值不明或者难以确定的，公安机关应当委托价格鉴证机构估价。

根据当事人提供的购买发票等票据能够认定价值的涉案物品，或者价值明显不够刑事立案标准的涉案物品，公安机关可以不进行价格鉴证。

第九十四条 对涉嫌吸毒的人员，应当进行吸毒检测，被检测人员应当配合；对拒绝接受检测的，经县级以上公安机关或者其派出机构负责人批准，可以强制检测。采集女性被检测人检测样本，应当由女性工作人员进行。

对涉嫌服用国家管制的精神药品、麻醉药品驾驶机动车的人员，可以对其进行体内国家管制的精神药品、麻醉药品含量检验。

第九十五条 对有酒后驾驶机动车嫌疑的人，应当对其进行呼气酒精测试，对具有下列情形之一的，应当立即提取血样，检验血液酒精含量：

（一）当事人对呼气酒精测试结果有异议的；

（二）当事人拒绝配合呼气酒精测试的；

（三）涉嫌醉酒驾驶机动车的；

（四）涉嫌饮酒后驾驶机动车发生交通事故的。

当事人对呼气酒精测试结果无异议的，应当签字确认。事后提出异议的，不予采纳。

第九十六条 鉴定人鉴定后，应当出具鉴定意见。鉴定意见应当载明委托人、委托鉴定的事项、提交鉴定的相关材料、鉴定的时间、依据和结论性意见等内容，并由鉴定人签名或者盖章。通过分析得出鉴定意见的，应当有分析过程的说明。鉴定意见应当附有鉴定机构和鉴定人的资质证明或者其他证明文件。

鉴定人对鉴定意见负责，不受任何机关、团体、企业、事业单位和个人的干涉。多人参加鉴定，对鉴定意见有不同意见的，应当注明。

鉴定人故意作虚假鉴定的，应当承担法律责任。

第九十七条 办案人民警察应当对鉴定意见进行审查。

对经审查作为证据使用的鉴定意见，公安机关应当在收到鉴定意见之日起五日内将鉴定意见复印件送达违法嫌疑人和被侵害人。

医疗机构出具的诊断证明作为公安机关认定人身伤害程度的依据的，应当将诊断证明结论书面告知违法嫌疑人和被侵害人。

违法嫌疑人或者被侵害人对鉴定意见有异议的，可以在收到鉴定意见复印件之日起三日内提出重新鉴定的申请，经县级以上公安机关批准后，进行重新鉴定。同一行政案件的同一事项重新鉴定以一次为限。

当事人是否申请重新鉴定，不影响案件的正常办理。

公安机关认为必要时，也可以直接决定重新鉴定。

第九十八条 具有下列情形之一的，应当进行重新鉴定：

（一）鉴定程序违法或者违反相关专业技术要求，可能影响鉴定意见正确性的；

（二）鉴定机构、鉴定人不具备鉴定资质和条件的；

（三）鉴定意见明显依据不足的；

（四）鉴定人故意作虚假鉴定的；

（五）鉴定人应当回避而没有回避的；

（六）检材虚假或者被损坏的；

（七）其他应当重新鉴定的。

不符合前款规定情形的，经县级以上公安机关负责人批准，作出不准予重新鉴定的决定，并在作出决定之日起的三日以内书面通知申请人。

第九十九条 重新鉴定，公安机关应当另行指派或者聘请鉴定人。

第一百条 鉴定费用由公安机关承担，但当事人自行鉴定的除外。

第六节 辨　认

第一百零一条 为了查明案情，办案人民警察可以让违法嫌疑人、被侵害人或者其他证人对与违法行为有关的物品、场所或者违法嫌疑人进行辨认。

第一百零二条 辨认由二名以上办案人民警察主持。

组织辨认前，应当向辨认人详细询问辨认对

象的具体特征，并避免辨认人见到辨认对象。

第一百零三条　多名辨认人对同一辨认对象或者一名辨认人对多名辨认对象进行辨认时，应当个别进行。

第一百零四条　辨认时，应当将辨认对象混杂在特征相类似的其他对象中，不得给辨认人任何暗示。

辨认违法嫌疑人时，被辨认的人数不得少于七人；对违法嫌疑人照片进行辨认的，不得少于十人的照片。

辨认每一件物品时，混杂的同类物品不得少于五件。

同一辨认人对与同一案件有关的辨认对象进行多组辨认的，不得重复使用陪衬照片或者陪衬人。

第一百零五条　辨认人不愿意暴露身份的，对违法嫌疑人的辨认可以在不暴露辨认人的情况下进行，公安机关及其人民警察应当为其保守秘密。

第一百零六条　辨认经过和结果，应当制作辨认笔录，由办案人民警察和辨认人签名或者捺指印。必要时，应当对辨认过程进行录音、录像。

第七节　证据保全

第一百零七条　对下列物品，经公安机关负责人批准，可以依法扣押或者扣留：

（一）与治安案件、违反出境入境管理的案件有关的需要作为证据的物品；

（二）道路交通安全法律、法规规定适用扣留的车辆、机动车驾驶证；

（三）《中华人民共和国反恐怖主义法》等法律、法规规定适用扣押或者扣留的物品。

对下列物品，不得扣押或者扣留：

（一）与案件无关的物品；

（二）公民个人及其所扶养家属的生活必需品；

（三）被侵害人或者善意第三人合法占有的财产。

对具有本条第二款第二项、第三项情形的，应当予以登记，写明登记财物的名称、规格、数量、特征，并由占有人签名或者捺指印。必要时，可以进行拍照。但是，与案件有关必须鉴定的，可以依法扣押，结束后应当立即解除。

第一百零八条　办理下列行政案件时，对专门用于从事无证经营活动的场所、设施、物品，经公安机关负责人批准，可以依法查封。但对与违法行为无关的场所、设施，公民个人及其扶养家属的生活必需品不得查封：

（一）擅自经营按照国家规定需要由公安机关许可的行业的；

（二）依照《娱乐场所管理条例》可以由公安机关采取取缔措施的；

（三）《中华人民共和国反恐怖主义法》等法律、法规规定适用查封的其他公安行政案件。

场所、设施、物品已被其他国家机关依法查封的，不得重复查封。

第一百零九条　收集证据时，经公安机关办案部门负责人批准，可以采取抽样取证的方法。

抽样取证应当采取随机的方式，抽取样品的数量以能够认定本品的品质特征为限。

抽样取证时，应当对抽样取证的现场、被抽样物品及被抽取的样品进行拍照或者对抽样过程进行录像。

对抽取的样品应当及时进行检验。经检验，能够作为证据使用的，应当依法扣押、先行登记保存或者登记；不属于证据的，应当及时返还样品。样品有减损的，应当予以补偿。

第一百一十条　在证据可能灭失或者以后难以取得的情况下，经公安机关办案部门负责人批准，可以先行登记保存。

先行登记保存期间，证据持有人及其他人员不得损毁或者转移证据。

对先行登记保存的证据，应当在七日内作出处理决定。逾期不作出处理决定的，视为自动解除。

第一百一十一条　实施扣押、扣留、查封、抽样取证、先行登记保存等证据保全措施时，应当会同当事人查点清楚，制作并当场交付证据保全决定书。必要时，应当对采取证据保全措施的证据进行拍照或者对采取证据保全的过程进行录像。

证据保全决定书应当载明下列事项：

（一）当事人的姓名或者名称、地址；

（二）抽样取证、先行登记保存、扣押、扣留、查封的理由、依据和期限；

（三）申请行政复议或者提起行政诉讼的途径和期限；

（四）作出决定的公安机关的名称、印章和日期。

证据保全决定书应当附清单，载明被采取证据保全措施的场所、设施、物品的名称、规格、数量、特征等，由办案人民警察和当事人签名后，一份交当事人，一份附卷。有见证人的，还应当由见证人签名。当事人或者见证人拒绝签名的，办案人民警察应当在证据保全清单上注明。

对可以作为证据使用的录音带、录像带，在扣押时应当予以检查，记明案由、内容以及录取和复制的时间、地点等，并妥为保管。

对扣押的电子数据原始存储介质，应当封存，保证在不解除封存状态的情况下，无法增加、删除、修改电子数据，并在证据保全清单中记录封存状态。

第一百一十二条　扣押、扣留、查封期限为三十日，情况复杂的，经县级以上公安机关负责人批准，可以延长三十日；法律、行政法规另有规定的除外。延长扣押、扣留、查封期限的，应当及时书面告知当事人，并说明理由。

对物品需要进行鉴定的，鉴定期间不计入扣押、扣留、查封期间，但应当将鉴定的期间书面告知当事人。

第一百一十三条　公安机关对恐怖活动嫌疑人的存款、汇款、债券、股票、基金份额等财产采取冻结措施的，应当经县级以上公安机关负责人批准，向金融机构交付冻结通知书。

作出冻结决定的公安机关应当在三日内向恐怖活动嫌疑人交付冻结决定书。冻结决定书应当载明下列事项：

（一）恐怖活动嫌疑人的姓名或者名称、地址；
（二）冻结的理由、依据和期限；
（三）冻结的账号和数额；
（四）申请行政复议或者提起行政诉讼的途径和期限；
（五）公安机关的名称、印章和日期。

第一百一十四条　自被冻结之日起二个月内，公安机关应当作出处理决定或者解除冻结；情况复杂的，经上一级公安机关负责人批准，可以延长一个月。

延长冻结的决定应当及时书面告知恐怖活动嫌疑人，并说明理由。

第一百一十五条　有下列情形之一的，公安机关应当立即退还财物，并由当事人签名确认；不涉及财物退还的，应当书面通知当事人解除证据保全：

（一）当事人没有违法行为的；
（二）被采取证据保全的场所、设施、物品、财产与违法行为无关的；
（三）已经作出处理决定，不再需要采取证据保全措施的；
（四）采取证据保全措施的期限已经届满的；
（五）其他不再需要采取证据保全措施的。

作出解除冻结决定的，应当及时通知金融机构。

第一百一十六条　行政案件变更管辖时，与案件有关的财物及其孳息应当随案移交，并书面告知当事人。移交时，由接收人、移交人当面查点清楚，并在交接单据上共同签名。

第八节　办案协作

第一百一十七条　办理行政案件需要异地公安机关协作的，应当制作办案协作函件。负责协作的公安机关接到请求协作的函件后，应当办理。

第一百一十八条　需要到异地执行传唤的，办案人民警察应当持传唤证、办案协作函件和人民警察证，与协作地公安机关联系，在协作地公安机关的协作下进行传唤。协作地公安机关应当协助将违法嫌疑人传唤到其所在市、县内的指定地点或者到其住处、单位进行询问。

第一百一十九条　需要异地办理检查、查询、查封、扣押或者冻结与案件有关的财物、文件的，应当持相关的法律文书、办案协作函件和人民警察证，与协作地公安机关联系，协作地公安机关应当协助执行。

在紧急情况下，可以将办案协作函件和相关的法律文书传真或者通过执法办案信息系统发送至协作地公安机关，协作地公安机关应当及时采取措施。办案地公安机关应当立即派员前往协作地办理。

第一百二十条　需要进行远程视频询问、处罚前告知的，应当由协作地公安机关事先核实被询问、告知人的身份。办案地公安机关应当制作询问、告知笔录并传输至协作地公安机关。询问、告知笔录经被询问、告知人确认并逐页签名或者捺指印后，由协作地公安机关协作人员签名或者盖章,并将原件或者电子签名笔录提供给办案地公安机关。办案地公安机关负责询问、告知的人民警察应当在首页注明收到日期,并签名或者盖章。询问、告知过程应当全程录音录像。

第一百二十一条 办案地公安机关可以委托异地公安机关代为询问、向有关单位和个人调取电子数据、接收自行书写材料、进行辨认、履行处罚前告知程序、送达法律文书等工作。

委托代为询问、辨认、处罚前告知的,办案地公安机关应当列出明确具体的询问、辨认、告知提纲,提供被辨认对象的照片和陪衬照片。

委托代为向有关单位和个人调取电子数据的,办案地公安机关应当将办案协作函件和相关法律文书传真或者通过执法办案信息系统发送至协作地公安机关,由协作地公安机关办案部门审核确认后办理。

第一百二十二条 协作地公安机关依照办案地公安机关的要求,依法履行办案协作职责所产生的法律责任,由办案地公安机关承担。

第八章 听证程序

第一节 一般规定

第一百二十三条 在作出下列行政处罚决定之前,应当告知违法嫌疑人有要求举行听证的权利:

(一)责令停产停业;
(二)吊销许可证或者执照;
(三)较大数额罚款;
(四)法律、法规和规章规定违法嫌疑人可以要求举行听证的其他情形。

前款第三项所称"较大数额罚款",是指对个人处以二千元以上罚款,对单位处以一万元以上罚款,对违反边防出入境管理法律、法规和规章的个人处以六千元以上罚款。对依据地方性法规或者地方政府规章作出的罚款处罚,适用听证的罚款数额按照地方规定执行。

第一百二十四条 听证由公安机关法制部门组织实施。

依法具有独立执法主体资格的公安机关业务部门以及出入境边防检查站依法作出行政处罚决定的,由其非本案调查人员组织听证。

第一百二十五条 公安机关不得因违法嫌疑人提出听证要求而加重处罚。

第一百二十六条 听证人员应当就行政案件的事实、证据、程序、适用法律等方面全面听取当事人陈述和申辩。

第二节 听证人员和听证参加人

第一百二十七条 听证设听证主持人一名,负责组织听证;记录员一名,负责制作听证笔录。必要时,可以设听证员一至二名,协助听证主持人进行听证。

本案调查人员不得担任听证主持人、听证员或者记录员。

第一百二十八条 听证主持人决定或者开展下列事项:

(一)举行听证的时间、地点;
(二)听证是否公开举行;
(三)要求听证参加人到场参加听证,提供或者补充证据;
(四)听证的延期、中止或者终止;
(五)主持听证,就案件的事实、理由、证据、程序、适用法律等组织质证和辩论;
(六)维持听证秩序,对违反听证纪律的行为予以制止;
(七)听证员、记录员的回避;
(八)其他有关事项。

第一百二十九条 听证参加人包括:

(一)当事人及其代理人;
(二)本案办案人民警察;
(三)证人、鉴定人、翻译人员;
(四)其他有关人员。

第一百三十条 当事人在听证活动中享有下列权利:

(一)申请回避;
(二)委托一至二人代理参加听证;
(三)进行陈述、申辩和质证;
(四)核对、补正听证笔录;
(五)依法享有的其他权利。

第一百三十一条 与听证案件处理结果有直接利害关系的其他公民、法人或者其他组织,作为第三人申请参加听证的,应当允许。为查明案情,必要时,听证主持人也可以通知其参加听证。

第三节 听证的告知、申请和受理

第一百三十二条 对适用听证程序的行政案

件,办案部门在提出处罚意见后,应当告知违法嫌疑人拟作出的行政处罚和有要求举行听证的权利。

第一百三十三条 违法嫌疑人要求听证的,应当在公安机关告知后三日内提出申请。

第一百三十四条 违法嫌疑人放弃听证或者撤回听证要求后,处罚决定作出前,又提出听证要求的,只要在听证申请有效期限内,应当允许。

第一百三十五条 公安机关收到听证申请后,应当在二日内决定是否受理。认为听证申请人的要求不符合听证条件,决定不予受理的,应当制作不予受理听证通知书,告知听证申请人。逾期不通知听证申请人的,视为受理。

第一百三十六条 公安机关受理听证后,应当在举行听证的七日前将举行听证通知书送达听证申请人,并将举行听证的时间、地点通知其他听证参加人。

第四节 听证的举行

第一百三十七条 听证应当在公安机关收到听证申请之日起十日内举行。

除涉及国家秘密、商业秘密、个人隐私的行政案件外,听证应当公开举行。

第一百三十八条 听证申请人不能按期参加听证的,可以申请延期,是否准许,由听证主持人决定。

第一百三十九条 二个以上违法嫌疑人分别对同一行政案件提出听证要求的,可以合并举行。

第一百四十条 同一行政案件中有二个以上违法嫌疑人,其中部分违法嫌疑人提出听证申请的,应当在听证举行后一并作出处理决定。

第一百四十一条 听证开始时,听证主持人核对听证参加人;宣布案由;宣布听证员、记录员和翻译人员名单;告知当事人在听证中的权利和义务;询问当事人是否提出回避申请;对不公开听证的行政案件,宣布不公开听证的理由。

第一百四十二条 听证开始后,首先由办案人民警察提出听证申请人违法的事实、证据和法律依据及行政处罚意见。

第一百四十三条 办案人民警察提出证据时,应当向听证会出示。对证人证言、鉴定意见、勘验笔录和其他作为证据的文书,应当当场宣读。

第一百四十四条 听证申请人可以就办案人民警察提出的违法事实、证据和法律依据以及行政处罚意见进行陈述、申辩和质证,并可以提出新的证据。

第三人可以陈述事实,提出新的证据。

第一百四十五条 听证过程中,当事人及其代理人有权申请通知新的证人到会作证,调取新的证据。对上述申请,听证主持人应当当场作出是否同意的决定;申请重新鉴定的,按照本规定第七章第五节有关规定办理。

第一百四十六条 听证申请人、第三人和办案人民警察可以围绕案件的事实、证据、程序、适用法律、处罚种类和幅度等问题进行辩论。

第一百四十七条 辩论结束后,听证主持人应当听取听证申请人、第三人、办案人民警察各方最后陈述意见。

第一百四十八条 听证过程中,遇有下列情形之一,听证主持人可以中止听证:

(一)需要通知新的证人到会、调取新的证据或者需要重新鉴定或者勘验的;

(二)因回避致使听证不能继续进行的;

(三)其他需要中止听证的。

中止听证的情形消除后,听证主持人应当及时恢复听证。

第一百四十九条 听证过程中,遇有下列情形之一,应当终止听证:

(一)听证申请人撤回听证申请的;

(二)听证申请人及其代理人无正当理由拒不出席或者未经听证主持人许可中途退出听证的;

(三)听证申请人死亡或者作为听证申请人的法人或者其他组织被撤销、解散的;

(四)听证过程中,听证申请人或者其代理人扰乱听证秩序,不听劝阻,致使听证无法正常进行的;

(五)其他需要终止听证的。

第一百五十条 听证参加人和旁听人员应当遵守听证会场纪律。对违反听证会场纪律的,听证主持人应当警告制止;对不听制止,干扰听证正常进行的旁听人员,责令其退场。

第一百五十一条 记录员应当将举行听证的情况记入听证笔录。听证笔录应当载明下列内容:

(一)案由;

(二)听证的时间、地点和方式;

（三）听证人员和听证参加人的身份情况；

（四）办案人民警察陈述的事实、证据和法律依据以及行政处罚意见；

（五）听证申请人或者其代理人的陈述和申辩；

（六）第三人陈述的事实和理由；

（七）办案人民警察、听证申请人或者其代理人、第三人质证、辩论的内容；

（八）证人陈述的事实；

（九）听证申请人、第三人、办案人民警察的最后陈述意见；

（十）其他事项。

第一百五十二条　听证笔录应当交听证申请人阅读或者向其宣读。听证笔录中的证人陈述部分，应当交证人阅读或者向其宣读。听证申请人或者证人认为听证笔录有误的，可以请求补充或者改正。听证申请人或者证人审核无误后签名或者捺指印。听证申请人或者证人拒绝的，由记录员在听证笔录中记明情况。

听证笔录经听证主持人审阅后，由听证主持人、听证员和记录员签名。

第一百五十三条　听证结束后，听证主持人应当写出听证报告书，连同听证笔录一并报送公安机关负责人。

听证报告书应当包括下列内容：

（一）案由；

（二）听证人员和听证参加人的基本情况；

（三）听证的时间、地点和方式；

（四）听证会的基本情况；

（五）案件事实；

（六）处理意见和建议。

第九章　行政处理决定

第一节　行政处罚的适用

第一百五十四条　违反治安管理行为在六个月内没有被公安机关发现，其他违法行为在二年内没有被公安机关发现的，不再给予行政处罚。

前款规定的期限，从违法行为发生之日起计算，违法行为有连续、继续或者持续状态的，从行为终了之日起计算。

被侵害人在违法行为追究时效内向公安机关控告，公安机关应当受理而不受理的，不受本条第一款追究时效的限制。

第一百五十五条　实施行政处罚时，应当责令违法行为人当场或者限期改正违法行为。

第一百五十六条　对违法行为人的同一个违法行为，不得给予两次以上罚款的行政处罚。

第一百五十七条　不满十四周岁的人有违法行为的，不予行政处罚，但是应当责令其监护人严加管教，并在不予行政处罚决定书中载明。已满十四周岁不满十八周岁的人有违法行为的，从轻或者减轻行政处罚。

第一百五十八条　精神病人在不能辨认或者不能控制自己行为时有违法行为的，不予行政处罚，但应当责令其监护人严加看管和治疗，并在不予行政处罚决定书中载明。间歇性精神病人在精神正常时有违法行为的，应当给予行政处罚。尚未完全丧失辨认或者控制自己行为能力的精神病人有违法行为的，应当予以行政处罚，但可以从轻或者减轻行政处罚。

第一百五十九条　违法行为人有下列情形之一的，应当从轻、减轻处罚或者不予行政处罚：

（一）主动消除或者减轻违法行为危害后果，并取得被侵害人谅解的；

（二）受他人胁迫或者诱骗的；

（三）有立功表现的；

（四）主动投案，向公安机关如实陈述自己的违法行为的；

（五）其他依法应当从轻、减轻或者不予行政处罚的。

违法行为轻微并及时纠正，没有造成危害后果的，不予行政处罚。

盲人或者又聋又哑的人违反治安管理的，可以从轻、减轻或者不予行政处罚；醉酒的人违反治安管理的，应当给予处罚。

第一百六十条　违法行为人有下列情形之一的，应当从重处罚：

（一）有较严重后果的；

（二）教唆、胁迫、诱骗他人实施违法行为的；

（三）对报案人、控告人、举报人、证人等打击报复的；

（四）六个月内曾受过治安管理处罚或者一年内因同类违法行为受到两次以上公安行政处罚的；

（五）刑罚执行完毕三年内，或者在缓刑期间，违反治安管理的。

第一百六十一条 一人有两种以上违法行为的,分别决定,合并执行,可以制作一份决定书,分别写明对每种违法行为的处理内容和合并执行的内容。

一个案件有多个违法行为人的,分别决定,可以制作一式多份决定书,写明给予每个人的处理决定,分别送达每一个违法行为人。

第一百六十二条 行政拘留处罚合并执行的,最长不超过二十日。

行政拘留处罚执行完毕前,发现违法行为人有其他违法行为,公安机关依法作出行政拘留决定的,与正在执行的行政拘留合并执行。

第一百六十三条 对决定给予行政拘留处罚的人,在处罚前因同一行为已经被采取强制措施限制人身自由的时间应当折抵。限制人身自由一日,折抵执行行政拘留一日。询问查证、继续盘问和采取约束措施的时间不予折抵。

被采取强制措施限制人身自由的时间超过决定的行政拘留期限的,行政拘留决定不再执行。

第一百六十四条 违法行为人具有下列情形之一,依法应当给予行政拘留处罚的,应当作出处罚决定,但不送拘留所执行:

(一)已满十四周岁不满十六周岁的;

(二)已满十六周岁不满十八周岁,初次违反治安管理或者其他公安行政管理的。但是,曾被收容教养、被行政拘留依法不执行行政拘留或者曾因实施扰乱公共秩序,妨害公共安全,侵犯人身权利、财产权利,妨害社会管理的行为被人民法院判决有罪的除外;

(三)七十周岁以上的;

(四)孕妇或者正在哺乳自己婴儿的妇女。

第二节 行政处理的决定

第一百六十五条 公安机关办理治安案件的期限,自受理之日起不得超过三十日;案情重大、复杂的,经上一级公安机关批准,可以延长三十日。办理其他行政案件,有法定办案期限的,按照相关法律规定办理。

为了查明案情进行鉴定的期间,不计入办案期限。

对因违反治安管理行为人不明或者逃跑等客观原因造成案件在法定期限内无法作出处理决定的,公安机关应当继续进行调查取证,并向被侵害人说明情况,及时依法作出处理决定。

第一百六十六条 违法嫌疑人不讲真实姓名、住址,身份不明,但只要违法事实清楚、证据确实充分的,可以按其自报的姓名并贴附照片作出处理决定,并在相关法律文书中注明。

第一百六十七条 在作出行政处罚决定前,应当告知违法嫌疑人拟作出行政处罚决定的事实、理由及依据,并告知违法嫌疑人依法享有陈述权和申辩权。单位违法的,应当告知其法定代表人、主要负责人或者其授权的人员。

适用一般程序作出行政处罚决定的,采用书面形式或者笔录形式告知。

依照本规定第一百七十二条第一款第三项作出不予行政处罚决定的,可以不履行本条第一款规定的告知程序。

第一百六十八条 对违法行为事实清楚,证据确实充分,依法应当予以行政处罚,因违法行为人逃跑等原因无法履行告知义务的,公安机关可以采取公告方式予以告知。自公告之日起七日内,违法嫌疑人未提出申辩的,可以依法作出行政处罚决定。

第一百六十九条 违法嫌疑人有权进行陈述和申辩。对违法嫌疑人提出的新的事实、理由和证据,公安机关应当进行复核。

公安机关不得因违法嫌疑人申辩而加重处罚。

第一百七十条 对行政案件进行审核、审批时,应当审查下列内容:

(一)违法嫌疑人的基本情况;

(二)案件事实是否清楚,证据是否确实充分;

(三)案件定性是否准确;

(四)适用法律、法规和规章是否正确;

(五)办案程序是否合法;

(六)拟作出的处理决定是否适当。

第一百七十一条 法制员或者办案部门指定的人员、办案部门负责人、法制部门的人员可以作为行政案件审核人员。

初次从事行政处罚决定审核的人员,应当通过国家统一法律职业资格考试取得法律职业资格。

第一百七十二条 公安机关根据行政案件的不同情况分别作出下列处理决定:

（一）确有违法行为，应当给予行政处罚的，根据其情节和危害后果的轻重，作出行政处罚决定；

（二）确有违法行为，但依法不予行政处罚情形的，作出不予行政处罚决定；有违法所得和非法财物、违禁品、管制器具的，应当予以追缴或者收缴；

（三）违法事实不能成立的，作出不予行政处罚决定；

（四）对需要给予社区戒毒、强制隔离戒毒、收容教养等处理的，依法作出决定；

（五）违法行为涉嫌构成犯罪的，转为刑事案件办理或者移送有权处理的主管机关、部门办理，无需撤销行政案件。公安机关已经作出行政处理决定的，应当附卷；

（六）发现违法行为人有其他违法行为的，在依法作出行政处理决定的同时，通知有关行政主管部门处理。

对已经依照前款第三项作出不予行政处罚决定的案件，又发现新的证据的，应当依法及时调查；违法行为能够认定的，依法重新作出处理决定，并撤销原不予行政处罚决定。

治安案件有被侵害人的，公安机关应当在作出不予行政处罚或者处罚决定之日起二日内将决定书复印件送达被侵害人。无法送达的，应当注明。

第一百七十三条　行政拘留处罚由县级以上公安机关或者出入境边防检查机关决定。依法应当对违法行为人予以行政拘留的，公安派出所、依法具有独立执法主体资格的公安机关业务部门应当报其所属的县级以上公安机关决定。

第一百七十四条　对县级以上的各级人民代表大会代表予以行政拘留的，作出处罚决定前应当经该级人民代表大会主席团或者人民代表大会常务委员会许可。

对乡、民族乡、镇的人民代表大会代表予以行政拘留的，作出决定的公安机关应当立即报告乡、民族乡、镇的人民代表大会。

第一百七十五条　作出行政处罚决定的，应当制作行政处罚决定书。决定书应当载明下列内容：

（一）被处罚人的姓名、性别、出生日期、身份证件种类及号码、户籍所在地、现住址、工作单位、违法经历以及被处罚单位的名称、地址和法定代表人；

（二）违法事实和证据以及从重、从轻、减轻等情节；

（三）处罚的种类、幅度和法律依据；

（四）处罚的执行方式和期限；

（五）对涉案财物的处理结果及对被处罚人的其他处理情况；

（六）对处罚决定不服，申请行政复议、提起行政诉讼的途径和期限；

（七）作出决定的公安机关的名称、印章和日期。

作出罚款处罚的，行政处罚决定书应当载明逾期不缴纳罚款依法加处罚款的标准和最高限额；对涉案财物作出处理的，行政处罚决定书应当附没收、收缴、追缴物品清单。

第一百七十六条　作出行政拘留处罚决定的，应当及时将处罚情况和执行场所或者依法不执行的情况通知被处罚人家属。

作出社区戒毒决定的，应当通知被决定人户籍所在地或者现居住地的城市街道办事处、乡镇人民政府。作出强制隔离戒毒、收容教养决定的，应当在法定期限内通知被决定人的家属、所在单位、户籍所在地公安派出所。

被处理人拒不提供家属联系方式或者不讲真实姓名、住址，身份不明的，可以不予通知，但应当在附卷的决定书中注明。

第一百七十七条　公安机关办理的刑事案件，尚不够刑事处罚，依法应当给予公安行政处理的，经县级以上公安机关负责人批准，依照本章规定作出处理决定。

第十章　治安调解

第一百七十八条　对于因民间纠纷引起的殴打他人、故意伤害、侮辱、诽谤、诬告陷害、故意损毁财物、干扰他人正常生活、侵犯隐私、非法侵入住宅等违反治安管理行为，情节较轻，且具有下列情形之一的，可以调解处理：

（一）亲友、邻里、同事、在校学生之间因琐事发生纠纷引起的；

（二）行为人的侵害行为系由被侵害人事前过错行为引起的；

（三）其他适用调解处理更易化解矛盾的。

对不构成违反治安管理行为的民间纠纷，应

当告知当事人向人民法院或者人民调解组织申请处理。

对情节轻微、事实清楚、因果关系明确，不涉及医疗费用、物品损失或者双方当事人对医疗费用和物品损失的赔付无争议，符合治安调解条件，双方当事人同意当场调解并当场履行的治安案件，可以当场调解，并制作调解协议书。当事人基本情况、主要违法事实和协议内容在现场录音录像中明确记录的，不再制作调解协议书。

第一百七十九条　具有下列情形之一的，不适用调解处理：

（一）雇凶伤害他人的；

（二）结伙斗殴或者其他寻衅滋事的；

（三）多次实施违反治安管理行为的；

（四）当事人明确表示不愿意调解处理的；

（五）当事人在治安调解过程中又针对对方实施违反治安管理行为的；

（六）调解过程中，违法嫌疑人逃跑的；

（七）其他不宜调解处理的。

第一百八十条　调解处理案件，应当查明事实，收集证据，并遵循合法、公正、自愿、及时的原则，注重教育和疏导，化解矛盾。

第一百八十一条　当事人中有未成年人的，调解时应当通知其父母或者其他监护人到场。但是，当事人为年满十六周岁以上的未成年人，以自己的劳动收入为主要生活来源，本人同意不通知的，可以不通知。

被侵害人委托其他人参加调解的，应当向公安机关提交委托书，并写明委托权限。违法嫌疑人不得委托他人参加调解。

第一百八十二条　对因邻里纠纷引起的治安案件进行调解时，可以邀请当事人居住地的居（村）民委员会的人员或者双方当事人熟悉的人员参加帮助调解。

第一百八十三条　调解一般为一次。对一次调解不成，公安机关认为有必要或者当事人申请的，可以再次调解，并应当在第一次调解后的七个工作日内完成。

第一百八十四条　调解达成协议的，在公安机关主持下制作调解协议书，双方当事人应当在调解协议书上签名，并履行调解协议。

调解协议书应当包括调解机关名称、主持人、双方当事人和其他在场人员的基本情况，案件发生时间、地点、人员、起因、经过、情节、结果等情况、协议内容、履行期限和方式等内容。

对调解达成协议的，应当保存案件证据材料，与其他文书材料和调解协议书一并归入案卷。

第一百八十五条　调解达成协议并履行的，公安机关不再处罚。对调解未达成协议或者达成协议后不履行的，应当对违反治安管理行为人依法予以处罚；对违法行为造成的损害赔偿纠纷，公安机关可以进行调解，调解不成的，应当告知当事人向人民法院提起民事诉讼。

调解案件的办案期限从调解未达成协议或者调解达成协议不履行之日起开始计算。

第一百八十六条　对符合本规定第一百七十八条规定的治安案件，当事人申请人民调解或者自行和解，达成协议并履行后，双方当事人书面申请并经公安机关认可的，公安机关不予治安管理处罚，但公安机关已依法作出处理决定的除外。

第十一章　涉案财物的管理和处理

第一百八十七条　对于依法扣押、扣留、查封、抽样取证、追缴、收缴的财物以及由公安机关负责保管的先行登记保存的财物，公安机关应当妥善保管，不得使用、挪用、调换或者损毁。造成损失的，应当承担赔偿责任。

涉案财物的保管费用由作出决定的公安机关承担。

第一百八十八条　县级以上公安机关应当指定一个内设部门作为涉案财物管理部门，负责对涉案财物实行统一管理，并设立或者指定专门保管场所，对涉案财物进行集中保管。涉案财物集中保管的范围，由地方公安机关根据本地区实际情况确定。

对价值较低、易于保管，或者需要作为证据继续使用，以及需要先行返还被侵害人的涉案财物，可以由办案部门设置专门的场所进行保管。办案部门应当指定不承担办案工作的民警负责本部门涉案财物的接收、保管、移交等管理工作；严禁由办案人员自行保管涉案财物。

对查封的场所、设施、财物，可以委托第三人保管，第三人不得损毁或者擅自转移、处置。因第三人的原因造成的损失，公安机关先行赔付后，有权向第三人追偿。

第一百八十九条　公安机关涉案财物管理部

门和办案部门应当建立电子台账，对涉案财物逐一编号登记，载明案由、来源、保管状态、场所和去向。

第一百九十条　办案人民警察应当在依法提取涉案财物后的二十四小时内将财物移交涉案财物管理人员，并办理移交手续。对查封、冻结、先行登记保存的涉案财物，应当在采取措施后的二十四小时内，将法律文书复印件及涉案财物的情况送交涉案财物管理人员予以登记。

在异地或者在偏远、交通不便地区提取涉案财物的，办案人民警察应当在返回单位后的二十四小时内移交。

对情况紧急，需要在提取涉案财物后的二十四小时内进行鉴定、辨认、检验、检查等工作的，经办案部门负责人批准，可以在完成上述工作后的二十四小时内移交。

在提取涉案财物后的二十四小时内已将涉案财物处理完毕的，不再移交，但应当将处理涉案财物的相关手续附卷保存。

因询问、鉴定、辨认、检验、检查等办案需要，经办案部门负责人批准，办案人民警察可以调用涉案财物，并及时归还。

第一百九十一条　对容易腐烂变质及其他不易保管的物品、危险物品，经公安机关负责人批准，在拍照或者录像后依法变卖或者拍卖，变卖或者拍卖的价款暂予保存，待结案后按有关规定处理。

对易燃、易爆、毒害性、放射性等危险物品应当存放在符合危险物品存放条件的专门场所。

对属于被侵害人或者善意第三人合法占有的财物，应当在登记、拍照或者录像、估价后及时返还，并在案卷中注明返还的理由，将原物照片、清单和领取手续存卷备查。

对不宜入卷的物证，应当拍照入卷，原物在结案后按照有关规定处理。

第一百九十二条　有关违法行为查证属实后，对有证据证明权属明确且无争议的被侵害人合法财物及其孳息，凡返还不损害其他被侵害人或者利害关系人的利益、不影响案件正常办理的，应当在登记、拍照或者录像和估价后，及时返还被侵害人。办案人民警察应当在案卷材料中注明返还的理由，并将原物照片、清单和被侵害人的领取手续附卷。

第一百九十三条　在作出行政处理决定时，应当对涉案财物一并作出处理。

第一百九十四条　对在办理行政案件中查获的下列物品应当依法收缴：

（一）毒品、淫秽物品等违禁品；

（二）赌具和赌资；

（三）吸食、注射毒品的用具；

（四）伪造、变造的公文、证件、证明文件、票证、印章等；

（五）倒卖的车船票、文艺演出票、体育比赛入场券等有价票证；

（六）主要用于实施违法行为的本人所有的工具以及直接用于实施毒品违法行为的资金；

（七）法律、法规规定可以收缴的其他非法财物。

前款第六项所列的工具，除非有证据表明属于他人合法所有，可以直接认定为违法行为人本人所有。对明显无价值的，可以不作出收缴决定，但应当在证据保全文书中注明处理情况。

违法所得应当依法予以追缴或者没收。

多名违法行为人共同实施违法行为，违法所得或者非法财物无法分清所有人的，作为共同违法所得或者非法财物予以处理。

第一百九十五条　收缴由县级以上公安机关决定。但是，违禁品，管制器具，吸食、注射毒品的用具以及非法财物价值在五百元以下且当事人对财物价值无异议的，公安派出所可以收缴。

追缴由县级以上公安机关决定。但是，追缴的财物应当退还被侵害人的，公安派出所可以追缴。

第一百九十六条　对收缴和追缴的财物，经原决定机关负责人批准，按照下列规定分别处理：

（一）属于被侵害人或者善意第三人的合法财物，应当及时返还；

（二）没有被侵害人的，登记造册，按照规定上缴国库或者依法变卖、拍卖后，将所得款项上缴国库；

（三）违禁品、没有价值的物品，或者价值轻微、无法变卖、拍卖的物品，统一登记造册后销毁；

（四）对无法变卖或者拍卖的危险物品，由县级以上公安机关主管部门组织销毁或者交有关厂家回收。

第一百九十七条　对应当退还原主或者当事

人的财物,通知原主或者当事人在六个月内来领取;原主不明确的,应当采取公告方式告知原主认领。在通知原主、当事人或者公告后六个月内,无人认领的,按无主财物处理,登记后上缴国库,或者依法变卖或者拍卖后,将所得款项上缴国库。遇有特殊情况的,可酌情延期处理,延长期限最长不超过三个月。

第十二章 执 行

第一节 一般规定

第一百九十八条 公安机关依法作出行政处理决定后,被处理人应当在行政处理决定的期限内予以履行。逾期不履行的,作出行政处理决定的公安机关可以依法强制执行或者申请人民法院强制执行。

第一百九十九条 被处理人对行政处理决定不服申请行政复议或者提起行政诉讼的,行政处理决定不停止执行,但法律另有规定的除外。

第二百条 公安机关在依法作出强制执行决定或者申请人民法院强制执行前,应当事先催告被处理人履行行政处理决定。催告以书面形式作出,并直接送达被处理人。被处理人拒绝接受或者无法直接送达被处理人的,依照本规定第五章的有关规定送达。

催告书应当载明下列事项:

(一)履行行政处理决定的期限和方式;

(二)涉及金钱给付的,应当有明确的金额和给付方式;

(三)被处理人依法享有的陈述权和申辩权。

第二百零一条 被处理人收到催告书后有权进行陈述和申辩。公安机关应当充分听取并记录、复核。被处理人提出的事实、理由或者证据成立的,公安机关应当采纳。

第二百零二条 经催告,被处理人无正当理由逾期仍不履行行政处理决定,法律规定由公安机关强制执行的,公安机关可以依法作出强制执行决定。

在催告期间,对有证据证明有转移或者隐匿财物迹象的,公安机关可以作出立即强制执行决定。

强制执行决定应当以书面形式作出,并载明下列事项:

(一)被处理人的姓名或者名称、地址;

(二)强制执行的理由和依据;

(三)强制执行的方式和时间;

(四)申请行政复议或者提起行政诉讼的途径和期限;

(五)作出决定的公安机关名称、印章和日期。

第二百零三条 依法作出要求被处理人履行排除妨碍、恢复原状等义务的行政处理决定,被处理人逾期不履行,经催告仍不履行,其后果已经或者将危害交通安全的,公安机关可以代履行,或者委托没有利害关系的第三人代履行。

代履行应当遵守下列规定:

(一)代履行前送达决定书,代履行决定书应当载明当事人的姓名或者名称、地址,代履行的理由和依据、方式和时间、标的、费用预算及代履行人;

(二)代履行三日前,催告当事人履行,当事人履行的,停止代履行;

(三)代履行时,作出决定的公安机关应当派员到场监督;

(四)代履行完毕,公安机关到场监督人员、代履行人和当事人或者见证人应当在执行文书上签名或者盖章。

代履行的费用由当事人承担。但是,法律另有规定的除外。

第二百零四条 需要立即清理道路的障碍物,当事人不能清除的,或者有其他紧急情况需要立即履行的,公安机关可以决定立即实施代履行。当事人不在场的,公安机关应当在事后立即通知当事人,并依法作出处理。

第二百零五条 实施行政强制执行,公安机关可以在不损害公共利益和他人合法权益的情况下,与当事人达成执行协议。执行协议可以约定分阶段履行;当事人采取补救措施的,可以减免加处的罚款。

执行协议应当履行。被处罚人不履行执行协议的,公安机关应当恢复强制执行。

第二百零六条 当事人在法定期限内不申请行政复议或者提起行政诉讼,又不履行行政处理决定的,法律没有规定公安机关强制执行的,作出行政处理决定的公安机关可以自期限届满之日起三个月内,向所在地有管辖权的人民法院申请强制执行。因情况紧急,为保障公共安全,公安机关可以申请人民法院立即执行。

强制执行的费用由被执行人承担。

第二百零七条 申请人民法院强制执行前,公安机关应当催告被处理人履行义务,催告书送达十日后被处理人仍未履行义务的,公安机关可以向人民法院申请强制执行。

第二百零八条 公安机关向人民法院申请强制执行,应当提供下列材料:

(一)强制执行申请书;

(二)行政处理决定书及作出决定的事实、理由和依据;

(三)当事人的意见及公安机关催告情况;

(四)申请强制执行标的情况;

(五)法律、法规规定的其他材料。

强制执行申请书应当由作出处理决定的公安机关负责人签名,加盖公安机关印章,并注明日期。

第二百零九条 公安机关对人民法院不予受理强制执行申请、不予强制执行的裁定有异议的,可以在十五日内向上一级人民法院申请复议。

第二百一十条 具有下列情形之一的,中止强制执行:

(一)当事人暂无履行能力的;

(二)第三人对执行标的主张权利,确有理由的;

(三)执行可能对他人或者公共利益造成难以弥补的重大损失的;

(四)其他需要中止执行的。

中止执行的情形消失后,公安机关应当恢复执行。对没有明显社会危害,当事人确无能力履行,中止执行满三年未恢复执行的,不再执行。

第二百一十一条 具有下列情形之一的,终结强制执行:

(一)公民死亡,无遗产可供执行,又无义务承受人的;

(二)法人或者其他组织终止,无财产可供执行,又无义务承受人的;

(三)执行标的灭失的;

(四)据以执行的行政处理决定被撤销的;

(五)其他需要终结执行的。

第二百一十二条 在执行中或者执行完毕后,据以执行的行政处理决定被撤销、变更,或者执行错误,应当恢复原状或者退还财物;不能恢复原状或者退还财物的,依法给予赔偿。

第二百一十三条 除依法应当销毁的物品外,公安机关依法没收或者收缴、追缴的违法所得和非法财物,必须按照国家有关规定处理或者上缴国库。

罚款、没收或者收缴的违法所得和非法财物拍卖或者变卖的款项和没收的保证金,必须全部上缴国库,不得以任何形式截留、私分或者变相私分。

第二节 罚款的执行

第二百一十四条 公安机关作出罚款决定,被处罚人应当自收到行政处罚决定书之日起十五日内,到指定的银行缴纳罚款。具有下列情形之一的,公安机关及其办案人民警察可以当场收缴罚款,法律另有规定的,从其规定:

(一)对违反治安管理行为人处五十元以下罚款和对违反交通管理的行人、乘车人和非机动车驾驶人处罚款,被处罚人没有异议的;

(二)对违反治安管理、交通管理以外的违法行为人当场处二十元以下罚款的;

(三)在边远、水上、交通不便地区、旅客列车上或者口岸,被处罚人向指定银行缴纳罚款确有困难,经被处罚人提出的;

(四)被处罚人在当地没有固定住所,不当场收缴事后难以执行的。

对具有前款第一项和第三项情形之一的,办案人民警察应当要求被处罚人签名确认。

第二百一十五条 公安机关及其人民警察当场收缴罚款的,应当出具省级或者国家财政部门统一制发的罚款收据。对不出具省级或者国家财政部门统一制发的罚款收据的,被处罚人有权拒绝缴纳罚款。

第二百一十六条 人民警察应当自收缴罚款之日起二日内,将当场收缴的罚款交至其所属公安机关;在水上当场收缴的罚款,应当自抵岸之日起二日内将当场收缴的罚款交至其所属公安机关;在旅客列车上当场收缴的罚款,应当自返回之日起二日内将当场收缴的罚款交至其所属公安机关。

公安机关应当自收到罚款之日起二日内将罚款缴付指定的银行。

第二百一十七条 被处罚人确有经济困难,

经被处罚人申请和作出处罚决定的公安机关批准,可以暂缓或者分期缴纳罚款。

第二百一十八条 被处罚人未在本规定第二百一十四条规定的期限内缴纳罚款的,作出行政处罚决定的公安机关可以采取下列措施:

(一)将依法查封、扣押的被处罚人的财物拍卖或者变卖抵缴罚款。拍卖或者变卖的价款超过罚款数额的,余额部分应当及时退还被处罚人;

(二)不能采取第一项措施的,每日按罚款数额的百分之三加处罚款,加处罚款总额不得超出罚款数额。

拍卖财物,由公安机关委托拍卖机构依法办理。

第二百一十九条 依法加处罚款超过三十日,经催告被处罚人仍不履行的,作出行政处罚决定的公安机关可以按照本规定第二百零六条的规定向所在地有管辖权的人民法院申请强制执行。

第三节 行政拘留的执行

第二百二十条 对被决定行政拘留的人,由作出决定的公安机关送达拘留所执行。对抗拒执行的,可以使用约束性警械。

对被决定行政拘留的人,在异地被抓获或者具有其他有必要在异地拘留所执行情形的,经异地拘留所主管公安机关批准,可以在异地执行。

第二百二十一条 对同时被决定行政拘留和社区戒毒或者强制隔离戒毒的人员,应当先执行行政拘留,由拘留所给予必要的戒毒治疗,强制隔离戒毒期限连续计算。

拘留所不具备戒毒治疗条件的,行政拘留决定机关可以直接将被行政拘留人送公安机关管理的强制隔离戒毒所代为执行行政拘留,强制隔离戒毒期限连续计算。

第二百二十二条 被处罚人不服行政拘留处罚决定,申请行政复议或者提起行政诉讼的,可以向作出行政拘留决定的公安机关提出暂缓执行行政拘留的申请;口头提出申请的,公安机关人民警察应当予以记录,并由申请人签名或者捺指印。

被处罚人在行政拘留执行期间,提出暂缓执行行政拘留申请的,拘留所应当立即将申请转交作出行政拘留决定的公安机关。

第二百二十三条 公安机关应当在收到被处罚人提出暂缓执行行政拘留申请之时起二十四小时内作出决定。

公安机关认为暂缓执行行政拘留不致发生社会危险,且被处罚人或者其近亲属提出符合条件的担保人,或者按每日行政拘留二百元的标准交纳保证金的,应当作出暂缓执行行政拘留的决定。

对同一被处罚人,不得同时责令其提出保证人和交纳保证金。

被处罚人已送达拘留所执行的,公安机关应当立即将暂缓执行行政拘留决定送达拘留所,拘留所应当立即释放被处罚人。

第二百二十四条 被处罚人具有下列情形之一的,应当作出不暂缓执行行政拘留的决定,并告知申请人:

(一)暂缓执行行政拘留后可能逃跑的;

(二)有其他违法犯罪嫌疑,正在被调查或者侦查的;

(三)不宜暂缓执行行政拘留的其他情形。

第二百二十五条 行政拘留并处罚款的,罚款不因暂缓执行行政拘留而暂缓执行。

第二百二十六条 在暂缓执行行政拘留期间,被处罚人应当遵守下列规定:

(一)未经决定机关批准不得离开所居住的市、县;

(二)住址、工作单位和联系方式发生变动的,在二十四小时以内向决定机关报告;

(三)在行政复议和行政诉讼中不得干扰证人作证、伪造证据或者串供;

(四)不得逃避、拒绝或者阻碍处罚的执行。

在暂缓执行行政拘留期间,公安机关不得妨碍被处罚人依法行使行政复议和行政诉讼权利。

第二百二十七条 暂缓执行行政拘留的担保人应当符合下列条件:

(一)与本案无牵连;

(二)享有政治权利,人身自由未受到限制或者剥夺;

(三)在当地有常住户口和固定住所;

(四)有能力履行担保义务。

第二百二十八条 公安机关经过审查认为暂缓执行行政拘留的担保人符合条件的,由担保人出具保证书,并到公安机关将被担保人领回。

第二百二十九条 暂缓执行行政拘留的担保人应当履行下列义务:

(一)保证被担保人遵守本规定第二百二十六

条的规定；

（二）发现被担保人伪造证据、串供或者逃跑的，及时向公安机关报告。

暂缓执行行政拘留的担保人不履行担保义务，致使被担保人逃避行政拘留处罚执行的，公安机关可以对担保人处以三千元以下罚款，并对被担保人恢复执行行政拘留。

暂缓执行行政拘留的担保人履行了担保义务，但被担保人仍逃避行政拘留处罚执行的，或者被处罚人逃跑后，担保人积极帮助公安机关抓获被处罚人的，可以从轻或者不予行政处罚。

第二百三十条　暂缓执行行政拘留的担保人在暂缓执行行政拘留期间，不愿继续担保或者丧失担保条件的，行政拘留的决定机关应当责令被处罚人重新提出担保人或者交纳保证金。不提出担保人又不交纳保证金的，行政拘留的决定机关应当将被处罚人送拘留所执行。

第二百三十一条　保证金应当由银行代收。在银行非营业时间，公安机关可以先行收取，并在收到保证金后的三日内存入指定的银行账户。

公安机关应当指定办案部门以外的法制、装备财务等部门负责管理保证金。严禁截留、坐支、挪用或者以其他任何形式侵吞保证金。

第二百三十二条　行政拘留处罚被撤销或者开始执行时，公安机关应当将保证金退还交纳人。

被决定行政拘留的人逃避行政拘留处罚执行的，由决定行政拘留的公安机关作出没收或者部分没收保证金的决定，行政拘留的决定机关应当将被处罚人送拘留所执行。

第二百三十三条　被处罚人对公安机关没收保证金的决定不服的，可以依法申请行政复议或者提起行政诉讼。

第四节　其他处理决定的执行

第二百三十四条　作出吊销公安机关发放的许可证或者执照处罚的，应当在被吊销的许可证或者执照上加盖吊销印章后收缴。被处罚人拒不缴销证件的，公安机关可以公告宣布作废。吊销许可证或者执照的机关不是发证机关的，作出决定的机关应当在处罚决定生效后及时通知发证机关。

第二百三十五条　作出取缔决定的，可以采取在经营场所张贴公告等方式予以公告，责令被取缔者立即停止经营活动；有违法所得的，依法予以没收或者追缴。拒不停止经营活动的，公安机关可以依法没收或者收缴其专门用于从事非法经营活动的工具、设备。已经取得营业执照的，公安机关应当通知工商行政管理部门依法撤销其营业执照。

第二百三十六条　对拒不执行公安机关依法作出的责令停产停业决定的，公安机关可以依法强制执行或者申请人民法院强制执行。

第二百三十七条　对被决定强制隔离戒毒、收容教养的人员，由作出决定的公安机关送强制隔离戒毒场所、收容教养场所执行。

对被决定社区戒毒的人员，公安机关应当责令其到户籍所在地接受社区戒毒，在户籍所在地以外的现居住地有固定住所的，可以责令其在现居住地接受社区戒毒。

第十三章　涉外行政案件的办理

第二百三十八条　办理涉外行政案件，应当维护国家主权和利益，坚持平等互利原则。

第二百三十九条　对外国人国籍的确认，以其入境时有效证件上所表明的国籍为准；国籍有疑问或者国籍不明的，由公安机关出入境管理部门协助查明。

对无法查明国籍、身份不明的外国人，按照其自报的国籍或者无国籍人对待。

第二百四十条　违法行为人为享有外交特权和豁免权的外国人的，办案公安机关应当将其身份、证件及违法行为等基本情况记录在案，保存有关证据，并尽快将有关情况层报省级公安机关，由省级公安机关商请同级人民政府外事部门通过外交途径处理。

对享有外交特权和豁免权的外国人，不得采取限制人身自由和查封、扣押的强制措施。

第二百四十一条　办理涉外行政案件，应当使用中华人民共和国通用的语言文字。对不通晓我国语言文字的，公安机关应当为其提供翻译；当事人通晓我国语言文字，不需要他人翻译的，应当出具书面声明。

经县级以上公安机关负责人批准，外国籍当事人可以自己聘请翻译，翻译费由其个人承担。

第二百四十二条　外国人具有下列情形之一，经当场盘问或者继续盘问后不能排除嫌疑，需

要作进一步调查的,经县级以上公安机关或者出入境边防检查机关负责人批准,可以拘留审查:

(一)有非法出境入境嫌疑的;

(二)有协助他人非法出境入境嫌疑的;

(三)有非法居留、非法就业嫌疑的;

(四)有危害国家安全和利益,破坏社会公共秩序或者从事其他违法犯罪活动嫌疑的。

实施拘留审查,应当出示拘留审查决定书,并在二十四小时内进行询问。

拘留审查的期限不得超过三十日,案情复杂的,经上一级公安机关或者出入境边防检查机关批准可以延长至六十日。对国籍、身份不明的,拘留审查期限自查清其国籍、身份之日起计算。

第二百四十三条 具有下列情形之一的,应当解除拘留审查:

(一)被决定遣送出境、限期出境或者驱逐出境的;

(二)不应当拘留审查的;

(三)被采取限制活动范围措施的;

(四)案件移交其他部门处理的;

(五)其他应当解除拘留审查的。

第二百四十四条 外国人具有下列情形之一的,不适用拘留审查,经县级以上公安机关或者出入境边防检查机关负责人批准,可以限制其活动范围:

(一)患有严重疾病的;

(二)怀孕或者哺乳自己婴儿的;

(三)未满十六周岁或者已满七十周岁的;

(四)不宜适用拘留审查的其他情形。

被限制活动范围的外国人,应当按照要求接受审查,未经公安机关批准,不得离开限定的区域。限制活动范围的期限不得超过六十日。对国籍、身份不明的,限制活动范围期限自查清其国籍、身份之日起计算。

第二百四十五条 被限制活动范围的外国人应当遵守下列规定:

(一)未经决定机关批准,不得变更生活居所,超出指定的活动区域;

(二)在传唤的时候及时到案;

(三)不得以任何形式干扰证人作证;

(四)不得毁灭、伪造证据或者串供。

第二百四十六条 外国人具有下列情形之一的,经县级以上公安机关或者出入境边防检查机关负责人批准,可以遣送出境:

(一)被处限期出境,未在规定期限内离境的;

(二)有不准入境情形的;

(三)非法居留、非法就业的;

(四)违反法律、行政法规需要遣送出境的。

其他境外人员具有前款所列情形之一的,可以依法遣送出境。

被遣送出境的人员,自被遣送出境之日起一至五年内不准入境。

第二百四十七条 被遣送出境的外国人可以被遣送至下列国家或者地区:

(一)国籍国;

(二)入境前的居住国或者地区;

(三)出生地国或者地区;

(四)入境前的出境口岸的所属国或者地区;

(五)其他允许被遣送出境的外国人入境的国家或者地区。

第二百四十八条 具有下列情形之一的外国人,应当羁押在拘留所或者遣返场所:

(一)被拘留审查的;

(二)被决定遣送出境或者驱逐出境但因天气、交通运输工具班期、当事人健康状况等客观原因或者国籍、身份不明,不能立即执行的。

第二百四十九条 外国人对继续盘问、拘留审查、限制活动范围、遣送出境措施不服的,可以依法申请行政复议,该行政复议决定为最终决定。

其他境外人员对遣送出境措施不服,申请行政复议的,适用前款规定。

第二百五十条 外国人具有下列情形之一的,经县级以上公安机关或者出入境边防检查机关决定,可以限期出境:

(一)违反治安管理的;

(二)从事与停留居留事由不相符的活动的;

(三)违反中国法律、法规规定,不适宜在中国境内继续停留居留的。

对外国人决定限期出境的,应当规定外国人离境的期限,注销其有效签证或者停留居留证件。限期出境的期限不得超过三十日。

第二百五十一条 外国人违反治安管理或者出境入境管理,情节严重,尚不构成犯罪的,承办的公安机关可以层报公安部处以驱逐出境。公安部作出的驱逐出境决定为最终决定,由承办机关宣布并执行。

被驱逐出境的外国人，自被驱逐出境之日起十年内不准入境。

第二百五十二条　对外国人处以罚款或者行政拘留并处限期出境或者驱逐出境的，应当于罚款或者行政拘留执行完毕后执行限期出境或者驱逐出境。

第二百五十三条　办理涉外行政案件，应当按照国家有关办理涉外案件的规定，严格执行请示报告、内部通报、对外通知等各项制度。

第二百五十四条　对外国人作出行政拘留、拘留审查或者其他限制人身自由以及限制活动范围的决定后，决定机关应当在四十八小时内将外国人的姓名、性别、入境时间、护照或者其他身份证件号码，案件发生的时间、地点及有关情况，违法的主要事实，已采取的措施及其法律依据等情况报告省级公安机关；省级公安机关应当在规定期限内，将有关情况通知该外国人所属国家的驻华使馆、领馆，并通报同级人民政府外事部门。当事人要求不通知使馆、领馆，且我国与当事人国籍国未签署双边协议规定必须通知的，可以不通知，但应当由其本人提出书面请求。

第二百五十五条　外国人在被行政拘留、拘留审查或者其他限制人身自由以及限制活动范围期间死亡的，有关省级公安机关应当通知该外国人所属国家驻华使馆、领馆，同时报告公安部并通报同级人民政府外事部门。

第二百五十六条　外国人在被行政拘留、拘留审查或者其他限制人身自由以及限制活动范围期间，其所属国家驻华外交、领事官员要求探视的，决定机关应当及时安排。该外国人拒绝其所属国家驻华外交、领事官员探视的，公安机关可以不予安排，但应当由其本人出具书面声明。

第二百五十七条　办理涉外行政案件，本章未作规定的，适用其他各章的有关规定。

第十四章　案件终结

第二百五十八条　行政案件具有下列情形之一的，应当予以结案：

（一）作出不予行政处罚决定的；

（二）按照本规定第十章的规定达成调解、和解协议并已履行的；

（三）作出行政处罚等处理决定，且已执行的；

（四）违法行为涉嫌构成犯罪，转为刑事案件办理的；

（五）作出处理决定后，因执行对象灭失、死亡等客观原因致无法执行或者无需执行的。

第二百五十九条　经过调查，发现行政案件具有下列情形之一的，经公安派出所、县级公安机关办案部门或者出入境边防检查机关以上负责人批准，终止调查：

（一）没有违法事实的；

（二）违法行为已过追究时效的；

（三）违法嫌疑人死亡的；

（四）其他需要终止调查的情形。

终止调查时，违法嫌疑人已被采取行政强制措施的，应当立即解除。

第二百六十条　对在办理行政案件过程中形成的文书材料，应当按照一案一卷原则建立案卷，并按照有关规定在结案或者终止案件调查后将案卷移交档案部门保管或者自行保管。

第二百六十一条　行政案件的案卷应当包括下列内容：

（一）受案登记表或者其他发现案件的记录；

（二）证据材料；

（三）决定文书；

（四）在办理案件中形成的其他法律文书。

第二百六十二条　行政案件的法律文书及定性依据材料应当齐全完整，不得损毁、伪造。

第十五章　附　则

第二百六十三条　省级公安机关应当建立并不断完善统一的执法办案信息系统。

办案部门应当按照有关规定将行政案件的受理、调查取证、采取强制措施、处理等情况以及相关文书材料录入执法办案信息系统，并进行网上审核审批。

公安机关可以使用电子签名、电子指纹捺印技术制作电子笔录等材料，可以使用电子印章制作法律文书。对案件当事人进行电子签名、电子指纹捺印的过程，公安机关应当同步录音录像。

第二百六十四条　执行本规定所需要的法律文书式样，由公安部制定。公安部没有制定式样，执法工作中需要的其他法律文书，省级公安机关可以制定式样。

第二百六十五条　本规定所称"以上"、"以下"、"内"皆包括本数或者本级。

第二百六十六条　本规定自2013年1月1日起施行,依照《中华人民共和国出境入境管理法》新设定的制度自2013年7月1日起施行。2006年8月24日发布的《公安机关办理行政案件程序规定》同时废止。

公安部其他规章对办理行政案件程序有特别规定的,按照特别规定办理;没有特别规定的,按照本规定办理。

公安机关办理刑事复议复核案件程序规定

· 2014年9月13日公安部令第133号公布
· 自2014年11月1日起施行

第一章　总　则

第一条　为了规范公安机关刑事复议、复核案件的办理程序,依法保护公民、法人和其他组织的合法权益,保障和监督公安机关依法行使职责,根据《中华人民共和国刑事诉讼法》及相关规定,制定本规定。

第二条　刑事案件中的相关人员对公安机关作出的驳回申请回避、没收保证金、对保证人罚款、不予立案决定不服,向公安机关提出刑事复议、复核申请,公安机关受理刑事复议、复核申请,作出刑事复议、复核决定,适用本规定。

第三条　公安机关办理刑事复议、复核案件,应当遵循合法公正、有错必纠的原则,确保国家法律正确实施。

第四条　本规定所称刑事复议、复核机构,是指公安机关法制部门。

公安机关各相关部门应当按照职责分工,配合法制部门共同做好刑事复议、复核工作。

第五条　刑事复议、复核机构办理刑事复议、复核案件所需经费应当在本级公安业务费中列支;办理刑事复议、复核事项所需的设备、工作条件,所属公安机关应当予以保障。

第二章　申　请

第六条　在办理刑事案件过程中,下列相关人员可以依法向作出决定的公安机关提出刑事复议申请:

(一)对驳回申请回避决定不服的,当事人及其法定代理人、诉讼代理人、辩护律师可以提出;

(二)对没收保证金决定不服的,被取保候审人或者其法定代理人可以提出;

(三)保证人对罚款决定不服的,其本人可以提出;

(四)对不予立案决定不服的,控告人可以提出;

(五)移送案件的行政机关对不予立案决定不服的,该行政机关可以提出。

第七条　刑事复议申请人对公安机关就本规定第六条第二至四项决定作出的刑事复议决定不服的,可以向其上一级公安机关提出刑事复核申请。

第八条　申请刑事复议、复核应当在《公安机关办理刑事案件程序规定》规定的期限内提出,因不可抗力或者其他正当理由不能在法定期限内提出的,应当在障碍消除后五个工作日以内提交相应证明材料。经刑事复议、复核机构认定的,耽误的时间不计算在法定申请期限内。

前款规定中的"其他正当理由"包括:

(一)因严重疾病不能在法定申请期限内申请刑事复议、复核的;

(二)无行为能力人或者限制行为能力人的法定代理人在法定申请期限内不能确定的;

(三)法人或者其他组织合并、分立或者终止,承受其权利的法人或者其他组织在法定申请期限内不能确定的;

(四)刑事复议、复核机构认定的其他正当理由。

第九条　申请刑事复议,应当书面申请,但情况紧急或者申请人不便提出书面申请的,可以口头申请。

申请刑事复核,应当书面申请。

第十条　书面申请刑事复议、复核的,应当向刑事复议、复核机构提交刑事复议、复核申请书,载明下列内容:

(一)申请人及其代理人的姓名、性别、出生年月日、工作单位、住所、联系方式;法人或者其他组织的名称、地址、法定代表人或者主要负责人的姓名、职务、住所、联系方式;

(二)作出决定或者复议决定的公安机关名称;

（三）刑事复议、复核请求；
（四）申请刑事复议、复核的事实和理由；
（五）申请刑事复议、复核的日期。

刑事复议、复核申请书应当由申请人签名或者捺指印。

第十一条 申请人口头申请刑事复议的，刑事复议机构工作人员应当按照本规定第十条规定的事项，当场制作刑事复议申请记录，经申请人核对或者向申请人宣读并确认无误后，由申请人签名或者捺指印。

第十二条 申请刑事复议、复核时，申请人应当提交下列材料：
（一）原决定书、通知书的复印件；
（二）申请刑事复核的还应当提交复议决定书复印件；
（三）申请人的身份证明复印件；
（四）诉讼代理人提出申请的，还应当提供当事人的委托书；
（五）辩护律师提出申请的，还应当提供律师执业证书复印件、律师事务所证明和委托书或者法律援助公函等材料；
（六）申请人自行收集的相关事实、证据材料。

第十三条 刑事复议、复核机构开展下列工作时，办案人员不得少于二人：
（一）接受口头刑事复议申请的；
（二）向有关组织和人员调查情况的；
（三）听取申请人和相关人员意见的。

刑事复议机构参与审核原决定的人员，不得担任刑事复议案件的办案人员。

第三章 受理与审查

第十四条 刑事复议、复核机构收到刑事复议、复核申请后，应当对申请是否同时符合下列条件进行初步审查：
（一）属于本机关受理；
（二）申请人具有法定资格；
（三）有明确的刑事复议、复核请求；
（四）属于刑事复议、复核的范围；
（五）在规定期限内提出；
（六）所附材料齐全。

第十五条 刑事复议、复核机构应当自收到刑事复议、复核申请之日起五个工作日以内分别作出下列处理：

（一）符合本规定第十四条规定条件的，予以受理；
（二）不符合本规定第十四条规定条件的，不予受理。不属于本机关受理的，应当告知申请人向有权受理的公安机关提出；
（三）申请材料不齐全的，应当一次性书面通知申请人在五个工作日以内补充相关材料，刑事复议、复核时限自收到申请人的补充材料之日起计算。

公安机关作出刑事复议、复核决定后，相关人员就同一事项再次申请刑事复议、复核的，不予受理。

第十六条 收到控告人对不予立案决定的刑事复议、复核申请后，公安机关应当对控告人是否就同一事项向检察机关提出控告、申诉进行审核。检察机关已经受理控告人对同一事项的控告、申诉的，公安机关应当决定不予受理；公安机关受理后，控告人就同一事项向检察机关提出控告、申诉，检察机关已经受理的，公安机关应当终止刑事复议、复核程序。

第十七条 申请人申请刑事复议、复核时一并提起国家赔偿申请的，刑事复议、复核机构应当告知申请人另行提起国家赔偿申请。

第十八条 公安机关不予受理刑事复议、复核申请或者终止刑事复议、复核程序的，应当在作出决定后三个工作日以内书面告知申请人。

第十九条 对受理的驳回申请回避决定的刑事复议案件，刑事复议机构应当重点审核下列事项：
（一）是否具有应当回避的法定事由；
（二）适用依据是否正确；
（三）是否符合法定程序。

第二十条 对受理的没收保证金决定的刑事复议、复核案件，刑事复议、复核机构应当重点审核下列事项：
（一）被取保候审人是否违反在取保候审期间应当遵守的相关规定；
（二）适用依据是否正确；
（三）是否存在明显不当；
（四）是否符合法定程序；
（五）是否超越或者滥用职权。

第二十一条 对受理的保证人不服罚款决定的刑事复议、复核案件，刑事复议、复核机构应当重点审核下列事项：

（一）被取保候审人是否违反在取保候审期间应当遵守的相关规定；

（二）保证人是否未履行保证义务；

（三）适用依据是否正确；

（四）是否存在明显不当；

（五）是否符合法定程序；

（六）是否超越或者滥用职权。

第二十二条　对受理的不予立案决定的刑事复议、复核案件，刑事复议、复核机构应当重点审核下列事项：

（一）是否符合立案条件；

（二）是否有控告行为涉嫌犯罪的证据；

（三）适用依据是否正确；

（四）是否符合法定程序；

（五）是否属于不履行法定职责。

前款第二项规定的"涉嫌犯罪"，不受控告的具体罪名的限制。

办理过程中发现控告行为之外的其他事实，可能涉嫌犯罪的，应当建议办案部门进行调查，但调查结果不作为作出刑事复议、复核决定的依据。

第二十三条　受理刑事复议、复核申请后，刑事复议、复核机构应当及时通知办案部门或者作出刑事复议决定的机关在规定期限内提供作出决定依据的证据以及其他有关材料。

办案部门或者作出刑事复议决定的机关应当在刑事复议、复核机构规定的期限内全面如实提供相关案件材料。

第二十四条　办理刑事复核案件时，刑事复核机构可以征求同级公安机关有关业务部门的意见，有关业务部门应当及时提出意见。

第二十五条　根据申请人提供的材料无法确定案件事实，需要另行调查取证的，经刑事复议、复核机构负责人报公安机关负责人批准，刑事复议、复核机构应当通知办案部门或者作出刑事复议决定的机关调查取证。办案部门或者作出刑事复议决定的机关应当在通知的期限内将调查取证结果反馈给刑事复议、复核机构。

第二十六条　刑事复议、复核决定作出前，申请人要求撤回申请的，应当书面申请并说明理由。刑事复议、复核机构允许申请人撤回申请的，应当终止刑事复议、复核程序。但具有下列情形之一的，不允许申请人撤回申请，并告知申请人：

（一）撤回申请可能损害国家利益、公共利益或者他人合法权益的；

（二）撤回申请不是出于申请人自愿的；

（三）其他不允许撤回申请的情形。

公安机关允许申请人撤回申请后，申请人以同一事实和理由重新提出申请的，不予受理。

第四章　决　定

第二十七条　当事人及其法定代理人、诉讼代理人、辩护律师对驳回申请回避决定申请刑事复议的，公安机关应当在收到申请后五个工作日以内作出决定并书面告知申请人。

第二十八条　移送案件的行政执法机关对不予立案决定申请刑事复议的，公安机关应当在收到申请后三个工作日以内作出决定并书面告知移送案件的行政执法机关。

第二十九条　对没收保证金决定和对保证人罚款决定申请刑事复议、复核的，公安机关应当在收到申请后七个工作日以内作出决定并书面告知申请人。

第三十条　控告人对不予立案决定申请刑事复议、复核的，公安机关应当在收到申请后三十日以内作出决定并书面告知申请人。

案情重大、复杂的，经刑事复议、复核机构负责人批准，可以延长，但是延长时限不得超过三十日，并书面告知申请人。

第三十一条　刑事复议、复核期间，有下列情形之一的，经刑事复议、复核机构负责人批准，可以中止刑事复议、复核，并书面告知申请人：

（一）案件涉及专业问题，需要有关机关或者专业机构作出解释或者确认的；

（二）无法找到有关当事人的；

（三）需要等待鉴定意见的；

（四）其他应当中止复议、复核的情形。

中止事由消失后，刑事复议、复核机构应当及时恢复刑事复议、复核，并书面告知申请人。

第三十二条　原决定或者刑事复议决定认定的事实清楚、证据充分、依据准确、程序合法的，公安机关应当作出维持原决定或者刑事复议决定的复议、复核决定。

第三十三条　原决定或者刑事复议决定认定的主要事实不清、证据不足、依据错误、违反法定程序、超越职权或者滥用职权的，公安机关应当作出撤销、变更原决定或者刑事复议决定的复议、复核决定。

经刑事复议，公安机关撤销原驳回申请回避决定、不予立案决定的，应当重新作出决定；撤销原没收保证金决定、对保证人罚款决定的，应当退还保证金或者罚款；认为没收保证金数额、罚款数额明显不当的，应当作出变更原决定的复议决定，但不得提高没收保证金、罚款的数额。

经刑事复核，上级公安机关撤销刑事复议决定的，作出复议决定的公安机关应当执行；需要重新作出决定的，应当责令作出复议决定的公安机关依法重新作出决定，重新作出的决定不得与原决定相同，不得提高没收保证金、罚款的数额。

第五章 附 则

第三十四条 铁路、交通、民航、森林公安机关，海关走私犯罪侦查机构办理刑事复议、复核案件，适用本规定。

第三十五条 本规定自2014年11月1日起施行。本规定发布前公安部制定的有关规定与本规定不一致的，以本规定为准。

公安机关人民警察纪律条令

- 2010年4月21日监察部、人力资源和社会保障部、公安部令第20号公布
- 自2010年6月1日起施行

第一章 总 则

第一条 为了严明公安机关纪律，规范公安机关人民警察的行为，保证公安机关及其人民警察依法履行职责，根据《中华人民共和国人民警察法》、《中华人民共和国行政监察法》、《中华人民共和国公务员法》、《行政机关公务员处分条例》、《公安机关组织管理条例》等有关法律、行政法规，制定本条令。

第二条 公安机关人民警察应当严格遵守《中华人民共和国人民警察法》、《中华人民共和国公务员法》等法律法规关于公安机关人民警察纪律的规定。公安机关人民警察违法违纪，应当承担纪律责任的，依照本条令给予处分。

法律、行政法规、国务院决定对公安机关人民警察处分另有规定的，从其规定。

第三条 公安机关人民警察违法违纪，应当承担纪律责任的，由任免机关或者监察机关按照管理权限依法给予处分。

公安机关有违法违纪行为，应当追究纪律责任的，对负有责任的领导人员和直接责任人员给予处分。

第四条 对受到处分的公安机关人民警察，应当依照有关规定延期晋升、降低或者取消警衔。

第五条 公安机关人民警察违法违纪涉嫌犯罪的，应当依法追究刑事责任。

第六条 监察机关派驻同级公安机关监察机构可以调查下一级监察机关派驻同级公安机关监察机构管辖范围内的违法违纪案件，必要时也可以调查所辖各级监察机关派驻同级公安机关监察机构管辖范围内的违法违纪案件。

监察机关派驻同级公安机关监察机构经派出它的监察机关批准，可以调查下一级公安机关领导人员的违法违纪案件。

调查结束后，按照人事管理权限，监察机关派驻同级公安机关监察机构应当向处分决定机关提出处分建议，由处分决定机关依法作出处分决定。

第二章 违法违纪行为及其适用的处分

第七条 有下列行为之一的，给予开除处分：

（一）逃往境外或者非法出境、违反规定滞留境外不归的；

（二）参与、包庇或者纵容危害国家安全违法犯罪活动的；

（三）参与、包庇或者纵容黑社会性质组织犯罪活动的；

（四）向犯罪嫌疑人通风报信的；

（五）私放他人出入境的。

第八条 散布有损国家声誉的言论的，给予记大过处分；情节较重的，给予降级或者撤职处分；情节严重的，给予开除处分。

第九条 有下列行为之一的，给予记过或者记大过处分；情节较重的，给予降级或者撤职处分；情节严重的，给予开除处分：

（一）故意违反规定立案、撤销案件、提请逮捕、移送起诉的；

（二）违反规定采取、变更、撤销刑事拘留、取保候审、监视居住等刑事强制措施或者行政拘留

的;

(三)非法剥夺、限制他人人身自由的;

(四)非法搜查他人身体、物品、住所或者场所的;

(五)违反规定延长羁押期限或者变相拘禁他人的;

(六)违反规定采取通缉等措施或者擅自使用侦察手段侵犯公民合法权益的。

第十条 有下列行为之一的,给予记过或者记大过处分;情节较重的,给予降级或者撤职处分;情节严重的,给予开除处分:

(一)违反规定为在押人员办理保外就医、所外执行的;

(二)擅自安排在押人员与其亲友会见、私自为在押人员或者其亲友传递物品、信件,造成不良后果的;

(三)指派在押人员看管在押人员的;

(四)私带在押人员离开羁押场所的。

有前款规定行为并从中谋利的,从重处分。

第十一条 体罚、虐待违法犯罪嫌疑人、被监管人员或者其他工作对象的,给予记过或者记大过处分;情节较重的,给予降级或者撤职处分;情节严重的,给予开除处分。

实施或者授意、唆使、强迫他人实施刑讯逼供的,给予撤职处分;造成严重后果的,给予开除处分。

第十二条 有下列行为之一的,给予记过或者记大过处分;情节较重的,给予降级或者撤职处分;情节严重的,给予开除处分:

(一)对依法应当办理的受理案件、立案、撤销案件、提请逮捕、移送起诉等事项,无正当理由不予办理的;

(二)对管辖范围内发生的应当上报的重大治安案件、刑事案件、特大道路交通事故和群体性或者突发性事件等隐瞒不报或者谎报的;

(三)在勘验、检查、鉴定等取证工作中严重失职,造成无辜人员被处理或者违法犯罪人员逃避法律追究的;

(四)因工作失职造成被羁押、监管等人员脱逃、致残、致死或者其他不良后果的;

(五)在值班、备勤、执勤时擅离岗位,造成不良后果的;

(六)不履行办案协作职责造成严重后果的;

(七)在执行任务时临危退缩、临阵脱逃的。

第十三条 有下列行为之一的,给予记过或者记大过处分;情节较重的,给予降级或者撤职处分;情节严重的,给予开除处分:

(一)利用职权干扰执法办案或者强令违法办案的;

(二)利用职权干预经济纠纷或者为他人追债讨债的。

第十四条 有下列行为之一的,给予记过或者记大过处分;情节较重的,给予降级或者撤职处分;情节严重的,给予开除处分:

(一)隐瞒或者伪造案情的;

(二)伪造、变造、隐匿、销毁检举控告材料或者证据材料的;

(三)出具虚假审查或者证明材料、结论的。

第十五条 有下列行为之一的,给予警告或者记过处分;情节较重的,给予记大过或者降级处分;情节严重的,给予撤职处分:

(一)违反规定吊销、暂扣证照或者责令停业整顿的;

(二)违反规定查封、扣押、冻结、没收财物的。

第十六条 有下列行为之一的,给予警告或者记过处分;情节较重的,给予记大过或者降级处分;情节严重的,给予撤职处分:

(一)擅自设定收费项目、提高收费标准的;

(二)违反规定设定罚款项目或者实施罚款的;

(三)违反规定办理户口、身份证、驾驶证、特种行业许可证、护照、机动车行驶证和号牌等证件、牌照以及其他行政许可事项的。

以实施行政事业性收费、罚没的名义收取钱物,不出具任何票据的,给予开除处分。

第十七条 有下列行为之一的,给予记过或者记大过处分;情节较重的,给予降级或者撤职处分;情节严重的,给予开除处分:

(一)投资入股或者变相投资入股矿产、娱乐场所等企业,或者从事其他营利性经营活动的;

(二)受雇于任何组织、个人的;

(三)利用职权推销、指定消防、安保、交通、保险等产品的;

(四)公安机关人民警察的近亲属在该人民警察分管的业务范围内从事可能影响公正执行公务的经营活动,经劝阻其近亲属拒不退出或者本人不服从工作调整的；

（五）违反规定利用或者插手工程招投标、政府采购和人事安排，为本人或者特定关系人谋取不正当利益的；

（六）相互请托为对方的特定关系人在投资入股、经商办企业等方面提供便利，谋取不正当利益的；

（七）出差、开展公务活动由企事业单位、个人接待，或者接受下级公安机关、企事业单位、个人安排出入营业性娱乐场所，参加娱乐活动的；

（八）违反规定收受现金、有价证券、支付凭证、干股的。

第十八条　私分、挪用、非法占有赃款赃物、扣押财物、保证金、无主财物、罚没款物，给予记过或者记大过处分；情节较重的，给予降级或者撤职处分；情节严重的，给予开除处分。

第十九条　有下列行为之一的，给予警告、记过或者记大过处分；情节较重的，给予降级或者撤职处分；情节严重的，给予开除处分：

（一）拒绝执行上级依法作出的决定、命令，或者在执行任务时不服从指挥的；

（二）违反规定进行人民警察录用、考核、任免、奖惩、调任、转任的。

第二十条　有下列行为之一，造成不良影响的，给予警告处分；情节较重的，给予记过处分；情节严重的，给予记大过处分：

（一）在工作中对群众态度蛮横、行为粗暴、故意刁难或者吃拿卡要的；

（二）不按规定着装，严重损害人民警察形象的；

（三）非因公务着警服进入营业性娱乐场所的。

第二十一条　违反公务用枪管理使用规定的，依照《公安民警违反公务用枪管理使用规定行政处分若干规定》给予处分。

第二十二条　有下列行为之一的，给予警告或者记过处分；情节较重的，给予记大过处分或者降级处分；情节严重的，给予撤职或者开除处分：

（一）违反警车管理使用规定或者违反规定使用警灯、警报器的；

（二）违反规定转借、赠送、出租、抵押、转卖警用车辆、警车号牌、警械、警服、警用标志和证件的；

（三）违反规定使用警械的。

第二十三条　工作时间饮酒或者在公共场所酗酒滋事的，给予警告、记过或者记大过处分；造成后果的，给予降级或者撤职处分；造成严重后果的，给予开除处分。

携带枪支饮酒、酒后驾驶机动车，造成严重后果的，给予开除处分。

第二十四条　参与、包庇或者纵容违法犯罪活动的，给予警告、记过或者记大过处分；情节较重的，给予降级或者撤职处分；情节严重的，给予开除处分。

吸食、注射毒品或者参与、组织、支持、容留卖淫、嫖娼、色情淫乱活动的，给予开除处分。

参与赌博的，依照《行政机关公务员处分条例》第三十二条规定从重处分。

第二十五条　违反规定使用公安信息网的，给予警告处分；情节较重的，给予记过或者记大过处分；情节严重的，给予降级或者撤职处分。

第三章　附　则

第二十六条　有本条令规定的违法违纪行为，已不符合人民警察条件、不适合继续在公安机关工作的，可以依照有关规定予以辞退或者限期调离。

第二十七条　处分的程序和不服处分的申诉，依照《中华人民共和国行政监察法》、《中华人民共和国公务员法》、《行政机关公务员处分条例》等有关法律法规的规定办理。

第二十八条　本条令所称公安机关人民警察是指属于公安机关及其直属单位的在编在职的人民警察。

公安机关包括县级以上人民政府公安机关和设在铁道、交通运输、民航、林业、海关部门的公安机构。

第二十九条　公安边防、消防、警卫部队官兵有违法违纪行为，应当给予处分的，依照《中国人民解放军纪律条令》执行；《中国人民解放军纪律条令》没有规定的，参照本条令执行。

第三十条　本条令由监察部、人力资源社会保障部、公安部负责解释。

第三十一条　本条令自2010年6月1日起施行。

公安机关人民警察内务条令

- 2021年10月28日公安部令第161号公布
- 自公布之日起施行

第一章 总 则

第一条 为了规范公安机关人民警察内务建设，推进新时代公安工作现代化和公安队伍革命化正规化专业化职业化建设，根据《中华人民共和国人民警察法》等法律法规，制定本条令。

第二条 本条令是公安机关内务建设的基本依据，适用于各级公安机关及所属人民警察（以下简称公安民警）。

第三条 内务建设是公安机关进行各项建设的基础，是巩固和提高公安队伍战斗力的重要保证。基本任务是，严格规范工作、学习、生活秩序，铸牢忠诚警魂、培育优良警风、严明纪律规矩、提高职业素养、树立良好形象，着力锻造具有铁一般的理想信念、铁一般的责任担当、铁一般的过硬本领、铁一般的纪律作风的高素质专业化过硬公安队伍，为忠实履行党和人民赋予的新时代使命任务奠定坚实基础。

第四条 公安机关是人民民主专政的重要工具，人民警察是武装性质的国家治安行政力量和刑事司法力量。公安机关必须坚持用习近平新时代中国特色社会主义思想武装头脑、指导实践，确保公安工作沿着正确道路前进；必须坚持党对公安工作的绝对领导，确保公安工作坚定正确政治方向；必须坚持总体国家安全观，把维护以政权安全、制度安全为核心的国家政治安全作为公安工作的根本着眼点和着力点，坚决捍卫中国共产党长期执政地位和中国特色社会主义制度；必须坚持以人民为中心，忠实践行人民公安为人民的初心和使命，不断增强人民群众获得感、幸福感、安全感；必须坚持专项治理和系统治理、依法治理、综合治理、源头治理相结合，创新完善社会治安治理的方式方法，推进社会治理现代化；必须坚持严格规范公正文明执法，提高公安工作法治化水平和执法公信力；必须坚持改革创新，坚定不移走中国特色社会主义强警之路；必须坚持全面从严管党治警，按照对党忠诚、服务人民、执法公正、纪律严明的总要求，锻造一支让党中央放心、人民群众满意的高素质过硬公安队伍。公安机关肩负的新时代使命任务是，坚决捍卫政治安全、全力维护社会安定、切实保障人民安宁，为全面建设社会主义现代化国家，实现中华民族伟大复兴的中国梦创造安全稳定的政治社会环境。

第五条 公安机关内务建设必须坚持政治建警。必须坚决听从党中央命令、服从党中央指挥，贯彻党对公安工作的全方位领导。必须增强"四个意识"、坚定"四个自信"、做到"两个维护"，以党的旗帜为旗帜、以党的方向为方向、以党的意志为意志，始终在思想上政治上行动上同党中央保持高度一致，确保绝对忠诚、绝对纯洁、绝对可靠。

第六条 公安机关内务建设必须坚持改革强警。坚持向改革要动力、要活力，全面深化公安工作和公安队伍管理改革。坚持把抓改革任务落实落地作为重大政治责任，坚决维护党中央改革决策部署的权威性和严肃性。

第七条 公安机关内务建设必须坚持科技兴警。坚持向科技要警力、要战斗力，深化公安大数据智能化建设应用，建设智慧公安。

第八条 公安机关内务建设必须坚持从严治警。落实全面从严管党治警"两个责任"和领导干部"一岗双责"，严明警规警令，严肃警风警纪，严格行为规范。

第九条 公安机关内务建设必须坚持从优待警。坚持严管厚爱结合、激励约束并重，建立人民警察荣誉制度，完善职业保障体系，健全依法履职保护机制。

第十条 公安机关内务建设必须坚持战斗力标准，加强专业化建设，突出实战实用实效，提升公安民警职业素质能力。

第十一条 各级公安机关党委（党组）对本条令的贯彻落实负有主体责任，党委（党组）主要负责同志负有第一责任，各部门、警种和基层所队担负直接责任，政工、纪检监察、督察部门担负监督责任，应当分级负责、各司其职，加强监督检查，认真贯彻落实。

第二章 仪 式

第一节 荣誉仪式

第十二条 县级以上公安机关按照干部管理

权限,在公安民警入警、评授警衔、表彰奖励、从警特定年限、退休等职业生涯重要节点,举行相应的荣誉仪式,增强公安民警的职业荣誉感、自豪感和归属感。

第十三条 举行荣誉仪式应当在县级以上公安机关党委(党组)统一领导下,由相关部门具体组织实施。

第十四条 举行荣誉仪式,应当充分体现人民警察职业特点,根据工作需要,做到隆重、庄严、简朴。

第二节 宪法宣誓

第十五条 公安机关下列人员应当进行宪法宣誓:

(一)公安机关新任命的领导干部;

(二)新入职的公安民警。

各级人民代表大会及县级以上各级人民代表大会常务委员会,以及各级人民政府对公安机关国家工作人员宪法宣誓另有规定的,从其规定。

第十六条 宪法宣誓仪式的基本要求:

(一)宪法宣誓仪式由任命机关组织;

(二)举行宪法宣誓仪式,应当根据干部管理权限确定监誓人、主持人;

(三)宣誓场所应当庄重、严肃,悬挂中华人民共和国国旗或者国徽;

(四)监誓人、领誓人、宣誓人和参加宣誓仪式的公安民警,穿着统一制式的人民警察服装(以下简称警服),其他人员穿着正装;

(五)举行宪法宣誓仪式,应当奏唱中华人民共和国国歌;

(六)宪法宣誓一般采取集体宣誓形式,根据需要,也可以采取单独宣誓的形式。

集体宣誓时,由一人领誓,领誓人面向国旗或者国徽站立,左手抚按《中华人民共和国宪法》,右手举拳,拳心向前,领诵誓词;其他宣誓人在领誓人身后整齐站立,面向国旗或者国徽,右手举拳,拳心向前,跟诵誓词。领誓人由宣誓仪式组织单位指定。

单独宣誓时,宣誓人面向国旗或者国徽站立,左手抚按《中华人民共和国宪法》,右手举拳,拳心向前,诵读誓词。

第三节 人民警察宣誓

第十七条 人民警察宣誓是公安民警对所肩负的神圣职责和光荣使命的庄严承诺。公安机关人民警察誓词是:

我是中国人民警察,我宣誓:坚决拥护中国共产党的绝对领导,矢志献身崇高的人民公安事业,对党忠诚、服务人民、执法公正、纪律严明,为捍卫政治安全,维护社会安定,保障人民安宁而英勇奋斗!

第十八条 公安民警新入职时应当进行宣誓,举行荣誉仪式、执行重大任务、参加重大纪念、庆典等活动时,可以组织宣誓。

第十九条 人民警察宣誓仪式的基本要求:

(一)宣誓场地应当庄重、严肃,一般应悬挂中华人民共和国国旗和中国人民警察警旗;

(二)参加宣誓仪式的公安民警穿着警服,其他人员穿着正装;

(三)举行人民警察宣誓仪式,应当奏(唱)中华人民共和国国歌和中国人民警察警歌;

(四)宣誓人立正,右手举拳,拳心向前,由预先指定的一名宣誓人担任领誓人,在队列前逐句领诵誓词,其他人跟诵誓词,誓词宣读完毕,宣誓人自报姓名;

(五)宣誓仪式可以结合授衔、授装等活动进行。结合授衔、授装进行的,应当先授衔、授装;

(六)宣誓仪式可以邀请公安民警家属或者群众代表参加。

新入职的公安民警宣誓仪式由县级以上公安机关政工部门或者委托承训公安院校、训练基地组织,一般在入警训练合格后、上岗工作前进行。宣誓前,应当对宣誓人进行公安机关性质、宗旨、任务、纪律、作风等集体教育。

第三章 内部关系

第一节 相互关系

第二十条 公安民警不论职务高低,在政治上一律平等,相互间是同志关系。

第二十一条 公安民警依据领导职务和警衔,构成上级与下级或者同级关系。领导职务高的是上级,领导职务低的是下级,领导职务相当的是同级;在没有领导职务或者难以确定领导职务高低时,警衔高的是上级,警衔低的是下级,警衔相同的是同级。

第二十二条 上下级之间、同级之间应当互相尊重、互相爱护、互相支持,努力构建团结、友爱、和谐、纯洁的内部关系。

第二十三条　上级对下级应当做到:

(一)公道正派,以身作则,率先垂范;

(二)严格教育,严格管理,严格监督;

(三)关心学习、工作和生活,帮助成长进步;

(四)尊重合理意见,维护合法权益,不压制民主,不打击报复;

(五)不打骂体罚和侮辱,不收受财物;

(六)关爱身心健康,帮助解决实际困难,努力消除后顾之忧。

第二十四条　下级对上级应当做到:

(一)服从命令,听从指挥;

(二)履职尽责,主动汇报;

(三)虚心接受批评,坚决改正错误;

(四)尊重上级,维护上级权威;

(五)积极建言献策,坚决完成好交办的各项工作任务。

第二十五条　上级(机关)应当对下级(机关)的各项建设和业务工作加强指导、明确要求,及时通报情况、检查督办和抓好落实。下级(机关)应当按照上级(机关)要求进行各项建设、完成业务工作,及时向上级机关汇报情况、报告工作、提出建议。

第二十六条　公安机关之间以及各警种、部门之间,应当按照职责分工,密切配合,互相支持,协调一致开展工作。

第二节　指挥关系

第二十七条　上级(机关)有权对下级(机关)下达命令。命令通常逐级下达,情况紧急时,也可以越级下达。越级下达命令时,除特殊情况外,下达命令的上级(机关)应当将所下达命令及时通知受令者的直接上级(机关)。

命令下达后,上级(机关)应当及时检查执行情况;如果情况发生变化,应当及时下达补充命令或者新的命令。

第二十八条　下级(机关)必须坚决执行上级(机关)的命令,并将执行情况及时报告。下级(机关)认为命令有错误的,可以提出意见,上级(机关)应当及时给予答复。在没有明确答复之前,下级(机关)不得中止或者改变命令的执行;提出的意见不被采纳时,必须服从命令。执行命令的后果由作出命令的上级(机关)负责。

执行中如果情况发生重大变化,原命令确实无法继续执行而又来不及或者无法请示报告上级(机关)时,下级(机关)应当根据上级(机关)的精神要求,以高度负责的态度,果断临机处置,事后迅速报告。

下级(机关)对超越法律法规规定的职责范围的命令,有权拒绝执行,并同时向下达命令的上级(机关)报告。

第二十九条　下级(机关)接到越级下达的命令,必须坚决执行。除有明确要求外,在执行的同时,应当向直接上级(机关)报告;因故不能及时报告的,应当在不能报告的情形解除后24小时内补报。

第三十条　不同建制的公安民警在共同执行任务时,应当服从共同上级所指定负责人的领导和指挥。

公安民警处置突发事件或者遇有紧急情况,在建制不明时,依据领导职务和警衔确定领导指挥关系。

第三十一条　公安民警被临时抽调到其他单位工作时,应当接受抽调单位的领导和管理,除有特殊要求外,须定期向原单位报告。

第四章　警容风纪

第一节　着装规范

第三十二条　公安民警着装,是指公安机关人民警察按规定穿戴警服和警用标志。

公安民警应当配套穿着警服,佩戴警衔、警号等标志,做到着装整洁庄重、警容严整、规范统一。

未经审批,非人民警察身份人员不得穿着警服,不得佩戴警用标志。

第三十三条　公安民警在规定的工作时间应当按要求着装。遇有下列情形之一的,可以不着装:

(一)执行侦查(察)、警卫、外事等特殊工作任务不宜着装的;

(二)工作时间非因公外出的;

(三)女性民警怀孕期间;

(四)其他不宜或者不需要着装的情形。

第三十四条　公安民警因涉嫌违纪违法被留置、停止执行职务、禁闭期间,或者被采取刑事强制措施和其他可能影响人民警察形象声誉的情形，不得着装。

第三十五条　公安民警调离、辞职或者被辞退、开除公职的，应当收回所配发的人民警察证、警服和警衔、警号等警用标志。公安民警退（离）休的，可以保留一套常服和警衔、警号等警用标志作为纪念。

县级以上公安机关负责统一回收警服及警用标志。

第三十六条　公安民警应当根据工作时间和场合需要着装。在工作时间，一般穿着执勤类服装；参加训练时，穿着作训类服装；参加荣誉仪式、宣誓、阅警、重要会议等活动时，穿着常服或者警礼服；参加重大纪念、庆典、外事等活动时，穿着警礼服。主管（主办）单位也可根据工作需要作出规定。

公安民警参加集体活动的统一着装，由活动组织单位确定。

警服的主要品种、穿着规范图示由公安部政治部和警服主管部门另行发布。

第三十七条　公安民警着装时应当严格遵守以下规定：

（一）按照规定配套穿着，不同制式警服不得混穿，警服与便服不得混穿，警服内穿着非制式服装时，不得外露；

（二）按照规定缀钉、佩戴警衔、警号、胸徽、帽徽、领花、从警章等标志，系扎制式腰带，不同制式警用标志不得混戴。除工作需要外，不得佩戴、系挂与公安民警身份或者执行公务无关的标志、物品；

（三）除执行抢险救灾等工作任务外，应当保持警服整洁得体，不得披衣、敞怀、挽袖、卷裤腿等；

（四）除工作需要或者其他特殊情形外，应当穿制式皮鞋、作训鞋或者其他黑色皮鞋，穿深色袜子，不得赤脚穿鞋或者赤脚。男性民警鞋跟一般不高于3厘米，女性民警鞋跟一般不高于4厘米；

（五）除工作需要或者其他特殊情形外，不得化浓妆，不得留长指甲或者染指甲，不得系扎非制式围巾，不得在外露的腰带上系挂手机、钥匙和饰物等，不得戴耳环、耳钉、项链、戒指、腕饰等。除工作需要外，不得文身，不得穿耳洞（女性民警除外）、鼻洞、唇洞；

（六）除工作需要或者眼疾外，不得佩戴有色眼镜；

（七）不得穿戴非统一制式的警服及标志；

（八）未经县级以上公安机关批准，不得穿着警服参加各类电视或者网络征婚、选秀和其他娱乐性节目。

第三十八条　除工作需要外，公安民警不得烫染、蓄留明显夸张的发色、发型。男性民警不得留长发、大鬓角、卷发（自然卷除外）、蓄胡须。除病理等因素外，公安民警不得剃光头。留长发的女性民警着装时应当束发，发辫不得过肩。

第三十九条　公安民警着装时，除在办公区、宿舍或者其他特殊情形外，应当戴警帽。

进入室内时，通常脱帽。立姿可以将警帽用左手托夹于左腋下（帽顶向体外侧，帽徽朝前）；坐姿可以将警帽置于桌（台）前沿左侧或者用左手托放于左侧膝上（帽顶向上，帽徽朝前）。

在办公室和宿舍时，应当将警帽规范放置。

第四十条　公安民警着装需佩戴统一颁发的徽章以及特殊识别标志或者专用臂章时，执行下列规定：

（一）佩戴党员、团员徽章时，应当佩戴于警服左胸前警号正上方适当位置；

（二）参加授勋授奖、重大纪念、庆典等重要活动时，可以在警服胸前适当位置佩戴勋章、奖章、纪念章；

（三）参加重要会议、重大演习和其他重要活动时，可以按照要求佩戴专用识别标志；

（四）执行维稳处突、抢险救灾等任务时，可以按照要求佩戴专用臂章；

（五）公安院校在校学生可以佩戴院（校）徽章。

第四十一条　在雾霾、有毒、粉尘、辐射、感染、噪声、强光、高温、低温、沙尘等环境下或者根据工作需要，公安民警应当穿戴手套、口罩、面罩、防护服、护目镜等防护装备。

第四十二条　公安民警应当爱护和妥善保管警服及警衔、警号、胸徽、帽徽、领花等标志，不得赠送、转借给非人民警察身份人员。

第四十三条　公安民警季节换装的时间和要求由设区的市级以上公安机关根据需要合理确定。

第四十四条　因工作需要，退（离）休公安民警参加重大纪念、庆典等活动时，可以穿着退（离）休时的制式服装，佩戴工作期间和退（离）休后荣获的勋章、奖章等徽章。

公安院校公安专业学生着装时，参照上述规定执行。

第四十五条 因拍摄、制作影视作品或者演出等需要，使用警服及警用标志的，应当按规定履行审批程序，并严格保管。

批准机关应当按照本条令指导影视制作、文艺演出单位严格遵守公安机关着装要求，不得损害公安机关和公安民警形象。非拍摄、演出时不得使用。

第二节 行为规范

第四十六条 公安民警应当模范遵守法律法规，自觉践行社会主义核心价值观。

第四十七条 公安民警应当精神饱满，仪表端庄，举止文明。

第四十八条 两名以上公安民警着装外出时，一般两人成行、三人成列，行列整齐，威严有序。徒步巡逻执勤可视现场情况采取有效警戒队形行进。

第四十九条 公安民警着装时，不得在公共场所吸烟，不得嬉笑打闹、高声喧哗，不得有背手、袖手、插兜、搭肩、挽臂、揽腰等影响警容形象的行为，不得随意席地坐卧。

第五十条 公安民警参加统一组织的集会、会议或者晚会的，按照规定时间和顺序入场，按照指定位置就座，遵守会场秩序，不得迟到早退。散会时，依次退场。

第五十一条 公安民警外出，应当遵守公共秩序和社会公德，自觉维护人民警察的形象和声誉。与他人发生纠纷时，应当依法处理。

第五十二条 公安民警遇到人民群众生命财产安全受到威胁时，应当积极救助或者寻求支援。

第五十三条 公安民警工作时间不得饮酒，不得携带枪支饮酒，未经批准，不得穿着警服饮酒。

第五十四条 公安民警严禁参与黄、赌、毒活动，严禁参加邪教组织，严禁参与封建迷信活动，除工作需要外，严禁参与宗教活动。工作期间，除工作需要外，不得进入歌舞娱乐场所娱乐；穿着警服进入歌舞娱乐场所的，应当自觉维护人民警察警容风纪。

第五十五条 公安民警不得散布有损宪法权威、中国共产党和国家声誉的言论，不得组织或者参加非法组织，不得组织或者参加旨在反对宪法、中国共产党领导和国家的集会、游行、示威等活动，不得传抄、张贴、私藏非法印刷品，不得组织或者参加罢工、串联上访。未经批准，不得接受采访。

第五十六条 公安民警不得接受对工作有影响的宴请和礼品馈赠，不得从事本职以外的其他职业和有偿中介活动，不得参与以营利为目的的文艺演出、企业形象代言等活动，不得以人民警察的名义和肖像做商业广告。

第五十七条 公安民警使用网络社交媒体不得有下列行为：

（一）制作、传播与党的理论、路线、方针、政策相违背的信息和言论；

（二）制作、传播诋毁中国共产党、国家和公安机关形象的信息和言论；

（三）制作、传播低俗信息、不实信息和不当言论；

（四）制作、传播、讨论国家秘密、工作秘密或者内部敏感信息；

（五）擅自发布涉及警务工作秘密的文字、图片、音视频；

（六）未经批准，以人民警察身份开设微博、微信等网络社交平台公众号，个人微博、微信等网络社交媒体头像使用公安机关标志与符号；

（七）利用网络社交工具的支付、红包、转账等功能变相进行权钱交易；

（八）利用网络社交媒体进行不正当交往，非工作需要加入有明显不良倾向的微信群、论坛等网络社交群体；

（九）利用网络社交媒体从事其他与法律法规、党纪条规和党的优良传统相违背的活动。

第五十八条 公安民警不得擅自处置公安信息网信息。确需删除、更改的，应当严格按规定履行审批手续。

第三节 警容风纪检查

第五十九条 公安机关应当经常开展警容风纪教育，建立健全监督检查制度。

第六十条 县级以上公安机关应当加强对警

容风纪的日常监督检查，并且定期组织集中检查，及时发现并纠正问题。

对违反警容风纪的公安民警，由督察部门按规定处理。

第五章 警察礼节

第六十一条 公安民警应当注重内部礼节，充分体现公安机关内部的团结友爱和互相尊重。

第六十二条 公安民警敬礼分为举手礼和注目礼。着装时通常行举手礼，正在执行任务或者携带武器装备等不便行举手礼时，可以行注目礼。着便服时，通常行注目礼。

第六十三条 公安民警着装进见或者遇见上级机关领导时，应当主动敬礼。上级机关领导受礼后，应当主动回礼。

第六十四条 列队的公安民警遇有上级检查指导工作，带队

人员应当主动向上级敬礼和报告，其他人员行注目礼。

第六十五条 公安民警进见或者遇见本单位经常接触的领导以及在不便敬礼的场合时，可不行举手礼，应当主动致意，领导应当主动回礼。

第六十六条 公安民警交接岗时，应当互相敬礼；不同单位的公安民警因公接触时，应当互相致意。

第六十七条 公安民警因工作需要与人民群众、党政机关工作人员或者外宾接触时，应当主动致意或者敬礼。

第六十八条 升国旗、警旗时，在场的公安民警应当面向国旗、警旗立正，着装的行举手礼，着便服的行注目礼。

第六十九条 奏(唱)中华人民共和国国歌、中国人民警察警歌时，在场的公安民警应当自行立正，举止庄重，肃立致敬。

第六章 日常制度

第一节 学 习

第七十条 公安机关应当加强理论武装，强化公安民警政治历练、思想淬炼、实践锻炼、专业训练，建设学习型机关。

第七十一条 学习内容应当根据形势任务和履职需要科学安排，主要包括政治理论、政策法规、公安业务、科技知识、警务技能等。

第七十二条 公安机关应当突出政治理论学习，把习近平新时代中国特色社会主义思想、党中央关于加强新时代公安工作的决策部署作为重点学习内容，确保全警坚定理想信念、筑牢政治忠诚，统一意志、统一行动、步调一致向前进。

第七十三条 公安机关应当定期制订学习计划，统筹安排时间和形式，采取集体学习与个人自学相结合的方式进行，创新学习方法，注重学习效果，检查学习情况。

公安机关应当结合工作需要，每月至少组织一次集中学习。

第二节 会 议

第七十四条 公安机关应当坚持精简高效、厉行节约、讲求实效的原则，从严控制会议数量、时间和规模、标准。

第七十五条 设区的市级以上公安机关每年应当召开一次年度工作会议，传达学习党中央和上级机关有关精神和决策部署，研究安排本级公安机关重点工作任务。

县级公安机关每年至少召开一次全体大会或者公安民警代表会议，及时总结工作、表彰先进、部署任务。

公安机关召开年度工作会议时，可以根据工作需要邀请人民群众代表和有关部门参加。

第七十六条 基层所队等一线实战单位应当建立工作例会制度，及时梳理情况、总结点评、安排布置工作。

第七十七条 公安机关应当严格按照规定组织会议，严肃会议纪律，不得组织与会议无关的活动，不得超标准用餐、住宿，严禁以任何名义发放礼品、纪念品、土特产，严禁组织高消费娱乐、健身、聚餐、参观景点等活动。

第三节 请示报告

第七十八条 公安机关必须认真落实中国共产党政法工作条例、重大事项请示报告条例等规定，建立严格的请示报告制度，明确请示报告主体、范围、程序和方式等，严明党的政治纪律、组织纪律和工作纪律，确保政令警令畅通。

请示报告工作应当坚持政治导向，严格政治纪律和政治规矩，把讲政治要求贯彻到请示报告

工作全过程和各方面；坚持权责明晰，既要及时请示报告，又要负责担当，防止矛盾问题上交；坚持客观真实、实事求是请示报告工作，提出意见建议；坚持规范有序，严格按规定的主体、范围、程序和方式请示报告工作。

第七十九条 下级机关对非本单位职权范围或者本单位无法解决的问题，应当及时请示上级机关。请示报告可以根据事项类型和缓急程度采取口头、书面等方式进行。对于口头请示报告的事项，双方应当及时做好记录。

公安机关主要负责同志是第一责任人，对请示报告事项负总责。

上级机关对下级机关的请示事项，应当认真研究、及时答复。

第八十条 请示报告应当逐级进行。特殊情况下，可以按照有关规定越级请示报告。

接受双重领导的单位，应当根据事项性质和内容向负有主要领导职责的上级机关请示报告，同时抄报另一个上级机关。特殊情况下，可以不抄报。

第八十一条 下级机关一般每半年向上级机关报告公安工作和公安队伍建设的基本情况。

遇有下列情形时，应当在规定时限内及时向上级机关报告，任何单位和个人不得以任何理由瞒报、虚报、迟报或者不报：

（一）发生危害国家安全和影响社会稳定的案（事）件；

（二）发生重特大刑事案件；

（三）发生重特大群体性事件；

（四）发生重特大事故灾难；

（五）发生恐怖袭击事件；

（六）发生重特大涉外突发事件；

（七）发生重特大自然灾害、疫情；

（八）发生重大涉警舆情；

（九）发生公安民警伤亡事件（故）、重大违纪违法、公务用枪案事（件）和执法权威受到侵犯的重大案（事）件。

第四节 请假销假

第八十二条 公安机关主要负责同志离开本地区，应当提前向上级机关主要负责同志请假。因紧急事项临时请假的，应当立即按规定报告。

公安机关主要负责同志、分管日常工作的负责同志（含双正职领导）原则上不能同时离开本地区。

公安机关主要负责同志请假内容包括：请假人员、事由、时间、地点等，主持工作的负责同志及其相关信息。请假期间如行程发生变化的，应当及时补充报告。

公安机关领导干部异地执行任务需离开任务地的，应当及时向所在单位或者任务派出单位有关负责同志请假。

第八十三条 公安民警工作时间非因公外出，应当逐级请假、按时销假，未经批准，不得擅自离岗。因伤、病或者其他原因不能按时上班时，应当及时请假。

第八十四条 公安民警执行特殊或者紧急任务时，非因不可抗拒的原因，不得请假。

第八十五条 请假人员未经批准，不得逾期不归。确有特殊情况的，经批准后可以续假。

第八十六条 对伤、病人员，根据伤、病情况或者医院诊疗建议，按规定审批后准予休息。

第八十七条 请假人员在请假期间应当保持通讯畅通。除特殊情况外，因工作需要召回的，应当立即返回工作岗位。

第五节 工作交接

第八十八条 公安民警在工作变动、退休、辞职或者被辞退、开除公职时，应当将所负责的工作情况和掌管的文件、材料、证件、武器、弹药、器材、数字证书等进行移交，清退涉密载体，并按规定执行脱密期管理和监督。移交工作应当在本人离开工作岗位前完成。

移交前，所在单位领导应当指定接管人。交接时，双方当面清点，必要时由单位领导主持或者请纪检监察等有关部门参加；交接后，双方在交接登记册（表）上签字。

第八十九条 公安机关或者警种、部门主要负责同志和其他负有经济责任的领导干部办理调任、转任、免职、辞职、退休以及调整分工等事项前，审计部门应当按照领导干部经济责任审计有关规定对其任职期间履行经济责任情况进行审计。

第九十条 公安民警因出差出国、学习培训或者休假等短期离开岗位时，应当将负责的工作安排妥当。

第六节 印章管理

第九十一条 公安机关印章（含电子印章）的刻制应当严格按照规定审批，并在指定机构刻制。

第九十二条 新刻制的印章，应当在制发机关留取印模，备案后方可启用。

第九十三条 使用印章（印模）应当按照规定权限，严格履行审批登记手续，严格用印监督管理。严禁利用公章谋私，严禁在空白文件或者信函上加盖印章。

第九十四条 印章（印模）应当专柜存放，专人保管。印章（印模）丢失应当立即上报，及时通报有关单位，并严肃追究责任。

第九十五条 经批准作废的印章，应当登记造册，上交制发机关即行销毁。停止使用的印章，应当上交制发机关处理。

第七节 证件管理

第九十六条 公安民警应当按照规定使用统一的人民警察证。工作期间，一般应当携带人民警察证。

第九十七条 公安机关应当严格人民警察证配发范围，严禁向非人民警察身份人员配发人民警察证。

对丧失配发资格的，应当及时收回、收缴其人民警察证。

第九十八条 人民警察证由公安部按照规定统一监制，实行分级管理。

第八节 保密管理

第九十九条 公安机关应当建立保密工作制度，加强保密宣传教育，强化监督管理，严格保密纪律要求，落实保密工作责任，确保国家秘密和警务工作秘密绝对安全。

第一百条 公安机关应当严格按照国家保密管理规定，准确划定保密要害部门、部位，以及涉密岗位、涉密人员范围。

第一百零一条 公安机关政工部门应当会同保密部门，按照"先审后用、严格把关"的原则，对拟任（聘）用到涉密岗位的人员进行保密审查，并定期对在岗涉密人员组织复审。

涉密人员因公、因私出国（境）的，按照管理权限和规定程序实行严格审批。一般情况下，核_

涉密人员因私出国（境）不予批准。

第一百零二条 公安机关应当强化涉密人员日常监督，严格落实保密承诺要求、重大事项报告制度，加强涉密人员离岗离职脱密期管理。

第一百零三条 公安民警在制作、传递、复制、使用、保存和销毁涉密信息或者载体过程中，应当严格执行国家保密管理规定，确保涉密信息或者载体保密安全。

涉密载体是指以文字、数据、符号、图形、图像、声音等方式记载、存储国家秘密信息和警务工作秘密信息的纸介质载体、电磁介质载体、光盘等各类物品。

第一百零四条 需要归档的涉密载体，应当按照要求立卷归档；不需要归档的涉密载体，应当认真履行清点、登记、审批手续后，按规定予以销毁。

第一百零五条 公安民警应当执行下列保密守则：

（一）不该说的秘密不说；

（二）不该知悉的秘密不问；

（三）不该看的秘密不看；

（四）不在私人交往或者公开发表的作品中涉及秘密；

（五）不在非保密场所阅办、谈论秘密；

（六）不在社交媒体发布、传递秘密；

（七）不擅自记录、复制、拍摄、摘抄、收藏秘密；

（八）不擅自携带涉密载体去公共场所或者探亲访友；

（九）不使用无保密措施的通信设备、普通邮政和计算机互联网络传递秘密。

第一百零六条 使用计算机信息系统和信息设备时，应当严格遵守下列规定：

（一）涉密计算机严禁连接公安信息网和互联网及其他公共信息网络，公安信息网计算机严禁连接互联网等其他公共信息网络；

（二）涉密计算机不得连接市话和公安专线传真机或者具有传真功能的多功能一体机，不得安装无线网卡、无线鼠标、无线键盘等具有无线互联功能的设备，不得安装摄像头、麦克风等音视频采集装置；

（三）公安信息网计算机不得安装无线网卡、无线鼠标、无线键盘等具有无线互联功能的设备，在保密要害部门、部位的公安信息网计算机不得安装摄像头、麦克风等音视频采集装置；

（四）涉密场所使用的互联网计算机严禁通过无线方式连接互联网，严禁安装摄像头、麦克风等音视频采集装置，严禁安装移动热点；

（五）严禁使用互联网计算机和连接互联网的移动警务终端处理、存储、传输、发布国家秘密信息和警务工作秘密信息，连接互联网的移动警务终端不得与涉密信息设备和公安信息网计算机违规连接；

（六）涉密计算机、公安信息网计算机应当使用符合保密要求的移动存储介质和导入导出设备；

（七）涉密计算机和公安信息网计算机应当采取符合保密要求的身份鉴别措施。公安民警不得擅自将涉密计算机密钥交由他人使用，不得将公安信息网计算机数字证书交由他人使用；

（八）携带涉密计算机和公安信息网计算机外出的，应当经本单位主管领导批准，并履行登记备案手续；

（九）涉及国家秘密和警务工作秘密信息设备维修，应当在本单位内部进行，并指定专人全程监督，严禁维修人员读取或者复制涉密敏感信息，确需送外维修的，须拆除存储部件。涉密计算机、公安信息网计算机变更用途或者报废时，应当先拆除存储部件，拆除的存储部件应当按照涉密载体有关规定处理；

（十）已确定密级的涉密计算机不得处理、存储、传输高于已确定密级的信息；

（十一）公安信息网计算机不得处理、存储、传输涉及国家秘密的内容；

（十二）不得擅自卸载、修改计算机信息系统的保密安全技术程序、管理程序；

（十三）不得在涉密计算机、公安信息网计算机、互联网计算机之间交叉使用存储介质和打印机、传真机、扫描仪、多功能一体机等具有存储功能的设备；

（十四）涉密计算机应当标注存储、处理信息的最高密级、编号、责任人和涉密计算机专用的标识，公安信息网计算机应当标注公安信息网专用和禁止处理涉及国家秘密信息的标识，互联网计算机应当标注互联网专用和禁止处理涉及国家秘密和警务工作秘密信息的标识；

（十五）不得越权访问公安信息资源，不得泄露公民个人信息等不宜对外公开的信息；

（十六）公安机关应当保留应用系统访问日志信息，任何单位和个人不得擅自删除、篡改审计日志信息。

第一百零七条　公安机关及定密责任人应当严格按照规定的定密权限和程序准确定密，并完整标注密级和保密期限。

第一百零八条　公安机关信息公开应当坚持"先审查、后公开"和"一事一审"原则，履行保密审查审批程序，严格网站信息发布登记，定期组织开展网站保密检查。

第一百零九条　公安机关使用微信群、QQ群、微博、微信公众号等网络社交媒体开展工作的，应当建立健全保密管理制度。

第一百一十条　发现泄密线索和情况的，应当立即向本单位保密部门报告，及时组织查处，并按规定上报。

第九节　档案管理

第一百一十一条　公安机关应当建立健全档案工作制度，严格规范管理，维护档案的真实、完整、可用和安全。

第一百一十二条　公安机关在工作中形成的属于归档范围的全部档案应当由档案部门集中统一管理。任何部门和个人不得据为己有或者拒绝归档。

干部人事档案按照干部管理权限，由相应机关或者单位组织人事部门负责统一管理。

第一百一十三条　按照"谁形成、谁归档"的原则，及时收集整理列入归档范围的文件材料，严格按规定移交归档。

第一百一十四条　公安机关应当加强对开展专项行动、举办重要会议和活动、处置重大案（事）件、承建重大建设项目等过程中形成文件材料的收集和归档。

第一百一十五条　公安机关应当建立符合国家标准的档案用房，配备档案安全防护设施，定期巡查档案保管情况，确保档案实体和信息的安全保密。

第一百一十六条　公安机关应当加强档案借阅管理，根据档案的特点、密级，确定相应的借阅范围和审批程序。

第一百一十七条　公安民警应当严格遵守档案借阅规定，对借阅的档案负有保管保护责任，不得涂改、拆撕、伪造档案。不得擅自将档案转借他人。

第一百一十八条　公安档案非经鉴定不得销毁。

第七章　内务设置

第一百一十九条　公安机关的内务设置应当有利于工作、学习、生活，因地制宜、整齐划一，符合卫生和安全要求。

第一百二十条　公安机关对同类窗口单位应当设置规格统一、标志明显、便于辨识的标志，并及时进行维护、更新。入驻政府集中办公场所的窗口单位，应当突出公安机关特点，按照有关单位要求合理设置。

根据窗口单位的实际条件，合理划分办公区、服务区、等候区等功能区域，确保各功能区域相对独立、秩序良好。

第一百二十一条　公安派出所等基层所队应当按照规定合理规范设置办公、办案、生活等区域，配备相应的设备设施。

按照建设标准要求，因地制宜建立阅览室、健身房、洗衣房、淋浴室和食堂等，丰富公安民警的文体生活，保障公安民警身心健康。

第一百二十二条　县级以上公安机关应当建立荣誉室，有条件的可以建立史迹陈列馆、纪念馆、警察博物馆等。

有条件的基层所队，可以结合实际建立荣誉室。

第一百二十三条　办公、生活区域环境和各类设备物品摆放，应当保持干净、整洁、有序。

第八章　办公秩序

第一百二十四条　公安机关应当加强办公秩序管理，维护正常的工作、学习、生活秩序，保证办公环境整洁，秩序井然。

第一百二十五条　公安民警应当严格遵守工作时间要求，不得无故迟到、早退。工作时间应当保持肃静，不得大声喧哗、闲聊、办私事、因私会客或者从事其他与工作无关的活动。

第一百二十六条　公安机关应当严格办公区管理，建立门卫制度，加强日常值守，强化安全检查。

本单位人员、车辆应当凭有效证件出入办公区。外来人员、车辆需进入办公区的，应当严格登记手续，查验其证件和携带物品，经接待人员允许后方可进入。

严禁将办公用房出租或者无偿提供给外部人员或者其他单位使用。

第一百二十七条　单位内部交通标志应当醒目、齐全，车辆应当按照指定地点停放，按照规定路线、速度行驶，禁止鸣喇叭、急刹车。骑自行车、电动车出入大门应当主动下车或者接受查验。

第九章　接待群众

第一百二十八条　公安民警接待群众应当文明礼貌、态度和蔼、热情周到、耐心细致。

第一百二十九条　公安机关应当简化办事程序，拓宽服务渠道，提高工作效能。在条件允许的情况下，推行一个窗口对外、一站式办结和预约服务、自助受理、网上办理等。

第一百三十条　公安机关应当按规定主动公开公示窗口单位的上下班时间以及报警、咨询、监督电话和工作人员等信息，依法公开工作职责、执法依据、办事程序、法定时限、收费标准、监督方式以及服务承诺等，可以通过报刊、电台、电视台、政府网站和微博、微信公众号及其他信息手段，以及公示栏、牌匾、触摸式查询显示屏或者印发书面材料等形式告知群众，为群众提供方便。

第一百三十一条　公安机关应当结合实际制定工作文明用语和忌语，加强教育培训，严格遵照执行。

第一百三十二条　公安机关窗口单位实行群众报警、求助、咨询和办证、办事首问（接）责任制、接报案登记制和分流移交机制。

除24小时服务窗口外，其他窗口单位可根据实际实行弹性工作制，方便群众办证、办事。

第一百三十三条　公安民警应当在职责范围内，热情为求助群众提供必要帮助，耐心解答群众提出的问题，及时妥善处理群众报警或者报案，并认真做好记录。对不属于公安机关职责范围内的群众报警、报案或者求助，应当告知当事人向其他有关主管机关反映，情况紧急时应当给予协助或者协调处置。

第一百三十四条　除执行重大紧急任务外，

公安机关的警车在临时停靠时或者行驶过程中，车上的公安民警应当及时接受群众的现场报警或者紧急求助。

第十章 值班备勤

第一百三十五条 公安机关实行24小时值班备勤。由领导干部带班，安排适当警力值班备勤，配备相应警械武器、防护装备和交通、通讯工具，保障随时应对各类警情任务。基层一线处警单位及警用车辆应当配备防弹防刺背心、头盔及绳索、救生圈、急救包等警用装备和救援器材，并做好装备、器材使用培训和维护保养，确保正常使用。

第一百三十六条 看守所、拘留所、派出所和治安、刑警、交警、巡警、网安等警种、部门，应当根据工作需要，设置值班室，建立健全值班备勤制度。

第一百三十七条 值班人员的主要职责是：

（一）接待报警、报案、检举、控告、自动投案或者其他原因来访的人员；

（二）受理群众遇到危、难、险、困时的求助，以及群众对公安民警违纪违法行为的投诉；

（三）向上级报告发生的案件、事故或者其他紧急情况，并按照上级指示或者预案做出应急处理；

（四）及时接收处置110警情指令；

（五）及时妥善处理公文、电话、电子邮件等；

（六）维护本单位工作、学习、生活秩序，承担内部安全保卫工作；

（七）完成领导交办的其他任务。

第一百三十八条 值班室应当利用视频监控系统，建立值班影像档案，并保存不少于九十日。值班人员应当认真填写值班记录，详细记录值班期间发生的重要事项及处置情况。值班记录的主要内容包括：

（一）问题或者事件事情发生的时间、地点，有关人员的姓名、联系方式和主要情况；

（二）向上级报告的时间，接受报告人的姓名和答复的主要内容；

（三）对上级指示的传达、办理情况和时间；

（四）负责处理的单位和人员姓名；

（五）值班领导和值班民警姓名。

值班记录应当采用电子文档或者纸质文书存档，妥善管理。

第一百三十九条 值班人员应当坚守岗位，严格履行职责。因故确需离开值班岗位的，应当及时报告值班领导，并安排其他人员代岗。

第一百四十条 值班人员交接班时，双方应当按照规定的职责内容认真交接工作，履行交接手续。

值班人员交接班时，如果发生突发情况或者群众报警、报案，以交班人员为主进行处置，待处置完毕再交接班。

第一百四十一条 值班备勤人员自值班备勤前12小时至值班备勤结束不得饮酒，值班期间不得从事与工作无关的活动，备勤期间不得从事影响紧急到岗的活动。

第十一章 应急处突

第一百四十二条 公安机关应当预先制订各种应急处置预案，定期组织实战演练，不断提高快速反应能力、协调配合能力、现场处置能力、临场组织指挥能力。

第一百四十三条 遇有第八十一条第二款所列情形或者其他紧急任务，县级以上公安机关应当按照应急处置预案，组织人员立即赶赴现场，并根据实际情况，在报告上级机关的同时，迅速通报有关部门及时做好防范、化解和处置突发案(事)件工作。

第一百四十四条 公安民警接到执行紧急任务的命令后，应当迅速到达指定地点，服从统一的指挥调度。发现紧急情况时，应当及时报告并迅速进入现场履行职责。

第一百四十五条 公安机关在处置突发事件时，应当根据突发事件的性质、起因、规模、影响以及现场情势和危害程度，决定是否动用处置性警力及规模，是否采取强制性措施以及采取何种强制性措施，是否使用警械或者武器，既要防止当用不用而使事态失去控制或者致使公安民警伤亡情况发生，也要防止警力和强制性措施使用不当而激化矛盾。公安民警在采取强制性措施前，应当经现场指挥员批准，并向现场人员明示告知。在面临紧急情况下，公安民警可先期处置，并在处置过程中或者处置后及时报告。

情报指挥部门应当及时跟进掌握处置突发事件情况，视情调动警力支援。

第一百四十六条 公安机关在处置突发事件

时,应当注意保护党政机关等重点部位及现场人员的安全,同时加强公安民警自身的安全防护,及时获取并固定现场违法犯罪证据。

第一百四十七条 公安民警应当保证通讯畅通,个人通讯方式变更时应当及时报告所在单位,以备发生紧急情况时迅即调集警力。

第十二章　装备财务管理

第一节　装备管理

第一百四十八条 公安机关装备管理应当严格执行有关法律法规规定,遵循整体规划、标准配备、权责相应、规范管理的原则。

第一百四十九条 公安机关应当建立健全装备使用管理、维护保养、存储保管和督察、审计等制度。

第一百五十条 公安机关应当按规定建设装备存储保管场所、完善配套设施,实行分级分类管理。

第一百五十一条 公安机关执法办案管理中心、服务窗口等场所配备的装备品种、数量和方式,应当符合装备使用安全和环境要求。

第一百五十二条 公安机关应当定期开展执法执勤装备检查、校验、测试、标定等工作,确保性能良好。监督检查重点是指挥通信、刑事技术、侦查技术、警械武器、交通工具、防护等装备。

第一百五十三条 公安机关应当加强执法执勤装备使用培训。

第一百五十四条 公安机关应当加强应急装备管理,建立应急装备保障机制,制订应急装备保障预案,按规定开展应急装备管理工作。

第一百五十五条 公安机关发生重大装备事故的,应当迅速开展实地调查,查明事故原因,出具鉴定报告,并及时向上级公安机关报告。

第一百五十六条 任何单位或者个人不得擅自赠送、转借、出租、变卖、私存装备。

第二节　预算财务管理

第一百五十七条 公安机关应当严格执行国家预算财务管理法律法规有关规定,规范财务行为,科学合理编制预算、决算及相关预算财务报表,提高资金使用效益。

第一百五十八条 公安机关应当建立健全财务管理制度、定期财务分析报告制度和内部控制机制,加强对下级机关财务管理的指导、监督和检查。

第一百五十九条 公安机关应当按照国家统一会计制度开展会计工作,依法设置会计账簿,并保证会计账簿的真实、完整。

审计部门应当按照内部审计工作规定,对财政收支、财务收支以及其他经济活动等财经管理情况组织实施审计。

第一百六十条 公安机关主要负责同志对本单位会计工作和会计资料的真实性、完整性、合法性负责。

第十三章　安全防范

第一节　基本要求

第一百六十一条 公安机关应当牢固树立安全意识,加强安全管理工作,并贯穿于公安工作和公安队伍建设的全过程。

第一百六十二条 公安机关应当坚持预防为主的方针,定期分析安全工作形势,查找不安全因素和隐患,制定和改进安全措施,建立健全安全管理制度,加强人防、物防、技防建设,并根据职责分工,压实工作责任,保证各项制度、措施落到实处。

第一百六十三条 公安机关应当加强安全教育,增强公安民警的安全防范意识,及时发现并正确处理队伍内部问题,积极消除安全隐患。强化安全训练,确保公安民警熟练使用警械武器装备,规范使用交通工具,正确处理各类情况和问题,不断提高自我防护、预防安全事故的能力。

第一百六十四条 公安机关应当根据形势任务和环境变化需要,配备安全防护设备设施,加强经常性安全防范工作,开展内部日常安全防范检查,严防发生重大安全事故。

第一百六十五条 发生安全事故应当如实及时上报,查明原因,正确处理,做到实事求是、依法依规。对避重就轻、弄虚作假、不及时报告或者隐瞒不报的,应当依法依规严肃追责问责。

第一百六十六条 县级以上公安机关应当建立维护公安民警执法权威工作委员会,实行党委(党组)统一领导、督察部门牵头协调、职能部门各负其责的工作机制,通过法律、行政、经济、社会、舆论等途径,依法及时查处侵犯公安民警执法权威的行为，为公安民警依法履职创造良好环境。

第二节 执法执勤安全

第一百六十七条 公安机关办公区、办案区应当建设必要的安全技术防范系统，主要出入口、窗口单位服务区应当配备安检和视频监控设备，办案区应当配备同步录音录像设备，并保证设备完好、正常使用。办案区的声像监控资料应当保存不少于九十日，其他区域的声像监控资料应当保存不少于三十日。

对办案区声像监控资料保存期限另有规定的，从其规定。

第一百六十八条 公安机关应当严格在办案区开展办案活动，强化安全意识，落实安全防范措施和责任，防止发生安全事故。

第一百六十九条 公安机关处置暴力恐怖案（事）件或者执行拘留、抓捕等任务时，应当评估安全风险，制订预案方案，周密组织实施，最大限度地避免造成人员伤亡。

第一百七十条 上级对下级布置任务时，应当明确安全要求，并采取安全保障措施。执行任务的公安民警应当提高安全防范意识，严格遵守安全管理制度，保持高度警惕，确保自身和工作对象安全。

第一百七十一条 公安民警执行询问、讯问、押解、看管等任务时，应当严格遵守有关规定，防止发生违法犯罪嫌疑人袭警、脱逃、暴狱和自伤、自残、自杀等案（事）件。

第一百七十二条 公安民警执法执勤时应当按规定携带装备，并规范使用执法记录仪等设备。

第一百七十三条 公安民警开展治安检查、现场勘验等工作时，应当严格遵守法定程序及操作规程，防止发生安全事故（件）。

第一百七十四条 公安民警因工作需要在道路上拦截、检查车辆时，应当选择安全和不妨碍通行的地点进行，设置安全防护设备。必要时，设置减速区、检查区、处置区，并使用阻车装置。

第三节 警械武器管理使用安全

第一百七十五条 公安机关应当建立健全公务用枪管理制度，认真执行安全管理措施，严格落实工作责任。

公安机关应当组建公务用枪管理委员会，明确职责分工，建立定期会商研判机制，加强公务用枪管理工作检查监督。

第一百七十六条 公安机关必须严格公安民警配枪标准条件，规范申报审批程序，加强年度审验把关，实行人员动态管理。

第一百七十七条 公安机关及其所属配枪单位应当按要求设置枪弹库（室、柜），严格落实24小时值守、枪弹分离、双人双锁保管等制度，加强对视频监控等安全防范设施的日常检查，确保公务用枪存放安全。

第一百七十八条 公安机关及其所属配枪单位应当定期对枪支弹药进行检测，严禁使用超寿命、待报废枪支和过期弹药，并加强对枪支弹药的日常维护保养，最大限度降低枪支弹药故障率。

第一百七十九条 公安机关及其所属配枪单位应当建立健全枪弹领取、交还审批、登记等制度，认真查验持枪证、枪证等信息，确保公务用枪交接安全。

第一百八十条 公安机关及所属配枪单位应当加强对枪支管理使用人员的日常教育培训、管理监督和思想、心理状况排查，对出现不适宜配枪情形的公安民警应当及时暂停或者取消其配枪资格，收回持枪证件，确保公务用枪使用安全。

第一百八十一条 公安民警应当严格按照规定管理使用警械武器，确保依法履职尽责，有效维护群众和自身安全，坚决防止警械武器被盗、被抢、丢失、滥用或者发生其他事故。

第一百八十二条 公安民警使用警械武器，应当以有效制止违法犯罪行为、尽量减少人员伤亡和财产损失为原则。

第一百八十三条 公安机关组织公安民警进行实弹射击训练，应当遵守下列安全规定：

（一）合理选择和设置射击场地；

（二）加强现场安全检查，配备专职安全人员，严密组织射击区域安全警戒和观察；

（三）加强枪支弹药的技术检测，防止枪支故障和弹药失效；

（四）实弹射击训练时佩戴个人安全防护器材；

（五）训练结束后统一组织验枪，彻底清查枪支和剩余弹药，防止枪支、弹药丢失，排查安全隐患。

第一百八十四条 公安民警管理使用枪支

的，应当遵守下列安全规定：

（一）上班或者执行任务领用枪支后必须严格验枪，下班或者完成任务后必须及时交回并由枪管员验枪收回；

（二）工作期间因私外出的，所携带枪支必须交回并由枪管员验枪收回；

（三）在依法依规使用枪支的情形下，应当准确判定目标，规范操作动作，防止误判或者误伤他人；

（四）严禁私存、私带、私借枪支弹药；

（五）严禁持枪打闹或者枪口对人；

（六）严禁摆弄枪支或者随意动用他人枪支；

（七）严禁持枪打猎、擅自打靶或者安排他人打靶。

第四节　交通事故防范

第一百八十五条　公安机关应当加强交通安全事故防范和监督管理。除执行紧急任务外，公安民警驾驶车辆时应当遵守道路交通安全法律法规，确保行车安全。

第一百八十六条　公安机关应当对公务车辆定期进行维护和保养，确保车况良好。对达到报废标准的车辆应当及时报废，不得使用已达到强制报废标准的车辆从事警务活动。

第一百八十七条　公安民警驾驶警车时，除工作需要外，应当按照规定穿着警服，持有机动车（电子）行驶证、机动车（电子）驾驶证和人民警察证。驾驶实习期内的公安民警不得驾驶警车。公安民警驾驶或者乘坐警用摩托车时，应当戴警用头盔。

第一百八十八条　公安机关警用车辆乘载，应当遵守下列安全规定：

（一）载人不得超过核定的人数；

（二）载物应当符合核定的载质量，严禁超载；

（三）载物的长、宽、高不得违反装载要求；

（四）不得人货混载；

（五）不得违反有关安全规定，载运易燃、易爆等危险物品。

第一百八十九条　公安机关应当定期对驾驶警车的公安民警开展培训，加强交通安全教育。

第五节　火灾事故防范

第一百九十条　公安机关应当加强消防安全防范工作，建立消防管理制度，完善消防设施，配齐消防器材，落实消防责任，坚决防止发生火灾事故。

第一百九十一条　公安机关应当严格消防安全检查，及时发现和消除火灾隐患。加强易燃、易爆物资和装备、器材管理，进入易燃、易爆物品存放场所前必须收缴火种。计算机机房、库房、车场、档案室等重要场所严禁烟火。

第一百九十二条　在礼堂、剧院、大型会议场所等重要防火部位组织集体活动的，应当在应急疏散通道安排人员值守引导，维护现场秩序，防止发生意外。

第一百九十三条　重点防火单位和重要防火场所应当制订消防预案，落实消防责任，定期组织有针对性的消防演练。

第六节　爆炸事故防范

第一百九十四条　公安机关应当遵守弹药、炸药、油料、燃气、烟花爆竹等易燃、易爆物品的安全管理规定，防止发生爆炸事故。

第一百九十五条　爆炸物品的使用管理单位应当按照性质、类别将爆炸物品分别储存在专用仓库内，由专人管理，建立检查、登记制度。存放数量不得超过安全容量。在库区配备监控、防爆设施，严禁无关人员进入库区。

第一百九十六条　组织爆炸物品运输，应当遵守下列安全规定：

（一）正确选择运载工具和装卸载地点与方式；

（二）正确选择运输路线，避开交通繁忙路段和人口稠密地区；

（三）正确选择通过时机，避开人员、车辆流动高峰期；

（四）正确装载爆炸物品，符合安全运输要求；

（五）严密警戒，专人押运。

第一百九十七条　组织实施民用爆炸物品、烟花爆竹、废旧炮（炸）弹等爆炸物品销毁，应当科学划定作业区域，设置安全警示标志，维护作业现场秩序，并严格遵守下列安全规定：

（一）不得擅自变更计划、方案；

（二）不得由非专业机构组织实施；

（三）不得让未经培训的人员参与；

（四）不得在不符合安全要求的场所或者场地

（五）不得在高温、雷雨、大风等不良天气条件下作业；

（六）不得违反操作规程冒险作业。

第十四章　健康保护

第一百九十八条　公安机关应当加强关爱民警工作，保护民警身心健康。基层公安机关应当根据工作任务和实有警力，执行轮休制度。对长期执行重大安全保卫、抢险救援、侦查监控任务以及长期从事重大专项工作的公安民警，应当合理安排调休；对连续工作超出法定工作时间的，应当安排休息。

第一百九十九条　公安机关应当严格落实带薪年休假制度，领导干部应当带头休假。根据工作情况，充分尊重公安民警本人意愿，统筹安排年休假。公安民警确因工作需要不能安排年休假的，应当在下一年度安排补休；不能补休或者未休满法定年休假的，应当按规定发放年休假工资报酬。

上级机关应当对下级机关带薪休假落实情况进行督导检查，推动年休假常态化，确保公安民警得到必要的休整。

第二百条　公安机关应当提倡全警健身，普及科学健身知识和健身方法，开展群众性体育活动；把体能训练作为公安民警教育训练的基本内容，提升体能素质；因地制宜、分类分年龄段开展公安民警年度体能测试。

第二百零一条　公安机关应当严格落实年度体检制度，建立公安民警健康档案，定期对健康状况进行分析，提出健康保护意见。对体检结果异常的，督促并协助做好复查、就医，强化健康生活方式指导及干预。

第二百零二条　公安机关应当开展职业病危害因素基本情况普查，健全针对性健康干预措施。为公安民警配备医疗急救包，确保突发疾病时能及时得到施救。

第二百零三条　公安机关应当严格落实公安民警因公负伤和患病医疗保障救治制度。对因身体健康状况不适宜在现岗位上工作的公安民警，应当调整工作岗位或者安排适当休整。

第二百零四条　公安机关应当开展预防传染病等卫生健康教育，提高公安民警对传染病的防治意识和应对能力。

第二百零五条　公安机关应当加强对办公、办案、生活等场所区域的日常环境卫生管理，建立卫生管理制度，健全卫生安全保障措施，有效防止发生卫生安全事故。发现传染病病人或者疑似传染病病人时，应当按规定及时向所在地疾病预防控制机构或者医疗机构以及上级机关报告。

第二百零六条　发生传染病疫情时，公安机关应当积极配合当地疾病预防控制机构或者医疗机构，采取有效措施，防止公安民警出现感染或者交叉感染，及时组织对办公、办案、生活等场所区域进行卫生处理。

根据工作需要，公安机关可实行弹性工作制，科学合理安排勤务，确保公安民警保持良好的身心状态。

第二百零七条　发生传染病疫情时，公安机关应当对公安民警确诊受感染或者疑似感染情况，按规定逐级报告上级机关；对密切接触者，按照当地疾病预防控制机构要求，采取必要的预防措施。

第二百零八条　公安机关应当建立平战结合、规范有序、及时高效的常态化心理健康服务工作机制，加强心理健康服务专兼职人才队伍建设，不断提升公安民警心理健康服务工作水平。

第二百零九条　县级以上公安机关和有条件的基层所队应当设立公安民警心理健康服务站，对公安民警开展心理健康咨询，适时进行心理辅导；每年定期开展心理健康讲座、团体辅导和心理咨询等活动，保障公安民警心理健康。

第二百一十条　对执行重大安全保卫任务、处置重大突发案（事）件、暴力恐怖案（事）件或者开枪击毙击伤人员，以及工作、生活发生重大变故的公安民警，应当及时进行心理咨询、危机干预。对出现心理健康问题的，应当及时安排休整、治疗。

第二百一十一条　公安机关应当深入开展健康教育，引导公安民警牢固树立健康生活的理念，积极开展文体活动，陶冶情操，增强体质，丰富业余文化生活。

第十五章　警旗　警徽　警歌　警察节

第一节　警　旗

第二百一十二条　中国人民警察警旗是人民

警察队伍的重要标志,是人民警察荣誉、责任和使命的象征,是人民警察忠诚履行新时代使命任务的重要指引。

第二百一十三条 公安民警应当树立警旗意识,尊重和爱护警旗,维护警旗尊严。

第二百一十四条 公安机关及所属单位按规定授予和请领警旗。

授予警旗可以组织授旗仪式。授旗仪式由受旗单位所隶属的公安机关或者上一级公安机关组织实施,通常在单位新组建成立时进行。

第二百一十五条 使用警旗应当报受旗单位主要负责同志批准,不得超出规定的使用范围。

任何组织和个人未经批准不得制造、买卖、持有、使用警旗。

第二节 警 徽

第二百一十六条 中国人民警察警徽是人民警察的象征和标志。公安民警应当爱护警徽,维护警徽尊严。

第二百一十七条 警徽是人民警察专用标志。使用警徽及其图案应当严肃、庄重,严格使用范围。

第二百一十八条 警徽由公安部按照规定统一监制。县级以上公安机关负责监督管理警徽及其图案的使用。

第三节 警 歌

第二百一十九条 中国人民警察警歌是人民警察性质、宗旨和精神的体现。公安民警和公安院校学生应当会唱警歌。

第二百二十条 奏(唱)警歌适用于公安机关重要庆典、集会、会议、检阅以及其他维护、显示人民警察威严的场合。

第二百二十一条 不得在私人婚、丧、庆、悼活动和娱乐、商业活动以及其他不适宜的场合奏(唱)警歌。

第二百二十二条 奏(唱)警歌时,公安民警应当庄重肃立。

第四节 警察节

第二百二十三条 中国人民警察节是人民警察荣誉制度体系的重要组成部分。公安机关应当在警察节举办相关庆祝活动,作为励警爱警惠警的重要举措。

第二百二十四条 公安机关庆祝警察节活动,可通过升(挂)警旗仪式、组织宣誓、走访慰问、举办书画摄影作品展览、诗歌朗诵会、音乐会等丰富多彩的文体活动形式进行。

举办警察节庆祝活动应当隆重简朴、厉行节约,防止形式主义和铺张浪费。

第二百二十五条 警察节期间,公安机关可结合实际采取警营开放、法制宣讲、便民服务等多种方式,广泛开展社会宣传,大力加强警察公共关系建设,树立公安机关和公安队伍良好形象。

第十六章 阅 警

第二百二十六条 阅警是设区的市级以上党政机关主要领导、公安机关主要领导在重大节日、庆典、集会等重要场合对公安队伍的检阅。

第二百二十七条 阅警应当严格审批制度。设区的市级以上公安机关举行阅警,应当报上级公安机关批准;公安院校举行阅警,应当报主管机关批准。

第二百二十八条 阅警的主要程序:
(一)阅警指挥员向阅警领导报告;
(二)阅警领导宣布阅警开始;
(三)组织进行阅警活动;
(四)阅警领导讲话;
(五)阅警指挥员向阅警领导报告;
(六)阅警领导宣布阅警结束。

第十七章 附 则

第二百二十九条 违反本条令,情节轻微的,应当给予谈话提醒、批评教育或者当场予以纠正;情节严重的,应当按照规定采取带离现场、停止执行职务、禁闭措施,给予处分或者限期调离、辞退等处理;构成违法犯罪的,依法追究相应的法律责任。

第二百三十条 公安机关直属事业单位内务建设参照本条令执行。国家移民管理机构可按照本条令制定具体管理规定或者实施办法。

公安机关警务辅助人员的内务建设,由各省级公安机关参照本条令制定具体办法。

第二百三十一条 本条令所称"以上"均含本级。

第二百三十二条 本条令自发布之日起施

行。2000年6月公安部颁布实施的《公安机关人民警察内务条令》(公安部令第53号)和2007年6月公安部颁布实施的《公安机关人民警察着装管理规定》(公安部令第92号)同时废止。其他有关内务建设的规定有与本条令不一致的,以本条令为准。

公安机关人民警察执法过错责任追究规定

· 2016年1月14日公安部令第138号公布
· 自2016年3月1日起施行

第一章 总 则

第一条 为落实执法办案责任制,完善执法过错责任追究机制,保障公安机关及其人民警察依法正确履行职责,保护公民、法人和其他组织的合法权益,根据《中华人民共和国人民警察法》、《行政机关公务员处分条例》等有关法律法规,制定本规定。

第二条 本规定所称执法过错是指公安机关人民警察在执法办案中,故意或者过失造成的认定事实错误、适用法律错误、违反法定程序、作出违法处理决定等执法错误。

在事实表述、法条引用、文书制作等方面存在执法瑕疵,不影响案件处理结果的正确性及效力的,不属于本规定所称的执法过错,不予追究执法过错责任,但应当纳入执法质量考评进行监督并予以纠正。

第三条 追究执法过错责任,应当遵循实事求是、有错必纠、过错与处罚相适应、教育与惩处相结合的原则。

第四条 在执法过错责任追究工作中,公安机关纪检监察、督察、人事、法制以及执法办案等部门应当各负其责、互相配合。

第二章 执法过错责任的认定

第五条 执法办案人、鉴定人、审核人、审批人都有故意或者过失造成执法过错的,应当根据各自对执法过错所起的作用,分别承担责任。

第六条 审批人在审批时改变或者不采纳执法办案人、审核人的正确意见造成执法过错的,由审批人承担责任。

第七条 因执法办案人或者审核人弄虚作假、隐瞒真相,导致审批人错误审批造成执法过错的,由执法办案人或者审核人承担主要责任。

第八条 因鉴定人提供虚假、错误鉴定意见造成执法过错的,由鉴定人承担主要责任。

第九条 违反规定的程序,擅自行使职权造成执法过错的,由直接责任人员承担责任。

第十条 下级公安机关人民警察按照规定向上级请示的案件,因上级的决定、命令错误造成执法过错的,由上级有关责任人员承担责任。因下级故意提供虚假材料或者不如实汇报导致执法过错的,由下级有关责任人员承担责任。

下级对超越法律、法规规定的人民警察职责范围的指令,有权拒绝执行,并同时向上级机关报告。没有报告造成执法过错的,由上级和下级分别承担相应的责任;已经报告的,由上级承担责任。

第十一条 对其他执法过错情形,应当根据公安机关人民警察在执法办案中各自承担的职责,区分不同情况,分别追究有关人员的责任。

第三章 对执法过错责任人的处理

第十二条 对执法过错责任人员,应当根据其违法事实、情节、后果和责任程度分别追究刑事责任、行政纪律责任或者作出其他处理。

第十三条 追究行政纪律责任的,由人事部门或者纪检监察部门依照《行政机关公务员处分条例》和《公安机关人民警察纪律条令》等规定依法给予处分;构成犯罪的,依法移送有关司法机关处理。

第十四条 作出其他处理的,由相关部门提出处理意见,经公安机关负责人批准,可以单独或者合并作出以下处理:

(一)诫勉谈话;
(二)责令作出书面检查;
(三)取消评选先进的资格;
(四)通报批评;
(五)停止执行职务;
(六)延期晋级、晋职或者降低警衔;
(七)引咎辞职、责令辞职或者免职;
(八)限期调离公安机关;
(九)辞退或者取消录用。

第十五条　公安机关依法承担国家赔偿责任的案件,除依照本规定追究执法过错责任外,还应当依照《中华人民共和国国家赔偿法》的规定,向有关责任人员追偿部分或者全部赔偿费用。

第十六条　执法过错责任人受到开除处分、刑事处罚或者犯有其他严重错误,应当按照有关规定撤销相关的奖励。

第十七条　发生执法过错案件,影响恶劣、后果严重的,除追究直接责任人员的责任外,还应依照有关规定追究公安机关领导责任。

年度内发生严重的执法过错或者发生多次执法过错的公安机关和执法办案部门,本年度不得评选为先进集体。

第十八条　对执法过错责任人的处理情况分别记入人事档案、执法档案,作为考核、定级、晋职、晋升等工作的重要依据。

第十九条　具有下列情形之一的,应当从重追究执法过错责任：

（一）因贪赃枉法、徇私舞弊、刑讯逼供、伪造证据、通风报信、蓄意报复、陷害等故意造成执法过错的；

（二）阻碍追究执法过错责任的；

（三）对检举、控告、申诉人打击报复的；

（四）多次发生执法过错的；

（五）情节恶劣、后果严重的。

第二十条　具有下列情形之一的,可以从轻、减轻或者免予追究执法过错责任：

（一）由于轻微过失造成执法过错的；

（二）主动承认错误,并及时纠正的；

（三）执法过错发生后能够配合有关部门工作,减少损失、挽回影响的；

（四）情节轻微、尚未造成严重后果的。

第二十一条　具有下列情形之一的,不予追究执法过错责任：

（一）因法律法规、司法解释发生变化,改变案件定性、处理的；

（二）因法律规定不明确、有关司法解释不一致,致使案件定性、处理存在争议的；

（三）因不能预见或者无法抗拒的原因致使执法过错发生的；

（四）对案件基本事实的判断存在争议或者疑问,根据证据规则能够予以合理说明的；

（五）因出现新证据而改变原结论的；

（六）原结论依据的法律文书被撤销或者变更的；

（七）因执法相对人的过错致使执法过错发生的。

第四章　执法过错责任追究的程序

第二十二条　追究执法过错责任,由发生执法过错的公安机关负责查处。

上级公安机关发现下级公安机关应当查处而未查处的,应当责成下级公安机关查处；必要时,也可以直接查处。

第二十三条　公安机关纪检监察、督察、审计、法制以及执法办案等部门,应当在各自职责范围内主动、及时检查、纠正和处理执法过错案件。

第二十四条　各有关部门调查后,认为需要法制部门认定执法过错的,可以将案件材料移送法制部门认定。

第二十五条　法制部门认定执法过错案件,可以通过阅卷、组织有关专家讨论、会同有关部门调查核实等方式进行,形成执法过错认定书面意见后,及时送达有关移送部门,由移送部门按照本规定第十三条、第十四条作出处理。

第二十六条　被追究执法过错责任的公安机关人民警察及其所属部门不服执法过错责任追究的,可以在收到执法过错责任追究决定之日起五日内向作出决定的公安机关或者上一级公安机关申诉；接受申诉的公安机关应当认真核实,并在三十日内作出最终决定。法律、法规另有规定的,按照有关规定办理。

第二十七条　因故意或者重大过失造成错案,不受执法过错责任人单位、职务、职级变动或者退休的影响,终身追究执法过错责任。

错案责任人已调至其他公安机关或者其他单位的,应当向其所在单位通报,并提出处理建议；错案责任人在被作出追责决定前,已被开除、辞退且无相关单位的,应当在追责决定中明确其应当承担的责任。

第二十八条　各级公安机关对执法过错案件应当采取有效措施予以整改、纠正,对典型案件应当进行剖析、通报。

第五章　附　则

第二十九条　各省、自治区、直辖市公安厅局和新疆生产建设兵团公安局可以根据本规定，结合本地实际制定实施细则。

第三十条 本规定自 2016 年 3 月 1 日起施行。1999 年 6 月 11 日发布的《公安机关人民警察执法过错责任追究规定》（公安部令第 41 号）同时废止。

公安机关信访工作规定

- 2023 年 5 月 19 日
- 公通字〔2023〕9 号

第一章 总 则

第一条 为了坚持和加强党对公安信访工作的全面领导，做好新时代公安信访工作，密切党群关系、警民关系，根据《信访工作条例》和有关法律法规，结合公安工作实际，制定本规定。

第二条 公安信访工作是公安机关群众工作的重要组成部分，是公安机关了解社情民意、听取意见建议、检验执法质效、维护群众权益的一项重要工作，是公安机关接受群众监督、提升执法水平、改进工作作风、加强队伍建设的重要途径。

第三条 公安信访工作坚持以习近平新时代中国特色社会主义思想为指导，贯彻落实习近平法治思想、习近平总书记关于加强和改进人民信访工作的重要思想、关于新时代公安工作的重要论述，践行对党忠诚、服务人民、执法公正、纪律严明总要求，切实担负起为民解难、为党分忧的政治责任，服务党和国家大局，促进社会和谐稳定。

第四条 公安信访工作应当坚持党的全面领导、坚持以人民为中心、坚持依法按政策解决问题、坚持源头治理化解矛盾，按照"属地管理、分级负责""谁主管、谁负责"原则，落实信访工作责任。

第五条 公安机关应当坚持改革创新，不断完善信访工作制度体系，畅通信访渠道，优化业务流程，规范信访秩序，依法分类处理信访诉求，提升信访工作质量、效率和公信力。

第六条 公安机关及其工作人员处理信访事项，应当恪尽职守、秉公办事，查明事实、分清责任，加强教育疏导，及时妥善处理，不得推诿、敷衍、拖延。

公安机关应当将涉法涉诉信访事项与普通信访事项相分离，适用不同程序处理。

公安机关工作人员与信访事项或者信访人有直接利害关系的，应当回避。

第七条 公安机关应当科学、民主决策，依法履行职责，严格规范公正文明执法，从源头上预防和减少信访事项的发生。

第二章 信访工作体制和机制

第八条 公安机关应当构建党委领导、信访工作领导小组统筹协调、信访部门推动落实、相关部门各负其责、各方齐抓共管的信访工作格局。

第九条 公安信访工作应当坚持党的领导：

（一）贯彻落实党中央关于信访工作的方针政策和决策部署，执行上级党组织关于信访工作的部署要求；

（二）强化政治引领，把握信访工作的政治方向和政治原则，严明政治纪律和政治规矩；

（三）公安机关党委定期听取汇报，研究解决重要信访问题。

第十条 公安机关应当成立由主要领导任组长，有关领导任副组长，相关部门主要领导为成员的信访工作领导小组。信访工作领导小组履行下列职责：

（一）分析信访工作形势，为党委决策提供参考；

（二）督促落实信访工作的方针政策和决策部署；

（三）统筹协调、组织推进信访工作，督导落实信访工作责任；

（四）协调处理影响较大或者办理部门存在争议的信访事项；

（五）承担本级公安机关党委交办的其他事项。

信访工作领导小组应当每年向本级公安机关党委报告工作情况，定期召开会议听取各成员单位信访工作报告。

第十一条 县级以上公安机关应当建立信访工作机构，设立专门接待场所。

信访问题突出的部门应当结合实际，确定承担信访工作的机构及人员。

第十二条 信访部门是开展信访工作的专门机构，履行下列职责：

（一）接收、登记信访事项；

（二）受理、办理、转送、交办信访事项；

（三）协调、督促、检查重要信访事项的处理、落实；

（四）综合反映信访信息，分析研判信访情况；

（五）指导相关部门和下级公安机关的信访工作；

（六）提出改进工作、完善政策和追究责任的建议；

（七）承担本级公安信访工作领导小组办公室职责；

（八）承担本级公安机关党委和上级机关交办的其他信访事项。

第十三条　公安机关相关部门应当按照分工，履行下列职责：

（一）承办属于职责范围内的信访事项；

（二）向信访部门回复转送信访事项的处理结果；

（三）分析本部门信访问题成因，针对性改进工作；

（四）承担本级公安信访工作领导小组交办的其他事项。

第十四条　公安机关应当坚持社会矛盾纠纷多元预防调处化解机制，拓宽社会力量参与信访工作的制度化渠道，综合运用法律、政策、经济、行政等手段和教育、协商、疏导等办法，多措并举化解矛盾纠纷。

公安机关应当依法按政策及时解决群众合理合法诉求，耐心细致进行教育解释，符合条件的帮助予以司法救助。

第十五条　公安机关领导干部应当阅办群众来信和网上信访，定期接待群众来访和约访下访，调研督导信访工作，包案化解疑难、复杂和群众反映强烈的信访问题。

公安机关应当落实属地责任，认真接待处理群众来访，把问题解决在当地，引导信访人就地反映问题。建立完善联合接访工作机制，根据工作需要组织有关部门联合接待，一站式解决信访问题。

第十六条　公安机关应当建立重大信访信息报告和处理制度。对可能造成社会影响的重大、紧急信访事项和信访信息，应当及时报告本级党委政府和上一级公安机关，通报本级信访工作联席会议办公室，并在职责范围内依法及时采取措施，防止不良影响的产生、扩大。

第十七条　公安机关应当加强信访工作信息化、智能化建设，在依规依法、安全可靠的前提下，稳妥推进信访信息系统与本级党委政府信访部门、公安机关部门间互联互通、信息共享。

信访部门应当将信访事项的接收、处理等信息录入信访信息系统，使网上信访、来信、来访、来电的信息在网上流转，方便信访人查询处理情况、评价信访事项办理结果。

第十八条　公安机关应当加强信访队伍建设，选优配强领导班子，配备与形势任务相适应的工作力量，建立健全信访督察专员制度。建立完善优秀年轻干部、新提拔干部到信访岗位锻炼机制，深化信访工作人才库建设。应当关爱信访干部，落实轮岗交流，重视优秀干部使用，加强典型培养选树，打造高素质专业化信访干部队伍。

公安机关应当将信访工作列为各类教育培训公共课程和公安院校必修课程。

第十九条　公安机关应当为信访工作提供必要的支持和保障，所需经费列入本级预算。

第三章　信访事项的分类处理

第二十条　公安机关办理涉及公安机关及其工作人员履行职责、队伍管理问题的信访事项。

第二十一条　根据信访事项的性质、内容和主要诉求，信访事项分为申诉求决类、建议意见类、检举控告类等事项。

信访事项既有申诉求决诉求又有检举控告诉求，检举控告有实质内容的，分别处理；检举控告无实质内容的，按申诉求决类事项处理。

第二十二条　对申诉求决类信访事项，根据诉求内容及处理的程序，分为下列事项：

（一）通过法律程序处理的事项；

（二）通过复核、申诉等程序解决的人事争议事项；

（三）通过党员申诉、申请复审等程序解决的事项；

（四）不属于以上情形的事项。

第二十三条　符合下列诉求的信访事项属于通过法律程序处理的事项：

（一）申请查处违法犯罪行为、保护人身权或者财产权等合法权益的；

（二）可以通过行政裁决、行政确认、行政许可、行政处罚、政府信息公开等行政程序解决的；

（三）对公安机关作出的行政行为不服的；

（四）对公安机关依据刑事诉讼法授权的行为不服的；

（五）认为公安机关及其工作人员行使职权侵犯合法权益，造成损害，要求取得国家赔偿的；

（六）对公安机关出具或者委托其他机构出具的认定、鉴定意见不服，要求复核或者重新认定、鉴定的；

（七）公安机关通过法律程序处理的其他事项。

第二十四条　建议意见类信访事项由所提建议意见指向公安机关涉及职责的相关部门办理。

第二十五条　检举控告类信访事项由对被检举控告人有管理权限的公安机关纪律检查、组织人事等部门办理。

第二十六条　本规定第二十二条第一项至第三项信访事项，依照党内法规和法律法规由有权处理的公安机关相关部门办理；本规定第二十二条第四项信访事项，由诉求内容指向公安机关的信访部门办理。

第二十七条　信访事项涉及两个以上公安机关的，由相关公安机关协商；协商不成的，由共同的上一级公安机关指定的公安机关办理。

必要时，上级公安机关可以直接办理由下级公安机关办理的信访事项。

办理信访事项的公安机关分立、合并、撤销的，由继续行使其职权的公安机关办理；没有继续行使其职权的公安机关，由原公安机关的上一级公安机关或者其指定的公安机关办理。

第二十八条　信访事项涉及公安机关两个以上部门，或者相关部门对承办信访事项有异议的，由信访部门与相关部门协商；协商不成的，由信访部门提出意见后提请本级信访工作领导小组决定。

信访事项涉及的部门分立、合并、撤销的，由继续行使其职权的部门承办；继续行使其职权的部门不明确的，由信访部门提出意见后提请本级信访工作领导小组决定。

第四章　信访事项的提出和接收

第二十九条　公安机关应当向社会公布网络信访渠道、通信地址、投诉电话、信访接待的时间和地点、查询信访事项处理进展及结果的方式等相关事项。在信访接待场所或者互联网门户网站公布与信访工作有关的党内法规和法律法规、规范性文件，信访事项的处理程序，以及为信访人提供便利的其他事项。

第三十条　信访人一般应当采用书面形式并通过本规定第二十九条规定的信访渠道提出信访事项，载明其姓名（名称）、住址、联系方式和请求、事实、理由。对采用口头形式提出的信访事项，接待部门应当如实记录。

第三十一条　信访人采用走访形式提出信访事项的，应当到有权处理的公安机关或者上一级公安机关设立或者指定的接待场所提出。

多人采用走访形式提出共同的信访事项的，应当推选代表，代表人数不得超过5人。

第三十二条　信访人在信访过程中应当遵守法律、法规，不得损害国家、社会、集体的利益和其他公民的合法权利，自觉维护社会公共秩序和信访秩序，不得有下列行为：

（一）在机关、单位办公场所周围、公共场所非法聚集，围堵、冲击机关、单位，拦截公务车辆，或者堵塞、阻断交通；

（二）携带危险物品、管制器具；

（三）侮辱、殴打、威胁机关、单位工作人员，非法限制他人人身自由，或者毁坏财物；

（四）在信访接待场所滞留、滋事，或者将生活不能自理的人弃留在信访接待场所；

（五）煽动、串联、胁迫、以财物诱使、幕后操纵他人信访，或者以信访为名借机敛财；

（六）其他扰乱公共秩序、妨害国家和公共安全的行为。

第三十三条　对信访人直接提出的信访事项，公安机关应当接收，登记录入信访信息系统，按照下列方式处理：

（一）属于本机关职权范围且属于本规定第三十五条情形的，由信访部门转送有权处理的部门，并告知信访人接收情况以及处理途径和程序；属于本机关职权范围且属于本规定第二十二条第四项情形的，予以受理并告知信访人；

（二）属于下级公安机关职权范围的，自收到信访事项之日起15日内转送有权处理机关，转送信访事项中的重要情况需要反馈处理结果的予以交办，要求在指定期限内反馈结果，并告知信访人转送、交办去向；

（三）不属于本机关及下级公安机关职权范围的，告知信访人向有权处理的机关、单位提出。

前款规定的告知信访人，能够当场告知的，应当当场书面告知；不能当场告知的，应当自收到信访事项之日起15日内书面告知信访人，但信访人的姓名（名称）、住址不清的除外。

第三十四条　对党委政府信访部门和上级公安机关转送、交办的信访事项，按照下列方式处理：

（一）属于本机关职权范围的，按照本规定第三十三条第一款第一项、第二款规定处理；

（二）属于下级公安机关职权范围的，及时转送、交办有权处理机关；

（三）不属于本机关及下级公安机关职权范围的，自收到信访事项之日起5个工作日内提出异议并说明理由，经转送、交办的党委政府部门或者上级机关同意后退回；未能退回的，自收到信访事项之日起15日内书面告知信访人向有权处理的机关、单位提出。

对交办的信访事项，有权处理的公安机关应当在指定期限内办结，并向交办机关提交报告。

第五章　专门程序类事项的办理

第三十五条　专门程序类事项包括下列信访事项：

（一）建议意见类事项；

（二）检举控告类事项；

（三）本规定第二十二条第一项至第三项事项。

第三十六条　公安机关应当建立人民建议征集制度，主动听取群众建议意见并认真研究论证。对维护国家安全和社会稳定，或者加强改进公安工作和队伍建设有现实可行性的，应当采纳或者部分采纳，并予以回复。符合有关奖励规定的给予奖励。

第三十七条　对检举控告类信访事项，公安机关应当依规依纪依法办理和反馈。重大情况向公安机关主要领导报告。

不得将信访人的检举、揭发材料以及有关情况透露或者转给被检举、揭发的人员或者单位。

第三十八条　对本规定第二十二条第一项至第三项信访事项，公安机关应当导入党内法规和法律法规规定的程序办理，并依照规定将办理结果告知信访人。承办的部门在办结后5个工作日内将处理情况及结果书面反馈信访部门。

需要依申请启动的，公安机关应当告知信访人需要提供的相关材料；诉求缺乏形式要件的，可以根据情况要求信访人补充。

对本规定第二十三条第一项信访事项，法律法规没有履职期限规定的，应当自收到信访事项之日起两个月内履行或者答复。

第三十九条　对本级或者下级公安机关正在办理的信访事项，信访人以同一事实和理由提出信访诉求的，公安机关应当告知信访人办理情况。

第四十条　信访事项已经按照本规定第三十八条规定作出处理，信访人仍以同一事实和理由提出信访诉求的，公安机关不再重复处理；信访人提出新的事实和理由的，告知信访人按照相应的途径和程序提出。

第四十一条　对本规定第二十二条第一项信访事项，已经办结且符合法律规定要求，信访人仍反复提出相同信访诉求的，可以作出信访事项终结认定。信访事项终结的，认定机关应当书面告知信访人。

省级及以下公安机关办理信访事项的终结由省级公安机关认定。公安部办理信访事项的终结由公安部认定。

信访事项终结后，信访人仍以同一事实和理由提出信访诉求的，上级公安机关不再转送、交办。

第六章　信访程序类事项的办理

第一节　办理要求

第四十二条　对本规定第二十二条第四项信访事项，公安机关应当按照信访程序办理。

信访程序分为简易程序和普通程序。

第四十三条　下列初次信访事项可以适用简易程序：

（一）事实清楚、责任明确、争议不大、易于解决的；

（二）对提出的诉求可以即时反馈的；

（三）涉及群众日常生产生活、时效性强，应当即时处理的；

（四）有关机关已有明确承诺或者结论的；

(五)其他可以适用简易程序办理的。

第四十四条 下列信访事项不适用简易程序：
(一)党委政府信访部门和上级公安机关交办的；
(二)可能对信访人诉求不支持的；
(三)涉及多个责任主体或者集体联名投诉的重大、复杂、疑难等不宜适用简易程序办理的。

第四十五条 适用简易程序的，公安机关应当自收到信访事项之日起3个工作日内受理，并自受理之日起10个工作日内作出处理意见。

告知信访人受理和处理意见，除信访人要求出具纸质文书外，可以通过信息网络、手机短信等快捷方式告知；告知受理的，还可以采用当面口头方式。

第四十六条 适用简易程序办理过程中，信访部门发现不宜适用简易程序办理或者适用简易程序办理信访诉求未得到妥善解决的，应当经公安机关负责人批准后适用普通程序继续办理。

转为适用普通程序继续办理的信访事项，办理时限从适用简易程序受理之日起计算。

第四十七条 适用普通程序的，信访部门可以要求相关部门提出处理意见，或者当面听取信访人陈述事实和理由，向信访人、有关组织和人员调查，要求说明情况。对重大、复杂、疑难的信访事项，可以举行听证。

第四十八条 适用普通程序的，公安机关应当自受理之日起60日内办结；情况复杂的，经本机关负责人批准，可以延长办理期限，延长期限不得超过30日，并书面告知信访人延期理由。

第四十九条 在不违反法律法规强制性规定的情况下，公安机关可以在裁量权范围内，经争议双方当事人同意进行调解；可以引导争议双方当事人自愿和解。经调解、和解达成一致意见的，应当制作调解协议书或者和解协议书。

第五十条 公安机关应当按照下列规定作出处理，出具信访处理意见书并送达信访人：
(一)请求事实清楚，符合法律、法规、规章或者其他有关规定的，予以支持；
(二)请求事由合理但缺乏法律、法规、规章或者其他有关依据的，作出解释说明；
(三)请求缺乏事实根据，或者不符合法律、法规、规章或者其他有关规定的，不予支持。

信访处理意见书应当载明信访人投诉请求、事实和理由、处理意见及其法律法规依据。

支持信访请求的，信访部门应当督促相关部门执行；不予支持的，应当做好信访人的疏导教育工作。

第五十一条 对本级或者下级公安机关已经受理或者正在办理的信访事项，信访人在规定期限内以同一事实和理由再次提出信访诉求的，公安机关不重复受理并告知信访人。

第二节 复查和复核

第五十二条 信访人对公安机关的信访处理意见不服的，可以自收到信访处理意见书之日起30日内向处理机关的本级人民政府或者上一级公安机关提出复查请求。

第五十三条 信访人对公安机关的复查意见不服的，可以自收到信访复查意见书之日起30日内向复查机关的本级人民政府或者上一级公安机关提出复核请求。

第五十四条 信访人对省级公安机关的信访处理意见、复查意见不服的，向省级人民政府提出复查、复核请求。

第五十五条 复查、复核机关应当自收到请求之日起30日内办结。

对重大、复杂、疑难的信访事项，复核机关可以举行听证。复核机关决定听证的，应当自收到复核请求之日起30日内举行。听证所需时间不计算在复核期限内。

第五十六条 复查、复核机关应当按照下列规定作出处理，出具信访复查、复核意见书并送达信访人：
(一)信访处理意见、复查意见符合法律、法规、规章或者其他有关规定的，予以维持；
(二)信访处理意见、复查意见不符合法律、法规、规章或者其他有关规定的，予以撤销并责令30日内重新作出处理或者依职权直接变更。

对前款第二项撤销并责令重新作出处理的，原处理机关不得以同一事实和理由作出与原意见相同或者基本相同的处理意见或者复查意见。

第五十七条 复查、复核机关发现信访事项办理应当适用本规定第三十八条而未适用的，撤销信访处理意见、复查意见，责令重新处理；或者变更原处理意见、复查意见。

第五十八条　信访人对信访复核意见不服，仍然以同一事实和理由提出信访诉求的，公安机关不再受理并书面告知信访人。

第七章　监督与追责

第五十九条　公安机关应当对群众反映强烈或者重大、复杂、疑难的信访事项，以及复查、复核撤销、变更原处理意见、复查意见的信访事项组织评查。

信访事项评查工作由信访工作领导小组指定的部门组织开展，相关部门参与。上级公安机关可以通过异地指定、交叉互评、提级评查等方式开展评查。

信访事项评查应当重点从事实认定、证据收集、办理程序、法律适用、文书制作使用、办案效果等方面进行审查、评定，并出具评查报告。

第六十条　信访部门发现相关部门或者下级公安机关处理信访事项有下列情形之一的，应当进行督办：

（一）应当受理而不予受理的；

（二）未按照规定的程序、期限办理并反馈结果的；

（三）不执行信访处理意见或者复查、复核意见的；

（四）其他需要督办的情形。

信访督办可通过网上督办、发函督办、现场督办等形式实施，被督办的部门或者下级公安机关应当在30日内书面反馈办理结果。

第六十一条　公安机关应当将信访工作纳入巡视巡察、执法监督、警务督察范围，对本级及下级公安机关信访工作开展专项督察。

第六十二条　公安机关应当每年对下一级公安机关信访工作情况进行考核。考核结果在适当范围内通报，并作为对领导班子和有关领导干部综合考核评价的重要参考。

对信访工作成绩突出的单位或者个人，按照规定给予表彰奖励；信访工作履职不力、存在严重问题的，视情节轻重，由公安信访工作领导小组进行约谈、通报、挂牌督办、责令限期整改。

第六十三条　信访部门应当按照下列规定，履行三项建议职责：

（一）发现有本规定第六十条第一款情形的，及时向有关公安机关或者部门提出改进工作的建议；

（二）对工作中发现的政策性问题，及时向本级公安机关党委报告并提出完善政策的建议；

（三）违反本规定造成严重后果的，向有关公安机关或者部门提出对直接负责的主管人员和其他直接责任人员追究责任的建议。

对信访部门提出的三项建议，有关公安机关或者部门应当认真落实，并书面反馈情况。落实不力导致问题得不到解决的，责令改正；造成严重后果的，对直接负责的主管人员和其他直接责任人员依规依纪依法处理。

第六十四条　因下列情形之一导致信访事项发生，造成严重后果的，对直接负责的主管人员和其他直接责任人员依规依纪依法处理；构成犯罪的，依法追究刑事责任：

（一）超越或者滥用职权，侵害公民、法人或者其他组织合法权益；

（二）应当作为而不作为，损害公民、法人或者其他组织合法权益；

（三）适用法律法规错误或者违反法定程序，侵害公民、法人或者其他组织合法权益；

（四）拒不执行有权处理机关作出的支持信访请求意见。

第六十五条　信访事项处理有下列情形之一的，责令改正；造成严重后果的，对直接负责的主管人员和其他直接责任人员依规依纪依法处理：

（一）未按照规定登记、受理、转送、交办信访事项；

（二）未按照规定告知信访人；

（三）推诿、敷衍、拖延办理信访事项；

（四）作出不符合事实或者违反法律、法规、规章或者其他有关规定的错误结论；

（五）不履行或者不正确履行信访事项处理职责的其他情形。

第六十六条　有下列情形之一的，对直接负责的主管人员和其他直接责任人员依规依纪依法处理；构成犯罪的，依法追究刑事责任：

（一）对待信访人态度恶劣、作风粗暴，损害党群警民关系；

（二）在处理信访事项过程中吃拿卡要、谋取私利；

（三）对规模性集体访、负面舆情等处置不力，导致事态扩大；

（四）对可能造成社会影响的重大、紧急信访事项和信访信息隐瞒、谎报、缓报,或者未依法及时采取必要措施;

（五）将信访人的检举、揭发材料或者有关情况透露、转给被检举、揭发的人员或者单位;

（六）打击报复信访人;

（七）其他违规违纪违法的情形。

第六十七条 信访人违反本规定第三十一条、第三十二条规定的,信访部门应当对其进行劝阻、批评或者教育;信访人违反本规定第三十二条规定,构成违反治安管理行为的,或者违反集会游行示威相关法律法规的,公安机关依法采取必要的现场处置措施、给予治安管理处罚;构成犯罪的,依法追究刑事责任。

信访人捏造歪曲事实、诬告陷害他人,构成违反治安管理行为的,公安机关依法给予治安管理处罚;构成犯罪的,依法追究刑事责任。

第八章 附　则

第六十八条 本规定所称相关部门是指公安机关信访部门以外的内设机构和派出机构。

第六十九条 公安机关所属单位的信访工作,适用本规定。

第七十条 本规定自2023年7月1日起实施。

二、治安管理

中华人民共和国治安管理处罚法

- 2005年8月28日第十届全国人民代表大会常务委员会第十七次会议通过
- 根据2012年10月26日第十一届全国人民代表大会常务委员会第二十九次会议《关于修改〈中华人民共和国治安管理处罚法〉的决定》修正

理解与适用

1986年9月5日,第六届全国人大常委会第十七次会议通过了《中华人民共和国治安管理处罚条例》(以下简称《条例》),自1987年1月1日起实施以来,《条例》在维护社会治安秩序,保障公共安全,保护公民合法权益,预防和减少犯罪等方面发挥了重要作用。但是随着经济和社会的不断发展,社会治安出现了新情况、新问题,《条例》已经不能适应社会治安管理的需要。1994年5月12日,第八届全国人大常委会第七次会议对《条例》做了个别内容的修改。2005年8月28日,在全面总结《条例》实施经验以及对治安管理处罚制度进一步完善的基础上,第十届全国人民代表大会常务委员会第十七次会议通过了《中华人民共和国治安管理处罚法》。2012年10月26日第十一届全国人民代表大会常务委员会第二十九次会议决定对《中华人民共和国治安管理处罚法》作出修改,将原第60条第4项中"保外就医等监外执行中的罪犯"修改为"暂予监外执行中的罪犯"。

与《条例》相比,《治安管理处罚法》在维护社会治安秩序和公共安全、保护公民合法权益的基础上,增加了保护法人和其他组织合法权益、规范和保障公安机关及其人民警察依法履行治安管理职责的规定,赋予了公安机关更多的权限和手段。如将吊销公安机关发放的许可证和限期出境、驱逐出境新增为处罚种类,将违反治安管理行为由原来的73种增加到现在的238种,还赋予了公安机关办理治安案件必需的扣押、检查、追缴、收缴、取缔等强制措施。

违反治安管理行为是指各种扰乱社会秩序,妨害公共安全,侵犯人身权利、财产权利,妨害社会管理,尚不构成犯罪的行为。违反治安管理行为具有以下三个特征:

第一,违反治安管理行为是违反治安管理方面的行政法律、法规的违法行为。这是其区别于犯罪的一个特征。违反治安管理的行为侵犯的客体,主要是正常的社会秩序、公共安全、公民的人身权利、公私财产权利等几个方面,也即治安管理处罚法以及其他治安管理方面的法律、法规所要保护的社会关系,这与刑法规定的相应的几类犯罪行为所侵犯的客体在性质上是相同的。不同之处在于刑法规定的这几类犯罪行为,对相应的社会关系侵害的程度要严重于治安管理处罚法所规定的违反治安管理行为。第二,违反治安管理行为是违反治安管理方面的法律、法规的违法行为,并不是所有的侵犯上述几类社会关系的行为都属于违反治安管理行为,也不是所有的违反公安机关作为主管部门的法律、法规违法行为都属于违反治安管理行为。比如,违反《消费者权益保护法》等法律的违法行为,也可能会侵害他人人身权利、财产权利,但不属于违反治安管理行为。而且治安管理工作只是公安机关诸多行政管理工作的一个方面,其他如违反《道路交通安全法》《消防法》等法律的行为,虽然属于公安机关管理的事项,也会对公共安全、公民人身权利、公私财产权利造成损害,需要由公安机关给予相应的行政处罚,但并不属于违反治安管理行为。

第二,违反治安管理行为具有一定社会危害性。即侵犯了治安管理处罚法等有关治安管理的法律、法规所保护的特定的利益,是违反治安管理行为的一个本质特征。但是,违反治安管理行为的社会危害性在程度上又是有一定限度的,违反治安管理行为只是侵犯了治安管理法律、法规所保护的利益,在性质上属于一种违法行为,如其超过了这一限度,就会成为犯罪行为。

第三,违反治安管理行为具有应受治安管理处罚性。任何违法行为都要承担相应的法律后果,但不同性质的违法行为所应当承担的法律后果是不同的。民事违法行为要承担民事责任,如赔偿损失、返还原物、赔礼道歉等。刑事违法行为要承担刑事责任,如判处有期徒刑、罚金、剥夺政治权利等。而违反治安管理行为应当承担的是行政责任,具体说就是予以治安管理处罚,如警告、拘留、罚款等。如果行为情节非常轻微,不应当予以治安管理处罚,那么也就不属于违反治安管理行为。如果行为情节严重,应当予以刑罚的处罚,那就已经属于犯罪行为,而不是违反治安管理行为。

第一章 总 则

第一条 【立法目的】为维护社会治安秩序,保障公共安全,保护公民、法人和其他组织的合法权益,规范和保障公安机关及其人民警察依法履行治安管理职责,制定本法。

第二条 【违反治安管理行为的性质和特征】扰乱公共秩序,妨害公共安全,侵犯人身权利、财产权利,妨害社会管理,具有社会危害性,依照《中华人民共和国刑法》的规定构成犯罪的,依法追究刑事责任;尚不够刑事处罚的,由公安机关依照本法给予治安管理处罚。

第三条 【处罚程序应适用的法律规范】治安管理处罚的程序,适用本法的规定;本法没有规定的,适用《中华人民共和国行政处罚法》的有关规定。

注释 治安管理处罚是行政处罚的一种。《行政处罚法》就处罚程序有专门的规定。治安管理处罚除有具备自身特点的程序规定以外,在调查、决定和执行等诸多环节,与《行政处罚法》规定的程序有相同之处。本条是对治安管理处罚程序适用的衔接性规定,即在处罚程序方面,本法有规定的适用本法,本法没有规定的,适用《行政处罚法》规定的处罚程序。

链接 《行政处罚法》

第四条 【适用范围】在中华人民共和国领域内发生的违反治安管理行为,除法律有特别规定的外,适用本法。

在中华人民共和国船舶和航空器内发生的违反治安管理行为,除法律有特别规定的外,适用本法。

第五条 【基本原则】治安管理处罚必须以事实为依据,与违反治安管理行为的性质、情节以及社会危害程度相当。

实施治安管理处罚,应当公开、公正,尊重和保障人权,保护公民的人格尊严。

办理治安案件应当坚持教育与处罚相结合的原则。

注释 **处罚适当原则**

治安管理处罚的适当性原则要求治安管理处罚必须根据存在的违法事实进行裁判,并且设定或执行的处罚也必须与违反治安管理行为的性质、情节以及社会危害程度相当,不能过重或过轻。

保障人权原则

尊重和保障人权是我国《宪法》确立的原则,本条规定是该原则在本法中的体现。治安管理处罚法强调公安机关及其人民警察在实施治安管理处罚时,要尊重和保障人权,保护公民的人格尊严、保障公民的人身和财产权利等。

教育和处罚相结合的原则

教育和处罚相结合是由治安管理处罚的性质决定的。违反治安管理的行为属于一般违法行为,并未触犯《刑法》,尚未构成犯罪。治安管理处罚是人民群众自我教育、自我约束社会生活的行为准则,也是对少数违反治安管理行为的人实施处罚、进行教育的工具。

链接 《公安机关办理行政案件程序规定》第4-5条

第六条 【社会治安综合治理】各级人民政府应当加强社会治安综合治理,采取有效措施,化解社会矛盾,增进社会和谐,维护社会稳定。

第七条 【主管和管辖】国务院公安部门负责全国的治安管理工作。县级以上地方各级人民政府公安机关负责本行政区域内的治安管理工作。

治安案件的管辖由国务院公安部门规定。

注释 本条第1款是关于治安管理工作的主管部门的规定。根据这一规定，全国治安管理工作的主管部门是公安部。在地方，治安管理工作的主管部门是县级以上地方各级人民政府公安机关，具体包括各省、自治区、直辖市公安厅(局)，各市、州公安局及其公安分局，各县(市)公安局等。

本条第2款是关于治安案件管辖问题的授权性规定，即由国务院公安部门规定，具体可参见《公安机关办理行政案件程序规定》第二章。根据该章的规定，行政案件一般由违法行为地的公安机关管辖。由违法行为人居住地公安机关管辖更为适宜的，可以由违法行为人居住地公安机关管辖，但是涉及卖淫、嫖娼、赌博、毒品的案件除外。违法行为地包括违法行为发生地和违法结果发生地。违法行为发生地，包括违法行为的实施地以及开始地、途经地、结束地等与违法行为有关的地点；违法行为有连续、持续或者继续状态的，违法行为连续、持续或者继续实施的地方都属于违法行为发生地。违法结果发生地包括违法对象被侵害地、违法所得的实际取得地、藏匿地、转移地、使用地、销售地。居住地包括户籍所在地、经常居住地。经常居住地是指公民离开户籍所在地最后连续居住一年以上的地方，但在医院住院就医的除外。几个公安机关都有权管辖的行政案件，由最初受理的公安机关管辖。必要时，可以由主要违法行为地公安机关管辖。就管辖权发生争议的，报请共同的上一级公安机关指定管辖。对于重大、复杂的案件，上级公安机关可以直接办理或指定管辖。由上级公安机关直接办理或者指定管辖的，应当书面通知被指定管辖的公安机关和其他有关的公安机关。原受理案件的公安机关自收到上级公安机关书面通知之日起不再行使管辖权，并立即将案卷材料移送被指定管辖的公安机关或者办理的上级公安机关，并及时书面通知当事人。此外，该规定还对铁路、港航、民航、森林公安机关的管辖作出了规定。

链接 《公安机关办理行政案件程序规定》第10-16条；《行政处罚法》第22-27条

第八条 【民事责任】 违反治安管理的行为对他人造成损害的，行为人或者其监护人应当依法承担民事责任。

注释 治安管理处罚在法律性质上属于行政法的范畴，本条的规定是《治安管理处罚法》与民事侵权法律之间的衔接，目的是使违反治安管理行为的受害人因违反治安管理行为所遭受的损害能够及时得到民事赔偿。《治安管理处罚法》规定的众多违法行为中，很多都兼具行政违法性和民事侵权性的双重特征。本条只是一种原则性规定，关于具体民事责任的范围、承担方式等问题，都需要依照有关民事法律来确定。值得注意的是，除本法第9条规定的情形以外，不得以民事责任的承担替代治安管理处罚。

链接 《民法典侵权责任编》；《最高人民法院关于确定民事侵权精神损害赔偿责任若干问题的解释》

第九条 【调解】 对于因民间纠纷引起的打架斗殴或者损毁他人财物等违反治安管理行为，情节较轻的，公安机关可以调解处理。经公安机关调解，当事人达成协议的，不予处罚。经调解未达成协议或者达成协议后不履行的，公安机关应当依照本法的规定对违反治安管理行为人给予处罚，并告知当事人可以就民事争议依法向人民法院提起民事诉讼。

注释 调解制度是我国法律制度的一个特色。民间纠纷是指群众之间在日常生活中发生的各种争议，如发生在家庭、邻里、同事等之间的较小争议。对情节轻微、事实清楚、因果关系明确，不涉及医疗费用、物品损失或者双方当事人对医疗费用和物品损失的赔付无争议，符合治安调解条件，双方当事人同意当场调解并当场履行的治安案件，可以当场调解，并制作调解协议书。当事人的基本情况、主要违法事实和协议内容在现场录音录像中有明确记录的，不再制作调解协议书。

链接 《公安机关执行〈中华人民共和国治安管理处罚法〉有关问题的解释》第1条；《公安机关治安调解工作规范》；《公安机关办理行政案件程序规定》第178-186条

第二章 处罚的种类和适用

第十条 【处罚种类】 治安管理处罚的种类分为：

(一)警告；

(二)罚款；

(三)行政拘留；

(四)吊销公安机关发放的许可证。

对违反治安管理的外国人，可以附加适用限

期出境或者驱逐出境。

注释 警告

警告是对违反治安管理行为的一种最轻的处罚,也是行政处罚中最轻的一种处罚。警告的目的在于对违法行为人提出告诫,指出危害,使其引起警觉,不致再犯。主要适用于一些初次违反治安管理,且情节轻微、态度较好的人。必须注意,警告作为一种行政处罚,也必须遵循本法第四章关于处罚程序的规定。

罚款

治安罚款是公安机关在处理治安管理案件中适用比较普遍的一种处罚形式,是对违反治安管理的人限令其在一定期限内向国家交纳一定数额金钱的行政处罚。罚款不同于罚金,罚金是《刑法》规定的刑罚的一种。

行政拘留

行政拘留是公安机关对违反治安管理人依法在一定时间内拘禁留置于法定处所,剥夺其人身自由的一种治安行政处罚方法,也是治安管理处罚种类中最重的处罚,主要适用于违反治安管理行为情节较严重的人。行政拘留不同于刑事拘留和司法拘留。

吊销公安机关发放的许可证

吊销公安机关发放的许可证是本法规定的一种资格罚。必须注意的是,许可证一般由颁发许可证照的机关予以吊销。所以公安机关吊销的只能是由公安机关发放的许可证,而不能吊销由其他机关颁发的许可证照。

限期出境和驱逐出境

这两种附加处罚的适用对象仅限于外国人(包括无国籍人),不适用于我国公民(包括华侨)。限期出境属于责令自行离境,但负责执行的公安机关可以监督其离开。驱逐出境是强迫违反治安管理的外国人离开我国国境。《刑法》第35条规定驱逐出境为一种附加刑,但是《刑法》中的附加刑可以独立适用也可以附加适用。本法规定,限期出境和驱逐出境可附加适用,而没有规定其是否可独立适用。这是与《刑法》规定的不同之处。对外国人依法决定处以警告、罚款、行政拘留,并附加适用限期出境、驱逐出境的,应当在警告、罚款、行政拘留执行完毕后,再执行限期出境、驱逐出境。

链接《公安机关执行〈中华人民共和国治安管理处罚法〉有关问题的解释》第2条

第十一条 【查获违禁品、工具和违法所得财物的处理】办理治安案件所查获的毒品、淫秽物品等违禁品,赌具、赌资,吸食、注射毒品的用具以及直接用于实施违反治安管理行为的本人所有的工具,应当收缴,按照规定处理。

违反治安管理所得的财物,追缴退还被侵害人;没有被侵害人的,登记造册,公开拍卖或者按照国家有关规定处理,所得款项上缴国库。

第十二条 【未成年人违法的处罚】已满十四周岁不满十八周岁的人违反治安管理的,从轻或者减轻处罚;不满十四周岁的人违反治安管理的,不予处罚,但是应当责令其监护人严加管教。

注释 治安法律责任年龄

本条规定了3个年龄段的人违反治安管理行为时所应承担的不同法律责任。违反治安管理行为时已经年满18周岁的公民是完全治安法律责任能力人;违反治安管理行为时已满14周岁不满18周岁的公民,是相对治安法律责任能力人,对其应当从轻或减轻处罚;违反治安管理行为时尚未满14周岁的公民是无治安法律责任能力人,《治安管理处罚法》规定对其不予治安处罚,同时规定加强其监护人的管教责任。

从轻处罚与减轻处罚

"从轻处罚",是指在法定的处罚种类和幅度范围内,处以比依其违法的性质和情节轻重本应受处罚较轻的处罚,如法律规定对盗窃、损毁油气管道设施的,处10日以上15日以下拘留,某公安机关对某违法行为人依其违法性质和情节决定予以12天拘留,但同时考虑其有法律规定之"从轻"情节,遂予以11天拘留。"减轻处罚"是在法定的处罚种类和幅度以下给予处罚,对于"减轻处罚",按下列规定适用:第一,法定处罚种类只有一种,在该法定处罚种类以下减轻处罚;第二,法定处罚种类只有一种,在该法定处罚种类的幅度以下无法再减轻处罚的,不予处罚;第三,规定拘留并罚款的,在法定处罚幅度以下单独或同时减轻拘留和罚款,或者在法定处罚幅度内单处拘留;第四,规定拘留可以并处罚款的,在拘留的法定处罚幅度以下减轻处罚;在拘留的法定处罚幅度以下无法再减轻处罚的,不予处罚。

链接《公安机关执行〈中华人民共和国治安管理处罚法〉有关问题的解释》第3条;《公安机关执行

《中华人民共和国治安管理处罚法》有关问题的解释(二)》第3-4条;《公安机关办理行政案件程序规定》第6、157条

第十三条　【精神病人违法的处罚】精神病人在不能辨认或者不能控制自己行为的时候违反治安管理的,不予处罚,但是应当责令其监护人严加看管和治疗。间歇性的精神病人在精神正常的时候违反治安管理的,应当给予处罚。

第十四条　【盲人或聋哑人违法的处罚】盲人或者又聋又哑的人违反治安管理的,可以从轻、减轻或者不予处罚。

第十五条　【醉酒的人违法的处罚】醉酒的人违反治安管理的,应当给予处罚。

醉酒的人在醉酒状态中,对本人有危险或者对他人的人身、财产或者公共安全有威胁的,应当对其采取保护性措施约束至酒醒。

第十六条　【有两种以上违法行为的处罚】有两种以上违反治安管理行为的,分别决定,合并执行。行政拘留处罚合并执行的,最长不超过二十日。

注释　对于不同的违法行为,要分别裁决,即公安机关对违反治安管理行为人所实施的数种违反治安管理行为,应一种一种地分别进行裁决。分别裁决有利于分清违法行为的事实、明确责任,为当事人依法寻求救济提供方便。

合并执行并不表示所有的处罚种类都可以合并到一起执行,如不同种类的行政处罚无法合并执行,两个警告也无法合并执行。只有同是罚款或同是行政拘留的处罚才可以合并执行。两个以上的罚款可以将数额相加而合并执行;两个以上的拘留可以将拘留天数相加执行,当然,合并执行两个以上的拘留,其实际拘留执行天数不应当超过法定最长期限20天。

需要指出的是,分别决定的前提是违反治安管理行为人实施了不同的违法行为,如果实施的是同种行为,则不能适用分别决定的规定,则也不存在合并拘留处罚的问题。其次,根据法律作出的决定结果必须都是行政拘留,如果既有拘留,还有罚款等治安处罚,则只能分别处罚,不得合并或者折合拘留执行。最后,合并拘留的最长期限为20天,即将对违反治安管理行为人的行政拘留期限合并后的执行期限最长不得超过20天,即使简单相加已经远远超出20天。

链接《公安机关办理行政案件程序规定》第161条

第十七条　【共同违法行为的处罚】共同违反治安管理的,根据违反治安管理行为人在违反治安管理行为中所起的作用,分别处罚。

教唆、胁迫、诱骗他人违反治安管理的,按照其教唆、胁迫、诱骗的行为处罚。

注释　**共同违反治安管理**

共同违反治安管理,是指两人或两人以上共同违反治安管理的行为。这种共同行为一般具有以下特点:主观方面,各个违反治安管理的主体都有共同实施违反治安管理行为的故意;客观方面,共同违反治安管理的主体必须共同实施违反治安管理的行为。为了同一个目的,彼此联系、积极配合、共同实施。

分别处罚,是指对共同违反治安管理行为人,根据他们在同一违反治安管理行为中的违法情节,明确应负的法律责任,分别给予不同的处罚。分别处罚是为自己行为负责原则的必然要求。对其中起主要作用的组织者、策划者和起次要作用、辅助作用的行为人应当区别对待。

教唆、胁迫、诱骗

教唆是指以劝说、挑拨、煽动等多种方法故意实施的唆使他人违反治安管理的行为;胁迫是指用威逼、强制的手段迫使他人违反治安管理的行为,包括暴力胁迫和非暴力胁迫;诱骗是指用引诱、欺骗的方法使他人上当受骗而实施违反治安管理行为。以上三种行为只要存在其中一种即可处罚,即按照其教唆、胁迫、诱骗的行为处罚。

第十八条　【单位违法行为的处罚】单位违反治安管理的,对其直接负责的主管人员和其他直接责任人员依照本法的规定处罚。其他法律、行政法规对同一行为规定给予单位处罚的,依照其规定处罚。

第十九条　【减轻处罚或不予处罚的情形】违反治安管理有下列情形之一的,减轻处罚或者不予处罚:

(一)情节特别轻微的;

(二)主动消除或者减轻违法后果,并取得被侵害人谅解的;

(三)出于他人胁迫或者诱骗的;

(四)主动投案,向公安机关如实陈述自己的违法行为的;

(五)有立功表现的。

注释 主动投案

违反治安管理行为人自觉主动地向公安机关如实陈述自己的违法行为,并积极配合公安机关的查处工作,属于主动投案的行为。既包括自己积极主动向公安机关投案,也包括在亲属规劝下的投案;既包括亲自到公安机关的投案,也包括电话形式的投案。除向公安机关投案以外,行为人还可以向其所在单位、城乡基层组织或者其他有关负责人员投案。具体讲,可分为以下几类:(1)行为人系在职、在岗人员,有工作单位的,可以向所在单位投案;(2)行为人系城镇无业居民,没有工作单位的,可以向其所在的街道办事处、居委会等基层组织投案;(3)行为人系从事农业生产劳动的农民及农村个体手工业者等,可以向其所在的乡村基层组织,如乡人民政府、村民委员会等投案;(4)行为人系在校或不在校的未成年人,可以向其就读的学校或者监护人所在的单位投案;(5)行为人还可以向其他有关负责人员及某些个人投案。

有立功表现

有立功表现是对出现违法行为后的悔改表现的规定。立功,一般是指揭发、检举其他违法行为人的违法行为,或者提供重要线索、证据等情形。

链接《公安机关执行〈中华人民共和国治安管理处罚法〉有关问题的解释》第3条;《公安机关执行〈中华人民共和国治安管理处罚法〉有关问题的解释(二)》第4条;《公安机关办理行政案件程序规定》第159条

第二十条 【从重处罚的情形】违反治安管理有下列情形之一的,从重处罚:

(一)有较严重后果的;

(二)教唆、胁迫、诱骗他人违反治安管理的;

(三)对报案人、控告人、举报人、证人打击报复的;

(四)六个月内曾受过治安管理处罚的。

注释 从重处罚是指公安机关在法律、法规和规章规定的处罚方式和处罚幅度内,对于违反治安管理的行为人给予较重的处罚,具体来说有两种情形:一是在几种可能的处罚方式中,选择较重的处罚方式,如对于一种违法行为可以处以警告、罚款、拘留的,选择拘留的处罚方式就是从重处罚;二是在同一处罚方式允许的幅度内选择较高的幅度处罚,如公安机关对行为人可以"处10日以上15日以下的拘留",决定处以14日的拘留就是从重处罚。

本条规定了四种治安管理从重处罚的情形。注意以下两种情形:有较严重的后果,主要是从违反治安管理行为所造成的间接危害的角度考虑其后果比较严重;6个月内曾受过治安管理处罚的,包括因违反治安管理而受到过警告、罚款、拘留等任何一种处罚,不论其是否属于同类处罚,是否由同一公安机关作出。

此外,关于从重处罚,《公安机关办理行政案件程序规定》第160条还规定了一种情形:刑罚执行完毕3年内,或者在缓刑期间,违反治安管理的。

链接《公安机关办理行政案件程序规定》第160条

第二十一条 【应给予行政拘留处罚而不予执行的情形】违反治安管理行为人有下列情形之一,依照本法应当给予行政拘留处罚的,不执行行政拘留处罚:

(一)已满十四周岁不满十六周岁的;

(二)已满十六周岁不满十八周岁,初次违反治安管理的;

(三)七十周岁以上的;

(四)怀孕或者哺乳自己不满一周岁婴儿的。

注释 行为人的行为已经违反《治安管理处罚法》,而且《治安管理处罚法》对该行为规定了拘留的处罚,并且从违法行为人的违法情节、危害后果等方面考虑应当给予行政拘留处罚;只有对本条规定的4种情形下的违法主体才不适用拘留,除此之外应当执行;在本条4种情形下如对违反治安管理行为人,只规定了拘留的行政处罚,则对行为人不再追究处罚责任,如果行为人的违法行为,由法律规定了拘留之外的其他处罚,仍然要执行。此外,对这几类人不执行行政拘留,并不意味着不采取措施。根据《公安机关执行〈中华人民共和国治安管理处罚法〉有关问题的解释》第5条,被处罚人居住地公安派出所应当会同被处罚人所在单位、学校、家庭、居(村)民委员会、未成年人保护组织和有关社会团体进行帮教。

链接《公安机关执行〈中华人民共和国治安管理处罚法〉有关问题的解释》第5条;《公安机关执行〈中华人民共和国治安管理处罚法〉有关问题的解

释(二)》第5条

第二十二条 【追究时效】违反治安管理行为在六个月内没有被公安机关发现的,不再处罚。

前款规定的期限,从违反治安管理行为发生之日起计算;违反治安管理行为有连续或者继续状态的,从行为终了之日起计算。

第三章 违反治安管理的行为和处罚

第一节 扰乱公共秩序的行为和处罚

第二十三条 【对扰乱单位、公共场所、公共交通和选举秩序行为的处罚】有下列行为之一的,处警告或者二百元以下罚款;情节较重的,处五日以上十日以下拘留,可以并处五百元以下罚款:

(一)扰乱机关、团体、企业、事业单位秩序,致使工作、生产、营业、医疗、教学、科研不能正常进行,尚未造成严重损失的;

(二)扰乱车站、港口、码头、机场、商场、公园、展览馆或者其他公共场所秩序的;

(三)扰乱公共汽车、电车、火车、船舶、航空器或者其他公共交通工具上的秩序的;

(四)非法拦截或者强登、扒乘机动车、船舶、航空器以及其他交通工具,影响交通工具正常行驶的;

(五)破坏依法进行的选举秩序的。

聚众实施前款行为的,对首要分子处十日以上十五日以下拘留,可以并处一千元以下罚款。

第二十四条 【对扰乱文化、体育等大型群众性活动秩序行为的处罚】有下列行为之一,扰乱文化、体育等大型群众性活动秩序的,处警告或者二百元以下罚款;情节严重的,处五日以上十日以下拘留,可以并处五百元以下罚款:

(一)强行进入场内的;

(二)违反规定,在场内燃放烟花爆竹或者其他物品的;

(三)展示侮辱性标语、条幅等物品的;

(四)围攻裁判员、运动员或者其他工作人员的;

(五)向场内投掷杂物,不听制止的;

(六)扰乱大型群众性活动秩序的其他行为。

因扰乱体育比赛秩序被处以拘留处罚的,可以同时责令其十二个月内不得进入体育场馆观看同类比赛;违反规定进入体育场馆的,强行带离现场。

第二十五条 【对扰乱公共秩序行为的处罚】有下列行为之一的,处五日以上十日以下拘留,可以并处五百元以下罚款;情节较轻的,处五日以下拘留或者五百元以下罚款:

(一)散布谣言,谎报险情、疫情、警情或以其他方法故意扰乱公共秩序的;

(二)投放虚假的爆炸性、毒害性、放射性、腐蚀性物质或者传染病病原体等危险物质扰乱公共秩序的;

(三)扬言实施放火、爆炸、投放危险物质扰乱公共秩序的。

第二十六条 【对寻衅滋事行为的处罚】有下列行为之一的,处五日以上十日以下拘留,可以并处五百元以下罚款;情节较重的,处十日以上十五日以下拘留,可以并处一千元以下罚款:

(一)结伙斗殴的;

(二)追逐、拦截他人的;

(三)强拿硬要或者任意损毁、占用公私财物的;

(四)其他寻衅滋事行为。

第二十七条 【对利用封建迷信、会道门进行非法活动行为的处罚】有下列行为之一的,处十日以上十五日以下拘留,可以并处一千元以下罚款;情节较轻的,处五日以上十日以下拘留,可以并处五百元以下罚款:

(一)组织、教唆、胁迫、诱骗、煽动他人从事邪教、会道门活动或者利用邪教、会道门、迷信活动,扰乱社会秩序、损害他人身体健康的;

(二)冒用宗教、气功名义进行扰乱社会秩序、损害他人身体健康活动的。

第二十八条 【对干扰无线电业务及无线电台(站)行为的处罚】违反国家规定,故意干扰无线电业务正常进行的,或者对正常运行的无线电台(站)产生有害干扰,经有关主管部门指出后,拒不采取有效措施消除的,处五日以上十日以下拘留;情节严重的,处十日以上十五日以下拘留。

第二十九条 【对侵入、破坏计算机信息系统行为的处罚】有下列行为之一的,处五日以下拘留;情节较重的,处五日以上十日以下拘留:

(一)违反国家规定,侵入计算机信息系统,造成危害的;

(二)违反国家规定,对计算机信息系统功能

进行删除、修改、增加、干扰,造成计算机信息系统不能正常运行的;

(三)违反国家规定,对计算机信息系统中存储、处理、传输的数据和应用程序进行删除、修改、增加的;

(四)故意制作、传播计算机病毒等破坏性程序,影响计算机信息系统正常运行的。

第二节　妨害公共安全的行为和处罚

第三十条　【对违反危险物质管理行为的处罚】违反国家规定,制造、买卖、储存、运输、邮寄、携带、使用、提供、处置爆炸性、毒害性、放射性、腐蚀性物质或者传染病病原体等危险物质的,处十日以上十五日以下拘留;情节较轻的,处五日以上十日以下拘留。

第三十一条　【对危险物质被盗、被抢、丢失不报行为的处罚】爆炸性、毒害性、放射性、腐蚀性物质或者传染病病原体等危险物质被盗、被抢或者丢失,未按规定报告的,处五日以下拘留;故意隐瞒不报的,处五日以上十日以下拘留。

第三十二条　【对非法携带管制器具行为的处罚】非法携带枪支、弹药或者弩、匕首等国家规定的管制器具的,处五日以下拘留,可以并处五百元以下罚款;情节较轻的,处警告或者二百元以下罚款。

非法携带枪支、弹药或者弩、匕首等国家规定的管制器具进入公共场所或者公共交通工具的,处五日以上十日以下拘留,可以并处五百元以下罚款。

第三十三条　【对盗窃、损毁公共设施行为的处罚】有下列行为之一的,处十日以上十五日以下拘留:

(一)盗窃、损毁油气管道设施、电力电信设施、广播电视设施、水利防汛工程设施或者水文监测、测量、气象测报、环境监测、地质监测、地震监测等公共设施的;

(二)移动、损毁国家边境的界碑、界桩以及其他边境标志、边境设施或者领土、领海标志设施的;

(三)非法进行影响国(边)界线走向的活动或者修建有碍国(边)境管理的设施的。

第三十四条　【对妨害航空器飞行安全行为的处罚】盗窃、损坏、擅自移动使用中的航空设施,或者强行进入航空器驾驶舱的,处十日以上十五日以下拘留。

在使用中的航空器上使用可能影响导航系统正常功能的器具、工具,不听劝阻的,处五日以下拘留或者五百元以下罚款。

第三十五条　【对妨害铁路运行安全行为的处罚】有下列行为之一的,处五日以上十日以下拘留,可以并处五百元以下罚款;情节较轻的,处五日以下拘留或者五百元以下罚款:

(一)盗窃、损毁或者擅自移动铁路设施、设备、机车车辆配件或者安全标志的;

(二)在铁路线路上放置障碍物,或者故意向列车投掷物品的;

(三)在铁路线路、桥梁、涵洞处挖掘坑穴、采石取沙的;

(四)在铁路线路上私设道口或者平交过道的。

第三十六条　【对妨害列车行车安全行为的处罚】擅自进入铁路防护网或者火车来临时在铁路线路上行走坐卧、抢越铁路,影响行车安全的,处警告或者二百元以下罚款。

第三十七条　【对妨害公共道路安全行为的处罚】有下列行为之一的,处五日以下拘留或者五百元以下罚款;情节严重的,处五日以上十日以下拘留,可以并处五百元以下罚款:

(一)未经批准,安装、使用电网的,或者安装、使用电网不符合安全规定的;

(二)在车辆、行人通行的地方施工,对沟井坎穴不设覆盖物、防围和警示标志的,或者故意损毁、移动覆盖物、防围和警示标志的;

(三)盗窃、损毁路面井盖、照明等公共设施的。

第三十八条　【对违反规定举办大型活动行为的处罚】举办文化、体育等大型群众性活动,违反有关规定,有发生安全事故危险的,责令停止活动,立即疏散;对组织者处五日以上十日以下拘留,并处二百元以上五百元以下罚款;情节较轻的,处五日以下拘留或者五百元以下罚款。

第三十九条　【对违反公共场所安全规定行为的处罚】旅馆、饭店、影剧院、娱乐场、运动场、展览馆或者其他供社会公众活动的场所的经营管理人员,违反安全规定,致使该场所有发生安全事故危险,经公安机关责令改正,拒不改正的,处五日以下拘留。

第三节 侵犯人身权利、财产权利的行为和处罚

第四十条 【对恐怖表演、强迫劳动、限制人身自由行为的处罚】有下列行为之一的,处十日以上十五日以下拘留,并处五百元以上一千元以下罚款;情节较轻的,处五日以上十日以下拘留,并处二百元以上五百元以下罚款:

(一)组织、胁迫、诱骗不满十六周岁的人或者残疾人进行恐怖、残忍表演的;

(二)以暴力、威胁或者其他手段强迫他人劳动的;

(三)非法限制他人人身自由、非法侵入他人住宅或者非法搜查他人身体的。

第四十一条 【对胁迫利用他人乞讨和滋扰乞讨行为的处罚】胁迫、诱骗或者利用他人乞讨的,处十日以上十五日以下拘留,可以并处一千元以下罚款。

反复纠缠、强行讨要或者以其他滋扰他人的方式乞讨的,处五日以下拘留或者警告。

第四十二条 【对侵犯人身权利六项行为的处罚】有下列行为之一的,处五日以下拘留或者五百元以下罚款;情节较重的,处五日以上十日以下拘留,可以并处五百元以下罚款:

(一)写恐吓信或者以其他方法威胁他人人身安全的;

(二)公然侮辱他人或者捏造事实诽谤他人的;

(三)捏造事实诬告陷害他人,企图使他人受到刑事追究或者受到治安管理处罚的;

(四)对证人及其近亲属进行威胁、侮辱、殴打或者打击报复的;

(五)多次发送淫秽、侮辱、恐吓或者其他信息,干扰他人正常生活的;

(六)偷窥、偷拍、窃听、散布他人隐私的。

第四十三条 【对殴打或故意伤害他人身体行为的处罚】殴打他人的,或者故意伤害他人身体的,处五日以上十日以下拘留,并处二百元以上五百元以下罚款;情节较轻的,处五日以下拘留或者五百元以下罚款。

有下列情形之一的,处十日以上十五日以下拘留,并处五百元以上一千元以下罚款:

(一)结伙殴打、伤害他人的;

(二)殴打、伤害残疾人、孕妇、不满十四周岁的人或者六十周岁以上的人的;

(三)多次殴打、伤害他人或者一次殴打、伤害多人的。

第四十四条 【对猥亵他人和在公共场所裸露身体行为的处罚】猥亵他人的,或者在公共场所故意裸露身体,情节恶劣的,处五日以上十日以下拘留;猥亵智力残疾人、精神病人、不满十四周岁的人或者有其他严重情节的,处十日以上十五日以下拘留。

第四十五条 【对虐待家庭成员、遗弃被扶养人行为的处罚】有下列行为之一的,处五日以下拘留或者警告:

(一)虐待家庭成员,被虐待人要求处理的;

(二)遗弃没有独立生活能力的被扶养人的。

第四十六条 【对强迫交易行为的处罚】强买强卖商品,强迫他人提供服务或者强迫他人接受服务的,处五日以上十日以下拘留,并处二百元以上五百元以下罚款;情节较轻的,处五日以下拘留或者五百元以下罚款。

第四十七条 【对煽动民族仇恨、民族歧视行为的处罚】煽动民族仇恨、民族歧视,或者在出版物、计算机信息网络中刊载民族歧视、侮辱内容的,处十日以上十五日以下拘留,可以并处一千元以下罚款。

第四十八条 【对侵犯通信自由行为的处罚】冒领、隐匿、毁弃、私自开拆或者非法检查他人邮件的,处五日以下拘留或者五百元以下罚款。

第四十九条 【对盗窃、诈骗、哄抢、抢夺、敲诈勒索、损毁公私财物行为的处罚】盗窃、诈骗、哄抢、抢夺、敲诈勒索或者故意损毁公私财物的,处五日以上十日以下拘留,可以并处五百元以下罚款;情节较重的,处十日以上十五日以下拘留,可以并处一千元以下罚款。

第四节 妨害社会管理的行为和处罚

第五十条 【对拒不执行紧急状态决定、命令和阻碍执行公务的处罚】有下列行为之一的,处警告或者二百元以下罚款;情节严重的,处五日以上十日以下拘留,可以并处五百元以下罚款:

(一)拒不执行人民政府在紧急状态情况下依法发布的决定、命令的;

(二)阻碍国家机关工作人员依法执行职务

的；

（三）阻碍执行紧急任务的消防车、救护车、工程抢险车、警车等车辆通行的；

（四）强行冲闯公安机关设置的警戒带、警戒区的。

阻碍人民警察依法执行职务的，从重处罚。

第五十一条 【对招摇撞骗行为的处罚】冒充国家机关工作人员或者以其他虚假身份招摇撞骗的，处五日以上十日以下拘留，可以并处五百元以下罚款；情节较轻的，处五日以下拘留或者五百元以下罚款。

冒充军警人员招摇撞骗的，从重处罚。

第五十二条 【对伪造、变造、买卖公文、证件、票证行为的处罚】有下列行为之一的，处十日以上十五日以下拘留，可以并处一千元以下罚款；情节较轻的，处五日以上十日以下拘留，可以并处五百元以下罚款：

（一）伪造、变造或者买卖国家机关、人民团体、企业、事业单位或者其他组织的公文、证件、证明文件、印章的；

（二）买卖或者使用伪造、变造的国家机关、人民团体、企业、事业单位或者其他组织的公文、证件、证明文件的；

（三）伪造、变造、倒卖车票、船票、航空客票、文艺演出票、体育比赛入场券或者其他有价票证、凭证的；

（四）伪造、变造船舶户牌，买卖或者使用伪造、变造的船舶户牌，或者涂改船舶发动机号码的。

第五十三条 【对船舶擅自进入禁、限入水域或岛屿行为的处罚】船舶擅自进入、停靠国家禁止、限制进入的水域或者岛屿的，对船舶负责人及有关责任人员处五百元以上一千元以下罚款；情节严重的，处五日以下拘留，并处五百元以上一千元以下罚款。

第五十四条 【对违法设立社会团体行为的处罚】有下列行为之一的，处十日以上十五日以下拘留，并处五百元以上一千元以下罚款；情节较轻的，处五日以下拘留或者五百元以下罚款：

（一）违反国家规定，未经注册登记，以社会团体名义进行活动，被取缔后，仍进行活动的；

（二）被依法撤销登记的社会团体，仍以社会团体名义进行活动的；

（三）未经许可，擅自经营按照国家规定需要由公安机关许可的行业的。

有前款第三项行为的，予以取缔。

取得公安机关许可的经营者，违反国家有关管理规定，情节严重的，公安机关可以吊销许可证。

第五十五条 【对非法集会、游行、示威行为的处罚】煽动、策划非法集会、游行、示威，不听劝阻的，处十日以上十五日以下拘留。

第五十六条 【对旅馆工作人员违反规定行为的处罚】旅馆业的工作人员对住宿的旅客不按规定登记姓名、身份证件种类和号码的，或者明知住宿的旅客将危险物质带入旅馆，不予制止的，处二百元以上五百元以下罚款。

旅馆业的工作人员明知住宿的旅客是犯罪嫌疑人员或者被公安机关通缉的人员，不向公安机关报告的，处二百元以上五百元以下罚款；情节严重的，处五日以下拘留，可以并处五百元以下罚款。

第五十七条 【对违法出租房屋行为的处罚】房屋出租人将房屋出租给无身份证件的人居住的，或者不按规定登记承租人姓名、身份证件种类和号码的，处二百元以上五百元以下罚款。

房屋出租人明知承租人利用出租房屋进行犯罪活动，不向公安机关报告的，处二百元以上五百元以下罚款；情节严重的，处五日以下拘留，可以并处五百元以下罚款。

第五十八条 【对制造噪声干扰他人生活行为的处罚】违反关于社会生活噪声污染防治的法律规定，制造噪声干扰他人正常生活的，处警告；警告后不改正的，处二百元以上五百元以下罚款。

第五十九条 【对违法典当、收购行为的处罚】有下列行为之一的，处五百元以上一千元以下罚款；情节严重的，处五日以上十日以下拘留，并处五百元以上一千元以下罚款：

（一）典当业工作人员承接典当的物品，不查验有关证明、不履行登记手续，或者明知是违法犯罪嫌疑人、赃物，不向公安机关报告的；

（二）违反国家规定，收购铁路、油田、供电、电信、矿山、水利、测量和城市公用设施等废旧专用器材的；

（三）收购公安机关通报寻查的赃物或者有赃物嫌疑的物品的；

（四）收购国家禁止收购的其他物品的。

第六十条 【对妨害执法秩序行为的处罚】有下列行为之一的，处五日以上十日以下拘留，并处二百元以上五百元以下罚款：

（一）隐藏、转移、变卖或者损毁行政执法机关依法扣押、查封、冻结的财物的；

（二）伪造、隐匿、毁灭证据或者提供虚假证言、谎报案情，影响行政执法机关依法办案的；

（三）明知是赃物而窝藏、转移或者代为销售的；

（四）被依法执行管制、剥夺政治权利或者在缓刑、暂予监外执行中的罪犯或者被依法采取刑事强制措施的人，有违反法律、行政法规或者国务院有关部门的监督管理规定的行为。

第六十一条 【对协助组织、运送他人偷越国(边)境行为的处罚】协助组织或者运送他人偷越国(边)境的，处十日以上十五日以下拘留，并处一千元以上五千元以下罚款。

第六十二条 【对偷越国(边)境行为的处罚】为偷越国(边)境人员提供条件的，处五日以上十日以下拘留，并处五百元以上二千元以下罚款。

偷越国(边)境的，处五日以下拘留或者五百元以下罚款。

第六十三条 【对妨害文物管理行为的处罚】有下列行为之一的，处警告或者二百元以下罚款；情节较重的，处五日以上十日以下拘留，并处二百元以上五百元以下罚款：

（一）刻划、涂污或者以其他方式故意损坏国家保护的文物、名胜古迹的；

（二）违反国家规定，在文物保护单位附近进行爆破、挖掘等活动，危及文物安全的。

第六十四条 【对非法驾驶交通工具行为的处罚】有下列行为之一的，处五百元以上一千元以下罚款；情节严重的，处十日以上十五日以下拘留，并处五百元以上一千元以下罚款：

（一）偷开他人机动车的；

（二）未取得驾驶证驾驶或者偷开他人航空器、机动船舶的。

第六十五条 【对破坏他人坟墓、尸体和乱停放尸体行为的处罚】有下列行为之一的，处五日以上十日以下拘留；情节严重的，处十日以上十五日以下拘留，可以并处一千元以下罚款：

（一）故意破坏、污损他人坟墓或者毁坏、丢弃他人尸骨、骨灰的；

（二）在公共场所停放尸体或者因停放尸体影响他人正常生活、工作秩序，不听劝阻的。

第六十六条 【对卖淫、嫖娼行为的处罚】卖淫、嫖娼的，处十日以上十五日以下拘留，可以并处五千元以下罚款；情节较轻的，处五日以下拘留或者五百元以下罚款。

在公共场所拉客招嫖的，处五日以下拘留或者五百元以下罚款。

第六十七条 【对引诱、容留、介绍卖淫行为的处罚】引诱、容留、介绍他人卖淫的，处十日以上十五日以下拘留，可以并处五千元以下罚款；情节较轻的，处五日以下拘留或者五百元以下罚款。

第六十八条 【对传播淫秽信息行为的处罚】制作、运输、复制、出售、出租淫秽的书刊、图片、影片、音像制品等淫秽物品或者利用计算机信息网络、电话以及其他通讯工具传播淫秽信息的，处十日以上十五日以下拘留，可以并处三千元以下罚款；情节较轻的，处五日以下拘留或者五百元以下罚款。

第六十九条 【对组织、参与淫秽活动的处罚】有下列行为之一的，处十日以上十五日以下拘留，并处五百元以上一千元以下罚款：

（一）组织播放淫秽音像的；

（二）组织或者进行淫秽表演的；

（三）参与聚众淫乱活动的。

明知他人从事前款活动，为其提供条件的，依照前款的规定处罚。

第七十条 【对赌博行为的处罚】以营利为目的，为赌博提供条件的，或者参与赌博赌资较大的，处五日以下拘留或者五百元以下罚款；情节严重的，处十日以上十五日以下拘留，并处五百元以上三千元以下罚款。

第七十一条 【对涉及毒品原植物行为的处罚】有下列行为之一的，处十日以上十五日以下拘留，可以并处三千元以下罚款；情节较轻的，处五日以下拘留或者五百元以下罚款：

（一）非法种植罂粟不满五百株或者其他少量毒品原植物的；

（二）非法买卖、运输、携带、持有少量未经灭活的罂粟等毒品原植物种子或者幼苗的；

（三）非法运输、买卖、储存、使用少量罂粟壳的。

有前款第一项行为,在成熟前自行铲除的,不予处罚。

第七十二条　【对毒品违法行为的处罚】有下列行为之一的,处十日以上十五日以下拘留,可以并处二千元以下罚款;情节较轻的,处五日以下拘留或者五百元以下罚款:

(一)非法持有鸦片不满二百克、海洛因或者甲基苯丙胺不满十克或者其他少量毒品的;

(二)向他人提供毒品的;

(三)吸食、注射毒品的;

(四)胁迫、欺骗医务人员开具麻醉药品、精神药品的。

第七十三条　【对教唆、引诱、欺骗他人吸食、注射毒品行为的处罚】教唆、引诱、欺骗他人吸食、注射毒品的,处十日以上十五日以下拘留,并处五百元以上二千元以下罚款。

第七十四条　【对服务行业人员通风报信行为的处罚】旅馆业、饮食服务业、文化娱乐业、出租汽车业等单位的人员,在公安机关查处吸毒、赌博、卖淫、嫖娼活动时,为违法犯罪行为人通风报信的,处十日以上十五日以下拘留。

第七十五条　【对饲养动物违法行为的处罚】饲养动物,干扰他人正常生活的,处警告;警告后不改正的,或者放任动物恐吓他人的,处二百元以上五百元以下罚款。

驱使动物伤害他人的,依照本法第四十三条第一款的规定处罚。

第七十六条　【对屡教不改行为的处罚】有本法第六十七条、第六十八条、第七十条的行为,屡教不改的,可以按照国家规定采取强制性教育措施。

第四章　处罚程序

第一节　调　查

第七十七条　【受理治安案件须登记】公安机关对报案、控告、举报或者违反治安管理行为人主动投案,以及其他行政主管部门、司法机关移送的违反治安管理案件,应当及时受理,并进行登记。

第七十八条　【受理治安案件后的处理】公安机关受理报案、控告、举报、投案后,认为属于违反治安管理行为的,应当立即进行调查;认为不属于违反治安管理行为的,应当告知报案人、控告人、举报人、投案人,并说明理由。

第七十九条　【严禁非法取证】公安机关及其人民警察对治安案件的调查,应当依法进行。严禁刑讯逼供或者采用威胁、引诱、欺骗等非法手段收集证据。

以非法手段收集的证据不得作为处罚的根据。

注释　刑讯逼供

刑讯逼供,指采取刑讯或其他使人在肉体上剧烈痛苦的方法取得当事人的供述,如用棍子打、用鞭子抽、用烙铁烫等残酷手段达到屈打成招的目的。

非法手段收集证据

这里的非法手段包括很多种,如刑讯逼供、威胁、引诱、欺骗、冻饿、不允许休息、服用药物使其不清醒以及其他不人道的残忍或有辱人格的手段。这些收集证据的方法严重侵犯了公民的个人权利,同时容易造成迫于压力的虚假供述和虚假证据,而酿成错案。所以,非法证据应当予以排除,不应作为处罚的依据。注意,此处"非法证据"的范围相当广泛,包括使用"非法手段"收集的一切证据。

链接《公安机关办理行政案件程序规定》第27条

第八十条　【公安机关的保密义务】公安机关及其人民警察在办理治安案件时,对涉及的国家秘密、商业秘密或者个人隐私,应当予以保密。

第八十一条　【关于回避的规定】人民警察在办理治安案件过程中,遇有下列情形之一的,应当回避;违反治安管理行为人、被侵害人或者其法定代理人也有权要求他们回避:

(一)是本案当事人或者当事人的近亲属的;

(二)本人或者其近亲属与本案有利害关系的;

(三)与本案当事人有其他关系,可能影响案件公正处理的。

人民警察的回避,由其所属的公安机关决定;公安机关负责人的回避,由上一级公安机关决定。

第八十二条　【关于传唤的规定】需要传唤违反治安管理行为人接受调查的,经公安机关办案部门负责人批准,使用传唤证传唤。对现场发现的违反治安管理行为人,人民警察经出示工作证件,可以口头传唤,但应当在询问笔录中注明。

公安机关应当将传唤的原因和依据告知被传

唤人。对无正当理由不接受传唤或者逃避传唤的人，可以强制传唤。

第八十三条　【传唤后的询问期限与通知义务】对违反治安管理行为人，公安机关传唤后应当及时询问查证，询问查证的时间不得超过八小时；情况复杂，依照本法规定可能适用行政拘留处罚的，询问查证的时间不得超过二十四小时。

公安机关应当及时将传唤的原因和处所通知被传唤人家属。

第八十四条　【询问笔录、书面材料与询问不满十六周岁人的规定】询问笔录应当交被询问人核对；对没有阅读能力的，应当向其宣读。记载有遗漏或者差错的，被询问人可以提出补充或者更正。被询问人确认笔录无误后，应当签名或者盖章，询问的人民警察也应当在笔录上签名。

被询问人要求就被询问事项自行提供书面材料的，应当准许；必要时，人民警察也可以要求被询问人自行书写。

询问不满十六周岁的违反治安管理行为人，应当通知其父母或者其他监护人到场。

第八十五条　【询问被侵害人和其他证人的规定】人民警察询问被侵害人或者其他证人，可以到其所在单位或者住处进行；必要时，也可以通知其到公安机关提供证言。

人民警察在公安机关以外询问被侵害人或者其他证人，应当出示工作证件。

询问被侵害人或者其他证人，同时适用本法第八十四条的规定。

第八十六条　【询问中的语言帮助】询问聋哑的违反治安管理行为人、被侵害人或者其他证人，应当有通晓手语的人提供帮助，并在笔录上注明。

询问不通晓当地通用的语言文字的违反治安管理行为人、被侵害人或者其他证人，应当配备翻译人员，并在笔录上注明。

第八十七条　【检查时应遵守的程序】公安机关对与违反治安管理行为有关的场所、物品、人身可以进行检查。检查时，人民警察不得少于二人，并应当出示工作证件和县级以上人民政府公安机关开具的检查证明文件。对确有必要立即进行检查的，人民警察经出示工作证件，可以当场检查，但检查公民住所应当出示县级以上人民政府公安机关开具的检查证明文件。

检查妇女的身体，应当由女性工作人员进行。

注释检查，是公安机关及其人民警察办理治安案件时对场所、物品以及人身进行检验查看的一项调查取证的强制性措施。这项权力的行使涉及公民的人身权利和财产权利，所以必须严格依法进行。既要依法定的权限进行，又要按照法定的方式和程序实施。本条款针对实施检查时人民警察的人数、检查时所需的证明性文件、当场检查的条件以及针对妇女的身体进行检查时的特殊要求规定了相关的程序。现简述如下：

（1）检查的对象仅限于与违反治安管理行为有关的场所、物品和人身，对于与违反治安管理行为无关的场所、物品、人身不可检查。

（2）检查的人数要求。检查时，人民警察不得少于2人。这样规定一方面是出于对人民警察人身安全的考虑，另一方面则是为了防止人民警察在检查时违法行使职权。

（3）检查的证件要求。在一般情况下，人民警察只须出示工作证件和检查证明文件即可进行检查，但存在两种特殊情况：第一，对"确有必要立即进行检查的"，只须出示工作证件即可检查，而不需要开具检查证明文件。"确有必要"一般是指情况紧急，如不立即检查则可能发生危险或其他较严重后果的情况，如违法行为人身上可能带有爆炸物品等。第二，无论在何种情况下，检查公民的住所时都应当有检查证明文件并出示。这是对公民住所的特殊保护。注意，检查证明文件只能由县级以上公安机关开具。

（4）检查人员的要求。检查妇女的身体，只能由女性工作人员进行。这是对妇女权益的保护。

链接《公安机关执行〈中华人民共和国治安管理处罚法〉有关问题的解释（二）》第10条；《公安机关办理行政案件程序规定》第53条、第82-84条

第八十八条　【检查笔录的制作】检查的情况应当制作检查笔录，由检查人、被检查人和见证人签名或者盖章；被检查人拒绝签名的，人民警察应当在笔录上注明。

第八十九条　【关于扣押物品的规定】公安机关办理治安案件，对与案件有关的需要作为证据的物品，可以扣押；对被侵害人或者善意第三人合法占有的财产，不得扣押，应当予以登记。对与案件无关的物品，不得扣押。

对扣押的物品，应当会同在场见证人和被扣押物品持有人查点清楚，当场开列清单一式二份，

由调查人员、见证人和持有人签名或者盖章,一份交给持有人,另一份附卷备查。

对扣押的物品,应当妥善保管,不得挪作他用;对不宜长期保存的物品,按照有关规定处理。经查明与案件无关的,应当及时退还;经核实属于他人合法财产的,应当登记后立即退还;满六个月无人对该财产主张权利或者无法查清权利人的,应当公开拍卖或者按照国家有关规定处理,所得款项上缴国库。

第九十条 【关于鉴定的规定】为了查明案情,需要解决案件中有争议的专门性问题,应当指派或者聘请具有专门知识的人员进行鉴定;鉴定人鉴定后,应当写出鉴定意见,并且签名。

第二节 决 定

第九十一条 【处罚的决定机关】治安管理处罚由县级以上人民政府公安机关决定;其中警告、五百元以下的罚款可以由公安派出所决定。

第九十二条 【行政拘留的折抵】对决定给予行政拘留处罚的人,在处罚前已经采取强制措施限制人身自由的时间,应当折抵。限制人身自由一日,折抵行政拘留一日。

注释 首先,只有被采取强制措施限制人身自由的时间才可以折抵行政拘留处罚,而其他措施是不可以折抵的,如询问查证和继续盘问的时间就不可以折抵。其次,被折抵的处罚只能是行政拘留,而不能是警告、罚款等其他处罚措施。再次,折抵计算是限制人身自由1日,折抵行政拘留1日,即"1日对1日"。需要注意的是,本条的限制人身自由的强制措施与行政拘留必须基于同一违法行为,如果是不同的行为导致的不同的处罚,则不能折抵。这里的"强制措施限制人身自由的时间",包括被行政拘留人在被行政拘留前因同一行为被依法刑事拘留、逮捕的时间。如果被行政拘留人被刑事拘留、逮捕的时间已超过行政拘留的时间,则行政拘留不再执行,但办案部门必须将《治安管理处罚决定书》送达被处罚人。

链接《公安机关执行〈中华人民共和国治安管理处罚法〉有关问题的解释》第11条;《公安机关办理行政案件程序规定》第163条

第九十三条 【违反治安管理行为人的陈述与其他证据的关系】公安机关查处治安案件,对没有本人陈述,但其他证据能够证明案件事实的,可以作出治安管理处罚决定。但是,只有本人陈述,没有其他证据证明的,不能作出治安管理处罚决定。

注释 本条规定了公安机关查处治安案件时"重证据不轻信口供"的原则。该原则要求公安机关在作出治安管理处罚决定时,必须以事实清楚、证据确凿为前提。本条规定了两种情况:一是没有本人陈述,但其他证据能够证明案件事实。此时,其他证据确实充分,而且相互吻合,能够证明案件事实,已经达到了"事实清楚、证据确凿"的要求,因而可以据此作出治安管理处罚决定。如某人实施了冒充国家机关工作人员招摇撞骗的行为,被公安机关抓获,其本人既不主动交代,又不承认实施过这种行为,但有多名受害者指认,并且有其为了实施冒充国家机关工作人员进行招摇撞骗而制作的相关假证件等。二是只有本人陈述,没有其他证据证明的。此时虽说本人陈述也是证据的一种,但仅仅凭其陈述而无其他相关证据,不能据此认定当事人实施了违反治安管理的行为,因为当事人在陈述的时候,很自然地会考虑到陈述内容与其处罚结果之间的关系,如作这样的陈述或者作那样的陈述,对其是否有利等,这样就会产生当事人可能避重就轻,或者提供掺有虚假成分的陈述,甚至完全是虚假的陈述的可能。而且,现实中,还存在有的公安人员采用打骂、诱供等手段,导致当事人提供虚假的陈述的情况。

第九十四条 【陈述与申辩权】公安机关作出治安管理处罚决定前,应当告知违反治安管理行为人作出治安管理处罚的事实、理由及依据,并告知违反治安管理行为人依法享有的权利。

违反治安管理行为人有权陈述和申辩。公安机关必须充分听取违反治安管理行为人的意见,对违反治安管理行为人提出的事实、理由和证据,应当进行复核;违反治安管理行为人提出的事实、理由或者证据成立的,公安机关应当采纳。

公安机关不得因违反治安管理行为人的陈述、申辩而加重处罚。

注释 告知义务

所谓公安机关的告知义务,是指公安机关在作出治安管理处罚决定前,应当告知违反治安管理行为人作出治安管理处罚的事实、理由及依据,并告知违反治安管理行为人依法享有的权利。公安机关的告知义务对应的是违反治安管理行为人享有的被告知的权利,即知情权。在此,需要注意的是法条中规定的履行告知义务的时间要求和告知内容。

陈述和申辩的权利

陈述权,是指违反治安管理行为人对公安机关给予治安管理处罚所认定的事实及适用法律是否准确、适当,陈述自己的看法和意见,同时也可以提出自己的主张和权利要求的权利。申辩权,是指违反治安管理行为人对公安机关的指控、证据等提出不同意见,进行申辩,以正当手段如采取包括要求召开听证会等方式,驳斥公安机关的指控以及驳斥公安机关提出的不利证据的权利。陈述权和申辩权是当事人的重要民主权利,为确保权利的实现,公安机关应当依照法定程序给予当事人行使权利的机会。同时,为了切实维护当事人的权利,消除当事人的顾虑,保证治安管理处罚决定的公正性和合法性,本条还规定公安机关不得因违反治安管理行为人的陈述、申辩而加重处罚。

链接《公安机关办理行政案件程序规定》第167-169条

第九十五条 【治安案件的处理】 治安案件调查结束后,公安机关应当根据不同情况,分别作出以下处理:

(一)确有依法应当给予治安管理处罚的违法行为的,根据情节轻重及具体情况,作出处罚决定;

(二)依法不予处罚的,或者违法事实不能成立的,作出不予处罚决定;

(三)违法行为已涉嫌犯罪的,移送主管机关依法追究刑事责任;

(四)发现违反治安管理行为人有其他违法行为的,在对违反治安管理行为作出处罚决定的同时,通知有关行政主管部门处理。

第九十六条 【治安管理处罚决定书的内容】 公安机关作出治安管理处罚决定的,应当制作治安管理处罚决定书。决定书应当载明下列内容:

(一)被处罚人的姓名、性别、年龄、身份证件的名称和号码、住址;

(二)违法事实和证据;

(三)处罚的种类和依据;

(四)处罚的执行方式和期限;

(五)对处罚决定不服,申请行政复议、提起行政诉讼的途径和期限;

(六)作出处罚决定的公安机关的名称和作出决定的日期。

决定书应当由作出处罚决定的公安机关加盖印章。

第九十七条 【宣告、送达、抄送】 公安机关应当向被处罚人宣告治安管理处罚决定书,并当场交付被处罚人;无法当场向被处罚人宣告的,应当在二日内送达被处罚人。决定给予行政拘留处罚的,应当及时通知被处罚人的家属。

有被侵害人的,公安机关应当将决定书副本抄送被侵害人。

第九十八条 【听证】 公安机关作出吊销许可证以及处二千元以上罚款的治安管理处罚决定前,应当告知违反治安管理行为人有权要求举行听证;违反治安管理行为人要求听证的,公安机关应当及时依法举行听证。

注释 听证程序,是行政机关在作出行政处罚决定之前听取当事人的陈述和申辩,由听证程序参加人就有关问题相互进行质问、辩论和反驳,从而查明事实的过程。听证程序赋予了当事人为自己辩护的权利,为当事人充分维护和保障自己的权益提供了程序上的条件。《行政处罚法》对听证制度作出了明确的规定,行政机关作出责令停产停业、吊销许可证或者执照、较大数额的罚款等行政处罚决定之前,应当告知当事人有要求举行听证的权利;当事人要求听证的,行政机关应当组织听证,当事人不承担行政机关组织听证的费用。

本条规定了治安管理处罚决定之前需要告知当事人听证权利的两种情况:公安机关作出吊销许可证以及处2000元以上罚款的治安管理处罚决定。吊销许可证是指公安机关对违反治安管理的公民、法人或其他组织,依法实行撤销其许可证,剥夺其继续从事某项活动的权利的处罚,其后果是比较严重的,被处罚人被撤销权利后再也不能继续从事此类生产经营活动。为了防止公安机关随意实施吊销许可证的处罚,给许可证持有者造成不必要的损失,本法规定在作出吊销许可证的处罚决定之前,公安机关有告知义务,违反治安管理行为人有要求依法举行听证的权利。违反治安管理行为人要求举行听证的,公安机关有及时举行听证的义务。

链接《公安机关办理行政案件程序规定》第123-

153 条

第九十九条 【期限】公安机关办理治安案件的期限,自受理之日起不得超过三十日;案情重大、复杂的,经上一级公安机关批准,可以延长三十日。

为了查明案情进行鉴定的期间,不计入办理治安案件的期限。

第一百条 【当场处罚】违反治安管理行为事实清楚,证据确凿,处警告或者二百元以下罚款的,可以当场作出治安管理处罚决定。

注释 当场处罚,是指人民警察对于违反治安管理行为人不再传唤到公安机关而直接当场作出治安管理处罚决定的一种处罚程序。此制度的意义在于为公安机关及人民警察迅速处理简单治安案件、高效履行治安管理职责、及时维护社会秩序提供了可行的程序。当场处罚的法定条件是:一是证据条件,即违反治安管理行为事实清楚,证据确凿;二是处罚条件,即处警告或者200元以下罚款。只有当这两个条件同时具备时,才"可以"而非"必须"当场处罚。注意,在此种情况下作出的处罚决定书只须由人民警察签名或盖章,不需要按本法第96条的规定由公安机关加盖印章。

第一百零一条 【当场处罚决定程序】当场作出治安管理处罚决定的,人民警察应当向违反治安管理行为人出示工作证件,并填写处罚决定书。处罚决定书应当当场交付被处罚人;有被侵害人的,并将决定书副本抄送被侵害人。

前款规定的处罚决定书,应当载明被处罚人的姓名、违法行为、处罚依据、罚款数额、时间、地点以及公安机关名称,并由经办的人民警察签名或者盖章。

当场作出治安管理处罚决定的,经办的人民警察应当在二十四小时内报所属公安机关备案。

第一百零二条 【不服处罚提起的复议或诉讼】被处罚人对治安管理处罚决定不服的,可以依法申请行政复议或者提起行政诉讼。

注释 行政处罚并不是终局性的,这已经成为法治国家的一个基本原则。被处罚人对公安机关经过调查所作的处罚决定不服的,可以通过两种途径——行政复议或行政诉讼来主张权利。对行政复议不服的,还可以提起行政诉讼。行政复议和行政诉讼有各自的一套制度体系。法律对此作出了详尽的规定,具体详细的制度规范请参见《行政复议法》和《行政诉讼法》。

链接《行政复议法》;《行政诉讼法》;《公安机关办理行政复议案件程序规定》第29条

第三节 执 行

第一百零三条 【行政拘留处罚的执行】对被决定给予行政拘留处罚的人,由作出决定的公安机关送达拘留所执行。

第一百零四条 【当场收缴罚款范围】受到罚款处罚的人应当自收到处罚决定书之日起十五日内,到指定的银行缴纳罚款。但是,有下列情形之一的,人民警察可以当场收缴罚款:

(一)被处五十元以下罚款,被处罚人对罚款无异议的;

(二)在边远、水上、交通不便地区,公安机关及其人民警察依照本法的规定作出罚款决定后,被处罚人向指定的银行缴纳罚款确有困难,经被处罚人提出的;

(三)被处罚人在当地没有固定住所,不当场收缴事后难以执行的。

注释 本条规定,治安管理处罚案件中罚款决定的执行以罚款决定和执行相分离制度为原则,以当场收缴罚款为例外。从执法成本和方便当事人的角度出发,本条规定在几种法定情形下,人民警察可以当场收缴罚款。

链接《公安机关办理行政案件程序规定》第214条

第一百零五条 【罚款交纳期限】人民警察当场收缴的罚款,应当自收缴罚款之日起二日内,交至所属的公安机关;在水上、旅客列车上当场收缴的罚款,应当自抵岸或者到站之日起二日内,交至所属的公安机关;公安机关应当自收到罚款之日起二日内将罚款缴付指定的银行。

第一百零六条 【罚款收据】人民警察当场收缴罚款的,应当向被处罚人出具省、自治区、直辖市人民政府财政部门统一制发的罚款收据;不出具统一制发的罚款收据的,被处罚人有权拒绝缴纳罚款。

第一百零七条 【暂缓执行行政拘留】被处罚人不服行政拘留处罚决定,申请行政复议、提起行政诉讼的,可以向公安机关提出暂缓执行行政拘留的申请。公安机关认为暂缓执行行政拘留不致发生社会危险的,由被处罚人或者其近亲属提出符合本法第一百零八条规定条件的担保人,或者按每日行政拘留二百元的标准交纳保证金,行政拘留的处罚决定暂缓执行。

【注释】本条是关于被处罚人申请暂缓执行行政拘留的情形的规定。对此,需要满足下列条件:(1)被处罚人申请暂缓执行的只能是行政拘留的处罚决定,因为这一处罚具有最严厉性和不可挽回性。(2)被处罚人是在不服行政拘留的行政处罚决定而申请行政复议、提起行政诉讼的情形下提出此申请的。(3)公安机关认为暂缓执行行政拘留不致发生社会危险。这里的"危险"是指被处罚人可能阻碍、逃避公安机关、行政复议机关或人民法院的传唤、复议、审理、执行的,如逃跑、干扰证人、串供、伪造证据、实施其他违法行为等。(4)被处罚人或者其近亲属提出符合规定的人保或者保证金。

【链接】《行政复议法》第42条;《行政诉讼法》第56条;《行政处罚法》第66条;《公安机关办理行政案件程序规定》第222—226条

第一百零八条 【担保人的条件】担保人应当符合下列条件:

(一)与本案无牵连;

(二)享有政治权利,人身自由未受到限制;

(三)在当地有常住户口和固定住所;

(四)有能力履行担保义务。

第一百零九条 【担保人的义务】担保人应当保证被担保人不逃避行政拘留处罚的执行。

担保人不履行担保义务,致使被担保人逃避行政拘留处罚的执行的,由公安机关对其处三千元以下罚款。

第一百一十条 【没收保证金】被决定给予行政拘留处罚的人交纳保证金,暂缓行政拘留后,逃避行政拘留处罚的执行的,保证金予以没收并上缴国库,已经作出的行政拘留决定仍应执行。

第一百一十一条 【退还保证金】行政拘留的处罚决定被撤销,或者行政拘留处罚开始执行的,公安机关收取的保证金应当及时退还交纳人。

第五章 执法监督

第一百一十二条 【执法原则】公安机关及其人民警察应当依法、公正、严格、高效办理治安案件,文明执法,不得徇私舞弊。

第一百一十三条 【禁止行为】公安机关及其人民警察办理治安案件,禁止对违反治安管理行为人打骂、虐待或者侮辱。

第一百一十四条 【社会监督】公安机关及其人民警察办理治安案件,应当自觉接受社会和公民的监督。

公安机关及其人民警察办理治安案件,不严格执法或者有违法违纪行为的,任何单位和个人都有权向公安机关或者人民检察院、行政监察机关检举、控告;收到检举、控告的机关,应当依据职责及时处理。

第一百一十五条 【罚缴分离原则】公安机关依法实施罚款处罚,应当按照有关法律、行政法规的规定,实行罚款决定与罚款收缴分离;收缴的罚款应当全部上缴国库。

第一百一十六条 【公安机关及其民警的行政责任和刑事责任】人民警察办理治安案件,有下列行为之一的,依法给予行政处分;构成犯罪的,依法追究刑事责任:

(一)刑讯逼供、体罚、虐待、侮辱他人的;

(二)超过询问查证的时间限制人身自由的;

(三)不执行罚款决定与罚款收缴分离制度或者不按规定将罚没的财物上缴国库或者依法处理的;

(四)私分、侵占、挪用、故意损毁收缴、扣押的财物的;

(五)违反规定使用或者不及时返还被侵害人财物的;

(六)违反规定不及时退还保证金的;

(七)利用职务上的便利收受他人财物或者谋取其他利益的;

(八)当场收缴罚款不出具罚款收据或者不如实填写罚款数额的;

(九)接到要求制止违反治安管理行为的报警后,不及时出警的;

(十)在查处违反治安管理活动时,为违法犯罪行为人通风报信的;

(十一)有徇私舞弊、滥用职权,不依法履行法定职责的其他情形的。

办理治安案件的公安机关有前款所列行为的,对直接负责的主管人员和其他直接责任人员给予相应的行政处分。

【注释】人民警察在办理治安案件的过程中实施上述违法行为的,应当追究的法律责任有两种:行政责任,由所在的公安机关或者上级机关给予行政处分,分为警告、记过、记大过、降级、撤职、开除六种;刑事责任,人民警察违反法律规定实施违法行为,情节严重,构成犯罪的,应当追究刑事责任。

由于公安机关不是自然人,所以对其追究法律责任,是对直接负责的主管人员和其他直接责任人员追究责任,即对实施该违法行为直接负责的主管人员和其他直接责任人员追究责任,并给予相应的行政处分,即给予警告、记过、记大过、降级、撤职、开除的处分。

第一百一十七条 【赔偿责任】公安机关及其人民警察违法行使职权,侵犯公民、法人和其他组织合法权益的,应当赔礼道歉;造成损害的,应依法承担赔偿责任。

注释 本条规定的是公安机关及其人民警察行使职权,侵犯公民、法人和其他组织合法权益,造成损害,应当依法承担赔偿责任,属于行政赔偿的范畴。

需要特别注意的是,《国家赔偿法》于2010年4月29日由第十一届全国人大常委会第十四次会议修订后,删除了原有的申请国家赔偿的"确认违法"程序,而本条中"违法行使职权"的限定,实际上已不符合最新《国家赔偿法》的规定。同时,对于行政赔偿的范围,新法第3条规定:"行政机关及其工作人员在行使行政职权时有下列侵犯人身权情形之一的,受害人有取得赔偿的权利:(一)违法拘留或者违法采取限制公民人身自由的行政强制措施的;(二)非法拘禁或者以其他方法非法剥夺公民人身自由的;(三)以殴打、虐待等行为或者唆使、放纵他人以殴打、虐待等行为造成公民身体伤害或者死亡的;(四)违法使用武器、警械造成公民身体伤害或者死亡的;(五)造成公民身体伤害或者死亡的其他违法行为。"

链接《国家赔偿法》;《国家赔偿费用管理条例》;《最高人民检察院关于适用修改后〈中华人民共和国国家赔偿法〉若干问题的意见》

第六章 附 则

第一百一十八条 【"以上、以下、以内"的含义】本法所称以上、以下、以内,包括本数。

第一百一十九条 【生效日期】本法自2006年3月1日起施行。1986年9月5日公布、1994年5月12日修订公布的《中华人民共和国治安管理处罚条例》同时废止。

拘留所条例

- 2012年2月15日国务院第192次常务会议通过
- 2012年2月23日中华人民共和国国务院令第614号公布
- 自2012年4月1日起施行

第一章 总 则

第一条 为了规范拘留所的设置和管理,惩戒和教育被拘留人,保护被拘留人的合法权益,根据有关法律的规定,制定本条例。

第二条 对下列人员的拘留在拘留所执行:
(一)被公安机关、国家安全机关依法给予拘留行政处罚的人;
(二)被人民法院依法决定拘留的人。

第三条 拘留所应当依法保障被拘留人的人身安全和合法权益,不得侮辱、体罚、虐待被拘留人或者指使、纵容他人侮辱、体罚、虐待被拘留人。

被拘留人应当遵守法律、行政法规和拘留所的管理规定,服从管理,接受教育。

第四条 国务院公安部门主管全国拘留所的管理工作。县级以上地方人民政府公安机关主管本行政区域拘留所的管理工作。

第二章 拘留所

第五条 县级以上地方人民政府根据需要设置拘留所。拘留所的设置和撤销,由县级以上地方人民政府公安机关提出意见,按照规定的权限和程序审批。

第六条 拘留所应当按照规定的建设标准,设置拘留区、行政办公区等功能区域。

第七条 拘留所依照规定配备武器、警械,配备交通、通讯、技术防范、医疗和消防等装备和设施。

第八条 拘留所所需经费列入本级人民政府财政预算。

第三章 拘 留

第九条 拘留所应当凭拘留决定机关的拘留

决定文书及时收拘被拘留人。需要异地收拘的，拘留决定机关应当出具相关法律文书和需要异地收拘的书面说明，并经异地拘留所主管公安机关批准。

第十条 拘留所收拘被拘留人，应当告知被拘留人依法享有的权利和应当遵守的规定。

拘留所收拘被拘留人后，拘留决定机关应当及时通知被拘留人家属。

第十一条 拘留所收拘被拘留人，应当对被拘留人的人身和携带的物品进行检查。被拘留人的非生活必需品及现金由拘留所登记并统一保管。检查发现的违禁品和其他与案件有关的物品应当移交拘留决定机关依法处理。

对女性被拘留人的人身检查应当由女性人民警察进行。

第十二条 拘留所发现被拘留人可能被错误拘留的，应当通知拘留决定机关，拘留决定机关应当在24小时内作出处理决定；对依照《中华人民共和国治安管理处罚法》第二十一条的规定不应当被执行拘留的，拘留所不予收拘，并通知拘留决定机关。

第十三条 拘留所发现被拘留人吸食、注射毒品成瘾的，应当给予必要的戒毒治疗，并提请拘留所的主管公安机关对被拘留人依法作出社区戒毒或者强制隔离戒毒的决定。

第四章 管理教育

第十四条 拘留所应当建立值班巡视制度和突发事件应急机制。值班巡视人员应当严守岗位，发现问题及时报告并妥善处理。

拘留所应当安装监控录像设备，对被拘留人进行安全监控。

第十五条 拘留所应当根据被拘留人的性别、是否成年以及其他管理的需要，对被拘留人实行分别拘押和管理。

对女性被拘留人的直接管理应当由女性人民警察进行。

第十六条 拘留所应当建立被拘留人管理档案。

第十七条 拘留所应当按照规定的标准为被拘留人提供饮食，并尊重被拘留人的民族饮食习惯。

第十八条 拘留所应当建立医疗卫生防疫制度，做好防病、防疫、治疗工作。

拘留所对患病的被拘留人应当及时治疗。被拘留人患病需要出所治疗的，由拘留所所长批准，并派人民警察管理；被拘留人患有传染病需要隔离治疗的，拘留所应当采取隔离治疗措施。

被拘留人病情严重的，拘留所应当立即采取急救措施并通知被拘留人的亲属。

第十九条 拘留所发现被拘留人有下列情形之一的，应当建议拘留决定机关作出停止执行拘留的决定：

（一）患有精神病或者患有传染病需要隔离治疗的；

（二）病情严重可能危及生命安全的。

第二十条 为被拘留人提供的拘留期间生活必需品应当由拘留所检查登记后转交被拘留人。非生活必需品，拘留所不予接收。

第二十一条 拘留所应当对被拘留人进行法律、道德等教育，组织被拘留人开展适当的文体活动。

拘留所应当保证被拘留人每日不少于2小时的拘室外活动时间。

拘留所不得强迫被拘留人从事生产劳动。

第二十二条 被拘留人检举、揭发违法犯罪行为经查证属实或者被拘留人制止违法犯罪行为的，拘留所应当予以表扬。

第二十三条 被拘留人有下列违法行为之一的，拘留所可以予以训诫、责令具结悔过或者使用警械：

（一）哄闹、打架斗殴的；

（二）殴打、欺侮他人的；

（三）故意损毁拘留所财物或者他人财物的；

（四）预谋或者实施逃跑的；

（五）严重违反管理的其他行为。

拘留所人民警察对被拘留人使用警械应当经拘留所所长批准，并遵守有关法律、行政法规的规定。

第二十四条 被拘留人在拘留期间有新的违法犯罪嫌疑的，拘留所应当报告拘留所的主管公安机关处理；拘留所发现被拘留人收拘前有其他违法犯罪嫌疑的，应当通知拘留决定机关或者报告拘留所的主管公安机关处理。

第二十五条 拘留所保障被拘留人在拘留期间的通信权利，被拘留人与他人的来往信件不受检查和扣押。被拘留人应当遵守拘留所的通信管理规定。

第二十六条 拘留所保障被拘留人在拘留期间的会见权利。被拘留人应当遵守拘留所的会见管理规定。

会见被拘留人应当持有效身份证件按照规定的时间在拘留所的会见区进行。

被拘留人委托的律师会见被拘留人还应当持律师执业证书、律师事务所证明和委托书或者法律援助公函。

第二十七条 被拘留人遇有参加升学考试、子女出生或者近亲属病危、死亡等情形的，被拘留人或者其近亲属可以提出请假出所的申请。

请假出所的申请由拘留所提出审核意见，报拘留决定机关决定是否批准。拘留决定机关应当在被拘留人或者其近亲属提出申请的12小时内作出是否准予请假出所的决定。

被拘留人请假出所的时间不计入拘留期限。

第二十八条 被拘留人或者其近亲属提出请假出所申请的，应当向拘留决定机关提出担保人或者交纳保证金。有关担保人和保证金的管理按照《中华人民共和国治安管理处罚法》的有关规定执行。

被拘留人请假出所不归的，由拘留决定机关负责带回拘留所执行拘留。

第二十九条 被拘留人提出举报、控告，申请行政复议，提起行政诉讼或者申请暂缓执行拘留的，拘留所应当在24小时内将有关材料转送有关机关，不得检查或者扣押。

第五章 解除拘留

第三十条 被拘留人拘留期满，拘留所应当按时解除拘留，发给解除拘留证明书，并返还代为保管的财物。

第三十一条 被拘留人在解除拘留时有下列情形之一的，拘留所应当向有关机关或者单位移交被拘留人：

（一）依法被决定驱逐出境、遣送出境的；

（二）依法被决定执行刑事强制措施的；

（三）依法被决定社区戒毒、强制隔离戒毒的；

（四）依法被决定采取强制性教育矫治措施的。

第六章 附 则

第三十二条 执行拘留的时间以日为单位计算，从收拘当日到第2日为1日。

第三十三条 国家安全机关设置的拘留所，由国家安全机关依照本条例的规定进行管理。

第三十四条 被公安机关依法给予行政强制措施性质拘留的人在拘留所执行拘押，应当与本条例第二条规定的被拘留人分别拘押，具体管理办法由国务院公安部门参照本条例规定。

第三十五条 本条例自2012年4月1日起施行。

娱乐场所管理条例

- 2006年1月29日中华人民共和国国务院令第458号公布
- 根据2016年2月6日《国务院关于修改部分行政法规的决定》第一次修订
- 根据2020年11月29日《国务院关于修改和废止部分行政法规的决定》第二次修订

第一章 总 则

第一条 为了加强对娱乐场所的管理，保障娱乐场所的健康发展，制定本条例。

第二条 本条例所称娱乐场所，是指以营利为目的，并向公众开放、消费者自娱自乐的歌舞、游艺等场所。

第三条 县级以上人民政府文化主管部门负责对娱乐场所日常经营活动的监督管理；县级以上公安部门负责对娱乐场所消防、治安状况的监督管理。

第四条 国家机关及其工作人员不得开办娱乐场所，不得参与或者变相参与娱乐场所的经营活动。

与文化主管部门、公安部门的工作人员有夫妻关系、直系血亲关系、三代以内旁系血亲关系以及近姻亲关系的亲属，不得开办娱乐场所，不得参与或者变相参与娱乐场所的经营活动。

第二章 设 立

第五条 有下列情形之一的人员，不得开办

娱乐场所或者在娱乐场所内从业：

（一）曾犯有组织、强迫、引诱、容留、介绍卖淫罪，制作、贩卖、传播淫秽物品罪，走私、贩卖、运输、制造毒品罪，强奸罪，强制猥亵、侮辱妇女罪，赌博罪，洗钱罪，组织、领导、参加黑社会性质组织罪的；

（二）因犯罪曾被剥夺政治权利的；

（三）因吸食、注射毒品曾被强制戒毒的；

（四）因卖淫、嫖娼曾被处以行政拘留的。

第六条 外国投资者可以依法在中国境内设立娱乐场所。

第七条 娱乐场所不得设在下列地点：

（一）居民楼、博物馆、图书馆和被核定为文物保护单位的建筑物内；

（二）居民住宅区和学校、医院、机关周围；

（三）车站、机场等人群密集的场所；

（四）建筑物地下一层以下；

（五）与危险化学品仓库毗连的区域。

娱乐场所的边界噪声，应当符合国家规定的环境噪声标准。

第八条 娱乐场所的使用面积，不得低于国务院文化主管部门规定的最低标准；设立含有电子游戏机的游艺娱乐场所，应当符合国务院文化主管部门关于总量和布局的要求。

第九条 娱乐场所申请从事娱乐场所经营活动，应当向所在地县级人民政府文化主管部门提出申请；外商投资的娱乐场所申请从事娱乐场所经营活动，应当向所在地省、自治区、直辖市人民政府文化主管部门提出申请。

娱乐场所申请从事娱乐场所经营活动，应当提交投资人员、拟任的法定代表人和其他负责人没有本条例第五条规定情形的书面声明。申请人应当对书面声明内容的真实性负责。

受理申请的文化主管部门应当就书面声明向公安部门或者其他有关单位核查，公安部门或者其他有关单位应当予以配合；经核查属实的，文化主管部门应当依据本条例第七条、第八条的规定进行实地检查，作出决定。予以批准的，颁发娱乐经营许可证，并根据国务院文化主管部门的规定核定娱乐场所容纳的消费者数量；不予批准的，应当书面通知申请人并说明理由。

有关法律、行政法规规定需要办理消防、卫生、环境保护审批手续的，从其规定。

第十条 文化主管部门审批娱乐场所应当举行听证。有关听证的程序，依照《中华人民共和国行政许可法》的规定执行。

第十一条 娱乐场所依法取得营业执照和相关批准文件、许可证后，应当在15日内向所在地县级公安部门备案。

第十二条 娱乐场所改建、扩建营业场所或者变更场地、主要设施设备、投资人员，或者变更娱乐经营许可证载明的事项的，应当向原发证机关申请重新核发娱乐经营许可证，并向公安部门备案；需要办理变更登记的，应当依法向工商行政管理部门办理变更登记。

第三章 经 营

第十三条 国家倡导弘扬民族优秀文化，禁止娱乐场所内的娱乐活动含有下列内容：

（一）违反宪法确定的基本原则的；

（二）危害国家统一、主权或者领土完整的；

（三）危害国家安全，或者损害国家荣誉、利益的；

（四）煽动民族仇恨、民族歧视，伤害民族感情或者侵害民族风俗、习惯，破坏民族团结的；

（五）违反国家宗教政策，宣扬邪教、迷信的；

（六）宣扬淫秽、赌博、暴力以及与毒品有关的违法犯罪活动，或者教唆犯罪的；

（七）违背社会公德或者民族优秀文化传统的；

（八）侮辱、诽谤他人，侵害他人合法权益的；

（九）法律、行政法规禁止的其他内容。

第十四条 娱乐场所及其从业人员不得实施下列行为，不得为进入娱乐场所的人员实施下列行为提供条件：

（一）贩卖、提供毒品，或者组织、强迫、教唆、引诱、欺骗、容留他人吸食、注射毒品；

（二）组织、强迫、引诱、容留、介绍他人卖淫、嫖娼；

（三）制作、贩卖、传播淫秽物品；

（四）提供或者从事以营利为目的的陪侍；

（五）赌博；

（六）从事邪教、迷信活动；

（七）其他违法犯罪行为。

娱乐场所的从业人员不得吸食、注射毒品，不得卖淫、嫖娼；娱乐场所及其从业人员不得为进入娱乐场所的人员实施上述行为提供条件。

第十五条 歌舞娱乐场所应当按照国务院公安部门的规定在营业场所的出入口、主要通道安装闭路电视监控设备,并应当保证闭路电视监控设备在营业期间正常运行,不得中断。

歌舞娱乐场所应当将闭路电视监控录像资料留存30日备查,不得删改或者挪作他用。

第十六条 歌舞娱乐场所的包厢、包间内不得设置隔断,并应当安装展现室内整体环境的透明门窗。包厢、包间的门不得有内锁装置。

第十七条 营业期间,歌舞娱乐场所内亮度不得低于国家规定的标准。

第十八条 娱乐场所使用的音像制品或者电子游戏应当是依法出版、生产或者进口的产品。

歌舞娱乐场所播放的曲目和屏幕画面以及游艺娱乐场所的电子游戏机内的游戏项目,不得含有本条例第十三条禁止的内容;歌舞娱乐场所使用的歌曲点播系统不得与境外的曲库联接。

第十九条 游艺娱乐场所不得设置具有赌博功能的电子游戏机机型、机种、电路板等游戏设施设备,不得以现金或者有价证券作为奖品,不得回购奖品。

第二十条 娱乐场所的法定代表人或者主要负责人应当对娱乐场所的消防安全和其他安全负责。

娱乐场所应当确保其建筑、设施符合国家安全标准和消防技术规范,定期检查消防设施状况,并及时维护、更新。

娱乐场所应当制定安全工作方案和应急疏散预案。

第二十一条 营业期间,娱乐场所应当保证疏散通道和安全出口畅通,不得封堵、锁闭疏散通道和安全出口,不得在疏散通道和安全出口设置栅栏等影响疏散的障碍物。

娱乐场所应当在疏散通道和安全出口设置明显指示标志,不得遮挡、覆盖指示标志。

第二十二条 任何人不得非法携带枪支、弹药、管制器具或者携带爆炸性、易燃性、毒害性、放射性、腐蚀性等危险物品和传染病病原体进入娱乐场所。

迪斯科舞厅应当配备安全检查设备,对进入营业场所的人员进行安全检查。

第二十三条 歌舞娱乐场所不得接纳未成年人。除国家法定节假日外,游艺娱乐场所设置的电子游戏机不得向未成年人提供。

第二十四条 娱乐场所不得招用未成年人;招用外国人的,应当按照国家有关规定为其办理外国人就业许可证。

第二十五条 娱乐场所应当与从业人员签订文明服务责任书,并建立从业人员名簿;从业人员名簿应当包括从业人员的真实姓名、居民身份证复印件、外国人就业许可证复印件等内容。

娱乐场所应当建立营业日志,记载营业期间从业人员的工作职责、工作时间、工作地点;营业日志不得删改,并应当留存60日备查。

第二十六条 娱乐场所应当与保安服务企业签订保安服务合同,配备专业保安人员;不得聘用其他人员从事保安工作。

第二十七条 营业期间,娱乐场所的从业人员应当统一着工作服,佩带工作标志并携带居民身份证或者外国人就业许可证。

从业人员应当遵守职业道德和卫生规范,诚实守信,礼貌待人,不得侵害消费者的人身和财产权利。

第二十八条 每日凌晨2时至上午8时,娱乐场所不得营业。

第二十九条 娱乐场所提供娱乐服务项目和出售商品,应当明码标价,并向消费者出示价目表;不得强迫、欺骗消费者接受服务、购买商品。

第三十条 娱乐场所应当在营业场所的大厅、包厢、包间内的显著位置悬挂含有禁毒、禁赌、禁止卖淫嫖娼等内容的警示标志,未成年人禁入或者限入标志。标志应当注明公安部门、文化主管部门的举报电话。

第三十一条 娱乐场所应当建立巡查制度,发现娱乐场所内有违法犯罪活动的,应当立即向所在地县级公安部门、县级人民政府文化主管部门报告。

第四章 监督管理

第三十二条 文化主管部门、公安部门和其他有关部门的工作人员依法履行监督检查职责时,有权进入娱乐场所。娱乐场所应当予以配合,不得拒绝、阻挠。

文化主管部门、公安部门和其他有关部门的工作人员依法履行监督检查职责时,需要查阅闭路电视监控录像资料、从业人员名簿、营业日志等资料的，娱乐场所应当及时提供。

第三十三条 文化主管部门、公安部门和其他有关部门应当记录监督检查的情况和处理结果。监督检查记录由监督检查人员签字归档。公众有权查阅监督检查记录。

第三十四条 文化主管部门、公安部门和其他有关部门应当建立娱乐场所违法行为警示记录系统；对列入警示记录的娱乐场所，应当及时向社会公布，并加大监督检查力度。

第三十五条 文化主管部门应当建立娱乐场所的经营活动信用监管制度，建立健全信用约束机制，并及时公布行政处罚信息。

第三十六条 文化主管部门、公安部门和其他有关部门应当建立相互间的信息通报制度，及时通报监督检查情况和处理结果。

第三十七条 任何单位或者个人发现娱乐场所内有违反本条例行为的，有权向文化主管部门、公安部门等有关部门举报。

文化主管部门、公安部门等有关部门接到举报，应当记录，并及时依法调查、处理；对不属于本部门职责范围的，应当及时移送有关部门。

第三十八条 上级人民政府文化主管部门、公安部门在必要时，可以依照本条例的规定调查、处理由下级人民政府文化主管部门、公安部门调查、处理的案件。

下级人民政府文化主管部门、公安部门认为案件重大、复杂的，可以请求移送上级人民政府文化主管部门、公安部门调查、处理。

第三十九条 文化主管部门、公安部门和其他有关部门及其工作人员违反本条例规定的，任何单位或者个人可以向依法有权处理的本级或者上一级机关举报。接到举报的机关应当依法及时调查、处理。

第四十条 娱乐场所行业协会应当依照章程的规定，制定行业自律规范，加强对会员经营活动的指导、监督。

第五章 法律责任

第四十一条 违反本条例规定，擅自从事娱乐场所经营活动的，由文化主管部门依法予以取缔；公安部门在查处治安、刑事案件时，发现擅自从事娱乐场所经营活动的，应当依法予以取缔。

第四十二条 违反本条例规定，以欺骗等不正当手段取得娱乐经营许可证的，由原发证机关撤销娱乐经营许可证。

第四十三条 娱乐场所实施本条例第十四条禁止行为的，由县级公安部门没收违法所得和非法财物，责令停业整顿3个月至6个月；情节严重的，由原发证机关吊销娱乐经营许可证，对直接负责的主管人员和其他直接责任人员处1万元以上2万元以下的罚款。

第四十四条 娱乐场所违反本条例规定，有下列情形之一的，由县级公安部门责令改正，给予警告；情节严重的，责令停业整顿1个月至3个月：

（一）照明设施、包厢、包间的设置以及门窗的使用不符合本条例规定的；

（二）未按照本条例规定安装闭路电视监控设备或者中断使用的；

（三）未按照本条例规定留存监控录像资料或者删改监控录像资料的；

（四）未按照本条例规定配备安全检查设备或者未对进入营业场所的人员进行安全检查的；

（五）未按照本条例规定配备保安人员的。

第四十五条 娱乐场所违反本条例规定，有下列情形之一的，由县级公安部门没收违法所得和非法财物，并处违法所得2倍以上5倍以下的罚款；没有违法所得或者违法所得不足1万元的，并处2万元以上5万元以下的罚款；情节严重的，责令停业整顿1个月至3个月：

（一）设置具有赌博功能的电子游戏机机型、机种、电路板等游戏设施设备的；

（二）以现金、有价证券作为奖品，或者回购奖品的。

第四十六条 娱乐场所指使、纵容从业人员侵害消费者人身权利的，应当依法承担民事责任，并由县级公安部门责令停业整顿1个月至3个月；造成严重后果的，由原发证机关吊销娱乐经营许可证。

第四十七条 娱乐场所取得营业执照后，未按照本条例规定向公安部门备案的，由县级公安部门责令改正，给予警告。

第四十八条 违反本条例规定，有下列情形之一的，由县级人民政府文化主管部门没收违法所得和非法财物，并处违法所得1倍以上3倍以下的罚款；没有违法所得或者违法所得不足1万元

的,并处1万元以上3万元以下的罚款;情节严重的,责令停业整顿1个月至6个月:

(一)歌舞娱乐场所的歌曲点播系统与境外的曲库联接的;

(二)歌舞娱乐场所播放的曲目、屏幕画面或者游艺娱乐场所电子游戏机内的游戏项目含有本条例第十三条禁止内容的;

(三)歌舞娱乐场所接纳未成年人的;

(四)游艺娱乐场所设置的电子游戏机在国家法定节假日外向未成年人提供的;

(五)娱乐场所容纳的消费者超过核定人数的。

第四十九条　娱乐场所违反本条例规定,有下列情形之一的,由县级人民政府文化主管部门责令改正,给予警告;情节严重的,责令停业整顿1个月至3个月:

(一)变更有关事项,未按照本条例规定申请重新核发娱乐经营许可证的;

(二)在本条例规定的禁止营业时间内营业的;

(三)从业人员在营业期间未统一着装并佩带工作标志的。

第五十条　娱乐场所未按照本条例规定建立从业人员名簿、营业日志,或者发现违法犯罪行为未按照本条例规定报告的,由县级人民政府文化主管部门、县级公安部门依据法定职权责令改正,给予警告;情节严重的,责令停业整顿1个月至3个月。

第五十一条　娱乐场所未按照本条例规定悬挂警示标志、未成年人禁入或者限入标志的,由县级人民政府文化主管部门、县级公安部门依据法定职权责令改正,给予警告。

第五十二条　娱乐场所招用未成年人的,由劳动保障行政部门责令改正,并按照每招用一名未成年人每月处5000元罚款的标准给予处罚。

第五十三条　因擅自从事娱乐场所经营活动被依法取缔的,其投资人员和负责人终身不得投资开办娱乐场所或者担任娱乐场所的法定代表人、负责人。

娱乐场所因违反本条例规定,被吊销或者撤销娱乐经营许可证的,自被吊销或者撤销之日起,其法定代表人、负责人5年内不得担任娱乐场所的法定代表人、负责人。

娱乐场所因违反本条例规定,2年内被处以3次警告或者罚款又有违反本条例的行为应受行政处罚的,由县级人民政府文化主管部门、县级公安部门依据法定职权责令停业整顿3个月至6个月;2年内被2次责令停业整顿又有违反本条例的行为应受行政处罚的,由原发证机关吊销娱乐经营许可证。

第五十四条　娱乐场所违反有关治安管理或者消防管理法律、行政法规规定的,由公安部门依法予以处罚;构成犯罪的,依法追究刑事责任。

娱乐场所违反有关卫生、环境保护、价格、劳动等法律、行政法规规定的,由有关部门依法予以处罚;构成犯罪的,依法追究刑事责任。

娱乐场所及其从业人员与消费者发生争议的,应当依照消费者权益保护的法律规定解决;造成消费者人身、财产损害的,由娱乐场所依法予以赔偿。

第五十五条　国家机关及其工作人员开办娱乐场所,参与或者变相参与娱乐场所经营活动的,对直接负责的主管人员和其他直接责任人员依法给予撤职或者开除的行政处分。

文化主管部门、公安部门的工作人员明知其亲属开办娱乐场所或者发现其亲属参与、变相参与娱乐场所的经营活动,不予制止或者制止不力的,依法给予行政处分;情节严重的,依法给予撤职或者开除的行政处分。

第五十六条　文化主管部门、公安部门、工商行政管理部门和其他有关部门的工作人员有下列行为之一的,对直接负责的主管人员和其他直接责任人员依法给予行政处分;构成犯罪的,依法追究刑事责任:

(一)向不符合法定设立条件的单位颁发许可证、批准文件、营业执照的;

(二)不履行监督管理职责,或者发现擅自从事娱乐场所经营活动不依法取缔,或者发现违法行为不依法查处的;

(三)接到对违法行为的举报、通报后不依法查处的;

(四)利用职务之便,索取、收受他人财物或者谋取其他利益的;

(五)利用职务之便,参与、包庇违法行为,或者向有关单位、个人通风报信的;

(六)有其他滥用职权、玩忽职守、徇私舞弊行为的。

第六章 附 则

第五十七条 本条例所称从业人员，包括娱乐场所的管理人员、服务人员、保安人员和在娱乐场所工作的其他人员。

第五十八条 本条例自2006年3月1日起施行。1999年3月26日国务院发布的《娱乐场所管理条例》同时废止。

营业性演出管理条例

- 2005年7月7日中华人民共和国国务院令第439号公布
- 根据2008年7月22日《国务院关于修改〈营业性演出管理条例〉的决定》第一次修订
- 根据2013年7月18日《国务院关于废止和修改部分行政法规的决定》第二次修订
- 根据2016年2月6日《国务院关于修改部分行政法规的决定》第三次修订
- 根据2020年11月29日《国务院关于修改和废止部分行政法规的决定》第四次修订

第一章 总 则

第一条 为了加强对营业性演出的管理，促进文化产业的发展，繁荣社会主义文艺事业，满足人民群众文化生活的需要，促进社会主义精神文明建设，制定本条例。

第二条 本条例所称营业性演出，是指以营利为目的为公众举办的现场文艺表演活动。

第三条 营业性演出必须坚持为人民服务、为社会主义服务的方向，把社会效益放在首位，实现社会效益和经济效益的统一，丰富人民群众的文化生活。

第四条 国家鼓励文艺表演团体、演员创作和演出思想性艺术性统一、体现民族优秀文化传统、受人民群众欢迎的优秀节目，鼓励到农村、工矿企业演出和为少年儿童提供免费或者优惠的演出。

第五条 国务院文化主管部门主管全国营业性演出的监督管理工作。国务院公安部门、工商行政管理部门在各自职责范围内，主管营业性演出的监督管理工作。

县级以上地方人民政府文化主管部门负责本行政区域内营业性演出的监督管理工作。县级以上地方人民政府公安部门、工商行政管理部门在各自职责范围内，负责本行政区域内营业性演出的监督管理工作。

第二章 营业性演出经营主体的设立

第六条 文艺表演团体申请从事营业性演出活动，应当有与其业务相适应的专职演员和器材设备，并向县级人民政府文化主管部门提出申请；演出经纪机构申请从事营业性演出经营活动，应当有3名以上专职演出经纪人员和与其业务相适应的资金，并向省、自治区、直辖市人民政府文化主管部门提出申请。文化主管部门应当自受理申请之日起20日内作出决定。批准的，颁发营业性演出许可证；不批准的，应当书面通知申请人并说明理由。

第七条 设立演出场所经营单位，应当依法到工商行政管理部门办理注册登记，领取营业执照，并依照有关消防、卫生管理等法律、行政法规的规定办理审批手续。

演出场所经营单位应当自领取营业执照之日起20日内向所在地县级人民政府文化主管部门备案。

第八条 文艺表演团体变更名称、住所、法定代表人或者主要负责人、营业性演出经营项目，应当向原发证机关申请换发营业性演出许可证，并依法到工商行政管理部门办理变更登记。

演出场所经营单位变更名称、住所、法定代表人或者主要负责人，应当依法到工商行政管理部门办理变更登记，并向原备案机关重新备案。

第九条 以从事营业性演出为职业的个体演员(以下简称个体演员)和以从事营业性演出的居间、代理活动为职业的个体演出经纪人(以下简称个体演出经纪人)，应当依法到工商行政管理部门办理注册登记，领取营业执照。

个体演员、个体演出经纪人应当自领取营业执照之日起20日内向所在地县级人民政府文化主管部门备案。

第十条 外国投资者可以依法在中国境内设立演出经纪机构、演出场所经营单位；不得设立文艺表演团体。

外商投资的演出经纪机构申请从事营业性演出经营活动、外商投资的演出场所经营单位申请从事演出场所经营活动，应当向国务院文化主管部门提出申请。国务院文化主管部门应当自收到申请之日起20日内作出决定。批准的，颁发营业性演出许可证；不批准的，应当书面通知申请人并说明理由。

第十一条 香港特别行政区、澳门特别行政区的投资者可以在内地投资设立演出经纪机构、演出场所经营单位以及由内地方控股的文艺表演团体；香港特别行政区、澳门特别行政区的演出经纪机构可以在内地设立分支机构。

台湾地区的投资者可以在大陆投资设立演出经纪机构、演出场所经营单位，不得设立文艺表演团体。

依照本条规定设立的演出经纪机构、文艺表演团体申请从事营业性演出经营活动，依照本条规定设立的演出场所经营单位申请从事演出场所经营活动，应当向省、自治区、直辖市人民政府文化主管部门提出申请。省、自治区、直辖市人民政府文化主管部门应当自收到申请之日起20日内作出决定。批准的，颁发营业性演出许可证；不批准的，应当书面通知申请人并说明理由。

依照本条规定设立演出经纪机构、演出场所经营单位的，还应当遵守我国其他法律、法规的规定。

第三章　营业性演出规范

第十二条 文艺表演团体、个体演员可以自行举办营业性演出，也可以参加营业性组台演出。

营业性组台演出应当由演出经纪机构举办；但是，演出场所经营单位可以在本单位经营的场所内举办营业性组台演出。

演出经纪机构可以从事营业性演出的居间、代理、行纪活动；个体演出经纪人只能从事营业性演出的居间、代理活动。

第十三条 举办营业性演出，应当向演出所在地县级人民政府文化主管部门提出申请。县级人民政府文化主管部门应当自受理申请之日起3日内作出决定。对符合本条例第二十五条规定的，发给批准文件；对不符合本条例第二十五条规定的，不予批准，书面通知申请人并说明理由。

第十四条 除演出经纪机构外，其他任何单位或者个人不得举办外国的或者香港特别行政区、澳门特别行政区、台湾地区的文艺表演团体、个人参加的营业性演出。但是，文艺表演团体自行举办营业性演出，可以邀请外国的或者香港特别行政区、澳门特别行政区、台湾地区的文艺表演团体、个人参加。

举办外国的或者香港特别行政区、澳门特别行政区、台湾地区的文艺表演团体、个人参加的营业性演出，应当符合下列条件：

（一）有与其举办的营业性演出相适应的资金；

（二）有2年以上举办营业性演出的经历；

（三）举办营业性演出前2年内无违反本条例规定的记录。

第十五条 举办外国的文艺表演团体、个人参加的营业性演出，演出举办单位应当向演出所在地省、自治区、直辖市人民政府文化主管部门提出申请。

举办香港特别行政区、澳门特别行政区的文艺表演团体、个人参加的营业性演出，演出举办单位应当向演出所在地省、自治区、直辖市人民政府文化主管部门提出申请；举办台湾地区的文艺表演团体、个人参加的营业性演出，演出举办单位应当向国务院文化主管部门会同国务院有关部门规定的审批机关提出申请。

国务院文化主管部门或者省、自治区、直辖市人民政府文化主管部门应当自受理申请之日起20日内作出决定。对符合本条例第二十五条规定的，发给批准文件；对不符合本条例第二十五条规定的，不予批准，书面通知申请人并说明理由。

第十六条 申请举办营业性演出，提交的申请材料应当包括下列内容：

（一）演出名称、演出举办单位和参加演出的文艺表演团体、演员；

（二）演出时间、地点、场次；

（三）节目及其视听资料。

申请举办营业性组台演出，还应当提交文艺表演团体、演员同意参加演出的书面函件。

营业性演出需要变更申请材料所列事项的，应当分别依照本条例第十三条、第十五条规定重新报批。

第十七条 演出场所经营单位提供演出场地，应当核验演出举办单位取得的批准文件；不得为未经批准的营业性演出提供演出场地。

第十八条 演出场所经营单位应当确保演出场所的建筑、设施符合国家安全标准和消防安全规范,定期检查消防安全设施状况,并及时维护、更新。

演出场所经营单位应当制定安全保卫工作方案和灭火、应急疏散预案。

演出举办单位在演出场所进行营业性演出,应当核验演出场所经营单位的消防安全设施检查记录、安全保卫工作方案和灭火、应急疏散预案,并与演出场所经营单位就演出活动中突发安全事件的防范、处理等事项签订安全责任协议。

第十九条 在公共场所举办营业性演出,演出举办单位应当依照有关安全、消防的法律、行政法规和国家有关规定办理审批手续,并制定安全保卫工作方案和灭火、应急疏散预案。演出场所应当配备应急广播、照明设施,在安全出入口设置明显标识,保证安全出入口畅通;需要临时搭建舞台、看台的,演出举办单位应当按照国家有关安全标准搭建舞台、看台,确保安全。

第二十条 审批临时搭建舞台、看台的营业性演出时,文化主管部门应当核验演出举办单位的下列文件:

(一)依法验收后取得的演出场所合格证明;

(二)安全保卫工作方案和灭火、应急疏散预案;

(三)依法取得的安全、消防批准文件。

第二十一条 演出场所容纳的观众数量应当报公安部门核准;观众区域与缓冲区域应当由公安部门划定,缓冲区域应当有明显标识。

演出举办单位应当按照公安部门核准的观众数量、划定的观众区域印制和出售门票。

验票时,发现进入演出场所的观众达到核准数量仍有观众等待入场的,应当立即终止验票并同时向演出所在地县级人民政府公安部门报告;发现观众持有观众区域以外的门票或者假票的,应当拒绝其入场并同时向演出所在地县级人民政府公安部门报告。

第二十二条 任何人不得携带传染病病原体和爆炸性、易燃性、放射性、腐蚀性等危险物质或者非法携带枪支、弹药、管制器具进入营业性演出现场。

演出场所经营单位应当根据公安部门的要求,配备安全检查设施,并对进入营业性演出现场的观众进行必要的安全检查;观众不接受安全检查或者有前款禁止行为的,演出场所经营单位有权拒绝其进入。

第二十三条 演出举办单位应当组织人员落实营业性演出时的安全、消防措施,维护营业性演出现场秩序。

演出举办单位和演出场所经营单位发现营业性演出现场秩序混乱,应当立即采取措施并同时向演出所在地县级人民政府公安部门报告。

第二十四条 演出举办单位不得以政府或者政府部门的名义举办营业性演出。

营业性演出不得冠以"中国"、"中华"、"全国"、"国际"等字样。

营业性演出广告内容必须真实、合法,不得误导、欺骗公众。

第二十五条 营业性演出不得有下列情形:

(一)反对宪法确定的基本原则的;

(二)危害国家统一、主权和领土完整,危害国家安全,或者损害国家荣誉和利益的;

(三)煽动民族仇恨、民族歧视,侵害民族风俗习惯,伤害民族感情,破坏民族团结,违反宗教政策的;

(四)扰乱社会秩序,破坏社会稳定的;

(五)危害社会公德或者民族优秀文化传统的;

(六)宣扬淫秽、色情、邪教、迷信或者渲染暴力的;

(七)侮辱或者诽谤他人,侵害他人合法权益的;

(八)表演方式恐怖、残忍,摧残演员身心健康的;

(九)利用人体缺陷或者以展示人体变异等方式招徕观众的;

(十)法律、行政法规禁止的其他情形。

第二十六条 演出场所经营单位、演出举办单位发现营业性演出有本条例第二十五条禁止情形的,应当立即采取措施予以制止并同时向演出所在地县级人民政府文化主管部门、公安部门报告。

第二十七条 参加营业性演出的文艺表演团体、主要演员或者主要节目内容等发生变更的,演出举办单位应当及时告知观众并说明理由。观众有权退票。

演出过程中，除因不可抗力不能演出的外，演出举办单位不得中止或者停止演出，演员不得退出演出。

第二十八条 演员不得以假唱欺骗观众，演出举办单位不得组织演员假唱。任何单位或者个人不得为假唱提供条件。

演出举办单位应当派专人对演出进行监督，防止假唱行为的发生。

第二十九条 营业性演出经营主体应当对其营业性演出的经营收入依法纳税。

演出举办单位在支付演员、职员的演出报酬时应当依法履行税款代扣代缴义务。

第三十条 募捐义演的演出收入，除必要的成本开支外，必须全部交付受捐单位；演出举办单位、参加演出的文艺表演团体和演员、职员，不得获取经济利益。

第三十一条 任何单位或者个人不得伪造、变造、出租、出借或者买卖营业性演出许可证、批准文件或者营业执照，不得伪造、变造营业性演出门票或者倒卖伪造、变造的营业性演出门票。

第四章 监督管理

第三十二条 除文化主管部门依照国家有关规定对体现民族特色和国家水准的演出给予补助外，各级人民政府和政府部门不得资助、赞助或者变相资助、赞助营业性演出，不得用公款购买营业性演出门票用于个人消费。

第三十三条 文化主管部门应当加强对营业性演出的监督管理。

演出所在地县级人民政府文化主管部门对外国的或者香港特别行政区、澳门特别行政区、台湾地区的文艺表演团体、个人参加的营业性演出和临时搭建舞台、看台的营业性演出，应当进行实地检查；对其他营业性演出，应当进行实地抽样检查。

第三十四条 县级以上地方人民政府文化主管部门应当充分发挥文化执法机构的作用，并可以聘请社会义务监督员对营业性演出进行监督。

任何单位或者个人可以采取电话、手机短信等方式举报违反本条例规定的行为。县级以上地方人民政府文化主管部门应当向社会公布举报电话，并保证随时有人接听。

县级以上地方人民政府文化主管部门接到社会义务监督员的报告或者公众的举报，应当作出记录，立即赶赴现场进行调查、处理，并自处理完毕之日起7日内公布结果。

县级以上地方人民政府文化主管部门对作出突出贡献的社会义务监督员应当给予表彰；公众举报经调查核实的，应当对举报人给予奖励。

第三十五条 文化主管部门应当建立营业性演出经营主体的经营活动信用监管制度，建立健全信用约束机制，并及时公布行政处罚信息。

第三十六条 公安部门对其依照有关法律、行政法规和国家有关规定批准的营业性演出，应当在演出举办前对营业性演出现场的安全状况进行实地检查；发现安全隐患的，在消除安全隐患后方可允许进行营业性演出。

公安部门可以对进入营业性演出现场的观众进行必要的安全检查；发现观众有本条例第二十二条第一款禁止行为的，在消除安全隐患后方可允许其进入。

公安部门可以组织警力协助演出举办单位维持营业性演出现场秩序。

第三十七条 公安部门接到观众达到核准数量仍有观众等待入场或者演出秩序混乱的报告后，应当立即组织采取措施消除安全隐患。

第三十八条 承担现场管理检查任务的公安部门和文化主管部门的工作人员进入营业性演出现场，应当出示值勤证件。

第三十九条 文化主管部门依法对营业性演出进行监督检查时，应当将监督检查的情况和处理结果予以记录，由监督检查人员签字后归档。公众有权查阅监督检查记录。

第四十条 文化主管部门、公安部门和其他有关部门及其工作人员不得向演出举办单位、演出场所经营单位索取演出门票。

第四十一条 国务院文化主管部门和省、自治区、直辖市人民政府文化主管部门，对在农村、工矿企业进行演出以及为少年儿童提供免费或者优惠演出表现突出的文艺表演团体、演员，应当给予表彰，并采取多种形式予以宣传。

国务院文化主管部门对适合在农村、工矿企业演出的节目，可以在依法取得著作权人许可后，提供给文艺表演团体、演员在农村、工矿企业演出时使用。

文化主管部门实施文艺评奖,应当适当考虑参评对象在农村、工矿企业的演出场次。

县级以上地方人民政府应当对在农村、工矿企业演出的文艺表演团体、演员给予支持。

第四十二条 演出行业协会应当依照章程的规定,制定行业自律规范,指导、监督会员的经营活动,促进公平竞争。

第五章 法律责任

第四十三条 有下列行为之一的,由县级人民政府文化主管部门予以取缔,没收演出器材和违法所得,并处违法所得8倍以上10倍以下的罚款;没有违法所得或者违法所得不足1万元的,并处5万元以上10万元以下的罚款;构成犯罪的,依法追究刑事责任:

(一)违反本条例第六条、第十条、第十一条规定,擅自从事营业性演出经营活动的;

(二)违反本条例第十二条、第十四条规定,超范围从事营业性演出经营活动的;

(三)违反本条例第八条第一款规定,变更营业性演出经营项目未向原发证机关申请换发营业性演出许可证的。

违反本条例第七条、第九条规定,擅自设立演出场所经营单位或者擅自从事营业性演出经营活动的,由工商行政管理部门依法予以取缔、处罚;构成犯罪的,依法追究刑事责任。

第四十四条 违反本条例第十三条、第十五条规定,未经批准举办营业性演出的,由县级人民政府文化主管部门责令停止演出,没收违法所得,并处违法所得8倍以上10倍以下的罚款;没有违法所得或者违法所得不足1万元的,并处5万元以上10万元以下的罚款;情节严重的,由原发证机关吊销营业性演出许可证。

违反本条例第十六条第三款规定,变更演出举办单位、参加演出的文艺表演团体、演员或者节目未重新报批的,依照前款规定处罚;变更演出的名称、时间、地点、场次未重新报批的,由县级人民政府文化主管部门责令改正,给予警告,可以并处3万元以下的罚款。

演出场所经营单位为未经批准的营业性演出提供场地的,由县级人民政府文化主管部门责令改正,没收违法所得,并处违法所得3倍以上5倍以下的罚款;没有违法所得或者违法所得不足1万元的,并处3万元以上5万元以下的罚款。

第四十五条 违反本条例第三十一条规定,伪造、变造、出租、出借、买卖营业性演出许可证、批准文件,或者以非法手段取得营业性演出许可证、批准文件的,由县级人民政府文化主管部门没收违法所得,并处违法所得8倍以上10倍以下的罚款;没有违法所得或者违法所得不足1万元的,并处5万元以上10万元以下的罚款;对原取得的营业性演出许可证、批准文件,予以吊销、撤销;构成犯罪的,依法追究刑事责任。

第四十六条 营业性演出有本条例第二十五条禁止情形的,由县级人民政府文化主管部门责令停止演出,没收违法所得,并处违法所得8倍以上10倍以下的罚款;没有违法所得或者违法所得不足1万元的,并处5万元以上10万元以下的罚款;情节严重的,由原发证机关吊销营业性演出许可证;违反治安管理规定的,由公安部门依法予以处罚;构成犯罪的,依法追究刑事责任。

演出场所经营单位、演出举办单位发现营业性演出有本条例第二十五条禁止情形未采取措施予以制止的,由县级人民政府文化主管部门、公安部门依据法定职权给予警告,并处5万元以上10万元以下的罚款;未依照本条例第二十六条规定报告的,由县级人民政府文化主管部门、公安部门依据法定职权给予警告,并处5000元以上1万元以下的罚款。

第四十七条 有下列行为之一的,对演出举办单位、文艺表演团体、演员,由国务院文化主管部门或者省、自治区、直辖市人民政府文化主管部门向社会公布;演出举办单位、文艺表演团体在2年内再次被公布的,由原发证机关吊销营业性演出许可证;个体演员在2年内再次被公布的,由工商行政管理部门吊销营业执照:

(一)非因不可抗力中止、停止或者退出演出的;

(二)文艺表演团体、主要演员或者主要节目内容等发生变更未及时告知观众的;

(三)以假唱欺骗观众的;

(四)为演员假唱提供条件的。

有前款第(一)项、第(二)项和第(三)项所列行为之一的,观众有权在退场后依照有关消费者权益保护的法律规定要求演出举办单位赔偿损失;演出举办单位可以依法向负有责任的文艺表演团体、演员追偿。

有本条第一款第(一)项、第(二)项和第(三)项所列行为之一的,由县级人民政府文化主管部门处5万元以上10万元以下的罚款;有本条第一款第(四)项所列行为的,由县级人民政府文化主管部门处5000元以上1万元以下的罚款。

第四十八条 以政府或者政府部门的名义举办营业性演出,或者营业性演出冠以"中国"、"中华"、"全国"、"国际"等字样的,由县级人民政府文化主管部门责令改正,没收违法所得,并处违法所得3倍以上5倍以下的罚款;没有违法所得或者违法所得不足1万元的,并处3万元以上5万元以下的罚款;拒不改正或者造成严重后果的,由原发证机关吊销营业性演出许可证。

营业性演出广告的内容误导、欺骗公众或者含有其他违法内容的,由工商行政管理部门责令停止发布,并依法予以处罚。

第四十九条 演出举办单位或者其法定代表人、主要负责人及其他直接责任人员在募捐义演中获取经济利益的,由县级以上人民政府文化主管部门依据各自职权责令其退回并交付受捐单位;构成犯罪的,依法追究刑事责任;尚不构成犯罪的,由县级以上人民政府文化主管部门依据各自职权处违法所得3倍以上5倍以下的罚款,并由国务院文化主管部门或者省、自治区、直辖市人民政府文化主管部门向社会公布违法行为人的名称或者姓名,直至由原发证机关吊销演出举办单位的营业性演出许可证。

文艺表演团体或者演员、职员在募捐义演中获取经济利益的,由县级以上人民政府文化主管部门依据各自职权责令其退回并交付受捐单位。

第五十条 违反本条例第八条第一款规定,变更名称、住所、法定代表人或者主要负责人未向原发证机关申请换发营业性演出许可证的,由县级人民政府文化主管部门责令改正,给予警告,并处1万元以上3万元以下的罚款。

违反本条例第七条第二款、第八条第二款、第九条第二款规定,未办理备案手续的,由县级人民政府文化主管部门责令改正,给予警告,并处5000元以上1万元以下的罚款。

第五十一条 有下列行为之一的,由公安部门或者公安消防机构依据法定职权依法予以处罚;构成犯罪的,依法追究刑事责任:

(一)违反本条例安全、消防管理规定的;

(二)伪造、变造营业性演出门票或者倒卖伪造、变造的营业性演出门票的。

演出举办单位印制、出售超过核准观众数量的或者观众区域以外的营业性演出门票的,由县级以上人民政府公安部门依据各自职权责令改正,没收违法所得,并处违法所得3倍以上5倍以下的罚款;没有违法所得或者违法所得不足1万元的,并处3万元以上5万元以下的罚款;造成严重后果的,由原发证机关吊销营业性演出许可证;构成犯罪的,依法追究刑事责任。

第五十二条 演出场所经营单位、个体演出经纪人、个体演员违反本条例规定,情节严重的,由县级以上人民政府文化主管部门依据各自职权责令其停止营业性演出经营活动,并通知工商行政管理部门,由工商行政管理部门依法吊销营业执照。其中,演出场所经营单位有其他经营业务的,由工商行政管理部门责令其办理变更登记,逾期不办理的,吊销营业执照。

第五十三条 因违反本条例规定被文化主管部门吊销营业性演出许可证,或者被工商行政管理部门吊销营业执照或者责令变更登记的,自受到行政处罚之日起,当事人为单位的,其法定代表人、主要负责人5年内不得担任文艺表演团体、演出经纪机构或者演出场所经营单位的法定代表人、主要负责人;当事人为个人的,个体演员1年内不得从事营业性演出,个体演出经纪人5年内不得从事营业性演出的居间、代理活动。

因营业性演出有本条例第二十五条禁止情形被文化主管部门吊销营业性演出许可证,或者被工商行政管理部门吊销营业执照或者责令变更登记的,不得再次从事营业性演出或者营业性演出的居间、代理、行纪活动。

因违反本条例规定2年内2次受到行政处罚又有应受本条例处罚的违法行为的,应当从重处罚。

第五十四条 各级人民政府或者政府部门非法资助、赞助,或者非法变相资助、赞助营业性演出,或者用公款购买营业性演出门票用于个人消费的,依照有关财政违法行为处罚处分的行政法规的规定责令改正。对单位给予警告或者通报批评。对直接负责的主管人员和其他直接责任人员给予记大过处分;情节较重的,给予降级或者撤职处分;情节严重的,给予开除处分。

第五十五条 文化主管部门、公安部门、工商行政管理部门的工作人员滥用职权、玩忽职守、徇私舞弊或者未依照本条例规定履行职责的,依法给予行政处分;构成犯罪的,依法追究刑事责任。

第六章 附 则

第五十六条 民间游散艺人的营业性演出,省、自治区、直辖市人民政府可以参照本条例的规定制定具体管理办法。

第五十七条 本条例自2005年9月1日起施行。1997年8月11日国务院发布的《营业性演出管理条例》同时废止。

防范和处置非法集资条例

- 2020年12月21日国务院第119次常务会议通过
- 2021年1月26日中华人民共和国国务院令第737号公布
- 自2021年5月1日起施行

第一章 总 则

第一条 为了防范和处置非法集资,保护社会公众合法权益,防范化解金融风险,维护经济秩序和社会稳定,制定本条例。

第二条 本条例所称非法集资,是指未经国务院金融管理部门依法许可或者违反国家金融管理规定,以许诺还本付息或者给予其他投资回报等方式,向不特定对象吸收资金的行为。

非法集资的防范以及行政机关对非法集资的处置,适用本条例。法律、行政法规对非法从事银行、证券、保险、外汇等金融业务活动另有规定的,适用其规定。

本条例所称国务院金融管理部门,是指中国人民银行、国务院金融监督管理机构和国务院外汇管理部门。

第三条 本条例所称非法集资人,是指发起、主导或者组织实施非法集资的单位和个人;所称非法集资协助人,是指明知是非法集资而为其提供帮助并获取经济利益的单位和个人。

第四条 国家禁止任何形式的非法集资,对非法集资坚持防范为主、打早打小、综合治理、稳妥处置的原则。

第五条 省、自治区、直辖市人民政府对本行政区域内防范和处置非法集资工作负总责,地方各级人民政府应当建立健全政府统一领导的防范和处置非法集资工作机制。县级以上地方人民政府应当明确防范和处置非法集资工作机制的牵头部门(以下简称处置非法集资牵头部门),有关部门以及国务院金融管理部门分支机构、派出机构等单位参加工作机制;乡镇人民政府应当明确牵头负责防范和处置非法集资工作的人员。上级地方人民政府应当督促、指导下级地方人民政府做好本行政区域防范和处置非法集资工作。

行业主管部门、监管部门应当按照职责分工,负责本行业、领域非法集资的防范和配合处置工作。

第六条 国务院建立处置非法集资部际联席会议(以下简称联席会议)制度。联席会议由国务院银行保险监督管理机构牵头,有关部门参加,负责督促、指导有关部门和地方开展防范和处置非法集资工作,协调解决防范和处置非法集资工作中的重大问题。

第七条 各级人民政府应当合理保障防范和处置非法集资工作相关经费,并列入本级预算。

第二章 防 范

第八条 地方各级人民政府应当建立非法集资监测预警机制,纳入社会治安综合治理体系,发挥网格化管理和基层群众自治组织的作用,运用大数据等现代信息技术手段,加强对非法集资的监测预警。

行业主管部门、监管部门应当强化日常监督管理,负责本行业、领域非法集资的风险排查和监测预警。

联席会议应当建立健全全国非法集资监测预警体系,推动建设国家监测预警平台,促进地方、部门信息共享,加强非法集资风险研判,及时预警提示。

第九条 市场监督管理部门应当加强企业、个体工商户名称和经营范围等商事登记管理。除法律、行政法规和国家另有规定外,企业、个体工商户名称和经营范围中不得包含"金融"、"交易所"、"交易中心"、"理财"、"财富管理"、"股权众筹"等字样或者内容。

县级以上地方人民政府处置非法集资牵头部门、市场监督管理部门等有关部门应当建立会商机制,发现企业、个体工商户名称或者经营范围中包含前款规定以外的其他与集资有关的字样或者内容的,及时予以重点关注。

第十条 处置非法集资牵头部门会同互联网信息内容管理部门、电信主管部门加强对涉嫌非法集资的互联网信息和网站、移动应用程序等互联网应用的监测。经处置非法集资牵头部门组织认定为用于非法集资的,互联网信息内容管理部门、电信主管部门应当及时依法作出处理。

互联网信息服务提供者应当加强对用户发布信息的管理,不得制作、复制、发布、传播涉嫌非法集资的信息。发现涉嫌非法集资的信息,应当保存有关记录,并向处置非法集资牵头部门报告。

第十一条 除国家另有规定外,任何单位和个人不得发布包含集资内容的广告或者以其他方式向社会公众进行集资宣传。

市场监督管理部门会同处置非法集资牵头部门加强对涉嫌非法集资广告的监测。经处置非法集资牵头部门组织认定为非法集资的,市场监督管理部门应当及时依法查处相关非法集资广告。

广告经营者、广告发布者应当依照法律、行政法规查验相关证明文件,核对广告内容。对没有相关证明文件且包含集资内容的广告,广告经营者不得提供设计、制作、代理服务,广告发布者不得发布。

第十二条 处置非法集资牵头部门与所在地国务院金融管理部门分支机构、派出机构应当建立非法集资可疑资金监测机制。国务院金融管理部门及其分支机构、派出机构应当按照职责分工督促、指导金融机构、非银行支付机构加强对资金异常流动情况及其他涉嫌非法集资可疑资金的监测工作。

第十三条 金融机构、非银行支付机构应当履行下列防范非法集资的义务:

(一)建立健全内部管理制度,禁止分支机构和员工参与非法集资,防止他人利用其经营场所、销售渠道从事非法集资;

(二)加强对社会公众防范非法集资的宣传教育,在经营场所醒目位置设置警示标识;

(三)依法严格执行大额交易和可疑交易报告制度,对涉嫌非法集资资金异常流动的相关账户进行分析识别,并将有关情况及时报告所在地国务院金融管理部门分支机构、派出机构和处置非法集资牵头部门。

第十四条 行业协会、商会应当加强行业自律管理、自我约束,督促、引导成员积极防范非法集资,不组织、不协助、不参与非法集资。

第十五条 联席会议应当建立中央和地方上下联动的防范非法集资宣传教育工作机制,推动全国范围内防范非法集资宣传教育工作。

地方各级人民政府应当开展常态化的防范非法集资宣传教育工作,充分运用各类媒介或者载体,以法律政策解读、典型案例剖析、投资风险教育等方式,向社会公众宣传非法集资的违法性、危害性及其表现形式等,增强社会公众对非法集资的防范意识和识别能力。

行业主管部门、监管部门以及行业协会、商会应当根据本行业、领域非法集资风险特点,有针对性地开展防范非法集资宣传教育活动。

新闻媒体应当开展防范非法集资公益宣传,并依法对非法集资进行舆论监督。

第十六条 对涉嫌非法集资行为,任何单位和个人有权向处置非法集资牵头部门或者其他有关部门举报。

国家鼓励对涉嫌非法集资行为进行举报。处置非法集资牵头部门以及其他有关部门应当公开举报电话和邮箱等举报方式、在政府网站设置举报专栏,接受举报,及时依法处理,并为举报人保密。

第十七条 居民委员会、村民委员会发现所在区域有涉嫌非法集资行为的,应当向当地人民政府、处置非法集资牵头部门或者其他有关部门报告。

第十八条 处置非法集资牵头部门和行业主管部门、监管部门发现本行政区域或者本行业、领域可能存在非法集资风险的,有权对相关单位和个人进行警示约谈,责令整改。

第三章 处 置

第十九条 对本行政区域内的下列行为,涉嫌非法集资的,处置非法集资牵头部门应当及时组织有关行业主管部门、监管部门以及国务院金融管理部门分支机构、派出机构进行调查认定:

（一）设立互联网企业、投资及投资咨询类企业、各类交易场所或者平台、农民专业合作社、资金互助组织以及其他组织吸收资金；

（二）以发行或者转让股权、债权、募集基金、销售保险产品，或者以从事各类资产管理、虚拟货币、融资租赁业务等名义吸收资金；

（三）在销售商品、提供服务、投资项目等商业活动中，以承诺给付货币、股权、实物等回报的形式吸收资金；

（四）违反法律、行政法规或者国家有关规定，通过大众传播媒介、即时通信工具或者其他方式公开传播吸收资金信息；

（五）其他涉嫌非法集资的行为。

第二十条　对跨行政区域的涉嫌非法集资行为，非法集资人为单位的，由其登记地处置非法集资牵头部门组织调查认定；非法集资人为个人的，由其住所地或者经常居住地处置非法集资牵头部门组织调查认定。非法集资行为发生地、集资资产所在地以及集资参与人所在地处置非法集资牵头部门应当配合调查认定工作。

处置非法集资牵头部门对组织调查认定职责存在争议的，由其共同的上级处置非法集资牵头部门确定；对跨省、自治区、直辖市组织调查认定职责存在争议的，由联席会议确定。

第二十一条　处置非法集资牵头部门组织调查涉嫌非法集资行为，可以采取下列措施：

（一）进入涉嫌非法集资的场所进行调查取证；

（二）询问与被调查事件有关的单位和个人，要求其对有关事项作出说明；

（三）查阅、复制与被调查事件有关的文件、资料、电子数据等，对可能被转移、隐匿或者毁损的文件、资料、电子设备等予以封存；

（四）经处置非法集资牵头部门主要负责人批准，依法查询涉嫌非法集资的有关账户。

调查人员不得少于2人，并应当出示执法证件。

与被调查事件有关的单位和个人应当配合调查，不得拒绝、阻碍。

第二十二条　处置非法集资牵头部门对涉嫌非法集资行为组织调查，有权要求暂停集资行为，通知市场监督管理部门或者其他有关部门暂停为涉嫌非法集资的有关单位办理设立、变更或者注销登记。

第二十三条　经调查认定属于非法集资的，处置非法集资牵头部门应当责令非法集资人、非法集资协助人立即停止有关非法活动；发现涉嫌犯罪的，应当按照规定及时将案件移送公安机关，并配合做好相关工作。

行政机关对非法集资行为的调查认定，不是依法追究刑事责任的必经程序。

第二十四条　根据处置非法集资的需要，处置非法集资牵头部门可以采取下列措施：

（一）查封有关经营场所，查封、扣押有关资产；

（二）责令非法集资人、非法集资协助人追回、变价出售有关资产用于清退集资资金；

（三）经设区的市级以上地方人民政府处置非法集资牵头部门决定，按照规定通知出入境边防检查机关，限制非法集资的个人或者非法集资单位的控股股东、实际控制人、董事、监事、高级管理人员以及其他直接责任人员出境。

采取前款第一项、第二项规定的措施，应当经处置非法集资牵头部门主要负责人批准。

第二十五条　非法集资人、非法集资协助人应当向集资参与人清退集资资金。清退过程应当接受处置非法集资牵头部门监督。

任何单位和个人不得从非法集资中获取经济利益。

因参与非法集资受到的损失，由集资参与人自行承担。

第二十六条　清退集资资金来源包括：

（一）非法集资资金余额；

（二）非法集资资金的收益或者转换的其他资产及其收益；

（三）非法集资人及其股东、实际控制人、董事、监事、高级管理人员和其他相关人员从非法集资中获得的经济利益；

（四）非法集资人隐匿、转移的非法集资资金或者相关资产；

（五）在非法集资中获得的广告费、代言费、代理费、好处费、返点费、佣金、提成等经济利益；

（六）可以作为清退集资资金的其他资产。

第二十七条　为非法集资设立的企业、个体工商户和农民专业合作社，由市场监督管理部门吊销营业执照。为非法集资设立的网站、开发的移动应用程序等互联网应用,由电信主管部门依法予以关闭。

第二十八条 国务院金融管理部门及其分支机构、派出机构,地方人民政府有关部门以及其他有关单位和个人,对处置非法集资工作应当给予支持、配合。

任何单位和个人不得阻挠、妨碍处置非法集资工作。

第二十九条 处置非法集资过程中,有关地方人民政府应当采取有效措施维护社会稳定。

第四章 法律责任

第三十条 对非法集资人,由处置非法集资牵头部门处集资金额20%以上1倍以下的罚款。非法集资人为单位的,还可以根据情节轻重责令停产停业,由有关机关依法吊销许可证、营业执照或者登记证书;对其法定代表人或者主要负责人、直接负责的主管人员和其他直接责任人员给予警告,处50万元以上500万元以下的罚款。构成犯罪的,依法追究刑事责任。

第三十一条 对非法集资协助人,由处置非法集资牵头部门给予警告,处违法所得1倍以上3倍以下的罚款;构成犯罪的,依法追究刑事责任。

第三十二条 非法集资人、非法集资协助人不能同时履行所承担的清退集资资金和缴纳罚款义务时,先清退集资资金。

第三十三条 对依照本条例受到行政处罚的非法集资人、非法集资协助人,由有关部门建立信用记录,按照规定将其信用记录纳入全国信用信息共享平台。

第三十四条 互联网信息服务提供者未履行对涉嫌非法集资信息的防范和处置义务的,由有关主管部门责令改正,给予警告,没收违法所得;拒不改正或者情节严重的,处10万元以上50万元以下的罚款,并可以根据情节轻重责令暂停相关业务、停业整顿、关闭网站、吊销相关业务许可证或者吊销营业执照,对直接负责的主管人员和其他直接责任人员处1万元以上10万元以下的罚款。

广告经营者、广告发布者未按照规定查验相关证明文件、核对广告内容的,由市场监督管理部门责令改正,并依照《中华人民共和国广告法》的规定予以处罚。

第三十五条 金融机构、非银行支付机构未履行防范非法集资义务的,由国务院金融管理部门或者其分支机构、派出机构按照职责分工责令改正,给予警告,没收违法所得;造成严重后果的,处100万元以上500万元以下的罚款,对直接负责的主管人员和其他直接责任人员给予警告,处10万元以上50万元以下的罚款。

第三十六条 与被调查事件有关的单位和个人不配合调查,拒绝提供相关文件、资料、电子数据等或者提供虚假文件、资料、电子数据等的,由处置非法集资牵头部门责令改正,给予警告,处5万元以上50万元以下的罚款。

阻碍调查人员依法执行职务,构成违反治安管理行为的,由公安机关依法给予治安管理处罚;构成犯罪的,依法追究刑事责任。

第三十七条 国家机关工作人员有下列行为之一的,依法给予处分:

(一)明知所主管、监管的单位有涉嫌非法集资行为,未依法及时处理;

(二)未按照规定及时履行对非法集资的防范职责,或者不配合非法集资处置,造成严重后果;

(三)在防范和处置非法集资过程中滥用职权、玩忽职守、徇私舞弊;

(四)通过职务行为或者利用职务影响,支持、包庇、纵容非法集资。

前款规定的行为构成犯罪的,依法追究刑事责任。

第五章 附 则

第三十八条 各省、自治区、直辖市可以根据本条例制定防范和处置非法集资工作实施细则。

第三十九条 未经依法许可或者违反国家金融管理规定,擅自从事发放贷款、支付结算、票据贴现等金融业务活动的,由国务院金融管理部门或者地方金融管理部门按照监督管理职责分工进行处置。

法律、行政法规对其他非法金融业务活动的防范和处置没有明确规定的,参照本条例的有关规定执行。其他非法金融业务活动的具体类型由国务院金融管理部门确定。

第四十条 本条例自2021年5月1日起施行。1998年7月13日国务院发布的《非法金融机构和非法金融业务活动取缔办法》同时废止。

旅馆业治安管理办法

- 1987年9月23日国务院批准
- 1987年11月10日公安部发布
- 根据2011年1月8日《国务院关于废止和修改部分行政法规的决定》第一次修订
- 根据2020年11月29日《国务院关于修改和废止部分行政法规的决定》第二次修订
- 根据2022年3月29日《国务院关于修改和废止部分行政法规的决定》第三次修订

第一条 为了保障旅馆业的正常经营和旅客的生命财物安全，维护社会治安，制定本办法。

第二条 凡经营接待旅客住宿的旅馆、饭店、宾馆、招待所、客货栈、车马店、浴池等（以下统称旅馆），不论是国营、集体经营，还是合伙经营、个体经营、外商投资经营，不论是专营还是兼营，不论是常年经营，还是季节性经营，都必须遵守本办法。

第三条 开办旅馆，要具备必要的防盗等安全设施。

第四条 申请开办旅馆，应取得市场监管部门核发的营业执照，向当地公安机关申领特种行业许可证后，方准开业。

经批准开业的旅馆，如有歇业、转业、合并、迁移、改变名称等情况，应当在市场监管部门办理变更登记后3日内，向当地的县、市公安局、公安分局备案。

第五条 经营旅馆，必须遵守国家的法律，建立各项安全管理制度，设置治安保卫组织或者指定安全保卫人员。

第六条 旅馆接待旅客住宿必须登记。登记时，应当查验旅客的身份证件，按规定的项目如实登记。

接待境外旅客住宿，还应当在24小时内向当地公安机关报送住宿登记表。

第七条 旅馆应当设置旅客财物保管箱、柜或者保管室、保险柜，指定专人负责保管工作。对旅客寄存的财物，要建立登记、领取和交接制度。

第八条 旅馆对旅客遗留的物品，应当妥为保管，设法归还原主或揭示招领；经招领3个月后无人认领的，要登记造册，送当地公安机关按拾遗物品处理。对违禁物品和可疑物品，应当及时报告公安机关处理。

第九条 旅馆工作人员发现违法犯罪分子、行迹可疑的人员和被公安机关通缉的罪犯，应当立即向当地公安机关报告，不得知情不报或隐瞒包庇。

第十条 在旅馆内开办舞厅、音乐茶座等娱乐、服务场所的，除执行本办法有关规定外，还应当按照国家和当地政府的有关规定管理。

第十一条 严禁旅客将易燃、易爆、剧毒、腐蚀性和放射性等危险物品带入旅馆。

第十二条 旅馆内，严禁卖淫、嫖宿、赌博、吸毒、传播淫秽物品等违法犯罪活动。

第十三条 旅馆内，不得酗酒滋事、大声喧哗，影响他人休息，旅客不得私自留客住宿或者转让床位。

第十四条 公安机关对旅馆治安管理的职责是，指导、监督旅馆建立各项安全管理制度和落实安全防范措施，协助旅馆对工作人员进行安全业务知识的培训，依法惩办侵犯旅馆和旅客合法权益的违法犯罪分子。

公安人员到旅馆执行公务时，应当出示证件，严格依法办事，要文明礼貌待人，维护旅馆的正常经营和旅客的合法权益。旅馆工作人员和旅客应当予以协助。

第十五条 违反本办法第四条规定开办旅馆的，公安机关可以酌情给予警告或者处以200元以下罚款；未经登记，私自开业的，公安机关应当协助工商行政管理部门依法处理。

第十六条 旅馆工作人员违反本办法第九条规定的，公安机关可以酌情给予警告或者处以200元以下罚款；情节严重构成犯罪的，依法追究刑事责任。

旅馆负责人参与违法犯罪活动，其所经营的旅馆已成为犯罪活动场所的，公安机关除依法追究其责任外，对该旅馆还应当会同工商行政管理部门依法处理。

第十七条 违反本办法第六、十一、十二条规定的，依照《中华人民共和国治安管理处罚法》有关条款的规定，处罚有关人员；发生重大事故、造成严重后果构成犯罪的，依法追究刑事责任。

第十八条 当事人对公安机关的行政处罚决定不服，按照《中华人民共和国治安管理处罚法》第一百零二条的规定办理。

第十九条 省、自治区、直辖市公安厅(局)可根据本办法制定实施细则，报请当地人民政府批准后施行，并报公安部备案。

第二十条 本办法自公布之日起施行。1951年8月15日公布的《城市旅栈业暂行管理规则》同时废止。

公安机关执行《中华人民共和国治安管理处罚法》有关问题的解释

- 2006年1月23日
- 公通字〔2006〕12号

根据全国人大常委会《关于加强法律解释工作的决议》的规定，现对公安机关执行《中华人民共和国治安管理处罚法》(以下简称《治安管理处罚法》)的有关问题解释如下：

一、关于治安案件的调解问题。根据《治安管理处罚法》第9条的规定，对因民间纠纷引起的打架斗殴或者损毁他人财物以及其他违反治安管理行为，情节较轻的，公安机关应当本着化解矛盾纠纷、维护社会稳定、构建和谐社会的要求，依法尽量予以调解处理。特别是对因家庭、邻里、同事之间纠纷引起的违反治安管理行为，情节较轻，双方当事人愿意和解的，如制造噪声、发送信息、饲养动物干扰他人正常生活，放任动物恐吓他人、侮辱、诽谤、诬告陷害、侵犯隐私、偷开机动车等治安案件，公安机关都可以调解处理。同时，为确保调解取得良好效果，调解前应当及时依法做深入细致的调查取证工作，以查明事实、收集证据、分清责任。调解达成协议的，应当制作调解书，交双方当事人签字。

二、关于涉外治安案件的办理问题。《治安管理处罚法》第10条第2款规定："对违反治安管理的外国人可以附加适用限期出境、驱逐出境"。对外国人需要依法适用限期出境、驱逐出境处罚的，由承办案件的公安机关逐级上报公安部或者公安部授权的省级人民政府公安机关决定，由承办案件的公安机关执行。对外国人依法决定行政拘留的，由承办案件的县级以上(含县级，下同)公安机关决定，不再报上一级公安机关批准。对外国人依法决定警告、罚款、行政拘留，并附加适用限期出境、驱逐出境处罚的，应当在警告、罚款、行政拘留执行完毕后，再执行限期出境、驱逐出境。

三、关于不予处罚问题。《治安管理处罚法》第12条、第13条、第14条、第19条对不予处罚的情形作了明确规定，公安机关对依法不予处罚的违反治安管理行为人，有违法所得的，应当依法予以追缴；有非法财物的，应当依法予以收缴。

《治安管理处罚法》第22条对违反治安管理行为的追究时效作了明确规定，公安机关对超过追究时效的违反治安管理行为不再处罚，但有违禁品的，应当依法予以收缴。

四、关于对单位违反治安管理的处罚问题。《治安管理处罚法》第18条规定，"单位违反治安管理的，对其直接负责的主管人员和其他直接责任人员依照本法的规定处罚。其他法律、行政法规对同一行为规定给予单位处罚的，依照其规定处罚"，并在第54条规定可以吊销公安机关发放的许可证。对单位实施《治安管理处罚法》第三章所规定的违反治安管理行为的，应当依法对其直接负责的主管人员和其他直接责任人员予以治安管理处罚；其他法律、行政法规对同一行为明确规定由公安机关给予单位警告、罚款、没收违法所得、没收非法财物等处罚，或者采取责令其限期停业整顿、停业整顿、取缔等强制措施的，应当依照其规定办理。对被依法吊销许可证的单位，应当同时依法收缴非法财物、追缴违法所得。参照刑法的规定，单位是指公司、企业、事业单位、机关、团体。

五、关于不执行行政拘留处罚问题。根据《治安管理处罚法》第21条的规定，对"已满十四周岁不满十六周岁的"、"已满十六周岁不满十八周岁，初次违反治安管理的"、"七十周岁以上的"、"怀孕或者哺乳自己不满一周岁婴儿的"违反治安管理行为人，可以依法作出行政拘留处罚决定，但不投送拘留所执行。被处罚人居住地公安派出所应当会同被处罚人所在单位、学校、家庭、居(村)民委员会、未成年人保护组织和有关社会团体进行帮教。上述未成年人、老年人的年龄、怀孕或者哺乳自己不满1周岁婴儿的妇女的情况，以其实施违反治安管理行为或者正要执行行政拘留时的实际情况确定，即违反治安管理行为人在实施违反治安管理行为时具有上述情形之一的，或者执行行政拘留时符合上述情形之一的，均不再投送拘留所执行行政拘留。

六、关于取缔问题。根据《治安管理处罚法》第54条的规定，对未经许可，擅自经营按照国家规定需要由公安机关许可的行业的，予以取缔。这里的"按照国家规定需要由公安机关许可的行业"，是指按照有关法律、行政法规和国务院决定的有关规定，需要由公安机关许可的旅馆业、典当业、公章刻制业、保安培训业等行业。取缔应当由违反治安管理行为发生地的县级以上公安机关作出决定，按照《治安管理处罚法》的有关规定采取相应的措施，如责令停止相关经营活动、进入无证经营场所进行检查、扣押与案件有关的需要作为证据的物品等。在取缔的同时，应当依法收缴非法财物、追缴违法所得。

七、关于强制性教育措施问题。《治安管理处罚法》第76条规定，对有"引诱、容留、介绍他人卖淫"，"制作、运输、复制、出售、出租淫秽的书刊、图片、影片、音像制品等淫秽物品或者利用计算机信息网络、电话以及其他通讯工具传播淫秽信息"，"以营利为目的，为赌博提供条件的，或者参与赌博赌资较大的"行为，"屡教不改，可以按照国家规定采取强制性教育措施"。这里的"强制性教育措施"目前是指劳动教养；"按照国家规定"是指按照《治安管理处罚法》和其他有关劳动教养的法律、行政法规的规定；"屡教不改"是指有上述行为被依法判处刑罚执行期满后五年内又实施前述行为之一，或者被依法予以罚款、行政拘留、收容教育、劳动教养执行期满后三年内实施前述行为之一，情节较重，但尚不够刑事处罚的情形。

八、关于询问查证时间问题。《治安管理处罚法》第83条第1款规定，"对违反治安管理行为人，公安机关传唤后应当及时询问查证，询问查证的时间不得超过八小时；情况复杂，依照本法规定可能适用行政拘留处罚的，询问查证的时间不得超过二十四小时"。这里的"依照本法规定可能适用行政拘留处罚"，是指本法第三章对行为人实施的违反治安管理行为设定了行政拘留处罚，且根据其行为的性质和情节轻重，可能依法对违反治安管理行为人决定予以行政拘留的案件。

根据《治安管理处罚法》第82条和第83条的规定，公安机关或者办案部门负责人在审批书面传唤时，可以一并审批询问查证时间。对经过询问查证，属于"情况复杂"，且"依照本法规定可能适用行政拘留处罚"的案件，需要对违反治安管理行为人适用超过8小时询问查证时间的，需口头或者书面报经公安机关或者其办案部门负责人批准。对口头报批的，办案民警应当记录在案。

九、关于询问不满16周岁的未成年人问题。《治安管理处罚法》第84条、第85条规定，询问不满16周岁的违反治安管理行为人、被侵害人或者其他证人，应当通知其父母或者其他监护人到场。上述人员父母双亡，又没有其他监护人的，因种种原因无法找到其父母或者其他监护人的，以及其父母或者其他监护人收到通知后拒不到场或者不能及时到场的，办案民警应当将有关情况在笔录中注明。为保证询问的合法性和证据的有效性，在被询问人的父母或者其他监护人不能到场时，可以邀请办案地居(村)民委员会的人员，或者被询问人在办案地有完全行为能力的亲友，或者所在学校的教师，或者其他见证人到场。询问笔录应当由办案民警、被询问人、见证人签名或者盖章。有条件的地方，还可以对询问过程进行录音、录像。

十、关于铁路、交通、民航、森林公安机关和海关侦查走私犯罪公安机构以及新疆生产建设兵团公安局的治安管理处罚权问题。《治安管理处罚法》第91条规定："治安管理处罚由县级以上人民政府公安机关决定；其中警告、五百元以下罚款可以由公安派出所决定。"根据有关法律，铁路、交通、民航、森林公安机关依法负责其管辖范围内的治安管理工作，《中华人民共和国海关行政处罚实施条例》第6条赋予了海关侦查走私犯罪公安机构对阻碍海关缉私警察依法执行职务的治安案件的查处权。为有效维护社会治安，县级以上铁路、交通、民航、森林公安机关对其管辖的治安案件，可以依法作出治安管理处罚决定，铁路、交通、民航、森林公安派出所可以作出警告、500元以下罚款的治安管理处罚决定；海关系统相当于县级以上公安机关的侦查走私犯罪公安机构可以依法查处阻碍缉私警察依法执行职务的治安案件，并依法作出治安管理处罚决定。

新疆生产建设兵团系统的县级以上公安局应当视为"县级以上人民政府公安机关"，可以依法作出治安管理处罚决定；其所属的公安派出所可以依法作出警告、500元以下罚款的治安管理处罚决定。

十一、关于限制人身自由的强制措施折抵行

政拘留问题。《治安管理处罚法》第92条规定："对决定给予行政拘留处罚的人，在处罚前已经采取强制措施限制人身自由的时间，应当折抵。限制人身自由一日，折抵行政拘留一日。"这里的"强制措施限制人身自由的时间"，包括被行政拘留人在被行政拘留前因同一行为被依法刑事拘留、逮捕时间。如果被行政拘留人被刑事拘留、逮捕的时间已超过被行政拘留的时间的，则行政拘留不再执行，但办案部门必须将《治安管理处罚决定书》送达被处罚人。

十二、关于办理治安案件期限问题。《治安管理处罚法》第99条规定："公安机关办理治安案件的期限，自受理之日起不得超过三十日；案情重大、复杂的，经上一级公安机关批准，可以延长三十日。为了查明案情进行鉴定的期间，不计入办理治安案件的期限。"这里的"鉴定期间"，是指公安机关提交鉴定之日起至鉴定机构作出鉴定结论并送达公安机关的期间。公安机关应当切实提高办案效率，保证在法定期限内办结治安案件。对因违反治安管理行为人逃跑等客观原因造成案件不能在法定期限内办结的，公安机关应当继续进行调查取证，及时依法作出处理决定，不能因已超过法定办案期限就不再调查取证。因违反治安管理行为人在逃，导致无法查清案件事实，无法收集足够证据而结不了案的，公安机关应当向被侵害人说明原因。对调解未达成协议或者达成协议后不履行的治安案件的办案期限，应当从调解未达成协议或者达成协议后不履行之日起开始计算。

公安派出所承办的案情重大、复杂的案件，需要延长办案期限的，应当报所属县级以上公安机关负责人批准。

十三、关于将被拘留人送达拘留所执行问题。《治安管理处罚法》第103条规定："对被决定给予行政拘留处罚的人，由作出决定的公安机关送达拘留所执行。"这里的"送达拘留所执行"，是指作出行政拘留决定的公安机关将被决定行政拘留的人送到拘留所并交付执行，拘留所依法办理入所手续后即为送达。

十四、关于治安行政诉讼案件的出庭应诉问题。《治安管理处罚法》取消了行政复议前置程序。被处罚人对治安管理处罚决定不服的，既可以申请行政复议，也可以直接提起行政诉讼。对未经行政复议和经行政复议决定维持原处罚决定的行政诉讼案件，由作出处罚决定的公安机关负责人和原办案部门的承办民警出庭应诉；对经行政复议决定撤销、变更原处罚决定或者责令被申请人重新作出具体行政行为的行政诉讼案件，由行政复议机关负责人和行政复议机构的承办民警出庭应诉。

十五、关于《治安管理处罚法》的溯及力问题。按照《中华人民共和国立法法》第84条的规定，《治安管理处罚法》不溯及既往。《治安管理处罚法》施行后，对其施行前发生且尚未作出处罚决定的违反治安管理行为，适用《中华人民共和国治安管理处罚条例》；但是，如果《治安管理处罚法》不认为是违反治安管理行为或者处罚较轻的，适用《治安管理处罚法》。

公安机关执行《中华人民共和国治安管理处罚法》有关问题的解释（二）

· 2007年1月8日
· 公通字〔2007〕1号

为正确、有效地执行《中华人民共和国治安管理处罚法》（以下简称《治安管理处罚法》），根据全国人民代表大会常务委员会《关于加强法律解释工作的决议》的规定，现对公安机关执行《治安管理处罚法》的有关问题解释如下：

一、关于制止违反治安管理行为的法律责任问题

为了免受正在进行的违反治安管理行为的侵害而采取的制止违法侵害行为，不属于违反治安管理行为。但对事先挑拨、故意挑逗他人对自己进行侵害，然后以制止违法侵害为名对他人加以侵害的行为，以及互相斗殴的行为，应当予以治安管理处罚。

二、关于未达目的违反治安管理行为的法律责任问题

行为人为实施违反治安管理行为准备工具、制造条件的，不予处罚。

行为人自动放弃实施违反治安管理行为或者自动有效地防止违反治安管理行为结果发生，没有造成损害的，不予处罚；造成损害的，应当减轻处罚。

行为人已经着手实施违反治安管理行为，但由于本人意志以外的原因而未得逞的，应当从轻处罚、减轻处罚或者不予处罚。

三、关于未达到刑事责任年龄不予刑事处罚的，能否予以治安管理处罚问题

对已满十四周岁不满十六周岁不予刑事处罚的，应当责令其家长或者监护人加以管教；必要时，可以依照《治安管理处罚法》的相关规定予以治安管理处罚，或者依照《中华人民共和国刑法》第十七条的规定予以收容教养。

四、关于减轻处罚的适用问题

违反治安管理行为人具有《治安管理处罚法》第十二条、第十四条、第十九条减轻处罚情节的，按下列规定适用：

（一）法定处罚种类只有一种，在该法定处罚种类的幅度以下减轻处罚；

（二）法定处罚种类只有一种，在该法定处罚种类的幅度以下无法再减轻处罚的，不予处罚；

（三）规定拘留并处罚款的，在法定处罚幅度以下单独或者同时减轻拘留和罚款，或者在法定处罚幅度内单处拘留；

（四）规定拘留可以并处罚款的，在拘留的法定处罚幅度以下减轻处罚；在拘留的法定处罚幅度以下无法再减轻处罚的，不予处罚。

五、关于"初次违反治安管理"的认定问题

《治安管理处罚法》第二十一条第二项规定的"初次违反治安管理"，是指行为人的违反治安管理行为第一次被公安机关发现或者查处。但具有下列情形之一的，不属于"初次违反治安管理"：

（一）曾违反治安管理，虽未被公安机关发现或者查处，但仍在法定追究时效内的；

（二）曾因不满十六周岁违反治安管理，不执行行政拘留的；

（三）曾违反治安管理，经公安机关调解结案的；

（四）曾被收容教养、劳动教养的；

（五）曾因实施扰乱公共秩序，妨害公共安全，侵犯人身权利、财产权利，妨害社会管理的行为被人民法院判处刑罚或者免除刑事处罚的。

六、关于扰乱居（村）民委员会秩序和破坏居（村）民委员会选举秩序行为的法律适用问题

对扰乱居（村）民委员会秩序的行为，应当根据其具体表现形式，如侮辱、诽谤、殴打他人、故意伤害、故意损毁财物等，依照《治安管理处罚法》的相关规定予以处罚。

对破坏居（村）民委员会选举秩序的行为，应当依照《治安管理处罚法》第二十三条第一款第五项的规定予以处罚。

七、关于殴打、伤害特定对象的处罚问题

对违反《治安管理处罚法》第四十三条第二款第二项规定行为的处罚，不要求行为人主观上必须明知殴打、伤害的对象为残疾人、孕妇、不满十四周岁的人或者六十周岁以上的人。

八、关于"结伙"、"多次"、"多人"的认定问题

《治安管理处罚法》中规定的"结伙"是指两人（含两人）以上；"多次"是指三次（含三次）以上；"多人"是指三人（含三人）以上。

九、关于运送他人偷越国（边）境、偷越国（边）境和吸食、注射毒品行为的法律适用问题

对运送他人偷越国（边）境、偷越国（边）境和吸食、注射毒品行为的行政处罚，适用《治安管理处罚法》第六十一条、第六十二条第二款和第七十二条第三项的规定，不再适用全国人民代表大会常务委员会《关于严惩组织、运送他人偷越国（边）境犯罪的补充规定》和《关于禁毒的决定》的规定。

十、关于居住场所与经营场所合一的检查问题

违反治安管理行为人的居住场所与其在工商行政管理部门注册登记的经营场所合一的，在经营时间内对其检查时，应当按照检查经营场所办理相关手续；在非经营时间内对其检查时，应当按照检查公民住所办理相关手续。

十一、关于被侵害人是否有权申请行政复议问题

根据《中华人民共和国行政复议法》第二条的规定，治安案件的被侵害人认为公安机关依据《治安管理处罚法》作出的具体行政行为侵犯其合法权益的，可以依法申请行政复议。

公安机关治安调解工作规范

- 2007年12月8日
- 公通字〔2007〕81号

第一条 为进一步规范公安机关治安调解工作，最大限度地增加和谐因素，最大限度地减少不和谐因素，化解社会矛盾，促进社会稳定，根据《中华人民共和国治安管理处罚法》和《公安机关办理行政案件程序规定》等规定，制定本规范。

第二条 本规范所称治安调解，是指对于因民间纠纷引起的打架斗殴或者损毁他人财物等违反治安管理、情节较轻的治安案件，在公安机关的主持下，以国家法律、法规和规章为依据，在查清事实、分清责任的基础上，劝说、教育并促使双方交换意见，达成协议，对治安案件做出处理的活动。

第三条 对于因民间纠纷引起的殴打他人、故意伤害、侮辱、诽谤、诬告陷害、故意损毁财物、干扰他人正常生活、侵犯隐私等违反治安管理行为，情节较轻的，经双方当事人同意，公安机关可以治安调解。

民间纠纷是指公民之间、公民和单位之间，在生活、工作、生产经营等活动中产生的纠纷。对不构成违反治安管理行为的民间纠纷，应当告知当事人向人民法院或者人民调解组织申请处理。

第四条 违反治安管理行为有下列情形之一的，不适用治安调解：

（一）雇凶伤害他人的；
（二）结伙斗殴的；
（三）寻衅滋事的；
（四）多次实施违反治安管理行为的；
（五）当事人在治安调解过程中又挑起事端的；
（六）其他不宜治安调解的。

第五条 治安调解应当依法进行调查询问，收集证据，在查明事实的基础上实施。

第六条 治安调解应当遵循以下原则：

（一）合法原则。治安调解应当按照法律规定的程序进行，双方当事人达成的协议必须符合法律规定。

（二）公正原则。治安调解应当分清责任，实事求是地提出调解意见，不得偏袒一方。

（三）公开原则。治安调解应当公开进行，涉及国家机密、商业秘密或者个人隐私，以及双方当事人都要求不公开的除外。

（四）自愿原则。治安调解应当在当事人双方自愿的基础上进行。达成协议的内容，必须是双方当事人真实意思表示。

（五）及时原则。治安调解应当及时进行，使当事人尽快达成协议，解决纠纷。治安调解不成应当在法定的办案期限内及时依法处罚，不得久拖不决。

（六）教育原则。治安调解应当通过查清事实，讲明道理，指出当事人的错误和违法之处，教育当事人自觉守法并通过合法途径解决纠纷。

第七条 被侵害人可以亲自参加治安调解，也可以委托其他人参加治安调解。委托他人参加治安调解的，应当向公安机关提交委托书，并注明委托权限。

第八条 公安机关进行治安调解时，可以邀请当地居（村）民委员会的人员或者双方当事人熟悉的人员参加。

当事人中有不满十六周岁未成年人的，调解时应当通知其父母或者其他监护人到场。

第九条 治安调解一般为一次，必要时可以增加一次。

对明显不构成轻伤、不需要伤情鉴定以及损毁财物价值不大，不需要进行价值认定的治安案件，应当在受理案件后的3个工作日内完成调解；对需要伤情鉴定或者价值认定的治安案件，应当在伤情鉴定文书和价值认定结论出具后的3个工作日内完成调解。

对一次调解不成，有必要再次调解的，应当在第一次调解后的7个工作日内完成。

第十条 治安调解达成协议的，在公安机关主持下制作《治安调解协议书》（式样附后），双方当事人应当在协议书上签名，并履行协议。

第十一条 《治安调解协议书》应当包括以下内容：

（一）治安调解机关名称，主持人、双方当事人和其他在场人员的基本情况；
（二）案件发生时间、地点、人员、起因、经过、情节、结果等情况；

（三）协议内容、履行期限和方式；

（四）治安调解机关印章、主持人、双方当事人及其他参加人签名、印章(捺指印)。

《治安调解协议书》一式三份，双方当事人各执一份，治安调解机关留存一份备查。

第十二条 调解协议履行期满三日内，办案民警应当了解协议履行情况。对已经履行调解协议的，应当及时结案，对没有履行协议的，应当及时了解情况，查清原因。对无正当理由不履行协议的，依法对违反治安管理行为人予以处罚，并告知当事人可以就民事争议依法向人民法院提起民事诉讼。

第十三条 治安调解案件的办案期限从未达成协议或者达成协议不履行之日起开始计算。

第十四条 公安机关对情节轻微，事实清楚，因果关系明确、不涉及医疗费用、物品损失或者双方当事人对医疗费用和物品损失的赔付无争议，符合治安调解条件，双方当事人同意现场调解并当场履行的治安案件，可以进行现场调解。

现场调解达成协议的，应当制作《现场治安调解协议书》一式三联(式样附后)，由双方当事人签名。

第十五条 经治安调解结案的治安案件应当纳入统计范围，并根据案卷装订要求建立卷宗。

现场治安调解结案的治安案件，可以不制作卷宗，但办案部门应当将《现场治安调解协议书》按编号装订存档。

第十六条 公安机关人民警察在治安调解过程中，有徇私舞弊、滥用职权、不依法履行法定职责等情形的，依法给予行政处分；构成犯罪的，依法追究刑事责任。

第十七条 本规范自下发之日起施行。

娱乐场所治安管理办法

- 2008年6月3日公安部令第103号公布
- 自2008年10月1日起施行

第一章　总　则

第一条 为加强娱乐场所治安管理，维护娱乐场所经营者、消费者和从业人员的合法权益，维护社会治安秩序，保障公共安全，根据《中华人民共和国治安管理处罚法》、《娱乐场所管理条例》等法律、法规的规定，制定本办法。

第二条 娱乐场所治安管理应当遵循公安机关治安部门归口管理和辖区公安派出所属地管理相结合，属地管理为主的原则。

公安机关对娱乐场所进行治安管理，应当严格、公正、文明、规范。

第三条 娱乐场所法定代表人、主要负责人是维护本场所治安秩序的第一责任人。

第二章　娱乐场所向公安机关备案

第四条 娱乐场所领取营业执照后，应当在15日内向所在地县(市)公安局、城市公安分局治安部门备案；县(市)公安局、城市公安分局治安部门受理备案后，应当在5日内将备案资料通报娱乐场所所在辖区公安派出所。

县(市)公安局、城市公安分局治安部门对备案的娱乐场所应当统一建立管理档案。

第五条 娱乐场所备案项目包括：

（一）名称；

（二）经营地址、面积、范围；

（三）地理位置图和内部结构平面示意图；

（四）法定代表人和主要负责人姓名、身份证号码、联系方式；

（五）与保安服务企业签订的保安服务合同及保安人员配备情况；

（六）核定的消费人数；

（七）娱乐经营许可证号、营业执照号及登记日期；

（八）监控、安检设备安装部位平面图及检验验收报告。

设有电子游戏机的游艺娱乐场所备案时，除符合前款要求外，还应当提供电子游戏机机型及数量情况。

第六条 娱乐场所备案时，应当提供娱乐经营许可证、营业执照及消防、卫生、环保等部门批准文件的复印件。

第七条 娱乐场所备案项目发生变更的，应当自变更之日起15日内向原备案公安机关备案。

第三章　安全设施

第八条 歌舞娱乐场所包厢、包间内不得设置阻碍展现室内整体环境的屏风、隔扇、板壁等隔断,不得以任何名义设立任何形式的房中房(卫生间除外)。

第九条　歌舞娱乐场所的包厢、包间内的吧台、餐桌等物品不得高于1.2米。

包厢、包间的门窗,距地面1.2米以上应当部分使用透明材质。透明材质的高度不小于0.4米,宽度不小于0.2米,能够展示室内消费者娱乐区域整体环境。

营业时间内,歌舞娱乐场所包厢、包间门窗透明部分不得遮挡。

第十条　歌舞娱乐场所包厢、包间内不得安装门锁、插销等阻碍他人自由进出包厢、包间的装置。

第十一条　歌舞娱乐场所营业大厅、包厢、包间内禁止设置可调试亮度的照明灯。照明灯在营业时间内不得关闭。

第十二条　歌舞娱乐场所应当在营业场所出入口、消防安全疏散出入口、营业大厅通道、收款台前安装闭路电视监控设备。

第十三条　歌舞娱乐场所安装的闭路电视监控设备应当符合视频安防监控系统相关国家或者行业标准要求。

闭路电视监控设备的压缩格式为H.264或者MPEG-4,录像图像分辨率不低于4CIF(704×576)或者D1(720×576);保障视频录像实时(每秒不少于25帧),支持视频移动侦测功能;图像回放效果要求清晰、稳定、逼真,能够通过LAN、WAN或者互联网与计算机相连,实现远程监视、放像、备份及升级,回放图像水平分辨力不少于300TVL。

第十四条　歌舞娱乐场所应当设置闭路电视监控设备监控室,由专人负责值守,保障设备在营业时间内正常运行,不得中断、删改或者挪作他用。

第十五条　营业面积1000平方米以下的迪斯科舞厅应当配备手持式金属探测器,营业面积超过1000平方米以上的应当配备通过式金属探测门和微剂量X射线安全检查设备等安全检查设备。

手持式金属探测器、通过式金属探测门、微剂量X射线安全检查设备应当符合国家或者行业标准要求。

第十六条　迪斯科舞厅应当配备专职安全检查人员,安全检查人员不得少于2名,其中女性安全检查人员不得少于1名。

第十七条　娱乐场所应当在营业场所大厅、包厢、包间内的显著位置悬挂含有禁毒、禁赌、禁止卖淫嫖娼等内容的警示标志。标志应当注明公安机关的举报电话。

警示标志式样、规格、尺寸由省、自治区、直辖市公安厅、局统一制定。

第十八条　娱乐场所不得设置具有赌博功能的电子游戏机机型、机种、电路板等游戏设施设备,不得从事带有赌博性质的游戏机经营活动。

第四章　经营活动规范

第十九条　娱乐场所对从业人员应当实行实名登记制度,建立从业人员名簿,统一建档管理。

第二十条　从业人员名簿应当记录以下内容:

(一)从业人员姓名、年龄、性别、出生日期及有效身份证件号码;

(二)从业人员户籍所在地和暂住地地址;

(三)从业人员具体工作岗位、职责。

外国人就业的,应当留存外国人就业许可证复印件。

第二十一条　营业期间,娱乐场所从业人员应当统一着装,统一佩带工作标志。

着装应当大方得体,不得有伤风化。

工作标志应当载有从业人员照片、姓名、职务、统一编号等基本信息。

第二十二条　娱乐场所应当建立营业日志,由各岗位负责人及时登记填写并签名,专人负责保管。

营业日志应当详细记载从业人员的工作职责、工作内容、工作时间、工作地点及遇到的治安问题。

第二十三条　娱乐场所营业日志应当留存60日备查,不得删改。对确因记录错误需要删改的,应当写出说明,由经手人签字,加盖娱乐场所印章。

第二十四条　娱乐场所应当安排保安人员负责安全巡查,营业时间内每2小时巡查一次,巡查区域应当涵盖整个娱乐场所,巡查情况应当写入营业日志。

第二十五条　娱乐场所对发生在场所内的违法犯罪活动,应当立即向公安机关报告。

第二十六条　娱乐场所应当按照国家有关信

息化标准规定,配合公安机关建立娱乐场所治安管理信息系统,实时、如实将从业人员、营业日志、安全巡查等信息录入系统,传输报送公安机关。

本办法规定娱乐场所配合公安机关在治安管理方面所作的工作,能够通过娱乐场所治安管理信息系统录入传输完成的,应当通过系统完成。

第五章 保安员配备

第二十七条 娱乐场所应当与经公安机关批准设立的保安服务企业签订服务合同,配备已取得资格证书的专业保安人员,并通报娱乐场所所在辖区公安派出所。

娱乐场所不得自行招录人员从事保安工作。

第二十八条 娱乐场所保安人员应当履行下列职责:

(一)维护娱乐场所治安秩序;

(二)协助娱乐场所做好各项安全防范和巡查工作;

(三)及时排查、发现并报告娱乐场所治安、安全隐患;

(四)协助公安机关调查、处置娱乐场所内发生的违法犯罪活动。

第二十九条 娱乐场所应当加强对保安人员的教育管理,不得要求保安人员从事与其职责无关的工作。对保安人员工作情况逐月通报辖区公安派出所和保安服务企业。

第三十条 娱乐场所营业面积在200平方米以下的,配备的保安人员不得少于2名;营业面积每增加200平方米,应当相应增加保安人员1名。

迪斯科舞厅保安人员应当按照场所核定人数的5%配备。

第三十一条 在娱乐场所执勤的保安人员应当统一着制式服装,佩带徽章、标记。

保安人员执勤时,应当仪表整洁、行为规范、举止文明。

第三十二条 保安服务企业应当加强对派驻娱乐场所保安人员的教育培训,开展经常性督查,确保服务质量。

第六章 治安监督检查

第三十三条 公安机关及其工作人员对娱乐场所进行监督检查时应当出示人民警察证件,表明执法身份,不得从事与职务无关的活动。

公安机关及其工作人员对娱乐场所进行监督检查,应当记录在案,归档管理。

第三十四条 监督检查记录应当以书面形式为主,必要时可以辅以录音、录像等形式。

第三十五条 监督检查记录应当包括:

(一)执行监督检查任务的人员姓名、单位、职务;

(二)监督检查的时间、地点、场所名称、检查事项;

(三)发现的问题及处理结果。

第三十六条 监督检查记录一式两份,由监督检查人员签字,并经娱乐场所负责人签字确认。

娱乐场所负责人拒绝签字的,监督检查人员应当在记录中注明情况。

第三十七条 公众有权查阅娱乐场所监督检查记录,公安机关应当为公众查阅提供便利。

第三十八条 公安机关应当建立娱乐场所违法行为警示记录系统,并依据娱乐场所治安秩序状况进行分级管理。

娱乐场所分级管理标准,由各省、自治区、直辖市公安厅、局结合本地实际自行制定。

第三十九条 公安机关对娱乐场所进行分级管理,应当按照公开、公平、公正的原则,定期考核,动态升降。

第四十条 公安机关建立娱乐场所治安管理信息系统,对娱乐场所及其从业人员实行信息化监督管理。

第七章 罚 则

第四十一条 娱乐场所未按照本办法规定项目备案的,由受理备案的公安机关告知补齐;拒不补齐的,由受理备案的公安机关责令改正,给予警告。

违反本办法第七条规定的,由原备案公安机关责令改正,给予警告。

第四十二条 娱乐场所违反本办法第八条至第十六条、第三十条规定的,由县级公安机关依照《娱乐场所管理条例》第四十三条的规定予以处罚。

第四十三条 娱乐场所违反本办法第二十九条规定的,由县级公安机关责令改正,给予警告。

娱乐场所保安人员违反本办法第二十八条、三十一条规定的,依照有关规定予以处理。

第四十四条 娱乐场所违反本办法第二十六条规定的,由县级公安机关责令改正、给予警告;经警告不予改正的,处5000元以上1万元以下罚款。

第四十五条 公安机关工作人员违反本办法第三十三条规定或者有其他失职、渎职行为的,对直接负责的主管人员和其他直接责任人员依法予以行政处分;构成犯罪的,依法追究刑事责任。

第四十六条 娱乐场所及其从业人员违反本办法规定的其他行为,《娱乐场所管理条例》已有处罚规定的,依照规定处罚;违反治安管理的,依照《中华人民共和国治安管理处罚法》处罚;构成犯罪的,依法追究刑事责任。

第八章 附 则

第四十七条 非娱乐场所经营单位兼营歌舞、游艺项目的,依照本办法执行。

第四十八条 本办法自2008年10月1日起施行。

三、禁毒

中华人民共和国禁毒法

- 2007年12月29日第十届全国人民代表大会常务委员会第三十一次会议通过
- 2007年12月29日中华人民共和国主席令第79号公布
- 自2008年6月1日起施行

理解与适用

禁毒工作关系到国家和民族的兴衰存亡，历来受到国家的高度重视。我国的禁毒工作形势仍然比较严峻，境外毒品渗透严重，国内涉毒违法犯罪活动屡禁不止，因吸毒感染艾滋病病毒及其他严重传染性疾病、诱发治安和刑事案件的问题不断发生。第十届全国人大常委会第三十一次会议于2007年12月29日通过了《中华人民共和国禁毒法》，这是一部综合规范禁毒工作的重要法律，共7章71条，对禁毒工作的方针体制、禁毒宣传教育、毒品管制措施、戒毒措施、禁毒国际合作等作了全面规定。在理解和适用《禁毒法》时应当主要把握以下几点：

（一）关于禁毒工作的方针、体制

禁毒工作涉及面广，社会性强，是一项系统工程，既需要政府及有关部门加强领导和执法，又需要依靠广大人民群众，动员社会力量广泛参与。为了开创全民禁毒战争的新局面，禁毒法规定，禁毒是全社会的共同责任，并规定了预防为主，综合治理，禁种、禁制、禁贩、禁吸并举的方针，以及政府统一领导、有关部门各负其责、社会广泛参与的工作机制。为了加强对禁毒工作的组织、协调和指导工作，禁毒法规定，国家设立禁毒委员会，县级以上地方各级人民政府根据禁毒工作的需要，可以设立禁毒委员会。这样规定，既有利于加强国家对禁毒工作的统一领导，又有利于发挥有关部门的积极性，充分调动全社会的资源，进一步做好禁毒工作。

（二）关于禁毒宣传教育

毒品易沾难戒，动员全社会加强对毒品危害性的宣传教育，严格落实防范措施，预防毒品违法犯罪行为发生，防止公民特别是青少年沾染毒品，具有重要意义。禁毒法规定，国家采取各种形式开展全民禁毒宣传教育，普及毒品预防知识，增强公民的禁毒意识，提高公民自觉抵制毒品的能力。国家鼓励公民、组织开展公益性的禁毒宣传活动。禁毒法还具体对国家机关、社会团体、企业事业单位和有关组织面向社会以及对本单位人员加强禁毒宣传教育的义务，学校对学生，父母和监护人对未成年人的禁毒教育义务作出了规定。

（三）关于毒品管制措施

禁毒法在对相关法律、法规有关麻醉药品、精神药品和易制毒化学品管制的规定以及多年来实践经验进行总结的基础上，对毒品管制做了全面规定。禁毒法规定，国家对麻醉药品药用原植物种植实行管制；对麻醉药品和精神药品实行管制，对麻醉药品和精神药品的实验研究、生产、经营、使用、储存、运输实行许可和查验制度；对易制毒化学品的生产、经营、购买、运输实行许可制度；对麻醉药品、精神药品和易制毒化学品的进口、出口实行许可制度。为了及时发现毒品违法犯罪，加大打击的力度，禁毒法还对公安机关可以在边境地区、交通要道、口岸以及飞机场、火车站、长途汽车站、码头进行毒品和易制毒化学品检查，应当依法收缴、处理毒品及毒品违法犯罪涉及的财产，娱乐场所应当建立巡查制度，反洗钱行政主管部门加强可疑毒品犯罪资金监测，以及建立毒品监测和禁毒信息系统等作了明确规定。这些规定，对有关部门加强毒品管制执法力度，提高预防和打击毒品违法犯罪的能力具有重要的意义。

(四)关于戒毒措施

禁毒法实施之前,根据禁毒方面的有关法律规定,对吸毒成瘾人员一律实行强制戒毒。这种与社会隔离的戒毒方法虽然能够在一定期限内有效地阻止吸毒成瘾人员接触毒品,在短期内消除生理依赖,但不利于戒毒人员巩固戒毒效果,顺利回归社会,恢复正常的社会生活。为了加强对戒毒人员的管理和帮教,提高戒毒的成效,禁毒法针对吸毒成瘾的不同情况,分别规定了自愿戒毒、社区戒毒和强制隔离戒毒。国家鼓励吸毒人员自愿到有戒毒治疗资质的医疗机构接受戒毒治疗;对吸毒成瘾人员,公安机关可以责令其在户籍所在地或者现居住地接受社区戒毒,负责社区戒毒工作的城市街道办事处、乡镇人民政府可以指定有关基层组织与吸毒人员签订社区戒毒协议,落实有针对性的社区戒毒措施;对于有拒绝接受社区戒毒,在社区戒毒期间吸食、注射毒品,严重违反社区戒毒协议,经社区戒毒、强制隔离戒毒后再次吸食、注射毒品等情形的吸毒成瘾人员,由公安机关决定予以强制隔离戒毒。禁毒法对强制隔离戒毒的适用条件、决定程序、期限、场所管理、执业医师配备等重要问题作了规定。同时,考虑到这项改革还需要进一步总结实践经验,确定具体方案,有步骤地推行,禁毒法规定,强制隔离戒毒场所的设置、管理体制和经费保障,由国务院规定。此外,禁毒法还对吸毒成瘾人员自愿接受强制隔离戒毒、强制隔离戒毒后的社区康复、戒毒康复场所的建设、戒毒药物维持治疗工作等作出了规定。

(五)关于禁毒国际合作

为了加强禁毒国际合作,根据多年禁毒国际合作的实践,禁毒法对禁毒国际合作的原则、内容和工作机制,以及支持有关国家实施禁毒替代种植、发展替代产业,分享在境外与有关国家和地区合作查获的毒品犯罪的非法所得和财物等问题作了规定。禁毒法规定,根据缔结或者参加的国际条约或者按照对等原则,开展禁毒国际合作。国家禁毒委员会根据国务院授权,负责组织开展禁毒国际合作,履行国际禁毒公约义务。涉及追究毒品犯罪的司法协助,由司法机关依照有关法律的规定办理。

禁毒法施行十多年来为预防和惩治毒品违法犯罪行为,保护公民身心健康,维护社会秩序发挥了重要作用。禁毒法施行十多年来,毒品违法犯罪和治理工作出现了一些新情况,刑法、药品管理法、易制毒化学品管理条例、麻醉药品和精神药品管理条例等法律法规作了相应修改完善,有关方面出台了行政法规、规章和司法解释等,中国特色毒品治理实践也不断丰富发展。例如,《戒毒条例》于2011年6月26日公布,2018年9月18日根据《国务院关于修改部分行政法规的决定》修正。《易制毒化学品管理条例》于2005年8月26日公布,根据2014年7月29日《国务院关于修改部分行政法规的决定》第一次修订,根据2016年2月6日《国务院关于修改部分行政法规的决定》第二次修订;根据2018年9月18日《国务院关于修改部分行政法规的决定》第三次修订。

第一章 总 则

第一条 【立法宗旨】为了预防和惩治毒品违法犯罪行为,保护公民身心健康,维护社会秩序,制定本法。

第二条 【适用范围】本法所称毒品,是指鸦片、海洛因、甲基苯丙胺(冰毒)、吗啡、大麻、可卡因,以及国家规定管制的其他能够使人形成瘾癖的麻醉药品和精神药品。

根据医疗、教学、科研的需要,依法可以生产、经营、使用、储存、运输麻醉药品和精神药品。

注释 本条分为两款。第一款是关于毒品定义的规定。根据本款的规定,正确理解毒品的含义和范围,需要从毒品的自然属性和法律属性两个方面把握。(1)毒品的自然属性是指毒品本身所具有的物理、化学性状及其对人体所能产生的作用。毒品的物理、化学属性因毒品种类的不同而各有差异,如海洛因与甲基苯丙胺在物理特性、化学成分等各方面都是不同的。毒品的物理、化学属性是进行毒品鉴定和鉴别的依据。毒品首先是一种对人体有毒害性的物质,毒品在一定条件下,可以引起人体各种急、慢性中毒,严重时可以致人死亡。其次,毒品最重要的自然属性,是使人体对毒品产生依赖性,即毒品能够使人形成瘾癖。能不能使人产生依赖性,是区分毒品和一般药品的重要依据。

(2)毒品的另一重要特性就是其法律属性。毒品的法律属性可以概括为受管制性和非法使用性。仅仅具有毒害性和依赖性,而没有被国家列入管制范围的,在法律上就不属于毒品。例如,香烟、酒精等同样具有一定的毒害性和依赖性,但我国并未将其列入管制之列,它们只是一般嗜好品。

本款具体列举了一些常见的传统毒品和合成毒品,主要有:(1)鸦片。医学名为阿片,俗称大烟、烟土、阿芙蓉等,是从罂粟植物中提取的麻醉药品,是传统毒品。鸦片主要由生物碱、糖、蛋白质、类脂化合物及水等成分组成。常见的鸦片品种有生鸦片、精制鸦片、鸦片制品、罂粟壳、卡苦。(2)海洛因。医学名为二乙酰吗啡,俗称白粉、白面,主要为白色柱状结晶或结晶性粉末。(3)甲基苯丙胺(冰毒)。还被称为去氧麻黄碱、甲基安非他明。甲基苯丙胺碱无色、透明,是合成毒品。常见的固体是甲基苯丙胺盐酸盐,为无色透明结晶体,形似冰,所以又名"冰毒"。(4)吗啡。吗啡是白色结晶或白色结晶性粉末,是传统毒品。常见品种有吗啡碱、粗制吗啡、吗啡片。(5)大麻。大麻是一年生植物,含有400多种化学物质,其中有60多种具有类似的化学特性,因此被统称为大麻素,是传统毒品。(6)可卡因。又被称为苯甲酰基芽子碱、甲苯甲酰爱冈宁、古柯碱,是一种从古柯树叶中提取出来的生物碱,是传统毒品。

此外,针对虽未作为药品生产和使用,但具有成瘾性或者成瘾潜力的物质,在实践中越来越多被滥用的实际情况,公安部、国家食品药品监督管理总局(已撤销)、国家卫生和计划生育委员会(已撤销)和国家禁毒委员会办公室根据禁毒法和《麻醉药品和精神药品管理条例》,联合制定了《非药用类麻醉药品和精神药品列管办法》,根据该办法发布《非药用类麻醉药品和精神药品管制品种增补目录》,并负责该目录的调整。按照上述规定,对于麻醉药品和精神药品按照药用类和非药用类分类列管。除麻醉药品和精神药品管理品种目录已有列管品种外,新增非药用类麻醉药品和精神药品管制品种在上述增补目录中列示。对于非药用类麻醉药品和精神药品发现医学用途,调整列入药品目录的,不再列入非药用类麻醉药品和精神药品管制品种目录。

本条第二款是关于在医疗、教学、科学研究中依法可以生产、经营、使用、储存、运输麻醉药品和精神药品的规定。我国有关麻醉药品和精神药品管制的法律规定,主要是《药品管理法》和《麻醉药品和精神药品管理条例》。《药品管理法》第一百一十二条规定:"国务院对麻醉药品、精神药品、医疗用毒性药品、放射性药品、药品类易制毒化学品等有其他特殊管理规定的,依照其规定。"《麻醉药品和精神药品管理条例》对麻醉药品和精神药品从原植物的种植、实验研究和生产、经营、使用、储存、运输等各个环节及审批程序和监督管理等方面作了严格规定。

案例 1. 孙某芳走私、贩卖毒品案(2018年6月26日最高人民法院毒品犯罪及涉毒次生犯罪典型案例)

裁判规则: 本案所涉毒品"4-氯甲卡西酮"是一种新精神活性物质。新精神活性物质通常是不法分子为逃避打击而对管制毒品进行化学结构修饰所得到的毒品类似物,具有与管制毒品相似或更强的兴奋、致幻、麻醉等效果。为加强对新精神活性物质的管制,2015年国家相关部门制定了《非药用类麻醉药品和精神药品列管办法》,对新精神活性物质进行列举式管制,所有被列管的物质均属于毒品。被告人孙某芳走私、贩卖"4-氯甲卡西酮"数量大,人民法院根据此类毒品的性质、孙某芳犯罪的具体情节,依法对其判处相应刑罚。

2. 石某美贩卖毒品案(2018年6月26日最高人民法院毒品犯罪及涉毒次生犯罪典型案例)

裁判规则: "神仙水"是近年来出现的一种混合型液体毒品,常含有甲基苯丙胺、氯胺酮等不同毒品成分,服用后会导致暂时性失忆,甚至出现幻觉,严重的会导致死亡。被告人石某美贩卖含甲基苯丙胺、氯胺酮成分的"神仙水"约400克,人民法院根据其犯罪的事实和具体情节,依法判处相应刑罚。

第三条 【禁毒社会责任】禁毒是全社会的共同责任。国家机关、社会团体、企业事业单位以及其他组织和公民,应当依照本法和有关法律的规定,履行禁毒职责或者义务。

第四条 【禁毒工作方针和工作机制】禁毒工作实行预防为主,综合治理,禁种、禁制、禁贩、禁吸并举的方针。

禁毒工作实行政府统一领导,有关部门各负

其责,社会广泛参与的工作机制。

第五条 【禁毒委员会的设立、职责】国务院设立国家禁毒委员会,负责组织、协调、指导全国的禁毒工作。

县级以上地方各级人民政府根据禁毒工作的需要,可以设立禁毒委员会,负责组织、协调、指导本行政区域内的禁毒工作。

第六条 【禁毒工作保障】县级以上各级人民政府应当将禁毒工作纳入国民经济和社会发展规划,并将禁毒经费列入本级财政预算。

第七条 【鼓励禁毒社会捐赠】国家鼓励对禁毒工作的社会捐赠,并依法给予税收优惠。

第八条 【鼓励禁毒科学技术研究】国家鼓励开展禁毒科学技术研究,推广先进的缉毒技术、装备和戒毒方法。

第九条 【鼓励举报毒品违法犯罪】国家鼓励公民举报毒品违法犯罪行为。各级人民政府和有关部门应当对举报人予以保护,对举报有功人员以及在禁毒工作中有突出贡献的单位和个人,给予表彰和奖励。

注释 本条规定了以下三个方面的内容:(1)国家鼓励公民举报毒品违法犯罪行为。为了便于公民举报毒品违法犯罪行为,《毒品违法犯罪举报奖励办法》规定,各级禁毒委员会办公室、公安机关应当指定、公布举报受理电话或者其他受理方式。直接向公安部举报毒品违法犯罪线索的,由公安部禁毒局作为指定受理机构。同时还规定,各级禁毒委员会办公室、公安机关应当及时受理群众举报,认真记录举报的方式、时间、内容以及举报人的身份信息、联络方式等基本情况,原始记录作为奖励的重要依据,破案后及时兑奖。

(2)各级人民政府和有关部门应当对举报人予以保护。这一规定是指各级人民政府对举报毒品违法犯罪活动的人员,应当积极采取各种措施,对举报人员的人身以及家庭等各方面进行安全保护。保护工作的具体方法是多方面的,如对举报人的个人、家庭及有关亲属的情况(包括本人姓名、性别、家庭住址、电话、所在单位等以及一些有关其亲属的情况)及举报信息的来源等,采取各种有效的保密措施,防止泄露;在需要作证时根据案件情况可以对举报人采取一些保密性的技术处理,以及当违法犯罪分子对举报人实施报复行为时及时予以制止,并追究其相应的法律责任等。

(3)对举报有功人员以及在禁毒工作中有突出贡献的单位和个人给予表彰和奖励。这一规定是指各级人民政府对举报有功人员以及在禁毒工作中有突出贡献的单位和个人给予各种形式的表彰和奖励。其中,"举报有功人员",主要是指通过其对毒品违法犯罪活动的举报,对发现及抓获违法犯罪嫌疑人、侦破毒品犯罪案件给予了重要帮助的人员。"在禁毒工作中有突出贡献的单位和个人",主要是指负有禁毒工作职责的单位和个人,主要包括战斗在一线的公安、边防、海关等缉毒民警等。"给予表彰和奖励",是指各级人民政府对在禁毒工作中的有功人员、有突出贡献的单位和个人,给予各种形式的表彰和奖励。"表彰"可以通过新闻媒体进行表彰宣传,或通过召开通报表彰大会、颁发荣誉证书等对有功人员进行表彰。"奖励"则包括给予适当的物质奖励。

链接《刑事诉讼法》第11条;《毒品违法犯罪举报奖励办法》

第十条 【鼓励禁毒志愿工作】国家鼓励志愿人员参与禁毒宣传教育和戒毒社会服务工作。地方各级人民政府应当对志愿人员进行指导、培训,并提供必要的工作条件。

第二章 禁毒宣传教育

第十一条 【国家禁毒宣传教育】国家采取各种形式开展全民禁毒宣传教育,普及毒品预防知识,增强公民的禁毒意识,提高公民自觉抵制毒品的能力。

国家鼓励公民、组织开展公益性的禁毒宣传活动。

第十二条 【各级政府和有关组织禁毒宣传教育】各级人民政府应当经常组织开展多种形式的禁毒宣传教育。

工会、共产主义青年团、妇女联合会应当结合各自工作对象的特点,组织开展禁毒宣传教育。

第十三条 【教育行政部门、学校禁毒宣传教育】教育行政部门、学校应当将禁毒知识纳入教育、教学内容,对学生进行禁毒宣传教育。公安机关、司法行政部门和卫生行政部门应当予以协助。

第十四条 【新闻媒体禁毒宣传教育】新闻、出版、文化、广播、电影、电视等有关单位,应当有针对性地面向社会进行禁毒宣传教育。

第十五条　【公共场所禁毒宣传教育】飞机场、火车站、长途汽车站、码头以及旅店、娱乐场所等公共场所的经营者、管理者，负责本场所的禁毒宣传教育，落实禁毒防范措施，预防毒品违法犯罪行为在本场所内发生。

第十六条　【单位内部禁毒宣传教育】国家机关、社会团体、企业事业单位以及其他组织，应当加强对本单位人员的禁毒宣传教育。

第十七条　【基层组织禁毒宣传教育】居民委员会、村民委员会应当协助人民政府以及公安机关等部门，加强禁毒宣传教育，落实禁毒防范措施。

第十八条　【监护人对未成年人的毒品危害教育】未成年人的父母或者其他监护人应当对未成年人进行毒品危害的教育，防止其吸食、注射毒品或者进行其他毒品违法犯罪活动。

第三章　毒品管制

第十九条　【麻醉药品药用原植物种植管制】国家对麻醉药品药用原植物种植实行管制。禁止非法种植罂粟、古柯植物、大麻植物以及国家规定管制的可以用于提炼加工毒品的其他原植物。禁止走私或者非法买卖、运输、携带、持有未经灭活的毒品原植物种子或者幼苗。

地方各级人民政府发现非法种植毒品原植物的，应当立即采取措施予以制止、铲除。村民委员会、居民委员会发现非法种植毒品原植物的，应当及时予以制止、铲除，并向当地公安机关报告。

注释　本条共分为两款。第一款是关于国家对麻醉药品药用原植物种植实行管制的规定。

《药品管理法》第一百一十二规定，国务院对麻醉药品、精神药品、医疗用毒性药品、放射性药品、药品类易制毒化学品等有其他特殊管理规定的，依照其规定。《麻醉药品和精神药品管理条例》针对麻醉药品药用原植物的管理进一步作了规定，即国家对麻醉药品药用原植物实行管制。国家根据麻醉药品药用原植物的医疗、国家储备和企业生产所需原料的需要确定需求总量，对麻醉药品药用原植物的种植、麻醉药品和精神药品的生产实行总量控制。国务院药品监督管理部门和国务院农业主管部门根据麻醉药品年度生产计划，制定麻醉药品药用原植物年度种植计划。药品监督管理部门应当根据规定的职责权限，对麻

醉药品药用原植物的种植进行监督检查。这里的"麻醉药品药用原植物"，是指罂粟、古柯植物、大麻植物以及国家规定管制的可以用于提炼加工毒品的其他原植物。

本款针对毒品原植物有两项禁止性规定：(1) 禁止非法种植罂粟、古柯植物、大麻植物以及国家规定管制的可以用于提炼加工毒品的其他原植物。这里的"非法"，是指未经国家主管部门批准，私自种植毒品原植物，或者没有按照批准的种植计划、限定数量进行种植。"种植"，是指播种、施肥、灌溉、割取津液、收取种子等过程。"可以用于提炼加工毒品的其他原植物"，是指除罂粟、古柯植物、大麻以外的其他可以用于提炼加工毒品的植物，如咔特树、仙人球毒碱、麦角菌、植物麻黄、毒蝇伞等。

(2) 禁止走私或者非法买卖、运输、携带、持有未经灭活的毒品原植物种子或者幼苗。这里的"走私"，是指携带、运输、邮寄未经灭活的毒品原植物种子或者幼苗非法进出国、边境的行为。"非法买卖"，是指以金钱或者实物作价非法购买或者出售未经灭活的毒品原植物种子或者幼苗的行为。"非法运输"，是指使用邮寄或者其他交通工具非法从事未经灭活的毒品原植物种子或者幼苗的运送行为。"非法携带、持有"，是指违反国家规定，随身携带、私藏未经灭活的毒品原植物种子或者幼苗的行为。"未经灭活的毒品原植物种子或者幼苗"，是指没有经过烘烤、放射线照射等处理手段，还能继续繁殖、发芽的罂粟等毒品原植物种子或者幼苗。

本条第二款是关于发现非法种植毒品原植物予以制止、铲除措施的规定。

链接　《刑法》第351、352条；《治安管理处罚法》第71条；《麻醉药品和精神药品管理条例》第4、5、7-9、66条；《麻醉药品和精神药品生产管理办法（试行）》第9、14条

案例　徐某妙非法种植毒品原植物案（2018年6月26日最高人民法院毒品犯罪及涉毒次生犯罪典型案例）

裁判规则：根据《刑法》第三百五十一条的规定，非法种植罂粟500株以上的，即构成非法种植毒品原植物罪，应当判处五年以下有期徒刑、拘役或者管制，并处罚金。本案被告人徐某妙非法种植罂粟达2243株，人民法院根据其犯罪的事实及

具有累犯、自首等情节,依法判处刑罚,对此类非法种植毒品原植物行为具有重要警示作用。

第二十条 【麻醉药品提取、储存场所的警戒】国家确定的麻醉药品药用原植物种植企业,必须按照国家有关规定种植麻醉药品药用原植物。

国家确定的麻醉药品药用原植物种植企业的提取加工场所,以及国家设立的麻醉药品储存仓库,列为国家重点警戒目标。

未经许可,擅自进入国家确定的麻醉药品药用原植物种植企业的提取加工场所或者国家设立的麻醉药品储存仓库等警戒区域的,由警戒人员责令其立即离开;拒不离开的,强行带离现场。

注释 本条共分为三款。第一款是关于麻醉药品药用原植物种植企业的管理的规定。根据本款的规定,国家确定的麻醉药品药用原植物种植企业,必须按照国家有关规定种植麻醉药品药用原植物。这里包含两层意思:

(1)麻醉药品药用原植物种植企业必须是国家确定的种植企业。《麻醉药品和精神药品管理条例》第九条规定,麻醉药品药用原植物种植企业由国务院药品监督管理部门和国务院农业主管部门共同确定,其他单位和个人不得种植麻醉药品药用原植物。

(2)麻醉药品药用原植物种植企业,必须按照国家有关规定种植麻醉药品药用原植物。《麻醉药品和精神药品管理条例》第八条规定,麻醉药品药用原植物种植企业应当根据年度种植计划,种植麻醉药品药用原植物。麻醉药品药用原植物种植企业应当向国务院药品监督管理部门和国务院农业主管部门定期报告种植情况。麻醉药品药用原植物种植企业和麻醉药品、精神药品生产企业,还应当按照要求建立向药品监督管理部门报送信息的网络终端,及时将麻醉药品和精神药品生产、销售、库存情况上报。依照《麻醉药品和精神药品生产管理办法(试行)》第九条的规定,麻醉药品药用原植物种植企业应当于每年10月底前向国家食品药品监督管理局和农业部报送下一年度麻醉药品药用原植物种植计划。国家食品药品监督管理局会同农业部应当于每年1月20日前下达本年度麻醉药品药用原植物种植计划。

本条第二款是关于麻醉药品的提取加工场所和储存仓库的管理的规定。"提取加工场所",是指对成熟的麻醉药品药用原植物进行采集、收成后,对采集、收成的原材料进行提炼、加工、制作成某种药品原料的专门场所。"储存仓库",是指用于储存麻醉药品、精神药品和药用原植物的专门场所。根据《麻醉药品和精神药品管理条例》的规定,麻醉药品药用原植物种植企业、国家设立的麻醉药品储存单位,应当设置储存麻醉药品和第一类精神药品的专库。"国家重点警戒目标",主要是指运用军队、警察等来保证一定场所、区域、人员、设备、物品等安全,其安全警卫的措施比一般场所更加严格,限制人员进出警戒区域,对出入警戒区域的人员的证件、车辆和物品都要进行检查,未经允许,任何人、车辆不得擅自进入该场所。

本条第三款是关于擅自进麻醉药品提取加工场所和储存仓库的处理的规定。本款对未经许可擅自进入国家确定的麻醉药品药用原植物种植企业的提取加工场所或者国家设立的麻醉药品储存仓库等警戒区域的行为,规定了两档处理办法:一是由警戒人员责令其立即离开;二是拒不离开的,警戒人员将其强行带离现场。"强行带离现场",是一种强制性措施,主要是采用抓、扭等限制身体行动自由的方式,强制将行为人带离有关场所。这种强制措施在反恐怖主义法、戒严法、人民警察法、集会游行示威法、治安管理处罚法、铁路法等有关法律中均有规定,主要是针对危害公共安全、严重破坏社会秩序、冲击国家机关或者其他重要单位、场所等情况,在阻止无效的情况下所采取的强制措施。

链接 《反恐怖主义法》第28条;《人民警察法》第8条;《铁路法》第53条;《治安管理处罚法》第24条;《集会游行示威法》第27条;《戒严法》第31条;《麻醉药品和精神药品管理条例》第7-9、46-49、66条;《麻醉药品和精神药品生产管理办法(试行)》第9、10、14、16、17、第26条

第二十一条 【麻醉药品、精神药品、易制毒化学品管制】国家对麻醉药品和精神药品实行管制,对麻醉药品和精神药品的实验研究、生产、经营、使用、储存、运输实行许可和查验制度。

国家对易制毒化学品的生产、经营、购买、运输实行许可制度。

禁止非法生产、买卖、运输、储存、提供、持有、使用麻醉药品、精神药品和易制毒化学品。

注释 本条共分为三款。第一款是关于麻醉药品和精神药品的实验研究的许可和查验制度的规

定。"麻醉药品和精神药品",根据《麻醉药品和精神药品管理条例》的规定,是指列入国家的麻醉药品和精神药品管制目录的药品和其他物质,麻醉药品和精神药品管制目录由国务院药品监督管理部门会同国务院公安部门、国务院卫生主管部门制定、调整并公布。"麻醉药品",是指阿片类、大麻类、可卡因类等天然来源、半合成或合成的一些具有依赖性潜力的药用原植物、药品和物质。"精神药品",是指致幻剂、兴奋剂、镇静催眠剂等一些具有依赖性潜力的药品和物质,分为第一类精神药品和第二类精神药品。

根据本款的规定,国家对麻醉药品和精神药品实行管制,对麻醉药品和精神药品的实验研究、生产、经营、使用、储存、运输实行许可和查验制度。"实验研究",是指以医疗、科学研究或者教学为目的的临床前药物研究。

本条第二款是关于易制毒化学品的许可制度的规定。"易制毒化学品",是指国家规定管制的可用于制造麻醉药品和精神药品的化学原料及配剂。根据本款的规定,国家对易制毒化学品的生产、经营、购买、运输实行许可制度。

本条第三款是关于禁止非法生产、买卖、运输、储存、提供、持有、使用麻醉药品、精神药品和易制毒化学品的规定。为了严惩针对麻醉药品、精神药品和易制毒化学品的违法犯罪行为,治安管理处罚法和刑法对此都作了明确的规定。

例如,《治安管理处罚法》第七十二条规定:"有下列行为之一的,处十日以上十五日以下拘留,可以并处二千元以下罚款;情节较轻的,处五日以下拘留或者五百元以下罚款:(一)非法持有鸦片不满二百克、海洛因或者甲基苯丙胺不满十克或者其他少量毒品的;(二)向他人提供毒品的;(三)吸食、注射毒品的;(四)胁迫、欺骗医务人员开具麻醉药品、精神药品的。"

《刑法》第三百四十七条第一款规定:"走私、贩卖、运输、制造毒品,无论数量多少,都应当追究刑事责任,予以刑事处罚。"第二款规定:"走私、贩卖、运输、制造毒品,有下列情形之一的,处十五年有期徒刑、无期徒刑或者死刑,并处没收财产:(一)走私、贩卖、运输、制造鸦片一千克以上、海洛因或者甲基苯丙胺五十克以上或者其他毒品数量大的;(二)走私、贩卖、运输、制造毒品集团的首要分子;(三)武装掩护走私、贩卖、运输、制造毒品的;(四)以暴力抗拒检查、拘留、逮捕,情节严重的;(五)参与有组织的国际贩毒活动的。"第三款规定:"走私、贩卖、运输、制造鸦片二百克以上不满一千克、海洛因或者甲基苯丙胺十克以上不满五十克或者其他毒品数量较大的,处七年以上有期徒刑,并处罚金。"第四款规定:"走私、贩卖、运输、制造鸦片不满二百克、海洛因或者甲基苯丙胺不满十克或者其他少量毒品的,处三年以下有期徒刑、拘役或者管制,并处罚金;情节严重的,处三年以上七年以下有期徒刑,并处罚金。"

链接《刑法》第347、348、350、355条;《治安管理处罚法》第72条;《麻醉药品和精神药品管理条例》第3、10-84条;《麻醉药品和精神药品生产管理办法(试行)》第3-35条;《麻醉药品和精神药品经营管理办法(试行)》第3-41条;《麻醉药品和精神药品运输管理办法》第2-17条;《麻醉药品和精神药品邮寄管理办法》第2-10条;《易制毒化学品管理条例》第2-25、32-44条

第二十二条 【麻醉药品、精神药品、易制毒化学品进出口管理】国家对麻醉药品、精神药品和易制毒化学品的进口、出口实行许可制度。国务院有关部门应当按照规定的职责,对进口、出口麻醉药品、精神药品和易制毒化学品依法进行管理。禁止走私麻醉药品、精神药品和易制毒化学品。

第二十三条 【防止麻醉药品、精神药品、易制毒化学品流入非法渠道】发生麻醉药品、精神药品和易制毒化学品被盗、被抢、丢失或者其他流入非法渠道的情形,案发单位应当立即采取必要的控制措施,并立即向公安机关报告,同时依照规定向有关主管部门报告。

公安机关接到报告后,或者有证据证明麻醉药品、精神药品和易制毒化学品可能流入非法渠道的,应当及时开展调查,并可以对相关单位采取必要的控制措施。药品监督管理部门、卫生行政部门以及其他有关部门应当配合公安机关开展工作。

第二十四条 【禁止非法传授麻醉药品、精神药品、易制毒化学品的制造方法】禁止非法传授麻醉药品、精神药品和易制毒化学品的制造方法。公安机关接到举报或者发现非法传授麻醉药品、精神药品和易制毒化学品制造方法的,应当及时依法查处。

第二十五条 【麻醉药品、精神药品、易制毒

化学品管理办法由国务院制定】麻醉药品、精神药品和易制毒化学品管理的具体办法,由国务院规定。

第二十六条　【毒品、易制毒化学品检查】公安机关根据查缉毒品的需要,可以在边境地区、交通要道、口岸以及飞机场、火车站、长途汽车站、码头对来往人员、物品、货物以及交通工具进行毒品和易制毒化学品检查,民航、铁路、交通部门应当予以配合。

海关应当依法加强对进出口岸的人员、物品、货物和运输工具的检查,防止走私毒品和易制毒化学品。

邮政企业应当依法加强对邮件的检查,防止邮寄毒品和非法邮寄易制毒化学品。

注释　本条共分为三款。第一款是关于公安机关在特定场所进行毒品和易制毒化学品检查,民航、铁路、交通部门予以配合的规定。机场、车站、码头等公共交通的人流、物流集散地是走私、非法运输的毒品和易制毒化学品的必经之地,边境地区、口岸则是跨国走私的毒品、易制毒化学品的重要通道。在这些地方依法进行毒品和易制毒化学品的检查,对于发现走私、非法运输的毒品和易制毒化学品,抓获相关违法犯罪行为人,防止走私、非法运输的毒品和易制毒化学品危害社会十分必要。

本款中的"边境地区",是指我国与其他国家或地区,内地与我国香港地区、澳门地区陆地边界线及附近的地区。"交通要道",是指交通发达、来往人流物流集中的地区,如铁路枢纽、公路枢纽等。"口岸",是指供人员、货物和交通工具出入国(边)境的港口、机场、车站、通道等,包括陆路口岸、航空口岸、水路口岸等。"飞机场",是指供航空器起飞、降落、滑行、停放以及乘客等候航班的划定区域,一般是指民航机场。"火车站",是指供火车停靠、上下乘客、装卸货物的站区,包括客运站和货运站。"长途汽车站",是指供长途汽车停靠、上下乘客、装卸货物的站区。"码头",是指供客货运船舶停靠、上下乘客、装卸货物的设施,包括客运码头和货运码头。检查的对象是来往人员、物品和交通工具,包括往来于上述地区的乘客、司机、装卸货物的人员,乘客的行李,被检查人员随身携带的物件,还有通过交通工具运输的物件等。"交通工具",是指用以载运人员、货物、物品的各种船舶、车辆、航空器和驮畜。上述检查可以与为保证公共交通工具安全进行的安全检查一起进行,也可以分开进行,如民航的安全检查,就是一项综合性的检查,既检查是否携带枪支弹药、爆炸物、管制刀具等危险物品,也检查是否携带毒品。在一些毒品走私频繁的边境地区,有时对交通工具、乘客进行专门的毒品检查,设立毒品检查站。民航、铁路、交通等部门是机场、火车站、长途汽车站、码头等场所的主管部门,公安机关在对上述场所进行毒品和易制毒化学品检查工作时,有关主管部门应当予以配合。

本条第二款是关于海关依法加强对进出口岸的人员、物品、货物和运输工具的检查的规定。海关是国家的进出境监督管理机关,对发现和查处跨越我国国境的毒品和易制毒化学品走私活动负有重要的职责。根据《海关法》第六条第一项、第二项的规定,海关有权检查进出境运输工具,查验进出境货物、物品;对违反海关法或者其他有关法律、行政法规的,可以扣留。海关有权查阅进出境人员的证件;查问违反海关法或者其他有关法律、行政法规的嫌疑人,调查其违法行为。上述规定中的"其他法律、行政法规",包括本法及其他有关禁毒方面的法律、行政法规。海关检查的对象是进出口岸的人员、物品、货物和运输工具。这里的"货物"是贸易性的,"物品"是非贸易性的。"运输工具",是指用以载运人员、货物、物品进出境的各种船舶、车辆、航空器和驮畜。《海关法》第二、三、四章分别规定了海关对进出口岸的运输工具、货物和物品进行检查的具体办法,海关应当依照这些规定,加强对进出口岸的人员、物品、货物和运输工具的检查力度,严防毒品进出我国国境。

本条第三款是关于邮政企业依法加强对邮件的检查的规定。需要注意的是,此处的"邮政企业"不仅包括中国邮政集团公司及其提供邮政服务的全资企业、控股企业等,还应当包括快递企业。邮政、快递企业应当依法加强对邮件快递的检查,把防止邮寄毒品和非法邮寄易制毒化学品作为邮件快递检查工作的重要目的。当然,邮政、快递企业在对邮件快递进行检查时,应当依照宪法和有关法律的规定保护公民的通信自由和通信秘密。邮政、快递企业违反有关检查、验视规定的,应当依法承担法律责任。对于检查中发现涉嫌毒品、易制毒化学品犯罪的,应当及时告知公安机关查处。

链接《海关法》第6、14-52条;《邮政法》第20、21条;《邮政法实施细则》第33、35条;《反恐怖主义法》第20条;《快递暂行条例》第31、33条

案例 刘某贩卖、运输毒品案(2018年6月26日最高人民法院毒品犯罪及涉毒次生犯罪典型案例)

裁判规则:利用信息网络和电子商务平台实施毒品犯罪,是当前毒品犯罪的新动向,物流配送的便捷性又加速了毒品从毒源地向其他省份扩散。一些不法分子利用信息网络和物流配送覆盖面广、易隐瞒真实身份等特点,通过QQ、微信等方式联系商定毒品交易,以快递方式寄送毒品,此类案件在实践中时有发生。本案被告人刘某通过QQ、微信等方式与他人联系商定毒品交易,再将毒品快递给对方,共计贩卖、运输5000余克甲基苯丙胺及片剂,社会危害大,且其属于毒品再犯,主观恶性深。人民法院根据刘某犯罪的事实、性质及其系毒品再犯等情节,对其判处死刑,体现了对此类犯罪的从严惩处。

第二十七条 【娱乐场所巡查和报告毒品违法犯罪】娱乐场所应当建立巡查制度,发现娱乐场所内有毒品违法犯罪活动的,应当立即向公安机关报告。

注释"娱乐场所",是指以营利为目的,并向公众开放的歌舞、游艺等场所,包括歌厅、舞厅、KTV等以人际交谊为主的场所和电子游戏厅、台球厅等依靠游艺器械经营的场所。"巡查制度"是娱乐场所经营者建立的,由专人负责,定时定期对本场所内情况进行巡回检查和监督,及时发现场所内涉及毒品违法犯罪行为的制度。具体的巡查时间、范围等内容,可以由娱乐场所的经营者根据本场所的实际情况自主确定,也可以根据公安机关的要求确定,一般应当建立人员相对固定的巡查小组,落实巡查的方式和具体任务。巡查人员应当熟悉本场所的情况,具有一定的法律知识。巡查人员在巡查中发现违法犯罪活动或者可疑人员、行为的,应当立即报告娱乐场所的负责人或者直接报告公安机关。

链接《娱乐场所管理条例》第31条;《刑法》第353、354条

第二十八条 【查获毒品和涉毒财物的收缴与处理】对依法查获的毒品,吸食、注射毒品的用具,毒品违法犯罪的非法所得及其收益,以及直接用于实施毒品违法犯罪行为的本人所有的工具、设备、资金,应当收缴,依照规定处理。

注释 本条规定涉及的被依法查获的物品包括四类:一是毒品;二是吸食、注射毒品的用具,即吸毒人员用来吸食、注射毒品的注射器等用具;三是毒品违法犯罪的非法所得及其收益。"非法所得",是指违法犯罪分子因为实施毒品违法犯罪行为所非法获得的财物,如贩卖毒品所得的资金,运输毒品所得的报酬,容留贩毒人员在娱乐场所进行贩毒活动所得的抽头,非法传授麻醉药品、精神药品制造方法所得的报酬等。"收益",是指利用毒品违法犯罪的非法所得所产生的孳息或者进行经营活动所产生的经济利益,如将毒资存入银行所获利息,用毒资购买股票、基金所获红利,用毒资开办公司所获盈利等。四是直接用于实施毒品违法犯罪行为的本人所有的工具、设备、资金。这类物品有两个限制条件:(1)"直接用于实施毒品违法犯罪行为"。即对于实施毒品违法犯罪行为起到必不可少的作用并直接引起、导致危害后果发生,如贩毒分子将运输工具进行改装,设置不易被发觉的夹层、暗箱,以逃避检查,这种运输工具就属于直接用于毒品违法犯罪行为的工具、设备等。(2)"本人所有"。即违法犯罪行为人本人所有,而非他人所有,如有的人借用他人车辆进行贩毒,出借人并不知情,这种情况下不能因为贩毒人使用了车辆就把该车辆予以没收。本条作出这样的限制,主要是为了防止在执法活动中随意扩大收缴的范围,影响一些与违法犯罪行为无关人的正常生活。"工具、设备",主要是指毒品违法犯罪活动中使用的机器、装备,如提炼海洛因或生产加工冰毒使用的各种机器装备等。"资金"包括毒品违法犯罪行为人用于购买毒品、制毒设备的资金等。本条规定对上述毒品和涉毒财物应当"收缴,依照规定处理"。"收缴",是指办理案件的执法机关在查获本条规定的毒品和涉毒财物时将其强制扣留。"依照规定处理",是指对收缴的毒品和涉毒财物,按照国家有关规定,区别情况予以处理。

刑法、刑事诉讼法、治安管理处罚法等法律、行政法规、司法解释、规章对涉及刑事案件和治安案件的财物的处理办法作出了明确的规定,对于本条规定的四类物品,公安机关等办案机关在依法收缴之后,应当依照这些规定分别予以处理。

链接《刑法》第64条;《刑事诉讼法》第245条;

《治安管理处罚法》第 11 条;《公安机关办理行政案件程序规定》第 196 条

案例 倪某勤运输毒品案(2018 年 6 月 26 日最高人民检察院发布检察机关依法惩治毒品犯罪典型案例)

裁判规则:毒品犯罪是典型的贪利型犯罪,依法追缴毒品犯罪分子的违法所得及其产生的收益,以及供犯罪使用的本人财物,并对其准确适用财产刑,是剥夺其再犯经济基础的重要手段,对有效打击毒品犯罪具有重要作用。对被告人判处有期徒刑,同时并处没收财产的,应当结合其毒品犯罪的性质、情节、危害后果及其获利情况、经济状况等因素,确定没收个人财产的数额。而实践中,司法机关往往对财产刑的处罚不够严格,本案是对财产刑适用不当而抗诉成功的案例。

第二十九条 【可疑毒品犯罪资金监测】反洗钱行政主管部门应当依法加强对可疑毒品犯罪资金的监测。反洗钱行政主管部门和其他依法负有反洗钱监督管理职责的部门、机构发现涉嫌毒品犯罪的资金流动情况,应当及时向侦查机关报告,并配合侦查机关做好侦查、调查工作。

第三十条 【毒品监测和禁毒信息系统】国家建立健全毒品监测和禁毒信息系统,开展毒品监测和禁毒信息的收集、分析、使用、交流工作。

第四章 戒毒措施

第三十一条 【吸毒成瘾人员应当进行戒毒治疗】国家采取各种措施帮助吸毒人员戒除毒瘾,教育和挽救吸毒人员。

吸毒成瘾人员应当进行戒毒治疗。

吸毒成瘾的认定办法,由国务院卫生行政部门、药品监督管理部门、公安部门规定。

第三十二条 【对吸毒人员的检测和登记】公安机关可以对涉嫌吸毒的人员进行必要的检测,被检测人员应当予以配合;对拒绝接受检测的,经县级以上人民政府公安机关或者其派出机构负责人批准,可以强制检测。

公安机关应当对吸毒人员进行登记。

注释 本条共分为两款。第一款是关于对涉嫌吸毒人员进行必要的检测的规定。

(1)吸毒检测的条件和程序。本法对检测登记明确规定了条件和程序,公安机关在进行吸毒检测时,应当遵守本法及相关规定,涉嫌吸毒人员应当按照要求接受检测。第一,应当有一定的证据或者迹象表明被检测人涉嫌吸食、注射毒品。比如,公安人员在执法中发现被检测人正在吸毒或者持有毒品;被检测人身上带有或者住处发现毒品或者疑似用于吸食、注射毒品的用具,如沾有毒品的注射器、锡箔纸等。第二,吸毒检测必须遵循法定程序。《吸毒检测程序规定》对公安机关进行吸毒检测的行为作出规范。吸毒检测是运用科学技术手段对涉嫌吸毒的人员进行生物医学检测,为公安机关认定吸毒行为提供科学依据的活动。吸毒检测分为现场检测、实验室检测、实验室复检。至于吸毒人员的吸毒种类、生理依赖程度、吸毒成瘾认定、身心损害程度等方面的检测和判定,以及是否因为吸毒而患某种疾病等,可以不在吸毒检测时进行,而在确定被检测人确实吸毒后再作进一步检测。第三,检测应当由具有资格的人员进行。

(2)被检测人员的配合义务。这里的"配合",包括被检测人员根据公安人员的规定,到指定的地点,比如公安机关或者其他检测机构进行检测;按照检测人员的指令,作出规定的行为,比如提供尿样、服药等,在检测人员提取检测样本的时候不予阻挠或者抗拒;如实回答检测人员的提问,以便于检测人员确定饮食、服药等方面是否存在可能影响检测结果准确性的因素,谨慎地作出判断等。

(3)强制检测。"强制检测",是指采取能够限制被检测人的行动自由,使其无法抗拒检测的行为。比如,公安人员对于发现的可能吸食、注射毒品的人员,认为需要进行吸毒检测而其拒绝到检测场所接受检测的;在检测人员提取尿样、血液、毛发等生物检测样本的时候进行反抗,抗拒检测等,使检测无法进行的,公安人员可以决定采取强制检测,也就是采取身体约束措施,使其无法动作而能够顺利完成采集检测样本等检测活动。根据本款的规定,进行强制检测,必须经县级以上人民政府公安机关或者其派出机构负责人批准。这里规定的"派出机构",主要是指公安机关的派出所。

本条第二款是关于吸毒人员的登记的规定。根据禁毒和戒毒工作的需要,为了保证登记信息的全面、准确,方便登记工作进行,便于信息的整理、分析和使用,公安机关确定登记的项目,并制作固定的登记表格。比如,吸毒者的基本情况,包括年龄、性别、文化程度、家庭住址、婚姻和家庭情况、工作职业及各种可能影响吸毒和戒毒的因素等；吸毒的基本情况，包括吸食注射毒品的种类、方式、持续时间、毒品的来源、摄取毒品的数量和成瘾程度等；吸毒者患有艾滋病、性病甚至肺结核、肝炎等传染病的情况；吸毒人员进行戒毒治疗和其他相关治疗、进行药物维持治疗的情况等。公安机关应当对吸毒人员进行实名登记。

链接《戒毒条例》第 4 条；《吸毒检测程序规定》第 2-10 条

第三十三条 【社区戒毒】对吸毒成瘾人员，公安机关可以责令其接受社区戒毒，同时通知吸毒人员户籍所在地或者现居住地的城市街道办事处、乡镇人民政府。社区戒毒的期限为三年。

戒毒人员应当在户籍所在地接受社区戒毒；在户籍所在地以外的现居住地有固定住所的，可以在现居住地接受社区戒毒。

第三十四条 【社区戒毒的主管机构】城市街道办事处、乡镇人民政府负责社区戒毒工作。城市街道办事处、乡镇人民政府可以指定有关基层组织，根据戒毒人员本人和家庭情况，与戒毒人员签订社区戒毒协议，落实有针对性的社区戒毒措施。公安机关和司法行政、卫生行政、民政等部门应当对社区戒毒工作提供指导和协助。

城市街道办事处、乡镇人民政府，以及县级人民政府劳动行政部门对无职业且缺乏就业能力的戒毒人员，应当提供必要的职业技能培训、就业指导和就业援助。

第三十五条 【社区戒毒人员的义务】接受社区戒毒的戒毒人员应当遵守法律、法规，自觉履行社区戒毒协议，并根据公安机关的要求，定期接受检测。

对违反社区戒毒协议的戒毒人员，参与社区戒毒的工作人员应当进行批评、教育；对严重违反社区戒毒协议或者在社区戒毒期间又吸食、注射毒品的，应当及时向公安机关报告。

第三十六条 【戒毒医疗机构】吸毒人员可以自行到具有戒毒治疗资质的医疗机构接受戒毒治疗。

设置戒毒医疗机构或者医疗机构从事戒毒治疗业务的，应当符合国务院卫生行政部门规定的条件，报所在地的省、自治区、直辖市人民政府卫生行政部门批准，并报同级公安机关备案。戒毒治疗应当遵守国务院卫生行政部门制定的戒毒治疗规范，接受卫生行政部门的监督检查。

戒毒治疗不得以营利为目的。戒毒治疗的药品、医疗器械和治疗方法不得做广告。戒毒治疗收取费用的，应当按照省、自治区、直辖市人民政府价格主管部门会同卫生行政部门制定的收费标准执行。

第三十七条 【戒毒医疗机构职责】医疗机构根据戒毒治疗的需要，可以对接受戒毒治疗的戒毒人员进行身体和所携带物品的检查；对在治疗期间有人身危险的，可以采取必要的临时保护性约束措施。

发现接受戒毒治疗的戒毒人员在治疗期间吸食、注射毒品的，医疗机构应当及时向公安机关报告。

第三十八条 【强制隔离戒毒适用条件】吸毒成瘾人员有下列情形之一的，由县级以上人民政府公安机关作出强制隔离戒毒的决定：

（一）拒绝接受社区戒毒的；

（二）在社区戒毒期间吸食、注射毒品的；

（三）严重违反社区戒毒协议的；

（四）经社区戒毒、强制隔离戒毒后再次吸食、注射毒品的。

对于吸毒成瘾严重，通过社区戒毒难以戒除毒瘾的人员，公安机关可以直接作出强制隔离戒毒的决定。

吸毒成瘾人员自愿接受强制隔离戒毒的，经公安机关同意，可以进入强制隔离戒毒场所戒毒。

第三十九条 【不适用强制隔离戒毒的情形】怀孕或者正在哺乳自己不满一周岁婴儿的妇女吸毒成瘾的，不适用强制隔离戒毒。不满十六周岁的未成年人吸毒成瘾的，可以不适用强制隔离戒毒。

对依照前款规定不适用强制隔离戒毒的吸毒成瘾人员，依照本法规定进行社区戒毒，由负责社区戒毒工作的城市街道办事处、乡镇人民政府加强帮助、教育和监督，督促落实社区戒毒措施。

第四十条 【强制隔离戒毒的决定程序和救济措施】公安机关对吸毒成瘾人员决定予以强制隔离戒毒的，应当制作强制隔离戒毒决定书，在执行强制隔离戒毒前送达被决定人，并在送达后二十四小时以内通知被决定人的家属、所在单位和户籍所在地公安派出所；被决定人不讲真实姓名、住址，身份不明的，公安机关应当自查清其身份后通知。

被决定人对公安机关作出的强制隔离戒毒决定不服的，可以依法申请行政复议或者提起行政诉讼。

第四十一条 【强制隔离戒毒场所】 对被决定予以强制隔离戒毒的人员，由作出决定的公安机关送强制隔离戒毒场所执行。

强制隔离戒毒场所的设置、管理体制和经费保障，由国务院规定。

第四十二条 【戒毒人员入所查检】 戒毒人员进入强制隔离戒毒场所戒毒时，应当接受对其身体和所携带物品的检查。

第四十三条 【强制隔离戒毒的内容】 强制隔离戒毒场所应当根据戒毒人员吸食、注射毒品的种类及成瘾程度等，对戒毒人员进行有针对性的生理、心理治疗和身体康复训练。

根据戒毒的需要，强制隔离戒毒场所可以组织戒毒人员参加必要的生产劳动，对戒毒人员进行职业技能培训。组织戒毒人员参加生产劳动的，应当支付劳动报酬。

第四十四条 【强制隔离戒毒场所的管理】 强制隔离戒毒场所应当根据戒毒人员的性别、年龄、患病等情况，对戒毒人员实行分别管理。

强制隔离戒毒场所对有严重残疾或者疾病的戒毒人员，应当给予必要的看护和治疗；对患有传染病的戒毒人员，应当依法采取必要的隔离、治疗措施；对可能发生自伤、自残等情形的戒毒人员，可以采取相应的保护性约束措施。

强制隔离戒毒场所管理人员不得体罚、虐待或者侮辱戒毒人员。

第四十五条 【强制隔离戒毒场所配备执业医师】 强制隔离戒毒场所应当根据戒毒治疗的需要配备执业医师。强制隔离戒毒场所的执业医师具有麻醉药品和精神药品处方权的，可以按照有关技术规范对戒毒人员使用麻醉药品、精神药品。

卫生行政部门应当加强对强制隔离戒毒场所执业医师的业务指导和监督管理。

第四十六条 【探访、探视和物品的检查】 戒毒人员的亲属和所在单位或者就读学校的工作人员，可以按照有关规定探访戒毒人员。戒毒人员经强制隔离戒毒场所批准，可以外出探视配偶、直系亲属。

强制隔离戒毒场所管理人员应当对强制隔离戒毒场所以外的人员交给戒毒人员的物品和邮件进行检查，防止夹带毒品。在检查邮件时，应当依法保护戒毒人员的通信自由和通信秘密。

第四十七条 【强制隔离戒毒期限】 强制隔离戒毒的期限为二年。

执行强制隔离戒毒一年后，经诊断评估，对于戒毒情况良好的戒毒人员，强制隔离戒毒场所可以提出提前解除强制隔离戒毒的意见，报强制隔离戒毒的决定机关批准。

强制隔离戒毒期满前，经诊断评估，对于需要延长戒毒期限的戒毒人员，由强制隔离戒毒场所提出延长戒毒期限的意见，报强制隔离戒毒的决定机关批准。强制隔离戒毒的期限最长可以延长一年。

第四十八条 【社区康复】 对于被解除强制隔离戒毒的人员，强制隔离戒毒的决定机关可以责令其接受不超过三年的社区康复。

社区康复参照本法关于社区戒毒的规定实施。

第四十九条 【戒毒康复场所】 县级以上地方各级人民政府根据戒毒工作的需要，可以开办戒毒康复场所；对社会力量依法开办的公益性戒毒康复场所应当给予扶持，提供必要的便利和帮助。

戒毒人员可以自愿在戒毒康复场所生活、劳动。戒毒康复场所组织戒毒人员参加生产劳动的，应当参照国家劳动用工制度的规定支付劳动报酬。

第五十条 【被限制人身自由的人员的戒毒治疗】 公安机关、司法行政部门对被依法拘留、逮捕、收监执行刑罚以及被依法采取强制性教育措施的吸毒人员，应当给予必要的戒毒治疗。

第五十一条 【药物维持治疗】 省、自治区、直辖市人民政府卫生行政部门会同公安机关、药品监督管理部门依照国家有关规定，根据巩固戒毒成果的需要和本行政区域艾滋病流行情况，可以组织开展戒毒药物维持治疗工作。

第五十二条 【戒毒人员不受歧视】 戒毒人员在入学、就业、享受社会保障等方面不受歧视。有关部门、组织和人员应当在入学、就业、享受社会保障等方面对戒毒人员给予必要的指导和帮助。

第五章 禁毒国际合作

第五十三条 【禁毒国际合作的原则】 中华人

民共和国根据缔结或者参加的国际条约或者按照对等原则，开展禁毒国际合作。

第五十四条　【国家禁毒委员会的国际合作职责】国家禁毒委员会根据国务院授权，负责组织开展禁毒国际合作，履行国际禁毒公约义务。

第五十五条　【毒品犯罪的司法协助】涉及追究毒品犯罪的司法协助，由司法机关依照有关法律的规定办理。

第五十六条　【执法合作】国务院有关部门应当按照各自职责，加强与有关国家或者地区执法机关以及国际组织的禁毒情报信息交流，依法开展禁毒执法合作。

经国务院公安部门批准，边境地区县级以上人民政府公安机关可以与有关国家或者地区的执法机关开展执法合作。

第五十七条　【涉案财物分享】通过禁毒国际合作破获毒品犯罪案件的，中华人民共和国政府可以与有关国家分享查获的非法所得、由非法所得获得的收益以及供毒品犯罪使用的财物或者财物变卖所得的款项。

第五十八条　【对外援助】国务院有关部门根据国务院授权，可以通过对外援助等渠道，支持有关国家实施毒品原植物替代种植、发展替代产业。

第六章　法律责任

第五十九条　【毒品违法犯罪行为的法律责任】有下列行为之一，构成犯罪的，依法追究刑事责任；尚不构成犯罪的，依法给予治安管理处罚：

（一）走私、贩卖、运输、制造毒品的；

（二）非法持有毒品的；

（三）非法种植毒品原植物的；

（四）非法买卖、运输、携带、持有未经灭活的毒品原植物种子或者幼苗的；

（五）非法传授麻醉药品、精神药品或者易制毒化学品制造方法的；

（六）强迫、引诱、教唆、欺骗他人吸食、注射毒品的；

（七）向他人提供毒品的。

第六十条　【妨害毒品查禁工作行为的法律责任】有下列行为之一，构成犯罪的，依法追究刑事责任；尚不构成犯罪的，依法给予治安管理处罚：

（一）包庇走私、贩卖、运输、制造毒品的犯罪分子，以及为犯罪分子窝藏、转移、隐瞒毒品或者犯罪所得财物的；

（二）在公安机关查处毒品违法犯罪活动时为违法犯罪行为人通风报信的；

（三）阻碍依法进行毒品检查的；

（四）隐藏、转移、变卖或者损毁司法机关、行政执法机关依法扣押、查封、冻结的涉及毒品违法犯罪活动的财物的。

第六十一条　【容留他人吸毒、介绍买卖毒品的法律责任】容留他人吸食、注射毒品或者介绍买卖毒品，构成犯罪的，依法追究刑事责任；尚不构成犯罪的，由公安机关处十日以上十五日以下拘留，可以并处三千元以下罚款；情节较轻的，处五日以下拘留或者五百元以下罚款。

第六十二条　【吸毒的法律责任】吸食、注射毒品的，依法给予治安管理处罚。吸毒人员主动到公安机关登记或者到有资质的医疗机构接受戒毒治疗的，不予处罚。

第六十三条　【违反麻醉药品、精神药品管制的法律责任】在麻醉药品、精神药品的实验研究、生产、经营、使用、储存、运输、进口、出口以及麻醉药品药用原植物种植活动中，违反国家规定，致使麻醉药品、精神药品或者麻醉药品药用原植物流入非法渠道，构成犯罪的，依法追究刑事责任；尚不构成犯罪的，依照有关法律、行政法规的规定给予处罚。

第六十四条　【违反易制毒化学品管制的法律责任】在易制毒化学品的生产、经营、购买、运输或者进口、出口活动中，违反国家规定，致使易制毒化学品流入非法渠道，构成犯罪的，依法追究刑事责任；尚不构成犯罪的，依照有关法律、行政法规的规定给予处罚。

第六十五条　【娱乐场所涉毒违法犯罪行为的法律责任】娱乐场所及其从业人员实施毒品违法犯罪行为，或者为进入娱乐场所的人员实施毒品违法犯罪行为提供条件，构成犯罪的，依法追究刑事责任；尚不构成犯罪的，依照有关法律、行政法规的规定给予处罚。

娱乐场所经营管理人员明知场所内发生聚众吸食、注射毒品或者贩毒活动，不向公安机关报告的，依照前款的规定给予处罚。

第六十六条　【非法从事戒毒治疗业务的法律责任】未经批准，擅自从事戒毒治疗业务的，由卫生行政部门责令停止违法业务活动，没收违法所得和使用的药品、医疗器械等物品；构成犯罪的，依法追究刑事责任。

第六十七条　【戒毒医疗机构发现吸毒不报告的法律责任】戒毒医疗机构发现接受戒毒治疗的戒毒人员在治疗期间吸食、注射毒品，不向公安机关报告的，由卫生行政部门责令改正；情节严重的，责令停业整顿。

第六十八条　【违反麻醉药品、精神药品使用规定的法律责任】强制隔离戒毒场所、医疗机构、医师违反规定使用麻醉药品、精神药品，构成犯罪的，依法追究刑事责任；尚不构成犯罪的，依照有关法律、行政法规的规定给予处罚。

第六十九条　【禁毒工作人员违法犯罪行为的法律责任】公安机关、司法行政部门或者其他有关主管部门的工作人员在禁毒工作中有下列行为之一，构成犯罪的，依法追究刑事责任；尚不构成犯罪的，依法给予处分：

（一）包庇、纵容毒品违法犯罪人员的；

（二）对戒毒人员有体罚、虐待、侮辱等行为的；

（三）挪用、截留、克扣禁毒经费的；

（四）擅自处分查获的毒品和扣押、查封、冻结的涉及毒品违法犯罪活动的财物的。

第七十条　【歧视戒毒人员的法律责任】有关单位及其工作人员在入学、就业、享受社会保障等方面歧视戒毒人员的，由教育行政部门、劳动行政部门责令改正；给当事人造成损失的，依法承担赔偿责任。

第七章　附　则

第七十一条　【关于法律效力的规定】本法自2008年6月1日起施行。《全国人民代表大会常务委员会关于禁毒的决定》同时废止。

戒毒条例

- 2011年6月26日中华人民共和国国务院令第597号公布
- 根据2018年9月18日《国务院关于修改部分行政法规的决定》修订

第一章　总　则

第一条　为了规范戒毒工作，帮助吸毒成瘾人员戒除毒瘾，维护社会秩序，根据《中华人民共和国禁毒法》，制定本条例。

第二条　县级以上人民政府应当建立政府统一领导，禁毒委员会组织、协调、指导，有关部门各负其责，社会力量广泛参与的戒毒工作体制。

戒毒工作坚持以人为本、科学戒毒、综合矫治、关怀救助的原则，采取自愿戒毒、社区戒毒、强制隔离戒毒、社区康复等多种措施，建立戒毒治疗、康复指导、救助服务兼备的工作体系。

第三条　县级以上人民政府应当按照国家有关规定将戒毒工作所需经费列入本级财政预算。

第四条　县级以上地方人民政府设立的禁毒委员会可以组织公安机关、卫生行政和负责药品监督管理的部门开展吸毒监测、调查，并向社会公开监测、调查结果。

县级以上地方人民政府公安机关负责对涉嫌吸毒人员进行检测，对吸毒人员进行登记并依法实行动态管控，依法责令社区戒毒、决定强制隔离戒毒、责令社区康复，管理公安机关的强制隔离戒毒场所、戒毒康复场所，对社区戒毒、社区康复工作提供指导和支持。

设区的市级以上地方人民政府司法行政部门负责管理司法行政部门的强制隔离戒毒场所、戒毒康复场所，对社区戒毒、社区康复工作提供指导和支持。

县级以上地方人民政府卫生行政部门负责戒毒医疗机构的监督管理，会同公安机关、司法行政等部门制定戒毒医疗机构设置规划，对戒毒医疗服务提供指导和支持。

县级以上地方人民政府民政、人力资源社会保障、教育等部门依据各自的职责，对社区戒毒、社区康复工作提供康复和职业技能培训等指导和支持。

第五条　乡(镇)人民政府、城市街道办事处负责社区戒毒、社区康复工作。

第六条　县级、设区的市级人民政府需要设置强制隔离戒毒场所、戒毒康复场所的，应当合理布局，报省、自治区、直辖市人民政府批准，并纳入当地国民经济和社会发展规划。

强制隔离戒毒场所、戒毒康复场所的建设标准，由国务院建设部门、发展改革部门会同国务院公安部门、司法行政部门制定。

第七条　戒毒人员在入学、就业、享受社会保障等方面不受歧视。

对戒毒人员戒毒的个人信息应当依法予以保密。对戒断3年未复吸的人员，不再实行动态管控。

第八条　国家鼓励、扶持社会组织、企业、事业单位和个人参与戒毒科研、戒毒社会服务和戒毒社会公益事业。

对在戒毒工作中有显著成绩和突出贡献的，按照国家有关规定给予表彰、奖励。

第二章　自愿戒毒

第九条　国家鼓励吸毒成瘾人员自行戒除毒瘾。吸毒人员可以自行到戒毒医疗机构接受戒毒治疗。对自愿接受戒毒治疗的吸毒人员，公安机关对其原吸毒行为不予处罚。

第十条　戒毒医疗机构应当与自愿戒毒人员或者其监护人签订自愿戒毒协议，就戒毒方法、戒毒期限、戒毒的个人信息保密、戒毒人员应当遵守的规章制度、终止戒毒治疗的情形等作出约定，并应当载明戒毒疗效、戒毒治疗风险。

第十一条　戒毒医疗机构应当履行下列义务：

(一)对自愿戒毒人员开展艾滋病等传染病的预防、咨询教育；

(二)对自愿戒毒人员采取脱毒治疗、心理康复、行为矫治等多种治疗措施，并应当符合国务院卫生行政部门制定的戒毒治疗规范；

(三)采用科学、规范的诊疗技术和方法，使用的药物、医院制剂、医疗器械应当符合国家有关规定；

(四)依法加强药品管理，防止麻醉药品、精神药品流失滥用。

第十二条　符合参加戒毒药物维持治疗条件的戒毒人员，由本人申请，并经登记，可以参加戒毒药物维持治疗。登记参加戒毒药物维持治疗的戒毒人员的信息应当及时报公安机关备案。

戒毒药物维持治疗的管理办法，由国务院卫生行政部门会同国务院公安部门、药品监督管理部门制定。

第三章　社区戒毒

第十三条　对吸毒成瘾人员，县级、设区的市级人民政府公安机关可以责令其接受社区戒毒，并出具责令社区戒毒决定书，送达本人及其家属，通知本人户籍所在地或者现居住地乡(镇)人民政府、城市街道办事处。

第十四条　社区戒毒人员应当自收到责令社区戒毒决定书之日起15日内到社区戒毒执行地乡(镇)人民政府、城市街道办事处报到，无正当理由逾期不报到的，视为拒绝接受社区戒毒。

社区戒毒的期限为3年，自报到之日起计算。

第十五条　乡(镇)人民政府、城市街道办事处应当根据工作需要成立社区戒毒工作领导小组，配备社区戒毒专职工作人员，制定社区戒毒工作计划，落实社区戒毒措施。

第十六条　乡(镇)人民政府、城市街道办事处，应当在社区戒毒人员报到后及时与其签订社区戒毒协议，明确社区戒毒的具体措施、社区戒毒人员应当遵守的规定以及违反社区戒毒协议应承担的责任。

第十七条　社区戒毒专职工作人员、社区民警、社区医务人员、社区戒毒人员的家庭成员以及禁毒志愿者共同组成社区戒毒工作小组具体实施社区戒毒。

第十八条　乡(镇)人民政府、城市街道办事处和社区戒毒工作小组应当采取下列措施管理、帮助社区戒毒人员：

(一)戒毒知识辅导；

(二)教育、劝诫；

(三)职业技能培训、职业指导，就学、就业、就医援助；

(四)帮助戒毒人员戒除毒瘾的其他措施。

第十九条　社区戒毒人员应当遵守下列规定：

(一)履行社区戒毒协议；

(二)根据公安机关的要求,定期接受检测;

(三)离开社区戒毒执行地所在县(市、区)3日以上的,须书面报告。

第二十条 社区戒毒人员在社区戒毒期间,逃避或者拒绝接受检测3次以上,擅自离开社区戒毒执行地所在县(市、区)3次以上或者累计超过30日的,属于《中华人民共和国禁毒法》规定的"严重违反社区戒毒协议"。

第二十一条 社区戒毒人员拒绝接受社区戒毒,在社区戒毒期间又吸食、注射毒品,以及严重违反社区戒毒协议的,社区戒毒专职工作人员应当及时向当地公安机关报告。

第二十二条 社区戒毒人员的户籍所在地或者现居住地发生变化,需要变更社区戒毒执行地的,社区戒毒执行地乡(镇)人民政府、城市街道办事处应当将有关材料转送至变更后的乡(镇)人民政府、城市街道办事处。

社区戒毒人员应当自社区戒毒执行地变更之日起15日内前往变更后的乡(镇)人民政府、城市街道办事处报到,社区戒毒时间自报到之日起连续计算。

变更后的乡(镇)人民政府、城市街道办事处,应当按照本条例第十六条的规定,与社区戒毒人员签订新的社区戒毒协议,继续执行社区戒毒。

第二十三条 社区戒毒自期满之日起解除。社区戒毒执行地公安机关应当出具解除社区戒毒通知书送达社区戒毒人员本人及其家属,并在7日内通知社区戒毒执行地乡(镇)人民政府、城市街道办事处。

第二十四条 社区戒毒人员被依法收监执行刑罚、采取强制性教育措施的,社区戒毒终止。

社区戒毒人员被依法拘留、逮捕的,社区戒毒中止,由羁押场所给予必要的戒毒治疗,释放后继续接受社区戒毒。

第四章 强制隔离戒毒

第二十五条 吸毒成瘾人员有《中华人民共和国禁毒法》第三十八条第一款所列情形之一的,由县级、设区的市级人民政府公安机关作出强制隔离戒毒的决定。

对于吸毒成瘾严重,通过社区戒毒难以戒除毒瘾的人员,县级、设区的市级人民政府公安机关可以直接作出强制隔离戒毒的决定。

吸毒成瘾人员自愿接受强制隔离戒毒的,经强制隔离戒毒场所所在地县级、设区的市级人民政府公安机关同意,可以进入强制隔离戒毒场所戒毒。强制隔离戒毒场所应当与其就戒毒治疗期限、戒毒治疗措施等作出约定。

第二十六条 对依照《中华人民共和国禁毒法》第三十九条第一款规定不适用强制隔离戒毒的吸毒成瘾人员,县级、设区的市级人民政府公安机关应当作出社区戒毒的决定,依照本条例第三章的规定进行社区戒毒。

第二十七条 强制隔离戒毒的期限为2年,自作出强制隔离戒毒决定之日起计算。

被强制隔离戒毒的人员在公安机关的强制隔离戒毒场所执行强制隔离戒毒3个月至6个月后,转至司法行政部门的强制隔离戒毒场所继续执行强制隔离戒毒。

执行前款规定不具备条件的省、自治区、直辖市,由公安机关和司法行政部门共同提出意见报省、自治区、直辖市人民政府决定具体执行方案,但在公安机关的强制隔离戒毒场所执行强制隔离戒毒的时间不得超过12个月。

第二十八条 强制隔离戒毒场所对强制隔离戒毒人员的身体和携带物品进行检查时发现的毒品等违禁品,应当依法处理;对生活必需品以外的其他物品,由强制隔离戒毒场所代为保管。

女性强制隔离戒毒人员的身体检查,应当由女性工作人员进行。

第二十九条 强制隔离戒毒场所设立戒毒医疗机构应当经所在地省、自治区、直辖市人民政府卫生行政部门批准。强制隔离戒毒场所应当配备设施设备及必要的管理人员,依法为强制隔离戒毒人员提供科学规范的戒毒治疗、心理治疗、身体康复训练和卫生、道德、法制教育,开展职业技能培训。

第三十条 强制隔离戒毒场所应当根据强制隔离戒毒人员的性别、年龄、患病等情况对强制隔离戒毒人员实行分别管理;对吸食不同种类毒品的,应当有针对性地采取必要的治疗措施;根据戒毒治疗的不同阶段和强制隔离戒毒人员的表现,实行逐步适应社会的分级管理。

第三十一条 强制隔离戒毒人员患严重疾病,不出所治疗可能危及生命的,经强制隔离戒毒场所主管机关批准,并报强制隔离戒毒决定机关备案，强制隔离戒毒场所可以允许其所外就医。所外就医的费用由强制隔离戒毒人员本人承担。

所外就医期间，强制隔离戒毒期限连续计算。对于健康状况不再适宜回所执行强制隔离戒毒的，强制隔离戒毒场所应当向强制隔离戒毒决定机关提出变更为社区戒毒的建议，强制隔离戒毒决定机关应当自收到建议之日起7日内，作出是否批准的决定。经批准变更为社区戒毒的，已执行的强制隔离戒毒期限折抵社区戒毒期限。

第三十二条 强制隔离戒毒人员脱逃的，强制隔离戒毒场所应当立即通知所在地县级人民政府公安机关，并配合公安机关追回脱逃人员。被追回的强制隔离戒毒人员应当继续执行强制隔离戒毒，脱逃期间不计入强制隔离戒毒期限。被追回的强制隔离戒毒人员不得提前解除强制隔离戒毒。

第三十三条 对强制隔离戒毒场所依照《中华人民共和国禁毒法》第四十七条第二款、第三款规定提出的提前解除强制隔离戒毒、延长戒毒期限的意见，强制隔离戒毒决定机关应当自收到意见之日起7日内，作出是否批准的决定。对提前解除强制隔离戒毒或者延长强制隔离戒毒期限的，批准机关应当出具提前解除强制隔离戒毒决定书或者延长强制隔离戒毒期限决定书，送达被决定人，并在送达后24小时以内通知被决定人的家属、所在单位以及其户籍所在地或者现居住地公安派出所。

第三十四条 解除强制隔离戒毒的，强制隔离戒毒场所应当在解除强制隔离戒毒3日前通知强制隔离戒毒决定机关，出具解除强制隔离戒毒证明书送达戒毒人员本人，并通知其家属、所在单位、其户籍所在地或者现居住地公安派出所将其领回。

第三十五条 强制隔离戒毒诊断评估办法由国务院公安部门、司法行政部门会同国务院卫生行政部门制定。

第三十六条 强制隔离戒毒人员被依法收监执行刑罚、采取强制性教育措施或者被依法拘留、逮捕的，由监管场所、羁押场所给予必要的戒毒治疗，强制隔离戒毒的时间连续计算；刑罚执行完毕时、解除强制性教育措施时或者释放时强制隔离戒毒尚未期满的，继续执行强制隔离戒毒。

第五章 社区康复

第三十七条 对解除强制隔离戒毒的人员，强制隔离戒毒的决定机关可以责令其接受不超过3年的社区康复。

社区康复在当事人户籍所在地或者现居住地乡(镇)人民政府、城市街道办事处执行，经当事人同意，也可以在戒毒康复场所中执行。

第三十八条 被责令接受社区康复的人员，应当自收到责令社区康复决定书之日起15日内到户籍所在地或者现居住地乡(镇)人民政府、城市街道办事处报到，签订社区康复协议。

被责令接受社区康复的人员拒绝接受社区康复或者严重违反社区康复协议，并再次吸食、注射毒品被决定强制隔离戒毒的，强制隔离戒毒不得提前解除。

第三十九条 负责社区康复工作的人员应当为社区康复人员提供必要的心理治疗和辅导、职业技能培训、职业指导以及就学、就业、就医援助。

第四十条 社区康复自期满之日起解除。社区康复执行地公安机关出具解除社区康复通知书送达社区康复人员本人及其家属，并在7日内通知社区康复执行地乡(镇)人民政府、城市街道办事处。

第四十一条 自愿戒毒人员、社区戒毒、社区康复的人员可以自愿与戒毒康复场所签订协议，到戒毒康复场所戒毒康复、生活和劳动。

戒毒康复场所应当配备必要的管理人员和医务人员，为戒毒人员提供戒毒康复、职业技能培训和生产劳动条件。

第四十二条 戒毒康复场所应当加强管理，严禁毒品流入，并建立戒毒康复人员自我管理、自我教育、自我服务的机制。

戒毒康复场所组织戒毒人员参加生产劳动，应当参照国家劳动用工制度的规定支付劳动报酬。

第六章 法律责任

第四十三条 公安、司法行政、卫生行政等有关部门工作人员泄露戒毒人员个人信息的，依法给予处分；构成犯罪的，依法追究刑事责任。

第四十四条 乡(镇)人民政府、城市街道办事处负责社区戒毒、社区康复工作的人员有下列

行为之一的,依法给予处分:

(一)未与社区戒毒、社区康复人员签订社区戒毒、社区康复协议,不落实社区戒毒、社区康复措施的;

(二)不履行本条例第二十一条规定的报告义务的;

(三)其他不履行社区戒毒、社区康复监督职责的行为。

第四十五条 强制隔离戒毒场所的工作人员有下列行为之一的,依法给予处分;构成犯罪的,依法追究刑事责任:

(一)侮辱、虐待、体罚强制隔离戒毒人员的;

(二)收受、索要财物的;

(三)擅自使用、损毁、处理没收或者代为保管的财物的;

(四)为强制隔离戒毒人员提供麻醉药品、精神药品或者违反规定传递其他物品的;

(五)在强制隔离戒毒诊断评估工作中弄虚作假的;

(六)私放强制隔离戒毒人员的;

(七)其他徇私舞弊、玩忽职守、不履行法定职责的行为。

第七章 附 则

第四十六条 本条例自公布之日起施行。1995年1月12日国务院发布的《强制戒毒办法》同时废止。

公安机关缴获毒品管理规定

- 2016年5月19日
- 公禁毒〔2016〕486号

第一章 总 则

第一条 为进一步规范公安机关缴获毒品管理工作,保障毒品案件的顺利办理,根据有关法律、行政法规和规章,制定本规定。

第二条 公安机关(含铁路、交通、民航、森林公安机关和海关缉私机构、边防管理部门)对办理毒品刑事案件、行政案件过程中依法扣押、收缴的毒品进行保管、移交、入库、调用、出库、处理等工作,适用本规定。

第三条 各级公安机关应当高度重视毒品管理工作,建立健全毒品管理制度,强化监督,确保安全,严防流失,适时销毁。

第二章 毒品的保管

第四条 省级公安机关禁毒部门负责对缴获毒品实行集中统一保管。

办理毒品案件的公安派出所、出入境边防检查机关以及除省级公安机关禁毒部门外的县级以上公安机关办案部门(以下统称办案部门)负责临时保管缴获毒品。

经省级公安机关禁毒部门批准并报公安部禁毒局备案,设区的市一级公安机关禁毒部门可以对缴获毒品实行集中统一保管。

第五条 有条件的公安机关可以指定涉案财物管理部门负责临时保管缴获毒品。

经省级公安机关批准并报公安部禁毒局备案,设区的市一级公安机关涉案财物管理部门可以对缴获毒品实行集中统一保管。

第六条 公安机关鉴定机构负责临时保管鉴定剩余的毒品检材和留存备查的毒品检材。

对不再需要保留的毒品检材,公安机关鉴定机构应当及时交还委托鉴定的办案部门或者移交同级公安机关禁毒部门。

第七条 公安机关集中统一保管毒品的,应当划设独立的房间或者场地,设置长期固定的专用保管仓库;临时保管毒品的,应当设置保管仓库或者使用专用保管柜。

毒品保管仓库应当符合避光、防潮、通风和保密的要求,安装防盗安全门、防护栏、防火设施、通风设施、控温设施、视频监控系统和入侵报警系统。

毒品专用保管仓库不得存放其他物品。

第八条 办案部门应当指定不承担办案或者鉴定工作的民警负责本部门毒品的接收、保管、移交等管理工作。

毒品保管仓库和专用保险柜应当由专人负责看守。毒品保管实行双人双锁制度;毒品入库双人验收,出库双人复核,做到账物相符。

第九条 办案部门和负责毒品保管的涉案财物管理部门应当设立毒品保管账册并保存二十年备查。

有条件的省级公安机关,可以建立缴获毒品

管理信息系统，对毒品进行实时、全程录入和管理，并与执法办案信息系统关联。

第十条　对易燃、易爆、具有毒害性以及对保管条件、保管场所有特殊要求的毒品，在处理前应当存放在符合条件的专门场所。公安机关没有具备保管条件的场所的，可以借用其他单位符合条件的场所进行保管。

对借用其他单位的场所保管的毒品，公安机关应当派专人看守或者进行定期检查。

第十一条　公安机关应当采取安全保障措施，防止保管的毒品发生泄漏、遗失、损毁或者受到污染等。

毒品保管人员应当定期检查毒品保管仓库和毒品保管柜并清点保管的毒品，及时发现和排除安全隐患。

第三章　毒品的移交、入库

第十二条　对办理毒品案件过程中发现的毒品，办案人员应当及时固定、提取，依法予以扣押、收缴。

办案人员应当在缴获毒品的现场对毒品及其包装物进行封装，并及时完成称量、取样、送检等工作；确因客观原因无法在现场实施封装的，应当经办案部门负责人批准。

第十三条　办案人员依法扣押、收缴毒品后，应当在二十四小时以内将毒品移交本部门的毒品保管人员，并办理移交手续。

异地办案或者在偏远、交通不便地区办案的，办案人员应当在返回办案单位后的二十四小时以内办理移交手续。

需要将毒品送至鉴定机构进行取样、鉴定的，经办案部门负责人批准，办案人员可以在送检完成后的二十四小时以内办理移交手续。

第十四条　除禁毒部门外的其他办案部门应当在扣押、收缴毒品之日起七日以内将毒品移交所在地的县级或者设区的市一级公安机关禁毒部门。

具有案情复杂、缴获毒品数量较大、异地办案等情形的，移交毒品的时间可以延长至二十日。

第十五条　刑事案件侦查终结、依法撤销或者对行政案件作出行政处罚决定、终止案件调查后，县级公安机关禁毒部门应当及时将临时保管的毒品移交上一级公安机关禁毒部门。

对因犯罪嫌疑人或者违法行为人无法确定、负案在逃等客观原因无法侦查终结或者无法作出行政处罚决定的案件，应当在立案或者受案后的一年以内移交。

第十六条　不起诉决定或者判决、裁定（含死刑复核判决、裁定）发生法律效力，或者行政处罚决定已过复议诉讼期限后，负责临时保管毒品的设区的市一级公安机关禁毒部门应当及时将临时保管的毒品移交省级公安机关禁毒部门集中统一保管。

第十七条　公安机关指定涉案财物管理部门负责保管毒品的，禁毒部门应当及时将本部门缴获的毒品和其他办案部门、鉴定机构移交的毒品移交同级涉案财物管理部门。

负责临时保管毒品的涉案财物管理部门应当依照本规定第十五条、第十六条的规定及时移交临时保管的毒品。

第十八条　毒品保管人员对本部门办案人员或者其他办案部门、鉴定机构移交的毒品，应当当场检查毒品及其包装物的封装是否完好以及封装袋上的标记、编号、签名等是否清晰、完整，并对照有关法律文书对移交的毒品逐一查验、核对。

对符合条件可以办理入库的毒品，毒品保管人员应当将入库毒品登记造册，详细登记移交毒品的种类、数量、封装情况、移交单位、移交人员、移交时间等情况，在《扣押清单》《证据保全清单》或者《收缴/追缴物品清单》上签字并留存一份备查。

对缺少法律文书、法律文书对必要事项记载不全、移交的毒品与法律文书记载不符或者移交的毒品未按规定封装的，毒品保管人员可以拒绝接收，并应当要求办案人员及时补齐相关法律文书、信息或者按规定封装后移交。

第四章　毒品的调用、出库

第十九条　因讯问、询问、鉴定、辨认、检验等办案工作需要，经本条第二款规定的负责人审批，办案人员可以调用毒品。

调用办案部门保管的毒品的，应当经办案部门负责人批准；调用涉案财物管理部门保管的毒品的，应当经涉案财物管理部门所属公安机关的禁毒部门负责人批准；除禁毒部门外的其他办案部门调用禁毒部门保管的毒品的，应当经负责毒品保管的禁毒部门负责人批准。

人民法院、人民检察院在案件诉讼过程中需要调用毒品的，应当由办案部门依照前两款的规定办理调用手续。

第二十条　因开展禁毒宣传教育、缉毒犬训练、教学科研等工作需要调用集中统一保管的毒品的，应当经省级或者经授权的设区的市一级公安机关分管禁毒工作的负责人批准。

第二十一条　毒品保管人员应当对照批准文件核对调用出库的毒品，详细登记调用人、审批人、调用事由、调用期限、出库时间以及出库毒品的状态和数量等事项。

第二十二条　调用人应当按照批准的调用目的使用毒品，并采取措施妥善保管调用的毒品，防止流失或者出现缺损、调换、灭失等情况。

调用人应当在调用结束后的二十四小时以内将毒品归还毒品保管人员。

调用人归还毒品时，毒品保管人员应当对照批准文件进行核对，检查包装，复称重量；必要时，可以进行检验或者鉴定。经核对、检查无误，毒品保管人员应当重新办理毒品入库手续。

对出现缺损、调换、灭失等情况的，毒品保管人员应当如实记录，并报告调用人所属部门；毒品在调用过程中出现分解、潮解等情况的，调用人应当作出书面说明；因鉴定取样、实验研究等情况导致调用毒品发生合理损耗的，调用人应当提供相应的证明材料。

第二十三条　公安机关需要运输毒品的，应当由两名以上民警负责押运或者通过安全可靠的运输渠道进行运输。

负责押运的民警应当自启运起全程携带相关证明文件。

运输毒品过程中，公安机关应当采取安全保障措施，防止毒品发生泄漏、遗失、损毁或者受到污染等。

第五章　毒品的处理

第二十四条　缴获毒品不随案移送人民检察院、人民法院，但办案部门应当将其清单、照片或者其他证明文件随案移送。

对需要作为证据使用的毒品，不起诉决定或者判决、裁定（含死刑复核判决、裁定）发生法律效力，或者行政处罚决定已过复议诉讼期限后方可销毁。

第二十五条　对集中统一保管的毒品，除因办案、留样备查等工作需要少量留存外，省级公安机关或者经授权的市一级公安机关应当适时组织销毁。

其他任何部门或者个人不得以任何理由擅自处理毒品。

第二十六条　需要销毁毒品的，应当由负责毒品集中统一保管的禁毒部门提出销毁毒品的种类、数量和销毁的地点、时间、方式等，经省级公安机关负责人批准，方可销毁。

第二十七条　毒品保管人员应当对照批准文件核对出库销毁的毒品，并将毒品出库情况登记造册。

公安机关需要销毁毒品的，应当制定安全保卫方案和突发事件应急处理预案；必要时，可以邀请检察机关和环境保护主管部门派员监督；有条件的，可以委托具有危险废物无害化处理资质的单位进行销毁。

第二十八条　设区的市一级公安机关禁毒部门应当于每年12月31日前将本年度保管毒品的入库量、出库量、库存量、销毁量和缴获毒品管理工作情况报省级公安机关禁毒部门备案。

省级公安机关禁毒部门应当于每年1月31日前将上年度保管毒品的入库量、出库量、库存量、销毁量和本省（自治区、直辖市）缴获毒品管理工作情况报公安部禁毒局备案。

第六章　监　督

第二十九条　各级公安机关分管禁毒工作的负责人对毒品管理工作承担重要领导责任，各级公安机关禁毒部门和负责毒品保管的涉案财物管理部门的主要负责人对毒品管理工作承担主要领导责任。

第三十条　各级公安机关应当将毒品管理工作纳入执法监督和执法质量考评范围，定期或者不定期地组织有关部门对本机关和办案部门负责保管的毒品进行核查，防止流失、毁灭或者不按规定移交、调用、处理等；发现毒品管理不当的，应当责令立即改正。

第三十一条　未按本规定严格管理毒品，致使毒品流失、毁灭或者导致严重后果的，应当依照有关规定追究相关责任人和毒品管理人员的责任;涉嫌犯罪的,移送司法机关依法追究刑事责任。

第七章 附 则

第三十二条 本规定所称的公安机关禁毒部门,包括县级以上地方公安机关毒品犯罪侦查部门以及县级以上地方公安机关根据公安部有关规定确定的承担禁毒工作职责的业务部门。

本规定所称的毒品,包括毒品的成品、半成品、疑似物以及其他含有毒品成分的物质,但不包括含有毒品成分的人体生物样本。

第三十三条 本规定所称的"以上""以内"包括本数,"日"是指工作日。

第三十四条 各地公安机关可以根据本规定,结合本地和各警种实际情况,制定缴获毒品管理的具体办法,并报上一级公安机关备案。

第三十五条 公安机关从其他部门和个人接收毒品的管理,依照本规定执行。

第三十六条 本规定自2016年7月1日起施行。2001年8月23日印发的《公安机关缴获毒品管理规定》(公禁毒〔2001〕218号)同时废止。

公安机关强制隔离戒毒所管理办法

· 2011年9月28日公安部令第117号公布
· 自公布之日起施行

第一章 总 则

第一条 为加强和规范公安机关强制隔离戒毒所的管理,保障强制隔离戒毒工作顺利进行,根据《中华人民共和国禁毒法》、《国务院戒毒条例》以及相关规定,制定本办法。

第二条 强制隔离戒毒所是公安机关依法通过行政强制措施为戒毒人员提供科学规范的戒毒治疗、心理治疗、身体康复训练和卫生、道德、法制教育,开展职业技能培训的场所。

第三条 强制隔离戒毒所应当坚持戒毒治疗与教育康复相结合的方针,遵循依法、严格、科学、文明管理的原则,实现管理规范化、治疗医院化、康复多样化、帮教社会化、建设标准化。

第四条 强制隔离戒毒所应当建立警务公开制度,依法接受监督。

第二章 设 置

第五条 强制隔离戒毒所由县级以上地方人民政府设置。

强制隔离戒毒所由公安机关提出设置意见,经本级人民政府和省级人民政府公安机关分别审核同意后,报省级人民政府批准,并报公安部备案。

第六条 强制隔离戒毒所机构名称为XX省(自治区、直辖市)、XX市(县、区、旗)强制隔离戒毒所。

同级人民政府设置有司法行政部门管理的强制隔离戒毒所的,公安机关管理的强制隔离戒毒所名称为XX省(自治区、直辖市)、XX市(县、区、旗)第一强制隔离戒毒所。

第七条 强制隔离戒毒所建设,应当符合国家有关建设规范。建设方案,应当经省级人民政府公安机关批准。

第八条 强制隔离戒毒所设所长一人,副所长二至四人,必要时可设置政治委员或教导员。强制隔离戒毒所根据工作需要设置相应的机构,配备相应数量的管教、监控、巡视、医护、技术、财会等民警和工勤人员,落实岗位责任。

强制隔离戒毒所根据工作需要配备一定数量女民警。

公安机关可以聘用文职人员参与强制隔离戒毒所的戒毒治疗、劳动技能培训、法制教育等非执法工作,可以聘用工勤人员从事勤杂工作。

第九条 强制隔离戒毒所管理人员、医务人员享受国家规定的工资福利待遇和职业保险。

第十条 强制隔离戒毒所的基础建设经费、日常运行公用经费、办案(业务)经费、业务装备经费、戒毒人员监管给养经费,按照县级以上人民政府的财政预算予以保障。

各省、自治区、直辖市公安机关应当会同本地财政部门每年度对戒毒人员伙食费、医疗费等戒毒人员经费标准进行核算。

第十一条 强制隔离戒毒所应当建立并严格执行财物管理制度,接受有关部门的检查和审计。

第十二条 强制隔离戒毒所按照收戒规模设置相应的医疗机构,接受卫生行政部门对医疗工作的指导和监督。

强制隔离戒毒所按照卫生行政部门批准的医

疗机构要求配备医务工作人员。

强制隔离戒毒所医务工作人员应当参加卫生行政部门组织的业务培训和职称评定考核。

第三章 入 所

第十三条 强制隔离戒毒所凭《强制隔离戒毒决定书》，接收戒毒人员。

第十四条 强制隔离戒毒所接收戒毒人员时，应当对戒毒人员进行必要的健康检查，确认是否受伤、患有传染病或者其他疾病，对女性戒毒人员还应当确认是否怀孕，并填写《戒毒人员健康检查表》。

办理入所手续后，强制隔离戒毒所民警应当向强制隔离戒毒决定机关出具收戒回执。

第十五条 对怀孕或者正在哺乳自己不满一周岁婴儿的妇女，强制隔离戒毒所应当通知强制隔离戒毒决定机关依法变更为社区戒毒。

戒毒人员不满十六周岁且强制隔离戒毒可能影响其学业的，强制隔离戒毒所可以建议强制隔离戒毒决定机关依法变更为社区戒毒。

对身体有外伤的，强制隔离戒毒所应当予以记录，由送戒人员出具伤情说明并由戒毒人员本人签字确认。

第十六条 强制隔离戒毒所办理戒毒人员入所手续，应当填写《戒毒人员入所登记表》，并在全国禁毒信息管理系统中录入相应信息，及时进行信息维护。

戒毒人员基本信息与《强制隔离戒毒决定书》相应信息不一致的，强制隔离戒毒所应当要求办案部门核查并出具相应说明。

第十七条 强制隔离戒毒所应当对戒毒人员人身和随身携带的物品进行检查。除生活必需品外，其他物品由强制隔离戒毒所代为保管，并填写《戒毒人员财物保管登记表》一式二份，强制隔离戒毒所和戒毒人员各存一份。经戒毒人员签字同意，强制隔离戒毒所可以将代为保管物品移交戒毒人员近亲属保管。

对检查时发现的毒品以及其他依法应当没收的违禁品，强制隔离戒毒所应当逐件登记，并依照有关规定处理。与案件有关的物品应当移交强制隔离戒毒决定机关处理。

对女性戒毒人员的人身检查，应当由女性工作人员进行。

第十八条 强制隔离戒毒所应当配合办案部门查清戒毒人员真实情况，对新入所戒毒人员信息应当与在逃人员、违法犯罪人员等信息系统进行比对，发现戒毒人员有其他违法犯罪行为或者为在逃人员的，按照相关规定移交有关部门处理。

第四章 管 理

第十九条 强制隔离戒毒所应当根据戒毒人员性别、年龄、患病、吸毒种类等情况设置不同病区，分别收戒管理。

强制隔离戒毒所根据戒毒治疗的不同阶段和戒毒人员表现，实行逐步适应社会的分级管理。

第二十条 强制隔离戒毒所应当建立新入所戒毒人员管理制度，对新入所戒毒人员实行不少于十五天的过渡管理和教育。

第二十一条 强制隔离戒毒所应当在戒毒人员入所二十四小时内进行谈话教育，书面告知其应当遵守的管理规定和依法享有的权利及行使权利的途径，掌握其基本情况，疏导心理，引导其适应新环境。

第二十二条 戒毒人员提出检举、揭发、控告，以及提起行政复议或者行政诉讼的，强制隔离戒毒所应当登记后及时将有关材料转送有关部门。

第二十三条 强制隔离戒毒所应当保障戒毒人员通信自由和通信秘密。对强制隔离戒毒所以外的人员交给戒毒人员的物品和邮件，强制隔离戒毒所应当进行检查。检查时，应当有两名以上工作人员同时在场。

经强制隔离戒毒所批准，戒毒人员可以用指定的固定电话与其亲友、监护人或者所在单位、就读学校通话。

第二十四条 强制隔离戒毒所建立探访制度，允许戒毒人员亲属、所在单位或者就读学校的工作人员探访。

探访人员应当接受强制隔离戒毒所身份证件检查，遵守探访规定。对违反规定的探访人员，强制隔离戒毒所可以提出警告或者责令其停止探访。

第二十五条 戒毒人员具有以下情形之一的，强制隔离戒毒所可以批准其请假出所：

（一）配偶、直系亲属病危或者有其他正当理由需离所探视的；

（二）配偶、直系亲属死亡需要处理相应事务的；

（三）办理婚姻登记等必须由本人实施的民事法律行为的。

戒毒人员应当提出请假出所的书面申请并提供相关证明材料，经强制隔离戒毒所所长批准，并报主管公安机关备案后，发给戒毒人员请假出所证明。

请假出所时间最长不得超过十天，离所和回所当日均计算在内。对请假出所不归的，视作脱逃行为处理。

第二十六条　律师会见戒毒人员应当持律师执业证、律师事务所介绍信和委托书，在强制隔离戒毒所内指定地点进行。

第二十七条　强制隔离戒毒所应当制定并严格执行戒毒人员伙食标准，保证戒毒人员饮食卫生、吃熟、吃热、吃够定量。

对少数民族戒毒人员，应当尊重其饮食习俗。

第二十八条　强制隔离戒毒所应当建立戒毒人员代购物品管理制度，代购物品仅限日常生活用品和食品。

第二十九条　强制隔离戒毒所应当建立戒毒人员一日生活制度。

强制隔离戒毒所应当督促戒毒人员遵守戒毒人员行为规范，并根据其现实表现分别予以奖励或者处罚。

第三十条　强制隔离戒毒所应当建立出入所登记制度。

戒毒区实行封闭管理，非本所工作人员出入应经所领导批准。

第三十一条　强制隔离戒毒所应当统一戒毒人员的着装、被服，衣被上应当设置本所标志。

第三十二条　强制隔离戒毒所应当安装监控录像、应急报警、病室报告装置、门禁检查和违禁物品检测等技防系统。监控录像保存时间不得少于十五天。

第三十三条　强制隔离戒毒所应当定期或者不定期进行安全检查，及时发现和消除安全隐患。

第三十四条　强制隔离戒毒所应当建立突发事件处置预案，并定期进行演练。

遇有戒毒人员脱逃、暴力袭击他人的，强制隔离戒毒所可以依法使用警械予以制止。

第三十五条　强制隔离戒毒所应当建立二十四小时值班巡视制度。

值班人员必须坚守岗位，履行职责，加强巡查，不得擅离职守，不得从事有碍值班的活动。

值班人员发现问题，应当果断采取有效措施，及时处置，并按规定向上级报告。

第三十六条　对有下列情形之一的戒毒人员，应当根据不同情节分别给予警告、训诫、责令具结悔过或者禁闭；构成犯罪的，依法追究刑事责任：

（一）违反戒毒人员行为规范、不遵守强制隔离戒毒所纪律，经教育不改正的；

（二）私藏或者吸食、注射毒品，隐匿违禁物品的；

（三）欺侮、殴打、虐待其他戒毒人员，占用他人财物等侵犯他人权利的；

（四）交流吸毒信息、传授犯罪方法或者教唆他人违法犯罪的；

（五）预谋或者实施自杀、脱逃、行凶的。

对戒毒人员处以警告、训诫和责令具结悔过，由管教民警决定并执行；处以禁闭，由管教民警提出意见，报强制隔离戒毒所所长批准。

对情节恶劣的，在诊断评估时应当作为建议延长其强制隔离戒毒期限的重要情节；构成犯罪的，交由侦查部门侦查，被决定刑事拘留或者逮捕的转看守所羁押。

第三十七条　强制隔离戒毒所发生戒毒人员脱逃的，应当立即报告主管公安机关，并配合追回脱逃人员。被追回的戒毒人员应当继续执行强制隔离戒毒，脱逃期间不计入强制隔离戒毒期限。被追回的戒毒人员不得提前解除强制隔离戒毒，诊断评估时可以作为建议延长其强制隔离戒毒期限的情节。

第三十八条　戒毒人员在强制隔离戒毒期间死亡的，强制隔离戒毒所应当立即向主管公安机关报告，同时通报强制隔离戒毒决定机关，通知其家属和同级人民检察院。主管公安机关应当组织相关部门对死亡原因进行调查。查清死亡原因后，尽快通知死者家属。

其他善后事宜依照国家有关规定处理。

第三十九条　强制隔离戒毒所应当建立询问登记制度，配合办案部门的询问工作。

第四十条　办案人员询问戒毒人员，应当持单位介绍信及有效工作证件，办理登记手续，在询问室进行。

因办案需要，经强制隔离戒毒所主管公安机关负责人批准，办案部门办理交接手续后可以将戒毒人员带离出所，出所期间的安全由办案部门负责。戒毒人员被带离出所以及送回所时，强制隔离戒毒所应对其进行体表检查，做好书面记录，由强制隔离戒毒所民警、办案人员和戒毒人员签字确认。

第五章 医 疗

第四十一条　强制隔离戒毒所戒毒治疗和护理操作规程按照国家有关规定进行。

第四十二条　强制隔离戒毒所根据戒毒人员吸食、注射毒品的种类和成瘾程度等，进行有针对性的生理治疗、心理治疗和身体康复训练，并建立个人病历。

第四十三条　强制隔离戒毒所实行医护人员二十四小时值班和定时查房制度，医护人员应当随时掌握分管戒毒人员的治疗和身体康复情况，并给予及时的治疗和看护。

第四十四条　强制隔离戒毒所对患有传染病的戒毒人员，按照国家有关规定采取必要的隔离、治疗措施。

第四十五条　强制隔离戒毒所对毒瘾发作或者出现精神障碍可能发生自伤、自残或者实施其他危险行为的戒毒人员，可以按照卫生行政部门制定的医疗规范采取保护性约束措施。

对被采取保护性约束措施的戒毒人员，民警和医护人员应当密切观察，可能发生自伤、自残或者实施其他危险行为的情形解除后及时解除保护性约束措施。

第四十六条　戒毒人员患严重疾病，不出所治疗可能危及生命的，经强制隔离戒毒所主管公安机关批准，报强制隔离戒毒决定机关备案，强制隔离戒毒所可以允许其所外就医，并发给所外就医证明。所外就医的费用由戒毒人员本人承担。

所外就医期间，强制隔离戒毒期限连续计算。对于健康状况不再适宜回所执行强制隔离戒毒的，强制隔离戒毒所应当向强制隔离戒毒决定机关提出变更为社区戒毒的建议，强制隔离戒毒决定机关应当自收到建议之日起七日内，作出是否批准的决定。经批准变更为社区戒毒的，已执行的强制隔离戒毒期限折抵社区戒毒期限。

第四十七条　强制隔离戒毒所使用麻醉药品和精神药品，应当按照规定向有关部门申请购买。需要对戒毒人员使用麻醉药品和精神药品的，由具有麻醉药品、精神药品处方权的执业医师按照有关技术规范开具处方，医护人员应当监督戒毒人员当面服药。

强制隔离戒毒所应当按照有关规定严格管理麻醉药品和精神药品，严禁违规使用，防止流入非法渠道。

第四十八条　强制隔离戒毒所应当建立卫生防疫制度，设置供戒毒人员沐浴、理发和洗晒被服的设施。对戒毒病区应当定期消毒，防止传染疫情发生。

第四十九条　强制隔离戒毒所可以与社会医疗机构开展多种形式的医疗合作，保证医疗质量。

第六章 教 育

第五十条　强制隔离戒毒所应当设立教室、心理咨询室、谈话教育室、娱乐活动室、技能培训室等教育、康复活动的功能用房。

第五十一条　强制隔离戒毒所应当建立民警与戒毒人员定期谈话制度。管教民警应当熟悉分管戒毒人员的基本情况，包括戒毒人员自然情况、社会关系、吸毒经历、思想动态和现实表现等。

第五十二条　强制隔离戒毒所应当对戒毒人员经常开展法制、禁毒宣传、艾滋病性病预防宣传等主题教育活动。

第五十三条　强制隔离戒毒所对戒毒人员的教育，可以采取集中授课、个别谈话、社会帮教、亲友规劝、现身说法等多种形式进行。强制隔离戒毒所可以邀请有关专家、学者、社会工作者以及戒毒成功人员协助开展教育工作。

第五十四条　强制隔离戒毒所应当制定奖励制度，鼓励、引导戒毒人员坦白、检举违法犯罪行为。

强制隔离戒毒所应当及时将戒毒人员提供的违法犯罪线索转递给侦查办案部门。办案部门应当及时进行查证并反馈查证情况。

强制隔离戒毒所应当对查证属实、有立功表现的戒毒人员予以奖励，并作为诊断评估的重要依据。

第五十五条　强制隔离戒毒所可以动员、劝导戒毒人员戒毒期满出所后进入戒毒康复场所康复，并提供便利条件。

第五十六条　强制隔离戒毒所应当积极联系劳动保障、教育等有关部门，向戒毒人员提供职业技术、文化教育培训。

第七章　康　复

第五十七条　强制隔离戒毒所应当组织戒毒人员开展文体活动，进行体能训练。一般情况下，每天进行不少于二小时的室外活动。

第五十八条　强制隔离戒毒所应当采取多种形式对戒毒人员进行心理康复训练。

第五十九条　强制隔离戒毒所可以根据戒毒需要和戒毒人员的身体状况组织戒毒人员参加康复劳动，康复劳动时间每天最长不得超过六小时。

强制隔离戒毒所不得强迫戒毒人员参加劳动。

第六十条　强制隔离戒毒所康复劳动场所和康复劳动项目应当符合国家相关规定，不得开展有碍于安全管理和戒毒人员身体康复的项目。

第六十一条　强制隔离戒毒所应当对戒毒人员康复劳动收入和支出建立专门账目，严格遵守财务制度，专款专用。戒毒人员康复劳动收入使用范围如下：

（一）支付戒毒人员劳动报酬；
（二）改善戒毒人员伙食及生活条件；
（三）购置劳保用品；
（四）其他必要开支。

第八章　出　所

第六十二条　对需要转至司法行政部门强制隔离戒毒所继续执行强制隔离戒毒的人员，公安机关应当与司法行政部门办理移交手续。

第六十三条　对外地戒毒人员，如其户籍地强制隔离戒毒所同意接收，强制隔离戒毒决定机关可以变更执行场所，将戒毒人员交付其户籍地强制隔离戒毒所执行并办理移交手续。

第六十四条　强制隔离戒毒所应当建立戒毒诊断评估工作小组，按照有关规定对戒毒人员的戒毒康复、现实表现、适应社会能力等情况作出综合评估。对转至司法行政部门继续执行的，强制隔离戒毒所应当将戒毒人员戒毒康复、日常行为考核等情况一并移交司法行政部门强制隔离戒毒所，并通报强制隔离戒毒决定机关。

第六十五条　戒毒人员被依法收监执行刑罚、采取强制性教育措施或者被依法拘留、逮捕的，强制隔离戒毒所应当根据有关法律文书，与相关部门办理移交手续，并通知强制隔离戒毒决定机关。监管场所、羁押场所应当给予必要的戒毒治疗。

刑罚执行完毕时、解除强制性教育措施时或者释放时强制隔离戒毒尚未期满的，继续执行强制隔离戒毒。

第六十六条　强制隔离戒毒所应当将戒毒人员以下信息录入全国禁毒信息管理系统，进行相应的信息维护：

（一）强制隔离戒毒期满出所的；
（二）转至司法行政部门强制隔离戒毒所继续执行的；
（三）转至司法行政部门强制隔离戒毒所不被接收的；
（四）所外就医的；
（五）变更为社区戒毒的；
（六）脱逃或者请假出所不归的；
（七）脱逃被追回后在其他强制隔离戒毒所执行的。

第六十七条　强制隔离戒毒所应当建立并妥善保管戒毒人员档案。档案内容包括：强制隔离戒毒决定书副本、行政复议或者诉讼结果文书、戒毒人员登记表、健康检查表、财物保管登记表、病历、奖惩情况记录、办案机关或者律师询问记录、诊断评估结果、探访与请假出所记录、出所凭证等在强制隔离戒毒期间产生的有关文书及图片。

戒毒人员死亡的，强制隔离戒毒所应当将《戒毒人员死亡鉴定书》和《戒毒人员死亡通知书》归入其档案。

除法律明确规定外，强制隔离戒毒所不得对外提供戒毒人员档案。

第九章　附　则

第六十八条　对被处以行政拘留的吸毒成瘾人员，本级公安机关没有设立拘留所或者拘留所不具备戒毒治疗条件的，强制隔离戒毒所可以代为执行。

第六十九条　有条件的强制隔离戒毒所可以接收自愿戒毒人员。但应当建立专门的自愿戒毒区，并按照卫生行政部门关于自愿戒毒的规定管理自愿戒毒人员。

对自愿接受强制隔离戒毒的吸毒成瘾人员，强制隔离戒毒所应当与其就戒毒治疗期限、戒毒治疗措施等签订书面协议。

第七十条 强制隔离戒毒所实行等级化管理，具体办法由公安部另行制定。

第七十一条 本办法所称以上，均包括本数、本级。

第七十二条 强制隔离戒毒所的文书格式，由公安部统一制定。

第七十三条 本办法自公布之日起施行，公安部2000年4月17日发布施行的《强制戒毒所管理办法》同时废止。

吸毒成瘾认定办法

· 2011年1月30日公安部令第115号发布
· 根据2016年12月29日公安部、国家卫生和计划生育委员会令第142号《关于修改〈吸毒成瘾认定办法〉的决定》修订

第一条 为规范吸毒成瘾认定工作，科学认定吸毒成瘾人员，依法对吸毒成瘾人员采取戒毒措施和提供戒毒治疗，根据《中华人民共和国禁毒法》《戒毒条例》，制定本办法。

第二条 本办法所称吸毒成瘾，是指吸毒人员因反复使用毒品而导致的慢性复发性脑病，表现为不顾不良后果、强迫性寻求及使用毒品的行为，常伴有不同程度的个人健康及社会功能损害。

第三条 本办法所称吸毒成瘾认定，是指公安机关或其委托的戒毒医疗机构通过对吸毒人员进行人体生物样本检测、收集其吸毒证据或者根据生理、心理、精神的症状、体征等情况，判断其是否成瘾以及是否成瘾严重的工作。

本办法所称戒毒医疗机构，是指符合《戒毒医疗服务管理暂行办法》规定的专科戒毒医院和设有戒毒治疗科室的其他医疗机构。

第四条 公安机关在执法活动中发现吸毒人员，应当进行吸毒成瘾认定；因技术原因认定有困难的，可以委托有资质的戒毒医疗机构进行认定。

第五条 承担吸毒成瘾认定工作的戒毒医疗机构，由省级卫生计生行政部门会同同级公安机关指定。

第六条 公安机关认定吸毒成瘾，应当由两名以上人民警察进行，并在作出人体生物样本检测结论的二十四小时内提出认定意见，由认定人员签名，经所在单位负责人审核，加盖所在单位印章。

有关证据材料，应当作为认定意见的组成部分。

第七条 吸毒人员同时具备以下情形的，公安机关认定其吸毒成瘾：

（一）经血液、尿液和唾液等人体生物样本检测证明其体内含有毒品成分；

（二）有证据证明其有使用毒品行为；

（三）有戒断症状或者有证据证明吸毒史，包括曾经因使用毒品被公安机关查处、曾经进行自愿戒毒、人体毛发样品检测出毒品成分等情形。

戒断症状的具体情形，参照卫生部制定的《阿片类药物依赖诊断治疗指导原则》和《苯丙胺类药物依赖诊断治疗指导原则》《氯胺酮依赖诊断治疗指导原则》确定。

第八条 吸毒成瘾人员具有下列情形之一的，公安机关认定其吸毒成瘾严重：

（一）曾经被责令社区戒毒、强制隔离戒毒（含《禁毒法》实施以前被强制戒毒或者劳教戒毒）、社区康复或者参加过戒毒药物维持治疗，再次吸食、注射毒品的；

（二）有证据证明其采取注射方式使用毒品或者至少三次使用累计涉及两类以上毒品的；

（三）有证据证明其使用毒品后伴有聚众淫乱、自伤自残或者暴力侵犯他人人身、财产安全或者妨害公共安全等行为的。

第九条 公安机关在吸毒成瘾认定过程中实施人体生物样本检测，依照公安部制定的《吸毒检测程序规定》的有关规定执行。

第十条 公安机关承担吸毒成瘾认定工作的人民警察，应当同时具备以下条件：

（一）具有二级警员以上警衔及两年以上相关执法工作经历；

（二）经省级公安机关、卫生计生行政部门组织培训并考核合格。

第十一条 公安机关委托戒毒医疗机构进行吸毒成瘾认定的，应当在吸毒人员末次吸毒的七十二小时内予以委托并提交委托函。超过七十二

小时委托的，戒毒医疗机构可以不予受理。

第十二条　承担吸毒成瘾认定工作的戒毒医疗机构及其医务人员，应当依照《戒毒医疗服务管理暂行办法》的有关规定进行吸毒成瘾认定工作。

第十三条　戒毒医疗机构认定吸毒成瘾，应当由两名承担吸毒成瘾认定工作的医师进行。

第十四条　承担吸毒成瘾认定工作的医师，应当同时具备以下条件：

（一）符合《戒毒医疗服务管理暂行办法》的有关规定；

（二）从事戒毒医疗工作不少于三年；

（三）具有中级以上专业技术职务任职资格。

第十五条　戒毒医疗机构对吸毒人员采集病史和体格检查时，委托认定的公安机关应当派有关人员在场协助。

第十六条　戒毒医疗机构认为需要对吸毒人员进行人体生物样本检测的，委托认定的公安机关应当协助提供现场采集的检测样本。

戒毒医疗机构认为需要重新采集其他人体生物检测样本的，委托认定的公安机关应当予以协助。

第十七条　戒毒医疗机构使用的检测试剂，应当是经国家食品药品监督管理局批准的产品，并避免与常见药物发生交叉反应。

第十八条　戒毒医疗机构及其医务人员应当依照诊疗规范、常规和有关规定，结合吸毒人员的病史、精神症状检查、体格检查和人体生物样本检测结果等，对吸毒人员进行吸毒成瘾认定。

第十九条　戒毒医疗机构应当自接受委托认定之日起三个工作日内出具吸毒成瘾认定报告，由认定人员签名并加盖戒毒医疗机构公章。认定报告一式二份，一份交委托认定的公安机关，一份留存备查。

第二十条　委托戒毒医疗机构进行吸毒成瘾认定的费用由委托单位承担。

第二十一条　各级公安机关、卫生计生行政部门应当加强对吸毒成瘾认定工作的指导和管理。

第二十二条　任何单位和个人不得违反规定泄露承担吸毒成瘾认定工作相关工作人员及被认定人员的信息。

第二十三条　公安机关、戒毒医疗机构以及承担认定工作的相关人员违反本办法规定的，依照有关法律法规追究责任。

第二十四条　本办法所称的两类及以上毒品是指阿片类（包括鸦片、吗啡、海洛因、杜冷丁等），苯丙胺类（包括各类苯丙胺衍生物），大麻类，可卡因类，以及氯胺酮等其他类毒品。

第二十五条　本办法自2011年4月1日起施行。

吸毒检测程序规定

· 2009年9月27日公安部令第110号公布
· 根据2016年12月16日《公安部关于修改〈吸毒检测程序规定〉的决定》修订

第一条　为规范公安机关吸毒检测工作，保护当事人的合法权益，根据《中华人民共和国禁毒法》、《戒毒条例》等有关法律规定，制定本规定。

第二条　吸毒检测是运用科学技术手段对涉嫌吸毒的人员进行生物医学检测，为公安机关认定吸毒行为提供科学依据的活动。

吸毒检测的对象，包括涉嫌吸毒的人员，被决定执行强制隔离戒毒的人员，被公安机关责令接受社区戒毒和社区康复的人员，以及戒毒康复场所内的戒毒康复人员。

第三条　吸毒检测分为现场检测、实验室检测、实验室复检。

第四条　现场检测由县级以上公安机关或者其派出机构进行。

实验室检测由县级以上公安机关指定的取得检验鉴定机构资格的实验室或者有资质的医疗机构进行。

实验室复检由县级以上公安机关指定的取得检验鉴定机构资格的实验室进行。

实验室检测和实验室复检不得由同一检测机构进行。

第五条　吸毒检测样本的采集应当使用专用器材。现场检测器材应当是国家主管部门批准生产或者进口的合格产品。

第六条　检测样本为采集的被检测人员的尿液、血液、唾液或者毛发等生物样本。

第七条　被检测人员拒绝接受检测的，经县级以上公安机关或者其派出机构负责人批准，可以对其进行强制检测。

第八条 公安机关采集、送检、检测样本,应当由两名以上工作人员进行;采集女性被检测人尿液检测样本,应当由女性工作人员进行。

采集的检测样本经现场检测结果为阳性的,应当分别保存在A、B两个样本专用器材中并编号,由采集人和被采集人共同签字封存,在采用检材适宜的条件予以保存,保存期不得少于六个月。

第九条 现场检测应当出具检测报告,由检测人签名,并加盖检测的公安机关或者其派出机构的印章。

现场检测结果应当当场告知被检测人,并由被检测人在检测报告上签名。被检测人拒不签名的,公安民警应当在检测报告上注明。

第十条 被检测人对现场检测结果有异议的,可以在被告知检测结果之日起的三日内,向现场检测的公安机关提出实验室检测申请。

公安机关应当在接到实验室检测申请后的三日内作出是否同意进行实验室检测的决定,并将结果告知被检测人。

第十一条 公安机关决定进行实验室检测的,应当在作出实验室检测决定后的三日内,将保存的A样本送交县级以上公安机关指定的具有检验鉴定资格的实验室或者有资质的医疗机构。

第十二条 接受委托的实验室或者医疗机构应当在接到检测样本后的三日内出具实验室检测报告,由检测人签名,并加盖检测机构公章后,送委托实验室的公安机关。公安机关收到检测报告后,应当在二十四小时内将检测结果告知被检测人。

第十三条 被检测人对实验室检测结果有异议的,可以在被告知检测结果后的三日内,向现场检测的公安机关提出实验室复检申请。

公安机关应当在接到实验室复检申请后的三日内作出是否同意进行实验室复检的决定,并将结果告知被检测人。

第十四条 公安机关决定进行实验室复检的,应当在作出实验室复检决定后的三日内,将保存的B样本送交县级以上公安机关指定的具有检验鉴定资格的实验室。

第十五条 接受委托的实验室应当在接到检测样本后的三日内出具检测报告,由检测人签名,并加盖专用鉴定章后,送委托实验室复检的公安机关。公安机关收到检测报告后,应当在二十四小时内将检测结果告知被检测人。

第十六条 接受委托的实验室检测机构或者实验室复检机构认为送检样本不符合检测条件的,应当报县级以上公安机关或者其派出机构负责人批准后,由公安机关根据检测机构的意见,重新采集检测样本。

第十七条 被检测人是否申请实验室检测和实验室复检,不影响案件的正常办理。

公安机关认为必要时,可以直接决定进行实验室检测和实验室复检。

第十八条 现场检测费用、实验室检测、实验室复检的费用由公安机关承担。

第十九条 公安机关、鉴定机构或者其工作人员违反本规定,有下列情形之一的,应当依照有关规定,对相关责任人给予纪律处分或者行政处分;构成犯罪的,依法追究刑事责任:

(一)因严重不负责任给当事人合法权益造成重大损害的;

(二)故意提供虚假检测报告的;

(三)法律、行政法规规定的其他情形。

第二十条 吸毒检测的技术标准由公安部另行制定。

第二十一条 本规定所称"以上"、"内"皆含本级或者本数,"日"是指工作日。

第二十二条 本规定自2010年1月1日起施行。

四、刑事侦查

中华人民共和国刑法

- 1979年7月1日第五届全国人民代表大会第二次会议通过
- 1997年3月14日第八届全国人民代表大会第五次会议修订
- 根据1998年12月29日第九届全国人民代表大会常务委员会第六次会议通过的《全国人民代表大会常务委员会关于惩治骗购外汇、逃汇和非法买卖外汇犯罪的决定》、1999年12月25日第九届全国人民代表大会常务委员会第十三次会议通过的《中华人民共和国刑法修正案》、2001年8月31日第九届全国人民代表大会常务委员会第二十三次会议通过的《中华人民共和国刑法修正案(二)》、2001年12月29日第九届全国人民代表大会常务委员会第二十五次会议通过的《中华人民共和国刑法修正案(三)》、2002年12月28日第九届全国人民代表大会常务委员会第三十一次会议通过的《中华人民共和国刑法修正案(四)》、2005年2月28日第十届全国人民代表大会常务委员会第十四次会议通过的《中华人民共和国刑法修正案(五)》、2006年6月29日第十届全国人民代表大会常务委员会第二十二次会议通过的《中华人民共和国刑法修正案(六)》、2009年2月28日第十一届全国人民代表大会常务委员会第七次会议通过的《中华人民共和国刑法修正案(七)》、2009年8月27日第十一届全国人民代表大会常务委员会第十次会议通过的《全国人民代表大会常务委员会关于修改部分法律的决定》、2011年2月25日第十一届全国人民代表大会常务委员会第十九次会议通过的《中华人民共和国刑法修正案(八)》、2015年8月29日第十二届全国人民代表大会常务委员会第十六次会议通过的《中华人民共和国刑法修正案(九)》、2017年11月4日第十二届全国人民代表大会常务委员会第三十次会议通过的《中华人民共和国刑法修正案(十)》和2020年12月26日第十三届全国人民代表大会常务委员会第二十四次会议通过的《中华人民共和国刑法修正案(十一)》修正)[1]

理解与适用

《刑法》[2]是规定犯罪与刑罚的法律,是我国的基本法律。刑法由于其调整社会关系的广泛性和调整手段的特殊性而区别于其他法律。一个人,也许一生都不会与犯罪打交道,但从犯罪学角度看,我们每一个人既是潜在的被害人,又是潜在的犯罪人。所以,了解学习刑法,不仅是维护我们自身权益的需要,也是增强法制观念,减少、避免违法犯罪的需要。

刑法组成的基本单位是条,有的条包括若干款,款中又可以包括若干项。具体到刑法分则,有的是一个或多个条文规定一个犯罪,有的是一条规定若干个犯罪,还有的是一条中的每一款分别规定一个犯罪。刑法中各编、章、节、条的序号用中文数字依次表述,款不编序号,项的序号用中文数字加括号依次表述。

我国刑法包括总则和分则两编。刑法总则的重点内容有:(1)刑法的适用范围;(2)刑事责任年龄、正当防卫、特殊人的刑事责任;(3)犯罪预备、中止和未遂;(4)共同犯罪;(5)刑罚的种类;(6)假释、减刑、时效、缓刑、数罪并罚、累犯、自首与立功、量刑情节等刑罚的具体运用。刑法分则根据犯罪侵犯的共同客体的不同分为十大类犯罪:危害国家安全罪、危害公共安全罪、破坏社会主义市场经济秩序罪、侵犯公民人身权利、民主权利罪、侵犯财产罪、妨害社会管理秩序罪、

---

[1] 刑法、历次刑法修正案、涉及修改刑法的决定的施行日期,分别依据各法律所规定的施行日期确定。
另,总则部分条文主旨为编者所加,分则部分条文主旨是根据司法解释确定罪名所加。
[2] 为便于阅读,本书中相关法律文件标题中的"中华人民共和国"字样都予以省略。

危害国防利益罪、贪污贿赂罪、渎职罪、军人违反职责罪,其中第三章破坏社会主义市场经济秩序罪与第六章妨害社会管理秩序罪下面再分节,即小类罪。

第一编 总则

第一章 刑法的任务、基本原则和适用范围

第一条 【立法宗旨】为了惩罚犯罪,保护人民,根据宪法,结合我国同犯罪作斗争的具体经验及实际情况,制定本法。

第二条 【本法任务】中华人民共和国刑法的任务,是用刑罚同一切犯罪行为作斗争,以保卫国家安全,保卫人民民主专政的政权和社会主义制度,保护国有财产和劳动群众集体所有的财产,保护公民私人所有的财产,保护公民的人身权利、民主权利和其他权利,维护社会秩序、经济秩序,保障社会主义建设事业的顺利进行。

第三条 【罪刑法定】法律明文规定为犯罪行为的,依照法律定罪处刑;法律没有明文规定为犯罪行为的,不得定罪处刑。

第四条 【适用刑法人人平等】对任何人犯罪,在适用法律上一律平等。不允许任何人有超越法律的特权。

第五条 【罪责刑相适应】刑罚的轻重,应当与犯罪分子所犯罪行和承担的刑事责任相适应。

第六条 【属地管辖权】凡在中华人民共和国领域内犯罪的,除法律有特别规定的以外,都适用本法。

凡在中华人民共和国船舶或者航空器内犯罪的,也适用本法。

犯罪的行为或者结果有一项发生在中华人民共和国领域内的,就认为是在中华人民共和国领域内犯罪。

注释 中国领域包括领陆、领水和领空。本条第1款中的"法律有特别规定",主要是指刑法第11条关于享有外交特权和豁免权的外国人的刑事责任的特别规定;刑法第90条关于少数民族自治地区制定的变通或补充刑法的规定以及其他法律中作出的特别规定,如香港、澳门特别行政区基本法中的有关规定等。

本条第2款是有关我国拟制领土的规定,注意船舶与航空器包括民用的,也包括军用的。国际列车不在本款规定范围之内,其具体管辖规定见刑事诉讼法司法解释的有关规定。

我国刑法对属地管辖原则中的犯罪地采取了遍在说的观点,对犯罪地应作广义的理解:(1)犯罪行为地、结果发生地均被视为犯罪地。(2)行为地既包括犯罪的实行行为地,也包括犯罪的预备行为以及应有所作为之地(不作为犯);在共同犯罪的场合,共同犯罪行为有一部分发生在我国领域内,就认为是在我国领域内犯罪。(3)关于结果地,在未遂犯的场合,行为人希望结果发生地、可能发生结果地都是犯罪结果地;在共同犯罪的场合,共同犯罪结果有一部分发生在我国领域内,就认为是在我国领域内犯罪。

第七条 【属人管辖权】中华人民共和国公民在中华人民共和国领域外犯本法规定之罪的,适用本法,但是按本法规定的最高刑为三年以下有期徒刑的,可以不予追究。

中华人民共和国国家工作人员和军人在中华人民共和国领域外犯本法规定之罪的,适用本法。

注释 中华人民共和国公民,是指具有中国国籍的人(包括取得我国国籍的具有外国血统的人),包括定居在外国而没有取得外国国籍的华侨和临时出国的人员。国家工作人员,是指本法第93条规定的人员,军人的范围可以适用本法第450条的规定。国家工作人员和军人在我国领域外犯本法规定之罪的,都适用本法追究刑事责任,不受最高刑为3年以下有期徒刑的限制,这一点与普通公民在我国领域外犯罪有所不同。

第八条 【保护管辖权】外国人在中华人民共和国领域外对中华人民共和国国家或者公民犯罪,而按本法规定的最低刑为三年以上有期徒刑的,可以适用本法,但是按照犯罪地的法律不受处罚的除外。

注释 本条中的外国人,是指具有外国国籍或无国籍的人。适用本条的保护管辖原则,应具备以下条件:(1)行为主体必须是外国人。(2)行为地必须是我国领域外,且必须对中华人民共和国国家或公民犯罪。(3)该犯罪行为的最低法定刑为3年以上有期徒刑,且必须是我国刑法规定的最低法定刑。(4)行为符合"双重犯罪"原则,即犯罪地的法律与我国刑法均将该行为规定为犯罪。

第九条　【普遍管辖权】对于中华人民共和国缔结或者参加的国际条约所规定的罪行,中华人民共和国在所承担条约义务的范围内行使刑事管辖权的,适用本法。

注释　适用普遍管辖原则的国际犯罪主要是劫持航空器犯罪、危害应受国际保护人员包括外交代表的犯罪等危害人类共同利益的犯罪。适用普遍管辖的前提是我国缔结或参加了惩处国际罪行的国际公约,我国刑法也将相关行为规定为犯罪,且罪犯在我国领域内出现。

第十条　【对外国刑事判决的消极承认】凡在中华人民共和国领域外犯罪,依照本法应当负刑事责任的,虽然经过外国审判,仍然可以依照本法追究,但是在外国已经受过刑罚处罚的,可以免除或者减轻处罚。

第十一条　【外交代表刑事管辖豁免】享有外交特权和豁免权的外国人的刑事责任,通过外交途径解决。

第十二条　【刑法溯及力】中华人民共和国成立以后本法施行以前的行为,如果当时的法律不认为是犯罪的,适用当时的法律;如果当时的法律认为是犯罪的,依照本法总则第四章第八节的规定应当追诉的,按照当时的法律追究刑事责任,但是如果本法不认为是犯罪或者处刑较轻的,适用本法。

本法施行以前,依照当时的法律已经作出的生效判决,继续有效。

第二章　犯　罪

第一节　犯罪和刑事责任

第十三条　【犯罪概念】一切危害国家主权、领土完整和安全,分裂国家、颠覆人民民主专政的政权和推翻社会主义制度,破坏社会秩序和经济秩序,侵犯国有财产或者劳动群众集体所有的财产,侵犯公民私人所有的财产,侵犯公民的人身权利、民主权利和其他权利,以及其他危害社会的行为,依照法律应当受刑罚处罚的,都是犯罪,但是情节显著轻微危害不大的,不认为是犯罪。

第十四条　【故意犯罪】明知自己的行为会发生危害社会的结果,并且希望或者放任这种结果发生,因而构成犯罪的,是故意犯罪。

故意犯罪,应当负刑事责任。

注释　根据本条规定,故意犯罪必须同时具备以下两个特征:(1)行为人对自己的行为会发生危害社会的结果,必须是明知的。而这种明知既包括对必然发生危害结果的明知,也包括对可能发生危害结果的明知。(2)行为人的心理必须处于希望或者放任的状态。根据我国刑法理论,"故意"分为"直接故意"和"间接故意"。"直接故意"是指行为人明知自己的行为会发生危害社会的结果,而且希望这种结果的发生;"间接故意"是指行为人明知自己的行为可能会发生危害社会的结果,而采取漠不关心、听之任之的放任态度。区别"直接故意"和"间接故意"对判断行为人的主观恶性大小、其危害行为的社会危害程度,决定量刑,都具有重要意义。

第十五条　【过失犯罪】应当预见自己的行为可能发生危害社会的结果,因为疏忽大意而没有预见,或者已经预见而轻信能够避免,以致发生这种结果的,是过失犯罪。

过失犯罪,法律有规定的才负刑事责任。

注释　"过失"和"故意"一样,同是行为人主观上对危害行为发生危害结果所持的心理状态。根据本条第1款的规定,过失犯罪分为两大类:第一类是疏忽大意的过失犯罪,即行为人应当预见自己的行为可能发生危害社会的结果,因为疏忽大意而没有预见,以致发生了危害社会的结果,构成犯罪的;第二类是过于自信的过失犯罪,即行为人已经预见到自己的行为可能发生危害社会的结果而轻信能够避免,以致发生了危害社会的结果,构成犯罪的。本款规定的"应当预见"是指行为人对其行为结果具有认识的义务和能力。"应当预见"要求根据行为人的具体情况,行为人对自己的行为可能发生危害社会的结果能够作出正确的判断。所谓行为人的具体情况,主要是指行为人的年龄、责任能力、文化程度、知识的广度和深度、职业专长、工作经验、社会经验等。上述情况不同,行为人对其行为可能发生危害结果的可认识能力也不同。疏忽大意过失的特征有两点:一是行为人对自己的行为可能发生危害社会的结果具有可认识的能力,即应当预见;二是由于行为人主观上粗心大意,忽略了对行为后果的认真考虑,盲目实施了这种行为,以致发生了危害社会的结果。过于自信过失的特征也有两点:一是行为人已经预见到自己的行为可能会发生危害社会的结果;二是由于行为人过高地估计自己的能力,相信自己能够避免这种结果的发生,以致发生了这种危害结果。不论是疏忽大意过失还是过于自信过失,其共同特点是行为人都不希望危害社会的结果发生,即主观上都没有让危害结果发生的意图。

第2款是关于过失犯罪,法律有规定的才负刑事责任的规定。根据本款规定,由于行为人主观上的过失造成危害社会的结果的,不一定都负刑事责任。

实践中应当注意以下两点:(1)在认定和处理疏忽大意的过失犯罪时,应当注意区分疏忽大意的过失犯罪和意外事件,以划清罪与非罪的界限。二者的根本区别是:前者行为人主观上有过失,即行为人由于主观上疏忽大意,对自己的行为可能发生危害社会的结果应当预见而没有预见,以致发生了这种结果;而后者是由于客观上不可抗拒、主观上不能预见的原因造成了危害社会的结果,行为人对危害社会的结果主观上没有过失,不负刑事责任。(2)在认定和处理过失犯罪时,应当注意区分过于自信的过失犯罪和间接故意犯罪,以划清过失犯罪与故意犯罪的界限。二者的根本区别是:前者行为人虽然对其行为的危害结果已有预见,但其主观上并不具有希望或者放任这种结果发生的心理状态,危害结果的发生,是由于行为人过高地估计了自己的能力,过于相信自己能够避免危害结果的发生。在危害结果发生之前,行为人主观上一直认为这种危害结果不会发生;而后者是行为人已经预见到其行为可能发生危害社会的结果,而对这种危害结果是否发生持漠不关心、听之任之、有意放任的态度。

第十六条 【不可抗力和意外事件】行为在客观上虽然造成了损害结果,但是不是出于故意或者过失,而是由于不能抗拒或者不能预见的原因所引起的,不是犯罪。

注释 意外事件是指因不以行为人主观意志为转移、行为人无法预料的原因而发生的意外事故。根据本条规定,意外事件包含了两种情况:一种是由于不可抗拒的原因而发生了损害结果,如自然灾害、突发事件及其他行为人无法阻挡的原因造成的损害结果;另一种是由于不能预见的原因造成了损害结果,即根据损害结果发生当时的主客观情况,行为人没有预见,也不可能预见会发生损害结果。由于行为人主观上没有故意或过失,对实际发生的损害结果没有罪过,不应当负刑事责任,因此,本条规定,由于不能抗拒或者行为人不能预见的原因造成损害结果的行为,不是犯罪。所谓"不能抗拒",是指不以行为人的意志为转移,行为人无法阻挡或控制损害结果的发生。如由于某种机械力量的撞击、自然灾害的阻挡、突发病的影响等行为人意志以外的原因,使其无法避免损害结果的发生。"不能预见"是指根据行为人的主观情况和发生损害结果当时的客观情况,行为人不具有能够预见的条件和能力,损害结果的发生完全出乎行为人的意料之外。

第十七条 【刑事责任年龄】已满十六周岁的人犯罪,应当负刑事责任。

已满十四周岁不满十六周岁的人,犯故意杀人、故意伤害致人重伤或者死亡、强奸、抢劫、贩卖毒品、放火、爆炸、投放危险物质罪的,应当负刑事责任。

已满十二周岁不满十四周岁的人,犯故意杀人、故意伤害罪,致人死亡或者以特别残忍手段致人重伤造成严重残疾,情节恶劣,经最高人民检察院核准追诉的,应当负刑事责任。

对依照前三款规定追究刑事责任的不满十八周岁的人,应当从轻或者减轻处罚。

因不满十六周岁不予刑事处罚的,责令其父母或者其他监护人加以管教;在必要的时候,依法进行专门矫治教育。①

注释 刑事责任年龄,就是法律规定的应当对自己犯罪行为负刑事责任的年龄。只有达到法定年龄的人实施了犯罪行为,才能追究其刑事责任。对于没有达到法定年龄的人,即使实施了危害社会的行为,也不负刑事责任。

---

① 根据2020年12月26日《中华人民共和国刑法修正案(十一)》修改。原条文为:"已满十六周岁的人犯罪,应当负刑事责任。

"已满十四周岁不满十六周岁的人,犯故意杀人、故意伤害致人重伤或者死亡、强奸、抢劫、贩卖毒品、放火、爆炸、投毒罪的,应当负刑事责任。

"已满十四周岁不满十八周岁的人犯罪,应当从轻或者减轻处罚。

"因不满十六周岁不予刑事处罚的,责令他的家长或者监护人加以管教;在必要的时候,也可以由政府收容教养。"

根据本条第1款的规定,实施犯罪行为的人负刑事责任的年龄是满16周岁,即凡年满16周岁的人,实施了刑法规定的任何一种犯罪行为,都应当负刑事责任。第2款是关于相对负刑事责任年龄段的规定,即在这个年龄段中的行为人不是实施了任何犯罪都负刑事责任。根据本款的规定,已满14周岁不满16周岁的人,只有实施故意杀人、故意伤害致人重伤或者死亡、强奸、抢劫、贩卖毒品、放火、爆炸、投放危险物质犯罪的,才负刑事责任。需要注意的是,这里所规定的八种犯罪,是指具体犯罪行为而不是具体罪名。第3款是本次修正案新增规定,规定了已满12周岁不满14周岁的人,犯故意杀人、故意伤害罪,致人死亡或者以特别残忍手段致人重伤造成严重残疾,情节恶劣,经最高人民检察院核准追诉的,应当负刑事责任。第4款是关于对未成年人犯罪处罚原则的规定。根据本款的规定,对已满12周岁不满18周岁的人犯罪,应当从轻或者减轻处罚。

链接 《最高人民检察院关于"骨龄鉴定"能否作为确定刑事责任年龄证据使用的批复》;《预防未成年人犯罪法》

第十七条之一 【已满七十五周岁的人的刑事责任】已满七十五周岁的人故意犯罪的,可以从轻或者减轻处罚;过失犯罪的,应当从轻或者减轻处罚。①

第十八条 【特殊人员的刑事责任能力】精神病人在不能辨认或者不能控制自己行为的时候造成危害结果,经法定程序鉴定确认的,不负刑事责任,但是应当责令他的家属或者监护人严加看管和医疗;在必要的时候,由政府强制医疗。

间歇性的精神病人在精神正常的时候犯罪,应当负刑事责任。

尚未完全丧失辨认或者控制自己行为能力的精神病人犯罪,应当负刑事责任,但是可以从轻或者减轻处罚。

醉酒的人犯罪,应当负刑事责任。

第十九条 【又聋又哑的人或盲人犯罪的刑事责任】又聋又哑的人或者盲人犯罪的,可以从轻、减轻或者免除处罚。

第二十条 【正当防卫】为了使国家、公共利益、本人或者他人的人身、财产和其他权利免受正在进行的不法侵害,而采取的制止不法侵害的行为,对不法侵害人造成损害的,属于正当防卫,不负刑事责任。

正当防卫明显超过必要限度造成重大损害的,应当负刑事责任,但是应当减轻或者免除处罚。

对正在进行行凶、杀人、抢劫、强奸、绑架以及其他严重危及人身安全的暴力犯罪,采取防卫行为,造成不法侵害人伤亡的,不属于防卫过当,不负刑事责任。

注释 根据本条,进行正当防卫应当同时具备以下条件:(1)实施防卫行为必须是出于使国家、公共利益、本人或者他人的人身、财产和其他权利免受不法侵害的正当目的,针对不法侵害者及其不法侵害行为,维护受法律保护的合法权益。对依法执行职务的合法行为,如依法拘留、逮捕、没收财产等,不能实行正当防卫。(2)防卫行为所针对的不法侵害必须是正在进行的,对尚未开始实施或者已经停止或结束不法侵害的不法侵害人,不能实施正当防卫行为。(3)实施防卫行为的直接目的是制止不法侵害,因此正当防卫的行为应当是制止不法侵害的行为,即实行防卫以制止住不法侵害行为为限,不法侵害的行为被制止后,不能继续实施防卫行为。

适用时需注意几个问题:(1)在财产性犯罪的情况下,行为虽然已经既遂,但在现场还来得及挽回损失的,应当认为不法侵害尚未结束,可以实行正当防卫。(2)预先安装防卫装置的问题。安装防卫装置时并无正在进行的不法侵害,其效果发生时则存在正在进行的不法侵害,一般认为是正当防卫。但如果预先安装的防卫装置具有危害公共安全的性质,如架设电网等"防盗"致人死亡的,不论被电击死者是否是不法侵害人,通常都要认定为犯罪。(3)至于不法侵害者是否达到法定刑事责任年龄、是否具有刑事责任能力,并不影响正当防卫的成立。

不属于正当防卫的情形有:防卫不适时、假想防卫、防卫过当、防卫挑拨、偶然防卫、互相斗殴等。注意互相斗殴可以在以下两种情况下成立正当防卫:一是一方求饶或者逃走,另一方继续侵害。二是在一般的轻微斗殴中,一方突然使用杀

---

① 根据2011年2月25日《中华人民共和国刑法修正案(八)》增加。

伤力很强的凶器，另一方生命受到严重威胁的，后者可以进行正当防卫。

无过当防卫的条件，除了防卫起因与防卫限度外，其他条件与一般的正当防卫相同。刑法第20条第3款规定的特殊防卫，其前提条件必须是严重危及人身安全的暴力犯罪，不能以其行为最终成立何种罪名为标准得出结论。

链接《最高人民法院、最高人民检察院、公安部关于依法适用正当防卫制度的指导意见》

案例 1. 张某某某正当防卫案（最高人民法院指导案例144号）

裁判规则：对于使用致命性凶器攻击他人要害部位，严重危及他人人身安全的行为，应当认定为刑法第20条第3款规定的"行凶"，可以适用特殊防卫的有关规定。对于多人共同实施不法侵害，部分不法侵害人已被制伏，但其他不法侵害人仍在继续实施侵害的，仍然可以进行防卫。

2. 于某故意伤害案（最高人民法院指导案例93号）

裁判规则：对正在进行的非法限制他人人身自由的行为，应当认定为刑法第20条第1款规定的"不法侵害"，可以进行正当防卫。对非法限制他人人身自由并伴有侮辱、轻微殴打的行为，不应当认定为刑法第20条第3款规定的"严重危及人身安全的暴力犯罪"。

判断防卫是否过当，应当综合考虑不法侵害的性质、手段、强度、危害程度，以及防卫行为的性质、时机、手段、强度、所处环境和损害后果等情节。对非法限制他人人身自由并伴有侮辱、轻微殴打，且并不十分紧迫的不法侵害，进行防卫致人死亡重伤的，应当认定为刑法第20条第2款规定的"明显超过必要限度造成重大损害"。防卫过当案件，如系因被害人实施严重贬损他人人格尊严或者亵渎人伦的不法侵害引发的，量刑时对此应予充分考虑，以确保司法裁判既经得起法律检验，也符合社会公平正义观念。

第二十一条 【紧急避险】为了使国家、公共利益、本人或者他人的人身、财产和其他权利免受正在发生的危险，不得已采取的紧急避险行为，造成损害的，不负刑事责任。

紧急避险超过必要限度造成不应有的损害的，应当负刑事责任，但是应当减轻或者免除处罚。

第一款中关于避免本人危险的规定，不适用于职务上、业务上负有特定责任的人。

注释 根据本款的规定，采取紧急避险行为应当符合以下条件：（1）避险是为了使国家、公共利益、本人或者他人的人身、财产和其他权利免受危险；（2）"危险"正在发生，使上述合法权益受到威胁。对尚未发生的危险、已经结束的危险，以及假想的危险或者推测的危险，都不能采取紧急避险行为；（3）紧急避险行为是为了使更多更大的合法权益免受正在发生的危险，而不得已采取的损害另一种合法权益的行为，因此，紧急避险所造成的损害必须小于避免的损害。所谓"职务上、业务上负有特定责任"是指担任的职务或者从事的业务要求其对一定的危险负有排除的职责，同一定危险作斗争是其职业义务。如负有职责追捕持枪罪犯的公安人员，不能为了自己免受枪击而逃离现场；飞机驾驶员不能因飞机发生故障有坠机危险，而不顾乘客的安危自己逃生等。

链接《最高人民法院、最高人民检察院、公安部关于依法惩治妨害公共交通工具安全驾驶违法犯罪行为的指导意见》一（五）

第二节 犯罪的预备、未遂和中止

第二十二条 【犯罪预备】为了犯罪，准备工具、制造条件的，是犯罪预备。

对于预备犯，可以比照既遂犯从轻、减轻处罚或者免除处罚。

第二十三条 【犯罪未遂】已经着手实行犯罪，由于犯罪分子意志以外的原因而未得逞的，是犯罪未遂。

对于未遂犯，可以比照既遂犯从轻或者减轻处罚。

注释 犯罪未遂必须具备三个条件：已经着手实行犯罪、犯罪未得逞、犯罪未得逞是由于犯罪分子意志以外的原因。

犯罪未遂与犯罪预备的区别是是否已经着手实行犯罪；犯罪未遂与犯罪中止的区别是犯罪停止在未完成形态是否由于犯罪分子意志以外的原因。犯罪未遂可以分为实行终了的未遂、未实行终了的未遂。

第二十四条 【犯罪中止】在犯罪过程中，自动放弃犯罪或者自动有效地防止犯罪结果发生的，是犯罪中止。

对于中止犯,没有造成损害的,应当免除处罚;造成损害的,应当减轻处罚。

注释 犯罪中止要满足以下条件:(1)及时性。如果犯罪已经既遂,则不存在中止的可能。(2)自动性。这是其与犯罪预备、犯罪未遂相区别的关键。自动性是指行为人出于自己的意志而放弃了自认为当时本可继续实施和完成的犯罪,即"能达目的而不欲"。这里的"能"应以行为人的主观认识为标准进行判断,而不是根据客观事实进行判断。(3)客观性,即客观上要有中止行为。包括中止继续进行的犯罪行为和犯罪行为实行终了后实施防止犯罪结果发生的行为。(4)有效性。不论哪种中止,都必须具有有效性,即没有发生行为人原本所追求的、行为性质所决定的犯罪结果。值得注意的是犯罪中止并非没有发生任何结果,而是没有发生行为人原本所追求的、行为性质所决定的犯罪结果。(5)彻底性。即彻底地放弃了原来的犯罪。

第三节 共同犯罪

第二十五条 【共同犯罪概念】 共同犯罪是指二人以上共同故意犯罪。

二人以上共同过失犯罪,不以共同犯罪论处;应当负刑事责任的,按照他们所犯的罪分别处罚。

注释 共同犯罪的成立条件:(1)犯罪主体必须二人以上。若是自然人,必须都达到刑事责任年龄且具有刑事责任能力。(2)必须具有共同故意,但不要求故意的形式与具体内容完全相同,只要是同一犯罪的故意即可。(3)必须具有共同的行为,或者存在着行为的分担,行为之间相互补充、利用,从而使被侵犯的客体是相同的。

下列情形不成立共同犯罪:(1)共同过失不成立共同犯罪。(2)故意犯罪行为与过失犯罪行为不成立共同犯罪。故意(过失)行为与无罪过行为,更不可能成立共同犯罪。(3)同时犯不成立共同犯罪。(4)先后故意实施的相关犯罪行为,彼此没有主观联系的,不成立共同犯罪。(5)超出共同故意之外的犯罪,不是共同犯罪。(6)事前无通谋的窝藏、包庇、窝赃、销赃行为,不构成共同犯罪。但如果事前有通谋的,则成立共同犯罪。

第二十六条 【主犯】 组织、领导犯罪集团进行犯罪活动的或者在共同犯罪中起主要作用的,是主犯。

三人以上为共同实施犯罪而组成的较为固定的犯罪组织,是犯罪集团。

对组织、领导犯罪集团的首要分子,按照集团所犯的全部罪行处罚。

对于第三款规定以外的主犯,应当按照其所参与的或者组织、指挥的全部犯罪处罚。

注释 根据本条,主犯包括两种人:一种是组织、领导犯罪集团进行犯罪活动的首要分子;另一种是在共同犯罪中起主要作用的人。因此,主犯的刑事责任也可分为两种情形:一是对于组织、领导犯罪集团的首要分子,按照集团所犯的全部罪行处罚;二是对于其他主犯,应当按照其所参与或组织、指挥的全部犯罪处罚。

案例 吴强等敲诈勒索、抢劫、故意伤害案(最高人民法院指导案例187号)

裁判规则:恶势力犯罪集团是符合犯罪集团法定条件的恶势力犯罪组织。恶势力犯罪集团应当具备"为非作恶、欺压百姓"特征,其行为"造成较为恶劣的社会影响",因而实施违法犯罪活动必然具有一定的公然性,且手段应具有较严重的强迫性、压制性。普通犯罪集团实施犯罪活动如仅为牟取不法经济利益,缺乏造成较为恶劣社会影响的意图,在行为方式的公然性、犯罪手段的强迫压制程度等方面与恶势力犯罪集团存在区别,可按犯罪集团处理,但不应认定为恶势力犯罪集团。

第二十七条 【从犯】 在共同犯罪中起次要或者辅助作用的,是从犯。

对于从犯,应当从轻、减轻处罚或者免除处罚。

注释 从犯是相对于主犯而言的,在共同犯罪中,可以只有主犯没有从犯,但不能只有从犯而没有主犯。根据本条,从犯有两种情况,一是起次要作用的从犯,这是按照各行为人在共同犯罪中的作用来划分的;另一个是起辅助作用的从犯,这是按照各行为人在共同犯罪中的分工来划分的。刑法分则中有个别地方将从犯的行为单独规定为犯罪,如组织卖淫犯罪的帮助行为,就被定为协助组织卖淫罪,而不定为组织卖淫共同犯罪中的从犯。

链接 《全国法院审理经济犯罪案件工作座谈会纪要》二(四)

第二十八条 【胁从犯】 对于被胁迫参加犯罪的,应当按照他的犯罪情节减轻处罚或者免除处罚。

注释 "被胁迫参加犯罪",是指行为人在他人对其施加精神强制,处于恐惧状态下,不敢不参加犯罪。

第二十九条 【教唆犯】教唆他人犯罪的,应当按照他在共同犯罪中所起的作用处罚。教唆不满十八周岁的人犯罪的,应当从重处罚。

如果被教唆的人没有犯被教唆的罪,对于教唆犯,可以从轻或者减轻处罚。

注释 教唆犯是指教唆他人犯罪的人。成立教唆犯,必须主观上有教唆的故意,客观上实施了教唆的行为。但只有在被教唆对象具有刑事责任能力的情况下,才构成共同犯罪。如果被教唆对象不具有刑事责任能力,则教唆人成立间接正犯。

当刑法分则条文将教唆他人实施特定犯罪的行为规定为独立犯罪时,对教唆者不能依所教唆的罪定罪,而应直接依照刑法分则的规定定罪,不再适用刑法总则关于教唆犯的规定。

本条第2款中"被教唆的人没有犯被教唆的罪"应理解为:被教唆的人既没有实施预备行为,也没有实施实行行为。教唆未遂包括被教唆人拒绝接受教唆、被教唆人虽接受教唆但没有实施犯罪行为、被教唆人实施犯罪并不是教唆犯的教唆行为所致等。

第四节 单位犯罪

第三十条① 【单位负刑事责任的范围】公司、企业、事业单位、机关、团体实施的危害社会的行为,法律规定为单位犯罪的,应当负刑事责任。

第三十一条 【单位犯罪的处罚原则】单位犯罪的,对单位判处罚金,并对其直接负责的主管人员和其他直接责任人员判处刑罚。本法分则和其他法律另有规定的,依照规定。

第三章 刑 罚

第一节 刑罚的种类

第三十二条 【主刑和附加刑】刑罚分为主刑和附加刑。

第三十三条 【主刑种类】主刑的种类如下:
(一)管制;
(二)拘役;
(三)有期徒刑;
(四)无期徒刑;
(五)死刑。

第三十四条 【附加刑种类】附加刑的种类如下:
(一)罚金;
(二)剥夺政治权利;
(三)没收财产。
附加刑也可以独立适用。

第三十五条 【驱逐出境】对于犯罪的外国人,可以独立适用或者附加适用驱逐出境。

第三十六条 【赔偿经济损失与民事优先原则】由于犯罪行为而使被害人遭受经济损失的,对犯罪分子除依法给予刑事处罚外,并应根据情况判处赔偿经济损失。

承担民事赔偿责任的犯罪分子,同时被判处罚金,其财产不足以全部支付的,或者被判处没收财产的,应当先承担对被害人的民事赔偿责任。

第三十七条 【非刑罚性处置措施】对于犯罪情节轻微不需要判处刑罚的,可以免予刑事处罚,但是可以根据案件的不同情况,予以训诫或者责令具结悔过、赔礼道歉、赔偿损失,或者由主管部门予以行政处罚或行政处分。

第三十七条之一 【利用职业便利实施犯罪的禁业限制】因利用职业便利实施犯罪,或者实施违背职业要求的特定义务的犯罪被判处刑罚的,人民法院可以根据犯罪情况和预防再犯罪的需要,禁止其自刑罚执行完毕之日或者假释之日起从事相关职业,期限为三年至五年。

被禁止从事相关职业的人违反人民法院依照前款规定作出的决定的,由公安机关依法给予处罚;情节严重的,依照本法第三百一十三条的规定定罪处罚。

其他法律、行政法规对其从事相关职业另有

---

① 根据2014年4月24日通过的《全国人民代表大会常务委员会关于〈中华人民共和国刑法〉第三十条的解释》:
"全国人民代表大会常务委员会根据司法实践中遇到的情况,讨论了刑法第三十条的含义及公司、企业、事业单位、机关、团体等单位实施刑法规定的危害社会的行为,法律未规定追究单位的刑事责任的,如何适用刑法有关规定的问题,解释如下:
"公司、企业、事业单位、机关、团体等单位实施刑法规定的危害社会的行为,刑法分则和其他法律未规定追究单位的刑事责任的,对组织、策划、实施该危害社会行为的人依法追究刑事责任。"

禁止或者限制性规定的,从其规定。①

第二节 管 制

第三十八条 【管制的期限与执行机关】管制的期限,为三个月以上二年以下。

判处管制,可以根据犯罪情况,同时禁止犯罪分子在执行期间从事特定活动,进入特定区域、场所,接触特定的人。②

对判处管制的犯罪分子,依法实行社区矫正。③

违反第二款规定的禁止令的,由公安机关依照《中华人民共和国治安管理处罚法》的规定处罚。④

第三十九条 【被管制罪犯的义务与权利】被判处管制的犯罪分子,在执行期间,应当遵守下列规定:

(一)遵守法律、行政法规,服从监督;

(二)未经执行机关批准,不得行使言论、出版、集会、结社、游行、示威自由的权利;

(三)按照执行机关规定报告自己的活动情况;

(四)遵守执行机关关于会客的规定;

(五)离开所居住的市、县或者迁居,应当报经执行机关批准。

对于被判处管制的犯罪分子,在劳动中应当同工同酬。

第四十条 【管制期满解除】被判处管制的犯罪分子,管制期满,执行机关应即向本人和其所在单位或者居住地的群众宣布解除管制。

第四十一条 【管制刑期的计算和折抵】管制的刑期,从判决执行之日起计算;判决执行以前先行羁押的,羁押一日折抵刑期二日。

第三节 拘 役

第四十二条 【拘役的期限】拘役的期限,为一个月以上六个月以下。

第四十三条 【拘役的执行】被判处拘役的犯罪分子,由公安机关就近执行。

在执行期间,被判处拘役的犯罪分子每月可以回家一天至两天;参加劳动的,可以酌量发给报酬。

第四十四条 【拘役刑期的计算和折抵】拘役的刑期,从判决执行之日起计算;判决执行以前先行羁押的,羁押一日折抵刑期一日。

第四节 有期徒刑、无期徒刑

第四十五条 【有期徒刑的期限】有期徒刑的期限,除本法第五十条、第六十九条规定外,为六个月以上十五年以下。

第四十六条 【有期徒刑与无期徒刑的执行】被判处有期徒刑、无期徒刑的犯罪分子,在监狱或者其他执行场所执行;凡有劳动能力的,都应当参加劳动,接受教育和改造。

第四十七条 【有期徒刑刑期的计算与折抵】有期徒刑的刑期,从判决执行之日起计算;判决执行以前先行羁押的,羁押一日折抵刑期一日。

第五节 死 刑

第四十八条 【死刑、死缓的适用对象及核准程序】死刑只适用于罪行极其严重的犯罪分子。对于应当判处死刑的犯罪分子,如果不是必须立即执行的,可以判处死刑同时宣告缓期二年执行。

死刑除依法由最高人民法院判决的以外,都应当报请最高人民法院核准。死刑缓期执行的,可以由高级人民法院判决或者核准。

第四十九条 【死刑适用对象的限制】犯罪的时候不满十八周岁的人和审判的时候怀孕的妇女,不适用死刑。

审判的时候已满七十五周岁的人,不适用死刑,但以特别残忍手段致人死亡的除外。⑤

注释 关于死刑适用对象的限制,主要包括三类人,且这三类人各自禁止适用死刑的时间标准不同:

不满18周岁的未成年人不适用死刑。该"不

---

① 根据2015年8月29日《中华人民共和国刑法修正案(九)》增加。
② 根据2011年2月25日《中华人民共和国刑法修正案(八)》增加一款,作为第二款。
③ 根据2011年2月25日《中华人民共和国刑法修正案(八)》修改。原条文为:"被判处管制的犯罪分子,由公安机关执行。"
④ 根据2011年2月25日《中华人民共和国刑法修正案(八)》增加一款,作为第四款。
⑤ 根据2011年2月25日《中华人民共和国刑法修正案(八)》增加一款,作为第二款。

满18周岁"是以犯罪时为准。犯罪时不满18周岁，即使审判时已满18周岁的，也不适用死刑。不适用死刑，包括不适用死刑立即执行与死刑缓期2年执行。18周岁应从生日的第2天起计算。

怀孕的妇女不适用死刑。该"怀孕的妇女"是以审判时"怀孕"为准。"审判的时候"并不仅限于法院审理阶段，而是从羁押到执行的整个刑事诉讼过程。此外注意，在审判期间怀孕的妇女，即使流产（包括自然流产和人工流产），也不适用死刑。同样，不适用死刑，包括不适用死刑立即执行与死刑缓期2年执行。

审判的时候已满75周岁的人不适用死刑。这是《刑法修正案（八）》新增的内容。根据本条第2款规定，如果已满75周岁的人以特别残忍手段致人死亡，亦可以适用死刑。

第五十条 【死缓变更】判处死刑缓期执行的，在死刑缓期执行期间，如果没有故意犯罪，二年期满以后，减为无期徒刑；如果确有重大立功表现，二年期满以后，减为二十五年有期徒刑；如果故意犯罪，情节恶劣的，报请最高人民法院核准后执行死刑；对于故意犯罪未执行死刑的，死刑缓期执行的期间重新计算，并报最高人民法院备案。①

对被判处死刑缓期执行的累犯以及因故意杀人、强奸、抢劫、绑架、放火、爆炸、投放危险物质或者有组织的暴力性犯罪被判处死刑缓期执行的犯罪分子，人民法院根据犯罪情节等情况可以同时决定对其限制减刑。②

案例1. 王某某故意杀人案（最高人民法院指导案例4号）

裁判规则：因恋爱、婚姻矛盾激化引发的故意杀人案件，被告人犯罪手段残忍，论罪应当判处死刑，但被告人具有坦白悔罪、积极赔偿等从轻处罚情节，同时被害人亲属要求严惩的，人民法院根据案件性质、犯罪情节、危害后果和被告人的主观恶性及人身危险性，可以依法判处被告人死刑，缓期二年执行，同时决定限制减刑，以有效化解社会矛盾，促进社会和谐。

2. 李某故意杀人案（最高人民法院指导案例12号）

裁判规则：对于因民间矛盾引发的故意杀人案件，被告人犯罪手段残忍，且系累犯，论罪应当判处死刑，但被告人亲属主动协助公安机关将其抓捕归案，并积极赔偿的，人民法院根据案件具体情节，从尽量化解社会矛盾角度考虑，可以依法判处被告人死刑，缓期二年执行，同时决定限制减刑。

第五十一条 【死缓期间及减为有期徒刑的刑期计算】死刑缓期执行的期间，从判决确定之日起计算。死刑缓期执行减为有期徒刑的刑期，从死刑缓期执行期满之日起计算。

第六节 罚 金

第五十二条 【罚金数额的裁量】判处罚金，应当根据犯罪情节决定罚金数额。

注释 关于罚金刑，应注意以下几点：刑法规定"并处"没收财产或者罚金的犯罪，人民法院在对犯罪分子判处主刑的同时，必须依法判处相应的财产刑；刑法规定"可以并处"没收财产或者罚金的犯罪，人民法院应当根据案件具体情况及犯罪分子的财产状况，决定是否适用财产刑。但是对未成年罪犯实施刑法规定的"可以并处"没收财产或者罚金的犯罪，一般不判处财产刑。

人民法院应当根据犯罪情节，如违法所得数额、造成损失的大小等，并综合考虑犯罪分子缴纳罚金的能力，依法判处罚金。刑法没有明确规定罚金数额标准的，罚金的最低数额不能少于1000元。对未成年罪犯判处罚金刑时，应当依法从轻或者减轻判处，并根据犯罪情节，综合考虑其缴纳罚金的能力，确定罚金数额，但罚金的最低数额不得少于500元人民币。

依法对犯罪分子所犯数罪分别判处罚金的，应当实行并罚，将所判处的罚金数额相加，执行总

---

① 根据2011年2月25日《中华人民共和国刑法修正案（八）》第一次修改。原条文为："判处死刑缓期执行的，在死刑缓期执行期间，如果没有故意犯罪，二年期满以后，减为无期徒刑；如果确有重大立功表现，二年期满以后，减为十五年以上二十年以下有期徒刑；如果故意犯罪，查证属实的，由最高人民法院核准，执行死刑。"

根据2015年8月29日《中华人民共和国刑法修正案（九）》第二次修改。原第一款条文为："判处死刑缓期执行的，在死刑缓期执行期间，如果没有故意犯罪，二年期满以后，减为无期徒刑；如果确有重大立功表现，二年期满以后，减为二十五年有期徒刑；如果故意犯罪，查证属实的，由最高人民法院核准，执行死刑"。

② 根据2011年2月25日《中华人民共和国刑法修正案（八）》增加。

和数额。

犯罪情节较轻,适用单处罚金不致再危害社会并具有下列情形之一的,可以依法单处罚金:(1)偶犯或者初犯;(2)自首或者有立功表现的;(3)犯罪时不满18周岁的;(4)犯罪预备、中止或者未遂的;(5)被胁迫参加犯罪的;(6)全部退赃并有悔罪表现的;(7)其他可以依法单处罚金的情形。

链接《最高人民法院关于适用财产刑若干问题的规定》

第五十三条 【罚金的缴纳】罚金在判决指定的期限内一次或者分期缴纳。期满不缴纳的,强制缴纳。对于不能全部缴纳罚金的,人民法院在任何时候发现被执行人有可以执行的财产,应当随时追缴。

由于遭遇不能抗拒的灾祸等原因缴纳确实有困难的,经人民法院裁定,可以延期缴纳、酌情减少或者免除。①

第七节 剥夺政治权利

第五十四条 【剥夺政治权利的含义】剥夺政治权利是剥夺下列权利:

(一)选举权和被选举权;

(二)言论、出版、集会、结社、游行、示威自由的权利;

(三)担任国家机关职务的权利;

(四)担任国有公司、企业、事业单位和人民团体领导职务的权利。

第五十五条 【剥夺政治权利的期限】剥夺政治权利的期限,除本法第五十七条规定外,为一年以上五年以下。

判处管制附加剥夺政治权利的,剥夺政治权利的期限与管制的期限相等,同时执行。

第五十六条 【剥夺政治权利的附加、独立适用】对于危害国家安全的犯罪分子应当附加剥夺政治权利;对于故意杀人、强奸、放火、爆炸、投毒、抢劫等严重破坏社会秩序的犯罪分子,可以附加剥夺政治权利。

独立适用剥夺政治权利的,依照本法分则的规定。

第五十七条 【对死刑、无期徒刑犯罪剥夺政治权利的适用】对于被判处死刑、无期徒刑的犯罪分子,应当剥夺政治权利终身。

在死刑缓期执行减为有期徒刑或者无期徒刑减为有期徒刑的时候,应当把附加剥夺政治权利的期限改为三年以上十年以下。

第五十八条 【剥夺政治权利的刑期计算、效力与执行】附加剥夺政治权利的刑期,从徒刑、拘役执行完毕之日或者从假释之日起计算;剥夺政治权利的效力当然施用于主刑执行期间。

被剥夺政治权利的犯罪分子,在执行期间,应当遵守法律、行政法规和国务院公安部门有关监督管理的规定,服从监督;不得行使本法第五十四条规定的各项权利。

第八节 没收财产

第五十九条 【没收财产的范围】没收财产是没收犯罪分子个人所有财产的一部或者全部。没收全部财产的,应当对犯罪分子个人及其扶养的家属保留必需的生活费用。

在判处没收财产的时候,不得没收属于犯罪分子家属所有或者应有的财产。

第六十条 【以没收的财产偿还债务】没收财产以前犯罪分子所负的正当债务,需要以没收的财产偿还的,经债权人请求,应当偿还。

第四章 刑罚的具体运用

第一节 量刑

第六十一条 【量刑的一般原则】对于犯罪分子决定刑罚的时候,应当根据犯罪的事实、犯罪的性质、情节和对于社会的危害程度,依照本法的有关规定判处。

第六十二条 【从重处罚与从轻处罚】犯罪分子具有本法规定的从重处罚、从轻处罚情节的,应当在法定刑的限度以内判处刑罚。

第六十三条 【减轻处罚】犯罪分子具有本法规定的减轻处罚情节的,应当在法定刑以下判处刑罚;本法规定有数个量刑幅度的,应当在法定量刑幅

---

① 根据2015年8月29日《中华人民共和国刑法修正案(九)》修改。原条文为:"罚金在判决指定的期限内一次或者分期缴纳。期满不缴纳的,强制缴纳。对于不能全部缴纳罚金的,人民法院在任何时候发现被执行人有可以执行的财产,应当随时追缴。如果由于遭遇不能抗拒的灾祸缴纳确实有困难的,可以酌情减少或者免除。"

度的下一个量刑幅度内判处刑罚。①

犯罪分子虽然不具有本法规定的减轻处罚情节，但是根据案件的特殊情况，经最高人民法院核准，也可以在法定刑以下判处刑罚。

第六十四条 【犯罪物品的处理】犯罪分子违法所得的一切财物，应当予以追缴或者责令退赔；对被害人的合法财产，应当及时返还；违禁品和供犯罪所用的本人财物，应当予以没收。没收的财物和罚金，一律上缴国库，不得挪用和自行处理。

第二节 累犯

第六十五条 【一般累犯】被判处有期徒刑以上刑罚的犯罪分子，刑罚执行完毕或者赦免以后，在五年以内再犯应当判处有期徒刑以上刑罚之罪的，是累犯，应当从重处罚，但是过失犯罪和不满十八周岁的人犯罪的除外。②

前款规定的期限，对于被假释的犯罪分子，从假释期满之日起计算。

第六十六条 【特别累犯】危害国家安全犯罪、恐怖活动犯罪、黑社会性质的组织犯罪的犯罪分子，在刑罚执行完毕或者赦免以后，在任何时候再犯上述任一类罪的，都以累犯论处。③

第三节 自首和立功

第六十七条 【自首和坦白】犯罪以后自动投案，如实供述自己的罪行的，是自首。对于自首的犯罪分子，可以从轻或者减轻处罚。其中，犯罪较轻的，可以免除处罚。

被采取强制措施的犯罪嫌疑人、被告人和正在服刑的罪犯，如实供述司法机关还未掌握的本人其他罪行的，以自首论。

犯罪嫌疑人虽不具有前两款规定的自首情节，但是如实供述自己罪行的，可以从轻处罚；因其如实供述自己罪行，避免特别严重后果发生的，可以减轻处罚。④

注释 本条是关于自首的规定。第1款是一般自首，第2款是准自首。关于刑法中的自首，应注意以下几个方面：

1. 自动投案，是指犯罪事实或者犯罪嫌疑人未被司法机关发觉，或者虽被发觉，但犯罪嫌疑人尚未受到传唤、讯问、未被采取强制措施时，主动、直接向司法机关或者所在单位、基层组织等投案，接受审查和追诉的。

犯罪嫌疑人向其所在单位、城乡基层组织或者其他有关负责人员投案的；犯罪嫌疑人因病、伤或者为了减轻犯罪后果，委托他人先代为投案，或者先以信电投案的；罪行尚未被司法机关发觉，仅因形迹可疑，被有关组织或者司法机关盘问、教育后，主动交代自己的罪行的；犯罪后逃跑，在被通缉、追捕过程中，主动投案的；经查实确已准备去投案，或者正在投案途中，被公安机关捕获的，应当视为自动投案。

并非出于犯罪嫌疑人主动，而是经亲友规劝、陪同投案的；公安机关通知犯罪嫌疑人的亲友，或者亲友主动报案后，将犯罪嫌疑人送去投案的，也应当视为自动投案。犯罪嫌疑人自动投案后又逃跑的，不能认定为自首。没有自动投案，在办案机关调查谈话、讯问、采取调查措施或者强制措施期间，犯罪分子如实交代办案机关掌握的线索所针对的事实的，不能认定为自首。

没有自动投案，但具有以下情形之一的，以自首论：(1) 犯罪分子如实交代办案机关未掌握的罪行，与办案机关已掌握的罪行属不同种罪行的；(2) 办案机关所掌握线索针对的犯罪事实不成立，在此范围外犯罪分子交代同种罪行的。

2. 如实供述自己的罪行，是指犯罪嫌疑人自动投案后，如实交代自己的主要犯罪事实。犯有数罪的犯罪嫌疑人仅如实供述所犯数罪中部分犯罪的，只对如实供述部分犯罪的行为，认定为自首。共同犯罪案件中的犯罪嫌疑人，除如实供述自己的罪行，还应当供述所知的同案犯，主犯则应

---

① 根据2011年2月25日《中华人民共和国刑法修正案（八）》修改。原第一款条文为："犯罪分子具有本法规定的减轻处罚情节的，应当在法定刑以下判处刑罚。"

② 根据2011年2月25日《中华人民共和国刑法修正案（八）》修改。原第一款条文为："被判处有期徒刑以上刑罚的犯罪分子，刑罚执行完毕或者赦免以后，在五年以内再犯应当判处有期徒刑以上刑罚之罪的，是累犯，应当从重处罚，但是过失犯罪除外。"

③ 根据2011年2月25日《中华人民共和国刑法修正案（八）》修改。原条文为："危害国家安全的犯罪分子在刑罚执行完毕或者赦免以后，在任何时候再犯危害国家安全罪的，都以累犯论处。"

④ 根据2011年2月25日《中华人民共和国刑法修正案（八）》增加一款，作为第三款。

当供述所知其他同案犯的共同犯罪事实,才能认定为自首。犯罪嫌疑人自动投案并如实供述自己的罪行后又翻供的,不能认定为自首;但在一审判决前又能如实供述的,应当认定为自首。自首后对自己行为的性质进行辩解的,也不影响自首的成立。

3. 被采取强制措施的犯罪嫌疑人、被告人和已宣判的罪犯,如实供述司法机关尚未掌握的罪行,与司法机关已掌握的或者判决确定的罪行属不同种罪行的,以自首论。被采取强制措施的犯罪嫌疑人、被告人和已宣判的罪犯,如实供述司法机关尚未掌握的罪行,与司法机关已掌握的或者判决确定的罪行属同种罪行的,可以酌情予以从轻处罚;如实供述的同种罪行较重的,一般应当从轻处罚。

4. 对于自首的犯罪分子,可以从轻或者减轻处罚;对于犯罪较轻的,可以免除处罚。具体确定从轻、减轻还是免除处罚,应当根据犯罪轻重,并考虑犯罪的事实、性质、情节和对于社会的危害程度,结合自动投案的动机、阶段、客观环境,交代犯罪事实的完整性、稳定性以及悔罪表现等具体情节,依法决定是否从轻、减轻或者免除处罚以及从轻、减轻处罚的幅度。

5. 单位犯罪案件中,单位集体决定或者单位负责人决定而自动投案,如实交代单位犯罪事实的,或者单位直接负责的主管人员自动投案,如实交代单位犯罪事实的,应当认定为单位自首。单位自首的,直接负责的主管人员和直接责任人员未自动投案,但如实交代自己知道的犯罪事实的,可以视为自首;拒不交代自己知道的犯罪事实或者逃避法律追究的,不应当认定为自首。单位没有自首,直接责任人员自动投案并如实交代自己知道的犯罪事实的,对该直接责任人员应当认定为自首。

6. 坦白。《刑法修正案(八)》在本条增加了1款作为第3款,规定了犯罪嫌疑人如实供述罪行可以从轻处罚;因如实供述罪行而避免特别严重后果发生的,则可以减轻处罚。须注意这里的措辞和自首相同,仍旧是"可以"而非"应当"。

链接 《最高人民法院、最高人民检察院关于办理行贿刑事案件具体应用法律若干问题的解释》第8条;《最高人民法院关于〈中华人民共和国刑法修正案(八)〉时间效力问题的解释》第4条;《最高人民法院、最高人民检察院关于办理职务犯罪案件认定自首、立功等量刑情节若干问题的意见》第一部分;《最高人民法院关于处理自首和立功若干具体问题的意见》第一部分~第三部分;《最高人民法院关于被告人对行为性质的辩解是否影响自首成立问题的批复》;《最高人民法院关于适用刑法时间效力规定若干问题的解释》第4条;《最高人民法院、最高人民检察院、海关总署关于办理走私刑事案件适用法律若干问题的意见》第21条

第六十八条 【立功】犯罪分子有揭发他人犯罪行为,查证属实的,或者提供重要线索,从而得以侦破其他案件等立功表现的,可以从轻或者减轻处罚;有重大立功表现的,可以减轻或者免除处罚。①

注释 本条是关于立功的规定。关于量刑中的立功制度,应注意以下几个方面:

1. 犯罪分子到案后有检举、揭发他人犯罪行为,包括共同犯罪案件中的犯罪分子揭发同案犯共同犯罪以外的其他犯罪,经查证属实;提供侦破其他案件的重要线索,经查证属实;阻止他人犯罪活动;协助司法机关抓捕其他犯罪嫌疑人(包括同案犯);具有其他有利于国家和社会的突出表现的,应当认定为有立功表现。

2. 犯罪分子有检举、揭发他人重大犯罪行为,经查证属实;提供侦破其他重大案件的重要线索,经查证属实;阻止他人重大犯罪活动;协助司法机关抓捕其他重大犯罪嫌疑人(包括同案犯);对国家和社会有其他重大贡献等表现的,应当认定为有重大立功表现。

上述"重大犯罪""重大案件""重大犯罪嫌疑人"的标准,一般是指犯罪嫌疑人、被告人可能被判处无期徒刑以上刑罚或者案件在本省、自治区、直辖市或者全国范围内有较大影响等情形。

3. 共同犯罪案件的犯罪分子到案后,揭发同案犯共同犯罪事实的,可以酌情予以从轻处罚。

4. 立功必须是犯罪分子本人实施的行为。为使犯罪分子得到从轻处理,犯罪分子的亲友直接

---

① 根据 2011 年 2 月 25 日《中华人民共和国刑法修正案(八)》修改,删去本条第二款。原第二款条文为:"犯罪后自首又有重大立功表现的,应当减轻或者免除处罚。"

向有关机关揭发他人犯罪行为,提供侦破其他案件的重要线索,或者协助司法机关抓捕其他犯罪嫌疑人的,不应当认定为犯罪分子的立功表现。

据以立功的他人罪行材料应当指明具体犯罪事实;据以立功的线索或者协助行为对于侦破案件或者抓捕犯罪嫌疑人要有实际作用。犯罪分子揭发他人犯罪行为时没有指明具体犯罪事实的;揭发的犯罪事实与查实的犯罪事实不具有关联性的;提供的线索或者协助行为对于其他案件的侦破或者其他犯罪嫌疑人的抓捕不具有实际作用的,不能认定为立功表现。

据以立功的线索、材料来源有下列情形之一的,不能认定为立功:(1)本人通过非法手段或者非法途径获取的;(2)本人因原担任的查禁犯罪等职务获取的;(3)他人违反监管规定向犯罪分子提供的;(4)负有查禁犯罪活动职责的国家机关工作人员或者其他国家工作人员利用职务便利提供的。

5. 对于具有立功情节的犯罪分子,应当根据犯罪的事实、性质、情节和对于社会的危害程度,结合立功表现所起作用的大小、所破获案件的罪行轻重、所抓获犯罪嫌疑人可能判处的法定刑以及立功的时机等具体情节,依法决定是否从轻、减轻或者免除处罚以及从轻、减轻处罚的幅度。

链接 《最高人民法院、最高人民检察院关于办理行贿刑事案件具体应用法律若干问题的解释》第7条、第9条;《最高人民法院关于〈中华人民共和国刑法修正案(八)〉时间效力问题的解释》第5条;《最高人民法院关于处理自首和立功具体应用法律若干问题的解释》第5条、第6条、第7条;《最高人民法院关于处理自首和立功若干具体问题的意见》第四部分~第六部分;《最高人民法院关于适用刑法时间效力规定若干问题的解释》第5条

第四节 数罪并罚

第六十九条 【数罪并罚的一般原则】判决宣告以前一人犯数罪的,除判处死刑和无期徒刑的以外,应当在总和刑期以下、数刑中最高刑期以上,酌情决定执行的刑期,但是管制最高不能超过三年,拘役最高不能超过一年,有期徒刑总和刑期不满三十五年的,最高不能超过二十年,总和刑期在三十五年以上的,最高不能超过二十五年。

数罪中有判处有期徒刑和拘役的,执行有期徒刑。数罪中有判处有期徒刑和管制,或者拘役和管制的,有期徒刑、拘役执行完毕后,管制仍须执行。①

数罪中有判处附加刑的,附加刑仍须执行,其中附加刑种类相同的,合并执行,种类不同的,分别执行。②

第七十条 【判决宣告后发现漏罪的并罚】判决宣告以后,刑罚执行完毕以前,发现被判刑的犯罪分子在判决宣告以前还有其他罪没有判决的,应当对新发现的罪作出判决,把前后两个判决所判处的刑罚,依照本法第六十九条的规定,决定执行的刑罚。已经执行的刑期,应当计算在新判决决定的刑期以内。

第七十一条 【判决宣告后又犯新罪的并罚】判决宣告以后,刑罚执行完毕以前,被判刑的犯罪分子又犯罪的,应当对新犯的罪作出判决,把前罪没有执行的刑罚和后罪所判处的刑罚,依照本法第六十九条的规定,决定执行的刑罚。

第五节 缓 刑

第七十二条 【缓刑的适用条件】对于被判处拘役、三年以下有期徒刑的犯罪分子,同时符合下列条件的,可以宣告缓刑,对其中不满十八周岁的人、怀孕的妇女和已满七十五周岁的人,应当宣告缓刑:

(一)犯罪情节较轻;

(二)有悔罪表现;

(三)没有再犯罪的危险;

(四)宣告缓刑对所居住社区没有重大不良影响。

宣告缓刑,可以根据犯罪情况,同时禁止犯罪分子在缓刑考验期限内从事特定活动,进入特定

---

① 根据2015年8月29日《中华人民共和国刑法修正案(九)》增加一款,作为第二款。原第二款作为第三款。

② 根据2011年2月25日《中华人民共和国刑法修正案(八)》修改。原条文为:"判决宣告以前一人犯数罪的,除判处死刑和无期徒刑的以外,应当在总和刑期以下、数刑中最高刑期以上,酌情决定执行的刑期,但是管制最高不能超过三年,拘役最高不能超过一年,有期徒刑最高不能超过二十年。

"如果数罪中有判处附加刑的,附加刑仍须执行。"

区域、场所,接触特定的人。

被宣告缓刑的犯罪分子,如果被判处附加刑,附加刑仍须执行。①

注释 适用缓刑的条件有:一是对象条件,为被判处拘役或3年以下有期徒刑的犯罪分子。二是实质条件:犯罪情节较轻;有悔罪表现;没有再犯罪的危险;宣告缓刑对所居住的社区没有重大不良影响。三是禁止条件,即犯罪分子不得为累犯或犯罪集团的首要分子。

案例 董某某、宋某某抢劫案(最高人民法院指导案例14号)

裁判规则:对判处管制或者宣告缓刑的未成年被告人,可以根据其犯罪的具体情况以及禁止事项与所犯罪行的关联程度,对其适用"禁止令"。对于未成年人因上网诱发犯罪的,可以禁止其在一定期限内进入网吧等特定场所。

第七十三条 【缓刑的考验期限】拘役的缓刑考验期限为原判刑期以上一年以下,但是不能少于二个月。

有期徒刑的缓刑考验期限为原判刑期以上五年以下,但是不能少于一年。

缓刑考验期限,从判决确定之日起计算。

第七十四条 【累犯不适用缓刑】对于累犯和犯罪集团的首要分子,不适用缓刑。②

第七十五条 【缓刑犯应遵守的规定】被宣告缓刑的犯罪分子,应当遵守下列规定:

(一)遵守法律、行政法规,服从监督;

(二)按照考察机关的规定报告自己的活动情况;

(三)遵守考察机关关于会客的规定;

(四)离开所居住的市、县或者迁居,应当报经考察机关批准。

第七十六条 【缓刑的考验及其积极后果】对宣告缓刑的犯罪分子,在缓刑考验期内,依法实行社区矫正,如果没有本法第七十七条规定的情形,缓刑考验期满,原判的刑罚就不再执行,并公开予以宣告。③

第七十七条 【缓刑的撤销及其处理】被宣告缓刑的犯罪分子,在缓刑考验期限内犯新罪或者发现判决宣告以前还有其他罪没有判决的,应当撤销缓刑,对新犯的罪或者新发现的罪作出判决,把前罪和后罪所判处的刑罚,依照本法第六十九条的规定,决定执行的刑罚。

被宣告缓刑的犯罪分子,在缓刑考验期限内,违反法律、行政法规或者国务院有关部门关于缓刑的监督管理规定,或者违反人民法院判决中的禁止令,情节严重的,应当撤销缓刑,执行原判刑罚。④

第六节 减 刑

第七十八条 【减刑条件与限度】被判处管制、拘役、有期徒刑、无期徒刑的犯罪分子,在执行期间,如果认真遵守监规,接受教育改造,确有悔改表现的,或者有立功表现的,可以减刑;有下列重大立功表现之一的,应当减刑:

(一)阻止他人重大犯罪活动的;

(二)检举监狱内外重大犯罪活动,经查证属实的;

(三)有发明创造或者重大技术革新的;

(四)在日常生产、生活中舍己救人的;

(五)在抗御自然灾害或者排除重大事故中,有突出表现的;

(六)对国家和社会有其他重大贡献的。

减刑以后实际执行的刑期不能少于下列期限:

(一)判处管制、拘役、有期徒刑的,不能少于原判刑期的二分之一;

(二)判处无期徒刑的,不能少于十三年;

(三)人民法院依照本法第五十条第二款规定

---

① 根据2011年2月25日《中华人民共和国刑法修正案(八)》修改。原条文为:"对于被判处拘役、三年以下有期徒刑的犯罪分子,根据犯罪分子的犯罪情节和悔罪表现,适用缓刑确实不致再危害社会的,可以宣告缓刑。""被宣告缓刑的犯罪分子,如果被判处附加刑,附加刑仍须执行。"

② 根据2011年2月25日《中华人民共和国刑法修正案(八)》修改。原条文为:"对于累犯,不适用缓刑。"

③ 根据2011年2月25日《中华人民共和国刑法修正案(八)》修改。原条文为:"被宣告缓刑的犯罪分子,在缓刑考验期限内,由公安机关考察,所在单位或者基层组织予以配合,如果没有本法第七十七条规定的情形,缓刑考验期满,原判的刑罚就不再执行,并公开予以宣告。"

④ 根据2011年2月25日《中华人民共和国刑法修正案(八)》修改。原第二款条文为:"被宣告缓刑的犯罪分子,在缓刑考验期限内,违反法律、行政法规或者国务院公安部门有关缓刑的监督管理规定,情节严重的,应当撤销缓刑,执行原判刑罚。"

限制减刑的死刑缓期执行的犯罪分子,缓期执行期满后依法减为无期徒刑的,不能少于二十五年,缓期执行期满后依法减为二十五年有期徒刑的,不能少于二十年。①

注释 本条第1款中"确有悔改表现",是指同时具备以下条件:(1)认罪悔罪;(2)遵守法律法规及监规,接受教育改造;(3)积极参加思想、文化、职业技术教育;(4)积极参加劳动,努力完成劳动任务。对职务犯罪、破坏金融管理秩序和金融诈骗犯罪、组织(领导、参加、包庇、纵容)黑社会性质组织犯罪等罪犯,不积极退赃、协助追缴赃款赃物、赔偿损失,或者服刑期间利用个人影响力和社会关系等不正当手段意图获得减刑、假释的,不认定其"确有悔改表现"。罪犯在刑罚执行期间的申诉权利应当依法保护,对其正当申诉不能不加分析地认为是不认罪悔罪。

"立功表现"是指具有下列情形之一的:(1)阻止他人实施犯罪活动的;(2)检举、揭发监狱内外犯罪活动,或者提供重要的破案线索,经查证属实的;(3)协助司法机关抓捕其他犯罪嫌疑人的;(4)在生产、科研中进行技术革新,成绩突出的;(5)在抗御自然灾害或者排除重大事故中,表现积极的;(6)对国家和社会有其他较大贡献的。前述第(4)项、第(6)项中的技术革新或者其他较大贡献应当由罪犯在刑罚执行期间独立或者为主完成,并经省级主管部门确认。

链接 《最高人民法院关于办理减刑、假释案件具体应用法律的规定》;《最高人民法院关于办理减刑、假释案件具体应用法律的补充规定》

第七十九条 【减刑程序】 对于犯罪分子的减刑,由执行机关向中级以上人民法院提出减刑建议书。人民法院应当组成合议庭进行审理,对确有悔改或者立功事实的,裁定予以减刑。非经法定程序不得减刑。

第八十条 【无期徒刑减刑的刑期计算】 无期徒刑减为有期徒刑的刑期,从裁定减刑之日起计算。

第七节 假 释

第八十一条 【假释的适用条件】 被判处有期徒刑的犯罪分子,执行原判刑期二分之一以上,被判处无期徒刑的犯罪分子,实际执行十三年以上,如果认真遵守监规,接受教育改造,确有悔改表现,没有再犯罪的危险的,可以假释。如果有特殊情况,经最高人民法院核准,可以不受上述执行刑期的限制。

对累犯以及因故意杀人、强奸、抢劫、绑架、放火、爆炸、投放危险物质或者有组织的暴力性犯罪被判处十年以上有期徒刑、无期徒刑的犯罪分子,不得假释。

对犯罪分子决定假释时,应当考虑其假释后对所居住社区的影响。②

注释 本条第1款规定的"特殊情况",是指有国家政治、国防、外交等方面特殊需要的情况。

本条第2款规定了不得假释的情形。需要注意的是,因该款情形和犯罪被判处死刑缓期执行的罪犯,被减为无期徒刑、有期徒刑后,也不得假释。

对下列罪犯适用假释时可以依法从宽掌握:(1)过失犯罪的罪犯、中止犯罪的罪犯、被胁迫参加犯罪的罪犯;(2)因防卫过当或者紧急避险过当而被判处有期徒刑以上刑罚的罪犯;(3)犯罪时未满18周岁的罪犯;(4)基本丧失劳动能力、生活难以自理,假释后生活确有着落的老年罪犯、患严重疾病罪犯或者身体残疾罪犯;(5)服刑期间改造表现特别突出的罪犯;(6)具有其他可以从宽假释情形的罪犯。罪犯既符合法定减刑条件,又符合法定假释条件的,可以优先适用假释。

链接 《最高人民法院关于办理减刑、假释案件具体应用法律的规定》;《最高人民法院关于贯彻宽严相济刑事政策的若干意见》;《最高人民法院关于减刑、假释案件审理程序的规定》

第八十二条 【假释的程序】 对于犯罪分子的假释,依照本法第七十九条规定的程序进行。非

---

① 根据2011年2月25日《中华人民共和国刑法修正案(八)》修改。原第二款条文为:"减刑以后实际执行的刑期,判处管制、拘役、有期徒刑的,不能少于原判刑期的二分之一;判处无期徒刑的,不能少于十年。"

② 根据2011年2月25日《中华人民共和国刑法修正案(八)》修改。原条文为:"被判处有期徒刑的犯罪分子,执行原判刑期二分之一以上,被判处无期徒刑的犯罪分子,实际执行十年以上,如果认真遵守监规,接受教育改造,确有悔改表现,假释后不致再危害社会的,可以假释。如果有特殊情况,经最高人民法院核准,可以不受上述执行刑期的限制。

"对累犯以及因杀人、爆炸、抢劫、强奸、绑架等暴力性犯罪被判处十年以上有期徒刑、无期徒刑的犯罪分子,不得假释。"

经法定程序不得假释。

第八十三条 【假释的考验期限】有期徒刑的假释考验期限，为没有执行完毕的刑期；无期徒刑的假释考验期限为十年。

假释考验期限，从假释之日起计算。

第八十四条 【假释犯应遵守的规定】被宣告假释的犯罪分子，应当遵守下列规定：

（一）遵守法律、行政法规，服从监督；

（二）按照监督机关的规定报告自己的活动情况；

（三）遵守监督机关关于会客的规定；

（四）离开所居住的市、县或者迁居，应当报经监督机关批准。

第八十五条 【假释考验及其积极后果】对假释的犯罪分子，在假释考验期限内，依法实行社区矫正，如果没有本法第八十六条规定的情形，假释考验期满，就认为原判刑罚已经执行完毕，并公开予以宣告。①

第八十六条 【假释的撤销及其处理】被假释的犯罪分子，在假释考验期限内犯新罪，应当撤销假释，依照本法第七十一条的规定实行数罪并罚。

在假释考验期限内，发现被假释的犯罪分子在判决宣告以前还有其他罪没有判决的，应当撤销假释，依照本法第七十条的规定实行数罪并罚。

被假释的犯罪分子，在假释考验期限内，有违反法律、行政法规或者国务院有关部门关于假释的监督管理规定的行为，尚未构成新的犯罪的，应当依照法定程序撤销假释，收监执行未执行完毕的刑罚。②

第八节 时 效

第八十七条 【追诉时效期限】犯罪经过下列期限不再追诉：

（一）法定最高刑为不满五年有期徒刑的，经过五年；

（二）法定最高刑为五年以上不满十年有期徒刑的，经过十年；

（三）法定最高刑为十年以上有期徒刑的，经过十五年；

（四）法定最高刑为无期徒刑、死刑的，经过二十年。如果二十年以后认为必须追诉的，须报请最高人民检察院核准。

注释 我国刑法规定的追诉时效有4种，即5年、10年、15年和20年，确定的标准是具体犯罪行为所对应的最高法定刑。注意"不满"不包括本数，而"以上"包括本数。

追诉期限的计算有三种情况：一般情况下，追诉期限从犯罪之日起计算，注意犯罪之日是指犯罪行为之日，而不是犯罪既遂之日；连续犯或者继续犯，从犯罪行为终了之日起计算；在追诉期限以内又犯罪的，前罪追诉的期限从犯后罪之日起计算，即犯罪时效的中断。

《刑法》第88条规定的是不受追诉时效限制的三种情形。注意，法条中的逃避侦查或者审判应该以犯罪人的行为是否使司法机关的侦查活动或者使人民法院的审判活动无法进行为标准，即应限于积极的、明显的，致使侦查、审判工作无法进行的逃避行为，主要是指逃跑或者藏匿、使用虚假证明，证明患有精神病或者没有达到刑事责任年龄而使案件被撤销的等。那些在侦查、审判中，作虚假陈述、抵赖否认罪行等行为，不能认为是逃避侦查或者审判的行为。

在确定追究时效的法定最高刑时，需注意以下两个问题：

1. 法定最高刑不是指罪犯应判决的具体刑期，而是根据犯罪分子的犯罪性质和法定情节，与其所犯罪行相对应的刑法分则条文规定的处刑档次中的最高刑。

2. 法定最高刑也不是指某种性质犯罪全部刑罚的最高刑，而是指某种性质犯罪中与该犯罪情况基本相适应的某一档处罚的最高刑。即对犯罪分子应在该档量刑幅度内处刑的档次最高刑。例如，犯故意杀人罪，法定最高刑有两档：一档是死刑；一档为10年，应根据犯罪情节确定最高法定刑是10年还是死刑。

---

① 根据2011年2月25日《中华人民共和国刑法修正案（八）》修改。原条文为："被假释的犯罪分子，在假释考验期限内，由公安机关予以监督，如果没有本法第八十六条规定的情形，假释考验期满，就认为原判刑罚已经执行完毕，并公开予以宣告。"

② 根据2011年2月25日《中华人民共和国刑法修正案（八）》修改。原第三款条文为："被假释的犯罪分子，在假释考验期限内，有违反法律、行政法规或者国务院公安部门有关假释的监督管理规定的行为，尚未构成新的犯罪的，应当依照法定程序撤销假释，收监执行未执行完毕的刑罚。"

第八十八条 【不受追诉时效限制】在人民检察院、公安机关、国家安全机关立案侦查或者在人民法院受理案件以后，逃避侦查或者审判的，不受追诉期限的限制。

被害人在追诉期限内提出控告，人民法院、人民检察院、公安机关应当立案而不予立案的，不受追诉期限的限制。

注释 在实践中适用本条时应当注意，不能简单地理解为只要人民检察院、公安机关、国家安全机关对案件进行立案，或者人民法院对案件予以受理后，就可不受追诉时效的限制。上述机关对案件进行立案或受理后，犯罪嫌疑人或被告人必须具有"逃避侦查或者审判"的情况。如果没有逃避侦查和审判的行为，而是有的司法机关立案或受理后，因某些原因又未继续采取侦查或追究措施，以至超过追诉期限的，不应适用本条规定。另外，本条规定"立案侦查"和"受理案件"是指在追诉时效的期限内，对于已过了追诉时效才开始的立案侦查和审判活动，不适用本条规定，而是应分别采取撤销案件、不起诉或者宣告无罪的方法处理，不再追究刑事责任。

第八十九条 【追诉期限的计算与中断】追诉期限从犯罪之日起计算；犯罪行为有连续或者继续状态的，从犯罪行为终了之日起计算。

在追诉期限以内又犯罪的，前罪追诉的期限从犯后罪之日起计算。

第五章 其他规定

第九十条 【民族自治地方刑法适用的变通】民族自治地方不能全部适用本法规定的，可以由自治区或者省的人民代表大会根据当地民族的政治、经济、文化的特点和本法规定的基本原则，制定变通或者补充的规定，报请全国人民代表大会常务委员会批准施行。

第九十一条 【公共财产的范围】本法所称公共财产，是指下列财产：

（一）国有财产；

（二）劳动群众集体所有的财产；

（三）用于扶贫和其他公益事业的社会捐助或者专项基金的财产。

在国家机关、国有公司、企业、集体企业和人民团体管理、使用或者运输中的私人财产，以公共财产论。

第九十二条 【公民私人所有财产的范围】本法所称公民私人所有的财产，是指下列财产：

（一）公民的合法收入、储蓄、房屋和其他生活资料；

（二）依法归个人、家庭所有的生产资料；

（三）个体户和私营企业的合法财产；

（四）依法归个人所有的股份、股票、债券和其他财产。

第九十三条[①] 【国家工作人员的范围】本法所称国家工作人员，是指国家机关中从事公务的人员。

国有公司、企业、事业单位、人民团体中从事公务的人员和国家机关、国有公司、企业、事业单位委派到非国有公司、企业、事业单位、社会团体从事公务的人员，以及其他依照法律从事公务的人员，以国家工作人员论。

第九十四条 【司法工作人员的范围】本法所

[①] 根据 2009 年 8 月 27 日修正的《全国人民代表大会常务委员会关于〈中华人民共和国刑法〉第九十三条第二款的解释》："全国人民代表大会常务委员会讨论了村民委员会等村基层组织人员在从事哪些工作时属于刑法第九十三条第二款规定的'其他依照法律从事公务的人员'，解释如下：

"村民委员会等村基层组织人员协助人民政府从事下列行政管理工作，属于刑法第九十三条第二款规定的'其他依照法律从事公务的人员'：

"（一）救灾、抢险、防汛、优抚、扶贫、移民、救济款物的管理；

"（二）社会捐助公益事业款物的管理；

"（三）国有土地的经营和管理；

"（四）土地征收、征用补偿费用的管理；

"（五）代征、代缴税款；

"（六）有关计划生育、户籍、征兵工作；

"（七）协助人民政府从事的其他行政管理工作。

"村民委员会等村基层组织人员从事前款规定的公务，利用职务上的便利，非法占有公共财物、挪用公款、索取他人财物或者非法收受他人财物，构成犯罪的，适用刑法第三百八十二条和第三百八十三条贪污罪、第三百八十四条挪用公款罪、第三百八十五条和第三百八十六条受贿罪的规定。"

称司法工作人员,是指有侦查、检察、审判、监管职责的工作人员。

第九十五条 【重伤】本法所称重伤,是指有下列情形之一的伤害:

(一)使人肢体残废或者毁人容貌的;

(二)使人丧失听觉、视觉或者其他器官机能的;

(三)其他对于人身健康有重大伤害的。

第九十六条 【违反国家规定之含义】本法所称违反国家规定,是指违反全国人民代表大会及其常务委员会制定的法律和决定,国务院制定的行政法规、规定的行政措施、发布的决定和命令。

第九十七条 【首要分子的范围】本法所称首要分子,是指在犯罪集团或者聚众犯罪中起组织、策划、指挥作用的犯罪分子。

注释 据本条规定,本法所说的首要分子主要包括两类人:

1. 在犯罪集团中起组织、策划、指挥作用的犯罪分子。"犯罪集团"是指3人以上为共同实施犯罪而组成的较为固定的犯罪组织。主要具有以下特征:

(1)人数在3人以上,主要成员固定或基本固定;

(2)经常纠集在一起共同进行一种或数种犯罪活动;

(3)有明显的首要分子。有的首要分子是在纠集过程中形成的,有的首要分子则在纠集开始时就是组织者和领导者;

(4)有预谋地实施犯罪活动;

(5)不论作案次数多少,对社会造成的危害或其具有的危险性都很严重。

"组织",主要是指将其他犯罪人纠集在一起。"策划",主要是指为犯罪活动如何实施拟订办法、方案。"指挥",是指在犯罪的各个阶段指使、命令其他犯罪人去实施犯罪行为等。

2. 在聚众犯罪中起组织、策划、指挥作用的犯罪分子。"聚众犯罪",是指纠集多人共同实施犯罪活动,如聚众斗殴,聚众哄抢公私财物的犯罪等。"聚众犯罪"与"犯罪集团"不同,是因进行犯罪将众人聚集起来的,而不具有较固定的犯罪组织和成员。

由于首要分子在犯罪集团或者聚众犯罪中起组织、策划、指挥作用,罪恶比较严重,因此,本法分则对首要分子规定的处刑都比较重。

第九十八条 【告诉才处理的含义】本法所称告诉才处理,是指被害人告诉才处理。如果被害人因受强制、威吓无法告诉的,人民检察院和被害人的近亲属也可以告诉。

第九十九条 【以上、以下、以内之界定】本法所称以上、以下、以内,包括本数。

第一百条 【前科报告制度】依法受过刑事处罚的人,在入伍、就业的时候,应当如实向有关单位报告自己曾受过刑事处罚,不得隐瞒。

犯罪的时候不满十八周岁被判处五年有期徒刑以下刑罚的人,免除前款规定的报告义务。[1]

第一百零一条 【总则的效力】本法总则适用于其他有刑罚规定的法律,但是其他法律有特别规定的除外。

第二编 分 则

第一章 危害国家安全罪

第一百零二条 【背叛国家罪】勾结外国,危害中华人民共和国的主权、领土完整和安全的,处无期徒刑或者十年以上有期徒刑。

与境外机构、组织、个人相勾结,犯前款罪的,依照前款的规定处罚。

第一百零三条 【分裂国家罪】组织、策划、实施分裂国家、破坏国家统一的,对首要分子或者罪行重大的,处无期徒刑或者十年以上有期徒刑;对积极参加的,处三年以上十年以下有期徒刑;对其他参加的,处三年以下有期徒刑、拘役、管制或者剥夺政治权利。

【煽动分裂国家罪】煽动分裂国家、破坏国家统一的,处五年以下有期徒刑、拘役、管制或者剥夺政治权利;首要分子或者罪行重大的,处五年以上有期徒刑。

第一百零四条 【武装叛乱、暴乱罪】组织、策划、实施武装叛乱或者武装暴乱的,对首要分子或者罪行重大的,处无期徒刑或者十年以上有期徒刑;对积极参加的,处三年以上十年以下有期徒刑;对其他参加的,处三年以下有期徒刑、拘役、管

---

[1] 根据2011年2月25日《中华人民共和国刑法修正案(八)》增加一款,作为第二款。

制或者剥夺政治权利。

策动、胁迫、勾引、收买国家机关工作人员、武装部队人员、人民警察、民兵进行武装叛乱或者武装暴乱的，依照前款的规定从重处罚。

第一百零五条 【颠覆国家政权罪】组织、策划、实施颠覆国家政权、推翻社会主义制度的，对首要分子或者罪行重大的，处无期徒刑或者十年以上有期徒刑；对积极参加的，处三年以上十年以下有期徒刑；对其他参加的，处三年以下有期徒刑、拘役、管制或者剥夺政治权利。

【煽动颠覆国家政权罪】以造谣、诽谤或者其他方式煽动颠覆国家政权、推翻社会主义制度的，处五年以下有期徒刑、拘役、管制或者剥夺政治权利；首要分子或者罪行重大的，处五年以上有期徒刑。

第一百零六条 【与境外勾结的处罚规定】与境外机构、组织、个人相勾结，实施本章第一百零三条、第一百零四条、第一百零五条规定之罪的，依照各该条的规定从重处罚。

第一百零七条 【资助危害国家安全犯罪活动罪】境内外机构、组织或者个人资助实施本章第一百零二条、第一百零三条、第一百零四条、第一百零五条规定之罪的，对直接责任人员，处五年以下有期徒刑、拘役、管制或者剥夺政治权利；情节严重的，处五年以上有期徒刑。①

第一百零八条 【投敌叛变罪】投敌叛变的，处三年以上十年以下有期徒刑；情节严重或者带领武装部队人员、人民警察、民兵投敌叛变的，处十年以上有期徒刑或者无期徒刑。

第一百零九条 【叛逃罪】国家机关工作人员在履行公务期间，擅离岗位，叛逃境外或者在境外叛逃的，处五年以下有期徒刑、拘役、管制或者剥夺政治权利；情节严重的，处五年以上十年以下有期徒刑。

掌握国家秘密的国家工作人员叛逃境外或者在境外叛逃的，依照前款的规定从重处罚。②

第一百一十条 【间谍罪】有下列间谍行为之一，危害国家安全的，处十年以上有期徒刑或者无期徒刑；情节较轻的，处三年以上十年以下有期徒刑：

（一）参加间谍组织或者接受间谍组织及其代理人的任务的；

（二）为敌人指示袭击目标的。

第一百一十一条 【为境外窃取、刺探、收买、非法提供国家秘密、情报罪】为境外的机构、组织、人员窃取、刺探、收买、非法提供国家秘密或者情报的，处五年以上十年以下有期徒刑；情节特别严重的，处十年以上有期徒刑或者无期徒刑；情节较轻的，处五年以下有期徒刑、拘役、管制或者剥夺政治权利。

第一百一十二条 【资敌罪】战时供给敌人武器装备、军用物资资敌的，处十年以上有期徒刑或者无期徒刑；情节较轻的，处三年以上十年以下有期徒刑。

第一百一十三条 【危害国家安全罪适用死刑、没收财产的规定】本章上述危害国家安全罪行中，除第一百零三条第二款、第一百零五条、第一百零七条、第一百零九条外，对国家和人民危害特别严重、情节特别恶劣的，可以判处死刑。

犯本章之罪的，可以并处没收财产。

第二章 危害公共安全罪

第一百一十四条 【放火罪】【决水罪】【爆炸罪】【投放危险物质罪】【以危险方法危害公共安全罪】放火、决水、爆炸以及投放毒害性、放射性、传染病病原体等物质或者以其他危险方法危害公共安全，尚未造成严重后果的，处三年以上十年以下

---

① 根据 2011 年 2 月 25 日《中华人民共和国刑法修正案（八）》修改。原条文为："境内外机构、组织或者个人资助境内组织或者个人实施本章第一百零二条、第一百零三条、第一百零四条、第一百零五条规定之罪的，对直接责任人员，处五年以下有期徒刑、拘役、管制或者剥夺政治权利；情节严重的，处五年以上有期徒刑。"

② 根据 2011 年 2 月 25 日《中华人民共和国刑法修正案（八）》修改。原条文为："国家机关工作人员在履行公务期间，擅离岗位，叛逃境外或者在境外叛逃，危害中华人民共和国国家安全的，处五年以下有期徒刑、拘役、管制或者剥夺政治权利；情节严重的，处五年以上十年以下有期徒刑。

"掌握国家秘密的国家工作人员犯前款罪的，依照前款的规定从重处罚。"

有期徒刑。①

第一百一十五条 【放火罪】【决水罪】【爆炸罪】【投放危险物质罪】【以危险方法危害公共安全罪】放火、决水、爆炸以及投放毒害性、放射性、传染病病原体等物质或者以其他危险方法致人重伤、死亡或者使公私财产遭受重大损失的,处十年以上有期徒刑、无期徒刑或者死刑。②

【失火罪】【过失决水罪】【过失爆炸罪】【过失投放危险物质罪】【过失以危险方法危害公共安全罪】过失犯前款罪的,处三年以上七年以下有期徒刑;情节较轻的,处三年以下有期徒刑或者拘役。

第一百一十六条 【破坏交通工具罪】破坏火车、汽车、电车、船只、航空器,足以使火车、汽车、电车、船只、航空器发生倾覆、毁坏危险,尚未造成严重后果的,处三年以上十年以下有期徒刑。

第一百一十七条 【破坏交通设施罪】破坏轨道、桥梁、隧道、公路、机场、航道、灯塔、标志或者进行其他破坏活动,足以使火车、汽车、电车、船只、航空器发生倾覆、毁坏危险,尚未造成严重后果的,处三年以上十年以下有期徒刑。

第一百一十八条 【破坏电力设备罪】【破坏易燃易爆设备罪】破坏电力、燃气或者其他易燃易爆设备,危害公共安全,尚未造成严重后果的,处三年以上十年以下有期徒刑。

第一百一十九条 【破坏交通工具罪】【破坏交通设施罪】【破坏电力设备罪】【破坏易燃易爆设备罪】破坏交通工具、交通设施、电力设备、燃气设备、易燃易爆设备,造成严重后果的,处十年以上有期徒刑、无期徒刑或者死刑。

【过失损坏交通工具罪】【过失损坏交通设施罪】【过失损坏电力设备罪】【过失损坏易燃易爆设备罪】过失犯前款罪的,处三年以上七年以下有期徒刑;情节较轻的,处三年以下有期徒刑或者拘役。

第一百二十条 【组织、领导、参加恐怖组织罪】组织、领导恐怖活动组织的,处十年以上有期徒刑或者无期徒刑,并处没收财产;积极参加的,处三年以上十年以下有期徒刑,并处罚金;其他参加的,处三年以下有期徒刑、拘役、管制或者剥夺政治权利,可以并处罚金。

犯前款罪并实施杀人、爆炸、绑架等犯罪的,依照数罪并罚的规定处罚。③

第一百二十条之一 【帮助恐怖活动罪】资助恐怖活动组织、实施恐怖活动的个人的,或者资助恐怖活动培训的,处五年以下有期徒刑、拘役、管制或者剥夺政治权利,并处罚金;情节严重的,处五年以上有期徒刑,并处罚金或者没收财产。

为恐怖活动组织、实施恐怖活动或者恐怖活动培训招募、运送人员的,依照前款的规定处罚。

单位犯前两款罪的,对单位判处罚金,并对其直接负责的主管人员和其他直接责任人员,依照第一款的规定处罚。④

第一百二十条之二 【准备实施恐怖活动罪】有下列情形之一的,处五年以下有期徒刑、拘役、管制或者剥夺政治权利,并处罚金;情节严重的,处五年以上有期徒刑,并处罚金或者没收财产:

(一)为实施恐怖活动准备凶器、危险物品或者其他工具的;

(二)组织恐怖活动培训或者积极参加恐怖活动培训的;

---

① 根据2001年12月29日《中华人民共和国刑法修正案(三)》修改。原条文为:"放火、决水、爆炸、投毒或者以其他危险方法破坏工厂、矿场、油田、港口、河流、水源、仓库、住宅、森林、农场、谷场、牧场、重要管道、公共建筑物或者其他公私财产,危害公共安全,尚未造成严重后果的,处三年以上十年以下有期徒刑。"

② 根据2001年12月29日《中华人民共和国刑法修正案(三)》修改。原第一款条文为:"放火、决水、爆炸、投毒或者以其他危险方法致人重伤、死亡或者使公私财产遭受重大损失的,处十年以上有期徒刑、无期徒刑或者死刑。"

③ 根据2001年12月29日《中华人民共和国刑法修正案(三)》第一次修改。原第一款条文为:"组织、领导和积极参加恐怖活动组织的,处三年以上十年以下有期徒刑;其他参加的,处三年以下有期徒刑、拘役或者管制。"

根据2015年8月29日《中华人民共和国刑法修正案(九)》第二次修改。原条文为:"组织、领导恐怖活动组织的,处十年以上有期徒刑或者无期徒刑;积极参加的,处三年以上十年以下有期徒刑;其他参加的,处三年以下有期徒刑、拘役、管制或者剥夺政治权利。"

"犯前款罪并实施杀人、爆炸、绑架等犯罪的,依照数罪并罚的规定处罚。"

④ 根据2001年12月29日《中华人民共和国刑法修正案(三)》增加。根据2015年8月29日《中华人民共和国刑法修正案(九)》修改。原条文为:"资助恐怖活动组织或者实施恐怖活动的个人的,处五年以下有期徒刑、拘役、管制或者剥夺政治权利,并处罚金;情节严重的,处五年以上有期徒刑,并处罚金或者没收财产。"

"单位犯前款罪的,对单位判处罚金,并对其直接负责的主管人员和其他直接责任人员,依照前款的规定处罚。"

(三)为实施恐怖活动与境外恐怖活动组织或者人员联络的;

(四)为实施恐怖活动进行策划或者其他准备的。

有前款行为,同时构成其他犯罪的,依照处罚较重的规定定罪处罚。①

第一百二十条之三 【宣扬恐怖主义、极端主义、煽动实施恐怖活动罪】以制作、散发宣扬恐怖主义、极端主义的图书、音频视频资料或者其他物品,或者通过讲授、发布信息等方式宣扬恐怖主义、极端主义的,或者煽动实施恐怖活动的,处五年以下有期徒刑、拘役、管制或者剥夺政治权利,并处罚金;情节严重的,处五年以上有期徒刑,并处罚金或者没收财产。②

第一百二十条之四 【利用极端主义破坏法律实施罪】利用极端主义煽动、胁迫群众破坏国家法律确立的婚姻、司法、教育、社会管理等制度实施的,处三年以下有期徒刑、拘役或者管制,并处罚金;情节严重的,处三年以上七年以下有期徒刑,并处罚金;情节特别严重的,处七年以上有期徒刑,并处罚金或者没收财产。③

第一百二十条之五 【强制穿戴宣扬恐怖主义、极端主义服饰、标志罪】以暴力、胁迫等方式强制他人在公共场所穿着、佩戴宣扬恐怖主义、极端主义服饰、标志的,处三年以下有期徒刑、拘役或者管制,并处罚金。④

第一百二十条之六 【非法持有宣扬恐怖主义、极端主义物品罪】明知是宣扬恐怖主义、极端主义的图书、音频视频资料或者其他物品而非法持有,情节严重的,处三年以下有期徒刑、拘役或者管制,并处或者单处罚金。⑤

第一百二十一条 【劫持航空器罪】以暴力、胁迫或者其他方法劫持航空器的,处十年以上有期徒刑或者无期徒刑;致人重伤、死亡或者使航空器遭受严重破坏的,处死刑。

第一百二十二条 【劫持船只、汽车罪】以暴力、胁迫或者其他方法劫持船只、汽车的,处五年以上十年以下有期徒刑;造成严重后果的,处十年以上有期徒刑或者无期徒刑。

第一百二十三条 【暴力危及飞行安全罪】对飞行中的航空器上的人员使用暴力,危及飞行安全,尚未造成严重后果的,处五年以下有期徒刑或者拘役;造成严重后果的,处五年以上有期徒刑。

第一百二十四条 【破坏广播电视设施、公用电信设施罪】破坏广播电视设施、公用电信设施,危害公共安全的,处三年以上七年以下有期徒刑;造成严重后果的,处七年以上有期徒刑。

【过失损坏广播电视设施、公用电信设施罪】过失犯前款罪的,处三年以上七年以下有期徒刑;情节较轻的,处三年以下有期徒刑或者拘役。

第一百二十五条 【非法制造、买卖、运输、邮寄、储存枪支、弹药、爆炸物罪】非法制造、买卖、运输、邮寄、储存枪支、弹药、爆炸物的,处三年以上十年以下有期徒刑;情节严重的,处十年以上有期徒刑、无期徒刑或者死刑。

【非法制造、买卖、运输、储存危险物质罪】非法制造、买卖、运输、储存毒害性、放射性、传染病病原体等物质,危害公共安全的,依照前款的规定处罚。⑥

单位犯前两款罪的,对单位判处罚金,并对其直接负责的主管人员和其他直接责任人员,依照第一款的规定处罚。

第一百二十六条 【违规制造、销售枪支罪】依法被指定、确定的枪支制造企业、销售企业,违反枪支管理规定,有下列行为之一的,对单位判处罚金,并对其直接负责的主管人员和其他直接责任人员,处五年以下有期徒刑;情节严重的,处五年以上十年以下有期徒刑;情节特别严重的,处十年以上有期徒刑或者无期徒刑:

(一)以非法销售为目的,超过限额或者不按照规定的品种制造、配售枪支的;

(二)以非法销售为目的,制造无号、重号、假

---

① 根据2015年8月29日《中华人民共和国刑法修正案(九)》增加。
② 根据2015年8月29日《中华人民共和国刑法修正案(九)》增加。
③ 根据2015年8月29日《中华人民共和国刑法修正案(九)》增加。
④ 根据2015年8月29日《中华人民共和国刑法修正案(九)》增加。
⑤ 根据2015年8月29日《中华人民共和国刑法修正案(九)》增加。
⑥ 根据2001年12月29日《中华人民共和国刑法修正案(三)》修改。原第二款条文为:"非法买卖、运输核材料的,依照前款的规定处罚。"

(三)非法销售枪支或者在境内销售为出口制造的枪支的。

第一百二十七条 【盗窃、抢夺枪支、弹药、爆炸物、危险物质罪】盗窃、抢夺枪支、弹药、爆炸物的,或者盗窃、抢夺毒害性、放射性、传染病病原体等物质,危害公共安全的,处三年以上十年以下有期徒刑;情节严重的,处十年以上有期徒刑、无期徒刑或者死刑。

【抢劫枪支、弹药、爆炸物、危险物质罪】【盗窃、抢夺枪支、弹药、爆炸物、危险物质罪】抢劫枪支、弹药、爆炸物的,或者抢劫毒害性、放射性、传染病病原体等物质,危害公共安全的,或者盗窃、抢夺国家机关、军警人员、民兵的枪支、弹药、爆炸物的,处十年以上有期徒刑、无期徒刑或者死刑。①

第一百二十八条 【非法持有、私藏枪支、弹药罪】违反枪支管理规定,非法持有、私藏枪支、弹药的,处三年以下有期徒刑、拘役或者管制;情节严重的,处三年以上七年以下有期徒刑。

【非法出租、出借枪支罪】依法配备公务用枪的人员,非法出租、出借枪支的,依照前款的规定处罚。

【非法出租、出借枪支罪】依法配置枪支的人员,非法出租、出借枪支,造成严重后果的,依照第一款的规定处罚。

单位犯第二款、第三款罪的,对单位判处罚金,并对其直接负责的主管人员和其他直接责任人员,依照第一款的规定处罚。

注释 本条规定的"违反枪支管理规定",是指违反《枪支管理法》及国家有关主管部门对枪支、弹药管理等方面作的规定。"非法持有",是指不符合配备、配置枪支、弹药条件的人员,违反枪支管理法律、法规的规定,擅自持有枪支、弹药的行为。"私藏",是指依法配备、配置枪支、弹药的人员,在配备、配置枪支、弹药的条件消除后,违反枪支管理法律、法规的规定,私自藏匿所配备、配置的枪支、弹药且拒不交出的行为。

非法出租、出借枪支罪的主体有两类人,相应地构成本罪的客观要件也不同:依法配备公务用枪的人员,非法出租、出借枪支的,不需要造成任何结果即构成非法出租、出借枪支罪;依法配置枪支的人员,非法出租、出借枪支,需造成严重后果才构成非法出租、出借枪支罪。另外注意,依法配备公务用枪的人员,违反法律规定,将公务用枪用作借债质押物,使枪支处于非法法持枪人的控制、使用之下,严重危害公共安全,是本条第2款所规定的非法出借枪支行为的一种形式,应以非法出借枪支罪追究刑事责任;对接受枪支质押的人员,构成犯罪的,根据本条第1款的规定,应以非法持有枪支罪追究其刑事责任。

行为人与犯罪分子事先通谋,出租、出借枪支供犯罪分子用于犯罪的,应当以共同犯罪论处。

链接《枪支管理法》第3条~第12条;《最高人民法院关于审理非法制造、买卖、运输枪支、弹药、爆炸物等刑事案件具体应用法律若干问题的解释》第5条、第8条;《最高人民检察院关于将公务用枪用作借债质押的行为如何适用法律问题的批复》;《最高人民检察院、公安部关于公安机关管辖的刑事案件立案追诉标准的规定(一)》第4条、第5条

第一百二十九条 【丢失枪支不报罪】依法配备公务用枪的人员,丢失枪支不及时报告,造成严重后果的,处三年以下有期徒刑或者拘役。

第一百三十条 【非法携带枪支、弹药、管制刀具、危险物品危及公共安全罪】非法携带枪支、弹药、管制刀具或者爆炸性、易燃性、放射性、毒害性、腐蚀性物品,进入公共场所或者公共交通工具,危及公共安全,情节严重的,处三年以下有期徒刑、拘役或者管制。

第一百三十一条 【重大飞行事故罪】航空人员违反规章制度,致使发生重大飞行事故,造成严重后果的,处三年以下有期徒刑或者拘役;造成飞机坠毁或者人员死亡的,处三年以上七年以下有期徒刑。

第一百三十二条 【铁路运营安全事故罪】铁路职工违反规章制度,致使发生铁路运营安全事故,造成严重后果的,处三年以下有期徒刑或者拘

---

① 根据2001年12月29日《中华人民共和国刑法修正案(三)》修改。原条文为:"盗窃、抢夺枪支、弹药、爆炸物的,处三年以上十年以下有期徒刑;情节严重的,处十年以上有期徒刑、无期徒刑或者死刑。

"抢劫枪支、弹药、爆炸物或者盗窃、抢夺国家机关、军警人员、民兵的枪支、弹药、爆炸物的,处十年以上有期徒刑、无期徒刑或者死刑。"

役;造成特别严重后果的,处三年以上七年以下有期徒刑。

第一百三十三条 【交通肇事罪】违反交通运输管理法规,因而发生重大事故,致人重伤、死亡或者使公私财产遭受重大损失的,处三年以下有期徒刑或者拘役;交通运输肇事后逃逸或者有其他特别恶劣情节的,处三年以上七年以下有期徒刑;因逃逸致人死亡的,处七年以上有期徒刑。

注释 交通肇事罪的主体是一般主体,并不要求行为人必须是持有合法驾驶执照的人员,既包括依法从事交通运输的人员,也包括非法进行交通运输的人员。本罪发生的时空条件是特定的,即实行公共交通管理的范围内发生的重大交通事故。在公共交通管理的范围外,驾驶机动车辆或者使用其他交通工具致人伤亡或者致使公共财产或者他人财产遭受重大损失,构成犯罪的,分别依照刑法第 134 条、第 135 条、第 233 条等规定定罪处罚。

根据有关司法解释的规定,交通肇事具有下列情形之一的,构成犯罪,处 3 年以下有期徒刑或者拘役:(1)死亡 1 人或者重伤 3 人以上,负事故全部或者主要责任的;(2)死亡 3 人以上,负事故同等责任的;(3)造成公共财产或者他人财产直接损失,负事故全部或者主要责任,无能力赔偿数额在 30 万元以上的。交通肇事一人以上重伤,负事故全部或者主要责任,并具有下列情形之一的,以交通肇事罪定罪处罚:(1)酒后、吸食毒品后驾驶机动车辆的;(2)无驾驶资格驾驶机动车辆的;(3)明知是安全装置不全或者安全机件失灵的机动车辆而驾驶的;(4)明知是无牌证或者已报废的机动车辆而驾驶的;(5)严重超载驾驶的;(6)为逃避法律追究逃离事故现场的。

"交通运输肇事后逃逸",是指行为人具有法定情形的,在发生交通事故后,为逃避法律追究而逃跑的行为。"因逃逸致人死亡",是指行为人在交通肇事后为逃避法律追究而逃跑,致使被害人因得不到救助而死亡的情形。

交通肇事后,单位主管人员、机动车辆所有人、承包人或者乘车人指使肇事人逃逸,致使被害人因得不到救助而死亡的,以交通肇事罪的共犯论处。单位主管人员、机动车辆所有人或者机动车辆承包人指使、强令他人违章驾驶造成重大交通事故,构成犯罪的,以交通肇事罪定罪处罚。

行为人在交通肇事后为逃避法律追究,将被害人带离事故现场后隐藏或者遗弃,致使被害人无法得到救助而死亡或者严重残疾的,应当分别依照刑法第 232 条、第 234 条第 2 款的规定,以故意杀人罪或者故意伤害罪定罪处罚。

链接《最高人民法院关于审理交通肇事刑事案件具体应用法律若干问题的解释》

第一百三十三条之一 【危险驾驶罪】在道路上驾驶机动车,有下列情形之一的,处拘役,并处罚金:

(一)追逐竞驶,情节恶劣的;
(二)醉酒驾驶机动车的;
(三)从事校车业务或者旅客运输,严重超过额定乘员载客,或者严重超过规定时速行驶的;
(四)违反危险化学品安全管理规定运输危险化学品,危及公共安全的。

机动车所有人、管理人对前款第三项、第四项行为负有直接责任的,依照前款的规定处罚。

有前两款行为,同时构成其他犯罪的,依照处罚较重的规定定罪处罚。①

注释 本条中的"追逐竞驶",就是平常所说的"飙车",是指在道路上,以在较短的时间内通过某条道路为目标或者以同行的其他车辆为竞争目标,追逐行驶。根据本条规定,在道路上追逐竞驶,情节恶劣的才构成犯罪。判断是否"情节恶劣",应结合追逐竞驶所在的道路、时段、人员流量,追逐竞驶造成的危害程度以及危害后果等方面进行认定。

关于"醉酒驾驶机动车"。道路交通安全法的相关规定区分了饮酒和醉酒两种情形。根据 2011 年 1 月 27 日发布的《车辆驾驶人员血液、呼气酒精含量阈值与检验》(GB 19522—2010)的规定,饮酒后驾车是指车辆驾驶人员血液中的酒精含量大于或者等于 20mg/100mL,小于 80mg/100mL 的驾驶行为;醉酒后驾车是指车辆驾驶人员血液中的酒精含量大于或者等于 80mg/100mL 的驾驶行

---

① 根据 2011 年 2 月 25 日《中华人民共和国刑法修正案(八)》增加。根据 2015 年 8 月 29 日《中华人民共和国刑法修正案(九)》修改。原条文为:"在道路上驾驶机动车追逐竞驶,情节恶劣的,或者在道路上醉酒驾驶机动车的,处拘役,并处罚金。""有前款行为,同时构成其他犯罪的,依照处罚较重的规定定罪处罚。"

为。醉酒驾驶机动车的行为不一定造成交通事故、人员伤亡的严重后果,只要行为人血液中的酒精含量大于或者等于80mg/100mL,即构成危险驾驶的行为。根据最高人民法院、最高人民检察院、公安部联合发布的《关于办理醉酒驾驶机动车刑事案件适用法律若干问题的意见》中的规定,醉酒驾驶机动车造成交通事故且负事故全部或者主要责任,或者造成交通事故后逃逸,尚未构成其他犯罪的;血液酒精含量达到200mg/100mL以上的;在高速公路、城市快速路上醉酒驾驶的;醉酒驾驶载有乘客的营运机动车的;醉酒驾驶机动车并有严重超员、超载或者超速驾驶,无驾驶资格驾驶机动车,使用伪造或者变造的机动车牌证等严重违反道路交通安全法的行为的;醉酒驾驶机动车,逃避公安机关依法检查,或者拒绝、阻碍公安机关依法检查尚未构成其他犯罪的;曾因酒后驾驶机动车受过行政处罚或者刑事追究后又醉酒驾驶机动车的;醉酒驾驶机动车有其他可以从重处罚的情形的,应当从重处罚。

链接 《道路交通安全法》第119条;《最高人民法院、最高人民检察院、公安部关于办理醉酒驾驶机动车刑事案件适用法律若干问题的意见》第1条、第2条、第3条;《校车安全管理条例》;《危险化学品安全管理条例》

案例 张某某、金某危险驾驶案(最高人民法院指导案例32号)

裁判规则 机动车驾驶人员出于竞技、追求刺激、斗气或其他动机,在道路上曲折穿行、快速追赶行驶的,属于《刑法》第一百三十三条之一规定的"追逐竞驶"。

追逐竞驶虽未造成人员伤亡或财产损失,但综合考虑超过限速、闯红灯、强行超车、抗拒交通执法等严重违反道路交通安全法的行为,足以威胁他人生命、财产安全的,属于危险驾驶罪中"情节恶劣"的情形。

第一百三十三条之二 【妨害安全驾驶罪】对行驶中的公共交通工具的驾驶人员使用暴力或者抢控驾驶操纵装置,干扰公共交通工具正常行驶,危及公共安全的,处一年以下有期徒刑、拘役或者管制,并处或者单处罚金。

前款规定的驾驶人员在行驶的公共交通工具上擅离职守,与他人互殴或者殴打他人,危及公共安全的,依照前款的规定处罚。

有前两款行为,同时构成其他犯罪的,依照处罚较重的规定定罪处罚。① **第一百三十四条** 【重大责任事故罪】在生产、作业中违反有关安全管理的规定,因而发生重大伤亡事故或者造成其他严重后果的,处三年以下有期徒刑或者拘役;情节特别恶劣的,处三年以上七年以下有期徒刑。

【强令、组织他人违章冒险作业罪】强令他人违章冒险作业,或者明知存在重大事故隐患而不排除,仍冒险组织作业,因而发生重大伤亡事故或者造成其他严重后果的,处五年以下有期徒刑或者拘役;情节特别恶劣的,处五年以上有期徒刑。②

第一百三十四条之一 【危险作业罪】在生产、作业中违反有关安全管理的规定,有下列情形之一,具有发生重大伤亡事故或者其他严重后果的现实危险的,处一年以下有期徒刑、拘役或者管制:

(一)关闭、破坏直接关系生产安全的监控、报警、防护、救生设备、设施,或者篡改、隐瞒、销毁其相关数据、信息的;

(二)因存在重大事故隐患被依法责令停产停业、停止施工、停止使用有关设备、设施、场所或者立即采取排除危险的整改措施,而拒不执行的;

(三)涉及安全生产的事项未经依法批准或者许可,擅自从事矿山开采、金属冶炼、建筑施工,以及危险物品生产、经营、储存等高度危险的生产作业活动的。③

第一百三十五条 【重大劳动安全事故罪】安全生产设施或者安全生产条件不符合国家规定,因而发生重大伤亡事故或者造成其他严重后果的,对直接负责的主管人员和其他直接责任人员,

---

① 根据2020年12月26日《中华人民共和国刑法修正案(十一)》增加。
② 根据2006年6月29日《中华人民共和国刑法修正案(六)》第一次修改。原条文为:"工厂、矿山、林场、建筑企业或者其他企业、事业单位的职工,由于不服管理、违反规章制度,或者强令工人违章冒险作业,因而发生重大伤亡事故或者造成其他严重后果的,处三年以下有期徒刑或者拘役;情节特别恶劣的,处三年以上七年以下有期徒刑。"
根据2020年12月26日《中华人民共和国刑法修正案(十一)》第二次修改。原第二款条文为:"强令他人违章冒险作业,因而发生重大伤亡事故或者造成其他严重后果的,处五年以下有期徒刑或者拘役;情节特别恶劣的,处五年以上有期徒刑。"
③ 根据2020年12月26日《中华人民共和国刑法修正案(十一)》增加。

处三年以下有期徒刑或者拘役;情节特别恶劣的,处三年以上七年以下有期徒刑。①

第一百三十五条之一 【大型群众性活动重大安全事故罪】举办大型群众性活动违反安全管理规定,因而发生重大伤亡事故或者造成其他严重后果的,对直接负责的主管人员和其他直接责任人员,处三年以下有期徒刑或者拘役;情节特别恶劣的,处三年以上七年以下有期徒刑。②

第一百三十六条 【危险物品肇事罪】违反爆炸性、易燃性、放射性、毒害性、腐蚀性物品的管理规定,在生产、储存、运输、使用中发生重大事故,造成严重后果的,处三年以下有期徒刑或者拘役;后果特别严重的,处三年以上七年以下有期徒刑。

第一百三十七条 【工程重大安全事故罪】建设单位、设计单位、施工单位、工程监理单位违反国家规定,降低工程质量标准,造成重大安全事故的,对直接责任人员,处五年以下有期徒刑或者拘役,并处罚金;后果特别严重的,处五年以上十年以下有期徒刑,并处罚金。

第一百三十八条 【教育设施重大安全事故罪】明知校舍或者教育教学设施有危险,而不采取措施或者不及时报告,致使发生重大伤亡事故的,对直接责任人员,处三年以下有期徒刑或者拘役;后果特别严重的,处三年以上七年以下有期徒刑。

第一百三十九条 【消防责任事故罪】违反消防管理法规,经消防监督机构通知采取改正措施而拒绝执行,造成严重后果的,对直接责任人员,处三年以下有期徒刑或者拘役;后果特别严重的,处三年以上七年以下有期徒刑。

第一百三十九条之一 【不报、谎报安全事故罪】在安全事故发生后,负有报告职责的人员不报或者谎报事故情况,贻误事故抢救,情节严重的,处三年以下有期徒刑或者拘役;情节特别严重的,处三年以上七年以下有期徒刑。③

第三章 破坏社会主义市场经济秩序罪

第一节 生产、销售伪劣商品罪

第一百四十条 【生产、销售伪劣产品罪】生产者、销售者在产品中掺杂、掺假,以假充真,以次充好或者以不合格产品冒充合格产品,销售金额五万元以上不满二十万元的,处二年以下有期徒刑或者拘役,并处或者单处销售金额百分之五十以上二倍以下罚金;销售金额二十万元以上不满五十万元的,处二年以上七年以下有期徒刑,并处销售金额百分之五十以上二倍以下罚金;销售金额五十万元以上不满二百万元的,处七年以上有期徒刑,并处销售金额百分之五十以上二倍以下罚金;销售金额二百万元以上的,处十五年有期徒刑或者无期徒刑,并处销售金额百分之五十以上二倍以下罚金或者没收财产。

第一百四十一条 【生产、销售、提供假药罪】生产、销售假药的,处三年以下有期徒刑或者拘役,并处罚金;对人体健康造成严重危害或者有其他严重情节的,处三年以上十年以下有期徒刑,并处罚金;致人死亡或者有其他特别严重情节的,处十年以上有期徒刑、无期徒刑或者死刑,并处罚金或者没收财产。④

药品使用单位的人员明知是假药而提供给他人使用的,依照前款的规定处罚。⑤

第一百四十二条 【生产、销售、提供劣药罪】生产、销售劣药,对人体健康造成严重危害的,处

---

① 根据2006年6月29日《中华人民共和国刑法修正案(六)》修改。原条文为:"工厂、矿山、林场、建筑企业或者其他企业、事业单位的劳动安全设施不符合国家规定,经有关部门或者单位职工提出后,对事故隐患仍不采取措施,因而发生重大伤亡事故或者造成其他严重后果的,对直接责任人员,处三年以下有期徒刑或者拘役;情节特别恶劣的,处三年以上七年以下有期徒刑。"

② 根据2006年6月29日《中华人民共和国刑法修正案(六)》增加。

③ 根据2006年6月29日《中华人民共和国刑法修正案(六)》增加。

④ 根据2011年2月25日《中华人民共和国刑法修正案(八)》修改。原第一款条文为:"生产、销售假药,足以严重危害人体健康的,处三年以下有期徒刑或者拘役,并处或者单处销售金额百分之五十以上二倍以下罚金;对人体健康造成严重危害的,处三年以上十年以下有期徒刑,并处销售金额百分之五十以上二倍以下罚金;致人死亡或者对人体健康造成特别严重危害的,处十年以上有期徒刑、无期徒刑或者死刑,并处销售金额百分之五十以上二倍以下罚金或者没收财产。"

⑤ 根据2020年12月26日《中华人民共和国刑法修正案(十一)》修改。原条文为:"生产、销售假药的,处三年以下有期徒刑或者拘役,并处罚金;对人体健康造成严重危害或者有其他严重情节的,处三年以上十年以下有期徒刑,并处罚金;致人死亡或者有其他特别严重情节的,处十年以上有期徒刑、无期徒刑或者死刑,并处罚金或者没收财产。

"本条所称假药,是指依照《中华人民共和国药品管理法》的规定属于假药和按假药处理的药品、非药品。"

三年以上十年以下有期徒刑,并处罚金;后果特别严重的,处十年以上有期徒刑或者无期徒刑,并处罚金或者没收财产。

药品使用单位的人员明知是劣药而提供给他人使用的,依照前款的规定处罚。①

第一百四十二条之一 【妨害药品管理罪】违反药品管理法规,有下列情形之一,足以严重危害人体健康的,处三年以下有期徒刑或者拘役,并处或者单处罚金;对人体健康造成严重危害或者有其他严重情节的,处三年以上七年以下有期徒刑,并处罚金:

(一)生产、销售国务院药品监督管理部门禁止使用的药品的;

(二)未取得药品相关批准证明文件生产、进口药品或者明知是上述药品而销售的;

(三)药品申请注册中提供虚假的证明、数据、资料、样品或者采取其他欺骗手段的;

(四)编造生产、检验记录的。

有前款行为,同时又构成本法第一百四十一条、第一百四十二条规定之罪或者其他犯罪的,依照处罚较重的规定定罪处罚。②

第一百四十三条 【生产、销售不符合安全标准的食品罪】生产、销售不符合食品安全标准的食品,足以造成严重食物中毒事故或者其他严重食源性疾病的,处三年以下有期徒刑或者拘役,并处罚金;对人体健康造成严重危害或者有其他严重情节的,处三年以上七年以下有期徒刑,并处罚金;后果特别严重的,处七年以上有期徒刑或者无期徒刑,并处罚金或者没收财产。③

第一百四十四条 【生产、销售有毒、有害食品罪】在生产、销售的食品中掺入有毒、有害的非食品原料的,或者销售明知掺有有毒、有害的非食品原料的食品的,处五年以下有期徒刑,并处罚金;对人体健康造成严重危害或者有其他严重情节的,处五年以上十年以下有期徒刑,并处罚金;致人死亡或者有其他特别严重情节的,依照本法第一百四十一条的规定处罚。④

第一百四十五条 【生产、销售不符合标准的医用器材罪】生产不符合保障人体健康的国家标准、行业标准的医疗器械、医用卫生材料,或者销售明知是不符合保障人体健康的国家标准、行业标准的医疗器械、医用卫生材料,足以严重危害人体健康的,处三年以下有期徒刑或者拘役,并处销售金额百分之五十以上二倍以下罚金;对人体健康造成严重危害的,处三年以上十年以下有期徒刑,并处销售金额百分之五十以上二倍以下罚金;后果特别严重的,处十年以上有期徒刑或者无期徒刑,并处销售金额百分之五十以上二倍以下罚金或者没收财产。⑤

第一百四十六条 【生产、销售不符合安全标准的产品罪】生产不符合保障人身、财产安全的国家标准、行业标准的电器、压力容器、易燃易爆产品或者其他不符合保障人身、财产安全的国家标准、行业标准的产品,或者销售明知是以上不符合

---

① 根据 2020 年 12 月 26 日《中华人民共和国刑法修正案(十一)》修改。原条文为:"生产、销售劣药,对人体健康造成严重危害的,处三年以上十年以下有期徒刑,并处销售金额百分之五十以上二倍以下罚金;后果特别严重的,处十年以上有期徒刑或者无期徒刑,并处销售金额百分之五十以上二倍以下罚金或者没收财产。

"本条所称劣药,是指依照《中华人民共和国药品管理法》的规定属于劣药的药品。"

② 根据 2020 年 12 月 26 日《中华人民共和国刑法修正案(十一)》增加。

③ 根据 2011 年 2 月 25 日《中华人民共和国刑法修正案(八)》修改。原条文为:"生产、销售不符合卫生标准的食品,足以造成严重食物中毒事故或者其他严重食源性疾病的,处三年以下有期徒刑或者拘役,并处或者单处销售金额百分之五十以上二倍以下罚金;对人体健康造成严重危害的,处三年以上七年以下有期徒刑,并处销售金额百分之五十以上二倍以下罚金;后果特别严重的,处七年以上有期徒刑或者无期徒刑,并处销售金额百分之五十以上二倍以下罚金或者没收财产。"

④ 根据 2011 年 2 月 25 日《中华人民共和国刑法修正案(八)》修改。原条文为:"在生产、销售的食品中掺入有毒、有害的非食品原料的,或者销售明知掺有有毒、有害的非食品原料的食品的,处五年以下有期徒刑或者拘役,并处或者单处销售金额百分之五十以上二倍以下罚金;造成严重食物中毒事故或者其他严重食源性疾病,对人体健康造成严重危害的,处五年以上十年以下有期徒刑,并处销售金额百分之五十以上二倍以下罚金;致人死亡或者对人体健康造成特别严重危害的,依照本法第一百四十一条的规定处罚。"

⑤ 根据 2002 年 12 月 28 日《中华人民共和国刑法修正案(四)》修改。原条文为:"生产不符合保障人体健康的国家标准、行业标准的医疗器械、医用卫生材料,或者销售明知是不符合保障人体健康的国家标准、行业标准的医疗器械、医用卫生材料,对人体健康造成严重危害的,处五年以下有期徒刑,并处销售金额百分之五十以上二倍以下罚金;后果特别严重的,处五年以上十年以下有期徒刑,并处销售金额百分之五十以上二倍以下罚金,其中情节特别恶劣的,处十年以上有期徒刑或者无期徒刑,并处销售金额百分之五十以上二倍以下罚金或者没收财产。"

保障人身、财产安全的国家标准、行业标准的产品,造成严重后果的,处五年以下有期徒刑,并处销售金额百分之五十以上二倍以下罚金;后果特别严重的,处五年以上有期徒刑,并处销售金额百分之五十以上二倍以下罚金。

第一百四十七条 【生产、销售伪劣农药、兽药、化肥、种子罪】生产假农药、假兽药、假化肥,销售明知是假的或者失去使用效能的农药、兽药、化肥、种子,或者生产者、销售者以不合格的农药、兽药、化肥、种子冒充合格的农药、兽药、化肥、种子,使生产遭受较大损失的,处三年以下有期徒刑或者拘役,并处或者单处销售金额百分之五十以上二倍以下罚金;使生产遭受重大损失的,处三年以上七年以下有期徒刑,并处销售金额百分之五十以上二倍以下罚金;使生产遭受特别重大损失的,处七年以上有期徒刑或者无期徒刑,并处销售金额百分之五十以上二倍以下罚金或者没收财产。

第一百四十八条 【生产、销售不符合卫生标准的化妆品罪】生产不符合卫生标准的化妆品,或者销售明知是不符合卫生标准的化妆品,造成严重后果的,处三年以下有期徒刑或者拘役,并处或者单处销售金额百分之五十以上二倍以下罚金。

第一百四十九条 【对生产销售伪劣商品行为的法条适用】生产、销售本节第一百四十一条至第一百四十八条所列产品,不构成各该条规定的犯罪,但是销售金额在五万元以上的,依照本节第一百四十条的规定定罪处罚。

生产、销售本节第一百四十一条至第一百四十八条所列产品,构成各该条规定的犯罪,同时又构成本节第一百四十条规定之罪的,依照处罚较重的规定定罪处罚。

第一百五十条 【单位犯本节规定之罪的处理】单位犯本节第一百四十条至第一百四十八条规定之罪的,对单位判处罚金,并对其直接负责的主管人员和其他直接责任人员,依照各该条的规定处罚。

第二节 走私罪

第一百五十一条 【走私武器、弹药罪】【走私核材料罪】【走私假币罪】走私武器、弹药、核材料或者伪造的货币的,处七年以上有期徒刑,并处罚金或者没收财产;情节特别严重的,处无期徒刑,并处没收财产;情节较轻的,处三年以上七年以下有期徒刑,并处罚金。

【走私文物罪】【走私贵重金属罪】【走私珍贵动物、珍贵动物制品罪】走私国家禁止出口的文物、黄金、白银和其他贵重金属或者国家禁止进口的珍贵动物及其制品的,处五年以上十年以下有期徒刑,并处罚金;情节特别严重的,处十年以上有期徒刑或者无期徒刑,并处没收财产;情节较轻的,处五年以下有期徒刑,并处罚金。

【走私国家禁止进出口的货物、物品罪】走私珍稀植物及其制品等国家禁止进出口的其他货物、物品的,处五年以下有期徒刑或者拘役,并处或者单处罚金;情节严重的,处五年以上有期徒刑,并处罚金。

单位犯本条规定之罪的,对单位判处罚金,并对其直接负责的主管人员和其他直接责任人员,依照本条各款的规定处罚。①

第一百五十二条 【走私淫秽物品罪】以牟利或者传播为目的,走私淫秽的影片、录像带、录音

---

① 根据2009年2月28日《中华人民共和国刑法修正案(七)》第一次修改。原第三款条文为:"走私国家禁止进出口的珍稀植物及其制品的,处五年以下有期徒刑,并处或者单处罚金;情节严重的,处五年以上有期徒刑,并处罚金。"

根据2011年2月25日《中华人民共和国刑法修正案(八)》第二次修改。原条文为:"走私武器、弹药、核材料或者伪造的货币的,处七年以上有期徒刑,并处罚金或者没收财产;情节较轻的,处三年以上七年以下有期徒刑,并处罚金。

"走私国家禁止出口的文物、黄金、白银和其他贵重金属或者国家禁止进出口的珍贵动物及其制品的,处五年以上有期徒刑,并处罚金;情节较轻的,处五年以下有期徒刑,并处罚金。

"走私珍稀植物及其制品等国家禁止进出口的其他货物、物品的,处五年以下有期徒刑或者拘役,并处或者单处罚金;情节严重的,处五年以上有期徒刑,并处罚金。

"犯第一款、第二款罪,情节特别严重的,处无期徒刑或者死刑,并处没收财产。

"单位犯本条规定之罪的,对单位判处罚金,并对其直接负责的主管人员和其他直接责任人员,依照本条各款的规定处罚。"

根据2015年8月29日《中华人民共和国刑法修正案(九)》第三次修改。原第一款条文为:"走私武器、弹药、核材料或者伪造的货币的,处七年以上有期徒刑,并处罚金或者没收财产;情节特别严重的,处无期徒刑或者死刑,并处没收财产;情节较轻的,处三年以上七年以下有期徒刑,并处罚金。"

带、图片、书刊或者其他淫秽物品的,处三年以上十年以下有期徒刑,并处罚金;情节严重的,处十年以上有期徒刑或者无期徒刑,并处罚金或者没收财产;情节较轻的,处三年以下有期徒刑、拘役或者管制,并处罚金。

【走私废物罪】逃避海关监管将境外固体废物、液态废物和气态废物运输进境,情节严重的,处五年以下有期徒刑,并处或者单处罚金;情节特别严重的,处五年以上有期徒刑,并处罚金。①

单位犯前两款罪的,对单位判处罚金,并对其直接负责的主管人员和其他直接责任人员,依照前两款的规定处罚。②

第一百五十三条 【走私普通货物、物品罪】走私本法第一百五十一条、第一百五十二条、第三百四十七条规定以外的货物、物品的,根据情节轻重,分别依照下列规定处罚:

(一)走私货物、物品偷逃应缴税额较大或者一年内曾因走私被给予二次行政处罚后又走私的,处三年以下有期徒刑或者拘役,并处偷逃应缴税额一倍以上五倍以下罚金。

(二)走私货物、物品偷逃应缴税额巨大或者有其他严重情节的,处三年以上十年以下有期徒刑,并处偷逃应缴税额一倍以上五倍以下罚金。

(三)走私货物、物品偷逃应缴税额特别巨大或者有其他特别严重情节的,处十年以上有期徒刑或者无期徒刑,并处偷逃应缴税额一倍以上五倍以下罚金或者没收财产。③

单位犯前款罪的,对单位判处罚金,并对其直接负责的主管人员和其他直接责任人员,处三年以下有期徒刑或者拘役;情节严重的,处三年以上十年以下有期徒刑;情节特别严重的,处十年以上有期徒刑。

对多次走私未经处理的,按照累计走私货物、物品的偷逃应缴税额处罚。

第一百五十四条 【走私普通货物、物品罪的特殊形式】下列走私行为,根据本节规定构成犯罪的,依照本法第一百五十三条的规定定罪处罚:

(一)未经海关许可并且未补缴应缴税额,擅自将批准进口的来料加工、来件装配、补偿贸易的原材料、零件、制成品、设备等保税货物,在境内销售牟利的;

(二)未经海关许可并且未补缴应缴税额,擅自将特定减税、免税进口的货物、物品,在境内销售牟利的。

第一百五十五条 【以走私罪论处的间接走私行为】下列行为,以走私罪论处,依照本节的有关规定处罚:

(一)直接向走私人非法收购国家禁止进口物品的,或者直接向走私人非法收购走私进口的其他货物、物品,数额较大的;

(二)在内海、领海、界河、界湖运输、收购、贩卖国家禁止进出口物品的,或者运输、收购、贩卖国家限制进出口货物、物品,数额较大,没有合法证明的。④

第一百五十六条 【走私共犯】与走私罪犯通

---

① 根据2002年12月28日《中华人民共和国刑法修正案(四)》增加一款,作为第二款,原第二款改为本条第三款。

② 根据2002年12月28日《中华人民共和国刑法修正案(四)》修改。本款原条文为:"单位犯前款罪的,对单位判处罚金,并对其直接负责的主管人员和其他直接责任人员,依照前款的规定处罚。"

③ 根据2011年2月25日《中华人民共和国刑法修正案(八)》修改。原第一款条文为:"走私本法第一百五十一条、第一百五十二条、第三百四十七条规定以外的货物、物品的,根据情节轻重,分别依照下列规定处罚:
"(一)走私货物、物品偷逃应缴税额在五十万元以上的,处十年以上有期徒刑或者无期徒刑,并处偷逃应缴税额一倍以上五倍以下罚金或者没收财产;情节特别严重的,依照本法第一百五十一条第四款的规定处罚。
"(二)走私货物、物品偷逃应缴税额在十五万元以上不满五十万元的,处三年以上十年以下有期徒刑,并处偷逃应缴税额一倍以上五倍以下罚金;情节特别严重的,处十年以上有期徒刑或者无期徒刑,并处偷逃应缴税额一倍以上五倍以下罚金或者没收财产。
"(三)走私货物、物品偷逃应缴税额在五万元以上不满十五万元的,处三年以下有期徒刑或者拘役,并处偷逃应缴税额一倍以上五倍以下罚金。"

④ 根据2002年12月28日《中华人民共和国刑法修正案(四)》修改。原条文为:"下列行为,以走私罪论处,依照本节的有关规定处罚:
"(一)直接向走私人非法收购国家禁止进口物品的,或者直接向走私人非法收购走私进口的其他货物、物品,数额较大的;
"(二)在内海、领海运输、收购、贩卖国家禁止进出口物品的,或者运输、收购、贩卖国家限制进出口货物、物品,数额较大,没有合法证明的。
"(三)逃避海关监管将境外固体废物运输进境的。"

谋,为其提供贷款、资金、帐号、发票、证明,或者为其提供运输、保管、邮寄或者其他方便的,以走私罪的共犯论处。

第一百五十七条 【武装掩护走私、抗拒缉私的刑事处罚规定】武装掩护走私的,依照本法第一百五十一条第一款的规定从重处罚。①

以暴力、威胁方法抗拒缉私的,以走私罪和本法第二百七十七条规定的阻碍国家机关工作人员依法执行职务罪,依照数罪并罚的规定处罚。

第三节 妨害对公司、企业的管理秩序罪

第一百五十八条② 【虚报注册资本罪】申请公司登记使用虚假证明文件或者采取其他欺诈手段虚报注册资本,欺骗公司登记主管部门,取得公司登记,虚报注册资本数额巨大、后果严重或者有其他严重情节的,处三年以下有期徒刑或者拘役,并处或者单处虚报注册资本金额百分之一以上百分之五以下罚金。

单位犯前款罪的,对单位判处罚金,并对其直接负责的主管人员和其他直接责任人员,处三年以下有期徒刑或者拘役。

第一百五十九条③ 【虚假出资、抽逃出资罪】公司发起人、股东违反公司法的规定未交付货币、实物或者未转移财产权,虚假出资,或者在公司成立后又抽逃其出资,数额巨大、后果严重或者有其他严重情节的,处五年以下有期徒刑或者拘役,并处或者单处虚假出资金额或者抽逃出资金额百分之二以上百分之十以下罚金。

单位犯前款罪的,对单位判处罚金,并对其直接负责的主管人员和其他直接责任人员,处五年以下有期徒刑或者拘役。

第一百六十条 【欺诈发行证券罪】在招股说明书、认股书、公司、企业债券募集办法等发行文件中隐瞒重要事实或者编造重大虚假内容,发行股票或者公司、企业债券、存托凭证或者国务院依法认定的其他证券,数额巨大、后果严重或者有其他严重情节的,处五年以下有期徒刑或者拘役,并处或者单处罚金;数额特别巨大、后果特别严重或者有其他特别严重情节的,处五年以上有期徒刑,并处罚金。

控股股东、实际控制人组织、指使实施前款行为的,处五年以下有期徒刑或者拘役,并处或者单处非法募集资金金额百分之二十以上一倍以下罚金;数额特别巨大、后果特别严重或者有其他特别严重情节的,处五年以上有期徒刑,并处非法募集资金金额百分之二十以上一倍以下罚金。

单位犯前两款罪的,对单位判处非法募集资金金额百分之二十以上一倍以下罚金,并对其直接负责的主管人员和其他直接责任人员,依照第一款的规定处罚。④

第一百六十一条 【违规披露、不披露重要信息罪】依法负有信息披露义务的公司、企业向股东和社会公众提供虚假的或者隐瞒重要事实的财务会计报告,或者对依法应当披露的其他重要信息不按照规定披露,严重损害股东或者其他人利益,或者有其他严重情节的,对其直接负责的主管人员和其他直接责任人员,处五年以下有期徒刑或者拘役,并处或者单处罚金;情节特别严重的,处

---

① 根据2011年2月25日《中华人民共和国刑法修正案(八)》修改。原第一款条文为:"武装掩护走私的,依照本法第一百五十一条第一款、第四款的规定从重处罚。"

② 根据2014年4月24日通过的《全国人民代表大会常务委员会关于〈中华人民共和国刑法〉第一百五十八条、第一百五十九条的解释》:

"全国人民代表大会常务委员会讨论了公司法修改后刑法第一百五十八条、第一百五十九条对实行注册资本实缴登记制、认缴登记制的公司的适用范围问题,解释如下:

"刑法第一百五十八条、第一百五十九条的规定,只适用于依法实行注册资本实缴登记制的公司。"

③ 根据2014年4月24日通过的《全国人民代表大会常务委员会关于〈中华人民共和国刑法〉第一百五十八条、第一百五十九条的解释》:

"全国人民代表大会常务委员会讨论了公司法修改后刑法第一百五十八条、第一百五十九条对实行注册资本实缴登记制、认缴登记制的公司的适用范围问题,解释如下:

"刑法第一百五十八条、第一百五十九条的规定,只适用于依法实行注册资本实缴登记制的公司。"

④ 根据2020年12月26日《中华人民共和国刑法修正案(十一)》修改。原条文为:"在招股说明书、认股书、公司、企业债券募集办法中隐瞒重要事实或者编造重大虚假内容,发行股票或者公司、企业债券,数额巨大、后果严重或者有其他严重情节的,处五年以下有期徒刑或者拘役,并处或者单处非法募集资金金额百分之一以上百分之五以下罚金。

"单位犯前款罪的,对单位判处罚金,并对其直接负责的主管人员和其他直接责任人员,处五年以下有期徒刑或者拘役,处

五年以上十年以下有期徒刑,并处罚金。

前款规定的公司、企业的控股股东、实际控制人实施或者组织、指使实施前款行为的,或者隐瞒相关事项导致前款规定的情形发生的,依照前款的规定处罚。

犯前款罪的控股股东、实际控制人是单位的,对单位判处罚金,并对其直接负责的主管人员和其他直接责任人员,依照第一款的规定处罚。①

第一百六十二条 【妨害清算罪】公司、企业进行清算时,隐匿财产,对资产负债表或者财产清单作虚伪记载或者在未清偿债务前分配公司、企业财产,严重损害债权人或者其他人利益的,对其直接负责的主管人员和其他直接责任人员,处五年以下有期徒刑或者拘役,并处或者单处二万元以上二十万元以下罚金。

第一百六十二条之一 【隐匿、故意销毁会计凭证、会计账簿、财务会计报告罪】隐匿或者故意销毁依法应当保存的会计凭证、会计帐簿、财务会计报告,情节严重的,处五年以下有期徒刑或者拘役,并处或者单处二万元以上二十万元以下罚金。

单位犯前款罪的,对单位判处罚金,并对其直接负责的主管人员和其他直接责任人员,依照前款的规定处罚。②

第一百六十二条之二 【虚假破产罪】公司、企业通过隐匿财产、承担虚构的债务或者以其他方法转移、处分财产,实施虚假破产,严重损害债权人或者其他人利益的,对其直接负责的主管人员和其他直接责任人员,处五年以下有期徒刑或者拘役,并处或者单处二万元以上二十万元以下罚金。③

第一百六十三条 【非国家工作人员受贿罪】公司、企业或者其他单位的工作人员,利用职务上的便利,索取他人财物或者非法收受他人财物,为他人谋取利益,数额较大的,处三年以下有期徒刑或者拘役,并处罚金;数额巨大或者有其他严重情节的,处三年以上十年以下有期徒刑,并处罚金;数额特别巨大或者有其他特别严重情节的,处十年以上有期徒刑或者无期徒刑,并处罚金。④

公司、企业或者其他单位的工作人员在经济往来中,利用职务上的便利,违反国家规定,收受各种名义的回扣、手续费,归个人所有的,依照前款的规定处罚。

国有公司、企业或者其他国有单位中从事公务的人员和国有公司、企业或者其他国有单位委派到非国有公司、企业以及其他单位从事公务的人员有前两款行为的,依照本法第三百八十五条、第三百八十六条的规定定罪处罚。⑤

第一百六十四条 【对非国家工作人员行贿罪】为谋取不正当利益,给予公司、企业或者其他单位的工作人员以财物,数额较大的,处三年以下有期徒刑或者拘役,并处罚金;数额巨大的,处三年以上十年以下有期徒刑,并处罚金。

【对外国公职人员、国际公共组织官员行贿罪】为谋取不正当商业利益,给予外国公职人员或者国际公共组织官员以财物的,依照前款的规定

---

① 根据 2006 年 6 月 29 日《中华人民共和国刑法修正案(六)》第一次修改。原条文为:"公司向股东和社会公众提供虚假的或者隐瞒重要事实的财务会计报告,严重损害股东或者他人利益的,对其直接负责的主管人员和其他直接责任人员,处三年以下有期徒刑或者拘役,并处或者单处二万元以上二十万元以下罚金。"
根据 2020 年 12 月 26 日《中华人民共和国刑法修正案(十一)》第二次修改。原条文为:"依法负有信息披露义务的公司、企业向股东和社会公众提供虚假的或者隐瞒重要事实的财务会计报告,或者对依法应当披露的其他重要信息不按照规定披露,严重损害股东或者他人利益,或者有其他严重情节的,对其直接负责的主管人员和其他直接责任人员,处三年以下有期徒刑或者拘役,并处或者单处二万元以上二十万元以下罚金。"

② 根据 1999 年 12 月 25 日《中华人民共和国刑法修正案》增加。

③ 根据 2006 年 6 月 29 日《中华人民共和国刑法修正案(六)》增加。

④ 根据 2020 年 12 月 26 日《中华人民共和国刑法修正案(十一)》修改。原第一款条文为:"公司、企业或者其他单位的工作人员利用职务上的便利,索取他人财物或者非法收受他人财物,为他人谋取利益,数额较大的,处五年以下有期徒刑或者拘役;数额巨大的,处五年以上有期徒刑,可以并处没收财产。"

⑤ 根据 2006 年 6 月 29 日《中华人民共和国刑法修正案(六)》修改。原条文为:"公司、企业的工作人员利用职务上的便利,索取他人财物或者非法收受他人财物,为他人谋取利益,数额较大的,处五年以下有期徒刑或者拘役;数额巨大的,处五年以上有期徒刑,可以并处没收财产。"

"公司、企业的工作人员在经济往来中,违反国家规定,收受各种名义的回扣、手续费,归个人所有的,依照前款的规定处罚。"

"国有公司、企业中从事公务的人员和国有公司、企业委派到非国有公司、企业从事公务的人员有前两款行为的,依照本法第三百八十五条、第三百八十六条的规定定罪处罚。"

处罚。

单位犯前两款罪的,对单位判处罚金,并对其直接负责的主管人员和其他直接责任人员,依照第一款的规定处罚。

行贿人在被追诉前主动交待行贿行为的,可以减轻处罚或者免除处罚。①

第一百六十五条 【非法经营同类营业罪】国有公司、企业的董事、经理利用职务便利,自己经营或者为他人经营与其所任职公司、企业同类的营业,获取非法利益,数额巨大的,处三年以下有期徒刑或者拘役,并处或者单处罚金;数额特别巨大的,处三年以上七年以下有期徒刑,并处罚金。

第一百六十六条 【为亲友非法牟利罪】国有公司、企业、事业单位的工作人员,利用职务便利,有下列情形之一,使国家利益遭受重大损失的,处三年以下有期徒刑或者拘役,并处或者单处罚金;致使国家利益遭受特别重大损失的,处三年以上七年以下有期徒刑,并处罚金:

(一)将本单位的盈利业务交由自己的亲友进行经营的;

(二)以明显高于市场的价格向自己的亲友经营管理的单位采购商品或者以明显低于市场的价格向自己的亲友经营管理的单位销售商品的;

(三)向自己的亲友经营管理的单位采购不合格商品的。

第一百六十七条② 【签订、履行合同失职被骗罪】国有公司、企业、事业单位直接负责的主管人员,在签订、履行合同过程中,因严重不负责任被诈骗,致使国家利益遭受重大损失的,处三年以下有期徒刑或者拘役;致使国家利益遭受特别重大损失的,处三年以上七年以下有期徒刑。

第一百六十八条 【国有公司、企业、事业单位人员失职罪】【国有公司、企业、事业单位人员滥用职权罪】国有公司、企业的工作人员,由于严重不负责任或者滥用职权,造成国有公司、企业破产或者严重损失,致使国家利益遭受重大损失的,处三年以下有期徒刑或者拘役;致使国家利益遭受特别重大损失的,处三年以上七年以下有期徒刑。

国有事业单位的工作人员有前款行为,致使国家利益遭受重大损失的,依照前款的规定处罚。

国有公司、企业、事业单位的工作人员,徇私舞弊,犯前两款罪的,依照第一款的规定从重处罚。③

第一百六十九条 【徇私舞弊低价折股、出售国有资产罪】国有公司、企业或者其上级主管部门直接负责的主管人员,徇私舞弊,将国有资产低价折股或者低价出售,致使国家利益遭受重大损失的,处三年以下有期徒刑或者拘役;致使国家利益遭受特别重大损失的,处三年以上七年以下有期徒刑。

第一百六十九条之一 【背信损害上市公司利益罪】上市公司的董事、监事、高级管理人员违背对公司的忠实义务,利用职务便利,操纵上市公司从事下列行为之一,致使上市公司利益遭受重大损失的,处三年以下有期徒刑或者拘役,并处或者单处罚金;致使上市公司利益遭受特别重大损失的,处三年以上七年以下有期徒刑,并处罚金:

(一)无偿向其他单位或者个人提供资金、商

---

① 根据2006年6月29日《中华人民共和国刑法修正案(六)》第一次修改。原第一款条文为:"为谋取不正当利益,给予公司、企业的工作人员以财物,数额较大的,处三年以下有期徒刑或者拘役;数额巨大的,处三年以上十年以下有期徒刑,并处罚金。"

根据2011年2月25日《中华人民共和国刑法修正案(八)》第二次修改。原条文为:"为谋取不正当利益,给予公司、企业或者其他单位的工作人员以财物,数额较大的,处三年以下有期徒刑或者拘役;数额巨大的,处三年以上十年以下有期徒刑,并处罚金。

"单位犯前款罪的,对单位判处罚金,并对其直接负责的主管人员和其他直接责任人员,依照前款的规定处罚。

"行贿人在被追诉前主动交待行贿行为的,可以减轻处罚或者免除处罚。"

根据2015年8月29日《中华人民共和国刑法修正案(九)》第三次修改。原第一款条文为:"为谋取不正当利益,给予公司、企业或者其他单位的工作人员以财物,数额较大的,处三年以下有期徒刑或者拘役;数额巨大的,处三年以上十年以下有期徒刑,并处罚金。"

② 根据1998年12月29日通过的《全国人民代表大会常务委员会关于惩治骗购外汇、逃汇和非法买卖外汇犯罪的决定》:"七、金融机构、从事对外贸易经营活动的公司、企业的工作人员严重不负责任,造成大量外汇被骗购或者逃汇,致使国家利益遭受重大损失的,依照刑法第一百六十七条的规定定罪处罚。"

③ 根据1999年12月25日《中华人民共和国刑法修正案》修改。原条文为:"国有公司、企业直接负责的主管人员,徇私舞弊,造成国有公司、企业破产或者严重亏损,致使国家利益遭受重大损失的,处三年以下有期徒刑或者拘役。"

品、服务或者其他资产的；

（二）以明显不公平的条件，提供或者接受资金、商品、服务或者其他资产的；

（三）向明显不具有清偿能力的单位或者个人提供资金、商品、服务或者其他资产的；

（四）为明显不具有清偿能力的单位或者个人提供担保，或者无正当理由为其他单位或者个人提供担保的；

（五）无正当理由放弃债权、承担债务的；

（六）采用其他方式损害上市公司利益的。

上市公司的控股股东或者实际控制人，指使上市公司董事、监事、高级管理人员实施前款行为的，依照前款的规定处罚。

犯前款罪的上市公司的控股股东或者实际控制人是单位的，对单位判处罚金，并对其直接负责的主管人员和其他直接责任人员，依照第一款的规定处罚。①

第四节　破坏金融管理秩序罪

第一百七十条　【伪造货币罪】伪造货币的，处三年以上十年以下有期徒刑，并处罚金；有下列情形之一的，处十年以上有期徒刑或者无期徒刑，并处罚金或者没收财产：

（一）伪造货币集团的首要分子；

（二）伪造货币数额特别巨大的；

（三）有其他特别严重情节的。②

第一百七十一条　【出售、购买、运输假币罪】出售、购买伪造的货币或者明知是伪造的货币而运输，数额较大的，处三年以下有期徒刑或者拘役，并处二万元以上二十万元以下罚金；数额巨大的，处三年以上十年以下有期徒刑，并处五万元以上五十万元以下罚金；数额特别巨大的，处十年以上有期徒刑或者无期徒刑，并处五万元以上五十万元以下罚金或者没收财产。

【金融工作人员购买假币、以假币换取货币罪】银行或者其他金融机构的工作人员购买伪造的货币或者利用职务上的便利，以伪造的货币换取货币的，处三年以上十年以下有期徒刑，并处二万元以上二十万元以下罚金；数额巨大或者有其他严重情节的，处十年以上有期徒刑或者无期徒刑，并处二万元以上二十万元以下罚金或者没收财产；情节较轻的，处三年以下有期徒刑或者拘役，并处或者单处一万元以上十万元以下罚金。

伪造货币并出售或者运输伪造的货币的，依照本法第一百七十条的规定定罪从重处罚。

第一百七十二条　【持有、使用假币罪】明知是伪造的货币而持有、使用，数额较大的，处三年以下有期徒刑或者拘役，并处或者单处一万元以上十万元以下罚金；数额巨大的，处三年以上十年以下有期徒刑，并处二万元以上二十万元以下罚金；数额特别巨大的，处十年以上有期徒刑，并处五万元以上五十万元以下罚金或者没收财产。

第一百七十三条　【变造货币罪】变造货币，数额较大的，处三年以下有期徒刑或者拘役，并处或者单处一万元以上十万元以下罚金；数额巨大的，处三年以上十年以下有期徒刑，并处二万元以上二十万元以下罚金。

第一百七十四条　【擅自设立金融机构罪】未经国家有关主管部门批准，擅自设立商业银行、证券交易所、期货交易所、证券公司、期货经纪公司、保险公司或者其他金融机构的，处三年以下有期徒刑或者拘役，并处或者单处二万元以上二十万元以下罚金；情节严重的，处三年以上十年以下有期徒刑，并处五万元以上五十万元以下罚金。

【伪造、变造、转让金融机构经营许可证、批准文件罪】伪造、变造、转让商业银行、证券交易所、期货交易所、证券公司、期货经纪公司、保险公司或者其他金融机构的经营许可证或者批准文件的，依照前款的规定处罚。

单位犯前两款罪的，对单位判处罚金，并对其直接负责的主管人员和其他直接责任人员，依照

---

① 根据2006年6月29日《中华人民共和国刑法修正案（六）》增加。

② 根据2015年8月29日《中华人民共和国刑法修正案（九）》修改。原条文为："伪造货币的，处三年以上十年以下有期徒刑，并处五万元以上五十万元以下罚金；有下列情形之一的，处十年以上有期徒刑、无期徒刑或者死刑，并处五万元以上五十万元以下罚金或者没收财产：

"（一）伪造货币集团的首要分子；

"（二）伪造货币数额特别巨大的；

"（三）有其他特别严重情节的。"

第一款的规定处罚。①

第一百七十五条 【高利转贷罪】以转贷牟利为目的，套取金融机构信贷资金高利转贷他人，违法所得数额较大的，处三年以下有期徒刑或者拘役，并处违法所得一倍以上五倍以下罚金；数额巨大的，处三年以上七年以下有期徒刑，并处违法所得一倍以上五倍以下罚金。

单位犯前款罪的，对单位判处罚金，并对其直接负责的主管人员和其他直接责任人员，处三年以下有期徒刑或者拘役。

第一百七十五条之一 【骗取贷款、票据承兑、金融票证罪】以欺骗手段取得银行或者其他金融机构贷款、票据承兑、信用证、保函等，给银行或者其他金融机构造成重大损失的，处三年以下有期徒刑或者拘役，并处或者单处罚金；给银行或者其他金融机构造成特别重大损失或者有其他特别严重情节的，处三年以上七年以下有期徒刑，并处罚金。②

单位犯前款罪的，对单位判处罚金，并对其直接负责的主管人员和其他直接责任人员，依照前款的规定处罚。③

第一百七十六条 【非法吸收公众存款罪】非法吸收公众存款或者变相吸收公众存款，扰乱金融秩序的，处三年以下有期徒刑或者拘役，并处或单处罚金；数额巨大或者有其他严重情节的，处三年以上十年以下有期徒刑，并处罚金；数额特别巨大或者有其他特别严重情节的，处十年以上有期徒刑，并处罚金。

单位犯前款罪的，对单位判处罚金，并对其直接负责的主管人员和其他直接责任人员，依照前款的规定处罚。

有前两款行为，在提起公诉前积极退赃退赔，减少损害结果发生的，可以从轻或者减轻处罚。④

第一百七十七条⑤ 【伪造、变造金融票证罪】有下列情形之一，伪造、变造金融票证的，处五年以下有期徒刑或者拘役，并处或者单处二万元以上二十万元以下罚金；情节严重的，处五年以上十年以下有期徒刑，并处五万元以上五十万元以下罚金；情节特别严重的，处十年以上有期徒刑或者无期徒刑，并处五万元以上五十万元以下罚金或者没收财产：

（一）伪造、变造汇票、本票、支票的；

（二）伪造、变造委托收款凭证、汇款凭证、银行存单等其他银行结算凭证的；

（三）伪造、变造信用证或者附随的单据、文件的；

（四）伪造信用卡的。

单位犯前款罪的，对单位判处罚金，并对其直接负责的主管人员和其他直接责任人员，依照前款的规定处罚。

第一百七十七条之一 【妨害信用卡管理罪】有下列情形之一，妨害信用卡管理的，处三年以下有期徒刑或者拘役，并处或者单处一万元以上十万元以下罚金；数量巨大或者有其他严重情节的，处三年以上十年以下有期徒刑，并处二万元以上

---

① 根据1999年12月25日《中华人民共和国刑法修正案》修改。原条文为："未经中国人民银行批准，擅自设立商业银行或者其他金融机构的，处三年以下有期徒刑或者拘役，并处或者单处二万元以上二十万元以下罚金；情节严重的，处三年以上十年以下有期徒刑，并处五万元以上五十万元以下罚金。

"伪造、变造、转让商业银行或者其他金融机构经营许可证的，依照前款的规定处罚。

"单位犯前两款罪的，对单位判处罚金，并对其直接负责的主管人员和其他直接责任人员，依照第一款的规定处罚。"

② 根据2020年12月26日《中华人民共和国刑法修正案（十一）》修改。原第一款条文为："以欺骗手段取得银行或者其他金融机构贷款、票据承兑、信用证、保函等，给银行或者其他金融机构造成重大损失或者有其他严重情节的，处三年以下有期徒刑或者拘役，并处或者单处罚金；给银行或者其他金融机构造成特别重大损失或者有其他特别严重情节的，处三年以上七年以下有期徒刑，并处罚金。"

③ 根据2006年6月29日《中华人民共和国刑法修正案（六）》增加。

④ 根据2020年12月26日《中华人民共和国刑法修正案（十一）》修改。原条文为："非法吸收公众存款或者变相吸收公众存款，扰乱金融秩序的，处三年以下有期徒刑或者拘役，并处或者单处二万元以上二十万元以下罚金；数额巨大或者有其他严重情节的，处三年以上十年以下有期徒刑，并处五万元以上五十万元以下罚金。

"单位犯前款罪的，对单位判处罚金，并对其直接负责的主管人员和其他直接责任人员，依照前款的规定处罚。"

⑤ 根据2004年12月29日通过的《全国人民代表大会常务委员会关于〈中华人民共和国刑法〉有关信用卡规定的解释》：

"全国人民代表大会常务委员会根据司法实践中遇到的情况，讨论了刑法规定的'信用卡'的含义问题，解释如下：

"刑法规定的'信用卡'，是指由商业银行或者其他金融机构发行的具有消费支付、信用贷款、转账结算、存取现金等全部功能或者部分功能的电子支付卡。"

二十万元以下罚金；

（一）明知是伪造的信用卡而持有、运输的，或者明知是伪造的空白信用卡而持有、运输，数量较大的；

（二）非法持有他人信用卡，数量较大的；

（三）使用虚假的身份证明骗领信用卡的；

（四）出售、购买、为他人提供伪造的信用卡或者以虚假的身份证明骗领的信用卡的。

【窃取、收买、非法提供信用卡信息罪】窃取、收买或者非法提供他人信用卡信息资料的，依照前款规定处罚。

银行或者其他金融机构的工作人员利用职务上的便利，犯第二款罪的，从重处罚。①

第一百七十八条　【伪造、变造国家有价证券罪】伪造、变造国库券或者国家发行的其他有价证券，数额较大的，处三年以下有期徒刑或者拘役，并处或者单处二万元以上二十万元以下罚金；数额巨大的，处三年以上十年以下有期徒刑，并处五万元以上五十万元以下罚金；数额特别巨大的，处十年以上有期徒刑或者无期徒刑，并处五万元以上五十万元以下罚金或者没收财产。

【伪造、变造股票、公司、企业债券罪】伪造、变造股票或者公司、企业债券，数额较大的，处三年以下有期徒刑或者拘役，并处或者单处一万元以上十万元以下罚金；数额巨大的，处三年以上十年以下有期徒刑，并处二万元以上二十万元以下罚金。

单位犯前两款罪的，对单位判处罚金，并对其直接负责的主管人员和其他直接责任人员，依照前两款的规定处罚。

第一百七十九条　【擅自发行股票、公司、企业债券罪】未经国家有关主管部门批准，擅自发行股票或者公司、企业债券，数额巨大、后果严重或者有其他严重情节的，处五年以下有期徒刑或者拘役，并处或者单处非法募集资金金额百分之一以上百分之五以下罚金。

单位犯前款罪的，对单位判处罚金，并对其直接负责的主管人员和其他直接责任人员，处五年以下有期徒刑或者拘役。

第一百八十条　【内幕交易、泄露内幕信息罪】证券、期货交易内幕信息的知情人员或者非法获取证券、期货交易内幕信息的人员，在涉及证券的发行，证券、期货交易或者其他对证券、期货交易价格有重大影响的信息尚未公开前，买入或者卖出该证券，或者从事与该内幕信息有关的期货交易，或者泄露该信息，或者明示、暗示他人从事上述交易活动，情节严重的，处五年以下有期徒刑或者拘役，并处或者单处违法所得一倍以上五倍以下罚金；情节特别严重的，处五年以上十年以下有期徒刑，并处违法所得一倍以上五倍以下罚金。

单位犯前款罪的，对单位判处罚金，并对其直接负责的主管人员和其他直接责任人员，处五年以下有期徒刑或者拘役。

内幕信息、知情人员的范围，依照法律、行政法规的规定确定。

【利用未公开信息交易罪】证券交易所、期货交易所、证券公司、期货经纪公司、基金管理公司、商业银行、保险公司等金融机构的从业人员以及有关监管部门或者行业协会的工作人员，利用因职务便利获取的内幕信息以外的其他未公开的信息，违反规定，从事与该信息相关的证券、期货交易活动，或者明示、暗示他人从事相关交易活动，情节严重的，依照第一款的规定处罚。②

---

① 根据2005年2月28日《中华人民共和国刑法修正案（五）》增加。

② 根据1999年12月25日《中华人民共和国刑法修正案》第一次修改。原条文为："证券交易内幕信息的知情人员或者非法获取证券交易内幕信息的人员，在涉及证券的发行、交易或者其他对证券的价格有重大影响的信息尚未公开前，买入或者卖出该证券，或者泄露该信息，情节严重的，处五年以下有期徒刑或者拘役，并处或者单处违法所得一倍以上五倍以下罚金；情节特别严重的，处五年以上十年以下有期徒刑，并处违法所得一倍以上五倍以下罚金。

"单位犯前款罪的，对单位判处罚金，并对其直接负责的主管人员和其他直接责任人员，处五年以下有期徒刑或者拘役。

"内幕信息的范围，依照法律、行政法规的规定确定。

"知情人员的范围，依照法律、行政法规的规定确定。"

根据2009年2月28日《中华人民共和国刑法修正案（七）》第二次修改。原第一款条文为："证券、期货交易内幕信息的知情人员或者非法获取证券、期货交易内幕信息的人员，在涉及证券的发行，证券、期货交易或者其他对证券、期货交易价格有重大影响的信息尚未公开前，买入或者卖出该证券，或者从事与该内幕信息有关的期货交易，或者泄露该信息，情节严重的，处五年以下有期徒刑或者拘役，并处或者单处违法所得一倍以上五倍以下罚金；情节特别严重的，处五年以上十年以下有期徒刑，并处违法所得一倍以上五倍以下罚金。"

根据2009年2月28日《中华人民共和国刑法修正案（七）》增加一款，作为第四款。

第一百八十一条 【编造并传播证券、期货交易虚假信息罪】编造并且传播影响证券、期货交易的虚假信息,扰乱证券、期货交易市场,造成严重后果的,处五年以下有期徒刑或者拘役,并处或者单处一万元以上十万元以下罚金。

【诱骗投资者买卖证券、期货合约罪】证券交易所、期货交易所、证券公司、期货经纪公司的从业人员,证券业协会、期货业协会或者证券期货监督管理部门的工作人员,故意提供虚假信息或者伪造、变造、销毁交易记录,诱骗投资者买卖证券、期货合约,造成严重后果的,处五年以下有期徒刑或者拘役,并处或者单处一万元以上十万元以下罚金;情节特别恶劣的,处五年以上十年以下有期徒刑,并处二万元以上二十万元以下罚金。

单位犯前两款罪的,对单位判处罚金,并对其直接负责的主管人员和其他直接责任人员,处五年以下有期徒刑或者拘役。①

第一百八十二条 【操纵证券、期货市场罪】有下列情形之一,操纵证券、期货市场,影响证券、期货交易价格或者证券、期货交易量,情节严重的,处五年以下有期徒刑或者拘役,并处或者单处罚金;情节特别严重的,处五年以上十年以下有期徒刑,并处罚金:

(一)单独或者合谋,集中资金优势、持股或者持仓优势或者利用信息优势联合或者连续买卖的;

(二)与他人串通,以事先约定的时间、价格和方式相互进行证券、期货交易的;

(三)在自己实际控制的帐户之间进行证券交易,或者以自己为交易对象,自买自卖期货合约的;

(四)不以成交为目的,频繁或者大量申报买入、卖出证券、期货合约并撤销申报的;

(五)利用虚假或者不确定的重大信息,诱导投资者进行证券、期货交易的;

(六)对证券、证券发行人、期货交易标的公开作出评价、预测或者投资建议,同时进行反向证券交易或者相关期货交易的;

(七)以其他方法操纵证券、期货市场的。

单位犯前款罪的,对单位判处罚金,并对其直接负责的主管人员和其他直接责任人员,依照前款的规定处罚。②

---

① 根据1999年12月25日《中华人民共和国刑法修正案》修改。原条文为:"编造并且传播影响证券交易的虚假信息,扰乱证券交易市场,造成严重后果的,处五年以下有期徒刑或者拘役,并处或者单处一万元以上十万元以下罚金。

"证券交易所、证券公司的从业人员,证券业协会或者证券管理部门的工作人员,故意提供虚假信息或伪造、变造、销毁交易记录,诱骗投资者买卖证券,造成严重后果的,处五年以下有期徒刑或者拘役,并处或者单处一万元以上十万元以下罚金;情节特别恶劣的,处五年以上十年以下有期徒刑,并处二万元以上二十万元以下罚金。

"单位犯前两款罪的,对单位判处罚金,并对其直接负责的主管人员和其他直接责任人员,处五年以下有期徒刑或者拘役。"

② 根据1999年12月25日《中华人民共和国刑法修正案》第一次修改。原条文为:"有下列情形之一,操纵证券交易价格,获取不正当利益或者转嫁风险,情节严重的,处五年以下有期徒刑或者拘役,并处或者单处违法所得一倍以上五倍以下罚金:

"(一)单独或者合谋,集中资金优势、持股优势或者利用信息优势联合或者连续买卖,操纵证券交易价格的;

"(二)与他人串通,以事先约定的时间、价格和方式相互进行证券交易或者相互买卖并不持有的证券,影响证券交易价格或者证券交易量的;

"(三)以自己为交易对象,进行不转移证券所有权的自买自卖,影响证券交易价格或者证券交易量的;

"(四)以其他方法操纵证券交易价格的。

"单位犯前款罪的,对单位判处罚金,并对其直接负责的主管人员和其他直接责任人员,处五年以下有期徒刑或者拘役。"

根据2006年6月29日《中华人民共和国刑法修正案(六)》第二次修改。原条文为:"有下列情形之一,操纵证券、期货交易价格,获取不正当利益或者转嫁风险,情节严重的,处五年以下有期徒刑或者拘役,并处或者单处违法所得一倍以上五倍以下罚金:

"(一)单独或者合谋,集中资金优势、持股或者持仓优势或者利用信息优势联合或者连续买卖,操纵证券、期货交易价格的;

"(二)与他人串通,以事先约定的时间、价格和方式相互进行证券、期货交易,或者相互买卖并不持有的证券,影响证券、期货交易价格或者证券、期货交易量的;

"(三)以自己为交易对象,进行不转移证券所有权的自买自卖,或者以自己为交易对象,自买自卖期货合约,影响证券、期货交易价格或者证券、期货交易量的;

"(四)以其他方法操纵证券、期货交易价格的。

"单位犯前款罪的,对单位判处罚金,并对其直接负责的主管人员和其他直接责任人员,处五年以下有期徒刑或者拘役。"

根据2020年12月26日《中华人民共和国刑法修正案(十一)》第三次修改。原第一款条文为:"有下列情形之一,操纵证券、期货市场,情节严重的,处五年以下有期徒刑或者拘役,并处或者单处罚金;情节特别严重的,处五年以上十年以下有期徒刑,并处罚金:

"(一)单独或者合谋,集中资金优势、持股或者持仓优势或者利用信息优势联合或者连续买卖,操纵证券、期货交易价格或者证券、期货交易量的;

"(二)与他人串通,以事先约定的时间、价格和方式相互进行证券、期货交易,影响证券、期货交易价格或者证券、期货交易量的;

"(三)在自己实际控制的帐户之间进行证券交易,或者以自己为交易对象,自买自卖期货合约,影响证券、期货交易价格或者证券、期货交易量的;

"(四)以其他方法操纵证券、期货市场的。"

第一百八十三条 【职务侵占罪】保险公司的工作人员利用职务上的便利，故意编造未曾发生的保险事故进行虚假理赔，骗取保险金归自己所有的，依照本法第二百七十一条的规定定罪处罚。

【贪污罪】国有保险公司工作人员和国有保险公司委派到非国有保险公司从事公务的人员有前款行为的，依照本法第三百八十二条、第三百八十三条的规定定罪处罚。

第一百八十四条 【金融机构工作人员受贿犯罪如何定罪处罚的规定】银行或者其他金融机构的工作人员在金融业务活动中索取他人财物或者非法收受他人财物，为他人谋取利益的，或者违反国家规定，收受各种名义的回扣、手续费，归个人所有的，依照本法第一百六十三条的规定定罪处罚。

国有金融机构工作人员和国有金融机构委派到非国有金融机构从事公务的人员有前款行为的，依照本法第三百八十五条、第三百八十六条的规定定罪处罚。

第一百八十五条 【挪用资金罪】商业银行、证券交易所、期货交易所、证券公司、期货经纪公司、保险公司或者其他金融机构的工作人员利用职务上的便利，挪用本单位或者客户资金的，依照本法第二百七十二条的规定定罪处罚。

【挪用公款罪】国有商业银行、证券交易所、期货交易所、证券公司、期货经纪公司、保险公司或者其他国有金融机构的工作人员和国有商业银行、证券交易所、期货交易所、证券公司、期货经纪公司、保险公司或者其他国有金融机构委派到前款规定中的非国有机构从事公务的人员有前款行为的，依照本法第三百八十四条的规定定罪处罚。①

第一百八十五条之一 【背信运用受托财产罪】商业银行、证券交易所、期货交易所、证券公司、期货经纪公司、保险公司或者其他金融机构，违背受托义务，擅自运用客户资金或者其他委托、信托的财产，情节严重的，对单位判处罚金，并对其直接负责的主管人员和其他直接责任人员，处三年以下有期徒刑或者拘役，并处三万元以上三十万元以下罚金；情节特别严重的，处三年以上十年以下有期徒刑，并处五万元以上五十万元以下罚金。

【违法运用资金罪】社会保障基金管理机构、住房公积金管理机构等公众资金管理机构，以及保险公司、保险资产管理公司、证券投资基金管理公司，违反国家规定运用资金的，对其直接负责的主管人员和其他直接责任人员，依照前款的规定处罚。②

第一百八十六条 【违法发放贷款罪】银行或者其他金融机构的工作人员违反国家规定发放贷款，数额巨大或者造成重大损失的，处五年以下有期徒刑或者拘役，并处一万元以上十万元以下罚金；数额特别巨大或者造成特别重大损失的，处五年以上有期徒刑，并处二万元以上二十万元以下罚金。

银行或者其他金融机构的工作人员违反国家规定，向关系人发放贷款的，依照前款的规定从重处罚。③

单位犯前两款罪的，对单位判处罚金，并对其直接负责的主管人员和其他直接责任人员，依照前两款的规定处罚。

关系人的范围，依照《中华人民共和国商业银行法》和有关金融法规确定。

第一百八十七条 【吸收客户资金不入账罪】银行或者其他金融机构的工作人员吸收客户资金不入帐，数额巨大或者造成重大损失的，处五年以

---

① 根据1999年12月25日《中华人民共和国刑法修正案》修改。原条文为："银行或者其他金融机构的工作人员利用职务上的便利，挪用本单位或者客户资金的，依照本法第二百七十二条的规定定罪处罚。

"国有金融机构工作人员和国有金融机构委派到非国有金融机构从事公务的人员有前款行为的，依照本法第三百八十四条的规定定罪处罚。"

② 根据2006年6月29日《中华人民共和国刑法修正案（六）》增加。

③ 根据2006年6月29日《中华人民共和国刑法修正案（六）》修改。原第一款、第二款条文为："银行或者其他金融机构的工作人员违反法律、行政法规规定，向关系人发放信用贷款或者发放担保贷款的条件优于其他借款人同类贷款的条件，造成较大损失的，处五年以下有期徒刑或者拘役，并处一万元以上十万元以下罚金；造成重大损失的，处五年以上有期徒刑，并处二万元以上二十万元以下罚金。

"银行或者其他金融机构的工作人员违反法律、行政法规规定，向关系人以外的其他人发放贷款，造成重大损失的，处五年以下有期徒刑或者拘役，并处一万元以上十万元以下罚金；造成特别重大损失的，处五年以上有期徒刑，并处二万元以上二十万元以下罚金。"

下有期徒刑或者拘役,并处二万元以上二十万元以下罚金;数额特别巨大或者造成特别重大损失的,处五年以上有期徒刑,并处五万元以上五十万元以下罚金。①

单位犯前款罪的,对单位判处罚金,并对其直接负责的主管人员和其他直接责任人员,依照前款的规定处罚。

第一百八十八条 【违规出具金融票证罪】银行或者其他金融机构的工作人员违反规定,为他人出具信用证或者其他保函、票据、存单、资信证明,情节严重的,处五年以下有期徒刑或者拘役;情节特别严重的,处五年以上有期徒刑。②

单位犯前款罪的,对单位判处罚金,并对其直接负责的主管人员和其他直接责任人员,依照前款的规定处罚。

第一百八十九条 【对违法票据承兑、付款、保证罪】银行或者其他金融机构的工作人员在票据业务中,对违反票据法规定的票据予以承兑、付款或者保证,造成重大损失的,处五年以下有期徒刑或者拘役;造成特别重大损失的,处五年以上有期徒刑。

单位犯前款罪的,对单位判处罚金,并对其直接负责的主管人员和其他直接责任人员,依照前款的规定处罚。

第一百九十条 【逃汇罪】公司、企业或者其他单位,违反国家规定,擅自将外汇存放境外,或者将境内的外汇非法转移到境外,数额较大的,对单位判处逃汇数额百分之五以上百分之三十以下罚金,并对其直接负责的主管人员和其他直接责任人员处五年以下有期徒刑或者拘役;数额巨大或者有其他严重情节的,对单位判处逃汇数额百分之五以上百分之三十以下罚金,并对其直接负责的主管人员和其他直接责任人员处五年以上有期徒刑。③

第一百九十一条 【洗钱罪】为掩饰、隐瞒毒品犯罪、黑社会性质的组织犯罪、恐怖活动犯罪、走私犯罪、贪污贿赂犯罪、破坏金融管理秩序犯罪、金融诈骗犯罪的所得及其产生的收益的来源和性质,有下列行为之一的,没收实施以上犯罪的所得及其产生的收益,处五年以下有期徒刑或者拘役,并处或者单处罚金;情节严重的,处五年以上十年以下有期徒刑,并处罚金:

(一)提供资金帐户的;

(二)将财产转换为现金、金融票据、有价证券的;

(三)通过转帐或者其他支付结算方式转移资金的;

(四)跨境转移资产的;

(五)以其他方法掩饰、隐瞒犯罪所得及其收益的来源和性质的。

单位犯前款罪的,对单位判处罚金,并对其直接负责的主管人员和其他直接责任人员,依照前

---

① 根据2006年6月29日《中华人民共和国刑法修正案(六)》修改。原第一款条文为:"银行或者其他金融机构的工作人员以牟利为目的,采取吸收客户资金不入帐的方式,将资金用于非法拆借、发放贷款,造成重大损失的,处五年以下有期徒刑或者拘役,并处二万元以上二十万元以下罚金;造成特别重大损失的,处五年以上有期徒刑,并处五万元以上五十万元以下罚金。"

② 根据2006年6月29日《中华人民共和国刑法修正案(六)》修改。原第一款条文为:"银行或者其他金融机构的工作人员违反规定,为他人出具信用证或者其他保函、票据、存单、资信证明,造成较大损失的,处五年以下有期徒刑或者拘役;造成重大损失的,处五年以上有期徒刑。"

③ 根据1998年12月29日通过的《全国人民代表大会常务委员会关于惩治骗购外汇、逃汇和非法买卖外汇犯罪的决定》修改。原条文为:"国有公司、企业或者其他国有单位,违反国家规定,擅自将外汇存放境外,或者将境内的外汇非法转移到境外,情节严重的,对单位判处罚金,并对其直接负责的主管人员和其他直接责任人员,处五年以下有期徒刑或者拘役。"

款的规定处罚。①

第五节 金融诈骗罪

第一百九十二条 【集资诈骗罪】以非法占有为目的,使用诈骗方法非法集资,数额较大的,处三年以上七年以下有期徒刑,并处罚金;数额巨大或者有其他严重情节的,处七年以上有期徒刑或者无期徒刑,并处罚金或者没收财产。

单位犯前款罪的,对单位判处罚金,并对其直接负责的主管人员和其他直接责任人员,依照前款的规定处罚。②

第一百九十三条 【贷款诈骗罪】有下列情形之一,以非法占有为目的,诈骗银行或者其他金融机构的贷款,数额较大的,处五年以下有期徒刑或者拘役,并处二万元以上二十万元以下罚金;数额巨大或者有其他严重情节的,处五年以上十年以下有期徒刑,并处五万元以上五十万元以下罚金;数额特别巨大或者有其他特别严重情节的,处十年以上有期徒刑或者无期徒刑,并处五万元以上五十万元以下罚金或者没收财产:

(一)编造引进资金、项目等虚假理由的;
(二)使用虚假的经济合同的;
(三)使用虚假的证明文件的;
(四)使用虚假的产权证明作担保或者超出抵押物价值重复担保的;
(五)以其他方法诈骗贷款的。

第一百九十四条 【票据诈骗罪】有下列情形之一,进行金融票据诈骗活动,数额较大的,处五年以下有期徒刑或者拘役,并处二万元以上二十

---

① 根据 2001 年 12 月 29 日《中华人民共和国刑法修正案(三)》第一次修改。原条文为:"明知是毒品犯罪、黑社会性质的组织犯罪、走私犯罪的违法所得及其产生的收益,为掩饰、隐瞒其来源和性质,有下列行为之一的,没收实施以上犯罪的违法所得及其产生的收益,处五年以下有期徒刑或者拘役,并处或者单处洗钱数额百分之五以上百分之二十以下罚金;情节严重的,处五年以上十年以下有期徒刑,并处洗钱数额百分之五以上百分之二十以下罚金:
"(一)提供资金帐户的;
"(二)协助将财产转换为现金或者金融票据的;
"(三)通过转帐或者其他结算方式协助资金转移的;
"(四)协助将资金汇往境外的;
"(五)以其他方法掩饰、隐瞒犯罪的违法所得及其收益的性质和来源的。
"单位犯前款罪的,对单位判处罚金,并对其直接负责的主管人员和其他直接责任人员,处五年以下有期徒刑或者拘役。"
根据 2006 年 6 月 29 日《中华人民共和国刑法修正案(六)》第二次修改。原第一款条文为:"明知是毒品犯罪、黑社会性质的组织犯罪、恐怖活动犯罪、走私犯罪的违法所得及其产生的收益,为掩饰、隐瞒其来源和性质,有下列行为之一的,没收实施以上犯罪的违法所得及其产生的收益,处五年以下有期徒刑或者拘役,并处或者单处洗钱数额百分之五以上百分之二十以下罚金;情节严重的,处五年以上十年以下有期徒刑,并处洗钱数额百分之五以上百分之二十以下罚金:
"(一)提供资金帐户的;
"(二)协助将财产转换为现金或者金融票据的;
"(三)通过转帐或者其他结算方式协助资金转移的;
"(四)协助将资金汇往境外的;
"(五)以其他方法掩饰、隐瞒犯罪的违法所得及其收益的来源和性质的。"
根据 2020 年 12 月 26 日《中华人民共和国刑法修正案(十一)》第三次修改。原条文为:"明知是毒品犯罪、黑社会性质的组织犯罪、恐怖活动犯罪、走私犯罪、贪污贿赂犯罪、破坏金融管理秩序犯罪、金融诈骗犯罪的所得及其产生的收益,为掩饰、隐瞒其来源和性质,有下列行为之一的,没收实施以上犯罪的所得及其产生的收益,处五年以下有期徒刑或者拘役,并处或者单处洗钱数额百分之五以上百分之二十以下罚金;情节严重的,处五年以上十年以下有期徒刑,并处洗钱数额百分之五以上百分之二十以下罚金:
"(一)提供资金帐户的;
"(二)协助将财产转换为现金、金融票据、有价证券的;
"(三)通过转帐或者其他结算方式协助资金转移的;
"(四)协助将资金汇往境外的;
"(五)以其他方法掩饰、隐瞒犯罪所得及其收益的来源和性质的。
"单位犯前款罪的,对单位判处罚金,并对其直接负责的主管人员和其他直接责任人员,处五年以下有期徒刑或者拘役;情节严重的,处五年以上十年以下有期徒刑。"

② 根据 2020 年 12 月 26 日《中华人民共和国刑法修正案(十一)》修改。原条文为:"以非法占有为目的,使用诈骗方法非法集资,数额较大的,处五年以下有期徒刑或者拘役,并处二万元以上二十万元以下罚金;数额巨大或者有其他严重情节的,处五年以上十年以下有期徒刑,并处五万元以上五十万元以下罚金;数额特别巨大或者有其他特别严重情节的,处十年以上有期徒刑或者无期徒刑,并处五万元以上五十万元以下罚金或者没收财产。"

万元以下罚金;数额巨大或者有其他严重情节的,处五年以上十年以下有期徒刑,并处五万元以上五十万元以下罚金;数额特别巨大或者有其他特别严重情节的,处十年以上有期徒刑或者无期徒刑,并处五万元以上五十万元以下罚金或者没收财产:

(一)明知是伪造、变造的汇票、本票、支票而使用的;

(二)明知是作废的汇票、本票、支票而使用的;

(三)冒用他人的汇票、本票、支票的;

(四)签发空头支票或者与其预留印鉴不符的支票,骗取财物的;

(五)汇票、本票的出票人签发无资金保证的汇票、本票或者在出票时作虚假记载,骗取财物的。

【金融凭证诈骗罪】使用伪造、变造的委托收款凭证、汇款凭证、银行存单等其他银行结算凭证的,依照前款的规定处罚。

第一百九十五条 【信用证诈骗罪】有下列情形之一,进行信用证诈骗活动的,处五年以下有期徒刑或者拘役,并处二万元以上二十万元以下罚金;数额巨大或者有其他严重情节的,处五年以上十年以下有期徒刑,并处五万元以上五十万元以下罚金;数额特别巨大或者有其他特别严重情节的,处十年以上有期徒刑或者无期徒刑,并处五万元以上五十万元以下罚金或者没收财产:

(一)使用伪造、变造的信用证或者附随的单据、文件的;

(二)使用作废的信用证的;

(三)骗取信用证的;

(四)以其他方法进行信用证诈骗活动的。

第一百九十六条[1] 【信用卡诈骗罪】有下列情形之一,进行信用卡诈骗活动,数额较大的,处五年以下有期徒刑或者拘役,并处二万元以上二十万元以下罚金;数额巨大或者有其他严重情节的,处五年以上十年以下有期徒刑,并处五万元以上五十万元以下罚金;数额特别巨大或者有其他特别严重情节的,处十年以上有期徒刑或者无期徒刑,并处五万元以上五十万元以下罚金或者没收财产:

(一)使用伪造的信用卡,或者使用以虚假的身份证明骗领的信用卡的;

(二)使用作废的信用卡的;

(三)冒用他人信用卡的;

(四)恶意透支的。

前款所称恶意透支,是指持卡人以非法占有为目的,超过规定限额或者规定期限透支,并且经发卡银行催收后仍不归还的行为。

盗窃信用卡并使用的,依照本法第二百六十四条的规定定罪处罚。[2]

第一百九十七条 【有价证券诈骗罪】使用伪造、变造的国库券或者国家发行的其他有价证券,进行诈骗活动,数额较大的,处五年以下有期徒刑或者拘役,并处二万元以上二十万元以下罚金;数额巨大或者有其他严重情节的,处五年以上十年以下有期徒刑,并处五万元以上五十万元以下罚金;数额特别巨大或者有其他特别严重情节的,处十年以上有期徒刑或者无期徒刑,并处五万元以上五十万元以下罚金或者没收财产。

第一百九十八条 【保险诈骗罪】有下列情形

---

[1] 根据2004年12月29日通过的《全国人民代表大会常务委员会关于〈中华人民共和国刑法〉有关信用卡规定的解释》:
"全国人民代表大会常务委员会根据司法实践中遇到的情况,讨论了刑法规定的'信用卡'的含义问题,解释如下:
"刑法规定的'信用卡',是指由商业银行或者其他金融机构发行的具有消费支付、信用贷款、转账结算、存取现金等全部功能或者部分功能的电子支付卡。"

[2] 根据2005年2月28日《中华人民共和国刑法修正案(五)》修改。原条文为:"有下列情形之一,进行信用卡诈骗活动,数额较大的,处五年以下有期徒刑或者拘役,并处二万元以上二十万元以下罚金;数额巨大或者有其他严重情节的,处五年以上十年以下有期徒刑,并处五万元以上五十万元以下罚金;数额特别巨大或者有其他特别严重情节的,处十年以上有期徒刑或者无期徒刑,并处五万元以上五十万元以下罚金或者没收财产:
"(一)使用伪造的信用卡的;
"(二)使用作废的信用卡的;
"(三)冒用他人信用卡的;
"(四)恶意透支的。
"前款所称恶意透支,是指持卡人以非法占有为目的,超过规定限额或者规定期限透支,并且经发卡银行催收后仍不归还的行为。
"盗窃信用卡并使用的,依照本法第二百六十四条的规定定罪处罚。"

之一,进行保险诈骗活动,数额较大的,处五年以下有期徒刑或者拘役,并处一万元以上十万元以下罚金;数额巨大或者有其他严重情节的,处五年以上十年以下有期徒刑,并处二万元以上二十万元以下罚金;数额特别巨大或者有其他特别严重情节的,处十年以上有期徒刑,并处二万元以上二十万元以下罚金或者没收财产:

(一)投保人故意虚构保险标的,骗取保险金的;

(二)投保人、被保险人或者受益人对发生的保险事故编造虚假的原因或者夸大损失的程度,骗取保险金的;

(三)投保人、被保险人或者受益人编造未曾发生的保险事故,骗取保险金的;

(四)投保人、被保险人故意造成财产损失的保险事故,骗取保险金的;

(五)投保人、受益人故意造成被保险人死亡、伤残或者疾病,骗取保险金的。

有前款第四项、第五项所列行为,同时构成其他犯罪的,依照数罪并罚的规定处罚。

单位犯第一款罪的,对单位判处罚金,并对其直接负责的主管人员和其他直接责任人员,处五年以下有期徒刑或者拘役;数额巨大或者有其他严重情节的,处五年以上十年以下有期徒刑;数额特别巨大或者有其他特别严重情节的,处十年以上有期徒刑。

保险事故的鉴定人、证明人、财产评估人故意提供虚假的证明文件,为他人诈骗提供条件的,以保险诈骗的共犯论处。

第一百九十九条 (根据《中华人民共和国刑法修正案(九)》删去本条内容)[①]

第二百条 【单位犯金融诈骗罪的处罚规定】单位犯本节第一百九十四条、第一百九十五条规定之罪的,对单位判处罚金,并对其直接负责的主管人员和其他直接责任人员,处五年以下有期徒刑或者拘役,可以并处罚金;数额巨大或者有其他严重情节的,处五年以上十年以下有期徒刑,并处罚金;数额特别巨大或者有其他特别严重情节的,处十年以上有期徒刑或者无期徒刑,并处罚金。[②]

第六节 危害税收征管罪[③]

第二百零一条 【逃税罪】纳税人采取欺骗、隐瞒手段进行虚假纳税申报或者不申报,逃避缴纳税款数额较大并且占应纳税额百分之十以上的,处三年以下有期徒刑或者拘役,并处罚金;数额巨大并且占应纳税额百分之三十以上的,处三年以上七年以下有期徒刑,并处罚金。

扣缴义务人采取前款所列手段,不缴或者少缴已扣、已收税款,数额较大的,依照前款的规定处罚。

对多次实施前两款行为,未经处理的,按照累计数额计算。

有第一款行为,经税务机关依法下达追缴通知后,补缴应纳税款,缴纳滞纳金,已受行政处罚

[①] 根据2011年2月25日《中华人民共和国刑法修正案(八)》修改。原条文为:"犯本节第一百九十二条、第一百九十四条、第一百九十五条规定之罪,数额特别巨大并且给国家和人民利益造成特别重大损失的,处无期徒刑或者死刑,并处没收财产。"

根据2015年8月29日《中华人民共和国刑法修正案(九)》删除。原条文为:"犯本节第一百九十二条规定之罪,数额特别巨大并且给国家和人民利益造成特别重大损失的,处无期徒刑或者死刑,并处没收财产。"

[②] 根据2011年2月25日《中华人民共和国刑法修正案(八)》第一次修改。原条文为:"单位犯本节第一百九十二条、第一百九十四条、第一百九十五条规定之罪的,对单位判处罚金,并对其直接负责的主管人员和其他直接责任人员,处五年以下有期徒刑或者拘役;数额巨大或者有其他严重情节的,处五年以上十年以下有期徒刑;数额特别巨大或者有其他特别严重情节的,处十年以上有期徒刑或者无期徒刑。"

根据2020年12月26日《中华人民共和国刑法修正案(十一)》第二次修改。原条文为:"单位犯本节第一百九十二条、第一百九十四条、第一百九十五条规定之罪的,对单位判处罚金,并对其直接负责的主管人员和其他直接责任人员,处五年以下有期徒刑或者拘役,可以并处罚金;数额巨大或者有其他严重情节的,处五年以上十年以下有期徒刑,并处罚金;数额特别巨大或者有其他特别严重情节的,处十年以上有期徒刑或者无期徒刑,并处罚金。"

[③] 根据2005年12月29日通过的《全国人民代表大会常务委员会关于〈中华人民共和国刑法〉有关出口退税、抵扣税款的其他发票规定的解释》:

"全国人民代表大会常务委员会根据司法实践中遇到的情况,讨论了刑法规定的'出口退税、抵扣税款的其他发票'的含义问题,解释如下:

"刑法规定的'出口退税、抵扣税款的其他发票',是指除增值税专用发票以外的,具有出口退税、抵扣税款功能的收付款凭证或者完税凭证。"

的,不予追究刑事责任;但是,五年内因逃避缴纳税款受过刑事处罚或者被税务机关给予二次以上行政处罚的除外。①

第二百零二条 【抗税罪】以暴力、威胁方法拒不缴纳税款的,处三年以下有期徒刑或者拘役,并处拒缴税款一倍以上五倍以下罚金;情节严重的,处三年以上七年以下有期徒刑,并处拒缴税款一倍以上五倍以下罚金。

第二百零三条 【逃避追缴欠税罪】纳税人欠缴应纳税款,采取转移或者隐匿财产的手段,致使税务机关无法追缴欠缴的税款,数额在一万元以上不满十万元的,处三年以下有期徒刑或者拘役,并处或者单处欠缴税款一倍以上五倍以下罚金;数额在十万元以上的,处三年以上七年以下有期徒刑,并处欠缴税款一倍以上五倍以下罚金。

第二百零四条 【骗取出口退税罪】以假报出口或者其他欺骗手段,骗取国家出口退税款,数额较大的,处五年以下有期徒刑或者拘役,并处骗取税款一倍以上五倍以下罚金;数额巨大或者有其他严重情节的,处五年以上十年以下有期徒刑,并处骗取税款一倍以上五倍以下罚金;数额特别巨大或者有其他特别严重情节的,处十年以上有期徒刑或者无期徒刑,并处骗取税款一倍以上五倍以下罚金或者没收财产。

纳税人缴纳税款后,采取前款规定的欺骗方法,骗取所缴纳的税款的,依照本法第二百零一条的规定定罪处罚;骗取税款超过所缴纳的税款部分,依照前款的规定处罚。

第二百零五条 【虚开增值税专用发票、用于骗取出口退税、抵扣税款发票罪】虚开增值税专用发票或者虚开用于骗取出口退税、抵扣税款的其他发票的,处三年以下有期徒刑或者拘役,并处二万元以上二十万元以下罚金;虚开的税款数额较大或者有其他严重情节的,处三年以上十年以下有期徒刑,并处五万元以上五十万元以下罚金;虚开的税款数额巨大或者有其他特别严重情节的,处十年以上有期徒刑或者无期徒刑,并处五万元以上五十万元以下罚金或者没收财产。

单位犯本条规定之罪的,对单位判处罚金,并对其直接负责的主管人员和其他直接责任人员,处三年以下有期徒刑或者拘役;虚开的税款数额较大或者有其他严重情节的,处三年以上十年以下有期徒刑;虚开的税款数额巨大或者有其他特别严重情节的,处十年以上有期徒刑或者无期徒刑。

虚开增值税专用发票或者虚开用于骗取出口退税、抵扣税款的其他发票,是指有为他人虚开、为自己虚开、让他人为自己虚开、介绍他人虚开行为之一的。②

第二百零五条之一 【虚开发票罪】虚开本法第二百零五条规定以外的其他发票,情节严重的,处二年以下有期徒刑、拘役或者管制,并处罚金;情节特别严重的,处二年以上七年以下有期徒刑,并处罚金。

单位犯前款罪的,对单位判处罚金,并对其直接负责的主管人员和其他直接责任人员,依照前款的规定处罚。③

第二百零六条 【伪造、出售伪造的增值税专用发票罪】伪造或者出售伪造的增值税专用发票的,处三年以下有期徒刑、拘役或者管制,并处二万元以上二十万元以下罚金;数量较大或者有其他严重情节的,处三年以上十年以下有期徒刑,并处五万元以上五十万元以下罚金;数量巨大或者有其他特别严重情节的,处十年以上有期徒刑或者无期徒刑,并处五万元以上五十万元以下罚金或者没收财产。

---

① 根据2009年2月28日《中华人民共和国刑法修正案(七)》修改。原条文为:"纳税人采取伪造、变造、隐匿、擅自销毁帐簿、记帐凭证,在帐簿上多列支出或者不列、少列收入,经税务机关通知申报而拒不申报或者进行虚假的纳税申报的手段,不缴或者少缴应纳税款,偷税数额占应纳税额的百分之十以上不满百分之三十并且偷税数额在一万元以上不满十万元的,或者因偷税被税务机关给予二次行政处罚又偷税的,处三年以下有期徒刑或者拘役,并处偷税数额一倍以上五倍以下罚金;偷税数额占应纳税额的百分之三十以上并且偷税数额在十万元以上的,处三年以上七年以下有期徒刑,并处偷税数额一倍以上五倍以下罚金。

"扣缴义务人采取前款所列手段,不缴或者少缴已扣、已收税款,数额占应缴税额的百分之十以上并且数额在一万元以上的,依照前款的规定处罚。

"对多次犯有前两款行为,未经处理的,按照累计数额计算。"

② 根据2011年2月25日《中华人民共和国刑法修正案(八)》修改,本条删去第二款。原第二款条文为:"有前款行为骗取国家税款,数额特别巨大,情节特别严重,给国家利益造成特别重大损失的,处无期徒刑或者死刑,并处没收财产。"

③ 根据2011年2月25日《中华人民共和国刑法修正案(八)》增加。

单位犯本条规定之罪的,对单位判处罚金,并对其直接负责的主管人员和其他直接责任人员,处三年以下有期徒刑、拘役或者管制;数量较大或者有其他严重情节的,处三年以上十年以下有期徒刑;数量巨大或者有其他特别严重情节的,处十年以上有期徒刑或者无期徒刑。①

第二百零七条 【非法出售增值税专用发票罪】非法出售增值税专用发票的,处三年以下有期徒刑、拘役或者管制,并处二万元以上二十万元以下罚金;数量较大的,处三年以上十年以下有期徒刑,并处五万元以上五十万元以下罚金;数量巨大的,处十年以上有期徒刑或者无期徒刑,并处五万元以上五十万元以下罚金或者没收财产。

第二百零八条 【非法购买增值税专用发票、购买伪造的增值税专用发票罪】非法购买增值税专用发票或者购买伪造的增值税专用发票的,处五年以下有期徒刑或者拘役,并处或者单处二万元以上二十万元以下罚金。

非法购买增值税专用发票或者购买伪造的增值税专用发票又虚开或者出售的,分别依照本法第二百零五条、第二百零六条、第二百零七条的规定定罪处罚。

第二百零九条 【非法制造、出售非法制造的用于骗取出口退税、抵扣税款发票罪】伪造、擅自制造或者出售伪造、擅自制造的可以用于骗取出口退税、抵扣税款的其他发票的,处三年以下有期徒刑、拘役或者管制,并处二万元以上二十万元以下罚金;数量巨大的,处三年以上七年以下有期徒刑,并处五万元以上五十万元以下罚金;数量特别巨大的,处七年以上有期徒刑,并处五万元以上五十万元以下罚金或者没收财产。

【非法制造、出售非法制造的发票罪】伪造、擅自制造或者出售伪造、擅自制造的前款规定以外的其他发票的,处二年以下有期徒刑、拘役或者管制,并处或者单处一万元以上五万元以下罚金;情节严重的,处二年以上七年以下有期徒刑,并处五万元以上五十万元以下罚金。

【非法出售用于骗取出口退税、抵扣税款发票罪】非法出售可以用于骗取出口退税、抵扣税款的其他发票的,依照第一款的规定处罚。

【非法出售发票罪】非法出售第三款规定以外的其他发票的,依照第二款的规定处罚。

第二百一十条 【盗窃罪】盗窃增值税专用发票或者可以用于骗取出口退税、抵扣税款的其他发票的,依照本法第二百六十四条的规定定罪处罚。

【诈骗罪】使用欺骗手段骗取增值税专用发票或者可以用于骗取出口退税、抵扣税款的其他发票的,依照本法第二百六十六条的规定定罪处罚。

第二百一十条之一 【持有伪造的发票罪】明知是伪造的发票而持有,数量较大的,处二年以下有期徒刑、拘役或者管制,并处罚金;数量巨大的,处二年以上七年以下有期徒刑,并处罚金。

单位犯前款罪的,对单位判处罚金,并对其直接负责的主管人员和其他直接责任人员,依照前款的规定处罚。②

第二百一十一条 【单位犯危害税收征管罪的处罚规定】单位犯本节第二百零一条、第二百零三条、第二百零四条、第二百零七条、第二百零八条、第二百零九条规定之罪的,对单位判处罚金,并对其直接负责的主管人员和其他直接责任人员,依照各该条的规定处罚。

第二百一十二条 【税收征缴优先原则】犯本节第二百零一条至第二百零五条规定之罪,被判处罚金、没收财产的,在执行前,应当先由税务机关追缴税款和所骗取的出口退税款。

第七节 侵犯知识产权罪

第二百一十三条 【假冒注册商标罪】未经注册商标所有人许可,在同一种商品、服务上使用与其注册商标相同的商标,情节严重的,处三年以下有期徒刑,并处或者单处罚金;情节特别严重的,处三年以上十年以下有期徒刑,并处罚金。③

第二百一十四条 【销售假冒注册商标的商

---

① 根据2011年2月25日《中华人民共和国刑法修正案(八)》修改,本条删去第二款。原第二款条文为:"伪造并出售伪造的增值税专用发票,数量特别巨大,情节特别严重,严重破坏经济秩序的,处无期徒刑或者死刑,并处没收财产。"
② 根据2011年2月25日《中华人民共和国刑法修正案(八)》增加。
③ 根据2020年12月26日《中华人民共和国刑法修正案(十一)》修改。原条文为:"未经注册商标所有人许可,在同一种商品上使用与其注册商标相同的商标,情节严重的,处三年以下有期徒刑或者拘役,并处或者单处罚金;情节特别严重的,处三年以上七年以下有期徒刑,并处罚金。"

品罪】销售明知是假冒注册商标的商品,违法所得数额较大或者有其他严重情节的,处三年以下有期徒刑,并处或者单处罚金;违法所得数额巨大或者有其他特别严重情节的,处三年以上十年以下有期徒刑,并处罚金。①

第二百一十五条 【非法制造、销售非法制造的注册商标标识罪】伪造、擅自制造他人注册商标标识或者销售伪造、擅自制造的注册商标标识,情节严重的,处三年以下有期徒刑,并处或者单处罚金;情节特别严重的,处三年以上十年以下有期徒刑,并处罚金。②

第二百一十六条 【假冒专利罪】假冒他人专利,情节严重的,处三年以下有期徒刑或者拘役,并处或者单处罚金。

第二百一十七条 【侵犯著作权罪】以营利为目的,有下列侵犯著作权或者与著作权有关的权利的情形之一,违法所得数额较大或者有其他严重情节的,处三年以下有期徒刑,并处或者单处罚金;违法所得数额巨大或者有其他特别严重情节的,处三年以上十年以下有期徒刑,并处罚金:

(一)未经著作权人许可,复制发行、通过信息网络向公众传播其文字作品、音乐、美术、视听作品、计算机软件及法律、行政法规规定的其他作品的;

(二)出版他人享有专有出版权的图书的;

(三)未经录音录像制作者许可,复制发行、通过信息网络向公众传播其制作的录音录像的;

(四)未经表演者许可,复制发行录有其表演的录音录像制品,或者通过信息网络向公众传播其表演的;

(五)制作、出售假冒他人署名的美术作品的;

(六)未经著作权人或者与著作权有关的权利人许可,故意避开或者破坏权利人为其作品、录音录像制品等采取的保护著作权或者与著作权有关的权利的技术措施的。③

第二百一十八条 【销售侵权复制品罪】以营利为目的,销售明知是本法第二百一十七条规定的侵权复制品,违法所得数额巨大或者有其他严重情节的,处五年以下有期徒刑,并处或者单处罚金。④

第二百一十九条 【侵犯商业秘密罪】有下列侵犯商业秘密行为之一,情节严重的,处三年以下有期徒刑,并处或者单处罚金;情节特别严重的,处三年以上十年以下有期徒刑,并处罚金:

(一)以盗窃、贿赂、欺诈、胁迫、电子侵入或者其他不正当手段获取权利人的商业秘密的;

(二)披露、使用或者允许他人使用以前项手段获取的权利人的商业秘密的;

(三)违反保密义务或者违反权利人有关保守商业秘密的要求,披露、使用或者允许他人使用其所掌握的商业秘密的。

明知前款所列行为,获取、披露、使用或者允许他人使用该商业秘密的,以侵犯商业秘密论。

本条所称权利人,是指商业秘密的所有人和

---

① 根据 2020 年 12 月 26 日《中华人民共和国刑法修正案(十一)》修改。原条文为:"销售明知是假冒注册商标的商品,销售金额数额较大的,处三年以下有期徒刑或者拘役,并处或者单处罚金;销售金额数额巨大的,处三年以上七年以下有期徒刑,并处罚金。"

② 根据 2020 年 12 月 26 日《中华人民共和国刑法修正案(十一)》修改。原条文为:"伪造、擅自制造他人注册商标标识或者销售伪造、擅自制造的注册商标标识,情节严重的,处三年以下有期徒刑、拘役或者管制,并处或者单处罚金;情节特别严重的,处三年以上七年以下有期徒刑,并处罚金。"

③ 根据 2020 年 12 月 26 日《中华人民共和国刑法修正案(十一)》修改。原条文为:"以营利为目的,有下列侵犯著作权情形之一,违法所得数额较大或者有其他严重情节的,处三年以下有期徒刑或者拘役,并处或者单处罚金;违法所得数额巨大或者有其他特别严重情节的,处三年以上七年以下有期徒刑,并处罚金:

"(一)未经著作权人许可,复制发行其文字作品、音乐、电影、电视、录像作品、计算机软件及其他作品的;

"(二)出版他人享有专有出版权的图书的;

"(三)未经录音录像制作者许可,复制发行其制作的录音录像的;

"(四)制作、出售假冒他人署名的美术作品的。"

④ 根据 2020 年 12 月 26 日《中华人民共和国刑法修正案(十一)》修改。原条文为:"以营利为目的,销售明知是本法第二百一十七条规定的侵权复制品,违法所得数额巨大的,处三年以下有期徒刑或者拘役,并处或者单处罚金。"

经商业秘密所有人许可的商业秘密使用人。①

第二百一十九条之一 【为境外窃取、刺探、收买、非法提供商业秘密罪】为境外的机构、组织、人员窃取、刺探、收买、非法提供商业秘密的,处五年以下有期徒刑,并处或者单处罚金;情节严重的,处五年以上有期徒刑,并处罚金。②

第二百二十条 【单位犯侵犯知识产权罪的处罚规定】单位犯本节第二百一十三条至第二百一十九条之一规定之罪的,对单位判处罚金,并对其直接负责的主管人员和其他直接责任人员,依照本节各该条的规定处罚。③

第八节 扰乱市场秩序罪

第二百二十一条 【损害商业信誉、商品声誉罪】捏造并散布虚伪事实,损害他人的商业信誉、商品声誉,给他人造成重大损失或者有其他严重情节的,处二年以下有期徒刑或者拘役,并处或者单处罚金。

第二百二十二条 【虚假广告罪】广告主、广告经营者、广告发布者违反国家规定,利用广告对商品或者服务作虚假宣传,情节严重的,处二年以下有期徒刑或者拘役,并处或者单处罚金。

第二百二十三条 【串通投标罪】投标人相互串通投标报价,损害招标人或者其他投标人利益,情节严重的,处三年以下有期徒刑或者拘役,并处或者单处罚金。

投标人与招标人串通投标,损害国家、集体、公民的合法利益的,依照前款的规定处罚。

第二百二十四条 【合同诈骗罪】有下列情形之一,以非法占有为目的,在签订、履行合同过程中,骗取对方当事人财物,数额较大的,处三年以下有期徒刑或者拘役,并处或者单处罚金;数额巨大或者有其他严重情节的,处三年以上十年以下有期徒刑,并处罚金;数额特别巨大或者有其他特别严重情节的,处十年以上有期徒刑或者无期徒刑,并处罚金或者没收财产:

(一)以虚构的单位或者冒用他人名义签订合同的;

(二)以伪造、变造、作废的票据或者其他虚假的产权证明作担保的;

(三)没有实际履行能力,以先履行小额合同或者部分履行合同的方法,诱骗对方当事人继续签订和履行合同的;

(四)收受对方当事人给付的货物、货款、预付款或者担保财产后逃匿的;

(五)以其他方法骗取对方当事人财物的。

第二百二十四条之一 【组织、领导传销活动罪】组织、领导以推销商品、提供服务等经营活动为名,要求参加者以缴纳费用或者购买商品、服务等方式获得加入资格,并按照一定顺序组成层级,直接或者间接以发展人员的数量作为计酬或者返利依据,引诱、胁迫参加者继续发展他人参加,骗取财物,扰乱经济社会秩序的传销活动的,处五年以下有期徒刑或者拘役,并处罚金;情节严重的,处五年以上有期徒刑,并处罚金。④

第二百二十五条⑤ 【非法经营罪】违反国家规定,有下列非法经营行为之一,扰乱市场秩序,

---

① 根据2020年12月26日《中华人民共和国刑法修正案(十一)》修改。原条文为:"有下列侵犯商业秘密行为之一,给商业秘密的权利人造成重大损失的,处三年以下有期徒刑或者拘役,并处或者单处罚金;造成特别严重后果的,处三年以上七年以下有期徒刑,并处罚金:
"(一)以盗窃、利诱、胁迫或者其他不正当手段获取权利人的商业秘密的;
"(二)披露、使用或者允许他人使用以前项手段获取的权利人的商业秘密的;
"(三)违反约定或者违反权利人有关保守商业秘密的要求,披露、使用或者允许他人使用其所掌握的商业秘密的。
"明知或者应知前款所列行为,获取、使用或者披露他人的商业秘密的,以侵犯商业秘密论。
"本条所称商业秘密,是指不为公众所知悉,能为权利人带来经济利益,具有实用性并经权利人采取保密措施的技术信息和经营信息。
"本条所称权利人,是指商业秘密的所有人和经商业秘密所有人许可的商业秘密使用人。"
② 根据2020年12月26日《中华人民共和国刑法修正案(十一)》增加。
③ 根据2020年12月26日《中华人民共和国刑法修正案(十一)》修改。原条文为:"单位犯本节第二百一十三条至第二百一十九条规定之罪的,对单位判处罚金,并对其直接负责的主管人员和其他直接责任人员,依照本节各该条的规定处罚。"
④ 根据2009年2月28日《中华人民共和国刑法修正案(七)》增加。
⑤ 根据1998年12月29日通过的《全国人民代表大会常务委员会关于惩治骗购外汇、逃汇和非法买卖外汇犯罪的决定》:
"四、在国家规定的交易场所以外非法买卖外汇,扰乱市场秩序,情节严重的,依照刑法第二百二十五条的规定定罪处罚。
"单位犯前款罪的,依照刑法第二百三十一条的规定处罚。"

情节严重的,处五年以下有期徒刑或者拘役,并处或者单处违法所得一倍以上五倍以下罚金;情节特别严重的,处五年以上有期徒刑,并处违法所得一倍以上五倍以下罚金或者没收财产:

(一)未经许可经营法律、行政法规规定的专营、专卖物品或者其他限制买卖的物品的;

(二)买卖进出口许可证、进出口原产地证明以及其他法律、行政法规规定的经营许可证或者批准文件的;

(三)未经国家有关主管部门批准非法经营证券、期货、保险业务的,或者非法从事资金支付结算业务的;①

(四)其他严重扰乱市场秩序的非法经营行为。

第二百二十六条 【强迫交易罪】以暴力、威胁手段,实施下列行为之一,情节严重的,处三年以下有期徒刑或者拘役,并处或者单处罚金;情节特别严重的,处三年以上七年以下有期徒刑,并处罚金:

(一)强买强卖商品的;

(二)强迫他人提供或者接受服务的;

(三)强迫他人参与或者退出投标、拍卖的;

(四)强迫他人转让或者收购公司、企业的股份、债券或者其他资产的;

(五)强迫他人参与或者退出特定的经营活动的。②

第二百二十七条 【伪造、倒卖伪造的有价票证罪】伪造或者倒卖伪造的车票、船票、邮票或者其他有价票证,数额较大的,处二年以下有期徒刑、拘役或者管制,并处或者单处票证价额一倍以上五倍以下罚金;数额巨大的,处二年以上七年以下有期徒刑,并处票证价额一倍以上五倍以下罚金。

【倒卖车票、船票罪】倒卖车票、船票,情节严重的,处三年以下有期徒刑、拘役或者管制,并处或者单处票证价额一倍以上五倍以下罚金。

第二百二十八条③ 【非法转让、倒卖土地使用权罪】以牟利为目的,违反土地管理法规,非法转让、倒卖土地使用权,情节严重的,处三年以下有期徒刑或者拘役,并处或者单处非法转让、倒卖土地使用权价额百分之五以上百分之二十以下罚金;情节特别严重的,处三年以上七年以下有期徒刑,并处非法转让、倒卖土地使用权价额百分之五以上百分之二十以下罚金。

第二百二十九条 【提供虚假证明文件罪】承担资产评估、验资、验证、会计、审计、法律服务、保荐、安全评价、环境影响评价、环境监测等职责的中介组织的人员故意提供虚假证明文件,情节严重的,处五年以下有期徒刑或者拘役,并处罚金;有下列情形之一的,处五年以上十年以下有期徒刑,并处罚金:

(一)提供与证券发行相关的虚假的资产评估、会计、审计、法律服务、保荐等证明文件,情节特别严重的;

(二)提供与重大资产交易相关的虚假的资产评估、会计、审计等证明文件,情节特别严重的;

(三)在涉及公共安全的重大工程、项目中提供虚假的安全评价、环境影响评价等证明文件,致使公共财产、国家和人民利益遭受特别重大损失的。

有前款行为,同时索取他人财物或者非法收受他人财物构成犯罪的,依照处罚较重的规定定罪处罚。

---

① 根据1999年12月25日《中华人民共和国刑法修正案》增加一项,作为第三项,原第三项改为第四项。根据2009年2月28日《中华人民共和国刑法修正案(七)》修改。1999年12月25日增加的第三项原条文为:"未经国家有关主管部门批准,非法经营证券、期货或者保险业务的"。

② 根据2011年2月25日《中华人民共和国刑法修正案(八)》修改。原条文为:"以暴力、威胁手段强买强卖商品、强迫他人提供服务或者强迫他人接受服务,情节严重的,处三年以下有期徒刑或者拘役,并处或者单处罚金。"

③ 根据2009年8月27日修正的《全国人民代表大会常务委员会关于〈中华人民共和国刑法〉第二百二十八条、第三百四十二条、第四百一十条的解释》:

"全国人民代表大会常务委员会讨论了刑法第二百二十八条、第三百四十二条、第四百一十条规定的'违反土地管理法规'和第四百一十条规定的'非法批准征收、征用、占用土地'的含义问题,解释如下:

"刑法第二百二十八条、第三百四十二条、第四百一十条规定的'违反土地管理法规',是指违反土地管理法、森林法、草原法等法律以及有关行政法规中关于土地管理的规定。

"刑法第四百一十条规定的'非法批准征收、征用、占用土地',是指非法批准征收、征用、占用耕地、林地等农用地以及其他土地。"

【出具证明文件重大失实罪】第一款规定的人员，严重不负责任，出具的证明文件有重大失实，造成严重后果的，处三年以下有期徒刑或者拘役，并处或者单处罚金。①

第二百三十条　【逃避商检罪】违反进出口商品检验法的规定，逃避商品检验，将必须经商检机构检验的进口商品未报经检验而擅自销售、使用，或者将必须经商检机构检验的出口商品未报经检验合格而擅自出口，情节严重的，处三年以下有期徒刑或者拘役，并处或者单处罚金。

第二百三十一条②　【单位犯扰乱市场秩序罪的处罚规定】单位犯本节第二百二十一条至第二百三十条规定之罪的，对单位判处罚金，并对其直接负责的主管人员和其他直接责任人员，依照本节各该条的规定处罚。

第四章　侵犯公民人身权利、民主权利罪

第二百三十二条　【故意杀人罪】故意杀人的，处死刑、无期徒刑或者十年以上有期徒刑；情节较轻的，处三年以上十年以下有期徒刑。

第二百三十三条　【过失致人死亡罪】过失致人死亡的，处三年以上七年以下有期徒刑；情节较轻的，处三年以下有期徒刑。本法另有规定的，依照规定。

第二百三十四条　【故意伤害罪】故意伤害他人身体的，处三年以下有期徒刑、拘役或者管制。

犯前款罪，致人重伤的，处三年以上十年以下有期徒刑；致人死亡或者以特别残忍手段致人重伤造成严重残疾的，处十年以上有期徒刑、无期徒刑或者死刑。本法另有规定的，依照规定。

第二百三十四条之一　【组织出卖人体器官罪】组织他人出卖人体器官的，处五年以下有期徒刑，并处罚金；情节严重的，处五年以上有期徒刑，并处罚金或者没收财产。

未经本人同意摘取其器官，或者摘取不满十八周岁的人的器官，或者强迫、欺骗他人捐献器官的，依照本法第二百三十四条、第二百三十二条的规定定罪处罚。

违背本人生前意愿摘取其尸体器官，或者本人生前未表示同意，违反国家规定，违背其近亲属意愿摘取其尸体器官的，依照本法第三百零二条的规定定罪处罚。③

第二百三十五条　【过失致人重伤罪】过失伤害他人致人重伤的，处三年以下有期徒刑或者拘役。本法另有规定的，依照规定。

第二百三十六条　【强奸罪】以暴力、胁迫或者其他手段强奸妇女的，处三年以上十年以下有期徒刑。

奸淫不满十四周岁的幼女的，以强奸论，从重处罚。

强奸妇女、奸淫幼女，有下列情形之一的，处十年以上有期徒刑、无期徒刑或者死刑：

（一）强奸妇女、奸淫幼女情节恶劣的；

（二）强奸妇女、奸淫幼女多人的；

（三）在公共场所当众强奸妇女、奸淫幼女的；

（四）二人以上轮奸的；

（五）奸淫不满十周岁的幼女或者造成幼女伤害的；

（六）致使被害人重伤、死亡或者造成其他严

---

① 根据2020年12月26日《中华人民共和国刑法修正案（十一）》修改。原条文为："承担资产评估、验资、验证、会计、审计、法律服务等职责的中介组织的人员故意提供虚假证明文件，情节严重的，处五年以下有期徒刑或者拘役，并处罚金。

"前款规定的人员，索取他人财物或者非法收受他人财物，犯前款罪的，处五年以上十年以下有期徒刑，并处罚金。

"第一款规定的人员，严重不负责任，出具的证明文件有重大失实，造成严重后果的，处三年以下有期徒刑或者拘役，并处或者单处罚金。"

② 根据1998年12月29日通过的《全国人民代表大会常务委员会关于惩治骗购外汇、逃汇和非法买卖外汇犯罪的决定》："四、在国家规定的交易场所以外非法买卖外汇，扰乱市场秩序，情节严重的，依照刑法第二百二十五条的规定定罪处罚。

"单位犯前款罪的，依照刑法第二百三十一条的规定处罚。"

③ 根据2011年2月25日《中华人民共和国刑法修正案（八）》增加。

重后果的。①

第二百三十六条之一 【负有照护职责人员性侵罪】对已满十四周岁不满十六周岁的未成年女性负有监护、收养、看护、教育、医疗等特殊职责的人员,与该未成年女性发生性关系的,处三年以下有期徒刑;情节恶劣的,处三年以上十年以下有期徒刑。

有前款行为,同时又构成本法第二百三十六条规定之罪的,依照处罚较重的规定定罪处罚。②

第二百三十七条 【强制猥亵、侮辱罪】以暴力、胁迫或者其他方法强制猥亵他人或者侮辱妇女的,处五年以下有期徒刑或者拘役。

聚众或者在公共场所当众犯前款罪的,或者有其他恶劣情节的,处五年以上有期徒刑。③

【猥亵儿童罪】猥亵儿童的,处五年以下有期徒刑;有下列情形之一的,处五年以上有期徒刑:

(一)猥亵儿童多人或者多次的;

(二)聚众猥亵儿童的,或者在公共场所当众猥亵儿童,情节恶劣的;

(三)造成儿童伤害或者其他严重后果的;

(四)猥亵手段恶劣或者有其他恶劣情节的。④

第二百三十八条 【非法拘禁罪】非法拘禁他人或者以其他方法非法剥夺他人人身自由的,处三年以下有期徒刑、拘役、管制或者剥夺政治权利。具有殴打、侮辱情节的,从重处罚。

犯前款罪,致人重伤的,处三年以上十年以下有期徒刑;致人死亡的,处十年以上有期徒刑。使用暴力致人伤残、死亡的,依照本法第二百三十四条、第二百三十二条的规定定罪处罚。

为索取债务非法扣押、拘禁他人的,依照前两款的规定处罚。

国家机关工作人员利用职权犯前三款罪的,依照前三款的规定从重处罚。

第二百三十九条 【绑架罪】以勒索财物为目的绑架他人的,或者绑架他人作为人质的,处十年以上有期徒刑或者无期徒刑,并处罚金或者没收财产;情节较轻的,处五年以上十年以下有期徒刑,并处罚金。

犯前款罪,杀害被绑架人的,或者故意伤害被绑架人,致人重伤、死亡的,处无期徒刑或者死刑,并处没收财产。

以勒索财物为目的偷盗婴幼儿的,依照前两款的规定处罚。⑤

第二百四十条 【拐卖妇女、儿童罪】拐卖妇女、儿童的,处五年以上十年以下有期徒刑,并处罚金;有下列情形之一的,处十年以上有期徒刑或者无期徒刑,并处罚金或者没收财产;情节特别严重的,处死刑,并处没收财产:

(一)拐卖妇女、儿童集团的首要分子;

---

① 根据2020年12月26日《中华人民共和国刑法修正案(十一)》修改。原条文为:"以暴力、胁迫或者其他手段强奸妇女的,处三年以上十年以下有期徒刑。

"奸淫不满十四周岁的幼女的,以强奸论,从重处罚。

"强奸妇女、奸淫幼女,有下列情形之一的,处十年以上有期徒刑、无期徒刑或者死刑:

"(一)强奸妇女、奸淫幼女情节恶劣的;

"(二)强奸妇女、奸淫幼女多人的;

"(三)在公共场所当众强奸妇女的;

"(四)二人以上轮奸的;

"(五)致使被害人重伤、死亡或者造成其他严重后果的。"

② 根据2020年12月26日《中华人民共和国刑法修正案(十一)》增加。

③ 根据2015年8月29日《中华人民共和国刑法修正案(九)》修改。原条文为:"以暴力、胁迫或者其他方法强制猥亵妇女或者侮辱妇女的,处五年以下有期徒刑或者拘役。

"聚众或者在公共场所当众犯前款罪的,处五年以上有期徒刑。

"猥亵儿童的,依照前两款的规定从重处罚。"

④ 根据2020年12月26日《中华人民共和国刑法修正案(十一)》修改。原第三款条文为:"猥亵儿童的,依照前两款的规定从重处罚。"

⑤ 根据2009年2月28日《中华人民共和国刑法修正案(七)》第一次修改。原条文为:"以勒索财物为目的绑架他人的,或者绑架他人作为人质的,处十年以上有期徒刑或者无期徒刑,并处罚金或者没收财产;致使被绑架人死亡或者杀害被绑架人的,处死刑,并处没收财产。

"以勒索财物为目的偷盗婴幼儿的,依照前款的规定处罚。"

根据2015年8月29日《中华人民共和国刑法修正案(九)》第二次修改。原第二款条文为:"犯前款罪,致使被绑架人死亡或者杀害被绑架人的,处死刑,并处没收财产。"

(二)拐卖妇女、儿童三人以上的;

(三)奸淫被拐卖的妇女的;

(四)诱骗、强迫被拐卖的妇女卖淫或者将被拐卖的妇女卖给他人迫使其卖淫的;

(五)以出卖为目的,使用暴力、胁迫或者麻醉方法绑架妇女、儿童的;

(六)以出卖为目的,偷盗婴幼儿的;

(七)造成被拐卖的妇女、儿童或者其亲属重伤、死亡或者其他严重后果的;

(八)将妇女、儿童卖往境外的。

拐卖妇女、儿童是指以出卖为目的,有拐骗、绑架、收买、贩卖、接送、中转妇女、儿童的行为之一的。

第二百四十一条 【收买被拐卖的妇女、儿童罪】收买被拐卖的妇女、儿童的,处三年以下有期徒刑、拘役或者管制。

收买被拐卖的妇女,强行与其发生性关系的,依照本法第二百三十六条的规定定罪处罚。

收买被拐卖的妇女、儿童,非法剥夺、限制其人身自由或者有伤害、侮辱等犯罪行为的,依照本法的有关规定定罪处罚。

收买被拐卖的妇女、儿童,并有第二款、第三款规定的犯罪行为的,依照数罪并罚的规定处罚。

收买被拐卖的妇女、儿童又出卖的,依照本法第二百四十条的规定定罪处罚。

收买被拐卖的妇女、儿童,对被买儿童没有虐待行为,不阻碍对其进行解救的,可以从轻处罚;按照被买妇女的意愿,不阻碍其返回原居住地的,可以从轻或者减轻处罚。①

第二百四十二条 【妨害公务罪】以暴力、威胁方法阻碍国家机关工作人员解救被收买的妇女、儿童的,依照本法第二百七十七条的规定定罪处罚。

【聚众阻碍解救被收买的妇女、儿童罪】聚众阻碍国家机关工作人员解救被收买的妇女、儿童的首要分子,处五年以下有期徒刑或者拘役;其他参与者使用暴力、威胁方法的,依照前款的规定处罚。

第二百四十三条 【诬告陷害罪】捏造事实诬告陷害他人,意图使他人受刑事追究,情节严重的,处三年以下有期徒刑、拘役或者管制;造成严重后果的,处三年以上十年以下有期徒刑。

国家机关工作人员犯前款罪的,从重处罚。

不是有意诬陷,而是错告,或者检举失实的,不适用前两款的规定。

第二百四十四条 【强迫劳动罪】以暴力、威胁或者限制人身自由的方法强迫他人劳动的,处三年以下有期徒刑或者拘役,并处罚金;情节严重的,处三年以上十年以下有期徒刑,并处罚金。

明知他人实施前款行为,为其招募、运送人员或者有其他协助强迫他人劳动行为的,依照前款的规定处罚。

单位犯前两款罪的,对单位判处罚金,并对其直接负责的主管人员和其他直接责任人员,依照第一款的规定处罚。②

第二百四十四条之一 【雇用童工从事危重劳动罪】违反劳动管理法规,雇用未满十六周岁的未成年人从事超强度体力劳动的,或者从事高空、井下作业的,或者在爆炸性、易燃性、放射性、毒害性等危险环境下从事劳动,情节严重的,对直接责任人员,处三年以下有期徒刑或者拘役,并处罚金;情节特别严重的,处三年以上七年以下有期徒刑,并处罚金。

有前款行为,造成事故,又构成其他犯罪的,依照数罪并罚的规定处罚。③

第二百四十五条 【非法搜查罪】【非法侵入住宅罪】非法搜查他人身体、住宅,或者非法侵入他人住宅的,处三年以下有期徒刑或者拘役。

司法工作人员滥用职权,犯前款罪的,从重处罚。

第二百四十六条 【侮辱罪】【诽谤罪】以暴力或者其他方法公然侮辱他人或者捏造事实诽谤他人,情节严重的,处三年以下有期徒刑、拘役、管制或者剥夺政治权利。

前款罪,告诉的才处理,但是严重危害社会秩

---

① 根据 2015 年 8 月 29 日《中华人民共和国刑法修正案(九)》修改。原第六款条文为:"收买被拐卖的妇女、儿童,按照被买妇女的意愿,不阻碍其返回原居住地的,对被买儿童没有虐待行为,不阻碍对其进行解救的,可以不追究刑事责任。"

② 根据 2011 年 2 月 25 日《中华人民共和国刑法修正案(八)》修改。原条文为:"用人单位违反劳动管理法规,以限制人身自由方法强迫职工劳动,情节严重的,对直接责任人员,处三年以下有期徒刑或者拘役,并处或者单处罚金。"

③ 根据 2002 年 12 月 28 日《中华人民共和国刑法修正案(四)》增加。

序和国家利益的除外。

通过信息网络实施第一款规定的行为,被害人向人民法院告诉,但提供证据确有困难的,人民法院可以要求公安机关提供协助。①

第二百四十七条 【刑讯逼供罪】【暴力取证罪】司法工作人员对犯罪嫌疑人、被告人实行刑讯逼供或者使用暴力逼取证人证言的,处三年以下有期徒刑或者拘役。致人伤残、死亡的,依照本法第二百三十四条、第二百三十二条的规定定罪从重处罚。

第二百四十八条 【虐待被监管人罪】监狱、拘留所、看守所等监管机构的监管人员对被监管人进行殴打或者体罚虐待,情节严重的,处三年以下有期徒刑或者拘役;情节特别严重的,处三年以上十年以下有期徒刑。致人伤残、死亡的,依照本法第二百三十四条、第二百三十二条的规定定罪从重处罚。

监管人员指使被监管人殴打或者体罚虐待其他被监管人的,依照前款的规定处罚。

第二百四十九条 【煽动民族仇恨、民族歧视罪】煽动民族仇恨、民族歧视,情节严重的,处三年以下有期徒刑、拘役、管制或者剥夺政治权利;情节特别严重的,处三年以上十年以下有期徒刑。

第二百五十条 【出版歧视、侮辱少数民族作品罪】在出版物中刊载歧视、侮辱少数民族的内容,情节恶劣,造成严重后果的,对直接责任人员,处三年以下有期徒刑、拘役或者管制。

第二百五十一条 【非法剥夺公民宗教信仰自由罪】【侵犯少数民族风俗习惯罪】国家机关工作人员非法剥夺公民的宗教信仰自由和侵犯少数民族风俗习惯,情节严重的,处二年以下有期徒刑或者拘役。

第二百五十二条 【侵犯通信自由罪】隐匿、毁弃或者非法开拆他人信件,侵犯公民通信自由权利,情节严重的,处一年以下有期徒刑或者拘役。

第二百五十三条 【私自开拆、隐匿、毁弃邮件、电报罪】邮政工作人员私自开拆或者隐匿、毁弃邮件、电报的,处二年以下有期徒刑或者拘役。

犯前款罪而窃取财物的,依照本法第二百六十四条的规定定罪从重处罚。

第二百五十三条之一 【侵犯公民个人信息罪】违反国家有关规定,向他人出售或者提供公民个人信息,情节严重的,处三年以下有期徒刑或者拘役,并处或者单处罚金;情节特别严重的,处三年以上七年以下有期徒刑,并处罚金。

违反国家有关规定,将在履行职责或者提供服务过程中获得的公民个人信息,出售或者提供给他人的,依照前款的规定从重处罚。

窃取或者以其他方法非法获取公民个人信息的,依照第一款的规定处罚。

单位犯前三款罪的,对单位判处罚金,并对其直接负责的主管人员和其他直接责任人员,依照各该款的规定处罚。②

第二百五十四条 【报复陷害罪】国家机关工作人员滥用职权、假公济私,对控告人、申诉人、批评人、举报人实行报复陷害的,处二年以下有期徒刑或者拘役;情节严重的,处二年以上七年以下有期徒刑。

第二百五十五条 【打击报复会计、统计人员罪】公司、企业、事业单位、机关、团体的领导人,对依法履行职责、抵制违反会计法、统计法行为的会计、统计人员实行打击报复,情节恶劣的,处三年以下有期徒刑或者拘役。

第二百五十六条 【破坏选举罪】在选举各级人民代表大会代表和国家机关领导人员时,以暴力、威胁、欺骗、贿赂、伪造选举文件、虚报选举票数等手段破坏选举或者妨害选民和代表自由行使选举权和被选举权,情节严重的,处三年以下有期徒刑、拘役或者剥夺政治权利。

第二百五十七条 【暴力干涉婚姻自由罪】以暴力干涉他人婚姻自由的,处二年以下有期徒刑

---

① 根据 2015 年 8 月 29 日《中华人民共和国刑法修正案(九)》增加一款,作为第三款。
② 根据 2009 年 2 月 28 日《中华人民共和国刑法修正案(七)》增加。根据 2015 年 8 月 29 日《中华人民共和国刑法修正案(九)》修改。原条文为:"国家机关或者金融、电信、交通、教育、医疗等单位的工作人员,违反国家规定,将本单位在履行职责或者提供服务过程中获得的公民个人信息,出售或非法提供给他人,情节严重的,处三年以下有期徒刑或者拘役,并处或者单处罚金。

"窃取或者以其他方法非法获取上述信息,情节严重的,依照前款的规定处罚。

"单位犯前两款罪的,对单位判处罚金,并对其直接负责的主管人员和其他直接责任人员,依照各该款的规定处罚。"

或者拘役。

犯前款罪,致使被害人死亡的,处二年以上七年以下有期徒刑。

第一款罪,告诉的才处理。

第二百五十八条　【重婚罪】有配偶而重婚的,或者明知他人有配偶而与之结婚的,处二年以下有期徒刑或者拘役。

第二百五十九条　【破坏军婚罪】明知是现役军人的配偶而与之同居或者结婚的,处三年以下有期徒刑或者拘役。

利用职权、从属关系,以胁迫手段奸淫现役军人的妻子的,依照本法第二百三十六条的规定定罪处罚。

第二百六十条　【虐待罪】虐待家庭成员,情节恶劣的,处二年以下有期徒刑、拘役或者管制。

犯前款罪,致使被害人重伤、死亡的,处二年以上七年以下有期徒刑。

第一款罪,告诉的才处理,但被害人没有能力告诉,或者因受到强制、威吓无法告诉的除外。①

第二百六十条之一　【虐待被监护、看护人罪】对未成年人、老年人、患病的人、残疾人等负有监护、看护职责的人虐待被监护、看护的人,情节恶劣的,处三年以下有期徒刑或者拘役。

单位犯前款罪的,对单位判处罚金,并对其直接负责的主管人员和其他直接责任人员,依照前款的规定处罚。

有第一款行为,同时构成其他犯罪的,依照处罚较重的规定定罪处罚。②

第二百六十一条　【遗弃罪】对于年老、年幼、患病或者其他没有独立生活能力的人,负有扶养义务而拒绝扶养,情节恶劣的,处五年以下有期徒刑、拘役或者管制。

第二百六十二条　【拐骗儿童罪】拐骗不满十四周岁的未成年人,脱离家庭或者监护人的,处五

年以下有期徒刑或者拘役。

第二百六十二条之一　【组织残疾人、儿童乞讨罪】以暴力、胁迫手段组织残疾人或者不满十四周岁的未成年人乞讨的,处三年以下有期徒刑或者拘役,并处罚金;情节严重的,处三年以上七年以下有期徒刑,并处罚金。③

第二百六十二条之二　【组织未成年人进行违反治安管理活动罪】组织未成年人进行盗窃、诈骗、抢夺、敲诈勒索等违反治安管理活动的,处三年以下有期徒刑或者拘役,并处罚金;情节严重的,处三年以上七年以下有期徒刑,并处罚金。④

第五章　侵犯财产罪

第二百六十三条　【抢劫罪】以暴力、胁迫或者其他方法抢劫公私财物的,处三年以上十年以下有期徒刑,并处罚金;有下列情形之一的,处十年以上有期徒刑、无期徒刑或者死刑,并处罚金或者没收财产:

(一)入户抢劫的;

(二)在公共交通工具上抢劫的;

(三)抢劫银行或者其他金融机构的;

(四)多次抢劫或者抢劫数额巨大的;

(五)抢劫致人重伤、死亡的;

(六)冒充军警人员抢劫的;

(七)持枪抢劫的;

(八)抢劫军用物资或者抢险、救灾、救济物资的。

第二百六十四条　【盗窃罪】盗窃公私财物,数额较大的,或者多次盗窃、入户盗窃、携带凶器盗窃、扒窃的,处三年以下有期徒刑、拘役或者管制,并处或者单处罚金;数额巨大或者有其他严重情节的,处三年以上十年以下有期徒刑,并处罚金;数额特别巨大或者有其他特别严重情节的,处十年以上有期徒刑或者无期徒刑,并处罚金或者

---

① 根据 2015 年 8 月 29 日《中华人民共和国刑法修正案(九)》修改。原第三款条文为:"第一款罪,告诉的才处理。"
② 根据 2015 年 8 月 29 日《中华人民共和国刑法修正案(九)》增加。
③ 根据 2006 年 6 月 29 日《中华人民共和国刑法修正案(六)》增加。
④ 根据 2009 年 2 月 28 日《中华人民共和国刑法修正案(七)》增加。

没收财产。[①]

注释 2年内盗窃3次以上的,应当认定为"多次盗窃"。非法进入供他人家庭生活,与外界相对隔离的住所盗窃的,应当认定为"入户盗窃"。携带枪支、爆炸物、管制刀具等国家禁止个人携带的器械盗窃,或者为了实施违法犯罪携带其他足以危害他人人身安全的器械盗窃的,应当认定为"携带凶器盗窃"。在公共场所或者公共交通工具上盗窃他人随身携带的财物的,应当认定为"扒窃"。

盗窃公私财物价值1000元至3000元以上、30000元至100000元以上、300000元至500000元以上的,应当分别认定为刑法第264条规定的"数额较大"、"数额巨大"、"数额特别巨大"。在跨地区运行的公共交通工具上盗窃,盗窃地点无法查证的,盗窃数额是否达到"数额较大"、"数额巨大"、"数额特别巨大",应当根据受理案件所在地省、自治区、直辖市高级人民法院、人民检察院确定的有关数额标准认定。盗窃毒品等违禁品,应当按照盗窃罪处理的,根据情节轻重量刑。

盗窃公私财物,具有下列情形之一的,"数额较大"的标准可以按照前述规定标准的50%确定:(1)曾因盗窃受过刑事处罚的;(2)1年内曾因盗窃受过行政处罚的;(3)组织、控制未成年人盗窃的;(4)自然灾害、事故灾害、社会安全事件等突发事件期间,在事件发生地盗窃的;(5)盗窃残疾人、孤寡老人、丧失劳动能力人的;(6)在医院盗窃病人或者其亲友财物的;(7)盗窃救灾、抢险、防汛、优抚、扶贫、移民、救济款物的;(8)因盗窃造成严重后果的。如果具有第3项至第8项规定情形之一,或者入户盗窃、携带凶器盗窃,数额达到前述"数额巨大"、"数额特别巨大"50%的,可以分别认定为本条规定的"其他严重情节"或者"其他特别严重情节"。

盗窃公私财物并造成财物损毁的,按照下列规定处理:(1)采用破坏性手段盗窃公私财物,造成其他财物损毁的,以盗窃罪从重处罚;同时构成盗窃罪和其他犯罪的,择一重罪从重处罚;(2)实施盗窃犯罪后,为掩盖罪行或者报复等,故意毁坏其他财物构成犯罪的,以盗窃罪和构成的其他犯罪数罪并罚;(3)盗窃行为未构成犯罪,但损毁财物构成其他犯罪的,以其他犯罪定罪处罚。

盗窃未遂,具有下列情形之一的,应当依法追究刑事责任:(1)以数额巨大的财物为盗窃目标的;(2)以珍贵文物为盗窃目标的;(3)其他情节严重的情形。盗窃既有既遂,又有未遂,分别达到不同量刑幅度的,依照处罚较重的规定处罚;达到同一量刑幅度的,以盗窃罪既遂处罚。

偷拿家庭成员或者近亲属的财物,获得谅解的,一般可以不认为是犯罪;追究刑事责任的,应当酌情从宽。

链接《最高人民法院、最高人民检察院关于办理盗窃刑事案件适用法律若干问题的解释》

案例 1. 臧某某等盗窃、诈骗案(最高人民法院指导案例27号)

裁判规则:行为人利用信息网络,诱骗他人点击虚假链接而实际通过预先植入的计算机程序窃取财物构成犯罪的,以盗窃罪定罪处罚;虚构可供交易的商品或者服务,欺骗他人点击付款链接而骗取财物构成犯罪的,以诈骗罪定罪处罚。

2. 张四毛盗窃案(最高人民检察院检例第37号)

裁判规则:网络域名是网络用户进入门户网站的一种便捷途径,是吸引网络用户进入其网站的窗口。网络域名注册人注册了某域名后,该域名将不能再被其他人申请注册并使用,因此网络域名具有专属性和唯一性。网络域名属稀缺资源,其所有人可以对域名行使出售、变更、注销、抛弃等处分权利。网络域名具有市场交换价值,所有人可以货币形式进行交易。通过合法途径获得的网络域名,其注册人利益受法律承认和保护。本案中,行为人利用技术手段,通过变更网络域名绑定邮箱及注册ID,实现了对域名的非法占有,并使原所有人丧失了对网络域名的合法占有和控制,其目的是非法获取网络域名的财产价值,其行

[①] 根据2011年2月25日《中华人民共和国刑法修正案(八)》修改。原条文为:"盗窃公私财物,数额较大或者多次盗窃的,处三年以下有期徒刑、拘役或者管制,并处或者单处罚金;数额巨大或者有其他严重情节的,处三年以上十年以下有期徒刑,并处罚金;数额特别巨大或者有其他特别严重情节的,处十年以上有期徒刑或者无期徒刑,并处罚金或者没收财产;有下列情形之一的,处无期徒刑或者死刑,并处没收财产:

"(一)盗窃金融机构,数额特别巨大的;

"(二)盗窃珍贵文物,情节严重的。"

为给网络域名的所有人带来直接的经济损失。该行为符合以非法占有为目的窃取他人财产利益的盗窃罪本质属性,应以盗窃罪论处。对于网络域名的价值,当前可综合考虑网络域名的购入价、销赃价、域名升值潜力、市场热度等综合认定。

第二百六十五条 【盗窃罪】以牟利为目的,盗接他人通信线路、复制他人电信码号或者明知是盗接、复制的电信设备、设施而使用的,依照本法第二百六十四条的规定定罪处罚。

第二百六十六条① 【诈骗罪】诈骗公私财物,数额较大的,处三年以下有期徒刑、拘役或者管制,并处或者单处罚金;数额巨大或者有其他严重情节的,处三年以上十年以下有期徒刑,并处罚金;数额特别巨大或者有其他特别严重情节的,处十年以上有期徒刑或者无期徒刑,并处罚金或者没收财产。本法另有规定的,依照规定。

注释 诈骗罪是指以非法占有为目的,采用虚构事实或隐瞒真相的方法,骗取数额较大公私财物的行为。

实践中应注意区分诈骗罪与盗窃罪。诈骗罪是由于行为人虚构事实或隐瞒真相,使被害人信以为真,以致"自愿"将自己所有或持有的财物交给行为人或者放弃自己的财产权。但应注意,在犯罪过程中并不是采取了欺骗手段的一定都构成诈骗罪。如果看似采取欺骗手段,但最终取得财物是通过和平手段并且非出于被害人"自愿"处分财产的,构成盗窃罪。

还应注意区分诈骗罪与敲诈勒索罪。两罪区别的要点不在于有无欺骗行为,在敲诈的场合,也可能虚构加害的事实恐吓他人。要点在于是通过欺骗使他人自愿交付财物还是通过恐吓迫使他人违心交付财物,即交付财物的自愿和非自愿。

链接 《最高人民法院、最高人民检察院关于办理诈骗刑事案件具体应用法律若干问题的解释》;《最高人民法院、最高人民检察院、公安部关于办理电信网络诈骗等刑事案件适用法律若干问题的意见》

案例 董亮等四人诈骗案(最高人民检察院检例第38号)

裁判规则:行为人以非法占有为目的,采用自我交易方式,虚构提供服务事实,骗取互联网公司垫付费用及订单补贴,数额较大的行为,应认定为诈骗罪。

第二百六十七条 【抢夺罪】抢夺公私财物,数额较大的,或者多次抢夺的,处三年以下有期徒刑、拘役或者管制,并处或者单处罚金;数额巨大或者有其他严重情节的,处三年以上十年以下有期徒刑,并处罚金;数额特别巨大或者有其他特别严重情节的,处十年以上有期徒刑或者无期徒刑,并处罚金或者没收财产。②

携带凶器抢夺的,依照本法第二百六十三条的规定定罪处罚。

第二百六十八条 【聚众哄抢罪】聚众哄抢公私财物,数额较大或者有其他严重情节的,对首要分子和积极参加的,处三年以下有期徒刑、拘役或者管制,并处罚金;数额巨大或者有其他特别严重情节的,处三年以上十年以下有期徒刑,并处罚金。

第二百六十九条 【转化的抢劫罪】犯盗窃、诈骗、抢夺罪,为窝藏赃物、抗拒抓捕或者毁灭罪证而当场使用暴力或者以暴力相威胁的,依照本法第二百六十三条的规定定罪处罚。

第二百七十条 【侵占罪】将代为保管的他人财物非法占为己有,数额较大,拒不退还的,处二年以下有期徒刑、拘役或者罚金;数额巨大或者有其他严重情节的,处二年以上五年以下有期徒刑,并处罚金。

将他人的遗忘物或者埋藏物非法占为己有,数额较大,拒不交出的,依照前款的规定处罚。

本条罪,告诉的才处理。

第二百七十一条 【职务侵占罪】公司、企业

---

① 根据2014年4月24日通过的《全国人民代表大会常务委员会关于〈中华人民共和国刑法〉第二百六十六条的解释》:"全国人民代表大会常务委员会根据司法实践中遇到的情况,讨论了刑法第二百六十六条的含义及骗取养老、医疗、工伤、失业、生育等社会保险金或者其他社会保障待遇的行为如何适用刑法有关规定的问题,解释如下:"以欺诈、伪造证明材料或者其他手段骗取养老、医疗、工伤、失业、生育等社会保险金或者其他社会保障待遇的,属于刑法第二百六十六条规定的诈骗公私财物的行为。"

② 根据2015年8月29日《中华人民共和国刑法修正案(九)》修改。原第一款条文为:"抢夺公私财物,数额较大的,处三年以下有期徒刑、拘役或者管制,并处或者单处罚金;数额巨大或者有其他严重情节的,处三年以上十年以下有期徒刑,并处罚金;数额特别巨大或者有其他特别严重情节的,处十年以上有期徒刑或者无期徒刑,并处罚金或者没收财产。"

或者其他单位的工作人员,利用职务上的便利,将本单位财物非法占为己有,数额较大的,处三年以下有期徒刑或者拘役,并处罚金;数额巨大的,处三年以上十年以下有期徒刑,并处罚金;数额特别巨大的,处十年以上有期徒刑或者无期徒刑,并处罚金。①

国有公司、企业或者其他国有单位中从事公务的人员和国有公司、企业或者其他国有单位委派到非国有公司、企业以及其他单位从事公务的人员有前款行为的,依照本法第三百八十二条、第三百八十三条的规定定罪处罚。

第二百七十二条 【挪用资金罪】公司、企业或者其他单位的工作人员,利用职务上的便利,挪用本单位资金归个人使用或者借贷给他人,数额较大、超过三个月未还的,或者虽未超过三个月,但数额较大,进行营利活动的,或者进行非法活动的,处三年以下有期徒刑或者拘役;挪用本单位资金数额巨大的,处三年以上七年以下有期徒刑;数额特别巨大的,处七年以上有期徒刑。

国有公司、企业或者其他国有单位中从事公务的人员和国有公司、企业或者其他国有单位委派到非国有公司、企业以及其他单位从事公务的人员有前款行为的,依照本法第三百八十四条的规定定罪处罚。

有第一款行为,在提起公诉前将挪用的资金退还的,可以从轻或者减轻处罚。其中,犯罪较轻的,可以减轻或者免除处罚。②

第二百七十三条 【挪用特定款物罪】挪用用于救灾、抢险、防汛、优抚、扶贫、移民、救济款物,情节严重,致使国家和人民群众利益遭受重大损害的,对直接责任人员,处三年以下有期徒刑或者拘役;情节特别严重的,处三年以上七年以下有期徒刑。

第二百七十四条 【敲诈勒索罪】敲诈勒索公私财物,数额较大或者多次敲诈勒索的,处三年以下有期徒刑、拘役或者管制,并处或者单处罚金;数额巨大或者有其他严重情节的,处三年以上十年以下有期徒刑,并处罚金;数额特别巨大或者有其他特别严重情节的,处十年以上有期徒刑,并处罚金。③

第二百七十五条 【故意毁坏财物罪】故意毁坏公私财物,数额较大或者有其他严重情节的,处三年以下有期徒刑、拘役或者管制;数额巨大或者有其他特别严重情节的,处三年以上七年以下有期徒刑。

第二百七十六条 【破坏生产经营罪】由于泄愤报复或者其他个人目的,毁坏机器设备、残害耕畜或者以其他方法破坏生产经营的,处三年以下有期徒刑、拘役或者管制;情节严重的,处三年以上七年以下有期徒刑。

第二百七十六条之一 【拒不支付劳动报酬罪】以转移财产、逃匿等方法逃避支付劳动者的劳动报酬或者有能力支付而不支付劳动者的劳动报酬,数额较大,经政府有关部门责令支付仍不支付的,处三年以下有期徒刑或者拘役,并处或者单处罚金;造成严重后果的,处三年以上七年以下有期徒刑,并处罚金。

单位犯前款罪的,对单位判处罚金,并对其直接负责的主管人员和其他直接责任人员,依照前款的规定处罚。

有前两款行为,尚未造成严重后果,在提起公诉前支付劳动者的劳动报酬,并依法承担相应赔偿责任的,可以减轻或者免除处罚。④

---

① 根据2020年12月26日《中华人民共和国刑法修正案(十一)》修改。原第一款条文为:"公司、企业或者其他单位的人员,利用职务上的便利,将本单位财物非法占为己有,数额较大的,处五年以下有期徒刑或者拘役;数额巨大的,处五年以上有期徒刑,可以并处没收财产。"

② 根据2020年12月26日《中华人民共和国刑法修正案(十一)》修改。原条文为:"公司、企业或者其他单位的工作人员,利用职务上的便利,挪用本单位资金归个人使用或者借贷给他人,数额较大、超过三个月未还的,或者虽未超过三个月,但数额较大,进行营利活动的,或者进行非法活动的,处三年以下有期徒刑或者拘役;挪用本单位资金数额巨大的,或者数额较大不退还的,处三年以上十年以下有期徒刑。"

"国有公司、企业或者其他国有单位中从事公务的人员和国有公司、企业或者其他国有单位委派到非国有公司、企业以及其他单位从事公务的人员有前款行为的,依照本法第三百八十四条的规定定罪处罚。"

③ 根据2011年2月25日《中华人民共和国刑法修正案(八)》修改。原条文为:"敲诈勒索公私财物,数额较大的,处三年以下有期徒刑、拘役或者管制;数额巨大或者有其他严重情节的,处三年以上十年以下有期徒刑。"

④ 根据2011年2月25日《中华人民共和国刑法修正案(八)》增加。

第六章　妨害社会管理秩序罪

第一节　扰乱公共秩序罪

第二百七十七条　【妨害公务罪】以暴力、威胁方法阻碍国家机关工作人员依法执行职务的,处三年以下有期徒刑、拘役、管制或者罚金。

以暴力、威胁方法阻碍全国人民代表大会和地方各级人民代表大会代表依法执行代表职务的,依照前款的规定处罚。

在自然灾害和突发事件中,以暴力、威胁方法阻碍红十字会工作人员依法履行职责的,依照第一款的规定处罚。

故意阻碍国家安全机关、公安机关依法执行国家安全工作任务,未使用暴力、威胁方法,造成严重后果的,依照第一款的规定处罚。

【袭警罪】暴力袭击正在依法执行职务的人民警察的,处三年以下有期徒刑、拘役或者管制;使用枪支、管制刀具,或者以驾驶机动车撞击等手段,严重危及其人身安全的,处三年以上七年以下有期徒刑。①

第二百七十八条　【煽动暴力抗拒法律实施罪】煽动群众暴力抗拒国家法律、行政法规实施的,处三年以下有期徒刑、拘役、管制或者剥夺政治权利;造成严重后果的,处三年以上七年以下有期徒刑。

第二百七十九条　【招摇撞骗罪】冒充国家机关工作人员招摇撞骗的,处三年以下有期徒刑、拘役、管制或者剥夺政治权利;情节严重的,处三年以上十年以下有期徒刑。

冒充人民警察招摇撞骗的,依照前款的规定从重处罚。

第二百八十条②　**【伪造、变造、买卖国家机关公文、证件、印章罪】【盗窃、抢夺、毁灭国家机关公文、证件、印章罪】**伪造、变造、买卖或者盗窃、抢夺、毁灭国家机关的公文、证件、印章的,处三年以下有期徒刑、拘役、管制或者剥夺政治权利,并处罚金;情节严重的,处三年以上十年以下有期徒刑,并处罚金。

【伪造公司、企业、事业单位、人民团体印章罪】伪造公司、企业、事业单位、人民团体的印章的,处三年以下有期徒刑、拘役、管制或者剥夺政治权利,并处罚金。

【伪造、变造、买卖身份证件罪】伪造、变造、买卖居民身份证、护照、社会保障卡、驾驶证等依法可以用于证明身份的证件的,处三年以下有期徒刑、拘役、管制或者剥夺政治权利,并处罚金;情节严重的,处三年以上七年以下有期徒刑,并处罚金。④

第二百八十条之一　【使用虚假身份证件、盗用身份证件罪】在依照国家规定应当提供身份证明的活动中,使用伪造、变造的或者盗用他人的居民身份证、护照、社会保障卡、驾驶证等依法可以用于证明身份的证件,情节严重的,处拘役或者管制,并处或者单处罚金。

有前款行为,同时构成其他犯罪的,依照处罚较重的规定定罪处罚。④

第二百八十条之二　【冒名顶替罪】盗用、冒用他人身份,顶替他人取得的高等学历教育入学资格、公务员录用资格、就业安置待遇的,处三年以下有期徒刑、拘役或者管制,并处罚金。

组织、指使他人实施前款行为的,依照前款的规定从重处罚。

国家工作人员有前两款行为,又构成其他犯

---

① 根据 2015 年 8 月 29 日《中华人民共和国刑法修正案(九)》增加一款,作为第五款。

根据 2020 年 12 月 26 日《中华人民共和国刑法修正案(十一)》修改。原第五款条文为:"暴力袭击正在依法执行职务的人民警察的,依照第一款的规定从重处罚。"

② 根据 1998 年 12 月 29 日通过的《全国人民代表大会常务委员会关于惩治骗购外汇、逃汇和非法买卖外汇犯罪的决定》:"二、买卖伪造、变造的海关签发的报关单、进口证明、外汇管理部门核准件等凭证和单据或者国家机关的其他公文、证件、印章的,依照刑法第二百八十条的规定定罪处罚。"

③ 根据 2015 年 8 月 29 日《中华人民共和国刑法修正案(九)》修改。原条文为:"伪造、变造、买卖或者盗窃、抢夺、毁灭国家机关的公文、证件、印章的,处三年以下有期徒刑、拘役、管制或者剥夺政治权利;情节严重的,处三年以上十年以下有期徒刑。"

"伪造公司、企业、事业单位、人民团体的印章的,处三年以下有期徒刑、拘役、管制或者剥夺政治权利。"

"伪造、变造居民身份证的,处三年以下有期徒刑、拘役、管制或者剥夺政治权利;情节严重的,处三年以上七年以下有期徒刑。"

④ 根据 2015 年 8 月 29 日《中华人民共和国刑法修正案(九)》增加。

罪的,依照数罪并罚的规定处罚。①

第二百八十一条 【非法生产、买卖警用装备罪】非法生产、买卖人民警察制式服装、车辆号牌等专用标志、警械,情节严重的,处三年以下有期徒刑、拘役或者管制,并处或者单处罚金。

单位犯前款罪的,对单位判处罚金,并对其直接负责的主管人员和其他直接责任人员,依照前款的规定处罚。

第二百八十二条 【非法获取国家秘密罪】以窃取、刺探、收买方法,非法获取国家秘密的,处三年以下有期徒刑、拘役、管制或者剥夺政治权利;情节严重的,处三年以上七年以下有期徒刑。

【非法持有国家绝密、机密文件、资料、物品罪】非法持有属于国家绝密、机密的文件、资料或者其他物品,拒不说明来源与用途的,处三年以下有期徒刑、拘役或者管制。

第二百八十三条 【非法生产、销售专用间谍器材、窃听、窃照专用器材罪】非法生产、销售专用间谍器材或者窃听、窃照专用器材的,处三年以下有期徒刑、拘役或者管制,并处或者单处罚金;情节严重的,处三年以上七年以下有期徒刑,并处罚金。

单位犯前款罪的,对单位判处罚金,并对其直接负责的主管人员和其他直接责任人员,依照前款的规定处罚。②

第二百八十四条 【非法使用窃听、窃照专用器材罪】非法使用窃听、窃照专用器材,造成严重后果的,处二年以下有期徒刑、拘役或者管制。

第二百八十四条之一 【组织考试作弊罪】在法律规定的国家考试中,组织作弊的,处三年以下有期徒刑或者拘役,并处或者单处罚金;情节严重的,处三年以上七年以下有期徒刑,并处罚金。

为他人实施前款犯罪提供作弊器材或者其他帮助的,依照前款的规定处罚。

【非法出售、提供试题、答案罪】为实施考试作弊行为,向他人非法出售或者提供第一款规定的考试的试题、答案的,依照第一款的规定处罚。

【代替考试罪】代替他人或者让他人代替自己参加第一款规定的考试的,处拘役或者管制,并处或者单处罚金。③

第二百八十五条 【非法侵入计算机信息系统罪】违反国家规定,侵入国家事务、国防建设、尖端科学技术领域的计算机信息系统的,处三年以下有期徒刑或者拘役。

【非法获取计算机信息系统数据、非法控制计算机信息系统罪】违反国家规定,侵入前款规定以外的计算机信息系统或者采用其他技术手段,获取该计算机信息系统中存储、处理或者传输的数据,或者对该计算机信息系统实施非法控制,情节严重的,处三年以下有期徒刑或者拘役,并处或者单处罚金;情节特别严重的,处三年以上七年以下有期徒刑,并处罚金。

【提供侵入、非法控制计算机信息系统程序、工具罪】提供专门用于侵入、非法控制计算机信息系统的程序、工具,或者明知他人实施侵入、非法控制计算机信息系统的违法犯罪行为而为其提供程序、工具,情节严重的,依照前款的规定处罚。

单位犯前三款罪的,对单位判处罚金,并对其直接负责的主管人员和其他直接责任人员,依照各该款的规定处罚。④

第二百八十六条 【破坏计算机信息系统罪】违反国家规定,对计算机信息系统功能进行删除、修改、增加、干扰,造成计算机信息系统不能正常运行,后果严重的,处五年以下有期徒刑或者拘役;后果特别严重的,处五年以上有期徒刑。

违反国家规定,对计算机信息系统中存储、处理或者传输的数据和应用程序进行删除、修改、增加的操作,后果严重的,依照前款的规定处罚。

故意制作、传播计算机病毒等破坏性程序,影响计算机系统正常运行,后果严重的,依照第一款的规定处罚。

单位犯前三款罪的,对单位判处罚金,并对其直接负责的主管人员和其他直接责任人员,依照

---

① 根据 2020 年 12 月 26 日《中华人民共和国刑法修正案(十一)》增加。
② 根据 2015 年 8 月 29 日《中华人民共和国刑法修正案(九)》修改。原条文为:"非法生产、销售窃听、窃照等专用间谍器材的,处三年以下有期徒刑、拘役或者管制"。
③ 根据 2015 年 8 月 29 日《中华人民共和国刑法修正案(九)》增加。
④ 根据 2009 年 2 月 28 日《中华人民共和国刑法修正案(七)》增加两款,作为第二款、第三款。根据 2015 年 8 月 29 日《中华人民共和国刑法修正案(九)》增加一款,作为第四款。

第一款的规定处罚。①

第二百八十六条之一　【拒不履行信息网络安全管理义务罪】网络服务提供者不履行法律、行政法规规定的信息网络安全管理义务，经监管部门责令采取改正措施而拒不改正，有下列情形之一的，处三年以下有期徒刑、拘役或者管制，并处或者单处罚金：

（一）致使违法信息大量传播的；
（二）致使用户信息泄露，造成严重后果的；
（三）致使刑事案件证据灭失，情节严重的；
（四）有其他严重情节的。

单位犯前款罪的，对单位判处罚金，并对其直接负责的主管人员和其他直接责任人员，依照前款的规定处罚。

有前两款行为，同时构成其他犯罪的，依照处罚较重的规定定罪处罚。②

第二百八十七条　【利用计算机实施犯罪的定罪处罚】利用计算机实施金融诈骗、盗窃、贪污、挪用公款、窃取国家秘密或者其他犯罪的，依照本法有关规定定罪处罚。

第二百八十七条之一　【非法利用信息网络罪】利用信息网络实施下列行为之一，情节严重的，处三年以下有期徒刑或者拘役，并处或者单处罚金：

（一）设立用于实施诈骗、传授犯罪方法、制作或者销售违禁物品、管制物品等违法犯罪活动的网站、通讯群组的；
（二）发布有关制作或者销售毒品、枪支、淫秽物品等违禁物品、管制物品或者其他违法犯罪信息的；
（三）为实施诈骗等违法犯罪活动发布信息的。

单位犯前款罪的，对单位判处罚金，并对其直接负责的主管人员和其他直接责任人员，依照第一款的规定处罚。

有前两款行为，同时构成其他犯罪的，依照处罚较重的规定定罪处罚。③

第二百八十七条之二　【帮助信息网络犯罪活动罪】明知他人利用信息网络实施犯罪，为其犯罪提供互联网接入、服务器托管、网络存储、通讯传输等技术支持，或者提供广告推广、支付结算等帮助，情节严重的，处三年以下有期徒刑或者拘役，并处或者单处罚金。

单位犯前款罪的，对单位判处罚金，并对其直接负责的主管人员和其他直接责任人员，依照第一款的规定处罚。

有前两款行为，同时构成其他犯罪的，依照处罚较重的规定定罪处罚。④

第二百八十八条　【扰乱无线电通讯管理秩序罪】违反国家规定，擅自设置、使用无线电台（站），或者擅自使用无线电频率，干扰无线电通讯秩序，情节严重的，处三年以下有期徒刑、拘役或者管制，并处或者单处罚金；情节特别严重的，处三年以上七年以下有期徒刑，并处罚金。⑤

单位犯前款罪的，对单位判处罚金，并对其直接负责的主管人员和其他直接责任人员，依照前款的规定处罚。

第二百八十九条　【故意伤害罪】【故意杀人罪】【抢劫罪】聚众"打砸抢"，致人伤残、死亡的，依照本法第二百三十四条、第二百三十二条的规定定罪处罚。毁坏或者抢走公私财物的，除判令退赔外，对首要分子，依照本法第二百六十三条的规定定罪处罚。

第二百九十条　【聚众扰乱社会秩序罪】聚众扰乱社会秩序，情节严重，致使工作、生产、营业和教学、科研、医疗无法进行，造成严重损失的，对首要分子，处三年以上七年以下有期徒刑；对其他积极参加的，处三年以下有期徒刑、拘役、管制或者剥夺政治权利。

【聚众冲击国家机关罪】聚众冲击国家机关，致使国家机关工作无法进行，造成严重损失的，对首要分子，处五年以上十年以下有期徒刑；对其他

---

① 根据2015年8月29日《中华人民共和国刑法修正案（九）》增加一款，作为第四款。
② 根据2015年8月29日《中华人民共和国刑法修正案（九）》增加。
③ 根据2015年8月29日《中华人民共和国刑法修正案（九）》增加。
④ 根据2015年8月29日《中华人民共和国刑法修正案（九）》增加。
⑤ 根据2015年8月29日《中华人民共和国刑法修正案（九）》修改。原第一款条文为："违反国家规定，擅自设置、使用无线电台（站），或者擅自占用频率，经责令停止使用后拒不停止使用，干扰无线电通讯正常进行，造成严重后果的，处三年以下有期徒刑、拘役或者管制，并处或者单处罚金。"

积极参加的,处五年以下有期徒刑、拘役、管制或者剥夺政治权利。

【扰乱国家机关工作秩序罪】多次扰乱国家机关工作秩序,经行政处罚后仍不改正,造成严重后果的,处三年以下有期徒刑、拘役或者管制。

【组织、资助非法聚集罪】多次组织、资助他人非法聚集,扰乱社会秩序,情节严重的,依照前款的规定处罚。①

第二百九十一条 【聚众扰乱公共场所秩序、交通秩序罪】聚众扰乱车站、码头、民用航空站、商场、公园、影剧院、展览会、运动场或者其他公共场所秩序,聚众堵塞交通或者破坏交通秩序,抗拒、阻碍国家治安管理工作人员依法执行职务,情节严重的,对首要分子,处五年以下有期徒刑、拘役或者管制。

第二百九十一条之一 【投放虚假危险物质罪】【编造、故意传播虚假恐怖信息罪】投放虚假的爆炸性、毒害性、放射性、传染病病原体等物质,或者编造爆炸威胁、生化威胁、放射威胁等恐怖信息,或者明知是编造的恐怖信息而故意传播,严重扰乱社会秩序的,处五年以下有期徒刑、拘役或者管制;造成严重后果的,处五年以上有期徒刑。

【编造、故意传播虚假信息罪】编造虚假的险情、疫情、灾情、警情,在信息网络或者其他媒体上传播,或者明知是上述虚假信息,故意在信息网络或者其他媒体上传播,严重扰乱社会秩序的,处三年以下有期徒刑、拘役或者管制;造成严重后果的,处三年以上七年以下有期徒刑。②

第二百九十一条之二 【高空抛物罪】从建筑物或者其他高空抛掷物品,情节严重的,处一年以下有期徒刑、拘役或者管制,并处或者单处罚金。

有前款行为,同时构成其他犯罪的,依照处罚较重的规定定罪处罚。③

第二百九十二条 【聚众斗殴罪】聚众斗殴的,对首要分子和其他积极参加的,处三年以下有期徒刑、拘役或者管制;有下列情形之一的,对首要分子和其他积极参加的,处三年以上十年以下有期徒刑:

(一)多次聚众斗殴的;

(二)聚众斗殴人数多,规模大,社会影响恶劣的;

(三)在公共场所或者交通要道聚众斗殴,造成社会秩序严重混乱的;

(四)持械聚众斗殴的。

聚众斗殴,致人重伤、死亡的,依照本法第二百三十四条、第二百三十二条的规定定罪处罚。

第二百九十三条 【寻衅滋事罪】有下列寻衅滋事行为之一,破坏社会秩序的,处五年以下有期徒刑、拘役或者管制:

(一)随意殴打他人,情节恶劣的;

(二)追逐、拦截、辱骂、恐吓他人,情节恶劣的;

(三)强拿硬要或者任意损毁、占用公私财物,情节严重的;

(四)在公共场所起哄闹事,造成公共场所秩序严重混乱的。

纠集他人多次实施前款行为,严重破坏社会秩序的,处五年以上十年以下有期徒刑,可以并处罚金。④

第二百九十三条之一 【催收非法债务罪】有下列情形之一,催收高利放贷等产生的非法债务,情节严重的,处三年以下有期徒刑、拘役或者管制,并处或者单处罚金:

(一)使用暴力、胁迫方法的;

(二)限制他人人身自由或者侵入他人住宅

---

① 根据2015年8月29日《中华人民共和国刑法修正案(九)》修改。原第一款条文为:"聚众扰乱社会秩序,情节严重,致使工作、生产、营业和教学、科研无法进行,造成严重损失的,对首要分子,处三年以上七年以下有期徒刑;对其他积极参加的,处三年以下有期徒刑、拘役、管制或者剥夺政治权利。"增加二款,作为第三款、第四款。

② 根据2001年12月29日《中华人民共和国刑法修正案(三)》增加。根据2015年8月29日《中华人民共和国刑法修正案(九)》增加一款,作为第二款。

③ 根据2020年12月26日《中华人民共和国刑法修正案(十一)》增加。

④ 根据2011年2月25日《中华人民共和国刑法修正案(八)》修改。原条文为:"有下列寻衅滋事行为之一,破坏社会秩序的,处五年以下有期徒刑、拘役或者管制:

"(一)随意殴打他人,情节恶劣的;

"(二)追逐、拦截、辱骂他人,情节恶劣的;

"(三)强拿硬要或者任意损毁、占用公私财物,情节严重的;

"(四)在公共场所起哄闹事,造成公共场所秩序严重混乱的。"

的;

(三)恐吓、跟踪、骚扰他人的。①

第二百九十四条② 【组织、领导、参加黑社会性质组织罪】组织、领导黑社会性质的组织的,处七年以上有期徒刑,并处没收财产;积极参加的,处三年以上七年以下有期徒刑,可以并处罚金或者没收财产;其他参加的,处三年以下有期徒刑、拘役、管制或者剥夺政治权利,可以并处罚金。

【入境发展黑社会组织罪】境外的黑社会组织的人员到中华人民共和国境内发展组织成员的,处三年以上十年以下有期徒刑。

【包庇、纵容黑社会性质组织罪】国家机关工作人员包庇黑社会性质的组织,或者纵容黑社会性质的组织进行违法犯罪活动的,处五年以下有期徒刑;情节严重的,处五年以上有期徒刑。

犯前三款罪又有其他犯罪行为的,依照数罪并罚的规定处罚。

黑社会性质的组织应当同时具备以下特征:

(一)形成较稳定的犯罪组织,人数较多,有明确的组织者、领导者,骨干成员基本固定;

(二)有组织地通过违法犯罪活动或者其他手段获取经济利益,具有一定的经济实力,以支持该组织的活动;

(三)以暴力、威胁或者其他手段,有组织地多次进行违法犯罪活动,为非作恶,欺压、残害群众;

(四)通过实施违法犯罪活动,或者利用国家工作人员的包庇或者纵容,称霸一方,在一定区域或者行业内,形成非法控制或者重大影响,严重破坏经济、社会生活秩序。③

第二百九十五条 【传授犯罪方法罪】传授犯罪方法的,处五年以下有期徒刑、拘役或者管制;情节严重的,处五年以上十年以下有期徒刑;情节特别严重的,处十年以上有期徒刑或者无期徒刑。④

第二百九十六条 【非法集会、游行、示威罪】举行集会、游行、示威,未依照法律规定申请或者申请未获许可,或者未按照主管机关许可的起止时间、地点、路线进行,又拒不服从解散命令,严重破坏社会秩序的,对集会、游行、示威的负责人和直接责任人员,处五年以下有期徒刑、拘役、管制或者剥夺政治权利。

第二百九十七条 【非法携带武器、管制刀具、爆炸物参加集会、游行、示威罪】违反法律规定,携带武器、管制刀具或者爆炸物参加集会、游行、示威的,处三年以下有期徒刑、拘役、管制或者剥夺政治权利。

第二百九十八条 【破坏集会、游行、示威罪】扰乱、冲击或者以其他方法破坏依法举行的集会、游行、示威,造成公共秩序混乱的,处五年以下有期徒刑、拘役、管制或者剥夺政治权利。

第二百九十九条 【侮辱国旗、国徽、国歌罪】在公共场合,故意以焚烧、毁损、涂划、玷污、践踏等方式侮辱中华人民共和国国旗、国徽的,处三年以下有期徒刑、拘役、管制或者剥夺政治权利。

---

① 根据 2020 年 12 月 26 日《中华人民共和国刑法修正案(十一)》增加。
② 根据 2002 年 4 月 28 日通过的《全国人民代表大会常务委员会关于〈中华人民共和国刑法〉第二百九十四条第一款的解释》:
"全国人民代表大会常务委员会讨论了刑法第二百九十四条第一款规定的'黑社会性质的组织'的含义问题,解释如下:
"刑法第二百九十四条第一款规定的'黑社会性质的组织'应当同时具备以下特征:
"(一)形成较稳定的犯罪组织,人数较多,有明确的组织者、领导者,骨干成员基本固定;
"(二)有组织地通过违法犯罪活动或者其他手段获取经济利益,具有一定的经济实力,以支持该组织的活动;
"(三)以暴力、威胁或者其他手段,有组织地多次进行违法犯罪活动,为非作恶,欺压、残害群众;
"(四)通过实施违法犯罪活动,或者利用国家工作人员的包庇或者纵容,称霸一方,在一定区域或者行业内,形成非法控制或者重大影响,严重破坏经济、社会生活秩序。"
③ 根据 2011 年 2 月 25 日《中华人民共和国刑法修正案(八)》修改。原条文为:"组织、领导和积极参加以暴力、威胁或者其他手段,有组织地进行违法犯罪活动,称霸一方,为非作恶,欺压、残害群众,严重破坏经济、社会生活秩序的黑社会性质的组织的,处三年以上十年以下有期徒刑;其他参加的,处三年以下有期徒刑、拘役、管制或者剥夺政治权利。
"境外的黑社会组织的人员到中华人民共和国境内发展组织成员的,处三年以上十年以下有期徒刑。
"犯前两款罪又有其他犯罪行为的,依照数罪并罚的规定处罚。
"国家机关工作人员包庇黑社会性质的组织,或者纵容黑社会性质的组织进行违法犯罪活动的,处三年以下有期徒刑、拘役或者剥夺政治权利;情节严重的,处三年以上十年以下有期徒刑。"
④ 根据 2011 年 2 月 25 日《中华人民共和国刑法修正案(八)》修改。原条文为:"传授犯罪方法的,处五年以下有期徒刑、拘役或者管制;情节严重的,处五年以上有期徒刑;情节特别严重的,处无期徒刑或者死刑。"

在公共场合,故意篡改中华人民共和国国歌歌词、曲谱,以歪曲、贬损方式奏唱国歌,或者以其他方式侮辱国歌,情节严重的,依照前款的规定处罚。①

第二百九十九条之一 【侵害英雄烈士名誉、荣誉罪】侮辱、诽谤或者以其他方式侵害英雄烈士的名誉、荣誉,损害社会公共利益,情节严重的,处三年以下有期徒刑、拘役、管制或者剥夺政治权利。②

第三百条 【组织、利用会道门、邪教组织、利用迷信破坏法律实施罪】组织、利用会道门、邪教组织或者利用迷信破坏国家法律、行政法规实施的,处三年以上七年以下有期徒刑,并处罚金;情节特别严重的,处七年以上有期徒刑或者无期徒刑,并处罚金或者没收财产;情节较轻的,处三年以下有期徒刑、拘役、管制或者剥夺政治权利,并处或者单处罚金。

【组织、利用会道门、邪教组织、利用迷信致人重伤、死亡罪】组织、利用会道门、邪教组织或者利用迷信蒙骗他人,致人重伤、死亡的,依照前款的规定处罚。

犯第一款罪又有奸淫妇女、诈骗财物等犯罪行为的,依照数罪并罚的规定处罚。③

第三百零一条 【聚众淫乱罪】聚众进行淫乱活动的,对首要分子或者多次参加的,处五年以下有期徒刑、拘役或者管制。

【引诱未成年人聚众淫乱罪】引诱未成年人参加聚众淫乱活动的,依照前款的规定从重处罚。

第三百零二条 【盗窃、侮辱、故意毁坏尸体、尸骨、骨灰罪】盗窃、侮辱、故意毁坏尸体、尸骨、骨灰的,处三年以下有期徒刑、拘役或者管制。④

第三百零三条 【赌博罪】以营利为目的,聚众赌博或者以赌博为业的,处三年以下有期徒刑、拘役或者管制,并处罚金。

【开设赌场罪】开设赌场的,处五年以下有期徒刑、拘役或者管制,并处罚金;情节严重的,处五年以上十年以下有期徒刑,并处罚金。

【组织参与国(境)外赌博罪】组织中华人民共和国公民参与国(境)外赌博,数额巨大或者有其他严重情节的,依照前款的规定处罚。⑤

第三百零四条 【故意延误投递邮件罪】邮政工作人员严重不负责任,故意延误投递邮件,致使公共财产、国家和人民利益遭受重大损失的,处二年以下有期徒刑或者拘役。

第二节 妨害司法罪

第三百零五条 【伪证罪】在刑事诉讼中,证人、鉴定人、记录人、翻译人对与案件有重要关系的情节,故意作虚假证明、鉴定、记录、翻译,意图陷害他人或者隐匿罪证的,处三年以下有期徒刑或者拘役;情节严重的,处三年以上七年以下有期徒刑。

第三百零六条 【辩护人、诉讼代理人毁灭证据、伪造证据、妨害作证罪】在刑事诉讼中,辩护人、诉讼代理人毁灭、伪造证据,帮助当事人毁灭、伪造证据,威胁、引诱证人违背事实改变证言或者作伪证的,处三年以下有期徒刑或者拘役;情节严重的,处三年以上七年以下有期徒刑。

辩护人、诉讼代理人提供、出示、引用的证人证言或者其他证据失实,不是有意伪造的,不属于

---

① 根据2017年11月4日《中华人民共和国刑法修正案(十)》增加第二款。原条文为:"在公众场合故意以焚烧、毁损、涂划、玷污、践踏等方式侮辱中华人民共和国国旗、国徽的,处三年以下有期徒刑、拘役、管制或者剥夺政治权利。"

② 根据2020年12月26日《中华人民共和国刑法修正案(十一)》增加。

③ 根据2015年8月29日《中华人民共和国刑法修正案(九)》修改。原条文为:"组织和利用会道门、邪教组织或者利用迷信破坏国家法律、行政法规实施的,处三年以上七年以下有期徒刑;情节特别严重的,处七年以上有期徒刑。
"组织和利用会道门、邪教组织或者利用迷信蒙骗他人,致人死亡的,依照前款的规定处罚。
"组织和利用会道门、邪教组织或者利用迷信奸淫妇女、诈骗财物的,分别依照本法第二百三十六条、第二百六十六条的规定定罪处罚。"

④ 根据2015年8月29日《中华人民共和国刑法修正案(九)》修改。原条文为:"盗窃、侮辱尸体的,处三年以下有期徒刑、拘役或者管制。"

⑤ 根据2006年6月29日《中华人民共和国刑法修正案(六)》第一次修改。原条文为:"以营利为目的,聚众赌博、开设赌场或者以赌博为业的,处三年以下有期徒刑、拘役或者管制,并处罚金。"
根据2020年12月26日《中华人民共和国刑法修正案(十一)》第二次修改。原条文为:"以营利为目的,聚众赌博或者以赌博为业的,处三年以下有期徒刑、拘役或者管制,并处罚金。
"开设赌场的,处三年以下有期徒刑、拘役或者管制,并处罚金;情节严重的,处三年以上十年以下有期徒刑,并处罚金。"

伪造证据。

第三百零七条 【妨害作证罪】以暴力、威胁、贿买等方法阻止证人作证或者指使他人作伪证的,处三年以下有期徒刑或者拘役;情节严重的,处三年以上七年以下有期徒刑。

【帮助毁灭、伪造证据罪】帮助当事人毁灭、伪造证据,情节严重的,处三年以下有期徒刑或者拘役。

司法工作人员犯前两款罪的,从重处罚。

第三百零七条之一 【虚假诉讼罪】以捏造的事实提起民事诉讼,妨害司法秩序或者严重侵害他人合法权益的,处三年以下有期徒刑、拘役或者管制,并处或者单处罚金;情节严重的,处三年以上七年以下有期徒刑,并处罚金。

单位犯前款罪的,对单位判处罚金,并对其直接负责的主管人员和其他直接责任人员,依照前款的规定处罚。

有第一款行为,非法占有他人财产或者逃避合法债务,又构成其他犯罪的,依照处罚较重的规定定罪从重处罚。

司法工作人员利用职权,与他人共同实施前三款行为的,从重处罚;同时构成其他犯罪的,依照处罚较重的规定定罪从重处罚。①

第三百零八条 【打击报复证人罪】对证人进行打击报复的,处三年以下有期徒刑或者拘役;情节严重的,处三年以上七年以下有期徒刑。

第三百零八条之一 【泄露不应公开的案件信息罪】司法工作人员、辩护人、诉讼代理人或者其他诉讼参与人,泄露依法不公开审理的案件中不应当公开的信息,造成信息公开传播或者其他严重后果的,处三年以下有期徒刑、拘役或者管制,并处或者单处罚金。

有前款行为,泄露国家秘密的,依照本法第三百九十八条的规定定罪处罚。

【披露、报道不应公开的案件信息罪】公开披露、报道第一款规定的案件信息,情节严重的,依照第一款的规定处罚。

单位犯前款罪的,对单位判处罚金,并对其直接负责的主管人员和其他直接责任人员,依照第一款的规定处罚。②

第三百零九条 【扰乱法庭秩序罪】有下列扰乱法庭秩序情形之一的,处三年以下有期徒刑、拘役、管制或者罚金:

(一)聚众哄闹、冲击法庭的;

(二)殴打司法工作人员或者诉讼参与人的;

(三)侮辱、诽谤、威胁司法工作人员或者诉讼参与人,不听法庭制止,严重扰乱法庭秩序的;

(四)有毁坏法庭设施,抢夺、损毁诉讼文书、证据等扰乱法庭秩序行为,情节严重的。③

第三百一十条 【窝藏、包庇罪】明知是犯罪的人而为其提供隐藏处所、财物,帮助其逃匿或者作假证明包庇的,处三年以下有期徒刑、拘役或者管制;情节严重的,处三年以上十年以下有期徒刑。

犯前款罪,事前通谋的,以共同犯罪论处。

第三百一十一条 【拒绝提供间谍犯罪、恐怖主义犯罪、极端主义犯罪证据罪】明知他人有间谍犯罪或者恐怖主义、极端主义犯罪行为,在司法机关向其调查有关情况、收集有关证据时,拒绝提供,情节严重的,处三年以下有期徒刑、拘役或者管制。④

---

① 根据 2015 年 8 月 29 日《中华人民共和国刑法修正案(九)》增加。
② 根据 2015 年 8 月 29 日《中华人民共和国刑法修正案(九)》增加。
③ 根据 2015 年 8 月 29 日《中华人民共和国刑法修正案(九)》修改。原条文为:"聚众哄闹、冲击法庭,或者殴打司法工作人员,严重扰乱法庭秩序的,处三年以下有期徒刑、拘役、管制或者罚金。"
④ 根据 2015 年 8 月 29 日《中华人民共和国刑法修正案(九)》修改。原条文为:"明知他人有间谍犯罪行为,在国家安全机关向其调查有关情况、收集有关证据时,拒绝提供,情节严重的,处三年以下有期徒刑、拘役或者管制。"

第三百一十二条① 【掩饰、隐瞒犯罪所得、犯罪所得收益罪】明知是犯罪所得及其产生的收益而予以窝藏、转移、收购、代为销售或者以其他方法掩饰、隐瞒的，处三年以下有期徒刑、拘役或者管制，并处或者单处罚金；情节严重的，处三年以上七年以下有期徒刑，并处罚金。

单位犯前款罪的，对单位判处罚金，并对其直接负责的主管人员和其他直接责任人员，依照前款的规定处罚。②

第三百一十三条③ 【拒不执行判决、裁定罪】对人民法院的判决、裁定有能力执行而拒不执行，情节严重的，处三年以下有期徒刑、拘役或者罚金；情节特别严重的，处三年以上七年以下有期徒刑，并处罚金。

单位犯前款罪的，对单位判处罚金，并对其直接负责的主管人员和其他直接责任人员，依照前款的规定处罚。④

第三百一十四条 【非法处置查封、扣押、冻结的财产罪】隐藏、转移、变卖、故意毁损已被司法机关查封、扣押、冻结的财产，情节严重的，处三年以下有期徒刑、拘役或者罚金。

第三百一十五条 【破坏监管秩序罪】依法被关押的罪犯，有下列破坏监管秩序行为之一，情节严重的，处三年以下有期徒刑：

（一）殴打监管人员的；

（二）组织其他被监管人破坏监管秩序的；

（三）聚众闹事，扰乱正常监管秩序的；

（四）殴打、体罚或者指使他人殴打、体罚其他被监管人的。

第三百一十六条 【脱逃罪】依法被关押的罪犯、被告人、犯罪嫌疑人脱逃的，处五年以下有期徒刑或者拘役。

【劫夺被押解人员罪】劫夺押解途中的罪犯、被告人、犯罪嫌疑人的，处三年以上七年以下有期徒刑；情节严重的，处七年以上有期徒刑。

第三百一十七条 【组织越狱罪】组织越狱的首要分子和积极参加的，处五年以上有期徒刑；其他参加的，处五年以下有期徒刑或者拘役。

---

① 根据2014年4月24日通过的《全国人民代表大会常务委员会关于〈中华人民共和国刑法〉第三百四十一条、第三百一十二条的解释》：

"全国人民代表大会常务委员会根据司法实践中遇到的情况，讨论了刑法第三百四十一条第一款规定的非法收购国家重点保护的珍贵、濒危野生动物及其制品的含义和收购刑法第三百四十一条第二款规定的非法狩猎的野生动物如何适用刑法有关规定的问题，解释如下：

"知道或者应当知道是国家重点保护的珍贵、濒危野生动物及其制品，为食用或者其他目的而非法购买的，属于刑法第三百四十一条第一款规定的非法收购国家重点保护的珍贵、濒危野生动物及其制品的行为。

"知道或者应当知道是刑法第三百四十一条第二款规定的非法狩猎的野生动物而购买的，属于刑法第三百一十二条第一款规定的明知是犯罪所得而收购的行为。"

② 根据2006年6月29日《中华人民共和国刑法修正案（六）》修改。原条文为："明知是犯罪所得的赃物而予以窝藏、转移、收购或者代为销售的，处三年以下有期徒刑、拘役或者管制，并处或者单处罚金。"

根据2009年2月28日《中华人民共和国刑法修正案（七）》增加一款，作为第二款。

③ 根据2002年8月29日通过的《全国人民代表大会常务委员会关于〈中华人民共和国刑法〉第三百一十三条的解释》：

"全国人民代表大会常务委员会讨论了刑法第三百一十三条规定的'对人民法院的判决、裁定有能力执行而拒不执行，情节严重'的含义问题，解释如下：

"刑法第三百一十三条规定的'人民法院的判决、裁定'，是指人民法院依法作出的具有执行内容并已发生法律效力的判决、裁定。人民法院为依法执行支付令、生效的调解书、仲裁裁决、公证债权文书等所作的裁定属于该条规定的裁定。

"下列情形属于刑法第三百一十三条规定的'有能力执行而拒不执行，情节严重'的情形：

"（一）被执行人隐藏、转移、故意毁损财产或者无偿转让财产、以明显不合理的低价转让财产，致使判决、裁定无法执行的；

"（二）担保人或者被执行人隐藏、转移、故意毁损或者转让已向人民法院提供担保的财产，致使判决、裁定无法执行的；

"（三）协助执行义务人接到人民法院协助执行通知书后，拒不协助执行，致使判决、裁定无法执行的；

"（四）被执行人、担保人、协助执行义务人与国家机关工作人员通谋，利用国家机关工作人员的职权妨害执行，致使判决、裁定无法执行的；

"（五）其他有能力执行而拒不执行，情节严重的情形。

"国家机关工作人员有上述第四项行为的，以拒不执行判决、裁定罪的共犯追究刑事责任。国家机关工作人员收受贿赂或者滥用职权，有上述第四项行为的，同时又构成刑法第三百八十五条、第三百九十七条规定之罪的，依照处罚较重的规定定罪处罚。"

④ 根据2015年8月29日《中华人民共和国刑法修正案（九）》修改。原条文为："对人民法院的判决、裁定有能力执行而拒不执行，情节严重的，处三年以下有期徒刑、拘役或者罚金。"

【暴动越狱罪】【聚众持械劫狱罪】暴动越狱或者聚众持械劫狱的首要分子和积极参加的，处十年以上有期徒刑或者无期徒刑；情节特别严重的，处死刑；其他参加的，处三年以上十年以下有期徒刑。

第三节 妨害国(边)境管理罪

第三百一十八条 【组织他人偷越国(边)境罪】组织他人偷越国(边)境的，处二年以上七年以下有期徒刑，并处罚金；有下列情形之一的，处七年以上有期徒刑或者无期徒刑，并处罚金或者没收财产：

（一）组织他人偷越国(边)境集团的首要分子；

（二）多次组织他人偷越国(边)境或者组织他人偷越国(边)境人数众多的；

（三）造成被组织人重伤、死亡的；

（四）剥夺或者限制被组织人人身自由的；

（五）以暴力、威胁方法抗拒检查的；

（六）违法所得数额巨大的；

（七）有其他特别严重情节的。

犯前款罪，对被组织人有杀害、伤害、强奸、拐卖等犯罪行为，或者对检查人员有杀害、伤害等犯罪行为的，依照数罪并罚的规定处罚。

第三百一十九条 【骗取出境证件罪】以劳务输出、经贸往来或者其他名义，弄虚作假，骗取护照、签证等出境证件，为组织他人偷越国(边)境使用的，处三年以下有期徒刑，并处罚金；情节严重的，处三年以上十年以下有期徒刑，并处罚金。

单位犯前款罪的，对单位判处罚金，并对其直接负责的主管人员和其他直接责任人员，依照前款的规定处罚。

第三百二十条 【提供伪造、变造的出入境证件罪】【出售出入境证件罪】为他人提供伪造、变造的护照、签证等出入境证件，或者出售护照、签证等出入境证件的，处五年以下有期徒刑，并处罚金；情节严重的，处五年以上有期徒刑，并处罚金。

第三百二十一条 【运送他人偷越国(边)境罪】运送他人偷越国(边)境的，处五年以下有期徒刑、拘役或者管制，并处罚金；有下列情形之一的，处五年以上十年以下有期徒刑，并处罚金：

（一）多次实施运送行为或者运送人数众多的；

（二）所使用的船只、车辆等交通工具不具备必要的安全条件，足以造成严重后果的；

（三）违法所得数额巨大的；

（四）有其他特别严重情节的。

在运送他人偷越国(边)境中造成被运送人重伤、死亡，或者以暴力、威胁方法抗拒检查的，处七年以上有期徒刑，并处罚金。

犯前两款罪，对被运送人有杀害、伤害、强奸、拐卖等犯罪行为，或者对检查人员有杀害、伤害等犯罪行为的，依照数罪并罚的规定处罚。

第三百二十二条 【偷越国(边)境罪】违反国(边)境管理法规，偷越国(边)境，情节严重的，处一年以下有期徒刑、拘役或者管制，并处罚金；为参加恐怖活动组织、接受恐怖活动培训或者实施恐怖活动，偷越国(边)境的，处一年以上三年以下有期徒刑，并处罚金。①

第三百二十三条 【破坏界碑、界桩罪】【破坏永久性测量标志罪】故意破坏国家边境的界碑、界桩或者永久性测量标志的，处三年以下有期徒刑或者拘役。

第四节 妨害文物管理罪②

第三百二十四条 【故意损毁文物罪】故意损毁国家保护的珍贵文物或者被确定为全国重点文物保护单位、省级文物保护单位的文物的，处三年以下有期徒刑或者拘役，并处或者单处罚金；情节严重的，处三年以上十年以下有期徒刑，并处罚金。

【故意损毁名胜古迹罪】故意损毁国家保护的

---

① 根据2015年8月29日《中华人民共和国刑法修正案（九）》修改。原条文为："违反国(边)境管理法规，偷越国(边)境，情节严重的，处一年以下有期徒刑、拘役或者管制，并处罚金"。

② 根据2005年12月29日通过的《全国人民代表大会常务委员会关于〈中华人民共和国刑法〉有关文物的规定适用于具有科学价值的古脊椎动物化石、古人类化石的解释》：

"全国人民代表大会常务委员会根据司法实践中遇到的情况，讨论了关于走私、盗窃、损毁、倒卖或者非法转让具有科学价值的古脊椎动物化石、古人类化石的行为适用刑法有关规定的问题，解释如下：

"刑法有关文物的规定，适用于具有科学价值的古脊椎动物化石、古人类化石。"

名胜古迹,情节严重的,处五年以下有期徒刑或者拘役,并处或者单处罚金。

【过失损毁文物罪】过失损毁国家保护的珍贵文物或被确定为全国重点文物保护单位、省级文物保护单位的文物,造成严重后果的,处三年以下有期徒刑或者拘役。

第三百二十五条 【非法向外国人出售、赠送珍贵文物罪】违反文物保护法规,将收藏的国家禁止出口的珍贵文物私自出售或者私自赠送给外国人的,处五年以下有期徒刑或者拘役,可以并处罚金。

单位犯前款罪的,对单位判处罚金,并对其直接负责的主管人员和其他直接责任人员,依照前款的规定处罚。

第三百二十六条 【倒卖文物罪】以牟利为目的,倒卖国家禁止经营的文物,情节严重的,处五年以下有期徒刑或者拘役,并处罚金;情节特别严重的,处五年以上十年以下有期徒刑,并处罚金。

单位犯前款罪的,对单位判处罚金,并对其直接负责的主管人员和其他直接责任人员,依照前款的规定处罚。

第三百二十七条 【非法出售、私赠文物藏品罪】违反文物保护法规,国有博物馆、图书馆等单位将国家保护的文物藏品出售或者私自送给非国有单位或者个人的,对单位判处罚金,并对其直接负责的主管人员和其他直接责任人员,处三年以下有期徒刑或者拘役。

第三百二十八条 【盗掘古文化遗址、古墓葬罪】盗掘具有历史、艺术、科学价值的古文化遗址、古墓葬的,处三年以上十年以下有期徒刑,并处罚金;情节较轻的,处三年以下有期徒刑、拘役或者管制,并处罚金;有下列情形之一的,处十年以上有期徒刑或者无期徒刑,并处罚金或者没收财产:

(一)盗掘确定为全国重点文物保护单位和省级文物保护单位的古文化遗址、古墓葬的;

(二)盗掘古文化遗址、古墓葬集团的首要分子;

(三)多次盗掘古文化遗址、古墓葬的;

(四)盗掘古文化遗址、古墓葬,并盗窃珍贵文物或者造成珍贵文物严重破坏的。①

【盗掘古人类化石、古脊椎动物化石罪】盗掘国家保护的具有科学价值的古人类化石和古脊椎动物化石的,依照前款的规定处罚。

第三百二十九条 【抢夺、窃取国有档案罪】抢夺、窃取国家所有的档案的,处五年以下有期徒刑或者拘役。

【擅自出卖、转让国有档案罪】违反档案法的规定,擅自出卖、转让国家所有的档案,情节严重的,处三年以下有期徒刑或者拘役。

有前两款行为,同时又构成本法规定的其他犯罪的,依照处罚较重的规定定罪处罚。

第五节 危害公共卫生罪

第三百三十条 【妨害传染病防治罪】违反传染病防治法的规定,有下列情形之一,引起甲类传染病以及依法确定采取甲类传染病预防、控制措施的传染病传播或者有传播严重危险的,处三年以下有期徒刑或者拘役;后果特别严重的,处三年以上七年以下有期徒刑:

(一)供水单位供应的饮用水不符合国家规定的卫生标准的;

(二)拒绝按照疾病预防控制机构提出的卫生要求,对传染病病原体污染的污水、污物、场所和物品进行消毒处理的;

(三)准许或者纵容传染病病人、病原携带者和疑似传染病病人从事国务院卫生行政部门规定禁止从事的易使该传染病扩散的工作的;

(四)出售、运输疫区中被传染病病原体污染或者可能被传染病病原体污染的物品,未进行消毒处理的;

(五)拒绝执行县级以上人民政府、疾病预防控制机构依照传染病防治法提出的预防、控制措

---

① 根据2011年2月25日《中华人民共和国刑法修正案(八)》修改。原第一款条文为:"盗掘具有历史、艺术、科学价值的古文化遗址、古墓葬的,处三年以上十年以下有期徒刑,并处罚金;情节较轻的,处三年以下有期徒刑、拘役或者管制,并处罚金;有下列情形之一的,处十年以上有期徒刑、无期徒刑或者死刑,并处罚金或者没收财产:
"(一)盗掘确定为全国重点文物保护单位和省级文物保护单位的古文化遗址、古墓葬的;
"(二)盗掘古文化遗址、古墓葬集团的首要分子;
"(三)多次盗掘古文化遗址、古墓葬的;
"(四)盗掘古文化遗址、古墓葬,并盗窃珍贵文物或者造成珍贵文物严重破坏的。"

施的。①

单位犯前款罪的,对单位判处罚金,并对其直接负责的主管人员和其他直接责任人员,依照前款的规定处罚。

甲类传染病的范围,依照《中华人民共和国传染病防治法》和国务院有关规定确定。

第三百三十一条 【传染病菌种、毒种扩散罪】从事实验、保藏、携带、运输传染病菌种、毒种的人员,违反国务院卫生行政部门的有关规定,造成传染病菌种、毒种扩散,后果严重的,处三年以下有期徒刑或者拘役;后果特别严重的,处三年以上七年以下有期徒刑。

第三百三十二条 【妨害国境卫生检疫罪】违反国境卫生检疫规定,引起检疫传染病传播或者有传播严重危险的,处三年以下有期徒刑或者拘役,并处或者单处罚金。

单位犯前款罪的,对单位判处罚金,并对其直接负责的主管人员和其他直接责任人员,依照前款的规定处罚。

第三百三十三条 【非法组织卖血罪】【强迫卖血罪】非法组织他人出卖血液的,处五年以下有期徒刑,并处罚金;以暴力、威胁方法强迫他人出卖血液的,处五年以上十年以下有期徒刑,并处罚金。

有前款行为,对他人造成伤害的,依照本法第二百三十四条的规定定罪处罚。

第三百三十四条 【非法采集、供应血液、制作、供应血液制品罪】非法采集、供应血液或者制作、供应血液制品,不符合国家规定的标准,足以危害人体健康的,处五年以下有期徒刑或者拘役,并处罚金;对人体健康造成严重危害的,处五年以上十年以下有期徒刑,并处罚金;造成特别严重后果的,处十年以上有期徒刑或者无期徒刑,并处罚金或者没收财产。

【采集、供应血液、制作、供应血液制品事故罪】经国家主管部门批准采集、供应血液或者制作、供应血液制品的部门,不依照规定进行检测或者违背其他操作规定,造成危害他人身体健康后果的,对单位判处罚金,并对其直接负责的主管人员和其他直接责任人员,处五年以下有期徒刑或者拘役。

第三百三十四条之一 【非法采集人类遗传资源、走私人类遗传资源材料罪】违反国家有关规定,非法采集我国人类遗传资源或者非法运送、邮寄、携带我国人类遗传资源材料出境,危害公众健康或者社会公共利益,情节严重的,处三年以下有期徒刑、拘役或者管制,并处或者单处罚金;情节特别严重的,处三年以上七年以下有期徒刑,并处罚金。②

第三百三十五条 【医疗事故罪】医务人员由于严重不负责任,造成就诊人死亡或者严重损害就诊人身体健康的,处三年以下有期徒刑或者拘役。

第三百三十六条 【非法行医罪】未取得医生执业资格的人非法行医,情节严重的,处三年以下有期徒刑、拘役或者管制,并处或者单处罚金;严重损害就诊人身体健康的,处三年以上十年以下有期徒刑,并处罚金;造成就诊人死亡的,处十年以上有期徒刑,并处罚金。

【非法进行节育手术罪】未取得医生执业资格的人擅自为他人进行节育复通手术、假节育手术、终止妊娠手术或者摘取宫内节育器,情节严重的,处三年以下有期徒刑、拘役或者管制,并处或者单处罚金;严重损害就诊人身体健康的,处三年以上十年以下有期徒刑,并处罚金;造成就诊人死亡的,处十年以上有期徒刑,并处罚金。

第三百三十六条之一 【非法植入基因编辑、克隆胚胎罪】将基因编辑、克隆的人类胚胎植入人体或者动物体内,或者将基因编辑、克隆的动物胚

---

① 根据2020年12月26日《中华人民共和国刑法修正案(十一)》修改。原第一款条文为:"违反传染病防治法的规定,有下列情形之一,引起甲类传染病传播或者有传播严重危险的,处三年以下有期徒刑或者拘役;后果特别严重的,处三年以上七年以下有期徒刑:
"(一)供水单位供应的饮用水不符合国家规定的卫生标准的;
"(二)拒绝按照卫生防疫机构提出的卫生要求,对传染病病原体污染的污水、污物、粪便进行消毒处理的;
"(三)准许或者纵容传染病病人、病原携带者和疑似传染病病人从事国务院卫生行政部门规定禁止从事的易使该传染病扩散的工作的;
"(四)拒绝执行卫生防疫机构依照传染病防治法提出的预防、控制措施的。"
② 根据2020年12月26日《中华人民共和国刑法修正案(十一)》增加。

胎植入人体内,情节严重的,处三年以下有期徒刑或者拘役,并处罚金;情节特别严重的,处三年以上七年以下有期徒刑,并处罚金。①

第三百三十七条 【妨害动植物防疫、检疫罪】违反有关动植物防疫、检疫的国家规定,引起重大动植物疫情的,或者有引起重大动植物疫情危险,情节严重的,处三年以下有期徒刑或者拘役,并处或者单处罚金。②

单位犯前款罪的,对单位判处罚金,并对其直接负责的主管人员和其他直接责任人员,依照前款的规定处罚。

第六节 破坏环境资源保护罪

第三百三十八条 【污染环境罪】违反国家规定,排放、倾倒或者处置有放射性的废物、含传染病病原体的废物、有毒物质或者其他有害物质,严重污染环境的,处三年以下有期徒刑或者拘役,并处或者单处罚金;情节严重的,处三年以上七年以下有期徒刑,并处罚金;有下列情形之一的,处七年以上有期徒刑,并处罚金:

(一)在饮用水水源保护区、自然保护地核心保护区等依法确定的重点保护区域排放、倾倒、处置有放射性的废物、含传染病病原体的废物、有毒物质,情节特别严重的;

(二)向国家确定的重要江河、湖泊水域排放、倾倒、处置有放射性的废物、含传染病病原体的废物、有毒物质,情节特别严重的;

(三)致使大量永久基本农田基本功能丧失或者遭受永久性破坏的;

(四)致使多人重伤、严重疾病,或者致人严重残疾、死亡的。

有前款行为,同时构成其他犯罪的,依照处罚较重的规定定罪处罚。③

第三百三十九条 【非法处置进口的固体废物罪】违反国家规定,将境外的固体废物进境倾倒、堆放、处置的,处五年以下有期徒刑或者拘役,并处罚金;造成重大环境污染事故,致使公私财产遭受重大损失或者严重危害人体健康的,处五年以上十年以下有期徒刑,并处罚金;后果特别严重的,处十年以上有期徒刑,并处罚金。

【擅自进口固体废物罪】未经国务院有关主管部门许可,擅自进口固体废物用作原料,造成重大环境污染事故,致使公私财产遭受重大损失或者严重危害人体健康的,处五年以下有期徒刑或者拘役,并处罚金;后果特别严重的,处五年以上十年以下有期徒刑,并处罚金。

以原料利用为名,进口不能用作原料的固体废物、液态废物和气态废物的,依照本法第一百五十二条第二款、第三款的规定定罪处罚。④

第三百四十条 【非法捕捞水产品罪】违反保护水产资源法规,在禁渔区、禁渔期或者使用禁用的工具、方法捕捞水产品,情节严重的,处三年以下有期徒刑、拘役、管制或者罚金。

---

① 根据 2020 年 12 月 26 日《中华人民共和国刑法修正案(十一)》增加。

② 根据 2009 年 2 月 28 日《中华人民共和国刑法修正案(七)》修改。原第一款条文为:"违反进出境动植物检疫法的规定,逃避动植物检疫,引起重大动植物疫情的,处三年以下有期徒刑或者拘役,并处或者单处罚金。"

③ 根据 2011 年 2 月 25 日《中华人民共和国刑法修正案(八)》第一次修改。原条文为:"违反国家规定,向土地、水体、大气排放、倾倒或者处置有放射性的废物、含传染病病原体的废物、有毒物质或者其他危险废物,造成重大环境污染事故,致使公私财产遭受重大损失或者人身伤亡的严重后果的,处三年以下有期徒刑或者拘役,并处或者单处罚金;后果特别严重的,处三年以上七年以下有期徒刑,并处罚金。"

根据 2020 年 12 月 26 日《中华人民共和国刑法修正案(十一)》第二次修改。原条文为:"违反国家规定,排放、倾倒或者处置有放射性的废物、含传染病病原体的废物、有毒物质或者其他有害物质,严重污染环境的,处三年以下有期徒刑或者拘役,并处或者单处罚金;后果特别严重的,处三年以上七年以下有期徒刑,并处罚金。"

④ 根据 2002 年 12 月 28 日《中华人民共和国刑法修正案(四)》修改。原第三款条文为:"以原料利用为名,进口不能用作原料的固体废物的,依照本法第一百五十五条的规定定罪处罚。"

第三百四十一条① 【危害珍贵、濒危野生动物罪】非法猎捕、杀害国家重点保护的珍贵、濒危野生动物的，或者非法收购、运输、出售国家重点保护的珍贵、濒危野生动物及其制品的，处五年以下有期徒刑或者拘役，并处罚金；情节严重的，处五年以上十年以下有期徒刑，并处罚金；情节特别严重的，处十年以上有期徒刑，并处罚金或者没收财产。

【非法狩猎罪】违反狩猎法规，在禁猎区、禁猎期或者使用禁用的工具、方法进行狩猎，破坏野生动物资源，情节严重的，处三年以下有期徒刑、拘役、管制或者罚金。

【非法猎捕、收购、运输、出售陆生野生动物罪】违反野生动物保护管理法规，以食用为目的非法猎捕、收购、运输、出售第一款规定以外的在野外环境自然生长繁殖的陆生野生动物，情节严重的，依照前款的规定处罚。②

第三百四十二条③ 【非法占用农用地罪】违反土地管理法规，非法占用耕地、林地等农用地，改变被占用土地用途，数量较大，造成耕地、林地等农用地大量毁坏的，处五年以下有期徒刑或者拘役，并处或者单处罚金。④

第三百四十二条之一 【破坏自然保护地罪】违反自然保护地管理法规，在国家公园、国家级自然保护区进行开垦、开发活动或者修建建筑物，造成严重后果或者有其他恶劣情节的，处五年以下有期徒刑或者拘役，并处或者单处罚金。

有前款行为，同时构成其他犯罪的，依照处罚较重的规定定罪处罚。⑤

第三百四十三条 【非法采矿罪】违反矿产资源法的规定，未取得采矿许可证擅自采矿，擅自进入国家规划矿区、对国民经济具有重要价值的矿区和他人矿区范围采矿，或者擅自开采国家规定实行保护性开采的特定矿种，情节严重的，处三年以下有期徒刑、拘役或者管制，并处或者单处罚金；情节特别严重的，处三年以上七年以下有期徒刑，并处罚金。⑥

【破坏性采矿罪】违反矿产资源法的规定，采取破坏性的开采方法开采矿产资源，造成矿产资源严重破坏的，处五年以下有期徒刑或者拘役，并处罚金。

第三百四十四条 【危害国家重点保护植物罪】违反国家规定，非法采伐、毁坏珍贵树木或者国家重点保护的其他植物的，或者非法收购、运

---

① 根据2014年4月24日通过的《全国人民代表大会常务委员会关于〈中华人民共和国刑法〉第三百四十一条、第三百一十二条的解释》：
"全国人民代表大会常务委员会根据司法实践中遇到的情况，讨论了刑法第三百四十一条第一款规定的非法收购国家重点保护的珍贵、濒危野生动物及其制品的含义和收购刑法第三百四十一条第二款规定的非法狩猎的野生动物如何适用刑法有关规定的问题，解释如下：
"知道或者应当知道是国家重点保护的珍贵、濒危野生动物及其制品，为食用或者其他目的而非法购买的，属于刑法第三百四十一条第一款规定的非法收购国家重点保护的珍贵、濒危野生动物及其制品的行为。
"知道或者应当知道是刑法第三百四十一条第二款规定的非法狩猎的野生动物而购买的，属于刑法第三百一十二条第一款规定的明知是犯罪所得而收购的行为。"
② 根据2020年12月26日《中华人民共和国刑法修正案（十一）》增加。
③ 根据2009年8月27日修正的《全国人民代表大会常务委员会关于〈中华人民共和国刑法〉第二百二十八条、第三百四十二条、第四百一十条的解释》：
"全国人民代表大会常务委员会讨论了刑法第二百二十八条、第三百四十二条、第四百一十条规定的'违反土地管理法规'和第四百一十条规定的'非法批准征收、征用、占用土地'的含义问题，解释如下：
"刑法第二百二十八条、第三百四十二条、第四百一十条规定的'违反土地管理法规'，是指违反土地管理法、森林法、草原法等法律以及有关行政法规中关于土地管理的规定。
"刑法第四百一十条规定的'非法批准征收、征用、占用土地'，是指非法批准征收、征用、占用耕地、林地等农用地以及其他土地。"
④ 根据2001年8月31日《中华人民共和国刑法修正案（二）》修改。原条文为："违反土地管理法规，非法占用耕地改作他用，数量较大，造成耕地大量毁坏的，处五年以下有期徒刑或者拘役，并处或者单处罚金。"
⑤ 根据2020年12月26日《中华人民共和国刑法修正案（十一）》增加。
⑥ 根据2011年2月25日《中华人民共和国刑法修正案（八）》修改。原第一款条文为："违反矿产资源法的规定，未取得采矿许可证擅自采矿的，擅自进入国家规划矿区、对国民经济具有重要价值的矿区和他人矿区范围采矿的，擅自开采国家规定实行保护性开采的特定矿种，经责令停止开采后拒不停止开采，造成矿产资源破坏的，处三年以下有期徒刑、拘役或者管制，并处或者单处罚金；造成矿产资源严重破坏的，处三年以上七年以下有期徒刑，并处罚金。"

输、加工、出售珍贵树木或者国家重点保护的其他植物及其制品的,处三年以下有期徒刑、拘役或者管制,并处罚金;情节严重的,处三年以上七年以下有期徒刑,并处罚金。①

第三百四十四条之一 【非法引进、释放、丢弃外来入侵物种罪】违反国家规定,非法引进、释放或者丢弃外来入侵物种,情节严重的,处三年以下有期徒刑或者拘役,并处或者单处罚金。②

第三百四十五条 【盗伐林木罪】盗伐森林或者其他林木,数量较大的,处三年以下有期徒刑、拘役或者管制,并处或者单处罚金;数量巨大的,处三年以上七年以下有期徒刑,并处罚金;数量特别巨大的,处七年以上有期徒刑,并处罚金。

【滥伐林木罪】违反森林法的规定,滥伐森林或者其他林木,数量较大的,处三年以下有期徒刑、拘役或者管制,并处或者单处罚金;数量巨大的,处三年以上七年以下有期徒刑,并处罚金。

【非法收购、运输盗伐、滥伐的林木罪】非法收购、运输明知是盗伐、滥伐的林木,情节严重的,处三年以下有期徒刑、拘役或者管制,并处或者单处罚金;情节特别严重的,处三年以上七年以下有期徒刑,并处罚金。

盗伐、滥伐国家级自然保护区内的森林或者其他林木的,从重处罚。③

第三百四十六条 【单位犯破坏环境资源保护罪的处罚规定】单位犯本节第三百三十八条至第三百四十五条规定之罪的,对单位判处罚金,并对其直接负责的主管人员和其他直接责任人员,依照本节各该条的规定处罚。

第七节 走私、贩卖、运输、制造毒品罪

第三百四十七条 【走私、贩卖、运输、制造毒品罪】走私、贩卖、运输、制造毒品,无论数量多少,都应当追究刑事责任,予以刑事处罚。

走私、贩卖、运输、制造毒品,有下列情形之一的,处十五年有期徒刑、无期徒刑或者死刑,并处没收财产:

(一)走私、贩卖、运输、制造鸦片一千克以上、海洛因或者甲基苯丙胺五十克以上或者其他毒品数量大的;

(二)走私、贩卖、运输、制造毒品集团的首要分子;

(三)武装掩护走私、贩卖、运输、制造毒品的;

(四)以暴力抗拒检查、拘留、逮捕,情节严重的;

(五)参与有组织的国际贩毒活动的。

走私、贩卖、运输、制造鸦片二百克以上不满一千克、海洛因或者甲基苯丙胺十克以上不满五十克或者其他毒品数量较大的,处七年以上有期徒刑,并处罚金。

走私、贩卖、运输、制造鸦片不满二百克、海洛因或者甲基苯丙胺不满十克或者其他少量毒品的,处三年以下有期徒刑、拘役或者管制,并处罚金;情节严重的,处三年以上七年以下有期徒刑,并处罚金。

单位犯第二款、第三款、第四款罪的,对单位判处罚金,并对其直接负责的主管人员和其他直接责任人员,依照各该款的规定处罚。

利用、教唆未成年人走私、贩卖、运输、制造毒品,或者向未成年人出售毒品的,从重处罚。

对多次走私、贩卖、运输、制造毒品,未经处理的,毒品数量累计计算。

第三百四十八条 【非法持有毒品罪】非法持有鸦片一千克以上、海洛因或者甲基苯丙胺五十克以上或者其他毒品数量大的,处七年以上有期徒刑或者无期徒刑,并处罚金;非法持有鸦片二

---

① 根据2002年12月28日《中华人民共和国刑法修正案(四)》修改。原条文为:"违反森林法的规定,非法采伐、毁坏珍贵树木的,处三年以下有期徒刑、拘役或者管制,并处罚金;情节严重的,处三年以上七年以下有期徒刑,并处罚金。"

② 根据2020年12月26日《中华人民共和国刑法修正案(十一)》增加。

③ 根据2002年12月28日《中华人民共和国刑法修正案(四)》修改。原条文为:"盗伐森林或者其他林木,数量较大的,处三年以下有期徒刑、拘役或者管制,并处或者单处罚金;数量巨大的,处三年以上七年以下有期徒刑,并处罚金;数量特别巨大的,处七年以上有期徒刑,并处罚金。

"违反森林法的规定,滥伐森林或者其他林木,数量较大的,处三年以下有期徒刑、拘役或者管制,并处或者单处罚金;数量巨大的,处三年以上七年以下有期徒刑,并处罚金。

"以牟利为目的,在林区非法收购明知是盗伐、滥伐的林木,情节严重的,处三年以下有期徒刑、拘役或者管制,并处或者单处罚金;情节特别严重的,处三年以上七年以下有期徒刑,并处罚金。

"盗伐、滥伐国家级自然保护区内的森林或者其他林木的,从重处罚。"

百克以上不满一千克、海洛因或者甲基苯丙胺十克以上不满五十克或者其他毒品数量较大的,处三年以下有期徒刑、拘役或者管制,并处罚金;情节严重的,处三年以上七年以下有期徒刑,并处罚金。

第三百四十九条 【包庇毒品犯罪分子罪】【窝藏、转移、隐瞒毒品、毒赃罪】包庇走私、贩卖、运输、制造毒品的犯罪分子的,为犯罪分子窝藏、转移、隐瞒毒品或者犯罪所得的财物的,处三年以下有期徒刑、拘役或者管制;情节严重的,处三年以上十年以下有期徒刑。

缉毒人员或者其他国家机关工作人员掩护、包庇走私、贩卖、运输、制造毒品的犯罪分子的,依照前款的规定从重处罚。

犯前两款罪,事先通谋的,以走私、贩卖、运输、制造毒品罪的共犯论处。

第三百五十条 【非法生产、买卖、运输制毒物品、走私制毒物品罪】违反国家规定,非法生产、买卖、运输醋酸酐、乙醚、三氯甲烷或者其他用于制造毒品的原料、配剂,或者携带上述物品进出境,情节较重的,处三年以下有期徒刑、拘役或者管制,并处罚金;情节严重的,处三年以上七年以下有期徒刑,并处罚金;情节特别严重的,处七年以上有期徒刑,并处罚金或者没收财产。

明知他人制造毒品而为其生产、买卖、运输前款规定的物品的,以制造毒品罪的共犯论处。①

单位犯前两款罪的,对单位判处罚金,并对其直接负责的主管人员和其他直接责任人员,依照前两款的规定处罚。

第三百五十一条 【非法种植毒品原植物罪】非法种植罂粟、大麻等毒品原植物的,一律强制铲除。有下列情形之一的,处五年以下有期徒刑、拘役或者管制,并处罚金:

(一)种植罂粟五百株以上不满三千株或者其他毒品原植物数量较大的;

(二)经公安机关处理后又种植的;

(三)抗拒铲除的。

非法种植罂粟三千株以上或者其他毒品原植物数量大的,处五年以上有期徒刑,并处罚金或者没收财产。

非法种植罂粟或者其他毒品原植物,在收获前自动铲除的,可以免除处罚。

第三百五十二条 【非法买卖、运输、携带、持有毒品原植物种子、幼苗罪】非法买卖、运输、携带、持有未经灭活的罂粟等毒品原植物种子或者幼苗,数量较大的,处三年以下有期徒刑、拘役或者管制,并处或者单处罚金。

第三百五十三条 【引诱、教唆、欺骗他人吸毒罪】引诱、教唆、欺骗他人吸食、注射毒品的,处三年以下有期徒刑、拘役或者管制,并处罚金;情节严重的,处三年以上七年以下有期徒刑,并处罚金。

【强迫他人吸毒罪】强迫他人吸食、注射毒品的,处三年以上十年以下有期徒刑,并处罚金。

引诱、教唆、欺骗或者强迫未成年人吸食、注射毒品的,从重处罚。

第三百五十四条 【容留他人吸毒罪】容留他人吸食、注射毒品的,处三年以下有期徒刑、拘役或者管制,并处罚金。

第三百五十五条 【非法提供麻醉药品、精神药品罪】依法从事生产、运输、管理、使用国家管制的麻醉药品、精神药品的人员,违反国家规定,向吸食、注射毒品的人提供国家规定管制的能够使人形成瘾癖的麻醉药品、精神药品的,处三年以下有期徒刑或者拘役,并处罚金;情节严重的,处三年以上七年以下有期徒刑,并处罚金。向走私、贩卖毒品的犯罪分子或者以牟利为目的,向吸食、注射毒品的人提供国家规定管制的能够使人形成瘾癖的麻醉药品、精神药品的,依照本法第三百四十七条的规定定罪处罚。

单位犯前款罪的,对单位判处罚金,并对其直接负责的主管人员和其他直接责任人员,依照前款的规定处罚。

第三百五十五条之一 【妨害兴奋剂管理罪】引诱、教唆、欺骗运动员使用兴奋剂参加国内、国际重大体育竞赛,或者明知运动员参加上述竞赛而向其提供兴奋剂,情节严重的,处三年以下有期

---

① 根据2015年8月29日《中华人民共和国刑法修正案(九)》修改。原第一款、第二款条文为:"违反国家规定,非法运输、携带醋酸酐、乙醚、三氯甲烷或者其他用于制造毒品的原料或者配剂进出境的,或者违反国家规定,在境内非法买卖上述物品的,处三年以下有期徒刑、拘役或者管制,并处罚金;数量大的,处三年以上十年以下有期徒刑,并处罚金。

"明知他人制造毒品而为其提供前款规定的物品的,以制造毒品罪的共犯论处。"

徒刑或者拘役,并处罚金。

组织、强迫运动员使用兴奋剂参加国内、国际重大体育竞赛的,依照前款的规定从重处罚。①

第三百五十六条 【毒品犯罪的再犯】因走私、贩卖、运输、制造、非法持有毒品罪被判过刑,又犯本节规定之罪的,从重处罚。

第三百五十七条 【毒品犯罪及毒品数量的计算】本法所称的毒品,是指鸦片、海洛因、甲基苯丙胺(冰毒)、吗啡、大麻、可卡因以及国家规定管制的其他能够使人形成瘾癖的麻醉药品和精神药品。

毒品的数量以查证属实的走私、贩卖、运输、制造、非法持有毒品的数量计算,不以纯度折算。

第八节 组织、强迫、引诱、容留、介绍卖淫罪

第三百五十八条 【组织卖淫罪】【强迫卖淫罪】组织、强迫他人卖淫的,处五年以上十年以下有期徒刑,并处罚金;情节严重的,处十年以上有期徒刑或者无期徒刑,并处罚金或者没收财产。

组织、强迫未成年人卖淫的,依照前款的规定从重处罚。

犯前两款罪,并有杀害、伤害、强奸、绑架等犯罪行为的,依照数罪并罚的规定处罚。

【协助组织卖淫罪】为组织卖淫的人招募、运送人员或者有其他协助组织他人卖淫行为的,处五年以下有期徒刑,并处罚金;情节严重的,处五年以上十年以下有期徒刑,并处罚金。②

第三百五十九条 【引诱、容留、介绍卖淫罪】引诱、容留、介绍他人卖淫的,处五年以下有期徒刑、拘役或者管制,并处罚金;情节严重的,处五年以上有期徒刑,并处罚金。

【引诱幼女卖淫罪】引诱不满十四周岁的幼女卖淫的,处五年以上有期徒刑,并处罚金。

第三百六十条 【传播性病罪】明知自己患有梅毒、淋病等严重性病卖淫、嫖娼的,处五年以下有期徒刑、拘役或者管制,并处罚金。③

第三百六十一条 【利用本单位条件犯罪的定罪及处罚规定】旅馆业、饮食服务业、文化娱乐业、出租汽车业等单位的人员,利用本单位的条件,组织、强迫、引诱、容留、介绍他人卖淫的,依照本法第三百五十八条、第三百五十九条的规定定罪处罚。

前款所列单位的主要负责人,犯前款罪的,从重处罚。

第三百六十二条 【为违法犯罪分子通风报信的定罪及处罚】旅馆业、饮食服务业、文化娱乐业、出租汽车业等单位的人员,在公安机关查处卖淫、嫖娼活动时,为违法犯罪分子通风报信,情节严重的,依照本法第三百一十条的规定定罪处罚。

第九节 制作、贩卖、传播淫秽物品罪

第三百六十三条 【制作、复制、出版、贩卖、传播淫秽物品牟利罪】以牟利为目的,制作、复制、出版、贩卖、传播淫秽物品的,处三年以下有期徒刑、拘役或者管制,并处罚金;情节严重的,处三年以上十年以下有期徒刑,并处罚金;情节特别严重的,处十年以上有期徒刑或者无期徒刑,并处罚金或者没收财产。

【为他人提供书号出版淫秽书刊罪】为他人提供书号,出版淫秽书刊的,处三年以下有期徒刑、拘役或者管制,并处或者单处罚金;明知他人用于

---

① 根据 2020 年 12 月 26 日《中华人民共和国刑法修正案(十一)》增加。

② 根据 2011 年 2 月 25 日《中华人民共和国刑法修正案(八)》第一次修改。原第三款条文为:"协助组织他人卖淫的,处五年以下有期徒刑,并处罚金;情节严重的,处五年以上十年以下有期徒刑,并处罚金。"
根据 2015 年 8 月 29 日《中华人民共和国刑法修正案(九)》第二次修改。原条文为:"组织他人卖淫或者强迫他人卖淫的,处五年以上十年以下有期徒刑,并处罚金;有下列情形之一的,处十年以上有期徒刑或者无期徒刑,并处罚金或者没收财产:
"(一)组织他人卖淫,情节严重的;
"(二)强迫不满十四周岁的幼女卖淫的;
"(三)强迫多人卖淫或者多次强迫他人卖淫的;
"(四)强奸后迫使卖淫的;
"(五)造成被强迫卖淫的人重伤、死亡或者其他严重后果的。
"有前款所列情形之一,情节特别严重的,处无期徒刑或者死刑,并处没收财产。
"为组织卖淫的人招募、运送人员或者有其他协助组织他人卖淫行为的,处五年以下有期徒刑,并处罚金;情节严重的,处五年以上十年以下有期徒刑,并处罚金。"

③ 根据 2015 年 8 月 29 日《中华人民共和国刑法修正案(九)》修改,本条删去第二款。原第二款条文为:"嫖宿不满十四周岁的幼女的,处五年以上有期徒刑,并处罚金。"

出版淫秽书刊而提供书号的，依照前款的规定处罚。

第三百六十四条 【传播淫秽物品罪】传播淫秽的书刊、影片、音像、图片或者其他淫秽物品，情节严重的，处二年以下有期徒刑、拘役或者管制。

【组织播放淫秽音像制品罪】组织播放淫秽的电影、录像等音像制品的，处三年以下有期徒刑、拘役或者管制，并处罚金；情节严重的，处三年以上十年以下有期徒刑，并处罚金。

制作、复制淫秽的电影、录像等音像制品组织播放的，依照第二款的规定从重处罚。

向不满十八周岁的未成年人传播淫秽物品的，从重处罚。

第三百六十五条 【组织淫秽表演罪】组织进行淫秽表演的，处三年以下有期徒刑、拘役或者管制，并处罚金；情节严重的，处三年以上十年以下有期徒刑，并处罚金。

第三百六十六条 【单位实施有关淫秽物品犯罪的处罚】单位犯本节第三百六十三条、第三百六十四条、第三百六十五条规定之罪的，对单位判处罚金，并对其直接负责的主管人员和其他直接责任人员，依照各该条的规定处罚。

第三百六十七条 【淫秽物品的界定】本法所称淫秽物品，是指具体描绘性行为或者露骨宣扬色情的诲淫性的书刊、影片、录像带、录音带、图片及其他淫秽物品。

有关人体生理、医学知识的科学著作不是淫秽物品。

包含有色情内容的有艺术价值的文学、艺术作品不视为淫秽物品。

第七章 危害国防利益罪

第三百六十八条 【阻碍军人执行职务罪】以暴力、威胁方法阻碍军人依法执行职务的，处三年以下有期徒刑、拘役、管制或者罚金。

【阻碍军事行动罪】故意阻碍武装部队军事行动，造成严重后果的，处五年以下有期徒刑或者拘役。

第三百六十九条 【破坏武器装备、军事设施、军事通信罪】破坏武器装备、军事设施、军事通信的，处三年以下有期徒刑、拘役或者管制；破坏重要武器装备、军事设施、军事通信的，处三年以上十年以下有期徒刑；情节特别严重的，处十年以上有期徒刑、无期徒刑或者死刑。

【过失损坏武器装备、军事设施、军事通信罪】过失犯前款罪，造成严重后果的，处三年以下有期徒刑或者拘役；造成特别严重后果的，处三年以上七年以下有期徒刑。

战时犯前两款罪的，从重处罚。①

第三百七十条 【故意提供不合格武器装备、军事设施罪】明知是不合格的武器装备、军事设施而提供给武装部队的，处五年以下有期徒刑或者拘役；情节严重的，处五年以上十年以下有期徒刑；情节特别严重的，处十年以上有期徒刑、无期徒刑或者死刑。

【过失提供不合格武器装备、军事设施罪】过失犯前款罪，造成严重后果的，处三年以下有期徒刑或者拘役；造成特别严重后果的，处三年以上七年以下有期徒刑。

单位犯第一款罪的，对单位判处罚金，并对其直接负责的主管人员和其他直接责任人员，依照第一款的规定处罚。

第三百七十一条 【聚众冲击军事禁区罪】聚众冲击军事禁区，严重扰乱军事禁区秩序的，对首要分子，处五年以上十年以下有期徒刑；对其他积极参加的，处五年以下有期徒刑、拘役、管制或者剥夺政治权利。

【聚众扰乱军事管理区秩序罪】聚众扰乱军事管理区秩序，情节严重，致使军事管理区工作无法进行，造成严重损失的，对首要分子，处三年以上七年以下有期徒刑；对其他积极参加的，处三年以下有期徒刑、拘役、管制或者剥夺政治权利。

第三百七十二条 【冒充军人招摇撞骗罪】冒充军人招摇撞骗的，处三年以下有期徒刑、拘役、管制或者剥夺政治权利；情节严重的，处三年以上十年以下有期徒刑。

第三百七十三条 【煽动军人逃离部队罪】【雇用逃离部队军人罪】煽动军人逃离部队或者明知是逃离部队的军人而雇用，情节严重的，处三年

---

① 根据2005年2月28日《中华人民共和国刑法修正案（五）》修改。原条文为："破坏武器装备、军事设施、军事通信的，处三年以下有期徒刑、拘役或者管制；破坏重要武器装备、军事设施、军事通信的，处三年以上十年以下有期徒刑；情节特别严重的，处十年以上有期徒刑、无期徒刑或者死刑。战时从重处罚。"

第三百七十四条 【接送不合格兵员罪】在征兵工作中徇私舞弊,接送不合格兵员,情节严重的,处三年以下有期徒刑或者拘役;造成特别严重后果的,处三年以上七年以下有期徒刑。

第三百七十五条 【伪造、变造、买卖武装部队公文、证件、印章罪】【盗窃、抢夺武装部队公文、证件、印章罪】伪造、变造、买卖或者盗窃、抢夺武装部队公文、证件、印章的,处三年以下有期徒刑、拘役、管制或者剥夺政治权利;情节严重的,处三年以上十年以下有期徒刑。

【非法生产、买卖武装部队制式服装罪】非法生产、买卖武装部队制式服装,情节严重的,处三年以下有期徒刑、拘役或者管制,并处或者单处罚金。①

【伪造、盗窃、买卖、非法提供、非法使用武装部队专用标志罪】伪造、盗窃、买卖或者非法提供、使用武装部队车辆号牌等专用标志,情节严重的,处三年以下有期徒刑、拘役或者管制,并处或者单处罚金;情节特别严重的,处三年以上七年以下有期徒刑,并处罚金。②

单位犯第二款、第三款罪的,对单位判处罚金,并对其直接负责的主管人员和其他直接责任人员,依照各该款的规定处罚。③

第三百七十六条 【战时拒绝、逃避征召、军事训练罪】预备役人员战时拒绝、逃避征召或者军事训练,情节严重的,处三年以下有期徒刑或者拘役。

【战时拒绝、逃避服役罪】公民战时拒绝、逃避服役,情节严重的,处二年以下有期徒刑或者拘役。

第三百七十七条 【战时故意提供虚假敌情罪】战时故意向武装部队提供虚假敌情,造成严重后果的,处三年以上十年以下有期徒刑;造成特别严重后果的,处十年以上有期徒刑或者无期徒刑。

第三百七十八条 【战时造谣扰乱军心罪】战时造谣惑众,扰乱军心的,处三年以下有期徒刑、拘役或者管制;情节严重的,处三年以上十年以下有期徒刑。

第三百七十九条 【战时窝藏逃离部队军人罪】战时明知是逃离部队的军人而为其提供隐蔽处所、财物,情节严重的,处三年以下有期徒刑或者拘役。

第三百八十条 【战时拒绝、故意延误军事订货罪】战时拒绝或者故意延误军事订货,情节严重的,对单位判处罚金,并对其直接负责的主管人员和其他直接责任人员,处五年以下有期徒刑或者拘役;造成严重后果的,处五年以上有期徒刑。

第三百八十一条 【战时拒绝军事征收、征用罪】战时拒绝军事征收、征用,情节严重的,处三年以下有期徒刑或者拘役。

第八章 贪污贿赂罪

第三百八十二条 【贪污罪】国家工作人员利用职务上的便利,侵吞、窃取、骗取或者以其他手段非法占有公共财物的,是贪污罪。

受国家机关、国有公司、企业、事业单位、人民团体委托管理、经营国有财产的人员,利用职务上的便利,侵吞、窃取、骗取或者以其他手段非法占有国有财物的,以贪污论。

与前两款所列人员勾结,伙同贪污的,以共犯论处。

第三百八十三条 【对贪污罪的处罚】对犯贪污罪的,根据情节轻重,分别依照下列规定处罚:

(一)贪污数额较大或者有其他较重情节的,处三年以下有期徒刑或者拘役,并处罚金。

(二)贪污数额巨大或者有其他严重情节的,处三年以上十年以下有期徒刑,并处罚金或者没收财产。

(三)贪污数额特别巨大或者有其他特别严重情节的,处十年以上有期徒刑或者无期徒刑,并处罚金或者没收财产;数额特别巨大,并使国家和人民利益遭受特别重大损失的,处无期徒刑或者死刑,并处没收财产。

对多次贪污未经处理的,按照累计贪污数额

---

① 根据2009年2月28日《中华人民共和国刑法修正案(七)》修改。原第二条条文为:"非法生产、买卖武装部队制式服装、车辆号牌等专用标志,情节严重的,处三年以下有期徒刑、拘役或者管制,并处或者单处罚金。"
② 根据2009年2月28日《中华人民共和国刑法修正案(七)》增加一款,作为第三款。原第三款改为第四款。
③ 根据2009年2月28日《中华人民共和国刑法修正案(七)》修改。本款原条文为:"单位犯第二款罪的,对单位判处罚金,并对其直接负责的主管人员和其他直接责任人员,依照该款的规定处罚。"

处罚。

犯第一款罪,在提起公诉前如实供述自己罪行、真诚悔罪、积极退赃,避免、减少损害结果的发生,有第一项规定情形的,可以从轻、减轻或者免除处罚;有第二项、第三项规定情形的,可以从轻处罚。

犯第一款罪,有第三项规定情形被判处死刑缓期执行的,人民法院根据犯罪情节等情况可以同时决定在其死刑缓期执行二年期满依法减为无期徒刑后,终身监禁,不得减刑、假释。①

第三百八十四条② 【挪用公款罪】国家工作人员利用职务上的便利,挪用公款归个人使用,进行非法活动的,或者挪用公款数额较大、进行营利活动的,或者挪用公款数额较大、超过三个月未还的,是挪用公款罪,处五年以下有期徒刑或者拘役;情节严重的,处五年以上有期徒刑。挪用公款数额巨大不退还的,处十年以上有期徒刑或者无期徒刑。

挪用用于救灾、抢险、防汛、优抚、扶贫、移民、救济款物归个人使用的,从重处罚。

第三百八十五条 【受贿罪】国家工作人员利用职务上的便利,索取他人财物的,或者非法收受他人财物,为他人谋取利益的,是受贿罪。

国家工作人员在经济往来中,违反国家规定,收受各种名义的回扣、手续费,归个人所有的,以受贿论处。

第三百八十六条 【对受贿罪的处罚】对犯受贿罪的,根据受贿所得数额及情节,依照本法第三百八十三条的规定处罚。索贿的从重处罚。

第三百八十七条 【单位受贿罪】国家机关、国有公司、企业、事业单位、人民团体,索取、非法收受他人财物,为他人谋取利益,情节严重的,对单位判处罚金,并对其直接负责的主管人员和其他直接责任人员,处五年以下有期徒刑或者拘役。

前款所列单位,在经济往来中,在帐外暗中收受各种名义的回扣、手续费的,以受贿论,依照前款的规定处罚。

第三百八十八条 【受贿罪】国家工作人员利用本人职权或者地位形成的便利条件,通过其他国家工作人员职务上的行为,为请托人谋取不正当利益,索取请托人财物或者收受请托人财物的,以受贿论处。

第三百八十八条之一 【利用影响力受贿罪】国家工作人员的近亲属或者其他与该国家工作人员关系密切的人,通过该国家工作人员职务上的行为,或者利用该国家工作人员职权或者地位形成的便利条件,通过其他国家工作人员职务上的行为,为请托人谋取不正当利益,索取请托人财物或者收受请托人财物,数额较大或者有其他较重情节的,处三年以下有期徒刑或者拘役,并处罚金;数额巨大或者有其他严重情节的,处三年以上七年以下有期徒刑,并处罚金;数额特别巨大或者

---

① 根据2015年8月29日《中华人民共和国刑法修正案(九)》修改。原条文为:"对犯贪污罪的,根据情节轻重,分别依照下列规定处罚:
"(一)个人贪污数额在十万元以上的,处十年以上有期徒刑或者无期徒刑,可以并处没收财产;情节特别严重的,处死刑,并处没收财产。
"(二)个人贪污数额在五万元以上不满十万元的,处五年以上有期徒刑,可以并处没收财产;情节特别严重的,处无期徒刑,并处没收财产。
"(三)个人贪污数额在五千元以上不满五万元的,处一年以上七年以下有期徒刑;情节严重的,处七年以上十年以下有期徒刑。个人贪污数额在五千元以上不满一万元,犯罪后有悔改表现、积极退赃的,可以减轻处罚或者免予刑事处罚,由其所在单位或者上级主管机关给予行政处分。
"(四)个人贪污数额不满五千元,情节较重的,处二年以下有期徒刑或者拘役;情节较轻的,由其所在单位或者上级主管机关酌情给予行政处分。
"对多次贪污未经处理的,按照累计贪污数额处罚。"
② 根据2002年4月28日通过的《全国人民代表大会常务委员会关于〈中华人民共和国刑法〉第三百八十四条第一款的解释》:"全国人民代表大会常务委员会讨论了刑法第三百八十四条第一款规定的国家工作人员利用职务上的便利,挪用公款'归个人使用'的含义问题,解释如下:
"有下列情形之一的,属于挪用公款'归个人使用':
"(一)将公款供本人、亲友或者其他自然人使用的;
"(二)以个人名义将公款供其他单位使用的;
"(三)个人决定以单位名义将公款供其他单位使用,谋取个人利益的。"

有其他特别严重情节的,处七年以上有期徒刑,并处罚金或者没收财产。

离职的国家工作人员或者其近亲属以及其他与其关系密切的人,利用该离职的国家工作人员原职权或者地位形成的便利条件实施前款行为的,依照前款的规定定罪处罚。①

第三百八十九条　【行贿罪】为谋取不正当利益,给予国家工作人员以财物的,是行贿罪。

在经济往来中,违反国家规定,给予国家工作人员以财物,数额较大的,或者违反国家规定,给予国家工作人员以各种名义的回扣、手续费的,以行贿论处。

因被勒索给予国家工作人员以财物,没有获得不正当利益的,不是行贿。

第三百九十条　【对行贿罪的处罚】对犯行贿罪的,处五年以下有期徒刑或者拘役,并处罚金;因行贿谋取不正当利益,情节严重的,或者使国家利益遭受重大损失的,处五年以上十年以下有期徒刑,并处罚金;情节特别严重的,或者使国家利益遭受特别重大损失的,处十年以上有期徒刑或者无期徒刑,并处罚金或者没收财产。

行贿人在被追诉前主动交待行贿行为的,可以从轻或者减轻处罚。其中,犯罪较轻的,对侦破重大案件起关键作用的,或者有重大立功表现的,可以减轻或者免除处罚。②

第三百九十条之一　【对有影响力的人行贿罪】为谋取不正当利益,向国家工作人员的近亲属或者其他与该国家工作人员关系密切的人,或者向离职的国家工作人员或者其近亲属以及其他与其关系密切的人行贿的,处三年以下有期徒刑或者拘役,并处罚金;情节严重的,或者使国家利益遭受重大损失的,处三年以上七年以下有期徒刑,并处罚金;情节特别严重的,或者使国家利益遭受特别重大损失的,处七年以上十年以下有期徒刑,并处罚金。

单位犯前款罪的,对单位判处罚金,并对其直接负责的主管人员和其他直接责任人员,处三年以下有期徒刑或者拘役,并处罚金。③

第三百九十一条　【对单位行贿罪】为谋取不正当利益,给予国家机关、国有公司、企业、事业单位、人民团体以财物的,或者在经济往来中,违反国家规定,给予各种名义的回扣、手续费的,处三年以下有期徒刑或者拘役,并处罚金。④

单位犯前款罪的,对单位判处罚金,并对其直接负责的主管人员和其他直接责任人员,依照前款的规定处罚。

第三百九十二条　【介绍贿赂罪】向国家工作人员介绍贿赂,情节严重的,处三年以下有期徒刑或者拘役,并处罚金。⑤

介绍贿赂人在被追诉前主动交待介绍贿赂行为的,可以减轻处罚或者免除处罚。

第三百九十三条　【单位行贿罪】单位为谋取不正当利益而行贿,或者违反国家规定,给予国家工作人员以回扣、手续费,情节严重的,对单位判处罚金,并对其直接负责的主管人员和其他直接责任人员,处五年以下有期徒刑或者拘役,并处罚金。因行贿取得的违法所得归个人所有的,依照本法第三百八十九条、第三百九十条的规定定罪处罚。⑥

第三百九十四条　【贪污罪】国家工作人员在

---

① 根据2009年2月28日《中华人民共和国刑法修正案(七)》增加。
② 根据2015年8月29日《中华人民共和国刑法修正案(九)》修改。原条文为:"对犯行贿罪的,处五年以下有期徒刑或者拘役;因行贿谋取不正当利益,情节严重的,或者使国家利益遭受重大损失的,处五年以上十年以下有期徒刑;情节特别严重的,处十年以上有期徒刑或者无期徒刑,可以并处没收财产。
"行贿人在被追诉前主动交待行贿行为的,可以减轻处罚或者免除处罚。"
③ 根据2015年8月29日《中华人民共和国刑法修正案(九)》增加。
④ 根据2015年8月29日《中华人民共和国刑法修正案(九)》修改。原第一款条文为:"为谋取不正当利益,给予国家机关、国有公司、企业、事业单位、人民团体以财物的,或者在经济往来中,违反国家规定,给予各种名义的回扣、手续费的,处三年以下有期徒刑或者拘役。"
⑤ 根据2015年8月29日《中华人民共和国刑法修正案(九)》修改。原第一款条文为:"向国家工作人员介绍贿赂,情节严重的,处三年以下有期徒刑或者拘役。"
⑥ 根据2015年8月29日《中华人民共和国刑法修正案(九)》修改。原条文为:"单位为谋取不正当利益而行贿,或者违反国家规定,给予国家工作人员以回扣、手续费,情节严重的,对单位判处罚金,并对其直接负责的主管人员和其他直接责任人员,处五年以下有期徒刑或者拘役。因行贿取得的违法所得归个人所有的,依照本法第三百八十九条、第三百九十条的规定定罪处罚。"

国内公务活动或者对外交往中接受礼物,依照国家规定应当交公而不交公,数额较大的,依照本法第三百八十二条、第三百八十三条的规定定罪处罚。

第三百九十五条 【巨额财产来源不明罪】国家工作人员的财产、支出明显超过合法收入,差额巨大的,可以责令该国家工作人员说明来源,不能说明来源的,差额部分以非法所得论,处五年以下有期徒刑或者拘役;差额特别巨大的,处五年以上十年以下有期徒刑。财产的差额部分予以追缴。①

【隐瞒境外存款罪】国家工作人员在境外的存款,应当依照国家规定申报。数额较大、隐瞒不报的,处二年以下有期徒刑或者拘役;情节较轻的,由其所在单位或者上级主管机关酌情给予行政处分。

第三百九十六条 【私分国有资产罪】国家机关、国有公司、企业、事业单位、人民团体,违反国家规定,以单位名义将国有资产集体私分给个人,数额较大的,对其直接负责的主管人员和其他直接责任人员,处三年以下有期徒刑或者拘役,并处或者单处罚金;数额巨大的,处三年以上七年以下有期徒刑,并处罚金。

【私分罚没财物罪】司法机关、行政执法机关违反国家规定,将应当上缴国家的罚没财物,以单位名义集体私分给个人的,依照前款的规定处罚。

第九章 渎职罪②

第三百九十七条③ 【滥用职权罪】【玩忽职守罪】国家机关工作人员滥用职权或者玩忽职守,致使公共财产、国家和人民利益遭受重大损失的,处三年以下有期徒刑或者拘役;情节特别严重的,处三年以上七年以下有期徒刑。本法另有规定的,依照规定。

国家机关工作人员徇私舞弊,犯前款罪的,处五年以下有期徒刑或者拘役;情节特别严重的,处五年以上十年以下有期徒刑。本法另有规定的,依照规定。

第三百九十八条 【故意泄露国家秘密罪】【过失泄露国家秘密罪】国家机关工作人员违反保守国家秘密法的规定,故意或者过失泄露国家秘密,情节严重的,处三年以下有期徒刑或者拘役;情节特别严重的,处三年以上七年以下有期徒刑。

非国家机关工作人员犯前款罪的,依照前款的规定酌情处罚。

第三百九十九条 【徇私枉法罪】司法工作人员徇私枉法、徇情枉法,对明知是无罪的人而使他受追诉、对明知是有罪的人而故意包庇不使他受追诉,或者在刑事审判活动中故意违背事实和法律作枉法裁判的,处五年以下有期徒刑或者拘役;情节严重的,处五年以上十年以下有期徒刑;情节特别严重的,处十年以上有期徒刑。

【民事、行政枉法裁判罪】在民事、行政审判活动中故意违背事实和法律作枉法裁判,情节严重的,处五年以下有期徒刑或者拘役;情节特别严重的,处五年以上十年以下有期徒刑。

【执行判决、裁定失职罪】【执行判决、裁定滥用职权罪】在执行判决、裁定活动中,严重不负责任或者滥用职权,不依法采取诉讼保全措施、不履行法定执行职责,或者违法采取诉讼保全措施、强制执行措施,致使当事人或者其他人的利益遭受重大损失的,处五年以下有期徒刑或者拘役;致使当事人或者其他人的利益遭受特别重大损失的,处五年以上十年以下有期徒刑。

司法工作人员收受贿赂,有前三款行为的,同时又构成本法第三百八十五条规定之罪的,依照处罚较

---

① 根据2009年2月28日《中华人民共和国刑法修正案(七)》修改。原第一款条文为:"国家工作人员的财产或者支出明显超过合法收入,差额巨大的,可以责令说明来源。本人不能说明其来源是合法的,差额部分以非法所得论,处五年以下有期徒刑或者拘役,财产的差额部分予以追缴。"
② 根据2002年12月28日通过的《全国人民代表大会常务委员会关于〈中华人民共和国刑法〉第九章渎职罪主体适用问题的解释》:
"全国人大常委会根据司法实践中遇到的情况,讨论了刑法第九章渎职罪主体的适用问题,解释如下:
"在依照法律、法规规定行使国家行政管理职权的组织中从事公务的人员,或者在受国家机关委托代表国家机关行使职权的组织中从事公务的人员,或者虽未列入国家机关人员编制但在国家机关中从事公务的人员,在代表国家机关行使职权时,有渎职行为,构成犯罪的,依照刑法关于渎职罪的规定追究刑事责任。"
③ 根据1998年12月29日通过的《全国人民代表大会常务委员会关于惩治骗购外汇、逃汇和非法买卖外汇犯罪的决定》:"六、海关、外汇管理部门的工作人员严重不负责任,造成大量外汇被骗购或者逃汇,致使国家利益遭受重大损失的,依照刑法第三百九十七条的规定定罪处罚。"

重的规定定罪处罚。①

第三百九十九条之一 【枉法仲裁罪】依法承担仲裁职责的人员，在仲裁活动中故意违背事实和法律作枉法裁决，情节严重的，处三年以下有期徒刑或者拘役；情节特别严重的，处三年以上七年以下有期徒刑。②

第四百条 【私放在押人员罪】司法工作人员私放在押的犯罪嫌疑人、被告人或者罪犯的，处五年以下有期徒刑或者拘役；情节严重的，处五年以上十年以下有期徒刑；情节特别严重的，处十年以上有期徒刑。

【失职致使在押人员脱逃罪】司法工作人员由于严重不负责任，致使在押的犯罪嫌疑人、被告人或者罪犯脱逃，造成严重后果的，处三年以下有期徒刑或者拘役；造成特别严重后果的，处三年以上十年以下有期徒刑。

第四百零一条 【徇私舞弊减刑、假释、暂予监外执行罪】司法工作人员徇私舞弊，对不符合减刑、假释、暂予监外执行条件的罪犯，予以减刑、假释或者暂予监外执行的，处三年以下有期徒刑或者拘役；情节严重的，处三年以上七年以下有期徒刑。

第四百零二条 【徇私舞弊不移交刑事案件罪】行政执法人员徇私舞弊，对依法应当移交司法机关追究刑事责任的不移交，情节严重的，处三年以下有期徒刑或者拘役；造成严重后果的，处三年以上七年以下有期徒刑。

第四百零三条 【滥用管理公司、证券职权罪】国家有关主管部门的国家机关工作人员，徇私舞弊，滥用职权，对不符合法律规定条件的公司设立、登记申请或者股票、债券发行、上市申请，予以批准或者登记，致使公共财产、国家和人民利益遭受重大损失的，处五年以下有期徒刑或者拘役。

上级部门强令登记机关及其工作人员实施前款行为的，对其直接负责的主管人员，依照前款的规定处罚。

第四百零四条 【徇私舞弊不征、少征税款罪】税务机关的工作人员徇私舞弊，不征或者少征应征税款，致使国家税收遭受重大损失的，处五年以下有期徒刑或者拘役；造成特别重大损失的，处五年以上有期徒刑。

第四百零五条 【徇私舞弊发售发票、抵扣税款、出口退税罪】税务机关的工作人员违反法律、行政法规的规定，在办理发售发票、抵扣税款、出口退税工作中，徇私舞弊，致使国家利益遭受重大损失的，处五年以下有期徒刑或者拘役；致使国家利益遭受特别重大损失的，处五年以上有期徒刑。

【违法提供出口退税凭证罪】其他国家机关工作人员违反国家规定，在提供出口货物报关单、出口收汇核销单等出口退税凭证的工作中，徇私舞弊，致使国家利益遭受重大损失的，依照前款的规定处罚。

第四百零六条 【国家机关工作人员签订、履行合同失职被骗罪】国家机关工作人员在签订、履行合同过程中，因严重不负责任被诈骗，致使国家利益遭受重大损失的，处三年以下有期徒刑或者拘役；致使国家利益遭受特别重大损失的，处三年以上七年以下有期徒刑。

第四百零七条 【违法发放林木采伐许可证罪】林业主管部门的工作人员违反森林法的规定，超过批准的年采伐限额发放林木采伐许可证或者违反规定滥发林木采伐许可证，情节严重，致使森林遭受严重破坏的，处三年以下有期徒刑或者拘役。

第四百零八条 【环境监管失职罪】负有环境保护监督管理职责的国家机关工作人员严重不负责任，导致发生重大环境污染事故，致使公私财产遭受重大损失或者造成人身伤亡的严重后果的，处三年以下有期徒刑或者拘役。

第四百零八条之一 【食品、药品监管渎职罪】负有食品药品安全监督管理职责的国家机关工作人员，滥用职权或者玩忽职守，有下列情形之

---

① 根据2002年12月28日《中华人民共和国刑法修正案（四）》修改。原条文为："司法工作人员徇私枉法、徇情枉法，对明知是无罪的人而使他受追诉、对明知是有罪的人而故意包庇不使他受追诉，或者在刑事审判活动中故意违背事实和法律作枉法裁判的，处五年以下有期徒刑或者拘役；情节严重的，处五年以上十年以下有期徒刑；情节特别严重的，处十年以上有期徒刑。

"在民事、行政审判活动中故意违背事实和法律作枉法裁判，情节严重的，处五年以下有期徒刑或者拘役；情节特别严重的，处五年以上十年以下有期徒刑。

"司法工作人员贪赃枉法，有前两款行为的，同时又构成本法第三百八十五条规定之罪的，依照处罚较重的规定定罪处罚。"

② 根据2006年6月29日《中华人民共和国刑法修正案（六）》增加。

一,造成严重后果或者有其他严重情节的,处五年以下有期徒刑或者拘役;造成特别严重后果或者有其他特别严重情节的,处五年以上十年以下有期徒刑:

(一)瞒报、谎报食品安全事故、药品安全事件的;

(二)对发现的严重食品药品安全违法行为未按规定查处的;

(三)在药品和特殊食品审批审评过程中,对不符合条件的申请准予许可的;

(四)依法应当移交司法机关追究刑事责任不移交的;

(五)有其他滥用职权或者玩忽职守行为的。①

徇私舞弊犯前款罪的,从重处罚。②

第四百零九条 【传染病防治失职罪】从事传染病防治的政府卫生行政部门的工作人员严重不负责任,导致传染病传播或者流行,情节严重的,处三年以下有期徒刑或者拘役。

第四百一十条③ 【非法批准征收、征用、占用土地罪】【非法低价出让国有土地使用权罪】国家机关工作人员徇私舞弊,违反土地管理法规,滥用职权,非法批准征收、征用、占用土地,或者非法低价出让国有土地使用权,情节严重的,处三年以下有期徒刑或者拘役;致使国家或者集体利益遭受特别重大损失的,处三年以上七年以下有期徒刑。

第四百一十一条 【放纵走私罪】海关工作人员徇私舞弊,放纵走私,情节严重的,处五年以下有期徒刑或者拘役;情节特别严重的,处五年以上有期徒刑。

第四百一十二条 【商检徇私舞弊罪】国家商检部门、商检机构的工作人员徇私舞弊,伪造检验结果的,处五年以下有期徒刑或者拘役;造成严重后果的,处五年以上十年以下有期徒刑。

【商检失职罪】前款所列人员严重不负责任,对应当检验的物品不检验,或者延误检验出证、错误出证,致使国家利益遭受重大损失的,处三年以下有期徒刑或者拘役。

第四百一十三条 【动植物检疫徇私舞弊罪】动植物检疫机关的检疫人员徇私舞弊,伪造检疫结果的,处五年以下有期徒刑或者拘役;造成严重后果的,处五年以上十年以下有期徒刑。

【动植物检疫失职罪】前款所列人员严重不负责任,对应当检疫的检疫物不检疫,或者延误检疫出证、错误出证,致使国家利益遭受重大损失的,处三年以下有期徒刑或者拘役。

第四百一十四条 【放纵制售伪劣商品犯罪行为罪】对生产、销售伪劣商品犯罪行为负有追究责任的国家机关工作人员,徇私舞弊,不履行法律规定的追究职责,情节严重的,处五年以下有期徒刑或者拘役。

第四百一十五条 【办理偷越国(边)境人员出入境证件罪】【放行偷越国(边)境人员罪】负责办理护照、签证以及其他出入境证件的国家机关工作人员,对明知是企图偷越国(边)境的人员,予以办理出入境证件的,或者边防、海关等国家机关工作人员,对明知是偷越国(边)境的人员,予以放行的,处三年以下有期徒刑或者拘役;情节严重的,处三年以上七年以下有期徒刑。

第四百一十六条 【不解救被拐卖、绑架妇女、儿童罪】对被拐卖、绑架的妇女、儿童负有解救职责的国家机关工作人员,接到被拐卖、绑架的妇女、儿童及其家属的解救要求或者接到其他人的举报,而对被拐卖、绑架的妇女、儿童不进行解救,造成严重后果的,处五年以下有期徒刑或者拘役。

【阻碍解救被拐卖、绑架妇女、儿童罪】负有解

---

① 根据 2020 年 12 月 26 日《中华人民共和国刑法修正案(十一)》修改。原第一款条文为:"负有食品安全监督管理职责的国家机关工作人员,滥用职权或者玩忽职守,导致发生重大食品安全事故或者造成其他严重后果的,处五年以下有期徒刑或者拘役;造成特别严重后果的,处五年以上十年以下有期徒刑。"

② 根据 2011 年 2 月 25 日《中华人民共和国刑法修正案(八)》增加。

③ 根据 2009 年 8 月 27 日修正的《全国人民代表大会常务委员会关于〈中华人民共和国刑法〉第二百二十八条、第三百四十二条、第四百一十条的解释》:

"全国人民代表大会常务委员会讨论了刑法第二百二十八条、第三百四十二条、第四百一十条规定的'违反土地管理法规'和第四百一十条规定的'非法批准征收、征用、占用土地'的含义问题,解释如下:

"刑法第二百二十八条、第三百四十二条、第四百一十条规定的'违反土地管理法规',是指违反土地管理法、森林法、草原法等法律以及有关行政法规中关于土地管理的规定。

"刑法第四百一十条规定的'非法批准征收、征用、占用土地',是指非法批准征收、征用、占用耕地、林地等农用地以及其他土地。"

救职责的国家机关工作人员利用职务阻碍解救的,处二年以上七年以下有期徒刑;情节较轻的,处二年以下有期徒刑或者拘役。

第四百一十七条 【帮助犯罪分子逃避处罚罪】有查禁犯罪活动职责的国家机关工作人员,向犯罪分子通风报信、提供便利,帮助犯罪分子逃避处罚的,处三年以下有期徒刑或者拘役;情节严重的,处三年以上十年以下有期徒刑。

第四百一十八条 【招收公务员、学生徇私舞弊罪】国家机关工作人员在招收公务员、学生工作中徇私舞弊,情节严重的,处三年以下有期徒刑或者拘役。

第四百一十九条 【失职造成珍贵文物损毁、流失罪】国家机关工作人员严重不负责任,造成珍贵文物损毁或者流失,后果严重的,处三年以下有期徒刑或者拘役。

第十章 军人违反职责罪

第四百二十条 【军人违反职责罪的概念】军人违反职责,危害国家军事利益,依照法律应当受刑罚处罚的行为,是军人违反职责罪。

第四百二十一条 【战时违抗命令罪】战时违抗命令,对作战造成危害的,处三年以上十年以下有期徒刑;致使战斗、战役遭受重大损失的,处十年以上有期徒刑、无期徒刑或者死刑。

第四百二十二条 【隐瞒、谎报军情罪】【拒传、假传军令罪】故意隐瞒、谎报军情或者拒传、假传军令,对作战造成危害的,处三年以上十年以下有期徒刑;致使战斗、战役遭受重大损失的,处十年以上有期徒刑、无期徒刑或者死刑。

第四百二十三条 【投降罪】在战场上贪生怕死,自动放下武器投降敌人的,处三年以上十年以下有期徒刑;情节严重的,处十年以上有期徒刑或者无期徒刑。

投降后为敌人效劳的,处十年以上有期徒刑、无期徒刑或者死刑。

第四百二十四条 【战时临阵脱逃罪】战时临阵脱逃的,处三年以下有期徒刑;情节严重的,处三年以上十年以下有期徒刑;致使战斗、战役遭受重大损失的,处十年以上有期徒刑、无期徒刑或者死刑。

第四百二十五条 【擅离、玩忽军事职守罪】指挥人员和值班、值勤人员擅离职守或者玩忽职守,造成严重后果的,处三年以下有期徒刑或者拘役;造成特别严重后果的,处三年以上七年以下有期徒刑。

战时犯前款罪的,处五年以上有期徒刑。

第四百二十六条 【阻碍执行军事职务罪】以暴力、威胁方法,阻碍指挥人员或者值班、值勤人员执行职务的,处五年以下有期徒刑或者拘役;情节严重的,处五年以上十年以下有期徒刑;情节特别严重的,处十年以上有期徒刑或者无期徒刑。战时从重处罚。[①]

第四百二十七条 【指使部属违反职责罪】滥用职权,指使部属进行违反职责的活动,造成严重后果的,处五年以下有期徒刑或者拘役;情节特别严重的,处五年以上十年以下有期徒刑。

第四百二十八条 【违令作战消极罪】指挥人员违抗命令,临阵畏缩,作战消极,造成严重后果的,处五年以下有期徒刑;致使战斗、战役遭受重大损失或者有其他特别严重情节的,处五年以上有期徒刑。

第四百二十九条 【拒不救援友邻部队罪】在战场上明知友邻部队处境危急请求救援,能救援而不救援,致使友邻部队遭受重大损失的,对指挥人员,处五年以下有期徒刑。

第四百三十条 【军人叛逃罪】在履行公务期间,擅离岗位,叛逃境外或者在境外叛逃,危害国家军事利益的,处五年以下有期徒刑或者拘役;情节严重的,处五年以上有期徒刑。

驾驶航空器、舰船叛逃的,或者有其他特别严重情节的,处十年以上有期徒刑、无期徒刑或者死刑。

第四百三十一条 【非法获取军事秘密罪】以窃取、刺探、收买方法,非法获取军事秘密的,处五年以下有期徒刑;情节严重的,处五年以上十年以下有期徒刑;情节特别严重的,处十年以上有期徒刑。

【为境外窃取、刺探、收买、非法提供军事秘密

[①] 根据2015年8月29日《中华人民共和国刑法修正案(九)》修改。原条文为:"以暴力、威胁方法,阻碍指挥人员或者值班、值勤人员执行职务的,处五年以下有期徒刑或者拘役;情节严重的,处五年以上十年以下有期徒刑;致人重伤、死亡的,或者有其他特别严重情节的,处无期徒刑或者死刑。战时从重处罚。"

罪】为境外的机构、组织、人员窃取、刺探、收买、非法提供军事秘密的,处五年以上十年以下有期徒刑;情节严重的,处十年以上有期徒刑、无期徒刑或者死刑。①

第四百三十二条　【故意泄露军事秘密罪】【过失泄露军事秘密罪】违反保守国家秘密法规,故意或者过失泄露军事秘密,情节严重的,处五年以下有期徒刑或者拘役;情节特别严重的,处五年以上十年以下有期徒刑。

战时犯前款罪的,处五年以上十年以下有期徒刑;情节特别严重的,处十年以上有期徒刑或者无期徒刑。

第四百三十三条　【战时造谣惑众罪】战时造谣惑众,动摇军心的,处三年以下有期徒刑;情节严重的,处三年以上十年以下有期徒刑;情节特别严重的,处十年以上有期徒刑或者无期徒刑。②

第四百三十四条　【战时自伤罪】战时自伤身体,逃避军事义务的,处三年以下有期徒刑;情节严重的,处三年以上七年以下有期徒刑。

第四百三十五条　【逃离部队罪】违反兵役法规,逃离部队,情节严重的,处三年以下有期徒刑或者拘役。

战时犯前款罪的,处三年以上七年以下有期徒刑。

第四百三十六条　【武器装备肇事罪】违反武器装备使用规定,情节严重,因而发生责任事故,致人重伤、死亡或者造成其他严重后果的,处三年以下有期徒刑或者拘役;后果特别严重的,处三年以上七年以下有期徒刑。

第四百三十七条　【擅自改变武器装备编配用途罪】违反武器装备管理规定,擅自改变武器装备的编配用途,造成严重后果的,处三年以下有期徒刑或者拘役;造成特别严重后果的,处三年以上七年以下有期徒刑。

第四百三十八条　【盗窃、抢夺武器装备、军用物资罪】盗窃、抢夺武器装备或者军用物资的,处五年以下有期徒刑或者拘役;情节严重的,处五年以上十年以下有期徒刑;情节特别严重的,处十年以上有期徒刑、无期徒刑或者死刑。

盗窃、抢夺枪支、弹药、爆炸物的,依照本法第一百二十七条的规定处罚。

第四百三十九条　【非法出卖、转让武器装备罪】非法出卖、转让军队武器装备的,处三年以上十年以下有期徒刑;出卖、转让大量武器装备或者有其他特别严重情节的,处十年以上有期徒刑、无期徒刑或者死刑。

第四百四十条　【遗弃武器装备罪】违抗命令,遗弃武器装备的,处五年以下有期徒刑或者拘役;遗弃重要或者大量武器装备的,或者有其他严重情节的,处五年以上有期徒刑。

第四百四十一条　【遗失武器装备罪】遗失武器装备,不及时报告或者有其他严重情节的,处三年以下有期徒刑或者拘役。

第四百四十二条　【擅自出卖、转让军队房地产罪】违反规定,擅自出卖、转让军队房地产,情节严重的,对直接责任人员,处三年以下有期徒刑或者拘役;情节特别严重的,处三年以上十年以下有期徒刑。

第四百四十三条　【虐待部属罪】滥用职权,虐待部属,情节恶劣,致人重伤或者造成其他严重后果的,处五年以下有期徒刑或者拘役;致人死亡的,处五年以上有期徒刑。

第四百四十四条　【遗弃伤病军人罪】在战场上故意遗弃伤病军人,情节恶劣的,对直接责任人员,处五年以下有期徒刑。

第四百四十五条　【战时拒不救治伤病军人罪】战时在救护治疗职位上,有条件救治而拒不救治危重伤病军人的,处五年以下有期徒刑或者拘役;造成伤病军人重残、死亡或者有其他严重情节的,处五年以上十年以下有期徒刑。

第四百四十六条　【战时残害居民、掠夺居民财物罪】战时在军事行动地区,残害无辜居民或者掠夺无辜居民财物的,处五年以下有期徒刑;情节严重的,处五年以上十年以下有期徒刑;情节特别严重的,处十年以上有期徒刑、无期徒刑或者死

---

① 根据2020年12月26日《中华人民共和国刑法修正案(十一)》修改。原第二款条文为:"为境外的机构、组织、人员窃取、刺探、收买、非法提供军事秘密的,处十年以上有期徒刑、无期徒刑或者死刑"。

② 根据2015年8月29日《中华人民共和国刑法修正案(九)》修改。原条文为:"战时造谣惑众,动摇军心的,处三年以下有期徒刑;情节严重的,处三年以上十年以下有期徒刑。

"勾结敌人造谣惑众,动摇军心的,处十年以上有期徒刑或者无期徒刑;情节特别严重的,可以判处死刑。"

刑。

第四百四十七条　【私放俘虏罪】私放俘虏的,处五年以下有期徒刑;私放重要俘虏、私放俘虏多人或者有其他严重情节的,处五年以上有期徒刑。

第四百四十八条　【虐待俘虏罪】虐待俘虏,情节恶劣的,处三年以下有期徒刑。

第四百四十九条　【战时缓刑】在战时,对被判处三年以下有期徒刑没有现实危险宣告缓刑的犯罪军人,允许其戴罪立功,确有立功表现时,可以撤销原判刑罚,不以犯罪论处。

第四百五十条　【本章适用范围】本章适用于中国人民解放军的现役军官、文职干部、士兵及具有军籍的学员和中国人民武装警察部队的现役警官、文职干部、士兵及具有军籍的学员以及文职人员、执行军事任务的预备役人员和其他人员。①

第四百五十一条　【战时的概念】本章所称战时,是指国家宣布进入战争状态、部队受领作战任务或者遭敌突然袭击时。

部队执行戒严任务或者处置突发性暴力事件时,以战时论。

附　则

第四百五十二条　【施行日期】本法自1997年10月1日起施行。

列于本法附件一的全国人民代表大会常务委员会制定的条例、补充规定和决定,已纳入本法或者已不适用,自本法施行之日起,予以废止。

列于本法附件二的全国人民代表大会常务委员会制定的补充规定和决定予以保留。其中,有关行政处罚和行政措施的规定继续有效;有关刑事责任的规定已纳入本法,自本法施行之日起,适用本法规定。

附件一:

全国人民代表大会常务委员会制定的下列条例、补充规定和决定,已纳入本法或者已不适用,自本法施行之日起,予以废止:

1. 中华人民共和国惩治军人违反职责罪暂行条例
2. 关于严惩严重破坏经济的罪犯的决定
3. 关于严惩严重危害社会治安的犯罪分子的决定
4. 关于惩治走私罪的补充规定
5. 关于惩治贪污罪贿赂罪的补充规定
6. 关于惩治泄露国家秘密犯罪的补充规定
7. 关于惩治捕杀国家重点保护的珍贵、濒危野生动物犯罪的补充规定
8. 关于惩治侮辱中华人民共和国国旗国徽罪的决定
9. 关于惩治盗掘古文化遗址古墓葬犯罪的补充规定
10. 关于惩治劫持航空器犯罪分子的决定
11. 关于惩治假冒注册商标犯罪的补充规定
12. 关于惩治生产、销售伪劣商品犯罪的决定
13. 关于惩治侵犯著作权的犯罪的决定
14. 关于惩治违反公司法的犯罪的决定
15. 关于处理逃跑或者重新犯罪的劳改犯和劳教人员的决定

附件二:

全国人民代表大会常务委员会制定的下列补充规定和决定予以保留,其中,有关行政处罚和行政措施的规定继续有效;有关刑事责任的规定已纳入本法,自本法施行之日起,适用本法规定:

1. 关于禁毒的决定②
2. 关于惩治走私、制作、贩卖、传播淫秽物品的犯罪分子的决定
3. 关于严禁卖淫嫖娼的决定③
4. 关于严惩拐卖、绑架妇女、儿童的犯罪分子的决定
5. 关于惩治偷税、抗税犯罪的补充规定④

---

① 根据2020年12月26日《中华人民共和国刑法修正案(十一)》修改。原条文为:"本章适用于中国人民解放军的现役军官、文职干部、士兵及具有军籍的学员和中国人民武装警察部队的现役警官、文职干部、士兵及具有军籍的学员以及执行军事任务的预备役人员和其他人员。"

② 根据《中华人民共和国禁毒法》第七十一条的规定,本决定自2008年6月1日起废止。

③ 根据《全国人民代表大会常务委员会关于废止有关收容教育法律规定和制度的决定》,该决定中第四条第二款、第四款,以及据此实行的收容教育制度自2019年12月29日起废止。

④ 根据《全国人民代表大会常务委员会关于废止部分法律的决定》,该补充规定自2009年6月27日起废止。

6. 关于严惩组织、运送他人偷越国(边)境犯罪的补充规定①

7. 关于惩治破坏金融秩序犯罪的决定

8. 关于惩治虚开、伪造和非法出售增值税专用发票犯罪的决定

中华人民共和国刑事诉讼法

- 1979年7月1日第五届全国人民代表大会第二次会议通过
- 根据1996年3月17日第八届全国人民代表大会第四次会议《关于修改〈中华人民共和国刑事诉讼法〉的决定》第一次修正
- 根据2012年3月14日第十一届全国人民代表大会第五次会议《关于修改〈中华人民共和国刑事诉讼法〉的决定》第二次修正
- 根据2018年10月26日第十三届全国人民代表大会常务委员会第六次会议《关于修改〈中华人民共和国刑事诉讼法〉的决定》第三次修正

第一编 总 则

第一章 任务和基本原则

第一条 【立法宗旨】为了保证刑法的正确实施,惩罚犯罪,保护人民,保障国家安全和社会公共安全,维护社会主义社会秩序,根据宪法,制定本法。

第二条 【本法任务】中华人民共和国刑事诉讼法的任务,是保证准确、及时地查明犯罪事实,正确应用法律,惩罚犯罪分子,保障无罪的人不受刑事追究,教育公民自觉遵守法律,积极同犯罪行为作斗争,维护社会主义法制,尊重和保障人权,保护公民的人身权利、财产权利、民主权利和其他权利,保障社会主义建设事业的顺利进行。

第三条 【刑事诉讼专门机关的职权】【严格遵守法律程序原则】对刑事案件的侦查、拘留、执行逮捕、预审,由公安机关负责。检察、批准逮捕、检察机关直接受理的案件的侦查、提起公诉,由人民检察院负责。审判由人民法院负责。除法律特别规定的以外,其他任何机关、团体和个人都无权行使这些权力。

人民法院、人民检察院和公安机关进行刑事诉讼,必须严格遵守本法和其他法律的有关规定。

第四条 【国家安全机关职权】国家安全机关依照法律规定,办理危害国家安全的刑事案件,行使与公安机关相同的职权。

第五条 【独立行使审判权、检察权】人民法院依照法律规定独立行使审判权,人民检察院依照法律规定独立行使检察权,不受行政机关、社会团体和个人的干涉。

第六条 【以事实为依据、以法律为准绳原则】【平等适用法律原则】人民法院、人民检察院和公安机关进行刑事诉讼,必须依靠群众,必须以事实为根据,以法律为准绳。对于一切公民,在适用法律上一律平等,在法律面前,不允许有任何特权。

第七条 【分工负责、互相配合、互相监督原则】人民法院、人民检察院和公安机关进行刑事诉讼,应当分工负责,互相配合,互相制约,以保证准确有效地执行法律。

第八条 【检察院法律监督原则】人民检察院依法对刑事诉讼实行法律监督。

第九条 【使用本民族语言文字原则】各民族公民都有用本民族语言文字进行诉讼的权利。人民法院、人民检察院和公安机关对于不通晓当地通用的语言文字的诉讼参与人,应当为他们翻译。

在少数民族聚居或者多民族杂居的地区,应当用当地通用的语言进行审讯,用当地通用的文字发布判决书、布告和其他文件。

第十条 【两审终审制】人民法院审判案件,实行两审终审制。

第十一条 【审判公开原则】【辩护原则】人民法院审判案件,除本法另有规定的以外,一律公开进行。被告人有权获得辩护,人民法院有义务保证被告人获得辩护。

第十二条 【未经法院判决不得确定有罪原则】未经人民法院依法判决,对任何人都不得确定有罪。

第十三条 【人民陪审制度】人民法院审判案件,依照本法实行人民陪审员陪审的制度。

第十四条 【诉讼权利的保障与救济】人民法院、人民检察院和公安机关应当保障犯罪嫌疑人、

---

① 根据《全国人民代表大会常务委员会关于废止部分法律的决定》,该补充规定自2009年6月27日起废止。

被告人和其他诉讼参与人依法享有的辩护权和其他诉讼权利。

诉讼参与人对于审判人员、检察人员和侦查人员侵犯公民诉讼权利和人身侮辱的行为，有权提出控告。

第十五条 【认罪认罚从宽原则】犯罪嫌疑人、被告人自愿如实供述自己的罪行，承认指控的犯罪事实，愿意接受处罚的，可以依法从宽处理。

第十六条 【不追究刑事责任的法定情形】有下列情形之一的，不追究刑事责任，已经追究的，应当撤销案件，或者不起诉，或者终止审理，或者宣告无罪：

（一）情节显著轻微、危害不大，不认为是犯罪的；

（二）犯罪已过追诉时效期限的；

（三）经特赦令免除刑罚的；

（四）依照刑法告诉才处理的犯罪，没有告诉或者撤回告诉的；

（五）犯罪嫌疑人、被告人死亡的；

（六）其他法律规定免予追究刑事责任的。

第十七条 【外国人刑事责任的追究】对于外国人犯罪应当追究刑事责任的，适用本法的规定。

对于享有外交特权和豁免权的外国人犯罪应当追究刑事责任的，通过外交途径解决。

第十八条 【刑事司法协助】根据中华人民共和国缔结或者参加的国际条约，或者按照互惠原则，我国司法机关和外国司法机关可以相互请求刑事司法协助。

第二章 管 辖

第十九条 【立案管辖】刑事案件的侦查由公安机关进行，法律另有规定的除外。

人民检察院在对诉讼活动实行法律监督中发现的司法工作人员利用职权实施的非法拘禁、刑讯逼供、非法搜查等侵犯公民权利、损害司法公正的犯罪，可以由人民检察院立案侦查。对于公安机关管辖的国家机关工作人员利用职权实施的重大犯罪案件，需要由人民检察院直接受理的时候，经省级以上人民检察院决定，可以由人民检察院立案侦查。

自诉案件，由人民法院直接受理。

第二十条 【基层法院管辖】基层人民法院管辖第一审普通刑事案件，但是依照本法由上级人民法院管辖的除外。

第二十一条 【中级法院管辖】中级人民法院管辖下列第一审刑事案件：

（一）危害国家安全、恐怖活动案件；

（二）可能判处无期徒刑、死刑的案件。

第二十二条 【高级法院管辖】高级人民法院管辖的第一审刑事案件，是全省（自治区、直辖市）性的重大刑事案件。

第二十三条 【最高法院管辖】最高人民法院管辖的第一审刑事案件，是全国性的重大刑事案件。

第二十四条 【级别管辖变通】上级人民法院在必要的时候，可以审判下级人民法院管辖的第一审刑事案件；下级人民法院认为案件重大、复杂需要由上级人民法院审判的第一审刑事案件，可以请求移送上一级人民法院审判。

第二十五条 【地区管辖】刑事案件由犯罪地的人民法院管辖。如果由被告人居住地的人民法院审判更为适宜的，可以由被告人居住地的人民法院管辖。

第二十六条 【优先管辖】【移送管辖】几个同级人民法院都有权管辖的案件，由最初受理的人民法院审判。在必要的时候，可以移送主要犯罪地的人民法院审判。

第二十七条 【指定管辖】上级人民法院可以指定下级人民法院审判管辖不明的案件，也可以指定下级人民法院将案件移送其他人民法院审判。

第二十八条 【专门管辖】专门人民法院案件的管辖另行规定。

第三章 回 避

第二十九条 【回避的法定情形】审判人员、检察人员、侦查人员有下列情形之一的，应当自行回避，当事人及其法定代理人也有权要求他们回避：

（一）是本案的当事人或者是当事人的近亲属的；

（二）本人或者他的近亲属和本案有利害关系的；

（三）担任过本案的证人、鉴定人、辩护人、诉讼代理人的；

（四）与本案当事人有其他关系，可能影响公正处理案件的。

第三十条　【办案人员违反禁止行为的回避】审判人员、检察人员、侦查人员不得接受当事人及其委托的人的请客送礼，不得违反规定会见当事人及其委托的人。

审判人员、检察人员、侦查人员违反前款规定的，应当依法追究法律责任。当事人及其法定代理人有权要求他们回避。

第三十一条　【决定回避的程序】审判人员、检察人员、侦查人员的回避，应当分别由院长、检察长、公安机关负责人决定；院长的回避，由本院审判委员会决定；检察长和公安机关负责人的回避，由同级人民检察院检察委员会决定。

对侦查人员的回避作出决定前，侦查人员不能停止对案件的侦查。

对驳回申请回避的决定，当事人及其法定代理人可以申请复议一次。

第三十二条　【回避制度的准用规定】本章关于回避的规定适用于书记员、翻译人员和鉴定人。

辩护人、诉讼代理人可以依照本章的规定要求回避、申请复议。

第四章　辩护与代理

第三十三条　【自行辩护与委托辩护】【辩护人的范围】犯罪嫌疑人、被告人除自己行使辩护权以外，还可以委托一至二人作为辩护人。下列的人可以被委托为辩护人：

（一）律师；

（二）人民团体或者犯罪嫌疑人、被告人所在单位推荐的人；

（三）犯罪嫌疑人、被告人的监护人、亲友。

正在被执行刑罚或者依法被剥夺、限制人身自由的人，不得担任辩护人。

被开除公职和被吊销律师、公证员执业证书的人，不得担任辩护人，但系犯罪嫌疑人、被告人的监护人、近亲属的除外。

第三十四条　【委托辩护的时间及辩护告知】犯罪嫌疑人自被侦查机关第一次讯问或者采取强制措施之日起，有权委托辩护人；在侦查期间，只能委托律师作为辩护人。被告人有权随时委托辩护人。

侦查机关在第一次讯问犯罪嫌疑人或者对犯罪嫌疑人采取强制措施的时候，应当告知犯罪嫌疑人有权委托辩护人。人民检察院自收到移送审查起诉的案件材料之日起三日以内，应当告知犯罪嫌疑人有权委托辩护人。人民法院自受理案件之日起三日以内，应当告知被告人有权委托辩护人。犯罪嫌疑人、被告人在押期间要求委托辩护人的，人民法院、人民检察院和公安机关应当及时转达其要求。

犯罪嫌疑人、被告人在押的，也可以由其监护人、近亲属代为委托辩护人。

辩护人接受犯罪嫌疑人、被告人委托后，应当及时告知办理案件的机关。

第三十五条　【法律援助机构指派辩护】犯罪嫌疑人、被告人因经济困难或者其他原因没有委托辩护人的，本人及其近亲属可以向法律援助机构提出申请。对符合法律援助条件的，法律援助机构应当指派律师为其提供辩护。

犯罪嫌疑人、被告人是盲、聋、哑人，或者是尚未完全丧失辨认或者控制自己行为能力的精神病人，没有委托辩护人的，人民法院、人民检察院和公安机关应当通知法律援助机构指派律师为其提供辩护。

犯罪嫌疑人、被告人可能被判处无期徒刑、死刑，没有委托辩护人的，人民法院、人民检察院和公安机关应当通知法律援助机构指派律师为其提供辩护。

第三十六条　【值班律师】法律援助机构可以在人民法院、看守所等场所派驻值班律师。犯罪嫌疑人、被告人没有委托辩护人，法律援助机构没有指派律师为其提供辩护的，由值班律师为犯罪嫌疑人、被告人提供法律咨询、程序选择建议、申请变更强制措施、对案件处理提出意见等法律帮助。

人民法院、人民检察院、看守所应当告知犯罪嫌疑人、被告人有权约见值班律师，并为犯罪嫌疑人、被告人约见值班律师提供便利。

第三十七条　【辩护人的责任】辩护人的责任是根据事实和法律，提出犯罪嫌疑人、被告人无罪、罪轻或者减轻、免除其刑事责任的材料和意见，维护犯罪嫌疑人、被告人的诉讼权利和其他合法权益。

第三十八条　【侦查期间的辩护】辩护律师在侦查期间可以为犯罪嫌疑人提供法律帮助；代理申诉、控告；申请变更强制措施；向侦查机关了解犯罪嫌疑人涉嫌的罪名和案件有关情况,提出意见。

第三十九条 【辩护人会见、通信】辩护律师可以同在押的犯罪嫌疑人、被告人会见和通信。其他辩护人经人民法院、人民检察院许可,也可以同在押的犯罪嫌疑人、被告人会见和通信。

辩护律师持律师执业证书、律师事务所证明和委托书或者法律援助公函要求会见在押的犯罪嫌疑人、被告人的,看守所应当及时安排会见,至迟不得超过四十八小时。

危害国家安全犯罪、恐怖活动犯罪案件,在侦查期间辩护律师会见在押的犯罪嫌疑人,应当经侦查机关许可。上述案件,侦查机关应当事先通知看守所。

辩护律师会见在押的犯罪嫌疑人、被告人,可以了解案件有关情况,提供法律咨询等;自案件移送审查起诉之日起,可以向犯罪嫌疑人、被告人核实有关证据。辩护律师会见犯罪嫌疑人、被告人时不被监听。

辩护律师同被监视居住的犯罪嫌疑人、被告人会见、通信,适用第一款、第三款、第四款的规定。

第四十条 【辩护人查阅、摘抄、复制卷宗材料】辩护律师自人民检察院对案件审查起诉之日起,可以查阅、摘抄、复制本案的案卷材料。其他辩护人经人民法院、人民检察院许可,也可以查阅、摘抄、复制上述材料。

第四十一条 【辩护人向办案机关申请调取证据】辩护人认为在侦查、审查起诉期间公安机关、人民检察院收集的证明犯罪嫌疑人、被告人无罪或者罪轻的证据材料未提交的,有权申请人民检察院、人民法院调取。

第四十二条 【辩护人向办案机关告知证据】辩护人收集的有关犯罪嫌疑人不在犯罪现场、未达到刑事责任年龄、属于依法不负刑事责任的精神病人的证据,应当及时告知公安机关、人民检察院。

第四十三条 【辩护律师收集材料】【辩护律师申请取证及证人出庭】辩护律师经证人或者其他有关单位和个人同意,可以向他们收集与本案有关的材料,也可以申请人民检察院、人民法院收集、调取证据,或者申请人民法院通知证人出庭作证。

辩护律师经人民检察院或者人民法院许可,并且经被害人或者其近亲属、被害人提供的证人同意,可以向他们收集与本案有关的材料。

第四十四条 【辩护人行为禁止及法律责任】辩护人或者其他任何人,不得帮助犯罪嫌疑人、被告人隐匿、毁灭、伪造证据或者串供,不得威胁、引诱证人作伪证以及进行其他干扰司法机关诉讼活动的行为。

违反前款规定的,应当依法追究法律责任,辩护人涉嫌犯罪的,应当由办理辩护人所承办案件的侦查机关以外的侦查机关办理。辩护人是律师的,应当及时通知其所在的律师事务所或者所属的律师协会。

第四十五条 【被告人拒绝辩护】在审判过程中,被告人可以拒绝辩护人继续为他辩护,也可以另行委托辩护人辩护。

第四十六条 【诉讼代理】公诉案件的被害人及其法定代理人或者近亲属,附带民事诉讼的当事人及其法定代理人,自案件移送审查起诉之日起,有权委托诉讼代理人。自诉案件的自诉人及其法定代理人,附带民事诉讼的当事人及其法定代理人,有权随时委托诉讼代理人。

人民检察院自收到移送审查起诉的案件材料之日起三日以内,应当告知被害人及其法定代理人或者其近亲属、附带民事诉讼的当事人及其法定代理人有权委托诉讼代理人。人民法院自受理自诉案件之日起三日以内,应当告知自诉人及其法定代理人、附带民事诉讼的当事人及其法定代理人有权委托诉讼代理人。

第四十七条 【委托诉讼代理人】委托诉讼代理人,参照本法第三十三条的规定执行。

第四十八条 【辩护律师执业保密及例外】辩护律师对在执业活动中知悉的委托人的有关情况和信息,有权予以保密。但是,辩护律师在执业活动中知悉委托人或者其他人,准备或者正在实施危害国家安全、公共安全以及严重危害他人人身安全的犯罪的,应当及时告知司法机关。

第四十九条 【妨碍辩护人、诉讼代理人行使诉讼权利的救济】辩护人、诉讼代理人认为公安机关、人民检察院、人民法院及其工作人员阻碍其依法行使诉讼权利的,有权向同级或者上一级人民检察院申诉或者控告。人民检察院对申诉或者控告应当及时进行审查,情况属实的,通知有关机关予以纠正。

第五章 证 据

第五十条 【证据的含义及法定种类】可以用于证明案件事实的材料，都是证据。

证据包括：

(一)物证；

(二)书证；

(三)证人证言；

(四)被害人陈述；

(五)犯罪嫌疑人、被告人供述和辩解；

(六)鉴定意见；

(七)勘验、检查、辨认、侦查实验等笔录；

(八)视听资料、电子数据。

证据必须经过查证属实，才能作为定案的根据。

第五十一条 【举证责任】公诉案件中被告人有罪的举证责任由人民检察院承担，自诉案件中被告人有罪的举证责任由自诉人承担。

第五十二条 【依法收集证据】【不得强迫任何人自证其罪】审判人员、检察人员、侦查人员必须依照法定程序，收集能够证实犯罪嫌疑人、被告人有罪或者无罪、犯罪情节轻重的各种证据。严禁刑讯逼供和以威胁、引诱、欺骗以及其他非法方法收集证据，不得强迫任何人证实自己有罪。必须保证一切与案件有关或者了解案情的公民，有客观地充分地提供证据的条件，除特殊情况外，可以吸收他们协助调查。

第五十三条 【办案机关法律文书的证据要求】公安机关提请批准逮捕书、人民检察院起诉书、人民法院判决书，必须忠实于事实真象。故意隐瞒事实真象的，应当追究责任。

第五十四条 【向单位和个人收集、调取证据】【行政执法办案证据的使用】【证据保密】【伪造、隐匿、毁灭证据的责任】人民法院、人民检察院和公安机关有权向有关单位和个人收集、调取证据。有关单位和个人应当如实提供证据。

行政机关在行政执法和查办案件过程中收集的物证、书证、视听资料、电子数据等证据材料，在刑事诉讼中可以作为证据使用。

对涉及国家秘密、商业秘密、个人隐私的证据，应当保密。

凡是伪造证据、隐匿证据或者毁灭证据的，无论属于何方，必须受法律追究。

第五十五条 【重证据、不轻信口供】【证据确实、充分的法定条件】对一切案件的判处都要重证据，重调查研究，不轻信口供。只有被告人供述，没有其他证据的，不能认定被告人有罪和处以刑罚；没有被告人供述，证据确实、充分的，可以认定被告人有罪和处以刑罚。

证据确实、充分，应当符合以下条件：

(一)定罪量刑的事实都有证据证明；

(二)据以定案的证据均经法定程序查证属实；

(三)综合全案证据，对所认定事实已排除合理怀疑。

第五十六条 【非法证据排除】采用刑讯逼供等非法方法收集的犯罪嫌疑人、被告人供述和采用暴力、威胁等非法方法收集的证人证言、被害人陈述，应当予以排除。收集物证、书证不符合法定程序，可能严重影响司法公正的，应当予以补正或者作出合理解释；不能补正或者作出合理解释的，对该证据应当予以排除。

在侦查、审查起诉、审判时发现有应当排除的证据的，应当依法予以排除，不得作为起诉意见、起诉决定和判决的依据。

第五十七条 【检察院对非法收集证据的法律监督】人民检察院接到报案、控告、举报或者发现侦查人员以非法方法收集证据的，应当进行调查核实。对于确有以非法方法收集证据情形的，应当提出纠正意见；构成犯罪的，依法追究刑事责任。

第五十八条 【对证据收集合法性的法庭调查】【申请排除非法证据】法庭审理过程中，审判人员认为可能存在本法第五十六条规定的以非法方法收集证据情形的，应当对证据收集的合法性进行法庭调查。

当事人及其辩护人、诉讼代理人有权申请人民法院对以非法方法收集的证据依法予以排除。申请排除以非法方法收集的证据的，应当提供相关线索或者材料。

第五十九条 【对证据收集合法性的证明】在对证据收集的合法性进行法庭调查的过程中，人民检察院应当对证据收集的合法性加以证明。

现有证据材料不能证明证据收集的合法性的，人民检察院可以提请人民法院通知有关侦查人员或者其他人员出庭说明情况；人民法院可以通知有关侦查人员或者其他人员出庭说明情况。有关侦查人员或者其他人员也可以要求出庭说明情况。经人民法院通知，有关人员应当出庭。

第六十条　【庭审排除非法证据】对于经过法庭审理，确认或者不能排除存在本法第五十六条规定的以非法方法收集证据情形的，对有关证据应当予以排除。

第六十一条　【证人证言的质证与查实】【有意作伪证或隐匿罪证的责任】证人证言必须在法庭上经过公诉人、被害人和被告人、辩护人双方质证并且查实以后，才能作为定案的根据。法庭查明证人有意作伪证或者隐匿罪证的时候，应当依法处理。

第六十二条　【证人的范围和作证义务】凡是知道案件情况的人，都有作证的义务。

生理上、精神上有缺陷或者年幼，不能辨别是非、不能正确表达的人，不能作证人。

第六十三条　【证人及其近亲属的安全保障】人民法院、人民检察院和公安机关应当保障证人及其近亲属的安全。

对证人及其近亲属进行威胁、侮辱、殴打或者打击报复，构成犯罪的，依法追究刑事责任；尚不够刑事处罚的，依法给予治安管理处罚。

第六十四条　【对特定犯罪中有关诉讼参与人及其近亲属人身安全的保护措施】对于危害国家安全犯罪、恐怖活动犯罪、黑社会性质的组织犯罪、毒品犯罪等案件，证人、鉴定人、被害人因在诉讼中作证，本人或者其近亲属的人身安全面临危险的，人民法院、人民检察院和公安机关应当采取以下一项或者多项保护措施：

（一）不公开真实姓名、住址和工作单位等个人信息；

（二）采取不暴露外貌、真实声音等出庭作证措施；

（三）禁止特定的人员接触证人、鉴定人、被害人及其近亲属；

（四）对人身和住宅采取专门性保护措施；

（五）其他必要的保护措施。

证人、鉴定人、被害人认为因在诉讼中作证，本人或者其近亲属的人身安全面临危险的，可以向人民法院、人民检察院、公安机关请求予以保护。

人民法院、人民检察院、公安机关依法采取保护措施，有关单位和个人应当配合。

第六十五条　【证人作证补助与保障】证人因履行作证义务而支出的交通、住宿、就餐等费用，应当给予补助。证人作证的补助列入司法机关业务经费，由同级政府财政予以保障。

有工作单位的证人作证，所在单位不得克扣或者变相克扣其工资、奖金及其他福利待遇。

第六章　强制措施

第六十六条　【拘传、取保候审或者监视居住】人民法院、人民检察院和公安机关根据案件情况，对犯罪嫌疑人、被告人可以拘传、取保候审或者监视居住。

第六十七条　【取保候审的法定情形与执行】人民法院、人民检察院和公安机关对有下列情形之一的犯罪嫌疑人、被告人，可以取保候审：

（一）可能判处管制、拘役或者独立适用附加刑的；

（二）可能判处有期徒刑以上刑罚，采取取保候审不致发生社会危险性的；

（三）患有严重疾病、生活不能自理，怀孕或者正在哺乳自己婴儿的妇女，采取取保候审不致发生社会危险性的；

（四）羁押期限届满，案件尚未办结，需要采取取保候审的。

取保候审由公安机关执行。

第六十八条　【取保候审的方式】人民法院、人民检察院和公安机关决定对犯罪嫌疑人、被告人取保候审，应当责令犯罪嫌疑人、被告人提出保证人或者交纳保证金。

第六十九条　【保证人的法定条件】保证人必须符合下列条件：

（一）与本案无牵连；
（二）有能力履行保证义务；
（三）享有政治权利，人身自由未受到限制；
（四）有固定的住处和收入。

第七十条　【保证人的法定义务】保证人应当履行以下义务：

（一）监督被保证人遵守本法第七十一条的规定；

（二）发现被保证人可能发生或者已经发生违反本法第七十一条规定的行为的，应当及时向执行机关报告。

被保证人有违反本法第七十一条规定的行为，保证人未履行保证义务的，对保证人处以罚款，构成犯罪的，依法追究刑事责任。

第七十一条　【被取保候审人应遵守的一般规定和特别规定】【对被取保候审人违反规定的处理】被取保候审的犯罪嫌疑人、被告人应当遵守以下规定：

（一）未经执行机关批准不得离开所居住的市、县；

（二）住址、工作单位和联系方式发生变动的，在二十四小时以内向执行机关报告；

（三）在传讯的时候及时到案；

（四）不得以任何形式干扰证人作证；

（五）不得毁灭、伪造证据或者串供。

人民法院、人民检察院和公安机关可以根据案件情况，责令被取保候审的犯罪嫌疑人、被告人遵守以下一项或者多项规定：

（一）不得进入特定的场所；

（二）不得与特定的人员会见或者通信；

（三）不得从事特定的活动；

（四）将护照等出入境证件、驾驶证件交执行机关保存。

被取保候审的犯罪嫌疑人、被告人违反前两款规定，已交纳保证金的，没收部分或者全部保证金，并且区别情形，责令犯罪嫌疑人、被告人具结悔过，重新交纳保证金、提出保证人，或者监视居住、予以逮捕。

对违反取保候审规定，需要予以逮捕的，可以对犯罪嫌疑人、被告人先行拘留。

第七十二条　【保证金数额的确定与执行】取保候审的决定机关应当综合考虑保证诉讼活动正常进行的需要，被取保候审人的社会危险性，案件的性质、情节，可能判处刑罚的轻重，被取保候审人的经济状况等情况，确定保证金的数额。

提供保证金的人应当将保证金存入执行机关指定银行的专门账户。

第七十三条　【保证金的退还】犯罪嫌疑人、被告人在取保候审期间未违反本法第七十一条规定的，取保候审结束的时候，凭解除取保候审的通知或者有关法律文书到银行领取退还的保证金。

第七十四条　【监视居住的法定情形与执行】人民法院、人民检察院和公安机关对符合逮捕条件，有下列情形之一的犯罪嫌疑人、被告人，可以监视居住：

（一）患有严重疾病、生活不能自理的；

（二）怀孕或者正在哺乳自己婴儿的妇女；

（三）系生活不能自理的人的唯一扶养人；

（四）因为案件的特殊情况或者办理案件的需要，采取监视居住措施更为适宜的；

（五）羁押期限届满，案件尚未办结，需要采取监视居住措施的。

对符合取保候审条件，但犯罪嫌疑人、被告人不能提出保证人，也不交纳保证金的，可以监视居住。

监视居住由公安机关执行。

第七十五条　【监视居住的执行处所与被监视居住人的权利保障】监视居住应当在犯罪嫌疑人、被告人的住处执行；无固定住处的，可以在指定的居所执行。对于涉嫌危害国家安全犯罪、恐怖活动犯罪，在住处执行可能有碍侦查的，经上一级公安机关批准，也可以在指定的居所执行。但是，不得在羁押场所、专门的办案场所执行。

指定居所监视居住的，除无法通知的以外，应当在执行监视居住后二十四小时以内，通知被监视居住人的家属。

被监视居住的犯罪嫌疑人、被告人委托辩护人，适用本法第三十四条的规定。

人民检察院对指定居所监视居住的决定和执行是否合法实行监督。

第七十六条　【监视居住期限的刑期折抵】指定居所监视居住的期限应当折抵刑期。被判处管制的，监视居住一日折抵刑期一日；被判处拘役、有期徒刑的，监视居住二日折抵刑期一日。

第七十七条　【被监视居住人应遵守的规定】【对被监视居住人违反规定的处理】被监视居住的犯罪嫌疑人、被告人应当遵守以下规定：

（一）未经执行机关批准不得离开执行监视居住的处所；

（二）未经执行机关批准不得会见他人或者通信；

（三）在传讯的时候及时到案；

（四）不得以任何形式干扰证人作证；

（五）不得毁灭、伪造证据或者串供；

（六）将护照等出入境证件、身份证件、驾驶证件交执行机关保存。

被监视居住的犯罪嫌疑人、被告人违反前款规定，情节严重的，可以予以逮捕；需要予以逮捕的，可以对犯罪嫌疑人、被告人先行拘留。

第七十八条　【执行机关对被监视居住人的监督与监控】执行机关对被监视居住的犯罪嫌疑人、被告人，可以采取电子监控、不定期检查等监视方法对其遵守监视居住规定的情况进行监督；在侦查期间，可以对被监视居住的犯罪嫌疑人的通信进行监控。

第七十九条　【取保候审、监视居住的法定期限及其解除】人民法院、人民检察院和公安机关对犯罪嫌疑人、被告人取保候审最长不得超过十二个月，监视居住最长不得超过六个月。

在取保候审、监视居住期间，不得中断对案件的侦查、起诉和审理。对于发现不应当追究刑事责任或者取保候审、监视居住期限届满的，应当及时解除取保候审、监视居住。解除取保候审、监视居住，应当及时通知被取保候审、监视居住人和有关单位。

第八十条　【逮捕的批准、决定与执行】逮捕犯罪嫌疑人、被告人，必须经过人民检察院批准或者人民法院决定，由公安机关执行。

第八十一条　【逮捕的法定情形】对有证据证明有犯罪事实，可能判处徒刑以上刑罚的犯罪嫌疑人、被告人，采取取保候审尚不足以防止发生下列社会危险性的，应当予以逮捕：

（一）可能实施新的犯罪的；

（二）有危害国家安全、公共安全或者社会秩序的现实危险的；

（三）可能毁灭、伪造证据，干扰证人作证或者串供的；

（四）可能对被害人、举报人、控告人实施打击报复的；

（五）企图自杀或者逃跑的。

批准或者决定逮捕，应当将犯罪嫌疑人、被告人涉嫌犯罪的性质、情节、认罪认罚等情况，作为是否可能发生社会危险性的考虑因素。

对有证据证明有犯罪事实，可能判处十年有期徒刑以上刑罚的，或者有证据证明有犯罪事实，可能判处徒刑以上刑罚，曾经故意犯罪或者身份不明的，应当予以逮捕。

被取保候审、监视居住的犯罪嫌疑人、被告人违反取保候审、监视居住规定，情节严重的，可以予以逮捕。

第八十二条　【拘留的法定情形】公安机关对于现行犯或者重大嫌疑分子，如果有下列情形之一的，可以先行拘留：

（一）正在预备犯罪、实行犯罪或者在犯罪后即时被发觉的；

（二）被害人或者在场亲眼看见的人指认他犯罪的；

（三）在身边或者住处发现有犯罪证据的；

（四）犯罪后企图自杀、逃跑或者在逃的；

（五）有毁灭、伪造证据或者串供可能的；

（六）不讲真实姓名、住址，身份不明的；

（七）有流窜作案、多次作案、结伙作案重大嫌疑的。

第八十三条　【异地拘留、逮捕】公安机关在异地执行拘留、逮捕的时候，应当通知被拘留、逮捕人所在地的公安机关，被拘留、逮捕人所在地的公安机关应当予以配合。

第八十四条　【扭送的法定情形】对于有下列情形的人，任何公民都可以立即扭送公安机关、人民检察院或者人民法院处理：

（一）正在实行犯罪或者在犯罪后即时被发觉的；

（二）通缉在案的；

（三）越狱逃跑的；

（四）正在被追捕的。

第八十五条　【拘留的程序与通知家属】公安机关拘留人的时候，必须出示拘留证。

拘留后，应当立即将被拘留人送看守所羁押，至迟不得超过二十四小时。除无法通知或者涉嫌危害国家安全犯罪、恐怖活动犯罪通知可能有碍侦查的情形以外，应当在拘留后二十四小时以内，通知被拘留人的家属。有碍侦查的情形消失以后，应当立即通知被拘留人的家属。

第八十六条　【拘留后的讯问与释放】公安机关对被拘留的人，应当在拘留后的二十四小时以内进行讯问。在发现不应当拘留的时候，必须立即释放，发给释放证明。

第八十七条　【提请逮捕】公安机关要求逮捕犯罪嫌疑人的时候，应当写出提请批准逮捕书，连同案卷材料、证据，一并移送同级人民检察院审查批准。必要的时候，人民检察院可以派人参加公安机关对于重大案件的讨论。

第八十八条 【审查批准逮捕】人民检察院审查批准逮捕,可以讯问犯罪嫌疑人;有下列情形之一的,应当讯问犯罪嫌疑人:

(一)对是否符合逮捕条件有疑问的;

(二)犯罪嫌疑人要求向检察人员当面陈述的;

(三)侦查活动可能有重大违法行为的。

人民检察院审查批准逮捕,可以询问证人等诉讼参与人,听取辩护律师的意见;辩护律师提出要求的,应当听取辩护律师的意见。

第八十九条 【审查批准逮捕的决定】人民检察院审查批准逮捕犯罪嫌疑人由检察长决定。重大案件应当提交检察委员会讨论决定。

第九十条 【批准逮捕与不批准逮捕】人民检察院对于公安机关提请批准逮捕的案件进行审查后,应当根据情况分别作出批准逮捕或者不批准逮捕的决定。对于批准逮捕的决定,公安机关应当立即执行,并且将执行情况及时通知人民检察院。对于不批准逮捕的,人民检察院应当说明理由,需要补充侦查的,应当同时通知公安机关。

第九十一条 【提请批捕对其审查处理】公安机关对被拘留的人,认为需要逮捕的,应当在拘留后的三日以内,提请人民检察院审查批准。在特殊情况下,提请审查批准的时间可以延长一日至四日。

对于流窜作案、多次作案、结伙作案的重大嫌疑分子,提请审查批准的时间可以延长至三十日。

人民检察院应当自接到公安机关提请批准逮捕书后的七日以内,作出批准逮捕或者不批准逮捕的决定。人民检察院不批准逮捕的,公安机关应当在接到通知后立即释放,并且将执行情况及时通知人民检察院。对于需要继续侦查,并且符合取保候审、监视居住条件的,依法取保候审或者监视居住。

第九十二条 【公安机关对不批准逮捕的异议】公安机关对人民检察院不批准逮捕的决定,认为有错误的时候,可以要求复议,但是必须将被拘留的人立即释放。如果意见不被接受,可以向上一级人民检察院提请复核。上级人民检察院应当立即复核,作出是否变更的决定,通知下级人民检察院和公安机关执行。

第九十三条 【逮捕的程序与通知家属】公安机关逮捕人的时候,必须出示逮捕证。

逮捕后,应当立即将被逮捕人送看守所羁押。除无法通知的以外,应当在逮捕后二十四小时以内,通知被逮捕人的家属。

第九十四条 【逮捕后的讯问】人民法院、人民检察院对于各自决定逮捕的人,公安机关对于经人民检察院批准逮捕的人,都必须在逮捕后的二十四小时以内进行讯问。在发现不应当逮捕的时候,必须立即释放,发给释放证明。

第九十五条 【检察院对羁押必要性的审查】犯罪嫌疑人、被告人被逮捕后,人民检察院仍应当对羁押的必要性进行审查。对不需要继续羁押的,应当建议予以释放或者变更强制措施。有关机关应当在十日以内将处理情况通知人民检察院。

第九十六条 【强制措施的撤销与变更】人民法院、人民检察院和公安机关如果发现对犯罪嫌疑人、被告人采取强制措施不当的,应当及时撤销或者变更。公安机关释放被逮捕的人或者变更逮捕措施的,应当通知原批准的人民检察院。

第九十七条 【变更强制措施的申请与决定程序】犯罪嫌疑人、被告人及其法定代理人、近亲属或者辩护人有权申请变更强制措施。人民法院、人民检察院和公安机关收到申请后,应当在三日以内作出决定;不同意变更强制措施的,应当告知申请人,并说明不同意的理由。

第九十八条 【对不能按期结案强制措施的变更】犯罪嫌疑人、被告人被羁押的案件,不能在本法规定的侦查羁押、审查起诉、一审、二审期限内办结的,对犯罪嫌疑人、被告人应当予以释放;需要继续查证、审理的,对犯罪嫌疑人、被告人可以取保候审或者监视居住。

第九十九条 【法定期限届满要求解除强制措施】人民法院、人民检察院或者公安机关对被采取强制措施法定期限届满的犯罪嫌疑人、被告人,应当予以释放、解除取保候审、监视居住或者依法变更强制措施。犯罪嫌疑人、被告人及其法定代理人、近亲属或者辩护人对于人民法院、人民检察院或者公安机关采取强制措施法定期限届满的,有权要求解除强制措施。

第一百条 【侦查监督】人民检察院在审查批准逮捕工作中,如果发现公安机关的侦查活动有违法情况,应当通知公安机关予以纠正,公安机关应当将纠正情况通知人民检察院。

第七章　附带民事诉讼

第一百零一条　【附带民事诉讼的提起】被害人由于被告人的犯罪行为而遭受物质损失的,在刑事诉讼过程中,有权提起附带民事诉讼。被害人死亡或者丧失行为能力的,被害人的法定代理人、近亲属有权提起附带民事诉讼。

如果是国家财产、集体财产遭受损失的,人民检察院在提起公诉的时候,可以提起附带民事诉讼。

第一百零二条　【附带民事诉讼中的保全措施】人民法院在必要的时候,可以采取保全措施,查封、扣押或者冻结被告人的财产。附带民事诉讼原告人或者人民检察院可以申请人民法院采取保全措施。人民法院采取保全措施,适用民事诉讼法的有关规定。

第一百零三条　【附带民事诉讼的调解和裁判】人民法院审理附带民事诉讼案件,可以进行调解,或者根据物质损失情况作出判决、裁定。

第一百零四条　【附带民事诉讼一并审判及例外】附带民事诉讼应当同刑事案件一并审判,只有为了防止刑事案件审判的过分迟延,才可以在刑事案件审判后,由同一审判组织继续审理附带民事诉讼。

第八章　期间、送达

第一百零五条　【期间及其计算】期间以时、日、月计算。

期间开始的时和日不算在期间以内。

法定期间不包括路途上的时间。上诉状或者其他文件在期满前已经交邮的,不算过期。

期间的最后一日为节假日的,以节假日后的第一日为期满日期,但犯罪嫌疑人、被告人或者罪犯在押期间,应当至期满之日为止,不得因节假日而延长。

第一百零六条　【期间的耽误及补救】当事人由于不能抗拒的原因或者有其他正当理由而耽误期限的,在障碍消除后五日以内,可以申请继续进行应当在期满以前完成的诉讼活动。

前款申请是否准许,由人民法院裁定。

第一百零七条　【送达】送达传票、通知书和其他诉讼文件应当交给收件人本人;如果本人不在,可以交给他的成年家属或者所在单位的负责人员代收。

收件人本人或者代收人拒绝接收或者拒绝签名、盖章的时候,送达人可以邀请他的邻居或者其他见证人到场,说明情况,把文件留在他的住处,在送达证上记明拒绝的事由、送达的日期,由送达人签名,即认为已经送达。

第九章　其他规定

第一百零八条　【本法用语解释】本法下列用语的含意是:

(一)"侦查"是指公安机关、人民检察院对于刑事案件,依照法律进行的收集证据、查明案情的工作和有关的强制性措施;

(二)"当事人"是指被害人、自诉人、犯罪嫌疑人、被告人、附带民事诉讼的原告人和被告人;

(三)"法定代理人"是指被代理人的父母、养父母、监护人和负有保护责任的机关、团体的代表;

(四)"诉讼参与人"是指当事人、法定代理人、诉讼代理人、辩护人、证人、鉴定人和翻译人员;

(五)"诉讼代理人"是指公诉案件的被害人及其法定代理人或者近亲属、自诉案件的自诉人及其法定代理人委托代为参加诉讼的人和附带民事诉讼的当事人及其法定代理人委托代为参加诉讼的人;

(六)"近亲属"是指夫、妻、父、母、子、女、同胞兄弟姊妹。

第二编　立案、侦查和提起公诉

第一章　立　案

第一百零九条　【立案侦查机关】公安机关或者人民检察院发现犯罪事实或者犯罪嫌疑人,应当按照管辖范围,立案侦查。

第一百一十条　【报案、举报、控告及自首的处理】任何单位和个人发现有犯罪事实或者犯罪嫌疑人,有权利也有义务向公安机关、人民检察院或者人民法院报案或者举报。

被害人对侵犯其人身、财产权利的犯罪事实或者犯罪嫌疑人,有权向公安机关、人民检察院或者人民法院报案或者控告。

公安机关、人民检察院或者人民法院对于报

案、控告、举报，都应当接受。对于不属于自己管辖的，应当移送主管机关处理，并且通知报案人、控告人、举报人；对于不属于自己管辖而又必须采取紧急措施的，应当先采取紧急措施，然后移送主管机关。

犯罪人向公安机关、人民检察院或者人民法院自首的，适用第三款规定。

第一百一十一条 【报案、控告、举报的形式、程序及保障】报案、控告、举报可以用书面或者口头提出。接受口头报案、控告、举报的工作人员，应当写成笔录，经宣读无误后，由报案人、控告人、举报人签名或者盖章。

接受控告、举报的工作人员，应当向控告人、举报人说明诬告应负的法律责任。但是，只要不是捏造事实，伪造证据，即使控告、举报的事实有出入，甚至是错告的，也要和诬告严格加以区别。

公安机关、人民检察院或者人民法院应当保障报案人、控告人、举报人及其近亲属的安全。报案人、控告人、举报人如果不愿公开自己的姓名和报案、控告、举报的行为，应当为他保守秘密。

第一百一十二条 【对报案、控告、举报和自首的审查】人民法院、人民检察院或者公安机关对于报案、控告、举报和自首的材料，应当按照管辖范围，迅速进行审查，认为有犯罪事实需要追究刑事责任的时候，应当立案；认为没有犯罪事实，或者犯罪事实显著轻微，不需要追究刑事责任的时候，不予立案，并且将不立案的原因通知控告人。控告人如果不服，可以申请复议。

第一百一十三条 【立案监督】人民检察院认为公安机关对应当立案侦查的案件而不立案侦查的，或者被害人认为公安机关对应当立案侦查的案件而不立案侦查，向人民检察院提出的，人民检察院应当要求公安机关说明不立案的理由。人民检察院认为公安机关不立案理由不能成立的，应当通知公安机关立案，公安机关接到通知后应当立案。

第一百一十四条 【自诉案件的起诉与受理】对于自诉案件，被害人有权向人民法院直接起诉。被害人死亡或者丧失行为能力的，被害人的法定代理人、近亲属有权向人民法院起诉。人民法院应当依法受理。

第二章 侦 查

第一节 一般规定

第一百一十五条 【侦查】公安机关对已经立案的刑事案件，应当进行侦查，收集、调取犯罪嫌疑人有罪或者无罪、罪轻或者罪重的证据材料。对现行犯或者重大嫌疑分子可以依法先行拘留，对符合逮捕条件的犯罪嫌疑人，应当依法逮捕。

第一百一十六条 【预审】公安机关经过侦查，对有证据证明有犯罪事实的案件，应当进行预审，对收集、调取的证据材料予以核实。

第一百一十七条 【对违法侦查的申诉、控告与处理】当事人和辩护人、诉讼代理人、利害关系人对于司法机关及其工作人员有下列行为之一的，有权向该机关申诉或者控告：

（一）采取强制措施法定期限届满，不予以释放、解除或者变更的；

（二）应当退还取保候审保证金不退还的；

（三）对与案件无关的财物采取查封、扣押、冻结措施的；

（四）应当解除查封、扣押、冻结不解除的；

（五）贪污、挪用、私分、调换、违反规定使用查封、扣押、冻结的财物的。

受理申诉或者控告的机关应当及时处理。对处理不服的，可以向同级人民检察院申诉；人民检察院直接受理的案件，可以向上一级人民检察院申诉。人民检察院对申诉应当及时进行审查，情况属实的，通知有关机关予以纠正。

第二节 讯问犯罪嫌疑人

第一百一十八条 【讯问的主体】【对被羁押犯罪嫌疑人讯问地点】讯问犯罪嫌疑人必须由人民检察院或者公安机关的侦查人员负责进行。讯问的时候，侦查人员不得少于二人。

犯罪嫌疑人被送交看守所羁押以后，侦查人员对其进行讯问，应当在看守所内进行。

第一百一十九条 【传唤、拘传讯问的地点、持续期间及权利保障】对不需要逮捕、拘留的犯罪嫌疑人，可以传唤到犯罪嫌疑人所在市、县内的指定地点或者到他的住处进行讯问，但是应当出示人民检察院或者公安机关的证明文件。对在现场发现的犯罪嫌疑人，经出示工作证件，可以口头传唤，但应当在讯问笔录中注明。

传唤、拘传持续的时间不得超过十二小时；案情特别重大、复杂，需要采取拘留、逮捕措施的，传唤、拘传持续的时间不得超过二十四小时。

不得以连续传唤、拘传的形式变相拘禁犯罪嫌疑人。传唤、拘传犯罪嫌疑人，应当保证犯罪嫌疑人的饮食和必要的休息时间。

第一百二十条 【讯问程序】侦查人员在讯问犯罪嫌疑人的时候，应当首先讯问犯罪嫌疑人是否有犯罪行为，让他陈述有罪的情节或者无罪的辩解，然后向他提出问题。犯罪嫌疑人对侦查人员的提问，应当如实回答。但是对与本案无关的问题，有拒绝回答的权利。

侦查人员在讯问犯罪嫌疑人的时候，应当告知犯罪嫌疑人享有的诉讼权利，如实供述自己罪行可以从宽处理和认罪认罚的法律规定。

第一百二十一条 【对聋、哑犯罪嫌疑人讯问的要求】讯问聋、哑的犯罪嫌疑人，应当有通晓聋、哑手势的人参加，并且将这种情况记明笔录。

第一百二十二条 【讯问笔录】讯问笔录应当交犯罪嫌疑人核对，对于没有阅读能力的，应当向他宣读。如果记载有遗漏或者差错，犯罪嫌疑人可以提出补充或者改正。犯罪嫌疑人承认笔录没有错误后，应当签名或者盖章。侦查人员也应当在笔录上签名。犯罪嫌疑人请求自行书写供述的，应当准许。必要的时候，侦查人员也可以要犯罪嫌疑人亲笔书写供词。

第一百二十三条 【讯问过程录音录像】侦查人员在讯问犯罪嫌疑人的时候，可以对讯问过程进行录音或者录像；对于可能判处无期徒刑、死刑的案件或者其他重大犯罪案件，应当对讯问过程进行录音或者录像。

录音或者录像应当全程进行，保持完整性。

第三节 询问证人

第一百二十四条 【询问证人的地点、方式】侦查人员询问证人，可以在现场进行，也可以到证人所在单位、住处或者证人提出的地点进行，在必要的时候，可以通知证人到人民检察院或者公安机关提供证言。在现场询问证人，应当出示工作证件，到证人所在单位、住处或者证人提出的地点询问证人，应当出示人民检察院或者公安机关的证明文件。

询问证人应当个别进行。

第一百二十五条 【询问证人的告知事项】询问证人，应当告知他应当如实地提供证据、证言和有意作伪证或者隐匿罪证要负的法律责任。

第一百二十六条 【询问证人笔录】本法第一百二十二条的规定，也适用于询问证人。

第一百二十七条 【询问被害人的法律适用】询问被害人，适用本节各条规定。

第四节 勘验、检查

第一百二十八条 【勘验、检查的主体和范围】侦查人员对于与犯罪有关的场所、物品、人身、尸体应当进行勘验或者检查。在必要的时候，可以指派或者聘请具有专门知识的人，在侦查人员的主持下进行勘验、检查。

第一百二十九条 【犯罪现场保护】任何单位和个人，都有义务保护犯罪现场，并且立即通知公安机关派员勘验。

第一百三十条 【勘验、检查的手续】侦查人员执行勘验、检查，必须持有人民检察院或者公安机关的证明文件。

第一百三十一条 【尸体解剖】对于死因不明的尸体，公安机关有权决定解剖，并且通知死者家属到场。

第一百三十二条 【对被害人、犯罪嫌疑人的人身检查】为了确定被害人、犯罪嫌疑人的某些特征、伤害情况或者生理状态，可以对人身进行检查，可以提取指纹信息，采集血液、尿液等生物样本。

犯罪嫌疑人如果拒绝检查，侦查人员认为必要的时候，可以强制检查。

检查妇女的身体，应当由女工作人员或者医师进行。

第一百三十三条 【勘验、检查笔录制作】勘验、检查的情况应当写成笔录，由参加勘验、检查的人和见证人签名或者盖章。

第一百三十四条 【复验、复查】人民检察院审查案件的时候，对公安机关的勘验、检查，认为需要复验、复查时，可以要求公安机关复验、复查，并且可以派检察人员参加。

第一百三十五条 【侦查实验】为了查明案情，在必要的时候，经公安机关负责人批准，可以进行侦查实验。

侦查实验的情况应当写成笔录，由参加实验的人签名或者盖章。

侦查实验，禁止一切足以造成危险、侮辱人格或者有伤风化的行为。

第五节 搜 查

第一百三十六条 【搜查的主体和范围】为了收集犯罪证据、查获犯罪人，侦查人员可以对犯罪嫌疑人以及可能隐藏罪犯或者犯罪证据的人的身体、物品、住处和其他有关的地方进行搜查。

第一百三十七条 【协助义务】任何单位和个人，有义务按照人民检察院和公安机关的要求，交出可以证明犯罪嫌疑人有罪或者无罪的物证、书证、视听资料等证据。

第一百三十八条 【持证搜查与无证搜查】进行搜查，必须向被搜查人出示搜查证。

在执行逮捕、拘留的时候，遇有紧急情况，不另用搜查证也可以进行搜查。

第一百三十九条 【搜查程序】在搜查的时候，应当有被搜查人或者他的家属，邻居或者其他见证人在场。

搜查妇女的身体，应当由女工作人员进行。

第一百四十条 【搜查笔录制作】搜查的情况应当写成笔录，由侦查人员和被搜查人或者他的家属，邻居或者其他见证人签名或者盖章。如果被搜查人或者他的家属在逃或者拒绝签名、盖章，应当在笔录上注明。

第六节 查封、扣押物证、书证

第一百四十一条 【查封、扣押的范围及保管、封存】在侦查活动中发现的可用以证明犯罪嫌疑人有罪或者无罪的各种财物、文件，应当查封、扣押；与案件无关的财物、文件，不得查封、扣押。

对查封、扣押的财物、文件，要妥善保管或者封存，不得使用、调换或者损毁。

第一百四十二条 【查封、扣押清单】对查封、扣押的财物、文件，应当会同在场见证人和被查封、扣押财物、文件持有人查点清楚，当场开列清单一式二份，由侦查人员、见证人和持有人签名或者盖章，一份交给持有人，另一份附卷备查。

第一百四十三条 【扣押邮件、电报的程序】侦查人员认为需要扣押犯罪嫌疑人的邮件、电报的时候，经公安机关或者人民检察院批准，即可通知邮电机关将有关的邮件、电报检交扣押。

不需要继续扣押的时候，应即通知邮电机关。

第一百四十四条 【查询、冻结犯罪嫌疑人财产的程序】人民检察院、公安机关根据侦查犯罪的需要，可以依照规定查询、冻结犯罪嫌疑人的存款、汇款、债券、股票、基金份额等财产。有关单位和个人应当配合。

犯罪嫌疑人的存款、汇款、债券、股票、基金份额等财产已被冻结的，不得重复冻结。

第一百四十五条 【查封、扣押、冻结的解除】对查封、扣押的财物、文件、邮件、电报或者冻结的存款、汇款、债券、股票、基金份额等财产，经查明确实与案件无关的，应当在三日以内解除查封、扣押、冻结，予以退还。

第七节 鉴 定

第一百四十六条 【鉴定的启动】为了查明案情，需要解决案件中某些专门性问题的时候，应当指派、聘请有专门知识的人进行鉴定。

第一百四十七条 【鉴定意见的制作】【故意作虚假鉴定的责任】鉴定人进行鉴定后，应当写出鉴定意见，并且签名。

鉴定人故意作虚假鉴定的，应当承担法律责任。

第一百四十八条 【告知鉴定意见与补充鉴定、重新鉴定】侦查机关应当将用作证据的鉴定意见告知犯罪嫌疑人、被害人。如果犯罪嫌疑人、被害人提出申请，可以补充鉴定或者重新鉴定。

第一百四十九条 【对犯罪嫌疑人作精神病鉴定的期间】对犯罪嫌疑人作精神病鉴定的期间不计入办案期限。

第八节 技术侦查措施

第一百五十条 【技术侦查措施的适用范围和批准手续】公安机关在立案后，对于危害国家安全犯罪、恐怖活动犯罪、黑社会性质的组织犯罪、重大毒品犯罪或者其他严重危害社会的犯罪案件，根据侦查犯罪的需要，经过严格的批准手续，可以采取技术侦查措施。

人民检察院在立案后，对于利用职权实施的严重侵犯公民人身权利的重大犯罪案件，根据侦查犯罪的需要，经过严格的批准手续，可以采取技术侦查措施，按照规定交有关机关执行。

追捕被通缉或者批准、决定逮捕的在逃的犯罪嫌疑人、被告人，经过批准，可以采取追捕所必需的技术侦查措施。

第一百五十一条 【技术侦查措施的有效期限及其延长程序】批准决定应当根据侦查犯罪的需要，确定采取技术侦查措施的种类和适用对象。批准决定自签发之日起三个月以内有效。对于不需要继续采取技术侦查措施的，应当及时解除；对于复杂、疑难案件，期限届满仍有必要继续采取技术侦查措施的，经过批准，有效期可以延长，每次不得超过三个月。

第一百五十二条 【技术侦查措施的执行、保密及获取材料的用途限制】采取技术侦查措施，必须严格按照批准的措施种类、适用对象和期限执行。

侦查人员对采取技术侦查措施过程中知悉的国家秘密、商业秘密和个人隐私，应当保密；对采取技术侦查措施获取的与案件无关的材料，必须及时销毁。

采取技术侦查措施获取的材料，只能用于对犯罪的侦查、起诉和审判，不得用于其他用途。

公安机关依法采取技术侦查措施，有关单位和个人应当配合，并对有关情况予以保密。

第一百五十三条 【隐匿身份侦查及其限制】【控制下交付的适用范围】为了查明案情，在必要的时候，经公安机关负责人决定，可以由有关人员隐匿其身份实施侦查。但是，不得诱使他人犯罪，不得采用可能危害公共安全或者发生重大人身危险的方法。

对涉及给付毒品等违禁品或者财物的犯罪活动，公安机关根据侦查犯罪的需要，可以依照规定实施控制下交付。

第一百五十四条 【技术侦查措施收集材料用作证据的特别规定】依照本节规定采取侦查措施收集的材料在刑事诉讼中可以作为证据使用。如果使用该证据可能危及有关人员的人身安全，或者可能产生其他严重后果的，应当采取不暴露有关人员身份、技术方法等保护措施，必要的时候，可以由审判人员在庭外对证据进行核实。

第九节 通 缉

第一百五十五条 【通缉令的发布】应当逮捕的犯罪嫌疑人如果在逃，公安机关可以发布通缉令，采取有效措施，追捕归案。

各级公安机关在自己管辖的地区以内，可以直接发布通缉令；超出自己管辖的地区，应当报请有权决定的上级机关发布。

第十节 侦查终结

第一百五十六条 【一般侦查羁押期限】对犯罪嫌疑人逮捕后的侦查羁押期限不得超过二个月。案情复杂、期限届满不能终结的案件，可以经上一级人民检察院批准延长一个月。

第一百五十七条 【特殊侦查羁押期限】因为特殊原因，在较长时间内不宜交付审判的特别重大复杂的案件，由最高人民检察院报请全国人民代表大会常务委员会批准延期审理。

第一百五十八条 【重大复杂案件的侦查羁押期限】下列案件在本法第一百五十六条规定的期限届满不能侦查终结的，经省、自治区、直辖市人民检察院批准或者决定，可以延长二个月：

（一）交通十分不便的边远地区的重大复杂案件；

（二）重大的犯罪集团案件；

（三）流窜作案的重大复杂案件；

（四）犯罪涉及面广，取证困难的重大复杂案件。

第一百五十九条 【重刑案件的侦查羁押期限】对犯罪嫌疑人可能判处十年有期徒刑以上刑罚，依照本法第一百五十八条规定延长期限届满，仍不能侦查终结的，经省、自治区、直辖市人民检察院批准或者决定，可以再延长二个月。

第一百六十条 【侦查羁押期限的重新计算】在侦查期间，发现犯罪嫌疑人另有重要罪行的，自发现之日起依照本法第一百五十六条的规定重新计算侦查羁押期限。

犯罪嫌疑人不讲真实姓名、住址，身份不明的，应当对其身份进行调查，侦查羁押期限自查清其身份之日起计算，但是不得停止对其犯罪行为的侦查取证。对于犯罪事实清楚，证据确实、充分，确实无法查明其身份的，也可以按其自报的姓名起诉、审判。

第一百六十一条 【听取辩护律师意见】在案件侦查终结前，辩护律师提出要求的，侦查机关应当听取辩护律师的意见，并记录在案。辩护律师提出书面意见的，应当附卷。

第一百六十二条 【侦查终结的条件和手续】公安机关侦查终结的案件,应当做到犯罪事实清楚,证据确实、充分,并且写出起诉意见书,连同案卷材料、证据一并移送同级人民检察院审查决定;同时将案件移送情况告知犯罪嫌疑人及其辩护律师。

犯罪嫌疑人自愿认罪的,应当记录在案,随案移送,并在起诉意见书中写明有关情况。

第一百六十三条 【撤销案件及其处理】在侦查过程中,发现不应对犯罪嫌疑人追究刑事责任的,应当撤销案件;犯罪嫌疑人已被逮捕的,应当立即释放,发给释放证明,并且通知原批准逮捕的人民检察院。

第十一节 人民检察院对直接受理的案件的侦查

第一百六十四条 【检察院自侦案件的法律适用】人民检察院对直接受理的案件的侦查适用本章规定。

第一百六十五条 【检察院自侦案件的逮捕、拘留】人民检察院直接受理的案件中符合本法第八十一条、第八十二条第四项、第五项规定情形,需要逮捕、拘留犯罪嫌疑人的,由人民检察院作出决定,由公安机关执行。

第一百六十六条 【检察院自侦案件中对被拘留人的讯问】人民检察院对直接受理的案件中被拘留的人,应当在拘留后的二十四小时以内进行讯问。在发现不应当拘留的时候,必须立即释放,发给释放证明。

第一百六十七条 【检察院自侦案件决定逮捕的期限】人民检察院对直接受理的案件中被拘留的人,认为需要逮捕的,应当在十四日以内作出决定。在特殊情况下,决定逮捕的时间可以延长一日至三日。对不需要逮捕的,应当立即释放;对需要继续侦查,并且符合取保候审、监视居住条件的,依法取保候审或者监视居住。

第一百六十八条 【检察院自侦案件侦查终结的处理】人民检察院侦查终结的案件,应当作出提起公诉、不起诉或者撤销案件的决定。

第三章 提起公诉

第一百六十九条 【检察院审查决定公诉】凡需要提起公诉的案件,一律由人民检察院审查决定。

第一百七十条 【对监察机关移送起诉案件的处理】人民检察院对于监察机关移送起诉的案件,依照本法和监察法的有关规定进行审查。人民检察院经审查,认为需要补充核实的,应当退回监察机关补充调查,必要时可以自行补充侦查。

对于监察机关移送起诉的已采取留置措施的案件,人民检察院应当对犯罪嫌疑人先行拘留,留置措施自动解除。人民检察院应当在拘留后的十日以内作出是否逮捕、取保候审或者监视居住的决定。在特殊情况下,决定的时间可以延长一日至四日。人民检察院决定采取强制措施的期间不计入审查起诉期限。

第一百七十一条 【审查起诉的内容】人民检察院审查案件的时候,必须查明:

(一)犯罪事实、情节是否清楚,证据是否确实、充分,犯罪性质和罪名的认定是否正确;

(二)有无遗漏罪行和其他应当追究刑事责任的人;

(三)是否属于不应追究刑事责任的;

(四)有无附带民事诉讼;

(五)侦查活动是否合法。

第一百七十二条 【审查起诉的期限】人民检察院对于监察机关、公安机关移送起诉的案件,应当在一个月以内作出决定,重大、复杂的案件,可以延长十五日;犯罪嫌疑人认罪认罚,符合速裁程序适用条件的,应当在十日以内作出决定,对可能判处的有期徒刑超过一年的,可以延长至十五日。

人民检察院审查起诉的案件,改变管辖的,从改变后的人民检察院收到案件之日起计算审查起诉期限。

第一百七十三条 【审查起诉程序】人民检察院审查案件,应当讯问犯罪嫌疑人,听取辩护人或者值班律师、被害人及其诉讼代理人的意见,并记录在案。辩护人或者值班律师、被害人及其诉讼代理人提出书面意见的,应当附卷。

犯罪嫌疑人认罪认罚的,人民检察院应当告知其享有的诉讼权利和认罪认罚的法律规定,听取犯罪嫌疑人、辩护人或者值班律师、被害人及其诉讼代理人对下列事项的意见,并记录在案:

(一)涉嫌的犯罪事实、罪名及适用的法律规定;

(二)从轻、减轻或者免除处罚等从宽处罚的建议;

(三)认罪认罚后案件审理适用的程序;

(四)其他需要听取意见的事项。

人民检察院依照前两款规定听取值班律师意见的,应当提前为值班律师了解案件有关情况提供必要的便利。

第一百七十四条 【签署认罪认罚具结书】犯罪嫌疑人自愿认罪,同意量刑建议和程序适用的,应当在辩护人或者值班律师在场的情况下签署认罪认罚具结书。

犯罪嫌疑人认罪认罚,有下列情形之一的,不需要签署认罪认罚具结书:

(一)犯罪嫌疑人是盲、聋、哑人,或者是尚未完全丧失辨认或者控制自己行为能力的精神病人的;

(二)未成年犯罪嫌疑人的法定代理人、辩护人对未成年人认罪认罚有异议的;

(三)其他不需要签署认罪认罚具结书的情形。

第一百七十五条 【证据收集合法性说明】【补充侦查】人民检察院审查案件,可以要求公安机关提供法庭审判所必需的证据材料;认为可能存在本法第五十六条规定的以非法方法收集证据情形的,可以要求其对证据收集的合法性作出说明。

人民检察院审查案件,对于需要补充侦查的,可以退回公安机关补充侦查,也可以自行侦查。

对于补充侦查的案件,应当在一个月以内补充侦查完毕。补充侦查以二次为限。补充侦查完毕移送人民检察院后,人民检察院重新计算审查起诉期限。

对于二次补充侦查的案件,人民检察院仍然认为证据不足,不符合起诉条件的,应当作出不起诉的决定。

第一百七十六条 【提起公诉的条件和程序】【提出量刑建议】人民检察院认为犯罪嫌疑人的犯罪事实已经查清,证据确实、充分,依法应当追究刑事责任的,应当作出起诉决定,按照审判管辖的规定,向人民法院提起公诉,并将案卷材料、证据移送人民法院。

犯罪嫌疑人认罪认罚的,人民检察院应当就主刑、附加刑、是否适用缓刑等提出量刑建议,并随案移送认罪认罚具结书等材料。

第一百七十七条 【不起诉的情形及处理】犯罪嫌疑人没有犯罪事实,或者有本法第十六条规定的情形之一的,人民检察院应当作出不起诉决定。

对于犯罪情节轻微,依照刑法规定不需要判处刑罚或者免除刑罚的,人民检察院可以作出不起诉决定。

人民检察院决定不起诉的案件,应当同时对侦查中查封、扣押、冻结的财物解除查封、扣押、冻结。对被不起诉人需要给予行政处罚、处分或者需要没收其违法所得的,人民检察院应当提出检察意见,移送有关主管机关处理。有关主管机关应当将处理结果及时通知人民检察院。

第一百七十八条 【不起诉决定的宣布与释放被不起诉人】不起诉的决定,应当公开宣布,并且将不起诉决定书送达被不起诉人和他的所在单位。如果被不起诉人在押,应当立即释放。

第一百七十九条 【公安机关对不起诉决定的异议】对于公安机关移送起诉的案件,人民检察院决定不起诉的,应当将不起诉决定书送达公安机关。公安机关认为不起诉的决定有错误的时候,可以要求复议,如果意见不被接受,可以向上一级人民检察院提请复核。

第一百八十条 【被害人对不起诉决定的异议】对于有被害人的案件,决定不起诉的,人民检察院应当将不起诉决定书送达被害人。被害人如果不服,可以自收到决定书后七日以内向上一级人民检察院申诉,请求提起公诉。人民检察院应当将复查决定告知被害人。对人民检察院维持不起诉决定的,被害人可以向人民法院起诉。被害人也可以不经申诉,直接向人民法院起诉。人民法院受理案件后,人民检察院应当将有关案件材料移送人民法院。

第一百八十一条 【被不起诉人对不起诉决定的异议】对于人民检察院依照本法第一百七十七条第二款规定作出的不起诉决定,被不起诉人如果不服,可以自收到决定书后七日以内向人民检察院申诉。人民检察院应当作出复查决定,通知被不起诉的人,同时抄送公安机关。

第一百八十二条 【对特殊犯罪嫌疑人的处理】犯罪嫌疑人自愿如实供述涉嫌犯罪的事实,有重大立功或者案件涉及国家重大利益的,经最高人民检察院核准,公安机关可以撤销案件,人民检察院可以作出不起诉决定,也可以对涉嫌数罪中的一项或者多项不起诉。

根据前款规定不起诉或者撤销案件的，人民检察院、公安机关应当及时对查封、扣押、冻结的财物及其孳息作出处理。

第三编　审　判

第一章　审判组织

第一百八十三条　【审判组织】【合议庭的组成】基层人民法院、中级人民法院审判第一审案件，应当由审判员三人或者由审判员和人民陪审员共三人或者七人组成合议庭进行，但是基层人民法院适用简易程序、速裁程序的案件可以由审判员一人独任审判。

高级人民法院审判第一审案件，应当由审判员三人至七人或者由审判员和人民陪审员共三人或者七人组成合议庭进行。

最高人民法院审判第一审案件，应当由审判员三人至七人组成合议庭进行。

人民法院审判上诉和抗诉案件，由审判员三人或者五人组成合议庭进行。

合议庭的成员人数应当是单数。

第一百八十四条　【合议庭评议规则】合议庭进行评议的时候，如果意见分歧，应当按多数人的意见作出决定，但是少数人的意见应当写入笔录。评议笔录由合议庭的组成人员签名。

第一百八十五条　【合议庭评议案件与审判委员会讨论决定案件】合议庭开庭审理并且评议后，应当作出判决。对于疑难、复杂、重大的案件，合议庭认为难以作出决定的，由合议庭提请院长决定提交审判委员会讨论决定。审判委员会的决定，合议庭应当执行。

第二章　第一审程序

第一节　公诉案件

第一百八十六条　【庭前审查】人民法院对提起公诉的案件进行审查后，对于起诉书中有明确的指控犯罪事实的，应当决定开庭审判。

第一百八十七条　【开庭前的准备】人民法院决定开庭审判后，应当确定合议庭的组成人员，将人民检察院的起诉书副本至迟在开庭十日以前送达被告人及其辩护人。

在开庭以前，审判人员可以召集公诉人、当事人和辩护人、诉讼代理人，对回避、出庭证人名单、非法证据排除等与审判相关的问题，了解情况，听取意见。

人民法院确定开庭日期后，应当将开庭的时间、地点通知人民检察院，传唤当事人，通知辩护人、诉讼代理人、证人、鉴定人和翻译人员，传票和通知书至迟在开庭三日以前送达。公开审判的案件，应当在开庭三日以前先期公布案由、被告人姓名、开庭时间和地点。

上述活动情形应当写入笔录，由审判人员和书记员签名。

第一百八十八条　【公开审理与不公开审理】人民法院审判第一审案件应当公开进行。但是有关国家秘密或者个人隐私的案件，不公开审理；涉及商业秘密的案件，当事人申请不公开审理的，可以不公开审理。

不公开审理的案件，应当当庭宣布不公开审理的理由。

第一百八十九条　【检察院派员出庭】人民法院审判公诉案件，人民检察院应当派员出席法庭支持公诉。

第一百九十条　【开庭】开庭的时候，审判长查明当事人是否到庭，宣布案由；宣布合议庭的组成人员、书记员、公诉人、辩护人、诉讼代理人、鉴定人和翻译人员的名单；告知当事人有权对合议庭组成人员、书记员、公诉人、鉴定人和翻译人员申请回避；告知被告人享有辩护权利。

被告人认罪认罚的，审判长应当告知被告人享有的诉讼权利和认罪认罚的法律规定，审查认罪认罚的自愿性和认罪认罚具结书内容的真实性、合法性。

第一百九十一条　【宣读起诉书与讯问、发问被告人】公诉人在法庭上宣读起诉书后，被告人、被害人可以就起诉书指控的犯罪进行陈述，公诉人可以讯问被告人。

被害人、附带民事诉讼的原告人和辩护人、诉讼代理人，经审判长许可，可以向被告人发问。

审判人员可以讯问被告人。

第一百九十二条　【证人出庭】【鉴定人出庭】公诉人、当事人或者辩护人、诉讼代理人对证人证言有异议，且该证人证言对案件定罪量刑有重大影响，人民法院认为证人有必要出庭作证的，证人应当出庭作证。

人民警察就其执行职务时目击的犯罪情况作为证人出庭作证，适用前款规定。

公诉人、当事人或者辩护人、诉讼代理人对鉴定意见有异议，人民法院认为鉴定人有必要出庭的，鉴定人应当出庭作证。经人民法院通知，鉴定人拒不出庭作证的，鉴定意见不得作为定案的根据。

第一百九十三条 【强制证人到庭及其例外】【对无正当理由拒绝作证的处罚】经人民法院通知，证人没有正当理由不出庭作证的，人民法院可以强制其到庭，但是被告人的配偶、父母、子女除外。

证人没有正当理由拒绝出庭或者出庭后拒绝作证的，予以训诫，情节严重的，经院长批准，处以十日以下的拘留。被处罚人对拘留决定不服的，可以向上一级人民法院申请复议。复议期间不停止执行。

第一百九十四条 【对出庭证人、鉴定人的发问与询问】证人作证，审判人员应当告知他要如实地提供证言和有意作伪证或者隐匿罪证要负的法律责任。公诉人、当事人和辩护人、诉讼代理人经审判长许可，可以对证人、鉴定人发问。审判长认为发问的内容与案件无关的时候，应当制止。

审判人员可以询问证人、鉴定人。

第一百九十五条 【调查核实实物证据与未到庭证人、鉴定人的言词证据】公诉人、辩护人应当向法庭出示物证，让当事人辨认，对未到庭的证人的证言笔录、鉴定人的鉴定意见、勘验笔录和其他作为证据的文书，应当当庭宣读。审判人员应当听取公诉人、当事人和辩护人、诉讼代理人的意见。

第一百九十六条 【庭外调查核实证据】法庭审理过程中，合议庭对证据有疑问的，可以宣布休庭，对证据进行调查核实。

人民法院调查核实证据，可以进行勘验、检查、查封、扣押、鉴定和查询、冻结。

第一百九十七条 【调取新证据】【申请通知专业人士出庭】法庭审理过程中，当事人和辩护人、诉讼代理人有权申请通知新的证人到庭，调取新的物证，申请重新鉴定或者勘验。

公诉人、当事人和辩护人、诉讼代理人可以申请法庭通知有专门知识的人出庭，就鉴定人作出的鉴定意见提出意见。

法庭对于上述申请，应当作出是否同意的决定。

第二款规定的有专门知识的人出庭，适用鉴定人的有关规定。

第一百九十八条 【法庭调查、法庭辩论与被告人最后陈述】法庭审理过程中，对与定罪、量刑有关的事实、证据都应当进行调查、辩论。

经审判长许可，公诉人、当事人和辩护人、诉讼代理人可以对证据和案件情况发表意见并且可以互相辩论。

审判长在宣布辩论终结后，被告人有最后陈述的权利。

第一百九十九条 【对违反法庭秩序的处理】在法庭审判过程中，如果诉讼参与人或者旁听人员违反法庭秩序，审判长应当警告制止。对不听制止的，可以强行带出法庭；情节严重的，处以一千元以下的罚款或者十五日以下的拘留。罚款、拘留必须经院长批准。被处罚人对罚款、拘留的决定不服的，可以向上一级人民法院申请复议。复议期间不停止执行。

对聚众哄闹、冲击法庭或者侮辱、诽谤、威胁、殴打司法工作人员或者诉讼参与人，严重扰乱法庭秩序，构成犯罪的，依法追究刑事责任。

第二百条 【评议与判决】在被告人最后陈述后，审判长宣布休庭，合议庭进行评议，根据已经查明的事实、证据和有关的法律规定，分别作出以下判决：

（一）案件事实清楚，证据确实、充分，依据法律认定被告人有罪的，应当作出有罪判决；

（二）依据法律认定被告人无罪的，应当作出无罪判决；

（三）证据不足，不能认定被告人有罪的，应当作出证据不足、指控的犯罪不能成立的无罪判决。

第二百零一条 【认罪认罚案件中指控罪名和量刑建议的采纳】对于认罪认罚案件，人民法院依法作出判决时，一般应当采纳人民检察院指控的罪名和量刑建议，但有下列情形的除外：

（一）被告人的行为不构成犯罪或者不应当追究其刑事责任的；

（二）被告人违背意愿认罪认罚的；

（三）被告人否认指控的犯罪事实的；

（四）起诉指控的罪名与审理认定的罪名不一致的；

（五）其他可能影响公正审判的情形。

人民法院经审理认为量刑建议明显不当，或者被告人、辩护人对量刑建议提出异议的，人民检察院可以调整量刑建议。人民检察院不调整量刑建议或者调整量刑建议后仍然明显不当的，人民法院应当依法作出判决。

第二百零二条　【宣告判决】宣告判决，一律公开进行。

当庭宣告判决的，应当在五日以内将判决书送达当事人和提起公诉的人民检察院；定期宣告判决的，应当在宣告后立即将判决书送达当事人和提起公诉的人民检察院。判决书应当同时送达辩护人、诉讼代理人。

第二百零三条　【判决书署名与权利告知】判决书应当由审判人员和书记员署名，并且写明上诉的期限和上诉的法院。

第二百零四条　【延期审理】在法庭审判过程中，遇有下列情形之一，影响审判进行的，可以延期审理：

（一）需要通知新的证人到庭，调取新的物证，重新鉴定或者勘验的；

（二）检察人员发现提起公诉的案件需要补充侦查，提出建议的；

（三）由于申请回避而不能进行审判的。

第二百零五条　【庭审中补充侦查期限】依照本法第二百零四条第二项的规定延期审理的案件，人民检察院应当在一个月以内补充侦查完毕。

第二百零六条　【中止审理】在审判过程中，有下列情形之一，致使案件在较长时间内无法继续审理的，可以中止审理：

（一）被告人患有严重疾病，无法出庭的；

（二）被告人脱逃的；

（三）自诉人患有严重疾病，无法出庭，未委托诉讼代理人出庭的；

（四）由于不能抗拒的原因。

中止审理的原因消失后，应当恢复审理。中止审理的期间不计入审理期限。

第二百零七条　【法庭笔录】法庭审判的全部活动，应当由书记员写成笔录，经审判长审阅后，由审判长和书记员签名。

法庭笔录中的证人证言部分，应当当庭宣读或者交给证人阅读。证人在承认没有错误后，应当签名或者盖章。

法庭笔录应当交给当事人阅读或者向他宣读。当事人认为记载有遗漏或者差错的，可以请求补充或者改正。当事人承认没有错误后，应当签名或者盖章。

第二百零八条　【公诉案件的审限】人民法院审理公诉案件，应当在受理后二个月以内宣判，至迟不得超过三个月。对于可能判处死刑的案件或者附带民事诉讼的案件，以及有本法第一百五十八条规定情形之一的，经上一级人民法院批准，可以延长三个月；因特殊情况还需要延长的，报请最高人民法院批准。

人民法院改变管辖的案件，从改变后的人民法院收到案件之日起计算审理期限。

人民检察院补充侦查的案件，补充侦查完毕移送人民法院后，人民法院重新计算审理期限。

第二百零九条　【检察院对法庭审理的法律监督】人民检察院发现人民法院审理案件违反法律规定的诉讼程序，有权向人民法院提出纠正意见。

第二节　自诉案件

第二百一十条　【自诉案件适用范围】自诉案件包括下列案件：

（一）告诉才处理的案件；

（二）被害人有证据证明的轻微刑事案件；

（三）被害人有证据证明对被告人侵犯自己人身、财产权利的行为应当依法追究刑事责任，而公安机关或者人民检察院不予追究被告人刑事责任的案件。

第二百一十一条　【自诉案件审查后的处理】人民法院对于自诉案件进行审查后，按照下列情形分别处理：

（一）犯罪事实清楚，有足够证据的案件，应当开庭审判；

（二）缺乏罪证的自诉案件，如果自诉人提不出补充证据，应当说服自诉人撤回自诉，或者裁定驳回。

自诉人经两次依法传唤，无正当理由拒不到庭的，或者未经法庭许可中途退庭的，按撤诉处理。

法庭审理过程中，审判人员对证据有疑问，需要调查核实的,适用本法第一百九十六条的规定。

第二百一十二条 【自诉案件的调解、和解与撤诉】【自诉案件的审限】人民法院对自诉案件,可以进行调解;自诉人在宣告判决前,可以同被告人自行和解或者撤回自诉。本法第二百一十条第三项规定的案件不适用调解。

人民法院审理自诉案件的期限,被告人被羁押的,适用本法第二百零八条第一款、第二款的规定;未被羁押的,应当在受理后六个月以内宣判。

第二百一十三条 【自诉案件中的反诉】自诉案件的被告人在诉讼过程中,可以对自诉人提起反诉。反诉适用自诉的规定。

第三节 简易程序

第二百一十四条 【简易程序的适用条件】基层人民法院管辖的案件,符合下列条件的,可以适用简易程序审判:

(一)案件事实清楚、证据充分的;

(二)被告人承认自己所犯罪行,对指控的犯罪事实没有异议的;

(三)被告人对适用简易程序没有异议的。

人民检察院在提起公诉的时候,可以建议人民法院适用简易程序。

第二百一十五条 【不适用简易程序的情形】有下列情形之一的,不适用简易程序:

(一)被告人是盲、聋、哑人,或者是尚未完全丧失辨认或者控制自己行为能力的精神病人的;

(二)有重大社会影响的;

(三)共同犯罪案件中部分被告人不认罪或者对适用简易程序有异议的;

(四)其他不宜适用简易程序审理的。

第二百一十六条 【简易程序的审判组织】【公诉案件检察院派员出庭】适用简易程序审理案件,对可能判处三年有期徒刑以下刑罚的,可以组成合议庭进行审判,也可以由审判员一人独任审判;对可能判处的有期徒刑超过三年的,应当组成合议庭进行审判。

适用简易程序审理公诉案件,人民检察院应当派员出席法庭。

第二百一十七条 【简易程序的法庭调查】适用简易程序审理案件,审判人员应当询问被告人对指控的犯罪事实的意见,告知被告人适用简易程序审理的法律规定,确认被告人是否同意适用简易程序审理。

第二百一十八条 【简易程序的法庭辩论】适用简易程序审理案件,经审判人员许可,被告人及其辩护人可以同公诉人、自诉人及其诉讼代理人互相辩论。

第二百一十九条 【简易程序的程序简化及保留】适用简易程序审理案件,不受本章第一节关于送达期限、讯问被告人、询问证人、鉴定人、出示证据、法庭辩论程序规定的限制。但在判决宣告前应当听取被告人的最后陈述意见。

第二百二十条 【简易程序的审限】适用简易程序审理案件,人民法院应当在受理后二十日以内审结;对可能判处的有期徒刑超过三年的,可以延长至一个半月。

第二百二十一条 【转化普通程序】人民法院在审理过程中,发现不宜适用简易程序的,应当按照本章第一节或者第二节的规定重新审理。

第四节 速裁程序

第二百二十二条 【速裁程序的适用范围与条件】基层人民法院管辖的可能判处三年有期徒刑以下刑罚的案件,案件事实清楚,证据确实、充分,被告人认罪认罚并同意适用速裁程序的,可以适用速裁程序,由审判员一人独任审判。

人民检察院在提起公诉的时候,可以建议人民法院适用速裁程序。

第二百二十三条 【不适用速裁程序的情形】有下列情形之一的,不适用速裁程序:

(一)被告人是盲、聋、哑人,或者是尚未完全丧失辨认或者控制自己行为能力的精神病人的;

(二)被告人是未成年人的;

(三)案件有重大社会影响的;

(四)共同犯罪案件中部分被告人对指控的犯罪事实、罪名、量刑建议或者适用速裁程序有异议的;

(五)被告人与被害人或者其法定代理人没有就附带民事诉讼赔偿等事项达成调解或者和解协议的;

(六)其他不宜适用速裁程序审理的。

第二百二十四条 【速裁程序的程序简化及保留】适用速裁程序审理案件,不受本章第一节规定的送达期限的限制,一般不进行法庭调查、法庭辩论,但在判决宣告前应当听取辩护人的意见和被告人的最后陈述意见。

适用速裁程序审理案件,应当当庭宣判。

第二百二十五条 【速裁程序的期限】适用速裁程序审理案件,人民法院应当在受理后十日以内审结;对可能判处的有期徒刑超过一年的,可以延长至十五日。

第二百二十六条 【转化普通程序或简易程序】人民法院在审理过程中,发现有被告人的行为不构成犯罪或者不应当追究其刑事责任、被告人违背意愿认罪认罚、被告人否认指控的犯罪事实或者其他不宜适用速裁程序审理的情形的,应当按照本章第一节或者第三节的规定重新审理。

第三章 第二审程序

第二百二十七条 【上诉主体及上诉权保障】被告人、自诉人和他们的法定代理人,不服地方各级人民法院第一审的判决、裁定,有权用书状或者口头向上一级人民法院上诉。被告人的辩护人和近亲属,经被告人同意,可以提出上诉。

附带民事诉讼的当事人和他们的法定代理人,可以对地方各级人民法院第一审的判决、裁定中的附带民事诉讼部分,提出上诉。

对被告人的上诉权,不得以任何借口加以剥夺。

第二百二十八条 【抗诉主体】地方各级人民检察院认为本级人民法院第一审的判决、裁定确有错误的时候,应当向上一级人民法院提出抗诉。

第二百二十九条 【请求抗诉】被害人及其法定代理人不服地方各级人民法院第一审的判决的,自收到判决书后五日以内,有权请求人民检察院提出抗诉。人民检察院自收到被害人及其法定代理人的请求后五日以内,应当作出是否抗诉的决定并且答复请求人。

第二百三十条 【上诉、抗诉期限】不服判决的上诉和抗诉的期限为十日,不服裁定的上诉和抗诉的期限为五日,从接到判决书、裁定书的第二日起算。

第二百三十一条 【上诉程序】被告人、自诉人、附带民事诉讼的原告人和被告人通过原审人民法院上诉的,原审人民法院应当在三日以内将上诉状连同案卷、证据移送上一级人民法院,同时将上诉状副本送交同级人民检察院和对方当事人。

被告人、自诉人、附带民事诉讼的原告人和被告人直接向第二审人民法院提出上诉的,第二审人民法院应当在三日以内将上诉状交原审人民法院送交同级人民检察院和对方当事人。

第二百三十二条 【抗诉程序】地方各级人民检察院对同级人民法院第一审判决、裁定的抗诉,应当通过原审人民法院提出抗诉书,并且将抗诉书抄送上一级人民检察院。原审人民法院应当将抗诉书连同案卷、证据移送上一级人民法院,并且将抗诉书副本送交当事人。

上级人民检察院如果认为抗诉不当,可以向同级人民法院撤回抗诉,并且通知下级人民检察院。

第二百三十三条 【全面审查原则】第二审人民法院应当就第一审判决认定的事实和适用法律进行全面审查,不受上诉或者抗诉范围的限制。

共同犯罪的案件只有部分被告人上诉的,应对全案进行审查,一并处理。

第二百三十四条 【二审开庭审理与不开庭审理】第二审人民法院对于下列案件,应当组成合议庭,开庭审理:

(一)被告人、自诉人及其法定代理人对第一审认定的事实、证据提出异议,可能影响定罪量刑的上诉案件;

(二)被告人被判处死刑的上诉案件;

(三)人民检察院抗诉的案件;

(四)其他应当开庭审理的案件。

第二审人民法院决定不开庭审理的,应当讯问被告人,听取其他当事人、辩护人、诉讼代理人的意见。

第二审人民法院开庭审理上诉、抗诉案件,可以到案件发生地或者原审人民法院所在地进行。

第二百三十五条 【二审检察院派员出庭】人民检察院提出抗诉的案件或者第二审人民法院开庭审理的公诉案件,同级人民检察院都应当派员出席法庭。第二审人民法院应当在决定开庭审理后及时通知人民检察院查阅案卷。人民检察院应当在一个月以内查阅完毕。人民检察院查阅案卷的时间不计入审理期限。

第二百三十六条 【二审对一审判决的处理】第二审人民法院对不服第一审判决的上诉、抗诉案件,经过审理后,应当按照下列情形分别处理:

(一)原判决认定事实和适用法律正确、量刑

适当的,应当裁定驳回上诉或者抗诉,维持原判;

(二)原判决认定事实没有错误,但适用法律有错误,或者量刑不当的,应当改判;

(三)原判决事实不清楚或者证据不足的,可以在查清事实后改判;也可以裁定撤销原判,发回原审人民法院重新审判。

原审人民法院对于依照前款第三项规定发回重新审判的案件作出判决后,被告人提出上诉或者人民检察院提出抗诉的,第二审人民法院应当依法作出判决或者裁定,不得再发回原审人民法院重新审判。

第二百三十七条 【上诉不加刑原则及其限制】第二审人民法院审理被告人或者他的法定代理人、辩护人、近亲属上诉的案件,不得加重被告人的刑罚。第二审人民法院发回原审人民法院重新审判的案件,除有新的犯罪事实,人民检察院补充起诉的以外,原审人民法院也不得加重被告人的刑罚。

人民检察院提出抗诉或者自诉人提出上诉的,不受前款规定的限制。

第二百三十八条 【违反法定诉讼程序的处理】第二审人民法院发现第一审人民法院的审理有下列违反法律规定的诉讼程序的情形之一的,应当裁定撤销原判,发回原审人民法院重新审判:

(一)违反本法有关公开审判的规定的;

(二)违反回避制度的;

(三)剥夺或者限制了当事人的法定诉讼权利,可能影响公正审判的;

(四)审判组织的组成不合法的;

(五)其他违反法律规定的诉讼程序,可能影响公正审判的。

第二百三十九条 【重新审判】原审人民法院对于发回重新审判的案件,应当另行组成合议庭,依照第一审程序进行审判。对于重新审判后的判决,依照本法第二百二十七条、第二百二十八条、第二百二十九条的规定可以上诉、抗诉。

第二百四十条 【二审后对一审裁定的处理】第二审人民法院对不服第一审裁定的上诉或者抗诉,经过审查后,应当参照本法第二百三十六条、第二百三十八条和第二百三十九条的规定,分别情形用裁定驳回上诉、抗诉,或者撤销、变更原裁定。

第二百四十一条 【发回重审案件审理期限的计算】第二审人民法院发回原审人民法院重新审判的案件,原审人民法院从收到发回的案件之日起,重新计算审理期限。

第二百四十二条 【二审法律程序适用】第二审人民法院审判上诉或者抗诉案件的程序,除本章已有规定的以外,参照第一审程序的规定进行。

第二百四十三条 【二审的审限】第二审人民法院受理上诉、抗诉案件,应当在二个月以内审结。对于可能判处死刑的案件或者附带民事诉讼的案件,以及有本法第一百五十八条规定情形之一的,经省、自治区、直辖市高级人民法院批准或者决定,可以延长二个月;因特殊情况还需要延长的,报请最高人民法院批准。

最高人民法院受理上诉、抗诉案件的审理期限,由最高人民法院决定。

第二百四十四条 【终审判决、裁定】第二审的判决、裁定和最高人民法院的判决、裁定,都是终审的判决、裁定。

第二百四十五条 【查封、扣押、冻结财物及其孳息的保管与处理】公安机关、人民检察院和人民法院对查封、扣押、冻结的犯罪嫌疑人、被告人的财物及其孳息,应当妥善保管,以供核查,并制作清单,随案移送。任何单位和个人不得挪用或者自行处理。对被害人的合法财产,应当及时返还。对违禁品或者不宜长期保存的物品,应当依照国家有关规定处理。

对作为证据使用的实物应当随案移送,对不宜移送的,应当将其清单、照片或者其他证明文件随案移送。

人民法院作出的判决,应当对查封、扣押、冻结的财物及其孳息作出处理。

人民法院作出的判决生效以后,有关机关应当根据判决对查封、扣押、冻结的财物及其孳息进行处理。对查封、扣押、冻结的赃款赃物及其孳息,除依法返还被害人的以外,一律上缴国库。

司法工作人员贪污、挪用或者私自处理查封、扣押、冻结的财物及其孳息的,依法追究刑事责任;不构成犯罪的,给予处分。

第四章 死刑复核程序

第二百四十六条 【死刑核准权】死刑由最高人民法院核准。

第二百四十七条 【死刑核准程序】中级人民

法院判处死刑的第一审案件，被告人不上诉的，应当由高级人民法院复核后，报请最高人民法院核准。高级人民法院不同意判处死刑的，可以提审或者发回重新审判。

高级人民法院判处死刑的第一审案件被告人不上诉的，和判处死刑的第二审案件，都应当报请最高人民法院核准。

第二百四十八条 【死刑缓期二年执行核准权】中级人民法院判处死刑缓期二年执行的案件，由高级人民法院核准。

第二百四十九条 【死刑复核合议庭组成】最高人民法院复核死刑案件，高级人民法院复核死刑缓期执行的案件，应当由审判员三人组成合议庭进行。

第二百五十条 【最高法院复核后的处理】最高人民法院复核死刑案件，应当作出核准或者不核准死刑的裁定。对于不核准死刑的，最高人民法院可以发回重新审判或者予以改判。

第二百五十一条 【最高法院复核的程序要求及最高检察院的监督】最高人民法院复核死刑案件，应当讯问被告人，辩护律师提出要求的，应当听取辩护律师的意见。

在复核死刑案件过程中，最高人民检察院可以向最高人民法院提出意见。最高人民法院应当将死刑复核结果通报最高人民检察院。

第五章 审判监督程序

第二百五十二条 【申诉的主体和申诉的效力】当事人及其法定代理人、近亲属，对已经发生法律效力的判决、裁定，可以向人民法院或者人民检察院提出申诉，但是不能停止判决、裁定的执行。

第二百五十三条 【对申诉应当重新审判的法定情形】当事人及其法定代理人、近亲属的申诉符合下列情形之一的，人民法院应当重新审判：

（一）有新的证据证明原判决、裁定认定的事实确有错误，可能影响定罪量刑的；

（二）据以定罪量刑的证据不确实、不充分、依法应当予以排除，或者证明案件事实的主要证据之间存在矛盾的；

（三）原判决、裁定适用法律确有错误的；

（四）违反法律规定的诉讼程序，可能影响公正审判的；

（五）审判人员在审理该案件的时候，有贪污受贿，徇私舞弊，枉法裁判行为的。

第二百五十四条 【提起再审的主体、方式和理由】各级人民法院院长对本院已经发生法律效力的判决和裁定，如果发现在认定事实上或者在适用法律上确有错误，必须提交审判委员会处理。

最高人民法院对各级人民法院已经发生法律效力的判决和裁定，上级人民法院对下级人民法院已经发生法律效力的判决和裁定，如果发现确有错误，有权提审或者指令下级人民法院再审。

最高人民检察院对各级人民法院已经发生法律效力的判决和裁定，上级人民检察院对下级人民法院已经发生法律效力的判决和裁定，如果发现确有错误，有权按照审判监督程序向同级人民法院提出抗诉。

人民检察院抗诉的案件，接受抗诉的人民法院应当组成合议庭重新审理，对于原判决事实不清楚或者证据不足的，可以指令下级人民法院再审。

第二百五十五条 【再审法院】上级人民法院指令下级人民法院再审的，应当指令原审人民法院以外的下级人民法院审理；由原审人民法院审理更为适宜的，也可以指令原审人民法院审理。

第二百五十六条 【再审的程序及效力】人民法院按照审判监督程序重新审判的案件，由原审人民法院审理的，应当另行组成合议庭进行。如果原来是第一审案件，应当依照第一审程序进行审判，所作的判决、裁定，可以上诉、抗诉；如果原来是第二审案件，或者是上级人民法院提审的案件，应当依照第二审程序进行审判，所作的判决、裁定，是终审的判决、裁定。

人民法院开庭审理的再审案件，同级人民检察院应当派员出席法庭。

第二百五十七条 【再审中的强制措施】【中止原判决、裁定执行】人民法院决定再审的案件，需要对被告人采取强制措施的，由人民法院依法决定；人民检察院提出抗诉的再审案件，需要对被告人采取强制措施的，由人民检察院依法决定。

人民法院按照审判监督程序审判的案件，可以决定中止原判决、裁定的执行。

第二百五十八条 【再审的审限】人民法院按照审判监督程序重新审判的案件，应当在作出提审、再审决定之日起三个月以内审结，需要延长期限的,不得超过六个月。

接受抗诉的人民法院按照审判监督程序审判抗诉的案件,审理期限适用前款规定;对需要指令下级人民法院再审的,应当自接受抗诉之日起一个月以内作出决定,下级人民法院审理案件的期限适用前款规定。

第四编 执 行

第二百五十九条 【执行依据】判决和裁定在发生法律效力后执行。

下列判决和裁定是发生法律效力的判决和裁定:

(一)已过法定期限没有上诉、抗诉的判决和裁定;

(二)终审的判决和裁定;

(三)最高人民法院核准的死刑的判决和高级人民法院核准的死刑缓期二年执行的判决。

第二百六十条 【无罪、免除刑事处罚判决的执行】第一审人民法院判决被告人无罪、免除刑事处罚的,如果被告人在押,在宣判后应当立即释放。

第二百六十一条 【执行死刑的命令】【死刑缓期执行的处理】最高人民法院判处和核准的死刑立即执行的判决,应当由最高人民法院院长签发执行死刑的命令。

被判处死刑缓期二年执行的罪犯,在死刑缓期执行期间,如果没有故意犯罪,死刑缓期执行期满,应当予以减刑的,由执行机关提出书面意见,报请高级人民法院裁定;如果故意犯罪,情节恶劣,查证属实,应当执行死刑的,由高级人民法院报请最高人民法院核准;对于故意犯罪未执行死刑的,死刑缓期执行的期间重新计算,并报最高人民法院备案。

第二百六十二条 【死刑的停止执行】下级人民法院接到最高人民法院执行死刑的命令后,应当在七日以内交付执行。但是发现有下列情形之一的,应当停止执行,并且立即报告最高人民法院,由最高人民法院作出裁定:

(一)在执行前发现判决可能有错误的;

(二)在执行前罪犯揭发重大犯罪事实或者有其他重大立功表现,可能需要改判的;

(三)罪犯正在怀孕。

前款第一项、第二项停止执行的原因消失后,必须报请最高人民法院院长再签发执行死刑的命令才能执行;由于前款第三项原因停止执行的,应当报请最高人民法院依法改判。

第二百六十三条 【死刑的执行程序】人民法院在交付执行死刑前,应当通知同级人民检察院派员临场监督。

死刑采用枪决或者注射等方法执行。

死刑可以在刑场或者指定的羁押场所内执行。

指挥执行的审判人员,对罪犯应当验明正身,讯问有无遗言、信札,然后交付执行人员执行死刑。在执行前,如果发现可能有错误,应当暂停执行,报请最高人民法院裁定。

执行死刑应当公布,不应示众。

执行死刑后,在场书记员应当写成笔录。交付执行的人民法院应当将执行死刑情况报告最高人民法院。

执行死刑后,交付执行的人民法院应当通知罪犯家属。

第二百六十四条 【死刑缓期二年执行、无期徒刑、有期徒刑、拘役的执行程序】罪犯被交付执行刑罚的时候,应当由交付执行的人民法院在判决生效后十日以内将有关的法律文书送达公安机关、监狱或者其他执行机关。

对被判处死刑缓期二年执行、无期徒刑、有期徒刑的罪犯,由公安机关依法将该罪犯送交监狱执行刑罚。对被判处有期徒刑的罪犯,在被交付执行刑罚前,剩余刑期在三个月以下的,由看守所代为执行。对被判处拘役的罪犯,由公安机关执行。

对未成年犯应当在未成年犯管教所执行刑罚。

执行机关应当将罪犯及时收押,并且通知罪犯家属。

判处有期徒刑、拘役的罪犯,执行期满,应当由执行机关发给释放证明书。

第二百六十五条 【暂予监外执行的法定情形和决定程序】对被判处有期徒刑或者拘役的罪犯,有下列情形之一的,可以暂予监外执行:

(一)有严重疾病需要保外就医的;

(二)怀孕或者正在哺乳自己婴儿的妇女;

(三)生活不能自理,适用暂予监外执行不致危害社会的。

对被判处无期徒刑的罪犯,有前款第二项规定情形的,可以暂予监外执行。

对适用保外就医可能有社会危险性的罪犯,或者自伤自残的罪犯,不得保外就医。

对罪犯确有严重疾病,必须保外就医的,由省级人民政府指定的医院诊断并开具证明文件。

在交付执行前,暂予监外执行由交付执行的人民法院决定;在交付执行后,暂予监外执行由监狱或者看守所提出书面意见,报省级以上监狱管理机关或者设区的市一级以上公安机关批准。

第二百六十六条 【检察院对暂予监外执行的监督】监狱、看守所提出暂予监外执行的书面意见的,应当将书面意见的副本抄送人民检察院。人民检察院可以向决定或者批准机关提出书面意见。

第二百六十七条 【对暂予监外执行的重新核查】决定或者批准暂予监外执行的机关应当将暂予监外执行决定抄送人民检察院。人民检察院认为暂予监外执行不当的,应当自接到通知之日起一个月以内将书面意见送交决定或者批准暂予监外执行的机关,决定或者批准暂予监外执行的机关接到人民检察院的书面意见后,应当立即对该决定进行重新核查。

第二百六十八条 【暂予监外执行的收监、不计入执行刑期的情形及罪犯死亡的通知】对暂予监外执行的罪犯,有下列情形之一的,应当及时收监:

(一)发现不符合暂予监外执行条件的;
(二)严重违反有关暂予监外执行监督管理规定的;
(三)暂予监外执行的情形消失后,罪犯刑期未满的。

对于人民法院决定暂予监外执行的罪犯应当予以收监的,由人民法院作出决定,将有关的法律文书送达公安机关、监狱或者其他执行机关。

不符合暂予监外执行条件的罪犯通过贿赂等非法手段被暂予监外执行的,在监外执行的期间不计入执行刑期。罪犯在暂予监外执行期间脱逃的,脱逃的期间不计入执行刑期。

罪犯在暂予监外执行期间死亡的,执行机关应当及时通知监狱或者看守所。

第二百六十九条 【对管制、缓刑、假释或暂予监外执行罪犯的社区矫正】对被判处管制、宣告缓刑、假释或者暂予监外执行的罪犯,依法实行社区矫正,由社区矫正机构负责执行。

第二百七十条 【剥夺政治权利的执行】对被判处剥夺政治权利的罪犯,由公安机关执行。执行期满,应当由执行机关书面通知本人及其所在单位、居住地基层组织。

第二百七十一条 【罚金的执行】被判处罚金的罪犯,期满不缴纳的,人民法院应当强制缴纳;如果由于遭遇不能抗拒的灾祸等原因缴纳确实有困难的,经人民法院裁定,可以延期缴纳、酌情减少或者免除。

第二百七十二条 【没收财产的执行】没收财产的判决,无论附加适用或者独立适用,都由人民法院执行;在必要的时候,可以会同公安机关执行。

第二百七十三条 【对新罪、漏罪的处理及减刑、假释的程序】罪犯在服刑期间又犯罪的,或者发现了判决的时候所没有发现的罪行,由执行机关移送人民检察院处理。

被判处管制、拘役、有期徒刑或者无期徒刑的罪犯,在执行期间确有悔改或者立功表现,应当依法予以减刑、假释的时候,由执行机关提出建议书,报请人民法院审核裁定,并将建议书副本抄送人民检察院。人民检察院可以向人民法院提出书面意见。

第二百七十四条 【检察院对减刑、假释的监督】人民检察院认为人民法院减刑、假释的裁定不当,应当在收到裁定书副本后二十日以内,向人民法院提出书面纠正意见。人民法院应当在收到纠正意见后一个月以内重新组成合议庭进行审理,作出最终裁定。

第二百七十五条 【刑罚执行中对判决错误和申诉的处理】监狱和其他执行机关在刑罚执行中,如果认为判决有错误或者罪犯提出申诉,应当转请人民检察院或者原判人民法院处理。

第二百七十六条 【检察院对执行刑罚的监督】人民检察院对执行机关执行刑罚的活动是否合法实行监督。如果发现有违法的情况,应当通知执行机关纠正。

第五编 特别程序

第一章 未成年人刑事案件诉讼程序

第二百七十七条 【未成年人刑事案件的办

案方针、原则及总体要求】对犯罪的未成年人实行教育、感化、挽救的方针,坚持教育为主、惩罚为辅的原则。

人民法院、人民检察院和公安机关办理未成年人刑事案件,应当保障未成年人行使其诉讼权利,保障未成年人得到法律帮助,并由熟悉未成年人身心特点的审判人员、检察人员、侦查人员承办。

第二百七十八条 【法律援助机构指派辩护律师】未成年犯罪嫌疑人、被告人没有委托辩护人的,人民法院、人民检察院、公安机关应当通知法律援助机构指派律师为其提供辩护。

第二百七十九条 【对未成年犯罪嫌疑人、被告人有关情况的调查】公安机关、人民检察院、人民法院办理未成年人刑事案件,根据情况可以对未成年犯罪嫌疑人、被告人的成长经历、犯罪原因、监护教育等情况进行调查。

第二百八十条 【严格限制适用逮捕措施】【与成年人分别关押、管理和教育】对未成年犯罪嫌疑人、被告人应当严格限制适用逮捕措施。人民检察院审查批准逮捕和人民法院决定逮捕,应当讯问未成年犯罪嫌疑人、被告人,听取辩护律师的意见。

对被拘留、逮捕和执行刑罚的未成年人与成年人应当分别关押、分别管理、分别教育。

第二百八十一条 【讯问、审判、询问未成年诉讼参与人的特别规定】对于未成年人刑事案件,在讯问和审判的时候,应当通知未成年犯罪嫌疑人、被告人的法定代理人到场。无法通知、法定代理人不能到场或者法定代理人是共犯的,也可以通知未成年犯罪嫌疑人、被告人的其他成年亲属,所在学校、单位、居住地基层组织或者未成年人保护组织的代表到场,并将有关情况记录在案。到场的法定代理人可以代为行使未成年犯罪嫌疑人、被告人的诉讼权利。

到场的法定代理人或者其他人员认为办案人员在讯问、审判中侵犯未成年人合法权益的,可以提出意见。讯问笔录、法庭笔录应当交给到场的法定代理人或者其他人员阅读或者向他宣读。

讯问女性未成年犯罪嫌疑人,应当有女工作人员在场。

审判未成年人刑事案件,未成年被告人最后陈述后,其法定代理人可以进行补充陈述。

询问未成年被害人、证人,适用第一款、第二款、第三款的规定。

第二百八十二条 【附条件不起诉的适用及异议】对于未成年人涉嫌刑法分则第四章、第五章、第六章规定的犯罪,可能判处一年有期徒刑以下刑罚,符合起诉条件,但有悔罪表现的,人民检察院可以作出附条件不起诉的决定。人民检察院在作出附条件不起诉的决定以前,应当听取公安机关、被害人的意见。

对附条件不起诉的决定,公安机关要求复议、提请复核或者被害人申诉的,适用本法第一百七十九条、第一百八十条的规定。

未成年犯罪嫌疑人及其法定代理人对人民检察院决定附条件不起诉有异议的,人民检察院应当作出起诉的决定。

第二百八十三条 【对附条件不起诉未成年犯罪嫌疑人的监督考察】在附条件不起诉的考验期内,由人民检察院对被附条件不起诉的未成年犯罪嫌疑人进行监督考察。未成年犯罪嫌疑人的监护人,应当对未成年犯罪嫌疑人加强管教,配合人民检察院做好监督考察工作。

附条件不起诉的考验期为六个月以上一年以下,从人民检察院作出附条件不起诉的决定之日起计算。

被附条件不起诉的未成年犯罪嫌疑人,应当遵守下列规定:

(一)遵守法律法规,服从监督;

(二)按照考察机关的规定报告自己的活动情况;

(三)离开所居住的市、县或者迁居,应当报经考察机关批准;

(四)按照考察机关的要求接受矫治和教育。

第二百八十四条 【附条件不起诉的撤销与不起诉决定的作出】被附条件不起诉的未成年犯罪嫌疑人,在考验期内有下列情形之一的,人民检察院应当撤销附条件不起诉的决定,提起公诉:

(一)实施新的犯罪或者发现决定附条件不起诉以前还有其他犯罪需要追诉的;

(二)违反治安管理规定或者考察机关有关附条件不起诉的监督管理规定,情节严重的。

被附条件不起诉的未成年犯罪嫌疑人,在考验期内没有上述情形,考验期满的,人民检察院应当作出不起诉的决定。

第二百八十五条 【不公开审理及其例外】审判的时候被告人不满十八周岁的案件，不公开审理。但是，经未成年被告人及其法定代理人同意，未成年被告人所在学校和未成年人保护组织可以派代表到场。

第二百八十六条 【犯罪记录封存】犯罪的时候不满十八周岁，被判处五年有期徒刑以下刑罚的，应当对相关犯罪记录予以封存。

犯罪记录被封存的，不得向任何单位和个人提供，但司法机关为办案需要或者有关单位根据国家规定进行查询的除外。依法进行查询的单位，应当对被封存的犯罪记录的情况予以保密。

第二百八十七条 【未成年刑事案件的法律适用】办理未成年人刑事案件，除本章已有规定的以外，按照本法的其他规定进行。

第二章 当事人和解的公诉案件诉讼程序

第二百八十八条 【适用范围】下列公诉案件，犯罪嫌疑人、被告人真诚悔罪，通过向被害人赔偿损失、赔礼道歉等方式获得被害人谅解，被害人自愿和解的，双方当事人可以和解：

（一）因民间纠纷引起，涉嫌刑法分则第四章、第五章规定的犯罪案件，可能判处三年有期徒刑以下刑罚的；

（二）除渎职犯罪以外的可能判处七年有期徒刑以下刑罚的过失犯罪案件。

犯罪嫌疑人、被告人在五年以内曾经故意犯罪的，不适用本章规定的程序。

第二百八十九条 【对当事人和解的审查】【主持制作和解协议书】双方当事人和解的，公安机关、人民检察院、人民法院应当听取当事人和其他有关人员的意见，对和解的自愿性、合法性进行审查，并主持制作和解协议书。

第二百九十条 【对达成和解协议案件的从宽处理】对于达成和解协议的案件，公安机关可以向人民检察院提出从宽处理的建议。人民检察院可以向人民法院提出从宽处罚的建议；对于犯罪情节轻微，不需要判处刑罚的，可以作出不起诉的决定。人民法院可以依法对被告人从宽处罚。

第三章 缺席审判程序

第二百九十一条 【缺席审判案件范围和管辖】对于贪污贿赂犯罪案件，以及需要及时进行审判，经最高人民检察院核准的严重危害国家安全犯罪、恐怖活动犯罪案件，犯罪嫌疑人、被告人在境外，监察机关、公安机关移送起诉，人民检察院认为犯罪事实已经查清，证据确实、充分，依法应当追究刑事责任的，可以向人民法院提起公诉。人民法院进行审查后，对于起诉书中有明确的指控犯罪事实，符合缺席审判程序适用条件的，应当决定开庭审判。

前款案件，由犯罪地、被告人离境前居住地或者最高人民法院指定的中级人民法院组成合议庭进行审理。

第二百九十二条 【司法文书送达】人民法院应当通过有关国际条约规定的或者外交途径提出的司法协助方式，或者被告人所在地法律允许的其他方式，将传票和人民检察院的起诉书副本送达被告人。传票和起诉书副本送达后，被告人未按要求到案的，人民法院应当开庭审理，依法作出判决，并对违法所得及其他涉案财产作出处理。

第二百九十三条 【被告人辩护权】人民法院缺席审判案件，被告人有权委托辩护人，被告人的近亲属可以代为委托辩护人。被告人及其近亲属没有委托辩护人的，人民法院应当通知法律援助机构指派律师为其提供辩护。

第二百九十四条 【判决书送达】【上诉、抗诉主体】人民法院应当将判决书送达被告人及其近亲属、辩护人。被告人或者其近亲属不服判决的，有权向上一级人民法院上诉。辩护人经被告人或者其近亲属同意，可以提出上诉。

人民检察院认为人民法院的判决确有错误的，应当向上一级人民法院提出抗诉。

第二百九十五条 【缺席被告人、罪犯到案的处理】【财产处理错误的救济】在审理过程中，被告人自动投案或者被抓获的，人民法院应当重新审理。

罪犯在判决、裁定发生法律效力后到案的，人民法院应当将罪犯交付执行刑罚。交付执行刑罚前，人民法院应当告知罪犯有权对判决、裁定提出异议。罪犯对判决、裁定提出异议的，人民法院应当重新审理。

依照生效判决、裁定对罪犯的财产进行的处理确有错误的，应当予以返还、赔偿。

第二百九十六条 【中止审理案件的缺席审判情形】因被告人患有严重疾病无法出庭，中止审理超过六个月,被告人仍无法出庭,被告人及其法定代理人、近亲属申请或者同意恢复审理的,人民法院可以在被告人不出庭的情况下缺席审理,依法作出判决。

第二百九十七条　【被告人死亡案件的缺席审判情形】被告人死亡的,人民法院应当裁定终止审理,但有证据证明被告人无罪,人民法院经缺席审理确认无罪的,应当依法作出判决。

人民法院按照审判监督程序重新审判的案件,被告人死亡的,人民法院可以缺席审理,依法作出判决。

第四章　犯罪嫌疑人、被告人逃匿、死亡案件违法所得的没收程序

第二百九十八条　【适用范围、申请程序及保全措施】对于贪污贿赂犯罪、恐怖活动犯罪等重大犯罪案件,犯罪嫌疑人、被告人逃匿,在通缉一年后不能到案,或者犯罪嫌疑人、被告人死亡,依照刑法规定应当追缴其违法所得及其他涉案财产的,人民检察院可以向人民法院提出没收违法所得的申请。

公安机关认为有前款规定情形的,应当写出没收违法所得意见书,移送人民检察院。

没收违法所得的申请应当提供与犯罪事实、违法所得相关的证据材料,并列明财产的种类、数量、所在地及查封、扣押、冻结的情况。

人民法院在必要的时候,可以查封、扣押、冻结申请没收的财产。

第二百九十九条　【对没收违法所得及其他涉案财产的审理程序】没收违法所得的申请,由犯罪地或者犯罪嫌疑人、被告人居住地的中级人民法院组成合议庭进行审理。

人民法院受理没收违法所得的申请后,应当发出公告。公告期间为六个月。犯罪嫌疑人、被告人的近亲属和其他利害关系人有权申请参加诉讼,也可以委托诉讼代理人参加诉讼。

人民法院在公告期满后对没收违法所得的申请进行审理。利害关系人参加诉讼的,人民法院应当开庭审理。

第三百条　【裁定的作出】人民法院经审理,对经查证属于违法所得及其他涉案财产,除依法返还被害人的以外,应当裁定予以没收;对不属于应当追缴的财产的,应当裁定驳回申请,解除查

封、扣押、冻结措施。

对于人民法院依照前款规定作出的裁定,犯罪嫌疑人、被告人的近亲属和其他利害关系人或者人民检察院可以提出上诉、抗诉。

第三百零一条　【本程序的终止】【没收错误的返还与赔偿】在审理过程中,在逃的犯罪嫌疑人、被告人自动投案或者被抓获的,人民法院应当终止审理。

没收犯罪嫌疑人、被告人财产确有错误的,应当予以返还、赔偿。

第五章　依法不负刑事责任的精神病人的强制医疗程序

第三百零二条　【强制医疗的适用范围】实施暴力行为,危害公共安全或者严重危害公民人身安全,经法定程序鉴定依法不负刑事责任的精神病人,有继续危害社会可能的,可以予以强制医疗。

第三百零三条　【强制医疗的决定程序】【临时保护性约束措施】根据本章规定对精神病人强制医疗的,由人民法院决定。

公安机关发现精神病人符合强制医疗条件的,应当写出强制医疗意见书,移送人民检察院。对于公安机关移送的或者在审查起诉过程中发现的精神病人符合强制医疗条件的,人民检察院应当向人民法院提出强制医疗的申请。人民法院在审理案件过程中发现被告人符合强制医疗条件的,可以作出强制医疗的决定。

对实施暴力行为的精神病人,在人民法院决定强制医疗前,公安机关可以采取临时的保护性约束措施。

第三百零四条　【强制医疗的审理及诉讼权利保障】人民法院受理强制医疗的申请后,应当组成合议庭进行审理。

人民法院审理强制医疗案件,应当通知被申请人或者被告人的法定代理人到场。被申请人或者被告人没有委托诉讼代理人的,人民法院应当通知法律援助机构指派律师为其提供法律帮助。

第三百零五条　【强制医疗决定的作出及复议】人民法院经审理,对于被申请人或者被告人符合强制医疗条件的,应当在一个月以内作出强制医疗的决定。

被决定强制医疗的人、被害人及其法定代理

人、近亲属对强制医疗决定不服的,可以向上一级人民法院申请复议。

第三百零六条 【定期评估与强制医疗的解除程序】强制医疗机构应当定期对被强制医疗的人进行诊断评估。对于已不具有人身危险性,不需要继续强制医疗的,应当及时提出解除意见,报决定强制医疗的人民法院批准。

被强制医疗的人及其近亲属有权申请解除强制医疗。

第三百零七条 【检察院对强制医疗程序的监督】人民检察院对强制医疗的决定和执行实行监督。

附　则

第三百零八条 【军队保卫部门、中国海警局、监狱的侦查权】军队保卫部门对军队内部发生的刑事案件行使侦查权。

中国海警局履行海上维权执法职责,对海上发生的刑事案件行使侦查权。

对罪犯在监狱内犯罪的案件由监狱进行侦查。

军队保卫部门、中国海警局、监狱办理刑事案件,适用本法的有关规定。

中华人民共和国看守所条例

- 1990年3月17日中华人民共和国国务院令第52号发布
- 自发布之日起施行

第一章　总　则

第一条 为保障刑事诉讼活动的顺利进行,依据《中华人民共和国刑事诉讼法》及其他有关法律的规定,制定本条例。

第二条 看守所是羁押依法被逮捕、刑事拘留的人犯的机关。

被判处有期徒刑1年以下,或者余刑在1年以下,不便送往劳动改造场所执行的罪犯,也可以由看守所监管。

第三条 看守所的任务是依据国家法律对被羁押的人犯实行武装警戒看守,保障安全;对人犯进行教育;管理人犯的生活和卫生;保障侦查、起诉和审判工作的顺利进行。

第四条 看守所监管人犯,必须坚持严密警戒看管与教育相结合的方针,坚持依法管理、严格管理、科学管理和文明管理,保障人犯的合法权益。严禁打骂、体罚、虐待人犯。

第五条 看守所以县级以上的行政区域为单位设置,由本级公安机关管辖。

省、自治区、直辖市国家安全厅(局)根据需要,可以设置看守所。

铁道、交通、林业、民航等系统相当于县级以上的公安机关,可以设置看守所。

第六条 看守所设所长1人,副所长1至2人;根据工作需要,配备看守、管教、医务、财会、炊事等工作人员若干人。

看守所应当配备女工作人员管理女性人犯。

第七条 看守所对人犯的武装警戒和押解由中国人民武装警察部队(以下简称武警)担任。看守所对执行任务的武警实行业务指导。

第八条 看守所的监管活动受人民检察院的法律监督。

第二章　收　押

第九条 看守所收押人犯,须凭送押机关持有的县级以上公安机关、国家安全机关签发的逮捕证、刑事拘留证或者县级以上公安机关、国家安全机关、监狱、劳动改造机关、人民法院、人民检察院追捕、押解人犯临时寄押的证明文件。没有上述凭证,或者凭证的记载与实际情况不符的,不予收押。

第十条 看守所收押人犯,应当进行健康检查,有下列情形之一的,不予收押:

(一)患有精神病或者急性传染病的;

(二)患有其他严重疾病,在羁押中可能发生生命危险或者生活不能自理的,但是罪大恶极不羁押对社会有危险性的除外;

(三)怀孕或者哺乳自己不满1周岁的婴儿的妇女。

第十一条 看守所收押人犯,应当对其人身和携带的物品进行严格检查。非日常用品应当登记,代为保管,出所时核对发还或者转监狱、劳动改造机关。违禁物品予以没收。发现犯罪证据和可疑物品,要当场制作记录,由人犯签字捺指印后,送案件主管机关处理。

对女性人犯的人身检查,由女工作人员进行。

第十二条 收押人犯,应当建立人犯档案。

第十三条 收押人犯,应当告知人犯在羁押期间必须遵守的监规和享有的合法权益。

第十四条 对男性人犯和女性人犯,成年人犯和未成年人犯,同案犯以及其他需要分别羁押的人犯,应当分别羁押。

第十五条 公安机关或者国家安全机关侦查终结、人民检察院决定受理的人犯,人民检察院审查或者侦查终结、人民法院决定受理的人犯,递次移送交接,均应办理换押手续,书面通知看守所。

第三章 警戒、看守

第十六条 看守所实行24小时值班制度。值班人员应当坚守岗位,随时巡视监房。

第十七条 对已被判处死刑、尚未执行的犯人,必须加戴械具。

对有事实表明可能行凶、暴动、脱逃、自杀的人犯,经看守所所长批准,可以使用械具。在紧急情况下,可以先行使用,然后报告看守所所长。上述情形消除后,应当予以解除。

第十八条 看守人员和武警遇有下列情形之一,采取其他措施不能制止时,可以按照有关规定开枪射击:

(一)人犯越狱或者暴动的;

(二)人犯脱逃不听制止,或者在追捕中抗拒逮捕的;

(三)劫持人犯的;

(四)人犯持有管制刀具或者其他危险物,正在行凶或者破坏的;

(五)人犯暴力威胁看守人员、武警的生命安全的。

需要开枪射击时,除遇到特别紧迫的情况外,应当先鸣枪警告,人犯有畏服表示,应当立即停止射击。开枪射击后,应当保护现场,并立即报告主管公安机关和人民检察院。

第四章 提讯、押解

第十九条 公安机关、国家安全机关、人民检察院、人民法院提讯人犯时,必须持有提讯证或者提票。提讯人员不得少于2人。

不符合前款规定的,看守所应当拒绝提讯。

第二十条 提讯人员讯问人犯完毕,应立即将人犯交给值班看守人员收押,并收回提讯证或者提票。

第二十一条 押解人员在押解人犯途中,必须严密看管,防止发生意外。对被押解的人犯,可以使用械具。

押解女性人犯,应当有女工作人员负责途中的生活管理。

第五章 生活、卫生

第二十二条 监室应当通风、采光,能够防潮、防暑、防寒。看守所对监房应当经常检查,及时维修,防止火灾和其他自然灾害。

被羁押人犯的居住面积,应当不影响其日常生活。

第二十三条 人犯在羁押期间的伙食按规定标准供应,禁止克扣、挪用。

对少数民族人犯和外国籍人犯,应当考虑到他们的民族风俗习惯,在生活上予以适当照顾。

第二十四条 人犯应当自备衣服、被褥。确实不能自备的,由看守所提供。

第二十五条 人犯每日应当有必要的睡眠时间和一至两小时的室外活动。

看守所应当建立人犯的防疫和清洁卫生制度。

第二十六条 看守所应当配备必要的医疗器械和常用药品。人犯患病,应当给予及时治疗;需要到医院治疗的,当地医院应当负责治疗;病情严重的可以依法取保候审。

第二十七条 人犯在羁押期间死亡的,应当立即报告人民检察院和办案机关,由法医或者医生作出死亡原因的鉴定,并通知死者家属。

第六章 会见、通信

第二十八条 人犯在羁押期间,经办案机关同意,并经公安机关批准,可以与近亲属通信、会见。

第二十九条 人犯的近亲属病重或者死亡时,应当及时通知人犯。

人犯的配偶、父母或者子女病危时,除案情重大的以外,经办案机关同意,并经公安机关批准,在严格监护的条件下,允许人犯回家探视。

第三十条 人犯近亲属给人犯的物品,须经看守人员检查。

第三十一条　看守所接受办案机关的委托,对人犯收发的信件可以进行检查。如果发现有碍侦查、起诉、审判的,可以扣留,并移送办案机关处理。

第三十二条　人民检察院已经决定提起公诉的案件,被羁押的人犯在接到起诉书副本后,可以与本人委托的辩护人或者由人民法院指定的辩护人会见、通信。

第七章　教育、奖惩

第三十三条　看守所应当对人犯进行法制、道德以及必要的形势和劳动教育。

第三十四条　在保证安全和不影响刑事诉讼活动的前提下,看守所可以组织人犯进行适当的劳动。

人犯的劳动收入和支出,要建立账目,严格手续。

第三十五条　人犯在被羁押期间,遵守监规、表现良好的,应当予以表扬和鼓励;有立功表现的,应当报请办案机关依法从宽处理。

第三十六条　看守所对于违反监规的人犯,可予以警告或者训诫;情节严重,经教育不改的,可以责令具结悔过或者经看守所所长批准予以禁闭。

第三十七条　人犯在羁押期间有犯罪行为的,看守所应当及时将情况通知办案机关依法处理。

第八章　出　所

第三十八条　对于被判处死刑缓期2年执行、无期徒刑、有期徒刑、拘役或者管制的罪犯,看守所根据人民法院的执行通知书、判决书办理出所手续。

第三十九条　对于被依法释放的人,看守所根据人民法院、人民检察院、公安机关或者国家安全机关的释放通知文书,办理释放手续。

释放被羁押人,发给释放证明书。

第四十条　对于被决定劳动教养的人和转送外地羁押的人犯,看守所根据有关主管机关的证明文件,办理出所手续。

第九章　检察监督

第四十一条　看守所应当教育工作人员严格执法,严守纪律,向人民检察院报告监管活动情况。

第四十二条　看守所对人民检察院提出的违法情况的纠正意见,应当认真研究,及时处理,并将处理结果告知人民检察院。

第十章　其他规定

第四十三条　看守所对人犯的法定羁押期限即将到期而案件又尚未审理终结的,应当及时通知办案机关迅速审结;超过法定羁押期限的,应当将情况报告人民检察院。

第四十四条　对于人民检察院或者人民法院没有决定停止行使选举权利的被羁押人犯,准予参加县级以下人民代表大会代表的选举。

第四十五条　看守所在人犯羁押期间发现人犯中有错拘、错捕或者错判的,应当及时通知办案机关查证核实,依法处理。

第四十六条　对人犯的上诉书、申诉书,看守所应当及时转送,不得阻挠和扣押。

人犯揭发、控告司法工作人员违法行为的材料,应当及时报请人民检察院处理。

第十一章　附则

第四十七条　看守所监管已决犯,执行有关对已决犯管理的法律规定。

第四十八条　看守所所需修缮费和人犯给养费应当编报预算,按隶属关系由各级财政专项拨付。

看守所的经费开支,单立帐户,专款专用。

新建和迁建的看守所应当纳入城市建设规划,列入基本建设项目。

第四十九条　本条例所称"以上"、"以下",均包括本数、本级在内。

第五十条　本条例由公安部负责解释,实施办法由公安部制定。

第五十一条　中国人民解放军根据军队看守所的具体情况,可以另行制定实施办法。

第五十二条　本条例自发布之日起施行,1954年9月7日政务院公布的《中华人民共和国劳动改造条例》中有关看守所的规定即行废止。

行政执法机关移送涉嫌犯罪案件的规定

- 2001年7月9日中华人民共和国国务院令第310号公布
- 根据2020年8月7日《国务院关于修改〈行政执法机关移送涉嫌犯罪案件的规定〉的决定》修订

第一条 为了保证行政执法机关向公安机关及时移送涉嫌犯罪案件,依法惩罚破坏社会主义市场经济秩序罪、妨害社会管理秩序罪以及其他罪,保障社会主义建设事业顺利进行,制定本规定。

第二条 本规定所称行政执法机关,是指依照法律、法规或者规章的规定,对破坏社会主义市场经济秩序、妨害社会管理秩序以及其他违法行为具有行政处罚权的行政机关,以及法律、法规授权的具有管理公共事务职能、在法定授权范围内实施行政处罚的组织。

第三条 行政执法机关在依法查处违法行为过程中,发现违法事实涉及的金额、违法事实的情节、违法事实造成的后果等,根据刑法关于破坏社会主义市场经济秩序罪、妨害社会管理秩序罪等罪的规定和最高人民法院、最高人民检察院关于破坏社会主义市场经济秩序罪、妨害社会管理秩序罪等罪的司法解释以及最高人民检察院、公安部关于经济犯罪案件的追诉标准等规定,涉嫌构成犯罪,依法需要追究刑事责任的,必须依照本规定向公安机关移送。

知识产权领域的违法案件,行政执法机关根据调查收集的证据和查明的案件事实,认为存在犯罪的合理嫌疑,需要公安机关采取措施进一步获取证据以判断是否达到刑事案件立案追诉标准的,应当向公安机关移送。

第四条 行政执法机关在查处违法行为过程中,必须妥善保存所收集的与违法行为有关的证据。

行政执法机关对查获的涉案物品,应当如实填写涉案物品清单,并按照国家有关规定予以处理。对易腐烂、变质等不宜或者不易保管的涉案物品,应当采取必要措施,留取证据;对需要进行检验、鉴定的涉案物品,应当由法定检验、鉴定机构进行检验、鉴定,并出具检验报告或者鉴定结论。

第五条 行政执法机关对应当向公安机关移送的涉嫌犯罪案件,应当立即指定2名或者2名以上行政执法人员组成专案组专门负责,核实情况后提出移送涉嫌犯罪案件的书面报告,报经本机关正职负责人或者主持工作的负责人审批。

行政执法机关正职负责人或者主持工作的负责人应当自接到报告之日起3日内作出批准移送或者不批准移送的决定。决定批准的,应当在24小时内向同级公安机关移送;决定不批准的,应当将不予批准的理由记录在案。

第六条 行政执法机关向公安机关移送涉嫌犯罪案件,应当附有下列材料:

(一)涉嫌犯罪案件移送书;
(二)涉嫌犯罪案件情况的调查报告;
(三)涉案物品清单;
(四)有关检验报告或者鉴定结论;
(五)其他有关涉嫌犯罪的材料。

第七条 公安机关对行政执法机关移送的涉嫌犯罪案件,应当在涉嫌犯罪案件移送书的回执上签字;其中,不属于本机关管辖的,应当在24小时内转送有管辖权的机关,并书面告知移送案件的行政执法机关。

第八条 公安机关应当自接受行政执法机关移送的涉嫌犯罪案件之日起3日内,依照刑法、刑事诉讼法以及最高人民法院、最高人民检察院关于立案标准和公安部关于公安机关办理刑事案件程序的规定,对所移送的案件进行审查。认为有犯罪事实,需要追究刑事责任,依法决定立案的,应当书面通知移送案件的行政执法机关;认为没有犯罪事实,或者犯罪事实显著轻微,不需要追究刑事责任,依法不予立案的,应当说明理由,并书面通知移送案件的行政执法机关,相应退回案卷材料。

第九条 行政执法机关接到公安机关不予立案的通知书后,认为依法应当由公安机关决定立案的,可以自接到不予立案通知书之日起3日内,提请作出不予立案决定的公安机关复议,也可以建议人民检察院依法进行立案监督。

作出不予立案决定的公安机关应当自收到行

政执法机关提请复议的文件之日起3日内作出立案或者不予立案的决定，并书面通知移送案件的行政执法机关。移送案件的行政执法机关对公安机关不予立案的复议决定仍有异议的，应当自收到复议决定通知书之日起3日内建议人民检察院依法进行立案监督。

公安机关应当接受人民检察院依法进行的立案监督。

第十条　行政执法机关对公安机关决定不予立案的案件，应当依法作出处理；其中，依照有关法律、法规或者规章的规定应当给予行政处罚的，应当依法实施行政处罚。

第十一条　行政执法机关对应当向公安机关移送的涉嫌犯罪案件，不得以行政处罚代替移送。

行政执法机关向公安机关移送涉嫌犯罪案件前已经作出的警告，责令停产停业，暂扣或者吊销许可证、暂扣或者吊销执照的行政处罚决定，不停止执行。

依照行政处罚法的规定，行政执法机关向公安机关移送涉嫌犯罪案件前，已经依法给予当事人罚款的，人民法院判处罚金时，依法折抵相应罚金。

第十二条　行政执法机关对公安机关决定立案的案件，应当自接到立案通知书之日起3日内将涉案物品以及与案件有关的其他材料移交公安机关，并办结交接手续；法律、行政法规另有规定的，依照其规定。

第十三条　公安机关对发现的违法行为，经审查，没有犯罪事实，或者立案侦查后认为犯罪事实显著轻微，不需要追究刑事责任，但依法应当追究行政责任的，应当及时将案件移送同级行政执法机关，有关行政执法机关应当依法作出处理。

第十四条　行政执法机关移送涉嫌犯罪案件，应当接受人民检察院和监察机关依法实施的监督。

任何单位和个人对行政执法机关违反本规定，应当向公安机关移送涉嫌犯罪案件而不移送的，有权向人民检察院、监察机关或者上级行政执法机关举报。

第十五条　行政执法机关违反本规定，隐匿、私分、销毁涉案物品的，由本级或者上级人民政府，或者实行垂直管理的上级行政执法机关，对其正职负责人根据情节轻重，给予降级以上的处分；构成犯罪的，依法追究刑事责任。

对前款所列行为直接负责的主管人员和其他直接责任人员，比照前款的规定给予处分；构成犯罪的，依法追究刑事责任。

第十六条　行政执法机关违反本规定，逾期不将案件移送公安机关的，由本级或者上级人民政府，或者实行垂直管理的上级行政执法机关，责令限期移送，并对其正职负责人或者主持工作的负责人根据情节轻重，给予记过以上的处分；构成犯罪的，依法追究刑事责任。

行政执法机关违反本规定，对应当向公安机关移送的案件不移送，或者以行政处罚代替移送的，由本级或者上级人民政府，或者实行垂直管理的上级行政执法机关，责令改正，给予通报；拒不改正的，对其正职负责人或者主持工作的负责人给予记过以上的处分；构成犯罪的，依法追究刑事责任。

对本条第一款、第二款所列行为直接负责的主管人员和其他直接责任人员，分别比照前两款的规定给予处分；构成犯罪的，依法追究刑事责任。

第十七条　公安机关违反本规定，不接受行政执法机关移送的涉嫌犯罪案件，或者逾期不作出立案或者不予立案的决定的，除由人民检察院依法实施立案监督外，由本级或者上级人民政府责令改正，对其正职负责人根据情节轻重，给予记过以上的处分；构成犯罪的，依法追究刑事责任。

对前款所列行为直接负责的主管人员和其他直接责任人员，比照前款的规定给予处分；构成犯罪的，依法追究刑事责任。

第十八条　有关机关存在本规定第十五条、第十六条、第十七条所列违法行为，需要由监察机关依法给予违法的公职人员政务处分的，该机关及其上级主管机关或者有关人民政府应当按照有关规定将相关案件线索移送监察机关处理。

第十九条　行政执法机关在依法查处违法行为过程中，发现公职人员有贪污贿赂、失职渎职或者利用职权侵犯公民人身权利和民主权利等违法行为，涉嫌构成职务犯罪的，应当依照刑法、刑事诉讼法、监察法等法律规定及时将案件线索移送监察机关或者人民检察院处理。

第二十条　本规定自公布之日起施行。

公安机关办理刑事案件程序规定

- 2012年12月13日公安部令第127号修订发布
- 根据2020年7月20日《公安部关于修改〈公安机关办理刑事案件程序规定〉的决定》修订

第一章 任务和基本原则

第一条 为了保障《中华人民共和国刑事诉讼法》的贯彻实施，保证公安机关在刑事诉讼中正确履行职权，规范办案程序，确保办案质量，提高办案效率，制定本规定。

第二条 公安机关在刑事诉讼中的任务，是保证准确、及时地查明犯罪事实，正确应用法律，惩罚犯罪分子，保障无罪的人不受刑事追究，教育公民自觉遵守法律，积极同犯罪行为作斗争，维护社会主义法制，尊重和保障人权，保护公民的人身权利、财产权利、民主权利和其他权利，保障社会主义建设事业的顺利进行。

第三条 公安机关在刑事诉讼中的基本职权，是依照法律对刑事案件立案、侦查、预审；决定、执行强制措施；对依法不追究刑事责任的不予立案，已经追究的撤销案件；对侦查终结应当起诉的案件，移送人民检察院审查决定；对不够刑事处罚的犯罪嫌疑人需要行政处理的，依法予以处理或者移送有关部门；对被判处有期徒刑的罪犯，在被交付执行刑罚前，剩余刑期在三个月以下的，代为执行刑罚；执行拘役、剥夺政治权利、驱逐出境。

第四条 公安机关进行刑事诉讼，必须依靠群众，以事实为根据，以法律为准绳。对于一切公民，在适用法律上一律平等，在法律面前，不允许有任何特权。

第五条 公安机关进行刑事诉讼，同人民法院、人民检察院分工负责，互相配合，互相制约，以保证准确有效地执行法律。

第六条 公安机关进行刑事诉讼，依法接受人民检察院的法律监督。

第七条 公安机关进行刑事诉讼，应当建立、完善和严格执行办案责任制度、执法过错责任追究制度等内部执法监督制度。

在刑事诉讼中，上级公安机关发现下级公安机关作出的决定或者办理的案件有错误的，有权予以撤销或者变更，也可以指令下级公安机关予以纠正。

下级公安机关对上级公安机关的决定必须执行，如果认为有错误，可以在执行的同时向上级公安机关报告。

第八条 公安机关办理刑事案件，应当重证据，重调查研究，不轻信口供。严禁刑讯逼供和以威胁、引诱、欺骗以及其他非法方法收集证据，不得强迫任何人证实自己有罪。

第九条 公安机关在刑事诉讼中，应当保障犯罪嫌疑人、被告人和其他诉讼参与人依法享有的辩护权和其他诉讼权利。

第十条 公安机关办理刑事案件，应当向同级人民检察院提请批准逮捕、移送审查起诉。

第十一条 公安机关办理刑事案件，对不通晓当地通用的语言文字的诉讼参与人，应当为他们翻译。

在少数民族聚居或者多民族杂居的地区，应当使用当地通用的语言进行讯问。对外公布的诉讼文书，应当使用当地通用的文字。

第十二条 公安机关办理刑事案件，各地区、各部门之间应当加强协作和配合，依法履行协查、协办职责。

上级公安机关应当加强监督、协调和指导。

第十三条 根据《中华人民共和国引渡法》《中华人民共和国国际刑事司法协助法》，中华人民共和国缔结或者参加的国际条约和公安部签订的双边、多边合作协议，或者按照互惠原则，我国公安机关可以和外国警察机关开展刑事司法协助和警务合作。

第二章 管 辖

第十四条 根据刑事诉讼法的规定，除下列情形外，刑事案件由公安机关管辖：

（一）监察机关管辖的职务犯罪案件；

（二）人民检察院管辖的在对诉讼活动实行法律监督中发现的司法工作人员利用职权实施的非法拘禁、刑讯逼供、非法搜查等侵犯公民权利、损害司法公正的犯罪，以及经省级以上人民检察院决定立案侦查的公安机关管辖的国家机关工作人员利用职权实施的重大犯罪案件；

（三）人民法院管辖的自诉案件。对于人民法院直接受理的被害人有证据证明的轻微刑事案件,因证据不足驳回起诉,人民法院移送公安机关或者被害人向公安机关控告的,公安机关应当受理;被害人直接向公安机关控告的,公安机关应当受理;

(四)军队保卫部门管辖的军人违反职责的犯罪和军队内部发生的刑事案件;

(五)监狱管辖的罪犯在监狱内犯罪的刑事案件;

(六)海警部门管辖的海(岛屿)岸线以外我国管辖海域内发生的刑事案件。对于发生在沿海港岙口、码头、滩涂、台轮停泊点等区域的,由公安机关管辖;

(七)其他依照法律和规定应当由其他机关管辖的刑事案件。

第十五条 刑事案件由犯罪地的公安机关管辖。如果由犯罪嫌疑人居住地的公安机关管辖更为适宜的,可以由犯罪嫌疑人居住地的公安机关管辖。

法律、司法解释或者其他规范性文件对有关犯罪案件的管辖作出特别规定的,从其规定。

第十六条 犯罪地包括犯罪行为发生地和犯罪结果发生地。犯罪行为发生地,包括犯罪行为的实施地以及预备地、开始地、途经地、结束地等与犯罪行为有关的地点;犯罪行为有连续、持续或者继续状态的,犯罪行为连续、持续或者继续实施的地方都属于犯罪行为发生地。犯罪结果发生地,包括犯罪对象被侵害地、犯罪所得的实际取得地、藏匿地、转移地、使用地、销售地。

居住地包括户籍所在地、经常居住地。经常居住地是指公民离开户籍所在地最后连续居住一年以上的地方,但住院就医的除外。单位登记的住所地为其居住地。主要营业地或者主要办事机构所在地与登记的住所地不一致的,主要营业地或者主要办事机构所在地为其居住地。

第十七条 针对或者主要利用计算机网络实施的犯罪,用于实施犯罪行为的网络服务使用的服务器所在地,网络服务提供者所在地,被侵害的网络信息系统及其管理者所在地,以及犯罪过程中犯罪嫌疑人、被害人使用的网络信息系统所在地,被害人被侵害时所在地和被害人财产遭受损失地公安机关可以管辖。

第十八条 行驶中的交通工具上发生的刑事案件,由交通工具最初停靠地公安机关管辖;必要时,交通工具始发地、途经地、目的地公安机关也可以管辖。

第十九条 在中华人民共和国领域外的中国航空器内发生的刑事案件,由该航空器在中国最初降落地的公安机关管辖。

第二十条 中国公民在中国驻外使、领馆内的犯罪,由其主管单位所在地或者原户籍地的公安机关管辖。

中国公民在中华人民共和国领域外的犯罪,由其入境地、离境前居住地或者现居住地的公安机关管辖;被害人是中国公民的,也可由被害人离境前居住地或者现居住地的公安机关管辖。

第二十一条 几个公安机关都有权管辖的刑事案件,由最初受理的公安机关管辖。必要时,可以由主要犯罪地的公安机关管辖。

具有下列情形之一的,公安机关可以在职责范围内并案侦查:

(一)一人犯数罪的;

(二)共同犯罪的;

(三)共同犯罪的犯罪嫌疑人还实施其他犯罪的;

(四)多个犯罪嫌疑人实施的犯罪存在关联,并案处理有利于查明犯罪事实的。

第二十二条 对管辖不明确或者有争议的刑事案件,可以由有关公安机关协商。协商不成的,由共同的上级公安机关指定管辖。

对情况特殊的刑事案件,可以由共同的上级公安机关指定管辖。

提请上级公安机关指定管辖时,应当在有关材料中列明犯罪嫌疑人基本情况、涉嫌罪名、案件基本事实、管辖争议情况、协商情况和指定管辖理由,经公安机关负责人批准后,层报有权指定管辖的上级公安机关。

第二十三条 上级公安机关指定管辖的,应当将指定管辖决定书分别送达被指定管辖的公安机关和其他有关的公安机关,并根据办案需要抄送同级人民法院、人民检察院。

原受理案件的公安机关,在收到上级公安机关指定其他公安机关管辖的决定书后,不再行使管辖权,同时应当将犯罪嫌疑人、涉案财物以及案卷材料等移送被指定管辖的公安机关。

对指定管辖的案件,需要逮捕犯罪嫌疑人的,由被指定管辖的公安机关提请同级人民检察院审查批准;需要提起公诉的,由该公安机关移送同级人民检察院审查决定。

第二十四条　县级公安机关负责侦查发生在本辖区内的刑事案件。

设区的市一级以上公安机关负责下列犯罪中重大案件的侦查:

(一)危害国家安全犯罪;

(二)恐怖活动犯罪;

(三)涉外犯罪;

(四)经济犯罪;

(五)集团犯罪;

(六)跨区域犯罪。

上级公安机关认为有必要的,可以侦查下级公安机关管辖的刑事案件;下级公安机关认为案情重大需要上级公安机关侦查的刑事案件,可以请求上一级公安机关管辖。

第二十五条　公安机关内部对刑事案件的管辖,按照刑事侦查机构的设置及其职责分工确定。

第二十六条　铁路公安机关管辖铁路系统的机关、厂、段、院、校、所、队、工区等单位发生的刑事案件,车站工作区域内、列车内发生的刑事案件,铁路沿线发生的盗窃或者破坏铁路、通信、电力线路和其他重要设施的刑事案件,以及内部职工在铁路线上工作时发生的刑事案件。

铁路系统的计算机信息系统延伸到地方涉及铁路业务的网点,其计算机信息系统发生的刑事案件由铁路公安机关管辖。

对倒卖、伪造、变造火车票的刑事案件,由最初受理案件的铁路公安机关或者地方公安机关管辖。必要时,可以移送主要犯罪地的铁路公安机关或者地方公安机关管辖。

在列车上发生的刑事案件,犯罪嫌疑人在列车运行途中被抓获的,由前方停靠站所在地的铁路公安机关管辖;必要时,也可以由列车始发站、终点站所在地的铁路公安机关管辖。犯罪嫌疑人不是在列车运行途中被抓获的,由负责该列车乘务的铁路公安机关管辖;但在列车运行途经的车站被抓获的,也可以由该车站所在地的铁路公安机关管辖。

在国际列车上发生的刑事案件,根据我国与相关国家签订的协定确定管辖;没有协定的,由该列车始发或者前方停靠的中国车站所在地的铁路公安机关管辖。

铁路建设施工工地发生的刑事案件由地方公安机关管辖。

第二十七条　民航公安机关管辖民航系统的机关、厂、段、院、校、所、队、工区等单位、机场工作区域内、民航飞机内发生的刑事案件。

重大飞行事故刑事案件由犯罪结果发生地机场公安机关管辖。犯罪结果发生地未设机场公安机关或者不在机场公安机关管辖范围内的,由地方公安机关管辖,有关机场公安机关予以协助。

第二十八条　海关走私犯罪侦查机构管辖中华人民共和国海关关境内发生的涉税走私犯罪和发生在海关监管区内的非涉税走私犯罪等刑事案件。

第二十九条　公安机关侦查的刑事案件的犯罪嫌疑人涉及监察机关管辖的案件时,应当及时与同级监察机关协商,一般应当由监察机关为主调查,公安机关予以协助。

第三十条　公安机关侦查的刑事案件涉及人民检察院管辖的案件时,应当将属于人民检察院管辖的刑事案件移送人民检察院。涉嫌主罪属于公安机关管辖的,由公安机关为主侦查;涉嫌主罪属于人民检察院管辖的,公安机关予以配合。

公安机关侦查的刑事案件涉及其他侦查机关管辖的案件时,参照前款规定办理。

第三十一条　公安机关和军队互涉刑事案件的管辖分工按照有关规定办理。

公安机关和武装警察部队互涉刑事案件的管辖分工依照公安机关和军队互涉刑事案件的管辖分工的原则办理。

第三章　回　避

第三十二条　公安机关负责人、侦查人员有下列情形之一的,应当自行提出回避申请,没有自行提出回避申请的,应当责令其回避,当事人及其法定代理人也有权要求他们回避:

(一)是本案的当事人或者是当事人的近亲属的;

(二)本人或者他的近亲属和本案有利害关系的;

(三)担任过本案的证人、鉴定人、辩护人、诉讼代理人的;

(四)与本案当事人有其他关系,可能影响公正处理案件的。

第三十三条 公安机关负责人、侦查人员不得有下列行为：

（一）违反规定会见本案当事人及其委托人；

（二）索取、接受本案当事人及其委托人的财物或者其他利益；

（三）接受本案当事人及其委托人的宴请，或者参加由其支付费用的活动；

（四）其他可能影响案件公正办理的不正当行为。

违反前款规定的，应当责令其回避并依法追究法律责任。当事人及其法定代理人有权要求其回避。

第三十四条 公安机关负责人、侦查人员自行提出回避申请的，应当说明回避的理由；口头提出申请的，公安机关应当记录在案。

当事人及其法定代理人要求公安机关负责人、侦查人员回避，应当提出申请，并说明理由；口头提出申请的，公安机关应当记录在案。

第三十五条 侦查人员的回避，由县级以上公安机关负责人决定；县级以上公安机关负责人的回避，由同级人民检察院检察委员会决定。

第三十六条 当事人及其法定代理人对侦查人员提出回避申请的，公安机关应当在收到回避申请后二日以内作出决定并通知申请人；情况复杂的，经县级以上公安机关负责人批准，可以在收到回避申请后五日以内作出决定。

当事人及其法定代理人对县级以上公安机关负责人提出回避申请的，公安机关应当及时将申请移送同级人民检察院。

第三十七条 当事人及其法定代理人对驳回申请回避的决定不服的，可以在收到驳回申请回避决定书后五日以内向作出决定的公安机关申请复议。

公安机关应当在收到复议申请后五日以内作出复议决定并书面通知申请人。

第三十八条 在作出回避决定前，申请或者被申请回避的公安机关负责人、侦查人员不得停止对案件的侦查。

作出回避决定后，申请或者被申请回避的公安机关负责人、侦查人员不得再参与本案的侦查工作。

第三十九条 被决定回避的公安机关负责人、侦查人员在回避决定作出以前所进行的诉讼活动是否有效，由作出决定的机关根据案件情况决定。

第四十条 本章关于回避的规定适用于记录人、翻译人员和鉴定人。

记录人、翻译人员和鉴定人需要回避的，由县级以上公安机关负责人决定。

第四十一条 辩护人、诉讼代理人可以依照本章的规定要求回避、申请复议。

第四章 律师参与刑事诉讼

第四十二条 公安机关应当保障辩护律师在侦查阶段依法从事下列执业活动：

（一）向公安机关了解犯罪嫌疑人涉嫌的罪名和案件有关情况，提出意见；

（二）与犯罪嫌疑人会见和通信，向犯罪嫌疑人了解案件有关情况；

（三）为犯罪嫌疑人提供法律帮助、代理申诉、控告；

（四）为犯罪嫌疑人申请变更强制措施。

第四十三条 公安机关在第一次讯问犯罪嫌疑人或者对犯罪嫌疑人采取强制措施的时候，应当告知犯罪嫌疑人有权委托律师作为辩护人，并告知其如果因经济困难或者其他原因没有委托辩护律师的，可以向法律援助机构申请法律援助。告知的情形应当记录在案。

对于同案的犯罪嫌疑人委托同一名辩护律师的，或者两名以上未同案处理但实施的犯罪存在关联的犯罪嫌疑人委托同一名辩护律师的，公安机关应当要求其更换辩护律师。

第四十四条 犯罪嫌疑人可以自己委托辩护律师。犯罪嫌疑人在押的，也可以由其监护人、近亲属代为委托辩护律师。

犯罪嫌疑人委托辩护律师的请求可以书面提出，也可以口头提出。口头提出的，公安机关应当制作笔录，由犯罪嫌疑人签名、捺指印。

第四十五条 在押的犯罪嫌疑人向看守所提出委托辩护律师要求的，看守所应当及时将其请求转达给办案部门，办案部门应当及时向犯罪嫌疑人委托的辩护律师或者律师事务所转达该项请求。

在押的犯罪嫌疑人仅提出委托辩护律师的要求，但提不出具体对象的，办案部门应当及时通知犯罪嫌疑人的监护人、近亲属代为委托辩护律师。

犯罪嫌疑人无监护人或者近亲属的,办案部门应当及时通知当地律师协会或者司法行政机关为其推荐辩护律师。

第四十六条 符合下列情形之一,犯罪嫌疑人没有委托辩护人的,公安机关应当自发现该情形之日起三日以内通知法律援助机构为犯罪嫌疑人指派辩护律师:

(一)犯罪嫌疑人是盲、聋、哑人,或者是尚未完全丧失辨认或者控制自己行为能力的精神病人;

(二)犯罪嫌疑人可能被判处无期徒刑、死刑。

第四十七条 公安机关收到在押的犯罪嫌疑人提出的法律援助申请后,应当在二十四小时以内将其申请转交所在地的法律援助机构,并在三日以内通知申请人的法定代理人、近亲属或者其委托的其他人员协助提供有关证件、证明等相关材料。犯罪嫌疑人的法定代理人、近亲属或者其委托的其他人员地址不详无法通知的,应当在转交申请时一并告知法律援助机构。

犯罪嫌疑人拒绝法律援助机构指派的律师作为辩护人或者自行委托辩护人的,公安机关应当在三日以内通知法律援助机构。

第四十八条 辩护律师接受犯罪嫌疑人委托或者法律援助机构的指派后,应当及时告知公安机关并出示律师执业证书、律师事务所证明和委托书或者法律援助公函。

第四十九条 犯罪嫌疑人、被告人入所羁押时没有委托辩护人,法律援助机构也没有指派律师提供辩护的,看守所应当告知其有权约见值班律师,获得法律咨询、程序选择建议、申请变更强制措施、对案件处理提出意见等法律帮助,并为犯罪嫌疑人、被告人约见值班律师提供便利。

没有委托辩护人、法律援助机构没有指派律师提供辩护的犯罪嫌疑人、被告人,向看守所申请由值班律师提供法律帮助的,看守所应当在二十四小时内通知值班律师。

第五十条 辩护律师向公安机关了解案件有关情况的,公安机关应当依法将犯罪嫌疑人涉嫌的罪名以及当时已查明的该罪的主要事实,犯罪嫌疑人被采取、变更、解除强制措施,延长侦查羁押期限等案件有关情况,告知接受委托或者指派的辩护律师,并记录在案。

第五十一条 辩护律师可以同在押或者被监视居住的犯罪嫌疑人会见、通信。

第五十二条 对危害国家安全犯罪案件、恐怖活动犯罪案件,办案部门应当在将犯罪嫌疑人送看守所羁押时书面通知看守所;犯罪嫌疑人被监视居住的,应当在送交执行时书面通知执行机关。

辩护律师在侦查期间要求会见前款规定案件的在押或者被监视居住的犯罪嫌疑人,应当向办案部门提出申请。

对辩护律师提出的会见申请,办案部门应当在收到申请后三日以内,报经县级以上公安机关负责人批准,作出许可或者不许可的决定,书面通知辩护律师,并及时通知看守所或者执行监视居住的部门。除有碍侦查或者可能泄露国家秘密的情形外,应当作出许可的决定。

公安机关不许可会见的,应当说明理由。有碍侦查或者可能泄露国家秘密的情形消失后,公安机关应当许可会见。

有下列情形之一的,属于本条规定的"有碍侦查":

(一)可能毁灭、伪造证据,干扰证人作证或者串供的;

(二)可能引起犯罪嫌疑人自残、自杀或者逃跑的;

(三)可能引起同案犯逃避、妨碍侦查的;

(四)犯罪嫌疑人的家属与犯罪有牵连的。

第五十三条 辩护律师要求会见在押的犯罪嫌疑人,看守所应当在查验其律师执业证书、律师事务所证明和委托书或者法律援助公函后,在四十八小时以内安排律师会见到犯罪嫌疑人,同时通知办案部门。

侦查期间,辩护律师会见危害国家安全犯罪案件、恐怖活动犯罪案件在押或者被监视居住的犯罪嫌疑人时,看守所或者监视居住执行机关还应当查验侦查机关的许可决定文书。

第五十四条 辩护律师会见在押或者被监视居住的犯罪嫌疑人需要聘请翻译人员的,应当向办案部门提出申请。办案部门应当在收到申请后三日以内,报经县级以上公安机关负责人批准,作出许可或者不许可的决定,书面通知辩护律师。对于具有本规定第三十二条所列情形之一的,作出不予许可的决定,并通知其更换;不具有相关情形的,应当许可。

翻译人员参与会见的，看守所或者监视居住执行机关应当查验公安机关的许可决定文书。

第五十五条 辩护律师会见在押或者被监视居住的犯罪嫌疑人时，看守所或者监视居住执行机关应当采取必要的管理措施，保障会见顺利进行，并告知其遵守会见的有关规定。辩护律师会见犯罪嫌疑人时，公安机关不得监听，不得派员在场。

辩护律师会见在押或者被监视居住的犯罪嫌疑人时，违反法律规定或者会见的规定的，看守所或者监视居住执行机关应当制止。对于严重违反规定或者不听劝阻的，可以决定停止本次会见，并及时通报其所在的律师事务所、所属的律师协会以及司法行政机关。

第五十六条 辩护人或者其他任何人在刑事诉讼中，违反法律规定，实施干扰诉讼活动行为的，应当依法追究法律责任。

辩护人实施干扰诉讼活动行为，涉嫌犯罪，属于公安机关管辖的，应当由办理辩护人所办案件的公安机关报请上一级公安机关指定其他公安机关立案侦查，或者由上一级公安机关立案侦查。不得指定原承办案件公安机关的下级公安机关立案侦查。辩护人是律师的，立案侦查的公安机关应当及时通知其所在的律师事务所、所属的律师协会以及司法行政机关。

第五十七条 辩护律师对在执业活动中知悉的委托人的有关情况和信息，有权予以保密。但是，辩护律师在执业活动中知悉委托人或者其他人，准备或者正在实施危害国家安全、公共安全以及严重危害他人人身安全的犯罪的，应当及时告知司法机关。

第五十八条 案件侦查终结前，辩护律师提出要求的，公安机关应当听取辩护律师的意见，根据情况进行核实，并记录在案。辩护律师提出书面意见的，应当附卷。

对辩护律师收集的犯罪嫌疑人不在犯罪现场、未达到刑事责任年龄、属于依法不负刑事责任的精神病人的证据，公安机关应当进行核实并将有关情况记录在案，有关证据应附卷。

第五章 证　据

第五十九条 可以用于证明案件事实的材料，都是证据。

证据包括：

（一）物证；
（二）书证；
（三）证人证言；
（四）被害人陈述；
（五）犯罪嫌疑人供述和辩解；
（六）鉴定意见；
（七）勘验、检查、侦查实验、搜查、查封、扣押、提取、辨认等笔录；
（八）视听资料、电子数据。

证据必须经过查证属实，才能作为认定案件事实的根据。

第六十条 公安机关必须依照法定程序，收集、调取能够证实犯罪嫌疑人有罪或者无罪、犯罪情节轻重的各种证据。必须保证一切与案件有关或者了解案情的公民，有客观地充分地提供证据的条件，除特殊情况外，可以吸收他们协助调查。

第六十一条 公安机关向有关单位和个人收集、调取证据时，应当告知其必须如实提供证据。

对涉及国家秘密、商业秘密、个人隐私的证据，应当保密。

对于伪造证据、隐匿证据或者毁灭证据的，应当追究其法律责任。

第六十二条 公安机关向有关单位和个人调取证据，应当经办案部门负责人批准，开具调取证据通知书，明确调取的证据和提供时限。被调取单位及其经办人、持有证据的个人应当在通知书上盖章或者签名，拒绝盖章或者签名的，公安机关应当注明。必要时，应当采用录音录像方式固定证据内容及取证过程。

第六十三条 公安机关接受或者依法调取的行政机关在行政执法和查办案件过程中收集的物证、书证、视听资料、电子数据、鉴定意见、勘验笔录、检查笔录等证据材料，经公安机关审查符合法定要求的，可以作为证据使用。

第六十四条 收集、调取的物证应当是原物。只有在原物不便搬运、不易保存或者依法应当由有关部门保管、处理或者依法应当返还时，才可以拍摄或者制作足以反映原物外形或者内容的照片、录像或者复制品。

物证的照片、录像或者复制品经与原物核实无误或者经鉴定证明为真实的，或者以其他方式确能证明其真实的，可以作为证据使用。原物的照片、录像或者复制品,不能反映原物的外形和特征的,不能作为证据使用。

第六十五条 收集、调取的书证应当是原件。只有在取得原件确有困难时,才可以使用副本或者复制件。

书证的副本、复制件,经与原件核实无误或者经鉴定证明为真实的,或者以其他方式确能证明其真实的,可以作为证据使用。书证有更改或者更改迹象不能作出合理解释的,或者书证的副本、复制件不能反映书证原件及其内容的,不能作为证据使用。

第六十六条 收集、调取电子数据,能够扣押电子数据原始存储介质的,应当扣押原始存储介质,并制作笔录,予以封存。

确因客观原因无法扣押原始存储介质的,可以现场提取或者网络在线提取电子数据。无法扣押原始存储介质,也无法现场提取或者网络在线提取的,可以采取打印、拍照或者录音录像等方式固定相关证据,并在笔录中注明原因。

收集、调取的电子数据,足以保证完整性,无删除、修改、增加等情形的,可以作为证据使用。经审查无法确定真伪,或者制作、取得的时间、地点、方式等有疑问,不能提供必要证明或者作出合理解释的,不能作为证据使用。

第六十七条 物证的照片、录像或者复制品,书证的副本、复制件,视听资料、电子数据的复制件,应当附有关制作过程及原件、原物存放处的文字说明,并由制作人和物品持有人或者物品持有单位有关人员签名。

第六十八条 公安机关提请批准逮捕书、起诉意见书必须忠实于事实真象。故意隐瞒事实真象的,应当依法追究责任。

第六十九条 需要查明的案件事实包括:
(一)犯罪行为是否存在;
(二)实施犯罪行为的时间、地点、手段、后果以及其他情节;
(三)犯罪行为是否为犯罪嫌疑人实施;
(四)犯罪嫌疑人的身份;
(五)犯罪嫌疑人实施犯罪行为的动机、目的;
(六)犯罪嫌疑人的责任以及与其他同案人的关系;
(七)犯罪嫌疑人有无法定从重、从轻、减轻处罚以及免除处罚的情节;
(八)其他与案件有关的事实。

第七十条 公安机关移送审查起诉的案件,应当做到犯罪事实清楚,证据确实、充分。

证据确实、充分,应当符合以下条件:
(一)认定的案件事实都有证据证明;
(二)认定案件事实的证据均经法定程序查证属实;
(三)综合全案证据,对所认定事实已排除合理怀疑。

对证据的审查,应当结合案件的具体情况,从各证据与待证事实的关联程度、各证据之间的联系等方面进行审查判断。

只有犯罪嫌疑人供述,没有其他证据的,不能认定案件事实;没有犯罪嫌疑人供述,证据确实、充分的,可以认定案件事实。

第七十一条 采用刑讯逼供等非法方法收集的犯罪嫌疑人供述和采用暴力、威胁等非法方法收集的证人证言、被害人陈述,应当予以排除。

收集物证、书证、视听资料、电子数据违反法定程序,可能严重影响司法公正的,应当予以补正或者作出合理解释;不能补正或者作出合理解释的,对该证据应当予以排除。

在侦查阶段发现有应当排除的证据的,经县级以上公安机关负责人批准,应当依法予以排除,不得作为提请批准逮捕、移送审查起诉的依据。

人民检察院认为可能存在以非法方法收集证据情形,要求公安机关进行说明的,公安机关应当及时进行调查,并向人民检察院作出书面说明。

第七十二条 人民法院认为现有证据材料不能证明证据收集的合法性,通知有关侦查人员或者公安机关其他人员出庭说明情况的,有关侦查人员或者其他人员应当出庭。必要时,有关侦查人员或者其他人员也可以要求出庭说明情况。侦查人员或者其他人员出庭,应当向法庭说明证据收集过程,并就相关情况接受发问。

经人民法院通知,人民警察应当就其执行职务时目击的犯罪情况出庭作证。

第七十三条 凡是知道案件情况的人,都有作证的义务。

生理上、精神上有缺陷或者年幼,不能辨别是非,不能正确表达的人,不能作证人。

对于证人能否辨别是非,能否正确表达,必要时可以进行审查或者鉴别。

第七十四条 公安机关应当保障证人及其近亲属的安全。

对证人及其近亲属进行威胁、侮辱、殴打或者打击报复,构成犯罪的,依法追究刑事责任;尚不够刑事处罚的,依法给予治安管理处罚。

第七十五条 对危害国家安全犯罪、恐怖活动犯罪、黑社会性质的组织犯罪、毒品犯罪等案件,证人、鉴定人、被害人因在侦查过程中作证,本人或者其近亲属的人身安全面临危险的,公安机关应当采取以下一项或者多项保护措施:

(一)不公开真实姓名、住址、通讯方式和工作单位等个人信息;

(二)禁止特定的人员接触被保护人;

(三)对被保护人的人身和住宅采取专门性保护措施;

(四)将被保护人带到安全场所保护;

(五)变更被保护人的住所和姓名;

(六)其他必要的保护措施。

证人、鉴定人、被害人认为因在侦查过程中作证,本人或者其近亲属的人身安全面临危险,向公安机关请求予以保护,公安机关经审查认为符合前款规定的条件,确有必要采取保护措施的,应当采取上述一项或者多项保护措施。

公安机关依法采取保护措施,可以要求有关单位和个人配合。

案件移送审查起诉时,应当将采取保护措施的相关情况一并移交人民检察院。

第七十六条 公安机关依法决定不公开证人、鉴定人、被害人的真实姓名、住址、通讯方式和工作单位等个人信息的,可以在起诉意见书、询问笔录等法律文书、证据材料中使用化名等代替证人、鉴定人、被害人的个人信息。但是,应当另行书面说明使用化名的情况并标明密级,单独成卷。

第七十七条 证人保护工作所必需的人员、经费、装备等,应当予以保障。

证人因履行作证义务而支出的交通、住宿、就餐等费用,应当给予补助。证人作证的补助列入公安机关业务经费。

第六章 强制措施

第一节 拘 传

第七十八条 公安机关根据案件情况对需要拘传的犯罪嫌疑人,或者经过传唤没有正当理由不到案的犯罪嫌疑人,可以拘传到其所在市、县公安机关执法办案场所进行讯问。

需要拘传的,应当填写呈请拘传报告书,并附有关材料,报县级以上公安机关负责人批准。

第七十九条 公安机关拘传犯罪嫌疑人应当出示拘传证,并责令其在拘传证上签名、捺指印。

犯罪嫌疑人到案后,应当责令其在拘传证上填写到案时间;拘传结束后,应当由其在拘传证上填写拘传结束时间。犯罪嫌疑人拒绝填写的,侦查人员应当在拘传证上注明。

第八十条 拘传持续的时间不得超过十二小时;案情特别重大、复杂,需要采取拘留、逮捕措施的,经县级以上公安机关负责人批准,拘传持续的时间不得超过二十四小时。不得以连续拘传的形式变相拘禁犯罪嫌疑人。

拘传期限届满,未作出采取其他强制措施决定的,应当立即结束拘传。

第二节 取保候审

第八十一条 公安机关对具有下列情形之一的犯罪嫌疑人,可以取保候审:

(一)可能判处管制、拘役或者独立适用附加刑的;

(二)可能判处有期徒刑以上刑罚,采取取保候审不致发生社会危险性的;

(三)患有严重疾病、生活不能自理,怀孕或者正在哺乳自己婴儿的妇女,采取取保候审不致发生社会危险性的;

(四)羁押期限届满,案件尚未办结,需要继续侦查的。

对拘留的犯罪嫌疑人,证据不符合逮捕条件,以及提请逮捕后,人民检察院不批准逮捕,需要继续侦查,并且符合取保候审条件的,可以依法取保候审。

第八十二条 对累犯,犯罪集团的主犯,以自伤、自残办法逃避侦查的犯罪嫌疑人,严重暴力犯罪以及其他严重犯罪的犯罪嫌疑人不得取保候审,但犯罪嫌疑人具有本规定第八十一条第一款第三项、第四项规定情形的除外。

第八十三条 需要对犯罪嫌疑人取保候审的,应当制作呈请取保候审报告书,说明取保候审的理由、采取的保证方式以及应当遵守的规定,经县级以上公安机关负责人批准,制作取保候审决定书。取保候审决定书应当向犯罪嫌疑人宣读,由犯罪嫌疑人签名、捺指印。

第八十四条　公安机关决定对犯罪嫌疑人取保候审的,应当责令犯罪嫌疑人提出保证人或者交纳保证金。

对同一犯罪嫌疑人,不得同时责令其提出保证人和交纳保证金。对未成年人取保候审,应当优先适用保证人保证。

第八十五条　采取保证人保证的,保证人必须符合以下条件,并经公安机关审查同意:

(一)与本案无牵连;

(二)有能力履行保证义务;

(三)享有政治权利,人身自由未受到限制;

(四)有固定的住处和收入。

第八十六条　保证人应当履行以下义务:

(一)监督被保证人遵守本规定第八十九条、第九十条的规定;

(二)发现被保证人可能发生或者已经发生违反本规定第八十九条、第九十条规定的行为的,应当及时向执行机关报告。

保证人应当填写保证书,并在保证书上签名、捺指印。

第八十七条　犯罪嫌疑人的保证金起点数额为人民币一千元。犯罪嫌疑人为未成年人的,保证金起点数额为人民币五百元。具体数额应当综合考虑保证诉讼活动正常进行的需要、犯罪嫌疑人的社会危险性、案件的性质、情节、可能判处刑罚的轻重以及犯罪嫌疑人的经济状况等情况确定。

第八十八条　县级以上公安机关应当在其指定的银行设立取保候审保证金专门账户,委托银行代为收取和保管保证金。

提供保证金的人,应当一次性将保证金存入取保候审保证金专门账户。保证金应当以人民币交纳。

保证金应当由办案部门以外的部门管理。严禁截留、坐支、挪用或者其他任何形式侵吞保证金。

第八十九条　公安机关在宣布取保候审决定时,应当告知被取保候审人遵守以下规定:

(一)未经执行机关批准不得离开所居住的市、县;

(二)住址、工作单位和联系方式发生变动的,在二十四小时以内向执行机关报告;

(三)在传讯的时候及时到案;

(四)不得以任何形式干扰证人作证;

(五)不得毁灭、伪造证据或者串供。

第九十条　公安机关在决定取保候审时,还可以根据案件情况,责令被取保候审人遵守以下一项或者多项规定:

(一)不得进入与其犯罪活动等相关联的特定场所;

(二)不得与证人、被害人及其近亲属、同案犯以及与案件有关联的其他特定人员会见或者以任何方式通信;

(三)不得从事与其犯罪行为等相关联的特定活动;

(四)将护照等出入境证件、驾驶证件交执行机关保存。

公安机关应当综合考虑案件的性质、情节、社会影响、犯罪嫌疑人的社会关系等因素,确定特定场所、特定人员和特定活动的范围。

第九十一条　公安机关决定取保候审的,应当及时通知被取保候审人居住地的派出所执行。必要时,办案部门可以协助执行。

采取保证人担保形式的,应当同时送交有关法律文书、被取保候审人基本情况、保证人基本情况等材料。采取保证金担保形式的,应当同时送交有关法律文书、被取保候审人基本情况和保证金交纳情况等材料。

第九十二条　人民法院、人民检察院决定取保候审的,负责执行的县级公安机关应当在收到法律文书和有关材料后二十四小时以内,指定被取保候审人居住地派出所核实情况后执行。

第九十三条　执行取保候审的派出所应当履行下列职责:

(一)告知被取保候审人必须遵守的规定,及其违反规定或者在取保候审期间重新犯罪应当承担的法律后果;

(二)监督、考察被取保候审人遵守有关规定,及时掌握其活动、住址、工作单位、联系方式及变动情况;

(三)监督保证人履行保证义务;

(四)被取保候审人违反应当遵守的规定以及保证人未履行保证义务的,应当及时制止,采取紧急措施，同时告知决定机关。

第九十四条　执行取保候审的派出所应当定期了解被取保候审人遵守取保候审规定的有关情况，并制作笔录。

第九十五条　被取保候审人无正当理由不得离开所居住的市、县。有正当理由需要离开所居住的市、县的，应当经负责执行的派出所负责人批准。

人民法院、人民检察院决定取保候审的，负责执行的派出所在批准被取保候审人离开所居住的市、县前，应当征得决定取保候审的机关同意。

第九十六条　被取保候审人在取保候审期间违反本规定第八十九条、第九十条规定，已交纳保证金的，公安机关应当根据其违反规定的情节，决定没收部分或者全部保证金，并且区别情形，责令其具结悔过、重新交纳保证金、提出保证人，变更强制措施或者给予治安管理处罚；需要予以逮捕的，可以对其先行拘留。

人民法院、人民检察院决定取保候审的，被取保候审人违反应当遵守的规定，负责执行的派出所应当及时通知决定取保候审的机关。

第九十七条　需要没收保证金的，应当经过严格审核后，报县级以上公安机关负责人批准，制作没收保证金决定书。

决定没收五万元以上保证金的，应当经设区的市一级以上公安机关负责人批准。

第九十八条　没收保证金的决定，公安机关应当在三日以内向被取保候审人宣读，并责令其在没收保证金决定书上签名、捺指印；被取保候审人在逃或者具有其他情形不能到场的，应当向其成年家属、法定代理人、辩护人或者单位、居住地的居民委员会、村民委员会宣布，由其成年家属、法定代理人、辩护人或者单位、居住地的居民委员会或者村民委员会的负责人在没收保证金决定书上签名。

被取保候审人或者其成年家属、法定代理人、辩护人或者单位、居民委员会、村民委员会负责人拒绝签名的，公安机关应当在没收保证金决定书上注明。

第九十九条　公安机关在宣读没收保证金决定书时，应当告知如果对没收保证金的决定不服，被取保候审人或者其法定代理人可以在五日以内向作出决定的公安机关申请复议。公安机关应当在收到复议申请后七日以内作出决定。

被取保候审人或者其法定代理人对复议决定不服，可以在收到复议决定书后五日以内向上一级公安机关申请复核一次。上一级公安机关应当在收到复核申请后七日以内作出决定。对上级公安机关撤销或者变更没收保证金决定的，下级公安机关应当执行。

第一百条　没收保证金的决定已过复议期限，或者复议、复核后维持原决定或者变更没收保证金数额的，公安机关应当及时通知指定的银行将没收的保证金按照国家的有关规定上缴国库。人民法院、人民检察院决定取保候审的，还应当在三日以内通知决定取保候审的机关。

第一百零一条　被取保候审人在取保候审期间，没有违反本规定第八十九条、第九十条有关规定，也没有重新故意犯罪的，或者具有本规定第一百八十六条规定的情形之一的，在解除取保候审、变更强制措施的同时，公安机关应当制作退还保证金决定书，通知银行如数退还保证金。

被取保候审人可以凭退还保证金决定书到银行领取退还的保证金。被取保候审人委托他人领取的，应当出具委托书。

第一百零二条　被取保候审人没有违反本规定第八十九条、第九十条规定，但在取保候审期间涉嫌重新故意犯罪被立案侦查的，负责执行的公安机关应当暂扣其交纳的保证金，待人民法院判决生效后，根据有关判决作出处理。

第一百零三条　被保证人违反应当遵守的规定，保证人未履行保证义务的，查证属实后，经县级以上公安机关负责人批准，对保证人处一千元以上二万元以下罚款；构成犯罪的，依法追究刑事责任。

第一百零四条　决定对保证人罚款的，应当报经县级以上公安机关负责人批准，制作对保证人罚款决定书，在三日以内送达保证人，告知其如果对罚款决定不服，可以在收到决定书之日起五日以内向作出决定的公安机关申请复议。公安机关应当在收到复议申请后七日以内作出决定。

保证人对复议决定不服的，可以在收到复议决定书后五日以内向上一级公安机关申请复核一次。上一级公安机关应当在收到复核申请后七日以内作出决定。对上级公安机关撤销或者变更罚款决定的，下级公安机关应当执行。

第一百零五条 对于保证人罚款的决定已过复议期限，或者复议、复核后维持原决定或者变更罚款数额的，公安机关应当及时通知指定的银行将保证人罚款按照国家的有关规定上缴国库。人民法院、人民检察院决定取保候审的，还应当在三日以内通知决定取保候审的机关。

第一百零六条 对于犯罪嫌疑人采取保证人保证的，如果保证人在取保候审期间情况发生变化，不愿继续担保或者丧失担保条件，公安机关应当责令被取保候审人重新提出保证人或者交纳保证金，或者作出变更强制措施的决定。

人民法院、人民检察院决定取保候审的，负责执行的派出所应当自发现保证人不愿继续担保或者丧失担保条件之日起三日以内通知决定取保候审的机关。

第一百零七条 公安机关在取保候审期间不得中断对案件的侦查，对取保候审的犯罪嫌疑人，根据案情变化，应当及时变更强制措施或者解除取保候审。

取保候审最长不得超过十二个月。

第一百零八条 需要解除取保候审的，应当经县级以上公安机关负责人批准，制作解除取保候审决定书、通知书，并及时通知负责执行的派出所、被取保候审人、保证人和有关单位。

人民法院、人民检察院作出解除取保候审决定的，负责执行的公安机关应当根据决定书及时解除取保候审，并通知被取保候审人、保证人和有关单位。

第三节 监视居住

第一百零九条 公安机关对符合逮捕条件，有下列情形之一的犯罪嫌疑人，可以监视居住：

（一）患有严重疾病、生活不能自理的；

（二）怀孕或者正在哺乳自己婴儿的妇女；

（三）系生活不能自理的人的唯一扶养人；

（四）因案件的特殊情况或者办理案件的需要，采取监视居住措施更为适宜的；

（五）羁押期限届满，案件尚未办结，需要采取监视居住措施的。

对人民检察院决定不批准逮捕的犯罪嫌疑人，需要继续侦查，并且符合监视居住条件的，可以监视居住。

对于符合取保候审条件，但犯罪嫌疑人不能提出保证人，也不交纳保证金的，可以监视居住。

对于被取保候审人违反本规定第八十九条、第九十条规定的，可以监视居住。

第一百一十条 对犯罪嫌疑人监视居住，应当制作呈请监视居住报告书，说明监视居住的理由、采取监视居住的方式以及应当遵守的规定，经县级以上公安机关负责人批准，制作监视居住决定书。监视居住决定书应当向犯罪嫌疑人宣读，由犯罪嫌疑人签名、捺印。

第一百一十一条 监视居住应当在犯罪嫌疑人、被告人住处执行；无固定住处的，可以在指定的居所执行。对于涉嫌危害国家安全犯罪、恐怖活动犯罪，在住处执行可能有碍侦查的，经上一级公安机关批准，也可以在指定的居所执行。

有下列情形之一的，属于本条规定的"有碍侦查"：

（一）可能毁灭、伪造证据，干扰证人作证或者串供的；

（二）可能引起犯罪嫌疑人自残、自杀或者逃跑的；

（三）可能引起同案犯逃避、妨碍侦查的；

（四）犯罪嫌疑人、被告人在住处执行监视居住有人身危险的；

（五）犯罪嫌疑人、被告人的家属或者所在单位人员与犯罪有牵连的。

指定居所监视居住的，不得要求被监视居住人支付费用。

第一百一十二条 固定住处，是指被监视居住人在办案机关所在的市、县内生活的合法住处；指定的居所，是指公安机关根据案件情况，在办案机关所在的市、县内为被监视居住人指定的生活居所。

指定的居所应当符合下列条件：

（一）具备正常的生活、休息条件；

（二）便于监视、管理；

（三）保证安全。

公安机关不得在羁押场所、专门的办案场所或者办公场所执行监视居住。

第一百一十三条 指定居所监视居住的，除无法通知的以外，应当制作监视居住通知书，在执行监视居住后二十四小时以内，由决定机关通知被监视居住人的家属。

有下列情形之一的，属于本条规定的"无法通知"：

（一）不讲真实姓名、住址、身份不明的；

（二）没有家属的；

（三）提供的家属联系方式无法取得联系的；

（四）因自然灾害等不可抗力导致无法通知的。

无法通知的情形消失以后，应当立即通知被监视居住人的家属。

无法通知家属的，应当在监视居住通知书中注明原因。

第一百一十四条 被监视居住人委托辩护律师，适用本规定第四十三条、第四十四条、第四十五条规定。

第一百一十五条 公安机关在宣布监视居住决定时，应当告知被监视居住人必须遵守以下规定：

（一）未经执行机关批准不得离开执行监视居住的处所；

（二）未经执行机关批准不得会见他人或者以任何方式通信；

（三）在传讯的时候及时到案；

（四）不得以任何形式干扰证人作证；

（五）不得毁灭、伪造证据或者串供；

（六）将护照等出入境证件、身份证件、驾驶证件交执行机关保存。

第一百一十六条 公安机关对被监视居住人，可以采取电子监控、不定期检查等监视方法对其遵守监视居住规定的情况进行监督；在侦查期间，可以对被监视居住的犯罪嫌疑人的电话、传真、信函、邮件、网络等通信进行监控。

第一百一十七条 公安机关决定监视居住的，由被监视居住人住处或者指定居所所在地的派出所执行，办案部门可以协助执行。必要时，也可以由办案部门负责执行，派出所或者其他部门协助执行。

第一百一十八条 人民法院、人民检察院决定监视居住的，负责执行的县级公安机关应当在收到法律文书和有关材料后二十四小时以内，通知被监视居住人住处或者指定居所所在地的派出所，核实被监视居住人身份、住处或者居所等情况后执行。必要时，可以由人民法院、人民检察院协助执行。

负责执行的派出所应当及时将执行情况通知决定监视居住的机关。

第一百一十九条 负责执行监视居住的派出所或者办案部门应当严格对被监视居住人进行监督考察，确保安全。

第一百二十条 被监视居住人有正当理由要求离开住处或者指定的居所以及要求会见他人或者通信的，应当经负责执行的派出所或者办案部门负责人批准。

人民法院、人民检察院决定监视居住的，负责执行的派出所在批准被监视居住人离开住处或者指定的居所以及与他人会见或者通信前，应当征得决定监视居住的机关同意。

第一百二十一条 被监视居住人违反应当遵守的规定，公安机关应当区分情形责令被监视居住人具结悔过或者给予治安管理处罚。情节严重的，可以予以逮捕；需要予以逮捕的，可以对其先行拘留。

人民法院、人民检察院决定监视居住的，被监视居住人违反应当遵守的规定，负责执行的派出所应当及时通知决定监视居住的机关。

第一百二十二条 在监视居住期间，公安机关不得中断案件的侦查，对被监视居住的犯罪嫌疑人，应当根据案情变化，及时解除监视居住或者变更强制措施。

监视居住最长不得超过六个月。

第一百二十三条 需要解除监视居住的，应当经县级以上公安机关负责人批准，制作解除监视居住决定书，并及时通知负责执行的派出所、被监视居住人和有关单位。

人民法院、人民检察院作出解除、变更监视居住决定的，负责执行的公安机关应当及时解除并通知被监视居住人和有关单位。

第四节 拘 留

第一百二十四条 公安机关对于现行犯或者重大嫌疑分子，有下列情形之一的，可以先行拘留：

（一）正在预备犯罪、实行犯罪或者在犯罪后即时被发觉的；

（二）被害人或者在场亲眼看见的人指认他犯罪的；

（三）在身边或者住处发现有犯罪证据的；

（四）犯罪后企图自杀、逃跑或者在逃的；

（五）有毁灭、伪造证据或者串供可能的；

（六）不讲真实姓名、住址，身份不明的；

（七）有流窜作案、多次作案、结伙作案重大嫌疑的。

第一百二十五条　拘留犯罪嫌疑人，应当填写呈请拘留报告书，经县级以上公安机关负责人批准，制作拘留证。执行拘留时，必须出示拘留证，并责令被拘留人在拘留证上签名、捺指印，拒绝签名、捺指印的，侦查人员应当注明。

紧急情况下，对于符合本规定第一百二十四条所列情形之一的，经出示人民警察证，可以将犯罪嫌疑人口头传唤至公安机关后立即审查，办理法律手续。

第一百二十六条　拘留后，应当立即将被拘留人送看守所羁押，至迟不得超过二十四小时。

异地执行拘留，无法及时将犯罪嫌疑人押解回管辖地的，应当在宣布拘留后立即将其送抓获地看守所羁押，至迟不得超过二十四小时。到达管辖地后，应当立即将犯罪嫌疑人送看守所羁押。

第一百二十七条　除无法通知或者涉嫌危害国家安全犯罪、恐怖活动犯罪通知可能有碍侦查的情形以外，应当在拘留后二十四小时以内制作拘留通知书，通知被拘留人的家属。拘留通知书应当写明拘留原因和羁押处所。

本条规定的"无法通知"的情形适用本规定第一百一十三条第二款的规定。

有下列情形之一的，属于本条规定的"有碍侦查"：

（一）可能毁灭、伪造证据，干扰证人作证或者串供的；

（二）可能引起同案犯逃避、妨碍侦查的；

（三）犯罪嫌疑人的家属与犯罪有牵连的。

无法通知、有碍侦查的情形消失以后，应当立即通知被拘留人的家属。

对于没有在二十四小时以内通知家属的，应当在拘留通知书中注明原因。

第一百二十八条　对被拘留的人，应当在拘留后二十四小时以内进行讯问。发现不应当拘留的，应当经县级以上公安机关负责人批准，制作释放通知书，看守所凭释放通知书发给被拘留人释放证明书，将其立即释放。

第一百二十九条　对被拘留的犯罪嫌疑人，经过审查认为需要逮捕的，应当在拘留后的三日以内，提请人民检察院审查批准。在特殊情况下，经县级以上公安机关负责人批准，提请审查批准逮捕的时间可以延长一日至四日。

对流窜作案、多次作案、结伙作案的重大嫌疑分子，经县级以上公安机关负责人批准，提请审查批准逮捕的时间可以延长至三十日。

本条规定的"流窜作案"，是指跨市、县管辖范围连续作案，或者在居住地作案后逃跑到外市、县继续作案；"多次作案"，是指三次以上作案；"结伙作案"，是指二人以上共同作案。

第一百三十条　犯罪嫌疑人不讲真实姓名、住址，身份不明的，应当对其身份进行调查。对符合逮捕条件的犯罪嫌疑人，也可以按其自报的姓名提请批准逮捕。

第一百三十一条　对被拘留的犯罪嫌疑人审查后，根据案件情况报经县级以上公安机关负责人批准，分别作出如下处理：

（一）需要逮捕的，在拘留期限内，依法办理提请批准逮捕手续；

（二）应当追究刑事责任，但不需要逮捕的，依法直接向人民检察院移送审查起诉，或者依法办理取保候审或者监视居住手续后，向人民检察院移送审查起诉；

（三）拘留期限届满，案件尚未办结，需要继续侦查的，依法办理取保候审或者监视居住手续；

（四）具有本规定第一百八十六条规定情形之一的，释放被拘留人，发给释放证明书；需要行政处理的，依法予以处理或者移送有关部门。

第一百三十二条　人民检察院决定拘留犯罪嫌疑人的，由县级以上公安机关凭人民检察院送达的决定拘留的法律文书制作拘留证并立即执行。必要时，可以请人民检察院协助。拘留后，应当及时通知人民检察院。

公安机关未能抓获犯罪嫌疑人的，应当将执行情况和未能抓获犯罪嫌疑人的原因通知作出拘留决定的人民检察院。对于犯罪嫌疑人在逃的，在人民检察院撤销拘留决定之前，公安机关应当组织力量继续执行。

第五节　逮　捕

第一百三十三条　对有证据证明有犯罪事实，可能判处徒刑以上刑罚的犯罪嫌疑人，采取取保候审尚不足以防止发生下列社会危险性的，应当提请批准逮捕：

（一）可能实施新的犯罪的；

（二）有危害国家安全、公共安全或者社会秩序的现实危险的；

（三）可能毁灭、伪造证据，干扰证人作证或者串供的；

（四）可能对被害人、举报人、控告人实施打击报复的；

（五）企图自杀或者逃跑的。

对于有证据证明有犯罪事实，可能判处十年有期徒刑以上刑罚的，或者有证据证明有犯罪事实，可能判处徒刑以上刑罚，曾经故意犯罪或者身份不明的，应当提请批准逮捕。

公安机关在根据第一款的规定提请人民检察院审查批准逮捕时，应当对犯罪嫌疑人具有社会危险性说明理由。

第一百三十四条 有证据证明有犯罪事实，是指同时具备下列情形：

（一）有证据证明发生了犯罪事实；

（二）有证据证明该犯罪事实是犯罪嫌疑人实施的；

（三）证明犯罪嫌疑人实施犯罪行为的证据已有查证属实的。

前款规定的"犯罪事实"既可以是单一犯罪行为的事实，也可以是数个犯罪行为中任何一个犯罪行为的事实。

第一百三十五条 被取保候审人违反取保候审规定，具有下列情形之一的，可以提请批准逮捕：

（一）涉嫌故意实施新的犯罪行为的；

（二）有危害国家安全、公共安全或者社会秩序的现实危险的；

（三）实施毁灭、伪造证据或者干扰证人作证、串供行为，足以影响侦查工作正常进行的；

（四）对被害人、举报人、控告人实施打击报复的；

（五）企图自杀、逃跑，逃避侦查的；

（六）未经批准，擅自离开所居住的市、县，情节严重的，或者两次以上未经批准，擅自离开所居住的市、县的；

（七）经传讯无正当理由不到案，情节严重的，或者经两次以上传讯不到案的；

（八）违反规定进入特定场所、从事特定活动或者与特定人员会见、通信两次以上的。

第一百三十六条 被监视居住人违反监视居住规定，具有下列情形之一的，可以提请批准逮捕：

（一）涉嫌故意实施新的犯罪行为的；

（二）实施毁灭、伪造证据或者干扰证人作证、串供行为，足以影响侦查工作正常进行的；

（三）对被害人、举报人、控告人实施打击报复的；

（四）企图自杀、逃跑，逃避侦查的；

（五）未经批准，擅自离开执行监视居住的处所，情节严重的，或者两次以上未经批准，擅自离开执行监视居住的处所的；

（六）未经批准，擅自会见他人或者通信，情节严重的，或者两次以上未经批准，擅自会见他人或者通信的；

（七）经传讯无正当理由不到案，情节严重的，或者经两次以上传讯不到案的。

第一百三十七条 需要提请批准逮捕犯罪嫌疑人的，应当经县级以上公安机关负责人批准，制作提请批准逮捕书，连同案卷材料、证据，一并移送同级人民检察院审查批准。

犯罪嫌疑人自愿认罪认罚的，应当记录在案，并在提请批准逮捕书中写明有关情况。

第一百三十八条 对于人民检察院不批准逮捕并通知补充侦查的，公安机关应当按照人民检察院的补充侦查提纲补充侦查。

公安机关补充侦查完毕，认为符合逮捕条件的，应当重新提请批准逮捕。

第一百三十九条 对于人民检察院不批准逮捕而未说明理由的，公安机关可以要求人民检察院说明理由。

第一百四十条 对于人民检察院决定不批准逮捕的，公安机关在收到不批准逮捕决定书后，如果犯罪嫌疑人已被拘留的，应当立即释放，发给释放证明书，并在执行完毕后三日以内将执行回执送达作出不批准逮捕决定的人民检察院。

第一百四十一条 对人民检察院不批准逮捕的决定，认为有错误需要复议的，应当在收到不批准逮捕决定书后五日以内制作要求复议意见书，报经县级以上公安机关负责人批准后，送交同级人民检察院复议。

如果意见不被接受，认为需要复核的，应当在收到人民检察院的复议决定书后五日以内制作提请复核意见书，报经县级以上公安机关负责人批准后，连同人民检察院的复议决定书，一并提请上一级人民检察院复核。

第一百四十二条　接到人民检察院批准逮捕决定书后，应当由县级以上公安机关负责人签发逮捕证，立即执行，并在执行完毕后三日以内将执行回执送达作出批准逮捕决定的人民检察院。如果未能执行，也应当将回执送达人民检察院，并写明未能执行的原因。

第一百四十三条　执行逮捕时，必须出示逮捕证，并责令被逮捕人在逮捕证上签名、捺指印，拒绝签名、捺指印的，侦查人员应当注明。逮捕后，应当立即将被逮捕人送看守所羁押。

执行逮捕的侦查人员不得少于二人。

第一百四十四条　对被逮捕的人，必须在逮捕后的二十四小时以内进行讯问。发现不应当逮捕的，经县级以上公安机关负责人批准，制作释放通知书，送看守所和原批准逮捕的人民检察院。看守所凭释放通知书立即释放被逮捕人，并发给释放证明书。

第一百四十五条　对犯罪嫌疑人执行逮捕后，除无法通知的情形以外，应当在逮捕后二十四小时以内，制作逮捕通知书，通知被逮捕人的家属。逮捕通知书应当写明逮捕原因和羁押处所。

本条规定的"无法通知"的情形适用本规定第一百一十三条第二款的规定。

无法通知的情形消除后，应当立即通知被逮捕人的家属。

对于没有在二十四小时以内通知家属的，应当在逮捕通知书中注明原因。

第一百四十六条　人民法院、人民检察院决定逮捕犯罪嫌疑人、被告人的，由县级以上公安机关凭人民法院、人民检察院决定逮捕的法律文书制作逮捕证并立即执行。必要时，可以请人民法院、人民检察院协助执行。执行逮捕后，应当及时通知决定机关。

公安机关未能抓获犯罪嫌疑人、被告人的，应当将执行情况和未能抓获的原因通知决定逮捕的人民检察院、人民法院。对于犯罪嫌疑人、被告人在逃的，在人民检察院、人民法院撤销逮捕决定之前，公安机关应当组织力量继续执行。

第一百四十七条　人民检察院在审查批准逮捕工作中发现公安机关的侦查活动存在违法情况，通知公安机关予以纠正的，公安机关应当调查核实，对于发现的违法情况应当及时纠正，并将纠正情况书面通知人民检察院。

第六节　羁　押

第一百四十八条　对犯罪嫌疑人逮捕后的侦查羁押期限不得超过二个月。案情复杂、期限届满不能侦查终结的案件，应当制作提请批准延长侦查羁押期限意见书，经县级以上公安机关负责人批准后，在期限届满七日前送请同级人民检察院转报上一级人民检察院批准延长一个月。

第一百四十九条　下列案件在本规定第一百四十八条规定的期限届满不能侦查终结的，应当制作提请批准延长侦查羁押期限意见书，经县级以上公安机关负责人批准，在期限届满七日前送请同级人民检察院层报省、自治区、直辖市人民检察院批准，延长二个月：

（一）交通十分不便的边远地区的重大复杂案件；

（二）重大的犯罪集团案件；

（三）流窜作案的重大复杂案件；

（四）犯罪涉及面广，取证困难的重大复杂案件。

第一百五十条　对犯罪嫌疑人可能判处十年有期徒刑以上刑罚，依照本规定第一百四十九条规定的延长期限届满，仍不能侦查终结的，应当制作提请批准延长侦查羁押期限意见书，经县级以上公安机关负责人批准，在期限届满七日前送请同级人民检察院层报省、自治区、直辖市人民检察院批准，再延长二个月。

第一百五十一条　在侦查期间，发现犯罪嫌疑人另有重要罪行的，应当自发现之日起五日以内报县级以上公安机关负责人批准后，重新计算侦查羁押期限，制作变更羁押期限通知书，送达看守所，并报批准逮捕的人民检察院备案。

前款规定的"另有重要罪行"，是指与逮捕时的罪行不同种的重大犯罪以及同种犯罪并将影响罪名认定、量刑档次的重大犯罪。

第一百五十二条　犯罪嫌疑人不讲真实姓名、住址，身份不明的，应当对其身份进行调查。经县级以上公安机关负责人批准，侦查羁押期限自查清其身份之日起计算，但不得停止对其犯行为的侦查取证。

对于犯罪事实清楚、证据确实、充分，确实无法查明其身份的，按其自报的姓名移送人民检察院审查起诉。

第一百五十三条　看守所应当凭公安机关签发的拘留证、逮捕证收押被拘留、逮捕的犯罪嫌疑人、被告人。犯罪嫌疑人、被告人被送至看守所羁押时，看守所应当在拘留证、逮捕证上注明犯罪嫌疑人、被告人到达看守所的时间。

查获被通缉、脱逃的犯罪嫌疑人以及执行追捕、押解任务需要临时寄押的，应当持通缉令或者其他有关法律文书并经寄押地县级以上公安机关负责人批准，送看守所寄押。

临时寄押的犯罪嫌疑人出所时，看守所应当出具羁押该犯罪嫌疑人的证明，载明该犯罪嫌疑人基本情况、羁押原因、入所和出所时间。

第一百五十四条　看守所收押犯罪嫌疑人、被告人和罪犯，应当进行健康和体表检查，并予以记录。

第一百五十五条　看守所收押犯罪嫌疑人、被告人和罪犯，应当对其人身和携带的物品进行安全检查。发现违禁物品、犯罪证据和可疑物品，应当制作笔录，由被羁押人签名、捺指印后，送办案机关处理。

对女性的人身检查，应当由女工作人员进行。

第七节　其他规定

第一百五十六条　继续盘问期间发现需要对犯罪嫌疑人拘留、逮捕、取保候审或者监视居住的，应当立即办理法律手续。

第一百五十七条　对犯罪嫌疑人执行拘传、拘留、逮捕、押解过程中，应当依法使用约束性警械。遇有暴力性对抗或者暴力犯罪行为，可以依法使用制服性警械或者武器。

第一百五十八条　公安机关发现对犯罪嫌疑人采取强制措施不当的，应当及时撤销或者变更。犯罪嫌疑人在押的，应当及时释放。公安机关释放被逮捕的人或者变更逮捕措施的，应当通知批准逮捕的人民检察院。

第一百五十九条　犯罪嫌疑人被逮捕后，人民检察院经审查认为不需要继续羁押，建议予以释放或者变更强制措施的，公安机关应当予以调查核实。认为不需要继续羁押的，应当予以释放或者变更强制措施；认为需要继续羁押的，应当说明理由。

公安机关应当在十日以内将处理情况通知人民检察院。

第一百六十条　犯罪嫌疑人及其法定代理人、近亲属或者辩护人有权申请变更强制措施。公安机关应当在收到申请后三日以内作出决定；不同意变更强制措施的，应当告知申请人，并说明理由。

第一百六十一条　公安机关对被采取强制措施法定期限届满的犯罪嫌疑人，应当予以释放，解除取保候审、监视居住或者依法变更强制措施。

犯罪嫌疑人及其法定代理人、近亲属或者辩护人对于公安机关采取强制措施法定期限届满的，有权要求公安机关解除强制措施。公安机关应当进行审查，对于情况属实的，应当立即解除或者变更强制措施。

对于犯罪嫌疑人、被告人羁押期限即将届满的，看守所应当立即通知办案机关。

第一百六十二条　取保候审变更为监视居住的，取保候审、监视居住变更为拘留、逮捕的，对原强制措施不再办理解除法律手续。

第一百六十三条　案件在取保候审、监视居住期间移送审查起诉后，人民检察院决定重新取保候审、监视居住或者变更强制措施的，对原强制措施不再办理解除法律手续。

第一百六十四条　公安机关依法对县级以上各级人民代表大会代表拘传、取保候审、监视居住、拘留或者提请批准逮捕的，应当书面报请该代表所属的人民代表大会主席团或者常务委员会许可。

第一百六十五条　公安机关对现行犯拘留的时候，发现其是县级以上人民代表大会代表的，应当立即向其所属的人民代表大会主席团或者常务委员会报告。

公安机关在依法执行拘传、取保候审、监视居住、拘留或者逮捕中，发现被执行人是县级以上人民代表大会代表的，应当暂缓执行，并报告决定或者批准机关。如果在执行后发现被执行人是县级以上人民代表大会代表的，应当立即解除，并报告决定或者批准机关。

第一百六十六条　公安机关依法对乡、民族乡、镇的人民代表大会代表拘传、取保候审、监视居住、拘留或者执行逮捕的,应当在执行后立即报告其所属的人民代表大会。

第一百六十七条 公安机关依法对政治协商委员会委员拘传、取保候审、监视居住的,应当将有关情况通报给该委员所属的政协组织。

第一百六十八条 公安机关依法对政治协商委员会委员执行拘留、逮捕前,应当向该委员所属的政协组织通报情况;情况紧急的,可在执行的同时或者执行以后及时通报。

第七章 立案、撤案

第一节 受案

第一百六十九条 公安机关对于公民扭送、报案、控告、举报或者犯罪嫌疑人自动投案的,都应当立即接受,问明情况,并制作笔录,经核对无误后,由扭送人、报案人、控告人、举报人、投案人签名、捺指印。必要时,应当对接受过程录音录像。

第一百七十条 公安机关对扭送人、报案人、控告人、举报人、投案人提供的有关证据材料等应当登记,制作接受证据材料清单,由扭送人、报案人、控告人、举报人、投案人签名,并妥善保管。必要时,应当拍照或者录音录像。

第一百七十一条 公安机关接受案件时,应当制作受案登记表和受案回执,并将受案回执交扭送人、报案人、控告人、举报人。扭送人、报案人、控告人、举报人无法取得联系或者拒绝接受回执的,应当在回执中注明。

第一百七十二条 公安机关接受控告、举报的工作人员,应当向控告人、举报人说明诬告应负的法律责任。但是,只要不是捏造事实、伪造证据,即使控告、举报的事实有出入,甚至是错告的,也要和诬告严格加以区别。

第一百七十三条 公安机关应当保障扭送人、报案人、控告人、举报人及其近亲属的安全。

扭送人、报案人、控告人、举报人如果不愿意公开自己的身份,应当为其保守秘密,并在材料中注明。

第一百七十四条 对接受的案件,或者发现的犯罪线索,公安机关应当迅速进行审查。发现案件事实或者线索不明的,必要时,经办案部门负责人批准,可以进行调查核实。

调查核实过程中,公安机关可以依照有关法律和规定采取询问、查询、勘验、鉴定和调取证据材料等不限制被调查对象人身、财产权利的措施。但是,不得对被调查对象采取强制措施,不得查封、扣押、冻结被调查对象的财产,不得采取技术侦查措施。

第一百七十五条 经过审查,认为有犯罪事实,但不属于自己管辖的案件,应当立即报经县级以上公安机关负责人批准,制作移送案件通知书,在二十四小时以内移送有管辖权的机关处理,并告知扭送人、报案人、控告人、举报人。对于不属于自己管辖而又必须采取紧急措施的,应当先采取紧急措施,然后办理手续,移送主管机关。

对不属于公安机关职责范围的事项,在接报案时能够当场判断的,应当立即口头告知扭送人、报案人、控告人、举报人向其他主管机关报案。

对于重复报案、案件正在办理或者已经办结的,应当向扭送人、报案人、控告人、举报人作出解释,不再登记,但有新的事实或者证据的除外。

第一百七十六条 经过审查,对告诉才处理的案件,公安机关应当告知当事人向人民法院起诉。

对被害人有证据证明的轻微刑事案件,公安机关应当告知被害人可以向人民法院起诉;被害人要求公安机关处理的,公安机关应当依法受理。

人民法院审理自诉案件,依法调取公安机关已经收集的案件材料和有关证据的,公安机关应当及时移交。

第一百七十七条 经过审查,对于不够刑事处罚需要给予行政处理的,依法予以处理或者移送有关部门。

第二节 立案

第一百七十八条 公安机关接受案件后,经审查,认为有犯罪事实需要追究刑事责任,且属于自己管辖的,经县级以上公安机关负责人批准,予以立案;认为没有犯罪事实,或者犯罪事实显著轻微不需要追究刑事责任,或者具有其他依法不追究刑事责任情形的,经县级以上公安机关负责人批准,不予立案。

对有控告人的案件,决定不予立案的,公安机关应当制作不予立案通知书,并在三日以内送达控告人。

决定不予立案后又发现新的事实或者证据，或者发现原认定事实错误，需要追究刑事责任的，应当及时立案处理。

第一百七十九条 控告人对不予立案决定不服的，可以在收到不予立案通知书后七日以内向作出决定的公安机关申请复议；公安机关应当在收到复议申请后三十日以内作出决定，并将决定书送达控告人。

控告人对不予立案的复议决定不服的，可以在收到复议决定书后七日以内向上一级公安机关申请复核；上一级公安机关应当在收到复核申请后三十日以内作出决定。对上级公安机关撤销不予立案决定的，下级公安机关应当执行。

案情重大、复杂的，公安机关可以延长复议、复核时限，但是延长时限不得超过三十日，并书面告知申请人。

第一百八十条 对行政执法机关移送的案件，公安机关应当自接受案件之日起三日以内进行审查，认为有犯罪事实，需要追究刑事责任，依法决定立案的，应当书面通知移送案件的行政执法机关；认为没有犯罪事实，或者犯罪事实显著轻微，不需要追究刑事责任，依法不予立案的，应当说明理由，并将不予立案通知书送达移送案件的行政执法机关，相应退回案件材料。

公安机关认为行政执法机关移送的案件材料不全的，应当在接受案件后二十四小时以内通知移送案件的行政执法机关在三日以内补正，但不得以材料不全为由不接受移送案件。

公安机关认为行政执法机关移送的案件不属于公安机关职责范围的，应当书面通知移送案件的行政执法机关向其他主管机关移送案件，并说明理由。

第一百八十一条 移送案件的行政执法机关对不予立案决定不服的，可以在收到不予立案通知书后三日以内向作出决定的公安机关申请复议；公安机关应当在收到行政执法机关的复议申请后三日以内作出决定，并书面通知移送案件的行政执法机关。

第一百八十二条 对人民检察院要求说明不立案理由的案件，公安机关应当在收到通知后七日以内，对不立案的情况、依据和理由作出书面说明，回复人民检察院。公安机关作出立案决定的，应当将立案决定书复印件送达人民检察院。

人民检察院通知公安机关立案的，公安机关应当在收到通知书后十五日以内立案，并将立案决定书复印件送达人民检察院。

第一百八十三条 人民检察院认为公安机关不应当立案而立案，提出纠正意见的，公安机关应当进行调查核实，并将有关情况回复人民检察院。

第一百八十四条 经立案侦查，认为有犯罪事实需要追究刑事责任，但不属于自己管辖或者需要由其他公安机关并案侦查的案件，经县级以上公安机关负责人批准，制作移送案件通知书，移送有管辖权的机关或者并案侦查的公安机关，并在移送案件后三日以内书面通知扭送人、报案人、控告人、举报人或者移送案件的行政执法机关；犯罪嫌疑人已经到案的，应当依照本规定的有关规定通知其家属。

第一百八十五条 案件变更管辖或者移送其他公安机关并案侦查时，与案件有关的法律文书、证据、财物及其孳息等应当随案移交。

移交时，由接收人、移交人当面查点清楚，并在交接单据上共同签名。

第三节 撤　案

第一百八十六条 经过侦查，发现具有下列情形之一的，应当撤销案件：
（一）没有犯罪事实的；
（二）情节显著轻微、危害不大，不认为是犯罪的；
（三）犯罪已过追诉时效期限的；
（四）经特赦令免除刑罚的；
（五）犯罪嫌疑人死亡的；
（六）其他依法不追究刑事责任的。

对于经过侦查，发现有犯罪事实需要追究刑事责任，但不是被立案侦查的犯罪嫌疑人实施的，或者共同犯罪案件中部分犯罪嫌疑人不够刑事处罚的，应当对有关犯罪嫌疑人终止侦查，并对该案件继续侦查。

第一百八十七条 需要撤销案件或者对犯罪嫌疑人终止侦查的，办案部门应当制作撤销案件或者终止侦查报告书，报县级以上公安机关负责人批准。

公安机关决定撤销案件或者对犯罪嫌疑人终止侦查时，原犯罪嫌疑人在押的，应当立即释放，发给释放证明书。原犯罪嫌疑人被逮捕的，应当通知原批准逮捕的人民检察院。对原犯罪嫌疑人采取其他强制措施的，应当立即解除强制措施；需要行政处理的，依法予以处理或者移交有关部门。

对查封、扣押的财物及其孳息、文件，或者冻结的财产，除按照法律和有关规定另行处理的以外，应当解除查封、扣押、冻结，并及时返还或者通知当事人。

第一百八十八条 犯罪嫌疑人自愿如实供述涉嫌犯罪的事实，有重大立功或者案件涉及国家重大利益，需要撤销案件的，应当层报公安部，由公安部商请最高人民检察院核准后撤销案件。报请撤销案件的公安机关应当同时将相关情况通报同级人民检察院。

公安机关根据前款规定撤销案件的，应当对查封、扣押、冻结的财物及其孳息作出处理。

第一百八十九条 公安机关作出撤销案件决定后，应当在三日以内告知原犯罪嫌疑人、被害人或者其近亲属、法定代理人以及案件移送机关。

公安机关作出终止侦查决定后，应当在三日以内告知原犯罪嫌疑人。

第一百九十条 公安机关撤销案件以后又发现新的事实或者证据，或者发现原认定事实错误，认为有犯罪事实需要追究刑事责任的，应当重新立案侦查。

对犯罪嫌疑人终止侦查后又发现新的事实或者证据，或者发现原认定事实错误，需要对其追究刑事责任的，应当继续侦查。

第八章 侦 查

第一节 一般规定

第一百九十一条 公安机关对已经立案的刑事案件，应当及时进行侦查，全面、客观地收集、调取犯罪嫌疑人有罪或者无罪、罪轻或者罪重的证据材料。

第一百九十二条 公安机关经过侦查，对有证据证明有犯罪事实的案件，应当进行预审，对收集、调取的证据材料的真实性、合法性、关联性和证明力予以审查、核实。

第一百九十三条 公安机关侦查犯罪，应当严格依照法律规定的条件和程序采取强制措施和侦查措施，严禁在没有证据的情况下，仅凭怀疑就对犯罪嫌疑人采取强制措施和侦查措施。

第一百九十四条 公安机关开展勘验、检查、搜查、辨认、查封、扣押等侦查活动，应当邀请有关公民作为见证人。

下列人员不得担任侦查活动的见证人：

（一）生理上、精神上有缺陷或者年幼，不具有相应辨别能力或者不能正确表达的人；

（二）与案件有利害关系，可能影响案件公正处理的人；

（三）公安机关的工作人员或者其聘用的人员。

确因客观原因无法由符合条件的人员担任见证人的，应当对有关侦查活动进行全程录音录像，并在笔录中注明有关情况。

第一百九十五条 公安机关侦查犯罪，涉及国家秘密、商业秘密、个人隐私的，应当保密。

第一百九十六条 当事人和辩护人、诉讼代理人、利害关系人对于公安机关及其侦查人员有下列行为之一的，有权向该机关申诉或者控告：

（一）采取强制措施法定期限届满，不予以释放、解除或者变更的；

（二）应当退还取保候审保证金不退还的；

（三）对与案件无关的财物采取查封、扣押、冻结措施的；

（四）应当解除查封、扣押、冻结不解除的；

（五）贪污、挪用、私分、调换、违反规定使用查封、扣押、冻结的财物的。

受理申诉或者控告的公安机关应当及时进行调查核实，并在收到申诉、控告之日起三十日以内作出处理决定，书面回复申诉人、控告人。发现公安机关及其侦查人员有上述行为之一的，应当立即纠正。

第一百九十七条 上级公安机关发现下级公安机关存在本规定第一百九十六条第一款规定的违法行为或者对申诉、控告事项不按照规定处理的，应当责令下级公安机关限期纠正，下级公安机关应当立即执行。必要时，上级公安机关可以就申诉、控告事项直接作出处理决定。

第二节 讯问犯罪嫌疑人

第一百九十八条 讯问犯罪嫌疑人，除下列情形以外，应当在公安机关执法办案场所的讯问室进行：

（一）紧急情况下在现场进行讯问的；

(二)对有严重伤病或者残疾、行动不便的,以及正在怀孕的犯罪嫌疑人,在其住处或者就诊的医疗机构进行讯问的。

对于已送交看守所羁押的犯罪嫌疑人,应当在看守所讯问室进行讯问。

对于正在被执行行政拘留、强制隔离戒毒的人员以及正在监狱服刑的罪犯,可以在其执行场所进行讯问。

对于不需要拘留、逮捕的犯罪嫌疑人,经办案部门负责人批准,可以传唤到犯罪嫌疑人所在市、县公安机关执法办案场所或者到他的住处进行讯问。

第一百九十九条 传唤犯罪嫌疑人时,应当出示传唤证和侦查人员的人民警察证,并责令其在传唤证上签名、捺指印。

犯罪嫌疑人到案后,应当由其在传唤证上填写到案时间。传唤结束时,应当由其在传唤证上填写传唤结束时间。犯罪嫌疑人拒绝填写的,侦查人员应当在传唤证上注明。

对在现场发现的犯罪嫌疑人,侦查人员经出示人民警察证,可以口头传唤,并将传唤的原因和依据告知被传唤人。在讯问笔录中应当注明犯罪嫌疑人到案方式,并由犯罪嫌疑人注明到案时间和传唤结束时间。

对自动投案或者群众扭送到公安机关的犯罪嫌疑人,可以依法传唤。

第二百条 传唤持续的时间不得超过十二小时。案情特别重大、复杂,需要采取拘留、逮捕措施的,经办案部门负责人批准,传唤持续的时间不得超过二十四小时。不得以连续传唤的形式变相拘禁犯罪嫌疑人。

传唤期限届满,未作出采取其他强制措施决定的,应当立即结束传唤。

第二百零一条 传唤、拘传、讯问犯罪嫌疑人,应当保证犯罪嫌疑人的饮食和必要的休息时间,并记录在案。

第二百零二条 讯问犯罪嫌疑人,必须由侦查人员进行。讯问的时候,侦查人员不得少于二人。

讯问同案的犯罪嫌疑人,应当个别进行。

第二百零三条 侦查人员讯问犯罪嫌疑人时,应当首先讯问犯罪嫌疑人是否有犯罪行为,并告知犯罪嫌疑人享有的诉讼权利,如实供述自己罪行可以从宽处理以及认罪认罚的法律规定,让他陈述有罪的情节或者无罪的辩解,然后向他提出问题。

犯罪嫌疑人对侦查人员的提问,应当如实回答。但是对与本案无关的问题,有拒绝回答的权利。

第一次讯问,应当问明犯罪嫌疑人的姓名、别名、曾用名、出生年月日、户籍所在地、现住地、籍贯、出生地、民族、职业、文化程度、政治面貌、工作单位、家庭情况、社会经历,是否属于人大代表、政协委员,是否受过刑事处罚或者行政处理等情况。

第二百零四条 讯问聋、哑的犯罪嫌疑人,应当有通晓聋、哑手势的人参加,并在讯问笔录上注明犯罪嫌疑人的聋、哑情况,以及翻译人员的姓名、工作单位和职业。

讯问不通晓当地语言文字的犯罪嫌疑人,应当配备翻译人员。

第二百零五条 侦查人员应当将问话和犯罪嫌疑人的供述或者辩解如实地记录清楚。制作讯问笔录应当使用能够长期保持字迹的材料。

第二百零六条 讯问笔录应当交犯罪嫌疑人核对;对于没有阅读能力的,应当向他宣读。如果记录有遗漏或者差错,应当允许犯罪嫌疑人补充或者更正,并捺指印。笔录经犯罪嫌疑人核对无误后,应当由其在笔录上逐页签名、捺指印,并在末页写明"以上笔录我看过(或向我宣读过),和我说的相符"。拒绝签名、捺指印的,侦查人员应当在笔录上注明。

讯问笔录上所列项目,应当按照规定填写齐全。侦查人员、翻译人员应当在讯问笔录上签名。

第二百零七条 犯罪嫌疑人请求自行书写供述的,应当准许;必要时,侦查人员也可以要求犯罪嫌疑人亲笔书写供词。犯罪嫌疑人应当在亲笔供词上逐页签名、捺指印。侦查人员收到后,应当在首页右上方写明"于某年某月某日收到",并签名。

第二百零八条 讯问犯罪嫌疑人,在文字记录的同时,可以对讯问过程进行录音录像。对于可能判处无期徒刑、死刑的案件或者其他重大犯罪案件,应当对讯问过程进行录音录像。

前款规定的"可能判处无期徒刑、死刑的案件",是指应当适用的法定刑或者量刑档次包含无期徒刑、死刑的案件。"其他重大犯罪案件",是指致人重伤、死亡的严重危害公共安全犯罪、严重侵犯公民人身权利犯罪，以及黑社会性质组织犯罪、严重毒品犯罪等重大故意犯罪案件。

对讯问过程录音录像的，应当对每一次讯问全程不间断进行，保持完整性。不得选择性地录制，不得剪接、删改。

第二百零九条 对犯罪嫌疑人供述的犯罪事实、无罪或者罪轻的事实、申辩和反证，以及犯罪嫌疑人提供的证明自己无罪、罪轻的证据，公安机关应当认真核查；对有关证据，无论是否采信，都应当如实记录、妥善保管，并连同核查情况附卷。

第三节　询问证人、被害人

第二百一十条 询问证人、被害人，可以在现场进行，也可以到证人、被害人所在单位、住处或者证人、被害人提出的地点进行。在必要的时候，可以书面、电话或者当场通知证人、被害人到公安机关提供证言。

询问证人、被害人应当个别进行。

在现场询问证人、被害人，侦查人员应当出示人民警察证。到证人、被害人所在单位、住处或者证人、被害人提出的地点询问证人、被害人，应当经办案部门负责人批准，制作询问通知书。询问前，侦查人员应当出示询问通知书和人民警察证。

第二百一十一条 询问前，应当了解证人、被害人的身份，证人、被害人、犯罪嫌疑人之间的关系。询问时，应当告知证人、被害人必须如实地提供证据、证言和有意作伪证或者隐匿罪证应负的法律责任。

侦查人员不得向证人、被害人泄露案情或者表示对案件的看法，严禁采用暴力、威胁等非法方法询问证人、被害人。

第二百一十二条 本规定第二百零六条、第二百零七条的规定，也适用于询问证人、被害人。

第四节　勘验、检查

第二百一十三条 侦查人员对于与犯罪有关的场所、物品、人身、尸体应当进行勘验或者检查，及时提取、采集与案件有关的痕迹、物证、生物样本等。在必要的时候，可以指派或者聘请具有专门知识的人，在侦查人员的主持下进行勘验、检查。

第二百一十四条 发案地派出所、巡警等部门应当妥善保护犯罪现场和证据，控制犯罪嫌疑人，并立即报告公安机关主管部门。

执行勘查的侦查人员接到通知后，应当立即赶赴现场；勘查现场，应当持有刑事犯罪现场勘查证。

第二百一十五条 公安机关对案件现场进行勘查，侦查人员不得少于二人。

第二百一十六条 勘查现场，应当拍摄现场照片，绘制现场图，制作笔录，由参加勘查的人和见证人签名。对重大案件的现场勘查，应当录音录像。

第二百一十七条 为了确定被害人、犯罪嫌疑人的某些特征、伤害情况或者生理状态，可以对人身进行检查，依法提取、采集肖像、指纹等人体生物识别信息，采集血液、尿液等生物样本。被害人死亡的，应当通过被害人近亲属辨认、提取生物样本鉴定等方式确定被害人身份。

犯罪嫌疑人拒绝检查、提取、采集的，侦查人员认为必要的时候，经办案部门负责人批准，可以强制检查、提取、采集。

检查妇女的身体，应当由女工作人员或者医师进行。

检查的情况应当制作笔录，由参加检查的侦查人员、检查人员、被检查人员和见证人签名。被检查人员拒绝签名的，侦查人员应当在笔录中注明。

第二百一十八条 为了确定死因，经县级以上公安机关负责人批准，可以解剖尸体，并且通知死者家属到场，让其在解剖尸体通知书上签名。

死者家属无正当理由拒不到场或者拒绝签名的，侦查人员应当在解剖尸体通知书上注明。对身份不明的尸体，无法通知死者家属的，应当在笔录中注明。

第二百一十九条 对已查明死因，没有继续保存必要的尸体，应当通知家属领回处理，对于无法通知或者通知后家属拒绝领回的，经县级以上公安机关负责人批准，可以及时处理。

第二百二十条 公安机关进行勘验、检查后，人民检察院要求复验、复查的，公安机关应当进行复验、复查，并可以通知人民检察院派员参加。

第二百二十一条 为了查明案情，在必要的时候，经县级以上公安机关负责人批准，可以进行侦查实验。

进行侦查实验,应当全程录音录像,并制作侦查实验笔录,由参加实验的人签名。

进行侦查实验,禁止一切足以造成危险、侮辱人格或者有伤风化的行为。

第五节 搜 查

第二百二十二条 为了收集犯罪证据、查获犯罪人,经县级以上公安机关负责人批准,侦查人员可以对犯罪嫌疑人以及可能隐藏罪犯或者犯罪证据的人的身体、物品、住处和其他有关的地方进行搜查。

第二百二十三条 进行搜查,必须向被搜查人出示搜查证,执行搜查的侦查人员不得少于二人。

第二百二十四条 执行拘留、逮捕的时候,遇有下列紧急情况之一的,不用搜查证也可以进行搜查:

(一)可能随身携带凶器的;
(二)可能隐藏爆炸、剧毒等危险物品的;
(三)可能隐匿、毁弃、转移犯罪证据的;
(四)可能隐匿其他犯罪嫌疑人的;
(五)其他突然发生的紧急情况。

第二百二十五条 进行搜查时,应当有被搜查人或者他的家属、邻居或者其他见证人在场。

公安机关可以要求有关单位和个人交出可以证明犯罪嫌疑人有罪或者无罪的物证、书证、视听资料等证据。遇到阻碍搜查的,侦查人员可以强制搜查。

搜查妇女的身体,应当由女工作人员进行。

第二百二十六条 搜查的情况应当制作笔录,由侦查人员和被搜查人或者他的家属、邻居或者其他见证人签名。

如果被搜查人拒绝签名,或者被搜查人在逃,他的家属拒绝签名或者不在场的,侦查人员应当在笔录中注明。

第六节 查封、扣押

第二百二十七条 在侦查活动中发现的可用以证明犯罪嫌疑人有罪或者无罪的各种财物、文件,应当查封、扣押;但与案件无关的财物、文件,不得查封、扣押。

持有人拒绝交出应当查封、扣押的财物、文件的,公安机关可以强制查封、扣押。

第二百二十八条 在侦查过程中需要扣押财物、文件的,应当经办案部门负责人批准,制作扣押决定书;在现场勘查或者搜查中需要扣押财物、文件的,由现场指挥人员决定;但扣押财物、文件价值较高或者可能严重影响正常生产经营的,应当经县级以上公安机关负责人批准,制作扣押决定书。

在侦查过程中需要查封土地、房屋等不动产,或者船舶、航空器以及其他不宜移动的大型机器、设备等特定动产的,应当经县级以上公安机关负责人批准并制作查封决定书。

第二百二十九条 执行查封、扣押的侦查人员不得少于二人,并出示本规定第二百二十八条规定的有关法律文书。

查封、扣押的情况应当制作笔录,由侦查人员、持有人和见证人签名。对于无法确定持有人或者持有人拒绝签名的,侦查人员应当在笔录中注明。

第二百三十条 对查封、扣押的财物和文件,应当会同在场见证人和被查封、扣押财物、文件的持有人查点清楚,当场开列查封、扣押清单一式三份,写明财物或者文件的名称、编号、数量、特征及其来源等,由侦查人员、持有人和见证人签名,一份交给持有人,一份交给公安机关保管人员,一份附卷备查。

对于财物、文件的持有人无法确定,以及持有人不在现场或者拒绝签名的,侦查人员应当在清单中注明。

依法扣押文物、贵金属、珠宝、字画等贵重财物的,应当拍照或者录音录像,并及时鉴定、估价。

执行查封、扣押时,应当为犯罪嫌疑人及其所扶养的亲属保留必需的生活费用和物品。能够保证侦查活动正常进行的,可以允许有关当事人继续合理使用有关涉案财物,但应当采取必要的保值、保管措施。

第二百三十一条 对作为犯罪证据但不便提取或者没有必要提取的财物、文件,经登记、拍照或者录音录像、估价后,可以交财物、文件持有人保管或者封存,并且开具登记保存清单一式两份,由侦查人员、持有人和见证人签名,一份交给财物、文件持有人,另一份连同照片或者录音录像资料附卷备查。财物、文件持有人应当妥善保管,不得转移、变卖、毁损。

第二百三十二条 扣押犯罪嫌疑人的邮件、电子邮件、电报,应当经县级以上公安机关负责人批准,制作扣押邮件、电报通知书,通知邮电部门或者网络服务单位检交扣押。

不需要继续扣押的时候,应当经县级以上公安机关负责人批准,制作解除扣押邮件、电报通知书,立即通知邮电部门或者网络服务单位。

第二百三十三条 对查封、扣押的财物、文件、邮件、电子邮件、电报,经查明确实与案件无关的,应当在三日以内解除查封、扣押,退还原主或者原邮电部门、网络服务单位;原主不明确的,应当采取公告方式告知原主认领。在通知原主或者公告后六个月以内,无人认领的,按照无主财物处理,登记后上缴国库。

第二百三十四条 有关犯罪事实查证属实后,对于有证据证明权属明确且无争议的被害人合法财产及其孳息,且返还不损害其他被害人或者利害关系人的利益,不影响案件正常办理的,应当在登记、拍照或者录音录像和估价后,报经县级以上公安机关负责人批准,开具发还清单返还,并在案卷材料中注明返还的理由,将原物照片、发还清单和被害人的领取手续存卷备查。

领取人应当是涉案财物的合法权利人或者其委托的人;委托他人领取的,应当出具委托书。侦查人员或者公安机关其他工作人员不得代为领取。

查找不到被害人,或者通知被害人后,无人领取的,应当将有关财产及其孳息随案移送。

第二百三十五条 对查封、扣押的财物及其孳息、文件,公安机关应当妥善保管,以供核查。任何单位和个人不得违规使用、调换、损毁或者自行处理。

县级以上公安机关应当指定一个内设部门作为涉案财物管理部门,负责对涉案财物实行统一管理,并设立或者指定专门保管场所,对涉案财物进行集中保管。

对价值较低、易于保管,或者需要作为证据继续使用,以及需要先行返还被害人的涉案财物,可以由办案部门设置专门的场所进行保管。办案部门应当指定不承担办案工作的民警负责本部门涉案财物的接收、保管、移交等管理工作;严禁由侦查人员自行保管涉案财物。

第二百三十六条 在侦查期间,对于易损毁、灭失、腐烂、变质而不宜长期保存,或者难以保管的物品,经县级以上公安机关主要负责人批准,可以在拍照或者录音录像后委托有关部门变卖、拍卖,变卖、拍卖的价款暂予保存,待诉讼终结后一并处理。

对于违禁品,应当依照国家有关规定处理;需要作为证据使用的,应当在诉讼终结后处理。

第七节 查询、冻结

第二百三十七条 公安机关根据侦查犯罪的需要,可以依照规定查询、冻结犯罪嫌疑人的存款、汇款、证券交易结算资金、期货保证金等资金、债券、股票、基金份额和其他证券,以及股权、保单权益和其他投资权益等财产,并可以要求有关单位和个人配合。

对于前款规定的财产,不得划转、转账或者以其他方式变相扣押。

第二百三十八条 向金融机构等单位查询犯罪嫌疑人的存款、汇款、证券交易结算资金、期货保证金等资金、债券、股票、基金份额和其他证券,以及股权、保单权益和其他投资权益等财产,应当经县级以上公安机关负责人批准,制作协助查询财产通知书,通知金融机构等单位协助办理。

第二百三十九条 需要冻结犯罪嫌疑人财产的,应当经县级以上公安机关负责人批准,制作协助冻结财产通知书,明确冻结财产的账户名称、账户号码、冻结数额、冻结期限、冻结范围以及是否及于孳息等事项,通知金融机构等单位协助办理。

冻结股权、保单权益的,应当经设区的市一级以上公安机关负责人批准。

冻结上市公司股权的,应当经省级以上公安机关负责人批准。

第二百四十条 需要延长冻结期限的,应当按照原批准权限和程序,在冻结期限届满前办理继续冻结手续。逾期不办理继续冻结手续的,视为自动解除冻结。

第二百四十一条 不需要继续冻结犯罪嫌疑人财产时,应当经原批准冻结的公安机关负责人批准,制作协助解除冻结财产通知书,通知金融机构等单位协助办理。

第二百四十二条 犯罪嫌疑人的财产已被冻结的,不得重复冻结,但可以轮候冻结。

第二百四十三条 冻结存款、汇款、证券交易结算资金、期货保证金等财产的期限为六个月。每次续冻期限最长不得超过六个月。

对于重大、复杂案件，经设区的市一级以上公安机关负责人批准，冻结存款、汇款、证券交易结算资金、期货保证金等财产的期限可以为一年。每次续冻期限最长不得超过一年。

第二百四十四条　冻结债券、股票、基金份额等证券的期限为二年。每次续冻期限最长不得超过二年。

第二百四十五条　冻结股权、保单权益或者投资权益的期限为六个月。每次续冻期限最长不得超过六个月。

第二百四十六条　对冻结的债券、股票、基金份额等财产，应当告知当事人或者其法定代理人、委托代理人有权申请出售。

权利人书面申请出售被冻结的债券、股票、基金份额等财产，不损害国家利益、被害人、其他权利人利益，不影响诉讼正常进行的，以及冻结的汇票、本票、支票的有效期即将届满的，经县级以上公安机关负责人批准，可以依法出售或者变现，所得价款应当继续冻结在其对应的银行账户中；没有对应的银行账户的，所得价款由公安机关在银行指定专门账户保管，并及时告知当事人或者其近亲属。

第二百四十七条　对冻结的财产，经查明确实与案件无关的，应当在三日以内通知金融机构等单位解除冻结，并通知被冻结财产的所有人。

第八节　鉴　定

第二百四十八条　为了查明案情，解决案件中某些专门性问题，应当指派、聘请有专门知识的人进行鉴定。

需要聘请有专门知识的人进行鉴定，应当经县级以上公安机关负责人批准后，制作鉴定聘请书。

第二百四十九条　公安机关应当为鉴定人进行鉴定提供必要的条件，及时向鉴定人送交有关检材和对比样本等原始材料，介绍与鉴定有关的情况，并且明确提出要求鉴定解决的问题。

禁止暗示或者强迫鉴定人作出某种鉴定意见。

第二百五十条　侦查人员应当做好检材的保管和送检工作，并注明检材送检环节的责任人，确保检材在流转环节中的同一性和不被污染。

第二百五十一条　鉴定人应当按照鉴定规则，运用科学方法独立进行鉴定。鉴定后，应当出具鉴定意见，并在鉴定意见书上签名，同时附上鉴定机构和鉴定人的资质证明或者其他证明文件。

多人参加鉴定，鉴定人有不同意见的，应当注明。

第二百五十二条　对鉴定意见，侦查人员应当进行审查。

对经审查作为证据使用的鉴定意见，公安机关应当及时告知犯罪嫌疑人、被害人或者其法定代理人。

第二百五十三条　犯罪嫌疑人、被害人对鉴定意见有异议提出申请，以及办案部门或者侦查人员对鉴定意见有疑义的，可以将鉴定意见送交其他有专门知识的人员提出意见。必要时，询问鉴定人并制作笔录附卷。

第二百五十四条　经审查，发现有下列情形之一的，经县级以上公安机关负责人批准，应当补充鉴定：

（一）鉴定内容有明显遗漏的；
（二）发现新的有鉴定意义的证物的；
（三）对鉴定证物有新的鉴定要求的；
（四）鉴定意见不完整，委托事项无法确定的；
（五）其他需要补充鉴定的情形。

经审查，不符合上述情形的，经县级以上公安机关负责人批准，作出不准予补充鉴定的决定，并在作出决定后三日以内书面通知申请人。

第二百五十五条　经审查，发现有下列情形之一的，经县级以上公安机关负责人批准，应当重新鉴定：

（一）鉴定程序违法或者违反相关专业技术要求的；
（二）鉴定机构、鉴定人不具备鉴定资质和条件的；
（三）鉴定人故意作虚假鉴定或者违反回避规定的；
（四）鉴定意见依据明显不足的；
（五）检材虚假或者被损坏的；
（六）其他应当重新鉴定的情形。

重新鉴定，应当另行指派或者聘请鉴定人。

经审查，不符合上述情形的，经县级以上公安机关负责人批准，作出不准予重新鉴定的决定，并在作出决定后三日以内书面通知申请人。

第二百五十六条 公诉人、当事人或者辩护人、诉讼代理人对鉴定意见有异议,经人民法院依法通知的,公安机关鉴定人应当出庭作证。

鉴定人故意作虚假鉴定的,应当依法追究其法律责任。

第二百五十七条 对犯罪嫌疑人作精神病鉴定的时间不计入办案期限,其他鉴定时间都应当计入办案期限。

第九节 辨 认

第二百五十八条 为了查明案情,在必要的时候,侦查人员可以让被害人、证人或者犯罪嫌疑人对与犯罪有关的物品、文件、尸体、场所或者犯罪嫌疑人进行辨认。

第二百五十九条 辨认应当在侦查人员的主持下进行。主持辨认的侦查人员不得少于二人。

几名辨认人对同一辨认对象进行辨认时,应当由辨认人个别进行。

第二百六十条 辨认时,应当将辨认对象混杂在特征相类似的其他对象中,不得在辨认前向辨认人展示辨认对象及其影像资料,不得给辨认人任何暗示。

辨认犯罪嫌疑人时,被辨认的人数不得少于七人;对犯罪嫌疑人照片进行辨认的,不得少于十人的照片。

辨认物品时,混杂的同类物品不得少于五件;对物品的照片进行辨认的,不得少于十个物品的照片。

对场所、尸体等特定辨认对象进行辨认,或者辨认人能够准确描述物品独有特征的,陪衬物不受数量的限制。

第二百六十一条 对犯罪嫌疑人的辨认,辨认人不愿意公开进行时,可以在不暴露辨认人的情况下进行,并应当为其保守秘密。

第二百六十二条 对辨认经过和结果,应当制作辨认笔录,由侦查人员、辨认人、见证人签名。必要时,应当对辨认过程进行录音录像。

第十节 技术侦查

第二百六十三条 公安机关在立案后,根据侦查犯罪的需要,可以对下列严重危害社会的犯罪案件采取技术侦查措施:

(一)危害国家安全犯罪、恐怖活动犯罪、黑社会性质的组织犯罪、重大毒品犯罪案件;

(二)故意杀人、故意伤害致人重伤或者死亡、强奸、抢劫、绑架、放火、爆炸、投放危险物质等严重暴力犯罪案件;

(三)集团性、系列性、跨区域性重大犯罪案件;

(四)利用电信、计算机网络、寄递渠道等实施的重大犯罪案件,以及针对计算机网络实施的重大犯罪案件;

(五)其他严重危害社会的犯罪案件,依法可能判处七年以上有期徒刑的。

公安机关追捕被通缉或者批准、决定逮捕的在逃的犯罪嫌疑人、被告人,可以采取追捕所必需的技术侦查措施。

第二百六十四条 技术侦查措施是指由设区的市一级以上公安机关负责技术侦查的部门实施的记录监控、行踪监控、通信监控、场所监控等措施。

技术侦查措施的适用对象是犯罪嫌疑人、被告人以及与犯罪活动直接关联的人员。

第二百六十五条 需要采取技术侦查措施的,应当制作呈请采取技术侦查措施报告书,报设区的市一级以上公安机关负责人批准,制作采取技术侦查措施决定书。

人民检察院等部门决定采取技术侦查措施,交公安机关执行的,由设区的市一级以上公安机关按照规定办理相关手续后,交负责技术侦查的部门执行,并将执行情况通知人民检察院等部门。

第二百六十六条 批准采取技术侦查措施的决定自签发之日起三个月以内有效。

在有效期限内,对不需要继续采取技术侦查措施的,办案部门应当立即书面通知负责技术侦查的部门解除技术侦查措施;负责技术侦查的部门认为需要解除技术侦查措施的,报批准机关负责人批准,制作解除技术侦查措施决定书,并及时通知办案部门。

对复杂、疑难案件,采取技术侦查措施的有效期限届满仍需要继续采取技术侦查措施的,经负责技术侦查的部门审核后,报批准机关负责人批准,制作延长技术侦查措施期限决定书。批准延长期限,每次不得超过三个月。

有效期限届满,负责技术侦查的部门应当立

即解除技术侦查措施。

第二百六十七条　采取技术侦查措施，必须严格按照批准的措施种类、适用对象和期限执行。

在有效期限内，需要变更技术侦查措施种类或者适用对象的，应当按照本规定第二百六十五条规定重新办理批准手续。

第二百六十八条　采取技术侦查措施收集的材料在刑事诉讼中可以作为证据使用。使用技术侦查措施收集的材料作为证据时，可能危及有关人员的人身安全，或者可能产生其他严重后果的，应当采取不暴露有关人员身份和使用的技术设备、侦查方法等保护措施。

采取技术侦查措施收集的材料作为证据使用的，采取技术侦查措施决定书应当附卷。

第二百六十九条　采取技术侦查措施收集的材料，应当严格依照有关规定存放，只能用于对犯罪的侦查、起诉和审判，不得用于其他用途。

采取技术侦查措施收集的与案件无关的材料，必须及时销毁，并制作销毁记录。

第二百七十条　侦查人员对采取技术侦查措施过程中知悉的国家秘密、商业秘密和个人隐私，应当保密。

公安机关依法采取技术侦查措施，有关单位和个人应当配合，并对有关情况予以保密。

第二百七十一条　为了查明案情，在必要的时候，经县级以上公安机关负责人决定，可以由侦查人员或者公安机关指定的其他人员隐匿身份实施侦查。

隐匿身份实施侦查时，不得使用促使他人产生犯罪意图的方法诱使他人犯罪，不得采用可能危害公共安全或者发生重大人身危险的方法。

第二百七十二条　对涉及给付毒品等违禁品或者财物的犯罪活动，为查明参与该项犯罪的人员和犯罪事实，根据侦查需要，经县级以上公安机关负责人决定，可以实施控制下交付。

第二百七十三条　公安机关依照本节规定实施隐匿身份侦查和控制下交付收集的材料在刑事诉讼中可以作为证据使用。

使用隐匿身份侦查和控制下交付收集的材料作为证据时，可能危及隐匿身份人员的人身安全，或者可能产生其他严重后果的，应当采取不暴露有关人员身份等保护措施。

第十一节　通　缉

第二百七十四条　应当逮捕的犯罪嫌疑人在逃的，经县级以上公安机关负责人批准，可以发布通缉令，采取有效措施，追捕归案。

县级以上公安机关在自己管辖的地区内，可以直接发布通缉令；超出自己管辖的地区，应当报请有权决定的上级公安机关发布。

通缉令的发送范围，由签发通缉令的公安机关负责人决定。

第二百七十五条　通缉令中应当尽可能写明被通缉人的姓名、别名、曾用名、绰号、性别、年龄、民族、籍贯、出生地、户籍所在地、居住地、职业、身份证号码、衣着和体貌特征、口音、行为习惯，并附被通缉人近期照片，可以附指纹及其他物证的照片。除了必须保密的事项以外，应当写明发案的时间、地点和简要案情。

第二百七十六条　通缉令发出后，如果发现新的重要情况可以补发通报。通报必须注明原通缉令的编号和日期。

第二百七十七条　公安机关接到通缉令后，应当及时布置查缉。抓获犯罪嫌疑人后，报经县级以上公安机关负责人批准，凭通缉令或者相关法律文书羁押，并通知通缉令发布机关进行核实，办理交接手续。

第二百七十八条　需要对犯罪嫌疑人在口岸采取边控措施的，应当按照有关规定制作边控对象通知书，并附有关法律文书，经县级以上公安机关负责人审核后，层报省级公安机关批准，办理全国范围内的边控措施。需要限制犯罪嫌疑人人身自由的，应当附有关限制人身自由的法律文书。

紧急情况下，需要采取边控措施的，县级以上公安机关可以出具公函，先向有关口岸所在地出入境边防检查机关交控，但应当在七日以内按照规定程序办理全国范围内的边控措施。

第二百七十九条　为发现重大犯罪线索，追缴涉案财物、证据，查获犯罪嫌疑人，必要时，经县级以上公安机关负责人批准，可以发布悬赏通告。

悬赏通告应当写明悬赏对象的基本情况和赏金的具体数额。

第二百八十条　通缉令、悬赏通告应当广泛张贴，并可以通过广播、电视、报刊、计算机网络等方式发布。

第二百八十一条　经核实，犯罪嫌疑人已经自动投案、被击毙或者被抓获，以及发现有其他不需要采取通缉、边控、悬赏通告的情形，发布机关应当在原通缉、通知、通告范围内，撤销通缉令、边控通知、悬赏通告。

第二百八十二条　通缉越狱逃跑的犯罪嫌疑人、被告人或者罪犯，适用本节的有关规定。

第十二节　侦查终结

第二百八十三条　侦查终结的案件，应当同时符合以下条件：

（一）案件事实清楚；
（二）证据确实、充分；
（三）犯罪性质和罪名认定正确；
（四）法律手续完备；
（五）依法应当追究刑事责任。

第二百八十四条　对侦查终结的案件，公安机关应当全面审查证明证据收集合法性的证据材料，依法排除非法证据。排除非法证据后证据不足的，不得移送审查起诉。

公安机关发现侦查人员非法取证的，应当依法作出处理，并可另行指派侦查人员重新调查取证。

第二百八十五条　侦查终结的案件，侦查人员应当制作结案报告。

结案报告应当包括以下内容：

（一）犯罪嫌疑人的基本情况；
（二）是否采取了强制措施及其理由；
（三）案件的事实和证据；
（四）法律依据和处理意见。

第二百八十六条　侦查终结案件的处理，由县级以上公安机关负责人批准；重大、复杂、疑难的案件应当经过集体讨论。

第二百八十七条　侦查终结后，应当将全部案卷材料按照要求装订立卷。

向人民检察院移送案件时，只移送诉讼卷，侦查卷由公安机关存档备查。

第二百八十八条　对查封、扣押的犯罪嫌疑人的财物及其孳息、文件或者冻结的财产，作为证据使用的，应当随案移送，并制作随案移送清单一式两份，一份留存，一份交人民检察院。制作清单时，应当根据已经查明的案情，写明对涉案财物的处理建议。

对于实物不宜移送的，应当将其清单、照片或者其他证明文件随案移送。待人民法院作出生效判决后，按照人民法院送达的生效判决书、裁定书依法作出处理，并向人民法院送交回执。人民法院在判决、裁定中未对涉案财物作出处理的，公安机关应当征求人民法院意见，并根据人民法院的决定依法作出处理。

第二百八十九条　对侦查终结的案件，应当制作起诉意见书，经县级以上公安机关负责人批准后，连同全部案卷材料、证据，以及辩护律师提出的意见，一并移送同级人民检察院审查决定；同时将案件移送情况告知犯罪嫌疑人及其辩护律师。

犯罪嫌疑人自愿认罪的，应当记录在案，随案移送，并在起诉意见书中写明有关情况；认为案件符合速裁程序适用条件的，可以向人民检察院提出适用速裁程序的建议。

第二百九十条　对于犯罪嫌疑人在境外，需要及时进行审判的严重危害国家安全犯罪、恐怖活动犯罪案件，应当在侦查终结后层报公安部批准，移送同级人民检察院审查起诉。

在审查起诉或者缺席审理过程中，犯罪嫌疑人、被告人向公安机关自动投案或者被公安机关抓获的，公安机关应当立即通知人民检察院、人民法院。

第二百九十一条　共同犯罪案件的起诉意见书，应当写明每个犯罪嫌疑人在共同犯罪中的地位、作用、具体罪责和认罪态度，并分别提出处理意见。

第二百九十二条　被害人提出附带民事诉讼的，应当记录在案；移送审查起诉时，应当在起诉意见书末页注明。

第二百九十三条　人民检察院作出不起诉决定的，如果被不起诉人在押，公安机关应当立即办理释放手续。除依法转为行政案件办理外，应当根据人民检察院解除查封、扣押、冻结财物的书面通知，及时解除查封、扣押、冻结。

人民检察院提出对被不起诉人给予行政处罚、处分或者没收其违法所得的检察意见，移送公安机关处理的，公安机关应当将处理结果及时通知人民检察院。

第二百九十四条　认为人民检察院作出的不起诉决定有错误的，应当在收到不起诉决定书后七日以内制作要求复议意见书,经县级以上公安机关负责人批准后,移送人民检察院复议。

要求复议的意见不被接受的,可以在收到人民检察院的复议决定书后七日以内制作提请复核意见书,经县级以上公安机关负责人批准后,连同人民检察院的复议决定书,一并提请上一级人民检察院复核。

第十三节 补充侦查

第二百九十五条 侦查终结,移送人民检察院审查起诉的案件,人民检察院退回公安机关补充侦查的,公安机关接到人民检察院退回补充侦查的法律文书后,应当按照补充侦查提纲在一个月以内补充侦查完毕。

补充侦查以二次为限。

第二百九十六条 对人民检察院退回补充侦查的案件,根据不同情况,报县级以上公安机关负责人批准,分别作如下处理:

(一)原认定犯罪事实不清或者证据不够充分的,应当在查清事实、补充证据后,制作补充侦查报告书,移送人民检察院审查;对确实无法查明的事项或者无法补充的证据,应当书面向人民检察院说明情况;

(二)在补充侦查过程中,发现新的同案犯或者新的罪行,需要追究刑事责任的,应当重新制作起诉意见书,移送人民检察院审查;

(三)发现原认定的犯罪事实有重大变化,不应当追究刑事责任的,应当撤销案件或者对犯罪嫌疑人终止侦查,并将有关情况通知退查的人民检察院;

(四)原认定犯罪事实清楚,证据确实、充分,人民检察院退回补充侦查不当的,应当说明理由,移送人民检察院审查。

第二百九十七条 对于人民检察院在审查起诉过程中以及在人民法院作出生效判决前,要求公安机关提供法庭审判所必需的证据材料的,应当及时收集和提供。

第九章 执行刑罚

第一节 罪犯的交付

第二百九十八条 对被依法判处刑罚的罪犯,如果罪犯已被采取强制措施的,公安机关应当依据人民法院生效的判决书、裁定书以及执行通知书,将罪犯交付执行。

对人民法院作出无罪或者免除刑事处罚的判决,如果被告人在押,公安机关在收到相应的法律文书后应当立即办理释放手续;对人民法院建议给予行政处理的,应当依照有关规定处理或者移送有关部门。

第二百九十九条 对被判处死刑的罪犯,公安机关应当依据人民法院执行死刑的命令,将罪犯交由人民法院执行。

第三百条 公安机关接到人民法院生效的判处死刑缓期二年执行、无期徒刑、有期徒刑的判决书、裁定书以及执行通知书后,应当在一个月以内将罪犯送交监狱执行。

对未成年犯应当送交未成年犯管教所执行刑罚。

第三百零一条 对被判处有期徒刑的罪犯,在被交付执行刑罚前,剩余刑期在三个月以下的,由看守所根据人民法院的判决代为执行。

对被判处拘役的罪犯,由看守所执行。

第三百零二条 对被判处管制、宣告缓刑、假释或者暂予监外执行的罪犯,已被羁押的,由看守所将其交付社区矫正机构执行。

对被判处剥夺政治权利的罪犯,由罪犯居住地的派出所负责执行。

第三百零三条 对被判处有期徒刑由看守所代为执行和被判处拘役的罪犯,执行期间如果没有再犯新罪,执行期满,看守所应当发给刑满释放证明书。

第三百零四条 公安机关在执行刑罚中,如果认为判决有错误或者罪犯提出申诉,应当转请人民检察院或者原判人民法院处理。

第二节 减刑、假释、暂予监外执行

第三百零五条 对依法留看守所执行刑罚的罪犯,符合减刑条件的,由看守所制作减刑建议书,经设区的市一级以上公安机关审查同意后,报请所在地中级以上人民法院审核裁定。

第三百零六条 对依法留看守所执行刑罚的罪犯,符合假释条件的,由看守所制作假释建议书,经设区的市一级以上公安机关审查同意后,报请所在地中级以上人民法院审核裁定。

第三百零七条 对依法留所执行刑罚的罪

犯,有下列情形之一的,可以暂予监外执行:

(一)有严重疾病需要保外就医的;

(二)怀孕或者正在哺乳自己婴儿的妇女;

(三)生活不能自理,适用暂予监外执行不致危害社会的。

对罪犯暂予监外执行的,看守所应当提出书面意见,报设区的市一级以上公安机关批准,同时将书面意见抄送同级人民检察院。

对适用保外就医可能有社会危险性的罪犯,或者自伤自残的罪犯,不得保外就医。

对罪犯确有严重疾病,必须保外就医的,由省级人民政府指定的医院诊断并开具证明文件。

第三百零八条 公安机关决定对罪犯暂予监外执行的,应当将暂予监外执行决定书交被暂予监外执行的罪犯和负责监外执行的社区矫正机构,同时抄送同级人民检察院。

第三百零九条 批准暂予监外执行的公安机关接到人民检察院认为暂予监外执行不当的意见后,应当立即对暂予监外执行的决定进行重新核查。

第三百一十条 对暂予监外执行的罪犯,有下列情形之一的,批准暂予监外执行的公安机关应当作出收监执行决定:

(一)发现不符合暂予监外执行条件的;

(二)严重违反有关暂予监外执行监督管理规定的;

(三)暂予监外执行的情形消失后,罪犯刑期未满的。

对暂予监外执行的罪犯决定收监执行的,由暂予监外执行地看守所将罪犯收监执行。

不符合暂予监外执行条件的罪犯通过贿赂等非法手段被暂予监外执行的,或者罪犯在暂予监外执行期间脱逃的,罪犯被收监执行后,所在看守所应当提出不计入执行刑期的建议,经设区的市一级以上公安机关审查同意后,报请所在地中级以上人民法院审核裁定。

第三节 剥夺政治权利

第三百一十一条 负责执行剥夺政治权利的派出所应当按照人民法院的判决,向罪犯及其所在单位、居住地基层组织宣布其犯罪事实、被剥夺政治权利的期限,以及罪犯在执行期间应当遵守的规定。

第三百一十二条 被剥夺政治权利的罪犯在执行期间应当遵守下列规定:

(一)遵守国家法律、行政法规和公安部制定的有关规定,服从监督管理;

(二)不得享有选举权和被选举权;

(三)不得组织或者参加集会、游行、示威、结社活动;

(四)不得出版、制作、发行书籍、音像制品;

(五)不得接受采访、发表演说;

(六)不得在境内外发表有损国家荣誉、利益或者其他具有社会危害性的言论;

(七)不得担任国家机关职务;

(八)不得担任国有公司、企业、事业单位和人民团体的领导职务。

第三百一十三条 被剥夺政治权利的罪犯违反本规定第三百一十二条的规定,尚未构成新的犯罪的,公安机关依法可以给予治安管理处罚。

第三百一十四条 被剥夺政治权利的罪犯,执行期满,公安机关应当书面通知本人及其所在单位、居住地基层组织。

第四节 对又犯新罪罪犯的处理

第三百一十五条 对留看守所执行刑罚的罪犯,在暂予监外执行期间又犯新罪的,由犯罪地公安机关立案侦查,并通知批准机关。批准机关作出收监执行决定后,应当根据侦查、审判需要,由犯罪地看守所或者暂予监外执行地看守所收监执行。

第三百一十六条 被剥夺政治权利、管制、宣告缓刑和假释的罪犯在执行期间又犯新罪的,由犯罪地公安机关立案侦查。

对留看守所执行刑罚的罪犯,因犯新罪被撤销假释的,应当根据侦查、审判需要,由犯罪地看守所或者原执行看守所收监执行。

第十章 特别程序

第一节 未成年人刑事案件诉讼程序

第三百一十七条 公安机关办理未成年人刑事案件,实行教育、感化、挽救的方针,坚持教育为主、惩罚为辅的原则。

第三百一十八条 公安机关办理未成年人刑事案件,应当保障未成年人行使其诉讼权利并得到法律帮助，依法保护未成年人的名誉和隐私，尊重其人格尊严。

第三百一十九条 公安机关应当设置专门机构或者配备专职人员办理未成年人刑事案件。

未成年人刑事案件应当由熟悉未成年人身心特点、善于做未成年人思想教育工作、具有一定办案经验的人员办理。

第三百二十条 未成年犯罪嫌疑人没有委托辩护人的，公安机关应当通知法律援助机构指派律师为其提供辩护。

第三百二十一条 公安机关办理未成年人刑事案件时，应当重点查清未成年犯罪嫌疑人实施犯罪行为时是否已满十四周岁、十六周岁、十八周岁的临界年龄。

第三百二十二条 公安机关办理未成年人刑事案件，根据情况可以对未成年犯罪嫌疑人的成长经历、犯罪原因、监护教育等情况进行调查并制作调查报告。

作出调查报告的，在提请批准逮捕、移送审查起诉时，应当结合案情综合考虑，并将调查报告与案卷材料一并移送人民检察院。

第三百二十三条 讯问未成年犯罪嫌疑人，应当通知未成年犯罪嫌疑人的法定代理人到场。无法通知、法定代理人不能到场或者法定代理人是共犯的，也可以通知未成年犯罪嫌疑人的其他成年亲属，所在学校、单位、居住地或者办案单位所在地基层组织或者未成年人保护组织的代表到场，并将有关情况记录在案。到场的法定代理人可以代为行使未成年犯罪嫌疑人的诉讼权利。

到场的法定代理人或者其他人员提出侦查人员在讯问中侵犯未成年人合法权益的，公安机关应当认真核查，依法处理。

第三百二十四条 讯问未成年犯罪嫌疑人应当采取适合未成年人的方式，耐心细致地听取其供述或者辩解，认真审核、查证与案件有关的证据和线索，并针对其思想顾虑、恐惧心理、抵触情绪进行疏导和教育。

讯问女性未成年犯罪嫌疑人，应当有女工作人员在场。

第三百二十五条 讯问笔录应当交未成年犯罪嫌疑人、到场的法定代理人或者其他人员阅读或者向其宣读；对笔录内容有异议的，应当核实清楚，准予更正或者补充。

第三百二十六条 询问未成年被害人、证人，适用本规定第三百二十三条、第三百二十四条、第三百二十五条的规定。

询问未成年被害人、证人，应当以适当的方式进行，注意保护其隐私和名誉，尽可能减少询问频次，避免造成二次伤害。必要时，可以聘请熟悉未成年人身心特点的专业人员协助。

第三百二十七条 对未成年犯罪嫌疑人应当严格限制和尽量减少使用逮捕措施。

未成年犯罪嫌疑人被拘留、逮捕后服从管理、依法变更强制措施不致发生社会危险性，能够保证诉讼正常进行的，公安机关应当依法及时变更强制措施；人民检察院批准逮捕的案件，公安机关应当将变更强制措施情况及时通知人民检察院。

第三百二十八条 对被羁押的未成年人应当与成年人分别关押、分别管理、分别教育，并根据其生理和心理特点在生活和学习方面给予照顾。

第三百二十九条 人民检察院在对未成年人作出附条件不起诉的决定前，听取公安机关意见时，公安机关应当提出书面意见，经县级以上公安机关负责人批准，移送同级人民检察院。

第三百三十条 认为人民检察院作出的附条件不起诉决定有错误的，应当在收到不起诉决定书后七日以内制作要求复议意见书，经县级以上公安机关负责人批准，移送同级人民检察院复议。

要求复议的意见不被接受的，可以在收到人民检察院的复议决定书后七日以内制作提请复核意见书，经县级以上公安机关负责人批准后，连同人民检察院的复议决定书，一并提请上一级人民检察院复核。

第三百三十一条 未成年人犯罪的时候不满十八周岁，被判处五年有期徒刑以下刑罚的，公安机关应当依据人民法院已经生效的判决书，将该未成年人的犯罪记录予以封存。

犯罪记录被封存的，除司法机关为办案需要或者有关单位根据国家规定进行查询外，公安机关不得向其他任何单位和个人提供。

被封存犯罪记录的未成年人，如果发现漏罪，合并被判处五年有期徒刑以上刑罚的，应当对其犯罪记录解除封存。

第三百三十二条 办理未成年人刑事案件，除本节已有规定的以外，按照本规定的其他规定进行。

第二节 当事人和解的公诉案件诉讼程序

第三百三十三条 下列公诉案件,犯罪嫌疑人真诚悔罪,通过向被害人赔偿损失、赔礼道歉等方式获得被害人谅解,被害人自愿和解的,经县级以上公安机关负责人批准,可以依法作为当事人和解的公诉案件办理:

(一)因民间纠纷引起,涉嫌刑法分则第四章、第五章规定的犯罪案件,可能判处三年有期徒刑以下刑罚的;

(二)除渎职犯罪以外的可能判处七年有期徒刑以下刑罚的过失犯罪案件。

犯罪嫌疑人在五年以内曾经故意犯罪的,不得作为当事人和解的公诉案件办理。

第三百三十四条 有下列情形之一的,不属于因民间纠纷引起的犯罪案件:

(一)雇凶伤害他人的;

(二)涉及黑社会性质组织犯罪的;

(三)涉及寻衅滋事的;

(四)涉及聚众斗殴的;

(五)多次故意伤害他人身体的;

(六)其他不宜和解的。

第三百三十五条 双方当事人和解的,公安机关应当审查案件事实是否清楚,被害人是否自愿和解,是否符合规定的条件。

公安机关审查时,应当听取双方当事人的意见,并记录在案;必要时,可以听取双方当事人亲属、当地居民委员会或者村民委员会人员以及其他了解案件情况的相关人员的意见。

第三百三十六条 达成和解的,公安机关应当主持制作和解协议书,并由双方当事人及其他参加人员签名。

当事人中有未成年人的,未成年当事人的法定代理人或者其他成年亲属应当在场。

第三百三十七条 和解协议书应当包括以下内容:

(一)案件的基本事实和主要证据;

(二)犯罪嫌疑人承认自己所犯罪行,对指控的犯罪事实没有异议,真诚悔罪;

(三)犯罪嫌疑人通过向被害人赔礼道歉、赔偿损失等方式获得被害人谅解;涉及赔偿损失的,应当写明赔偿的数额、方式等;提起附带民事诉讼的,由附带民事诉讼原告人撤回附带民事诉讼;

(四)被害人自愿和解,请求或者同意对犯罪嫌疑人依法从宽处罚。

和解协议应当及时履行。

第三百三十八条 对达成和解协议的案件,经县级以上公安机关负责人批准,公安机关将案件移送人民检察院审查起诉时,可以提出从宽处理的建议。

第三节 犯罪嫌疑人逃匿、死亡案件违法所得的没收程序

第三百三十九条 有下列情形之一,依照刑法规定应当追缴其违法所得及其他涉案财产的,经县级以上公安机关负责人批准,公安机关应当写出没收违法所得意见书,连同相关证据材料一并移送同级人民检察院:

(一)恐怖活动犯罪等重大犯罪案件,犯罪嫌疑人逃匿,在通缉一年后不能到案的;

(二)犯罪嫌疑人死亡的。

犯罪嫌疑人死亡,现有证据证明其存在违法所得及其他涉案财产应当予以没收的,公安机关可以进行调查。公安机关进行调查,可以依法进行查封、扣押、查询、冻结。

第三百四十条 没收违法所得意见书应当包括以下内容:

(一)犯罪嫌疑人的基本情况;

(二)犯罪事实和相关的证据材料;

(三)犯罪嫌疑人逃匿、被通缉或者死亡的情况;

(四)犯罪嫌疑人的违法所得及其他涉案财产的种类、数量、所在地;

(五)查封、扣押、冻结的情况等。

第三百四十一条 公安机关将没收违法所得意见书移送人民检察院后,在逃的犯罪嫌疑人自动投案或者被抓获的,公安机关应当及时通知同级人民检察院。

第四节 依法不负刑事责任的精神病人的强制医疗程序

第三百四十二条 公安机关发现实施暴力行为,危害公共安全或者严重危害公民人身安全的犯罪嫌疑人,可能属于依法不负刑事责任的精神病人的,应当对其进行精神病鉴定。

第三百四十三条 对经法定程序鉴定依法不

负刑事责任的精神病人，有继续危害社会可能，符合强制医疗条件的，公安机关应当在七日以内写出强制医疗意见书，经县级以上公安机关负责人批准，连同相关证据材料和鉴定意见一并移送同级人民检察院。

第三百四十四条 对实施暴力行为的精神病人，在人民法院决定强制医疗前，经县级以上公安机关负责人批准，公安机关可以采取临时的保护性约束措施。必要时，可以将其送精神病医院接受治疗。

第三百四十五条 采取临时的保护性约束措施时，应当对精神病人严加看管，并注意约束的方式、方法和力度，以避免和防止危害他人和精神病人的自身安全为限度。

对于精神病人已没有继续危害社会可能，解除约束后不致发生社会危险性的，公安机关应当及时解除保护性约束措施。

第十一章 办案协作

第三百四十六条 公安机关在异地执行传唤、拘传、拘留、逮捕，开展勘验、检查、搜查、查封、扣押、冻结、讯问等侦查活动，应当向当地公安机关提出办案协作请求，并在当地公安机关协助下进行，或者委托当地公安机关代为执行。

开展查询、询问、辨认等侦查活动或者送达法律文书的，也可以向当地公安机关提出办案协作请求，并按照有关规定进行通报。

第三百四十七条 需要异地公安机关协助的，办案地公安机关应当制作办案协作函件，连同有关法律文书和人民警察证复印件一并提供给协作地公安机关。必要时，可以将前述法律手续传真或者通过公安机关有关信息系统传输至协作地公安机关。

请求协助执行传唤、拘传、拘留、逮捕的，应当提供传唤证、拘传证、拘留证、逮捕证；请求协助开展搜查、查封、扣押、查询、冻结等侦查活动的，应当提供搜查证、查封决定书、扣押决定书、协助查询财产通知书、协助冻结财产通知书；请求协助开展勘验、检查、讯问、询问等侦查活动的，应当提供立案决定书。

第三百四十八条 公安机关应当指定一个部门归口接收协作请求，并进行审核。对符合本规定第三百四十七条规定的协作请求，应当及时交主管业务部门办理。

异地公安机关提出协作请求的，只要法律手续完备，协作地公安机关就应当及时无条件予以配合，不得收取任何形式的费用或者设置其他条件。

第三百四十九条 对协作过程中获取的犯罪线索，不属于自己管辖的，应当及时移交有管辖权的公安机关或者其他有关部门。

第三百五十条 异地执行传唤、拘传的，协作地公安机关应当协助将犯罪嫌疑人传唤、拘传到本市、县公安机关执法办案场所或者到他的住处进行讯问。

异地执行拘留、逮捕的，协作地公安机关应当派员协助执行。

第三百五十一条 已被决定拘留、逮捕的犯罪嫌疑人在逃的，可以通过网上工作平台发布犯罪嫌疑人相关信息、拘留证或者逮捕证。各地公安机关发现网上逃犯的，应当立即组织抓捕。

协作地公安机关抓获犯罪嫌疑人后，应当立即通知办案地公安机关。办案地公安机关应当立即携带法律文书及时提解，提解的侦查人员不得少于二人。

办案地公安机关不能及时到达协作地的，应当委托协作地公安机关在拘留、逮捕后二十四小时以内进行讯问。

第三百五十二条 办案地公安机关请求代为讯问、询问、辨认的，协作地公安机关应当制作讯问、询问、辨认笔录，交被讯问、询问人和辨认人签名、捺指印后，提供给办案地公安机关。

办案地公安机关可以委托协作地公安机关协助进行远程视频讯问、询问，讯问、询问过程应当全程录音录像。

第三百五十三条 办案地公安机关请求协查犯罪嫌疑人的身份、年龄、违法犯罪经历等情况的，协作地公安机关应当在接到请求后七日以内将协查结果通知办案地公安机关；交通十分不便的边远地区，应当在十五日以内将协查结果通知办案地公安机关。

办案地公安机关请求协助调查取证或者查询犯罪信息、资料的，协作地公安机关应当及时协查并反馈。

第三百五十四条 对不履行办案协作程序或者协作职责造成严重后果的，对直接负责的主管人员和其他直接责任人员,应当给予处分;构成犯罪的,依法追究刑事责任。

第三百五十五条 协作地公安机关依照办案地公安机关的协作请求履行办案协作职责所产生的法律责任,由办案地公安机关承担。但是,协作行为超出协作请求范围,造成执法过错的,由协作地公安机关承担相应法律责任。

第三百五十六条 办案地和协作地公安机关对于案件管辖、定性处理等发生争议的,可以进行协商。协商不成的,提请共同的上级公安机关决定。

第十二章 外国人犯罪案件的办理

第三百五十七条 办理外国人犯罪案件,应当严格依照我国法律、法规、规章,维护国家主权和利益,并在对等互惠原则的基础上,履行我国所承担的国际条约义务。

第三百五十八条 外国籍犯罪嫌疑人在刑事诉讼中,享有我国法律规定的诉讼权利,并承担相应的义务。

第三百五十九条 外国籍犯罪嫌疑人的国籍,以其在入境时持用的有效证件予以确认;国籍不明的,由出入境管理部门协助予以查明。国籍确实无法查明的,以无国籍人对待。

第三百六十条 确认外国籍犯罪嫌疑人身份,可以依照有关国际条约或者通过国际刑事警察组织、警务合作渠道办理。确实无法查明的,可以按其自报的姓名移送人民检察院审查起诉。

第三百六十一条 犯罪嫌疑人为享有外交或者领事特权和豁免权的外国人的,应当层报公安部,同时通报同级人民政府外事办公室,由公安部商请外交部通过外交途径办理。

第三百六十二条 公安机关办理外国人犯罪案件,使用中华人民共和国通用的语言文字。犯罪嫌疑人不通晓我国语言文字的,公安机关应当为他翻译;犯罪嫌疑人通晓我国语言文字,不需要他人翻译的,应当出具书面声明。

第三百六十三条 外国人犯罪案件,由犯罪地的县级以上公安机关立案侦查。

第三百六十四条 外国人犯中华人民共和国缔结或者参加的国际条约规定的罪行后进入我国领域内的,由该外国人被抓获地的设区的市一级以上公安机关立案侦查。

第三百六十五条 外国人在中华人民共和国领域外对中华人民共和国国家或者公民犯罪,应当受刑罚处罚的,由该外国人入境地或者入境后居住地的县级以上公安机关立案侦查;该外国人未入境的,由被害人居住地的县级以上公安机关立案侦查;没有被害人或者是对中华人民共和国国家犯罪的,由公安部指定管辖。

第三百六十六条 发生重大或者可能引起外交交涉的外国人犯罪案件的,有关省级公安机关应当及时将案件办理情况报告公安部,同时通报同级人民政府外事办公室。必要时,由公安部商外交部将案件情况通知我国驻外使馆、领事馆。

第三百六十七条 对外国籍犯罪嫌疑人依法作出取保候审、监视居住决定或者执行拘留、逮捕后,应当在四十八小时以内层报省级公安机关,同时通报同级人民政府外事办公室。

重大涉外案件应当在四十八小时以内层报公安部,同时通报同级人民政府外事办公室。

第三百六十八条 对外国籍犯罪嫌疑人依法作出取保候审、监视居住决定或者执行拘留、逮捕后,由省级公安机关根据有关规定,将其姓名、性别、入境时间、护照或者证件号码、案件发生的时间、地点、涉嫌犯罪的主要事实、已采取的强制措施及其法律依据等,通知该外国人所属国家的驻华使馆、领事馆,同时报告公安部。经省级公安机关批准,领事通报任务较重的副省级城市公安局可以直接行使领事通报职能。

外国人在公安机关侦查或者执行刑罚期间死亡的,有关省级公安机关应当通知该外国人国籍国的驻华使馆、领事馆,同时报告公安部。

未在华设立使馆、领事馆的国家,可以通知其代管国家的驻华使馆、领事馆;无代管国家或者代管国家不明的,可以不予通知。

第三百六十九条 外国籍犯罪嫌疑人委托辩护人的,应当委托在中华人民共和国的律师事务所执业的律师。

第三百七十条 公安机关侦查终结前,外国驻华外交、领事官员要求探视被监视居住、拘留、逮捕或者正在看守所服刑的本国公民的,应当及时安排有关探视事宜。犯罪嫌疑人拒绝其国籍国驻华外交、领事官员探视的,公安机关可以不予安排,但应当由其本人提出书面声明。

在公安机关侦查羁押期间,经公安机关批准,外国籍犯罪嫌疑人可以与其近亲属、监护人会见、与外界通信。

第三百七十一条　对判处独立适用驱逐出境刑罚的外国人，省级公安机关在收到人民法院的刑事判决书、执行通知书的副本后，应当指定该外国人所在地的设区的市一级公安机关执行。

被判处徒刑的外国人，主刑执行期满后应当执行驱逐出境附加刑的，省级公安机关在收到执行监狱的上级主管部门转交的刑事判决书、执行通知书副本或者复印件后，应当通知该外国人所在地的设区的市一级公安机关或者指定有关公安机关执行。

我国政府已按照国际条约或者《中华人民共和国外交特权与豁免条例》的规定，对实施犯罪，但享有外交或者领事特权和豁免权的外国人宣布为不受欢迎的人，或者不可接受并拒绝承认其外交或者领事人员身份，责令限期出境的人，无正当理由逾期不自动出境的，由公安部凭外交部公文指定该外国人所在地的省级公安机关负责执行或者监督执行。

第三百七十二条　办理外国人犯罪案件，本章未规定的，适用本规定其他各章的有关规定。

第三百七十三条　办理无国籍人犯罪案件，适用本章的规定。

第十三章　刑事司法协助和警务合作

第三百七十四条　公安部是公安机关进行刑事司法协助和警务合作的中央主管机关，通过有关法律、国际条约、协议规定的联系途径、外交途径或者国际刑事警察组织渠道，接收或者向外国提出刑事司法协助或者警务合作请求。

地方各级公安机关依照职责权限办理刑事司法协助事务和警务合作事务。

其他司法机关在办理刑事案件中，需要外国警方协助的，由其中央主管机关与公安部联系办理。

第三百七十五条　公安机关进行刑事司法协助和警务合作的范围，主要包括犯罪情报信息的交流与合作，调查取证，安排证人作证或者协助调查，查封、扣押、冻结涉案财物，没收、返还违法所得和其他涉案财物，送达刑事诉讼文书，引渡、缉捕和递解犯罪嫌疑人、被告人或者罪犯，以及国际条约、协议规定的其他刑事司法协助和警务合作事宜。

第三百七十六条　在不违背我国法律和有关国际条约、协议的前提下，我国边境地区设区的市一级公安机关和县级公安机关与相邻国家的警察机关，可以按照惯例相互开展执法会晤、人员往来、边境管控、情报信息交流等警务合作，但应当报省级公安机关批准，并报公安部备案；开展其他警务合作的，应当报公安部批准。

第三百七十七条　公安部收到外国的刑事司法协助或者警务合作请求后，应当依据我国法律和国际条约、协议的规定进行审查。对于符合规定的，交有关省级公安机关办理，或者移交其他有关中央主管机关；对于不符合条约或者协议规定的，通过接收请求的途径退回请求方。

对于请求书的签署机关、请求书及所附材料的语言文字、有关办理期限和具体程序等事项，在不违反我国法律基本原则的情况下，可以按照刑事司法协助条约、警务合作协议规定或者双方协商办理。

第三百七十八条　负责执行刑事司法协助或者警务合作的公安机关收到请求书和所附材料后，应当按照我国法律和有关国际条约、协议的规定安排执行，并将执行结果及其有关材料报经省级公安机关审核后报送公安部。

在执行过程中，需要采取查询、查封、扣押、冻结等措施或者返还涉案财物，且符合法律规定的条件的，可以根据我国有关法律和公安部的执行通知办理有关法律手续。

请求书提供的信息不准确或者材料不齐全难以执行的，应当立即通过省级公安机关报请公安部要求请求方补充材料；因其他原因无法执行或者具有应当拒绝协助、合作的情形等不能执行的，应当将请求书和所附材料，连同不能执行的理由通过省级公安机关报送公安部。

第三百七十九条　执行刑事司法协助和警务合作，请求书中附有办理期限的，应当按期完成。未附办理期限的，调查取证应当在三个月以内完成；送达刑事诉讼文书，应当在十日以内完成。不能按期完成的，应当说明情况和理由，层报公安部。

第三百八十条　需要请求外国警方提供刑事司法协助或者警务合作的，应当按照我国有关法律、国际条约、协议的规定提出刑事司法协助或者警务合作请求书，所附文件及相应译文，经省级公安机关审核后报送公安部。

第三百八十一条 需要通过国际刑事警察组织查找或者缉捕犯罪嫌疑人、被告人或者罪犯,查询资料、调查取证的,应当提出申请层报国际刑事警察组织中国国家中心局。

第三百八十二条 公安机关需要外国协助安排证人、鉴定人来中华人民共和国作证或者通过视频、音频作证,或者协助调查的,应当制作刑事司法协助请求书并附相关材料,经公安部审核同意后,由对外联系机关及时向外国提出请求。

来中华人民共和国作证或者协助调查的证人、鉴定人离境前,公安机关不得就其入境前实施的犯罪进行追究;除因入境后实施违法犯罪而被采取强制措施的以外,其人身自由不受限制。

证人、鉴定人在条约规定的期限内或者被通知无需继续停留后十五日内没有离境的,前款规定不再适用,但是由于不可抗力或者其他特殊原因未能离境的除外。

第三百八十三条 公安机关提供或者请求外国提供刑事司法协助或者警务合作,应当收取或者支付费用的,根据有关国际条约、协议的规定,或者按照对等互惠的原则协商办理。

第三百八十四条 办理引渡案件,依照《中华人民共和国引渡法》等法律规定和有关条约执行。

第十四章 附 则

第三百八十五条 本规定所称"危害国家安全犯罪",包括刑法分则第一章规定的危害国家安全罪以及危害国家安全的其他犯罪;"恐怖活动犯罪",包括以制造社会恐慌、危害公共安全或者胁迫国家机关、国际组织为目的,采取暴力、破坏、恐吓等手段,造成或者意图造成人员伤亡、重大财产损失、公共设施损坏、社会秩序混乱等严重社会危害的犯罪,以及煽动、资助或者以其他方式协助实施上述活动的犯罪。

第三百八十六条 当事人及其法定代理人、诉讼代理人、辩护律师提出的复议复核请求,由公安机关法制部门办理。

办理刑事复议、复核案件的具体程序,适用《公安机关办理刑事复议复核案件程序规定》。

第三百八十七条 公安机关可以使用电子签名、电子指纹捺印技术制作电子笔录等材料,可以使用电子印章制作法律文书。对案件当事人进行电子签名、电子指纹捺印的过程,公安机关应当同步录音录像。

第三百八十八条 本规定自2013年1月1日起施行。1998年5月14日发布的《公安机关办理刑事案件程序规定》(公安部令第35号)和2007年10月25日发布的《公安机关办理刑事案件程序规定修正案》(公安部令第95号)同时废止。

公安机关办理伤害案件规定

· 2005年12月27日
· 公通字〔2005〕98号

第一章 总 则

第一条 为规范公安机关办理伤害案件,正确适用法律,确保案件合法、公正、及时处理,根据《中华人民共和国刑法》、《中华人民共和国刑事诉讼法》等法律法规,制定本规定。

第二条 本规定所称伤害案件是指伤害他人身体,依法应当由公安机关办理的案件。

第三条 公安机关办理伤害案件,应当遵循迅速调查取证,及时采取措施,规范准确鉴定,严格依法处理的原则。

第二章 管 辖

第四条 轻伤以下的伤害案件由公安派出所管辖。

第五条 重伤及因伤害致人死亡的案件由公安机关刑事侦查部门管辖。

第六条 伤情不明、难以确定管辖的,由最先受理的部门先行办理,待伤情鉴定后,按第四条、第五条规定移交主管部门办理。

第七条 因管辖问题发生争议的,由共同的上级公安机关指定管辖。

第八条 被害人有证据证明的故意伤害(轻伤)案件,办案人员应当告知被害人可以直接向人民法院起诉。如果被害人要求公安机关处理的,公安机关应当受理。

第九条 人民法院直接受理的故意伤害(轻伤)案件,因证据不足,移送公安机关侦查的,公安机关应当受理。

第三章 前期处置

第十条 接到伤害案件报警后,接警部门应当根据案情,组织警力,立即赶赴现场。

第十一条 对正在发生的伤害案件,先期到达现场的民警应当做好以下处置工作:

(一)制止伤害行为;

(二)组织救治伤员;

(三)采取措施控制嫌疑人;

(四)及时登记在场人员姓名、单位、住址和联系方式,询问当事人和访问现场目击证人;

(五)保护现场;

(六)收集、固定证据。

第十二条 对已经发生的伤害案件,先期到达现场的民警应当做好以下处置工作:

(一)组织救治伤员;

(二)了解案件发生经过和伤情;

(三)及时登记在场人员姓名、单位、住址和联系方式,询问当事人和访问现场目击证人;

(四)追查嫌疑人;

(五)保护现场;

(六)收集、固定证据。

第四章 勘验、检查

第十三条 公安机关办理伤害案件,现场具备勘验、检查条件的,应当及时进行勘验、检查。

第十四条 伤害案件现场勘验、检查的任务是发现、固定、提取与伤害行为有关的痕迹、物证及其他信息,确定伤害状态,分析伤害过程,为查处伤害案件提供线索和证据。

办案单位对提取的痕迹、物证和致伤工具等应当妥善保管。

第十五条 公安机关对伤害案件现场进行勘验、检查不得少于二人。

勘验、检查现场时,应当邀请一至二名与案件无关的公民作见证人。

第十六条 勘验、检查伤害案件现场,应当制作现场勘验、检查笔录,绘制现场图,对现场情况和被伤害人的伤情进行照相,并将上述材料装订成卷宗。

第五章 鉴　定

第十七条 公安机关办理伤害案件,应当对人身损伤程度和用作证据的痕迹、物证、致伤工具等进行检验、鉴定。

第十八条 公安机关受理伤害案件后,应当在24小时内开具伤情鉴定委托书,告知被害人到指定的鉴定机构进行伤情鉴定。

第十九条 根据国家有关部门颁布的人身伤情鉴定标准和被害人当时的伤情及医院诊断证明,具备即时进行伤情鉴定条件的,公安机关的鉴定机构应当在受委托之时起24小时内提出鉴定意见,并在3日内出具鉴定文书。

对伤情比较复杂,不具备即时进行鉴定条件的,应当在受委托之日起7日内提出鉴定意见并出具鉴定文书。

对影响组织、器官功能或者伤情复杂,一时难以进行鉴定的,待伤情稳定后及时提出鉴定意见,并出具鉴定文书。

第二十条 对人身伤情进行鉴定,应当由县级以上公安机关鉴定机构二名以上鉴定人负责实施。

伤情鉴定比较疑难,对鉴定意见可能发生争议或者鉴定委托主体有明确要求的,伤情鉴定应当由三名以上主检法医师或者四级以上法医官负责实施。

需要聘请其他具有专门知识的人员进行鉴定的,应当经县级以上公安机关负责人批准,制作《鉴定聘请书》,送达被聘请人。

第二十一条 对人身伤情鉴定意见有争议需要重新鉴定的,应当依照《中华人民共和国刑事诉讼法》的有关规定进行。

第二十二条 人身伤情鉴定文书格式和内容应当符合规范要求。鉴定文书中应当有被害人正面免冠照片及其人体需要鉴定的所有损伤部位的细目照片。对用作证据的鉴定意见,公安机关办案单位应当制作《鉴定意见通知书》,送达被害人和违法犯罪嫌疑人。

第六章 调查取证

第二十三条 询问被害人,应当重点问明伤害行为发生的时间,地点,原因,经过,伤害工具、方式、部位,伤情,嫌疑人情况等。

第二十四条 询问伤害行为人,应当重点问明实施伤害行为的时间,地点,原因,经过,致伤工具、方式、部位等具体情节。

多人参与的,还应当问明参与人员的情况,所持凶器,所处位置,实施伤害行为的先后顺序,致伤工具、方式、部位及预谋情况等。

第二十五条　询问目击证人,应当重点问明伤害行为发生的时间,地点,经过,双方当事人人数及各自所处位置、持有的凶器,实施伤害行为的先后顺序,致伤工具、方式、部位、衣着、体貌特征,目击证人所处位置及目击证人与双方当事人之间的关系等。

第二十六条　询问其他证人应当问清其听到、看到的与伤害行为有关的情况。

第二十七条　办理伤害案件,应当重点收集以下物证、书证:

(一)凶器、血衣以及能够证明伤害情况的其他物品;

(二)相关的医院诊断及病历资料;

(三)与案件有关的其他证据。

办案单位应当将证据保管责任落实到人,完善证据保管制度,建立证据保管室,妥善保管证据,避免因保管不善导致证据损毁、污染、丢失或者消磁,影响刑事诉讼和案件处理。

第七章　案件处理

第二十八条　被害人伤情构成轻伤、重伤或者死亡,需要追究犯罪嫌疑人刑事责任的,依照《中华人民共和国刑事诉讼法》的有关规定办理。

第二十九条　根据《中华人民共和国刑法》第十三条及《中华人民共和国刑事诉讼法》第十五条第一项规定,对故意伤害他人致轻伤,情节显著轻微、危害不大,不认为是犯罪的,以及被害人伤情达不到轻伤的,应当依法予以治安管理处罚。

第三十条　对于因民间纠纷引起的殴打他人或者故意伤害他人身体的行为,情节较轻尚不够刑事处罚,具有下列情形之一的,经双方当事人同意,公安机关可以依法调解处理:

(一)亲友、邻里或者同事之间因琐事发生纠纷,双方均有过错的;

(二)未成年人、在校学生殴打他人或者故意伤害他人身体的;

(三)行为人的侵害行为系由被害人事前的过错引起的;

(四)其他适用调解处理更易化解矛盾的。

第三十一条　有下列情形之一的,不得调解处理:

(一)雇凶伤害他人的;

(二)涉及黑社会性质组织的;

(三)寻衅滋事的;

(四)聚众斗殴的;

(五)累犯;

(六)多次伤害他人身体的;

(七)其他不宜调解处理的。

第三十二条　公安机关调解处理的伤害案件,除下列情形外,应当公开进行:

(一)涉及个人隐私的;

(二)行为人为未成年人的;

(三)行为人和被害人都要求不公开调解的。

第三十三条　公安机关进行调解处理时,应当遵循合法、公正、自愿、及时的原则,注重教育和疏导,化解矛盾。

第三十四条　当事人中有未成年人的,调解时未成年当事人的父母或者其他监护人应当在场。

第三十五条　对因邻里纠纷引起的伤害案件进行调解时,可以邀请当地居民委员会、村民委员会的人员或者双方当事人熟悉的人员参加。

第三十六条　调解原则上为一次,必要时可以增加一次。对明显不构成轻伤、不需要伤情鉴定的治安案件,应当在受理案件后的3个工作日内完成调解;对需要伤情鉴定的治安案件,应当在伤情鉴定文书出具后的3个工作日内完成调解。

对一次调解不成,有必要再次调解的,应当在第一次调解后的7个工作日内完成第二次调解。

第三十七条　调解必须履行以下手续:

(一)征得双方当事人同意;

(二)在公安机关的主持下制作调解书。

第三十八条　调解处理时,应当制作调解笔录。达成调解协议的,应当制作调解书。调解书应当由调解机关、调解主持人、双方当事人及其他参加人签名、盖章。调解书一式三份,双方当事人各一份,调解机关留存一份备查。

第三十九条　经调解当事人达成协议并履行的,不予处罚。经调解未达成协议或者达成协议后不履行的,公安机关应当对违反治安管理行为人依法予以处罚,并告知当事人可以就民事争议依法向人民法院提起民事诉讼。

第八章 卷 宗

第四十条 公安机关办理伤害案件,应当严格按照办理刑事案件或者治安案件的要求,形成完整卷宗。

卷宗内的材料应当包括受案、立案文书、询问、讯问笔录、现场、伤情照片、检验、鉴定结论等证据材料,审批手续、处理意见等。

第四十一条 卷宗应当整齐规范,字迹工整。

第四十二条 犯罪嫌疑人被追究刑事责任的,侦查卷(正卷)移送检察机关,侦查工作卷(副卷)由公安机关保存。

侦查卷(正卷)内容应包括立案决定书,现场照片、现场图、现场勘查笔录,强制措施和侦查措施决定书、通知书、告知书,各种证据材料,起诉意见书等法律文书。

侦查工作卷(副卷)内容应包括各种呈请报告书、审批表,侦查、调查计划,对案件分析意见,起诉意见书草稿等文书材料。

第四十三条 伤害案件未办结的,卷宗由办案单位保存。

第四十四条 治安管理处罚或者调解处理的伤害案件,结案后卷宗交档案部门保存。

第九章 责任追究

第四十五条 违反本规定,造成案件难以审结、侵害当事人合法权益的,依照《公安机关人民警察执法过错责任追究规定》追究办案人员和主管领导的执法过错责任。

第十章 附 则

第四十六条 本规定所称以上、以下,包括本数。

第四十七条 本规定自2006年2月1日起施行。

公安机关适用继续盘问规定

- 2004年7月12日公安部令第75号公布
- 根据2020年8月6日《公安部关于废止和修改部分规章的决定》修订

第一章 总 则

第一条 为了规范继续盘问工作,保证公安机关依法履行职责和行使权限,维护社会治安秩序,保护公民的合法权益,根据《中华人民共和国人民警察法》,制定本规定。

第二条 本规定所称继续盘问,是指公安机关的人民警察为了维护社会治安秩序,对有违法犯罪嫌疑的人员当场盘问、检查后,发现具有法定情形而将其带至公安机关继续进行盘问的措施。

第三条 公安机关适用继续盘问,应当遵循依法、公正、及时、文明和确保安全的原则,做到适用对象准确、程序合法、处理适当。

第四条 继续盘问工作由公安机关主管公安派出所工作的部门负责业务指导和归口管理。

第五条 继续盘问工作由人民警察执行。严禁不具有人民警察身份的人员从事有关继续盘问的执法工作。

第六条 公安机关适用继续盘问,依法接受人民检察院、行政监察机关以及社会和公民的监督。

第二章 适用对象和时限

第七条 为维护社会治安秩序,公安机关的人民警察对有违法犯罪嫌疑的人员,经表明执法身份后,可以当场盘问、检查。

未穿着制式服装的人民警察在当场盘问、检查前,必须出示执法证件表明人民警察身份。

第八条 对有违法犯罪嫌疑的人员当场盘问、检查后,不能排除其违法犯罪嫌疑,且具有下列情形之一的,人民警察可以将其带至公安机关继续盘问:

(一)被害人、证人控告或者指认其有犯罪行为的;

(二)有正在实施违反治安管理或者犯罪行为嫌疑的;

（三）有违反治安管理或者犯罪嫌疑且身份不明的；

（四）携带的物品可能是违反治安管理或者犯罪的赃物的。

第九条　对具有下列情形之一的人员，不得适用继续盘问：

（一）有违反治安管理或者犯罪嫌疑，但未经当场盘问、检查的；

（二）经过当场盘问、检查，已经排除违反治安管理和犯罪嫌疑的；

（三）涉嫌违反治安管理行为的法定最高处罚为警告、罚款或者其他非限制人身自由的行政处罚的；

（四）从其住处、工作地点抓获以及其他应当依法直接适用传唤或者拘传的；

（五）已经到公安机关投案自首的；

（六）明知其所涉案件已经作为治安案件受理或者已经立为刑事案件的；

（七）不属于公安机关管辖的案件或者事件当事人的；

（八）患有精神病、急性传染病或者其他严重疾病的；

（九）其他不符合本规定第八条所列条件的。

第十条　对符合本规定第八条所列条件，同时具有下列情形之一的人员，可以适用继续盘问，但必须在带至公安机关之时起的四小时以内盘问完毕，且不得送入候问室：

（一）怀孕或者正在哺乳自己不满一周岁婴儿的妇女；

（二）不满十六周岁的未成年人；

（三）已满七十周岁的老年人。

对前款规定的人员在晚上九点至次日早上七点之间释放的，应当通知其家属或者监护人领回；对身份不明或者没有家属和监护人而无法通知的，应当护送至其住地。

第十一条　继续盘问的时限一般为十二小时；对在十二小时以内确实难以证实或者排除其违法犯罪嫌疑的，可以延长至二十四小时；对不讲真实姓名、住址、身份，且在二十四小时以内仍不能证实或者排除其违法犯罪嫌疑的，可以延长至四十八小时。

前款规定的时限自有违法犯罪嫌疑的人员被带至公安机关之时起，至被盘问人可以自由离开公安机关之时或者被决定刑事拘留、逮捕、行政拘留、强制戒毒而移交有关监管场所执行之时止，包括呈报和审批继续盘问、延长继续盘问时限、处理决定的时间。

第十二条　公安机关应当严格依照本规定的适用范围和时限适用继续盘问，禁止实施下列行为：

（一）超适用范围继续盘问；

（二）超时限继续盘问；

（三）适用继续盘问不履行审批、登记手续；

（四）以继续盘问代替处罚；

（五）将继续盘问作为催要罚款、收费的手段；

（六）批准继续盘问后不立即对有违法犯罪嫌疑的人员继续进行盘问；

（七）以连续继续盘问的方式变相拘禁他人。

第三章　审批和执行

第十三条　公安派出所的人民警察对符合本规定第八条所列条件，确有必要继续盘问的有违法犯罪嫌疑的人员，可以立即带回，并制作《当场盘问、检查笔录》、填写《继续盘问审批表》报公安派出所负责人审批决定继续盘问十二小时。对批准继续盘问的，应当将《继续盘问审批表》复印、传真或者通过计算机网络报所属县、市、旗公安局或者城市公安分局主管公安派出所工作的部门备案。

县、市、旗公安局或者城市公安分局其他办案部门和设区的市级以上公安机关及其内设机构的人民警察对有违法犯罪嫌疑的人员，应当依法直接适用传唤、拘传、刑事拘留、逮捕、取保候审或者监视居住，不得适用继续盘问；对符合本规定第八条所列条件，确有必要继续盘问的有违法犯罪嫌疑的人员，可以带至就近的公安派出所，按照本规定适用继续盘问。

第十四条　对有违法犯罪嫌疑的人员批准继续盘问的，公安派出所应当填写《继续盘问通知书》，送达被盘问人，并立即通知其家属或者单位；未批准继续盘问的，应当立即释放。

对被盘问人身份不明或者没有家属和单位而无法通知的，应当在《继续盘问通知书》上注明，并由被盘问人签名或者捺指印。但是，对因身份不明而无法通知的，在继续盘问期间查明身份后，应当依照前款的规定通知其家属或者单位。

第十五条　被盘问人的家属为老年人、残疾人、精神病人、不满十六周岁的未成年人或者其他没有独立生活能力的人，因公安机关实施继续盘问而使被盘问人的家属无人照顾的，公安机关应当通知其亲友予以照顾或者采取其他适当办法妥善安排，并将安排情况及时告知被盘问人。

第十六条　对有违法犯罪嫌疑的人员批准继续盘问后，应当立即结合当场盘问、检查的情况继续对其进行盘问，以证实或者排除其违法犯罪嫌疑。

对继续盘问的情况，应当制作《继续盘问笔录》，并载明被盘问人的被带至公安机关的具体时间，由被盘问人核对无误后签名或者捺指印。对被盘问人拒绝签名和捺指印的，应当在笔录上注明。

第十七条　对符合本规定第十一条所列条件，确有必要将继续盘问时限延长至二十四小时的，公安派出所应当填写《延长继续盘问时限审批表》，报县、市、旗公安局或者城市公安分局的值班负责人审批；确有必要将继续盘问时限从二十四小时延长至四十八小时的，公安派出所应当填写《延长继续盘问时限审批表》，报县、市、旗公安局或者城市公安分局的主管负责人审批。

县、市、旗公安局或者城市公安分局的值班或者主管负责人应当在继续盘问时限届满前作出是否延长继续盘问时限的决定，但不得决定将继续盘问时限直接从十二小时延长至四十八小时。

第十八条　除具有《中华人民共和国人民警察使用警械和武器条例》规定的情形外，对被盘问人不得使用警械或者武器。

第十九条　对具有下列情形之一的，应当立即终止继续盘问，并立即释放被盘问人或者依法作出处理决定：

（一）继续盘问中发现具有本规定第九条所列情形之一的；

（二）已经证实有违法犯罪行为的；

（三）有证据证明有犯罪嫌疑的。

对经过继续盘问已经排除违法犯罪嫌疑，或者经过批准的继续盘问、延长继续盘问时限届满，尚不能证实其违法犯罪嫌疑的，应当立即释放被盘问人。

第二十条　对终止继续盘问或者释放被盘问人的，应当在《继续盘问登记表》上载明终止继续盘问或者释放的具体时间、原因和处理结果，由被盘问人核对无误后签名或者捺指印。被盘问人拒绝签名和捺指印的，应当在《继续盘问登记表》上注明。

第二十一条　在继续盘问期间对被盘问人依法作出刑事拘留、逮捕或者行政拘留、强制戒毒决定的，应当立即移交有关监管场所执行；依法作出取保候审、监视居住或者警告、罚款等行政处罚决定的，应当立即释放。

第二十二条　在继续盘问期间，公安机关及其人民警察应当依法保障被盘问人的合法权益，严禁实施下列行为：

（一）对被盘问人进行刑讯逼供；

（二）殴打、体罚、虐待、侮辱被盘问人；

（三）敲诈勒索或者索取、收受贿赂；

（四）侵吞、挪用、损毁被盘问人的财物；

（五）违反规定收费或者实施处罚；

（六）其他侵犯被盘问人合法权益的行为。

第二十三条　对在继续盘问期间突患疾病或者受伤的被盘问人，公安派出所应当立即采取措施予以救治，通知其家属或者单位，并向县、市、旗公安局或者城市公安分局负责人报告，做好详细记录。对被盘问人身份不明或者没有家属和单位而无法通知的，应当在《继续盘问登记表》上注明。

救治费由被盘问人或者其家属承担。但是，由于公安机关或者他人的过错导致被盘问人患病、受伤的，救治费由有过错的一方承担。

第二十四条　被盘问人在继续盘问期间死亡的，公安派出所应当做好以下工作：

（一）保护好现场，保管好尸体；

（二）立即报告所属县、市、旗公安局或者城市公安分局的主管负责人或者值班负责人、警务督察部门和主管公安派出所工作的部门；

（三）立即通知被盘问人的家属或者单位。

第二十五条　县、市、旗公安局或者城市公安分局接到被盘问人死亡的报告后，应当做好以下工作：

（一）立即通报同级人民检察院；

（二）在二十四小时以内委托具有鉴定资格的人员进行死因鉴定；

（三）在作出鉴定结论后三日以内将鉴定结论送达被盘问人的家属或者单位。对被盘问人身份不明或者没有家属和单位而无法通知的，应当在鉴定结论上注明。

被盘问人的家属或者单位对鉴定结论不服的,可以在收到鉴定结论后的七日以内向上一级公安机关申请重新鉴定。上一级公安机关接到申请后,应当在三日以内另行委托具有鉴定资格的人员进行重新鉴定。

第四章 候问室的设置和管理

第二十六条 县、市、旗公安局或者城市公安分局经报请设区的市级以上公安机关批准,可以在符合下列条件的公安派出所设置候问室:

(一)确有维护社会治安秩序的工作需要;

(二)警力配置上能够保证在使用候问室时由人民警察值班、看管和巡查。

县、市、旗公安局或者城市公安分局以上公安机关及其内设机构,不得设置候问室。

第二十七条 候问室的建设必须达到以下标准:

(一)房屋牢固、安全、通风、透光,单间使用面积不得少于六平方米,层高不低于二点五五米;

(二)室内应当配备固定的坐具,并保持清洁、卫生;

(三)室内不得有可能被直接用以行凶、自杀、自伤的物品;

(四)看管被盘问人的值班室与候问室相通,并采用栏杆分隔,以便于观察室内情况。

对有违法犯罪嫌疑的人员继续盘问十二小时以上的,应当为其提供必要的卧具。

候问室应当标明名称,并在明显位置公布有关继续盘问的规定、被盘问人依法享有的权利和候问室管理规定。

第二十八条 候问室必须经过设区的市级以上公安机关验收合格后,才能投入使用。

第二十九条 候问室应当建立以下日常管理制度,依法严格、文明管理:

(一)设立《继续盘问登记表》,载明被盘问人的姓名、性别、年龄、住址、单位,以及办案部门、承办人、批准人、继续盘问的原因、起止时间、处理结果等情况;

(二)建立值班、看管和巡查制度,明确值班岗位责任,候问室有被盘问人时,应当由人民警察值班、看管和巡查,如实记录有关情况,并做好交接工作;

(三)建立档案管理制度,对《继续盘问登记表》等有关资料按照档案管理的要求归案保存,以备查验。

第三十条 除本规定第十条所列情形外,在继续盘问间隙期间,应当将被盘问人送入候问室;未设置候问室的,应当由人民警察在讯问室、办公室看管,或者送入就近公安派出所的候问室。

禁止将被盘问人送入看守所、拘役所、拘留所、强制戒毒所或者其他监管场所羁押,以及将不同性别的被盘问人送入同一个候问室。

第三十一条 被盘问人被送入候问室时,看管的人民警察应当问清其身体状况,并做好记录;发现被盘问人有外伤、有严重疾病发作的明显症状的,或者具有本规定第十条所列情形之一的,应当立即报告县、市、旗公安局或者城市公安分局警务督察部门和主管公安派出所工作的部门,并做好详细记录。

第三十二条 将被盘问人送入候问室时,对其随身携带的物品,公安机关应当制作《暂存物品清单》,经被盘问人签名或者捺指印确认后妥为保管,不得侵吞、挪用或者损毁。

继续盘问结束后,被盘问人的物品中属于违法犯罪证据或者违禁品的,应当依法随案移交或者作出处理,并在《暂存物品清单》上注明;与案件无关的,应当立即返还被盘问人,并在《暂存物品清单》上注明,由被盘问人签名或者捺指印。

第三十三条 候问室没有厕所和卫生用具的,人民警察带领被盘问人离开候问室如厕时,必须严加看管,防止发生事故。

第三十四条 在继续盘问期间,公安机关应当为被盘问人提供基本的饮食。

第五章 执法监督

第三十五条 公安机关应当将适用继续盘问的情况纳入执法质量考核评议范围,建立和完善办案责任制度、执法过错责任追究制度及其他内部执法监督制度。

第三十六条 除本规定第二十四条、第三十一条所列情形外,发生被盘问人重伤、逃跑、自杀、自伤等事故以及继续盘问超过批准时限的,公安派出所必须立即将有关情况报告县、市、旗公安局或者城市公安分局警务督察部门和主管公安派出所工作的部门,并做好详细记录。

县、市、旗公安局或者城市公安分局警务督察部门应当在接到报告后立即进行现场督察。

第三十七条 警务督察部门负责对继续盘问的下列情况进行现场督察：

（一）程序是否合法，法律手续是否齐全；

（二）继续盘问是否符合法定的适用范围和时限；

（三）候问室的设置和管理是否违反本规定；

（四）有无刑讯逼供或者殴打、体罚、虐待、侮辱被盘问人的行为；

（五）有无违法使用警械、武器的行为；

（六）有无违反规定收费或者实施处罚的行为；

（七）有无其他违法违纪行为。

第三十八条 警务督察部门在现场督察时，发现办案部门或者人民警察在继续盘问中有违法违纪行为的，应当按照有关规定，采取当场制止、纠正、发督察法律文书、责令停止执行职务或者禁闭等督察措施进行处理；对需要给予处分或者追究刑事责任的，应当依法移送有关部门处理。

第三十九条 对在适用继续盘问中有下列情形之一的，公安机关应当依照《公安机关督察条例》《公安机关人民警察执法过错责任追究规定》追究有关责任人员的执法过错责任，并依照《中华人民共和国人民警察法》《国家公务员暂行条例》和其他有关规定给予处分；构成犯罪的，依法追究直接负责的主管人员和其他直接责任人员的刑事责任：

（一）违法使用警械、武器，或者实施本规定第十二条、第二十二条、第三十条第二款所列行为之一的；

（二）未经批准设置候问室，或者将被盘问人送入未经验收合格的候问室的；

（三）不按照本规定第十四条、第十五条的规定通知被盘问人家属或者单位，安排被盘问人无人照顾的家属的；

（四）不按照本规定第十九条、第二十一条的规定终止继续盘问，释放被盘问人的；

（五）不按照本规定第二十三条、第二十四条、第三十一条和第三十六条的规定报告情况的；

（六）因疏于管理导致发生被盘问人伤亡、逃跑、自杀、自伤等事故的；

（七）指派不具有人民警察身份的人员从事有关继续盘问的执法工作的；

（八）警务督察部门不按照规定进行现场督察、处理或者在现场督察中对违法违纪行为应当发现而没有发现的；

（九）有其他违反本规定或者违法违纪行为的。

因违法使用警械、武器或者疏于管理导致被盘问人在继续盘问期间自杀身亡、被殴打致死或其他非正常死亡的，除依法追究有关责任人员的法律责任外，应当对负有直接责任的人民警察予以开除，对公安派出所的主要负责人予以撤职，对所属公安机关的分管负责人和主要负责人予以处分，并取消该公安派出所及其所属公安机关参加本年度评选先进的资格。

第四十条 被盘问人认为公安机关及其人民警察违法实施继续盘问侵犯其合法权益造成损害，依法向公安机关申请国家赔偿的，公安机关应当依照国家赔偿法的规定办理。

公安机关依法赔偿损失后，应当责令有故意或者重大过失的人民警察承担部分或者全部赔偿费用，并对有故意或者重大过失的责任人员，按照本规定第三十九条追究其相应的责任。

第六章 附 则

第四十一条 本规定所称"以上"、"以内"，均包含本数或者本级。

第四十二条 本规定涉及的有关法律文书格式，由公安部统一制定。

第四十三条 各省、自治区、直辖市公安厅、局和新疆生产建设兵团公安局可以根据本规定，制定具体操作规程、候问室建设标准和管理规定，报公安部备案审查后施行。

第四十四条 本规定自二〇〇四年十月一日起施行。公安部以前制定的关于继续盘问或者留置的规定，凡与本规定不一致的同时废止。

公安机关适用刑事羁押期限规定

· 2006 年 1 月 27 日
· 公通字〔2006〕17 号

第一章 总 则

第一条 为了规范公安机关适用刑事羁押

限工作,维护犯罪嫌疑人的合法权益,保障刑事诉讼活动顺利进行,根据《中华人民共和国刑事诉讼法》等有关法律规定,制定本规定。

第二条 公安机关办理刑事案件,必须严格执行刑事诉讼法关于拘留、逮捕后的羁押期限的规定,对于符合延长羁押期限、重新计算羁押期限条件的,或者应当释放犯罪嫌疑人的,必须在羁押期限届满前及时办理完审批手续。

第三条 公安机关应当切实树立尊重和保障人权意识,防止因超期羁押侵犯犯罪嫌疑人的合法权益。

第四条 对犯罪嫌疑人的羁押期限,按照以下方式计算:

(一)拘留后的提请审查批准逮捕的期限以日计算,执行拘留后满二十四小时为一日;

(二)逮捕后的侦查羁押期限以月计算,自对犯罪嫌疑人执行逮捕之日起至下一个月的对应日止为一个月;没有对应日的,以该月的最后一日为截止日。

对犯罪嫌疑人作精神病鉴定的期间不计入羁押期限。精神病鉴定期限自决定对犯罪嫌疑人进行鉴定之日起至收到鉴定结论后决定恢复计算侦查羁押期限之日止。

第二章 羁 押

第五条 对犯罪嫌疑人第一次讯问开始时或者采取强制措施时,侦查人员应当向犯罪嫌疑人送达《犯罪嫌疑人诉讼权利义务告知书》,并在讯问笔录中注明或者由犯罪嫌疑人在有关强制措施附卷联中签收。犯罪嫌疑人拒绝签收的,侦查人员应当注明。

第六条 县级以上公安机关负责人在作出批准拘留的决定时,应当在呈请报告上同时注明一日至三日的拘留时间。需要延长一日至四日或者延长至三十日的,应当办理延长拘留手续。

第七条 侦查人员应当在宣布拘留或者逮捕决定时,将拘留或者逮捕的决定机关、法定羁押起止时间以及羁押处所告知犯罪嫌疑人。

第八条 侦查人员应当在拘留或者逮捕犯罪嫌疑人后的二十四小时以内对其进行讯问,发现不应当拘留或者逮捕的,应当报经县级以上公安机关负责人批准,制作《释放通知书》送达看守所。看守所凭《释放通知书》发给被拘留或者逮捕人《释放证明书》,将其立即释放。

在羁押期间发现对犯罪嫌疑人拘留或者逮捕不当的,应当在发现后的十二小时以内,经县级以上公安机关负责人批准将被拘留或者逮捕人释放,或者变更强制措施。

释放被逮捕的人或者变更强制措施的,应当在作出决定后的三日以内,将释放或者变更的原因及情况通知原批准逮捕的人民检察院。

第九条 对被拘留的犯罪嫌疑人在拘留后的三日以内无法提请人民检察院审查批准逮捕的,如果有证据证明犯罪嫌疑人有流窜作案、多次作案、结伙作案的重大嫌疑,报经县级以上公安机关负责人批准,可以直接将提请审查批准的时间延长至三十日。

第十条 对人民检察院批准逮捕的,应当在收到人民检察院批准逮捕的决定书后二十四小时以内制作《逮捕证》,向犯罪嫌疑人宣布执行,并将执行回执及时送达作出批准逮捕决定的人民检察院。对未能执行的,应当将回执送达人民检察院,并写明未能执行的原因。

第十一条 拘留或者逮捕犯罪嫌疑人后,除有碍侦查或者无法通知的情形以外,应当在二十四小时以内将拘留或者逮捕的原因和羁押的处所通知被拘留或者逮捕人的家属或者所在单位。对于有碍侦查和无法通知的范围,应当严格按照《公安机关办理刑事案件程序规定》第一百零八条第一款、第一百二十五条第一款的规定执行。

第十二条 对已经被拘留或者逮捕的犯罪嫌疑人,经审查符合取保候审或者监视居住条件的,应当在拘留或者逮捕的法定羁押期限内及时将强制措施变更为取保候审或者监视居住。

第十三条 被羁押的犯罪嫌疑人及其法定代理人、近亲属、被逮捕的犯罪嫌疑人聘请的律师提出取保候审申请的,公安机关应当在接到申请之日起七日以内作出同意或者不同意的答复。同意取保候审的,依法办理取保候审手续;不同意取保候审的,应当书面通知申请人并说明理由。

第十四条 对犯罪嫌疑人已被逮捕的案件,在逮捕后二个月的侦查羁押期限以及依法变更的羁押期限内不能侦查终结移送审查起诉的,应当在侦查羁押期限届满前释放犯罪嫌疑人。需要变更强制措施的,应当在释放犯罪嫌疑人前办理完审批手续。

第十五条　对人民检察院不批准逮捕被拘留的犯罪嫌疑人的,应当在收到不批准逮捕决定书后十二小时以内,报经县级以上公安机关负责人批准,制作《释放通知书》送交看守所。看守所凭《释放通知书》发给被拘留人《释放证明书》,将其立即释放。需要变更强制措施的,应当在释放犯罪嫌疑人前办理完审批手续。

第十六条　对犯罪嫌疑人因不讲真实姓名、住址,身份不明,经县级以上公安机关负责人批准,侦查羁押期限自查清其身份之日起计算的,办案部门应当在作出决定后的二日以内通知看守所;查清犯罪嫌疑人身份的,应当在查清后的二日以内将侦查羁押期限起止时间通知看守所。

第十七条　对依法延长侦查羁押期限的,办案部门应当在作出决定后的二日以内将延长侦查羁押期限的法律文书送达看守所,并向犯罪嫌疑人宣布。

第十八条　在侦查期间,发现犯罪嫌疑人另有重要罪行的,应当自发现之日起五日以内,报经县级以上公安机关负责人批准,将重新计算侦查羁押期限的法律文书送达看守所,向犯罪嫌疑人宣布,并报原批准逮捕的人民检察院备案。

前款规定的另有重要罪行,是指与逮捕时的罪行不同种的重大犯罪以及同种犯罪并将影响罪名认定、量刑档次的重大犯罪。

第十九条　对于因进行司法精神病鉴定不计入办案期限的,办案部门应当在决定对犯罪嫌疑人进行司法精神病鉴定后的二日以内通知看守所。

办案部门应当自决定进行司法精神病鉴定之日起二日以内将委托鉴定书送达省级人民政府指定的医院。

第二十条　公安机关接到省级人民政府指定的医院的司法精神病鉴定结论后决定恢复计算侦查羁押期限的,办案部门应当在作出恢复计算羁押期限决定后的二十四小时以内将恢复计算羁押期限的决定以及剩余的侦查羁押期限通知看守所。

第二十一条　需要提请有关机关协调或者请示上级主管机关的,应当在办案期限内提请、请示、处理完毕;在法定侦查羁押期限内未处理完毕的,应当依法释放犯罪嫌疑人或者变更强制措施。

第二十二条　公安机关经过侦查,对案件事实清楚,证据确实、充分的,应当在法定羁押期限内移送同级人民检察院审查起诉。

犯罪嫌疑人实施的数个犯罪行为中某一犯罪事实一时难以查清的,应当在法定羁押期限内对已查清的罪行移送审查起诉。

共同犯罪中同案犯罪嫌疑人在逃的,对已归案的犯罪嫌疑人应当按照基本事实清楚、基本证据确凿的原则,在法定侦查羁押期限内移送审查起诉。

犯罪嫌疑人被羁押的案件,不能在法定侦查羁押期限内办结,需要继续侦查的,对犯罪嫌疑人可以取保候审或者监视居住。

第二十三条　人民检察院对公安机关移送审查起诉的案件,经审查后决定退回公安机关补充侦查的,公安机关在接到人民检察院退回补充侦查的法律文书后,应当按照补充侦查提纲的要求在一个月以内补充侦查完毕。

补充侦查以两次为限。对公安机关移送审查起诉的案件,人民检察院退回补充侦查两次后或者已经提起公诉后再退回补充侦查的,公安机关应当依法拒绝。

对人民检察院因补充侦查需要提出协助请求的,公安机关应当依法予以协助。

第二十四条　对侦查终结移送审查起诉或者补充侦查终结的案件犯罪嫌疑人在押的,应当在案件移送审查起诉的同时,填写《换押证》,随同案件材料移送同级人民检察院,并通知看守所。

第二十五条　人民检察院将案件退回公安机关补充侦查的,办案部门应当在收到人民检察院移送的《换押证》的二十四小时以内,到看守所办理换押手续。

第二十六条　案件改变管辖,犯罪嫌疑人羁押地点不变的,原办案的公安机关和改变管辖后的公安机关均应办理换押手续。

第二十七条　看守所应当在犯罪嫌疑人被延长拘留至三十日的拘留期限届满三日前或者逮捕后的侦查羁押期限届满七日前通知办案部门。

第二十八条　侦查羁押期限届满,原《提讯证》停止使用,看守所应当拒绝办案部门持原《提讯证》提讯犯罪嫌疑人。办案部门将依法变更侦查羁押期限的法律文书送达看守所,看守所在《提讯证》上注明变更后的羁押期限的,可以继续使用《提讯证》提讯犯罪嫌疑人。

第二十九条　看守所对犯罪嫌疑人的羁押情况实行一人一卡登记制度，记明犯罪嫌疑人的基本情况、诉讼阶段的变更、法定羁押期限以及变更情况等。有条件的看守所应当对犯罪嫌疑人的羁押期限实行计算机管理。

第三章　监　督

第三十条　公安机关应当加强对适用羁押措施的执法监督，发现对犯罪嫌疑人超期羁押的，应当立即纠正。

第三十一条　对犯罪嫌疑人及其法定代理人、近亲属或者犯罪嫌疑人委托的律师认为拘留或者逮捕犯罪嫌疑人超过法定期限，要求解除的，公安机关应当在接到申请后三日内进行审查，对确属超期羁押的，应当依法予以纠正。

第三十二条　人民检察院认为公安机关超期羁押犯罪嫌疑人，向公安机关发出纠正违法通知书的，公安机关应当在接到纠正违法通知书后的三日内进行审查。对犯罪嫌疑人超期羁押的，应当依法予以纠正，并将纠正情况及时通知人民检察院。对不属于超期羁押的，应当向人民检察院说明情况。

第三十三条　看守所应当自接到被羁押的犯罪嫌疑人有关超期羁押的申诉、控告后二十四小时以内，将有关申诉、控告材料转送驻所检察室、公安机关执法监督部门或者其他有关机关、部门处理。

驻所检察员接到有关超期羁押的申诉、控告材料后，提出会见被羁押的犯罪嫌疑人的，看守所应当及时安排。

第三十四条　地方各级公安机关应当每月向上一级公安机关报告上月本级公安机关辖区内对犯罪嫌疑人超期羁押的情况。

上级公安机关接到有关超期羁押的报告后，应当责令下级公安机关限期纠正，并每季度通报下级公安机关超期羁押的情况。

第四章　责任追究

第三十五条　对超期羁押的责任认定及处理，按照《公安机关人民警察执法过错责任追究规定》执行。

第三十六条　对犯罪嫌疑人超期羁押，具有下列情形之一的，应当从重处理；构成犯罪的，依法追究刑事责任：

（一）因贪赃枉法、打击报复或者其他非法目的故意致使犯罪嫌疑人被超期羁押的；

（二）弄虚作假隐瞒超期羁押事实的；

（三）超期羁押期间犯罪嫌疑人自残、自杀或者因受到殴打导致重伤、死亡或者发生其他严重后果的；

（四）其他超期羁押犯罪嫌疑人情节严重的。

第三十七条　公安机关所属执法部门或者派出机构超期羁押犯罪嫌疑人，造成犯罪嫌疑人在被超期羁押期间自杀或者因受到殴打导致死亡的，或者有其他严重情节的，本级公安机关年度执法质量考核评议结果应当确定为不达标。

第五章　附　则

第三十八条　本规定所称超期羁押，是指公安机关在侦查过程中，对犯罪嫌疑人拘留、逮捕后，法定羁押期限届满，未依法办理变更羁押期限的手续，未向人民检察院提请批准逮捕和移送审查起诉，对犯罪嫌疑人继续羁押的情形。

第三十九条　超期羁押的时间，是指犯罪嫌疑人实际被羁押的时间扣除法定羁押期限以及依法不计入的羁押期限后的时间。

第四十条　本规定中的办案部门，是指公安机关内设的负责办理刑事案件的部门。

第四十一条　公安机关执行本规定通知有关单位、人员时，如情况紧急或者距离被通知的有关单位、人员路途较远，可以通过电话、传真等方式先行通知，再送达有关法律文书。

第四十二条　本规定自2006年5月1日起实施。

公安机关办理刑事案件电子数据取证规则

·2018年12月13日

第一章　总　则

第一条　为规范公安机关办理刑事案件电子数据取证工作，确保电子数据取证质量，提高电子数据取证效率，根据《中华人民共和国刑事诉讼法》《公安机关办理刑事案件程序规定》等有关规定,制定本规则。

第二条　公安机关办理刑事案件应当遵守法定程序,遵循有关技术标准,全面、客观、及时地收集、提取涉案电子数据,确保电子数据的真实、完整。

第三条　电子数据取证包括但不限于：

（一）收集、提取电子数据；

（二）电子数据检查和侦查实验；

（三）电子数据检验与鉴定。

第四条　公安机关电子数据取证涉及国家秘密、警务工作秘密、商业秘密、个人隐私的,应当保密；对于获取的材料与案件无关的,应当及时退还或者销毁。

第五条　公安机关接受或者依法调取的其他国家机关在行政执法和查办案件过程中依法收集、提取的电子数据可以作为刑事案件的证据使用。

第二章　收集提取电子数据

第一节　一般规定

第六条　收集、提取电子数据,应当由二名以上侦查人员进行。必要时,可以指派或者聘请专业技术人员在侦查人员主持下进行收集、提取电子数据。

第七条　收集、提取电子数据,可以根据案情需要采取以下一种或者几种措施、方法：

（一）扣押、封存原始存储介质；

（二）现场提取电子数据；

（三）网络在线提取电子数据；

（四）冻结电子数据；

（五）调取电子数据。

第八条　具有下列情形之一的,可以采取打印、拍照或者录像等方式固定相关证据：

（一）无法扣押原始存储介质并且无法提取电子数据的；

（二）存在电子数据自毁功能或装置,需要及时固定相关证据的；

（三）需现场展示、查看相关电子数据的。

根据前款第二、三项的规定采取打印、拍照或者录像等方式固定相关证据后,能够扣押原始存储介质的,应当扣押原始存储介质；不能扣押原始存储介质但能够提取电子数据的,应当提取电子数据。

第九条　采取打印、拍照或者录像方式固定相关证据的,应当清晰反映电子数据的内容,并在相关笔录中注明采取打印、拍照或者录像等方式固定相关证据的原因,电子数据的存储位置、原始存储介质特征和所在位置等情况,由侦查人员、电子数据持有人(提供人)签名或者盖章；电子数据持有人(提供人)无法签名或者拒绝签名的,应当在笔录中注明,由见证人签名或者盖章。

第二节　扣押、封存原始存储介质

第十条　在侦查活动中发现的可以证明犯罪嫌疑人有罪或者无罪、罪轻或者罪重的电子数据,能够扣押原始存储介质的,应当扣押、封存原始存储介质,并制作笔录,记录原始存储介质的封存状态。

勘验、检查与电子数据有关的犯罪现场时,应当按照有关规范处置相关设备,扣押、封存原始存储介质。

第十一条　对扣押的原始存储介质,应当按照以下要求封存：

（一）保证在不解除封存状态的情况下,无法使用或者启动被封存的原始存储介质,必要时,具备数据信息存储功能的电子设备和硬盘、存储卡等内部存储介质可以分别封存；

（二）封存前后应当拍摄被封存原始存储介质的照片。照片应当反映原始存储介质封存前后的状况,清晰反映封口或者张贴封条处的状况；必要时,照片还要清晰反映电子设备的内部存储介质细节；

（三）封存手机等具有无线通信功能的原始存储介质,应当采取信号屏蔽、信号阻断或者切断电源等措施。

第十二条　对扣押的原始存储介质,应当会同在场见证人和原始存储介质持有人(提供人)查点清楚,当场开列《扣押清单》一式三份,写明原始存储介质名称、编号、数量、特征及其来源等,由侦查人员、持有人(提供人)和见证人签名或者盖章,一份交给持有人(提供人),一份交给公安机关保管人员,一份附卷备查。

第十三条　对无法确定原始存储介质持有人(提供人)或者原始存储介质持有人(提供人)无法签名、盖章或者拒绝签名、盖章的,应当在有关笔录中注明，由见证人签名或者盖章。由于客观原因无法由符合条件的人员担任见证人的，应当在有关笔录中注明情况，并对扣押原始存储介质的过程全程录像。

第十四条 扣押原始存储介质，应当收集证人证言以及犯罪嫌疑人供述和辩解等与原始存储介质相关联的证据。

第十五条 扣押原始存储介质时，可以向相关人员了解、收集并在有关笔录中注明以下情况：

（一）原始存储介质及应用系统管理情况，网络拓扑与系统架构情况，是否由多人使用及管理，管理及使用人员的身份情况；

（二）原始存储介质及应用系统管理的用户名、密码情况；

（三）原始存储介质的数据备份情况，有无加密磁盘、容器，有无自毁功能，有无其它移动存储介质，是否进行过备份，备份数据的存储位置等情况；

（四）其他相关的内容。

第三节 现场提取电子数据

第十六条 具有下列无法扣押原始存储介质情形之一的，可以现场提取电子数据：

（一）原始存储介质不便封存的；

（二）提取计算机内存数据、网络传输数据等不是存储在存储介质上的电子数据的；

（三）案件情况紧急，不立即提取电子数据可能会造成电子数据灭失或者其他严重后果的；

（四）关闭电子设备会导致重要信息系统停止服务的；

（五）需通过现场提取电子数据排查可疑存储介质的；

（六）正在运行的计算机信息系统功能或者应用程序关闭后，没有密码无法提取的；

（七）其他无法扣押原始存储介质的情形。

无法扣押原始存储介质的情形消失后，应当及时扣押、封存原始存储介质。

第十七条 现场提取电子数据可以采取以下措施保护相关电子设备：

（一）及时将犯罪嫌疑人或者其他相关人员与电子设备分离；

（二）在未确定是否易丢失数据的情况下，不能关闭正在运行状态的电子设备；

（三）对现场计算机信息系统可能被远程控制的，应当及时采取信号屏蔽、信号阻断、断开网络连接等措施；

（四）保护电源；

（五）有必要采取的其他保护措施。

第十八条 现场提取电子数据，应当遵守以下规定：

（一）不得将提取的数据存储在原始存储介质中；

（二）不得在目标系统中安装新的应用程序。如果因为特殊原因，需要在目标系统中安装新的应用程序的，应当在笔录中记录所安装的程序及目的；

（三）应当在有关笔录中详细、准确记录实施的操作。

第十九条 现场提取电子数据，应当制作《电子数据现场提取笔录》，注明电子数据的来源、事由和目的、对象、提取电子数据的时间、地点、方法、过程、不能扣押原始存储介质的原因、原始存储介质的存放地点，并附《电子数据提取固定清单》，注明类别、文件格式、完整性校验值等，由侦查人员、电子数据持有人（提供人）签名或者盖章；电子数据持有人（提供人）无法签名或者拒绝签名的，应当在笔录中注明，由见证人签名或者盖章。

第二十条 对提取的电子数据可以进行数据压缩，并在笔录中注明相应的方法和压缩后文件的完整性校验值。

第二十一条 由于客观原因无法由符合条件的人员担任见证人的，应当在《电子数据现场提取笔录》中注明情况，并全程录像，对录像文件应当计算完整性校验值并记入笔录。

第二十二条 对无法扣押的原始存储介质且无法一次性完成电子数据提取的，经登记、拍照或者录像后，可以封存后交其持有人（提供人）保管，并且开具《登记保存清单》一式两份，由侦查人员、持有人（提供人）和见证人签名或者盖章，一份交给持有人（提供人），另一份连同照片或者录像资料附卷备查。

持有人（提供人）应当妥善保管，不得转移、变卖、毁损，不得解除封存状态，不得未经办案部门批准接入网络，不得对其中可能用作证据的电子数据增加、删除、修改。必要时，应当保持计算机信息系统处于开机状态。

对登记保存的原始存储介质,应当在七日以内作出处理决定,逾期不作出处理决定的,视为自动解除。经查明确实与案件无关的,应当在三日以内解除。

第四节 网络在线提取电子数据

第二十三条 对公开发布的电子数据、境内远程计算机信息系统上的电子数据,可以通过网络在线提取。

第二十四条 网络在线提取应当计算电子数据的完整性校验值;必要时,可以提取有关电子签名认证证书、数字签名、注册信息等关联性信息。

第二十五条 网络在线提取时,对可能无法重复提取或者可能会出现变化的电子数据,应当采用录像、拍照、截获计算机屏幕内容等方式记录以下信息:

(一)远程计算机信息系统的访问方式;

(二)提取的日期和时间;

(三)提取使用的工具和方法;

(四)电子数据的网络地址、存储路径或者数据提取时的进入步骤等;

(五)计算完整性校验值的过程和结果。

第二十六条 网络在线提取电子数据应当在有关笔录中注明电子数据的来源、事由和目的、对象,提取电子数据的时间、地点、方法、过程,不能扣押原始存储介质的原因,并附《电子数据提取固定清单》,注明类别、文件格式、完整性校验值等,由侦查人员签名或者盖章。

第二十七条 网络在线提取时需要进一步查明下列情形之一的,应当对远程计算机信息系统进行网络远程勘验:

(一)需要分析、判断提取的电子数据范围的;

(二)需要展示或者描述电子数据内容或者状态的;

(三)需要在远程计算机信息系统中安装新的应用程序的;

(四)需要通过勘验行为让远程计算机信息系统生成新的除正常运行数据外电子数据的;

(五)需要收集远程计算机信息系统状态信息、系统架构、内部系统关系、文件目录结构、系统工作方式等电子数据相关信息的;

(六)其他网络在线提取时需要进一步查明有关情况的情形。

第二十八条 网络远程勘验由办理案件的县级公安机关负责。上级公安机关对下级公安机关刑事案件网络远程勘验提供技术支援。对于案情重大、现场复杂的案件,上级公安机关认为有必要时,可以直接组织指挥网络远程勘验。

第二十九条 网络远程勘验应当统一指挥,周密组织,明确分工,落实责任。

第三十条 网络远程勘验应当由符合条件的人员作为见证人。由于客观原因无法由符合条件的人员担任见证人的,应当在《远程勘验笔录》中注明情况,并按照本规则第二十五条的规定录像,录像可以采用屏幕录像或者录像机录像等方式,录像文件应当计算完整性校验值并记入笔录。

第三十一条 远程勘验结束后,应当及时制作《远程勘验笔录》,详细记录远程勘验有关情况以及勘验照片、截获的屏幕截图等内容。由侦查人员和见证人签名或者盖章。

远程勘验并且提取电子数据的,应当按照本规则第二十六条的规定,在《远程勘验笔录》注明有关情况,并附《电子数据提取固定清单》。

第三十二条 《远程勘验笔录》应当客观、全面、详细、准确、规范,能够作为还原远程计算机信息系统原始情况的依据,符合法定的证据要求。

对计算机信息系统进行多次远程勘验的,在制作首次《远程勘验笔录》后,逐次制作补充《远程勘验笔录》。

第三十三条 网络在线提取或者网络远程勘验时,应当使用电子数据持有人、网络服务提供者提供的用户名、密码等远程计算机信息系统访问权限。

采用技术侦查措施收集电子数据的,应当严格依照有关规定办理批准手续。收集的电子数据在诉讼中作为证据使用时,应当依照刑事诉讼法第一百五十四条规定执行。

第三十四条 对以下犯罪案件,网络在线提取、远程勘验过程应当全程同步录像:

(一)严重危害国家安全、公共安全的案件;

(二)电子数据是罪与非罪、是否判处无期徒刑、死刑等定罪量刑关键证据的案件;

(三)社会影响较大的案件;

(四)犯罪嫌疑人可能被判处五年有期徒刑以上刑罚的案件;

(五)其他需要全程同步录像的重大案件。

第三十五条　网络在线提取、远程勘验使用代理服务器、点对点传输软件、下载加速软件等网络工具的，应当在《网络在线提取笔录》或者《远程勘验笔录》中注明采用的相关软件名称和版本号。

第五节　冻结电子数据

第三十六条　具有下列情形之一的，可以对电子数据进行冻结：

（一）数据量大，无法或者不便提取的；

（二）提取时间长，可能造成电子数据被篡改或者灭失的；

（三）通过网络应用可以更为直观地展示电子数据的；

（四）其他需要冻结的情形。

第三十七条　冻结电子数据，应当经县级以上公安机关负责人批准，制作《协助冻结电子数据通知书》，注明冻结电子数据的网络应用账号等信息，送交电子数据持有人、网络服务提供者或者有关部门协助办理。

第三十八条　不需要继续冻结电子数据时，应当经县级以上公安机关负责人批准，在三日以内制作《解除冻结电子数据通知书》，通知电子数据持有人、网络服务提供者或者有关部门执行。

第三十九条　冻结电子数据的期限为六个月。有特殊原因需要延长期限的，公安机关应当在冻结期限届满前办理继续冻结手续。每次续冻期限最长不得超过六个月。继续冻结的，应当按照本规则第三十七条的规定重新办理冻结手续。逾期不办理继续冻结手续的，视为自动解除。

第四十条　冻结电子数据，应当采取以下一种或者几种方法：

（一）计算电子数据的完整性校验值；

（二）锁定网络应用账号；

（三）采取写保护措施；

（四）其他防止增加、删除、修改电子数据的措施。

第六节　调取电子数据

第四十一条　公安机关向有关单位和个人调取电子数据，应当经办案部门负责人批准，开具《调取证据通知书》，注明需要调取电子数据的相关信息，通知电子数据持有人、网络服务提供者或者有关部门执行。被调取单位、个人应当在通知书回执上签名或者盖章，并附完整性校验值等保护电子数据完整性方法的说明，被调取单位、个人拒绝盖章、签名或者附说明的，公安机关应当注明。必要时，应当采用录音或者录像等方式固定证据内容及取证过程。

公安机关应当协助因客观条件限制无法保护电子数据完整性的被调取单位、个人进行电子数据完整性的保护。

第四十二条　公安机关跨地域调查取证的，可以将《办案协作函》和相关法律文书及凭证传真或者通过公安机关信息化系统传输至协作地公安机关。协作地办案部门经审查确认后，在传来的法律文书上加盖本地办案部门印章后，代为调查取证。

协作地办案部门代为调查取证后，可以将相关法律文书回执或者笔录邮寄至办案地公安机关，将电子数据或者电子数据的获取、查看工具和方法说明通过公安机关信息化系统传输至办案地公安机关。

办案地公安机关应当审查调取电子数据的完整性，对保证电子数据的完整性有疑问的，协作地办案部门应当重新代为调取。

第三章　电子数据的检查和侦查实验

第一节　电子数据检查

第四十三条　对扣押的原始存储介质或者提取的电子数据，需要通过数据恢复、破解、搜索、仿真、关联、统计、比对等方式，以进一步发现和提取与案件相关的线索和证据时，可以进行电子数据检查。

第四十四条　电子数据检查，应当由二名以上具有专业技术的侦查人员进行。必要时，可以指派或者聘请有专门知识的人参加。

第四十五条　电子数据检查应当符合相关技术标准。

第四十六条　电子数据检查应当保护在公安机关内部移交过程中电子数据的完整性。移交时，应当办理移交手续，并按照以下方式核对电子数据：

（一）核对其完整性校验值是否正确；

（二）核对封存的照片与当前封存的状态是否一致；

对于移交时电子数据完整性校验值不正确、原始存储介质封存状态不一致或者未封存可能影响证据真实性、完整性的，检查人员应当在有关笔录中注明。

第四十七条 检查电子数据应当遵循以下原则：

（一）通过写保护设备接入到检查设备进行检查，或者制作电子数据备份，对备份进行检查；

（二）无法使用写保护设备且无法制作备份的，应当注明原因，并全程录像；

（三）检查前解除封存、检查后重新封存前后应当拍摄被封存原始存储介质的照片，清晰反映封口或者张贴封条处的状况；

（四）检查具有无线通信功能的原始存储介质，应当采取信号屏蔽、信号阻断或者切断电源等措施保护电子数据的完整性。

第四十八条 检查电子数据，应当制作《电子数据检查笔录》，记录以下内容：

（一）基本情况。包括检查的起止时间，指挥人员、检查人员的姓名、职务，检查的对象，检查的目的等；

（二）检查过程。包括检查过程使用的工具，检查的方法与步骤等；

（三）检查结果。包括通过检查发现的案件线索、电子数据等相关信息。

（四）其他需要记录的内容。

第四十九条 电子数据检查时需要提取电子数据的，应当制作《电子数据提取固定清单》，记录该电子数据的来源、提取方法和完整性校验值。

第二节 电子数据侦查实验

第五十条 为了查明案情，必要时，经县级以上公安机关负责人批准可以进行电子数据侦查实验。

第五十一条 电子数据侦查实验的任务包括：

（一）验证一定条件下电子设备发生的某种异常或者电子数据发生的某种变化；

（二）验证在一定时间内能否完成对电子数据的某种操作行为；

（三）验证在某种条件下使用特定软件、硬件能否完成某种特定行为、造成特定后果；

（四）确定一定条件下某种计算机信息系统应用或者网络行为能否修改、删除特定的电子数据；

（五）其他需要验证的情况。

第五十二条 电子数据侦查实验应当符合以下要求：

（一）应当采取技术措施保护原始存储介质数据的完整性；

（二）有条件的，电子数据侦查实验应当进行二次以上；

（三）侦查实验使用的电子设备、网络环境等应当与发案现场一致或者基本一致；必要时，可以采用相关技术方法对相关环境进行模拟或者进行对照实验；

（四）禁止可能泄露公民信息或者影响非实验环境计算机信息系统正常运行的行为。

第五十三条 进行电子数据侦查实验，应当使用拍照、录像、录音、通信数据采集等一种或多种方式客观记录实验过程。

第五十四条 进行电子数据侦查实验，应当制作《电子数据侦查实验笔录》，记录侦查实验的条件、过程和结果，并由参加侦查实验的人员签名或者盖章。

第四章 电子数据委托检验与鉴定

第五十五条 为了查明案情，解决案件中某些专门性问题，应当指派、聘请有专门知识的人进行鉴定，或者委托公安部指定的机构出具报告。

需要聘请有专门知识的人进行鉴定，或者委托公安部指定的机构出具报告的，应当经县级以上公安机关负责人批准。

第五十六条 侦查人员送检时，应当封存原始存储介质、采取相应措施保护电子数据完整性，并提供必要的案件相关信息。

第五十七条 公安部指定的机构及其承担检验工作的人员应当独立开展业务并承担相应责任，不受其他机构和个人影响。

第五十八条 公安部指定的机构应当按照法律规定和司法审判机关要求承担回避、保密、出庭作证等义务，并对报告的真实性、合法性负责。

公安部指定的机构应当运用科学方法进行检验、检测，并出具报告。

第五十九条 公安部指定的机构应当具备必需的仪器、设备并且依法通过资质认定或者实验室认可。

第六十条　委托公安部指定的机构出具报告的其他事宜，参照《公安机关鉴定规则》等有关规定执行。

第五章　附　则

第六十一条　本规则自 2019 年 2 月 1 日起施行。公安部之前发布的文件与本规则不一致的，以本规则为准。

公安机关办理犯罪记录查询工作规定

· 2021 年 12 月 3 日
· 公通字〔2021〕19 号

第一章　总　则

第一条　为适应经济社会发展需要，方便有关单位和个人开展、从事相关活动，规范公安机关办理犯罪记录查询工作，根据《中华人民共和国刑法》《中华人民共和国刑事诉讼法》等有关法律，制定本规定。

第二条　本规定所称的犯罪记录，是指我国国家专门机关对犯罪人员的客观记载。除人民法院生效裁判文书确认有罪外，其他情况均应当视为无罪。

有关人员涉嫌犯罪，但人民法院尚未作出生效判决、裁定，或者人民检察院作出不起诉决定，或者办案单位撤销案件、撤回起诉、对其终止侦查的，属于无犯罪记录人员。

第三条　公安部建立犯罪人员信息查询平台。查询结果只反映查询时平台录入和存在的信息。

第二章　申请与受理

第四条　个人可以查询本人犯罪记录，也可以委托他人代为查询，受托人应当具有完全民事行为能力。

单位可以查询本单位在职人员或者拟招录人员的犯罪记录，但应当符合法律、行政法规关于从业禁止的规定。

行政机关实施行政许可、授予职业资格，公证处办理犯罪记录公证时，可以依法查询相关人员的犯罪记录。有关查询程序参照单位查询的相关规定。

第五条　中国公民申请查询，由户籍地或者居住地公安派出所受理；在中国境内居留 180 天（含）以上的外国人申请查询，由居住地县级以上公安出入境管理部门受理；委托他人查询的，由委托人户籍地或者居住地受理。

单位申请查询，由住所地公安派出所受理。查询对象为外国人的，由单位住所地县级以上公安出入境管理部门受理。

各地根据本地工作实际和便民服务需要，可以增加查询受理单位，也可以采取线上办理、自助办理等方式开展犯罪记录查询工作。

第六条　公民在户籍地申请查询的，应当提交本人有效身份证明和查询申请表；在居住地申请查询的，应当提交本人有效身份证明、居住证和查询申请表。外国人申请查询的，应当提交本人有效身份证明和查询申请表。委托他人查询的，还应当提交委托书和受托人有效身份证明。

个人在一年内申请查询 3 次以上的，应当提交开具证明系用于合理用途的有关材料。

单位申请查询的，应当提交单位介绍信、经办人有效身份证明、加盖单位公章的查询申请表，以及查询对象系单位在职人员或者拟招录人员的有关材料。查询申请表应当列明申请查询依据的具体法律条款。

第七条　受理单位对申请单位或者申请人提交的相关材料，应当认真审查。材料齐全的，予以受理；材料不全的，一次性告知应当补充的材料；对于单位查询不符合法定情形的，不予受理，并向申请单位说明理由。

第三章　查询与告知

第八条　受理单位能够当场办理的，应当当场办理；无法当场办理的，应当向申请单位或者申请人出具《受理回执》，并在 3 个工作日内办结。

情况复杂的，经县级以上公安机关负责人批准，可以进行调查核实。调查核实的时间不计入办理期限。调查核实需要当事人配合的，当事人应当配合。

第九条　对于个人查询，未发现申请人有犯罪记录的，应当出具《无犯罪记录证明》；发现申请人有犯罪记录，应当出具《不予出具无犯罪记录证明通知书》)。

对于单位查询,查询结果以《查询告知函》的形式告知查询单位。

第十条 查询结果的反馈,应当符合《中华人民共和国刑事诉讼法》关于未成年人犯罪记录封存的规定。

对于个人查询,申请人有犯罪记录,但犯罪的时候不满十八周岁,被判处五年有期徒刑以下刑罚的,受理单位应当出具《无犯罪记录证明》。

对于单位查询,被查询对象有犯罪记录,但犯罪的时候不满十八周岁,被判处五年有期徒刑以下刑罚的,受理单位应当出具《查询告知函》,并载明查询对象无犯罪记录。法律另有规定的,从其规定。

第四章 异议与投诉

第十一条 当事人对查询结果不服的,可以向原受理单位提出书面异议,申请复查。提出异议的,异议申请人应当配合公安机关开展复查工作。

第十二条 原受理单位对于查询异议应当进行复查,复查结果应当在受理后15个工作日内书面答复异议申请人。情况复杂,不能在规定期限内查清并做出答复的,经县级以上公安机关负责人批准,可以适当延长,并告知异议申请人,但延长期限最多不超过30个工作日。

第十三条 对于开具的《无犯罪记录证明》《不予出具无犯罪记录证明通知书》《查询告知函》确有错误,经查证属实的,出具文书的公安机关或者其上级公安机关应当及时予以撤销并重新出具有关文书。

第十四条 异议申请人认为受理单位不予出具无犯罪记录证明依据的法院判决有误,符合法定申诉条件的,受理单位可以告知异议申请人按照法定程序向有关法院、检察院申诉。

第五章 法律责任

第十五条 任何单位和个人不得采用编造事实、隐瞒真相、提供虚假材料、冒用身份等申请查询犯罪记录,或伪造、变造《查询告知函》《无犯罪记录证明》。查证属实的,依法给予处罚;构成犯罪的,依法追究刑事责任。

第十六条 有关单位和个人应当严格依照本规范规定的程序开展查询,并对查询获悉的有关犯罪信息保密,不得散布或者用于其他用途。违反规定的,依法追究相应责任;构成犯罪的,依法追究刑事责任。

第十七条 有关单位和个人违规开展查询工作,造成严重后果的,应当依法追究有关单位和个人的责任;构成犯罪的,依法追究刑事责任。

第六章 附 则

第十八条 各地可以结合本地实际和工作需要,制定实施细则。

第十九条 国家有关单位对特定事项的犯罪记录工作有专门查询规定的,从其规定。

第二十条 本规定自2021年12月31日起施行。

附录:(略)

看守所留所执行刑罚罪犯管理办法

· 2013年10月23日公安部令第128号公布
· 自2013年11月23日起施行

第一章 总 则

第一条 为了规范看守所对留所执行刑罚罪犯的管理,做好罪犯改造工作,根据《中华人民共和国刑事诉讼法》、《中华人民共和国监狱法》、《中华人民共和国看守所条例》等有关法律、法规,结合看守所执行刑罚的实际,制定本办法。

第二条 被判处有期徒刑的成年和未成年罪犯,在被交付执行前,剩余刑期在三个月以下的,由看守所代为执行刑罚。

被判处拘役的成年和未成年罪犯,由看守所执行刑罚。

第三条 看守所应当设置专门监区或者监室监管罪犯。监区和监室应当设在看守所警戒围墙内。

第四条 看守所管理罪犯应当坚持惩罚与改造相结合、教育和劳动相结合的原则,将罪犯改造成为守法公民。

第五条 罪犯的人格不受侮辱,人身安全和合法财产不受侵犯,罪犯享有辩护、申诉、控告、检举以及其他未被依法剥夺或者限制的权利。

罪犯应当遵守法律、法规和看守所管理规定,服从管理,接受教育,按照规定参加劳动。

第六条 看守所应当保障罪犯的合法权益,为罪犯行使权利提供必要的条件。

第七条 看守所对提请罪犯减刑、假释,或者办理罪犯暂予监外执行,可能存在利用权力、钱财影响公正执法因素的,要依法从严审核、审批。

第八条 看守所对罪犯执行刑罚的活动依法接受人民检察院的法律监督。

第二章 刑罚的执行

第一节 收 押

第九条 看守所在收到交付执行的人民法院送达的人民检察院起诉书副本和人民法院判决书、裁定书、执行通知书、结案登记表的当日,应当办理罪犯收押手续,填写收押登记表,载明罪犯基本情况、收押日期等,并由民警签字后,将罪犯转入罪犯监区或者监室。

第十条 对于判决前未被羁押,判决后需要羁押执行刑罚的罪犯,看守所应当凭本办法第九条所列文书收押,并采集罪犯十指指纹信息。

第十一条 按照本办法第十条收押罪犯时,看守所应当进行健康和人身、物品安全检查。对罪犯的非生活必需品,应当登记,通知其家属领回或者由看守所代为保管;对违禁品,应当予以没收。

对女性罪犯的人身检查,由女性人民警察进行。

第十二条 办理罪犯收押手续时应当建立罪犯档案。羁押服刑过程中的法律文书和管理材料存入档案。罪犯档案一人一档,分为正档和副档。正档包括收押凭证、暂予监外执行决定书、减刑、假释裁定书、释放证明书等法律文书;副档包括收押登记、谈话教育、罪犯考核、奖惩、疾病治疗、财物保管登记等管理记录。

第十三条 收押罪犯后,看守所应当在五日内向罪犯家属或者监护人发出罪犯执行刑罚地点通知书。对收押的外国籍罪犯,应当在二十四小时内报告所属公安机关。

第二节 对罪犯申诉、控告、检举的处理

第十四条 罪犯对已经发生法律效力的判决、裁定不服,提出申诉的,看守所应当及时将申诉材料转递给人民检察院和作出生效判决的人民法院。罪犯也可以委托其法定代理人、近亲属提出申诉。

第十五条 罪犯有权控告、检举违法犯罪行为。

看守所应当设置控告、检举信箱,接受罪犯的控告、检举材料。罪犯也可以直接向民警控告、检举。

第十六条 对罪犯向看守所提交的控告、检举材料,看守所应当自收到材料之日起十五日内作出处理;对罪犯向人民法院、人民检察院提交的控告、检举材料,看守所应当自收到材料之日起五日内予以转送。

看守所对控告、检举作出处理或者转送有关部门处理的,应当及时将有关情况或者处理结果通知具名控告、检举的罪犯。

第十七条 看守所在执行刑罚过程中,发现判决可能有错误的,应当提请人民检察院或者人民法院处理。

第三节 暂予监外执行

第十八条 罪犯符合《中华人民共和国刑事诉讼法》规定的暂予监外执行条件的,本人及其法定代理人、近亲属可以向看守所提出书面申请,管教民警或者看守所医生也可以提出书面意见。

第十九条 看守所接到暂予监外执行申请或者意见后,应当召开所务会研究,初审同意后根据不同情形对罪犯进行病情鉴定、生活不能自理鉴定或者妊娠检查,未通过初审的,应当向提出书面申请或者书面意见的人员告知原因。

所务会应当有书面记录,并由与会人员签名。

第二十条 对暂予监外执行罪犯的病情鉴定,应当到省级人民政府指定的医院进行;妊娠检查,应当到医院进行;生活不能自理鉴定,由看守所分管所领导、管教民警、看守所医生、驻所检察人员等组成鉴定小组进行;对正在哺乳自己婴儿的妇女,看守所应当通知罪犯户籍所在地或者居住地的公安机关出具相关证明。

生活不能自理,是指因病、伤残或者年老体弱致使日常生活中起床、用餐、行走、如厕等不能自行进行,必须在他人协助下才能完成。

对适用保外就医可能有社会危险性的罪犯,或者自伤自残的罪犯,不得保外就医。

第二十一条 罪犯需要保外就医的，应当由罪犯或者罪犯家属提出保证人。保证人由看守所审查确定。

第二十二条 保证人应当具备下列条件：
（一）愿意承担保证人义务，具有完全民事行为能力；
（二）人身自由未受到限制，享有政治权利；
（三）有固定的住所和收入，有条件履行保证人义务；
（四）与被保证人共同居住或者居住在同一县级公安机关辖区。

第二十三条 保证人应当签署保外就医保证书。

第二十四条 罪犯保外就医期间，保证人应当履行下列义务：
（一）协助社区矫正机构监督被保证人遵守法律和有关规定；
（二）发现被保证人擅自离开居住的市、县，变更居住地，有违法犯罪行为，保外就医情形消失，或者被保证人死亡的，立即向社区矫正机构报告；
（三）为被保证人的治疗、护理、复查以及正常生活提供帮助；
（四）督促和协助被保证人按照规定定期复查病情和向执行机关报告。

第二十五条 对需要暂予监外执行的罪犯，看守所应当填写暂予监外执行审批表，并附病情鉴定、妊娠检查证明、生活不能自理鉴定，或者哺乳自己婴儿证明；需要保外就医的，应当同时附保外就医保证书。县级看守所应当将有关材料报经所属公安机关审核同意后，报设区的市一级以上公安机关批准；设区的市一级以上看守所应当将有关材料报所属公安机关审批。

看守所在报送审批材料的同时，应当将暂予监外执行审批表副本、病情鉴定或者妊娠检查诊断证明、生活不能自理鉴定、哺乳自己婴儿证明、保外就医保证书等有关材料的复印件抄送人民检察院驻所检察室。

批准暂予监外执行的公安机关接到人民检察院认为暂予监外执行不当的意见后，应当对暂予监外执行的决定进行重新核查。

第二十六条 看守所收到批准、决定机关暂予监外执行决定书后，应当办理罪犯出所手续，发给暂予监外执行决定书，并告知罪犯应当遵守的规定。

第二十七条 暂予监外执行罪犯服刑地和居住地不在同一省级或者设区的市一级以上公安机关辖区，需要回居住地暂予监外执行的，服刑地的省级公安机关监管部门或者设区的市一级以上公安机关监管部门应当书面通知居住地的同级公安机关监管部门，由居住地的公安机关监管部门指定看守所接收罪犯档案、负责办理收监或者刑满释放等手续。

第二十八条 看守所应当将暂予监外执行罪犯送交罪犯居住地，与县级司法行政机关办理交接手续。

第二十九条 公安机关对暂予监外执行罪犯决定收监执行的，由罪犯居住地看守所将罪犯收监执行。

看守所对人民法院决定暂予监外执行罪犯收监执行的，应当是交付执行刑罚前剩余刑期在三个月以下的罪犯。

第三十条 罪犯在暂予监外执行期间刑期届满的，看守所应当为其办理刑满释放手续。

第三十一条 罪犯暂予监外执行期间死亡的，看守所应当将执行机关的书面通知归入罪犯档案，并在登记表中注明。

第四节 减刑、假释的提请

第三十二条 罪犯符合减刑、假释条件的，由管教民警提出建议，报看守所所务会研究决定。所务会应当有书面记录，并由与会人员签名。

第三十三条 看守所所务会研究同意后，应当将拟提请减刑、假释的罪犯名单以及减刑、假释意见在看守所内公示。公示期限为三个工作日。公示期内，如有民警或者罪犯对公示内容提出异议，看守所应当重新召开所务会复核，并告知复核结果。

第三十四条 公示完毕，看守所所长应当在罪犯减刑、假释审批表上签署意见，加盖看守所公章，制作提请减刑、假释建议书，经设区的市一级以上公安机关审查同意后，连同有关材料一起提请所在地中级以上人民法院裁定，并将建议书副本和相关材料抄送人民检察院。

第三十五条 看守所提请人民法院审理减刑、假释案件时，应当送交下列材料：
（一）提请减刑、假释建议书；

（二）终审人民法院的裁判文书、执行通知书、历次减刑裁定书的复制件；

（三）证明罪犯确有悔改、立功或者重大立功表现具体事实的书面材料；

（四）罪犯评审鉴定表、奖惩审批表等有关材料；

（五）根据案件情况需要移送的其他材料。

第三十六条 在人民法院作出减刑、假释裁定前，看守所发现罪犯不符合减刑、假释条件的，应当书面撤回提请减刑、假释建议书；在减刑、假释裁定生效后，看守所发现罪犯不符合减刑、假释条件的，应当书面向作出裁定的人民法院提出撤销裁定建议。

第三十七条 看守所收到人民法院假释裁定书后，应当办理罪犯出所手续，发给假释证明书，并于三日内将罪犯的有关材料寄送罪犯居住地的县级司法行政机关。

第三十八条 被假释的罪犯被人民法院裁定撤销假释的，看守所应当在收到撤销假释裁定后将罪犯收监。

第三十九条 罪犯在假释期间死亡的，看守所应当将执行机关的书面通知归入罪犯档案，并在登记表中注明。

第五节 释 放

第四十条 看守所应当在罪犯服刑期满前一个月内，将其在所内表现、综合评估意见、帮教建议等送至其户籍所在地县级公安机关和司法行政机关（安置帮教工作协调小组办公室）。

第四十一条 罪犯服刑期满，看守所应当按期释放，发给刑满释放证明书，并告知其在规定期限内，持刑满释放证明书到原户籍所在地的公安派出所办理户籍登记手续；有代管钱物的，看守所应当如数发还。

刑满释放人员患有重病的，看守所应当通知其家属接回。

第四十二条 外国籍罪犯被判处附加驱逐出境的，看守所应当在罪犯服刑期满前十日通知所属公安机关出入境管理部门。

第三章 管 理

第一节 分押分管

第四十三条 看守所应当将男性和女性罪犯、成年和未成年罪犯分别关押和管理。

有条件的看守所，可以根据罪犯的犯罪类型、刑罚种类、性格特征、心理状况、健康状况、改造表现等，对罪犯实行分别关押和管理。

第四十四条 看守所应当根据罪犯的改造表现，对罪犯实行宽严有别的分级处遇。对罪犯适用分级处遇，按照有关规定，依据对罪犯改造表现的考核结果确定，并应当根据情况变化适时调整。

对不同处遇等级的罪犯，看守所应当在其活动范围、会见通讯、接收物品、文体活动、奖励等方面，分别实施相应的处遇。

第二节 会见、通讯、临时出所

第四十五条 罪犯可以与其亲属或者监护人每月会见一至二次，每次不超过一小时。每次前来会见罪犯的人员不超过三人。因特殊情况需要延长会见时间，增加会见人数，或者其亲属、监护人以外的人要求会见的，应当经看守所领导批准。

第四十六条 罪犯与受委托的律师会见，由律师向看守所提出申请，看守所应当查验授权委托书、律师事务所介绍信和律师执业证，并在四十八小时内予以安排。

第四十七条 依据我国参加的国际公约和缔结的领事条约的有关规定，外国驻华使（领）馆官员要求探视其本国籍罪犯，或者外国籍罪犯亲属、监护人首次要求会见的，应当向省级公安机关提出书面申请。看守所根据省级公安机关的书面通知予以安排。外国籍罪犯亲属或者监护人再次要求会见的，可以直接向看守所提出申请。

外国籍罪犯拒绝其所属国驻华使（领）馆官员或者其亲属、监护人探视的，看守所不予安排，但罪犯应当出具本人签名的书面声明。

第四十八条 经看守所领导批准，罪犯可以用指定的固定电话与其亲友、监护人通话；外国籍罪犯还可以与其所属国驻华使（领）馆通话。通话费用由罪犯本人承担。

第四十九条 少数民族罪犯可以使用其本民族语言文字会见、通讯；外国籍罪犯可以使用其本国语言文字会见、通讯。

第五十条 会见应当在看守所会见室进行。

罪犯近亲属、监护人不便到看守所会见，经其申请，看守所可以安排视频会见。

会见、通讯应当遵守看守所的有关规定。对

违反规定的，看守所可以中止本次会见、通讯。

第五十一条　罪犯可以与其亲友或者监护人通信。看守所应当对罪犯的来往信件进行检查，发现有碍罪犯改造内容的信件可以扣留。

罪犯写给看守所的上级机关和司法机关的信件，不受检查。

第五十二条　办案机关因办案需要向罪犯了解有关情况的，应当出具办案机关证明和办案人员工作证，并经看守所领导批准后在看守所内进行。

第五十三条　因起赃、辨认、出庭作证、接受审判等需要将罪犯提出看守所的，办案机关应当出具公函，经看守所领导批准后提出，并当日送回。

侦查机关因办理其他案件需要将罪犯临时寄押到异地看守所取证，并持有侦查机关所在的设区的市一级以上公安机关公函的，看守所应当允许提出，并办理相关手续。

人民法院因再审开庭需要将罪犯提出看守所，并持有人民法院刑事再审决定书或者刑事裁定书，或者人民检察院抗诉书的，看守所应当允许提出，并办理相关手续。

第五十四条　被判处拘役的罪犯每月可以回家一至二日，由罪犯本人提出申请，管教民警签署意见，经看守所所长审核后，报所属公安机关批准。

第五十五条　被判处拘役的外国籍罪犯提出探亲申请的，看守所应当报设区的市一级以上公安机关审批。设区的市一级以上公安机关作出批准决定的，应当报上一级公安机关备案。

被判处拘役的外国籍罪犯探亲时，不得出境。

第五十六条　对于准许回家的拘役罪犯，看守所应当发给回家证明，并告知应当遵守的相关规定。

罪犯回家时间不能集中使用，不得将刑期末期作为回家时间，变相提前释放罪犯。

第五十七条　罪犯需要办理婚姻登记等必须由本人实施的民事法律行为的，应当向看守所提出书面申请，经看守所领导批准后出所办理，由二名以上民警押解，并于当日返回。

第五十八条　罪犯进行民事诉讼需要出庭时，应当委托诉讼代理人代为出庭。对于涉及人身关系的诉讼等需要罪犯本人出庭的，凭人民法院出庭通知书办理临时离所手续，由人民法院司法警察负责押解看管，并于当日返回。

罪犯因特殊情况不宜离所出庭的，看守所可以与人民法院协商，根据《中华人民共和国民事诉讼法》第一百二十一条的规定，由人民法院到看守所开庭审理。

第五十九条　罪犯遇有配偶、父母、子女病危或者死亡，确需本人回家处理的，由当地公安派出所出具证明，经看守所所属公安机关领导批准，可以暂时离所，由二名以上民警押解，并于当日返回。

第三节　生活、卫生

第六十条　罪犯伙食按照国务院财政部门、公安部门制定的实物量标准执行。

第六十一条　罪犯应当着囚服。

第六十二条　对少数民族罪犯，应当尊重其生活、饮食习惯。罪犯患病治疗期间，看守所应当适当提高伙食标准。

第六十三条　看守所对罪犯收受的物品应当进行检查，非日常生活用品由看守所登记保管。罪犯收受的钱款，由看守所代为保管，并开具记账卡交与罪犯。

看守所检查、接收送给罪犯的物品、钱款后，应当开具回执交与送物人、送款人。

罪犯可以依照有关规定使用物品和支出钱款。罪犯刑满释放时，钱款余额和本人物品由其本人领回。

第六十四条　对患病的罪犯，看守所应当及时治疗；对患有传染病需要隔离治疗的，应当及时隔离治疗。

第六十五条　罪犯在服刑期间死亡的，看守所应当立即报告所属公安机关，并通知罪犯家属和人民检察院、原判人民法院。外国籍罪犯死亡的，应当立即层报至省级公安机关。

罪犯死亡的，由看守所所属公安机关或者医院对死亡原因作出鉴定。罪犯家属有异议的，可以向人民检察院提出。

第四节　考核、奖惩

第六十六条　看守所应当依照公开、公平、公正的原则，对罪犯改造表现实行量化考核。考核情况由管教民警填写。考核以罪犯认罪服法、遵守监规、接受教育、参加劳动等情况为主要内容。

考核结果作为对罪犯分级处遇、奖惩和提请减刑、假释的依据。

第六十七条　罪犯有下列情形之一的,看守所可以给予表扬、物质奖励或者记功:

(一)遵守管理规定,努力学习,积极劳动,有认罪服法表现的;

(二)阻止违法犯罪活动的;

(三)爱护公物或者在劳动中节约原材料,有成绩的;

(四)进行技术革新或者传授生产技术,有一定成效的;

(五)在防止或者消除灾害事故中作出一定贡献的;

(六)对国家和社会有其他贡献的。

对罪犯的物质奖励或者记功意见由管教民警提出,物质奖励由看守所领导批准,记功由看守所所务会研究决定。被判处有期徒刑的罪犯有前款所列情形之一,在服刑期间一贯表现好,离开看守所不致再危害社会的,看守所可以根据情况准其离所探亲。

第六十八条　罪犯申请离所探亲的,应当由其家属担保,经看守所所务会研究同意后,报所属公安机关领导批准。探亲时间不含路途时间,为三至七日。罪犯在探亲期间不得离开其亲属居住地,不得出境。

看守所所务会应当有书面记录,并由与会人员签名。

不得将罪犯离所探亲时间安排在罪犯刑期末期,变相提前释放罪犯。

第六十九条　对离所探亲的罪犯,看守所应当发给离所探亲证明书。罪犯应当在抵家的当日携带离所探亲证明书到当地公安派出所报到。返回看守所时,由该公安派出所将其离所探亲期间的表现在离所探亲证明书上注明。

第七十条　罪犯有下列破坏监管秩序情形之一,情节较轻的,予以警告;情节较重的,予以记过;情节严重的,予以禁闭;构成犯罪的,依法追究刑事责任:

(一)聚众哄闹,扰乱正常监管秩序的;

(二)辱骂或者殴打民警的;

(三)欺压其他罪犯的;

(四)盗窃、赌博、打架斗殴、寻衅滋事的;

(五)有劳动能力拒不参加劳动或者消极怠工,经教育不改的;

(六)以自伤、自残手段逃避劳动的;

(七)在生产劳动中故意违反操作规程,或者有意损坏生产工具的;

(八)有违反看守所管理规定的其他行为的。

对罪犯的记过、禁闭由管教民警提出意见,报看守所领导批准。禁闭时间为五至十日,禁闭期间暂停会见、通讯。

第七十一条　看守所对被禁闭的罪犯,应当指定专人进行教育帮助。对确已悔悟的,可以提前解除禁闭,由管教民警提出书面意见,报看守所领导批准;禁闭期满的,应当立即解除禁闭。

第四章　教育改造

第七十二条　看守所应当建立对罪犯的教育改造制度,对罪犯进行法制、道德、文化、技能等教育。

第七十三条　对罪犯的教育应当根据罪犯的犯罪类型、犯罪原因、恶性程度及其思想、行为、心理特征,坚持因人施教、以理服人、注重实效的原则,采取集体教育与个别教育相结合,所内教育与所外教育相结合的方法。

第七十四条　有条件的看守所应当设立教室、谈话室、文体活动室、图书室、阅览室、电化教育室、心理咨询室等教育改造场所,并配备必要的设施。

第七十五条　看守所应当结合时事、政治、重大事件等,适时对罪犯进行集体教育。

第七十六条　看守所应当根据每一名罪犯的具体情况,适时进行有针对性的教育。

第七十七条　看守所应当积极争取社会支持,配合看守所开展社会帮教活动。看守所可以组织罪犯到社会上参观学习,接受教育。

第七十八条　看守所应当根据不同情况,对罪犯进行文化教育,鼓励罪犯自学。

罪犯可以参加国家举办的高等教育自学考试,看守所应当为罪犯学习和考试提供方便。

第七十九条　看守所应当加强监区文化建设,组织罪犯开展适当的文体活动,创造有益于罪犯身心健康和发展的改造环境。

第八十条　看守所应当组织罪犯参加劳动,培养劳动技能,积极创造条件,组织罪犯参加各类职业技术教育培训。

第八十一条 看守所对罪犯的劳动时间,参照国家有关劳动工时的规定执行。

罪犯有在法定节日和休息日休息的权利。

第八十二条 看守所对于参加劳动的罪犯,可以酌量发给报酬并执行国家有关劳动保护的规定。

第八十三条 罪犯在劳动中致伤、致残或者死亡的,由看守所参照国家劳动保险的有关规定处理。

第五章 附 则

第八十四条 罪犯在看守所内又犯新罪的,由所属公安机关侦查。

第八十五条 看守所发现罪犯有判决前尚未发现的犯罪行为的,应当书面报告所属公安机关。

第八十六条 设区的市一级以上公安机关可以根据实际情况设置集中关押留所执行刑罚罪犯的看守所。

第八十七条 各省、自治区、直辖市公安厅、局和新疆生产建设兵团公安局可以依据本办法制定实施细则。

第八十八条 本办法自2013年11月23日起施行。2008年2月29日发布的《看守所留所执行刑罚罪犯管理办法》(公安部令第98号)同时废止。

最高人民法院关于适用《中华人民共和国刑事诉讼法》的解释(节录)

- 2020年12月7日最高人民法院审判委员会第1820次会议通过
- 2021年1月26日最高人民法院公告公布
- 自2021年3月1日起施行
- 法释〔2021〕1号

2018年10月26日,第十三届全国人民代表大会常务委员会第六次会议通过了《关于修改〈中华人民共和国刑事诉讼法〉的决定》。为正确理解和适用修改后的刑事诉讼法,结合人民法院审判工作实际,制定本解释。

第一章 管 辖

第一条 人民法院直接受理的自诉案件包括:

(一)告诉才处理的案件:

1. 侮辱、诽谤案(刑法第二百四十六条规定的,但严重危害社会秩序和国家利益的除外);

2. 暴力干涉婚姻自由案(刑法第二百五十七条第一款规定的);

3. 虐待案(刑法第二百六十条第一款规定的,但被害人没有能力告诉或者因受到强制、威吓无法告诉的除外);

4. 侵占案(刑法第二百七十条规定的)。

(二)人民检察院没有提起公诉,被害人有证据证明的轻微刑事案件:

1. 故意伤害案(刑法第二百三十四条第一款规定的);

2. 非法侵入住宅案(刑法第二百四十五条规定的);

3. 侵犯通信自由案(刑法第二百五十二条规定的);

4. 重婚案(刑法第二百五十八条规定的);

5. 遗弃案(刑法第二百六十一条规定的);

6. 生产、销售伪劣商品案(刑法分则第三章第一节规定的,但严重危害社会秩序和国家利益的除外);

7. 侵犯知识产权案(刑法分则第三章第七节规定的,但严重危害社会秩序和国家利益的除外);

8. 刑法分则第四章、第五章规定的,可能判处三年有期徒刑以下刑罚的案件。

本项规定的案件,被害人直接向人民法院起诉的,人民法院应当依法受理。对其中证据不足,可以由公安机关受理的,或者认为对被告人可能判处三年有期徒刑以上刑罚的,应当告知被害人向公安机关报案,或者移送公安机关立案侦查。

(三)被害人有证据证明对被告人侵犯自己人身、财产权利的行为应当依法追究刑事责任,且有证据证明曾经提出告诉,而公安机关或者人民检察院不予追究被告人刑事责任的案件。

第二条 犯罪地包括犯罪行为地和犯罪结果地。

针对或者主要利用计算机网络实施的犯罪,犯罪地包括用于实施犯罪行为的网络服务使用的服务器所在地,网络服务提供者所在地,被侵害的信息网络系统及其管理者所在地,犯罪过程中被告人、被害人使用的信息网络系统所在地,以及被害人被侵害时所在地和被害人财产遭受损失地等。

第三条 被告人的户籍地为其居住地。经常居住地与户籍地不一致的,经常居住地为其居住地。经常居住地为被告人被追诉前已连续居住一年以上的地方,但住院就医的除外。

被告单位登记的住所地为其居住地。主要营业地或者主要办事机构所在地与登记的住所地不一致的,主要营业地或者主要办事机构所在地为其居住地。

第四条 在中华人民共和国内水、领海发生的刑事案件,由犯罪地或者被告人登陆地的人民法院管辖。由被告人居住地的人民法院审判更为适宜的,可以由被告人居住地的人民法院管辖。

第五条 在列车上的犯罪,被告人在列车运行途中被抓获的,由前方停靠站所在地负责审判铁路运输刑事案件的人民法院管辖。必要时,也可以由始发站或者终点站所在地负责审判铁路运输刑事案件的人民法院管辖。

被告人不是在列车运行途中被抓获的,由负责该列车乘务的铁路公安机关对应的审判铁路运输刑事案件的人民法院管辖;被告人在列车运行途经车站被抓获的,也可以由该车站所在地负责审判铁路运输刑事案件的人民法院管辖。

第六条 在国际列车上的犯罪,根据我国与相关国家签订的协定确定管辖;没有协定的,由该列车始发或者前方停靠的中国车站所在地负责审判铁路运输刑事案件的人民法院管辖。

第七条 在中华人民共和国领域外的中国船舶内的犯罪,由该船舶最初停泊的中国口岸所在地或者被告人登陆地、入境地的人民法院管辖。

第八条 在中华人民共和国领域外的中国航空器内的犯罪,由该航空器在中国最初降落地的人民法院管辖。

第九条 中国公民在中国驻外使领馆内的犯罪,由其主管单位所在地或者原户籍地的人民法院管辖。

第十条 中国公民在中华人民共和国领域外的犯罪,由其登陆地、入境地、离境前居住地或者现居住地的人民法院管辖;被害人是中国公民的,也可以由被害人离境前居住地或者现居住地的人民法院管辖。

第十一条 外国人在中华人民共和国领域外对中华人民共和国国家或者公民犯罪,根据《中华人民共和国刑法》应当受处罚的,由该外国人登陆地、入境地或者入境后居住地的人民法院管辖,也可以由被害人离境前居住地或者现居住地的人民法院管辖。

第十二条 对中华人民共和国缔结或者参加的国际条约所规定的罪行,中华人民共和国在所承担条约义务的范围内行使刑事管辖权的,由被告人被抓获地、登陆地或者入境地的人民法院管辖。

第十三条 正在服刑的罪犯在判决宣告前还有其他罪没有判决的,由原审地人民法院管辖;由罪犯服刑地或者犯罪地的人民法院审判更为适宜的,可以由罪犯服刑地或者犯罪地的人民法院管辖。

罪犯在服刑期间又犯罪的,由服刑地的人民法院管辖。

罪犯在脱逃期间又犯罪的,由服刑地的人民法院管辖。但是,在犯罪地抓获罪犯并发现其在脱逃期间犯罪的,由犯罪地的人民法院管辖。

第十四条 人民检察院认为可能判处无期徒刑、死刑,向中级人民法院提起公诉的案件,中级人民法院受理后,认为不需要判处无期徒刑、死刑的,应当依法审判,不再交基层人民法院审判。

第十五条 一人犯数罪、共同犯罪或者其他需要并案审理的案件,其中一人或者一罪属于上级人民法院管辖的,全案由上级人民法院管辖。

第十六条 上级人民法院决定审判下级人民法院管辖的第一审刑事案件的,应当向下级人民法院下达改变管辖决定书,并书面通知同级人民检察院。

第十七条 基层人民法院对可能判处无期徒刑、死刑的第一审刑事案件,应当移送中级人民法院审判。

基层人民法院对下列第一审刑事案件,可以请求移送中级人民法院审判:

(一)重大、复杂案件;

(二)新类型的疑难案件;

(三)在法律适用上具有普遍指导意义的案件。

需要将案件移送中级人民法院审判的,应当在报请院长决定后,至迟于案件审理期限届满十五日以前书面请求移送。中级人民法院应当在接到申请后十日以内作出决定。不同意移送的，应当下达不同意移送决定书，由请求移送的人民法院依法审判；同意移送的，应当下达同意移送决定书，并书面通知同级人民检察院。

第十八条　有管辖权的人民法院因案件涉及本院院长需要回避或者其他原因，不宜行使管辖权的，可以请求移送上一级人民法院管辖。上一级人民法院可以管辖，也可以指定与提出请求的人民法院同级的其他人民法院管辖。

第十九条　两个以上同级人民法院都有管辖权的案件，由最初受理的人民法院审判。必要时，可以移送主要犯罪地的人民法院审判。

管辖权发生争议的，应当在审理期限内协商解决；协商不成的，由争议的人民法院分别层报共同的上级人民法院指定管辖。

第二十条　管辖不明的案件，上级人民法院可以指定下级人民法院审判。

有关案件，由犯罪地、被告人居住地以外的人民法院审判更为适宜的，上级人民法院可以指定下级人民法院管辖。

第二十一条　上级人民法院指定管辖，应当将指定管辖决定书送达被指定管辖的人民法院和其他有关的人民法院。

第二十二条　原受理案件的人民法院在收到上级人民法院改变管辖决定书、同意移送决定书或者指定其他人民法院管辖的决定书后，对公诉案件，应当书面通知同级人民检察院，并将案卷材料退回，同时书面通知当事人；对自诉案件，应当将案卷材料移送被指定管辖的人民法院，并书面通知当事人。

第二十三条　第二审人民法院发回重新审判的案件，人民检察院撤回起诉后，又向原第一审人民法院的下级人民法院重新提起公诉的，下级人民法院应当将有关情况层报原第二审人民法院。原第二审人民法院根据具体情况，可以决定将案件移送原第一审人民法院或者其他人民法院审判。

第二十四条　人民法院发现被告人还有其他犯罪被起诉的，可以并案审理；涉及同种犯罪的，一般应当并案审理。

人民法院发现被告人还有其他犯罪被审查起诉、立案侦查、立案调查的，可以参照前款规定协商人民检察院、公安机关、监察机关并案处理，但可能造成审判过分迟延的除外。

根据前两款规定并案处理的案件，由最初受理地的人民法院审判。必要时，可以由主要犯罪地的人民法院审判。

第二十五条　第二审人民法院在审理过程中，发现被告人还有其他犯罪没有判决的，参照前条规定处理。第二审人民法院决定并案审理的，应当发回第一审人民法院，由第一审人民法院作出处理。

第二十六条　军队和地方互涉刑事案件，按照有关规定确定管辖。

第二章　回　避

第二十七条　审判人员具有下列情形之一的，应当自行回避，当事人及其法定代理人有权申请其回避：

（一）是本案的当事人或者是当事人的近亲属的；

（二）本人或者其近亲属与本案有利害关系的；

（三）担任过本案的证人、鉴定人、辩护人、诉讼代理人、翻译人员的；

（四）与本案的辩护人、诉讼代理人有近亲属关系的；

（五）与本案当事人有其他利害关系，可能影响公正审判的。

第二十八条　审判人员具有下列情形之一的，当事人及其法定代理人有权申请其回避：

（一）违反规定会见本案当事人、辩护人、诉讼代理人的；

（二）为本案当事人推荐、介绍辩护人、诉讼代理人，或者为律师、其他人员介绍办理本案的；

（三）索取、接受本案当事人及其委托的人的财物或者其他利益的；

（四）接受本案当事人及其委托的人的宴请，或者参加由其支付费用的活动的；

（五）向本案当事人及其委托的人借用款物的；

（六）有其他不正当行为，可能影响公正审判的。

第二十九条　参与过本案调查、侦查、审查起诉工作的监察、侦查、检察人员，调至人民法院工作的,不得担任本案的审判人员。

在一个审判程序中参与过本案审判工作的合议庭组成人员或者独任审判员,不得再参与本案其他程序的审判。但是,发回重新审判的案件,在第一审人民法院作出裁判后又进入第二审程序、在法定刑以下判处刑罚的复核程序或者死刑复核程序的,原第二审程序、在法定刑以下判处刑罚的复核程序或者死刑复核程序中的合议庭组成人员不受本款规定的限制。

第三十条 依照法律和有关规定应当实行任职回避的,不得担任案件的审判人员。

第三十一条 人民法院应当依法告知当事人及其法定代理人有权申请回避,并告知其合议庭组成人员、独任审判员、法官助理、书记员等人员的名单。

第三十二条 审判人员自行申请回避,或者当事人及其法定代理人申请审判人员回避的,可以口头或者书面提出,并说明理由,由院长决定。

院长自行申请回避,或者当事人及其法定代理人申请院长回避的,由审判委员会讨论决定。审判委员会讨论时,由副院长主持,院长不得参加。

第三十三条 当事人及其法定代理人依照刑事诉讼法第三十条和本解释第二十八条的规定申请回避的,应当提供证明材料。

第三十四条 应当回避的审判人员没有自行回避,当事人及其法定代理人也没有申请其回避的,院长或者审判委员会应当决定其回避。

第三十五条 对当事人及其法定代理人提出的回避申请,人民法院可以口头或者书面作出决定,并将决定告知申请人。

当事人及其法定代理人申请回避被驳回的,可以在接到决定时申请复议一次。不属于刑事诉讼法第二十九条、第三十条规定情形的回避申请,由法庭当庭驳回,并不得申请复议。

第三十六条 当事人及其法定代理人申请出庭的检察人员回避的,人民法院应当区分情况作出处理:

(一)属于刑事诉讼法第二十九条、第三十条规定情形的回避申请,应当决定休庭,并通知人民检察院尽快作出决定;

(二)不属于刑事诉讼法第二十九条、第三十条规定情形的回避申请,应当当庭驳回,并不得申请复议。

第三十七条 本章所称的审判人员,包括人民法院院长、副院长、审判委员会委员、庭长、副庭长、审判员和人民陪审员。

第三十八条 法官助理、书记员、翻译人员和鉴定人适用审判人员回避的有关规定,其回避问题由院长决定。

第三十九条 辩护人、诉讼代理人可以依照本章的有关规定要求回避、申请复议。

第三章 辩护与代理

第四十条 人民法院审判案件,应当充分保障被告人依法享有的辩护权利。

被告人除自己行使辩护权以外,还可以委托辩护人辩护。下列人员不得担任辩护人:

(一)正在被执行刑罚或者处于缓刑、假释考验期间的人;

(二)依法被剥夺、限制人身自由的人;

(三)被开除公职或者被吊销律师、公证员执业证书的人;

(四)人民法院、人民检察院、监察机关、公安机关、国家安全机关、监狱的现职人员;

(五)人民陪审员;

(六)与本案审理结果有利害关系的人;

(七)外国人或者无国籍人;

(八)无行为能力或者限制行为能力的人。

前款第三项至第七项规定的人员,如果是被告人的监护人、近亲属,由被告人委托担任辩护人的,可以准许。

第四十一条 审判人员和人民法院其他工作人员从人民法院离任后二年内,不得以律师身份担任辩护人。

审判人员和人民法院其他工作人员从人民法院离任后,不得担任原任职法院所审理案件的辩护人,但系被告人的监护人、近亲属的除外。

审判人员和人民法院其他工作人员的配偶、子女或者父母不得担任其任职法院所审理案件的辩护人,但系被告人的监护人、近亲属的除外。

第四十二条 对接受委托担任辩护人的,人民法院应当核实其身份证明和授权委托书。

第四十三条 一名被告人可以委托一至二人作为辩护人。

一名辩护人不得为两名以上的同案被告人,

或者未同案处理但犯罪事实存在关联的被告人辩护。

第四十四条 被告人没有委托辩护人的，人民法院自受理案件之日起三日以内，应当告知其有权委托辩护人；被告人因经济困难或者其他原因没有委托辩护人的，应当告知其可以申请法律援助；被告人属于应当提供法律援助情形的，应告知其将依法通知法律援助机构指派律师为其提供辩护。

被告人没有委托辩护人，法律援助机构也没有指派律师为其提供辩护的，人民法院应当告知被告人有权约见值班律师，并为被告人约见值班律师提供便利。

告知可以采取口头或者书面方式。

第四十五条 审判期间，在押的被告人要求委托辩护人的，人民法院应当在三日以内向其监护人、近亲属或者其指定的人员转达要求。被告人应当提供有关人员的联系方式。有关人员无法通知的，应当告知被告人。

第四十六条 人民法院收到在押被告人提出的法律援助或者法律帮助申请，应当依照有关规定及时转交法律援助机构或者通知值班律师。

第四十七条 对下列没有委托辩护人的被告人，人民法院应当通知法律援助机构指派律师为其提供辩护：

（一）盲、聋、哑人；

（二）尚未完全丧失辨认或者控制自己行为能力的精神病人；

（三）可能被判处无期徒刑、死刑的人。

高级人民法院复核死刑案件，被告人没有委托辩护人的，应当通知法律援助机构指派律师为其提供辩护。

死刑缓期执行期间故意犯罪的案件，适用前两款规定。

第四十八条 具有下列情形之一，被告人没有委托辩护人的，人民法院可以通知法律援助机构指派律师为其提供辩护：

（一）共同犯罪案件中，其他被告人已经委托辩护人的；

（二）案件有重大社会影响的；

（三）人民检察院抗诉的；

（四）被告人的行为可能不构成犯罪的；

（五）有必要指派律师提供辩护的其他情形。

第四十九条 人民法院通知法律援助机构指派律师提供辩护的，应当将法律援助通知书、起诉书副本或者判决书送达法律援助机构；决定开庭审理的，除适用简易程序或者速裁程序审理的以外，应当在开庭十五日以前将上述材料送达法律援助机构。

法律援助通知书应当写明案由、被告人姓名、提供法律援助的理由、审判人员的姓名和联系方式；已确定开庭审理的，应当写明开庭的时间、地点。

第五十条 被告人拒绝法律援助机构指派的律师为其辩护，坚持自己行使辩护权的，人民法院应当准许。

属于应当提供法律援助的情形，被告人拒绝指派的律师为其辩护的，人民法院应当查明原因。理由正当的，应当准许，但被告人应当在五日以内另行委托辩护人；被告人未另行委托辩护人的，人民法院应当在三日以内通知法律援助机构另行指派律师为其提供辩护。

第五十一条 对法律援助机构指派律师为被告人提供辩护，被告人的监护人、近亲属又代为委托辩护人的，应当听取被告人的意见，由其确定辩护人人选。

第五十二条 审判期间，辩护人接受被告人委托的，应当在接受委托之日起三日以内，将委托手续提交人民法院。

接受法律援助机构指派为被告人提供辩护的，适用前款规定。

第五十三条 辩护律师可以查阅、摘抄、复制案卷材料。其他辩护人经人民法院许可，也可以查阅、摘抄、复制案卷材料。合议庭、审判委员会的讨论记录以及其他依法不公开的材料不得查阅、摘抄、复制。

辩护人查阅、摘抄、复制案卷材料的，人民法院应当提供便利，并保证必要的时间。

值班律师查阅案卷材料的，适用前两款规定。

复制案卷材料可以采用复印、拍照、扫描、电子数据拷贝等方式。

第五十四条 对作为证据材料向人民法院移送的讯问录音录像，辩护律师申请查阅的，人民法院应当准许。

第五十五条 查阅、摘抄、复制案卷材料，涉及国家秘密、商业秘密、个人隐私的，应当保密；对不公开审理案件的信息、材料，或者在办案过程中获悉的案件重要信息、证据材料，不得违反规定泄露、披露，不得用于办案以外的用途。人民法院可以要求相关人员出具承诺书。

违反前款规定的，人民法院可以通报司法行政机关或者有关部门，建议给予相应处罚；构成犯罪的，依法追究刑事责任。

第五十六条 辩护律师可以同在押的或者被监视居住的被告人会见和通信。其他辩护人经人民法院许可，也可以同在押的或者被监视居住的被告人会见和通信。

第五十七条 辩护人认为在调查、侦查、审查起诉期间监察机关、公安机关、人民检察院收集的证明被告人无罪或者罪轻的证据材料未随案移送，申请人民法院调取的，应当以书面形式提出，并提供相关线索或者材料。人民法院接受申请后，应当向人民检察院调取。人民检察院移送相关证据材料后，人民法院应当及时通知辩护人。

第五十八条 辩护律师申请向被害人及其近亲属、被害人提供的证人收集与本案有关的材料，人民法院认为确有必要的，应当签发准许调查书。

第五十九条 辩护律师向证人或者有关单位、个人收集、调取与本案有关的证据材料，因证人或者有关单位、个人不同意，申请人民法院收集、调取，或者申请通知证人出庭作证，人民法院认为确有必要的，应当同意。

第六十条 辩护律师直接申请人民法院向证人或者有关单位、个人收集、调取证据材料，人民法院认为确有必要，且不宜或者不能由辩护律师收集、调取的，应当同意。

人民法院向有关单位收集、调取的书面证据材料，必须由提供人签名，并加盖单位印章；向个人收集、调取的书面证据材料，必须由提供人签名。

人民法院对有关单位、个人提供的证据材料，应当出具收据，写明证据材料的名称、收到的时间、件数、页数以及是否为原件等，由书记员、法官助理或者审判人员签名。

收集、调取证据材料后，应当及时通知辩护律师查阅、摘抄、复制，并告知人民检察院。

第六十一条 本解释第五十八条至第六十条规定的申请，应当以书面形式提出，并说明理由，写明需要收集、调取证据材料的内容或者需要调查问题的提纲。

对辩护律师的申请，人民法院应当在五日以内作出是否准许、同意的决定，并通知申请人；决定不准许、不同意的，应当说明理由。

第六十二条 人民法院自受理自诉案件之日起三日以内，应当告知自诉人及其法定代理人、附带民事诉讼当事人及其法定代理人，有权委托诉讼代理人，并告知其如果经济困难，可以申请法律援助。

第六十三条 当事人委托诉讼代理人的，参照适用刑事诉讼法第三十三条和本解释的有关规定。

第六十四条 诉讼代理人有权根据事实和法律，维护被害人、自诉人或者附带民事诉讼当事人的诉讼权利和其他合法权益。

第六十五条 律师担任诉讼代理人的，可以查阅、摘抄、复制案卷材料。其他诉讼代理人经人民法院许可，也可以查阅、摘抄、复制案卷材料。

律师担任诉讼代理人，需要收集、调取与本案有关的证据材料的，参照适用本解释第五十九条至第六十一条的规定。

第六十六条 诉讼代理人接受当事人委托或者法律援助机构指派后，应当在三日以内将委托手续或者法律援助手续提交人民法院。

第六十七条 辩护律师向人民法院告知其委托人或者其他人准备实施、正在实施危害国家安全、公共安全以及严重危害他人人身安全犯罪的，人民法院应当记录在案，立即转告主管机关依法处理，并为反映有关情况的辩护律师保密。

第六十八条 律师担任辩护人、诉讼代理人，经人民法院准许，可以带一名助理参加庭审。律师助理参加庭审的，可以从事辅助工作，但不得发表辩护、代理意见。

第四章 证 据

第一节 一般规定

第六十九条 认定案件事实，必须以证据为根据。

第七十条 审判人员应当依照法定程序收集、审查、核实、认定证据。

第七十一条 证据未经当庭出示、辨认、质证等法庭调查程序查证属实，不得作为定案的根据。

第七十二条　应当运用证据证明的案件事实包括：

（一）被告人、被害人的身份；

（二）被指控的犯罪是否存在；

（三）被指控的犯罪是否为被告人所实施；

（四）被告人有无刑事责任能力，有无罪过，实施犯罪的动机、目的；

（五）实施犯罪的时间、地点、手段、后果以及案件起因等；

（六）是否系共同犯罪或者犯罪事实存在关联，以及被告人在犯罪中的地位、作用；

（七）被告人有无从重、从轻、减轻、免除处罚情节；

（八）有关涉案财物处理的事实；

（九）有关附带民事诉讼的事实；

（十）有关管辖、回避、延期审理等的程序事实；

（十一）与定罪量刑有关的其他事实。

认定被告人有罪和对被告人从重处罚，适用证据确实、充分的证明标准。

第七十三条　对提起公诉的案件，人民法院应当审查证明被告人有罪、无罪、罪重、罪轻的证据材料是否全部随案移送；未随案移送的，应当通知人民检察院在指定时间内移送。人民检察院未移送的，人民法院应当根据在案证据对案件事实作出认定。

第七十四条　依法应当对讯问过程录音录像的案件，相关录音录像未随案移送的，必要时，人民法院可以通知人民检察院在指定时间内移送。人民检察院未移送，导致不能排除属于刑事诉讼法第五十六条规定的以非法方法收集证据情形的，对有关证据应当依法排除；导致有关证据的真实性无法确认的，不得作为定案的根据。

第七十五条　行政机关在行政执法和查办案件过程中收集的物证、书证、视听资料、电子数据等证据材料，经法庭查证属实，且收集程序符合有关法律、行政法规规定的，可以作为定案的根据。

根据法律、行政法规规定行使国家行政管理职权的组织，在行政执法和查办案件过程中收集的证据材料，视为行政机关收集的证据材料。

第七十六条　监察机关依法收集的证据材料，在刑事诉讼中可以作为证据使用。

对前款规定证据的审查判断，适用刑事审判关于证据的要求和标准。

第七十七条　对来自境外的证据材料，人民检察院应当随案移送有关材料来源、提供人、提取人、提取时间等情况的说明。经人民法院审查，相关证据材料能够证明案件事实且符合刑事诉讼法规定的，可以作为证据使用，但提供人或者我国与有关国家签订的双边条约对材料的使用范围有明确限制的除外；材料来源不明或者真实性无法确认的，不得作为定案的根据。

当事人及其辩护人、诉讼代理人提供来自境外的证据材料的，该证据材料应当经所在国公证机关证明，所在国中央外交主管机关或者其授权机关认证，并经中华人民共和国驻该国使领馆认证，或者履行中华人民共和国与该所在国订立的有关条约中规定的证明手续，但我国与该国之间有互免认证协定的除外。

第七十八条　控辩双方提供的证据材料涉及外国语言、文字的，应当附中文译本。

第七十九条　人民法院依照刑事诉讼法第一百九十六条的规定调查核实证据，必要时，可以通知检察人员、辩护人、自诉人及其法定代理人到场。上述人员未到场的，应当记录在案。

人民法院调查核实证据时，发现对定罪量刑有重大影响的新的证据材料的，应当告知检察人员、辩护人、自诉人及其法定代理人。必要时，也可以直接提取，并及时通知检察人员、辩护人、自诉人及其法定代理人查阅、摘抄、复制。

第八十条　下列人员不得担任见证人：

（一）生理上、精神上有缺陷或者年幼，不具有相应辨别能力或者不能正确表达的人；

（二）与案件有利害关系，可能影响案件公正处理的人；

（三）行使勘验、检查、搜查、扣押、组织辨认等监察调查、刑事诉讼职权的监察、公安、司法机关的工作人员或者其聘用的人员。

对见证人是否属于前款规定的人员，人民法院可以通过相关笔录载明的见证人的姓名、身份证件种类及号码、联系方式以及常住人口信息登记表等材料进行审查。

由于客观原因无法由符合条件的人员担任见证人的，应当在笔录材料中注明情况，并对相关活动进行全程录音录像。

第八十一条　公开审理案件时，公诉人、诉讼参与人提出涉及国家秘密、商业秘密或者个人隐私的证据的,法庭应当制止;确与本案有关的,可以根据具体情况,决定将案件转为不公开审理,或者对相关证据的法庭调查不公开进行。

第二节 物证、书证的审查与认定

第八十二条 对物证、书证应当着重审查以下内容:

(一)物证、书证是否为原物、原件,是否经过辨认、鉴定;物证的照片、录像、复制品或者书证的副本、复制件是否与原物、原件相符,是否由二人以上制作,有无制作人关于制作过程以及原物、原件存放于何处的文字说明和签名;

(二)物证、书证的收集程序、方式是否符合法律、有关规定;经勘验、检查、搜查提取、扣押的物证、书证,是否附有相关笔录、清单,笔录、清单是否经调查人员或者侦查人员、物品持有人、见证人签名,没有签名的,是否注明原因;物品的名称、特征、数量、质量等是否注明清楚;

(三)物证、书证在收集、保管、鉴定过程中是否受损或者改变;

(四)物证、书证与案件事实有无关联;对现场遗留与犯罪有关的具备鉴定条件的血迹、体液、毛发、指纹等生物样本、痕迹、物品,是否已作DNA鉴定、指纹鉴定等,并与被告人或者被害人的相应生物特征、物品等比对;

(五)与案件事实有关联的物证、书证是否全面收集。

第八十三条 据以定案的物证应当是原物。原物不便搬运、不易保存、依法应当返还或者依法应当由有关部门保管、处理的,可以拍摄、制作足以反映原物外形和特征的照片、录像、复制品。必要时,审判人员可以前往保管场所查看原物。

物证的照片、录像、复制品,不能反映原物的外形和特征的,不得作为定案的根据。

物证的照片、录像、复制品,经与原物核对无误、经鉴定或者以其他方式确认真实的,可以作为定案的根据。

第八十四条 据以定案的书证应当是原件。取得原件确有困难的,可以使用副本、复制件。

对书证的更改或者更改迹象不能作出合理解释,或者书证的副本、复制件不能反映原件及其内容的,不得作为定案的根据。

书证的副本、复制件,经与原件核对无误、经鉴定或者以其他方式确认真实的,可以作为定案的根据。

第八十五条 对与案件事实可能有关联的血迹、体液、毛发、人体组织、指纹、足迹、字迹等生物样本、痕迹和物品,应当提取而没有提取,应当鉴定而没有鉴定,应当移送鉴定意见而没有移送,导致案件事实存疑的,人民法院应当通知人民检察院依法补充收集、调取、移送证据。

第八十六条 在勘验、检查、搜查过程中提取、扣押的物证、书证,未附笔录或者清单,不能证明物证、书证来源的,不得作为定案的根据。

物证、书证的收集程序、方式有下列瑕疵,经补正或者作出合理解释的,可以采用:

(一)勘验、检查、搜查、提取笔录或者扣押清单上没有调查人员或者侦查人员、物品持有人、见证人签名,或者对物品的名称、特征、数量、质量等注明不详的;

(二)物证的照片、录像、复制品,书证的副本、复制件未注明与原件核对无异,无复制时间,或者无被收集、调取人签名的;

(三)物证的照片、录像、复制品,书证的副本、复制件没有制作人关于制作过程和原物、原件存放地点的说明,或者说明中无签名的;

(四)有其他瑕疵的。

物证、书证的来源、收集程序有疑问,不能作出合理解释的,不得作为定案的根据。

第三节 证人证言、被害人陈述的审查与认定

第八十七条 对证人证言应当着重审查以下内容:

(一)证言的内容是否为证人直接感知;

(二)证人作证时的年龄,认知、记忆和表达能力,生理和精神状态是否影响作证;

(三)证人与案件当事人、案件处理结果有无利害关系;

(四)询问证人是否个别进行;

(五)询问笔录的制作、修改是否符合法律、有关规定,是否注明询问的起止时间和地点,首次询问时是否告知证人有关权利义务和法律责任,证人对询问笔录是否核对确认;

(六)询问未成年证人时,是否通知其法定代理人或者刑事诉讼法第二百八十一条第一款规定

的合适成年人到场，有关人员是否到场；

（七）有无以暴力、威胁等非法方法收集证人证言的情形；

（八）证言之间以及与其他证据之间能否相互印证，有无矛盾；存在矛盾的，能否得到合理解释。

第八十八条 处于明显醉酒、中毒或者麻醉等状态，不能正常感知或者正确表达的证人所提供的证言，不得作为证据使用。

证人的猜测性、评论性、推断性的证言，不得作为证据使用，但根据一般生活经验判断符合事实的除外。

第八十九条 证人证言具有下列情形之一的，不得作为定案的根据：

（一）询问证人没有个别进行的；

（二）书面证言没有经证人核对确认的；

（三）询问聋、哑人，应当提供通晓聋、哑手势的人员而未提供的；

（四）询问不通晓当地通用语言、文字的证人，应当提供翻译人员而未提供的。

第九十条 证人证言的收集程序、方式有下列瑕疵，经补正或者作出合理解释的，可以采用；不能补正或者作出合理解释的，不得作为定案的根据：

（一）询问笔录没有填写询问人、记录人、法定代理人姓名以及询问的起止时间、地点的；

（二）询问地点不符合规定的；

（三）询问笔录没有记录告知证人有关权利义务和法律责任的；

（四）询问笔录反映出在同一时段，同一询问人员询问不同证人的；

（五）询问未成年人，其法定代理人或者合适成年人不在场的。

第九十一条 证人当庭作出的证言，经控辩双方质证、法庭查证属实的，应当作为定案的根据。

证人当庭作出的证言与其庭前证言矛盾，证人能够作出合理解释，并有其他证据印证的，应当采信其庭审证言；不能作出合理解释，而其庭前证言有其他证据印证的，可以采信其庭前证言。

经人民法院通知，证人没有正当理由拒绝出庭或者出庭后拒绝作证，法庭对其证言的真实性无法确认的，该证人证言不得作为定案的根据。

第九十二条 对被害人陈述的审查与认定，参照适用本节的有关规定。

第四节 被告人供述和辩解的审查与认定

第九十三条 对被告人供述和辩解应当着重审查以下内容：

（一）讯问的时间、地点、讯问人的身份、人数以及讯问方式等是否符合法律、有关规定；

（二）讯问笔录的制作、修改是否符合法律、有关规定，是否注明讯问的具体起止时间和地点，首次讯问时是否告知被告人有关权利和法律规定，被告人是否核对确认；

（三）讯问未成年被告人时，是否通知其法定代理人或者合适成年人到场，有关人员是否到场；

（四）讯问女性未成年被告人时，是否有女性工作人员在场；

（五）有无以刑讯逼供等非法方法收集被告人供述的情形；

（六）被告人的供述是否前后一致，有无反复以及出现反复的原因；

（七）被告人的供述和辩解是否全部随案移送；

（八）被告人的辩解内容是否符合案情和常理，有无矛盾；

（九）被告人的供述和辩解与同案被告人的供述和辩解以及其他证据能否相互印证，有无矛盾；存在矛盾的，能否得到合理解释。

必要时，可以结合现场执法音视频记录、讯问录音录像、被告人进出看守所的健康检查记录、笔录等，对被告人的供述和辩解进行审查。

第九十四条 被告人供述具有下列情形之一的，不得作为定案的根据：

（一）讯问笔录没有经被告人核对确认的；

（二）讯问聋、哑人，应当提供通晓聋、哑手势的人员而未提供的；

（三）讯问不通晓当地通用语言、文字的被告人，应当提供翻译人员而未提供的；

（四）讯问未成年人，其法定代理人或者合适成年人不在场的。

第九十五条 讯问笔录有下列瑕疵，经补正或者作出合理解释的，可以采用；不能补正或者作出合理解释的，不得作为定案的根据：

（一）讯问笔录填写的讯问时间、讯问地点、讯问人、记录人、法定代理人等有误或者存在矛盾的；

（二）讯问人没有签名的；

（三）首次讯问笔录没有记录告知被讯问人有关权利和法律规定的。

第九十六条 审查被告人供述和辩解，应当结合控辩双方提供的所有证据以及被告人的全部供述和辩解进行。

被告人审中翻供，但不能合理说明翻供原因或者其辩解与全案证据矛盾，而其庭前供述与其他证据相互印证的，可以采信其庭前供述。

被告人庭前供述和辩解存在反复，但庭审中供认，且与其他证据相互印证的，可以采信其庭审供述；被告人庭前供述和辩解存在反复，庭审中不供认，且无其他证据与庭前供述印证的，不得采信其庭前供述。

第五节 鉴定意见的审查与认定

第九十七条 对鉴定意见应当着重审查以下内容：

（一）鉴定机构和鉴定人是否具有法定资质；

（二）鉴定人是否存在应当回避的情形；

（三）检材的来源、取得、保管、送检是否符合法律、有关规定，与相关提取笔录、扣押清单等记载的内容是否相符，检材是否可靠；

（四）鉴定意见的形式要件是否完备，是否注明提起鉴定的事由、鉴定委托人、鉴定机构、鉴定要求、鉴定过程、鉴定方法、鉴定日期等相关内容，是否由鉴定机构盖章并由鉴定人签名；

（五）鉴定程序是否符合法律、有关规定；

（六）鉴定的过程和方法是否符合相关专业的规范要求；

（七）鉴定意见是否明确；

（八）鉴定意见与案件事实有无关联；

（九）鉴定意见与勘验、检查笔录及相关照片等其他证据是否矛盾；存在矛盾的，能否得到合理解释；

（十）鉴定意见是否依法及时告知相关人员，当事人对鉴定意见有无异议。

第九十八条 鉴定意见具有下列情形之一的，不得作为定案的根据：

（一）鉴定机构不具备法定资质，或者鉴定事项超出该鉴定机构业务范围、技术条件的；

（二）鉴定人不具备法定资质，不具有相关专业技术或者职称，或者违反回避规定的；

（三）送检材料、样本来源不明，或者因污染不具备鉴定条件的；

（四）鉴定对象与送检材料、样本不一致的；

（五）鉴定程序违反规定的；

（六）鉴定过程和方法不符合相关专业的规范要求的；

（七）鉴定文书缺少签名、盖章的；

（八）鉴定意见与案件事实没有关联的；

（九）违反有关规定的其他情形。

第九十九条 经人民法院通知，鉴定人拒不出庭作证的，鉴定意见不得作为定案的根据。

鉴定人由于不能抗拒的原因或者有其他正当理由无法出庭的，人民法院可以根据情况决定延期审理或者重新鉴定。

鉴定人无正当理由拒不出庭作证的，人民法院应当通报司法行政机关或者有关部门。

第一百条 因无鉴定机构，或者根据法律、司法解释的规定，指派、聘请有专门知识的人就案件的专门性问题出具的报告，可以作为证据使用。

对前款规定的报告的审查与认定，参照适用本节的有关规定。

经人民法院通知，出具报告的人拒不出庭作证的，有关报告不得作为定案的根据。

第一百零一条 有关部门对事故进行调查形成的报告，在刑事诉讼中可以作为证据使用；报告中涉及专门性问题的意见，经法庭查证属实，且调查程序符合法律、有关规定的，可以作为定案的根据。

第六节 勘验、检查、辨认、侦查实验等笔录的审查与认定

第一百零二条 对勘验、检查笔录应当着重审查以下内容：

（一）勘验、检查是否依法进行，笔录制作是否符合法律、有关规定，勘验、检查人员和见证人是否签名或者盖章；

（二）勘验、检查笔录是否记录了提起勘验、检查的事由，勘验、检查的时间、地点、在场人员、现场方位、周围环境等，现场的物品、人身、尸体等的位置、特征等情况，以及勘验、检查的过程；文字记录与实物或者绘图、照片、录像是否相符；现场、物品、痕迹等是否伪造、有无破坏；人身特征、伤害情

况、生理状态有无伪装或者变化等；

（三）补充进行勘验、检查的，是否说明了再次勘验、检查的原由，前后勘验、检查的情况是否矛盾。

第一百零三条 勘验、检查笔录存在明显不符合法律、有关规定的情形，不能作出合理解释的，不得作为定案的根据。

第一百零四条 对辨认笔录应当着重审查辨认的过程、方法，以及辨认笔录的制作是否符合有关规定。

第一百零五条 辨认笔录具有下列情形之一的，不得作为定案的根据：

（一）辨认不是在调查人员、侦查人员主持下进行的；

（二）辨认前使辨认人见到辨认对象的；

（三）辨认活动没有个别进行的；

（四）辨认对象没有混杂在具有类似特征的其他对象中，或者供辨认的对象数量不符合规定的；

（五）辨认中给辨认人明显暗示或者明显指认嫌疑的；

（六）违反有关规定，不能确定辨认笔录真实性的其他情形。

第一百零六条 对侦查实验笔录应当着重审查实验的过程、方法，以及笔录的制作是否符合有关规定。

第一百零七条 侦查实验的条件与事件发生时的条件有明显差异，或者存在影响实验结论科学性的其他情形的，侦查实验笔录不得作为定案的根据。

第七节 视听资料、电子数据的审查与认定

第一百零八条 对视听资料应当着重审查以下内容：

（一）是否附有提取过程的说明，来源是否合法；

（二）是否为原件，有无复制及复制份数；是复制件的，是否附有无法调取原件的原因、复制件制作过程和原件存放地点的说明，制作人、原视听资料持有人是否签名；

（三）制作过程中是否存在威胁、引诱当事人等违反法律、有关规定的情形；

（四）是否写明制作人、持有人的身份，制作的时间、地点、条件和方法；

（五）内容和制作过程是否真实，有无剪辑、增加、删改等情形；

（六）内容与案件事实有无关联。

对视听资料有疑问的，应当进行鉴定。

第一百零九条 视听资料具有下列情形之一的，不得作为定案的根据：

（一）系篡改、伪造或者无法确定真伪的；

（二）制作、取得的时间、地点、方式等有疑问，不能作出合理解释的。

第一百一十条 对电子数据是否真实，应当着重审查以下内容：

（一）是否移送原始存储介质；在原始存储介质无法封存、不便移动时，有无说明原因，并注明收集、提取过程及原始存储介质的存放地点或者电子数据的来源等情况；

（二）是否具有数字签名、数字证书等特殊标识；

（三）收集、提取的过程是否可以重现；

（四）如有增加、删除、修改等情形的，是否附有说明；

（五）完整性是否可以保证。

第一百一十一条 对电子数据是否完整，应当根据保护电子数据完整性的相应方法进行审查、验证：

（一）审查原始存储介质的扣押、封存状态；

（二）审查电子数据的收集、提取过程，查看录像；

（三）比对电子数据完整性校验值；

（四）与备份的电子数据进行比较；

（五）审查冻结后的访问操作日志；

（六）其他方法。

第一百一十二条 对收集、提取电子数据是否合法，应当着重审查以下内容：

（一）收集、提取电子数据是否由二名以上调查人员、侦查人员进行，取证方法是否符合相关技术标准；

（二）收集、提取电子数据，是否附有笔录、清单，并经调查人员、侦查人员、电子数据持有人、提供人、见证人签名或者盖章；没有签名或者盖章的，是否注明原因；对电子数据的类别、文件格式等是否注明清楚；

（三）是否依照有关规定由符合条件的人员担任见证人，是否对相关活动进行录像；

（四）采用技术调查、侦查措施收集、提取电子数据的，是否依法经过严格的批准手续；

（五）进行电子数据检查的，检查程序是否符合有关规定。

第一百一十三条 电子数据的收集、提取程序有下列瑕疵，经补正或者作出合理解释的，可以采用；不能补正或者作出合理解释的，不得作为定案的根据：

（一）未以封存状态移送的；

（二）笔录或者清单上没有调查人员或者侦查人员、电子数据持有人、提供人、见证人签名或者盖章的；

（三）对电子数据的名称、类别、格式等注明不清的；

（四）有其他瑕疵的。

第一百一十四条 电子数据具有下列情形之一的，不得作为定案的根据：

（一）系篡改、伪造或者无法确定真伪的；

（二）有增加、删除、修改等情形，影响电子数据真实性的；

（三）其他无法保证电子数据真实性的情形。

第一百一十五条 对视听资料、电子数据，还应当审查是否移送文字抄清材料以及对绰号、暗语、俗语、方言等不易理解内容的说明。未移送的，必要时，可以要求人民检察院移送。

第八节 技术调查、侦查证据的审查与认定

第一百一十六条 依法采取技术调查、侦查措施收集的材料在刑事诉讼中可以作为证据使用。

采取技术调查、侦查措施收集的材料，作为证据使用的，应当随案移送。

第一百一十七条 使用采取技术调查、侦查措施收集的证据材料可能危及有关人员的人身安全，或者可能产生其他严重后果的，可以采取下列保护措施：

（一）使用化名等代替调查、侦查人员及有关人员的个人信息；

（二）不具体写明技术调查、侦查措施使用的技术设备和技术方法；

（三）其他必要的保护措施。

第一百一十八条 移送技术调查、侦查证据材料的，应当附采取技术调查、侦查措施的法律文书、技术调查、侦查证据材料清单和有关说明材料。

移送采用技术调查、侦查措施收集的视听资料、电子数据的，应当制作新的存储介质，并附制作说明，写明原始证据材料、原始存储介质的存放地点等信息，由制作人签名，并加盖单位印章。

第一百一十九条 对采取技术调查、侦查措施收集的证据材料，除根据相关证据材料所属的证据种类，依照本章第二节至第七节的相应规定进行审查外，还应当着重审查以下内容：

（一）技术调查、侦查措施所针对的案件是否符合法律规定；

（二）技术调查措施是否经过严格的批准手续，按照规定交有关机关执行；技术侦查措施是否在刑事立案后，经过严格的批准手续；

（三）采取技术调查、侦查措施的种类、适用对象和期限是否按照批准决定载明的内容执行；

（四）采取技术调查、侦查措施收集的证据材料与其他证据是否矛盾；存在矛盾的，能否得到合理解释。

第一百二十条 采取技术调查、侦查措施收集的证据材料，应当经过当庭出示、辨认、质证等法庭调查程序查证。

当庭调查技术调查、侦查证据材料可能危及有关人员的人身安全，或者可能产生其他严重后果的，法庭应当采取不暴露有关人员身份和技术调查、侦查措施使用的技术设备、技术方法等保护措施。必要时，审判人员可以在庭外对证据进行核实。

第一百二十一条 采用技术调查、侦查证据作为定案根据的，人民法院在裁判文书中可以表述相关证据的名称、证据种类和证明对象，但不得表述有关人员身份和技术调查、侦查措施使用的技术设备、技术方法等。

第一百二十二条 人民法院认为应当移送的技术调查、侦查证据材料未随案移送的，应当通知人民检察院在指定时间内移送。人民检察院未移送的，人民法院应当根据在案证据对案件事实作出认定。

第九节 非法证据排除

第一百二十三条 采用下列非法方法收集的被告人供述，应当予以排除：

（一）采用殴打、违法使用戒具等暴力方法或者变相肉刑的恶劣手段，使被告人遭受难以忍受的痛苦而违背意愿作出的供述；

（二）采用以暴力或者严重损害本人及其近亲属合法权益等相威胁的方法，使被告人遭受难以忍受的痛苦而违背意愿作出的供述；

（三）采用非法拘禁等非法限制人身自由的方法收集的被告人供述。

第一百二十四条 采用刑讯逼供方法使被告人作出供述，之后被告人受该刑讯逼供行为影响而作出的与该供述相同的重复性供述，应当一并排除，但下列情形除外：

（一）调查、侦查期间，监察机关、侦查机关根据控告、举报或者自己发现等，确认或者不能排除以非法方法收集证据而更换调查、侦查人员，其他调查、侦查人员再次讯问时告知有关权利和认罪的法律后果，被告人自愿供述的；

（二）审查逮捕、审查起诉和审判期间，检察人员、审判人员讯问时告知诉讼权利和认罪的法律后果，被告人自愿供述的。

第一百二十五条 采用暴力、威胁以及非法限制人身自由等非法方法收集的证人证言、被害人陈述，应当予以排除。

第一百二十六条 收集物证、书证不符合法定程序，可能严重影响司法公正的，应当予以补正或者作出合理解释；不能补正或者作出合理解释的，对该证据应当予以排除。

认定"可能严重影响司法公正"，应当综合考虑收集证据违反法定程序以及所造成后果的严重程度等情况。

第一百二十七条 当事人及其辩护人、诉讼代理人申请人民法院排除以非法方法收集的证据的，应当提供涉嫌非法取证的人员、时间、地点、方式、内容等相关线索或者材料。

第一百二十八条 人民法院向被告人及其辩护人送达起诉书副本时，应当告知其申请排除非法证据的，应当在开庭审理前提出，但审判期间才发现相关线索或者材料的除外。

第一百二十九条 开庭审理前，当事人及其辩护人、诉讼代理人申请人民法院排除非法证据的，人民法院应当在庭前及时将申请书或者申请笔录及相关线索、材料的复制件送交人民检察院。

第一百三十条 开庭审理前，人民法院可以召开庭前会议，就非法证据排除等问题了解情况，听取意见。

在庭前会议中，人民检察院可以通过出示有关证据材料等方式，对证据收集的合法性加以说明。必要时，可以通知调查人员、侦查人员或者其他人员参加庭前会议，说明情况。

第一百三十一条 在庭前会议中，人民检察院可以撤回有关证据。撤回的证据，没有新的理由，不得在庭审中出示。

当事人及其辩护人、诉讼代理人可以撤回排除非法证据的申请。撤回申请后，没有新的线索或者材料，不得再次对有关证据提出排除申请。

第一百三十二条 当事人及其辩护人、诉讼代理人在开庭审理前未申请排除非法证据，在庭审过程中提出申请的，应当说明理由。人民法院经审查，对证据收集的合法性有疑问的，应当进行调查；没有疑问的，驳回申请。

驳回排除非法证据的申请后，当事人及其辩护人、诉讼代理人没有新的线索或者材料，以相同理由再次提出申请的，人民法院不再审查。

第一百三十三条 控辩双方在庭前会议中对证据收集是否合法未达成一致意见，人民法院对证据收集的合法性有疑问的，应当在庭审中进行调查；对证据收集的合法性没有疑问，且无新的线索或者材料表明可能存在非法取证的，可以决定不再进行调查并说明理由。

第一百三十四条 庭审期间，法庭决定对证据收集的合法性进行调查的，应当先行当庭调查。但为防止庭审过分迟延，也可以在法庭调查结束前调查。

第一百三十五条 法庭决定对证据收集的合法性进行调查的，由公诉人通过宣读调查、侦查讯问笔录、出示提讯登记、体检记录、对讯问合法性的核查材料等证据材料，有针对性地播放讯问录音录像，提请法庭通知有关调查人员、侦查人员或者其他人员出庭说明情况等方式，证明证据收集的合法性。

讯问录音录像涉及国家秘密、商业秘密、个人隐私或者其他不宜公开内容的，法庭可以决定对讯问录音录像不公开播放、质证。

公诉人提交的取证过程合法的说明材料，应当经有关调查人员、侦查人员签名，并加盖单位印章。未经签名或者盖章的,不得作为证据使用。上述说明材料不能单独作为证明取证过程合法的根据。

第一百三十六条 控辩双方申请法庭通知调查人员、侦查人员或者其他人员出庭说明情况,法庭认为有必要的,应当通知有关人员出庭。

根据案件情况,法庭可以依职权通知调查人员、侦查人员或者其他人员出庭说明情况。

调查人员、侦查人员或者其他人员出庭的,应当向法庭说明证据收集过程,并就相关情况接受控辩双方和法庭的询问。

第一百三十七条 法庭对证据收集的合法性进行调查后,确认或者不能排除存在刑事诉讼法第五十六条规定的以非法方法收集证据情形的,对有关证据应当排除。

第一百三十八条 具有下列情形之一的,第二审人民法院应当对证据收集的合法性进行审查,并根据刑事诉讼法和本解释的有关规定作出处理:

(一)第一审人民法院对当事人及其辩护人、诉讼代理人排除非法证据的申请没有审查,且以该证据作为定案根据的;

(二)人民检察院或者被告人、自诉人及其法定代理人不服第一审人民法院作出的有关证据收集合法性的调查结论,提出抗诉、上诉的;

(三)当事人及其辩护人、诉讼代理人在第一审结束后才发现相关线索或材料,申请人民法院排除非法证据的。

第十节 证据的综合审查与运用

第一百三十九条 对证据的真实性,应当综合全案证据进行审查。

对证据的证明力,应当根据具体情况,从证据与案件事实的关联程度、证据之间的联系等方面进行审查判断。

第一百四十条 没有直接证据,但间接证据同时符合下列条件的,可以认定被告人有罪:

(一)证据已经查证属实;

(二)证据之间相互印证,不存在无法排除的矛盾和无法解释的疑问;

(三)全案证据形成完整的证据链;

(四)根据证据认定案件事实足以排除合理怀疑,结论具有唯一性;

(五)运用证据进行的推理符合逻辑和经验。

第一百四十一条 根据被告人的供述、指认提取到了隐蔽性很强的物证、书证,且被告人的供述与其他证明犯罪事实发生的证据相互印证,并排除串供、逼供、诱供等可能性的,可以认定被告人有罪。

第一百四十二条 对监察机关、侦查机关出具的被告人到案经过、抓获经过等材料,应当审查是否有出具该说明材料的办案人员、办案机关的签名、盖章。

对到案经过、抓获经过或者确定被告人有重大嫌疑的根据有疑问的,应当通知人民检察院补充说明。

第一百四十三条 下列证据应当慎重使用,有其他证据印证的,可以采信:

(一)生理上、精神上有缺陷,对案件事实的认知和表达存在一定困难,但尚未丧失正确认知、表达能力的被害人、证人和被告人所作的陈述、证言和供述;

(二)与被告人有亲属关系或者其他密切关系的证人所作的有利于被告人的证言,或者与被告人有利害冲突的证人所作的不利于被告人的证言。

第一百四十四条 证明被告人自首、坦白、立功的证据材料,没有加盖接受被告人投案、坦白、检举揭发等的单位的印章,或者接受人员没有签名的,不得作为定案的根据。

对被告人及其辩护人提出有自首、坦白、立功的事实和理由,有关机关未予认定,或者有关机关提出被告人有自首、坦白、立功表现,但证据材料不全的,人民法院应当要求有关机关提供证明材料,或者要求有关人员作证,并结合其他证据作出认定。

第一百四十五条 证明被告人具有累犯、毒品再犯情节等的证据材料,应当包括前罪的裁判文书、释放证明等材料;材料不全的,应当通知人民检察院提供。

第一百四十六条 审查被告人实施被指控的犯罪时或者审判时是否达到相应法定责任年龄,应当根据户籍证明、出生证明文件、学籍卡、人口普查登记、无利害关系人的证言等证据综合判断。

证明被告人已满十二周岁、十四周岁、十六周岁、十八周岁或者不满七十五周岁的证据不足的,应当作出有利于被告人的认定。

第五章　强制措施

第一百四十七条　人民法院根据案件情况，可以决定对被告人拘传、取保候审、监视居住或者逮捕。

对被告人采取、撤销或者变更强制措施的，由院长决定；决定继续取保候审、监视居住的，可以由合议庭或者独任审判员决定。

第一百四十八条　对经依法传唤拒不到庭的被告人，或者根据案件情况有必要拘传的被告人，可以拘传。

拘传被告人，应当由院长签发拘传票，由司法警察执行，执行人员不得少于二人。

拘传被告人，应当出示拘传票。对抗拒拘传的被告人，可以使用戒具。

第一百四十九条　拘传被告人，持续的时间不得超过十二小时；案情特别重大、复杂，需要采取逮捕措施的，持续的时间不得超过二十四小时。不得以连续拘传的形式变相拘禁被告人。应当保证被拘传人的饮食和必要的休息时间。

第一百五十条　被告人具有刑事诉讼法第六十七条第一款规定情形之一的，人民法院可以决定取保候审。

对被告人决定取保候审的，应当责令其提出保证人或者交纳保证金，不得同时使用保证人保证与保证金保证。

第一百五十一条　对下列被告人决定取保候审的，可以责令其提出一至二名保证人：

（一）无力交纳保证金的；

（二）未成年或者已满七十五周岁的；

（三）不宜收取保证金的其他被告人。

第一百五十二条　人民法院应当审查保证人是否符合法定条件。符合条件的，应当告知其必须履行的保证义务，以及不履行义务的法律后果，并由其出具保证书。

第一百五十三条　对决定取保候审的被告人使用保证金保证的，应当依照刑事诉讼法第七十二条第一款的规定确定保证金的具体数额，并责令被告人或者为其提供保证金的单位、个人将保证金一次性存入公安机关指定银行的专门账户。

第一百五十四条　人民法院向被告人宣布取保候审决定后，应当将取保候审决定书等相关材料送交被告人住处或者指定居所所在地的公安机关。

对被告人使用保证金保证的，应当在核实保证金已经存入公安机关指定银行的专门账户后，将银行出具的收款凭证一并送交公安机关。

第一百五十五条　被告人被取保候审期间，保证人不愿继续履行保证义务或者丧失履行保证义务能力的，人民法院应当在收到保证人的申请或者公安机关的书面通知后三日以内，责令被告人重新提出保证人或者交纳保证金，或者变更强制措施，并通知公安机关。

第一百五十六条　人民法院发现保证人未履行保证义务的，应当书面通知公安机关依法处理。

第一百五十七条　根据案件事实和法律规定，认为已经构成犯罪的被告人在取保候审期间逃匿的，如果系保证人协助被告人逃匿，或者保证人明知被告人藏匿地点但拒绝向司法机关提供，对保证人应当依法追究责任。

第一百五十八条　人民法院发现使用保证金保证的被取保候审人违反刑事诉讼法第七十一条第一款、第二款规定的，应当书面通知公安机关依法处理。

人民法院收到公安机关已经没收保证金的书面通知或者变更强制措施的建议后，应当区别情形，在五日以内责令被告人具结悔过，重新交纳保证金或者提出保证人，或者变更强制措施，并通知公安机关。

人民法院决定对被依法没收保证金的被告人继续取保候审的，取保候审的期限连续计算。

第一百五十九条　对被取保候审的被告人的判决、裁定生效后，如果保证金属于其个人财产，且需要用以退赔被害人、履行附带民事赔偿义务或者执行财产刑的，人民法院可以书面通知公安机关移交全部保证金，由人民法院作出处理，剩余部分退还被告人。

第一百六十条　对具有刑事诉讼法第七十四条第一款、第二款规定情形的被告人，人民法院可以决定监视居住。

人民法院决定对被告人监视居住的，应当核实其住处；没有固定住处的，应当为其指定居所。

第一百六十一条　人民法院向被告人宣布监视居住决定后，应当将监视居住决定书等相关材料送交被告人住处或者指定居所所在地的公安机关执行。

对被告人指定居所监视居住后,人民法院应当在二十四小时以内,将监视居住的原因和处所通知其家属;确实无法通知的,应当记录在案。

第一百六十二条　人民检察院、公安机关已经对犯罪嫌疑人取保候审、监视居住,案件起诉至人民法院后,需要继续取保候审、监视居住或者变更强制措施的,人民法院应当在七日以内作出决定,并通知人民检察院、公安机关。

决定继续取保候审、监视居住的,应当重新办理手续,期限重新计算;继续使用保证金保证的,不再收取保证金。

第一百六十三条　对具有刑事诉讼法第八十一条第一款、第三款规定情形的被告人,人民法院应当决定逮捕。

第一百六十四条　被取保候审的被告人具有下列情形之一的,人民法院应当决定逮捕:

(一)故意实施新的犯罪的;

(二)企图自杀或者逃跑的;

(三)毁灭、伪造证据,干扰证人作证或者串供的;

(四)打击报复、恐吓滋扰被害人、证人、鉴定人、举报人、控告人等的;

(五)经传唤,无正当理由不到案,影响审判活动正常进行的;

(六)擅自改变联系方式或者居住地,导致无法传唤,影响审判活动正常进行的;

(七)未经批准,擅自离开所居住的市、县,影响审判活动正常进行,或者两次未经批准,擅自离开所居住的市、县的;

(八)违反规定进入特定场所、与特定人员会见或者通信,从事特定活动,影响审判活动正常进行,或者两次违反有关规定的;

(九)依法应当决定逮捕的其他情形。

第一百六十五条　被监视居住的被告人具有下列情形之一的,人民法院应当决定逮捕:

(一)具有前条第一项至第五项规定情形之一的;

(二)未经批准,擅自离开执行监视居住的处所,影响审判活动正常进行,或者两次未经批准,擅自离开执行监视居住的处所的;

(三)未经批准,擅自会见他人或者通信,影响审判活动正常进行,或者两次未经批准,擅自会见他人或者通信的;

(四)对因患有严重疾病、生活不能自理,或者因怀孕、正在哺乳自己婴儿而未予逮捕的被告人,疾病痊愈或者哺乳期已满的;

(五)依法应当决定逮捕的其他情形。

第一百六十六条　对可能判处徒刑以下刑罚的被告人,违反取保候审、监视居住规定,严重影响诉讼活动正常进行的,可以决定逮捕。

第一百六十七条　人民法院作出逮捕决定后,应当将逮捕决定书等相关材料送交公安机关执行,并将逮捕决定书抄送人民检察院。逮捕被告人后,人民法院应当将逮捕的原因和羁押的处所,在二十四小时以内通知其家属;确实无法通知的,应当记录在案。

第一百六十八条　人民法院对决定逮捕的被告人,应当在逮捕后二十四小时以内讯问。发现不应当逮捕的,应当立即释放。必要时,可以依法变更强制措施。

第一百六十九条　被逮捕的被告人具有下列情形之一的,人民法院可以变更强制措施:

(一)患有严重疾病、生活不能自理的;

(二)怀孕或者正在哺乳自己婴儿的;

(三)系生活不能自理的人的唯一扶养人。

第一百七十条　被逮捕的被告人具有下列情形之一的,人民法院应当立即释放;必要时,可以依法变更强制措施:

(一)第一审人民法院判决被告人无罪、不负刑事责任或者免予刑事处罚的;

(二)第一审人民法院判处管制、宣告缓刑、单独适用附加刑,判决尚未发生法律效力的;

(三)被告人被羁押的时间已到第一审人民法院对其判处的刑期期限的;

(四)案件不能在法律规定的期限内审结的。

第一百七十一条　人民法院决定释放被告人的,应当立即将释放通知书送交公安机关执行。

第一百七十二条　被采取强制措施的被告人,被判处管制、缓刑的,在社区矫正开始后,强制措施自动解除;被单处附加刑的,在判决、裁定发生法律效力后,强制措施自动解除;被判处监禁刑的,在刑罚开始执行后,强制措施自动解除。

第一百七十三条　对人民法院决定逮捕的被告人,人民检察院建议释放或者变更强制措施的,人民法院应当在收到建议后十日以内将处理情况通知人民检察院。

第一百七十四条　被告人及其法定代理人、近亲属或者辩护人申请变更、解除强制措施的,应当说明理由。人民法院收到申请后,应当在三日以内作出决定。同意变更、解除强制措施的,应当依照本解释规定处理;不同意的,应当告知申请人,并说明理由。

第六章　附带民事诉讼

第一百七十五条　被害人因人身权利受到犯罪侵犯或者财物被犯罪分子毁坏而遭受物质损失的,有权在刑事诉讼过程中提起附带民事诉讼;被害人死亡或者丧失行为能力的,其法定代理人、近亲属有权提起附带民事诉讼。

因受到犯罪侵犯,提起附带民事诉讼或者单独提起民事诉讼要求赔偿精神损失的,人民法院一般不予受理。

第一百七十六条　被告人非法占有、处置被害人财产的,应当依法予以追缴或者责令退赔。被害人提起附带民事诉讼的,人民法院不予受理。追缴、退赔的情况,可以作为量刑情节考虑。

第一百七十七条　国家机关工作人员在行使职权时,侵犯他人人身、财产权利构成犯罪,被害人或者其法定代理人、近亲属提起附带民事诉讼的,人民法院不予受理,但应当告知其可以依法申请国家赔偿。

第一百七十八条　人民法院受理刑事案件后,对符合刑事诉讼法第一百零一条和本解释第一百七十五条第一款规定的,可以告知被害人或者其法定代理人、近亲属有权提起附带民事诉讼。

有权提起附带民事诉讼的人放弃诉讼权利的,应当准许,并记录在案。

第一百七十九条　国家财产、集体财产遭受损失,受损失的单位未提起附带民事诉讼,人民检察院在提起公诉时提起附带民事诉讼的,人民法院应当受理。

人民检察院提起附带民事诉讼的,应当列为附带民事诉讼原告人。

被告人非法占有、处置国家财产、集体财产的,依照本解释第一百七十六条的规定处理。

第一百八十条　附带民事诉讼中依法负有赔偿责任的人包括:

(一)刑事被告人以及未被追究刑事责任的其他共同侵害人;

(二)刑事被告人的监护人;

(三)死刑罪犯的遗产继承人;

(四)共同犯罪案件中,案件审结前死亡的被告人的遗产继承人;

(五)对被害人的物质损失依法应当承担赔偿责任的其他单位和个人。

附带民事诉讼被告人的亲友自愿代为赔偿的,可以准许。

第一百八十一条　被害人或者其法定代理人、近亲属仅对部分共同侵害人提起附带民事诉讼的,人民法院应当告知其可以对其他共同侵害人,包括没有被追究刑事责任的共同侵害人,一并提起附带民事诉讼,但共同犯罪案件中同案犯在逃的除外。

被害人或者其法定代理人、近亲属放弃对其他共同侵害人的诉讼权利的,人民法院应当告知其相应法律后果,并在裁判文书中说明其放弃诉讼请求的情况。

第一百八十二条　附带民事诉讼的起诉条件是:

(一)起诉人符合法定条件;

(二)有明确的被告人;

(三)有请求赔偿的具体要求和事实、理由;

(四)属于人民法院受理附带民事诉讼的范围。

第一百八十三条　共同犯罪案件,同案犯在逃的,不应列为附带民事诉讼被告人。逃跑的同案犯到案后,被害人或者其法定代理人、近亲属可以对其提起附带民事诉讼,但已经从其他共同犯罪人处获得足额赔偿的除外。

第一百八十四条　附带民事诉讼应当在刑事案件立案后及时提起。

提起附带民事诉讼应当提交附带民事起诉状。

第一百八十五条　侦查、审查起诉期间,有权提起附带民事诉讼的人提出赔偿要求,经公安机关、人民检察院调解,当事人双方已经达成协议并全部履行,被害人或者其法定代理人、近亲属又提起附带民事诉讼的,人民法院不予受理,但有证据证明调解违反自愿、合法原则的除外。

第一百八十六条　被害人或者其法定代理人、近亲属提起附带民事诉讼的,人民法院应当在七日以内决定是否受理。符合刑事诉讼法第一百零一条以及本解释有关规定的,应当受理;不符合的,裁定不予受理。

第一百八十七条 人民法院受理附带民事诉讼后,应当在五日以内将附带民事起诉状副本送达附带民事诉讼被告人及其法定代理人,或者将口头起诉的内容及时通知附带民事诉讼被告人及其法定代理人,并制作笔录。

人民法院送达附带民事起诉状副本时,应当根据刑事案件的审理期限,确定被告人及其法定代理人的答辩准备时间。

第一百八十八条 附带民事诉讼当事人对自己提出的主张,有责任提供证据。

第一百八十九条 人民法院对可能因被告人的行为或者其他原因,使附带民事判决难以执行的案件,根据附带民事诉讼原告人的申请,可以裁定采取保全措施,查封、扣押或者冻结被告人的财产;附带民事诉讼原告人未提出申请的,必要时,人民法院也可以采取保全措施。

有权提起附带民事诉讼的人因情况紧急,不立即申请保全将会使其合法权益受到难以弥补的损害的,可以在提起附带民事诉讼前,向被保全财产所在地、被申请人居住地或者对案件有管辖权的人民法院申请采取保全措施。申请人在人民法院受理刑事案件后十五日以内未提起附带民事诉讼的,人民法院应当解除保全措施。

人民法院采取保全措施,适用民事诉讼法第一百条至第一百零五条的有关规定,但民事诉讼法第一百零一条第三款的规定除外。

第一百九十条 人民法院审理附带民事诉讼案件,可以根据自愿、合法的原则进行调解。经调解达成协议的,应当制作调解书。调解书经双方当事人签收后即具有法律效力。

调解达成协议并即时履行完毕的,可以不制作调解书,但应当制作笔录,经双方当事人、审判人员、书记员签名后即发生法律效力。

第一百九十一条 调解未达成协议或者调解书签收前当事人反悔的,附带民事诉讼应当同刑事诉讼一并判决。

第一百九十二条 对附带民事诉讼作出判决,应当根据犯罪行为造成的物质损失,结合案件具体情况,确定被告人应当赔偿的数额。

犯罪行为造成被害人人身损害的,应当赔偿医疗费、护理费、交通费等为治疗和康复支付的合理费用,以及因误工减少的收入。造成被害人残疾的,还应当赔偿残疾生活辅助器具费等费用;造成被害人死亡的,还应当赔偿丧葬费等费用。

驾驶机动车致人伤亡或者造成公私财产重大损失,构成犯罪的,依照《中华人民共和国道路交通安全法》第七十六条的规定确定赔偿责任。

附带民事诉讼当事人就民事赔偿问题达成调解、和解协议的,赔偿范围、数额不受第二款、第三款规定的限制。

第一百九十三条 人民检察院提起附带民事诉讼的,人民法院经审理,认为附带民事诉讼被告人依法应当承担赔偿责任的,应当判令附带民事诉讼被告人直接向遭受损失的单位作出赔偿;遭受损失的单位已经终止,有权利义务继受人的,应当判令其向继受人作出赔偿;没有权利义务继受人的,应当判令其向人民检察院交付赔偿款,由人民检察院上缴国库。

第一百九十四条 审理刑事附带民事诉讼案件,人民法院应当结合被告人赔偿被害人物质损失的情况认定其悔罪表现,并在量刑时予以考虑。

第一百九十五条 附带民事诉讼原告人经传唤,无正当理由拒不到庭,或者未经法庭许可中途退庭的,应当按撤诉处理。

刑事被告人以外的附带民事诉讼被告人经传唤,无正当理由拒不到庭,或者未经法庭许可中途退庭的,附带民事部分可以缺席判决。

刑事被告人以外的附带民事诉讼被告人下落不明,或者用公告送达以外的其他方式无法送达,可能导致刑事案件审判过分迟延的,可以不将其列为附带民事诉讼被告人,告知附带民事诉讼原告人另行提起民事诉讼。

第一百九十六条 附带民事诉讼应当同刑事案件一并审判,只有为了防止刑事案件审判的过分迟延,才可以在刑事案件审判后,由同一审判组织继续审理附带民事诉讼;同一审判组织的成员确实不能继续参与审判的,可以更换。

第一百九十七条 人民法院认定公诉案件被告人的行为不构成犯罪,对已经提起的附带民事诉讼,经调解不能达成协议的,可以一并作出刑事附带民事判决,也可以告知附带民事原告人另行提起民事诉讼。

人民法院准许人民检察院撤回起诉的公诉案件,对已经提起的附带民事诉讼,可以进行调解;

不宜调解或者经调解不能达成协议的,应当裁定驳回起诉,并告知附带民事诉讼原告人可以另行提起民事诉讼。

第一百九十八条 第一审期间未提起附带民事诉讼,在第二审期间提起的,第二审人民法院可以依法进行调解;调解不成的,告知当事人可以在刑事判决、裁定生效后另行提起民事诉讼。

第一百九十九条 人民法院审理附带民事诉讼案件,不收取诉讼费。

第二百条 被害人或者其法定代理人、近亲属在刑事诉讼过程中未提起附带民事诉讼,另行提起民事诉讼的,人民法院可以进行调解,或者根据本解释第一百九十二条第二款、第三款的规定作出判决。

第二百零一条 人民法院审理附带民事诉讼案件,除刑法、刑事诉讼法以及刑事司法解释已有规定的以外,适用民事法律的有关规定。

第七章 期间、送达、审理期限

第二百零二条 以月计算的期间,自本月某日至下月同日为一个月;期限起算日为本月最后一日的,至下月最后一日为一个月;下月同日不存在的,自本月某日至下月最后一日为一个月;半月一律按十五日计算。

以年计算的刑期,自本年本月某日至次年同月同日的前一日为一年;次年同月同日不存在的,自本年本月某日至次年同月最后一日的前一日为一年。以月计算的刑期,自本月本月某日至下月同日的前一日为一个月;刑期起算日为本月最后一日的,至下月最后一日的前一日为一个月;下月同日不存在的,自本月某日至下月最后一日的前一日为一个月;半个月一律按十五日计算。

第二百零三条 当事人由于不能抗拒的原因或者有其他正当理由而耽误期限,依法申请继续进行应当在期满前完成的诉讼活动的,人民法院查证属实后,应当裁定准许。

第二百零四条 送达诉讼文书,应当由收件人签收。收件人不在的,可以由其成年家属或者所在单位负责收件的人员代收。收件人或者代收人在送达回证上签名的日期为送达日期。

收件人或者代收人拒绝签收的,送达人可以邀请见证人到场,说明情况,在送达回证上注明拒收的事由和日期,由送达人、见证人签名或者盖章,将诉讼文书留在收件人、代收人的住处或者单位;也可以把诉讼文书留在受送达人的住处,并采用拍照、录像等方式记录送达过程,即视为送达。

第二百零五条 直接送达诉讼文书有困难的,可以委托收件人所在地的人民法院代为送达或者邮寄送达。

第二百零六条 委托送达的,应当将委托函、委托送达的诉讼文书及送达回证寄送受托法院。受托法院收到后,应当登记,在十日以内送达收件人,并将送达回证寄送委托法院;无法送达的,应当告知委托法院,并将诉讼文书及送达回证退回。

第二百零七条 邮寄送达的,应当将诉讼文书、送达回证邮寄给收件人。签收日期为送达日期。

第二百零八条 诉讼文书的收件人是军人的,可以通过其所在部队团级以上单位的政治部门转交。

收件人正在服刑的,可以通过执行机关转交。

收件人正在接受专门矫治教育等的,可以通过相关机构转交。

由有关部门、单位代为转交诉讼文书的,应当请有关部门、单位收到后立即交收件人签收,并将送达回证及时寄送人民法院。

第二百零九条 指定管辖案件的审理期限,自被指定管辖的人民法院收到指定管辖决定书和案卷、证据材料之日起计算。

第二百一十条 对可能判处死刑的案件或者附带民事诉讼的案件,以及有刑事诉讼法第一百五十八条规定情形之一的案件,上一级人民法院可以批准延长审理期限一次,期限为三个月。因特殊情况还需要延长的,应当报请最高人民法院批准。

申请批准延长审理期限的,应当在期限届满十五日以前层报。有权决定的人民法院不同意的,应当在审理期限届满五日以前作出决定。

因特殊情况报请最高人民法院批准延长审理期限,最高人民法院经审查,予以批准的,可以延长审理期限一至三个月。期限届满案件仍然不能审结的,可以再次提出申请。

第二百一十一条 审判期间,对被告人作精神病鉴定的时间不计入审理期限。

……

最高人民检察院、公安部关于刑事立案监督有关问题的规定（试行）

- 2010 年 7 月 26 日
- 高检会〔2010〕5 号

为加强和规范刑事立案监督工作，保障刑事侦查权的正确行使，根据《中华人民共和国刑事诉讼法》等有关规定，结合工作实际，制定本规定。

第一条 刑事立案监督的任务是确保依法立案，防止和纠正有案不立和违法立案，依法、及时打击犯罪，保护公民的合法权利，保障国家法律的统一正确实施，维护社会和谐稳定。

第二条 刑事立案监督应当坚持监督与配合相统一、人民检察院法律监督与公安机关内部监督相结合，办案数量、质量、效率、效果相统一和有错必纠的原则。

第三条 公安机关对于接受的案件或者发现的犯罪线索，应当及时进行审查，依照法律和有关规定作出立案或者不予立案的决定。

公安机关与人民检察院应当建立刑事案件信息通报制度，定期相互通报刑事发案、报案、立案、破案和刑事立案监督、侦查活动监督、批捕、起诉等情况，重大案件随时通报。有条件的地方，应当建立刑事案件信息共享平台。

第四条 被害人及其法定代理人、近亲属或者行政执法机关，认为公安机关对其控告或者移送的案件应当立案侦查而不立案侦查，向人民检察院提出的，人民检察院应当受理并进行审查。

人民检察院发现公安机关可能存在应当立案侦查而不立案侦查情形的，应当依法进行审查。

第五条 人民检察院对于公安机关应当立案侦查而不立案侦查的线索进行审查后，应当根据不同情况分别作出处理：

（一）没有犯罪事实发生，或者犯罪情节显著轻微不需要追究刑事责任，或者具有其他依法不追究刑事责任情形的，及时答复投诉人或者行政执法机关；

（二）不属于被投诉的公安机关管辖的，应当将有管辖权的机关告知投诉人或者行政执法机关，并建议向该机关控告或者移送；

（三）公安机关尚未作出不予立案决定的，移送公安机关处理；

（四）有犯罪事实需要追究刑事责任，属于被投诉的公安机关管辖，且公安机关已作出不立案决定的，经检察长批准，应当要求公安机关书面说明不立案理由。

第六条 人民检察院对于不服公安机关立案决定的投诉，可以移送立案的公安机关处理。

人民检察院经审查，有证据证明公安机关可能存在违法动用刑事手段插手民事、经济纠纷，或者办案人员利用立案实施报复陷害、敲诈勒索以及谋取其他非法利益等违法立案情形，且已采取刑事拘留等强制措施或者搜查、扣押、冻结等强制性侦查措施，尚未提请批准逮捕或者移送审查起诉的，经检察长批准，应当要求公安机关书面说明立案理由。

第七条 人民检察院要求公安机关说明不立案或者立案理由，应当制作《要求说明不立案理由通知书》或者《要求说明立案理由通知书》，及时送达公安机关。

公安机关应当在收到《要求说明不立案理由通知书》或者《要求说明立案理由通知书》后七日以内作出书面说明，客观反映不立案或者立案的情况、依据和理由，连同有关证据材料复印件回复人民检察院。公安机关主动立案或者撤销案件的，应当将《立案决定书》或者《撤销案件决定书》复印件及时送达人民检察院。

第八条 人民检察院经调查核实，认为公安机关不立案或者立案理由不成立的，经检察长或者检察委员会决定，应当通知公安机关立案或者撤销案件。

人民检察院开展调查核实，可以询问办案人员和有关当事人，查阅、复印公安机关刑事受案、立案、破案等登记表册和立案、不立案、撤销案件、治安处罚、劳动教养等相关法律文书及案卷材料，公安机关应当配合。

第九条 人民检察院通知公安机关立案或者撤销案件的，应当制作《通知立案书》或者《通知撤销案件书》，说明依据和理由，连同证据材料移送公安机关。

公安机关应当在收到《通知立案书》后十五日以内决定立案，对《通知撤销案件书》没有异议的应当立即撤销案件，并将《立案决定书》或者《撤销案件决定书》复印件及时送达人民检察院。

第十条 公安机关认为人民检察院撤销案件通知有错误的，应当在五日以内经县级以上公安机关负责人批准，要求同级人民检察院复议。人民检察院应当重新审查，在收到《要求复议意见书》和案卷材料后七日以内作出是否变更的决定，并通知公安机关。

公安机关不接受人民检察院复议决定的，应当在五日以内经县级以上公安机关负责人批准，提请上一级人民检察院复核。上级人民检察院应当在收到《提请复核意见书》和案卷材料后十五日以内作出是否变更的决定，通知下级人民检察院和公安机关执行。

上级人民检察院复核认为撤销案件通知有错误的，下级人民检察院应当立即纠正；上级人民检察院复核认为撤销案件通知正确的，下级公安机关应当立即撤销案件，并将《撤销案件决定书》复印件及时送达同级人民检察院。

第十一条 公安机关对人民检察院监督立案的案件应当及时侦查。犯罪嫌疑人在逃的，应当加大追捕力度；符合逮捕条件的，应当及时提请人民检察院批准逮捕；侦查终结需要追究刑事责任的，应当及时移送人民检察院审查起诉。

监督立案后三个月未侦查终结的，人民检察院可以发出《立案监督案件催办函》，公安机关应当及时向人民检察院反馈侦查进展情况。

第十二条 人民检察院在立案监督过程中，发现侦查人员涉嫌徇私舞弊等违法违纪行为的，应当移交有关部门处理；涉嫌职务犯罪的，依法立案侦查。

第十三条 公安机关在提请批准逮捕、移送审查起诉时，应当将人民检察院刑事立案监督法律文书和相关材料随案移送。人民检察院在审查逮捕、审查起诉时，应当及时录入刑事立案监督信息。

第十四条 本规定自2010年10月1日起试行。

最高人民检察院、公安部关于公安机关管辖的刑事案件立案追诉标准的规定(一)[①]

· 2008年6月25日
· 公通字〔2008〕36号

一、危害公共安全案

第一条 【失火案(刑法第一百一十五条第二款)】过失引起火灾，涉嫌下列情形之一的，应予立案追诉：

(一)造成死亡一人以上，或者重伤三人以上的；

(二)造成公共财产或者他人财产直接经济损失五十万元以上的；

(三)造成十户以上家庭的房屋以及其他基本生活资料烧毁的；

(四)造成森林火灾，过火有林地面积二公顷以上，或者过火疏林地、灌木林地、未成林地、苗圃地面积四公顷以上的；

(五)其他造成严重后果的情形。

本条和本规定第十五条规定的"有林地"、"疏林地"、"灌木林地"、"未成林地"、"苗圃地"，按照国家林业主管部门的有关规定确定。

第二条 【非法制造、买卖、运输、储存危险物质案(刑法第一百二十五条第二款)】非法制造、买卖、运输、储存毒害性、放射性、传染病原体等物质，危害公共安全，涉嫌下列情形之一的，应予立案追诉：

(一)造成人员重伤或者死亡的；

(二)造成直接经济损失十万元以上的；

(三)非法制造、买卖、运输、储存毒鼠强、氟乙酰胺、氟乙酸钠、毒鼠硅、甘氟原粉、原液、制剂五十克以上，或者饵料二千克以上的；

(四)造成急性中毒、放射性疾病或者造成传染病流行、暴发的；

(五)造成严重环境污染的；

[①] 本规定部分条文已被2017年4月27日公布的《最高人民检察院、公安部关于公安机关管辖的刑事案件立案追诉标准的规定(一)的补充规定》修改。其中，对17、19、20、31、37、59、60、68、77、94、99条进行了修改，对第15、34、94条进行了增加，对第81条进行了删除。

（六）造成毒害性、放射性、传染病病原体等危险物质丢失、被盗、被抢或者被他人利用进行违法犯罪活动的；

（七）其他危害公共安全的情形。

第三条　【违规制造、销售枪支案（刑法第一百二十六条）】依法被指定、确定的枪支制造企业、销售企业，违反枪支管理规定，以非法销售为目的，超过限额或者不按照规定的品种制造、配售枪支，或者以非法销售为目的，制造无号、重号、假号的枪支，或者非法销售枪支或者在境内销售为出口制造的枪支，涉嫌下列情形之一的，应予立案追诉：

（一）违规制造枪支五支以上的；

（二）违规销售枪支二支以上的；

（三）虽未达到上述数量标准，但具有造成严重后果等其他恶劣情节的。

本条和本规定第四条、第七条规定的"枪支"，包括枪支散件。成套枪支散件，以相应数量的枪支计；非成套枪支散件，以每三十件为一成套枪支散件计。

第四条　【非法持有、私藏枪支、弹药案（刑法第一百二十八条第一款）】违反枪支管理规定，非法持有、私藏枪支、弹药，涉嫌下列情形之一的，应予立案追诉：

（一）非法持有、私藏军用枪支一支以上的；

（二）非法持有、私藏以火药为动力发射枪弹的非军用枪支一支以上，或者以压缩气体等为动力的其他非军用枪支二支以上的；

（三）非法持有、私藏军用子弹二十发以上、气枪铅弹一千发以上或者其他非军用子弹二百发以上的；

（四）非法持有、私藏手榴弹、炸弹、地雷、手雷等具有杀伤性弹药一枚以上的；

（五）非法持有、私藏的弹药造成人员伤亡、财产损失的。

本条规定的"非法持有"，是指不符合配备、配置枪支、弹药条件的人员，擅自持有枪支、弹药的行为；"私藏"，是指依法配备、配置枪支、弹药的人员，在配备、配置枪支、弹药的条件消除后，私自藏匿所配备、配置的枪支、弹药且拒不交出的行为。

第五条　【非法出租、出借枪支案（刑法第一百二十八条第二、三、四款）】依法配备公务用枪的人员或者单位，非法将枪支出租、出借给未取得公务用枪配备资格的人员或者单位，或者将公务用枪用作借债质押物的，应予立案追诉。

依法配备公务用枪的人员或者单位，非法将枪支出租、出借给具有公务用枪配备资格的人员或者单位，以及依法配置民用枪支的人员或者单位，非法出租、出借民用枪支，涉嫌下列情形之一的，应予立案追诉：

（一）造成人员轻伤以上伤亡事故的；

（二）造成枪支丢失、被盗、被抢的；

（三）枪支被他人利用进行违法犯罪活动的；

（四）其他造成严重后果的情形。

第六条　【丢失枪支不报案（刑法第一百二十九条）】依法配备公务用枪的人员，丢失枪支不及时报告，涉嫌下列情形之一的，应予立案追诉：

（一）丢失的枪支被他人使用造成人员轻伤以上伤亡事故的；

（二）丢失的枪支被他人利用进行违法犯罪活动的；

（三）其他造成严重后果的情形。

第七条　【非法携带枪支、弹药、管制刀具、危险物品危及公共安全案（刑法第一百三十条）】非法携带枪支、弹药、管制刀具或者爆炸性、易燃性、放射性、毒害性、腐蚀性物品，进入公共场所或者公共交通工具，危及公共安全，涉嫌下列情形之一的，应予立案追诉：

（一）携带枪支一支以上或者手榴弹、炸弹、地雷、手雷等具有杀伤性弹药一枚以上的；

（二）携带爆炸装置一套以上的；

（三）携带炸药、发射药、黑火药五百克以上或者烟火药一千克以上，雷管二十枚以上或者导火索、导爆索二十米以上，或者虽未达到上述数量标准，但拒不交出的；

（四）携带的弹药、爆炸物在公共场所或者公共交通工具上发生爆炸或者燃烧，尚未造成严重后果的；

（五）携带管制刀具二十把以上，或者虽未达到上述数量标准，但拒不交出，或者用来进行违法活动尚未构成其他犯罪的；

（六）携带的爆炸性、易燃性、放射性、毒害性、腐蚀性物品在公共场所或者公共交通工具上发生泄漏、遗洒，尚未造成严重后果的；

（七）其他情节严重的情形。

第八条　【重大责任事故案（刑法第一百三十

四条第一款)】在生产、作业中违反有关安全管理的规定,涉嫌下列情形之一的,应予立案追诉:

(一)造成死亡一人以上,或者重伤三人以上的;

(二)造成直接经济损失五十万元以上的;

(三)发生矿山生产安全事故,造成直接经济损失一百万元以上的;

(四)其他造成严重后果的情形。

第九条 【强令违章冒险作业案(刑法第一百三十四条第二款)】强令他人违章冒险作业,涉嫌下列情形之一的,应予立案追诉:

(一)造成死亡一人以上,或者重伤三人以上的;

(二)造成直接经济损失五十万元以上的;

(三)发生矿山生产安全事故,造成直接经济损失一百万元以上的;

(四)其他造成严重后果的情形。

第十条 【重大劳动安全事故案(刑法第一百三十五条)】安全生产设施或者安全生产条件不符合国家规定,涉嫌下列情形之一的,应予立案追诉:

(一)造成死亡一人以上,或者重伤三人以上的;

(二)造成直接经济损失五十万元以上的;

(三)发生矿山生产安全事故,造成直接经济损失一百万元以上的;

(四)其他造成严重后果的情形。

第十一条 【大型群众性活动重大安全事故案(刑法第一百三十五条之一)】举办大型群众性活动违反安全管理规定,涉嫌下列情形之一的,应予立案追诉:

(一)造成死亡一人以上,或者重伤三人以上的;

(二)造成直接经济损失五十万元以上的;

(三)其他造成严重后果的情形。

第十二条 【危险物品肇事案(刑法第一百三十六条)】违反爆炸性、易燃性、放射性、毒害性、腐蚀性物品的管理规定,在生产、储存、运输、使用中发生重大事故,涉嫌下列情形之一的,应予立案追诉:

(一)造成死亡一人以上,或者重伤三人以上的;

(二)造成直接经济损失五十万元以上的;

(三)其他造成严重后果的情形。

第十三条 【工程重大安全事故案(刑法第一百三十七条)】建设单位、设计单位、施工单位、工程监理单位违反国家规定,降低工程质量标准,涉嫌下列情形之一的,应予立案追诉:

(一)造成死亡一人以上,或者重伤三人以上的;

(二)造成直接经济损失五十万元以上的;

(三)其他造成严重后果的情形。

第十四条 【教育设施重大安全事故案(刑法第一百三十八条)】明知校舍或者教育教学设施有危险,而不采取措施或者不及时报告,涉嫌下列情形之一的,应予立案追诉:

(一)造成死亡一人以上、重伤三人以上或者轻伤十人以上的;

(二)其他致使发生重大伤亡事故的情形。

第十五条 【消防责任事故案(刑法第一百三十九条)】违反消防管理法规,经消防监督机构通知采取改正措施而拒绝执行,涉嫌下列情形之一的,应予立案追诉:

(一)造成死亡一人以上,或者重伤三人以上的;

(二)造成直接经济损失五十万元以上的;

(三)造成森林火灾,过火有林地面积二公顷以上,或者过火疏林地、灌木林地、未成林地、苗圃地面积四公顷以上的;

(四)其他造成严重后果的情形。

二、破坏社会主义市场经济秩序案

第十六条 【生产、销售伪劣产品案(刑法第一百四十条)】生产者、销售者在产品中掺杂、掺假,以假充真,以次充好或者以不合格产品冒充合格产品,涉嫌下列情形之一的,应予立案追诉:

(一)伪劣产品销售金额五万元以上的;

(二)伪劣产品尚未销售,货值金额十五万元以上的;

(三)伪劣产品销售金额不满五万元,但将已销售金额乘以三倍后,与尚未销售的伪劣产品货值金额合计十五万元以上的。

本条规定的"掺杂、掺假",是指在产品中掺入杂质或者异物,致使产品质量不符合国家法律、法规或者产品明示质量标准规定的质量要求,降低、失去应有使用性能的行为;"以假充真",是指以不具有某种使用性能的产品冒充具有该种使用性能的产品的行为;"以次充好",是指以低等级、低档次产品冒充高等级、高档次产品,或者以残次、废旧零配件组合、拼装后冒充正品或者新产品的行为;"不合格产品",是指不符合《中华人民共和国产品质量法》规定的质量要求的产品。

对本条规定的上述行为难以确定的,应当委托法律、行政法规规定的产品质量检验机构进行鉴定。本条规定的"销售金额",是指生产者、销售者出售伪劣产品后所得和应得的全部违法收入;"货值金额",以违法生产、销售的伪劣产品的标价计算;没有标价的,按照同类合格产品的市场中间价格计算。货值金额难以确定的,按照《扣押、追缴、没收物品估价管理办法》的规定,委托估价机构进行确定。

第十七条 【生产、销售假药案(刑法第一百四十一条)】生产(包括配制)、销售假药,涉嫌下列情形之一的,应予立案追诉:

(一)含有超标准的有毒有害物质的;

(二)不含所标明的有效成份,可能贻误诊治的;

(三)所标明的适应症或者功能主治超出规定范围,可能造成贻误诊治的;

(四)缺乏所标明的急救必需的有效成份的;

(五)其他足以严重危害人体健康或者对人体健康造成严重危害的情形。

本条规定的"假药",是指依照《中华人民共和国药品管理法》的规定属于假药和按假药论处的药品、非药品。

第十八条 【生产、销售劣药案(刑法第一百四十二条)】生产(包括配制)、销售劣药,涉嫌下列情形之一的,应予立案追诉:

(一)造成人员轻伤、重伤或者死亡的;

(二)其他对人体健康造成严重危害的情形。

本条规定的"劣药",是指依照《中华人民共和国药品管理法》的规定,药品成份的含量不符合国家药品标准的药品和按劣药论处的药品。

第十九条 【生产、销售不符合卫生标准的食品案(刑法第一百四十三条)】生产、销售不符合卫生标准的食品,涉嫌下列情形之一的,应予立案追诉:

(一)含有可能导致严重食物中毒事故或者其他严重食源性疾患的超标准的有害细菌的;

(二)含有可能导致严重食物中毒事故或者其他严重食源性疾患的其他污染物的。

本条规定的"不符合卫生标准的食品",由省级以上卫生行政部门确定的机构进行鉴定。

第二十条 【生产、销售有毒、有害食品案(刑法第一百四十四条)】在生产、销售的食品中掺入有毒、有害的非食品原料的,或者销售明知掺有有毒、有害的非食品原料的食品的,应予立案追诉。

使用盐酸克仑特罗(俗称"瘦肉精")等禁止在饲料和动物饮用水中使用的药品或者含有该类药品的饲料养殖供人食用的动物,或者销售明知是使用该类药品或者含有该类药品的饲料养殖的供人食用的动物的,应予立案追诉。

明知是使用盐酸克仑特罗等禁止在饲料和动物饮用水中使用的药品或者含有该类药品的饲料养殖的供人食用的动物,而提供屠宰等加工服务,或者销售其制品的,应予立案追诉。

第二十一条 【生产、销售不符合标准的医用器材案(刑法第一百四十五条)】生产不符合保障人体健康的国家标准、行业标准的医疗器械、医用卫生材料,或者销售明知是不符合保障人体健康的国家标准、行业标准的医疗器械、医用卫生材料,涉嫌下列情形之一的,应予立案追诉:

(一)进入人体的医疗器械的材料中含有超过标准的有毒有害物质的;

(二)进入人体的医疗器械的有效性指标不符合标准要求,导致治疗、替代、调节、补偿功能部分或者全部丧失,可能造成贻误诊治或者人体严重损伤的;

(三)用于诊断、监护、治疗的有源医疗器械的安全指标不符合强制性标准要求,可能对人体构成伤害或者潜在危害的;

(四)用于诊断、监护、治疗的有源医疗器械的主要性能指标不合格,可能造成贻误诊治或者人体严重损伤的;

(五)未经批准,擅自增加功能或者适用范围,可能造成贻误诊治或者人体严重损伤的;

(六)其他足以严重危害人体健康或者对人体健康造成严重危害的情形。

医疗机构或者个人知道或者应当知道是不符合保障人体健康的国家标准、行业标准的医疗器械、医用卫生材料而购买并有偿使用的,视为本条规定的"销售"。

第二十二条 【生产、销售不符合安全标准的产品案(刑法第一百四十六条)】 生产不符合保障人身、财产安全的国家标准、行业标准的电器、压力容器、易燃易爆产品或者其他不符合保障人身、财产安全的国家标准、行业标准的产品，或者销售明知是以上不符合保障人身、财产安全的国家标准、行业标准的产品，涉嫌下列情形之一的，应予立案追诉：

（一）造成人员重伤或者死亡的；

（二）造成直接经济损失十万元以上的；

（三）其他造成严重后果的情形。

第二十三条 【生产、销售伪劣农药、兽药、化肥、种子案(刑法第一百四十七条)】 生产假农药、假兽药、假化肥，销售明知是假的或者失去使用效能的农药、兽药、化肥、种子，或者生产者、销售者以不合格的农药、兽药、化肥、种子冒充合格的农药、兽药、化肥、种子，涉嫌下列情形之一的，应予立案追诉：

（一）使生产遭受损失二万元以上的；

（二）其他使生产遭受较大损失的情形。

第二十四条 【生产、销售不符合卫生标准的化妆品案(刑法第一百四十八条)】 生产不符合卫生标准的化妆品，或者销售明知是不符合卫生标准的化妆品，涉嫌下列情形之一的，应予立案追诉：

（一）造成他人容貌毁损或者皮肤严重损伤的；

（二）造成他人器官组织损伤导致严重功能障碍的；

（三）致使他人精神失常或者自杀、自残造成重伤、死亡的；

（四）其他造成严重后果的情形。

第二十五条 【走私淫秽物品案(刑法第一百五十二条第一款)】 以牟利或者传播为目的，走私淫秽的影片、录像带、录音带、图片、书刊或者其他通过文字、声音、形象等形式表现淫秽内容的影碟、音碟、电子出版物等物品，涉嫌下列情形之一的，应予立案追诉：

（一）走私淫秽录像带、影碟五十盘（张）以上的；

（二）走私淫秽录音带、音碟一百盘（张）以上的；

（三）走私淫秽扑克、书刊、画册一百副（册）以上的；

（四）走私淫秽照片、图片五百张以上的；

（五）走私其他淫秽物品相当于上述数量的；

（六）走私淫秽物品数量虽未达到本条第(一)项至第(四)项规定标准，但分别达到其中两项以上标准的百分之五十以上的。

第二十六条 【侵犯著作权案(刑法第二百一十七条)】 以营利为目的，未经著作权人许可，复制发行其文字作品、音乐、电影、电视、录像作品、计算机软件及其他作品，或者出版他人享有专有出版权的图书，或者未经录音录像制作者许可，复制发行其制作的录音录像，或者制作、出售假冒他人署名的美术作品，涉嫌下列情形之一的，应予立案追诉：

（一）违法所得数额三万元以上的；

（二）非法经营数额五万元以上的；

（三）未经著作权人许可，复制发行其文字作品、音乐、电影、电视、录像作品、计算机软件及其他作品，复制品数量合计五百张（份）以上的；

（四）未经录音录像制作者许可，复制发行其制作的录音录像制品，复制品数量合计五百张（份）以上的；

（五）其他情节严重的情形。

以刊登收费广告等方式直接或者间接收取费用的情形，属于本条规定的"以营利为目的"。

本条规定的"未经著作权人许可"，是指没有得到著作权人授权或者伪造、涂改著作权人授权许可文件或者超出授权许可范围的情形。

本条规定的"复制发行"，包括复制、发行或者既复制又发行的行为。

通过信息网络向公众传播他人文字作品、音乐、电影、电视、录像作品、计算机软件及其他作品，或者通过信息网络传播他人制作的录音录像制品的行为，应当视为本条规定的"复制发行"。

侵权产品的持有人通过广告、征订等方式推销侵权产品的，属于本条规定的"发行"。

本条规定的"非法经营数额"，是指行为人在实施侵犯知识产权行为过程中，制造、储存、运输、销售侵权产品的价值。已销售的侵权产品的价值，按照实际销售的价格计算。制造、储存、运输和未销售的侵权产品的价值，按照标价或者已经查清的侵权产品的实际销售平均价格计算。侵权产品没有标价或者无法查清其实际销售价格的，按照被侵权产品的市场中间价格计算。

第二十七条 【销售侵权复制品案(刑法第二百一十八条)】以营利为目的,销售明知是刑法第二百一十七条规定的侵权复制品,涉嫌下列情形之一的,应予立案追诉:

(一)违法所得数额十万元以上的;

(二)违法所得数额虽未达到上述数额标准,但尚未销售的侵权复制品货值金额达到三十万元以上的。

第二十八条 【强迫交易案(刑法第二百二十六条)】以暴力、威胁手段强买强卖商品、强迫他人提供服务或者强迫他人接受服务,涉嫌下列情形之一的,应予立案追诉:

(一)造成被害人轻微伤或者其他严重后果的;

(二)造成直接经济损失二千元以上的;

(三)强迫交易三次以上或者强迫三人以上交易的;

(四)强迫交易数额一万元以上,或者违法所得数额二千元以上的;

(五)强迫他人购买伪劣商品数额五千元以上,或者违法所得数额一千元以上的;

(六)其他情节严重的情形。

第二十九条 【伪造、倒卖伪造的有价票证案(刑法第二百二十七条第一款)】伪造或者倒卖伪造的车票、船票、邮票或者其他有价票证,涉嫌下列情形之一的,应予立案追诉:

(一)车票、船票票面数额累计二千元以上,或者数量累计五十张以上的;

(二)邮票票面数额累计五千元以上,或者数量累计一千枚以上的;

(三)其他有价票证价额累计五千元以上,或者数量累计一百张以上的;

(四)非法获利累计一千元以上的;

(五)其他数额较大的情形。

第三十条 【倒卖车票、船票案(刑法第二百二十七条第二款)】倒卖车票、船票或者倒卖车票坐席、卧铺签字号以及订购车票、船票凭证,涉嫌下列情形之一的,应予立案追诉:

(一)票面数额累计五千元以上的;

(二)非法获利累计二千元以上的;

(三)其他情节严重的情形。

三、侵犯公民人身权利、民主权利案

第三十一条 【强迫职工劳动案(刑法第二百四十四条)】用人单位违反劳动管理法规,以限制人身自由方法强迫职工劳动,涉嫌下列情形之一的,应予立案追诉:

(一)强迫他人劳动,造成人员伤亡或者患职业病的;

(二)采取殴打、胁迫、扣发工资、扣留身份证件等手段限制人身自由,强迫他人劳动的;

(三)强迫妇女从事井下劳动、国家规定的第四级体力劳动强度的劳动或者其他禁忌从事的劳动,或者强迫处于经期、孕期和哺乳期妇女从事国家规定的第三级体力劳动强度以上的劳动或者其他禁忌从事的劳动的;

(四)强迫已满十六周岁未满十八周岁的未成年人从事国家规定的第四级体力劳动强度的劳动,或者从事高空、井下劳动,或者在爆炸性、易燃性、放射性、毒害性等危险环境下从事劳动的;

(五)其他情节严重的情形。

第三十二条 【雇用童工从事危重劳动案(刑法第二百四十四条之一)】违反劳动管理法规,雇用未满十六周岁的未成年人从事国家规定的第四级体力劳动强度的劳动,或者从事高空、井下作业,或者在爆炸性、易燃性、放射性、毒害性等危险环境下从事劳动,涉嫌下列情形之一的,应予立案追诉:

(一)造成未满十六周岁的未成年人伤亡或对其身体健康造成严重危害的;

(二)雇用未满十六周岁的未成年人三人以上的;

(三)以强迫、欺骗等手段雇用未满十六周岁的未成年人从事危重劳动的;

(四)其他情节严重的情形。

四、侵犯财产案

第三十三条 【故意毁坏财物案(刑法第二百七十五条)】故意毁坏公私财物,涉嫌下列情形之一的,应予立案追诉:

(一)造成公私财物损失五千元以上的;

(二)毁坏公私财物三次以上的;

(三)纠集三人以上公然毁坏公私财物的;

(四)其他情节严重的情形。

第三十四条 【破坏生产经营案(刑法第二百七十六条)】由于泄愤报复或者其他个人目的,毁坏机器设备、残害耕畜或者以其他方法破坏生产经营,涉嫌下列情形之一的,应予立案追诉:

(一)造成公私财物损失五千元以上的;

(二)破坏生产经营三次以上的;

(三)纠集三人以上公然破坏生产经营的;

(四)其他破坏生产经营应予追究刑事责任的情形。

五、妨害社会管理秩序案

第三十五条 【非法生产、买卖警用装备案(刑法第二百八十一条)】非法生产、买卖人民警察制式服装、车辆号牌等专用标志、警械,涉嫌下列情形之一的,应予立案追诉:

(一)成套制式服装三十套以上,或者非成套制式服装一百件以上的;

(二)手铐、脚镣、警用抓捕网、警用催泪喷射器、警灯、警报器单种或者合计十件以上的;

(三)警棍五十根以上的;

(四)警衔、警号、胸章、臂章、帽徽等警用标志单种或者合计一百件以上的;

(五)警车号牌、省级以上公安机关专段民用车辆号牌一副以上,或者其他公安机关专段民用车辆号牌三副以上的;

(六)非法经营数额五千元以上,或者非法获利一千元以上的;

(七)被他人利用进行违法犯罪活动的;

(八)其他情节严重的情形。

第三十六条 【聚众斗殴案(刑法第二百九十二条第一款)】组织、策划、指挥或者积极参加聚众斗殴的,应予立案追诉。

第三十七条 【寻衅滋事案(刑法第二百九十三条)】寻衅滋事,破坏社会秩序,涉嫌下列情形之一的,应予立案追诉:

(一)随意殴打他人造成他人身体伤害、持械随意殴打他人或者具有其他恶劣情节的;

(二)追逐、拦截、辱骂他人,严重影响他人正常工作、生产、生活,或者造成他人精神失常、自杀或者具有其他恶劣情节的;

(三)强拿硬要或者任意损毁、占用公私财物价值二千元以上,强拿硬要或者任意损毁、占用公私财物三次以上或者具有其他严重情节的;

(四)在公共场所起哄闹事,造成公共场所秩序严重混乱的。

第三十八条 【非法集会、游行、示威案(刑法第二百九十六条)】举行集会、游行、示威,未依照法律规定申请或者申请未获许可,或者未按照主管机关许可的起止时间、地点、路线进行,又拒不服从解散命令,严重破坏社会秩序的,应予立案追诉。

第三十九条 【非法携带武器、管制刀具、爆炸物参加集会、游行、示威案(刑法第二百九十七条)】违反法律规定,携带武器、管制刀具或者爆炸物参加集会、游行、示威的,应予立案追诉。

第四十条 【破坏集会、游行、示威案(刑法第二百九十八条)】扰乱、冲击或者以其他方法破坏依法举行的集会、游行、示威,造成公共秩序混乱的,应予立案追诉。

第四十一条 【聚众淫乱案(刑法第三百零一条第一款)】组织、策划、指挥三人以上进行聚众淫乱活动或者参加聚众淫乱活动三次以上的,应予立案追诉。

第四十二条 【引诱未成年人聚众淫乱案(刑法第三百零一条第二款)】引诱未成年人参加聚众淫乱活动的,应予立案追诉。

第四十三条 【赌博案(刑法第三百零三条第一款)】以营利为目的,聚众赌博,涉嫌下列情形之一的,应予立案追诉:

(一)组织三人以上赌博,抽头渔利数额累计五千元以上的;

(二)组织三人以上赌博,赌资数额累计五万元以上的;

(三)组织三人以上赌博,参赌人数累计二十人以上的;

(四)组织中华人民共和国公民十人以上赴境外赌博,从中收取回扣、介绍费的;

(五)其他聚众赌博应予追究刑事责任的情形。

以营利为目的,以赌博为业的,应予立案追诉。

赌博犯罪中用作赌注的款物、换取筹码的款物和通过赌博赢取的款物属于赌资。通过计算机网络实施赌博犯罪的,赌资数额可以按照在计算机网络上投注或者赢取的点数乘以每一点实际代表的金额认定。

第四十四条 【开设赌场案(刑法第三百零三条第二款)】开设赌场的,应予立案追诉。

在计算机网络上建立赌博网站,或者为赌博网站担任代理,接受投注的,属于本条规定的"开设赌场"。

第四十五条 【故意延误投递邮件案(刑法第三百零四条)】邮政工作人员严重不负责任,故意延误投递邮件,涉嫌下列情形之一的,应予立案追诉:

(一)造成直接经济损失二万元以上的;

(二)延误高校录取通知书或者其他重要邮件投递,致使他人失去高校录取资格或者造成其他无法挽回的重大损失的;

(三)严重损害国家声誉或者造成恶劣社会影响的;

(四)其他致使公共财产、国家和人民利益遭受重大损失的情形。

第四十六条 【故意损毁文物案(刑法第三百二十四条第一款)】故意损毁国家保护的珍贵文物或者被确定为全国重点文物保护单位、省级文物保护单位的文物的,应予立案追诉。

第四十七条 【故意损毁名胜古迹案(刑法第三百二十四条第二款)】故意损毁国家保护的名胜古迹,涉嫌下列情形之一的,应予立案追诉:

(一)造成国家保护的名胜古迹严重损毁的;

(二)损毁国家保护的名胜古迹三次以上或者三处以上,尚未造成严重毁损后果的;

(三)损毁手段特别恶劣的;

(四)其他情节严重的情形。

第四十八条 【过失损毁文物案(刑法第三百二十四条第三款)】过失损毁国家保护的珍贵文物或者被确定为全国重点文物保护单位、省级文物保护单位的文物的,涉嫌下列情形之一的,应予立案追诉:

(一)造成珍贵文物严重损毁的;

(二)造成被确定为全国重点文物保护单位、省级文物保护单位的文物严重损毁的;

(三)造成珍贵文物损毁三件以上的;

(四)其他造成严重后果的情形。

第四十九条 【妨害传染病防治案(刑法第三百三十条)】违反传染病防治法的规定,引起甲类或者按甲类管理的传染病传播或者有传播严重危险,涉嫌下列情形之一的,应予立案追诉:

(一)供水单位供应的饮用水不符合国家规定的卫生标准的;

(二)拒绝按照疾病预防控制机构提出的卫生要求,对传染病病原体污染的污水、污物、粪便进行消毒处理的;

(三)准许或者纵容传染病病人、病原携带者和疑似传染病病人从事国务院卫生行政部门规定禁止从事的易使该传染病扩散的工作的;

(四)拒绝执行疾病预防控制机构依照传染病防治法提出的预防、控制措施的。

本条和本规定第五十条规定的"甲类传染病",是指鼠疫、霍乱;"按甲类管理的传染病",是指乙类传染病中传染性非典型肺炎、炭疽中的肺炭疽、人感染高致病性禽流感以及国务院卫生行政部门根据需要报经国务院批准公布实施的其他需要按甲类管理的乙类传染病和突发原因不明的传染病。

第五十条 【传染病菌种、毒种扩散案(刑法第三百三十一条)】从事实验、保藏、携带、运输传染病菌种、毒种的人员,违反国务院卫生行政部门的有关规定,造成传染病菌种、毒种扩散,涉嫌下列情形之一的,应予立案追诉:

(一)导致甲类和按甲类管理的传染病传播的;

(二)导致乙类、丙类传染病流行、暴发的;

(三)造成人员重伤或者死亡的;

(四)严重影响正常的生产、生活秩序的;

(五)其他造成严重后果的情形。

第五十一条 【妨害国境卫生检疫案(刑法第三百三十二条)】违反国境卫生检疫规定,引起检疫传染病传播或者有传播严重危险的,应予立案追诉。

本条规定的"检疫传染病",是指鼠疫、霍乱、黄热病以及国务院确定和公布的其他传染病。

第五十二条 【非法组织卖血案(刑法第三百三十三条第一款)】非法组织他人出卖血液,涉嫌下列情形之一的,应予立案追诉:

(一)组织卖血三人次以上的;

(二)组织卖血非法获利累计二千以上的;

(三)组织未成年人卖血的;

(四)被组织卖血的人的血液含有艾滋病病毒、乙型肝炎病毒、丙型肝炎病毒、梅毒螺旋体等病原微生物的;

（五）其他非法组织卖血应予追究刑事责任的情形。

第五十三条　【强迫卖血案（刑法第三百三十三条第一款）】以暴力、威胁方法强迫他人出卖血液的，应予立案追诉。

第五十四条　【非法采集、供应血液、制作、供应血液制品案（刑法第三百三十四条第一款）】非法采集、供应血液或者制作、供应血液制品，涉嫌下列情形之一的，应予立案追诉：

（一）采集、供应的血液含有艾滋病病毒、乙型肝炎病毒、丙型肝炎病毒、梅毒螺旋体等病原微生物的；

（二）制作、供应的血液制品含有艾滋病病毒、乙型肝炎病毒、丙型肝炎病毒、梅毒螺旋体等病原微生物，或者将含有上述病原微生物的血液用于制作血液制品的；

（三）使用不符合国家规定的药品、诊断试剂、卫生器材，或者重复使用一次性采血器材采集血液，造成传染病传播危险的；

（四）违反规定对献血者、供血浆者超量、频繁采集血液、血浆，足以危害人体健康的；

（五）其他不符合国家有关采集、供应血液或者制作、供应血液制品的规定，足以危害人体健康或者对人体健康造成严重危害的情形。

未经国家主管部门批准或者超过批准的业务范围，采集、供应血液或者制作、供应血液制品的，属于本条规定的"非法采集、供应血液或者制作、供应血液制品"。

本条和本规定第五十二条、第五十三条、第五十五条规定的"血液"，是指全血、成分血和特殊血液成分。

本条和本规定第五十五条规定的"血液制品"，是指各种人血浆蛋白制品。

第五十五条　【采集、供应血液、制作、供应血液制品事故案（刑法第三百三十四条第二款）】经国家主管部门批准采集、供应血液或者制作、供应血液制品的部门，不依照规定进行检测或者违背其他操作规定，涉嫌下列情形之一的，应予立案追诉：

（一）造成献血者、供血浆者、受血者感染艾滋病病毒、乙型肝炎病毒、丙型肝炎病毒、梅毒螺旋体或者其他经血液传播的病原微生物的；

（二）造成献血者、供血浆者、受血者重度贫血、造血功能障碍或者其他器官组织损伤导致功能障碍等身体严重损害的；

（三）其他造成危害他人身体健康后果的情形。

经国家主管部门批准的采供血机构和血液制品生产经营单位，属于本条规定的"经国家主管部门批准采集、供应血液或者制作、供应血液制品的部门"。采供血机构包括血液中心、中心血站、中心血库、脐带血造血干细胞库和国家卫生行政主管部门根据医学发展需要批准、设置的其他类型血库、单采血浆站。

具有下列情形之一的，属于本条规定的"不依照规定进行检测或者违背其他操作规定"：

（一）血站未用两个企业生产的试剂对艾滋病病毒抗体、乙型肝炎病毒表面抗原、丙型肝炎病毒抗体、梅毒抗体进行两次检测的；

（二）单采血浆站不依照规定对艾滋病病毒抗体、乙型肝炎病毒表面抗原、丙型肝炎病毒抗体、梅毒抗体进行检测的；

（三）血液制品生产企业在投料生产前未用主管部门批准和检定合格的试剂进行复检的；

（四）血站、单采血浆站和血液制品生产企业使用的诊断试剂没有生产单位名称、生产批准文号或者经检定不合格的；

（五）采供血机构在采集检验标本、采集血液和成分血分离时，使用没有生产单位名称、生产批准文号或者超过有效期的一次性注射器等采血器材的；

（六）不依照国家规定的标准和要求包装、储存、运输血液、原料血浆的；

（七）对国家规定检测项目结果呈阳性的血液未及时按照规定予以清除的；

（八）不具备相应资格的医务人员进行采血、检验操作的；

（九）对献血者、供血浆者超量、频繁采集血液、血浆的；

（十）采供血机构采集血液、血浆前，未对献血者或者供血浆者进行身份识别，采集冒名顶替者、健康检查不合格者血液、血浆的；

（十一）血站擅自采集原料血浆，单采血浆站擅自采集临床用血或者向医疗机构供应原料血浆的；

（十二）重复使用一次性采血器材的；

(十三)其他不依照规定进行检测或者违背操作规定的。

第五十六条 【医疗事故案(刑法第三百三十五条)】医务人员由于严重不负责任,造成就诊人死亡或者严重损害就诊人身体健康的,应予立案追诉。

具有下列情形之一的,属于本条规定的"严重不负责任":

(一)擅离职守的;

(二)无正当理由拒绝对危急就诊人实行必要的医疗救治的;

(三)未经批准擅自开展试验性医疗的;

(四)严重违反查对、复核制度的;

(五)使用未经批准使用的药品、消毒药剂、医疗器械的;

(六)严重违反国家法律法规及有明确规定的诊疗技术规范、常规的;

(七)其他严重不负责任的情形。

本条规定的"严重损害就诊人身体健康",是指造成就诊人严重残疾、重伤、感染艾滋病、病毒性肝炎等难以治愈的疾病或者其他严重损害就诊人身体健康的后果。

第五十七条 【非法行医案(刑法第三百三十六条第一款)】未取得医生执业资格的人非法行医,涉嫌下列情形之一的,应予立案追诉:

(一)造成就诊人轻度残疾、器官组织损伤导致一般功能障碍,或者中度以上残疾、器官组织损伤导致严重功能障碍,或者死亡的;

(二)造成甲类传染病传播、流行或者有传播、流行危险的;

(三)使用假药、劣药或不符合国家规定标准的卫生材料、医疗器械,足以严重危害人体健康的;

(四)非法行医被卫生行政部门行政处罚两次以后,再次非法行医的;

(五)其他情节严重的情形。

具有下列情形之一的,属于本条规定的"未取得医生执业资格的人非法行医":

(一)未取得或者以非法手段取得医师资格从事医疗活动的;

(二)个人未取得《医疗机构执业许可证》开办医疗机构的;

(三)被依法吊销医师执业证书期间从事医疗活动的;

(四)未取得乡村医生执业证书,从事乡村医疗活动的;

(五)家庭接生员实施家庭接生以外的医疗行为的。

本条规定的"轻度残疾、器官组织损伤导致一般功能障碍"、"中度以上残疾、器官组织损伤导致严重功能障碍",参照卫生部《医疗事故分级标准(试行)》认定。

第五十八条 【非法进行节育手术案(刑法第三百三十六条第二款)】未取得医生执业资格的人擅自为他人进行节育复通手术、假节育手术、终止妊娠手术或者摘取宫内节育器,涉嫌下列情形之一的,应予立案追诉:

(一)造成就诊人轻伤、重伤、死亡或者感染艾滋病、病毒性肝炎等难以治愈的疾病的;

(二)非法进行节育复通手术、假节育手术、终止妊娠手术或者摘取宫内节育器五人次以上的;

(三)致使他人超计划生育的;

(四)非法进行选择性别的终止妊娠手术的;

(五)非法获利累计五千元以上的;

(六)其他情节严重的情形。

第五十九条 【逃避动植物检疫案(刑法第三百三十七条)】违反进出境动植物检疫法的规定,逃避动植物检疫,涉嫌下列情形之一的,应予立案追诉:

(一)造成国家规定的《进境动物一、二类传染病、寄生虫病名录》中所列的动物疫病传入或者对农、牧、渔业生产以及人体健康、公共安全造成严重危害的其他动物疫病在国内暴发流行的;

(二)造成国家规定的《进境植物检疫性有害生物名录》中所列的有害生物传入或者对农、林业生产、生态环境以及人体健康有严重危害的其他有害生物在国内传播扩散的。

第六十条 【重大环境污染事故案(刑法第三百三十八条)】违反国家规定,向土地、水体、大气排放、倾倒或者处置有放射性的废物、含传染病病原体的废物、有毒物质或者其他危险废物,造成重大环境污染事故,涉嫌下列情形之一的,应予立案追诉:

(一)致使公私财产损失三十万元以上的;

(二)致使基本农田、防护林地、特种用途林地五亩以上,其他农用地十亩以上,其他土地二十亩以上基本功能丧失或者遭受永久性破坏的；

（三）致使森林或者其他林木死亡五十立方米以上，或者幼树死亡二千五百株以上的；

（四）致使一人以上死亡、三人以上重伤、十人以上轻伤，或者一人以上重伤并且五人以上轻伤的；

（五）致使传染病发生、流行或者人员中毒达到《国家突发公共卫生事件应急预案》中突发公共卫生事件分级Ⅲ级以上情形，严重危害人体健康的；

（六）其他致使公私财产遭受重大损失或者人身伤亡的严重后果的情形。

本条和本规定第六十二条规定的"公私财产损失"，包括污染环境行为直接造成的财产损毁、减少的实际价值，为防止污染扩大以及消除污染而采取的必要的、合理的措施而发生的费用。

第六十一条 【非法处置进口的固体废物案（刑法第三百三十九条第一款）】违反国家规定，将境外的固体废物进境倾倒、堆放、处置的，应予立案追诉。

第六十二条 【擅自进口固体废物案（刑法第三百三十九条第二款）】未经国务院有关主管部门许可，擅自进口固体废物用作原料，造成重大环境污染事故，涉嫌下列情形之一的，应予立案追诉：

（一）致使公私财产损失三十万元以上的；

（二）致使基本农田、防护林地、特种用途林地五亩以上，其他农用地十亩以上，其他土地二十亩以上基本功能丧失或者遭受永久性破坏的；

（三）致使森林或者其他林木死亡五十立方米以上，或者幼树死亡二千五百株以上的；

（四）致使一人以上死亡、三人以上重伤、十人以上轻伤，或者一人以上重伤并且五人以上轻伤的；

（五）致使传染病发生、流行或者人员中毒达到《国家突发公共卫生事件应急预案》中突发公共卫生事件分级Ⅲ级以上情形，严重危害人体健康的；

（六）其他致使公私财产遭受重大损失或者严重危害人体健康的情形。

第六十三条 【非法捕捞水产品案（刑法第三百四十条）】违反保护水产资源法规，在禁渔区、禁渔期或者使用禁用的工具、方法捕捞水产品，涉嫌下列情形之一的，应予立案追诉：

（一）在内陆水域非法捕捞水产品五百公斤以上或者价值五千元以上，或者在海洋水域非法捕捞水产品二千公斤以上或者价值二万元以上的；

（二）非法捕捞有重要经济价值的水生动物苗种、怀卵亲体或者在水产种质资源保护区内捕捞水产品，在内陆水域五十公斤以上或者价值五百元以上，或者在海洋水域二百公斤以上或者价值二千元以上的；

（三）在禁渔区内使用禁用的工具或者禁用的方法捕捞的；

（四）在禁渔期内使用禁用的工具或者禁用的方法捕捞的；

（五）在公海使用禁用渔具从事捕捞作业，造成严重影响的；

（六）其他情节严重的情形。

第六十四条 【非法猎捕、杀害珍贵、濒危野生动物案（刑法第三百四十一条第一款）】非法猎捕、杀害国家重点保护的珍贵、濒危野生动物的，应予立案追诉。

本条和本规定第六十五条规定的"珍贵、濒危野生动物"，包括列入《国家重点保护野生动物名录》的国家一、二级保护野生动物，列入《濒危野生动植物种国际贸易公约》附录一、附录二的野生动物以及驯养繁殖的上述物种。

第六十五条 【非法收购、运输、出售珍贵、濒危野生动物、珍贵、濒危野生动物制品案（刑法第三百四十一条第一款）】非法收购、运输、出售国家重点保护的珍贵、濒危野生动物及其制品的，应予立案追诉。

本条规定的"收购"，包括以营利、自用等为目的的购买行为；"运输"，包括采用携带、邮寄、利用他人、使用交通工具等方法进行运送的行为；"出售"，包括出卖和以营利为目的的加工利用行为。

第六十六条 【非法狩猎案（刑法第三百四十一条第二款）】违反狩猎法规，在禁猎区、禁猎期或者使用禁用的工具、方法进行狩猎，破坏野生动物资源，涉嫌下列情形之一的，应予立案追诉：

（一）非法狩猎野生动物二十只以上的；

（二）在禁猎区内使用禁用的工具或者禁用的方法狩猎的；

（三）在禁猎期内使用禁用的工具或者禁用的方法狩猎的；

（四）其他情节严重的情形。

第六十七条 【非法占用农用地案(刑法第三百四十二条)】违反土地管理法规,非法占用耕地、林地等农用地,改变被占用土地用途,造成耕地、林地等农用地大量毁坏,涉嫌下列情形之一的,应予立案追诉:

(一)非法占用基本农田五亩以上或者基本农田以外的耕地十亩以上的;

(二)非法占用防护林地或者特种用途林地数量单种或者合计五亩以上的;

(三)非法占用其他林地数量十亩以上的;

(四)非法占用本款第(二)项、第(三)项规定的林地,其中一项数量达到相应规定的数量标准的百分之五十以上,且两项数量合计达到该项规定的数量标准的;

(五)非法占用其他农用地数量较大的情形。

违反土地管理法规,非法占用耕地建窑、建坟、建房、挖沙、采石、采矿、取土、堆放固体废弃物或者进行其他非农业建设,造成耕地种植条件严重毁坏或者严重污染,被毁坏耕地数量达到以上规定的,属于本条规定的"造成耕地大量毁坏"。

违反土地管理法规,非法占用林地,改变被占用林地用途,在非法占用的林地上实施建窑、建坟、建房、挖沙、采石、采矿、取土、种植农作物、堆放或者排泄废弃物等行为或者进行其他非林业生产、建设,造成林地的原有植被或者林业种植条件严重毁坏或者严重污染,被毁坏林地数量达到以上规定的,属于本条规定的"造成林地大量毁坏"。

第六十八条 【非法采矿案(刑法第三百四十三条第一款)】违反矿产资源法的规定,未取得采矿许可证擅自采矿的,或者擅自进入国家规划矿区、对国民经济具有重要价值的矿区和他人矿区范围采矿的,或者擅自开采国家规定实行保护性开采的特定矿种,经责令停止开采后拒不停止开采,造成矿产资源破坏的价值数额在五万元至十万元以上的,应予立案追诉。

具有下列情形之一的,属于本条规定的"未取得采矿许可证擅自采矿":

(一)无采矿许可证开采矿产资源的;

(二)采矿许可证被注销、吊销后继续开采矿产资源的;

(三)超越采矿许可证规定的矿区范围开采矿产资源的;

(四)未按采矿许可证规定的矿种开采矿产资源的(共生、伴生矿种除外);

(五)其他未取得采矿许可证开采矿产资源的情形。

在采矿许可证被依法暂扣期间擅自开采的,视为本条规定的"未取得采矿许可证擅自采矿"。

造成矿产资源破坏的价值数额,由省级以上地质矿产主管部门出具鉴定结论,经查证属实后予以认定。

第六十九条 【破坏性采矿案(刑法第三百四十三条第二款)】违反矿产资源法的规定,采取破坏性的开采方法开采矿产资源,造成矿产资源严重破坏,价值数额在三十万元至五十万元以上的,应予立案追诉。

本条规定的"采取破坏性的开采方法开采矿产资源",是指行为人违反地质矿产主管部门审查批准的矿产资源开发利用方案开采矿产资源,并造成矿产资源严重破坏的行为。

破坏性的开采方法以及造成矿产资源严重破坏的价值数额,由省级以上地质矿产主管部门出具鉴定结论,经查证属实后予以认定。

第七十条 【非法采伐、毁坏国家重点保护植物案(刑法第三百四十四条)】违反国家规定,非法采伐、毁坏珍贵树木或者国家重点保护的其他植物的,应予立案追诉。

本条和本规定第七十一条规定的"珍贵树木或者国家重点保护的其他植物",包括由省级以上林业主管部门或者其他部门确定的具有重大历史纪念意义、科学研究价值或者年代久远的古树名木,国家禁止、限制出口的珍贵树木以及列入《国家重点保护野生植物名录》的树木或者其他植物。

第七十一条 【非法收购、运输、加工、出售国家重点保护植物、国家重点保护植物制品案(刑法第三百四十四条)】违反国家规定,非法收购、运输、加工、出售珍贵树木或者国家重点保护的其他植物及其制品的,应予立案追诉。

第七十二条 【盗伐林木案(刑法第三百四十五条第一款)】盗伐森林或者其他林木,涉嫌下列情形之一的,应予立案追诉:

(一)盗伐二至五立方米以上的;

(二)盗伐幼树一百至二百株以上的。

以非法占有为目的,具有下列情形之一的,属于本条规定的"盗伐森林或者其他林木":

(一)擅自砍伐国家、集体、他人所有或者他人承包经营管理的森林或者其他林木的；

（二）擅自砍伐本单位或者本人承包经营管理的森林或者其他林木的；

（三）在林木采伐许可证规定的地点以外采伐国家、集体、他人所有或者他人承包经营管理的森林或者其他林木的。

本条和本规定第七十三条、第七十四条规定的林木数量以立木蓄积计算，计算方法为：原木材积除以该树种的出材率；"幼树"，是指胸径五厘米以下的树木。

第七十三条 【滥伐林木案（刑法第三百四十五条第二款）】违反森林法的规定，滥伐森林或者其他林木，涉嫌下列情形之一的，应予立案追诉：

（一）滥伐十至二十立方米以上的；

（二）滥伐幼树五百至一千株以上的。

违反森林法的规定，具有下列情形之一的，属于本条规定的"滥伐森林或者其他林木"：

（一）未经林业行政主管部门及法律规定的其他主管部门批准并核发林木采伐许可证，或者虽持有林木采伐许可证，但违反林木采伐许可证规定的时间、数量、树种或者方式，任意采伐本单位所有或者本人所有的森林或者其他林木的；

（二）超过林木采伐许可证规定的数量采伐他人所有的森林或者其他林木的。

违反森林法的规定，在林木采伐许可证规定的地点以外，采伐本单位或者本人所有的森林或者其他林木的，除农村居民采伐自留地和房前屋后个人所有的零星林木以外，属于本条第二款第（一）项"未经林业行政主管部门及法律规定的其他主管部门批准并核发林木采伐许可证"规定的情形。

林木权属争议一方在林木权属确权之前，擅自砍伐森林或者其他林木的，属于本条规定的"滥伐森林或者其他林木"。

滥伐林木的数量，应在伐区调查设计允许的误差额以上计算。

第七十四条 【非法收购、运输盗伐、滥伐的林木案（刑法第三百四十五条第三款）】非法收购、运输明知是盗伐、滥伐的林木，涉嫌下列情形之一的，应予立案追诉：

（一）非法收购、运输盗伐、滥伐的林木二十立方米以上或者幼树一千株以上的；

（二）其他情节严重的情形。

本条规定的"非法收购"的"明知"，是指知道或者应当知道。具有下列情形之一的，可以视为应当知道，但是有证据证明确属被蒙骗的除外：

（一）在非法的木材交易场所或者销售单位收购木材的；

（二）收购以明显低于市场价格出售的木材的；

（三）收购违反规定出售的木材的。

第七十五条 【组织卖淫案（刑法第三百五十八条第一款）】以招募、雇佣、强迫、引诱、容留等手段，组织他人卖淫的，应予立案追诉。

第七十六条 【强迫卖淫案（刑法第三百五十八条第一款）】以暴力、胁迫等手段强迫他人卖淫的，应予立案追诉。

第七十七条 【协助组织卖淫案（刑法第三百五十八条第三款）】在组织卖淫的犯罪活动中，充当保镖、打手、管账人等，起帮助作用的，应予立案追诉。

第七十八条 【引诱、容留、介绍卖淫案（刑法第三百五十九条第一款）】引诱、容留、介绍他人卖淫，涉嫌下列情形之一的，应予立案追诉：

（一）引诱、容留、介绍二人次以上卖淫的；

（二）引诱、容留、介绍已满十四周岁未满十八周岁的未成年人卖淫的；

（三）被引诱、容留、介绍卖淫的人患有艾滋病或者患有梅毒、淋病等严重性病的；

（四）其他引诱、容留、介绍卖淫应予追究刑事责任的情形。

第七十九条 【引诱幼女卖淫案（刑法第三百五十九条第二款）】引诱不满十四周岁的幼女卖淫的，应予立案追诉。

第八十条 【传播性病案（刑法第三百六十条第一款）】明知自己患有梅毒、淋病等严重性病卖淫、嫖娼的，应予立案追诉。

具有下列情形之一的，可以认定为本条规定的"明知"：

（一）有证据证明曾到医疗机构就医，被诊断为患有严重性病的；

（二）根据本人的知识和经验，能够知道自己患有严重性病的；

（三）通过其他方法能够证明是"明知"的。

第八十一条 【嫖宿幼女案（刑法第三百六十条第二款）】行为人知道被害人是或者可能是不满

十四周岁的幼女而嫖宿的,应予立案追诉。

第八十二条 【制作、复制、出版、贩卖、传播淫秽物品牟利案(刑法第三百六十三条第一款、第二款)】以牟利为目的,制作、复制、出版、贩卖、传播淫秽物品,涉嫌下列情形之一的,应予立案追诉:

(一)制作、复制、出版淫秽影碟、软件、录像带五十至一百张(盒)以上,淫秽音碟、录音带一百至二百张(盒)以上,淫秽扑克、书刊、画册一百至二百副(册)以上,淫秽照片、画片五百至一千张以上的;

(二)贩卖淫秽影碟、软件、录像带一百至二百张(盒)以上,淫秽音碟、录音带二百至四百张(盒)以上,淫秽扑克、书刊、画册二百至四百副(册)以上,淫秽照片、画片一千至二千张以上的;

(三)向他人传播淫秽物品达二百至五百人次以上,或者组织播放淫秽影、像达十至二十场次以上的;

(四)制作、复制、出版、贩卖、传播淫秽物品,获利五千至一万元以上的。

以牟利为目的,利用互联网、移动通讯终端制作、复制、出版、贩卖、传播淫秽电子信息,涉嫌下列情形之一的,应予立案追诉:

(一)制作、复制、出版、贩卖、传播淫秽电影、表演、动画等视频文件二十个以上的;

(二)制作、复制、出版、贩卖淫秽音频文件一百个以上的;

(三)制作、复制、出版、贩卖、传播淫秽电子刊物、图片、文章、短信息等二百件以上的;

(四)制作、复制、出版、贩卖、传播的淫秽电子信息,实际被点击数达到一万次以上的;

(五)以会员制方式出版、贩卖、传播淫秽电子信息,注册会员达二百人以上的;

(六)利用淫秽电子信息收取广告费、会员注册费或者其他费用,违法所得一万元以上的;

(七)数量或者数额虽未达到本款第(一)项至第(六)项规定标准,但分别达到其中两项以上标准的百分之五十以上的;

(八)造成严重后果的。

利用聊天室、论坛、即时通信软件、电子邮件等方式,实施本条第二款规定行为的,应予立案追诉。

以牟利为目的,通过声讯台传播淫秽语音信息,涉嫌下列情形之一的,应予立案追诉:

(一)向一百人次以上传播的;

(二)违法所得一万元以上的;

(三)造成严重后果的。

明知他人用于出版淫秽书刊而提供书号、刊号的,应予立案追诉。

第八十三条 【为他人提供书号出版淫秽书刊案(刑法第三百六十三条第二款)】为他人提供书号、刊号出版淫秽书刊,或者为他人提供版号出版淫秽音像制品的,应予立案追诉。

第八十四条 【传播淫秽物品案(刑法第三百六十四条第一款)】传播淫秽的书刊、影片、音像、图片或者其他淫秽物品,涉嫌下列情形之一的,应予立案追诉:

(一)向他人传播三百至六百人次以上的;

(二)造成恶劣社会影响的。

不以牟利为目的,利用互联网、移动通讯终端传播淫秽电子信息,涉嫌下列情形之一的,应予立案追诉:

(一)数量达到本规定第八十二条第二款第(一)项至第(五)项规定标准二倍以上的;

(二)数量分别达到本规定第八十二条第二款第(一)项至第(五)项两项以上标准的;

(三)造成严重后果的。

利用聊天室、论坛、即时通信软件、电子邮件等方式,实施本条第二款规定行为的,应予立案追诉。

第八十五条 【组织播放淫秽音像制品案(刑法第三百六十四条第二款)】组织播放淫秽的电影、录像等音像制品,涉嫌下列情形之一的,应予立案追诉:

(一)组织播放十五至三十场次以上的;

(二)造成恶劣社会影响的。

第八十六条 【组织淫秽表演案(刑法第三百六十五条)】以策划、招募、强迫、雇用、引诱、提供场地、提供资金等手段,组织进行淫秽表演,涉嫌下列情形之一的,应予立案追诉:

(一)组织表演者进行裸体表演的;

(二)组织表演者利用性器官进行诲淫性表演的;

(三)组织表演者半裸体或者变相裸体表演并通过语言、动作具体描绘性行为的;

(四)其他组织进行淫秽表演应予追究刑事责

任的情形。

六、危害国防利益案

第八十七条 【故意提供不合格武器装备、军事设施案(刑法第三百七十条第一款)】明知是不合格的武器装备、军事设施而提供给武装部队,涉嫌下列情形之一的,应予立案追诉:

（一）造成人员轻伤以上的;

（二）造成直接经济损失十万元以上的;

（三）提供不合格的枪支三支以上、子弹一百发以上、雷管五百枚以上、炸药五千克以上或者其他重要武器装备、军事设施的;

（四）影响作战、演习、抢险救灾等重大任务完成的;

（五）发生在战时的;

（六）其他故意提供不合格武器装备、军事设施应予追究刑事责任的情形。

第八十八条 【过失提供不合格武器装备、军事设施案(刑法第三百七十条第二款)】过失提供不合格武器装备、军事设施给武装部队,涉嫌下列情形之一的,应予立案追诉:

（一）造成死亡一人以上或者重伤三人以上的;

（二）造成直接经济损失三十万元以上的;

（三）严重影响作战、演习、抢险救灾等重大任务完成的;

（四）其他造成严重后果的情形。

第八十九条 【聚众冲击军事禁区案(刑法第三百七十一条第一款)】组织、策划、指挥聚众冲击军事禁区或者积极参加聚众冲击军事禁区,严重扰乱军事禁区秩序,涉嫌下列情形之一的,应予立案追诉:

（一）冲击三次以上或者一次冲击持续时间较长的;

（二）持械或者采取暴力手段冲击的;

（三）冲击重要军事禁区的;

（四）发生在战时的;

（五）其他严重扰乱军事禁区秩序应予追究刑事责任的情形。

第九十条 【聚众扰乱军事管理区秩序案(刑法第三百七十一条第二款)】组织、策划、指挥聚众扰乱军事管理区秩序或者积极参加聚众扰乱军事管理区秩序,致使军事管理区工作无法进行,造成严重损失,涉嫌下列情形之一的,应予立案追诉:

（一）造成人员轻伤以上的;

（二）扰乱三次以上或者一次扰乱时间较长的;

（三）造成直接经济损失五万元以上的;

（四）持械或者采取暴力手段的;

（五）扰乱重要军事管理区秩序的;

（六）发生在战时的;

（七）其他聚众扰乱军事管理区秩序应予追究刑事责任的情形。

第九十一条 【煽动军人逃离部队案(刑法第三百七十三条)】煽动军人逃离部队,涉嫌下列情形之一的,应予立案追诉:

（一）煽动三人以上逃离部队的;

（二）煽动指挥人员、值班执勤人员或者其他负有重要职责人员逃离部队的;

（三）影响重要军事任务完成的;

（四）发生在战时的;

（五）其他情节严重的情形。

第九十二条 【雇用逃离部队军人案(刑法第三百七十三条)】明知是逃离部队的军人而雇用,涉嫌下列情形之一的,应予立案追诉:

（一）雇用一人六个月以上的;

（二）雇用三人以上的;

（三）明知是逃离部队的指挥人员、值班执勤人员或者其他负有重要职责人员而雇用的;

（四）阻碍部队将被雇用军人带回的;

（五）其他情节严重的情形。

第九十三条 【接送不合格兵员案(刑法第三百七十四条)】在征兵工作中徇私舞弊,接送不合格兵员,涉嫌下列情形之一的,应予立案追诉:

（一）接送不合格特种条件兵员一名以上或者普通兵员三名以上的;

（二）发生在战时的;

（三）造成严重后果的;

（四）其他情节严重的情形。

第九十四条 【非法生产、买卖军用标志案(刑法第三百七十五条第二款)】非法生产、买卖武装部队制式服装、车辆号牌等专用标志,涉嫌下列情形之一的,应予立案追诉:

（一）成套制式服装三十套以上,或者非成套制式服装一百件以上的;

（二）军徽、军旗、肩章、星徽、帽徽、军种符号或者其他军用标志单种或者合计一百件以上的；

（三）军以上领导机关专用车辆号牌一副以上或者其他军用车辆号牌三副以上的；

（四）非法经营数额五千元以上，或者非法获利一千元以上的；

（五）被他人利用进行违法犯罪活动的；

（六）其他情节严重的情形。

第九十五条　【战时拒绝、逃避征召、军事训练案（刑法第三百七十六条第一款）】预备役人员战时拒绝、逃避征召或者军事训练，涉嫌下列情形之一的，应予立案追诉：

（一）无正当理由经教育仍拒绝、逃避征召或者军事训练的；

（二）以暴力、威胁、欺骗等手段，或者采取自伤、自残等方式拒绝、逃避征召或者军事训练的；

（三）联络、煽动他人共同拒绝、逃避征召或者军事训练的；

（四）其他情节严重的情形。

第九十六条　【战时拒绝、逃避服役案（刑法第三百七十六条第二款）】公民战时拒绝、逃避服役，涉嫌下列情形之一的，应予立案追诉：

（一）无正当理由经教育仍拒绝、逃避服役的；

（二）以暴力、威胁、欺骗等手段，或者采取自伤、自残等方式拒绝、逃避服役的；

（三）联络、煽动他人共同拒绝、逃避服役的；

（四）其他情节严重的情形。

第九十七条　【战时窝藏逃离部队军人案（刑法第三百七十九条）】战时明知是逃离部队的军人而为其提供隐蔽处所、财物，涉嫌下列情形之一的，应予立案追诉：

（一）窝藏三人次以上的；

（二）明知是指挥人员、值班执勤人员或者其他负有重要职责人员而窝藏的；

（三）有关部门查找时拒不交出的；

（四）其他情节严重的情形。

第九十八条　【战时拒绝、故意延误军事订货案（刑法第三百八十条）】战时拒绝或者故意延误军事订货，涉嫌下列情形之一的，应予立案追诉：

（一）拒绝或者故意延误军事订货三次以上的；

（二）联络、煽动他人共同拒绝或者故意延误军事订货的；

（三）拒绝或者故意延误重要军事订货，影响重要军事任务完成的；

（四）其他情节严重的情形。

第九十九条　【战时拒绝军事征用案（刑法第三百八十一条）】战时拒绝军事征用，涉嫌下列情形之一的，应予立案追诉：

（一）无正当理由拒绝军事征用三次以上的；

（二）采取暴力、威胁、欺骗等手段拒绝军事征用的；

（三）联络、煽动他人共同拒绝军事征用的；

（四）拒绝重要军事征用，影响重要军事任务完成的；

（五）其他情节严重的情形。

附　则

第一百条　本规定中的立案追诉标准，除法律、司法解释另有规定的以外，适用于相关的单位犯罪。

第一百零一条　本规定中的"以上"，包括本数。

第一百零二条　本规定自印发之日起施行。

最高人民检察院、公安部关于公安机关管辖的刑事案件立案追诉标准的规定（一）的补充规定

· 2017年4月27日
· 公通字〔2017〕12号

一、在《最高人民检察院公安部关于公安机关管辖的刑事案件立案追诉标准的规定（一）》（以下简称《立案追诉标准（一）》）第十五条后增加一条，作为第十五条之一：[不报、谎报安全事故案（刑法第一百三十九条之一）]在安全事故发生后，负有报告职责的人员不报或者谎报事故情况，贻误事故抢救，涉嫌下列情形之一的，应予立案追诉：

（一）导致事故后果扩大，增加死亡一人以上，或者增加重伤三人以上，或者增加直接经济损失一百万元以上的；

（二）实施下列行为之一，致使不能及时有效开展事故抢救的：

1. 决定不报、迟报、谎报事故情况或者指使、

串通有关人员不报、迟报、谎报事故情况的；

2. 在事故抢救期间擅离职守或者逃匿的；

3. 伪造、破坏事故现场，或者转移、藏匿、毁灭遇难人员尸体，或者转移、藏匿受伤人员的；

4. 毁灭、伪造、隐匿与事故有关的图纸、记录、计算机数据等资料以及其他证据的；

（三）其他不报、谎报安全事故情节严重的情形。

本条规定的"负有报告职责的人员"，是指负有组织、指挥或者管理职责的负责人、管理人员、实际控制人、投资人，以及其他负有报告职责的人员。

二、将《立案追诉标准（一）》第十七条修改为：[生产、销售假药案（刑法第一百四十一条）]生产、销售假药的，应予立案追诉。但销售少量根据民间传统配方私自加工的药品，或者销售少量未经批准进口的国外、境外药品，没有造成他人伤害后果或者延误诊治，情节显著轻微危害不大的除外。

以生产、销售假药为目的，具有下列情形之一的，属于本条规定的"生产"：

（一）合成、精制、提取、储存、加工炮制药品原料的；

（二）将药品原料、辅料、包装材料制成成品过程中，进行配料、混合、制剂、储存、包装的；

（三）印制包装材料、标签、说明书的。

医疗机构、医疗机构工作人员明知是假药而有偿提供给他人使用，或者为出售而购买、储存的，属于本条规定的"销售"。

本条规定的"假药"，是指依照《中华人民共和国药品管理法》的规定属于假药和按假药处理的药品、非药品。是否属于假药难以确定的，可以根据地市级以上药品监督管理部门出具的认定意见等相关材料进行认定。必要时，可以委托省级以上药品监督管理部门设置或者确定的药品检验机构进行检验。

三、将《立案追诉标准（一）》第十九条修改为：[生产、销售不符合安全标准的食品案（刑法第一百四十三条）]生产、销售不符合食品安全标准的食品，涉嫌下列情形之一的，应予立案追诉：

（一）食品含有严重超出标准限量的致病性微生物、农药残留、兽药残留、重金属、污染物质以及其他危害人体健康的物质的；

（二）属于病死、死因不明或者检验检疫不合格的畜、禽、兽、水产动物及其肉类、肉类制品的；

（三）属于国家为防控疾病等特殊需要明令禁止生产、销售的食品的；

（四）婴幼儿食品中生长发育所需营养成分严重不符合食品安全标准的；

（五）其他足以造成严重食物中毒事故或者严重食源性疾病的情形。

在食品加工、销售、运输、贮存等过程中，违反食品安全标准，超限量或者超范围滥用食品添加剂，足以造成严重食物中毒事故或者其他严重食源性疾病的，应予立案追诉。

在食用农产品种植、养殖、销售、运输、贮存等过程中，违反食品安全标准，超限量或者超范围滥用添加剂、农药、兽药等，足以造成严重食物中毒事故或者其他严重食源性疾病的，应予立案追诉。

四、将《立案追诉标准（一）》第二十条修改为：[生产、销售有毒、有害食品案（刑法第一百四十四条）]在生产、销售的食品中掺入有毒、有害的非食品原料的，或者销售明知掺有有毒、有害的非食品原料的食品的，应予立案追诉。

在食品加工、销售、运输、贮存等过程中，掺入有毒、有害的非食品原料，或者使用有毒、有害的非食品原料加工食品的，应予立案追诉。

在食用农产品种植、养殖、销售、运输、贮存等过程中，使用禁用农药、兽药等禁用物质或者其他有毒、有害物质的，应予立案追诉。

在保健食品或者其他食品中非法添加国家禁用药物等有毒、有害物质的，应予立案追诉。

下列物质应当认定为本条规定的"有毒、有害的非食品原料"：

（一）法律、法规禁止在食品生产经营活动中添加、使用的物质；

（二）国务院有关部门公布的《食品中可能违法添加的非食用物质名单》《保健食品中可能非法添加的物质名单》中所列物质；

（三）国务院有关部门公告禁止使用的农药、兽药以及其他有毒、有害物质；

（四）其他危害人体健康的物质。

五、将《立案追诉标准（一）》第二十八条修改为：[强迫交易案（刑法第二百二十六条）]以暴力、威胁手段强买强卖商品，强迫他人提供服务或者接受服务，涉嫌下列情形之一的，应予立案追诉：

（一）造成被害人轻微伤的；

(二)造成直接经济损失二千元以上的;

(三)强迫交易三次以上或者强迫三人以上交易的;

(四)强迫交易数额一万元以上,或者违法所得数额二千元以上的;

(五)强迫他人购买伪劣商品数额五千元以上,或者违法所得数额一千元以上的;

(六)其他情节严重的情形。

以暴力、威胁手段强迫他人参与或者退出投标、拍卖,强迫他人转让或者收购公司、企业的股份、债券或者其他资产,强迫他人参与或者退出特定的经营活动,具有多次实施、手段恶劣、造成严重后果或者恶劣社会影响等情形之一的,应予立案追诉。

六、将《立案追诉标准(一)》第三十一条修改为:[强迫劳动案(刑法第二百四十四条)]以暴力、威胁或者限制人身自由的方法强迫他人劳动的,应予立案追诉。

明知他人以暴力、威胁或者限制人身自由的方法强迫他人劳动,为其招募、运送人员或者有其他协助强迫他人劳动行为的,应予立案追诉。

七、在《立案追诉标准(一)》第三十四条后增加一条,作为第三十四条之一:[拒不支付劳动报酬案(刑法第二百七十六条之一)]以转移财产、逃匿等方法逃避支付劳动者的劳动报酬或者有能力支付而不支付劳动者的劳动报酬,经政府有关部门责令支付仍不支付,涉嫌下列情形之一的,应予立案追诉:

(一)拒不支付一名劳动者三个月以上的劳动报酬且数额在五千元至二万元以上的;

(二)拒不支付十名以上劳动者的劳动报酬且数额累计在三万元至十万元以上的。

不支付劳动者的劳动报酬,尚未造成严重后果,在刑事立案前支付劳动者的劳动报酬,并依法承担相应赔偿责任的,可以不予立案追诉。

八、将《立案追诉标准(一)》第三十七条修改为:[寻衅滋事案(刑法第二百九十三条)]随意殴打他人,破坏社会秩序,涉嫌下列情形之一的,应予立案追诉:

(一)致一人以上轻伤或者二人以上轻微伤的;

(二)引起他人精神失常、自杀等严重后果的;

(三)多次随意殴打他人的;

(四)持凶器随意殴打他人的;

(五)随意殴打精神病人、残疾人、流浪乞讨人员、老年人、孕妇、未成年人,造成恶劣社会影响的;

(六)在公共场所随意殴打他人,造成公共场所秩序严重混乱的;

(七)其他情节恶劣的情形。

追逐、拦截、辱骂、恐吓他人,破坏社会秩序,涉嫌下列情形之一的,应予立案追诉:

(一)多次追逐、拦截、辱骂、恐吓他人,造成恶劣社会影响的;

(二)持凶器追逐、拦截、辱骂、恐吓他人的;

(三)追逐、拦截、辱骂、恐吓精神病人、残疾人、流浪乞讨人员、老年人、孕妇、未成年人,造成恶劣社会影响的;

(四)引起他人精神失常、自杀等严重后果的;

(五)严重影响他人的工作、生活、生产、经营的;

(六)其他情节恶劣的情形。

强拿硬要或者任意损毁、占用公私财物,破坏社会秩序,涉嫌下列情形之一的,应予立案追诉:

(一)强拿硬要公私财物价值一千元以上,或者任意损毁、占用公私财物价值二千元以上的;

(二)多次强拿硬要或者任意损毁、占用公私财物,造成恶劣社会影响的;

(三)强拿硬要或者任意损毁、占用精神病人、残疾人、流浪乞讨人员、老年人、孕妇、未成年人的财物,造成恶劣社会影响的;

(四)引起他人精神失常、自杀等严重后果的;

(五)严重影响他人的工作、生活、生产、经营的;

(六)其他情节严重的情形。

在车站、码头、机场、医院、商场、公园、影剧院、展览会、运动场或者其他公共场所起哄闹事,应当根据公共场所的性质、公共活动的重要程度、公共场所的人数、起哄闹事的时间、公共场所受影响的范围与程度等因素,综合判断是否造成公共场所秩序严重混乱。

九、将《立案追诉标准(一)》第五十九条修改为:[妨害动植物防疫、检疫案(刑法第三百三十七条)]违反有关动植物防疫、检疫的国家规定,引起重大动植物疫情的,应予立案追诉。

违反有关动植物防疫、检疫的国家规定,有引

起重大动植物疫情危险,涉嫌下列情形之一的,应予立案追诉:

(一)非法处置疫区内易感动物或者其产品,货值金额五万元以上的;

(二)非法处置因动植物防疫、检疫需要被依法处理的动植物或者其产品,货值金额二万元以上的;

(三)非法调运、生产、经营感染重大植物检疫性有害生物的林木种子、苗木等繁殖材料或者森林植物产品的;

(四)输入《中华人民共和国进出境动植物检疫法》规定的禁止进境物逃避检疫,或者对特许进境的禁止进境物未有效控制与处置,导致其逃逸、扩散的;

(五)进境动植物及其产品检出有引起重大动植物疫情危险的动物疫病或者植物有害生物后,非法处置导致进境动植物及其产品流失的;

(六)一年内携带或者寄递《中华人民共和国禁止携带、邮寄进境的动植物及其产品名录》所列物品进境逃避检疫两次以上,或者窃取、抢夺、损毁、抛洒动植物检疫机关截留的《中华人民共和国禁止携带、邮寄进境的动植物及其产品名录》所列物品的;

(七)其他情节严重的情形。

本条规定的"重大动植物疫情",按照国家行政主管部门的有关规定认定。

十、将《立案追诉标准(一)》第六十条修改为:
[污染环境案(刑法第三百三十八条)]违反国家规定,排放、倾倒或者处置有放射性的废物、含传染病病原体的废物、有毒物质或者其他有害物质,涉嫌下列情形之一的,应予立案追诉:

(一)在饮用水水源一级保护区、自然保护区核心区排放、倾倒、处置有放射性的废物、含传染病病原体的废物、有毒物质的;

(二)非法排放、倾倒、处置危险废物三吨以上的;

(三)排放、倾倒、处置含铅、汞、镉、铬、砷、铊、锑的污染物,超过国家或者地方污染物排放标准三倍以上的;

(四)排放、倾倒、处置含镍、铜、锌、银、钒、锰、钴的污染物,超过国家或者地方污染物排放标准十倍以上的;

(五)通过暗管、渗井、渗坑、裂隙、溶洞、灌注等逃避监管的方式排放、倾倒、处置有放射性的废物、含传染病病原体的废物、有毒物质的;

(六)二年内曾因违反国家规定,排放、倾倒、处置有放射性的废物、含传染病病原体的废物、有毒物质受过两次以上行政处罚,又实施前列行为的;

(七)重点排污单位篡改、伪造自动监测数据或者干扰自动监测设施,排放化学需氧量、氨氮、二氧化硫、氮氧化物等污染物的;

(八)违法减少防治污染设施运行支出一百万元以上的;

(九)违法所得或者致使公私财产损失三十万元以上的;

(十)造成生态环境严重损害的;

(十一)致使乡镇以上集中式饮用水水源取水中断十二小时以上的;

(十二)致使基本农田、防护林地、特种用途林地五亩以上,其他农用地十亩以上,其他土地二十亩以上基本功能丧失或者遭受永久性破坏的;

(十三)致使森林或者其他林木死亡五十立方米以上,或者幼树死亡二千五百株以上的;

(十四)致使疏散、转移群众五千人以上的;

(十五)致使三十人以上中毒的;

(十六)致使三人以上轻伤、轻度残疾或者器官组织损伤导致一般功能障碍的;

(十七)致使一人以上重伤、中度残疾或者器官组织损伤导致严重功能障碍的;

(十八)其他严重污染环境的情形。

本条规定的"有毒物质",包括列入国家危险废物名录或者根据国家规定的危险废物鉴别标准和鉴别方法认定的具有危险特性的废物,《关于持久性有机污染物的斯德哥尔摩公约》附件所列物质,含重金属的污染物,以及其他具有毒性可能污染环境的物质。

本条规定的"非法处置危险废物",包括无危险废物经营许可证,以营利为目的,从危险废物中提取物质作为原材料或者燃料,并具有超标排放污染物、非法倾倒污染物或者其他违法造成环境污染情形的行为。

本条规定的"重点排污单位",是指设区的市级以上人民政府环境保护主管部门依法确定的应当安装、使用污染物排放自动监测设备的重点监控企业及其他单位。

本条规定的"公私财产损失",包括直接造成财产损毁、减少的实际价值,为防止污染扩大、消除污染而采取必要合理措施所产生的费用,以及处置突发环境事件的应急监测费用。

本条规定的"生态环境损害",包括生态环境修复费用,生态环境修复期间服务功能的损失和生态环境功能永久性损害造成的损失,以及其他必要合理费用。

本条规定的"无危险废物经营许可证",是指未取得危险废物经营许可证,或者超出危险废物经营许可证的经营范围。

十一、将《立案追诉标准(一)》第六十八条修改为:[非法采矿案(刑法第三百四十三条第一款)]违反矿产资源法的规定,未取得采矿许可证擅自采矿,或者擅自进入国家规划矿区、对国民经济具有重要价值的矿区和他人矿区范围采矿,或者擅自开采国家规定实行保护性开采的特定矿种,涉嫌下列情形之一的,应予立案追诉:

(一)开采的矿产品价值或者造成矿产资源破坏的价值在十万元至三十万元以上的;

(二)在国家规划矿区、对国民经济具有重要价值的矿区采矿,开采国家规定实行保护性开采的特定矿种,或者在禁采区、禁采期内采矿,开采的矿产品价值或者造成矿产资源破坏的价值在五万元至十五万元以上的;

(三)二年内曾因非法采矿受过两次以上行政处罚,又实施非法采矿行为的;

(四)造成生态环境严重损害的;

(五)其他情节严重的情形。

在河道管理范围内采砂,依据相关规定应当办理河道采砂许可证而未取得河道采砂许可证,或者应当办理河道采砂许可证和采矿许可证,既未取得河道采砂许可证又未取得采矿许可证,具有本条第一款规定的情形之一,或者严重影响河势稳定危害防洪安全的,应予立案追诉。

采挖海砂,未取得海砂开采海域使用权证且未取得采矿许可证,具有本条第一款规定的情形之一,或者造成海岸线严重破坏的,应予立案追诉。

具有下列情形之一的,属于本条规定的"未取得采矿许可证":

(一)无许可证的;

(二)许可证被注销、吊销、撤销的;

(三)超越许可证规定的矿区范围或者开采范围的;

(四)超出许可证规定的矿种的(共生、伴生矿种除外);

(五)其他未取得许可证的情形。

多次非法采矿构成犯罪,依法应当追诉的,或者二年内多次非法采矿未经处理的,价值数额累计计算。

非法开采的矿产品价值,根据销赃数额认定;无销赃数额,销赃数额难以查证,或者根据销赃数额认定明显不合理的,根据矿产品价格和数量认定。

矿产品价值难以确定的,依据价格认证机构、省级以上人民政府国土资源、水行政、海洋等主管部门,或者国务院水行政主管部门在国家确定的重要江河、湖泊设立的流域管理机构出具的报告,结合其他证据作出认定。

十二、将《立案追诉标准(一)》第七十七条修改为:[协助组织卖淫案(刑法第三百五十八条第四款)]在组织卖淫的犯罪活动中,帮助招募、运送、培训人员三人以上,或者充当保镖、打手、管账人等,起帮助作用的,应予立案追诉。

十三、将《立案追诉标准(一)》第八十一条删除。

十四、将《立案追诉标准(一)》第九十四条修改为:[非法生产、买卖武装部队制式服装案(刑法第三百七十五条第二款)]非法生产、买卖武装部队制式服装,涉嫌下列情形之一的,应予立案追诉:

(一)非法生产、买卖成套制式服装三十套以上,或者非成套制式服装一百件以上的;

(二)非法生产、买卖帽徽、领花、臂章等标志服饰合计一百件(副)以上的;

(三)非法经营数额二万元以上的;

(四)违法所得数额五千元以上的;

(五)其他情节严重的情形。

买卖仿制的现行装备的武装部队制式服装,情节严重的,应予立案追诉。

十五、在《立案追诉标准(一)》第九十四条后增加一条,作为第九十四条之一:[伪造、盗窃、买卖、非法提供、非法使用武装部队专用标志案(刑法第三百七十五条第三款)]伪造、盗窃、买卖或者非法提供、使用武装部队车辆号牌等专用标志,涉

嫌下列情形之一的,应予立案追诉:

（一）伪造、盗窃、买卖或者非法提供、使用武装部队军以上领导机关车辆号牌一副以上或者其他车辆号牌三副以上的;

（二）非法提供、使用军以上领导机关车辆号牌之外的其他车辆号牌累计六个月以上的;

（三）伪造、盗窃、买卖或者非法提供、使用军徽、军旗、军种符号或者其他军用标志合计一百件（副）以上的;

（四）造成严重后果或者恶劣影响的。

盗窃、买卖、提供、使用伪造、变造的武装部队车辆号牌等专用标志,情节严重的,应予立案追诉。

十六、将《立案追诉标准（一）》第九十九条修改为:[战时拒绝军事征收、征用案(刑法第三百八十一条)]战时拒绝军事征收、征用,涉嫌下列情形之一的,应予立案追诉:

（一）无正当理由拒绝军事征收、征用三次以上的;

（二）采取暴力、威胁、欺骗等手段拒绝军事征收、征用的;

（三）联络、煽动他人共同拒绝军事征收、征用的;

（四）拒绝重要军事征收、征用,影响重要军事任务完成的;

（五）其他情节严重的情形。

最高人民检察院、公安部关于公安机关管辖的刑事案件立案追诉标准的规定（二）

· 2022年4月6日
· 公通字〔2022〕12号

第一条 【帮助恐怖活动案（刑法第一百二十条之一第一款）】资助恐怖活动组织、实施恐怖活动的个人的,或者资助恐怖活动培训的,应予立案追诉。

第二条 【走私假币案（刑法第一百五十一条第一款）】走私伪造的货币,涉嫌下列情形之一的,应予立案追诉:

（一）总面额在二千元以上或者币量在二百张（枚）以上的;

（二）总面额在一千元以上或者币量在一百张（枚）以上,二年内因走私假币受过行政处罚,又走私假币的;

（三）其他走私假币应予追究刑事责任的情形。

第三条 【虚报注册资本案（刑法第一百五十八条）】申请公司登记使用虚假证明文件或者采取其他欺诈手段虚报注册资本,欺骗公司登记主管部门,取得公司登记,涉嫌下列情形之一的,应予立案追诉:

（一）法定注册资本最低限额在六百万元以下,虚报数额占其应缴出资数额百分之六十以上的;

（二）法定注册资本最低限额超过六百万元,虚报数额占其应缴出资数额百分之三十以上的;

（三）造成投资者或者其他债权人直接经济损失累计数额在五十万元以上的;

（四）虽未达到上述数额标准,但具有下列情形之一的:

1. 二年内因虚报注册资本受过二次以上行政处罚,又虚报注册资本的;

2. 向公司登记主管人员行贿的;

3. 为进行违法活动而注册的。

（五）其他后果严重或者有其他严重情节的情形。

本条只适用于依法实行注册资本实缴登记制的公司。

第四条 【虚假出资、抽逃出资案（刑法第一百五十九条）】公司发起人、股东违反公司法的规定未交付货币、实物或者未转移财产权,虚假出资,或者在公司成立后又抽逃其出资,涉嫌下列情形之一的,应予立案追诉:

（一）法定注册资本最低限额在六百万元以下,虚假出资、抽逃出资数额占其应缴出资数额百分之六十以上的;

（二）法定注册资本最低限额超过六百万元,虚假出资、抽逃出资数额占其应缴出资数额百分之三十以上的;

（三）造成公司、股东、债权人的直接经济损失累计数额在五十万元以上的;

（四）虽未达到上述数额标准,但具有下列情形之一的:

1. 致使公司资不抵债或者无法正常经营的；

2. 公司发起人、股东合谋虚假出资、抽逃出资的；

3. 二年内因虚假出资、抽逃出资受过二次以上行政处罚，又虚假出资、抽逃出资的；

4. 利用虚假出资、抽逃出资所得资金进行违法活动的。

（五）其他后果严重或者有其他严重情节的情形。

本条只适用于依法实行注册资本实缴登记制的公司。

第五条　【欺诈发行证券案（刑法第一百六十条）】在招股说明书、认股书、公司、企业债券募集办法等发行文件中隐瞒重要事实或者编造重大虚假内容，发行股票或者公司、企业债券、存托凭证或者国务院依法认定的其他证券，涉嫌下列情形之一的，应予立案追诉：

（一）非法募集资金金额在一千万元以上的；

（二）虚增或者虚减资产达到当期资产总额百分之三十以上的；

（三）虚增或者虚减营业收入达到当期营业收入总额百分之三十以上的；

（四）虚增或者虚减利润达到当期利润总额百分之三十以上的；

（五）隐瞒或者编造的重大诉讼、仲裁、担保、关联交易或者其他重大事项所涉及的数额或者连续十二个月的累计数额达到最近一期披露的净资产百分之五十以上的；

（六）造成投资者直接经济损失数额累计在一百万元以上的；

（七）为欺诈发行证券而伪造、变造国家机关公文、有效证明文件或者相关凭证、单据的；

（八）为欺诈发行证券向负有金融监督管理职责的单位或者人员行贿的；

（九）募集的资金全部或者主要用于违法犯罪活动的；

（十）其他后果严重或者有其他严重情节的情形。

第六条　【违规披露、不披露重要信息案（刑法第一百六十一条）】依法负有信息披露义务的公司、企业向股东和社会公众提供虚假的或者隐瞒重要事实的财务会计报告，或者对依法应当披露的其他重要信息不按照规定披露，涉嫌下列情形之一的，应予立案追诉：

（一）造成股东、债权人或者其他人直接经济损失数额累计在一百万元以上的；

（二）虚增或者虚减资产达到当期披露的资产总额百分之三十以上的；

（三）虚增或者虚减营业收入达到当期披露的营业收入总额百分之三十以上的；

（四）虚增或者虚减利润达到当期披露的利润总额百分之三十以上的；

（五）未按照规定披露的重大诉讼、仲裁、担保、关联交易或者其他重大事项所涉及的数额或者连续十二个月的累计数额达到最近一期披露的净资产百分之五十以上的；

（六）致使不符合发行条件的公司、企业骗取发行核准或者注册并且上市交易的；

（七）致使公司、企业发行的股票或者公司、企业债券、存托凭证或者国务院依法认定的其他证券被终止上市交易的；

（八）在公司财务会计报告中将亏损披露为盈利，或者将盈利披露为亏损的；

（九）多次提供虚假的或者隐瞒重要事实的财务会计报告，或者多次对依法应当披露的其他重要信息不按照规定披露的；

（十）其他严重损害股东、债权人或者其他人利益，或者有其他严重情节的情形。

第七条　【妨害清算案（刑法第一百六十二条）】公司、企业进行清算时，隐匿财产，对资产负债表或者财产清单作虚伪记载或者在未清偿债务前分配公司、企业财产，涉嫌下列情形之一的，应予立案追诉：

（一）隐匿财产价值在五十万元以上的；

（二）对资产负债表或者财产清单作虚伪记载涉及金额在五十万元以上的；

（三）在未清偿债务前分配公司、企业财产价值在五十万元以上的；

（四）造成债权人或者其他人直接经济损失数额累计在十万元以上的；

（五）虽未达到上述数额标准，但应清偿的职工的工资、社会保险费用和法定补偿金得不到及时清偿，造成恶劣社会影响的；

（六）其他严重损害债权人或者其他人利益的情形。

**第八条　【隐匿、故意销毁会计凭证、会计帐簿、财务会计报告案（刑法第一百六十二条之一）】隐匿或者故意销毁依法应当保存的会计凭证、会计帐簿、财务会计报告，涉嫌下列情形之一的，应予立案追诉：

（一）隐匿、故意销毁的会计凭证、会计帐簿、财务会计报告涉及金额在五十万元以上的；

（二）依法应当向监察机关、司法机关、行政机关、有关主管部门等提供而隐匿、故意销毁或者拒不交出会计凭证、会计帐簿、财务会计报告的；

（三）其他情节严重的情形。

第九条 【虚假破产案（刑法第一百六十二条之二）】公司、企业通过隐匿财产、承担虚构的债务或者以其他方法转移、处分财产，实施虚假破产，涉嫌下列情形之一的，应予立案追诉：

（一）隐匿财产价值在五十万元以上的；

（二）承担虚构的债务涉及金额在五十万元以上的；

（三）以其他方法转移、处分财产价值在五十万元以上的；

（四）造成债权人或者其他人直接经济损失数额累计在十万元以上的；

（五）虽未达到上述数额标准，但应清偿的职工的工资、社会保险费用和法定补偿金得不到及时清偿，造成恶劣社会影响的；

（六）其他严重损害债权人或者其他人利益的情形。

第十条 【非国家工作人员受贿案（刑法第一百六十三条）】公司、企业或者其他单位的工作人员利用职务上的便利，索取他人财物或者非法收受他人财物，为他人谋取利益，或者在经济往来中，利用职务上的便利，违反国家规定，收受各种名义的回扣、手续费，归个人所有，数额在三万元以上的，应予立案追诉。

第十一条 【对非国家工作人员行贿案（刑法第一百六十四条第一款）】为谋取不正当利益，给予公司、企业或者其他单位的工作人员以财物，个人行贿数额在三万元以上的，单位行贿数额在二十万元以上的，应予立案追诉。

第十二条 【对外国公职人员、国际公共组织官员行贿案（刑法第一百六十四条第二款）】为谋取不正当商业利益，给予外国公职人员或者国际公共组织官员以财物，个人行贿数额在三万元以上的，单位行贿数额在二十万元以上的，应予立案

追诉。

第十三条 【背信损害上市公司利益案（刑法第一百六十九条之一）】上市公司的董事、监事、高级管理人员违背对公司的忠实义务，利用职务便利，操纵上市公司从事损害上市公司利益的行为，以及上市公司的控股股东或者实际控制人，指使上市公司董事、监事、高级管理人员实施损害上市公司利益的行为，涉嫌下列情形之一的，应予立案追诉：

（一）无偿向其他单位或者个人提供资金、商品、服务或者其他资产，致使上市公司直接经济损失数额在一百五十万元以上的；

（二）以明显不公平的条件，提供或者接受资金、商品、服务或者其他资产，致使上市公司直接经济损失数额在一百五十万元以上的；

（三）向明显不具有清偿能力的单位或者个人提供资金、商品、服务或者其他资产，致使上市公司直接经济损失数额在一百五十万元以上的；

（四）为明显不具有清偿能力的单位或者个人提供担保，或者无正当理由为其他单位或者个人提供担保，致使上市公司直接经济损失数额在一百五十万元以上的；

（五）无正当理由放弃债权、承担债务，致使上市公司直接经济损失数额在一百五十万元以上的；

（六）致使公司、企业发行的股票或者公司、企业债券、存托凭证或者国务院依法认定的其他证券被终止上市交易的；

（七）其他致使上市公司利益遭受重大损失的情形。

第十四条 【伪造货币案（刑法第一百七十条）】伪造货币，涉嫌下列情形之一的，应予立案追诉：

（一）总面额在二千元以上或者币量在二百张（枚）以上的；

（二）总面额在一千元以上或者币量在一百张（枚）以上，二年内因伪造货币受过行政处罚，又伪造货币的；

（三）制造货币版样或者为他人伪造货币提供版样的；

（四）其他伪造货币应予追究刑事责任的情形。

第十五条 【出售、购买、运输假币案（刑法第

一百七十一条第一款)】出售、购买伪造的货币或者明知是伪造的货币而运输,涉嫌下列情形之一的,应予立案追诉:

(一)总面额在四千元以上或者币量在四百张(枚)以上的;

(二)总面额在二千元以上或者币量在二百张(枚)以上,二年内因出售、购买、运输假币受过行政处罚,又出售、购买、运输假币的;

(三)其他出售、购买、运输假币应予追究刑事责任的情形。

在出售假币时被抓获的,除现场查获的假币应认定为出售假币的数额外,现场之外在行为人住所或者其他藏匿地查获的假币,也应认定为出售假币的数额。

第十六条 【金融工作人员购买假币、以假币换取货币案(刑法第一百七十一条第二款)】银行或者其他金融机构的工作人员购买伪造的货币或者利用职务上的便利,以伪造的货币换取货币,总面额在二千元以上或者币量在二百张(枚)以上的,应予立案追诉。

第十七条 【持有、使用假币案(刑法第一百七十二条)】明知是伪造的货币而持有、使用,涉嫌下列情形之一的,应予立案追诉:

(一)总面额在四千元以上或者币量在四百张(枚)以上的;

(二)总面额在二千元以上或者币量在二百张(枚)以上,二年内因持有、使用假币受过行政处罚,又持有、使用假币的;

(三)其他持有、使用假币应予追究刑事责任的情形。

第十八条 【变造货币案(刑法第一百七十三条)】变造货币,涉嫌下列情形之一的,应予立案追诉:

(一)总面额在二千元以上或者币量在二百张(枚)以上的;

(二)总面额在一千元以上或者币量在一百张(枚)以上,二年内因变造货币受过行政处罚,又变造货币的;

(三)其他变造货币应予追究刑事责任的情形。

第十九条 【擅自设立金融机构案(刑法第一百七十四条第一款)】未经国家有关主管部门批准,擅自设立金融机构,涉嫌下列情形之一的,应予立案追诉:

(一)擅自设立商业银行、证券交易所、期货交易所、证券公司、期货公司、保险公司或者其他金融机构的;

(二)擅自设立金融机构筹备组织的。

第二十条 【伪造、变造、转让金融机构经营许可证、批准文件案(刑法第一百七十四条第二款)】伪造、变造、转让商业银行、证券交易所、期货交易所、证券公司、期货公司、保险公司或者其他金融机构的经营许可证或者批准文件的,应予立案追诉。

第二十一条 【高利转贷案(刑法第一百七十五条)】以转贷牟利为目的,套取金融机构信贷资金高利转贷他人,违法所得数额在五十万元以上的,应予立案追诉。

第二十二条 【骗取贷款、票据承兑、金融票证案(刑法第一百七十五条之一)】以欺骗手段取得银行或者其他金融机构贷款、票据承兑、信用证、保函等,给银行或者其他金融机构造成直接经济损失数额在五十万元以上的,应予立案追诉。

第二十三条 【非法吸收公众存款案(刑法第一百七十六条)】非法吸收公众存款或者变相吸收公众存款,扰乱金融秩序,涉嫌下列情形之一的,应予立案追诉:

(一)非法吸收或者变相吸收公众存款数额在一百万元以上的;

(二)非法吸收或者变相吸收公众存款对象一百五十人以上的;

(三)非法吸收或者变相吸收公众存款,给集资参与人造成直接经济损失数额在五十万元以上的;

非法吸收或者变相吸收公众存款数额在五十万元以上或者给集资参与人造成直接经济损失数额在二十五万元以上,同时涉嫌下列情形之一的,应予立案追诉:

(一)因非法集资受过刑事追究的;

(二)二年内因非法集资受过行政处罚的;

(三)造成恶劣社会影响或者其他严重后果的。

第二十四条 【伪造、变造金融票证案(刑法第一百七十七条)】伪造、变造金融票证,涉嫌下列情形之一的,应予立案追诉:

(一)伪造、变造汇票、本票、支票,或者伪造、变造委托收款凭证、汇款凭证、银行存单等其他银行结算凭证,或者伪造、变造信用证或者附随的单据、文件,总面额在一万元以上或者数量在十张以上的;

(二)伪造信用卡一张以上,或者伪造空白信用卡十张以上的。

第二十五条 【妨害信用卡管理案(刑法第一百七十七条之一第一款)】妨害信用卡管理,涉嫌下列情形之一的,应予立案追诉:

(一)明知是伪造的信用卡而持有、运输的;

(二)明知是伪造的空白信用卡而持有、运输,数量累计在十张以上的;

(三)非法持有他人信用卡,数量累计在五张以上的;

(四)使用虚假的身份证明骗领信用卡的;

(五)出售、购买、为他人提供伪造的信用卡或者以虚假的身份证明骗领的信用卡的。

违背他人意愿,使用其居民身份证、军官证、士兵证、港澳居民往来内地通行证、台湾居民来往大陆通行证、护照等身份证明申领信用卡的,或者使用伪造、变造的身份证明申领信用卡的,应当认定为"使用虚假的身份证明骗领信用卡"。

第二十六条 【窃取、收买、非法提供信用卡信息案(刑法第一百七十七条之一第二款)】窃取、收买或者非法提供他人信用卡信息资料,足以伪造可进行交易的信用卡,或者足以使他人以信用卡持卡人名义进行交易,涉及信用卡一张以上的,应予立案追诉。

第二十七条 【伪造、变造国家有价证券案(刑法第一百七十八条第一款)】伪造、变造国库券或者国家发行的其他有价证券,总面额在二千元以上的,应予立案追诉。

第二十八条 【伪造、变造股票、公司、企业债券案(刑法第一百七十八条第二款)】伪造、变造股票或者公司、企业债券,总面额在三万元以上的,应予立案追诉。

第二十九条 【擅自发行股票、公司、企业债券案(刑法第一百七十九条)】未经国家有关主管部门批准或者注册,擅自发行股票或者公司、企业债券,涉嫌下列情形之一的,应予立案追诉:

(一)非法募集资金金额在一百万元以上的;

(二)造成投资者直接经济损失数额累计在五十万元以上的;

(三)募集的资金全部或者主要用于违法犯罪活动的;

(四)其他后果严重或者有其他严重情节的情形。

本条规定的"擅自发行股票或者公司、企业债券",是指向社会不特定对象发行、以转让股权等方式变相发行股票或者公司、企业债券,或者向特定对象发行、变相发行股票或者公司、企业债券累计超过二百人的行为。

第三十条 【内幕交易、泄露内幕信息案(刑法第一百八十条第一款)】证券、期货交易内幕信息的知情人员、单位或者非法获取证券、期货内幕信息的人员、单位,在涉及证券的发行,证券、期货交易或者其他对证券、期货交易价格有重大影响的信息尚未公开前,买入或者卖出该证券,或者从事与该内幕信息有关的期货交易,或者泄露该信息,或者明示、暗示他人从事上述交易活动,涉嫌下列情形之一的,应予立案追诉:

(一)获利或者避免损失数额在五十万元以上的;

(二)证券交易成交额在二百万元以上的;

(三)期货交易占用保证金数额在一百万元以上的;

(四)二年内三次以上实施内幕交易、泄露内幕信息行为的;

(五)明示、暗示三人以上从事与内幕信息相关的证券、期货交易活动的;

(六)具有其他严重情节的。

内幕交易获利或者避免损失数额在二十五万元以上,或者证券交易成交额在一百万元以上,或者期货交易占用保证金数额在五十万元以上,同时涉嫌下列情形之一的,应予立案追诉:

(一)证券法规定的证券交易内幕信息的知情人实施或者与他人共同实施内幕交易行为的;

(二)以出售或者变相出售内幕信息等方式,明示、暗示他人从事与该内幕信息相关的交易活动的;

(三)因证券、期货犯罪行为受过刑事追究的;

(四)二年内因证券、期货违法行为受过行政处罚的;

(五)造成其他严重后果的。

第三十一条 【利用未公开信息交易案(刑法第一百八十条第四款)】证券交易所、期货交易所、证券公司、期货公司、基金管理公司、商业银行、保险公司等金融机构的从业人员以及有关监管部门或者行业协会的工作人员,利用因职务便利获取的内幕信息以外的其他未公开的信息,违反规定,从事与该信息相关的证券、期货交易活动,或者明示、暗示他人从事相关交易活动,涉嫌下列情形之一的,应予立案追诉:

(一)获利或者避免损失数额在一百万元以上的;

(二)二年内三次以上利用未公开信息交易的;

(三)明示、暗示三人以上从事相关交易活动的;

(四)具有其他严重情节的。

利用未公开信息交易,获利或者避免损失数额在五十万元以上,或者证券交易成交额在五百万元以上,或者期货交易占用保证金数额在一百万元以上,同时涉嫌下列情形之一的,应予立案追诉:

(一)以出售或者变相出售未公开信息等方式,明示、暗示他人从事相关交易活动的;

(二)因证券、期货犯罪行为受过刑事追究的;

(三)二年内因证券、期货违法行为受过行政处罚的;

(四)造成其他严重后果的。

第三十二条 【编造并传播证券、期货交易虚假信息案(刑法第一百八十一条第一款)】编造并且传播影响证券、期货交易的虚假信息,扰乱证券、期货交易市场,涉嫌下列情形之一的,应予立案追诉:

(一)获利或者避免损失数额在五万元以上的;

(二)造成投资者直接经济损失数额在五十万元以上的;

(三)虽未达到上述数额标准,但多次编造并且传播影响证券、期货交易的虚假信息的;

(四)致使交易价格或者交易量异常波动的;

(五)造成其他严重后果的。

第三十三条 【诱骗投资者买卖证券、期货合约案(刑法第一百八十一条第二款)】证券交易所、期货交易所、证券公司、期货公司的从业人员,证券业协会、期货业协会或者证券期货监督管理部门的工作人员,故意提供虚假信息或者伪造、变造、销毁交易记录,诱骗投资者买卖证券、期货合约,涉嫌下列情形之一的,应予立案追诉:

(一)获利或者避免损失数额在五万元以上的;

(二)造成投资者直接经济损失数额在五十万元以上的;

(三)虽未达到上述数额标准,但多次诱骗投资者买卖证券、期货合约的;

(四)致使交易价格或者交易量异常波动的;

(五)造成其他严重后果的。

第三十四条 【操纵证券、期货市场案(刑法第一百八十二条)】操纵证券、期货市场,影响证券、期货交易价格或者证券、期货交易量,涉嫌下列情形之一的,应予立案追诉:

(一)持有或者实际控制证券的流通股份数量达到该证券的实际流通股份总量百分之十以上,实施刑法第一百八十二条第一款第一项操纵证券市场行为,连续十个交易日的累计成交量达到同期该证券总成交量百分之二十以上的;

(二)实施刑法第一百八十二条第一款第二项、第三项操纵证券市场行为,连续十个交易日的累计成交量达到同期该证券总成交量百分之二十以上的;

(三)利用虚假或者不确定的重大信息,诱导投资者进行证券交易,行为人进行相关证券交易的成交额在一千万元以上的;

(四)对证券、证券发行人公开作出评价、预测或者投资建议,同时进行反向证券交易,证券交易成交额在一千万元以上的;

(五)通过策划、实施资产收购或者重组、投资新业务、股权转让、上市公司收购等虚假重大事项,误导投资者作出投资决策,并进行相关交易或者谋取相关利益,证券交易成交额在一千万元以上的;

(六)通过控制发行人、上市公司信息的生成或者控制信息披露的内容、时点、节奏,误导投资者作出投资决策,并进行相关交易或者谋取相关利益,证券交易成交额在一千万元以上的;

(七)实施刑法第一百八十二条第一款第一项操纵期货市场行为,实际控制的帐户合并持仓连续十个交易日的最高值超过期货交易所限仓标准的二倍,累计成交量达到同期该期货合约总成交量百分之二十以上,且期货交易占用保证金数额在五百万元以上的；

（八）通过囤积现货，影响特定期货品种市场行情，并进行相关期货交易，实际控制的帐户合并持仓连续十个交易日的最高值超过期货交易所限仓标准的二倍，累计成交量达到同期该期货合约总成交量百分之二十以上，且期货交易占用保证金数额在五百万元以上的；

（九）实施刑法第一百八十二条第一款第二项、第三项操纵期货市场行为，实际控制的帐户连续十个交易日的累计成交量达到同期该期货合约总成交量百分之二十以上，且期货交易占用保证金数额在五百万元以上的；

（十）利用虚假或者不确定的重大信息，诱导投资者进行期货交易，行为人进行相关期货交易，实际控制的帐户连续十个交易日的累计成交量达到同期该期货合约总成交量百分之二十以上，且期货交易占用保证金数额在五百万元以上的；

（十一）对期货交易标的公开作出评价、预测或者投资建议，同时进行相关期货交易，实际控制的帐户连续十个交易日的累计成交量达到同期该期货合约总成交量的百分之二十以上，且期货交易占用保证金数额在五百万元以上的；

（十二）不以成交为目的，频繁或者大量申报买入、卖出证券、期货合约并撤销申报，当日累计撤回申报量达到同期该证券、期货合约总申报量百分之五十以上，且证券撤回申报额在一千万元以上、撤回申报的期货合约占用保证金数额在五百万元以上的；

（十三）实施操纵证券、期货市场行为，获利或者避免损失数额在一百万元以上的。

操纵证券、期货市场，影响证券、期货交易价格或者证券、期货交易量，获利或者避免损失数额在五十万元以上，同时涉嫌下列情形之一的，应予立案追诉：

（一）发行人、上市公司及其董事、监事、高级管理人员、控股股东或者实际控制人实施操纵证券、期货市场行为的；

（二）收购人、重大资产重组的交易对方及其董事、监事、高级管理人员、控股股东或者实际控制人实施操纵证券、期货市场行为的；

（三）行为人明知操纵证券、期货市场行为被有关部门调查，仍继续实施的；

（四）因操纵证券、期货市场行为受过刑事追究的；

（五）二年内因操纵证券、期货市场行为受过行政处罚的；

（六）在市场出现重大异常波动等特定时段操纵证券、期货市场的；

（七）造成其他严重后果的。

对于在全国中小企业股份转让系统中实施操纵证券市场行为，社会危害性大，严重破坏公平公正的市场秩序的，比照本条的规定执行，但本条第一款第一项和第二项除外。

第三十五条 【背信运用受托财产案（刑法第一百八十五条之一第一款）】商业银行、证券交易所、期货交易所、证券公司、期货公司、保险公司或者其他金融机构，违背受托义务，擅自运用客户资金或者其他委托、信托的财产，涉嫌下列情形之一的，应予立案追诉：

（一）擅自运用客户资金或者其他委托、信托的财产数额在三十万元以上的；

（二）虽未达到上述数额标准，但多次擅自运用客户资金或者其他委托、信托的财产，或者擅自运用多个客户资金或者其他委托、信托的财产的；

（三）其他情节严重的情形。

第三十六条 【违法运用资金案（刑法第一百八十五条之一第二款）】社会保障基金管理机构、住房公积金管理机构等公众资金管理机构，以及保险公司、保险资产管理公司、证券投资基金管理公司，违反国家规定运用资金，涉嫌下列情形之一的，应予立案追诉：

（一）违反国家规定运用资金数额在三十万元以上的；

（二）虽未达到上述数额标准，但多次违反国家规定运用资金的；

（三）其他情节严重的情形。

第三十七条 【违法发放贷款案（刑法第一百八十六条）】银行或者其他金融机构及其工作人员违反国家规定发放贷款，涉嫌下列情形之一的，应予立案追诉：

（一）违法发放贷款，数额在二百万元以上的；

（二）违法发放贷款，造成直接经济损失数额在五十万元以上的。

第三十八条 【吸收客户资金不入帐案（刑法第一百八十七条）】银行或者其他金融机构及其工作人员吸收客户资金不入帐，涉嫌下列情形之一

的,应予立案追诉:

(一)吸收客户资金不入帐,数额在二百万元以上的;

(二)吸收客户资金不入帐,造成直接经济损失数额在五十万元以上的。

第三十九条 【违规出具金融票证案(刑法第一百八十八条)】银行或者其他金融机构及其工作人员违反规定,为他人出具信用证或者其他保函、票据、存单、资信证明,涉嫌下列情形之一的,应予立案追诉:

(一)违反规定为他人出具信用证或者其他保函、票据、存单、资信证明,数额在二百万元以上的;

(二)违反规定为他人出具信用证或者其他保函、票据、存单、资信证明,造成直接经济损失数额在五十万元以上的;

(三)多次违规出具信用证或者其他保函、票据、存单、资信证明的;

(四)接受贿赂违规出具信用证或者其他保函、票据、存单、资信证明的;

(五)其他情节严重的情形。

第四十条 【对违法票据承兑、付款、保证案(刑法第一百八十九条)】银行或者其他金融机构及其工作人员在票据业务中,对违反票据法规定的票据予以承兑、付款或者保证,造成直接经济损失数额在五十万元以上的,应予立案追诉。

第四十一条 【逃汇案(刑法第一百九十条)】公司、企业或者其他单位,违反国家规定,擅自将外汇存放境外,或者将境内的外汇非法转移到境外,单笔在二百万美元以上或者累计数额在五百万美元以上的,应予立案追诉。

第四十二条 【骗购外汇案《全国人民代表大会常务委员会关于惩治骗购外汇、逃汇和非法买卖外汇犯罪的决定》第一条】骗购外汇,数额在五十万美元以上的,应予立案追诉。

第四十三条 【洗钱案(刑法第一百九十一条)】为掩饰、隐瞒毒品犯罪、黑社会性质的组织犯罪、恐怖活动犯罪、走私犯罪、贪污贿赂犯罪、破坏金融管理秩序犯罪、金融诈骗犯罪的所得及其产生的收益的来源和性质,涉嫌下列情形之一的,应予立案追诉:

(一)提供资金帐户的;

(二)将财产转换为现金、金融票据、有价证券的;

(三)通过转帐或者其他支付结算方式转移资金的;

(四)跨境转移资产的;

(五)以其他方法掩饰、隐瞒犯罪所得及其收益的来源和性质的。

第四十四条 【集资诈骗案(刑法第一百九十二条)】以非法占有为目的,使用诈骗方法非法集资,数额在十万元以上的,应予立案追诉。

第四十五条 【贷款诈骗案(刑法第一百九十三条)】以非法占有为目的,诈骗银行或者其他金融机构的贷款,数额在五万元以上的,应予立案追诉。

第四十六条 【票据诈骗案(刑法第一百九十四条第一款)】进行金融票据诈骗活动,数额在五万元以上的,应予立案追诉。

第四十七条 【金融凭证诈骗案(刑法第一百九十四条第二款)】使用伪造、变造的委托收款凭证、汇款凭证、银行存单等其他银行结算凭证进行诈骗活动,数额在五万元以上的,应予立案追诉。

第四十八条 【信用证诈骗案(刑法第一百九十五条)】进行信用证诈骗活动,涉嫌下列情形之一的,应予立案追诉:

(一)使用伪造、变造的信用证或者附随的单据、文件的;

(二)使用作废的信用证的;

(三)骗取信用证的;

(四)以其他方法进行信用证诈骗活动的。

第四十九条 【信用卡诈骗案(刑法第一百九十六条)】进行信用卡诈骗活动,涉嫌下列情形之一的,应予立案追诉:

(一)使用伪造的信用卡、以虚假的身份证明骗领的信用卡、作废的信用卡或者冒用他人信用卡,进行诈骗活动,数额在五千元以上的;

(二)恶意透支,数额在五万元以上的。

本条规定的"恶意透支",是指持卡人以非法占有为目的,超过规定限额或者规定期限透支,经发卡银行两次有效催收后超过三个月仍不归还的。

恶意透支的数额,是指公安机关刑事立案时尚未归还的实际透支的本金数额,不包括利息、复利、滞纳金、手续费等发卡银行收取的费用。归还或者支付的数额,应当认定为归还实际透支的本金。

恶意透支,数额在五万元以上不满五十万元的,在提起公诉前全部归还或者具有其他情节轻微情形的,可以不起诉。但是,因信用卡诈骗受过二次以上处罚的除外。

第五十条 【有价证券诈骗案(刑法第一百九十七条)】使用伪造、变造的国库券或者国家发行的其他有价证券进行诈骗活动,数额在五万元以上的,应予立案追诉。

第五十一条 【保险诈骗案(刑法第一百九十八条)】进行保险诈骗活动,数额在五万元以上的,应予立案追诉。

第五十二条 【逃税案(刑法第二百零一条)】逃避缴纳税款,涉嫌下列情形之一的,应予立案追诉:

(一)纳税人采取欺骗、隐瞒手段进行虚假纳税申报或者不申报,逃避缴纳税款,数额在十万元以上并且占各税种应纳税总额百分之十以上,经税务机关依法下达追缴通知后,不补缴应纳税款、不缴纳滞纳金或者不接受行政处罚的;

(二)纳税人五年内因逃避缴纳税款受过刑事处罚或者被税务机关给予二次以上行政处罚,又逃避缴纳税款,数额在十万元以上并且占各税种应纳税总额百分之十以上的;

(三)扣缴义务人采取欺骗、隐瞒手段,不缴或者少缴已扣、已收税款,数额在十万元以上的。

纳税人在公安机关立案后再补缴应纳税款、缴纳滞纳金或者接受行政处罚的,不影响刑事责任的追究。

第五十三条 【抗税案(刑法第二百零二条)】以暴力、威胁方法拒不缴纳税款,涉嫌下列情形之一的,应予立案追诉:

(一)造成税务工作人员轻微伤以上的;

(二)以给税务工作人员及其亲友的生命、健康、财产等造成损害为威胁,抗拒缴纳税款的;

(三)聚众抗拒缴纳税款的;

(四)以其他暴力、威胁方法拒不缴纳税款的。

第五十四条 【逃避追缴欠税案(刑法第二百零三条)】纳税人欠缴应纳税款,采取转移或者隐匿财产的手段,致使税务机关无法追缴欠缴的税款,数额在一万元以上的,应予立案追诉。

第五十五条 【骗取出口退税案(刑法第二百零四条)】以假报出口或者其他欺骗手段,骗取国家出口退税款,数额在十万元以上的,应予立案追诉。

第五十六条 【虚开增值税专用发票、用于骗取出口退税、抵扣税款发票案(刑法第二百零五条)】虚开增值税专用发票或者虚开用于骗取出口退税、抵扣税款的其他发票,虚开的税款数额在十万元以上或者造成国家税款损失数额在五万元以上的,应予立案追诉。

第五十七条 【虚开发票案(刑法第二百零五条之一)】虚开刑法第二百零五条规定以外的其他发票,涉嫌下列情形之一的,应予立案追诉:

(一)虚开发票金额累计在五十万元以上的;

(二)虚开发票一百份以上且票面金额在三十万元以上的;

(三)五年内因虚开发票受过刑事处罚或者二次以上行政处罚,又虚开发票,数额达到第一、二项标准百分之六十以上的。

第五十八条 【伪造、出售伪造的增值税专用发票案(刑法第二百零六条)】伪造或者出售伪造的增值税专用发票,涉嫌下列情形之一的,应予立案追诉:

(一)票面税额累计在十万元以上的;

(二)伪造或者出售伪造的增值税专用发票十份以上且票面税额在六万元以上的;

(三)非法获利数额在一万元以上的。

第五十九条 【非法出售增值税专用发票案(刑法第二百零七条)】非法出售增值税专用发票,涉嫌下列情形之一的,应予立案追诉:

(一)票面税额累计在十万元以上的;

(二)非法出售增值税专用发票十份以上且票面税额在六万元以上的;

(三)非法获利数额在一万元以上的。

第六十条 【非法购买增值税专用发票、购买伪造的增值税专用发票案(刑法第二百零八条第一款)】非法购买增值税专用发票或者购买伪造的增值税专用发票,涉嫌下列情形之一的,应予立案追诉:

(一)非法购买增值税专用发票或者购买伪造的增值税专用发票二十份以上且票面税额在十万元以上的;

(二)票面税额累计在二十万元以上的。

第六十一条 【非法制造、出售非法制造的用于骗取出口退税、抵扣税款发票案(刑法第二百九条第一款)】伪造、擅自制造或者出售伪造、擅自制造的用于骗取出口退税、抵扣税款的其他发票,涉嫌下列情形之一的,应予立案追诉:

(一)票面可以退税、抵扣税额累计在十万元以上的;

(二)伪造、擅自制造或者出售伪造、擅自制造的发票十份以上且票面可以退税、抵扣税额在六万元以上的;

(三)非法获利数额在一万元以上的。

第六十二条 【非法制造、出售非法制造的发票案(刑法第二百零九条第二款)】伪造、擅自制造或者出售伪造、擅自制造的不具有骗取出口退税、抵扣税款功能的其他发票,涉嫌下列情形之一的,应予立案追诉:

(一)伪造、擅自制造或者出售伪造、擅自制造的不具有骗取出口退税、抵扣税款功能的其他发票一百份以上且票面金额累计在三十万元以上的;

(二)票面金额累计在五十万元以上的;

(三)非法获利数额在一万元以上的。

第六十三条 【非法出售用于骗取出口退税、抵扣税款发票案(刑法第二百零九条第三款)】非法出售可以用于骗取出口退税、抵扣税款的其他发票,涉嫌下列情形之一的,应予立案追诉:

(一)票面可以退税、抵扣税额累计在十万元以上的;

(二)非法出售用于骗取出口退税、抵扣税款的其他发票十份以上且票面可以退税、抵扣税额在六万元以上的;

(三)非法获利数额在一万元以上的。

第六十四条 【非法出售发票案(刑法第二百零九条第四款)】非法出售增值税专用发票、用于骗取出口退税、抵扣税款的其他发票以外的发票,涉嫌下列情形之一的,应予立案追诉:

(一)非法出售增值税专用发票、用于骗取出口退税、抵扣税款的其他发票以外的发票一百份以上且票面金额累计在三十万元以上的;

(二)票面金额累计在五十万元以上的;

(三)非法获利数额在一万元以上的。

第六十五条 【持有伪造的发票案(刑法第二百一十条之一)】明知是伪造的发票而持有,涉嫌下列情形之一的,应予立案追诉:

(一)持有伪造的增值税专用发票或者可以用于骗取出口退税、抵扣税款的其他发票五十份以上且票面税额累计在二十五万元以上的;

(二)持有伪造的增值税专用发票或者可以用于骗取出口退税、抵扣税款的其他发票票面税额累计在五十万元以上的;

(三)持有伪造的第一项规定以外的其他发票一百份以上且票面金额在五十万元以上的;

(四)持有伪造的第一项规定以外的其他发票票面金额累计在一百万元以上的。

第六十六条 【损害商业信誉、商品声誉案(刑法第二百二十一条)】捏造并散布虚伪事实,损害他人的商业信誉、商品声誉,涉嫌下列情形之一的,应予立案追诉:

(一)给他人造成直接经济损失数额在五十万元以上的;

(二)虽未达到上述数额标准,但造成公司、企业等单位停业、停产六个月以上,或者破产的;

(三)其他给他人造成重大损失或者有其他严重情节的情形。

第六十七条 【虚假广告案(刑法第二百二十二条)】广告主、广告经营者、广告发布者违反国家规定,利用广告对商品或者服务作虚假宣传,涉嫌下列情形之一的,应予立案追诉:

(一)违法所得数额在十万元以上的;

(二)假借预防、控制突发事件、传染病防治的名义,利用广告作虚假宣传,致使多人上当受骗,违法所得数额在三万元以上的;

(三)利用广告对食品、药品作虚假宣传,违法所得数额在三万元以上的;

(四)虽未达到上述数额标准,但二年内因利用广告作虚假宣传受过二次以上行政处罚,又利用广告作虚假宣传的;

(五)造成严重危害后果或者恶劣社会影响的;

(六)其他情节严重的情形。

第六十八条 【串通投标案(刑法第二百二十三条)】投标人相互串通投标报价,或者投标人与招标人串通投标,涉嫌下列情形之一的,应予立案追诉:

(一)损害招标人、投标人或者国家、集体、公民的合法利益,造成直接经济损失数额在五十万元以上的;

(二)违法所得数额在二十万元以上的;

（三）中标项目金额在四百万元以上的；

（四）采取威胁、欺骗或者贿赂等非法手段的；

（五）虽未达到上述数额标准，但二年内因串通投标受过二次以上行政处罚，又串通投标的；

（六）其他情节严重的情形。

第六十九条 【合同诈骗案（刑法第二百二十四条）】以非法占有为目的，在签订、履行合同过程中，骗取对方当事人财物，数额在二万元以上的，应予立案追诉。

第七十条 【组织、领导传销活动案（刑法第二百二十四条之一）】组织、领导以推销商品、提供服务等经营活动为名，要求参加者以缴纳费用或者购买商品、服务等方式获得加入资格，并按照一定顺序组成层级，直接或者间接以发展人员的数量作为计酬或者返利依据，引诱、胁迫参加者继续发展他人参加，骗取财物，扰乱经济社会秩序的传销活动，涉嫌组织、领导的传销活动人员在三十人以上且层级在三级以上的，对组织者、领导者，应予立案追诉。

下列人员可以认定为传销活动的组织者、领导者：

（一）在传销活动中起发起、策划、操纵作用的人员；

（二）在传销活动中承担管理、协调等职责的人员；

（三）在传销活动中承担宣传、培训等职责的人员；

（四）因组织、领导传销活动受过刑事追究，或者一年内因组织、领导传销活动受过行政处罚，又直接或者间接发展参与传销活动人员在十五人以上且层级在三级以上的人员；

（五）其他对传销活动的实施、传销组织的建立、扩大等起关键作用的人员。

第七十一条 【非法经营案（刑法第二百二十五条）】违反国家规定，进行非法经营活动，扰乱市场秩序，涉嫌下列情形之一的，应予立案追诉：

（一）违反国家烟草专卖管理法律法规，未经烟草专卖行政主管部门许可，无烟草专卖生产企业许可证、烟草专卖批发企业许可证、特种烟草专卖经营企业许可证、烟草专卖零售许可证等许可证明，非法经营烟草专卖品，具有下列情形之一的：

1. 非法经营数额在五万元以上，或者违法所得数额在二万元以上的；

2. 非法经营卷烟二十万支以上的；

3. 三年内因非法经营烟草专卖品受过二次以上行政处罚，又非法经营烟草专卖品且数额在三万元以上的。

（二）未经国家有关主管部门批准，非法经营证券、期货、保险业务，或者非法从事资金支付结算业务，具有下列情形之一的：

1. 非法经营证券、期货、保险业务，数额在一百万元以上，或者违法所得数额在十万元以上的；

2. 非法从事资金支付结算业务，数额在五百万元以上，或者违法所得数额在十万元以上的；

3. 非法从事资金支付结算业务，数额在二百五十万元以上不满五百万元，或者违法所得数额在五万元以上不满十万元，且具有下列情形之一的：

（1）因非法从事资金支付结算业务犯罪行为受过刑事追究的；

（2）二年内因非法从事资金支付结算业务违法行为受过行政处罚的；

（3）拒不交代涉案资金去向或者拒不配合追缴工作，致使赃款无法追缴的；

（4）造成其他严重后果的。

4. 使用销售点终端机具（POS机）等方法，以虚构交易、虚开价格、现金退货等方式向信用卡持卡人直接支付现金，数额在一百万元以上的，或者造成金融机构资金二十万元以上逾期未还的，或者造成金融机构经济损失十万元以上的。

（三）实施倒买倒卖外汇或者变相买卖外汇等非法买卖外汇行为，扰乱金融市场秩序，具有下列情形之一的：

1. 非法经营数额在五百万元以上的，或者违法所得数额在十万元以上的；

2. 非法经营数额在二百五十万元以上，或者违法所得数额在五万元以上，且具有下列情形之一的：

（1）因非法买卖外汇犯罪行为受过刑事追究的；

（2）二年内因非法买卖外汇违法行为受过行政处罚的；

（3）拒不交代涉案资金去向或者拒不配合追缴工作，致使赃款无法追缴的；

（4）造成其他严重后果的。

3. 公司、企业或者其他单位违反有关外贸代理业务的规定,采用非法手段,或者明知是伪造、变造的凭证、商业单据,为他人向外汇指定银行骗购外汇,数额在五百万美元以上或者违法所得数额在五十万元以上的;

4. 居间介绍骗购外汇,数额在一百万美元以上或者违法所得数额在十万元以上的。

(四)出版、印刷、复制、发行严重危害社会秩序和扰乱市场秩序的非法出版物,具有下列情形之一的:

1. 个人非法经营数额在五万元以上的,单位非法经营数额在十五万元以上的;

2. 个人违法所得数额在二万元以上的,单位违法所得数额在五万元以上的;

3. 个人非法经营报纸五千份或者期刊五千本或者图书二千册或者音像制品、电子出版物五百张(盒)以上的,单位非法经营报纸一万五千份或者期刊一万五千本或者图书五千册或者音像制品、电子出版物一千五百张(盒)以上的;

4. 虽未达到上述数额标准,但具有下列情形之一的:

(1)二年内因出版、印刷、复制、发行非法出版物受过二次以上行政处罚,又出版、印刷、复制、发行非法出版物的;

(2)因出版、印刷、复制、发行非法出版物造成恶劣社会影响或者其他严重后果的。

(五)非法从事出版物的出版、印刷、复制、发行业务,严重扰乱市场秩序,具有下列情形之一的:

1. 个人非法经营数额在十五万元以上的,单位非法经营数额在五十万元以上的;

2. 个人违法所得数额在五万元以上的,单位违法所得数额在十五万元以上的;

3. 个人非法经营报纸一万五千份或者期刊一万五千本或者图书五千册或者音像制品、电子出版物一千五百张(盒)以上的,单位非法经营报纸五万份或者期刊五万本或者图书一万五千册或者音像制品、电子出版物五千张(盒)以上的;

4. 虽未达到上述数额标准,二年内因非法从事出版物的出版、印刷、复制、发行业务受过二次以上行政处罚,又非法从事出版物的出版、印刷、复制、发行业务的。

(六)采取租用国际专线、私设转接设备或者其他方法,擅自经营国际电信业务或者涉港澳台电信业务进行营利活动,扰乱电信市场管理秩序,具有下列情形之一的:

1. 经营去话业务数额在一百万元以上的;

2. 经营来话业务造成电信资费损失数额在一百万元以上的;

3. 虽未达到上述数额标准,但具有下列情形之一的:

(1)二年内因非法经营国际电信业务或者涉港澳台电信业务行为受过二次以上行政处罚,又非法经营国际电信业务或者涉港澳台电信业务的;

(2)因非法经营国际电信业务或者涉港澳台电信业务行为造成其他严重后果的。

(七)以营利为目的,通过信息网络有偿提供删除信息服务,或者明知是虚假信息,通过信息网络有偿提供发布信息等服务,扰乱市场秩序,具有下列情形之一的:

1. 个人非法经营数额在五万元以上,或者违法所得数额在二万元以上的;

2. 单位非法经营数额在十五万元以上,或者违法所得数额在五万元以上的。

(八)非法生产、销售"黑广播""伪基站"、无线电干扰器等无线电设备,具有下列情形之一的:

1. 非法生产、销售无线电设备三套以上的;

2. 非法经营数额在五万元以上的;

3. 虽未达到上述数额标准,但二年内因非法生产、销售无线电设备受过二次以上行政处罚,又非法生产、销售无线电设备的。

(九)以提供给他人开设赌场为目的,违反国家规定,非法生产、销售具有退币、退分、退钢珠等赌博功能的电子游戏设施设备或者其专用软件,具有下列情形之一的:

1. 个人非法经营数额在五万元以上,或者违法所得数额在一万元以上的;

2. 单位非法经营数额在五十万元以上,或者违法所得数额在十万元以上的;

3. 虽未达到上述数额标准,但二年内因非法生产、销售赌博机行为受过二次以上行政处罚,又进行同种非法经营行为的;

4. 其他情节严重的情形。

(十)实施下列危害食品安全行为,非法经营数额在十万元以上,或者违法所得数额在五万元以上的；

1. 以提供给他人生产、销售食品为目的，违反国家规定，生产、销售国家禁止用于食品生产、销售的非食品原料的；

2. 以提供给他人生产、销售食用农产品为目的，违反国家规定，生产、销售国家禁用农药、食品动物中禁止使用的药品及其他化合物等有毒、有害的非食品原料，或者生产、销售添加上述有毒、有害的非食品原料的农药、兽药、饲料、饲料添加剂、饲料原料的；

3. 违反国家规定，私设生猪屠宰厂（场），从事生猪屠宰、销售等经营活动的。

（十一）未经监管部门批准，或者超越经营范围，以营利为目的，以超过百分之三十六的实际年利率经常性地向社会不特定对象发放贷款，具有下列情形之一的：

1. 个人非法放贷数额累计在二百万元以上的，单位非法放贷数额累计在一千万元以上的；

2. 个人违法所得数额累计在八十万元以上的，单位违法所得数额累计在四百万元以上的；

3. 个人非法放贷对象累计在五十人以上的，单位非法放贷对象累计在一百五十人以上的；

4. 造成借款人或者其近亲属自杀、死亡或者精神失常等严重后果的。

5. 虽未达到上述数额标准，但具有下列情形之一的：

（1）二年内因实施非法放贷行为受过二次以上行政处罚的；

（2）以超过百分之七十二的实际年利率实施非法放贷行为十次以上的。

黑恶势力非法放贷的，按照第1、2、3项规定的相应数额、数量标准的百分之五十确定。同时具有第5项规定情形的，按照相应数额、数量标准的百分之四十确定。

（十二）从事其他非法经营活动，具有下列情形之一的：

1. 个人非法经营数额在五万元以上，或者违法所得数额在一万元以上的；

2. 单位非法经营数额在五十万元以上，或者违法所得数额在十万元以上的；

3. 虽未达到上述数额标准，但二年内因非法经营行为受过二次以上行政处罚，又从事同种非法经营行为的；

4. 其他情节严重的情形。

法律、司法解释对非法经营罪的立案追诉标准另有规定的，依照其规定。

第七十二条 【非法转让、倒卖土地使用权案（刑法第二百二十八条）】以牟利为目的，违反土地管理法规，非法转让、倒卖土地使用权，涉嫌下列情形之一的，应予立案追诉：

（一）非法转让、倒卖永久基本农田五亩以上的；

（二）非法转让、倒卖永久基本农田以外的耕地十亩以上的；

（三）非法转让、倒卖其他土地二十亩以上的；

（四）违法所得数额在五十万元以上的；

（五）虽未达到上述数额标准，但因非法转让、倒卖土地使用权受过行政处罚，又非法转让、倒卖土地的；

（六）其他情节严重的情形。

第七十三条 【提供虚假证明文件案（刑法第二百二十九条第一款）】承担资产评估、验资、验证、会计、审计、法律服务、保荐、安全评价、环境影响评价、环境监测等职责的中介组织的人员故意提供虚假证明文件，涉嫌下列情形之一的，应予立案追诉：

（一）给国家、公众或者其他投资者造成直接经济损失数额在五十万元以上的；

（二）违法所得数额在十万元以上的；

（三）虚假证明文件虚构数额在一百万元以上且占实际数额百分之三十以上的；

（四）虽未达到上述数额标准，但二年内因提供虚假证明文件受过二次以上行政处罚，又提供虚假证明文件的；

（五）其他情节严重的情形。

第七十四条 【出具证明文件重大失实案（刑法第二百二十九条第三款）】承担资产评估、验资、验证、会计、审计、法律服务、保荐、安全评价、环境影响评价、环境监测等职责的中介组织的人员严重不负责任，出具的证明文件有重大失实，涉嫌下列情形之一的，应予立案追诉：

（一）给国家、公众或者其他投资者造成直接经济损失数额在一百万元以上的；

（二）其他造成严重后果的情形。

第七十五条 【逃避商检案（刑法第二百三十条）】违反进出口商品检验法的规定，逃避商品检验,将必须经商检机构检验的进口商品未报经检验而擅自销售、使用,或者将必须经商检机构检验的出口商品未报经检验合格而擅自出口,涉嫌下列情形之一的,应予立案追诉:

(一)给国家、单位或者个人造成直接经济损失数额在五十万元以上的;

(二)逃避商检的进出口货物货值金额在三百万元以上的;

(三)导致病疫流行、灾害事故的;

(四)多次逃避商检的;

(五)引起国际经济贸易纠纷,严重影响国家对外贸易关系,或者严重损害国家声誉的;

(六)其他情节严重的情形。

第七十六条 【**职务侵占案(刑法第二百七十一条第一款)**】公司、企业或者其他单位的人员,利用职务上的便利,将本单位财物非法占为己有,数额在三万元以上的,应予立案追诉。

第七十七条 【**挪用资金案(刑法第二百七十二条第一款)**】公司、企业或者其他单位的工作人员,利用职务上的便利,挪用本单位资金归个人使用或者借贷给他人,涉嫌下列情形之一的,应予立案追诉:

(一)挪用本单位资金数额在五万元以上,超过三个月未还的;

(二)挪用本单位资金数额在五万元以上,进行营利活动的;

(三)挪用本单位资金数额在三万元以上,进行非法活动的。

具有下列情形之一的,属于本条规定的"归个人使用":

(一)将本单位资金供本人、亲友或者其他自然人使用的;

(二)以个人名义将本单位资金供其他单位使用的;

(三)个人决定以单位名义将本单位资金供其他单位使用,谋取个人利益的。

第七十八条 【**虚假诉讼案(刑法第三百零七条之一)**】单独或者与他人恶意串通,以捏造的事实提起民事诉讼,涉嫌下列情形之一的,应予立案追诉:

(一)致使人民法院基于捏造的事实采取财产保全或者行为保全措施的;

(二)致使人民法院开庭审理,干扰正常司法活动的;

(三)致使人民法院基于捏造的事实作出裁判文书、制作财产分配方案,或者立案执行基于捏造的事实作出的仲裁裁决、公证债权文书的;

(四)多次以捏造的事实提起民事诉讼的;

(五)因以捏造的事实提起民事诉讼被采取民事诉讼强制措施或者受过刑事追究的;

(六)其他妨害司法秩序或者严重侵害他人合法权益的情形。

附 则

第七十九条 本规定中的"货币"是指在境内外正在流通的以下货币:

(一)人民币(含普通纪念币、贵金属纪念币)、港元、澳门元、新台币;

(二)其他国家及地区的法定货币。

贵金属纪念币的面额以中国人民银行授权中国金币总公司的初始发售价格为准。

第八十条 本规定中的"多次",是指三次以上。

第八十一条 本规定中的"虽未达到上述数额标准",是指接近上述数额标准且已达到该数额的百分之八十以上的。

第八十二条 对于预备犯、未遂犯、中止犯,需要追究刑事责任的,应予立案追诉。

第八十三条 本规定中的立案追诉标准,除法律、司法解释、本规定中另有规定的以外,适用于相应的单位犯罪。

第八十四条 本规定中的"以上",包括本数。

第八十五条 本规定自 2022 年 5 月 15 日施行。《最高人民检察院、公安部关于公安机关管辖的刑事案件立案追诉标准的规定(二)》(公通字〔2010〕23 号)和《最高人民检察院、公安部关于公安机关管辖的刑事案件立案追诉标准的规定(二)的补充规定》(公通字〔2011〕47 号)同时废止。

最高人民检察院、公安部关于公安机关管辖的刑事案件立案追诉标准的规定(三)

- 2012年5月16日
- 公通字〔2012〕26号

第一条 【走私、贩卖、运输、制造毒品案（刑法第三百四十七条）】走私、贩卖、运输、制造毒品，无论数量多少，都应予立案追诉。

本条规定的"走私"是指明知是毒品而非法将其运输、携带、寄递进出国（边）境的行为。直接向走私人非法收购走私进口的毒品，或者在内海、领海、界河、界湖运输、收购、贩卖毒品的，以走私毒品罪立案追诉。

本条规定的"贩卖"是指明知是毒品而非法销售或者以贩卖为目的而非法收买的行为。

有证据证明行为人以牟利为目的，为他人代购仅用于吸食、注射的毒品，对代购者以贩卖毒品罪立案追诉。不以牟利为目的，为他人代购仅用于吸食、注射的毒品，毒品数量达到本规定第二条规定的数量标准的，对托购者和代购者以非法持有毒品罪立案追诉。明知他人实施毒品犯罪而为其居间介绍、代购代卖的，无论是否牟利，都应以相关毒品犯罪的共犯立案追诉。

本条规定的"运输"是指明知是毒品而采用携带、寄递、托运、利用他人或者使用交通工具等方法非法运送毒品的行为。

本条规定的"制造"是指非法利用毒品原植物直接提炼或者用化学方法加工、配制毒品，或者以改变毒品成分和效用为目的，用混合等物理方法加工、配制毒品的行为。为了便于隐蔽运输、销售、使用、欺骗购买者，或者为了增重，对毒品掺杂使假、添加或者去除其他非毒品物质，不属于制造毒品的行为。

为了制造毒品而采用生产、加工、提炼等方法非法制造易制毒化学品的，以制造毒品罪（预备）立案追诉。购进制造毒品的设备和原材料，开始着手制造毒品，尚未制造出毒品或者半成品的，以制造毒品罪（未遂）立案追诉。明知他人制造毒品而为其生产、加工、提炼、提供醋酸酐、乙醚、三氯甲烷等制毒物品的，以制造毒品罪的共犯立案追诉。

走私、贩卖、运输毒品主观故意中的"明知"，是指行为人知道或者应当知道所实施的是走私、贩卖、运输毒品行为。具有下列情形之一，结合行为人的供述和其他证据综合审查判断，可以认定其"应当知道"，但有证据证明确属被蒙骗的除外：

（一）执法人员在口岸、机场、车站、港口、邮局和其他检查站点检查时，要求行为人申报携带、运输、寄递的物品和其他疑似毒品物，并告知其法律责任，而行为人未如实申报，在其携带、运输、寄递的物品中查获毒品的；

（二）以伪报、藏匿、伪装等蒙蔽手段逃避海关、边防等检查，在其携带、运输、寄递的物品中查获毒品的；

（三）执法人员检查时，有逃跑、丢弃携带物品或者逃避、抗拒检查等行为，在其携带、藏匿或者丢弃的物品中查获毒品的；

（四）体内或者贴身隐秘处藏匿毒品的；

（五）为获取不同寻常的高额或者不等值的报酬为他人携带、运输、寄递、收取物品，从中查获毒品的；

（六）采用高度隐蔽的方式携带、运输物品，从中查获毒品的；

（七）采用高度隐蔽的方式交接物品，明显违背合法物品惯常交接方式，从中查获毒品的；

（八）行程路线故意绕开检查站点，在其携带、运输的物品中查获毒品的；

（九）以虚假身份、地址或者其他虚假方式办理托运、寄递手续，在托运、寄递的物品中查获毒品的；

（十）有其他证据足以证明行为人应当知道的。

制造毒品主观故意中的"明知"，是指行为人知道或者应当知道所实施的是制造毒品行为。有下列情形之一，结合行为人的供述和其他证据综合审查判断，可以认定其"应当知道"，但有证据证明确属被蒙骗的除外：

（一）购置了专门用于制造毒品的设备、工具、制毒物品或者配制方案的；

（二）为获取不同寻常的高额或者不等值的报酬为他人制造物品，经检验是毒品的；

（三）在偏远、隐蔽场所制造，或者采取对制

设备进行伪装等方式制造物品,经检验是毒品的;

(四)制造人员在执法人员检查时,有逃跑、抗拒检查等行为,在现场查获制造出的物品,经检验是毒品的;

(五)有其他证据足以证明行为人应当知道的。

走私、贩卖、运输、制造毒品罪是选择性罪名,对同一宗毒品实施了两种以上犯罪行为,并有相应确凿证据的,应当按照所实施的犯罪行为的性质并列适用罪名,毒品数量不重复计算。对同一宗毒品可能实施了两种以上犯罪行为,但相应证据只能认定其中一种或者几种行为,认定其他行为的证据不够确实充分的,只按照依法能够认定的行为的性质适用罪名。对不同宗毒品分别实施了不同种犯罪行为的,应对不同行为并列适用罪名,累计计算毒品数量。

第二条 【非法持有毒品案(刑法第三百四十八条)】明知是毒品而非法持有,涉嫌下列情形之一的,应予立案追诉:

(一)鸦片二百克以上、海洛因、可卡因或者甲基苯丙胺十克以上;

(二)二亚甲基双氧安非他明(MDMA)等苯丙胺类毒品(甲基苯丙胺除外)、吗啡二十克以上;

(三)度冷丁(杜冷丁)五十克以上(针剂100mg/支规格的五百支以上,50mg/支规格的一千支以上;片剂25mg/片规格的二千片以上,50mg/片规格的一千片以上);

(四)盐酸二氢埃托啡二毫克以上(针剂或者片剂20ug/支、片规格的一百支、片以上);

(五)氯胺酮、美沙酮二百克以上;

(六)三唑仑、安眠酮十千克以上;

(七)咖啡因五十千克以上;

(八)氯氮卓、艾司唑仑、地西泮、溴西泮一百千克以上;

(九)大麻油一千克以上,大麻脂二千克以上,大麻叶及大麻烟三十千克以上;

(十)罂粟壳五十千克以上;

(十一)上述毒品以外的其他毒品数量较大的。

非法持有两种以上毒品,每种毒品均没有达到本条第一款规定的数量标准,但按前款规定的立案追诉数量比例折算成海洛因后累计相加达到十克以上的,应予立案追诉。

本条规定的"非法持有",是指违反国家法律和国家主管部门的规定,占有、携带、藏有或者以其他方式持有毒品。

非法持有毒品主观故意中的"明知",依照本规定第一条第八款的有关规定予以认定。

第三条 【包庇毒品犯罪分子案(刑法第三百四十九条)】包庇走私、贩卖、运输、制造毒品的犯罪分子,涉嫌下列情形之一的,应予立案追诉:

(一)作虚假证明,帮助掩盖罪行的;

(二)帮助隐藏、转移或者毁灭证据的;

(三)帮助取得虚假身份或者身份证件的;

(四)以其他方式包庇犯罪分子的。

实施前款规定的行为,事先通谋的,以走私、贩卖、运输、制造毒品罪的共犯立案追诉。

第四条 【窝藏、转移、隐瞒毒品、毒赃案(刑法第三百四十九条)】为走私、贩卖、运输、制造毒品的犯罪分子窝藏、转移、隐瞒毒品或者犯罪所得的财物的,应予立案追诉。

实施前款规定的行为,事先通谋的,以走私、贩卖、运输、制造毒品罪的共犯立案追诉。

第五条 【走私制毒物品案(刑法第三百五十条)】违反国家规定,非法运输、携带制毒物品进出国(边)境,涉嫌下列情形之一的,应予立案追诉:

(一)1-苯基-2-丙酮五千克以上;

(二)麻黄碱、伪麻黄碱及其盐类和单方制剂五千克以上,麻黄浸膏、麻黄浸膏粉一百千克以上;

(三)3,4-亚甲基二氧苯基-2-丙酮、去甲麻黄素(去甲麻黄碱)、甲基麻黄素(甲基麻黄碱)、羟亚胺及其盐类十千克以上;

(四)胡椒醛、黄樟素、黄樟油、异黄樟素、麦角酸、麦角胺、麦角新碱、苯乙酸二十千克以上;

(五)N-乙酰邻氨基苯酸、邻氨基苯甲酸、哌啶一百五十千克以上;

(六)醋酸酐、三氯甲烷二百千克以上;

(七)乙醚、甲苯、丙酮、甲基乙基酮、高锰酸钾、硫酸、盐酸四百千克以上;

(八)其他用于制造毒品的原料或者配剂相当数量的。

非法运输、携带两种以上制毒物品进出国(边)境,每种制毒物品均没有达到本条第一款规定的数量标准,但按前款规定的立案追诉数量比例折算成一种制毒物品后累计相加达到上述数量标准的,应予立案追诉。

为了走私制毒物品而采用生产、加工、提炼等方法非法制造易制毒化学品的,以走私制毒物品罪(预备)立案追诉。

实施走私制毒物品行为,有下列情形之一,且查获了易制毒化学品,结合行为人的供述和其他证据综合审查判断,可以认定其"明知"是制毒物品而走私或者非法买卖,但有证据证明确属被蒙骗的除外:

（一）改变产品形状、包装或者使用虚假标签、商标等产品标志的;

（二）以藏匿、夹带、伪装或者其他隐蔽方式运输、携带易制毒化学品逃避检查的;

（三）抗拒检查或者在检查时丢弃货物逃跑的;

（四）以伪报、藏匿、伪装等蒙蔽手段逃避海关、边防等检查的;

（五）选择不设海关或者边防检查站的路段绕行出入境的;

（六）以虚假身份、地址或者其他虚假方式办理托运、寄递手续的;

（七）以其他方法隐瞒真相,逃避对易制毒化学品依法监管的。

明知他人实施走私制毒物品犯罪,而为其运输、储存、代理进出口或者以其他方式提供便利的,以走私制毒物品罪的共犯立案追诉。

第六条【非法买卖制毒物品案(刑法第三百五十条)】 违反国家规定,在境内非法买卖制毒物品,数量达到本规定第五条第一款规定情形之一的,应予立案追诉。

非法买卖两种以上制毒物品,每种制毒物品均没有达到本条第一款规定的数量标准,但按前款规定的立案追诉数量比例折算成一种制毒物品后累计相加达到上述数量标准的,应予立案追诉。

违反国家规定,实施下列行为之一的,认定为本条规定的非法买卖制毒物品行为:

（一）未经许可或者备案,擅自购买、销售易制毒化学品的;

（二）超出许可证明或者备案证明的品种、数量范围购买、销售易制毒化学品的;

（三）使用他人的或者伪造、变造、失效的许可证明或者备案证明购买、销售易制毒化学品的;

（四）经营单位违反规定,向无购买许可证明、备案证明的单位、个人销售易制毒化学品的,或者明知购买者使用他人的或者伪造、变造、失效的许可证明或者备案证明,向其销售易制毒化学品的;

（五）以其他方式非法买卖易制毒化学品的。

易制毒化学品生产、经营、使用单位或者个人未办理许可证明或者备案证明,购买、销售易制毒化学品,如果有证据证明确实用于合法生产、生活需要,依法能够办理只是未及时办理许可证明或者备案证明,且未造成严重社会危害的,可不以非法买卖制毒物品罪立案追诉。

为了非法买卖制毒物品而采用生产、加工、提炼等方法非法制造易制毒化学品的,以非法买卖制毒物品罪(预备)立案追诉。

非法买卖制毒物品主观故意中的"明知",依照本规定第五条第四款的有关规定予以认定。

明知他人实施非法买卖制毒物品犯罪,而为其运输、储存、代理进出口或者以其他方式提供便利,以非法买卖制毒物品罪的共犯立案追诉。

第七条【非法种植毒品原植物案(刑法第三百五十一条)】 非法种植罂粟、大麻等毒品原植物,涉嫌下列情形之一的,应予立案追诉:

（一）非法种植罂粟五百株以上的;

（二）非法种植大麻五千株以上的;

（三）非法种植其他毒品原植物数量较大的;

（四）非法种植罂粟二百平方米以上、大麻二千平方米以上或者其他毒品原植物面积较大,尚未出苗的;

（五）经公安机关处理后又种植的;

（六）抗拒铲除的。

本条所规定的"种植",是指播种、育苗、移栽、插苗、施肥、灌溉、割取津液或者收取种子等行为。非法种植毒品原植物的株数一般应以实际查获的数量为准。因种植面积较大,难以逐株清点数目的,可以抽样测算每平方米平均株数后按实际种植面积测算出种植总株数。

非法种植罂粟或者其他毒品原植物,在收获前自动铲除的,可以不予立案追诉。

第八条【非法买卖、运输、携带、持有毒品原植物种子、幼苗案(刑法第三百五十二条)】 非法买卖、运输、携带、持有未经灭活的罂粟等毒品原植物种子或者幼苗,涉嫌下列情形之一的,应予立案追诉:

（一）罂粟种子五十克以上、罂粟幼苗五千株以上；

（二）大麻种子五十千克以上、大麻幼苗五万株以上；

（三）其他毒品原植物种子、幼苗数量较大的。

第九条 【引诱、教唆、欺骗他人吸毒案(刑法第三百五十三条)】引诱、教唆、欺骗他人吸食、注射毒品的，应予立案追诉。

第十条 【强迫他人吸毒案(刑法第三百五十三条)】违背他人意志，以暴力、胁迫或者其他强制手段，迫使他人吸食、注射毒品的，应予立案追诉。

第十一条 【容留他人吸毒案(刑法第三百五十四条)】提供场所，容留他人吸食、注射毒品，涉嫌下列情形之一的，应予立案追诉：

（一）容留他人吸食、注射毒品两次以上的；

（二）一次容留三人以上吸食、注射毒品的；

（三）因容留他人吸食、注射毒品被行政处罚，又容留他人吸食、注射毒品的；

（四）容留未成年人吸食、注射毒品的；

（五）以牟利为目的容留他人吸食、注射毒品的；

（六）容留他人吸食、注射毒品造成严重后果或者其他情节严重的。

第十二条 【非法提供麻醉药品、精神药品案(刑法第三百五十五条)】依法从事生产、运输、管理、使用国家管制的麻醉药品、精神药品的个人或者单位，违反国家规定，向吸食、注射毒品的人员提供国家规定管制的能够使人形成瘾癖的麻醉药品、精神药品，涉嫌下列情形之一的，应予立案追诉：

（一）非法提供鸦片二十克以上、吗啡二克以上、度冷丁(杜冷丁)五克以上(针剂100mg/支规格的五十支以上，50mg/支规格的一百支以上；片剂25mg/片规格的二百片以上，50mg/片规格的一百片以上)、盐酸二氢埃托啡零点二毫克以上(针剂或者片剂20ug/支、片规格的十支、片以上)、氯胺酮、美沙酮二十克以上、三唑仑、安眠酮一千克以上、咖啡因五千克以上、氯氮卓、艾司唑仑、地西泮、溴西泮十千克以上，以及其他麻醉药品和精神药品数量较大的；

（二）虽未达到上述数量标准，但非法提供麻醉药品、精神药品两次以上，数量累计达到前项规定的数量标准百分之八十以上的；

（三）因非法提供麻醉药品、精神药品被行政处罚，又非法提供麻醉药品、精神药品的；

（四）向吸食、注射毒品的未成年人提供麻醉药品、精神药品的；

（五）造成严重后果或者其他情节严重的。

依法从事生产、运输、管理、使用国家管制的麻醉药品、精神药品的人员或者单位，违反国家规定，向走私、贩卖毒品的犯罪分子提供国家规定管制的能够使人形成瘾癖的麻醉药品、精神药品的，或者以牟利为目的，向吸食、注射毒品的人提供国家规定管制的能够使人形成瘾癖的麻醉药品、精神药品的，以走私、贩卖毒品罪立案追诉。

第十三条 本规定中的毒品是指鸦片、海洛因、甲基苯丙胺(冰毒)、吗啡、大麻、可卡因以及国家规定管制的其他能够使人形成瘾癖的麻醉药品和精神药品。具体品种以国家食品药品监督管理局、公安部、卫生部发布的《麻醉药品品种目录》、《精神药品品种目录》为依据。

本规定中的"制毒物品"是指刑法第三百五十条第一款规定的醋酸酐、乙醚、三氯甲烷或者其他用于制造毒品的原料或者配剂，具体品种范围按照国家关于易制毒化学品管理的规定确定。

第十四条 本规定中未明确立案追诉标准的毒品，有条件折算为海洛因的，参照有关麻醉药品和精神药品折算标准进行折算。

第十五条 本规定中的立案追诉标准，除法律、司法解释另有规定的以外，适用于相关的单位犯罪。

第十六条 本规定中的"以上"，包括本数。

第十七条 本规定自印发之日起施行。

最高人民法院、最高人民检察院、公安部、国家安全部、司法部关于办理刑事案件严格排除非法证据若干问题的规定

·2017年6月20日
·法发〔2017〕15号

为准确惩罚犯罪，切实保障人权，规范司法行为，促进司法公正，根据《中华人民共和国刑事诉讼法》及有关司法解释等规定，结合司法实际，制定如下规定。

一、一般规定

第一条 严禁刑讯逼供和以威胁、引诱、欺骗以及其他非法方法收集证据，不得强迫任何人证实自己有罪。对一切案件的判处都要重证据，重调查研究，不轻信口供。

第二条 采取殴打、违法使用戒具等暴力方法或者变相肉刑的恶劣手段，使犯罪嫌疑人、被告人遭受难以忍受的痛苦而违背意愿作出的供述，应当予以排除。

第三条 采用以暴力或者严重损害本人及其近亲属合法权益等进行威胁的方法，使犯罪嫌疑人、被告人遭受难以忍受的痛苦而违背意愿作出的供述，应当予以排除。

第四条 采用非法拘禁等非法限制人身自由的方法收集的犯罪嫌疑人、被告人供述，应当予以排除。

第五条 采用刑讯逼供方法使犯罪嫌疑人、被告人作出供述，之后犯罪嫌疑人、被告人受该刑讯逼供行为影响而作出的与该供述相同的重复性供述，应当一并排除，但下列情形除外：

（一）侦查期间，根据控告、举报或者自己发现等，侦查机关确认或者不能排除以非法方法收集证据而更换侦查人员，其他侦查人员再次讯问时告知诉讼权利和认罪的法律后果，犯罪嫌疑人自愿供述的；

（二）审查逮捕、审查起诉和审判期间，检察人员、审判人员讯问时告知诉讼权利和认罪的法律后果，犯罪嫌疑人、被告人自愿供述的。

第六条 采用暴力、威胁以及非法限制人身自由等非法方法收集的证人证言、被害人陈述，应当予以排除。

第七条 收集物证、书证不符合法定程序，可能严重影响司法公正的，应当予以补正或者作出合理解释；不能补正或者作出合理解释的，对有关证据应当予以排除。

二、侦 查

第八条 侦查机关应当依照法定程序开展侦查，收集、调取能够证实犯罪嫌疑人有罪或者无罪、罪轻或者罪重的证据材料。

第九条 拘留、逮捕犯罪嫌疑人后，应当按照法律规定送看守所羁押。犯罪嫌疑人被送交看守所羁押后，讯问应当在看守所讯问室进行。因客观原因侦查机关在看守所讯问室以外的场所进行讯问的，应当作出合理解释。

第十条 侦查人员在讯问犯罪嫌疑人的时候，可以对讯问过程进行录音录像；对于可能判处无期徒刑、死刑的案件或者其他重大犯罪案件，应当对讯问过程进行录音录像。

侦查人员应当告知犯罪嫌疑人对讯问过程录音录像，并在讯问笔录中写明。

第十一条 对讯问过程录音录像，应当不间断进行，保持完整性，不得选择性地录制，不得剪接、删改。

第十二条 侦查人员讯问犯罪嫌疑人，应当依法制作讯问笔录。讯问笔录应当交犯罪嫌疑人核对，对于没有阅读能力的，应当向他宣读。对讯问笔录中有遗漏或者差错等情形，犯罪嫌疑人可以提出补充或者改正。

第十三条 看守所应当对提讯进行登记，写明提讯单位、人员、事由、起止时间以及犯罪嫌疑人姓名等情况。

看守所收押犯罪嫌疑人，应当进行身体检查。检查时，人民检察院驻看守所检察人员可以在场。检查发现犯罪嫌疑人有伤或者身体异常的，看守所应当拍照或者录像，分别由送押人员、犯罪嫌疑人说明原因，并在体检记录中写明，由送押人员、收押人员和犯罪嫌疑人签字确认。

第十四条 犯罪嫌疑人及其辩护人在侦查期间可以向人民检察院申请排除非法证据。对犯罪嫌疑人及其辩护人提供相关线索或者材料的，人民检察院应当调查核实。调查结论应当书面告知犯罪嫌疑人及其辩护人。对确有以非法方法收集证据情形的，人民检察院应当向侦查机关提出纠正意见。

侦查机关对审查认定的非法证据，应当予以排除，不得作为提请批准逮捕、移送审查起诉的根据。

对重大案件，人民检察院驻看守所检察人员应当在侦查终结前询问犯罪嫌疑人，核查是否存在刑讯逼供、非法取证情形，并同步录音录像。经核查，确有刑讯逼供、非法取证情形的，侦查机关应当及时排除非法证据，不得作为提请批准逮捕、移送审查起诉的根据。

第十五条 对侦查终结的案件，侦查机关应当全面审查证明证据收集合法性的证据材料，依法排除非法证据。排除非法证据后，证据不足的，不得移送审查起诉。

侦查机关发现办案人员非法取证的，应当依法作出处理，并可另行指派侦查人员重新调查取证。

三、审查逮捕、审查起诉

第十六条　审查逮捕、审查起诉期间讯问犯罪嫌疑人，应当告知其有权申请排除非法证据，并告知诉讼权利和认罪的法律后果。

第十七条　审查逮捕、审查起诉期间，犯罪嫌疑人及其辩护人申请排除非法证据，并提供相关线索或者材料的，人民检察院应当调查核实。调查结论应当书面告知犯罪嫌疑人及其辩护人。

人民检察院在审查起诉期间发现侦查人员以刑讯逼供等非法方法收集证据的，应当依法排除相关证据并提出纠正意见，必要时人民检察院可以自行调查取证。

人民检察院对审查认定的非法证据，应当予以排除，不得作为批准或者决定逮捕、提起公诉的根据。被排除的非法证据应当随案移送，并写明为依法排除的非法证据。

第十八条　人民检察院依法排除非法证据后，证据不足，不符合逮捕、起诉条件的，不得批准或者决定逮捕、提起公诉。

对于人民检察院排除有关证据导致对涉嫌的重要犯罪事实未予认定，从而作出不批准逮捕、不起诉决定，或者对涉嫌的部分重要犯罪事实决定不起诉的，公安机关、国家安全机关可要求复议、提请复核。

四、辩　护

第十九条　犯罪嫌疑人、被告人申请提供法律援助的，应当按照有关规定指派法律援助律师。

法律援助值班律师可以为犯罪嫌疑人、被告人提供法律帮助，对刑讯逼供、非法取证情形代理申诉、控告。

第二十条　犯罪嫌疑人、被告人及其辩护人申请排除非法证据，应当提供涉嫌非法取证的人员、时间、地点、方式、内容等相关线索或者材料。

第二十一条　辩护律师自人民检察院对案件审查起诉之日起，可以查阅、摘抄、复制讯问笔录、提讯登记、采取强制措施或者侦查措施的法律文书等证据材料。其他辩护人经人民法院、人民检察院许可，也可以查阅、摘抄、复制上述证据材料。

第二十二条　犯罪嫌疑人、被告人及其辩护人向人民法院、人民检察院申请调取公安机关、国家安全机关、人民检察院收集但未提交的讯问录音录像、体检记录等证据材料，人民法院、人民检察院经审查认为犯罪嫌疑人、被告人及其辩护人申请调取的证据材料与证明证据收集的合法性有联系的，应当予以调取；认为与证明证据收集的合法性没有联系的，应当决定不予调取并向犯罪嫌疑人、被告人及其辩护人说明理由。

五、审　判

第二十三条　人民法院向被告人及其辩护人送达起诉书副本时，应当告知其有权申请排除非法证据。

被告人及其辩护人申请排除非法证据，应当在开庭审理前提出，但在庭审期间发现相关线索或者材料等情形除外。人民法院应当在开庭审理前将申请书和相关线索或者材料的复制件送交人民检察院。

第二十四条　被告人及其辩护人在开庭审理前申请排除非法证据，未提供相关线索或者材料，不符合法律规定的申请条件的，人民法院对申请不予受理。

第二十五条　被告人及其辩护人在开庭审理前申请排除非法证据，按照法律规定提供相关线索或者材料的，人民法院应当召开庭前会议。人民检察院应当通过出示有关证据材料等方式，有针对性地对证据收集的合法性作出说明。人民法院可以核实情况，听取意见。

人民检察院可以决定撤回有关证据，撤回的证据，没有新的理由，不得在庭审中出示。

被告人及其辩护人可以撤回排除非法证据的申请。撤回申请后，没有新的线索或者材料，不得再次对有关证据提出排除申请。

第二十六条　公诉人、被告人及其辩护人在庭前会议中对证据收集是否合法未达成一致意见，人民法院对证据收集的合法性有疑问的，应当在庭审中进行调查；人民法院对证据收集的合法性没有疑问，且没有新的线索或者材料表明可能存在非法取证的，可以决定不再进行调查。

第二十七条　被告人及其辩护人申请人民法院通知侦查人员或者其他人员出庭,人民法院认为现有证据材料不能证明证据收集的合法性,确有必要通知上述人员出庭作证或者说明情况的,可以通知上述人员出庭。

第二十八条　公诉人宣读起诉书后,法庭应当宣布开庭审理前对证据收集合法性的审查及处理情况。

第二十九条　被告人及其辩护人在开庭审理前未申请排除非法证据,在法庭审理过程中提出申请的,应当说明理由。

对前述情形,法庭经审查,对证据收集的合法性有疑问的,应当进行调查;没有疑问的,应当驳回申请。

法庭驳回排除非法证据申请后,被告人及其辩护人没有新的线索或者材料,以相同理由再次提出申请的,法庭不再审查。

第三十条　庭审期间,法庭决定对证据收集的合法性进行调查的,应当先行当庭调查。但为防止庭审过分迟延,也可以在法庭调查结束前进行调查。

第三十一条　公诉人对证据收集的合法性加以证明,可以出示讯问笔录、提讯登记、体检记录、采取强制措施或者侦查措施的法律文书、侦查终结前对讯问合法性的核查材料等证据材料,有针对性地播放讯问录音录像,提请法庭通知侦查人员或者其他人员出庭说明情况。

被告人及其辩护人可以出示相关线索或者材料,并申请法庭播放特定时段的讯问录音录像。

侦查人员或者其他人员出庭,应当向法庭说明证据收集过程,并就相关情况接受发问。对发问方式不当或者内容与证据收集的合法性无关的,法庭应当制止。

公诉人、被告人及其辩护人可以对证据收集的合法性进行质证、辩论。

第三十二条　法庭对控辩双方提供的证据有疑问的,可以宣布休庭,对证据进行调查核实。必要时,可以通知公诉人、辩护人到场。

第三十三条　法庭对证据收集的合法性进行调查后,应当庭作出是否排除有关证据的决定。必要时,可以宣布休庭,由合议庭评议或者提交审判委员会讨论,再次开庭时宣布决定。

在法庭作出是否排除有关证据的决定前,不得对有关证据宣读、质证。

第三十四条　经法庭审理,确认存在本规定所规定的以非法方法收集证据情形的,对有关证据应当予以排除。法庭根据相关线索或者材料对证据收集的合法性有疑问,而人民检察院未提供证据或者提供的证据不能证明证据收集的合法性,不能排除存在本规定所规定的以非法方法收集证据情形的,对有关证据应当予以排除。

对依法予以排除的证据,不得宣读、质证,不得作为判决的根据。

第三十五条　人民法院排除非法证据后,案件事实清楚,证据确实、充分,依据法律认定被告人有罪的,应当作出有罪判决;证据不足,不能认定被告人有罪的,应当作出证据不足、指控的犯罪不能成立的无罪判决;案件部分事实清楚,证据确实、充分的,依法认定该部分事实。

第三十六条　人民法院对证据收集合法性的审查、调查结论,应当在裁判文书中写明,并说明理由。

第三十七条　人民法院对证人证言、被害人陈述等证据收集合法性的审查、调查,参照上述规定。

第三十八条　人民检察院、被告人及其法定代理人提出抗诉、上诉,对第一审人民法院有关证据收集合法性的审查、调查结论提出异议的,第二审人民法院应当审查。

被告人及其辩护人在第一审程序中未申请排除非法证据,在第二审程序中提出申请的,应当说明理由。第二审人民法院应当审查。

人民检察院在第一审程序中未出示证据证明证据收集的合法性,第一审人民法院依法排除有关证据的,人民检察院在第二审程序中不得出示之前未出示的证据,但在第一审程序后发现的除外。

第三十九条　第二审人民法院对证据收集合法性的调查,参照上述第一审程序的规定。

第四十条　第一审人民法院对被告人及其辩护人排除非法证据的申请未予审查,并以有关证据作为定案根据,可能影响公正审判的,第二审人民法院可以裁定撤销原判,发回原审人民法院重新审判。

第一审人民法院对依法应当排除的非法证据未予排除的,第二审人民法院可以依法排除非法证据。排除非法证据后,原判决认定事实和适用法律正确、量刑适当的,应当裁定驳回上诉或者抗诉,维持原判;原判决认定事实没有错误,但适用法律有错误,或者量刑不当的,应当改判;原判决事实不清楚或者证据不足的,可以裁定撤销原判,发回原审人民法院重新审判。

第四十一条　审判监督程序、死刑复核程序中对证据收集合法性的审查、调查,参照上述规定。

第四十二条　本规定自 2017 年 6 月 27 日起施行。

最高人民法院、最高人民检察院、公安部、国家安全部、司法部关于办理死刑案件审查判断证据若干问题的规定

- 2010 年 6 月 13 日
- 法发〔2010〕20 号

为依法、公正、准确、慎重地办理死刑案件,惩罚犯罪,保障人权,根据《中华人民共和国刑事诉讼法》等有关法律规定,结合司法实际,制定本规定。

一、一般规定

第一条　办理死刑案件,必须严格执行刑法和刑事诉讼法,切实做到事实清楚,证据确实、充分,程序合法,适用法律正确,确保案件质量。

第二条　认定案件事实,必须以证据为根据。

第三条　侦查人员、检察人员、审判人员应当严格遵守法定程序,全面、客观地收集、审查、核实和认定证据。

第四条　经过当庭出示、辨认、质证等法庭调查程序查证属实的证据,才能作为定罪量刑的根据。

第五条　办理死刑案件,对被告人犯罪事实的认定,必须达到证据确实、充分。

证据确实、充分是指:

(一)定罪量刑的事实都有证据证明;

(二)每一个定案的证据均已经法定程序查证属实;

(三)证据与证据之间、证据与案件事实之间不存在矛盾或者矛盾得以合理排除;

(四)共同犯罪案件中,被告人的地位、作用均已查清;

(五)根据证据认定案件事实的过程符合逻辑和经验规则,由证据得出的结论为唯一结论。

办理死刑案件,对于以下事实的证明必须达到证据确实、充分:

(一)被指控的犯罪事实的发生;

(二)被告人实施了犯罪行为与被告人实施犯罪行为的时间、地点、手段、后果以及其他情节;

(三)影响被告人定罪的身份情况;

(四)被告人有刑事责任能力;

(五)被告人的罪过;

(六)是否共同犯罪及被告人在共同犯罪中的地位、作用;

(七)对被告人从重处罚的事实。

二、证据的分类审查与认定

1. 物证、书证

第六条　对物证、书证应当着重审查以下内容:

(一)物证、书证是否为原物、原件,物证的照片、录像或者复制品及书证的副本、复制件与原物、原件是否相符;物证、书证是否经过辨认、鉴定;物证的照片、录像或者复制品和书证的副本、复制件是否由二人以上制作,有无制作人关于制作过程及原件、原物存放于何处的文字说明及签名。

(二)物证、书证的收集程序、方式是否符合法律及有关规定;经勘验、检查、搜查提取、扣押的物证、书证,是否附有相关笔录或者清单;笔录或者清单是否有侦查人员、物品持有人、见证人签名,没有物品持有人签名的,是否注明原因;对物品的特征、数量、质量、名称等注明是否清楚。

(三)物证、书证在收集、保管及鉴定过程中是否受到破坏或者改变。

(四)物证、书证与案件事实有无关联。对现场遗留与犯罪有关的具备检验鉴定条件的血迹、指纹、毛发、体液等生物物证、痕迹、物品,是否通过 DNA 鉴定、指纹鉴定等鉴定方式与被告人或者被害人的相应生物检材、生物特征、物品等作同一

认定。

（五）与案件事实有关联的物证、书证是否全面收集。

第七条　对在勘验、检查、搜查中发现与案件事实可能有关联的血迹、指纹、足迹、字迹、毛发、体液、人体组织等痕迹和物品应当提取而没有提取，应当检验而没有检验，导致案件事实存疑的，人民法院应当向人民检察院说明情况，人民检察院依法可以补充收集、调取证据，作出合理的说明或者退回侦查机关补充侦查，调取有关证据。

第八条　据以定案的物证应当是原物。只有在原物不便搬运、不易保存或者依法应当由有关部门保管、处理或者依法应当返还时，才可以拍摄或者制作足以反映原物外形或者内容的照片、录像或者复制品。物证的照片、录像或者复制品，经与原物核实无误或者经鉴定证明为真实的，或者以其他方式确能证明其真实的，可以作为定案的根据。原物的照片、录像或者复制品，不能反映原物的外形和特征的，不能作为定案的根据。

据以定案的书证应当是原件。只有在取得原件确有困难时，才可以使用副本或者复制件。书证的副本、复制件，经与原件核实无误或者经鉴定证明为真实的，或者以其他方式确能证明其真实的，可以作为定案的根据。书证有更改或者更改迹象不能作出合理解释的，书证的副本、复制件不能反映书证原件及其内容的，不能作为定案的根据。

第九条　经勘验、检查、搜查提取、扣押的物证、书证，未附有勘验、检查笔录，搜查笔录，提取笔录，扣押清单，不能证明物证、书证来源的，不能作为定案的根据。

物证、书证的收集程序、方式存在下列瑕疵，通过有关办案人员的补正或者作出合理解释的，可以采用：

（一）收集调取的物证、书证，在勘验、检查笔录、搜查笔录、提取笔录、扣押清单上没有侦查人员、物品持有人、见证人签名或者物品特征、数量、质量、名称等注明不详的；

（二）收集调取物证照片、录像或者复制品，书证的副本、复制件未注明与原件核对无异，无复制时间、无被收集、调取人（单位）签名（盖章）的；

（三）物证照片、录像或者复制品，书证的副本、复制件没有制作人关于制作过程及原物、原件

存放于何处的说明或者说明中无签名的；

（四）物证、书证的收集程序、方式存在其他瑕疵的。

对物证、书证的来源及收集过程有疑问，不能作出合理解释的，该物证、书证不能作为定案的根据。

第十条　具备辨认条件的物证、书证应当交由当事人或者证人进行辨认，必要时应当进行鉴定。

2. 证人证言

第十一条　对证人证言应当着重审查以下内容：

（一）证言的内容是否为证人直接感知。

（二）证人作证时的年龄、认知水平、记忆能力和表达能力，生理上和精神上的状态是否影响作证。

（三）证人与案件当事人、案件处理结果有无利害关系。

（四）证言的取得程序、方式是否符合法律及有关规定：有无使用暴力、威胁、引诱、欺骗以及其他非法手段取证的情形；有无违反询问证人应当个别进行的规定；笔录是否经证人核对确认并签名（盖章）、捺指印；询问未成年证人，是否通知了其法定代理人到场，其法定代理人是否在场等。

（五）证人证言之间以及与其他证据之间能否相互印证，有无矛盾。

第十二条　以暴力、威胁等非法手段取得的证人证言，不能作为定案的根据。

处于明显醉酒、麻醉品中毒或者精神药物麻醉状态，以致不能正确表达的证人所提供的证言，不能作为定案的根据。

证人的猜测性、评论性、推断性的证言，不能作为证据使用，但根据一般生活经验判断符合事实的除外。

第十三条　具有下列情形之一的证人证言，不能作为定案的根据：

（一）询问证人没有个别进行而取得的证言；

（二）没有经证人核对确认并签名（盖章）、捺指印的书面证言；

（三）询问聋哑人或者不通晓当地通用语言、文字的少数民族人员、外国人，应当提供翻译而未提供的。

第十四条 证人证言的收集程序和方式有下列瑕疵,通过有关办案人员的补正或者作出合理解释的,可以采用:

(一)没有填写询问人、记录人、法定代理人姓名或者询问的起止时间、地点的;

(二)询问证人的地点不符合规定的;

(三)询问笔录没有记录告知证人应当如实提供证言和有意作伪证或者隐匿罪证要负法律责任内容的;

(四)询问笔录反映出在同一时间段内,同一询问人员询问不同证人的。

第十五条 具有下列情形的证人,人民法院应当通知出庭作证;经依法通知不出庭作证证人的书面证言经质证无法确认的,不能作为定案的根据:

(一)人民检察院、被告人及其辩护人对证人证言有异议,该证人证言对定罪量刑有重大影响的;

(二)人民法院认为其他应当出庭作证的。

证人在法庭上的证言与其庭前证言相互矛盾,如果证人当庭能够对其翻证作出合理解释,并有相关证据印证的,应当采信庭审证言。

对未出庭作证证人的书面证言,应当听取出庭检察人员、被告人及其辩护人的意见,并结合其他证据综合判断。未出庭作证证人的书面证言出现矛盾,不能排除矛盾且无证据印证的,不能作为定案的根据。

第十六条 证人作证,涉及国家秘密或者个人隐私的,应当保守秘密。

证人出庭作证,必要时,人民法院可以采取限制公开证人信息、限制询问、遮蔽容貌、改变声音等保护性措施。

3. 被害人陈述

第十七条 对被害人陈述的审查与认定适用前述关于证人证言的有关规定。

4. 被告人供述和辩解

第十八条 对被告人供述和辩解应当着重审查以下内容:

(一)讯问的时间、地点、讯问人的身份等是否符合法律及有关规定,讯问被告人的侦查人员是否不少于二人,讯问被告人是否个别进行等;

(二)讯问笔录的制作、修改是否符合法律及有关规定,讯问笔录是否注明讯问的起止时间和讯问地点,首次讯问时是否告知被告人申请回避、聘请律师等诉讼权利,被告人是否核对确认并签名(盖章)、捺指印,是否有不少于二人的讯问人签名等;

(三)讯问聋哑人、少数民族人员、外国人时是否提供了通晓聋、哑手势的人员或者翻译人员,讯问未成年同案犯时,是否通知了其法定代理人到场,其法定代理人是否在场;

(四)被告人的供述有无以刑讯逼供等非法手段获取的情形,必要时可以调取被告人进出看守所的健康检查记录、笔录;

(五)被告人的供述是否前后一致,有无反复以及出现反复的原因;被告人的所有供述和辩解是否均已收集入卷;应当入卷的供述和辩解没有入卷的,是否出具了相关说明。

(六)被告人的辩解内容是否符合案情和常理,有无矛盾;

(七)被告人的供述和辩解与同案犯的供述和辩解以及其他证据能否相互印证,有无矛盾。

对于上述内容,侦查机关随案移送有录音录像资料的,应当结合相关录音录像资料进行审查。

第十九条 采用刑讯逼供等非法手段取得的被告人供述,不能作为定案的根据。

第二十条 具有下列情形之一的被告人供述,不能作为定案的根据:

(一)讯问笔录没有经被告人核对确认并签名(盖章)、捺指印的;

(二)讯问聋哑人、不通晓当地通用语言、文字的人员时,应当提供通晓聋、哑手势的人员或者翻译人员而未提供的。

第二十一条 讯问笔录有下列瑕疵,通过有关办案人员的补正或者作出合理解释的,可以采用:

(一)笔录填写的讯问时间、讯问人、记录人、法定代理人等有误或者存在矛盾的;

(二)讯问人没有签名的;

(三)首次讯问笔录没有记录告知被讯问人诉讼权利内容的。

第二十二条 对被告人供述和辩解的审查,应当结合控辩双方提供的所有证据以及被告人本人的全部供述和辩解进行。

被告人庭前供述一致，庭审中翻供，但被告人不能合理说明翻供理由或者其辩解与全案证据相矛盾，而庭前供述与其他证据能够相互印证的，可以采信被告人庭前供述。

被告人庭前供述和辩解出现反复，但庭审中供认的，且庭审中的供述与其他证据能够印证的，可以采信庭审中的供述；被告人庭前供述和辩解出现反复，庭审中不供认，且无其他证据与庭前供述印证的，不能采信庭前供述。

5. 鉴定意见

第二十三条 对鉴定意见应当着重审查以下内容：

（一）鉴定人是否存在应当回避而未回避的情形；

（二）鉴定机构和鉴定人是否具有合法的资质；

（三）鉴定程序是否符合法律及有关规定；

（四）检材的来源、取得、保管、送检是否符合法律及有关规定，与相关提取笔录、扣押物品清单等记载的内容是否相符，检材是否充足、可靠；

（五）鉴定的程序、方法、分析过程是否符合本专业的检验鉴定规程和技术方法要求；

（六）鉴定意见的形式要件是否完备，是否注明提起鉴定的事由、鉴定委托人、鉴定机构、鉴定要求、鉴定过程、检验方法、鉴定文书的日期等相关内容，是否由鉴定机构加盖鉴定专用章并由鉴定人签名盖章；

（七）鉴定意见是否明确；

（八）鉴定意见与案件待证事实有无关联；

（九）鉴定意见与其他证据之间是否有矛盾，鉴定意见与检验笔录及相关照片是否有矛盾；

（十）鉴定意见是否依法及时告知相关人员，当事人对鉴定意见是否有异议。

第二十四条 鉴定意见具有下列情形之一的，不能作为定案的根据：

（一）鉴定机构不具备法定的资格和条件，或者鉴定事项超出本鉴定机构项目范围或者鉴定能力的；

（二）鉴定人不具备法定的资格和条件、鉴定人不具有相关专业技术或者职称、鉴定人违反回避规定的；

（三）鉴定程序、方法有错误的；

（四）鉴定意见与证明对象没有关联的；

（五）鉴定对象与送检材料、样本不一致的；

（六）送检材料、样本来源不明或者确实被污染且不具备鉴定条件的；

（七）违反有关鉴定特定标准的；

（八）鉴定文书缺少签名、盖章的；

（九）其他违反有关规定的情形。

对鉴定意见有疑问的，人民法院应当依法通知鉴定人出庭作证或者由其出具相关说明，也可以依法补充鉴定或者重新鉴定。

6. 勘验、检查笔录

第二十五条 对勘验、检查笔录应当着重审查以下内容：

（一）勘验、检查是否依法进行，笔录的制作是否符合法律及有关规定的要求，勘验、检查人员和见证人是否签名或者盖章等；

（二）勘验、检查笔录的内容是否全面、详细、准确、规范：是否准确记录了提起勘验、检查的事由，勘验、检查的时间、地点，在场人员、现场方位、周围环境等情况；是否准确记载了现场、物品、人身、尸体等的位置、特征等详细情况以及勘验、检查、搜查的过程；文字记载与实物或者绘图、录像、照片是否相符；固定证据的形式、方法是否科学、规范；现场、物品、痕迹等是否被破坏或者伪造，是否是原始现场；人身特征、伤害情况、生理状况有无伪装或者变化等。

（三）补充进行勘验、检查的，前后勘验、检查的情况是否有矛盾，是否说明了再次勘验、检查的原由；

（四）勘验、检查笔录中记载的情况与被告人供述、被害人陈述、鉴定意见等其他证据能否印证，有无矛盾。

第二十六条 勘验、检查笔录存在明显不符合法律及有关规定的情形，并且不能作出合理解释或者说明的，不能作为证据使用。

勘验、检查笔录存在勘验、检查没有见证人的，勘验、检查人员和见证人没有签名、盖章的，勘验、检查人员违反回避规定的等情形，应当结合案件其他证据，审查其真实性和关联性。

7. 视听资料

第二十七条 对视听资料应当着重审查以下

内容：

（一）视听资料的来源是否合法，制作过程中当事人有无受到威胁、引诱等违反法律及有关规定的情形；

（二）是否载明制作人或者持有人的身份，制作的时间、地点和条件以及制作方法；

（三）是否为原件，有无复制及复制份数；调取的视听资料是复制件的，是否附有无法调取原件的原因、制作过程和原件存放地点的说明，是否有制作人和原视听资料持有人签名或者盖章；

（四）内容和制作过程是否真实，有无经过剪辑、增加、删改、编辑等伪造、变造情形；

（五）内容与案件事实有无关联性。

对视听资料有疑问的，应当进行鉴定。

对视听资料，应当结合案件其他证据，审查其真实性和关联性。

第二十八条 具有下列情形之一的视听资料，不能作为定案的根据：

（一）视听资料经审查或者鉴定无法确定真伪的；

（二）对视听资料的制作和取得的时间、地点、方式等有异议，不能作出合理解释或者提供必要证明的。

8. 其他规定

第二十九条 对于电子邮件、电子数据交换、网上聊天记录、网络博客、手机短信、电子签名、域名等电子证据，应当主要审查以下内容：

（一）该电子证据存储磁盘、存储光盘等可移动存储介质是否与打印件一并提交；

（二）是否载明该电子证据形成的时间、地点、对象、制作人、制作过程及设备情况等；

（三）制作、储存、传递、获得、收集、出示等程序和环节是否合法，取证人、制作人、持有人、见证人等是否签名或者盖章；

（四）内容是否真实，有无剪裁、拼凑、篡改、添加等伪造、变造情形；

（五）该电子证据与案件事实有无关联性。

对电子证据有疑问的，应当进行鉴定。

对电子证据，应当结合案件其他证据，审查其真实性和关联性。

第三十条 侦查机关组织的辨认，存在下列情形之一的，应当严格审查，不能确定其真实性的，辨认结果不能作为定案的根据：

（一）辨认不是在侦查人员主持下进行的；

（二）辨认前使辨认人见到辨认对象的；

（三）辨认人的辨认活动没有个别进行的；

（四）辨认对象没有混杂在具有类似特征的其他对象中，或者供辨认的对象数量不符合规定的；尸体、场所等特定辨认对象除外；

（五）辨认中给辨认人明显暗示或者明显有指认嫌疑的。

有下列情形之一的，通过有关办案人员的补正或者作出合理解释的，辨认结果可以作为证据使用：

（一）主持辨认的侦查人员少于二人的；

（二）没有向辨认人详细询问辨认对象的具体特征的；

（三）对辨认经过和结果没有制作专门的规范的辨认笔录，或者辨认笔录没有侦查人员、辨认人、见证人的签名或者盖章的；

（四）辨认记录过于简单，只有结果没有过程的；

（五）案卷中只有辨认笔录，没有被辨认对象的照片、录像等资料，无法获悉辨认的真实情况的。

第三十一条 对侦查机关出具的破案经过等材料，应当审查是否有出具该说明材料的办案人、办案机关的签字或者盖章。

对破案经过有疑问，或者对确定被告人有重大嫌疑的根据有疑问的，应当要求侦查机关补充说明。

三、证据的综合审查和运用

第三十二条 对证据的证明力，应当结合案件的具体情况，从各证据与待证事实的关联程度、各证据之间的联系等方面进行审查判断。

证据之间具有内在的联系，共同指向同一待证事实，且能合理排除矛盾的，才能作为定案的根据。

第三十三条 没有直接证据证明犯罪行为系被告人实施，但同时符合下列条件的可以认定被告人有罪：

（一）据以定案的间接证据已经查证属实；

（二）据以定案的间接证据之间相互印证，不存在无法排除的矛盾和无法解释的疑问；

（三）据以定案的间接证据已经形成完整的证明体系；

（四）依据间接证据认定的案件事实，结论是唯一的，足以排除一切合理怀疑；

（五）运用间接证据进行的推理符合逻辑和经验判断。

根据间接证据定案的，判处死刑应当特别慎重。

第三十四条 根据被告人的供述、指认提取到了隐蔽性很强的物证、书证，且与其他证明犯罪事实发生的证据互相印证，并排除串供、逼供、诱供等可能性的，可以认定有罪。

第三十五条 侦查机关依照有关规定采用特殊侦查措施所收集的物证、书证及其他证据材料，经法庭查证属实，可以作为定案的根据。

法庭依法不公开特殊侦查措施的过程及方法。

第三十六条 在对被告人作出有罪认定后，人民法院认定被告人的量刑事实，除审查法定情节外，还应审查以下影响量刑的情节：

（一）案件起因；

（二）被害人有无过错及过错程度，是否对矛盾激化负有责任及责任大小；

（三）被告人的近亲属是否协助抓获被告人；

（四）被告人平时表现及有无悔罪态度；

（五）被害人附带民事诉讼赔偿情况，被告人是否取得被害人或者被害人近亲属谅解；

（六）其他影响量刑的情节。

既有从轻、减轻处罚等情节，又有从重处罚等情节的，应当依法综合相关情节予以考虑。

不能排除被告人具有从轻、减轻处罚等量刑情节的，判处死刑应当特别慎重。

第三十七条 对于有下列情形的证据应当慎重使用，有其他证据印证的，可以采信：

（一）生理上、精神上有缺陷的被害人、证人和被告人，在对案件事实的认知和表达上存在一定困难，但尚未丧失正确认知、正确表达能力而作的陈述、证言和供述；

（二）与被告人有亲属关系或者其他密切关系的证人所作的对该被告人有利的证言，或者与被告人有利害冲突的证人所作的对该被告人不利的证言。

第三十八条 法庭对证据有疑问的，可以告知出庭检察人员、被告人及其辩护人补充证据或者作出说明；确有核实必要的，可以宣布休庭，对证据进行调查核实。法庭进行庭外调查时，必要时，可以通知出庭检察人员、辩护人到场。出庭检察人员、辩护人一方或者双方不到场的，法庭记录在案。

人民检察院、辩护人补充的和法庭庭外调查核实取得的证据，法庭可以庭外征求出庭检察人员、辩护人的意见。双方意见不一致，有一方要求人民法院开庭进行调查的，人民法院应当开庭。

第三十九条 被告人及其辩护人提出有自首的事实及理由，有关机关未予认定的，应当要求有关机关提供证明材料或者要求相关人员作证，并结合其他证据判断自首是否成立。

被告人是否协助或者如何协助抓获同案犯的证明材料不全，导致无法认定被告人构成立功的，应当要求有关机关提供证明材料或者要求相关人员作证，并结合其他证据判断立功是否成立。

被告人有检举揭发他人犯罪情形的，应当审查是否已经查证属实；尚未查证的，应当及时查证。

被告人累犯的证明材料不全，应当要求有关机关提供证明材料。

第四十条 审查被告人实施犯罪时是否已满十八周岁，一般应当以户籍证明为依据；对户籍证明有异议，并有经查证属实的出生证明文件、无利害关系人的证言等证据证明被告人不满十八周岁的，应认定被告人不满十八周岁；没有户籍证明以及出生证明文件的，应当根据人口普查登记、无利害关系人的证言等证据综合进行判断，必要时，可以进行骨龄鉴定，并将结果作为判断被告人年龄的参考。

未排除证据之间的矛盾，无充分证据证明被告人实施被指控的犯罪时已满十八周岁且确实无法查明的，不能认定其已满十八周岁。

第四十一条 本规定自二〇一〇年七月一日起施行。

最高人民法院、最高人民检察院、公安部、司法部关于进一步加强社区矫正工作衔接配合管理的意见

- 2016 年 9 月 22 日
- 司发通〔2016〕88 号

为进一步加强社区矫正工作衔接配合,确保社区矫正依法适用、规范运行,根据刑法、刑事诉讼法以及最高人民法院、最高人民检察院、公安部、司法部《社区矫正实施办法》等有关规定,结合工作实际,制定本意见。

一、加强社区矫正适用前的衔接配合管理

1. 人民法院、人民检察院、公安机关、监狱对拟适用或者提请适用社区矫正的被告人、犯罪嫌疑人或者罪犯,需要调查其对所居住社区影响的,可以委托其居住地县级司法行政机关调查评估。对罪犯提请假释的,应当委托其居住地县级司法行政机关调查评估。对拟适用社区矫正的被告人或者罪犯,裁定或者决定机关应当核实其居住地。

委托调查评估时,委托机关应当发出调查评估委托函,并附下列材料:

(1)人民法院委托时,应当附带起诉书或者自诉状;

(2)人民检察院委托时,应当附带起诉意见书;

(3)看守所、监狱委托时,应当附带判决书、裁定书、执行通知书、减刑裁定书复印件以及罪犯在服刑期间表现情况材料。

2. 调查评估委托函应当包括犯罪嫌疑人、被告人、罪犯及其家属等有关人员的姓名、住址、联系方式、案由以及委托机关的联系人、联系方式等内容。

调查评估委托函不得通过案件当事人、法定代理人、诉讼代理人或者其他利害关系人转交居住地县级司法行政机关。

3. 居住地县级司法行政机关应当自收到调查评估委托函及所附材料之日起 10 个工作日内完成调查评估,提交评估意见。对于适用刑事案件速裁程序的,居住地县级司法行政机关应当在 5 个工作日内完成调查评估,提交评估意见。评估意见同时抄送居住地县级人民检察院。

需要延长调查评估时限的,居住地县级司法行政机关应当与委托机关协商,并在协商确定的期限内完成调查评估。

调查评估意见应当客观公正反映被告人、犯罪嫌疑人、罪犯适用社区矫正对其所居住社区的影响。委托机关应当认真审查调查评估意见,作为依法适用或者提请适用社区矫正的参考。

4. 人民法院在作出暂予监外执行决定前征求人民检察院意见时,应当附罪犯的病情诊断、妊娠检查或者生活不能自理的鉴别意见等有关材料。

二、加强对社区服刑人员交付接收的衔接配合管理

5. 对于被判处管制、宣告缓刑、假释的罪犯,人民法院、看守所、监狱应当书面告知其到居住地县级司法行政机关报到的时间期限以及逾期报到的后果,并在规定期限内将有关法律文书送达居住地县级司法行政机关,同时抄送居住地县级人民检察院和公安机关。

社区服刑人员前来报到时,居住地县级司法行政机关未收到法律文书或者法律文书不齐全,可以先记录在案,并通知人民法院、监狱或者看守所在 5 日内送达或者补齐法律文书。

6. 人民法院决定暂予监外执行或者公安机关、监狱管理机关批准暂予监外执行的,交付时应当将罪犯的病情诊断、妊娠检查或者生活不能自理的鉴别意见等有关材料复印件一并送达居住地县级司法行政机关。

7. 人民法院、公安机关、司法行政机关在社区服刑人员交付接收工作中衔接脱节,或者社区服刑人员逃避监管、未按规定时间期限报到,造成没有及时执行社区矫正的,属于漏管。

8. 居住地社区矫正机构发现社区服刑人员漏管,应当及时组织查找,并由居住地县级司法行政机关通知有关人民法院、公安机关、监狱、居住地县级人民检察院。

社区服刑人员逃避监管、不按规定时间期限报到导致漏管的,居住地县级司法行政机关应当给予警告;符合收监执行条件的,依法提出撤销缓刑、撤销假释或者对暂予监外执行收监执行的建议。

9. 人民检察院应当加强对社区矫正交付接收

中有关机关履职情况的监督,发现有下列情形之一的,依法提出纠正意见:

(1)人民法院、公安机关、监狱未依法送达交付执行法律文书,或者未向社区服刑人员履行法定告知义务;

(2)居住地县级司法行政机关依法应当接收社区服刑人员而未接收;

(3)社区服刑人员未在规定时间期限报到,居住地社区矫正机构未及时组织查找;

(4)人民法院决定暂予监外执行,未通知居住地社区矫正机构与有关公安机关,致使未办理交接手续;

(5)公安机关、监狱管理机关批准罪犯暂予监外执行,罪犯服刑的看守所、监狱未按规定与居住地社区矫正机构办理交接手续;

(6)其他未履行法定交付接收职责的情形。

三、加强对社区服刑人员监督管理的衔接配合

10.社区服刑人员在社区矫正期间脱离居住地社区矫正机构的监督管理下落不明,或者虽能查找到其下落但拒绝接受监督管理的,属于脱管。

11.居住地社区矫正机构发现社区服刑人员脱管,应当及时采取联系本人、其家属亲友,走访有关单位和人员等方式组织追查,做好记录,并由县级司法行政机关视情形依法给予警告、提请治安管理处罚、提请撤销缓刑、撤销假释或者暂予监外执行的提请收监执行。

12.人民检察院应当加强对社区矫正监督管理活动的监督,发现有下列情形之一的,依法提出纠正意见:

(1)社区服刑人员报到后,居住地县级司法行政机关未向社区服刑人员履行法定告知义务,致使未按照有关规定接受监督管理;

(2)居住地社区矫正机构违反规定批准社区服刑人员离开所居住的市、县,或者违反人民法院禁止令的内容批准社区服刑人员进入特定区域或者场所;

(3)居住地县级司法行政机关对违反社区矫正规定的社区服刑人员,未依法给予警告、提请治安管理处罚;

(4)其他未履行法定监督管理职责的情形。

13.司法行政机关应当会同人民法院、人民检察院、公安机关健全完善联席会议制度、情况通报制度,每月通报核对社区服刑人员人数变动、漏管脱管等数据信息,及时协调解决工作中出现的问题。

14.司法行政机关应当建立完善社区服刑人员的信息交换平台,推动与人民法院、人民检察院、公安机关互联互通,利用网络及时准确传输交换有关法律文书,根据需要查询社区服刑人员脱管漏管、被治安管理处罚、犯罪等情况,共享社区矫正工作动态信息,实现网上办案、网上监管、网上监督。对社区服刑人员采用电子定位方式实施监督,应当采用相应技术,防止发生人机分离,提高监督管理的有效性和安全性。

15.社区服刑人员被依法决定行政拘留、司法拘留、收容教育、强制隔离戒毒等或者因涉嫌犯新罪、发现判决宣告前还有其他罪没有判决被采取强制措施的,决定机关应当自作出决定之日起3日内将有关情况通知居住地县级司法行政机关和居住地县级人民检察院。

四、加强对社区服刑人员收监执行的衔接配合管理

16.社区服刑人员符合收监执行条件的,居住地社区矫正机构应当及时按照规定,向原裁判人民法院或者公安机关、监狱管理机关送达撤销缓刑、撤销假释建议书或者对暂予监外执行的收监执行建议书并附相关证明材料。人民法院、公安机关、监狱管理机关应当在规定期限内依法作出裁定或者决定,并将法律文书送达居住地县级司法行政机关,同时抄送居住地县级人民检察院、公安机关。

17.社区服刑人员因违反监督管理规定被依法撤销缓刑、撤销假释或者暂予监外执行被决定收监执行的,应当本着就近、便利、安全的原则,送交其居住地所属的省(区、市)的看守所、监狱执行刑罚。

18.社区服刑人员被裁定撤销缓刑的,居住地社区矫正机构应当向看守所、监狱移交撤销缓刑裁定书和执行通知书、撤销缓刑建议书以及原判决书、裁定书和执行通知书、起诉书副本、结案登记表以及社区矫正期间表现情况等文书材料。

社区服刑人员被裁定撤销假释的,居住地社区矫正机构应当向看守所、监狱移交撤销假释裁定书和执行通知书、撤销假释建议书、社区矫正期间表现情况材料,原判决书、裁定书和执行通知

书、起诉书副本、结案登记表复印件等文书材料。罪犯收监后，居住地社区矫正机构通知罪犯原服刑看守所、监狱将罪犯假释前的档案材料移交撤销假释后的服刑看守所、监狱。

暂予监外执行社区服刑人员被人民法院决定收监执行的，居住地社区矫正机构应当向看守所、监狱移交收监执行决定书和执行通知书以及原判决书、裁定书和执行通知书、起诉书副本、结案登记表、社区矫正期间表现等文书材料。

暂予监外执行社区服刑人员被公安机关、监狱管理机关决定收监执行的，居住地社区矫正机构应当向看守所、监狱移交社区服刑人员在接受矫正期间的表现情况等文书材料。

19. 撤销缓刑、撤销假释裁定书或者对暂予监外执行罪犯收监执行决定书应当在居住地社区矫正机构教育场所公示。属于未成年或者犯罪的时候不满十八周岁被判处五年有期徒刑以下刑罚的社区服刑人员除外。

20. 被裁定、决定收监执行的社区服刑人员在逃的，居住地社区矫正机构应当在收到人民法院、公安机关、监狱管理机关的裁定、决定后，立即通知居住地县级公安机关，由其负责实施追捕。

撤销缓刑、撤销假释裁定书和对暂予监外执行罪犯收监执行决定书，可以作为公安机关网上追逃依据。公安机关根据案情决定是否实施网上追逃。

21. 社区服刑人员被行政拘留、司法拘留、收容教育、强制隔离戒毒等行政处罚或者强制措施期间，人民法院、公安机关、监狱管理机关依法作出对其撤销缓刑、撤销假释的裁定或者收监执行决定的，居住地社区矫正机构应当将人民法院、公安机关、监狱管理机关的裁定书、决定书送交作出上述决定的机关，由有关部门依法收监执行刑罚。

22. 人民检察院应当加强对社区矫正收监执行活动的监督，发现有下列情形之一的，依法提出纠正意见：

（1）居住地县级司法行政机关未依法向人民法院、公安机关、监狱管理机关提出撤销缓刑、撤销假释建议或者对暂予监外执行的收监执行建议；

（2）人民法院、公安机关、监狱管理机关未依法作出裁定、决定，或者未依法送达；

（3）居住地县级司法行政机关、公安机关未依法将罪犯送交看守所、监狱，或者未依法移交被收监执行罪犯的文书材料；

（4）看守所、监狱未依法收监执行；

（5）公安机关未依法协助送交收监执行罪犯，或者未依法对在逃的收监执行罪犯实施追捕；

（6）其他违反收监执行规定的情形。

23. 对社区服刑人员实行社区矫正，本意见未明确的程序和事项，按照有关法律法规以及最高人民法院、最高人民检察院、公安部、司法部《社区矫正实施办法》，最高人民法院、最高人民检察院、公安部、司法部、国家卫生计生委《暂予监外执行规定》等执行。

24. 本意见自发布之日起施行。

最高人民法院、最高人民检察院、公安部、国家安全部关于取保候审若干问题的规定

· 2022年9月5日
· 公通字〔2022〕25号

第一章　一般规定

第一条　为了规范适用取保候审，贯彻落实少捕慎诉慎押的刑事司法政策，保障刑事诉讼活动顺利进行，保护公民合法权益，根据《中华人民共和国刑事诉讼法》及有关规定，制定本规定。

第二条　对犯罪嫌疑人、被告人取保候审的，由公安机关、国家安全机关、人民检察院、人民法院根据案件的具体情况依法作出决定。

公安机关、人民检察院、人民法院决定取保候审的，由公安机关执行。国家安全机关决定取保候审的，以及人民检察院、人民法院办理国家安全机关移送的刑事案件决定取保候审的，由国家安全机关执行。

第三条　对于采取取保候审足以防止发生社会危险性的犯罪嫌疑人，应当依法适用取保候审。

决定取保候审的，不得中断对案件的侦查、起诉和审理。严禁以取保候审变相放纵犯罪。

第四条　对犯罪嫌疑人、被告人决定取保候审，应当责令其提出保证人或者交纳保证金。

对同一犯罪嫌疑人、被告人决定取保候审的，不得同时使用保证人保证和保证金保证。对未成

年人取保候审的，应当优先适用保证人保证。

第五条　采取保证金形式取保候审的，保证金的起点数额为人民币一千元；被取保候审人为未成年人的，保证金的起点数额为人民币五百元。

决定机关应当综合考虑保证诉讼活动正常进行的需要，被取保候审人的社会危险性、案件的性质、情节，可能判处刑罚的轻重，被取保候审人的经济状况等情况，确定保证金的数额。

第六条　对符合取保候审条件，但犯罪嫌疑人、被告人不能提出保证人也不交纳保证金的，可以监视居住。

前款规定的被监视居住人提出保证人或者交纳保证金的，可以对其变更为取保候审。

第二章　决　定

第七条　决定取保候审时，可以根据案件情况责令被取保候审人不得进入下列"特定的场所"：

（一）可能导致其再次实施犯罪的场所；

（二）可能导致其实施妨害社会秩序、干扰他人正常活动行为的场所；

（三）与其所涉嫌犯罪活动有关联的场所；

（四）可能导致其实施毁灭证据、干扰证人作证等妨害诉讼活动的场所；

（五）其他可能妨害取保候审执行的特定场所。

第八条　决定取保候审时，可以根据案件情况责令被取保候审人不得与下列"特定的人员"会见或者通信：

（一）证人、鉴定人、被害人及其法定代理人和近亲属；

（二）同案违法行为人、犯罪嫌疑人、被告人以及与案件有关联的其他人员；

（三）可能遭受被取保候审人侵害、滋扰的人员；

（四）可能实施妨害取保候审执行、影响诉讼活动的人员。

前款中的"通信"包括以信件、短信、电子邮件、通话，通过网络平台或者网络应用服务交流信息等各种方式直接或者间接通信。

第九条　决定取保候审时，可以根据案件情况责令被取保候审人不得从事下列"特定的活动"：

（一）可能导致其再次实施犯罪的活动；

（二）可能对国家安全、公共安全、社会秩序造成不良影响的活动；

（三）与所涉嫌犯罪相关联的活动；

（四）可能妨害诉讼的活动；

（五）其他可能妨害取保候审执行的特定活动。

第十条　公安机关应当在其指定的银行设立取保候审保证金专门账户，委托银行代为收取和保管保证金，并将相关信息通知同级人民检察院、人民法院。

保证金应当以人民币交纳。

第十一条　公安机关决定使用保证金保证的，应当及时将收取保证金通知书送达被取保候审人，责令其在三日内向指定的银行一次性交纳保证金。

第十二条　人民法院、人民检察院决定使用保证金保证的，应当责令被取保候审人在三日内向公安机关指定银行的专门账户一次性交纳保证金。

第十三条　被取保候审人或者为其提供保证金的人应当将所交纳的保证金存入取保候审保证金专门账户，并由银行出具相关凭证。

第三章　执　行

第十四条　公安机关决定取保候审的，在核实被取保候审人已经交纳保证金后，应当将取保候审决定书、取保候审执行通知书和其他有关材料一并送交执行。

第十五条　公安机关决定取保候审的，应当及时通知被取保候审人居住地的派出所执行。被取保候审人居住地在异地的，应当及时通知居住地公安机关，由其指定被取保候审人居住地的派出所执行。必要时，办案部门可以协助执行。

被取保候审人居住地变更的，执行取保候审的派出所应当及时通知决定取保候审的公安机关，由其重新确定被取保候审人变更后的居住地派出所执行。变更后的居住地在异地的，决定取保候审的公安机关应当通知该地公安机关，由其指定被取保候审人居住地的派出所执行。原执行机关应当与变更后的执行机关进行工作交接。

第十六条　居住地包括户籍所在地、经常居住地。经常居住地是指被取保候审人离开户籍所在地最后连续居住一年以上的地方。

取保候审一般应当在户籍所在地执行,但已形成经常居住地的,可以在经常居住地执行。

被取保候审人具有下列情形之一的,也可以在其暂住地执行取保候审:

(一)被取保候审人离开户籍所在地一年以上且无经常居住地,但在暂住地有固定住处的;

(二)被取保候审人系外国人、无国籍人,香港特别行政区、澳门特别行政区、台湾地区居民的;

(三)被取保候审人户籍所在地无法查清且无经常居住地的。

第十七条 在本地执行取保候审的,决定取保候审的公安机关应当将法律文书和有关材料送达负责执行的派出所。

在异地执行取保候审的,决定取保候审的公安机关应当将法律文书和载有被取保候审人的报到期限、联系方式等信息的有关材料送达执行机关,送达方式包括直接送达、委托送达、邮寄送达等,执行机关应当及时出具回执。被取保候审人应当在收到取保候审决定书后五日以内向执行机关报到。执行机关应当在被取保候审人报到后三日以内向决定机关反馈。

被取保候审人未在规定期限内向负责执行的派出所报到,且无正当事由的,执行机关应当通知决定机关,决定机关应当依法传讯被取保候审人,被取保候审人不到案的,依照法律和本规定第五章的有关规定处理。

第十八条 执行机关在执行取保候审时,应当告知被取保候审人必须遵守刑事诉讼法第七十一条的规定,以及违反规定或者在取保候审期间重新犯罪的法律后果。

保证人保证的,应当告知保证人必须履行的保证义务,以及不履行义务的法律后果,并由其出具保证书。

执行机关应当依法监督、考察被取保候审人遵守规定的有关情况,及时掌握其住址、工作单位、联系方式变动情况,预防、制止其实施违反规定的行为。

被取保候审人应当遵守取保候审有关规定,接受执行机关监督管理,配合执行机关定期了解有关情况。

第十九条 被取保候审人未经批准不得离开所居住的市、县。

被取保候审人需要离开所居住的市、县的,应当向负责执行的派出所提出书面申请,并注明事由、目的地、路线、交通方式、往返日期、联系方式等。被取保候审人有紧急事由,来不及提出书面申请的,可以先通过电话、短信等方式提出申请,并及时补办书面申请手续。

经审查,具有工作、学习、就医等正当合理事由的,由派出所负责人批准。

负责执行的派出所批准后,应当通知决定机关,并告知被取保候审人遵守下列要求:

(一)保持联系方式畅通,并在传讯的时候及时到案;

(二)严格按照批准的地点、路线、往返日期出行;

(三)不得从事妨害诉讼的活动;

(四)返回居住地后及时向执行机关报告。

对于因正常工作和生活需要经常性跨市、县活动的,可以根据情况,简化批准程序。

第二十条 人民法院、人民检察院决定取保候审的,应当将取保候审决定书、取保候审执行通知书和其他有关材料一并送交所在地同级公安机关,由所在地同级公安机关依照本规定第十五条、第十六条、第十七条的规定交付执行。

人民法院、人民检察院可以采用电子方式向公安机关送交法律文书和有关材料。

负责执行的县级公安机关应当在收到法律文书和有关材料后二十四小时以内,指定被取保候审人居住地派出所执行,并将执行取保候审的派出所通知作出取保候审决定的人民法院、人民检察院。

被取保候审人居住地变更的,由负责执行的公安机关通知变更后的居住地公安机关执行,并通知作出取保候审决定的人民法院、人民检察院。

人民法院、人民检察院决定取保候审的,执行机关批准被取保候审人离开所居住的市、县前,应当征得决定机关同意。

第二十一条 决定取保候审的公安机关、人民检察院传讯被取保候审人的,应当制作法律文书,并向被取保候审人送达。被传讯的被取保候审人不在场的,也可以交与其同住的成年亲属代收,并与被取保候审人联系确认告知。无法送达或者被取保候审人未按照规定接受传讯的,应当在法律文书上予以注明,并通知执行机关。

情况紧急的,决定取保候审的公安机关、人民检察院可以通过电话通知等方式传讯被取保候审人,但应当在法律文书上予以注明,并通知执行机关。

异地传讯的,决定取保候审的公安机关、人民检察院可以委托执行机关代为送达,执行机关送达后应当及时向决定机关反馈。无法送达的,应当在法律文书上注明,并通知决定机关。

人民法院传讯被取保候审的被告人,依照其他有关规定执行。

第二十二条 保证人应当对被取保候审人遵守取保候审管理规定情况进行监督,发现被保证人已经或者可能违反刑事诉讼法第七十一条规定的,应当及时向执行机关报告。

保证人不愿继续保证或者丧失保证条件的,保证人或者被取保候审人应当及时报告执行机关。执行机关应当在发现或者被告知该情形之日起三日以内通知决定机关。决定机关应当责令被取保候审人重新提出保证人或者交纳保证金,或者变更强制措施,并通知执行机关。

第二十三条 执行机关发现被取保候审人违反应当遵守的规定以及保证人未履行保证义务的,应当及时制止、采取相应措施,同时告知决定机关。

第四章 变更、解除

第二十四条 取保候审期限届满,决定机关应当作出解除取保候审或者变更强制措施的决定,并送交执行机关。决定机关未解除取保候审或者未对被取保候审人采取其他刑事强制措施的,被取保候审人及其法定代理人、近亲属或者辩护人有权要求决定机关解除取保候审。

对于发现不应当追究被取保候审人刑事责任并作出撤销案件或者终止侦查决定的,决定机关应当及时作出解除取保候审决定,并送交执行机关。

有下列情形之一的,取保候审自动解除,不再办理解除手续,决定机关应当及时通知执行机关:

(一)取保候审依法变更为监视居住、拘留、逮捕,变更后的强制措施已经开始执行的;

(二)人民检察院作出不起诉决定的;

(三)人民法院作出的无罪、免予刑事处罚或者不负刑事责任的判决、裁定已经发生法律效力的;

(四)被判处管制或者适用缓刑,社区矫正已经开始执行的;

(五)被单处附加刑,判决、裁定已经发生法律效力的;

(六)被判处监禁刑,刑罚已经开始执行的。

执行机关收到决定机关上述决定书或者通知后,应当立即执行,并将执行情况及时通知决定机关。

第二十五条 采取保证金方式保证的被取保候审人在取保候审期间没有违反刑事诉讼法第七十一条的规定,也没有故意实施新的犯罪的,在解除取保候审、变更强制措施或者执行刑罚的同时,公安机关应当通知银行如数退还保证金。

被取保候审人或者其法定代理人可以凭有关法律文书到银行领取退还的保证金。被取保候审人不能自己领取退还的保证金的,经本人出具书面申请并经公安机关同意,由公安机关书面通知银行将退还的保证金转账至被取保候审人或者其委托的人提供的银行账户。

第二十六条 在侦查或者审查起诉阶段已经采取取保候审的,案件移送至审查起诉或者审判阶段时,需要继续取保候审、变更保证方式或者变更强制措施的,受案机关应当在七日内作出决定,并通知移送案件的机关和执行机关。

受案机关作出取保候审决定并执行后,原取保候审措施自动解除,不再办理解除手续。对继续采取保证金保证的,原则上不变更保证金数额,不再重新收取保证金。受案机关变更的强制措施开始执行后,应当及时通知移送案件的机关和执行机关,原取保候审决定自动解除,不再办理解除手续,执行机关应当依法退还保证金。

取保候审期限即将届满,受案机关仍未作出继续取保候审或者变更强制措施决定的,移送案件的机关应当在期限届满十五日前书面通知受案机关。受案机关应当在取保候审期限届满前作出决定,并通知移送案件的机关和执行机关。

第五章 责 任

第二十七条 使用保证金保证的被取保候审人违反刑事诉讼法第七十一条规定,依法应当没收保证金的,由公安机关作出没收部分或者全部保证金的决定,并通知决定机关。人民检察院、人民法院发现使用保证金保证的被取保候审人违反刑事诉讼法第七十一条规定,应当告知公安机关,由公安机关依法处理。

对被取保候审人没收保证金的,决定机关应当区别情形,责令被取保候审人具结悔过、重新交纳保证金、提出保证人,或者变更强制措施,并通知执行机关。

重新交纳保证金的,适用本规定第十一条、第十二条、第十三条的规定。

第二十八条 被取保候审人构成《中华人民共和国治安管理处罚法》第六十条第四项行为的,依法给予治安管理处罚。

第二十九条 被取保候审人没有违反刑事诉讼法第七十一条的规定,但在取保候审期间涉嫌故意实施新的犯罪被立案侦查的,公安机关应当暂扣保证金,待人民法院判决生效后,决定是否没收保证金。对故意实施新的犯罪的,应当没收保证金;对过失实施新的犯罪或者不构成犯罪的,应当退还保证金。

第三十条 公安机关决定没收保证金的,应当制作没收保证金决定书,在三日以内向被取保候审人宣读,告知其如果对没收保证金决定不服,被取保候审人或者其法定代理人可以在五日以内向作出没收决定的公安机关申请复议。

被取保候审人或者其法定代理人对复议决定不服的,可以在收到复议决定书后五日以内向上一级公安机关申请复核一次。

第三十一条 保证人未履行监督义务,或者被取保候审人违反刑事诉讼法第七十一条的规定,保证人未及时报告或者隐瞒不报告的,经查证属实后,由公安机关对保证人处以罚款,并将有关情况及时通知决定机关。

保证人帮助被取保候审人实施妨害诉讼等行为,构成犯罪的,依法追究其刑事责任。

第三十二条 公安机关决定对保证人罚款的,应当制作对保证人罚款决定书,在三日以内向保证人宣布,告知其如果对罚款决定不服,可以在五日以内向作出罚款决定的公安机关申请复议。

保证人对复议决定不服的,可以在收到复议决定书后五日以内向上一级公安机关申请复核一次。

第三十三条 没收保证金的决定、对保证人罚款的决定已过复议期限,或者复议、复核后维持原决定或者变更罚款数额的,作出没收保证金的决定、对保证人罚款的决定的公安机关应当及时通知指定的银行将没收的保证金、保证人罚款按照国家的有关规定上缴国库,并应当在三日以内通知决定机关。

如果保证金系被取保候审人的个人财产,且需要用以退赔被害人、履行附带民事赔偿义务或者执行财产刑的,人民法院可以书面通知公安机关移交全部保证金,由人民法院作出处理,剩余部分退还被告人。

第三十四条 人民检察院、人民法院决定取保候审的,被取保候审人违反取保候审规定,需要予以逮捕的,可以对被取保候审人先行拘留,并提请人民检察院、人民法院依法作出逮捕决定。人民法院、人民检察院决定逮捕的,由所在地同级公安机关执行。

第三十五条 保证金的收取、管理和没收应当严格按照本规定和国家的财经管理制度执行,任何单位和个人不得擅自收取、没收、退还保证金以及截留、坐支、私分、挪用或者以其他任何方式侵吞保证金。对违反规定的,应当依照有关法律和规定给予行政处分;构成犯罪的,依法追究刑事责任。

第六章 附 则

第三十六条 对于刑事诉讼法第六十七条第一款第三项规定的"严重疾病"和"生活不能自理",分别参照最高人民法院、最高人民检察院、公安部、司法部、国家卫生计生委印发的《暂予监外执行规定》所附《保外就医严重疾病范围》和《最高人民法院关于印发〈罪犯生活不能自理鉴别标准〉的通知》所附《罪犯生活不能自理鉴别标准》执行。

第三十七条 国家安全机关决定、执行取保候审的,适用本规定中关于公安机关职责的规定。

第三十八条 对于人民法院、人民检察院决定取保候审,但所在地没有同级公安机关的,由省级公安机关会同同级人民法院、人民检察院,依照本规定确定公安机关负责执行或者交付执行,并明确工作衔接机制。

第三十九条 本规定中的执行机关是指负责执行取保候审的公安机关和国家安全机关。

第四十条 本规定自印发之日起施行。

最高人民法院、最高人民检察院、公安部、国家安全部、司法部关于适用认罪认罚从宽制度的指导意见

- 2019年10月11日
- 高检发〔2019〕13号

适用认罪认罚从宽制度，对准确及时惩罚犯罪、强化人权司法保障、推动刑事案件繁简分流、节约司法资源、化解社会矛盾、推动国家治理体系和治理能力现代化，具有重要意义。为贯彻落实修改后刑事诉讼法，确保认罪认罚从宽制度正确有效实施，根据法律和有关规定，结合司法工作实际，制定本意见。

一、基本原则

1. 贯彻宽严相济刑事政策。落实认罪认罚从宽制度，应当根据犯罪的具体情况，区分案件性质、情节和对社会的危害程度，实行区别对待，做到该宽则宽，当严则严，宽严相济，罚当其罪。对可能判处三年有期徒刑以下刑罚的认罪认罚案件，要尽量依法从简从快从宽办理，探索相适应的处理原则和办案方式；对因民间矛盾引发的犯罪，犯罪嫌疑人、被告人自愿认罪、真诚悔罪并取得谅解、达成和解、尚未严重影响人民群众安全感的，要积极适用认罪认罚从宽制度，特别是对其中社会危害不大的初犯、偶犯、过失犯、未成年犯，一般应当体现从宽；对严重危害国家安全、公共安全犯罪，严重暴力犯罪，以及社会普遍关注的重大敏感案件，应当慎重把握从宽，避免案件处理明显违背人民群众的公平正义观念。

2. 坚持罪责刑相适应原则。办理认罪认罚案件，既要考虑体现认罪认罚从宽，又要考虑其所犯罪行的轻重、应负刑事责任和人身危险性的大小，依照法律规定提出量刑建议，准确裁量刑罚，确保罚当其罪，避免罪刑失衡。特别是对于共同犯罪案件，主犯认罪认罚，从犯不认罪认罚的，人民法院、人民检察院应当注意两者的量刑平衡，防止因量刑失当严重偏离一般的司法认知。

3. 坚持证据裁判原则。办理认罪认罚案件，应当以事实为根据，以法律为准绳，严格按照证据裁判要求，全面收集、固定、审查和认定证据。坚持法定证明标准，侦查终结、提起公诉、作出有罪裁判应当做到犯罪事实清楚，证据确实、充分，防止因犯罪嫌疑人、被告人认罪而降低证据要求和证明标准。对犯罪嫌疑人、被告人认罪认罚，但证据不足，不能认定其有罪的，依法作出撤销案件、不起诉决定或者宣告无罪。

4. 坚持公检法三机关配合制约原则。办理认罪认罚案件，公、检、法三机关应当分工负责、互相配合、互相制约，保证犯罪嫌疑人、被告人自愿认罪认罚，依法推进从宽落实。要严格执法、公正司法，强化对自身执法司法办案活动的监督，防止产生"权权交易"、"权钱交易"等司法腐败问题。

二、适用范围和适用条件

5. 适用阶段和适用案件范围。认罪认罚从宽制度贯穿刑事诉讼全过程，适用于侦查、起诉、审判各个阶段。

认罪认罚从宽制度没有适用罪名和可能判处刑罚的限定，所有刑事案件都可以适用，不能因罪轻、罪重或者罪名特殊等原因而剥夺犯罪嫌疑人、被告人自愿认罪认罚获得从宽处理的机会。但"可以"适用不是一律适用，犯罪嫌疑人、被告人认罪认罚后是否从宽，由司法机关根据案件具体情况决定。

6. "认罪"的把握。认罪认罚从宽制度中的"认罪"，是指犯罪嫌疑人、被告人自愿如实供述自己的罪行，对指控的犯罪事实没有异议。承认指控的主要犯罪事实，仅对个别事实情节提出异议，或者虽然对行为性质提出辩解但表示接受司法机关认定意见的，不影响"认罪"的认定。犯罪嫌疑人、被告人犯数罪，仅如实供述其中一罪或部分罪名事实的，全案不作"认罪"的认定，不适用认罪认罚从宽制度，但对如实供述的部分，人民检察院可以提出从宽处罚的建议，人民法院可以从宽处罚。

7. "认罚"的把握。认罪认罚从宽制度中的"认罚"，是指犯罪嫌疑人、被告人真诚悔罪，愿意接受处罚。"认罚"，在侦查阶段表现为表示愿意接受处罚；在审查起诉阶段表现为接受人民检察院拟作出的起诉或不起诉决定，认可人民检察院的量刑建议，签署认罪认罚具结书；在审判阶段表现为当庭确认自愿签署具结书，愿意接受刑罚处

罚。

"认罚"考察的重点是犯罪嫌疑人、被告人的悔罪态度和悔罪表现,应当结合退赃退赔、赔偿损失、赔礼道歉等因素来考量。犯罪嫌疑人、被告人虽然表示"认罚",却暗中串供、干扰证人作证、毁灭、伪造证据或者隐匿、转移财产,有赔偿能力而不赔偿损失,则不能适用认罪认罚从宽制度。犯罪嫌疑人、被告人享有程序选择权,不同意适用速裁程序、简易程序的,不影响"认罚"的认定。

三、认罪认罚后"从宽"的把握

8. "从宽"的理解。从宽处理既包括实体上从宽处罚,也包括程序上从简处理。"可以从宽",是指一般应当体现法律规定和政策精神,予以从宽处理。但可以从宽不是一律从宽,对犯罪性质和危害后果特别严重、犯罪手段特别残忍、社会影响特别恶劣的犯罪犯罪嫌疑人、被告人,认罪认罚不足以从轻处罚的,依法不予从宽处罚。

办理认罪认罚案件,应当依照刑法、刑事诉讼法的基本原则,根据犯罪的事实、性质、情节和对社会的危害程度,结合法定、酌定的量刑情节,综合考虑认罪认罚的具体情况,依法决定是否从宽、如何从宽。对于减轻、免除处罚,应当于法有据;不具备减轻处罚情节的,应当在法定幅度以内提出从轻处罚的量刑建议和量刑;对其中犯罪情节轻微不需要判处刑罚的,可以依法作出不起诉决定或者判决免予刑事处罚。

9. 从宽幅度的把握。办理认罪认罚案件,应当区别认罪认罚的不同诉讼阶段、对查明案件事实的价值和意义、是否确有悔罪表现,以及罪行严重程度等,综合考量确定从宽的限度和幅度。在刑罚评价上,主动认罪优于被动认罪,早认罪优于晚认罪,彻底认罪优于不彻底认罪,稳定认罪优于不稳定认罪。

认罪认罚的从宽幅度一般应当大于仅有坦白,或者虽认罪但不认罚的从宽幅度。对犯罪嫌疑人、被告人具有自首、坦白情节,同时认罪认罚的,应当在法定刑幅度内给予相对更大的从宽幅度。认罪认罚与自首、坦白不作重复评价。

对罪行较轻、人身危险性较小的,特别是初犯、偶犯,从宽幅度可以大一些;罪行较重、人身危险性较大的,以及累犯、再犯,从宽幅度应当从严把握。

四、犯罪嫌疑人、被告人辩护权保障

10. 获得法律帮助权。人民法院、人民检察院、公安机关办理认罪认罚案件,应当保障犯罪嫌疑人、被告人获得有效法律帮助,确保其了解认罪认罚的性质和法律后果,自愿认罪认罚。

犯罪嫌疑人、被告人自愿认罪认罚,没有辩护人的,人民法院、人民检察院、公安机关(看守所)应当通知值班律师为其提供法律咨询、程序选择建议、申请变更强制措施等法律帮助。符合通知辩护条件的,应当依法通知法律援助机构指派律师为其提供辩护。

人民法院、人民检察院、公安机关(看守所)应当告知犯罪嫌疑人、被告人有权约见值班律师,获得法律帮助,并为其约见值班律师提供便利。犯罪嫌疑人、被告人及其近亲属提出法律帮助请求的,人民法院、人民检察院、公安机关(看守所)应当通知值班律师为其提供法律帮助。

11. 派驻值班律师。法律援助机构可以在人民法院、人民检察院、看守所派驻值班律师。人民法院、人民检察院、看守所应当为派驻值班律师提供必要办公场所和设施。

法律援助机构应当根据人民法院、人民检察院、看守所的法律帮助需求和当地法律服务资源,合理安排值班律师。值班律师可以定期值班或轮流值班,律师资源短缺的地区可以通过探索现场值班和电话、网络值班相结合,在人民法院、人民检察院毗邻设置联合工作站,省内和市内统筹调配律师资源,以及建立政府购买值班律师服务机制等方式,保障法律援助值班律师工作有序开展。

12. 值班律师的职责。值班律师应当维护犯罪嫌疑人、被告人的合法权益,确保犯罪嫌疑人、被告人在充分了解认罪认罚性质和法律后果的情况下,自愿认罪认罚。值班律师应当为认罪认罚的犯罪嫌疑人、被告人提供下列法律帮助:

(一)提供法律咨询,包括告知涉嫌或指控的罪名、相关法律规定,认罪认罚的性质和法律后果等;

(二)提出程序适用的建议;

(三)帮助申请变更强制措施;

(四)对人民检察院认定罪名、量刑建议提出意见;

(五)就案件处理,向人民法院、人民检察院、

公安机关提出意见；

（六）引导、帮助犯罪嫌疑人、被告人及其近亲属申请法律援助；

（七）法律法规规定的其他事项。

值班律师可以会见犯罪嫌疑人、被告人，看守所应当为值班律师会见提供便利。危害国家安全犯罪、恐怖活动犯罪案件，侦查期间值班律师会见在押犯罪嫌疑人的，应当经侦查机关许可。自人民检察院对案件审查起诉之日起，值班律师可以查阅案卷材料、了解案情。人民法院、人民检察院应当为值班律师查阅案卷材料提供便利。

值班律师提供法律咨询、查阅案卷材料、会见犯罪嫌疑人或者被告人、提出书面意见等法律帮助活动的相关情况应当记录在案，并随案移送。

13.法律帮助的衔接。对于被羁押的犯罪嫌疑人、被告人，在不同诉讼阶段，可以由派驻看守所的同一值班律师提供法律帮助。对于未被羁押的犯罪嫌疑人、被告人，前一诉讼阶段的值班律师可以在后续诉讼阶段继续为犯罪嫌疑人、被告人提供法律帮助。

14.拒绝法律帮助的处理。犯罪嫌疑人、被告人自愿认罪认罚，没有委托辩护人，拒绝值班律师帮助的，人民法院、人民检察院、公安机关应当允许，记录在案并随案移送。但是审查起诉阶段签署认罪认罚具结书时，人民检察院应当通知值班律师到场。

15.辩护人职责。认罪认罚案件犯罪嫌疑人、被告人委托辩护人或者法律援助机构指派律师为其辩护的，辩护律师在侦查、审查起诉和审判阶段，应当与犯罪嫌疑人、被告人就是否认罪认罚进行沟通，提供法律咨询和帮助，并就定罪量刑、诉讼程序适用等向办案机关提出意见。

五、被害方权益保障

16.听取意见。办理认罪认罚案件，应当听取被害人及其诉讼代理人的意见，并将犯罪嫌疑人、被告人是否与被害方达成和解协议、调解协议或者赔偿被害方损失，取得被害方谅解，作为从宽处罚的重要考虑因素。人民检察院、公安机关听取意见情况应当记录在案并随案移送。

17.促进和解谅解。对符合当事人和解程序适用条件的公诉案件，犯罪嫌疑人、被告人认罪认罚的，人民法院、人民检察院、公安机关应当积极促进当事人自愿达成和解。对其他认罪认罚案件，人民法院、人民检察院、公安机关可以促进犯罪嫌疑人、被告人通过向被害方赔偿损失、赔礼道歉等方式获得谅解，被害方出具的谅解意见应当随案移送。

人民法院、人民检察院、公安机关在促进当事人和解谅解过程中，应当向被害方释明认罪认罚从宽、公诉案件当事人和解适用程序等具体法律规定，充分听取被害方意见，符合司法救助条件的，应当积极协调办理。

18.被害方异议的处理。被害人及其诉讼代理人不同意对认罪认罚的犯罪嫌疑人、被告人从宽处理的，不影响认罪认罚从宽制度的适用。犯罪嫌疑人、被告人认罪认罚，但没有退赃退赔、赔偿损失，未能与被害方达成调解或者和解协议的，从宽时应当予以酌减。犯罪嫌疑人、被告人自愿认罪并且愿意积极赔偿损失，但由于被害方赔偿请求明显不合理，未能达成调解或者和解协议的，一般不影响对犯罪嫌疑人、被告人从宽处理。

六、强制措施的适用

19.社会危险性评估。人民法院、人民检察院、公安机关应当将犯罪嫌疑人、被告人认罪认罚作为其是否具有社会危险性的重要考虑因素。对于罪行较轻、采用非羁押性强制措施足以防止发生刑事诉讼法第八十一条第一款规定的社会危险性的犯罪嫌疑人、被告人，根据犯罪性质及可能判处的刑罚，依法可不适用羁押性强制措施。

20.逮捕的适用。犯罪嫌疑人认罪认罚，公安机关认为罪行较轻、没有社会危险性的，应当不再提请人民检察院审查逮捕。对提请逮捕的，人民检察院认为没有社会危险性不需要逮捕的，应当作出不批准逮捕的决定。

21.逮捕的变更。已经逮捕的犯罪嫌疑人、被告人认罪认罚的，人民法院、人民检察院应当及时审查羁押的必要性，经审查认为没有继续羁押必要的，应当变更为取保候审或者监视居住。

七、侦查机关的职责

22.权利告知和听取意见。公安机关在侦查过程中，应当告知犯罪嫌疑人享有的诉讼权利、如实供述罪行可以从宽处理和认罪认罚的法律规定，听取犯罪嫌疑人及其辩护人或者值班律师的意见,记录在案并随案移送。

对在非讯问时间、办案人员不在场情况下,犯罪嫌疑人向看守所工作人员或者辩护人、值班律师表示愿意认罪认罚的,有关人员应当及时告知办案单位。

23. 认罪教育。公安机关在侦查阶段应当同步开展认罪教育工作,但不得强迫犯罪嫌疑人认罪,不得作出具体的从宽承诺。犯罪嫌疑人自愿认罪,愿意接受司法机关处罚的,应当记录在案并附卷。

24. 起诉意见。对移送审查起诉的案件,公安机关应当在起诉意见书中写明犯罪嫌疑人自愿认罪认罚情况。认为案件符合速裁程序适用条件的,可以在起诉意见书中建议人民检察院适用速裁程序办理,并简要说明理由。

对可能适用速裁程序的案件,公安机关应当快速办理,对犯罪嫌疑人未被羁押的,可以集中移送审查起诉,但不得为集中移送拖延案件办理。

对人民检察院在审查逮捕期间或者重大案件听取意见中提出的开展认罪认罚工作的意见或建议,公安机关应当认真听取,积极开展相关工作。

25. 执法办案管理中心建设。加快推进公安机关执法办案管理中心建设,探索在执法办案管理中心设置速裁法庭,对适用速裁程序的案件进行快速办理。

八、审查起诉阶段人民检察院的职责

26. 权利告知。案件移送审查起诉后,人民检察院应当告知犯罪嫌疑人享有的诉讼权利和认罪认罚的法律规定,保障犯罪嫌疑人的程序选择权。告知应当采取书面形式,必要时应当充分释明。

27. 听取意见。犯罪嫌疑人认罪认罚的,人民检察院应当就下列事项听取犯罪嫌疑人、辩护人或者值班律师的意见,记录在案并附卷:

(一)涉嫌的犯罪事实、罪名及适用的法律规定;

(二)从轻、减轻或者免除处罚等从宽处罚的建议;

(三)认罪认罚后案件审理适用的程序;

(四)其他需要听取意见的情形。

人民检察院未采纳辩护人、值班律师意见的,应当说明理由。

28. 自愿性、合法性审查。对侦查阶段认罪认罚的案件,人民检察院应当重点审查以下内容:

(一)犯罪嫌疑人是否自愿认罪认罚,有无因受到暴力、威胁、引诱而违背意愿认罪认罚;

(二)犯罪嫌疑人认罪认罚时的认知能力和精神状态是否正常;

(三)犯罪嫌疑人是否理解认罪认罚的性质和可能导致的法律后果;

(四)侦查机关是否告知犯罪嫌疑人享有的诉讼权利,如实供述自己罪行可以从宽处理和认罪认罚的法律规定,并听取意见;

(五)起诉意见书中是否写明犯罪嫌疑人认罪认罚情况;

(六)犯罪嫌疑人是否真诚悔罪,是否向被害人赔礼道歉。

经审查,犯罪嫌疑人违背意愿认罪认罚的,人民检察院可以重新开展认罪认罚工作。存在刑讯逼供等非法取证行为的,依照法律规定处理。

29. 证据开示。人民检察院可以针对案件具体情况,探索证据开示制度,保障犯罪嫌疑人的知情权和认罪认罚的真实性及自愿性。

30. 不起诉的适用。完善起诉裁量权,充分发挥不起诉的审前分流和过滤作用,逐步扩大相对不起诉在认罪认罚案件中的适用。对认罪认罚后没有争议,不需要判处刑罚的轻微刑事案件,人民检察院可以依法作出不起诉决定。人民检察院应当加强对案件量刑的预判,对其中可能判处免刑的轻微刑事案件,可以依法作出不起诉决定。

对认罪认罚后案件事实不清、证据不足的案件,应当依法作出不起诉决定。

31. 签署具结书。犯罪嫌疑人自愿认罪,同意量刑建议和程序适用的,应当在辩护人或者值班律师在场的情况下签署认罪认罚具结书。犯罪嫌疑人被羁押的,看守所应当为签署具结书提供场所。具结书应当包括犯罪嫌疑人如实供述罪行、同意量刑建议、程序适用等内容,由犯罪嫌疑人、辩护人或者值班律师签名。

犯罪嫌疑人认罪认罚,有下列情形之一的,不需要签署认罪认罚具结书:

(一)犯罪嫌疑人是盲、聋、哑人,或者是尚未完全丧失辨认或者控制自己行为能力的精神病人的;

(二)未成年犯罪嫌疑人的法定代理人、辩护人对未成年人认罪认罚有异议的;

(三)其他不需要签署认罪认罚具结书的情形。

上述情形犯罪嫌疑人未签署认罪认罚具结书的,不影响认罪认罚从宽制度的适用。

32. 提起公诉。人民检察院向人民法院提起公诉的,应当在起诉书中写明被告人认罪认罚情况,提出量刑建议,并移送认罪认罚具结书等材料。量刑建议书可以另行制作,也可以在起诉书中写明。

33. 量刑建议的提出。犯罪嫌疑人认罪认罚的,人民检察院应当就主刑、附加刑、是否适用缓刑等提出量刑建议。人民检察院提出量刑建议前,应当充分听取犯罪嫌疑人、辩护人或者值班律师的意见,尽量协商一致。

办理认罪认罚案件,人民检察院一般应当提出确定刑量刑建议。对新类型、不常见犯罪案件,量刑情节复杂的重罪案件等,也可以提出幅度刑量刑建议。提出量刑建议,应当说明理由和依据。

犯罪嫌疑人认罪认罚没有其他法定量刑情节的,人民检察院可以根据犯罪的事实、性质等,在基准刑基础上适当减让提出确定刑量刑建议。有其他法定量刑情节的,人民检察院应当综合认罪认罚和其他法定量刑情节,参照相关量刑规范提出确定刑量刑建议。

犯罪嫌疑人在侦查阶段认罪认罚的,主刑从宽的幅度可以在前款基础上适当放宽;被告人在审判阶段认罪认罚的,在前款基础上可以适当缩减。建议判处罚金刑的,参照主刑的从宽幅度提出确定的数额。

34. 速裁程序的办案期限。犯罪嫌疑人认罪认罚,人民检察院经审查,认为符合速裁程序适用条件的,应当在十日以内作出是否提起公诉的决定;对可能判处的有期徒刑超过一年的,可以在十五日以内作出是否提起公诉的决定。

九、社会调查评估

35. 侦查阶段的社会调查。犯罪嫌疑人认罪认罚,可能判处管制、宣告缓刑的,公安机关可以委托犯罪嫌疑人居住地的社区矫正机构进行调查评估。

公安机关在侦查阶段委托社区矫正机构进行调查评估,社区矫正机构在公安机关移送审查起诉后完成调查评估的,应当及时将评估意见提交

受理案件的人民检察院或者人民法院,并抄送公安机关。

36. 审查起诉阶段的社会调查。犯罪嫌疑人认罪认罚,人民检察院拟提出缓刑或者管制量刑建议的,可以及时委托犯罪嫌疑人居住地的社区矫正机构进行调查评估,也可以自行调查评估。人民检察院提起公诉时,已收到调查材料的,应当将材料一并移送,未收到调查材料的,应当将委托文书随案移送;在提起公诉后收到调查材料的,应当及时移送人民法院。

37. 审判阶段的社会调查。被告人认罪认罚,人民法院拟判处管制或者宣告缓刑的,可以及时委托被告人居住地的社区矫正机构进行调查评估,也可以自行调查评估。

社区矫正机构出具的调查评估意见,是人民法院判处管制、宣告缓刑的重要参考。对没有委托社区矫正机构进行调查评估或者判决前未收到社区矫正机构调查评估报告的认罪认罚案件,人民法院经审理认为被告人符合管制、缓刑适用条件的,可以判处管制、宣告缓刑。

38. 司法行政机关的职责。受委托的社区矫正机构应当根据委托机关的要求,对犯罪嫌疑人、被告人的居所情况、家庭和社会关系、一贯表现、犯罪行为的后果和影响、居住地村(居)民委员会和被害人意见、拟禁止的事项等进行调查了解,形成评估意见,及时提交委托机关。

十、审判程序和人民法院的职责

39. 审判阶段认罪认罚自愿性、合法性审查。办理认罪认罚案件,人民法院应当告知被告人享有的诉讼权利和认罪认罚的法律规定,听取被告人及其辩护人或者值班律师的意见。庭审中应当对认罪认罚的自愿性、具结书内容的真实性和合法性进行审查核实,重点核实以下内容:

(一)被告人是否自愿认罪认罚,有无因受到暴力、威胁、引诱而违背意愿认罪认罚;

(二)被告人认罪认罚时的认知能力和精神状态是否正常;

(三)被告人是否理解认罪认罚的性质和可能导致的法律后果;

(四)人民检察院、公安机关是否履行告知义务并听取意见;

(五)值班律师或者辩护人是否与人民检察院

进行沟通,提供了有效法律帮助或者辩护,并在场见证认罪认罚具结书的签署。

庭审中审判人员可以根据具体案情,围绕定罪量刑的关键事实,对被告人认罪认罚的自愿性、真实性等进行发问,确认被告人是否实施犯罪,是否真诚悔罪。

被告人违背意愿认罪认罚,或者认罪认罚后又反悔,依法需要转换程序的,应当按照普通程序对案件重新审理。发现存在刑讯逼供等非法取证行为的,依照法律规定处理。

40.量刑建议的采纳。对于人民检察院提出的量刑建议,人民法院应当依法进行审查。对于事实清楚,证据确实、充分,指控的罪名准确,量刑建议适当的,人民法院应当采纳。具有下列情形之一的,不予采纳:

(一)被告人的行为不构成犯罪或者不应当追究刑事责任的;

(二)被告人违背意愿认罪认罚的;

(三)被告人否认指控的犯罪事实的;

(四)起诉指控的罪名与审理认定的罪名不一致的;

(五)其他可能影响公正审判的情形。

对于人民检察院起诉指控的事实清楚,量刑建议适当,但指控的罪名与审理认定的罪名不一致的,人民法院可以听取人民检察院、被告人及其辩护人对审理认定罪名的意见,依法作出裁判。

人民法院不采纳人民检察院量刑建议的,应当说明理由和依据。

41.量刑建议的调整。人民法院经审理,认为量刑建议明显不当,或者被告人、辩护人对量刑建议有异议且有理有据的,人民法院应当告知人民检察院,人民检察院可以调整量刑建议。人民法院认为调整后的量刑建议适当的,应当予以采纳;人民检察院不调整量刑建议或者调整后仍然明显不当的,人民法院应当依法作出判决。

适用速裁程序审理的,人民检察院调整量刑建议应当在庭前或者当庭提出。调整量刑建议后,被告人同意继续适用速裁程序的,不需要转换程序处理。

42.速裁程序的适用条件。基层人民法院管辖的可能判处三年有期徒刑以下刑罚的案件,案件事实清楚,证据确实、充分,被告人认罪认罚并同意适用速裁程序的,可以适用速裁程序,由审判员一人独任审判。人民检察院提起公诉时,可以建议人民法院适用速裁程序。

有下列情形之一的,不适用速裁程序办理:

(一)被告人是盲、聋、哑人,或者是尚未完全丧失辨认或者控制自己行为能力的精神病人的;

(二)被告人是未成年人的;

(三)案件有重大社会影响的;

(四)共同犯罪案件中部分被告人对指控的犯罪事实、罪名、量刑建议或者适用速裁程序有异议的;

(五)被告人与被害人或者其法定代理人没有就附带民事诉讼赔偿等事项达成调解或者和解协议的;

(六)其他不宜适用速裁程序办理的案件。

43.速裁程序的审理期限。适用速裁程序审理案件,人民法院应当在受理后十日以内审结;对可能判处的有期徒刑超过一年的,应当在十五日以内审结。

44.速裁案件的审理程序。适用速裁程序审理案件,不受刑事诉讼法规定的送达期限的限制,一般不进行法庭调查、法庭辩论,但在判决宣告前应当听取辩护人的意见和被告人的最后陈述意见。

人民法院适用速裁程序审理案件,可以在向被告人送达起诉书时一并送达权利义务告知书、开庭传票,并核实被告人自然信息等情况。根据需要,可以集中送达。

人民法院适用速裁程序审理案件,可以集中开庭,逐案审理。人民检察院可以指派公诉人集中出庭支持公诉。公诉人简要宣读起诉书后,审判人员应当当庭询问被告人对指控事实、证据、量刑建议以及适用速裁程序的意见,核实具结书签署的自愿性、真实性、合法性,并核实附带民事诉讼赔偿等情况。

适用速裁程序审理案件,应当当庭宣判。集中审理的,可以集中当庭宣判。宣判时,根据案件需要,可以由审判员进行法庭教育。裁判文书可以简化。

45.速裁案件的二审程序。被告人不服适用速裁程序作出的第一审判决提出上诉的案件,可以不开庭审理。第二审人民法院审查后,按照下列情形分别处理:

(一)发现被告人以事实不清、证据不足为由

提出上诉的,应当裁定撤销原判,发回原审人民法院适用普通程序重新审理,不再按认罪认罚案件从宽处罚;

（二）发现被告人以量刑不当为由提出上诉的,原判量刑适当的,应当裁定驳回上诉,维持原判;原判量刑不当的,经审理后依法改判。

46. 简易程序的适用。基层人民法院管辖的被告人认罪认罚案件,事实清楚、证据充分,被告人对适用简易程序没有异议的,可以适用简易程序审判。

适用简易程序审理认罪认罚案件,公诉人可以简要宣读起诉书,审判人员当庭询问被告人对指控的犯罪事实、证据、量刑建议及适用简易程序的意见,核实具结书签署的自愿性、真实性、合法性。法庭调查可以简化,但对有争议的事实和证据应当进行调查、质证。法庭辩论可以仅围绕有争议的问题进行。裁判文书可以简化。

47. 普通程序的适用。适用普通程序办理认罪认罚案件,可以适当简化法庭调查、辩论程序。公诉人宣读起诉书后,合议庭当庭询问被告人对指控的犯罪事实、证据及量刑建议的意见,核实具结书签署的自愿性、真实性、合法性。公诉人、辩护人、审判人员对被告人的讯问、发问可以简化。对控辩双方无异议的证据,可以仅就证据名称及证明内容进行说明;对控辩双方有异议,或者法庭认为有必要调查核实的证据,应当出示并进行质证。法庭辩论主要围绕有争议的问题进行,裁判文书可以适当简化。

48. 程序转换。人民法院在适用速裁程序审理过程中,发现有被告人的行为不构成犯罪或者不应当追究刑事责任、被告人违背意愿认罪认罚、被告人否认指控的犯罪事实情形的,应当转为普通程序审理。发现其他不宜适用速裁程序但符合简易程序适用条件的,应当转为简易程序重新审理。

发现有不宜适用简易程序审理情形的,应当转为普通程序审理。

人民检察院在人民法院适用速裁程序审理案件过程中,发现有不宜适用速裁程序审理情形的,应当建议人民法院转为普通程序或者简易程序重新审理;发现有不宜适用简易程序审理情形的,应当建议人民法院转为普通程序重新审理。

49. 被告人当庭认罪认罚案件的处理。被告人在侦查、审查起诉阶段没有认罪认罚,但当庭认罪、愿意接受处罚的,人民法院应当根据审理查明的事实,就定罪和量刑听取控辩双方意见,依法作出裁判。

50. 第二审程序中被告人认罪认罚案件的处理。被告人在第一审程序中未认罪认罚,在第二审程序中认罪认罚的,审理程序依照刑事诉讼法规定的第二审程序进行。第二审人民法院应当根据其认罪认罚的价值、作用决定是否从宽,并依法作出裁判。确定从宽幅度时应当与第一审程序认罪认罚有所区别。

十一、认罪认罚的反悔和撤回

51. 不起诉后反悔的处理。因犯罪嫌疑人认罪认罚,人民检察院依照刑事诉讼法第一百七十七条第二款作出不起诉决定后,犯罪嫌疑人否认指控的犯罪事实或者不积极履行赔礼道歉、退赃退赔、赔偿损失等义务的,人民检察院应当进行审查,区分下列情形依法作出处理:

（一）发现犯罪嫌疑人没有犯罪事实,或者符合刑事诉讼法第十六条规定的情形之一的,应当撤销原不起诉决定,依法重新作出不起诉决定;

（二）认为犯罪嫌疑人仍属于犯罪情节轻微,依照刑法规定不需要判处刑罚或者免除刑罚的,可以维持原不起诉决定;

（三）排除认罪认罚因素后,符合起诉条件的,应当根据案件具体情况撤销原不起诉决定,依法提起公诉。

52. 起诉前反悔的处理。犯罪嫌疑人认罪认罚,签署认罪认罚具结书,在人民检察院提起公诉前反悔的,具结书失效,人民检察院应当在全面审查事实证据的基础上,依法提起公诉。

53. 审判阶段反悔的处理。案件审理过程中,被告人反悔不再认罪认罚的,人民法院应当根据审理查明的事实,依法作出裁判。需要转换程序的,依照本意见的相关规定处理。

54. 人民检察院的法律监督。完善人民检察院对侦查活动和刑事审判活动的监督机制,加强对认罪认罚案件办理全过程的监督,规范认罪认罚案件的抗诉工作,确保无罪的人不受刑事追究、有罪的人受到公正处罚。

十二、未成年人认罪认罚案件的办理

55. 听取意见。人民法院、人民检察院办理未成年人认罪认罚案件,应当听取未成年犯罪嫌疑人、被告人的法定代理人的意见,法定代理人无法到场的,应当听取合适成年人的意见,但受案时犯罪嫌疑人已经成年的除外。

56. 具结书签署。未成年犯罪嫌疑人签署认罪认罚具结书时,其法定代理人应当到场并签字确认。法定代理人无法到场的,合适成年人应当到场签字确认。法定代理人、辩护人对未成年人认罪认罚有异议的,不需要签署认罪认罚具结书。

57. 程序适用。未成年人认罪认罚案件,不适用速裁程序,但应当贯彻教育、感化、挽救的方针,坚持从快从宽原则,确保案件及时办理,最大限度保护未成年人合法权益。

58. 法治教育。办理未成年人认罪认罚案件,应当做好未成年犯罪嫌疑人、被告人的认罪服法、悔过教育工作,实现惩教结合目的。

十三、附　则

59. 国家安全机关、军队保卫部门、中国海警局、监狱办理刑事案件,适用本意见的有关规定。

60. 本指导意见由会签单位协商解释,自发布之日起施行。

最高人民检察院、公安部关于加强和规范补充侦查工作的指导意见

· 2020 年 3 月 27 日
· 高检发〔2020〕6 号

第一条　为进一步完善以证据为核心的刑事指控体系,加强和规范补充侦查工作,提高办案质效,根据《中华人民共和国刑事诉讼法》《人民检察院刑事诉讼规则》《公安机关办理刑事案件程序规定》等有关规定,结合办案实践,制定本指导意见。

第二条　补充侦查是依照法定程序,在原有侦查工作的基础上,进一步查清事实,补充完善证据的诉讼活动。

人民检察院审查逮捕提出补充侦查意见,审查起诉退回补充侦查、自行补充侦查,要求公安机关提供证据材料,要求公安机关对证据的合法性作出说明等情形,适用本指导意见的相关规定。

第三条　开展补充侦查工作应当遵循以下原则:

1. 必要性原则。补充侦查工作应当具备必要性,不得因与案件事实、证据无关的原因退回补充侦查。

2. 可行性原则。要求补充侦查的证据材料应当具备收集固定的可行性,补充侦查工作应当具备可操作性,对于无法通过补充侦查收集证据材料的情形,不能适用补充侦查。

3. 说理性原则。补充侦查提纲应当写明补充侦查的理由、案件定性的考虑、补充侦查的方向、每一项补证的目的和意义,对复杂问题、争议问题作适当阐明,具备条件的,可以写明补充侦查的渠道、线索和方法。

4. 配合性原则。人民检察院、公安机关在补充侦查之前和补充侦查过程中,应当就案件事实、证据、定性等方面存在的问题和补充侦查的相关情况,加强当面沟通、协作配合,共同确保案件质量。

5. 有效性原则。人民检察院、公安机关应当以增强补充侦查效果为目标,把提高证据质量、解决证据问题贯穿于侦查、审查逮捕、审查起诉全过程。

第四条　人民检察院开展补充侦查工作,应当书面列出补充侦查提纲。补充侦查提纲应当分别归入检察内卷、侦查内卷。

第五条　公安机关提请人民检察院审查批准逮捕的,人民检察院应当接收。经审查,不符合批捕条件的,应当依法作出不批准逮捕决定。人民检察院对于因证据不足作出不批准逮捕决定,需要补充侦查的,应当制作补充侦查提纲,列明证据体系存在的问题、补充侦查方向、取证要求等事项并说明理由。公安机关应当按照人民检察院的要求开展补充侦查。补充侦查完毕,认为符合逮捕条件的,应当重新提请批准逮捕。对于人民检察院不批准逮捕而未说明理由的,公安机关可以要求人民检察院说明理由。对人民检察院不批准逮捕的决定认为有错误的,公安机关可以依法要求复议、提请复核。

对于作出批准逮捕决定的案件,确有必要的,人民检察院可以根据案件证据情况,就完善证据体系、补正证据合法性、全面查清案件事实等事项,向公安机关提出捕后侦查意见。逮捕之后,公安机关应当及时开展侦查工作。

第六条 人民检察院在审查起诉期间发现案件存在事实不清、证据不足或者存在遗漏罪行、遗漏同案犯罪嫌疑人等情形需要补充侦查的，应当制作补充侦查提纲，连同案卷材料一并退回公安机关并引导公安机关进一步查明案件事实、补充收集证据。

人民检察院第一次退回补充侦查时，应当向公安机关列明全部补充侦查事项。在案件事实或证据发生变化、公安机关未补充侦查到位、或者重新报送的材料中发现矛盾和问题的，可以第二次退回补充侦查。

第七条 退回补充侦查提纲一般包括以下内容：

（一）阐明补充侦查的理由，包括案件事实不清、证据不足的具体表现和问题；

（二）阐明补充侦查的方向和取证目的；

（三）明确需要补充侦查的具体事项和需要补充收集的证据目录；

（四）根据起诉和审判的证据标准，明确补充、完善证据需要达到的标准和必备要素；

（五）有遗漏罪行的，应当指出在起诉意见书中没有认定的犯罪嫌疑人的罪行；

（六）有遗漏同案犯罪嫌疑人需要追究刑事责任的，应当建议补充移送；

（七）其他需要列明的事项。

补充侦查提纲、捕后侦查意见可参照本条执行。

第八条 案件退回补充侦查后，人民检察院和公安机关的办案人员应当加强沟通，及时就取证方向、落实补证要求等达成一致意见。公安机关办案人员对于补充侦查提纲有异议的，双方及时沟通。

对于事实证据发生重大变化的案件，可能改变定性的案件，证据标准难以把握的重大、复杂、疑难、新型案件，以及公安机关提出请求的案件，人民检察院在退回补充侦查期间，可以了解补充侦查开展情况，查阅证据材料，对补充侦查方向、重点、取证方式等提出建议，必要时可列席公安机关的案件讨论并发表意见。

第九条 具有下列情形之一的，一般不退回补充侦查：

（一）查清的事实足以定罪量刑或者与定罪量刑有关的事实已经查清，不影响定罪量刑的事实无法查清的；

（二）作案工具、赃物去向等部分事实无法查清，但有其他证据足以认定，不影响定罪量刑的；

（三）犯罪嫌疑人供述和辩解、证人证言、被害人陈述的主要情节能够相互印证，只有个别情节不一致但不影响定罪量刑的；

（四）遗漏同案犯罪嫌疑人或者同案犯罪嫌疑人在逃，在案犯罪嫌疑人定罪量刑的事实已经查清且符合起诉条件，公安机关不能及时补充移送同案犯罪嫌疑人的；

（五）补充侦查事项客观上已经没有查证可能性的；

（六）其他没有必要退回补充侦查的。

第十条 对于具有以下情形可以及时调取的有关证据材料，人民检察院可以发出《调取证据材料通知书》，通知公安机关直接补充相关证据并移送，以提高办案效率：

（一）案件基本事实清楚，虽欠缺某些证据，但收集、补充证据难度不大且在审查起诉期间内能够完成的；

（二）证据存在书写不规范、漏填、错填等瑕疵，公安机关可以在审查起诉期间补正、说明的；

（三）证据材料制作违反程序规定但程度较轻微，通过补正可以弥补的；

（四）案卷诉讼文书存在瑕疵，需进行必要的修改或补充的；

（五）缺少前科材料、释放证明、抓获经过等材料，侦查人员能够及时提供的；

（六）其他可以通知公安机关直接补充相关证据的。

第十一条 人民检察院在审查起诉过程中，具有下列情形之一，自行补充侦查更为适宜的，可以依法自行开展侦查工作：

（一）影响定罪量刑的关键证据存在灭失风险，需要及时收集和固定证据，人民检察院有条件自行侦查的；

（二）经退回补充侦查未达到要求，自行侦查具有可行性的；

（三）有证据证明或者有迹象表明侦查人员可能存在利用侦查活动插手民事、经济纠纷、实施报复陷害等违法行为和刑讯逼供、非法取证等违法行为，不宜退回补充侦查的；

（四）其他需要自行侦查的。

人民检察院开展自行侦查工作应依法规范开展。

第十二条 自行侦查由检察官组织实施，必要时可以调配办案人员。开展自行侦查的检察人员不得少于二人。自行侦查过程中，需要技术支持和安全保障的，由检察机关的技术部门和警务部门派员协助。

人民检察院通过自行侦查方式补强证据的，公安机关应当依法予以配合。

人民检察院自行侦查，适用《中华人民共和国刑事诉讼法》规定的讯问、询问、勘验、检查、查封、扣押、鉴定等侦查措施，应当遵循法定程序，在法定期限内侦查完毕。

第十三条 人民检察院对公安机关移送的案件进行审查后，在法院作出生效判决前，认为需要补充审判所必需的证据材料的，可以发出《调取证据材料通知书》，要求公安机关提供。人民检察院办理刑事审判监督案件，可以向公安机关发出《调取证据材料通知书》。

第十四条 人民检察院在办理刑事案件过程中，发现可能存在《中华人民共和国刑事诉讼法》第五十六条规定的以非法方法收集证据情形的，可以要求公安机关对证据收集的合法性作出书面说明或者提供相关证明材料，必要时，可以自行调查核实。

第十五条 公安机关经补充侦查重新移送后，人民检察院应当接收，及时审查公安机关制作的书面补充侦查报告和移送的补充证据，根据补充侦查提纲的内容核对公安机关应补充侦查事项是否补查到位，补充侦查活动是否合法，补充侦查后全案证据是否已确实、充分。经审查，公安机关未能按要求开展补充侦查工作，无法达到批捕标准的，应当依法作出不批捕决定；经二次补充侦查仍然证据不足，不符合起诉条件的，人民检察院应当依法作出不起诉决定。对人民检察院不起诉决定认为错误的，公安机关可以依法复议、复核。

对公安机关要求复议的不批准逮捕案件、不起诉案件，人民检察院应当另行指派检察官办理。人民检察院办理公安机关对不批准逮捕决定和不起诉决定要求复议、提请复核的案件，应当充分听取公安机关的意见，相关意见应当附卷备查。

第十六条 公安机关开展补充侦查工作，应当按照人民检察院补充侦查提纲的要求，及时、认真补充完善相关证据材料；对于补充侦查提纲不明确或者有异议的，应当及时与人民检察院沟通；对于无法通过补充侦查取得证据的，应当书面说明原因、补充侦查过程中所做的工作以及采取的补救措施。公安机关补充侦查后，应当单独立卷移送人民检察院，人民检察院应当依法接收案卷。

第十七条 对公安机关未及时有效开展补充侦查工作的，人民检察院应当进行口头督促，对公安机关不及时补充侦查导致证据无法收集影响案件处理的，必要时可以发出检察建议；公安机关存在非法取证等情形的，应当依法启动调查核实程序，根据情节，依法向公安机关发出纠正违法通知书，涉嫌犯罪的，依法进行侦查。

公安机关以非法方法收集的犯罪嫌疑人供述、被害人陈述、证人证言等证据材料，人民检察院应当依法排除并提出纠正意见，同时可以建议公安机关另行指派侦查人员重新调查取证，必要时人民检察院也可以自行调查取证。公安机关发现办案人员非法取证的，应当依法作出处理，并可另行指派侦查人员重新调查取证。

第十八条 案件补充侦查期限届满，公安机关认为原认定的犯罪事实有重大变化，不应当追究刑事责任而未将案件重新移送审查起诉的，当以书面形式告知人民检察院，并说明理由。公安机关应当将案件重新移送审查起诉而未重新移送审查起诉的，人民检察院应当要求公安机关说明理由。人民检察院认为公安机关理由不成立的，应当要求公安机关重新移送审查起诉。人民检察院发现公安机关不应当撤案而撤案的，应当进行立案监督。公安机关未重新移送审查起诉，且未及时以书面形式告知并说明理由的，人民检察院应当提出纠正意见。

第十九条 人民检察院、公安机关在自行侦查、补充侦查工作中，根据工作需要，可以提出协作要求或者意见、建议，加强沟通协调。

第二十条 人民检察院、公安机关应当建立联席会议、情况通报会等工作机制，定期通报补充侦查工作总体情况，评析证据收集和固定上存在的问题及争议。针对补充侦查工作中发现的突出问题，适时组织联合调研检查，共同下发问题通报并督促整改，加强沟通，统一认识，共同提升补充侦查工作质量。

推行办案人员旁听法庭审理机制，了解指控

犯罪、定罪量刑的证据要求和审判标准。

第二十一条 人民检察院各部门之间应当加强沟通，形成合力，提升补充侦查工作质效。人民检察院需要对技术性证据和专门性证据补充侦查的，可以先由人民检察院技术部门或有专门知识的人进行审查，根据审查意见，开展补充侦查工作。

第二十二条 本指导意见自下发之日起实施。

最高人民法院、最高人民检察院、公安部、司法部印发《关于加强减刑、假释案件实质化审理的意见》的通知

- 2021年12月1日
- 法发〔2021〕31号

各省、自治区、直辖市高级人民法院、人民检察院、公安厅（局）、司法厅（局）、解放军军事法院、军事检察院，新疆维吾尔自治区高级人民法院生产建设兵团分院、新疆生产建设兵团人民检察院、公安局、司法局、监狱管理局：

为严格规范减刑、假释工作，进一步加强减刑、假释案件实质化审理，确保案件审理公平、公正，最高人民法院、最高人民检察院、公安部、司法部共同制定了《关于加强减刑、假释案件实质化审理的意见》。现印发给你们，请认真贯彻执行。

关于加强减刑、假释案件实质化审理的意见

减刑、假释制度是我国刑罚执行制度的重要组成部分。依照我国法律规定，减刑、假释案件由刑罚执行机关提出建议书，报请人民法院审理裁定，人民检察院依法进行监督。为严格规范减刑、假释工作，确保案件审理公平、公正，现就加强减刑、假释案件实质化审理提出如下意见。

一、准确把握减刑、假释案件实质化审理的基本要求

1. 坚持全面依法审查。审理减刑、假释案件应当全面审查刑罚执行机关报送的材料，既要注重审查罪犯交付执行后的一贯表现，同时也要注重审查罪犯犯罪的性质、具体情节、社会危害程度、原判刑罚及生效裁判中财产性判项的履行情况等，依法作出公平、公正的裁定，切实防止将考核分数作为减刑、假释的唯一依据。

2. 坚持主客观改造表现并重。审理减刑、假释案件既要注重审查罪犯劳动改造、监管改造等客观方面的表现，也要注重审查罪犯思想改造等主观方面的表现，综合判断罪犯是否确有悔改表现。

3. 坚持严格审查证据材料。审理减刑、假释案件应当充分发挥审判职能作用，坚持以审判为中心，严格审查各项证据材料。认定罪犯是否符合减刑、假释法定条件，应当有相应证据予以证明；对于没有证据证实或者证据不确实、不充分的，不得裁定减刑、假释。

4. 坚持区别对待。审理减刑、假释案件应当切实贯彻宽严相济刑事政策，具体案件具体分析，区分不同情形，依法作出裁定，最大限度地发挥刑罚的功能，实现刑罚的目的。

二、严格审查减刑、假释案件的实体条件

5. 严格审查罪犯服刑期间改造表现的考核材料。对于罪犯的计分考核材料，应当认真审查考核分数的来源及其合理性等，如果存在考核分数与考核期不对应、加扣分与奖惩不对应、奖惩缺少相应事实和依据等情况，应当要求刑罚执行机关在规定期限内作出说明或者补充。对于在规定期限内不能作出合理解释的考核材料，不作为认定罪犯确有悔改表现的依据。

对于罪犯的认罪悔罪书、自我鉴定等自书材料，要结合罪犯的文化程度认真进行审查，对于无特殊原因非本人书写或者自书材料内容虚假的，不认定罪犯确有悔改表现。

对于罪犯存在违反监规纪律行为的，应当根据行为性质、情节等具体情况，综合分析判断罪犯的改造表现。罪犯服刑期间因违反监规纪律被处以警告、记过或者禁闭处罚的，可以根据案件具体情况，认定罪犯是否确有悔改表现。

6. 严格审查罪犯立功、重大立功的证据材料，准确把握认定条件。对于检举、揭发监狱内外犯罪活动，或者提供重要破案线索的，应当注重审查线索的来源。对于揭发线索来源存疑的，应当进一步核查，如果查明线索系通过贿买、暴力、威胁或者违反监规等非法手段获取的，不认定罪犯具

有立功或者重大立功表现。

对于技术革新、发明创造,应当注重审查罪犯是否具备该技术革新、发明创造的专业能力和条件,对于罪犯明显不具备相应专业能力及条件、不能说明技术革新或者发明创造原理及过程的,不认定罪犯具有立功或者重大立功表现。

对于阻止他人实施犯罪活动,协助司法机关抓捕其他犯罪嫌疑人,在日常生产、生活中舍己救人,在抗御自然灾害或者排除重大事故中有积极或者突出表现的,除应当审查有关部门出具的证明材料外,还应当注重审查能够证明上述行为的其他证据材料,对于罪犯明显不具备实施上述行为能力和条件的,不认定罪犯具有立功或者重大立功表现。

严格把握"较大贡献"或者"重大贡献"的认定条件。该"较大贡献"或者"重大贡献",是指对国家、社会具有积极影响,而非仅对个别人员、单位有贡献和帮助。对于罪犯在警示教育活动中现身说法的,不认定罪犯具有立功或者重大立功表现。

7. 严格审查罪犯履行财产性判项的能力。罪犯未履行或者未全部履行财产性判项,具有下列情形之一的,不认定罪犯确有悔改表现:

(1) 拒不交代赃款、赃物去向;

(2) 隐瞒、藏匿、转移财产;

(3) 有可供履行的财产拒不履行。

对于前款罪犯,无特殊原因狱内消费明显超出规定额度标准的,一般不认定罪犯确有悔改表现。

8. 严格审查反映罪犯是否有再犯罪危险的材料。对于报请假释的罪犯,应当认真审查刑罚执行机关提供的反映罪犯服刑期间现实表现和生理、心理状况的材料,并认真审查司法行政机关或者有关社会组织出具的罪犯假释后对所居住社区影响的材料,同时结合罪犯犯罪的性质、具体情节、社会危害程度、原判刑罚及生效裁判中财产性判项的履行情况等,综合判断罪犯假释后是否具有再犯罪危险性。

9. 严格审查罪犯身份信息、患有严重疾病或者身体有残疾的证据材料。对于上述证据材料有疑问的,可以委托有关单位重新调查、诊断、鉴定。对原判适用《中华人民共和国刑事诉讼法》第一百六十条第二款规定判处刑罚的罪犯,在刑罚执行期间不真心悔罪,仍不讲真实姓名、住址,且无法调查核实清楚的,除具有重大立功表现等特殊情形外,一律不予减刑、假释。

10. 严格把握罪犯减刑后的实际服刑刑期。正确理解法律和司法解释规定的最低服刑期限,严格控制减刑起始时间、间隔时间及减刑幅度,并根据罪犯前期减刑情况和效果,对其后续减刑予以总体掌握。死刑缓期执行、无期徒刑罪犯减为有期徒刑后再减刑时,在减刑间隔时间及减刑幅度上,应当从严把握。

三、切实强化减刑、假释案件办理程序机制

11. 充分发挥庭审功能。人民法院开庭审理减刑、假释案件,应当围绕罪犯实际服刑表现、财产性判项执行履行情况等,认真进行法庭调查。人民检察院应当派员出庭履行职务,并充分发表意见。人民法院对于有疑问的证据材料,要重点进行核查,必要时可以要求有关机关或者罪犯本人作出说明,有效发挥庭审在查明事实、公正裁判中的作用。

12. 健全证人出庭作证制度。人民法院审理减刑、假释案件,应当通知罪犯的管教干警、同监室罪犯、公示期间提出异议的人员以及其他了解情况的人员出庭作证。开庭审理前,刑罚执行机关应当提供前述证人名单,人民法院根据需要从名单中确定相应数量的证人出庭作证。证人到庭后,应当对其进行详细询问,全面了解被报请减刑、假释罪犯的改造表现等情况。

13. 有效行使庭外调查核实权。人民法院、人民检察院对于刑罚执行机关提供的罪犯确有悔改表现、立功表现等证据材料存有疑问的,根据案件具体情况,可以采取讯问罪犯、询问证人、调取相关材料、与监所人民警察座谈、听取派驻监所检察人员意见等方式,在庭外对相关证据材料进行调查核实。

14. 强化审判组织的职能作用。人民法院审理减刑、假释案件,合议庭成员应当对罪犯是否符合减刑或者假释条件、减刑幅度是否适当、财产性判项是否执行履行等情况,充分发表意见。对于重大、疑难、复杂的减刑、假释案件,合议庭必要时可以提请院长决定提交审判委员会讨论,但提请前应当先经专业法官会议研究。

15. 完善财产性判项执行衔接机制。人民法院刑事审判部门作出具有财产性判项内容的刑事裁判后,应当及时按照规定移送负责执行的部门执行。刑罚执行机关对罪犯报请减刑、假释时，可以向负责执行财产性判项的人民法院调取罪犯财产性判项执行情况的有关材料，负责执行的人民法院应当予以配合。刑罚执行机关提交的关于罪犯财产性判项执行情况的材料，可以作为人民法院认定罪犯财产性判项执行情况和判断罪犯是否具有履行能力的依据。

16. 提高信息化运用水平。人民法院、人民检察院、刑罚执行机关要进一步提升减刑、假释信息化建设及运用水平，充分利用减刑、假释信息化协同办案平台、执行信息平台及大数据平台等，采用远程视频开庭等方式，不断完善案件办理机制。同时，加强对减刑、假释信息化协同办案平台和减刑、假释、暂予监外执行信息网的升级改造，不断拓展信息化运用的深度和广度，为提升减刑、假释案件办理质效和加强权力运行制约监督提供科技支撑。

四、大力加强减刑、假释案件监督指导及工作保障

17. 不断健全内部监督。人民法院、人民检察院、刑罚执行机关要进一步强化监督管理职责，严格落实备案审查、专项检查等制度机制，充分发挥层级审核把关作用。人民法院要加强文书的释法说理，进一步提升减刑、假释裁定公信力。对于发现的问题及时责令整改，对于确有错误的案件，坚决依法予以纠正，对于涉嫌违纪违法的线索，及时移交纪检监察部门处理。

18. 高度重视外部监督。人民法院、人民检察院要自觉接受同级人民代表大会及其常委会的监督，主动汇报工作，对于人大代表关注的问题，认真研究处理并及时反馈，不断推进减刑、假释工作规范化开展；人民法院、刑罚执行机关要依法接受检察机关的法律监督，认真听取检察机关的意见、建议，支持检察机关巡回检察等工作，充分保障检察机关履行检察职责；人民法院、人民检察院、刑罚执行机关均要主动接受社会监督，积极回应人民群众关切。

19. 着力强化对下指导。人民法院、人民检察院、刑罚执行机关在减刑、假释工作中，遇到法律适用难点问题或者其他重大政策问题，应当及时向上级机关请示报告。上级机关应当准确掌握下级机关在减刑、假释工作中遇到的突出问题，加强研究和指导，并及时收集辖区内减刑、假释典型案例层报。最高人民法院、最高人民检察院应当适时发布指导性案例，为下级人民法院、人民检察院依法办案提供指导。

20. 切实加强工作保障。人民法院、人民检察院、刑罚执行机关应当充分认识减刑、假释工作所面临的新形势、新任务、新要求，坚持各司其职、分工负责、相互配合、相互制约的原则，不断加强沟通协作。根据工作需要，配足配强办案力量，加强对办案人员的业务培训，提升能力素质，建立健全配套制度机制，确保减刑、假释案件实质化审理公正、高效开展。

最高人民法院、最高人民检察院、公安部、司法部关于印发《关于未成年人犯罪记录封存的实施办法》的通知

· 2022 年 5 月 24 日

各省、自治区、直辖市高级人民法院、人民检察院、公安厅（局）、司法厅（局），解放军军事法院、解放军军事检察院，新疆维吾尔自治区高级人民法院生产建设兵团分院，新疆生产建设兵团人民检察院、公安局、司法局：

为全面贯彻习近平法治思想，进一步规范未成年人犯罪记录封存工作，根据《中华人民共和国刑事诉讼法》等相关规定，最高人民法院、最高人民检察院、公安部、司法部联合制定了《关于未成年人犯罪记录封存的实施办法》，现印发你们，请认真贯彻执行。

最高人民法院、最高人民检察院、公安部、司法部关于未成年人犯罪记录封存的实施办法

第一条 为了贯彻对违法犯罪未成年人教育、感化、挽救的方针，加强对未成年人的特殊、优先保护，坚持最有利于未成年人原则，根据刑法、刑事诉讼法、未成年人保护法、预防未成年人犯罪法等有关法律规定，结合司法工作实际，制定本办法。

第二条 本办法所称未成年人犯罪记录，是指国家专门机关对未成年犯罪人员情况的客观记

载。应当封存的未成年人犯罪记录,包括侦查、起诉、审判及刑事执行过程中形成的有关未成年人犯罪或者涉嫌犯罪的全部案卷材料与电子档案信息。

第三条　不予刑事处罚、不追究刑事责任、不起诉、采取刑事强制措施的记录,以及对涉罪未成年人进行社会调查、帮教考察、心理疏导、司法救助等工作的记录,按照本办法规定的内容和程序进行封存。

第四条　犯罪的时候不满十八周岁,被判处五年有期徒刑以下刑罚以及免予刑事处罚的未成年人犯罪记录,应当依法予以封存。

对在年满十八周岁前后实施数个行为,构成一罪或者一并处理的数罪,主要犯罪行为是在年满十八岁周岁前实施的,被判处或者决定执行五年有期徒刑以下刑罚以及免予刑事处罚的未成年人犯罪记录,应当对全案依法予以封存。

第五条　对于分案办理的未成年人与成年人共同犯罪案件,在封存未成年人案卷材料和信息的同时,应当在未封存的成年人卷宗封面标注"含犯罪记录封存信息"等明显标识,并对相关信息采取必要保密措施。对于未分案办理的未成年人与成年人共同犯罪案件,应当在全案卷宗封面标注"含犯罪记录封存信息"等明显标识,并对相关信息采取必要保密措施。

第六条　其他刑事、民事、行政及公益诉讼案件,因办案需要使用了被封存的未成年人犯罪记录信息的,应当在相关卷宗封面标明"含犯罪记录封存信息",并对相关信息采取必要保密措施。

第七条　未成年人因事实不清、证据不足被宣告无罪的案件,应当对涉罪记录予以封存;但未成年被告人及其法定代理人申请不予封存或者解除封存的,经人民法院同意,可以不予封存或者解除封存。

第八条　犯罪记录封存决定机关在作出案件处理决定时,应当同时向案件被告人或犯罪嫌疑人及其法定代理人或近亲属释明未成年人犯罪记录封存制度,并告知其相关权利义务。

第九条　未成年人犯罪记录封存应当贯彻及时、有效的原则。对于犯罪记录被封存的未成年人,在入伍、就业时免除犯罪记录的报告义务。

被封存犯罪记录的未成年人因涉嫌再次犯罪接受司法机关调查时,应当主动、如实地供述其犯罪记录情况,不得回避、隐瞒。

第十条　对于需要封存的未成年人犯罪记录,应当遵循《中华人民共和国个人信息保护法》不予公开,并建立专门的未成年人犯罪档案库,执行严格的保管制度。

对于电子信息系统中需要封存的未成年人犯罪记录数据,应当加设封存标记,未经法定查询程序,不得进行信息查询、共享及复用。

封存的未成年人犯罪记录数据不得向外部平台提供或对接。

第十一条　人民法院依法对犯罪时不满十八周岁的被告人判处五年有期徒刑以下刑罚以及免予刑事处罚的,判决生效后,应当将刑事裁判文书、《犯罪记录封存通知书》及时送达被告人,并同时送达同级人民检察院、公安机关,同级人民检察院、公安机关在收到上述文书后应当在三日内统筹相关各级检察机关、公安机关将涉案未成年人的犯罪记录整体封存。

第十二条　人民检察院依法对犯罪时不满十八周岁的犯罪嫌疑人决定不起诉后,应当将《不起诉决定书》、《犯罪记录封存通知书》及时送达被不起诉人,并同时送达同级公安机关,同级公安机关收到上述文书后应当在三日内将涉案未成年人的犯罪记录封存。

第十三条　对于被判处管制、宣告缓刑、假释或者暂予监外执行的未成年罪犯,依法实行社区矫正,执行地社区矫正机构应当在刑事执行完毕后三日内将涉案未成年人的犯罪记录封存。

第十四条　公安机关、人民检察院、人民法院和司法行政机关分别负责受理、审核和处理各自职权范围内有关犯罪记录的封存、查询工作。

第十五条　被封存犯罪记录的未成年人本人或者其法定代理人申请为其出具无犯罪记录证明的,受理单位应当在三个工作日内出具无犯罪记录的证明。

第十六条　司法机关为办案需要或者有关单位根据国家规定查询犯罪记录的,应当向封存犯罪记录的司法机关提出书面申请,列明查询理由、依据和使用范围等,查询人员应当出示单位公函和身份证明等材料。

经审核符合查询条件的,受理单位应当在三个工作日内开具有/无犯罪记录证明。许可查询的,查询后,档案管理部门应当登记相关查询情况,并按照档案管理规定将有关申请、审批材料、保密承诺书等一同存入卷宗归档保存。依法不许可查询的,应当在三个工作日内向查询单位出具不许可查询决定书,并说明理由。

对司法机关为办理案件、开展重新犯罪预防工作需要申请查询的,封存机关可以依法允许其查阅、摘抄、复制相关案卷材料和电子信息。对司法机关以外的单位根据国家规定申请查询的,可以根据查询的用途、目的与实际需要告知被查询对象是否受过刑事处罚、被判处的罪名、刑期等信息,必要时,可以提供相关法律文书复印件。

第十七条 对于许可查询被封存的未成年人犯罪记录的,应当告知查询犯罪记录的单位及相关人员严格按照查询目的和使用范围使用有关信息,严格遵守保密义务,并要求其签署保密承诺书。不按规定使用所查询的犯罪记录或者违反规定泄露相关信息,情节严重或者造成严重后果的,应当依法追究相关人员的责任。

因工作原因获知未成年人封存信息的司法机关、教育行政部门、未成年人所在学校、社区等单位组织及其工作人员、诉讼参与人、社会调查员、合适成年人等,应当做好保密工作,不得泄露被封存的犯罪记录,不得向外界披露该未成年人的姓名、住所、照片,以及可能推断出该未成年人身份的其他资料。违反法律规定披露被封存信息的单位或个人,应当依法追究其法律责任。

第十八条 对被封存犯罪记录的未成年人,符合下列条件之一的,封存机关应当对其犯罪记录解除封存:

(一)在未成年时实施新的犯罪,且新罪与封存记录之罪数罪并罚后被决定执行刑罚超过五年有期徒刑的;

(二)发现未成年时实施的漏罪,且漏罪与封存记录之罪数罪并罚后被决定执行刑罚超过五年有期徒刑的;

(三)经审判监督程序改判五年有期徒刑以上刑罚的;

被封存犯罪记录的未成年人,成年后又故意犯罪的,人民法院应当在裁判文书中载明其之前的犯罪记录。

第十九条 符合解除封存条件的案件,自解除封存条件成立之日起,不再受未成年人犯罪记录封存相关规定的限制。

第二十条 承担犯罪记录封存以及保护未成年人隐私、信息工作的公职人员,不当泄漏未成年人犯罪记录或者隐私、信息的,应当予以处分;造成严重后果,给国家、个人造成重大损失或者恶劣影响的,依法追究刑事责任。

第二十一条 涉案未成年人应当封存的信息被不当公开,造成未成年人在就学、就业、生活保障等方面未受到同等待遇的,未成年人及其法定代理人可以向相关机关、单位提出封存申请,或者向人民检察院申请监督。

第二十二条 人民检察院对犯罪记录封存工作进行法律监督。对犯罪记录应当封存而未封存,或者封存不当,或者未成年人及其法定代理人提出异议的,人民检察院应当进行审查,对确实存在错误的,应当及时通知有关单位予以纠正。

有关单位应当自收到人民检察院的纠正意见后及时审查处理。经审查无误的,应当向人民检察院说明理由;经审查确实有误的,应当及时纠正,并将纠正措施与结果告知人民检察院。

第二十三条 对于 2012 年 12 月 31 日以前办结的案件符合犯罪记录封存条件的,应当按照本办法的规定予以封存。

第二十四条 本办法所称"五年有期徒刑以下"含本数。

第二十五条 本办法由最高人民法院、最高人民检察院、公安部、司法部共同负责解释。

第二十六条 本办法自 2022 年 5 月 30 日起施行。

附录:(略)

最高人民法院、最高人民检察院、公安部、国家安全部、司法部关于规范量刑程序若干问题的意见

· 2020 年 11 月 5 日
· 法发〔2020〕38 号

为深入推进以审判为中心的刑事诉讼制度改革,落实认罪认罚从宽制度,进一步规范量刑程序,确保量刑公开公正,根据刑事诉讼法和有关司法解释等规定,结合工作实际,制定本意见。

第一条 人民法院审理刑事案件,在法庭审

理中应当保障量刑程序的相对独立性。

人民检察院在审查起诉中应当规范量刑建议。

第二条 侦查机关、人民检察院应当依照法定程序,全面收集、审查、移送证明犯罪嫌疑人、被告人犯罪事实、量刑情节的证据。

对于法律规定并处或者单处财产刑的案件,侦查机关应当根据案件情况对被告人的财产状况进行调查,并向人民检察院移送相关证据材料。人民检察院应当审查并向人民法院移送相关证据材料。

人民检察院在审查起诉时发现侦查机关应当收集而未收集量刑证据的,可以退回侦查机关补充侦查,也可以自行侦查。人民检察院退回补充侦查的,侦查机关应当按照人民检察院退回补充侦查提纲的要求及时收集相关证据。

第三条 对于可能判处管制、缓刑的案件,侦查机关、人民检察院、人民法院可以委托社区矫正机构或者有关社会组织进行调查评估,提出意见,供判处管制、缓刑时参考。

社区矫正机构或者有关社会组织收到侦查机关、人民检察院或者人民法院调查评估的委托后,应当根据委托机关的要求依法进行调查,形成评估意见,并及时提交委托机关。

对于没有委托进行调查评估或者判决前没有收到调查评估报告的,人民法院经审理认为被告人符合管制、缓刑适用条件的,可以依法判处管制、宣告缓刑。

第四条 侦查机关在移送审查起诉时,可以根据犯罪嫌疑人涉嫌犯罪的情况,就宣告禁止令和从业禁止向人民检察院提出意见。

人民检察院在提起公诉时,可以提出宣告禁止令和从业禁止的建议。被告人及其辩护人、被害人及其诉讼代理人可以就是否对被告人宣告禁止令和从业禁止提出意见,并说明理由。

人民法院宣告禁止令和从业禁止,应当根据被告人的犯罪原因、犯罪性质、犯罪手段、悔罪表现、个人一贯表现等,充分考虑与被告人所犯罪行的关联程度,有针对性地决定禁止从事特定的职业、活动,进入特定区域、场所,接触特定的人等。

第五条 符合下列条件的案件,人民检察院提起公诉时可以提出量刑建议;被告人认罪认罚的,人民检察院应当提出量刑建议:

(一)犯罪事实清楚,证据确实、充分;

(二)提出量刑建议所依据的法定从重、从轻、减轻或者免除处罚等量刑情节已查清;

(三)提出量刑建议所依据的酌定从重、从轻处罚等量刑情节已查清。

第六条 量刑建议包括主刑、附加刑、是否适用缓刑等。主刑可以具有一定的幅度,也可以根据案件具体情况,提出确定刑期的量刑建议。建议判处财产刑的,可以提出确定的数额。

第七条 对常见犯罪案件,人民检察院应当按照量刑指导意见提出量刑建议。对新类型、不常见犯罪案件,可以参照相关量刑规范提出量刑建议。提出量刑建议,应当说明理由和依据。

第八条 人民检察院指控被告人犯有数罪的,应当对指控的个罪分别提出量刑建议,并依法提出数罪并罚后决定执行的刑罚的量刑建议。

对于共同犯罪案件,人民检察院应当根据各被告人在共同犯罪中的地位、作用以及应当承担的刑事责任分别提出量刑建议。

第九条 人民检察院提出量刑建议,可以制作量刑建议书,与起诉书一并移送人民法院;对于案情简单、量刑情节简单的适用速裁程序的案件,也可以在起诉书中写明量刑建议。

量刑建议书中应当写明人民检察院建议对被告人处以的主刑、附加刑、是否适用缓刑等及其理由和依据。

人民检察院以量刑建议书方式提出量刑建议的,人民法院在送达起诉书副本时,应当将量刑建议书一并送达被告人。

第十条 在刑事诉讼中,自诉人、被告人及其辩护人、被害人及其诉讼代理人可以提出量刑意见,并说明理由,人民检察院、人民法院应当记录在案并附卷。

第十一条 人民法院、人民检察院、侦查机关应当告知犯罪嫌疑人、被告人申请法律援助的权利,对符合法律援助条件的,依法通知法律援助机构指派律师为其提供辩护或者法律帮助。

第十二条 适用速裁程序审理的案件,在确认被告人认罪认罚的自愿性和认罪认罚具结书内容的真实性、合法性后,一般不再进行法庭调查、法庭辩论,但在判决宣告前应当听取辩护人的意见和被告人的最后陈述意见。

适用速裁程序审理的案件,应当当庭宣判。

第十三条　适用简易程序审理的案件，在确认被告人对起诉书指控的犯罪事实和罪名没有异议，自愿认罪且知悉认罪的法律后果后，法庭审理可以直接围绕量刑进行，不再区分法庭调查、法庭辩论，但在判决宣告前应当听取被告人的最后陈述意见。

适用简易程序审理的案件，一般应当当庭宣判。

第十四条　适用普通程序审理的被告人认罪案件，在确认被告人了解起诉书指控的犯罪事实和罪名，自愿认罪且知悉认罪的法律后果后，法庭审理主要围绕量刑和其他有争议的问题进行，可以适当简化法庭调查、法庭辩论程序。

第十五条　对于被告人不认罪或者辩护人做无罪辩护的案件，法庭调查和法庭辩论分别进行。

在法庭调查阶段，应当在查明定罪事实的基础上，查明有关量刑事实，被告人及其辩护人可以出示证明被告人无罪或者罪轻的证据，当庭发表质证意见。

在法庭辩论阶段，审判人员引导控辩双方先辩论定罪问题。在定罪辩论结束后，审判人员告知控辩双方可以围绕量刑问题进行辩论，发表量刑建议或者意见，并说明依据和理由。被告人及其辩护人参加量刑问题的调查的，不影响作无罪辩解或者辩护。

第十六条　在法庭调查中，公诉人可以根据案件的不同种类、特点和庭审的实际情况，合理安排和调整举证顺序。定罪证据和量刑证据分开出示的，应当先出示定罪证据，后出示量刑证据。

对于有数起犯罪事实的案件的量刑证据，可以在对每起犯罪事实举证时分别出示，也可以对同类犯罪事实一并出示；涉及全案综合量刑情节的证据，一般应当在举证阶段最后出示。

第十七条　在法庭调查中，人民法院应当查明对被告人适用具体法定刑幅度的犯罪事实以及法定或者酌定量刑情节。

第十八条　人民法院、人民检察院、侦查机关或者辩护人委托有关方面制作涉及未成年人的社会调查报告的，调查报告应当在法庭上宣读，并进行质证。

第十九条　在法庭审理中，审判人员对量刑证据有疑问的，可以宣布休庭，对证据进行调查核实，必要时也可以要求人民检察院补充调查核实，人民检察院补充调查核实有关证据，必要时可以要求侦查机关提供协助。

对于控辩双方补充的证据，应当经过庭审质证才能作为定案的根据。但是，对于有利于被告人的量刑证据，经庭外征求意见，控辩双方没有异议的除外。

第二十条　被告人及其辩护人、被害人及其诉讼代理人申请人民法院调取在侦查、审查起诉阶段收集的量刑证据材料，人民法院认为确有必要的，应当依法调取；人民法院认为不需要调取的，应当说明理由。

第二十一条　在法庭辩论中，量刑辩论按照以下顺序进行：

（一）公诉人发表量刑建议，或者自诉人及其诉讼代理人发表量刑意见；

（二）被害人及其诉讼代理人发表量刑意见；

（三）被告人及其辩护人发表量刑意见。

第二十二条　在法庭辩论中，出现新的量刑事实，需要进一步调查的，应当恢复法庭调查，待事实查清后继续法庭辩论。

第二十三条　对于人民检察院提出的量刑建议，人民法院应当依法审查。对于事实清楚、证据确实、充分，指控的罪名准确，量刑建议适当的，人民法院应当采纳。

人民法院经审理认为，人民检察院的量刑建议不当的，可以告知人民检察院。人民检察院调整量刑建议的，应当在法庭审理结束前提出。人民法院认为人民检察院调整后的量刑建议适当的，应当予以采纳；人民检察院不调整量刑建议或者调整量刑建议后仍不当的，人民法院应当依法作出判决。

第二十四条　有下列情形之一，被告人当庭认罪，愿意接受处罚的，人民法院应当根据审理查明的事实，就定罪和量刑听取控辩双方意见，依法作出裁判：

（一）被告人在侦查、审查起诉阶段认罪认罚，但人民检察院没有提出量刑建议的；

（二）被告人在侦查、审查起诉阶段没有认罪认罚的；

（三）被告人在第一审程序中没有认罪认罚，在第二审程序中认罪认罚的；

（四）被告人在庭审过程中不同意量刑建议的。

第二十五条　人民法院应当在刑事裁判文书中说明量刑理由。量刑说理主要包括：

（一）已经查明的量刑事实及其对量刑的影响；

（二）是否采纳公诉人、自诉人、被告人及其辩护人、被害人及其诉讼代理人发表的量刑建议、意见及理由；

（三）人民法院判处刑罚的理由和法律依据。

对于适用速裁程序审理的案件，可以简化量刑说理。

第二十六条　开庭审理的二审、再审案件的量刑程序，依照有关法律规定进行。法律没有规定的，参照本意见进行。

对于不开庭审理的二审、再审案件，审判人员在阅卷、讯问被告人、听取自诉人、辩护人、被害人及其诉讼代理人的意见时，应当注意审查量刑事实和证据。

第二十七条　对于认罪认罚案件量刑建议的提出、采纳与调整等，适用最高人民法院、最高人民检察院、公安部、国家安全部、司法部《关于适用认罪认罚从宽制度的指导意见》的有关规定。

第二十八条　本意见自 2020 年 11 月 6 日起施行。2010 年 9 月 13 日最高人民法院、最高人民检察院、公安部、国家安全部、司法部《印发〈关于规范量刑程序若干问题的意见（试行）〉的通知》（法发〔2010〕35 号）同时废止。

最高人民法院、最高人民检察院、公安部、司法部关于对判处管制、宣告缓刑的犯罪分子适用禁止令有关问题的规定（试行）

- 2011 年 4 月 28 日
- 法发〔2011〕9 号

为正确适用《中华人民共和国刑法修正案（八）》，确保管制和缓刑的执行效果，根据刑法和刑事诉讼法的有关规定，现就判处管制、宣告缓刑的犯罪分子适用禁止令的有关问题规定如下：

第一条　对判处管制、宣告缓刑的犯罪分子，人民法院根据犯罪情况，认为从促进犯罪分子教育矫正、有效维护社会秩序的需要出发，确有必要禁止其在管制执行期间、缓刑考验期限内从事特定活动，进入特定区域、场所，接触特定人的，可以根据刑法第三十八条第二款、第七十二条第二款的规定，同时宣告禁止令。

第二条　人民法院宣告禁止令，应当根据犯罪分子的犯罪原因、犯罪性质、犯罪手段、犯罪后的悔罪表现、个人一贯表现等情况，充分考虑与犯罪分子所犯罪行的关联程度，有针对性地决定禁止其在管制执行期间、缓刑考验期限内"从事特定活动，进入特定区域、场所，接触特定的人"的一项或者几项内容。

第三条　人民法院可以根据犯罪情况，禁止判处管制、宣告缓刑的犯罪分子在管制执行期间、缓刑考验期限内从事以下一项或者几项活动：

（一）个人为进行违法犯罪活动而设立公司、企业、事业单位或者在设立公司、企业、事业单位后以实施犯罪为主要活动的，禁止设立公司、企业、事业单位；

（二）实施证券犯罪、贷款犯罪、票据犯罪、信用卡犯罪等金融犯罪的，禁止从事证券交易、申领贷款、使用票据或者申领、使用信用卡等金融活动；

（三）利用从事特定生产经营活动实施犯罪的，禁止从事相关生产经营活动；

（四）附带民事赔偿义务未履行完毕，违法所得未追缴、退赔到位，或者罚金尚未足额缴纳的，禁止从事高消费活动；

（五）其他确有必要禁止从事的活动。

第四条　人民法院可以根据犯罪情况，禁止判处管制、宣告缓刑的犯罪分子在管制执行期间、缓刑考验期限内进入以下一类或者几类区域、场所：

（一）禁止进入夜总会、酒吧、迪厅、网吧等娱乐场所；

（二）未经执行机关批准，禁止进入举办大型群众性活动的场所；

（三）禁止进入中小学校区、幼儿园园区及周边地区，确因本人就学、居住等原因，经执行机关批准的除外；

（四）其他确有必要禁止进入的区域、场所。

第五条　人民法院可以根据犯罪情况，禁止判处管制、宣告缓刑的犯罪分子在管制执行期间、缓刑考验期限内接触以下一类或者几类人员：

（一）未经对方同意，禁止接触被害人及其法定代理人、近亲属；

（二）未经对方同意，禁止接触证人及其法定代理人、近亲属；

（三）未经对方同意，禁止接触控告人、批评人、举报人及其法定代理人、近亲属；

（四）禁止接触同案犯；

（五）禁止接触其他可能遭受其侵害、滋扰的人或者可能诱发其再次危害社会的人。

第六条　禁止令的期限，既可以与管制执行、缓刑考验的期限相同，也可以短于管制执行、缓刑考验的期限，但判处管制的，禁止令的期限不得少于三个月，宣告缓刑的，禁止令的期限不得少于二个月。

判处管制的犯罪分子在判决执行以前先行羁押以致管制执行的期限少于三个月的，禁止令的期限不受前款规定的最短期限的限制。

禁止令的执行期限，从管制、缓刑执行之日起计算。

第七条　人民检察院在提起公诉时，对可能判处管制、宣告缓刑的被告人可以提出宣告禁止令的建议。当事人、辩护人、诉讼代理人可以就应否对被告人宣告禁止令提出意见，并说明理由。

公安机关在移送审查起诉时，可以根据犯罪嫌疑人涉嫌犯罪的情况，就应否宣告禁止令及宣告何种禁止令，向人民检察院提出意见。

第八条　人民法院对判处管制、宣告缓刑的被告人宣告禁止令的，应当在裁判文书主文部分单独作为一项予以宣告。

第九条　禁止令由司法行政机关指导管理的社区矫正机构负责执行。

第十条　人民检察院对社区矫正机构执行禁止令的活动实行监督。发现有违反法律规定的情况，应当通知社区矫正机构纠正。

第十一条　判处管制的犯罪分子违反禁止令，或者被宣告缓刑的犯罪分子违反禁止令尚不属情节严重的，由负责执行禁止令的社区矫正机构所在地的公安机关依照《中华人民共和国治安管理处罚法》第六十条的规定处罚。

第十二条　被宣告缓刑的犯罪分子违反禁止令，情节严重的，应当撤销缓刑，执行原判刑罚。原作出缓刑裁判的人民法院应当自收到当地社区矫正机构提出的撤销缓刑建议书之日起一个月内依法作出裁定。人民法院撤销缓刑的裁定一经作出，立即生效。

违反禁止令，具有下列情形之一的，应当认定为"情节严重"：

（一）三次以上违反禁止令的；

（二）因违反禁止令被治安管理处罚后，再次违反禁止令的；

（三）违反禁止令，发生较为严重危害后果的；

（四）其他情节严重的情形。

第十三条　被宣告禁止令的犯罪分子被依法减刑时，禁止令的期限可以相应缩短，由人民法院在减刑裁定中确定新的禁止令期限。

最高人民法院、最高人民检察院关于办理盗窃刑事案件适用法律若干问题的解释

· 2013年3月8日最高人民法院审判委员会第1571次会议、2013年3月18日最高人民检察院第十二届检察委员会第1次会议通过
· 2013年4月2日最高人民法院、最高人民检察院公告公布
· 自2013年4月4日起施行
· 法释〔2013〕8号

为依法惩治盗窃犯罪活动，保护公私财产，根据《中华人民共和国刑法》、《中华人民共和国刑事诉讼法》的有关规定，现就办理盗窃刑事案件适用法律的若干问题解释如下：

第一条　盗窃公私财物价值一千元至三千元以上、三万元至十万元以上、三十万元至五十万元以上的，应当分别认定为刑法第二百六十四条规定的"数额较大"、"数额巨大"、"数额特别巨大"。

各省、自治区、直辖市高级人民法院、人民检察院可以根据本地区经济发展状况，并考虑社会治安状况，在前款规定的数额幅度内，确定本地区执行的具体数额标准，报最高人民法院、最高人民检察院批准。

在跨地区运行的公共交通工具上盗窃，盗窃地点无法查证的，盗窃数额是否达到"数额较大"、

"数额巨大"、"数额特别巨大",应当根据受理案件所在地省、自治区、直辖市高级人民法院、人民检察院确定的有关数额标准认定。

盗窃毒品等违禁品,应当按照盗窃罪处理的,根据情节轻重量刑。

第二条 盗窃公私财物,具有下列情形之一的,"数额较大"的标准可以按照前条规定标准的百分之五十确定:

(一)曾因盗窃受过刑事处罚的;

(二)一年内曾因盗窃受过行政处罚的;

(三)组织、控制未成年人盗窃的;

(四)自然灾害、事故灾害、社会安全事件等突发事件期间,在事件发生地盗窃的;

(五)盗窃残疾人、孤寡老人、丧失劳动能力人的财物的;

(六)在医院盗窃病人或者其亲友财物的;

(七)盗窃救灾、抢险、防汛、优抚、扶贫、移民、救济款物的;

(八)因盗窃造成严重后果的。

第三条 二年内盗窃三次以上的,应当认定为"多次盗窃"。

非法进入供他人家庭生活,与外界相对隔离的住所盗窃的,应当认定为"入户盗窃"。

携带枪支、爆炸物、管制刀具等国家禁止个人携带的器械盗窃,或者为了实施违法犯罪携带其他足以危害他人人身安全的器械盗窃的,应当认定为"携带凶器盗窃"。

在公共场所或者公共交通工具上盗窃他人随身携带的财物的,应当认定为"扒窃"。

第四条 盗窃的数额,按照下列方法认定:

(一)被盗财物有有效价格证明的,根据有效价格证明认定;无有效价格证明,或者根据价格证明认定盗窃数额明显不合理的,应当按照有关规定委托估价机构估价;

(二)盗窃外币的,按照盗窃时中国外汇交易中心或者中国人民银行授权机构公布的人民币对该货币的中间价折合成人民币计算;中国外汇交易中心或者中国人民银行授权机构未公布汇率中间价的外币,按照盗窃时境内银行人民币对该货币的中间价折算成人民币,或者该货币在境内银行、国际外汇市场对美元汇率与人民币对美元汇率中间价进行套算;

(三)盗窃电力、燃气、自来水等财物,盗窃数量能够查实的,按照查实的数量计算盗窃数额;盗窃数量无法查实的,以盗窃前六个月月均正常用量减去盗窃后计量仪表显示的月均用量推算盗窃数额;盗窃前正常使用不足六个月的,按照正常使用期间的月均用量减去盗窃后计量仪表显示的月均用量推算盗窃数额;

(四)明知是盗接他人通信线路、复制他人电信码号的电信设备、设施而使用的,按照合法用户为其支付的费用认定盗窃数额;无法直接确认的,以合法用户的电信设备、设施被盗接、复制后的月缴费额减去被盗接、复制前六个月的月均电话费推算盗窃数额;合法用户使用电信设备、设施不足六个月的,按照实际使用的月均电话费推算盗窃数额;

(五)盗接他人通信线路、复制他人电信码号出售的,按照销赃数额认定盗窃数额。

盗窃行为给失主造成的损失大于盗窃数额的,损失数额可以作为量刑情节考虑。

第五条 盗窃有价支付凭证、有价证券、有价票证的,按照下列方法认定盗窃数额:

(一)盗窃不记名、不挂失的有价支付凭证、有价证券、有价票证的,应当按票面数额和盗窃时应得的孳息、奖金或者奖品等可得收益一并计算盗窃数额;

(二)盗窃记名的有价支付凭证、有价证券、有价票证,已经兑现的,按照兑现部分的财物价值计算盗窃数额;没有兑现,但失主无法通过挂失、补领、补办手续等方式避免损失的,按照给失主造成的实际损失计算盗窃数额。

第六条 盗窃公私财物,具有本解释第二条第三项至第八项规定情形之一,或者入户盗窃、携带凶器盗窃,数额达到本解释第一条规定的"数额巨大"、"数额特别巨大"百分之五十的,可以分别认定为刑法第二百六十四条规定的"其他严重情节"或者"其他特别严重情节"。

第七条 盗窃公私财物数额较大,行为人认罪、悔罪、退赃、退赔,且具有下列情形之一,情节轻微的,可以不起诉或者免予刑事处罚;必要时,由有关部门予以行政处罚:

(一)具有法定从宽处罚情节的;

(二)没有参与分赃或者获赃较少且不是主犯的;

(三)被害人谅解的;

(四)其他情节轻微、危害不大的。

第八条　偷拿家庭成员或者近亲属的财物，获得谅解的，一般可不认为是犯罪；追究刑事责任的，应当酌情从宽。

第九条　盗窃国有馆藏一般文物、三级文物、二级以上文物的，应当分别认定为刑法第二百六十四条规定的"数额较大"、"数额巨大"、"数额特别巨大"。

盗窃多件不同等级国有馆藏文物的，三件同级文物可以视为一件高一级文物。

盗窃民间收藏的文物的，根据本解释第四条第一款第一项的规定认定盗窃数额。

第十条　偷开他人机动车的，按照下列规定处理：

（一）偷开机动车，导致车辆丢失的，以盗窃罪定罪处罚；

（二）为盗窃其他财物，偷开机动车作为犯罪工具使用后非法占有车辆，或者将车辆遗弃导致丢失的，被盗车辆的价值计入盗窃数额；

（三）为实施其他犯罪，偷开机动车作为犯罪工具使用后非法占有车辆，或者将车辆遗弃导致丢失的，以盗窃罪和其他犯罪数罪并罚；将车辆送回未造成丢失的，按照其所实施的其他犯罪从重处罚。

第十一条　盗窃公私财物并造成财物损毁的，按照下列规定处理：

（一）采用破坏性手段盗窃公私财物，造成其他财物损毁的，以盗窃罪从重处罚；同时构成盗窃罪和其他犯罪的，择一重罪从重处罚。

（二）实施盗窃犯罪后，为掩盖罪行或者报复等，故意毁坏其他财物构成犯罪的，以盗窃罪和构成的其他犯罪数罪并罚；

（三）盗窃行为未构成犯罪，但损毁财物构成其他犯罪的，以其他犯罪定罪处罚。

第十二条　盗窃未遂，具有下列情形之一的，应当依法追究刑事责任：

（一）以数额巨大的财物为盗窃目标的；

（二）以珍贵文物为盗窃目标的；

（三）其他情节严重的情形。

盗窃既有既遂，又有未遂，分别达到不同量刑幅度的，依照处罚较重的规定处罚；达到同一量刑幅度的，以盗窃罪既遂处罚。

第十三条　单位组织、指使盗窃，符合刑法第二百六十四条及本解释有关规定的，以盗窃罪追究组织者、指使者、直接实施者的刑事责任。

第十四条　因犯盗窃罪，依法判处罚金刑的，应当在一千元以上盗窃数额的二倍以下判处罚金；没有盗窃数额或者盗窃数额无法计算的，应当在一千元以上十万元以下判处罚金。

第十五条　本解释发布实施后，《最高人民法院关于审理盗窃案件具体应用法律若干问题的解释》（法释〔1998〕4号）同时废止；之前发布的司法解释和规范性文件与本解释不一致的，以本解释为准。

最高人民法院、最高人民检察院关于办理寻衅滋事刑事案件适用法律若干问题的解释

· 2013年5月27日最高人民法院审判委员会第1579次会议、2013年4月28日最高人民检察院第十二届检察委员会第5次会议通过
· 2013年7月15日最高人民法院、最高人民检察院公告公布
· 自2013年7月22日起施行
· 法释〔2013〕18号

为依法惩治寻衅滋事犯罪，维护社会秩序，根据《中华人民共和国刑法》的有关规定，现就办理寻衅滋事刑事案件适用法律的若干问题解释如下：

第一条　行为人为寻求刺激、发泄情绪、逞强耍横等，无事生非，实施刑法第二百九十三条规定的行为的，应当认定为"寻衅滋事"。

行为人因日常生活中的偶发矛盾纠纷，借故生非，实施刑法第二百九十三条规定的行为的，应当认定为"寻衅滋事"，但矛盾系由被害人故意引发或者被害人对矛盾激化负有主要责任的除外。

行为人因婚恋、家庭、邻里、债务等纠纷，实施殴打、辱骂、恐吓他人或者损毁、占用他人财物等行为的，一般不认定为"寻衅滋事"，但经有关部门批评制止或者处理处罚后，继续实施前列行为，破坏社会秩序的除外。

第二条　随意殴打他人，破坏社会秩序，具有下列情形之一的，应当认定为刑法第二百九十三条第一款第一项规定的"情节恶劣"：

（一）致一人以上轻伤或者二人以上轻微伤的；

(二)引起他人精神失常、自杀等严重后果的；
(三)多次随意殴打他人的；
(四)持凶器随意殴打他人的；
(五)随意殴打精神病人、残疾人、流浪乞讨人员、老年人、孕妇、未成年人，造成恶劣社会影响的；
(六)在公共场所随意殴打他人，造成公共场所秩序严重混乱的；
(七)其他情节恶劣的情形。

第三条 追逐、拦截、辱骂、恐吓他人，破坏社会秩序，具有下列情形之一的，应当认定为刑法第二百九十三条第一款第二项规定的"情节恶劣"：
(一)多次追逐、拦截、辱骂、恐吓他人，造成恶劣社会影响的；
(二)持凶器追逐、拦截、辱骂、恐吓他人的；
(三)追逐、拦截、辱骂、恐吓精神病人、残疾人、流浪乞讨人员、老年人、孕妇、未成年人，造成恶劣社会影响的；
(四)引起他人精神失常、自杀等严重后果的；
(五)严重影响他人的工作、生活、生产、经营的；
(六)其他情节恶劣的情形。

第四条 强拿硬要或者任意损毁、占用公私财物，破坏社会秩序，具有下列情形之一的，应当认定为刑法第二百九十三条第一款第三项规定的"情节严重"：
(一)强拿硬要公私财物价值一千元以上，或者任意损毁、占用公私财物价值二千元以上的；
(二)多次强拿硬要或者任意损毁、占用公私财物，造成恶劣社会影响的；
(三)强拿硬要或者任意损毁、占用精神病人、残疾人、流浪乞讨人员、老年人、孕妇、未成年人的财物，造成恶劣社会影响的；
(四)引起他人精神失常、自杀等严重后果的；
(五)严重影响他人的工作、生活、生产、经营的；
(六)其他情节严重的情形。

第五条 在车站、码头、机场、医院、商场、公园、影剧院、展览会、运动场或者其他公共场所起哄闹事，应当根据公共场所的性质、公共活动的重要程度、公共场所的人数、起哄闹事的时间、公共场所受影响的范围与程度等因素，综合判断是否"造成公共场所秩序严重混乱"。

第六条 纠集他人三次以上实施寻衅滋事犯罪，未经处理的，应当依照刑法第二百九十三条第二款的规定处罚。

第七条 实施寻衅滋事行为，同时符合寻衅滋事罪和故意杀人罪、故意伤害罪、故意毁坏财物罪、敲诈勒索罪、抢夺罪、抢劫罪等罪的构成要件的，依照处罚较重的犯罪定罪处罚。

第八条 行为人认罪、悔罪，积极赔偿被害人损失或者取得被害人谅解的，可以从轻处罚；犯罪情节轻微的，可以不起诉或者免予刑事处罚。

最高人民法院、最高人民检察院关于办理敲诈勒索刑事案件适用法律若干问题的解释

- 2013年4月15日最高人民法院审判委员会第1575次会议、2013年4月1日最高人民检察院第十二届检察委员会第2次会议通过
- 2013年4月23日最高人民法院、最高人民检察院公告公布
- 自2013年4月27日起施行
- 法释〔2013〕10号

为依法惩治敲诈勒索犯罪，保护公私财产权利，根据《中华人民共和国刑法》、《中华人民共和国刑事诉讼法》的有关规定，现就办理敲诈勒索刑事案件适用法律的若干问题解释如下：

第一条 敲诈勒索公私财物价值二千元至五千元以上、三万元至十万元以上、三十万元至五十万元以上的，应当分别认定为刑法第二百七十四条规定的"数额较大"、"数额巨大"、"数额特别巨大"。

各省、自治区、直辖市高级人民法院、人民检察院可以根据本地区经济发展状况和社会治安状况，在前款规定的数额幅度内，共同研究确定本地区执行的具体数额标准，报最高人民法院、最高人民检察院批准。

第二条 敲诈勒索公私财物，具有下列情形之一的，"数额较大"的标准可以按照本解释第一条规定标准的百分之五十确定：
(一)曾因敲诈勒索受过刑事处罚的；
(二)一年内曾因敲诈勒索受过行政处罚的；

（三）对未成年人、残疾人、老年人或者丧失劳动能力人敲诈勒索的；

（四）以将要实施放火、爆炸等危害公共安全犯罪或者故意杀人、绑架等严重侵犯公民人身权利犯罪相威胁敲诈勒索的；

（五）以黑恶势力名义敲诈勒索的；

（六）利用或者冒充国家机关工作人员、军人、新闻工作者等特殊身份敲诈勒索的；

（七）造成其他严重后果的。

第三条 二年内敲诈勒索三次以上的，应当认定为刑法第二百七十四条规定的"多次敲诈勒索"。

第四条 敲诈勒索公私财物，具有本解释第二条第三项至第七项规定的情形之一，数额达到本解释第一条规定的"数额巨大"、"数额特别巨大"百分之八十的，可以分别认定为刑法第二百七十四条规定的"其他严重情节"、"其他特别严重情节"。

第五条 敲诈勒索数额较大，行为人认罪、悔罪，退赃、退赔，并具有下列情形之一的，可以认定为犯罪情节轻微，不起诉或者免予刑事处罚，由有关部门依法予以行政处罚：

（一）具有法定从宽处罚情节的；

（二）没有参与分赃或者获赃较少且不是主犯的；

（三）被害人谅解的；

（四）其他情节轻微、危害不大的。

第六条 敲诈勒索近亲属的财物，获得谅解的，一般不认为是犯罪；认定为犯罪的，应当酌情从宽处理。

被害人对敲诈勒索的发生存在过错的，根据被害人过错程度和案件其他情况，可以对行为人酌情从宽处理；情节显著轻微危害不大的，不认为是犯罪。

第七条 明知他人实施敲诈勒索犯罪，为其提供信用卡、手机卡、通讯工具、通讯传输通道、网络技术支持等帮助的，以共同犯罪论处。

第八条 对犯敲诈勒索罪的被告人，应当在二千元以上、敲诈勒索数额的二倍以下判处罚金；被告人没有获得财物的，应当在二千元以上十万元以下判处罚金。

第九条 本解释公布施行后，《最高人民法院关于敲诈勒索罪数额认定标准问题的规定》（法释〔2000〕11号）同时废止；此前发布的司法解释与本解释不一致的，以本解释为准。

最高人民法院、最高人民检察院、公安部、司法部关于办理性侵害未成年人刑事案件的意见

· 2023年5月24日

为深入贯彻习近平法治思想，依法惩治性侵害未成年人犯罪，规范办理性侵害未成年人刑事案件，加强未成年人司法保护，根据《中华人民共和国刑法》《中华人民共和国刑事诉讼法》《中华人民共和国未成年人保护法》等相关法律规定，结合司法实际，制定本意见。

一、总则

第一条 本意见所称性侵害未成年人犯罪，包括《中华人民共和国刑法》第二百三十六条、第二百三十六条之一、第二百三十七条、第三百五十八条、第三百五十九条规定的针对未成年人实施的强奸罪，负有照护职责人员性侵罪，强制猥亵、侮辱罪，猥亵儿童罪，组织卖淫罪，强迫卖淫罪，协助组织卖淫罪，引诱、容留、介绍卖淫罪，引诱幼女卖淫罪等。

第二条 办理性侵害未成年人刑事案件，应当坚持以下原则：

（一）依法从严惩处性侵害未成年人犯罪；

（二）坚持最有利于未成年人原则，充分考虑未成年人身心发育尚未成熟、易受伤害等特点，切实保障未成年人的合法权益；

（三）坚持双向保护原则，对于未成年人实施性侵害犯罪的，在依法保护未成年被害人的合法权益时，也要依法保护未成年犯罪嫌疑人、未成年被告人的合法权益。

第三条 人民法院、人民检察院、公安机关应当确定专门机构或者指定熟悉未成年人身心特点的专门人员，负责办理性侵害未成年人刑事案件。未成年被害人系女性的，应当有女性工作人员参与。

法律援助机构应当指派熟悉未成年人身心特点的律师为未成年人提供法律援助。

第四条 人民法院、人民检察院在办理性侵害未成年人刑事案件中发现社会治理漏洞的，依法提出司法建议、检察建议。

人民检察院依法对涉及性侵害未成年人的诉讼活动等进行监督，发现违法情形的，应当及时提出监督意见。发现未成年人合法权益受到侵犯，涉及公共利益的，应当依法提起公益诉讼。

二、案件办理

第五条 公安机关接到未成年人被性侵害的报案、控告、举报，应当及时受理，迅速审查。符合刑事立案条件的，应当立即立案侦查，重大、疑难、复杂案件立案审查期限原则上不超过七日。具有下列情形之一，公安机关应当在受理后直接立案侦查：

（一）精神发育明显迟滞的未成年人或者不满十四周岁的未成年人怀孕、妊娠终止或者分娩的；

（二）未成年人的生殖器官或者隐私部位遭受明显非正常损伤的；

（三）未成年人被组织、强迫、引诱、容留、介绍卖淫的；

（四）其他有证据证明性侵害未成年人犯罪发生的。

第六条 公安机关发现可能有未成年人被性侵害或者接报相关线索的，无论案件是否属于本单位管辖，都应当及时采取制止侵害行为、保护被害人、保护现场等紧急措施。必要时，应当通报有关部门对被害人予以临时安置、救助。

第七条 公安机关受理案件后，经过审查，认为有犯罪事实需要追究刑事责任，但因犯罪地、犯罪嫌疑人无法确定，管辖权不明的，受理案件的公安机关应当先立案侦查，经过侦查明确管辖后，及时将案件及证据材料移送有管辖权的公安机关。

第八条 人民检察院、公安机关办理性侵害未成年人刑事案件，应当坚持分工负责、互相配合、互相制约，加强侦查监督与协作配合，健全完善信息双向共享机制，形成合力。在侦查过程中，公安机关可以商请人民检察院就案件定性、证据收集、法律适用、未成年人保护要求等提出意见建议。

第九条 人民检察院认为公安机关应当立案侦查而不立案侦查的，或者被害人及其法定代理人、对未成年人负有特殊职责的人员据此向人民检察院提出异议，经审查其诉求合理的，人民检察院应当要求公安机关说明不立案的理由。人民检察院认为不立案理由不成立的，应当通知公安机关立案，公安机关接到通知后应当立案。

第十条 对性侵害未成年人的成年犯罪嫌疑人、被告人，应当依法从严把握适用非羁押强制措施，依法追诉，从严惩处。

第十一条 公安机关办理性侵害未成年人刑事案件，在提请批准逮捕、移送起诉时，案卷材料中应当包含证明案件来源与案发过程的有关材料和犯罪嫌疑人归案(抓获)情况的说明等。

第十二条 人民法院、人民检察院办理性侵害未成年人案件，应当及时告知未成年被害人及其法定代理人或者近亲属有权委托诉讼代理人，并告知其有权依法申请法律援助。

第十三条 人民法院、人民检察院、公安机关办理性侵害未成年人刑事案件，除有碍案件办理的情形外，应当将案件进展情况、案件处理结果及时告知未成年被害人及其法定代理人，并对有关情况予以说明。

第十四条 人民法院确定性侵害未成年人刑事案件开庭日期后，应当将开庭的时间、地点通知未成年被害人及其法定代理人。

第十五条 人民法院开庭审理性侵害未成年人刑事案件，未成年被害人、证人一般不出庭作证。确有必要出庭的，应当根据案件情况采取不暴露外貌、真实声音等保护措施，或者采取视频等方式播放询问未成年人的录音录像，播放视频亦应当采取技术处理等保护措施。

被告人及其辩护人当庭发问的方式或者内容不当，可能对未成年被害人、证人造成身心伤害的，审判长应当及时制止。未成年被害人、证人在庭审中出现恐慌、紧张、激动、抗拒等影响庭审正常进行的情形的，审判长应当宣布休庭，并采取相应的情绪安抚疏导措施，评估未成年被害人、证人继续出庭作证的必要性。

第十六条 办理性侵害未成年人刑事案件，对于涉及未成年人的身份信息及可能推断出身份信息的资料和涉及性侵害的细节等内容，审判人员、检察人员、侦查人员、律师及参与诉讼、知晓案情的相关人员应当保密。

对外公开的诉讼文书，不得披露未成年人身份信息及可能推断出身份信息的其他资料，对性侵害的事实必须以适当方式叙述。

办案人员到未成年人及其亲属所在学校、单位、住所调查取证的，应当避免驾驶警车、穿着制服或者采取其他可能暴露未成年人身份、影响未成年人名誉、隐私的方式。

第十七条 知道或者应当知道对方是不满十四周岁的幼女，而实施奸淫等性侵害行为的，应当认定行为人"明知"对方是幼女。

对不满十二周岁的被害人实施奸淫等性侵害行为的，应当认定行为人"明知"对方是幼女。

对已满十二周岁不满十四周岁的被害人，从其身体发育状况、言谈举止、衣着特征、生活作息规律等观察可能是幼女，而实施奸淫等性侵害行为的，应当认定行为人"明知"对方是幼女。

第十八条 在校园、游泳馆、儿童游乐场、学生集体宿舍等公共场所对未成年人实施强奸、猥亵犯罪，只要有其他多人在场，不论在场人员是否实际看到，均可以依照刑法第二百三十六条第三款、第二百三十七条的规定，认定为在公共场所"当众"强奸、猥亵。

第十九条 外国人在中华人民共和国领域内实施强奸、猥亵未成年人等犯罪的，在依法判处刑罚时，可以附加适用驱逐出境。对于尚不构成犯罪但构成违反治安管理行为的，或者有性侵害未成年人犯罪记录不适宜在境内继续停留居留的，公安机关可以依法适用限期出境或者驱逐出境。

第二十条 对性侵害未成年人的成年犯罪分子严格把握减刑、假释、暂予监外执行的适用条件。纳入社区矫正的，应当严管严控。

三、证据收集与审查判断

第二十一条 公安机关办理性侵害未成年人刑事案件，应当依照法定程序，及时、全面收集固定证据。对与犯罪有关的场所、物品、人身等及时进行勘验、检查，提取与案件有关的痕迹、物证、生物样本；及时调取与案件有关的住宿、通行、银行交易记录等书证，现场监控录像等视听资料，手机短信、即时通讯记录、社交软件记录、手机支付记录、音视频、网盘资料等电子数据。视听资料、电子数据等证据因保管不善灭失的，应当向原始数据存储单位重新调取，或者提交专业机构进行技术性恢复、修复。

第二十二条 未成年被害人陈述、未成年证人证言中提到其他犯罪线索，属于公安机关管辖的，公安机关应当及时调查核实；属于其他机关管辖的，应当移送有管辖权的机关。

具有密切接触未成年人便利条件的人员涉嫌性侵害未成年人犯罪的，公安机关应当注意摸排犯罪嫌疑人可能接触到的其他未成年人，以便全面查清犯罪事实。

对于发生在犯罪嫌疑人住所周边或者相同、类似场所且犯罪手法雷同的性侵害案件，符合并案条件的，应当及时并案侦查，防止遗漏犯罪事实。

第二十三条 询问未成年被害人，应当选择"一站式"取证场所、未成年人住所或者其他让未成年人心理上感到安全的场所进行，并通知法定代理人到场。法定代理人不能到场或者不宜到场的，应当通知其他合适成年人到场，并将相关情况记录在案。

询问未成年被害人，应当采取和缓的方式，以未成年人能够理解和接受的语言进行。坚持一次询问原则，尽可能避免多次反复询问，造成次生伤害。确有必要再次询问的，应当针对确有疑问需要核实的内容进行。

询问女性未成年被害人应当由女性工作人员进行。

第二十四条 询问未成年被害人应当进行同步录音录像。录音录像应当全程不间断进行，不得选择性录制，不得剪接、删改。录音录像声音、图像应当清晰稳定，被询问人面部应当清楚可辨，能够真实反映未成年被害人回答询问的状态。录音录像应当随案移送。

第二十五条 询问未成年被害人应当问明与性侵害犯罪有关的事实及情节，包括被害人的年龄等身份信息、与犯罪嫌疑人、被告人交往情况、侵害方式、时间、地点、次数、后果等。

询问尽量让被害人自由陈述，不得诱导，并将提问和未成年被害人的回答记录清楚。记录应当保持未成年人的语言特点，不得随意加工或者归纳。

第二十六条 未成年被害人陈述和犯罪嫌疑人、被告人供述中具有特殊性、非亲历不可知的细节，包括身体特征、行为特征和环境特征等，办案机关应当及时通过人身检查、现场勘查等调查取证方法固定证据。

第二十七条 能够证实未成年被害人和犯罪嫌疑人、被告人相识交往、矛盾纠纷及其异常表现、特殊癖好等情况，对完善证据链条、查清全部案情具有证明作用的证据，应当全面收集。

第二十八条 能够证实未成年人被性侵害后心理状况或者行为表现的证据，应当全面收集。未成年被害人出现心理创伤、精神抑郁或者自杀、自残等伤害后果的，应当及时检查、鉴定。

第二十九条 认定性侵害未成年人犯罪，应当坚持事实清楚，证据确实、充分，排除合理怀疑的证明标准。对案件事实的认定要立足证据，结合经验常识，考虑性侵害案件的特殊性和未成年人的身心特点，准确理解和把握证明标准。

第三十条 对未成年被害人陈述，应当着重审查陈述形成的时间、背景，被害人年龄、认知、记忆和表达能力，生理和精神状态是否影响陈述的自愿性、完整性，陈述与其他证据之间能否相互印证，有无矛盾。

低龄未成年人对被侵害细节前后陈述存在不一致的，应当考虑其身心特点，综合判断其陈述的主要事实是否客观、真实。

未成年被害人陈述了与犯罪嫌疑人、被告人或者性侵害事实相关的非亲历不可知的细节，并且可以排除指证、诱证、诬告、陷害可能的，一般应当采信。

未成年被害人询问笔录记载的内容与询问同步录音录像记载的内容不一致的，应当结合同步录音录像记录准确客观认定。

对未成年证人证言的审查判断，依照本条前四款规定进行。

第三十一条 对十四周岁以上未成年被害人真实意志的判断，不以其明确表示反对或者同意为唯一证据，应当结合未成年被害人的年龄、身体状况、被侵害前后表现以及双方关系、案发环境、案发过程等进行综合判断。

四、未成年被害人保护与救助

第三十二条 人民法院、人民检察院、公安机关办理性侵害未成年人刑事案件，应当根据未成年被害人的实际需要及当地情况，协调有关部门为未成年被害人提供心理疏导、临时照料、医疗救治、转学安置、经济帮扶等救助保护措施。

第三十三条 犯罪嫌疑人到案后，办案人员应当第一时间了解其有无艾滋病，发现犯罪嫌疑人患有艾滋病的，在征得未成年被害人监护同意后，应当及时配合或者会同有关部门对未成年被害人采取阻断治疗等保护措施。

第三十四条 人民法院、人民检察院、公安机关办理性侵害未成年人刑事案件，发现未成年人的父母或者其他监护人不依法履行监护职责或者侵犯未成年人合法权益的，应当予以训诫，并书面督促其依法履行监护职责。必要时，可以责令未成年人父母或者其他监护人接受家庭教育指导。

第三十五条 未成年人受到监护人性侵害，其他具有监护资格的人员、民政部门等有关单位和组织向人民法院提出申请，要求撤销监护人资格，另行指定监护人的，人民法院依法予以支持。

有关个人和组织未及时向人民法院申请撤销监护人资格的，人民检察院可以依法督促、支持其提起诉讼。

第三十六条 对未成年人因被性侵害而造成人身损害，不能及时获得有效赔偿，生活困难的，人民法院、人民检察院、公安机关可会同有关部门，优先考虑予以救助。

五、其他

第三十七条 人民法院、人民检察院、公安机关、司法行政机关应当积极推动侵害未成年人案件强制报告制度落实。未履行报告义务造成严重后果的，应当依照《中华人民共和国未成年人保护法》等法律法规追究责任。

第三十八条 人民法院、人民检察院、公安机关、司法行政机关应当推动密切接触未成年人相关行业依法建立完善准入查询性侵害违法犯罪信息制度，建立性侵害违法犯罪人员信息库，协助密切接触未成年人单位开展信息查询工作。

第三十九条 办案机关应当建立完善性侵害未成年人案件"一站式"办案救助机制，通过设立专门场所、配置专用设备、完善工作流程和引入专业社会力量等方式，尽可能一次性完成询问、人身检查、生物样本采集、侦查辨认等取证工作，同步开展救助保护工作。

六、附则

第四十条 本意见自 2023 年 6 月 1 日起施行。本意见施行后，《最高人民法院 最高人民检察院 公安部 司法部关于依法惩治性侵害未成年人犯罪的意见》（法发〔2013〕12 号）同时废止。

五、道路交通管理

中华人民共和国道路交通安全法

- 2003 年 10 月 28 日第十届全国人民代表大会常务委员会第五次会议通过
- 根据 2007 年 12 月 29 日第十届全国人民代表大会常务委员会第三十一次会议《关于修改〈中华人民共和国道路交通安全法〉的决定》第一次修正
- 根据 2011 年 4 月 22 日第十一届全国人民代表大会常务委员会第二十次会议《关于修改〈中华人民共和国道路交通安全法〉的决定》第二次修正
- 根据 2021 年 4 月 29 日第十三届全国人民代表大会常务委员会第二十八次会议《关于修改〈中华人民共和国道路交通安全法〉等八部法律的决定》第三次修正

理解与适用

《中华人民共和国道路交通安全法》（以下简称《道路交通安全法》）由 2003 年 10 月 28 日第十届全国人民代表大会常务委员会第五次会议通过，自 2004 年 5 月 1 日起施行。2007 年 12 月 29 日十届全国人大常委会第三十一次会议通过了《关于修改〈中华人民共和国道路交通安全法〉的决定》，主要就第 76 条关于交通事故的赔偿责任进行了修正，该修改决定于 2008 年 5 月 1 日起施行。2011 年 4 月 22 日十一届全国人大常委会第二十次会议审议通过了《关于修改〈中华人民共和国道路交通安全法〉的决定》，定于 2011 年 5 月 1 日起施行。2021 年 4 月 29 日，十三届全国人民代表大会常务委员会第二十八次会议通过了《关于修改〈中华人民共和国道路交通安全法〉等八部法律的规定》，对第 20 条第 1 款作出了相应修改。

本法共 8 章 124 条，系统地规范了车辆和驾驶人管理、明确了道路通行条件和各种道路交通主体的通行规则、确立了新的道路交通事故处理原则和机制、加强了对公安机关交通管理部门及其交通警察的执法监督、完善了违反交通安全管理行为的法律责任。对于本法，需要重点注意：

1. 《道路交通安全法》区分不同责任主体，针对不同赔偿义务人确立了一个归责原则体系，对于不同责任主体之间的责任承担适用不同的归责原则：(1) 机动车之间的交通事故责任适用过错责任；(2) 机动车与非机动车驾驶人、行人之间的交通事故适用无过错责任或严格责任。对于以上原则的理解和应用，可以参见《中华人民共和国民法典》侵权责任编第 5 章内容。

2. 机动车与行人、非机动车驾驶人发生交通事故的民事赔偿责任。机动车作为高速运输工具，对行人、非机动车驾驶人的生命财产安全具有一定危险性。本法第 76 条第 1 款规定，机动车之间发生交通事故的，由有过错的一方承担赔偿责任；双方都有过错的，按照各自过错的比例分担责任。机动车与非机动车驾驶人、行人之间发生交通事故，非机动车驾驶人、行人没有过错的，由机动车一方承担赔偿责任；有证据证明非机动车驾驶人、行人有过错的，根据过错程度适当减轻机动车一方的赔偿责任；机动车一方没有过错的，承担不超过 10% 的赔偿责任。

3. 第三者责任强制保险和道路交通事故社会救助基金。《道路交通安全法》规定了机动车实行第三者责任强制保险制度，并设立道路交通事故社会救助基金。利用强制保险解决交通事故损害赔偿，通过浮动保费减少交通安全违法行为和交通事故。同时建立道路交通事故社会救助基金，用于支付交通事故受伤人员的抢救费用。

4. 交通事故可私了。在道路上发生交通事故，未造成人员伤亡，当事人对事实及成因无争议的，可以即行撤离现场，恢复交通，自行协商处理损害赔偿事宜。

5. 肇事逃逸责任。造成交通事故后逃逸的，由公安机关交通管理部门吊销机动车驾驶证，且终生不得重新取得机动车驾驶证。

6. 酒后驾车责任。本法在2011年修订时加大了对饮酒、醉酒后驾车的处罚力度。对于饮酒驾车的处罚，修订后的道交法将罚款从200元以上500元以下提高至1000元以上2000元以下，将暂扣机动车驾驶证期限1个月以上3个月以下改为6个月，并对再次饮酒后驾驶机动车的，处10日以下拘留和1000元以上2000元以下罚款，并处吊销机动车驾驶证。对饮酒后驾驶营运机动车的，增加了15日拘留的处罚，将罚款从500元提高至5000元，并将暂扣改为吊销，且5年内不得重新取得机动车驾驶证。对酒驾发生重大交通事故构成犯罪的，终生不得重新取得机动车驾驶证。《刑法修正案（八）》规定对醉酒驾驶机动车的行为作出刑事处罚规定后，不需要再对醉酒驾驶机动车的行为人实行拘留处罚，因此，删去道路交通安全法对醉酒后驾驶机动车违法行为人拘留的规定。同时，将暂扣机动车驾驶证改为吊销机动车驾驶证，5年内不得重新取得机动车驾驶证。对醉酒后驾驶营运机动车的，将暂扣驾驶证改为吊销驾驶证，依法追究刑事责任且10年内不得重新取得机动车驾驶证，重新取得机动车驾驶证后，不得驾驶营运机动车。

7.《道路交通安全法》明确了交通事故认定书的证据能力。交通事故认定不能作为公安机关的具体行政行为而被提起行政复议或行政诉讼。交通事故认定书主要起一个事实认定、事故成因分析作用，是一个专业的技术性的分析结果。对于人民法院而言，这个认定书具有证据能力，而不是进行损害赔偿的当然依据。在道路交通事故损害赔偿诉讼或调解中，双方当事人都可以将交通事故认定书作为自己主张的证据，也可以就交通事故认定书作为证据的真实性、可靠性和科学性提出质疑。

另外，针对近年许多地方出现的"乘客抢夺方向盘"等事件，《刑法修正案（十一）》增加第133条之二，规定："对行驶中的公共交通工具的驾驶人员使用暴力或者抢控驾驶操纵装置，干扰公共交通工具正常行驶，危及公共安全的，处一年以下有期徒刑、拘役或者管制，并处或者单处罚金。前款规定的驾驶人员在行驶的公共交通工具上擅离职守，与他人互殴或者殴打他人，危及公共安全的，依照前款的规定处罚。有前两款行为，同时构成其他犯罪的，依照处罚较重的规定定罪处罚。"

第一章 总 则

第一条 【立法宗旨】为了维护道路交通秩序，预防和减少交通事故，保护人身安全，保护公民、法人和其他组织的财产安全及其他合法权益，提高通行效率，制定本法。

第二条 【适用范围】中华人民共和国境内的车辆驾驶人、行人、乘车人以及与道路交通活动有关的单位和个人，都应当遵守本法。

注释 本法所指的车辆包括机动车和非机动车。机动车，是指以动力装置驱动或者牵引，上道路行驶的供人员乘用或者用于运送物品以及进行工程专项作业的轮式车辆；非机动车，是指以人力或者畜力驱动，上道路行驶的交通工具，以及虽有动力装置驱动但设计最高时速、空车质量、外形尺寸符合有关国家标准的残疾人机动轮椅车、电动自行车等交通工具。

特别指出的是，警车、消防车、救护车、工程救险车等特种车辆也在本法调整的范围内。

链接《道路交通安全法实施条例》第2条

第三条 【基本原则】道路交通安全工作，应当遵循依法管理、方便群众的原则，保障道路交通有序、安全、畅通。

第四条 【道路交通安全管理规划及实施】各级人民政府应当保障道路交通安全管理工作与经济建设和社会发展相适应。

县级以上地方各级人民政府应当适应道路交通发展的需要，依据道路交通安全法律、法规和国家有关政策，制定道路交通安全管理规划，并组织实施。

第五条 【道路交通安全工作的管辖】国务院公安部门负责全国道路交通安全管理工作。县级以上地方各级人民政府公安机关交通管理部门负责本行政区域内的道路交通安全管理工作。

县级以上各级人民政府交通、建设管理部门依据各自职责，负责有关的道路交通工作。

第六条 【道路交通安全宣传】各级人民政府应当经常进行道路交通安全教育，提高公民的道路交通安全意识。

公安机关交通管理部门及其交通警察执行职务时，应当加强道路交通安全法律、法规的宣传，并模范遵守道路交通安全法律、法规。

机关、部队、企业事业单位、社会团体以及其他组织，应当对本单位的人员进行道路交通安全教育。

教育行政部门、学校应当将道路交通安全教育纳入法制教育的内容。

新闻、出版、广播、电视等有关单位，有进行道路交通安全教育的义务。

第七条 【道路交通安全管理的发展要求】对道路交通安全管理工作，应当加强科学研究，推广、使用先进的管理方法、技术、设备。

第二章 车辆和驾驶人

第一节 机动车、非机动车

第八条 【机动车登记制度】国家对机动车实行登记制度。机动车经公安机关交通管理部门登记后，方可上道路行驶。尚未登记的机动车，需要临时上道路行驶的，应当取得临时通行牌证。

第九条 【注册登记】申请机动车登记，应当提交以下证明、凭证：

（一）机动车所有人的身份证明；

（二）机动车来历证明；

（三）机动车整车出厂合格证明或者进口机动车进口凭证；

（四）车辆购置税的完税证明或者免税凭证；

（五）法律、行政法规规定应当在机动车登记时提交的其他证明、凭证。

公安机关交通管理部门应当自受理申请之日起五个工作日内完成机动车登记审查工作，对符合前款规定条件的，应当发放机动车登记证书、号牌和行驶证；对不符合前款规定条件的，应当向申请人说明不予登记的理由。

公安机关交通管理部门以外的任何单位或者个人不得发放机动车号牌或者要求机动车悬挂其他号牌，本法另有规定的除外。

机动车登记证书、号牌、行驶证的式样由国务院公安部门规定并监制。

第十条 【机动车应符合国家安全技术标准】准予登记的机动车应当符合机动车国家安全技术标准。申请机动车登记时，应当接受对该机动车的安全技术检验。但是，经国家机动车产品主管部门依据机动车国家安全技术标准认定的企业生产的机动车型，该车型的新车在出厂时经检验符合机动车国家安全技术标准，获得检验合格证的，免于安全技术检验。

第十一条 【机动车上道行驶手续和号牌悬挂】驾驶机动车上道路行驶，应当悬挂机动车号牌，放置检验合格标志、保险标志，并随车携带机动车行驶证。

机动车号牌应当按照规定悬挂并保持清晰、完整，不得故意遮挡、污损。

任何单位和个人不得收缴、扣留机动车号牌。

第十二条 【变更登记】有下列情形之一的，应当办理相应的登记：

（一）机动车所有权发生转移的；

（二）机动车登记内容变更的；

（三）机动车用作抵押的；

（四）机动车报废的。

第十三条 【机动车安检】对登记后上道路行驶的机动车，应当依照法律、行政法规的规定，根据车辆用途、载客载货数量、使用年限等不同情况，定期进行安全技术检验。对提供机动车行驶证和机动车第三者责任强制保险单的，机动车安全技术检验机构应当予以检验，任何单位不得附加其他条件。对符合机动车国家安全技术标准的，公安机关交通管理部门应当发给检验合格标志。

对机动车的安全技术检验实行社会化。具体办法由国务院规定。

机动车安全技术检验实行社会化的地方，任何单位不得要求机动车到指定的场所进行检验。

公安机关交通管理部门、机动车安全技术检验机构不得要求机动车到指定的场所进行维修、保养。

机动车安全技术检验机构对机动车检验收取费用，应当严格执行国务院价格主管部门核定的收费标准。

第十四条 【强制报废制度】国家实行机动车强制报废制度，根据机动车的安全技术状况和不同用途，规定不同的报废标准。

应当报废的机动车必须及时办理注销登记。

达到报废标准的机动车不得上道路行驶。报废的大型客、货车及其他营运车辆应当在公安机关交通管理部门的监督下解体。

第十五条 【特种车辆标志图案的喷涂和警报器、标志灯具的安装、使用】警车、消防车、救护车、工程救险车应当按照规定喷涂标志图案,安装警报器、标志灯具。其他机动车不得喷涂、安装、使用上述车辆专用的或者与其相类似的标志图案、警报器或者标志灯具。

警车、消防车、救护车、工程救险车应当严格按照规定的用途和条件使用。

公路监督检查的专用车辆,应当依照公路法的规定,设置统一的标志和示警灯。

第十六条 【禁止拼装、改变、伪造、变造等违法行为】任何单位或者个人不得有下列行为:

(一)拼装机动车或者擅自改变机动车已登记的结构、构造或者特征;

(二)改变机动车型号、发动机号、车架号或者车辆识别代号;

(三)伪造、变造或者使用伪造、变造的机动车登记证书、号牌、行驶证、检验合格标志、保险标志;

(四)使用其他机动车的登记证书、号牌、行驶证、检验合格标志、保险标志。

注释 拼装机动车,一般是指使用报废或者不合格的机动车的发动机、方向机、变速器、前后桥、车架以及其他零配件组装机动车。

案例 赵春明等诉烟台市福山区汽车运输公司卫德平等机动车交通事故责任纠纷案(最高人民法院指导案例19号)

裁判规则:机动车所有人或者管理人将机动车号牌出借他人套牌使用,或者明知他人套牌使用其机动车号牌不予制止,套牌机动车发生交通事故造成他人损害的,机动车所有人或者管理人应当与套牌机动车所有人或者管理人承担连带责任。

第十七条 【机动车第三者责任强制保险制度和道路交通事故社会救助基金】国家实行机动车第三者责任强制保险制度,设立道路交通事故社会救助基金。具体办法由国务院规定。

第十八条 【非机动车的管理】依法应当登记的非机动车,经公安机关交通管理部门登记后,方可上道路行驶。

依法应当登记的非机动车的种类,由省、自治区、直辖市人民政府根据当地实际情况规定。

非机动车的外形尺寸、质量、制动器、车铃和夜间反光装置,应当符合非机动车安全技术标准。

第二节 机动车驾驶人

第十九条 【驾驶证】驾驶机动车,应当依法取得机动车驾驶证。

申请机动车驾驶证,应当符合国务院公安部门规定的驾驶许可条件;经考试合格后,由公安机关交通管理部门发给相应类别的机动车驾驶证。

持有境外机动车驾驶证的人,符合国务院公安部门规定的驾驶许可条件,经公安机关交通管理部门考核合格的,可以发给中国的机动车驾驶证。

驾驶人应当按照驾驶证载明的准驾车型驾驶机动车;驾驶机动车时,应当随身携带机动车驾驶证。

公安机关交通管理部门以外的任何单位或者个人,不得收缴、扣留机动车驾驶证。

第二十条 【驾驶培训】机动车的驾驶培训实行社会化,由交通运输主管部门对驾驶培训学校、驾驶培训班实行备案管理,并对驾驶培训活动加强监督,其中专门的拖拉机驾驶培训学校、驾驶培训班由农业(农业机械)主管部门实行监督管理。

驾驶培训学校、驾驶培训班应当严格按照国家有关规定,对学员进行道路交通安全法律、法规、驾驶技能的培训,确保培训质量。

任何国家机关以及驾驶培训和考试主管部门不得举办或者参与举办驾驶培训学校、驾驶培训班。

第二十一条 【上路行驶前的安全检查】驾驶人驾驶机动车上道路行驶前,应当对机动车的安全技术性能进行认真检查;不得驾驶安全设施不全或者机件不符合技术标准等具有安全隐患的机动车。

第二十二条 【机动车驾驶人应当安全驾驶】机动车驾驶人应当遵守道路交通安全法律、法规的规定,按照操作规范安全驾驶、文明驾驶。

饮酒、服用国家管制的精神药品或者麻醉药品,或者患有妨碍安全驾驶机动车的疾病,或者过度疲劳影响安全驾驶的,不得驾驶机动车。

任何人不得强迫、指使、纵容驾驶人违反道路交通安全法律、法规和机动车安全驾驶要求驾驶机动车。

第二十三条　【机动车驾驶证定期审验】公安机关交通管理部门依照法律、行政法规的规定,定期对机动车驾驶证实施审验。

第二十四条　【累积记分制度】公安机关交通管理部门对机动车驾驶人违反道路交通安全法律、法规的行为,除依法给予行政处罚外,实行累积记分制度。公安机关交通管理部门对累积记分达到规定分值的机动车驾驶人,扣留机动车驾驶证,对其进行道路交通安全法律、法规教育,重新考试;考试合格的,发还其机动车驾驶证。

对遵守道路交通安全法律、法规,在一年内无累积记分的机动车驾驶人,可以延长机动车驾驶证的审验期。具体办法由国务院公安部门规定。

第三章　道路通行条件

第二十五条　【道路交通信号和分类】全国实行统一的道路交通信号。

交通信号包括交通信号灯、交通标志、交通标线和交通警察的指挥。

交通信号灯、交通标志、交通标线的设置应当符合道路交通安全、畅通的要求和国家标准,并保持清晰、醒目、准确、完好。

根据通行需要,应当及时增设、调换、更新道路交通信号。增设、调换、更新限制性的道路交通信号,应当提前向社会公告,广泛进行宣传。

第二十六条　【交通信号灯分类和示义】交通信号灯由红灯、绿灯、黄灯组成。红灯表示禁止通行,绿灯表示准许通行,黄灯表示警示。

第二十七条　【铁路道口的警示标志】铁路与道路平面交叉的道口,应当设置警示灯、警示标志或者安全防护设施。无人看守的铁路道口,应当在距道口一定距离处设置警示标志。

第二十八条　【道路交通信号的保护】任何单位和个人不得擅自设置、移动、占用、损毁交通信号灯、交通标志、交通标线。

道路两侧及隔离带上种植的树木或者其他植物,设置的广告牌、管线等,应当与交通设施保持必要的距离,不得遮挡路灯、交通信号灯、交通标志,不得妨碍安全视距,不得影响通行。

第二十九条　【公共交通的规划、设计、建设和对交通安全隐患的防范】道路、停车场和道路配套设施的规划、设计、建设,应当符合道路交通安全、畅通的要求,并根据交通需求及时调整。

公安机关交通管理部门发现已经投入使用的道路存在交通事故频发路段,或者停车场、道路配套设施存在交通安全严重隐患的,应当及时向当地人民政府报告,并提出防范交通事故、消除隐患的建议,当地人民政府应当及时作出处理决定。

第三十条　【道路或交通信号毁损的处置措施】道路出现坍塌、坑漕、水毁、隆起等损毁或者交通信号灯、交通标志、交通标线等交通设施损毁、灭失的,道路、交通设施的养护部门或者管理部门应当设置警示标志并及时修复。

公安机关交通管理部门发现前款情形,危及交通安全,尚未设置警示标志的,应当及时采取安全措施,疏导交通,并通知道路、交通设施的养护部门或者管理部门。

第三十一条　【未经许可不得占道从事非交通活动】未经许可,任何单位和个人不得占用道路从事非交通活动。

第三十二条　【占用道路施工的处置措施】因工程建设需要占用、挖掘道路,或者跨越、穿越道路架设、增设管线设施,应当事先征得道路主管部门的同意;影响交通安全的,还应当征得公安机关交通管理部门的同意。

施工作业单位应当在经批准的路段和时间内施工作业,并在距离施工作业地点来车方向安全距离处设置明显的安全警示标志,采取防护措施;施工作业完毕,应当迅速清除道路上的障碍物,消除安全隐患,经道路主管部门和公安机关交通管理部门验收合格,符合通行要求后,方可恢复通行。

对未中断交通的施工作业道路,公安机关交通管理部门应当加强交通安全监督检查,维护道路交通秩序。

第三十三条　【停车场、停车泊位的设置】新建、改建、扩建的公共建筑、商业街区、居住区、大(中)型建筑等,应当配建、增建停车场;停车泊位不足的,应当及时改建或者扩建;投入使用的停车场不得擅自停止使用或者改作他用。

在城市道路范围内,在不影响行人、车辆通行的情况下,政府有关部门可以施划停车泊位。

第三十四条　【行人过街设施、盲道的设置】

学校、幼儿园、医院、养老院门前的道路没有行人过街设施的，应当施划人行横道线，设置提示标志。

城市主要道路的人行道，应当按照规划设置盲道。盲道的设置应当符合国家标准。

第四章 道路通行规定

第一节 一般规定

第三十五条 【右侧通行】机动车、非机动车实行右侧通行。

第三十六条 【车道划分和通行规则】根据道路条件和通行需要，道路划分为机动车道、非机动车道和人行道的，机动车、非机动车、行人实行分道通行。没有划分机动车道、非机动车道和人行道的，机动车在道路中间通行，非机动车和行人在道路两侧通行。

第三十七条 【专用车道只准许规定车辆通行】道路划设专用车道的，在专用车道内，只准许规定的车辆通行，其他车辆不得进入专用车道内行驶。

第三十八条 【遵守交通信号】车辆、行人应当按照交通信号通行；遇有交通警察现场指挥时，应当按照交通警察的指挥通行；在没有交通信号的道路上，应当在确保安全、畅通的原则下通行。

第三十九条 【交通管理部门可根据情况采取管理措施并提前公告】公安机关交通管理部门根据道路和交通流量的具体情况，可以对机动车、非机动车、行人采取疏导、限制通行、禁止通行等措施。遇有大型群众性活动、大范围施工等情况，需要采取限制交通的措施，或者作出与公众的道路交通活动直接有关的决定，应当提前向社会公告。

第四十条 【交通管制】遇有自然灾害、恶劣气象条件或者重大交通事故等严重影响交通安全的情形，采取其他措施难以保证交通安全时，公安机关交通管理部门可以实行交通管制。

第四十一条 【授权国务院规定道路通行的其他具体规定】有关道路通行的其他具体规定，由国务院规定。

第二节 机动车通行规定

第四十二条 【机动车行驶速度】机动车上道路行驶，不得超过限速标志标明的最高时速。在没有限速标志的路段，应当保持安全车速。

夜间行驶或者在容易发生危险的路段行驶，以及遇有沙尘、冰雹、雨、雪、雾、结冰等气象条件时，应当降低行驶速度。

注释 根据《道路交通安全法实施条例》的规定，在没有限速标志、标线的道路上，机动车不得超过下列最高行驶速度：(1)没有道路中心线的道路，城市道路为每小时30公里，公路为每小时40公里；(2)同方向只有一条机动车道的道路，城市道路为每小时50公里，公路为每小时70公里。机动车行驶中遇有下列情形之一的，最高行驶速度不得超过每小时30公里，其中拖拉机、电瓶车、轮式专用机械车不得超过每小时15公里：(1)进出非机动车道，通过铁路道口、急弯路、窄路、窄桥时；(2)掉头、转弯、下陡坡时；(3)遇雾、雨、雪、沙尘、冰雹，能见度在50米以内时；(4)在冰雪、泥泞的道路上行驶时；(5)牵引发生故障的机动车时。

链接《道路交通安全法实施条例》第45-46条；第67条；《刑法》第133条之一

第四十三条 【不得超车的情形】同车道行驶的机动车，后车应当与前车保持足以采取紧急制动措施的安全距离。有下列情形之一的，不得超车：

（一）前车正在左转弯、掉头、超车的；

（二）与对面来车有会车可能的；

（三）前车为执行紧急任务的警车、消防车、救护车、工程救险车的；

（四）行经铁路道口、交叉路口、窄桥、弯道、陡坡、隧道、人行横道、市区交通流量大的路段等没有超车条件的。

第四十四条 【交叉路口通行规则】机动车通过交叉路口，应当按照交通信号灯、交通标志、交通标线或者交通警察的指挥通过；通过没有交通信号灯、交通标志、交通标线或者交通警察指挥的交叉路口时，应当减速慢行，并让行人和优先通行的车辆先行。

第四十五条 【交通不畅条件下的行驶】机动车遇有前方车辆停车排队等候或者缓慢行驶时，不得借道超车或者占用对面车道，不得穿插等候的车辆。

在车道减少的路段、路口，或者在没有交通信号灯、交通标志、交通标线或者交通警察指挥的交叉路口遇到停车排队等候或者缓慢行驶时，机动车应当依次交替通行。

第四十六条 【铁路道口通行规则】机动车通过铁路道口时，应当按照交通信号或者管理人员的指挥通行；没有交通信号或者管理人员的，应当减速或者停车，在确认安全后通过。

第四十七条 【避让行人】机动车行经人行横道时，应当减速行驶；遇行人正在通过人行横道，应当停车让行。

机动车行经没有交通信号的道路时，遇行人横过道路，应当避让。

第四十八条 【机动车载物】机动车载物应当符合核定的载质量，严禁超载；载物的长、宽、高不得违反装载要求，不得遗洒、飘散载运物。

机动车运载超限的不可解体的物品，影响交通安全的，应当按照公安机关交通管理部门指定的时间、路线、速度行驶，悬挂明显标志。在公路上运载超限的不可解体的物品，并应当依照公路法的规定执行。

机动车载运爆炸物品、易燃易爆化学物品以及剧毒、放射性等危险物品，应当经公安机关批准后，按指定的时间、路线、速度行驶，悬挂警示标志并采取必要的安全措施。

第四十九条 【机动车载人】机动车载人不得超过核定的人数，客运机动车不得违反规定载货。

第五十条 【货运车运营规则】禁止货运机动车载客。

货运机动车需要附载作业人员的，应当设置保护作业人员的安全措施。

第五十一条 【安全带及安全头盔的使用】机动车行驶时，驾驶人、乘坐人员应当按规定使用安全带，摩托车驾驶人及乘坐人员应当按规定戴安全头盔。

第五十二条 【机动车故障处置】机动车在道路上发生故障，需要停车排除故障时，驾驶人应当立即开启危险报警闪光灯，将机动车移至不妨碍交通的地方停放；难以移动的，应当持续开启危险报警闪光灯，并在来车方向设置警告标志等措施扩大示警距离，必要时迅速报警。

第五十三条 【特种车辆的优先通行权】警车、消防车、救护车、工程救险车执行紧急任务时，可以使用警报器、标志灯具；在确保安全的前提下，不受行驶路线、行驶方向、行驶速度和信号灯的限制，其他车辆和行人应当让行。

警车、消防车、救护车、工程救险车非执行紧急任务时，不得使用警报器、标志灯具，不享有前款规定的道路优先通行权。

第五十四条 【养护、工程作业等车辆的作业通行权】道路养护车辆、工程作业车进行作业时，在不影响过往车辆通行的前提下，其行驶路线和方向不受交通标志、标线限制，过往车辆和人员应当注意避让。

洒水车、清扫车等机动车应当按照安全作业标准作业；在不影响其他车辆通行的情况下，可以不受车辆分道行驶的限制，但是不得逆向行驶。

第五十五条 【拖拉机的通行和营运】高速公路、大中城市中心城区内的道路，禁止拖拉机通行。其他禁止拖拉机通行的道路，由省、自治区、直辖市人民政府根据当地实际情况规定。

在允许拖拉机通行的道路上，拖拉机可以从事货运，但是不得用于载人。

第五十六条 【机动车的停放】机动车应当在规定地点停放。禁止在人行道上停放机动车；但是，依照本法第三十三条规定施划的停车泊位除外。

在道路上临时停车的，不得妨碍其他车辆和行人通行。

第三节 非机动车通行规定

第五十七条 【非机动车通行规则】驾驶非机动车在道路上行驶应当遵守有关交通安全的规定。非机动车应当在非机动车道内行驶；在没有非机动车道的道路上，应当靠车行道的右侧行驶。

第五十八条 【非机动车行驶速度限制】残疾人机动轮椅车、电动自行车在非机动车道内行驶时，最高时速不得超过十五公里。

第五十九条 【非机动车的停放】非机动车应当在规定地点停放。未设停放地点的，非机动车停放不得妨碍其他车辆和行人通行。

第六十条 【畜力车使用规则】驾驭畜力车，应当使用驯服的牲畜；驾驭畜力车横过道路时，驾驭人应当下车牵引牲畜；驾驭人离开车辆时，应当拴系牲畜。

第四节 行人和乘车人通行规定

第六十一条 【行人通行规则】行人应当在人

行道内行走，没有人行道的靠路边行走。

第六十二条 【行人横过道路规则】行人通过路口或者横过道路，应当走人行横道或者过街设施；通过有交通信号灯的人行横道，应当按照交通信号灯指示通行；通过没有交通信号灯、人行横道的路口，或者在没有过街设施的路段横过道路，应当在确认安全后通过。

第六十三条 【行人禁止行为】行人不得跨越、倚坐道路隔离设施，不得扒车、强行拦车或者实施妨碍道路交通安全的其他行为。

第六十四条 【特殊行人通行规则】学龄前儿童以及不能辨认或者不能控制自己行为的精神疾病患者、智力障碍者在道路上通行，应当由其监护人、监护人委托的人或者对其负有管理、保护职责的人带领。

盲人在道路上通行，应当使用盲杖或者采取其他导盲手段，车辆应当避让盲人。

第六十五条 【行人通过铁路道口规则】行人通过铁路道口时，应当按照交通信号或者管理人员的指挥通行；没有交通信号和管理人员的，应当在确认无火车驶临后，迅速通过。

第六十六条 【乘车规则】乘车人不得携带易燃易爆等危险物品，不得向车外抛洒物品，不得有影响驾驶人安全驾驶的行为。

第五节 高速公路的特别规定

第六十七条 【高速公路通行规则、时速限制】行人、非机动车、拖拉机、轮式专用机械车、铰接式客车、全挂拖斗车以及其他设计最高时速低于七十公里的机动车，不得进入高速公路。高速公路限速标志标明的最高时速不得超过一百二十公里。

第六十八条 【故障处理】机动车在高速公路上发生故障时，应当依照本法第五十二条的有关规定办理；但是，警告标志应当设置在故障车来车方向一百五十米以外，车上人员应当迅速转移到右侧路肩上或者应急车道内，并且迅速报警。

机动车在高速公路上发生故障或者交通事故，无法正常行驶的，应当由救援车、清障车拖曳、牵引。

第六十九条 【不得在高速公路上拦截车辆】任何单位、个人不得在高速公路上拦截检查行驶的车辆，公安机关的人民警察依法执行紧急公务除外。

第五章 交通事故处理

第七十条 【交通事故处理及报警】在道路上发生交通事故，车辆驾驶人应当立即停车，保护现场；造成人身伤亡的，车辆驾驶人应当立即抢救受伤人员，并迅速报告执勤的交通警察或者公安机关交通管理部门。因抢救受伤人员变动现场的，应当标明位置。乘车人、过往车辆驾驶人、过往人应当予以协助。

在道路上发生交通事故，未造成人身伤亡，当事人对事实及成因无争议的，可以即行撤离现场，恢复交通，自行协商处理损害赔偿事宜；不即行撤离现场的，应当迅速报告执勤的交通警察或者公安机关交通管理部门。

在道路上发生交通事故，仅造成轻微财产损失，并且基本事实清楚的，当事人应当先撤离现场再进行协商处理。

第七十一条 【交通事故逃逸的处理】车辆发生交通事故后逃逸的，事故现场目击人员和其他知情人员应当向公安机关交通管理部门或者交通警察举报。举报属实的，公安机关交通管理部门应当给予奖励。

注释 肇事逃逸，是指发生交通事故后，交通事故当事人为逃避法律追究，驾驶车辆或者遗弃车辆逃离交通事故现场的行为。发生交通事故后当事人逃逸的，逃逸的当事人承担全部责任。但是，有证据证明对方当事人也有过错的，可以减轻责任。

链接 《刑法》第133条、第233-235条；《最高人民法院关于审理交通肇事刑事案件具体应用法律若干问题的解释》；《道路交通事故处理程序规定》第43-48条

案例 曾明清诉彭友洪、中国平安财产保险股份有限公司成都市蜀都支公司机动车交通事故责任纠纷案（2014年7月25日最高人民法院发布的四起典型案例）

裁判规则：从事实层面而言，第三车碾压之时，受害人并未死亡，究竟哪一辆车的行为致受害人死亡无法确定，但根据尸检报告、勘验笔录等证据，可以确认每一辆车的碾压行为均足以造成受害人死亡的后果。这属于法律所规定的聚合因果关系，行为人之间需承担连带责任。彭友宏发现碾压后果及时停车报警，救助受害人，是履行公民

责任的诚信行为,值得赞赏和提倡,而就事件后果而言,由于有交强险及商业三者险的分担机制,车主自身承担的赔偿责任实际上并不重。但反观肇事后逃逸车辆的未知名驾驶人,一方面,在法律上其乃肇事后逃逸的刑事犯罪嫌疑人,时时有可能被抓捕归案;另一方面,逃逸之后其内心也将时时受到良心的谴责而无法安宁。与主动救助相比,逃逸的后果无疑是更为严重的。

第七十二条 【交警处理交通事故程序】公安机关交通管理部门接到交通事故报警后,应当立即派交通警察赶赴现场,先组织抢救受伤人员,并采取措施,尽快恢复交通。

交通警察应当对交通事故现场进行勘验、检查,收集证据;因收集证据的需要,可以扣留事故车辆,但是应当妥善保管,以备核查。

对当事人的生理、精神状况等专业性较强的检验,公安机关交通管理部门应当委托专门机构进行鉴定。鉴定结论应当由鉴定人签名。

第七十三条 【交通事故认定书】公安机关交通管理部门应当根据交通事故现场勘验、检查、调查情况和有关的检验、鉴定结论,及时制作交通事故认定书,作为处理交通事故的证据。交通事故认定书应当载明交通事故的基本事实、成因和当事人的责任,并送达当事人。

第七十四条 【交通事故的调解或起诉】对交通事故损害赔偿的争议,当事人可以请求公安机关交通管理部门调解,也可以直接向人民法院提起民事诉讼。

经公安机关交通管理部门调解,当事人未达成协议或者调解书生效后不履行的,当事人可以向人民法院提起民事诉讼。

第七十五条 【受伤人员的抢救及费用承担】医疗机构对交通事故中的受伤人员应当及时抢救,不得因抢救费用未及时支付而拖延救治。肇事车辆参加机动车第三者责任强制保险的,由保险公司在责任限额范围内支付抢救费用;抢救费用超过责任限额的,未参加机动车第三者责任强制保险或者肇事后逃逸的,由道路交通事故社会救助基金先行垫付部分或者全部抢救费用,道路交通事故社会救助基金管理机构有权向交通事故责任人追偿。

第七十六条 【交通事故赔偿责任】机动车发生交通事故造成人身伤亡、财产损失的,由保险公司在机动车第三者责任强制保险责任限额范围内予以赔偿;不足的部分,按照下列规定承担赔偿责任:

(一)机动车之间发生交通事故的,由有过错的一方承担赔偿责任;双方都有过错的,按照各自过错的比例分担责任。

(二)机动车与非机动车驾驶人、行人之间发生交通事故,非机动车驾驶人、行人没有过错的,由机动车一方承担赔偿责任;有证据证明非机动车驾驶人、行人有过错的,根据过错程度适当减轻机动车一方的赔偿责任;机动车一方没有过错的,承担不超过百分之十的赔偿责任。

交通事故的损失是由非机动车驾驶人、行人故意碰撞机动车造成的,机动车一方不承担赔偿责任。

第七十七条 【道路外交通事故处理】车辆在道路以外通行时发生的事故,公安机关交通管理部门接到报案的,参照本法有关规定办理。

第六章 执法监督

第七十八条 【交警管理及考核上岗】公安机关交通管理部门应当加强对交通警察的管理,提高交通警察的素质和管理道路交通的水平。

公安机关交通管理部门应当对交通警察进行法制和交通安全管理业务培训、考核。交通警察经考核不合格的,不得上岗执行职务。

第七十九条 【依法履行法定职责】公安机关交通管理部门及其交通警察实施道路交通安全管理,应当依据法定的职权和程序,简化办事手续,做到公正、严格、文明、高效。

第八十条 【执行职务要求】交通警察执行职务时,应当按照规定着装,佩带人民警察标志,持有人民警察证件,保持警容严整,举止端庄,指挥规范。

第八十一条 【收费标准】依照本法发放牌证等收取工本费,应当严格执行国务院价格主管部门核定的收费标准,并全部上缴国库。

第八十二条 【处罚和收缴分离原则】公安机关交通管理部门依法实施罚款的行政处罚,应当依照有关法律、行政法规的规定,实施罚款决定与罚款收缴分离;收缴的罚款以及依法没收的违法所得,应当全部上缴国库。

第八十三条 【回避制度】交通警察调查处理

道路交通安全违法行为和交通事故,有下列情形之一的,应当回避:

(一)是本案的当事人或者当事人的近亲属;

(二)本人或者其近亲属与本案有利害关系;

(三)与本案当事人有其他关系,可能影响案件的公正处理。

第八十四条 【执法监督】公安机关交通管理部门及其交通警察的行政执法活动,应当接受行政监察机关依法实施的监督。

公安机关督察部门应当对公安机关交通管理部门及其交通警察执行法律、法规和遵守纪律的情况依法进行监督。

上级公安机关交通管理部门应当对下级公安机关交通管理部门的执法活动进行监督。

第八十五条 【举报、投诉制度】公安机关交通管理部门及其交通警察执行职务,应当自觉接受社会和公民的监督。

任何单位和个人都有权对公安机关交通管理部门及其交通警察不严格执法以及违法违纪行为进行检举、控告。收到检举、控告的机关,应当依据职责及时查处。

第八十六条 【交警执法保障】任何单位不得给公安机关交通管理部门下达或者变相下达罚款指标;公安机关交通管理部门不得以罚款数额作为考核交通警察的标准。

公安机关交通管理部门及其交通警察对超越法律、法规规定的指令,有权拒绝执行,并同时向上级机关报告。

第七章 法律责任

第八十七条 【交通管理部门的职权】公安机关交通管理部门及其交通警察对道路交通安全违法行为,应当及时纠正。

公安机关交通管理部门及其交通警察应当依据事实和本法的有关规定对道路交通安全违法行为予以处罚。对于情节轻微,未影响道路通行的,指出违法行为,给予口头警告后放行。

第八十八条 【处罚种类】对道路交通安全违法行为的处罚种类包括:警告、罚款、暂扣或者吊销机动车驾驶证、拘留。

第八十九条 【对违法行人、乘车人、非机动车驾驶人的处罚】行人、乘车人、非机动车驾驶人违反道路交通安全法律、法规关于道路通行规定的,处警告或者五元以上五十元以下罚款;非机动车驾驶人拒绝接受罚款处罚的,可以扣留其非机动车。

第九十条 【对违法机动车驾驶人的处罚】机动车驾驶人违反道路交通安全法律、法规关于道路通行规定的,处警告或者二十元以上二百元以下罚款。本法另有规定的,依照规定处罚。

第九十一条 【饮酒、醉酒驾车处罚】饮酒后驾驶机动车的,处暂扣六个月机动车驾驶证,并处一千元以上二千元以下罚款。因饮酒后驾驶机动车被处罚,再次饮酒后驾驶机动车的,处十日以下拘留,并处一千元以上二千元以下罚款,吊销机动车驾驶证。

醉酒驾驶机动车的,由公安机关交通管理部门约束至酒醒,吊销机动车驾驶证,依法追究刑事责任;五年内不得重新取得机动车驾驶证。

饮酒后驾驶营运机动车的,处十五日拘留,并处五千元罚款,吊销机动车驾驶证,五年内不得重新取得机动车驾驶证。

醉酒驾驶营运机动车的,由公安机关交通管理部门约束至酒醒,吊销机动车驾驶证,依法追究刑事责任;十年内不得重新取得机动车驾驶证,重新取得机动车驾驶证后,不得驾驶营运机动车。

饮酒后或者醉酒驾驶机动车发生重大交通事故,构成犯罪的,依法追究刑事责任,并由公安机关交通管理部门吊销机动车驾驶证,终生不得重新取得机动车驾驶证。

注释 根据相关规定,检验违法行为人体内酒精、国家管制的精神药品、麻醉药品含量的,应当按照下列程序实施:

(一)由交通警察将违法行为人带到医疗机构进行抽血或者提取尿液;

(二)对酒后行为失控的,可以使用约束带或者警绳等约束性警械;

(三)公安机关交通管理部门应当将抽取的血液或者提取的尿液及时送交有检验资格的机构进行检测,并将检测结果书面告知违法行为人。

检验违法行为人体内酒精、国家管制的精神药品、麻醉药品含量的,应当通知其家属。但无法通知的除外。

特别需要注意的是,2011 年《刑法修正案(八)》将醉酒驾驶规定为交通肇事罪的一种情况。虽然该修正案只规定追究醉酒驾驶机动车的刑事责任,没有明确规定情节严重或情节恶劣的前提条件,但根据刑法总则第 13 条规定的原则,危害社会行为情节显著轻微危害不大的,不认为是犯罪。对在道路上醉酒驾驶机动车的行为需要追究刑事责任的,要注意与行政处罚相衔接,防止可依据本法处罚的行为,直接诉至法院追究刑事责任。2015 年《刑法修正案(九)》也对此进行了规定。

链接 《刑法》第 133 条之一;《最高人民法院关于印发醉酒驾车犯罪法律适用问题指导意见及相关典型案例的通知》;《车辆驾驶人员血液、呼气酒精含量阈值与检验》(GB 19522-2010)

第九十二条 【超载行为处罚】公路客运车辆载客超过额定乘员的,处二百元以上五百元以下罚款;超过额定乘员百分之二十或者违反规定载货的,处五百元以上二千元以下罚款。

货运机动车超过核定载质量的,处二百元以上五百元以下罚款;超过核定载质量百分之三十或者违反规定载客的,处五百元以上二千元以下罚款。

有前两款行为的,由公安机关交通管理部门扣留机动车至违法状态消除。

运输单位的车辆有本条第一款、第二款规定的情形,经处罚不改的,对直接负责的主管人员处二千元以上五千元以下罚款。

第九十三条 【对违法泊车的处理及拖车规则】对违反道路交通安全法律、法规关于机动车停放、临时停车规定的,可以指出违法行为,并予以口头警告,令其立即驶离。

机动车驾驶人不在现场或者虽在现场但拒绝立即驶离,妨碍其他车辆、行人通行的,处二十元以上二百元以下罚款,并可以将该机动车拖移至不妨碍交通的地点或者公安机关交通管理部门指定的地点停放。公安机关交通管理部门拖车不得向当事人收取费用,并应当及时告知当事人停放地点。

因采取不正确的方法拖车造成机动车损坏的,应当依法承担补偿责任。

第九十四条 【对机动车安检机构的管理】机动车安全技术检验机构实施机动车安全技术检验超过国务院价格主管部门核定的收费标准收取费用的,退还多收取的费用,并由价格主管部门依照《中华人民共和国价格法》的有关规定给予处罚。

机动车安全技术检验机构不按照机动车国家安全技术标准进行检验,出具虚假检验结果的,由公安机关交通管理部门处所收检验费用五倍以上十倍以下罚款,并依法撤销其检验资格;构成犯罪的,依法追究刑事责任。

第九十五条 【未悬挂号牌、未放置标志、未携带证件、未合理安放号牌的处理】上道路行驶的机动车未悬挂机动车号牌、未放置检验合格标志、保险标志,或者未随车携带行驶证、驾驶证的,公安机关交通管理部门应当扣留机动车,通知当事人提供相应的牌证、标志或者补办相应手续,并可以依照本法第九十条的规定予以处罚。当事人提供相应的牌证、标志或者补办相应手续的,应当及时退还机动车。

故意遮挡、污损或者不按规定安装机动车号牌的,依照本法第九十条的规定予以处罚。

第九十六条 【对伪造、变造行为的处罚】伪造、变造或者使用伪造、变造的机动车登记证书、号牌、行驶证、驾驶证的,由公安机关交通管理部门予以收缴,扣留该机动车,处十五日以下拘留,并处二千元以上五千元以下罚款;构成犯罪的,依法追究刑事责任。

伪造、变造或者使用伪造、变造的检验合格标志、保险标志的,由公安机关交通管理部门予以收缴,扣留该机动车,处十日以下拘留,并处一千元以上三千元以下罚款;构成犯罪的,依法追究刑事责任。

使用其他车辆的机动车登记证书、号牌、行驶证、检验合格标志、保险标志的,由公安机关交通管理部门予以收缴,扣留该机动车,处二千元以上五千元以下罚款。

当事人提供相应的合法证明或者补办相应手续的,应当及时退还机动车。

第九十七条 【对非法安装警报器、标志灯具的处罚】非法安装警报器、标志灯具的,由公安机关交通管理部门强制拆除,予以收缴,并处二百元以上二千元以下罚款。

第九十八条 【对未投保交强险的处罚】机动车所有人、管理人未按照国家规定投保机动车第三者责任强制保险的,由公安机关交通管理部门扣留车辆至依照规定投保后,并处依照规定投保最低责任限额应缴纳的保险费的二倍罚款。

依照前款缴纳的罚款全部纳入道路交通事故社会救助基金。具体办法由国务院规定。

第九十九条 【其他违法行为的处罚】有下列行为之一的,由公安机关交通管理部门处二百元以上二千元以下罚款:

(一)未取得机动车驾驶证、机动车驾驶证被吊销或者机动车驾驶证被暂扣期间驾驶机动车的;

(二)将机动车交由未取得机动车驾驶证或者机动车驾驶证被吊销、暂扣的人驾驶的;

(三)造成交通事故后逃逸,尚不构成犯罪的;

(四)机动车行驶超过规定时速百分之五十的;

(五)强迫机动车驾驶人违反道路交通安全法律、法规和机动车安全驾驶要求驾驶机动车,造成交通事故,尚不构成犯罪的;

(六)违反交通管制的规定强行通行,不听劝阻的;

(七)故意损毁、移动、涂改交通设施,造成危害后果,尚不构成犯罪的;

(八)非法拦截、扣留机动车辆,不听劝阻,造成交通严重阻塞或者较大财产损失的。

行为人有前款第二项、第四项情形之一的,可以并处吊销机动车驾驶证;有第一项、第三项、第五项至第八项情形之一的,可以并处十五日以下拘留。

第一百条 【驾驶拼装及应报废机动车的处理】驾驶拼装的机动车或者已达到报废标准的机动车上道路行驶的,公安机关交通管理部门应当予以收缴,强制报废。

对驾驶前款所列机动车上道路行驶的驾驶人,处二百元以上二千元以下罚款,并吊销机动车驾驶证。

出售已达到报废标准的机动车的,没收违法所得,处销售金额等额的罚款,对该机动车依照本条第一款的规定处理。

第一百零一条 【交通事故刑事责任及终生禁驾规定】违反道路交通安全法律、法规的规定,发生重大交通事故,构成犯罪的,依法追究刑事责任,并由公安机关交通管理部门吊销机动车驾驶证。

造成交通事故后逃逸的,由公安机关交通管理部门吊销机动车驾驶证,且终生不得重新取得机动车驾驶证。

第一百零二条 【对专业运输单位的管理】对六个月内发生二次以上特大交通事故负有主要责任或者全部责任的专业运输单位,由公安机关交通管理部门责令消除安全隐患,未消除安全隐患的机动车,禁止上道路行驶。

第一百零三条 【机动车的生产和销售管理】国家机动车产品主管部门未按照机动车国家安全技术标准严格审查,许可不合格机动车型投入生产的,对负有责任的主管人员和其他直接责任人员给予降级或者撤职的行政处分。

机动车生产企业经国家机动车产品主管部门许可生产的机动车型,不执行机动车国家安全技术标准或者不严格进行机动车成品质量检验,致使质量不合格的机动车出厂销售的,由质量技术监督部门依照《中华人民共和国产品质量法》的有关规定给予处罚。

擅自生产、销售未经国家机动车产品主管部门许可生产的机动车型的,没收非法生产、销售的机动车成品及配件,可以并处非法产品价值三倍以上五倍以下罚款;有营业执照的,由工商行政管理部门吊销营业执照,没有营业执照的,予以查封。

生产、销售拼装的机动车或者生产、销售擅自改装的机动车的,依照本条第三款的规定处罚。

有本条第二款、第三款、第四款所列违法行为,生产或者销售不符合机动车国家安全技术标准的机动车,构成犯罪的,依法追究刑事责任。

第一百零四条 【擅自挖掘、占用道路的处理】未经批准,擅自挖掘道路、占用道路施工或者从事其他影响道路交通安全活动的,由道路主管部门责令停止违法行为,并恢复原状,可以依法给予罚款;致使通行的人员、车辆及其他财产遭受损失的,依法承担赔偿责任。

有前款行为,影响道路交通安全活动的,公安机关交通管理部门可以责令停止违法行为,迅速恢复交通。

第一百零五条 【道路施工、管理单位未履行职责的责任】道路施工作业或者道路出现损毁,未及时设置警示标志、未采取防护措施,或者应当设置交通信号灯、交通标志、交通标线而没有设置或者应当及时变更交通信号灯、交通标志、交通标线而没有及时变更,致使通行的人员、车辆及其他财产遭受损失的,负有相关职责的单位应当依法承担赔偿责任。

第一百零六条 【对妨碍交通标志行为的管理】在道路两侧及隔离带上种植树木、其他植物或者设置广告牌、管线等，遮挡路灯、交通信号灯、交通标志，妨碍安全视距的，由公安机关交通管理部门责令行为人排除妨碍；拒不执行的，处二百元以上二千元以下罚款，并强制排除妨碍，所需费用由行为人负担。

第一百零七条 【当场处罚】对道路交通违法行为人予以警告、二百元以下罚款，交通警察可以当场作出行政处罚决定，并出具行政处罚决定书。

行政处罚决定书应当载明当事人的违法事实、行政处罚的依据、处罚内容、时间、地点以及处罚机关名称，并由执法人员签名或者盖章。

第一百零八条 【罚款的缴纳】当事人应当自收到罚款的行政处罚决定书之日起十五日内，到指定的银行缴纳罚款。

对行人、乘车人和非机动车驾驶人的罚款，当事人无异议的，可以当场予以收缴罚款。

罚款应当开具省、自治区、直辖市财政部门统一制发的罚款收据；不出具财政部门统一制发的罚款收据的，当事人有权拒绝缴纳罚款。

第一百零九条 【逾期不缴纳罚款的处理】当事人逾期不履行行政处罚决定的，作出行政处罚决定的行政机关可以采取下列措施：

（一）到期不缴纳罚款的，每日按罚款数额的百分之三加处罚款；

（二）申请人民法院强制执行。

第一百一十条 【扣留机动车驾驶证的规则】执行职务的交通警察认为应当对道路交通违法行为人给予暂扣或者吊销机动车驾驶证处罚的，可以先予扣留机动车驾驶证，并在二十四小时内将案件移交公安机关交通管理部门处理。

道路交通违法行为人应当在十五日内到公安机关交通管理部门接受处理。无正当理由逾期未接受处理的，吊销机动车驾驶证。

公安机关交通管理部门暂扣或者吊销机动车驾驶证的，应当出具行政处罚决定书。

第一百一十一条 【有权作出拘留裁决的机关】对违反本法规定予以拘留的行政处罚，由县、市公安局、公安分局或者相当于县一级的公安机关裁决。

第一百一十二条 【扣留车辆的规则】公安机关交通管理部门扣留机动车、非机动车，应当当场出具凭证，并告知当事人在规定期限内到公安机关交通管理部门接受处理。

公安机关交通管理部门对被扣留的车辆应当妥善保管，不得使用。

逾期不来接受处理，并且经公告三个月仍不来接受处理的，对扣留的车辆依法处理。

第一百一十三条 【暂扣、吊销的期限】暂扣机动车驾驶证的期限从处罚决定生效之日起计算；处罚决定生效前先予扣留机动车驾驶证的，扣留一日折抵暂扣期限一日。

吊销机动车驾驶证后重新申请领取机动车驾驶证的期限，按照机动车驾驶证管理规定办理。

第一百一十四条 【根据技术监控记录进行的处罚】公安机关交通管理部门根据交通技术监控记录资料，可以对违法的机动车所有人或者管理人依法予以处罚。对能够确定驾驶人的，可以依照本法的规定依法予以处罚。

第一百一十五条 【对交警及交管部门违法行为的处理】交通警察有下列行为之一的，依法给予行政处分：

（一）为不符合法定条件的机动车发放机动车登记证书、号牌、行驶证、检验合格标志的；

（二）批准不符合法定条件的机动车安装、使用警车、消防车、救护车、工程救险车的警报器、标志灯具，喷涂标志图案的；

（三）为不符合驾驶许可条件、未经考试或者考试不合格人员发放机动车驾驶证的；

（四）不执行罚款决定与罚款收缴分离制度或不按规定将依法收取的费用、收缴的罚款及没收的违法所得全部上缴国库的；

（五）举办或者参与举办驾驶学校或者驾驶培训班、机动车修理厂或者收费停车场等经营活动的；

（六）利用职务上的便利收受他人财物或者谋取其他利益的；

（七）违法扣留车辆、机动车行驶证、驾驶证、车辆号牌的；

（八）使用依法扣留的车辆的；

（九）当场收取罚款不开具罚款收据或者不如实填写罚款额的；

（十）徇私舞弊，不公正处理交通事故的；

（十一）故意刁难，拖延办理机动车牌证的；

（十二）非执行紧急任务时使用警报器、标志灯具的；

（十三）违反规定拦截、检查正常行驶的车辆的；

（十四）非执行紧急公务时拦截搭乘机动车的；

（十五）不履行法定职责的。

公安机关交通管理部门有前款所列行为之一的，对直接负责的主管人员和其他直接责任人员给予相应的行政处分。

第一百一十六条 【对违规交警的处分】依照本法第一百一十五条的规定，给予交通警察行政处分的，在作出行政处分决定前，可以停止其执行职务；必要时，可以予以禁闭。

依照本法第一百一十五条的规定，交通警察受到降级或者撤职行政处分的，可以予以辞退。

交通警察受到开除处分或者被辞退的，应当取消警衔；受到撤职以下行政处分的交通警察，应当降低警衔。

第一百一十七条 【对构成犯罪的交警追究刑事责任】交通警察利用职权非法占有公共财物，索取、收受贿赂，或者滥用职权、玩忽职守，构成犯罪的，依法追究刑事责任。

第一百一十八条 【公安交管部门、交警违法赔偿责任】公安机关交通管理部门及其交通警察有本法第一百一十五条所列行为之一，给当事人造成损失的，应当依法承担赔偿责任。

第八章 附 则

第一百一十九条 【本法用语含义】本法中下列用语的含义：

（一）"道路"，是指公路、城市道路和虽在单位管辖范围但允许社会机动车通行的地方，包括广场、公共停车场等用于公众通行的场所。

（二）"车辆"，是指机动车和非机动车。

（三）"机动车"，是指以动力装置驱动或者牵引，上道路行驶的供人员乘用或者用于运送物品以及进行工程专项作业的轮式车辆。

（四）"非机动车"，是指以人力或者畜力驱动，上道路行驶的交通工具，以及虽有动力装置驱动但设计最高时速、空车质量、外形尺寸符合有关国家标准的残疾人机动轮椅车、电动自行车等交通工具。

（五）"交通事故"，是指车辆在道路上因过错或者意外造成的人身伤亡或者财产损失的事件。

第一百二十条 【军警机动车管理】中国人民解放军和中国人民武装警察部队在编机动车牌证、在编机动车检验以及机动车驾驶人考核工作，由中国人民解放军、中国人民武装警察部队有关部门负责。

第一百二十一条 【拖拉机管理】对上道路行驶的拖拉机，由农业（农业机械）主管部门行使本法第八条、第九条、第十三条、第十九条、第二十三条规定的公安机关交通管理部门的管理职权。

农业（农业机械）主管部门依照前款规定行使职权，应当遵守本法有关规定，并接受公安机关交通管理部门的监督；对违反规定的，依照本法有关规定追究法律责任。

本法施行前由农业（农业机械）主管部门发放的机动车牌证，在本法施行后继续有效。

第一百二十二条 【境外车辆入境管理】国家对入境的境外机动车的道路交通安全实施统一管理。

第一百二十三条 【授权制定执行具体标准】省、自治区、直辖市人民代表大会常务委员会可以根据本地区的实际情况，在本法规定的罚款幅度内，规定具体的执行标准。

第一百二十四条 【生效日期】本法自2004年5月1日起施行。

中华人民共和国道路交通安全法实施条例

- 2004年4月30日中华人民共和国国务院令第405号公布
- 根据2017年10月7日《国务院关于修改部分行政法规的决定》修订

第一章 总 则

第一条 根据《中华人民共和国道路交通安全法》（以下简称道路交通安全法）的规定，制定本条例。

第二条 中华人民共和国境内的车辆驾驶人、行人、乘车人以及与道路交通活动有关的单位和个人，应当遵守道路交通安全法和本条例。

第三条 县级以上地方各级人民政府应当建

立、健全道路交通安全工作协调机制,组织有关部门对城市建设项目进行交通影响评价,制定道路交通安全管理规划,确定管理目标,制定实施方案。

第二章 车辆和驾驶人

第一节 机 动 车

第四条 机动车的登记,分为注册登记、变更登记、转移登记、抵押登记和注销登记。

第五条 初次申领机动车号牌、行驶证的,应当向机动车所有人住所地的公安机关交通管理部门申请注册登记。

申请机动车注册登记,应当交验机动车,并提交以下证明、凭证:

(一)机动车所有人的身份证明;

(二)购车发票等机动车来历证明;

(三)机动车整车出厂合格证明或者进口机动车进口凭证;

(四)车辆购置税完税证明或者免税凭证;

(五)机动车第三者责任强制保险凭证;

(六)法律、行政法规规定应当在机动车注册登记时提交的其他证明、凭证。

不属于国务院机动车产品主管部门规定免予安全技术检验的车型的,还应当提供机动车安全技术检验合格证明。

第六条 已注册登记的机动车有下列情形之一的,机动车所有人应当向登记该机动车的公安机关交通管理部门申请变更登记:

(一)改变机动车车身颜色的;

(二)更换发动机的;

(三)更换车身或者车架的;

(四)因质量有问题,制造厂更换整车的;

(五)营运机动车改为非营运机动车或者非营运机动车改为营运机动车的;

(六)机动车所有人的住所迁出或者迁入公安机关交通管理部门管辖区域的。

申请机动车变更登记,应当提交下列证明、凭证,属于前款第(一)项、第(二)项、第(三)项、第(四)项、第(五)项情形之一的,还应当交验机动车;属于前款第(二)项、第(三)项情形之一的,还应当同时提交机动车安全技术检验合格证明;

(一)机动车所有人的身份证明;

(二)机动车登记证书;

(三)机动车行驶证。

机动车所有人的住所在公安机关交通管理部门管辖区域内迁移、机动车所有人的姓名(单位名称)或者联系方式变更的,应当向登记该机动车的公安机关交通管理部门备案。

第七条 已注册登记的机动车所有权发生转移的,应当及时办理转移登记。

申请机动车转移登记,当事人应当向登记该机动车的公安机关交通管理部门交验机动车,并提交以下证明、凭证:

(一)当事人的身份证明;

(二)机动车所有权转移的证明、凭证;

(三)机动车登记证书;

(四)机动车行驶证。

第八条 机动车所有人将机动车作为抵押物抵押的,机动车所有人应当向登记该机动车的公安机关交通管理部门申请抵押登记。

第九条 已注册登记的机动车达到国家规定的强制报废标准的,公安机关交通管理部门应当在报废期满的2个月前通知机动车所有人办理注销登记。机动车所有人应当在报废期满前将机动车交售给机动车回收企业,由机动车回收企业将报废的机动车登记证书、号牌、行驶证交公安机关交通管理部门注销。机动车所有人逾期不办理注销登记的,公安机关交通管理部门应当公告该机动车登记证书、号牌、行驶证作废。

因机动车灭失申请注销登记的,机动车所有人应当向公安机关交通管理部门提交本人身份证明,交回机动车登记证书。

第十条 办理机动车登记的申请人提交的证明、凭证齐全、有效的,公安机关交通管理部门应当场办理登记手续。

人民法院、人民检察院以及行政执法部门依法查封、扣押的机动车,公安机关交通管理部门不予办理机动车登记。

第十一条 机动车登记证书、号牌、行驶证丢失或者损毁,机动车所有人申请补发的,应当向公安机关交通管理部门提交本人身份证明和申请材料。公安机关交通管理部门经与机动车登记档案核实后,在收到申请之日起15日内补发。

第十二条 税务部门、保险机构可以在公安机关交通管理部门的办公场所集中办理与机动车有关的税费缴纳、保险合同订立等事项。

第十三条 机动车号牌应当悬挂在车前、车后指定位置，保持清晰、完整。重型、中型载货汽车及其挂车、拖拉机及其挂车的车身或者车厢后部应当喷涂放大的牌号，字样应当端正并保持清晰。

机动车检验合格标志、保险标志应当粘贴在机动车前窗右上角。

机动车喷涂、粘贴标识或者车身广告的，不得影响安全驾驶。

第十四条 用于公路营运的载客汽车、重型载货汽车、半挂牵引车应当安装、使用符合国家标准的行驶记录仪。交通警察可以对机动车行驶速度、连续驾驶时间以及其他行驶状态信息进行检查。安装行驶记录仪可以分步实施，实施步骤由国务院机动车产品主管部门会同有关部门规定。

第十五条 机动车安全技术检验由机动车安全技术检验机构实施。机动车安全技术检验机构应当按照国家机动车安全技术检验标准对机动车进行检验，对检验结果承担法律责任。

质量技术监督部门负责对机动车安全技术检验机构实行计量认证管理，对机动车安全技术检验设备进行检定，对执行国家机动车安全技术检验标准的情况进行监督。

机动车安全技术检验项目由国务院公安部门会同国务院质量技术监督部门规定。

第十六条 机动车应当从注册登记之日起，按照下列期限进行安全技术检验：

（一）营运载客汽车5年以内每年检验1次；超过5年的，每6个月检验1次；

（二）载货汽车和大型、中型非营运载客汽车10年以内每年检验1次；超过10年的，每6个月检验1次；

（三）小型、微型非营运载客汽车6年以内每2年检验1次；超过6年的，每年检验1次；超过15年的，每6个月检验1次；

（四）摩托车4年以内每2年检验1次；超过4年的，每年检验1次；

（五）拖拉机和其他机动车每年检验1次。

营运机动车在规定检验期限内经安全技术检验合格的，不再重复进行安全技术检验。

第十七条 已注册登记的机动车进行安全技术检验时，机动车行驶证记载的登记内容与该机动车的有关情况不符，或者未按照规定提供机动车第三者责任强制保险凭证的，不予通过检验。

第十八条 警车、消防车、救护车、工程救险车标志图案的喷涂以及警报器、标志灯具的安装、使用规定，由国务院公安部门制定。

第二节 机动车驾驶人

第十九条 符合国务院公安部门规定的驾驶许可条件的人，可以向公安机关交通管理部门申请机动车驾驶证。

机动车驾驶证由国务院公安部门规定式样并监制。

第二十条 学习机动车驾驶，应当先学习道路交通安全法律、法规和相关知识，考试合格后，再学习机动车驾驶技能。

在道路上学习驾驶，应当按照公安机关交通管理部门指定的路线、时间进行。在道路上学习机动车驾驶技能应当使用教练车，在教练员随车指导下进行，与教学无关的人员不得乘坐教练车。学员在学习驾驶中有道路交通安全违法行为或者造成交通事故的，由教练员承担责任。

第二十一条 公安机关交通管理部门应当对申请机动车驾驶证的人进行考试，对考试合格的，在5日内核发机动车驾驶证；对考试不合格的，书面说明理由。

第二十二条 机动车驾驶证的有效期为6年，本条例另有规定的除外。

机动车驾驶人初次申领机动车驾驶证后的12个月为实习期。在实习期内驾驶机动车的，应当在车身后部粘贴或者悬挂统一式样的实习标志。

机动车驾驶人在实习期内不得驾驶公共汽车、营运客车或者执行任务的警车、消防车、救护车、工程救险车以及载有爆炸物品、易燃易爆化学物品、剧毒或者放射性等危险物品的机动车；驾驶的机动车不得牵引挂车。

第二十三条 公安机关交通管理部门对机动车驾驶人的道路交通安全违法行为除给予行政处罚外，实行道路交通安全违法行为累积记分（以下简称记分）制度，记分周期为12个月。对在一个记分周期内记分达到12分的，由公安机关交通管理部门扣留其机动车驾驶证，该机动车驾驶人应当按照规定参加道路交通安全法律、法规的学习并接受考试。考试合格的，记分予以清除，发还机动车驾驶证；考试不合格的，继续参加学习和考试。

应当给予记分的道路交通安全违法行为及其分值，由国务院公安部门根据道路交通安全违法行为的危害程度规定。

公安机关交通管理部门应当提供记分查询方式供机动车驾驶人查询。

第二十四条 机动车驾驶人在一个记分周期内记分未达到12分，所处罚款已经缴纳的，记分予以清除；记分虽未达到12分，但尚有罚款未缴纳的，记分转入下一记分周期。

机动车驾驶人在一个记分周期内记分2次以上达到12分的，除按照第二十三条的规定扣留机动车驾驶证、参加学习、接受考试外，还应当接受驾驶技能考试。考试合格的，记分予以清除，发还机动车驾驶证；考试不合格的，继续参加学习和考试。

接受驾驶技能考试的，按照本人机动车驾驶证载明的最高准驾车型考试。

第二十五条 机动车驾驶人记分达到12分，拒不参加公安机关交通管理部门通知的学习，也不接受考试的，由公安机关交通管理部门公告其机动车驾驶证停止使用。

第二十六条 机动车驾驶人在机动车驾驶证的6年有效期内，每个记分周期均未达到12分的，换发10年有效期的机动车驾驶证；在机动车驾驶证的10年有效期内，每个记分周期均未达到12分的，换发长期有效的机动车驾驶证。

换发机动车驾驶证时，公安机关交通管理部门应当对机动车驾驶证进行审验。

第二十七条 机动车驾驶证丢失、损毁，机动车驾驶人申请补发的，应当向公安机关交通管理部门提交本人身份证明和申请材料。公安机关交通管理部门经与机动车驾驶证档案核实后，在收到申请之日起3日内补发。

第二十八条 机动车驾驶人在机动车驾驶证丢失、损毁、超过有效期或者被依法扣留、暂扣期间以及记分达到12分的，不得驾驶机动车。

第三章 道路通行条件

第二十九条 交通信号灯分为：机动车信号灯、非机动车信号灯、人行横道信号灯、车道信号灯、方向指示信号灯、闪光警告信号灯、道路与铁路平面交叉道口信号灯。

第三十条 交通标志分为：指示标志、警告标志、禁令标志、指路标志、旅游区标志、道路施工安全标志和辅助标志。

道路交通标线分为：指示标线、警告标线、禁止标线。

第三十一条 交通警察的指挥分为：手势信号和使用器具的交通指挥信号。

第三十二条 道路交叉路口和行人横过道路较为集中的路段应当设置人行横道、过街天桥或者过街地下通道。

在盲人通行较为集中的路段，人行横道信号灯应当设置声响提示装置。

第三十三条 城市人民政府有关部门可以在不影响行人、车辆通行的情况下，在城市道路上施划停车泊位，并规定停车泊位的使用时间。

第三十四条 开辟或者调整公共汽车、长途汽车的行驶路线或者车站，应当符合交通规划和安全、畅通的要求。

第三十五条 道路养护施工单位在道路上进行养护、维修时，应当按照规定设置规范的安全警示标志和安全防护设施。道路养护施工作业车辆、机械应当安装示警灯，喷涂明显的标志图案，作业时应当开启示警灯和危险报警闪光灯。对未中断交通的施工作业道路，公安机关交通管理部门应当加强交通安全监督检查。发生交通阻塞时，及时做好分流、疏导，维护交通秩序。

道路施工需要车辆绕行的，施工单位应当在绕行处设置标志；不能绕行的，应当修建临时通道，保证车辆和行人通行。需要封闭道路中断交通的，除紧急情况外，应当提前5日向社会公告。

第三十六条 道路或者交通设施养护部门、管理部门应当在急弯、陡坡、临崖、临水等危险路段，按照国家标准设置警告标志和安全防护设施。

第三十七条 道路交通标志、标线不规范，机动车驾驶人容易发生辨认错误的，交通标志、标线的主管部门应当及时予以改善。

道路照明设施应当符合道路建设技术规范，保持照明功能完好。

第四章 道路通行规定

第一节 一般规定

第三十八条 机动车信号灯和非机动车信号

灯表示：

（一）绿灯亮时，准许车辆通行，但转弯的车辆不得妨碍被放行的直行车辆、行人通行；

（二）黄灯亮时，已越过停止线的车辆可以继续通行；

（三）红灯亮时，禁止车辆通行。

在未设置非机动车信号灯和人行横道信号灯的路口，非机动车和行人应当按照机动车信号灯的表示通行。

红灯亮时，右转弯的车辆在不妨碍被放行的车辆、行人通行的情况下，可以通行。

第三十九条　人行横道信号灯表示：

（一）绿灯亮时，准许行人通过人行横道；

（二）红灯亮时，禁止行人进入人行横道，但是已经进入人行横道的，可以继续通过或者在道路中心线处停留等候。

第四十条　车道信号灯表示：

（一）绿色箭头灯亮时，准许本车道车辆按指示方向通行；

（二）红色叉形灯或者箭头灯亮时，禁止本车道车辆通行。

第四十一条　方向指示信号灯的箭头方向向左、向上、向右分别表示左转、直行、右转。

第四十二条　闪光警告信号灯为持续闪烁的黄灯，提示车辆、行人通行时注意瞭望，确认安全后通过。

第四十三条　道路与铁路平面交叉道口有两个红灯交替闪烁或者一个红灯亮时，表示禁止车辆、行人通行；红灯熄灭时，表示允许车辆、行人通行。

第二节　机动车通行规定

第四十四条　在道路同方向划有2条以上机动车道的，左侧为快速车道，右侧为慢速车道。在快速车道行驶的机动车应当按照快速车道规定的速度行驶，未达到快速车道规定的行驶速度的，应当在慢速车道行驶。摩托车应当在最右侧车道行驶。有交通标志标明行驶速度的，按照标明的行驶速度行驶。慢速车道内的机动车超越前车时，可以借用快速车道行驶。

在道路同方向划有2条以上机动车道的，变更车道的机动车不得影响相关车道内行驶的机动车的正常行驶。

第四十五条　机动车在道路上行驶不得超过限速标志、标线标明的速度。在没有限速标志、标线的道路上，机动车不得超过下列最高行驶速度：

（一）没有道路中心线的道路，城市道路为每小时30公里，公路为每小时40公里；

（二）同方向只有1条机动车道的道路，城市道路为每小时50公里，公路为每小时70公里。

第四十六条　机动车行驶中遇有下列情形之一的，最高行驶速度不得超过每小时30公里，其中拖拉机、电瓶车、轮式专用机械车不得超过每小时15公里：

（一）进出非机动车道，通过铁路道口、急弯路、窄路、窄桥时；

（二）掉头、转弯、下陡坡时；

（三）遇雾、雨、雪、沙尘、冰雹，能见度在50米以内时；

（四）在冰雪、泥泞的道路上行驶时；

（五）牵引发生故障的机动车时。

第四十七条　机动车超车时，应当提前开启左转向灯、变换使用远、近光灯或者鸣喇叭。在没有道路中心线或者同方向只有1条机动车道的道路上，前车遇后车发出超车信号时，在条件许可的情况下，应当降低速度、靠右让路。后车应当在确认有充足的安全距离后，从前车的左侧超越，在与被超车辆拉开必要的安全距离后，开启右转向灯，驶回原车道。

第四十八条　在没有中心隔离设施或者没有中心线的道路上，机动车遇相对方向来车时应当遵守下列规定：

（一）减速靠右行驶，并与其他车辆、行人保持必要的安全距离；

（二）在有障碍的路段，无障碍的一方先行；但有障碍的一方已驶入障碍路段而无障碍的一方未驶入时，有障碍的一方先行；

（三）在狭窄的坡路，上坡的一方先行；但下坡的一方已行至中途而上坡的一方未上坡时，下坡的一方先行；

（四）在狭窄的山路，不靠山体的一方先行；

（五）夜间会车应当在距相对方向来车150米以外改用近光灯，在窄路、窄桥与非机动车会车时应当使用近光灯。

第四十九条　机动车在有禁止掉头或者禁止左转弯标志、标线的地点以及在铁路道口、人行横道、桥梁、急弯、陡坡、隧道或者容易发生危险的路段，不得掉头。

机动车在没有禁止掉头或者没有禁止左转弯标志、标线的地点可以掉头，但不得妨碍正常行驶的其他车辆和行人的通行。

第五十条　机动车倒车时，应当察明车后情况，确认安全后倒车。不得在铁路道口、交叉路口、单行路、桥梁、急弯、陡坡或者隧道中倒车。

第五十一条　机动车通过有交通信号灯控制的交叉路口，应当按照下列规定通行：

（一）在划有导向车道的路口，按所需行进方向驶入导向车道；

（二）准备进入环形路口的让已在路口内的机动车先行；

（三）向左转弯时，靠路口中心点左侧转弯。转弯时开启转向灯，夜间行驶开启近光灯；

（四）遇放行信号时，依次通过；

（五）遇停止信号时，依次停在停止线以外。没有停止线的，停在路口以外；

（六）向右转弯遇有同车道前车正在等候放行信号时，依次停车等候；

（七）在没有方向指示信号灯的交叉路口，转弯的机动车让直行的车辆、行人先行。相对方向行驶的右转弯机动车让左转弯车辆先行。

第五十二条　机动车通过没有交通信号灯控制也没有交通警察指挥的交叉路口，除应当遵守第五十一条第（二）项、第（三）项的规定外，还应当遵守下列规定：

（一）有交通标志、标线控制的，让优先通行的一方先行；

（二）没有交通标志、标线控制的，在进入路口前停车瞭望，让右方道路的来车先行；

（三）转弯的机动车让直行的车辆先行；

（四）相对方向行驶的右转弯机动车让左转弯的车辆先行。

第五十三条　机动车遇有前方交叉路口交通阻塞时，应当依次停在路口以外等候，不得进入路口。

机动车在遇有前方机动车停车排队等候或者缓慢行驶时，应当依次排队，不得从前方车辆两侧穿插或超越行驶，不得在人行横道、网状线区域内停车等候。

机动车在车道减少的路口、路段，遇有前方机动车停车排队等候或者缓慢行驶的，应当每车道一辆依次交替驶入车道减少后的路口、路段。

第五十四条　机动车载物不得超过机动车行驶证上核定的载质量，装载长度、宽度不得超出车厢，并应当遵守下列规定：

（一）重型、中型载货汽车，半挂车载物，高度从地面起不得超过 4 米，载运集装箱的车辆不得超过 4.2 米；

（二）其他载货的机动车载物，高度从地面起不得超过 2.5 米；

（三）摩托车载物，高度从地面起不得超过 1.5 米，长度不得超出车身 0.2 米。两轮摩托车载物宽度左右各不得超出车把 0.15 米；三轮摩托车载物宽度不得超过车身。

载客汽车除车身外部的行李架和内置的行李箱外，不得载货。载客汽车行李架载货，从车顶起高度不得超过 0.5 米，从地面起高度不得超过 4 米。

第五十五条　机动车载人应当遵守下列规定：

（一）公路载客汽车不得超过核定的载客人数，但按照规定免票的儿童除外，在载客人数已满的情况下，按照规定免票的儿童不得超过核定载客人数的 10%；

（二）载货汽车车厢不得载客。在城市道路上，货运机动车在留有安全位置的情况下，车厢内可以附载临时作业人员 1 人至 5 人；载物高度超过车厢栏板时，货物上不得载人；

（三）摩托车后座不得乘坐未满 12 周岁的未成年人，轻便摩托车不得载人。

第五十六条　机动车牵引挂车应当符合下列规定：

（一）载货汽车、半挂牵引车、拖拉机只允许牵引 1 辆挂车。挂车的灯光信号、制动、连接、安全防护等装置应当符合国家标准；

（二）小型载客汽车只允许牵引旅居挂车或者总质量 700 千克以下的挂车。挂车不得载人；

（三）载货汽车所牵引挂车的载质量不得超过载货汽车本身的载质量。

大型、中型载客汽车，低速载货汽车，三轮汽车以及其他机动车不得牵引挂车。

第五十七条　机动车应当按照下列规定使用转向灯：

（一）向左转弯、向左变更车道、准备超车、驶离停车地点或者掉头时，应当提前开启左转向灯；

（二）向右转弯、向右变更车道、超车完毕驶回原车道、靠路边停车时，应当提前开启右转向灯。

第五十八条　机动车在夜间没有路灯、照明不良或者遇有雾、雨、雪、沙尘、冰雹等低能见度情况下行驶时，应当开启前照灯、示廓灯和后位灯，但同方向行驶的后车与前车近距离行驶时，不得使用远光灯。机动车雾天行驶应当开启雾灯和危险报警闪光灯。

第五十九条　机动车在夜间通过急弯、坡路、拱桥、人行横道或者没有交通信号灯控制的路口时，应当交替使用远近光灯示意。

机动车驶近急弯、坡道顶端等影响安全视距的路段以及超车或者遇有紧急情况时，应当减速慢行，并鸣喇叭示意。

第六十条　机动车在道路上发生故障或者发生交通事故，妨碍交通又难以移动的，应当按照规定开启危险报警闪光灯并在车后50米至100米处设置警告标志，夜间还应当同时开启示廓灯和后位灯。

第六十一条　牵引故障机动车应当遵守下列规定：

（一）被牵引的机动车除驾驶人外不得载人，不得拖带挂车；

（二）被牵引的机动车宽度不得大于牵引机动车的宽度；

（三）使用软连接牵引装置时，牵引车与被牵引车之间的距离应当大于4米小于10米；

（四）对制动失效的被牵引车，应当使用硬连接牵引装置牵引；

（五）牵引车和被牵引车均应当开启危险报警闪光灯。

汽车吊车和轮式专用机械车不得牵引车辆。摩托车不得牵引车辆或者被其他车辆牵引。

转向或者照明、信号装置失效的故障机动车，应当使用专用清障车拖曳。

第六十二条　驾驶机动车不得有下列行为：

（一）在车门、车厢没有关好时行车；

（二）在机动车驾驶室的前后窗范围内悬挂、放置妨碍驾驶人视线的物品；

（三）拨打接听手持电话、观看电视等妨碍安全驾驶的行为；

（四）下陡坡时熄火或者空挡滑行；

（五）向道路上抛撒物品；

（六）驾驶摩托车手离车把或者在车把上悬挂物品；

（七）连续驾驶机动车超过4小时未停车休息或者停车休息时间少于20分钟；

（八）在禁止鸣喇叭的区域或者路段鸣喇叭。

第六十三条　机动车在道路上临时停车，应当遵守下列规定：

（一）在设有禁停标志、标线的路段，在机动车道与非机动车道、人行道之间设有隔离设施的路段以及人行横道、施工地段，不得停车；

（二）交叉路口、铁路道口、急弯路、宽度不足4米的窄路、桥梁、陡坡、隧道以及距离上述地点50米以内的路段，不得停车；

（三）公共汽车站、急救站、加油站、消防栓或者消防队（站）门前以及距离上述地点30米以内的路段，除使用上述设施的以外，不得停车；

（四）车辆停稳前不得开车门和上下人员，开关车门不得妨碍其他车辆和行人通行；

（五）路边停车应当紧靠道路右侧，机动车驾驶人不得离车，上下人员或者装卸物品后，立即驶离；

（六）城市公共汽车不得在站点以外的路段停车上下乘客。

第六十四条　机动车行经漫水路或者漫水桥时，应当停车察明水情，确认安全后，低速通过。

第六十五条　机动车载运超限物品行经铁路道口的，应当按照当地铁路部门指定的铁路道口、时间通过。

机动车行经渡口，应当服从渡口管理人员指挥，按照指定地点依次待渡。机动车上下渡船时，应当低速慢行。

第六十六条　警车、消防车、救护车、工程救险车在执行紧急任务遇交通受阻时，可以断续使用警报器，并遵守下列规定：

（一）不得在禁止使用警报器的区域或者路段使用警报器；

（二）夜间在市区不得使用警报器；

（三）列队行驶时，前车已经使用警报器的，后车不再使用警报器。

第六十七条　在单位院内、居民居住区内，机动车应当低速行驶，避让行人；有限速标志的，按照限速标志行驶。

第三节 非机动车通行规定

第六十八条 非机动车通过有交通信号灯控制的交叉路口，应当按照下列规定通行：

（一）转弯的非机动车让直行的车辆、行人优先通行；

（二）遇有前方路口交通阻塞时，不得进入路口；

（三）向左转弯时，靠路口中心点的右侧转弯；

（四）遇有停止信号时，应当依次停在路口停止线以外。没有停止线的，停在路口以外；

（五）向右转弯遇有同方向前车正在等候放行信号时，在本车道内能够转弯的，可以通行；不能转弯的，依次等候。

第六十九条 非机动车通过没有交通信号灯控制也没有交通警察指挥的交叉路口，除应当遵守第六十八条第（一）项、第（二）项和第（三）项的规定外，还应当遵守下列规定：

（一）有交通标志、标线控制的，让优先通行的一方先行；

（二）没有交通标志、标线控制的，在路口外慢行或者停车瞭望，让右方道路的来车先行；

（三）相对方向行驶的右转弯的非机动车让左转弯的车辆先行。

第七十条 驾驶自行车、电动自行车、三轮车在路段上横过机动车道，应当下车推行，有人行横道或者行人过街设施的，应当从人行横道或者行人过街设施通过；没有人行横道、没有行人过街设施或者不便使用行人过街设施的，在确认安全后直行通过。

因非机动车道被占用无法在本车道内行驶的非机动车，可以在受阻的路段借用相邻的机动车道行驶，并在驶过被占用路段后迅速驶回非机动车道。机动车遇此情况应当减速让行。

第七十一条 非机动车载物，应当遵守下列规定：

（一）自行车、电动自行车、残疾人机动轮椅车载物，高度从地面起不得超过 1.5 米，宽度左右各不得超出车把 0.15 米，长度前端不得超出车轮，后端不得超出车身 0.3 米；

（二）三轮车、人力车载物，高度从地面起不得超过 2 米，宽度左右各不得超出车身 0.2 米，长度不得超出车身 1 米；

（三）畜力车载物，高度从地面起不得超过 2.5 米，宽度左右各不得超出车身 0.2 米，长度前端不得超出车辕，后端不得超出车身 1 米。

自行车载人的规定，由省、自治区、直辖市人民政府根据当地实际情况制定。

第七十二条 在道路上驾驶自行车、三轮车、电动自行车、残疾人机动轮椅车应当遵守下列规定：

（一）驾驶自行车、三轮车必须年满 12 周岁；

（二）驾驶电动自行车和残疾人机动轮椅车必须年满 16 周岁；

（三）不得醉酒驾驶；

（四）转弯前应当减速慢行，伸手示意，不得突然猛拐，超越前车时不得妨碍被超越的车辆行驶；

（五）不得牵引、攀扶车辆或者被其他车辆牵引，不得双手离把或者手中持物；

（六）不得扶身并行、互相追逐或者曲折竞驶；

（七）不得在道路上骑独轮自行车或者 2 人以上骑行的自行车；

（八）非下肢残疾的人不得驾驶残疾人机动轮椅车；

（九）自行车、三轮车不得加装动力装置；

（十）不得在道路上学习驾驶非机动车。

第七十三条 在道路上驾驭畜力车应当年满 16 周岁，并遵守下列规定：

（一）不得醉酒驾驭；

（二）不得并行，驾驭人不得离开车辆；

（三）行经繁华路段、交叉路口、铁路道口、人行横道、急弯路、宽度不足 4 米的窄路或者窄桥、陡坡、隧道或者容易发生危险的路段，不得超车。驾驭两轮畜力车应当下车牵引牲畜；

（四）不得使用未经驯服的牲畜驾车，随车幼畜须拴系；

（五）停放车辆应当拉紧车闸，拴系牲畜。

第四节 行人和乘车人通行规定

第七十四条 行人不得有下列行为：

（一）在道路上使用滑板、旱冰鞋等滑行工具；

（二）在车行道内坐卧、停留、嬉闹；

（三）追车、抛物击车等妨碍道路交通安全的行为。

第七十五条 行人横过机动车道，应当从行人过街设施通过;没有行人过街设施的,应当从人行横道通过;没有人行横道的,应当观察来往车辆的情况,确认安全后直行通过,不得在车辆临近时突然加速横穿或者中途倒退、折返。

第七十六条 行人列队在道路上通行,每横列不得超过 2 人,但在已经实行交通管制的路段不受限制。

第七十七条 乘坐机动车应当遵守下列规定:

(一)不得在机动车道上拦乘机动车;

(二)在机动车道上不得从机动车左侧上下车;

(三)开关车门不得妨碍其他车辆和行人通行;

(四)机动车行驶中,不得干扰驾驶,不得将身体任何部分伸出车外,不得跳车;

(五)乘坐两轮摩托车应当正向骑坐。

第五节 高速公路的特别规定

第七十八条 高速公路应当标明车道的行驶速度,最高车速不得超过每小时 120 公里,最低车速不得低于每小时 60 公里。

在高速公路上行驶的小型载客汽车最高车速不得超过每小时 120 公里,其他机动车不得超过每小时 100 公里,摩托车不得超过每小时 80 公里。

同方向有 2 条车道的,左侧车道的最低车速为每小时 100 公里;同方向有 3 条以上车道的,最左侧车道的最低车速为每小时 110 公里,中间车道的最低车速为每小时 90 公里。道路限速标志标明的车速与上述车道行驶车速的规定不一致的,按照道路限速标志标明的车速行驶。

第七十九条 机动车从匝道驶入高速公路,应当开启左转向灯,在不妨碍已在高速公路内的机动车正常行驶的情况下驶入车道。

机动车驶离高速公路时,应当开启右转向灯,驶入减速车道,降低车速后驶离。

第八十条 机动车在高速公路上行驶,车速超过每小时 100 公里时,应当与同车道前车保持 100 米以上的距离,车速低于每小时 100 公里时,与同车道前车距离可以适当缩短,但最小距离不得少于 50 米。

第八十一条 机动车在高速公路上行驶,遇有雾、雨、雪、沙尘、冰雹等低能见度气象条件时,应当遵守下列规定:

(一)能见度小于 200 米时,开启雾灯、近光灯、示廓灯和前后位灯,车速不得超过每小时 60 公里,与同车道前车保持 100 米以上的距离;

(二)能见度小于 100 米时,开启雾灯、近光灯、示廓灯、前后位灯和危险报警闪光灯,车速不得超过每小时 40 公里,与同车道前车保持 50 米以上的距离;

(三)能见度小于 50 米时,开启雾灯、近光灯、示廓灯、前后位灯和危险报警闪光灯,车速不得超过每小时 20 公里,并从最近的出口尽快驶离高速公路。

遇有前款规定情形时,高速公路管理部门应当通过显示屏等方式发布速度限制、保持车距等提示信息。

第八十二条 机动车在高速公路上行驶,不得有下列行为:

(一)倒车、逆行、穿越中央分隔带掉头或者在车道内停车;

(二)在匝道、加速车道或者减速车道上超车;

(三)骑、轧车行道分界线或者在路肩上行驶;

(四)非紧急情况时在应急车道行驶或者停车;

(五)试车或者学习驾驶机动车。

第八十三条 在高速公路上行驶的载货汽车车厢不得载人。两轮摩托车在高速公路行驶时不得载人。

第八十四条 机动车通过施工作业路段时,应当注意警示标志,减速行驶。

第八十五条 城市快速路的道路交通安全管理,参照本节的规定执行。

高速公路、城市快速路的道路交通安全管理工作,省、自治区、直辖市人民政府公安机关交通管理部门可以指定设区的市人民政府公安机关交通管理部门或者相当于同级的公安机关交通管理部门承担。

第五章 交通事故处理

第八十六条 机动车与机动车、机动车与非机动车在道路上发生未造成人身伤亡的交通事故,当事人对事实及成因无争议的,在记录交通事故的时间、地点、对方当事人的姓名和联系方式、机动车牌号、驾驶证号、保险凭证号、碰撞部位,并共同签名后，撤离现场，自行协商损害赔偿事宜。当事人对交通事故事实及成因有争议的，应当迅速报警。

第八十七条 非机动车与非机动车或者行人在道路上发生交通事故，未造成人身伤亡，且基本事实及成因清楚的，当事人应当先撤离现场，再自行协商处理损害赔偿事宜。当事人对交通事故事实及成因有争议的，应当迅速报警。

第八十八条 机动车发生交通事故，造成道路、供电、通讯等设施损毁的，驾驶人应当报警等候处理，不得驶离。机动车可以移动的，应当将机动车移至不妨碍交通的地点。公安机关交通管理部门应当将事故有关情况通知有关部门。

第八十九条 公安机关交通管理部门或者交通警察接到交通事故报警，应当及时赶赴现场，对未造成人身伤亡，事实清楚，并且机动车可以移动的，应当在记录事故情况后责令当事人撤离现场，恢复交通。对拒不撤离现场的，予以强制撤离。

对属于前款规定情况的道路交通事故，交通警察可以适用简易程序处理，并当场出具事故认定书。当事人共同请求调解的，交通警察可以当场对损害赔偿争议进行调解。

对道路交通事故造成人员伤亡和财产损失需要勘验、检查现场的，公安机关交通管理部门应当按照勘查现场工作规范进行。现场勘查完毕，应当组织清理现场，恢复交通。

第九十条 投保机动车第三者责任强制保险的机动车发生交通事故，因抢救受伤人员需要保险公司支付抢救费用的，由公安机关交通管理部门通知保险公司。

抢救受伤人员需要道路交通事故救助基金垫付费用的，由公安机关交通管理部门通知道路交通事故社会救助基金管理机构。

第九十一条 公安机关交通管理部门应当根据交通事故当事人的行为对发生交通事故所起的作用以及过错的严重程度，确定当事人的责任。

第九十二条 发生交通事故后当事人逃逸的，逃逸的当事人承担全部责任。但是，有证据证明对方当事人也有过错的，可以减轻责任。

当事人故意破坏、伪造现场、毁灭证据的，承担全部责任。

第九十三条 公安机关交通管理部门对经过勘验、检查现场的交通事故应当在勘查现场之日起10日内制作交通事故认定书。对需要进行检验、鉴定的，应当在检验、鉴定结果确定之日起5日内制作交通事故认定书。

第九十四条 当事人对交通事故损害赔偿有争议，各方当事人一致请求公安机关交通管理部门调解的，应当在收到交通事故认定书之日起10日内提出书面调解申请。

对交通事故致死的，调解从办理丧葬事宜结束之日起开始；对交通事故致伤的，调解从治疗终结或者定残之日起开始；对交通事故造成财产损失的，调解从确定损失之日起开始。

第九十五条 公安机关交通管理部门调解交通事故损害赔偿争议的期限为10日。调解达成协议的，公安机关交通管理部门应当制作调解书送交各方当事人，调解书经各方当事人共同签字后生效；调解未达成协议的，公安机关交通管理部门应当制作调解终结书送交各方当事人。

交通事故损害赔偿项目和标准依照有关法律的规定执行。

第九十六条 对交通事故损害赔偿的争议，当事人向人民法院提起民事诉讼的，公安机关交通管理部门不再受理调解申请。

公安机关交通管理部门调解期间，当事人向人民法院提起民事诉讼的，调解终止。

第九十七条 车辆在道路以外发生交通事故，公安机关交通管理部门接到报案的，参照道路交通安全法和本条例的规定处理。

车辆、行人与火车发生的交通事故以及在渡口发生的交通事故，依照国家有关规定处理。

第六章 执法监督

第九十八条 公安机关交通管理部门应当公开办事制度、办事程序，建立警风警纪监督员制度，自觉接受社会和群众的监督。

第九十九条 公安机关交通管理部门及其交通警察办理机动车登记，发放号牌，对驾驶人考试、发证，处理道路交通安全违法行为，处理道路交通事故，应当严格遵守有关规定，不得越权执法，不得延迟履行职责，不得擅自改变处罚的种类和幅度。

第一百条 公安机关交通管理部门应当公布举报电话，受理群众举报投诉，并及时调查核实，反馈查处结果。

第一百零一条 公安机关交通管理部门应当建立执法质量考核评议、执法责任制和执法过错追究制度，防止和纠正道路交通安全执法中的错误或者不当行为。

第七章 法律责任

第一百零二条 违反本条例规定的行为，依照道路交通安全法和本条例的规定处罚。

第一百零三条 以欺骗、贿赂等不正当手段取得机动车登记或者驾驶许可的，收缴机动车登记证书、号牌、行驶证或者机动车驾驶证，撤销机动车登记或者机动车驾驶许可；申请人在3年内不得申请机动车登记或者机动车驾驶许可。

第一百零四条 机动车驾驶人有下列行为之一，又无其他机动车驾驶人即时替代驾驶的，公安机关交通管理部门除依法给予处罚外，可以将其驾驶的机动车移至不妨碍交通的地点或者有关部门指定的地点停放：

（一）不能出示本人有效驾驶证的；

（二）驾驶的机动车与驾驶证载明的准驾车型不符的；

（三）饮酒、服用国家管制的精神药品或者麻醉药品、患有妨碍安全驾驶的疾病，或者过度疲劳仍继续驾驶的；

（四）学习驾驶人员没有教练人员随车指导单独驾驶的。

第一百零五条 机动车驾驶人有饮酒、醉酒、服用国家管制的精神药品或者麻醉药品嫌疑的，应当接受测试、检验。

第一百零六条 公路客运载客汽车超过核定乘员，载货汽车超过核定载质量的，公安机关交通管理部门依法扣留机动车后，驾驶人应当将超载的乘车人转运、将超载的货物卸载，费用由超载机动车的驾驶人或者所有人承担。

第一百零七条 依照道路交通安全法第九十二条、第九十五条、第九十六条、第九十八条的规定被扣留的机动车，驾驶人或者所有人、管理人30日内没有提供被扣留机动车的合法证明，没有补办相应手续，或者不前来接受处理，经公安机关交通管理部门通知并且经公告3个月仍不前来接受处理的，由公安机关交通管理部门将该机动车送交有资格的拍卖机构拍卖，所得价款上缴国库；非法拼装的机动车予以拆除；达到报废标准的机动车予以报废；机动车涉及其他违法犯罪行为的，移交有关部门处理。

第一百零八条 交通警察按照简易程序当场作出行政处罚的，应当告知当事人道路交通安全违法行为的事实、处罚的理由和依据，并将行政处罚决定书当场交付被处罚人。

第一百零九条 对道路交通安全违法行为人处以罚款或者暂扣驾驶证处罚的，由违法行为发生地的县级以上人民政府公安机关交通管理部门或者相当于同级的公安机关交通管理部门作出决定；对处以吊销机动车驾驶证处罚的，由设区的市人民政府公安机关交通管理部门或者相当于同级的公安机关交通管理部门作出决定。

公安机关交通管理部门对非本辖区机动车的道路交通安全违法行为没有当场处罚的，可以由机动车登记地的公安机关交通管理部门处罚。

第一百一十条 当事人对公安机关交通管理部门及其交通警察的处罚有权进行陈述和申辩，交通警察应当充分听取当事人的陈述和申辩，不得因当事人陈述、申辩而加重其处罚。

第八章 附 则

第一百一十一条 本条例所称上道路行驶的拖拉机，是指手扶拖拉机等最高设计行驶速度不超过每小时20公里的轮式拖拉机和最高设计行驶速度不超过每小时40公里、牵引挂车方可从事道路运输的轮式拖拉机。

第一百一十二条 农业（农业机械）主管部门应当定期向公安机关交通管理部门提供拖拉机登记、安全技术检验以及拖拉机驾驶证发放的资料、数据。公安机关交通管理部门对拖拉机驾驶人作出暂扣、吊销驾驶证处罚或者记分处理的，应当定期将处罚决定书和记分情况通报有关的农业（农业机械）主管部门。吊销驾驶证的，还应当将驾驶证送交有关的农业（农业机械）主管部门。

第一百一十三条 境外机动车入境行驶，应当向入境地的公安机关交通管理部门申请临时通行号牌、行驶证。临时通行号牌、行驶证应当根据行驶需要，载明有效日期和允许行驶的区域。

入境的境外机动车申请临时通行号牌、行驶证以及境外人员申请机动车驾驶许可的条件、考试办法由国务院公安部门规定。

第一百一十四条 机动车驾驶许可考试的收

费标准,由国务院价格主管部门规定。

第一百一十五条 本条例自 2004 年 5 月 1 日起施行。1960 年 2 月 11 日国务院批准、交通部发布的《机动车管理办法》,1988 年 3 月 9 日国务院发布的《中华人民共和国道路交通管理条例》,1991 年 9 月 22 日国务院发布的《道路交通事故处理办法》,同时废止。

中华人民共和国道路运输条例

- 2004 年 4 月 30 日中华人民共和国国务院令第 406 号公布
- 根据 2012 年 11 月 9 日《国务院关于修改和废止部分行政法规的决定》第一次修订
- 根据 2016 年 2 月 6 日《国务院关于修改部分行政法规的决定》第二次修订
- 根据 2019 年 3 月 2 日《国务院关于修改部分行政法规的决定》第三次修订
- 根据 2022 年 3 月 29 日《国务院关于修改和废止部分行政法规的决定》第四次修订
- 根据 2023 年 7 月 20 日《国务院关于修改和废止部分行政法规的决定》第五次修订

第一章 总 则

第一条 为了维护道路运输市场秩序,保障道路运输安全,保护道路运输有关各方当事人的合法权益,促进道路运输业的健康发展,制定本条例。

第二条 从事道路运输经营以及道路运输相关业务的,应当遵守本条例。

前款所称道路运输经营包括道路旅客运输经营(以下简称客运经营)和道路货物运输经营(以下简称货运经营);道路运输相关业务包括站(场)经营、机动车维修经营、机动车驾驶员培训。

第三条 从事道路运输经营以及道路运输相关业务,应当依法经营,诚实信用,公平竞争。

第四条 道路运输管理,应当公平、公正、公开和便民。

第五条 国家鼓励发展乡村道路运输,并采取必要的措施提高乡镇和行政村的通班车率,满足广大农民的生活和生产需要。

第六条 国家鼓励道路运输企业实行规模化、集约化经营。任何单位和个人不得封锁或者垄断道路运输市场。

第七条 国务院交通运输主管部门主管全国道路运输管理工作。

县级以上地方人民政府交通运输主管部门负责本行政区域的道路运输管理工作。

第二章 道路运输经营

第一节 客 运

第八条 申请从事客运经营的,应当具备下列条件:

(一)有与其经营业务相适应并经检测合格的车辆;

(二)有符合本条例第九条规定条件的驾驶人员;

(三)有健全的安全生产管理制度。

申请从事班线客运经营的,还应当有明确的线路和站点方案。

第九条 从事客运经营的驾驶人员,应当符合下列条件:

(一)取得相应的机动车驾驶证;

(二)年龄不超过 60 周岁;

(三)3 年内无重大以上交通责任事故记录;

(四)经设区的市级人民政府交通运输主管部门对有关客运法律法规、机动车维修和旅客急救基本知识考试合格。

第十条 申请从事客运经营的,应当依法向市场监督管理部门办理有关登记手续后,按照下列规定提出申请并提交符合本条例第八条规定条件的相关材料:

(一)从事县级行政区域内和毗邻县行政区域间客运经营的,向所在地县级人民政府交通运输主管部门提出申请;

(二)从事省际、市际、县际(除毗邻县行政区域间外)客运经营的,向所在地设区的市级人民政府交通运输主管部门提出申请;

(三)在直辖市申请从事客运经营的,向所在地直辖市人民政府确定的交通运输主管部门提出申请。

依照前款规定收到申请的交通运输主管部门,应当自受理申请之日起 20 日内审查完毕,作出许可或者不予许可的决定。予以许可的,向申请人颁发道路运输经营许可证,并向申请人投入运输的车辆配发车辆营运证;不予许可的,应当书面通知申请人并说明理由。

对从事省际和市际客运经营的申请,收到申请的交通运输主管部门依照本条第二款规定颁发道路运输经营许可证前,应当与运输线路目的地的相应交通运输主管部门协商,协商不成的,应当按程序报省、自治区、直辖市人民政府交通运输主管部门协商决定。对从事设区的市内毗邻县客运经营的申请,有关交通运输主管部门应当进行协商,协商不成的,报所在地市级人民政府交通运输主管部门决定。

第十一条　取得道路运输经营许可证的客运经营者,需要增加客运班线的,应当依照本条例第十条的规定办理有关手续。

第十二条　县级以上地方人民政府交通运输主管部门在审查客运申请时,应当考虑客运市场的供求状况、普遍服务和方便群众等因素。

同一线路有3个以上申请人时,可以通过招标的形式作出许可决定。

第十三条　县级以上地方人民政府交通运输主管部门应当定期公布客运市场供求状况。

第十四条　客运班线的经营期限为4年到8年。经营期限届满需要延续客运班线经营许可的,应当重新提出申请。

第十五条　客运经营者需要终止客运经营的,应当在终止前30日内告知原许可机关。

第十六条　客运经营者应当为旅客提供良好的乘车环境,保持车辆清洁、卫生,并采取必要的措施防止在运输过程中发生侵害旅客人身、财产安全的违法行为。

第十七条　旅客应当持有效客票乘车,遵守乘车秩序,讲究文明卫生,不得携带国家规定的危险物品及其他禁止携带的物品乘车。

第十八条　班线客运经营者取得道路运输经营许可证后,应当向公众连续提供运输服务,不得擅自暂停、终止或者转让班线运输。

第十九条　从事包车客运的,应当按照约定的起始地、目的地和线路运输。

从事旅游客运的,应当在旅游区域按照旅游线路运输。

第二十条　客运经营者不得强迫旅客乘车,不得甩客、敲诈旅客;不得擅自更换运输车辆。

第二节　货　　运

第二十一条　申请从事货运经营的,应当具备下列条件:

(一)有与其经营业务相适应并经检测合格的车辆;

(二)有符合本条例第二十二条规定条件的驾驶人员;

(三)有健全的安全生产管理制度。

第二十二条　从事货运经营的驾驶人员,应当符合下列条件:

(一)取得相应的机动车驾驶证;

(二)年龄不超过60周岁;

(三)经设区的市级人民政府交通运输主管部门对有关货运法律法规、机动车维修和货物装载保管基本知识考试合格(使用总质量4500千克及以下普通货运车辆的驾驶人员除外)。

第二十三条　申请从事危险货物运输经营的,还应当具备下列条件:

(一)有5辆以上经检测合格的危险货物运输专用车辆、设备;

(二)有经所在地设区的市级人民政府交通运输主管部门考试合格,取得上岗资格证的驾驶人员、装卸管理人员、押运人员;

(三)危险货物运输专用车辆配有必要的通讯工具;

(四)有健全的安全生产管理制度。

第二十四条　申请从事货运经营的,应当依法向市场监督管理部门办理有关登记手续后,按照下列规定提出申请并分别提交符合本条例第二十一条、第二十三条规定条件的相关材料:

(一)从事危险货物运输经营以外的货运经营的,向县级人民政府交通运输主管部门提出申请;

(二)从事危险货物运输经营的,向设区的市级人民政府交通运输主管部门提出申请。

依照前款规定收到申请的交通运输主管部门,应当自受理申请之日起20日内审查完毕,作出许可或者不予许可的决定。予以许可的,向申请人颁发道路运输经营许可证,并向申请人投入运输的车辆配发车辆营运证;不予许可的,应当书面通知申请人并说明理由。

使用总质量4500千克及以下普通货运车辆从事普通货运经营的,无需按照本条规定申请取得道路运输经营许可证及车辆营运证。

第二十五条　货运经营者不得运输法律、行政法规禁止运输的货物。

法律、行政法规规定必须办理有关手续后方可运输的货物，货运经营者应当查验有关手续。

第二十六条　国家鼓励货运经营者实行封闭式运输，保证环境卫生和货物运输安全。

货运经营者应当采取必要措施，防止货物脱落、扬撒等。

运输危险货物应当采取必要措施，防止危险货物燃烧、爆炸、辐射、泄漏等。

第二十七条　运输危险货物应当配备必要的押运人员，保证危险货物处于押运人员的监管之下，并悬挂明显的危险货物运输标志。

托运危险货物的，应当向货运经营者说明危险货物的品名、性质、应急处置方法等情况，并严格按照国家有关规定包装，设置明显标志。

第三节　客运和货运的共同规定

第二十八条　客运经营者、货运经营者应当加强对从业人员的安全教育、职业道德教育，确保道路运输安全。

道路运输从业人员应当遵守道路运输操作规程，不得违章作业。驾驶人员连续驾驶时间不得超过4个小时。

第二十九条　生产（改装）客运车辆、货运车辆的企业应当按照国家规定标定车辆的核定人数或者载重量，严禁多标或者少标车辆的核定人数或者载重量。

客运经营者、货运经营者应当使用符合国家规定标准的车辆从事道路运输经营。

第三十条　客运经营者、货运经营者应当加强对车辆的维护和检测，确保车辆符合国家规定的技术标准；不得使用报废的、擅自改装的和其他不符合国家规定的车辆从事道路运输经营。

第三十一条　客运经营者、货运经营者应当制定有关交通事故、自然灾害以及其他突发事件的道路运输应急预案。应急预案应当包括报告程序、应急指挥、应急车辆和设备的储备以及处置措施等内容。

第三十二条　发生交通事故、自然灾害以及其他突发事件，客运经营者和货运经营者应当服从县级以上人民政府或者有关部门的统一调度、指挥。

第三十三条　道路运输车辆应当随车携带车辆营运证，不得转让、出租。

第三十四条　道路运输车辆运输旅客的，不得超过核定的人数，不得违反规定载货；运输货物的，不得运输旅客，运输的货物应当符合核定的载重量，严禁超载；载物的长、宽、高不得违反装载要求。

违反前款规定的，由公安机关交通管理部门依照《中华人民共和国道路交通安全法》的有关规定进行处罚。

第三十五条　客运经营者、危险货物运输经营者应当分别为旅客或者危险货物投保承运人责任险。

第三章　道路运输相关业务

第三十六条　从事道路运输站（场）经营的，应当具备下列条件：

（一）有经验收合格的运输站（场）；

（二）有相应的专业人员和管理人员；

（三）有相应的设备、设施；

（四）有健全的业务操作规程和安全管理制度。

第三十七条　从事机动车维修经营的，应当具备下列条件：

（一）有相应的机动车维修场地；

（二）有必要的设备、设施和技术人员；

（三）有健全的机动车维修管理制度；

（四）有必要的环境保护措施。

国务院交通运输主管部门根据前款规定的条件，制定机动车维修经营业务标准。

第三十八条　从事机动车驾驶员培训的，应当具备下列条件：

（一）取得企业法人资格；

（二）有健全的培训机构和管理制度；

（三）有与培训业务相适应的教学人员、管理人员；

（四）有必要的教学车辆和其他教学设施、设备、场地。

第三十九条　申请从事道路旅客运输站（场）经营业务的，应当在依法向市场监督管理部门办理有关登记手续后，向所在地县级人民政府交通运输主管部门提出申请，并附送符合本条例第三十六条规定条件的相关材料。县级人民政府交通运输主管部门应当自受理申请之日起15日内审查完毕,作出许可或者不予许可的决定,并书面通知申请人。

从事道路货物运输站(场)经营、机动车维修经营和机动车驾驶员培训业务的,应当在依法向市场监督管理部门办理有关登记手续后,向所在地县级人民政府交通运输主管部门进行备案,并分别附送符合本条例第三十六条、第三十七条、第三十八条规定条件的相关材料。

第四十条　道路运输站(场)经营者应当对出站的车辆进行安全检查,禁止无证经营的车辆进站从事经营活动,防止超载车辆或者未经安全检查的车辆出站。

道路运输站(场)经营者应当公平对待使用站(场)的客运经营者和货运经营者,无正当理由不得拒绝道路运输车辆进站从事经营活动。

道路运输站(场)经营者应当向旅客和货主提供安全、便捷、优质的服务;保持站(场)卫生、清洁;不得随意改变站(场)用途和服务功能。

第四十一条　道路旅客运输站(场)经营者应当为客运经营者合理安排班次,公布其运输线路、起止经停站点、运输班次、始发时间、票价,调度车辆进站、发车,疏导旅客,维持上下车秩序。

道路旅客运输站(场)经营者应当设置旅客购票、候车、行李寄存和托运等服务设施,按照车辆核定载客限额售票,并采取措施防止携带危险品的人员进站乘车。

第四十二条　道路货物运输站(场)经营者应当按照国务院交通运输主管部门规定的业务操作规程装卸、储存、保管货物。

第四十三条　机动车维修经营者应当按照国家有关技术规范对机动车进行维修,保证维修质量,不得使用假冒伪劣配件维修机动车。

机动车维修经营者应当公布机动车维修工时定额和收费标准,合理收取费用,维修服务完成后应当提供维修费用明细单。

第四十四条　机动车维修经营者对机动车进行二级维护、总成修理或者整车修理的,应当进行维修质量检验。检验合格的,维修质量检验人员应当签发机动车维修合格证。

机动车维修实行质量保证期制度。质量保证期内因维修质量原因造成机动车无法正常使用的,机动车维修经营者应当无偿返修。

机动车维修质量保证期制度的具体办法,由国务院交通运输主管部门制定。

第四十五条　机动车维修经营者不得承修已报废的机动车,不得擅自改装机动车。

第四十六条　机动车驾驶员培训机构应当按照国务院交通运输主管部门规定的教学大纲进行培训,确保培训质量。培训结业的,应当向参加培训的人员颁发培训结业证书。

第四章　国际道路运输

第四十七条　国务院交通运输主管部门应当及时向社会公布中国政府与有关国家政府签署的双边或者多边道路运输协定确定的国际道路运输线路。

第四十八条　从事国际道路运输经营的,应当具备下列条件:

(一)依照本条例第十条、第二十四条规定取得道路运输经营许可证的企业法人;

(二)在国内从事道路运输经营满3年,且未发生重大以上道路交通责任事故。

第四十九条　申请从事国际道路旅客运输经营的,应当向省、自治区、直辖市人民政府交通运输主管部门提出申请并提交符合本条例第四十八条规定条件的相关材料。省、自治区、直辖市人民政府交通运输主管部门应当自受理申请之日起20日内审查完毕,作出批准或者不予批准的决定。予以批准的,应当向国务院交通运输主管部门备案;不予批准的,应当向当事人说明理由。

从事国际道路货物运输经营的,应当向省、自治区、直辖市人民政府交通运输主管部门进行备案,并附送符合本条例第四十八条规定条件的相关材料。

国际道路运输经营者应当持有关文件依法向有关部门办理相关手续。

第五十条　中国国际道路运输经营者应当在其投入运输车辆的显著位置,标明中国国籍识别标志。

外国国际道路运输经营者的车辆在中国境内运输,应当标明本国国籍识别标志,并按照规定的运输线路行驶;不得擅自改变运输线路,不得从事起止地都在中国境内的道路运输经营。

第五十一条　在口岸设立的国际道路运输管

理机构应当加强对出入口岸的国际道路运输的监督管理。

第五十二条 外国国际道路运输经营者依法在中国境内设立的常驻代表机构不得从事经营活动。

第五章 执法监督

第五十三条 县级以上地方人民政府交通运输、公安、市场监督管理等部门应当建立信息共享和协同监管机制,按照职责分工加强对道路运输及相关业务的监督管理。

第五十四条 县级以上人民政府交通运输主管部门应当加强执法队伍建设,提高其工作人员的法制、业务素质。

县级以上人民政府交通运输主管部门的工作人员应当接受法制和道路运输管理业务培训、考核,考核不合格的,不得上岗执行职务。

第五十五条 上级交通运输主管部门应当对下级交通运输主管部门的执法活动进行监督。

县级以上人民政府交通运输主管部门应当建立健全内部监督制度,对其工作人员执法情况进行监督检查。

第五十六条 县级以上人民政府交通运输主管部门及其工作人员执行职务时,应当自觉接受社会和公民的监督。

第五十七条 县级以上人民政府交通运输主管部门应当建立道路运输举报制度,公开举报电话号码、通信地址或者电子邮件信箱。

任何单位和个人都有权对县级以上人民政府交通运输主管部门的工作人员滥用职权、徇私舞弊的行为进行举报。县级以上人民政府交通运输主管部门及其他有关部门收到举报后,应当依法及时查处。

第五十八条 县级以上人民政府交通运输主管部门的工作人员应当严格按照职责权限和程序进行监督检查,不得乱设卡、乱收费、乱罚款。

县级以上人民政府交通运输主管部门的工作人员应当重点在道路运输及相关业务经营场所、客货集散地进行监督检查。

县级以上人民政府交通运输主管部门的工作人员在公路路口进行监督检查时,不得随意拦截正常行驶的道路运输车辆。

第五十九条 县级以上人民政府交通运输主

管部门的工作人员实施监督检查时,应当有2名以上人员参加,并向当事人出示执法证件。

第六十条 县级以上人民政府交通运输主管部门的工作人员实施监督检查时,可以向有关单位和个人了解情况,查阅、复制有关资料。但是,应当保守被调查单位和个人的商业秘密。

被监督检查的单位和个人应当接受依法实施的监督检查,如实提供有关资料或者情况。

第六十一条 县级以上人民政府交通运输主管部门的工作人员在实施道路运输监督检查过程中,发现车辆超载行为的,应当立即予以制止,并采取相应措施安排旅客改乘或者强制卸货。

第六十二条 县级以上人民政府交通运输主管部门的工作人员在实施道路运输监督检查过程中,对没有车辆营运证又无法当场提供其他有效证明的车辆予以暂扣的,应当妥善保管,不得使用,不得收取或者变相收取保管费用。

第六章 法律责任

第六十三条 违反本条例的规定,有下列情形之一的,由县级以上地方人民政府交通运输主管部门责令停止经营,并处罚款;构成犯罪的,依法追究刑事责任:

(一)未取得道路运输经营许可,擅自从事道路普通货物运输经营,违法所得超过1万元的,没收违法所得,处违法所得1倍以上5倍以下的罚款;没有违法所得或者违法所得不足1万元的,处3000元以上1万元以下的罚款,情节严重的,处1万元以上5万元以下的罚款;

(二)未取得道路运输经营许可,擅自从事道路客运经营,违法所得超过2万元的,没收违法所得,处违法所得2倍以上10倍以下的罚款;没有违法所得或者违法所得不足2万元的,处1万元以上10万元以下的罚款;

(三)未取得道路运输经营许可,擅自从事道路危险货物运输经营,违法所得超过2万元的,没收违法所得,处违法所得2倍以上10倍以下的罚款;没有违法所得或者违法所得不足2万元的,处3万元以上10万元以下的罚款。

第六十四条 不符合本条例第九条、第二十二条规定条件的人员驾驶道路运输经营车辆的,由县级以上地方人民政府交通运输主管部门责令改正,处200元以上2000元以下的罚款;构成犯罪的,依法追究刑事责任。

第六十五条 违反本条例的规定,未经许可擅自从事道路旅客运输站(场)经营的,由县级以上地方人民政府交通运输主管部门责令停止经营;有违法所得的,没收违法所得,处违法所得2倍以上10倍以下的罚款;没有违法所得或者违法所得不足1万元的,处2万元以上5万元以下的罚款;构成犯罪的,依法追究刑事责任。

从事机动车维修经营业务不符合国务院交通运输主管部门制定的机动车维修经营业务标准的,由县级以上地方人民政府交通运输主管部门责令改正;情节严重的,由县级以上地方人民政府交通运输主管部门责令停业整顿。

从事道路货物运输站(场)经营、机动车驾驶员培训业务,未按规定进行备案的,由县级以上地方人民政府交通运输主管部门责令改正;拒不改正的,处5000元以上2万元以下的罚款。

从事机动车维修经营业务,未按规定进行备案的,由县级以上地方人民政府交通运输主管部门责令改正;拒不改正的,处3000元以上1万元以下的罚款。

备案时提供虚假材料情节严重的,其直接负责的主管人员和其他直接责任人员5年内不得从事原备案的业务。

第六十六条 违反本条例的规定,客运经营者、货运经营者、道路运输相关业务经营者非法转让、出租道路运输许可证件的,由县级以上地方人民政府交通运输主管部门责令停止违法行为,收缴有关证件,处2000元以上1万元以下的罚款;有违法所得的,没收违法所得。

第六十七条 违反本条例的规定,客运经营者、危险货物运输经营者未按规定投保承运人责任险的,由县级以上地方人民政府交通运输主管部门责令限期投保;拒不投保的,由原许可机关吊销道路运输经营许可证。

第六十八条 违反本条例的规定,客运经营者有下列情形之一的,由县级以上地方人民政府交通运输主管部门责令改正,处1000元以上2000元以下的罚款;情节严重的,由原许可机关吊销道路运输经营许可证:

(一)不按批准的客运站点停靠或者不按规定的线路、公布的班次行驶的;

(二)在旅客运输途中擅自变更运输车辆或者将旅客移交他人运输的;

(三)未报告原许可机关,擅自终止客运经营的。

客运经营者强行招揽旅客,货运经营者强行招揽货物或者没有采取必要措施防止货物脱落、扬撒等的,由县级以上地方人民政府交通运输主管部门责令改正,处1000元以上3000元以下的罚款;情节严重的,由原许可机关吊销道路运输经营许可证。

第六十九条 违反本条例的规定,客运经营者、货运经营者不按规定维护和检测运输车辆的,由县级以上地方人民政府交通运输主管部门责令改正,处1000元以上5000元以下的罚款。

违反本条例的规定,客运经营者、货运经营者擅自改装已取得车辆营运证的车辆的,由县级以上地方人民政府交通运输主管部门责令改正,处5000元以上2万元以下的罚款。

第七十条 违反本条例的规定,道路旅客运输站(场)经营者允许无证经营的车辆进站从事经营活动以及超载车辆、未经安全检查的车辆出站或者无正当理由拒绝道路运输车辆进站从事经营活动的,由县级以上地方人民政府交通运输主管部门责令改正,处1万元以上3万元以下的罚款。

道路货物运输站(场)经营者有前款违法情形的,由县级以上地方人民政府交通运输主管部门责令改正,处3000元以上3万元以下的罚款。

违反本条例的规定,道路运输站(场)经营者擅自改变道路运输站(场)的用途和服务功能,或者不公布运输线路、起止经停站点、运输班次、始发时间、票价的,由县级以上地方人民政府交通运输主管部门责令改正;拒不改正的,处3000元的罚款;有违法所得的,没收违法所得。

第七十一条 违反本条例的规定,机动车维修经营者使用假冒伪劣配件维修机动车,承修已报废的机动车或者擅自改装机动车的,由县级以上地方人民政府交通运输主管部门责令改正;有违法所得的,没收违法所得,处违法所得2倍以上10倍以下的罚款;没有违法所得或者违法所得不足1万元的,处2万元以上5万元以下的罚款,没收假冒伪劣配件及报废车辆;情节严重的,由县级以上地方人民政府交通运输主管部门责令停业整顿;构成犯罪的,依法追究刑事责任。

第七十二条 违反本条例的规定,机动车维修经营者签发虚假的机动车维修合格证，由县级以上地方人民政府交通运输主管部门责令改正；有违法所得的，没收违法所得，处违法所得2倍以上10倍以下的罚款；没有违法所得或者违法所得不足3000元的，处5000元以上2万元以下的罚款；情节严重的，由县级以上地方人民政府交通运输主管部门责令停业整顿；构成犯罪的，依法追究刑事责任。

第七十三条 违反本条例的规定，机动车驾驶员培训机构不严格按照规定进行培训或者在培训结业证书发放时弄虚作假的，由县级以上地方人民政府交通运输主管部门责令改正；拒不改正的，责令停业整顿。

第七十四条 违反本条例的规定，外国国际道路运输经营者未按照规定的线路运输，擅自从事中国境内道路运输的，由省、自治区、直辖市人民政府交通运输主管部门责令停止运输；有违法所得的，没收违法所得，处违法所得2倍以上10倍以下的罚款；没有违法所得或者违法所得不足1万元的，处3万元以上6万元以下的罚款。

外国国际道路运输经营者未按照规定标明国籍识别标志的，由省、自治区、直辖市人民政府交通运输主管部门责令停止运输，处200元以上2000元以下的罚款。

从事国际道路货物运输经营，未按规定进行备案的，由省、自治区、直辖市人民政府交通运输主管部门责令改正；拒不改正的，处5000元以上2万元以下的罚款。

第七十五条 县级以上人民政府交通运输主管部门应当将道路运输及其相关业务经营者和从业人员的违法行为记入信用记录，并依照有关法律、行政法规的规定予以公示。

第七十六条 违反本条例的规定，县级以上人民政府交通运输主管部门的工作人员有下列情形之一的，依法给予行政处分；构成犯罪的，依法追究刑事责任：

（一）不依照本条例规定的条件、程序和期限实施行政许可的；

（二）参与或者变相参与道路运输经营以及道路运输相关业务的；

（三）发现违法行为不及时查处的；

（四）违反规定拦截、检查正常行驶的道路运输车辆的；

（五）违法扣留运输车辆、车辆营运证的；

（六）索取、收受他人财物，或者谋取其他利益的；

（七）其他违法行为。

第七章 附　则

第七十七条 内地与香港特别行政区、澳门特别行政区之间的道路运输，参照本条例的有关规定执行。

第七十八条 外商可以依照有关法律、行政法规和国家有关规定，在中华人民共和国境内采用中外合资、中外合作、独资形式投资有关的道路运输经营以及道路运输相关业务。

第七十九条 从事非经营性危险货物运输的，应当遵守本条例有关规定。

第八十条 县级以上地方人民政府交通运输主管部门依照本条例发放经营许可证件和车辆营运证，可以收取工本费。工本费的具体收费标准由省、自治区、直辖市人民政府财政部门、价格主管部门会同同级交通运输主管部门核定。

第八十一条 出租车客运和城市公共汽车客运的管理办法由国务院另行规定。

第八十二条 本条例自2004年7月1日起施行。

道路交通事故处理程序规定

·2017年7月22日公安部令第146号公布
·自2018年5月1日起施行

第一章 总　则

第一条 为了规范道路交通事故处理程序，保障公安机关交通管理部门依法履行职责，保护道路交通事故当事人的合法权益，根据《中华人民共和国道路交通安全法》及其实施条例等有关法律、行政法规，制定本规定。

第二条 处理道路交通事故，应当遵循合法、公正、公开、便民、效率的原则，尊重和保障人权，保护公民的人格尊严。

第三条 道路交通事故分为财产损失事故、伤人事故和死亡事故。

财产损失事故是指造成财产损失，尚未造成

人员伤亡的道路交通事故。

伤人事故是指造成人员受伤,尚未造成人员死亡的道路交通事故。

死亡事故是指造成人员死亡的道路交通事故。

第四条 道路交通事故的调查处理应当由公安机关交通管理部门负责。

财产损失事故可以由当事人自行协商处理,但法律法规及本规定另有规定的除外。

第五条 交通警察经过培训并考试合格,可以处理适用简易程序的道路交通事故。

处理伤人事故,应当由具有道路交通事故处理初级以上资格的交通警察主办。

处理死亡事故,应当由具有道路交通事故处理中级以上资格的交通警察主办。

第六条 公安机关交通管理部门处理道路交通事故应当使用全国统一的交通管理信息系统。

鼓励应用先进的科技装备和先进技术处理道路交通事故。

第七条 交通警察处理道路交通事故,应当按照规定使用执法记录设备。

第八条 公安机关交通管理部门应当建立与司法机关、保险机构等有关部门间的数据信息共享机制,提高道路交通事故处理工作信息化水平。

第二章 管辖

第九条 道路交通事故由事故发生地的县级公安机关交通管理部门管辖。未设立县级公安机关交通管理部门的,由设区的市公安机关交通管理部门管辖。

第十条 道路交通事故发生在两个以上管辖区域的,由事故起始点所在地公安机关交通管理部门管辖。

对管辖权有争议的,由共同的上一级公安机关交通管理部门指定管辖。指定管辖前,最先发现或者最先接到报警的公安机关交通管理部门应当先行处理。

第十一条 上级公安机关交通管理部门在必要的时候,可以处理下级公安机关交通管理部门管辖的道路交通事故,或者指定下级公安机关交通管理部门限时将案件移送其他下级公安机关交通管理部门处理。

案件管辖权发生转移的,处理时限从案件接收之日起计算。

第十二条 中国人民解放军、中国人民武装警察部队人员、车辆发生道路交通事故的,按照本规定处理。依法应当吊销、注销中国人民解放军、中国人民武装警察部队核发的机动车驾驶证以及对现役军人实施行政拘留或者追究刑事责任的,移送中国人民解放军、中国人民武装警察部队有关部门处理。

上道路行驶的拖拉机发生道路交通事故的,按照本规定处理。公安机关交通管理部门对拖拉机驾驶人依法暂扣、吊销、注销驾驶证或者记分处理的,应当将决定书和记分情况通报有关的农业(农业机械)主管部门。吊销、注销驾驶证的,还应当将驾驶证送交有关的农业(农业机械)主管部门。

第三章 报警和受案

第十三条 发生死亡事故、伤人事故的,或者发生财产损失事故且有下列情形之一的,当事人应当保护现场并立即报警:

(一)驾驶人无有效机动车驾驶证或者驾驶的机动车与驾驶证载明的准驾车型不符的;

(二)驾驶人有饮酒、服用国家管制的精神药品或者麻醉药品嫌疑的;

(三)驾驶人有从事校车业务或者旅客运输,严重超过额定乘员载客,或者严重超过规定时速行驶嫌疑的;

(四)机动车无号牌或者使用伪造、变造的号牌的;

(五)当事人不能自行移动车辆的;

(六)一方当事人离开现场的;

(七)有证据证明事故是由一方故意造成的。

驾驶人必须在确保安全的原则下,立即组织车上人员疏散到路外安全地点,避免发生次生事故。驾驶人已因道路交通事故死亡或者受伤无法行动的,车上其他人员应当自行组织疏散。

第十四条 发生财产损失事故且有下列情形之一,车辆可以移动的,当事人应当组织车上人员疏散到路外安全地点,在确保安全的原则下,采取现场拍照或者标划事故车辆现场位置等方式固定证据,将车辆移至不妨碍交通的地点后报警:

(一)机动车无检验合格标志或者无保险标志的;

(二)碰撞建筑物、公共设施或者其他设施的。

第十五条 载运爆炸性、易燃性、毒害性、放射性、腐蚀性、传染病病原体等危险物品车辆发生事故的,当事人应当立即报警,危险物品车辆驾驶人、押运人应当按照危险物品安全管理法律、法规、规章以及有关操作规程的规定,采取相应的应急处置措施。

第十六条 公安机关及其交通管理部门接到报警的,应当受理,制作受案登记表并记录下列内容:

(一)报警方式、时间,报警人姓名、联系方式,电话报警的,还应当记录报警电话;

(二)发生或者发现道路交通事故的时间、地点;

(三)人员伤亡情况;

(四)车辆类型、车辆号牌号码、是否载有危险物品以及危险物品的种类、是否发生泄漏等;

(五)涉嫌交通肇事逃逸的,还应当询问并记录肇事车辆的车型、颜色、特征及其逃逸方向、逃逸驾驶人的体貌特征等有关情况。

报警人不报姓名的,应当记录在案。报警人不愿意公开姓名的,应当为其保密。

第十七条 接到道路交通事故报警后,需要派员到现场处置,或者接到出警指令的,公安机关交通管理部门应当立即派交通警察赶赴现场。

第十八条 发生道路交通事故后当事人未报警,在事故现场撤离后,当事人又报警请求公安机关交通管理部门处理的,公安机关交通管理部门应当按照本规定第十六条规定的记录内容予以记录,并在三日内作出是否接受案件的决定。

经核查道路交通事故事实存在的,公安机关交通管理部门应当受理,制作受案登记表;经核查无法证明道路交通事故事实存在,或者不属于公安机关交通管理部门管辖的,应当书面告知当事人,并说明理由。

第四章 自行协商

第十九条 机动车与机动车、机动车与非机动车发生财产损失事故,当事人应当在确保安全的原则下,采取现场拍照或者标划事故车辆现场位置等方式固定证据后,立即撤离现场,将车辆移至不妨碍交通的地点,再协商处理损害赔偿事宜,但有本规定第十三条第一款情形的除外。

非机动车与非机动车或者行人发生财产损失事故,当事人应当先撤离现场,再协商处理损害赔偿事宜。

对应当自行撤离现场而未撤离的,交通警察应当责令当事人撤离现场;造成交通堵塞的,对驾驶人处以200元罚款。

第二十条 发生可以自行协商处理的财产损失事故,当事人可以通过互联网在线自行协商处理;当事人对事实及成因有争议的,可以通过互联网共同申请公安机关交通管理部门在线确定当事人的责任。

当事人报警的,交通警察、警务辅助人员可以指导当事人自行协商处理。当事人要求交通警察到场处理的,应当指派交通警察到现场调查处理。

第二十一条 当事人自行协商达成协议的,制作道路交通事故自行协商协议书,并共同签名。道路交通事故自行协商协议书应当载明事故发生的时间、地点、天气、当事人姓名、驾驶证号或者身份证号、联系方式、机动车种类和号牌号码、保险公司、保险凭证号、事故形态、碰撞部位、当事人的责任等内容。

第二十二条 当事人自行协商达成协议的,可以按照下列方式履行道路交通事故损害赔偿:

(一)当事人自行赔偿;

(二)到投保的保险公司或者道路交通事故保险理赔服务场所办理损害赔偿事宜。

当事人自行协商达成协议后未履行的,可以申请人民调解委员会调解或者向人民法院提起民事诉讼。

第五章 简易程序

第二十三条 公安机关交通管理部门可以适用简易程序处理以下道路交通事故,但有交通肇事、危险驾驶犯罪嫌疑的除外:

(一)财产损失事故;

(二)受伤当事人伤势轻微,各方当事人一致同意适用简易程序处理的伤人事故。

适用简易程序的,可以由一名交通警察处理。

第二十四条 交通警察适用简易程序处理道路交通事故时,应当在固定现场证据后,责令当事人撤离现场,恢复交通。拒不撤离现场的,予以强制撤离。当事人无法及时移动车辆影响通行和交通安全的,交通警察应当将车辆移至不妨碍交通的地点。具有本规定第十三条第一款第一项、第二项情形之一的，按照《中华人民共和国道路交通安全法实施条例》第一百零四条规定处理。

撤离现场后，交通警察应当根据现场固定的证据和当事人、证人陈述等，认定并记录道路交通事故发生的时间、地点、天气、当事人姓名、驾驶证号或者身份证号、联系方式、机动车种类和号牌号码、保险公司、保险凭证号、道路交通事故形态、碰撞部位等，并根据本规定第六十条确定当事人的责任，当场制作道路交通事故认定书。不具备当场制作条件的，交通警察应当在三日内制作道路交通事故认定书。

道路交通事故认定书应当由当事人签名，并现场送达当事人。当事人拒绝签名或者接收的，交通警察应当在道路交通事故认定书上注明情况。

第二十五条 当事人共同请求调解的，交通警察应当当场进行调解，并在道路交通事故认定书上记录调解结果，由当事人签名，送达当事人。

第二十六条 有下列情形之一的，不适用调解，交通警察可以在道路交通事故认定书上载明有关情况后，将道路交通事故认定书送达当事人：

（一）当事人对道路交通事故认定有异议的；

（二）当事人拒绝在道路交通事故认定书上签名的；

（三）当事人不同意调解的。

第六章 调 查

第一节 一般规定

第二十七条 除简易程序外，公安机关交通管理部门对道路交通事故进行调查时，交通警察不得少于二人。

交通警察调查时应当向被调查人员出示《人民警察证》，告知被调查人依法享有的权利和义务，向当事人发送联系卡。联系卡载明交通警察姓名、办公地址、联系方式、监督电话等内容。

第二十八条 交通警察调查道路交通事故时，应当合法、及时、客观、全面地收集证据。

第二十九条 对发生一次死亡三人以上道路交通事故的，公安机关交通管理部门应当开展深度调查；对造成其他严重后果或者存在严重安全问题的道路交通事故，可以开展深度调查。具体程序另行规定。

第二节 现场处置和调查

第三十条 交通警察到达事故现场后，应当立即进行下列工作：

（一）按照事故现场安全防护有关标准和规范的要求划定警戒区域，在安全距离位置放置发光或者反光锥筒和警告标志，确定专人负责现场交通指挥和疏导。因道路交通事故导致交通中断或者现场处置、勘查需要采取封闭道路等交通管制措施的，还应当视情在事故现场来车方向提前组织分流，放置绕行提示标志；

（二）组织抢救受伤人员；

（三）指挥救护、勘查等车辆停放在安全和便于抢救、勘查的位置，开启警灯，夜间还应当开启危险报警闪光灯和示廓灯；

（四）查找道路交通事故当事人和证人，控制肇事嫌疑人；

（五）其他需要立即开展的工作。

第三十一条 道路交通事故造成人员死亡的，应当经急救、医疗人员或者法医确认，并由具备资质的医疗机构出具死亡证明。尸体应当存放在殡葬服务单位或者医疗机构等有停尸条件的场所。

第三十二条 交通警察应当对事故现场开展下列调查工作：

（一）勘查事故现场，查明事故车辆、当事人、道路及其空间关系和事故发生时的天气情况；

（二）固定、提取或者保全现场证据材料；

（三）询问当事人、证人并制作询问笔录；现场不具备制作询问笔录条件的，可以通过录音、录像记录询问过程；

（四）其他调查工作。

第三十三条 交通警察勘查道路交通事故现场，应当按照有关法规和标准的规定，拍摄现场照片，绘制现场图，及时提取、采集与案件有关的痕迹、物证等，制作现场勘查笔录。现场勘查过程中发现当事人涉嫌利用交通工具实施其他犯罪的，应当妥善保护犯罪现场和证据，控制犯罪嫌疑人，并立即报告公安机关主管部门。

发生一次死亡三人以上事故的，应当进行现场摄像，必要时可以聘请具有专门知识的人参加现场勘验、检查。

现场图、现场勘查笔录应当由参加勘查的交通警察、当事人和见证人签名。当事人、见证人拒绝签名或者无法签名以及无见证人的，应当记录在案。

第三十四条 痕迹、物证等证据可能因时间、地点、气象等原因导致改变、毁损、灭失的，交通警察应当及时固定、提取或者保全。

对涉嫌饮酒或者服用国家管制的精神药品、麻醉药品驾驶车辆的人员，公安机关交通管理部门应当按照《道路交通安全违法行为处理程序规定》及时抽血或者提取尿样等检材，送交有检验鉴定资质的机构进行检验。

车辆驾驶人员当场死亡的，应当及时抽血检验。不具备抽血条件的，应当由医疗机构或者鉴定机构出具证明。

第三十五条 交通警察应当核查当事人的身份证件、机动车驾驶证、机动车行驶证、检验合格标志、保险标志等。

对交通肇事嫌疑人可以依法传唤。对在现场发现的交通肇事嫌疑人，经出示《人民警察证》，可以口头传唤，并在询问笔录中注明嫌疑人到案经过、到案时间和离开时间。

第三十六条 勘查事故现场完毕后，交通警察应当清点并登记现场遗留物品，迅速组织清理现场，尽快恢复交通。

现场遗留物品能够当场发还的，应当当场发还并做记录；当场无法确定所有人的，应当登记，并妥善保管，待所有人确定后，及时发还。

第三十七条 因调查需要，公安机关交通管理部门可以向有关单位、个人调取汽车行驶记录仪、卫星定位装置、技术监控设备的记录资料以及其他与事故有关的证据材料。

第三十八条 因调查需要，公安机关交通管理部门可以组织道路交通事故当事人、证人对肇事嫌疑人、嫌疑车辆等进行辨认。

辨认应当在交通警察的主持下进行。主持辨认的交通警察不得少于二人。多名辨认人对同一辨认对象进行辨认时，应当由辨认人个别进行。

辨认时，应当将辨认对象混杂在特征相类似的其他对象中，不得给辨认人任何暗示。辨认肇事嫌疑人时，被辨认的人数不得少于七人；对肇事嫌疑人照片进行辨认的，不得少于十人的照片。辨认嫌疑车辆时，同类车辆不得少于五辆；对嫌疑车辆照片进行辨认时，不得少于十辆的照片。

对尸体等特定辨认对象进行辨认，或者辨认人能够准确描述肇事嫌疑人、嫌疑车辆独有特征的，不受数量的限制。

对肇事嫌疑人的辨认，辨认人不愿意公开进行时，可以在不暴露辨认人的情况下进行，并应当为其保守秘密。

对辨认经过和结果，应当制作辨认笔录，由交通警察、辨认人、见证人签名。必要时，应当对辨认过程进行录音或者录像。

第三十九条 因收集证据的需要，公安机关交通管理部门可以扣留事故车辆，并开具行政强制措施凭证。扣留的车辆应当妥善保管。

公安机关交通管理部门不得扣留事故车辆所载货物。对所载货物在核实重量、体积及货物损失后，通知机动车驾驶人或者货物所有人自行处理。无法通知当事人或者当事人不自行处理的，按照《公安机关办理行政案件程序规定》的有关规定办理。

严禁公安机关交通管理部门指定停车场停放扣留的事故车辆。

第四十条 当事人涉嫌犯罪的，因收集证据的需要，公安机关交通管理部门可以依据《中华人民共和国刑事诉讼法》《公安机关办理刑事案件程序规定》，扣押机动车驾驶证等与事故有关的物品、证件，并按照规定出具扣押法律文书。扣押的物品应当妥善保管。

对扣押的机动车驾驶证等物品、证件，作为证据使用的，应当随案移送，并制作随案移送清单一式两份，一份留存，一份交人民检察院。对于实物不宜移送的，应当将其清单、照片或者其他证明文件随案移送。待人民法院作出生效判决后，按照人民法院的通知，依法作出处理。

第四十一条 经过调查，不属于公安机关交通管理部门管辖的，应当将案件移送有关部门并书面通知当事人，或者告知当事人处理途径。

公安机关交通管理部门在调查过程中，发现当事人涉嫌交通肇事、危险驾驶犯罪的，应当按照《中华人民共和国刑事诉讼法》《公安机关办理刑事案件程序规定》立案侦查。发现当事人有其他违法犯罪嫌疑的，应当及时移送有关部门，移送不影响事故的调查和处理。

第四十二条 投保机动车交通事故责任强制

保险的车辆发生道路交通事故,因抢救受伤人员需要保险公司支付抢救费用的,公安机关交通管理部门应当书面通知保险公司。

抢救受伤人员需要道路交通事故社会救助基金垫付费用的,公安机关交通管理部门应当书面通知道路交通事故社会救助基金管理机构。

道路交通事故造成人员死亡需要救助基金垫付丧葬费用的,公安机关交通管理部门应当在送达尸体处理通知书的同时,告知受害人亲属向道路交通事故社会救助基金管理机构提出书面垫付申请。

第三节 交通肇事逃逸查缉

第四十三条 公安机关交通管理部门应当根据管辖区域和道路情况,制定交通肇事逃逸案件查缉预案,并组织专门力量办理交通肇事逃逸案件。

发生交通肇事逃逸案件后,公安机关交通管理部门应当立即启动查缉预案,布置警力堵截,并通过全国机动车缉查布控系统查缉。

第四十四条 案发地公安机关交通管理部门可以通过发协查通报、向社会公告等方式要求协查、举报交通肇事逃逸车辆或者侦破线索。发出协查通报或者向社会公告时,应当提供交通肇事逃逸案件基本事实、交通肇事逃逸车辆情况、特征及逃逸方向等有关情况。

中国人民解放军和中国人民武装警察部队车辆涉嫌交通肇事逃逸的,公安机关交通管理部门应当通报中国人民解放军、中国人民武装警察部队有关部门。

第四十五条 接到协查通报的公安机关交通管理部门,应当立即布置堵截或者排查。发现交通肇事逃逸车辆或者嫌疑车辆的,应当予以扣留,依法传唤交通肇事逃逸人或者与协查通报相符的嫌疑人,并及时将有关情况通知案发地公安机关交通管理部门。案发地公安机关交通管理部门应当立即派交通警察前往办理移交。

第四十六条 公安机关交通管理部门查获交通肇事逃逸车辆或者交通肇事逃逸嫌疑人后,应当按原范围撤销协查通报,并通过全国机动车缉查布控系统撤销布控。

第四十七条 公安机关交通管理部门侦办交通肇事逃逸案件期间,交通肇事逃逸案件的受害人及其家属向公安机关交通管理部门询问案件侦办情况的,除依法不应当公开的内容外,公安机关交通管理部门应当告知并做好记录。

第四十八条 道路交通事故社会救助基金管理机构已经为受害人垫付抢救费用或者丧葬费用的,公安机关交通管理部门应当在交通肇事逃逸案件侦破后及时书面告知道路交通事故社会救助基金管理机构交通肇事逃逸驾驶人的有关情况。

第四节 检验、鉴定

第四十九条 需要进行检验、鉴定的,公安机关交通管理部门应当按照有关规定,自事故现场调查结束之日起三日内委托具备资质的鉴定机构进行检验、鉴定。

尸体检验应当在死亡之日起三日内委托。对交通肇事逃逸车辆的检验、鉴定自查获肇事嫌疑车辆之日起三日内委托。

对现场调查结束之日起三日后需要检验、鉴定的,应当报经上一级公安机关交通管理部门批准。

对精神疾病的鉴定,由具有精神病鉴定资质的鉴定机构进行。

第五十条 检验、鉴定费用由公安机关交通管理部门承担,但法律法规另有规定或者当事人自行委托伤残评定、财产损失评估的除外。

第五十一条 公安机关交通管理部门应当与鉴定机构确定检验、鉴定完成的期限,确定的期限不得超过三十日。超过三十日的,应当报经上一级公安机关交通管理部门批准,但最长不得超过六十日。

第五十二条 尸体检验不得在公众场合进行。为了确定死因需要解剖尸体的,应当征得死者家属同意。死者家属不同意解剖尸体的,经县级以上公安机关或者上一级公安机关交通管理部门负责人批准,可以解剖尸体,并且通知死者家属到场,由其在解剖尸体通知书上签名。

死者家属无正当理由拒不到场或者拒绝签名的,交通警察应当在解剖尸体通知书上注明。对身份不明的尸体,无法通知死者家属的,应当记录在案。

第五十三条 尸体检验报告确定后,应当书面通知死者家属在十日内办理丧葬事宜。无正当理由逾期不办理的应记录在案,并经县级以上公安机关或者上一级公安机关交通管理部门负责人批准，由公安机关或者上一级公安机关交通管理部门处理尸体，逾期存放的费用由死者家属承担。

对于没有家属、家属不明或者因自然灾害等不可抗力导致无法通知或者通知后家属拒绝领回的，经县级以上公安机关或者上一级公安机关交通管理部门负责人批准，可以及时处理。

对身份不明的尸体，由法医提取人身识别检材，并对尸体拍照、采集相关信息后，由公安机关交通管理部门填写身份不明尸体信息登记表，并在设区的市级以上报纸刊登认尸启事。登报后三十日仍无人认领的，经县级以上公安机关或者上一级公安机关交通管理部门负责人批准，可以及时处理。

因宗教习俗等原因对尸体处理期限有特殊需要的，经县级以上公安机关或者上一级公安机关交通管理部门负责人批准，可以紧急处理。

第五十四条 鉴定机构应当在规定的期限内完成检验、鉴定，并出具书面检验报告、鉴定意见，由鉴定人签名，鉴定意见还应当加盖机构印章。检验报告、鉴定意见应当载明以下事项：

（一）委托人；

（二）委托日期和事项；

（三）提交的相关材料；

（四）检验、鉴定的时间；

（五）依据和结论性意见，通过分析得出结论性意见的，应当有分析证明过程。

检验报告、鉴定意见应当附有鉴定机构、鉴定人的资质证明或者其他证明文件。

第五十五条 公安机关交通管理部门应当对检验报告、鉴定意见进行审核，并在收到检验报告、鉴定意见之日起五日内，将检验报告、鉴定意见复印件送达当事人，但有下列情形之一的除外：

（一）检验、鉴定程序违法或者违反相关专业技术要求，可能影响检验报告、鉴定意见公正、客观的；

（二）鉴定机构、鉴定人不具备鉴定资质和条件的；

（三）检验报告、鉴定意见明显依据不足的；

（四）故意作出虚假鉴定的；

（五）鉴定人应当回避而没有回避的；

（六）检材虚假或者检材被损坏，不具备鉴定条件的；

（七）其他可能影响检验报告、鉴定意见公正、客观的情形。

检验报告、鉴定意见有前款规定情形之一的，经县级以上公安机关交通管理部门负责人批准，应当在收到检验报告、鉴定意见之日起三日内重新委托检验、鉴定。

第五十六条 当事人对检验报告、鉴定意见有异议，申请重新检验、鉴定的，应当自公安机关交通管理部门送达之日起三日内提出书面申请，经县级以上公安机关交通管理部门负责人批准，原办案单位应当重新委托检验、鉴定。检验报告、鉴定意见不具有本规定第五十五条第一款情形的，经县级以上公安机关交通管理部门负责人批准，由原办案单位作出不准予重新检验、鉴定的决定，并在作出决定之日起三日内书面通知申请人。

同一交通事故的同一检验、鉴定事项，重新检验、鉴定以一次为限。

第五十七条 重新检验、鉴定应当另行委托鉴定机构。

第五十八条 自检验报告、鉴定意见确定之日起五日内，公安机关交通管理部门应当通知当事人领取扣留的事故车辆。

因扣留车辆发生的费用由作出决定的公安机关交通管理部门承担，但公安机关交通管理部门通知当事人领取，当事人逾期未领取产生的停车费用由当事人自行承担。

经通知当事人三十日后不领取的车辆，经公告三个月仍不领取的，对扣留的车辆依法处理。

第七章 认定与复核

第一节 道路交通事故认定

第五十九条 道路交通事故认定应当做到事实清楚、证据确实充分、适用法律正确、责任划分公正、程序合法。

第六十条 公安机关交通管理部门应当根据当事人的行为对发生道路交通事故所起的作用以及过错的严重程度，确定当事人的责任。

（一）因一方当事人的过错导致道路交通事故的，承担全部责任；

（二）因两方或者两方以上当事人的过错发生道路交通事故的，根据其行为对事故发生的作用以及过错的严重程度，分别承担主要责任、同等责任和次要责任；

（三）各方均无导致道路交通事故的过错，属于交通意外事故的，各方均无责任。

一方当事人故意造成道路交通事故的，他方无责任。

第六十一条 当事人有下列情形之一的，承担全部责任：

（一）发生道路交通事故后逃逸的；

（二）故意破坏、伪造现场、毁灭证据的。

为逃避法律责任追究，当事人弃车逃逸以及潜逃藏匿的，如有证据证明其他当事人也有过错，可以适当减轻责任，但同时有证据证明逃逸当事人有第一款第二项情形的，不予减轻。

第六十二条 公安机关交通管理部门应当自现场调查之日起十日内制作道路交通事故认定书。交通肇事逃逸案件在查获交通肇事车辆和驾驶人后十日内制作道路交通事故认定书。对需要进行检验、鉴定的，应当在检验报告、鉴定意见确定之日起五日内制作道路交通事故认定书。

有条件的地方公安机关交通管理部门可以试行在互联网公布道路交通事故认定书，但对涉及的国家秘密、商业秘密或者个人隐私，应当保密。

第六十三条 发生死亡事故以及复杂、疑难的伤人事故后，公安机关交通管理部门应当在制作道路交通事故认定书或者道路交通事故证明前，召集各方当事人到场，公开调查取得的证据。

证人要求保密或者涉及国家秘密、商业秘密以及个人隐私的，按照有关法律法规的规定执行。

当事人不到场的，公安机关交通管理部门应当予以记录。

第六十四条 道路交通事故认定书应当载明以下内容：

（一）道路交通事故当事人、车辆、道路和交通环境等基本情况；

（二）道路交通事故发生经过；

（三）道路交通事故证据及事故形成原因分析；

（四）当事人导致道路交通事故的过错及责任或者意外原因；

（五）作出道路交通事故认定的公安机关交通管理部门名称和日期。

道路交通事故认定书应当由交通警察签名或者盖章，加盖公安机关交通管理部门道路交通事故处理专用章。

第六十五条 道路交通事故认定书应当在制作后三日内分别送达当事人，并告知申请复核、调解和提起民事诉讼的权利、期限。

当事人收到道路交通事故认定书后，可以查阅、复制、摘录公安机关交通管理部门处理道路交通事故的证据材料，但证人要求保密或者涉及国家秘密、商业秘密以及个人隐私的，按照有关法律法规的规定执行。公安机关交通管理部门对当事人复制的证据材料应当加盖公安机关交通管理部门事故处理专用章。

第六十六条 交通肇事逃逸案件尚未侦破，受害一方当事人要求出具道路交通事故认定书的，公安机关交通管理部门应当在接到当事人书面申请后十日内，根据本规定第六十一条确定各方当事人责任，制作道路交通事故认定书，并送达受害方当事人。道路交通事故认定书应当载明事故发生的时间、地点、受害人情况及调查得到的事实，以及受害方当事人的责任。

交通肇事逃逸案件侦破后，已经按照前款规定制作道路交通事故认定书的，应当按照本规定第六十一条重新确定责任，制作道路交通事故认定书，分别送达当事人。重新制作的道路交通事故认定书除应当载明本规定第六十四条规定的内容外，还应当注明撤销原道路交通事故认定书。

第六十七条 道路交通事故基本事实无法查清、成因无法判定的，公安机关交通管理部门应当出具道路交通事故证明，载明道路交通事故发生的时间、地点、当事人情况及调查得到的事实，分别送达当事人，并告知申请复核、调解和提起民事诉讼的权利、期限。

第六十八条 由于事故当事人、关键证人处于抢救状态或者因其他客观原因导致无法及时取证，现有证据不足以认定案件基本事实的，经上一级公安机关交通管理部门批准，道路交通事故认定的时限可中止计算，并书面告知各方当事人或者其代理人，但中止的时间最长不得超过六十日。

当中止认定的原因消失，或者中止期满受伤人员仍然无法接受调查的，公安机关交通管理部门应当在五日内，根据已经调查取得的证据制作道路交通事故认定书或者出具道路交通事故证明。

第六十九条 伤人事故符合下列条件，各方当事人一致书面申请快速处理的，经县级以上公安机关交通管理部门负责人批准，可以根据已经取得的证据，自当事人申请之日起五日内制作道路交通事故认定书：

（一）当事人不涉嫌交通肇事、危险驾驶犯罪的；

（二）道路交通事故基本事实及成因清楚，当事人无异议的。

第七十条　对尚未查明身份的当事人，公安机关交通管理部门应当在道路交通事故认定书或者道路交通事故证明中予以注明，待身份信息查明以后，制作书面补充说明送达各方当事人。

第二节　复　核

第七十一条　当事人对道路交通事故认定或者出具道路交通事故证明有异议的，可以自道路交通事故认定书或者道路交通事故证明送达之日起三日内提出书面复核申请。当事人逾期提交复核申请的，不予受理，并书面通知申请人。

复核申请应当载明复核请求及其理由和主要证据。同一事故的复核以一次为限。

第七十二条　复核申请人通过作出道路交通事故认定的公安机关交通管理部门提出复核申请的，作出道路交通事故认定的公安机关交通管理部门应当自收到复核申请之日起二日内将复核申请连同道路交通事故有关材料移送上一级公安机关交通管理部门。

复核申请人直接向上一级公安机关交通管理部门提出复核申请的，上一级公安机关交通管理部门应当通知作出道路交通事故认定的公安机关交通管理部门收到通知之日起五日内提交案卷材料。

第七十三条　除当事人逾期提交复核申请的情形外，上一级公安机关交通管理部门收到复核申请之日即为受理之日。

第七十四条　上一级公安机关交通管理部门自受理复核申请之日起三十日内，对下列内容进行审查，并作出复核结论：

（一）道路交通事故认定的事实是否清楚、证据是否确实充分、适用法律是否正确、责任划分是否公正；

（二）道路交通事故调查及认定程序是否合法；

（三）出具道路交通事故证明是否符合规定。

复核原则上采取书面审查的形式，但当事人提出要求或者公安机关交通管理部门认为有必要时，可以召集各方当事人到场，听取各方意见。

办理复核案件的交通警察不得少于二人。

第七十五条　复核审查期间，申请人提出撤销复核申请的，公安机关交通管理部门应当终止复核，并书面通知各方当事人。

受理复核申请后，任何一方当事人就该事故向人民法院提起诉讼并经人民法院受理的，公安机关交通管理部门应当将受理当事人复核申请的有关情况告知相关人民法院。

受理复核申请后，人民检察院对交通肇事犯罪嫌疑人作出批准逮捕决定的，公安机关交通管理部门应当将受理当事人复核申请的有关情况告知相关人民检察院。

第七十六条　上一级公安机关交通管理部门认为原道路交通事故认定事实清楚、证据确实充分、适用法律正确、责任划分公正、程序合法的，应当作出维持原道路交通事故认定的复核结论。

上一级公安机关交通管理部门认为调查及认定程序存在瑕疵，但不影响道路交通事故认定的，在责令原办案单位补正或者作出合理解释后，可以作出维持原道路交通事故认定的复核结论。

上一级公安机关交通管理部门认为原道路交通事故认定有下列情形之一的，应当作出责令原办案单位重新调查、认定的复核结论：

（一）事实不清的；

（二）主要证据不足的；

（三）适用法律错误的；

（四）责任划分不公正的；

（五）调查及认定违反法定程序可能影响道路交通事故认定的。

第七十七条　上一级公安机关交通管理部门审查原道路交通事故证明后，按下列规定处理：

（一）认为事故成因确属无法查清，应当作出维持原道路交通事故证明的复核结论；

（二）认为事故成因仍需进一步调查的，应当作出责令原办案单位重新调查、认定的复核结论。

第七十八条　上一级公安机关交通管理部门应当在作出复核结论后三日内将复核结论送达各方当事人。公安机关交通管理部门认为必要的，应当召集各方当事人，当场宣布复核结论。

第七十九条 上一级公安机关交通管理部门作出责令重新调查、认定的复核结论后,原办案单位应当在十日内依照本规定重新调查,重新作出道路交通事故认定,撤销原道路交通事故认定书或者原道路交通事故证明。

重新调查需要检验、鉴定的,原办案单位应当在检验报告、鉴定意见确定之日起五日内,重新作出道路交通事故认定。

重新作出道路交通事故认定的,原办案单位应当送达各方当事人,并报上一级公安机关交通管理部门备案。

第八十条 上一级公安机关交通管理部门可以设立道路交通事故复核委员会,由办理复核案件的交通警察会同相关行业代表、社会专家学者等人员共同组成,负责案件复核,并以上一级公安机关交通管理部门的名义作出复核结论。

第八章 处罚执行

第八十一条 公安机关交通管理部门应当按照《道路交通安全违法行为处理程序规定》,对当事人的道路交通安全违法行为依法作出处罚。

第八十二条 对发生道路交通事故构成犯罪,依法应当吊销驾驶人机动车驾驶证的,应当在人民法院作出有罪判决后,由设区的市公安机关交通管理部门依法吊销机动车驾驶证。同时具有逃逸情形的,公安机关交通管理部门应当同时依法作出终生不得重新取得机动车驾驶证的决定。

第八十三条 专业运输单位六个月内两次发生一次死亡三人以上事故,且单位或者车辆驾驶人对事故承担全部责任或者主要责任的,专业运输单位所在地的公安机关交通管理部门应当报经设区的市公安机关交通管理部门批准后,作出责令限期消除安全隐患的决定,禁止未消除安全隐患的机动车上道路行驶,并通报道路交通事故发生地及运输单位所在地的人民政府有关行政管理部门。

第九章 损害赔偿调解

第八十四条 当事人可以采取以下方式解决道路交通事故损害赔偿争议:

(一)申请人民调解委员会调解;

(二)申请公安机关交通管理部门调解;

(三)向人民法院提起民事诉讼。

第八十五条 当事人申请人民调解委员会调解,达成调解协议后,双方当事人认为有必要的,可以根据《中华人民共和国人民调解法》共同向人民法院申请司法确认。

当事人申请人民调解委员会调解,调解未达成协议的,当事人可以直接向人民法院提起民事诉讼,或者自人民调解委员会作出终止调解之日起三日内,一致书面申请公安机关交通管理部门进行调解。

第八十六条 当事人申请公安机关交通管理部门调解的,应当在收到道路交通事故认定书、道路交通事故证明或者上一级公安机关交通管理部门维持原道路交通事故认定的复核结论之日起十日内一致书面申请。

当事人申请公安机关交通管理部门调解,调解未达成协议的,当事人可以依法向人民法院提起民事诉讼,或者申请人民调解委员会进行调解。

第八十七条 公安机关交通管理部门应当按照合法、公正、自愿、及时的原则进行道路交通事故损害赔偿调解。

道路交通事故损害赔偿调解应当公开进行,但当事人申请不予公开的除外。

第八十八条 公安机关交通管理部门应当与当事人约定调解的时间、地点,并于调解时间三日前通知当事人。口头通知的,应记入调解记录。

调解参加人因故不能按期参加调解的,应当在预定调解时间一日前通知承办的交通警察,请求变更调解时间。

第八十九条 参加损害赔偿调解的人员包括:

(一)道路交通事故当事人及其代理人;

(二)道路交通事故车辆所有人或者管理人;

(三)承保机动车保险的保险公司人员;

(四)公安机关交通管理部门认为有必要参加的其他人员。

委托代理人应当出具由委托人签名或者盖章的授权委托书。授权委托书应当载明委托事项和权限。

参加损害赔偿调解的人员每方不得超过三人。

第九十条 公安机关交通管理部门受理调解申请后,应当按照下列规定日期开始调解:

(一)造成人员死亡的,从规定的办理丧葬事宜时间结束之日起;

（二）造成人员受伤的，从治疗终结之日起；
（三）因伤致残的，从定残之日起；
（四）造成财产损失的，从确定损失之日起。

公安机关交通管理部门受理调解申请时已超过前款规定的时间，调解自受理调解申请之日起开始。

公安机关交通管理部门应当自调解开始之日起十日内制作道路交通事故损害赔偿调解书或者道路交通事故损害赔偿调解终结书。

第九十一条　交通警察调解道路交通事故损害赔偿，按照下列程序实施：

（一）告知各方当事人权利、义务；
（二）听取各方当事人的请求及理由；
（三）根据道路交通事故认定书认定的事实以及《中华人民共和国道路交通安全法》第七十六条的规定，确定当事人承担的损害赔偿责任；
（四）计算损害赔偿的数额，确定各方当事人承担的比例，人身损害赔偿的标准按照《中华人民共和国侵权责任法》《最高人民法院关于审理人身损害赔偿案件适用法律若干问题的解释》《最高人民法院关于审理道路交通事故损害赔偿案件适用法律若干问题的解释》等有关规定执行，财产损失的修复费用、折价赔偿费用按照实际价值或者评估机构的评估结论计算；
（五）确定赔偿履行方式及期限。

第九十二条　因确定损害赔偿的数额，需要进行伤残评定、财产损失评估的，由各方当事人协商确定有资质的机构进行，但财产损失数额巨大涉嫌刑事犯罪的，由公安机关交通管理部门委托。

当事人委托伤残评定、财产损失评估的费用，由当事人承担。

第九十三条　经调解达成协议的，公安机关交通管理部门应当当场制作道路交通事故损害赔偿调解书，由各方当事人签字，分别送达各方当事人。

调解书应当载明以下内容：

（一）调解依据；
（二）道路交通事故认定书认定的基本事实和损失情况；
（三）损害赔偿的项目和数额；
（四）各方的损害赔偿责任及比例；
（五）赔偿履行方式和期限；
（六）调解日期。

经调解各方当事人未达成协议的，公安机关交通管理部门应当终止调解，制作道路交通事故损害赔偿调解终结书，送达各方当事人。

第九十四条　有下列情形之一的，公安机关交通管理部门应当终止调解，并记录在案：

（一）调解期间有一方当事人向人民法院提起民事诉讼的；
（二）一方当事人无正当理由不参加调解的；
（三）一方当事人调解过程中退出调解的。

第九十五条　有条件的地方公安机关交通管理部门可以联合有关部门，设置道路交通事故保险理赔服务场所。

第十章　涉外道路交通事故处理

第九十六条　外国人在中华人民共和国境内发生道路交通事故的，除按照本规定执行外，还应当按照办理涉外案件的有关法律、法规、规章的规定执行。

公安机关交通管理部门处理外国人发生的道路交通事故，应当告知当事人我国法律、法规、规章规定的当事人在处理道路交通事故中的权利和义务。

第九十七条　外国人发生道路交通事故有下列情形之一的，不准其出境：

（一）涉嫌犯罪的；
（二）有未了结的道路交通事故损害赔偿案件，人民法院决定不准出境的；
（三）法律、行政法规规定不准出境的其他情形。

第九十八条　外国人发生道路交通事故并承担全部责任或者主要责任的，公安机关交通管理部门应当告知道路交通事故损害赔偿权利人可以向人民法院提出采取诉前保全措施的请求。

第九十九条　公安机关交通管理部门在处理道路交通事故过程中，使用中华人民共和国通用的语言文字。对不通晓我国语言文字的，应当为其提供翻译；当事人通晓我国语言文字而不需要他人翻译的，应当出具书面声明。

经公安机关交通管理部门批准，外国人可以自行聘请翻译，翻译费由当事人承担。

第一百条　享有外交特权与豁免的人员发生道路交通事故时，应当主动出示有效身份证件，交通警察认为应当给予暂扣或者吊销机动车驾驶证处罚的,可以扣留其机动车驾驶证。需要对享有外交特权与豁免的人员进行调查的,可以约谈,谈话时仅限于与道路交通事故有关的内容。需要检验、鉴定车辆的,公安机关交通管理部门应当征得其同意,并在检验、鉴定后立即发还。

公安机关交通管理部门应当根据收集的证据,制作道路交通事故认定书送达当事人,当事人拒绝接收的,送达至其所在机构;没有所在机构或者所在机构不明确的,由当事人所属国家的驻华使领馆转交送达。

享有外交特权与豁免的人员应当配合公安机关交通管理部门的调查和检验、鉴定。对于经核查确实享有外交特权与豁免但不同意接受调查或者检验、鉴定的,公安机关交通管理部门应当将有关情况记录在案,损害赔偿事宜通过外交途径解决。

第一百零一条 公安机关交通管理部门处理享有外交特权与豁免的外国人发生人员死亡事故的,应当将其身份、证件及事故经过、损害后果等基本情况记录在案,并将有关情况迅速通报省级人民政府外事部门和该外国人所属国家的驻华使馆或者领馆。

第一百零二条 外国驻华领事机构、国际组织、国际组织驻华代表机构享有特权与豁免的人员发生道路交通事故的,公安机关交通管理部门参照本规定第一百条、第一百零一条规定办理,但《中华人民共和国领事特权与豁免条例》、中国已参加的国际公约以及我国与有关国家或者国际组织缔结的协议有不同规定的除外。

第十一章 执法监督

第一百零三条 公安机关警务督察部门可以依法对公安机关交通管理部门及其交通警察处理道路交通事故工作进行现场督察,查处违纪违法行为。

上级公安机关交通管理部门对下级公安机关交通管理部门处理道路交通事故工作进行监督,发现错误应当及时纠正,造成严重后果的,依纪依法追究有关人员的责任。

第一百零四条 公安机关交通管理部门及其交通警察处理道路交通事故,应当公开办事制度、办事程序,建立警风警纪监督员制度,并自觉接受社会和群众的监督。

任何单位和个人都有权对公安机关交通管理部门及其交通警察不依法严格公正处理道路交通事故、利用职务上的便利收受他人财物或者谋取其他利益、徇私舞弊、滥用职权、玩忽职守以及其他违纪违法行为进行检举、控告。收到检举、控告的机关,应当依据职责及时查处。

第一百零五条 在调查处理道路交通事故时,交通警察或者公安机关检验、鉴定人员有下列情形之一的,应当回避:

(一)是本案的当事人或者是当事人的近亲属的;

(二)本人或者其近亲属与本案有利害关系的;

(三)与本案当事人有其他关系,可能影响案件公正处理的。

交通警察或者公安机关检验、鉴定人员需要回避的,由本级公安机关交通管理部门负责人或者检验、鉴定人员所属的公安机关决定。公安机关交通管理部门负责人需要回避的,由公安机关或者上一级公安机关交通管理部门负责人决定。

对当事人提出的回避申请,公安机关交通管理部门应当在二日内作出决定,并通知申请人。

第一百零六条 人民法院、人民检察院审理、审查道路交通事故案件,需要公安机关交通管理部门提供有关证据的,公安机关交通管理部门应当在接到调卷公函之日起三日内,或者按照其时限要求,将道路交通事故案件调查材料正本移送人民法院或者人民检察院。

第一百零七条 公安机关交通管理部门对查获交通肇事逃逸车辆及人员提供有效线索或者协助的人员、单位,应当给予表彰和奖励。

公安机关交通管理部门及其交通警察接到协查通报不配合协查并造成严重后果的,由公安机关或者上级公安机关交通管理部门追究有关人员和单位主管领导的责任。

第十二章 附则

第一百零八条 道路交通事故处理资格等级管理规定由公安部另行制定,资格证书式样全国统一。

第一百零九条 公安机关交通管理部门应当在邻省、市(地)、县交界的国、省、县道上,以及辖区内交通流量集中的路段,设置标有管辖地公安机关交通管理部门名称及道路交通事故报警电话号码的提示牌。

第一百一十条 车辆在道路以外通行时发生的事故,公安机关交通管理部门接到报案的,参照本规定处理。涉嫌犯罪的,及时移送有关部门。

第一百一十一条 执行本规定所需要的法律文书式样,由公安部制定。公安部没有制定式样,执法工作中需要的其他法律文书,省级公安机关可以制定式样。

当事人自行协商处理损害赔偿事宜的,可以自行制作协议书,但应当符合本规定第二十一条关于协议书内容的规定。

第一百一十二条 本规定中下列用语的含义是:

(一)"交通肇事逃逸",是指发生道路交通事故后,当事人为逃避法律责任,驾驶或者遗弃车辆逃离道路交通事故现场以及潜逃藏匿的行为。

(二)"深度调查",是指以有效防范道路交通事故为目的,对道路交通事故发生的深层次原因以及道路交通安全相关因素开展延伸调查,分析查找安全隐患及管理漏洞,并提出从源头解决问题的意见和建议的活动。

(三)"检验报告、鉴定意见确定",是指检验报告、鉴定意见复印件送达当事人之日起三日内,当事人未申请重新检验、鉴定的,以及公安机关交通管理部门批准重新检验、鉴定,鉴定机构出具检验报告、鉴定意见的。

(四)"外国人",是指不具有中国国籍的人。

(五)本规定所称的"一日"、"二日"、"三日"、"五日"、"十日",是指工作日,不包括节假日。

(六)本规定所称的"以上"、"以下"均包括本数在内。

(七)"县级以上公安机关交通管理部门",是指县级以上人民政府公安机关交通管理部门或者相当于同级的公安机关交通管理部门。

(八)"设区的市公安机关交通管理部门",是指设区的市人民政府公安机关交通管理部门或者相当于同级的公安机关交通管理部门。

(九)"设区的市公安机关",是指设区的市人民政府公安机关或者相当于同级的公安机关。

第一百一十三条 本规定没有规定的道路交通事故案件办理程序,依照《公安机关办理行政案件程序规定》《公安机关办理刑事案件程序规定》的有关规定执行。

第一百一十四条 本规定自 2018 年 5 月 1 日起施行。2008 年 8 月 17 日发布的《道路交通事故处理程序规定》(公安部令第 104 号)同时废止。

道路交通安全违法行为处理程序规定

· 2008 年 12 月 20 日公安部令第 105 号公布
· 根据 2020 年 4 月 7 日《公安部关于修改〈道路交通安全违法行为处理程序规定〉的决定》修正

第一章 总 则

第一条 为了规范道路交通安全违法行为处理程序,保障公安机关交通管理部门正确履行职责,保护公民、法人和其他组织的合法权益,根据《中华人民共和国道路交通安全法》及其实施条例等法律、行政法规制定本规定。

第二条 公安机关交通管理部门及其交通警察对道路交通安全违法行为(以下简称违法行为)的处理程序,在法定职权范围内依照本规定实施。

第三条 对违法行为的处理应当遵循合法、公正、文明、公开、及时的原则,尊重和保障人权,保护公民的人格尊严。

对违法行为的处理应当坚持教育与处罚相结合的原则,教育公民、法人和其他组织自觉遵守道路交通安全法律法规。

对违法行为的处理,应当以事实为依据,与违法行为的事实、性质、情节以及社会危害程度相当。

第二章 管 辖

第四条 交通警察执勤执法中发现的违法行为由违法行为发生地的公安机关交通管理部门管辖。

对管辖权发生争议的,报请共同的上一级公安机关交通管理部门指定管辖。上一级公安机关交通管理部门应当及时确定管辖主体,并通知争议各方。

第五条 违法行为人可以在违法行为发生地、机动车登记地或者其他任意地公安机关交通管理部门处理交通技术监控设备记录的违法行为。

违法行为人在违法行为发生地以外的地方（以下简称处理地）处理交通技术监控设备记录的违法行为的，处理地公安机关交通管理部门可以协助违法行为发生地公安机关交通管理部门调查违法事实、代为送达法律文书、代为履行处罚告知程序，由违法行为发生地公安机关交通管理部门按照发生地标准作出处罚决定。

违法行为人或者机动车所有人、管理人对交通技术监控设备记录的违法行为事实有异议的，可以通过公安机关交通管理部门互联网站、移动互联网应用程序或者违法行为处理窗口向公安机关交通管理部门提出。处理地公安机关交通管理部门应当在收到当事人申请后当日，通过道路交通违法信息管理系统通知违法行为发生地公安机关交通管理部门。违法行为发生地公安机关交通管理部门应当在五日内予以审查，异议成立的，予以消除；异议不成立的，告知当事人。

第六条 对违法行为人处以警告、罚款或者暂扣机动车驾驶证处罚的，由县级以上公安机关交通管理部门作出处罚决定。

对违法行为人处以吊销机动车驾驶证处罚的，由设区的市公安机关交通管理部门作出处罚决定。

对违法行为人处以行政拘留处罚的，由县、市公安局、公安分局或者相当于县一级的公安机关作出处罚决定。

第三章 调查取证

第一节 一般规定

第七条 交通警察调查违法行为时，应当表明执法身份。

交通警察执勤执法应当严格执行安全防护规定，注意自身安全，在公路上执勤执法不得少于两人。

第八条 交通警察应当全面、及时、合法收集能够证实违法行为是否存在、违法情节轻重的证据。

第九条 交通警察调查违法行为时，应当查验机动车驾驶证、行驶证、机动车号牌、检验合格标志、保险标志等牌证以及机动车和驾驶人违法信息。对运载爆炸物品、易燃易爆化学物品以及剧毒、放射性等危险物品车辆驾驶人违法行为调查的，还应当查验其他相关证件及信息。

第十条 交通警察查验机动车驾驶证时，应当询问驾驶人姓名、住址、出生年月并与驾驶证上记录的内容进行核对；对持证人的相貌与驾驶证上的照片进行核对。必要时，可以要求驾驶人出示居民身份证进行核对。

第十一条 调查中需要采取行政强制措施的，依照法律、法规、本规定及国家其他有关规定实施。

第十二条 交通警察对机动车驾驶人不在现场的违法停放机动车行为，应当在机动车侧门玻璃或者摩托车座位上粘贴违法停车告知单，并采取拍照或者录像方式固定相关证据。

第十三条 调查中发现违法行为人有其他违法行为的，在依法对其道路交通安全违法行为作出处理决定的同时，按照有关规定移送有管辖权的单位处理。涉嫌构成犯罪的，转为刑事案件办理或者移送有权处理的主管机关、部门办理。

第十四条 公安机关交通管理部门对于控告、举报的违法行为以及其他行政主管部门移送的案件应当接受，并按规定处理。

第二节 交通技术监控

第十五条 公安机关交通管理部门可以利用交通技术监控设备、执法记录设备收集、固定违法行为证据。

交通技术监控设备、执法记录设备应当符合国家标准或者行业标准，需要认定、检定的交通技术监控设备应当经认定、检定合格后，方可用于收集、固定违法行为证据。

交通技术监控设备应当定期维护、保养、检测，保持功能完好。

第十六条 交通技术监控设备的设置应当遵循科学、规范、合理的原则，设置的地点应当有明确规范相应交通行为的交通信号。

固定式交通技术监控设备设置地点应当向社会公布。

第十七条 使用固定式交通技术监控设备测速的路段，应当设置测速警告标志。

使用移动测速设备测速的，应当由交通警察操作。使用车载移动测速设备的，还应当使用制式警车。

第十八条 作为处理依据的交通技术监控设

备收集的违法行为记录资料,应当清晰、准确地反映机动车类型、号牌、外观等特征以及违法时间、地点、事实。

第十九条　交通技术监控设备收集违法行为记录资料后五日内,违法行为发生地公安机关交通管理部门应当对记录内容进行审核,经审核无误后录入道路交通违法信息管理系统,作为处罚违法行为的证据。

第二十条　交通技术监控设备记录的违法行为信息录入道路交通违法信息管理系统后当日,违法行为发生地和机动车登记地公安机关交通管理部门应当向社会提供查询。违法行为发生地公安机关交通管理部门应当在违法行为信息录入道路交通违法信息管理系统后五日内,按照机动车备案信息中的联系方式,通过移动互联网应用程序、手机短信或者邮寄等方式将违法时间、地点、事实通知违法行为人或者机动车所有人、管理人,并告知其在三十日内接受处理。

公安机关交通管理部门应当在违法行为人或者机动车所有人、管理人处理违法行为和交通事故、办理机动车或者驾驶证业务时,书面确认违法行为人或者机动车所有人、管理人的联系方式和法律文书送达方式,并告知其可以通过公安机关交通管理部门互联网站、移动互联网应用程序等方式备案或者变更联系方式、法律文书送达方式。

第二十一条　对交通技术监控设备记录的违法行为信息,经核查能够确定实际驾驶人的,公安机关交通管理部门可以在道路交通违法信息管理系统中将其记录为实际驾驶人的违法行为信息。

第二十二条　交通技术监控设备记录或者录入道路交通违法信息管理系统的违法行为信息,有下列情形之一并经核实的,违法行为发生地或者机动车登记地公安机关交通管理部门应当自核实之日起三日内予以消除:

(一)警车、消防救援车辆、救护车、工程救险车执行紧急任务期间交通技术监控设备记录的违法行为;

(二)机动车所有人或者管理人提供报案记录证明机动车被盗抢期间、机动车号牌被他人冒用期间交通技术监控设备记录的违法行为的;

(三)违法行为人或者机动车所有人、管理人提供证据证明机动车因救助危难或者紧急避险造成的违法行为;

(四)已经在现场被交通警察处理的交通技术监控设备记录的违法行为;

(五)因交通信号指示不一致造成的违法行为;

(六)作为处理依据的交通技术监控设备收集的违法行为记录资料,不能清晰、准确地反映机动车类型、号牌、外观等特征以及违法时间、地点、事实的;

(七)经比对交通技术监控设备记录的违法行为照片,道路交通违法信息管理系统登记的机动车信息,确认记录的机动车号牌信息错误的;

(八)其他应当消除的情形。

第二十三条　经查证属实,单位或者个人提供的违法行为照片或者视频等资料可以作为处罚的证据。

对群众举报的违法行为照片或者视频资料的审核录入要求,参照本规定执行。

第四章　行政强制措施适用

第二十四条　公安机关交通管理部门及其交通警察在执法过程中,依法可以采取下列行政强制措施:

(一)扣留车辆;

(二)扣留机动车驾驶证;

(三)拖移机动车;

(四)检验体内酒精、国家管制的精神药品、麻醉药品含量;

(五)收缴物品;

(六)法律、法规规定的其他行政强制措施。

第二十五条　采取本规定第二十四条第(一)、(二)、(四)、(五)项行政强制措施,应当按照下列程序实施:

(一)口头告知违法行为人或者机动车所有人、管理人违法行为的基本事实、拟作出行政强制措施的种类、依据及其依法享有的权利;

(二)听取当事人的陈述和申辩,当事人提出的事实、理由或者证据成立的,应当采纳;

(三)制作行政强制措施凭证,并告知当事人在十五日内到指定地点接受处理;

(四)行政强制措施凭证应当由当事人签名、交通警察签名或者盖章,并加盖公安机关交通管理部门印章;当事人拒绝签名的,交通警察应当在行政强制措施凭证上注明;

（五）行政强制措施凭证应当当场交付当事人；当事人拒收的，由交通警察在行政强制措施凭证上注明，即为送达。

现场采取行政强制措施的，交通警察应当在二十四小时内向所属公安机关交通管理部门负责人报告，并补办批准手续。公安机关交通管理部门负责人认为不应当采取行政强制措施的，应当立即解除。

第二十六条 行政强制措施凭证应当载明当事人的基本情况、车辆牌号、车辆类型、违法事实、采取行政强制措施种类和依据、接受处理的具体地点和期限、决定机关名称及当事人依法享有的行政复议、行政诉讼权利等内容。

第二十七条 有下列情形之一的，依法扣留车辆：

（一）上道路行驶的机动车未悬挂机动车号牌，未放置检验合格标志、保险标志，或者未随车携带机动车行驶证、驾驶证的；

（二）有伪造、变造或者使用伪造、变造的机动车登记证书、号牌、行驶证、检验合格标志、保险标志、驾驶证或者使用其他车辆的机动车登记证书、号牌、行驶证、检验合格标志、保险标志嫌疑的；

（三）未按照国家规定投保机动车交通事故责任强制保险的；

（四）公路客运车辆或者货运机动车超载的；

（五）机动车有被盗抢嫌疑的；

（六）机动车有拼装或者达到报废标准嫌疑的；

（七）未申领《剧毒化学品公路运输通行证》通过公路运输剧毒化学品的；

（八）非机动车驾驶人拒绝接受罚款处罚的。

对发生道路交通事故，因收集证据需要的，可以依法扣留事故车辆。

第二十八条 交通警察应当在扣留车辆后二十四小时内，将被扣留车辆交所属公安机关交通管理部门。

公安机关交通管理部门扣留车辆的，不得扣留车辆所载货物。对车辆所载货物应当通知当事人自行处理，当事人无法自行处理或者不自行处理的，应当登记并妥善保管，对容易腐烂、损毁、灭失或者其他不具备保管条件的物品，经县级以上公安机关交通管理部门负责人批准，可以在拍照或者录像后变卖或者拍卖，变卖、拍卖所得按照有关规定处理。

第二十九条 对公路客运车辆载客超过核定乘员、货运机动车超过核定载质量的，公安机关交通管理部门应当按照下列规定消除违法状态：

（一）违法行为人可以自行消除违法状态的，应当在公安机关交通管理部门的监督下，自行将超载的乘车人转运、将超载的货物卸载；

（二）违法行为人无法自行消除违法状态的，对超载的乘车人，公安机关交通管理部门应当及时通知有关部门联系转运；对超载的货物，应当在指定的场地卸载，并由违法行为人与指定场地的保管方签订卸载货物的保管合同。

消除违法状态的费用由违法行为人承担。违法状态消除后，应当立即退还被扣留的机动车。

第三十条 对扣留的车辆，当事人接受处理或者提供、补办的相关证明或者手续经核实后，公安机关交通管理部门应当依法及时退还。

公安机关交通管理部门核实的时间不得超过十日；需要延长的，经县级以上公安机关交通管理部门负责人批准，可以延长至十五日。核实时间自车辆驾驶人或者所有人、管理人提供被扣留车辆合法来历证明，补办相应手续，或者接受处理之日起计算。

发生道路交通事故因收集证据需要扣留车辆的，扣留车辆时间依照《道路交通事故处理程序规定》有关规定执行。

第三十一条 有下列情形之一的，依法扣留机动车驾驶证：

（一）饮酒后驾驶机动车的；

（二）将机动车交由未取得机动车驾驶证或者机动车驾驶证被吊销、暂扣的人驾驶的；

（三）机动车行驶超过规定时速百分之五十的；

（四）驾驶有拼装或者达到报废标准嫌疑的机动车上道路行驶的；

（五）在一个记分周期内累积记分达到十二分的。

第三十二条 交通警察应当在扣留机动车驾驶证后二十四小时内，将被扣留机动车驾驶证交所属公安机关交通管理部门。

具有本规定第三十一条第（一）、（二）、（三）、（四）项所列情形之一的，扣留机动车驾驶证至作出处罚决定之日；处罚决定生效前先予扣留机动车驾驶证的，扣留一日折抵暂扣期限一日。只对违法行为人作出罚款处罚的，缴纳罚款完毕后，应当立即发还机动车驾驶证。具有本规定第三十一条第（五）项情形的，扣留机动车驾驶证至考试合格之日。

第三十三条 违反机动车停放、临时停车规定，驾驶人不在现场或者虽在现场但拒绝立即驶离，妨碍其他车辆、行人通行的，公安机关交通管理部门及其交通警察可以将机动车拖移至不妨碍交通的地点或者公安机关交通管理部门指定的地点。

拖移机动车的，现场交通警察应当通过拍照、录像等方式固定违法事实和证据。

第三十四条 公安机关交通管理部门应当公开拖移机动车查询电话，并通过设置拖移机动车专用标志牌明示或者以其他方式告知当事人。当事人可以通过电话查询接受处理的地点、期限和被拖移机动车的停放地点。

第三十五条 车辆驾驶人有下列情形之一的，应当对其检验体内酒精含量：

（一）对酒精呼气测试等方法测试的酒精含量结果有异议并当场提出的；

（二）涉嫌饮酒驾驶车辆发生交通事故的；

（三）涉嫌醉酒驾驶的；

（四）拒绝配合酒精呼气测试等方法测试的。

车辆驾驶人对酒精呼气测试结果无异议的，应当签字确认。事后提出异议的，不予采纳。

车辆驾驶人涉嫌吸食、注射毒品或者服用国家管制的精神药品、麻醉药品后驾驶车辆的，应当按照《吸毒检测程序规定》对车辆驾驶人进行吸毒检测，并通知其家属，但无法通知的除外。

对酒后、吸毒后行为失控或者拒绝配合检验、检测的，可以使用约束带或者警绳等约束性警械。

第三十六条 对车辆驾驶人进行体内酒精含量检验的，应当按照下列程序实施：

（一）由两名交通警察或者由一名交通警察带领警务辅助人员将车辆驾驶人带到医疗机构提取血样，或者现场由法医等具有相应资质的人员提取血样；

（二）公安机关交通管理部门应当在提取血样后五日内将血样送交有检验资格的单位或者机构进行检验，并在收到检验结果后五日内书面告知车辆驾驶人。

检验车辆驾驶人体内酒精含量的，应当通知其家属，但无法通知的除外。

车辆驾驶人对检验结果有异议的，可以在收到检验结果之日起三日内申请重新检验。

具有下列情形之一的，应当进行重新检验：

（一）检验程序违法或者违反相关专业技术要求，可能影响检验结果正确性的；

（二）检验单位或者机构、检验人不具备相应资质和条件的；

（三）检验结果明显依据不足的；

（四）检验人故意作虚假检验的；

（五）检验人应当回避而没有回避的；

（六）检材虚假或者被污染的；

（七）其他应当重新检验的情形。

不符合前款规定情形的，经县级以上公安机关交通管理部门负责人批准，作出不准予重新检验的决定，并在作出决定之日起的三日内书面通知申请人。

重新检验，公安机关应当另行指派或者聘请检验人。

第三十七条 对非法安装警报器、标志灯具或者自行车、三轮车加装动力装置的，公安机关交通管理部门应当强制拆除，予以收缴，并依法予以处罚。

交通警察现场收缴非法装置的，应当在二十四小时内，将收缴的物品交所属公安机关交通管理部门。

对收缴的物品，除作为证据保存外，经县级以上公安机关交通管理部门批准后，依法予以销毁。

第三十八条 公安机关交通管理部门对扣留的拼装或者已达到报废标准的机动车，经县级以上公安机关交通管理部门批准后，予以收缴，强制报废。

第三十九条 对伪造、变造或者使用伪造、变造的机动车登记证书、号牌、行驶证、检验合格标志、保险标志、驾驶证的，应当予以收缴，依法处罚后予以销毁。

对使用其他车辆的机动车登记证书、号牌、行驶证、检验合格标志、保险标志的，应当予以收缴，依法处罚后转至机动车登记地车辆管理所。

第四十条 对在道路两侧及隔离带上种植树木、其他植物或者设置广告牌、管线等，遮挡路灯、交通信号灯、交通标志，妨碍安全视距的，公安机关交通管理部门应当向违法行为人送达排除妨碍通知书,告知履行期限和不履行的后果。违法行为人在规定期限内拒不履行的,依法予以处罚并强制排除妨碍。

第四十一条 强制排除妨碍,公安机关交通管理部门及其交通警察可以当场实施。无法当场实施的,应当按照下列程序实施:

(一)经县级以上公安机关交通管理部门负责人批准,可以委托或者组织没有利害关系的单位予以强制排除妨碍;

(二)执行强制排除妨碍时,公安机关交通管理部门应当派员到场监督。

第五章 行政处罚

第一节 行政处罚的决定

第四十二条 交通警察对于当场发现的违法行为,认为情节轻微、未影响道路通行和安全的,口头告知其违法行为的基本事实、依据,向违法行为人提出口头警告,纠正违法行为后放行。

各省、自治区、直辖市公安机关交通管理部门可以根据实际确定适用口头警告的具体范围和实施办法。

第四十三条 对违法行为人处以警告或者二百元以下罚款的,可以适用简易程序。

对违法行为人处以二百元(不含)以上罚款、暂扣或者吊销机动车驾驶证的,应当适用一般程序。不需要采取行政强制措施的,现场交通警察应当收集、固定相关证据,并制作违法行为处理通知书。其中,对违法行为人单处二百元(不含)以上罚款的,可以通过简化取证方式和审核审批手续等措施快速办理。

对违法行为人处以行政拘留处罚的,按照《公安机关办理行政案件程序规定》实施。

第四十四条 适用简易程序处罚的,可以由一名交通警察作出,并应当按照下列程序实施:

(一)口头告知违法行为人违法行为的基本事实、拟作出的行政处罚、依据及其依法享有的权利;

(二)听取违法行为人的陈述和申辩,违法行为人提出的事实、理由或者证据成立的,应当采纳;

(三)制作简易程序处罚决定书;

(四)处罚决定书应当由被处罚人签名、交通警察签名或者盖章,并加盖公安机关交通管理部门印章;被处罚人拒绝签名的,交通警察应当在处罚决定书上注明;

(五)处罚决定书应当当场交付被处罚人;被处罚人拒收的,由交通警察在处罚决定书上注明,即为送达。

交通警察应当在二日内将简易程序处罚决定书报所属公安机关交通管理部门备案。

第四十五条 简易程序处罚决定书应当载明被处罚人的基本情况、车辆牌号、车辆类型、违法事实、处罚的依据、处罚的内容、履行方式、期限、处罚机关名称及被处罚人依法享有的行政复议、行政诉讼权利等内容。

第四十六条 制发违法行为处理通知书应当按照下列程序实施:

(一)口头告知违法行为人违法行为的基本事实;

(二)听取违法行为人的陈述和申辩,违法行为人提出的事实、理由或者证据成立的,应当采纳;

(三)制作违法行为处理通知书,并通知当事人在十五日内接受处理;

(四)违法行为处理通知书应当由违法行为人签名、交通警察签名或者盖章,并加盖公安机关交通管理部门印章;当事人拒绝签名的,交通警察应当在违法行为处理通知书上注明;

(五)违法行为处理通知书应当当场交付当事人;当事人拒收的,由交通警察在违法行为处理通知书上注明,即为送达。

交通警察应当在二十四小时内将违法行为处理通知书报所属公安机关交通管理部门备案。

第四十七条 违法行为处理通知书应当载明当事人的基本情况、车辆牌号、车辆类型、违法事实、接受处理的具体地点和时限、通知机关名称等内容。

第四十八条 适用一般程序作出处罚决定,应当由两名以上交通警察按照下列程序实施:

(一)对违法事实进行调查,询问当事人违法行为的基本情况,并制作笔录;当事人拒绝接受询问、签名或者盖章的,交通警察应当在询问笔录上注明;

(二)采用书面形式或者笔录形式告知当事人

拟作出的行政处罚的事实、理由及依据，并告知其依法享有的权利；

（三）对当事人陈述、申辩进行复核，复核结果应当在笔录中注明；

（四）制作行政处罚决定书；

（五）行政处罚决定书应当由被处罚人签名，并加盖公安机关交通管理部门印章；被处罚人拒绝签名的，交通警察应当在处罚决定书上注明；

（六）行政处罚决定书应当当场交付被处罚人；被处罚人拒收的，由交通警察在处罚决定书上注明，即为送达；被处罚人不在场的，应当依照《公安机关办理行政案件程序规定》的有关规定送达。

第四十九条 行政处罚决定书应当载明被处罚人的基本情况、车辆牌号、车辆类型、违法事实和证据、处罚的依据、处罚的内容、履行方式、期限、处罚机关名称及被处罚人依法享有的行政复议、行政诉讼权利等内容。

第五十条 一人有两种以上违法行为，分别裁决，合并执行，可以制作一份行政处罚决定书。

一人只有一种违法行为，依法应当并处两个以上处罚种类且涉及两个处罚主体的，应当分别制作行政处罚决定书。

第五十一条 对违法行为事实清楚，需要按照一般程序处以罚款的，应当自违法行为人接受处理之时起二十四小时内作出处罚决定；处以暂扣机动车驾驶证的，应当自违法行为人接受处理之日起三日内作出处罚决定；处以吊销机动车驾驶证的，应当自违法行为人接受处理或者听证程序结束之日起七日内作出处罚决定，交通肇事构成犯罪的，应当在人民法院判决后及时作出处罚决定。

第五十二条 对交通技术监控设备记录的违法行为，当事人应当及时到公安机关交通管理部门接受处理，处以警告或者二百元以下罚款的，可以适用简易程序；处以二百元(不含)以上罚款、吊销机动车驾驶证的，应当适用一般程序。

第五十三条 违法行为人或者机动车所有人、管理人收到道路交通安全违法行为通知后，应当及时到公安机关交通管理部门接受处理。机动车所有人、管理人将机动车交由他人驾驶的，应当通知机动车驾驶人按照本规定第二十条规定期限接受处理。

违法行为人或者机动车所有人、管理人无法在三十日内接受处理的，可以申请延期处理。延长的期限最长不得超过三个月。

第五十四条 机动车有五起以上未处理的违法行为记录，违法行为人或者机动车所有人、管理人未在三十日内接受处理且未申请延期处理的，违法行为发生地公安机关交通管理部门应当按照备案信息中的联系方式，通过移动互联网应用程序、手机短信或者邮寄等方式将拟作出的行政处罚决定的事实、理由、依据以及依法享有的权利，告知违法行为人或者机动车所有人、管理人。违法行为人或者机动车所有人、管理人未在告知后三十日内接受处理的，可以采取公告方式告知拟作出的行政处罚决定的事实、理由、依据、依法享有的权利以及公告期届满后将依法作出行政处罚决定。公告期为七日。

违法行为人或者机动车所有人、管理人提出申辩或者接受处理的，应当按照本规定第四十四条或者第四十八条办理；违法行为人或者机动车所有人、管理人未提出申辩的，公安机关交通管理部门可以依法作出行政处罚决定，并制作行政处罚决定书。

第五十五条 行政处罚决定书可以邮寄或者电子送达。邮寄或者电子送达不成功的，公安机关交通管理部门可以公告送达，公告期为六十日。

第五十六条 电子送达可以采用移动互联网应用程序、电子邮件、移动通信等能够确认受送达人收悉的特定系统作为送达媒介。送达日期为公安机关交通管理部门对应系统显示发送成功的日期。受送达人证明到达其特定系统的日期与公安机关交通管理部门对应系统显示发送成功的日期不一致的，以受送达人证明到达其特定系统的日期为准。

公告应当通过互联网交通安全综合服务管理平台、移动互联网应用程序等方式进行。公告期满，即为送达。

公告内容应当避免泄漏个人隐私。

第五十七条 交通警察在道路执勤执法时，发现违法行为人或者机动车所有人、管理人有交通技术监控设备记录的违法行为逾期未处理的，应当以口头或者书面方式告知违法行为人或者机动车所有人、管理人。

第五十八条 违法行为人可以通过公安机关交通管理部门自助处理平台自助处理违法行为。

第二节 行政处罚的执行

第五十九条 对行人、乘车人、非机动车驾驶人处以罚款,交通警察当场收缴的,交通警察应当在简易程序处罚决定书上注明,由被处罚人签名确认。被处罚人拒绝签名的,交通警察应当在处罚决定书上注明。

交通警察依法当场收缴罚款的,应当开具省、自治区、直辖市财政部门统一制发的罚款收据;不开具省、自治区、直辖市财政部门统一制发的罚款收据的,当事人有权拒绝缴纳罚款。

第六十条 当事人逾期不履行行政处罚决定的,作出行政处罚决定的公安机关交通管理部门可以采取下列措施:

(一)到期不缴纳罚款的,每日按罚款数额的百分之三加处罚款,加处罚款总额不得超出罚款数额;

(二)申请人民法院强制执行。

第六十一条 公安机关交通管理部门对非本辖区机动车驾驶人给予暂扣、吊销机动车驾驶证处罚的,应当在作出处罚决定之日起十五日内,将机动车驾驶证转至核发地公安机关交通管理部门。

违法行为人申请不将暂扣的机动车驾驶证转至核发地公安机关交通管理部门的,应当准许,并在行政处罚决定书上注明。

第六十二条 对违法行为人决定行政拘留并处罚款的,公安机关交通管理部门应当告知违法行为人可以委托他人代缴罚款。

第六章 执法监督

第六十三条 交通警察执勤执法时,应当按照规定着装,佩戴人民警察标志,随身携带人民警察证件,保持警容严整,举止端庄,指挥规范。

交通警察查处违法行为时应当使用规范、文明的执法用语。

第六十四条 公安机关交通管理部门所属的交警队、车管所及重点业务岗位应当建立值日警官和法制员制度,防止和纠正执法中的错误和不当行为。

第六十五条 各级公安机关交通管理部门应当加强执法监督,建立本单位及其所属民警的执法档案,实施执法质量考评、执法责任制和执法过错追究。

执法档案可以是电子档案或者纸质档案。

第六十六条 公安机关交通管理部门应当依法建立交通民警执勤执法考核评价标准,不得下达或者变相下达罚款指标,不得以处罚数量作为考核民警执法效果的依据。

第七章 其他规定

第六十七条 当事人对公安机关交通管理部门采取的行政强制措施或者作出的行政处罚决定不服的,可以依法申请行政复议或者提起行政诉讼。

第六十八条 公安机关交通管理部门应当使用道路交通违法信息管理系统对违法行为信息进行管理。对记录和处理的交通违法行为信息应当及时录入道路交通违法信息管理系统。

第六十九条 公安机关交通管理部门对非本辖区机动车有违法行为记录的,应当在违法行为信息录入道路交通违法信息管理系统后,在规定时限内将违法行为信息转至机动车登记地公安机关交通管理部门。

第七十条 公安机关交通管理部门对非本辖区机动车驾驶人的违法行为给予记分或者暂扣、吊销机动车驾驶证以及扣留机动车驾驶证的,应当在违法行为信息录入道路交通违法信息管理系统后,在规定时限内将违法行为信息转至驾驶证核发地公安机关交通管理部门。

第七十一条 公安机关交通管理部门可以与保险监管机构建立违法行为与机动车交通事故责任强制保险费率联系浮动制度。

第七十二条 机动车所有人为单位的,公安机关交通管理部门可以将严重影响道路交通安全的违法行为通报机动车所有人。

第七十三条 对非本辖区机动车驾驶人申请在违法行为发生地、处理地参加满分学习、考试的,公安机关交通管理部门应当准许,考试合格后发还扣留的机动车驾驶证,并将考试合格的信息转至驾驶证核发地公安机关交通管理部门。

驾驶证核发地公安机关交通管理部门应当根据转递信息清除机动车驾驶人的累积记分。

第七十四条 以欺骗、贿赂等不正当手段取得机动车登记的,应当收缴机动车登记证书、号牌、行驶证,由机动车登记地公安机关交通管理部门撤销机动车登记。

以欺骗、贿赂等不正当手段取得驾驶许可的，应当收缴机动车驾驶证，由驾驶证核发地公安机关交通管理部门撤销机动车驾驶许可。

非本辖区机动车登记或者机动车驾驶许可需要撤销的，公安机关交通管理部门应当将收缴的机动车登记证书、号牌、行驶证或者机动车驾驶证以及相关证据材料，及时转至机动车登记地或者驾驶证核发地公安机关交通管理部门。

第七十五条 撤销机动车登记或者机动车驾驶许可的，应当按照下列程序实施：

（一）经设区的市公安机关交通管理部门负责人批准，制作撤销决定书送达当事人；

（二）将收缴的机动车登记证书、号牌、行驶证或者机动车驾驶证以及撤销决定书转至机动车登记地或者驾驶证核发地车辆管理所予以注销；

（三）无法收缴的，公告作废。

第七十六条 简易程序案卷应当包括简易程序处罚决定书。一般程序案卷应当包括行政强制措施凭证或者违法行为处理通知书、证据材料、公安交通管理行政处罚决定书。

在处理违法行为过程中形成的其他文书应当一并存入案卷。

第八章 附 则

第七十七条 本规定中下列用语的含义：

（一）"违法行为人"，是指违反道路交通安全法律、行政法规规定的公民、法人及其他组织。

（二）"县级以上公安机关交通管理部门"，是指县级以上人民政府公安机关交通管理部门或者相当于同级的公安机关交通管理部门。"设区的市公安机关交通管理部门"，是指设区的市人民政府公安机关交通管理部门或者相当于同级的公安机关交通管理部门。

第七十八条 交通技术监控设备记录的非机动车、行人违法行为参照本规定关于机动车违法行为处理程序处理。

第七十九条 公安机关交通管理部门可以以电子案卷形式保存违法处理案卷。

第八十条 本规定未规定的违法行为处理程序，依照《公安机关办理行政案件程序规定》执行。

第八十一条 本规定所称"以上""以下"，除特别注明的外，包括本数在内。

本规定所称的"二日""三日""五日""七日""十日""十五日"，是指工作日，不包括节假日。

第八十二条 执行本规定所需要的法律文书式样，由公安部制定。公安部没有制定式样，执法工作中需要的其他法律文书，各省、自治区、直辖市公安机关交通管理部门可以制定式样。

第八十三条 本规定自 2009 年 4 月 1 日起施行。2004 年 4 月 30 日发布的《道路交通安全违法行为处理程序规定》（公安部第 69 号令）同时废止。本规定生效后，以前有关规定与本规定不一致的，以本规定为准。

交通警察道路执勤执法工作规范

· 2008 年 11 月 15 日
· 公通字〔2008〕58 号

第一章 总 则

第一条 为了规范交通警察道路执勤执法行为，维护道路交通秩序，保障道路交通安全畅通，根据《中华人民共和国道路交通安全法》及其他有关规定，制定本规范。

第二条 交通警察在道路上执行维护交通秩序、实施交通管制、执行交通警卫任务、纠正和处理道路交通安全违法行为（以下简称"违法行为"）等任务，适用本规范。

第三条 交通警察执勤执法应当坚持合法、公正、文明、公开、及时，查处违法行为应当坚持教育与处罚相结合。

第四条 交通警察执勤执法应当遵守道路交通安全法律法规。对违法行为实施行政处罚或者采取行政强制措施，应当按照《道路交通安全法》、《道路交通安全法实施条例》、《道路交通安全违法行为处理程序规定》等法律、法规、规章执行。

第五条 交通协管员可以在交通警察指导下承担以下工作：

（一）维护道路交通秩序，劝阻违法行为；

（二）维护交通事故现场秩序，保护事故现场，抢救受伤人员；

（三）进行交通安全宣传；

（四）及时报告道路上的交通、治安情况和其他重要情况；

(五)接受群众求助。

交通协管员不得从事其他执法行为，不得对违法行为人作出行政处罚或者行政强制措施决定。

第二章　执勤执法用语

第六条　交通警察在执勤执法、接受群众求助时应当尊重当事人，使用文明、礼貌、规范的语言，语气庄重、平和。对当事人不理解的，应当耐心解释，不得呵斥、讽刺当事人。

第七条　检查涉嫌有违法行为的机动车驾驶人的机动车驾驶证、行驶证时，交通警察应当使用的规范用语是：你好！请出示驾驶证、行驶证。

第八条　纠正违法行为人(含机动车驾驶人、非机动车驾驶人、行人、乘车人，下同)的违法行为，对其进行警告、教育时，交通警察应当使用的规范用语是：你的(列举具体违法行为)违反了道路交通安全法律法规，请遵守交通法规。谢谢合作。

第九条　对行人、非机动车驾驶人的违法行为给予当场罚款时，交通警察应当使用的规范用语是：你的(列举具体违法行为)违反了道路交通安全法律法规，依据《道路交通安全法》第××条和《道路交通安全法实施条例》第××条(或××地方法规)的规定，对你当场处以××元的罚款。

非机动车驾驶人拒绝缴纳罚款时，交通警察应当使用的规范用语是：根据《道路交通安全法》第89条的规定，你拒绝接受罚款处罚，可以扣留你的非机动车。

第十条　对机动车驾驶人给予当场罚款或者采取行政强制措施时，交通警察应当使用的规范用语是：你的(列举具体违法行为)违反了道路交通安全法律法规，依据《道路交通安全法》第××条和《道路交通安全法实施条例》第××条(或××地方法规)的规定，对你处以××元的罚款，记××分(或者扣留你的驾驶证/机动车)。

第十一条　实施行政处罚或者行政强制措施前，告知违法行为人应享有的权利时，交通警察应当使用的规范用语是：你有权陈述和申辩。

第十二条　要求违法行为人在行政处罚决定书(或行政强制措施凭证)上签字时，交通警察应当使用的规范用语是：请你认真阅读法律文书中这些内容，并在签名处签名。

第十三条　对违法行为人依法处理后，交通警察应当使用的规范用语是：请收好法律文书(和证件)。

对经检查未发现违法行为时，交通警察应当使用的规范用语是：谢谢合作。

第十四条　对于按规定应当向银行缴纳罚款的，机动车驾驶人提出当场缴纳罚款时，交通警察应当使用的规范用语是：依据法律规定，我们不能当场收缴罚款。请到×××银行缴纳罚款。

第十五条　对于机动车驾驶人拒绝签收处罚决定书或者行政强制措施凭证时，交通警察应当使用的规范用语是：依据法律规定，你拒绝签字或者拒收，法律文书同样生效并即为送达。

第十六条　实施交通管制、执行交通警卫任务、维护交通事故现场交通秩序，交通警察应当使用的规范用语是：前方正在实行交通管制(有交通警卫任务或者发生了交通事故)，请你绕行×××道路(或者耐心等候)。

第十七条　要求当事人将机动车停至路边接受处理时，交通警察应当使用的规范用语是：请将机动车停在(指出停车位置)接受处理。

第三章　执勤执法行为举止

第十八条　交通警察在道路上执勤执法应当规范行为举止，做到举止端庄、精神饱满。

第十九条　站立时做到抬头、挺胸、收腹，双手下垂置于大腿外侧，双腿并拢、脚跟相靠，或者两腿分开与肩同宽，身体不得倚靠其他物体，不得摇摆晃动。

第二十条　行走时双肩及背部要保持平稳，双臂自然摆动，不得背手、袖手、搭肩、插兜。

第二十一条　敬礼时右手取捷径迅速抬起，五指并拢自然伸直，中指微接帽檐右角前，手心向下，微向外张，手腕不得弯曲。礼毕后手臂迅速放回原位。

第二十二条　交还被核查当事人的相关证件后时应当方便当事人接取。

第二十三条　使用手势信号指挥疏导时应当动作标准，正确有力，节奏分明。

手持指挥棒、示意牌等器具指挥疏导时，应当右手持器具，保持器具与右小臂始终处于同一条直线。

第二十四条　驾驶机动车巡逻间隙不得倚靠车身或者趴在摩托车把上休息。

第四章　着装和装备配备

第二十五条　交通警察在道路上执勤执法应当按照规定穿着制式服装，佩戴人民警察标志。

第二十六条　交通警察在道路上执勤执法应当配备多功能反光腰带、反光背心、发光指挥棒、警用文书包、对讲机或者移动通信工具等装备，可以选配警务通、录音录像执法装备等，必要时可以配备枪支、警棍、手铐、警绳等武器和警械。

第二十七条　执勤警用汽车应当配备反光锥筒、警示灯、停车示意牌、警戒带、照相机（或者摄像机）、灭火器、急救箱、牵引绳等装备；根据需要可以配备防弹衣、防弹头盔、简易破拆工具、防化服、拦车破胎器、酒精检测仪、测速仪等装备。

第二十八条　执勤警用摩托车应当配备制式头盔、停车示意牌、警戒带等装备。

第二十九条　执勤警车应当保持车容整洁、车况良好、装备齐全。

第三十条　交通警察执勤执法装备，省、自治区、直辖市公安机关可以根据实际需要增加，但应当在本省自治区、直辖市范围内做到统一规范。

第五章　通行秩序管理

第三十一条　交通警察在道路上执勤时，应当采取定点指挥疏导和巡逻管控相结合的方式。

第三十二条　交通警察在指挥疏导交通时，应当注意观察道路的交通流量变化，指挥机动车、非机动车、行人有序通行。

在信号灯正常工作的路口，可以根据交通流量变化，合理使用交通警察手势信号，指挥机动车快速通过路口，提高通行效率，减少通行延误。

在无信号灯或者信号灯不能正常工作的路口，交通警察应当使用手势信号指挥疏导，提高车辆、行人通过速度，减少交通冲突，避免发生交通拥堵。

第三十三条　交通警察遇到交通堵塞应当立即指挥疏导；遇严重交通堵塞的，应当采取先期处置措施，查明原因，向上级报告。

接到疏导交通堵塞指令后，应当按照工作预案，选取分流点，并视情设置临时交通标志、提示牌等交通安全设施，指挥疏导车辆。

在疏导交通堵塞时，对违法行为人以提醒、教育为主，不处罚轻微违法行为。

第三十四条　交通警察在执勤时，应当定期检查道路及周边交通设施，包括信号灯、交通标志、交通标线、交通设施等是否完好，设置是否合理。发现异常，应当立即采取处置措施，无法当场有效处理的，应当先行做好应急处置工作，并立即向上级报告。

第三十五条　交通警察发现违反规定占道挖掘或者未经许可擅自在道路上从事非交通行为危及交通安全或者妨碍通行，尚未设置警示标志的，应当及时制止，并向上级报告，积极做好交通疏导工作。

第三十六条　在高速公路上执勤时应当以巡逻为主，通过巡逻和技术监控，实现交通监控和违法信息收集。必要时可以在收费站、服务区设置执勤点。

第三十七条　交通警察发现高速公路交通堵塞，应当立即进行疏导，并查明原因，向上级报告或者通报相关部门，采取应对措施。

造成交通堵塞，必须借用对向车道分流的，应当设置隔离设施，并在分流点安排交通警察指挥疏导。

第三十八条　交通警察执勤时遇交通事故应当按照《道路交通事故处理程序规定》（公安部令第104号）和《交通事故处理工作规范》的规定执行。

第六章　违法行为处理

第一节　一般规定

第三十九条　交通警察在道路上执勤，发现违法行为时，应当及时纠正。无法当场纠正的，可以通过交通技术监控设备记录，依据有关法律、法规、规章的规定予以处理。

第四十条　交通警察纠正违法行为时，应当选择不妨碍道路通行和安全的地点进行。

第四十一条　交通警察发现行人、非机动车驾驶人的违法行为，应当指挥当事人立即停靠路边或者在不影响道路通行和安全的地方接受处理，指出其违法行为，听取当事人的陈述和申辩，作出处理决定。

第四十二条　交通警察查处机动车驾驶人的

违法行为，应当按下列程序执行：

（一）向机动车驾驶人敬礼；

（二）指挥机动车驾驶人立即靠边停车，可以视情要求机动车驾驶人熄灭发动机或者要求其下车；

（三）告知机动车驾驶人出示相关证件；

（四）检查机动车驾驶证，询问机动车驾驶人姓名、出生年月、住址，对持证人的相貌与驾驶证上的照片进行核对；检查机动车行驶证，对类型、颜色、号牌进行核对；检查检验合格标志、保险标志；查询机动车及机动车驾驶人的违法行为信息、机动车驾驶人记分情况；

（五）指出机动车驾驶人的违法行为；

（六）听取机动车驾驶人的陈述和申辩；

（七）给予口头警告、制作简易程序处罚决定书、违法处理通知书或者采取行政强制措施。

第二节 查处轻微违法行为

第四十三条 对《道路交通安全法》规定可以给予警告、无记分的违法行为，未造成影响道路通行和安全的后果且违法行为人已经消除违法状态的，可以认定为轻微违法行为。

第四十四条 对轻微违法行为，口头告知其违法行为的基本事实、依据，纠正违法行为并予以口头警告后放行。

第四十五条 交通警察在指挥交通、巡逻管控过程中发现的违法行为，在不具备违法车辆停车接受处理的条件或者交通堵塞时，可以通过手势、喊话等方式纠正违法行为。

第四十六条 对交通技术监控设备记录的轻微违法行为，可以通过手机短信、邮寄违法行为提示、通知车辆所属单位等方式，提醒机动车驾驶人遵守交通法律法规。

第四十七条 各省、自治区、直辖市公安机关可以根据本地实际，依照本规范第四十三条的规定确定轻微违法行为的具体范围。

第三节 现场处罚和采取强制措施

第四十八条 违法行为适用简易程序处罚的，交通警察对机动车驾驶人作出简易程序处罚决定后，应当立即交还机动车驾驶证、行驶证等证件，并予以放行。

制作简易程序处罚决定书、行政强制措施凭证时应当做到内容准确、字迹清晰。

第四十九条 违法行为需要适用一般程序处罚的，交通警察应当依照规定制作违法行为处理通知书或者依法采取行政强制措施，告知机动车驾驶人接受处理的时限、地点。

第五十条 当事人拒绝在法律文书上签字的，交通警察除应当在法律文书上注明有关情况外，还应当注明送达情况。

第五十一条 交通警察依法扣留车辆时，不得扣留车辆所载货物，并应当提醒机动车驾驶人妥善处置车辆所载货物。

当事人无法自行处理或者能够自行处理但拒绝自行处理的，交通警察应当在行政强制措施凭证上注明，登记货物明细并妥善保管。

货物明细应当由交通警察、机动车驾驶人签名，有见证人的，还应当由见证人签名。机动车驾驶人拒绝签名的，交通警察应当在货物登记明细上注明。

第七章 实施交通管制

第五十二条 遇有雾、雨、雪等恶劣天气、自然灾害性事故以及治安、刑事案件时，交通警察应当及时向上级报告，由上级根据工作预案决定实施限制通行的交通管制措施。

第五十三条 执行交通警卫任务以及具有本规范第五十二条规定情形的，需要临时在城市道路、国省道实施禁止机动车通行的交通管制措施的，应当由市（地）级以上公安机关交通管理部门决定。需要在高速公路上实施交通管制的，应当由省级公安机关交通管理部门决定。

第五十四条 实施交通管制，公安机关交通管理部门应当提前向社会公告车辆、行人绕行线路，并在现场设置警示标志、绕行引导标志等，做好交通指挥疏导工作。

无法提前公告的，交通警察应当做好交通指挥疏导工作，维护交通秩序。对机动车驾驶人提出异议或者不理解的，应当做好解释工作。

第五十五条 交通警察在道路上实施交通管制，应当严格按照相关法律、法规规定和工作预案进行。

第五十六条 在高速公路执勤遇恶劣天气时，交通警察应当采取以下措施：

（一）迅速上报路况信息，包括雾、雨、雪、冰等恶劣天气的区域范围、能见度、车流量等情况；

（二）根据路况和上级要求，采取发放警示卡、间隔放行、限制车速、巡逻喊话提醒、警车限速引导等措施；

（三）加强巡逻，及时发现和处置交通事故，严防发生次生交通事故；

（四）关闭高速公路时，要通过设置绕行提示标志、电子显示屏或者可变情报板、交通广播等方式发布提示信息。车辆分流应当在高速公路关闭区段前的站口进行，交通警察要在分流处指挥疏导。

第五十七条　交通警察遇到正在发生的治安、刑事案件或者根据指令赶赴治安、刑事案件现场时，应当通知治安、刑侦部门，并根据现场情况采取以下先期处置措施：

（一）制止违法犯罪行为，控制违法犯罪嫌疑人；

（二）组织抢救伤者，排除险情；

（三）划定警戒区域，疏散围观群众，保护现场，维护好中心现场及周边道路交通秩序，确保现场处置通道畅通；

（四）进行现场询问，及时组织追缉、堵截；

（五）及时向上级报告案件（事件）性质、事态发展情况。

第五十八条　交通警察发现因群体性事件而堵塞交通的，应当立即向上级报告，并维护现场交通秩序。

第五十九条　交通警察接受堵截任务后，应当迅速赶往指定地点，并按照预案实施堵截。

紧急情况下，可以使用拦车破胎器堵截车辆。

第六十条　交通警察发现有被通缉的犯罪嫌疑车辆，应当视情采取跟踪、堵截等措施，确保有效控制车辆和嫌疑人员，并向上级报告。

第八章　执行交通警卫任务

第六十一条　交通警察执行警卫任务，应当及时掌握任务的时间、地点、性质、规模以及行车路线等要求，掌握管制措施、安全措施。

按要求准时到达岗位，及时对路口、路段交通秩序进行管理，纠正各类违法行为，依法文明执勤。

第六十二条　交通警察执行交通警卫任务时，应当遵守交通警卫工作纪律，严格按照不同级别的交通警卫任务的要求，适时采取交通分流、交通控制、交通管制等安全措施。在确保警卫车辆安全畅通的前提下，尽量减少对社会车辆的影响。

警卫车队到来时，遇有车辆、行人强行冲击警卫车队等可能影响交通警卫任务的突发事件，应当及时采取有效措施控制车辆和人员，维护现场交通秩序，并迅速向上级报告。

警卫任务结束后，应当按照指令迅速解除交通管制，加强指挥疏导，尽快恢复道路交通。

第六十三条　交通警察在路口执行警卫任务时，负责指挥的交通警察应当用手势信号指挥车队通过路口，同时密切观察路口情况，防止车辆、行人突然进入路口。负责外围控制的交通警察，应当分别站在路口来车方向，控制各类车辆和行人进入路口。

第六十四条　交通警察在路段执行警卫任务时，应当站在警卫路线道路中心线对向机动车道一侧，指挥控制对向车辆靠右缓行，及时发现和制止违法行为，严禁对向车辆超车、左转、调头及行人横穿警卫路线。

第九章　接受群众求助

第六十五条　交通警察遇到属于《110接处警工作规则》受理范围的群众求助，应当做好先期处置，并报110派员处置。需要过往机动车提供帮助的，可以指挥机动车驾驶人停车，请其提供帮助。机动车驾驶人拒绝的，不得强制。

第六十六条　交通警察遇到职责范围以外但如不及时处置可能危及公共安全、国家财产安全和人民群众生命财产安全的紧急求助时，应当做好先期处置，并报请上级通报相关部门或者单位派员到现场处置，在相关部门或者单位进行处置时，可以予以必要的协助。

第六十七条　交通警察遇到职责范围以外的非紧急求助，应当告知求助人向所求助事项的主管部门或者单位求助，并视情予以必要的解释。

第六十八条　交通警察指挥疏导交通时不受理群众投诉，应当告知其到相关部门或者机构投诉。

第十章　执勤执法安全防护

第六十九条　交通警察在道路上执勤时应当遵守以下安全防护规定：

（一）穿着统一的反光背心；

（二）驾驶警车巡逻执勤时，开启警灯，按规定保持车速和车距，保证安全。驾驶人、乘车人应当系安全带。驾驶摩托车巡逻时，应当戴制式头盔；

（三）保持信息畅通，服从统一指挥和调度。

第七十条 在城市快速路、主干道及公路上执勤应当由两名以上交通警察或者由一名交通警察带领两名以上交通协管员进行。需要设点执勤的，应当根据道路条件和交通状况，临时选择安全和不妨碍车辆通行的地点进行，放置要求驾驶人停车接受检查的提示标志，在距执勤点至少二百米处开始摆放发光或者反光的警告标志、警示灯，间隔设置减速提示标牌、反光锥筒等安全防护设备。

第七十一条 在执行公务时，警车需要临时停车或者停放的，应当开启警灯，并选择与处置地点同方向的安全地点，不得妨碍正常通行秩序。

警车在公路上执行公务时临时停车和停放应当开启警灯，并根据道路限速，将警车停在处置地点来车方向五十至二百米以外。在不影响周围群众生产生活的情况下，可以开启警报器。

第七十二条 交通警察在雾、雨、雪、冰冻及夜间等能见度低和道路通行条件恶劣的条件下设点执勤，应当遵守以下规定：

（一）在公路、城市快速路上执勤，应当由三名（含）以上交通警察或者两名交通警察和两名（含）以上交通协管员进行；

（二）需要在公路上设点执勤的，应当在距执勤点至少五百米处开始摆放发光或者反光的警告标志、警示灯，间隔设置减速提示标牌、反光锥筒等安全防护设备，并确定专人对执勤区域进行巡控；在高速公路上应当将执勤点设在收费站或者服务区、停车区，并在至少两公里处开始摆放发光或者反光的警告标志、警示灯，间隔设置减速提示标牌、反光锥筒等安全防护设备。

第七十三条 查处违法行为应当遵守以下规定：

（一）除执行堵截严重暴力犯罪嫌疑人等特殊任务外，拦截、检查车辆或者处罚交通违法行为，应当选择不妨碍道路通行和安全的地点进行，并在来车方向设置分流或者避让标志；

（二）遇有机动车驾驶人拒绝停车的，不得站在车辆前面强行拦截，或者脚踏车辆踏板，将头、手臂等伸进车辆驾驶室或者攀扒车辆，强行责令机动车驾驶人停车；

（三）除机动车驾驶人驾车逃跑后可能对公共安全和他人生命安全有严重威胁以外，交通警察不得驾驶机动车追缉，可采取通知前方执勤交通警察堵截，或者记下车号，事后追究法律责任等方法进行处理；

（四）堵截车辆应采取设置交通设施、利用交通信号灯控制所拦截车辆前方车辆停车等非直接拦截方式，不得站立在被拦截车辆行进方向的行车道上拦截车辆。

第七十四条 在高速公路发现有不按规定车道行驶、超低速行驶、遗洒载运物、客车严重超员、车身严重倾斜等危及道路通行安全的违法行为，可以通过喊话、鸣警报器、车载显示屏提示等方式，引导车辆到就近服务区或者驶出高速公路接受处理。情况紧急的，可以立即进行纠正。

第七十五条 公安机关交通管理部门应当定期检查交通警察安全防护装备配备和使用情况，发现和纠正存在的问题。

第十一章 执法监督与考核评价

第七十六条 公安机关督察部门和交通管理部门应当建立对交通警察道路执勤执法现场督察制度。

公安机关交通管理部门应当建立交通警察道路执勤执法检查和考核制度。

对模范遵守法纪、严格执法的交通警察，应当予以表彰和奖励。

对违反规定执勤执法的，应当批评教育；情节严重的，给予党纪、政纪处分；构成犯罪的，依法追究法律责任。

第七十七条 公安机关交通管理部门应当根据交通警察工作职责，结合辖区交通秩序、交通流量情况和交通事故的规律、特点，以及不同岗位管理的难易程度，安排勤务工作，确定执勤执法任务和目标，以执法形象、执法程序、执法效果、执法纪律、执勤执法工作量、执法质量、接处警等为重点，开展考核评价工作。

不得下达或者变相下达罚款指标，不得以处罚数量作为考核交通警察执法效果的唯一依据。

考核评价结果应当定期公布，记入交通警察个人执法档案，并与交通警察评先创优、记功、职级和职务晋升、公务员年度考核分配挂钩,兑现奖励措施。

第七十八条 省、市(地)、县级公安机关交通管理部门应当公开办事制度、办事程序,公布举报电话,自觉接受社会和群众的监督,认真受理群众的举报,坚决查处交通警察违法违纪问题。

第七十九条 公安机关交通管理部门应当建立和完善值日警官制度,通过接待群众及时发现交通警察在执法形象、执法纪律、执法程序、接处警中出现的偏差、失误,随时纠正,使执法监督工作动态化、日常化。

第八十条 公安机关交通管理部门应当建立本单位及其所属交通警察的执法档案,实施执法质量考评、执法责任制和执法过错追究。执法档案可以是电子档案或者纸质档案。

执法档案的具体内容,由省级公安机关交通管理部门商公安法制部门按照执法质量考评的要求统一制定。

第八十一条 公安机关交通管理部门通过执法档案应当定期分析交通警察的执法情况,发现、梳理带有共性的执法问题,制定整改措施。

第八十二条 交警大队应当设立专职法制员,交警中队应当设立兼职法制员。法制员应当重点审查交通警察执勤执法的事实依据、证据收集、程序适用、文书制作等,规范交通警察案卷、文书的填写、制作。

第八十三条 公安机关交通管理部门可以使用交通违法信息系统,实行执法办案网上流程管理、网上审批和网上监督,加强对交通警察执法情况的分析、研判。

第八十四条 交通警察在道路上执勤执法时,严禁下列行为:

(一)违法扣留车辆、机动车行驶证、驾驶证和机动车号牌;

(二)违反规定当场收缴罚款,当场收缴罚款不开具罚款收据、不开具简易程序处罚决定或者不如实填写罚款金额;

(三)利用职务便利索取、收受他人财物或者谋取其他利益;

(四)违法使用警报器、标志灯具;

(五)非执行紧急公务时拦截搭乘机动车;

(六)故意为难违法行为人;

(七)因自身的过错与违法行为人或者围观群众发生纠纷或者冲突;

(八)从事非职责范围内的活动。

第十二章 附 则

第八十五条 各省、自治区、直辖市公安机关可以根据本地实际,制定实施办法。

第八十六条 本规范自2009年1月1日起实施。2005年11月14日公安部印发的《交通警察道路执勤执法工作规范》同时废止。

附件:(略)

六、户籍和出入境管理

中华人民共和国居民身份证法

- 2003年6月28日第十届全国人民代表大会常务委员会第三次会议通过
- 根据2011年10月29日第十一届全国人民代表大会常务委员会第二十三次会议《关于修改〈中华人民共和国居民身份证法〉的决定》修正

第一章 总 则

第一条 为了证明居住在中华人民共和国境内的公民的身份,保障公民的合法权益,便利公民进行社会活动,维护社会秩序,制定本法。

第二条 居住在中华人民共和国境内的年满十六周岁的中国公民,应当依照本法的规定申请领取居民身份证;未满十六周岁的中国公民,可以依照本法的规定申请领取居民身份证。

第三条 居民身份证登记的项目包括:姓名、性别、民族、出生日期、常住户口所在地住址、公民身份号码、本人相片、指纹信息、证件的有效期和签发机关。

公民身份号码是每个公民唯一的、终身不变的身份代码,由公安机关按照公民身份号码国家标准编制。

公民申请领取、换领、补领居民身份证,应当登记指纹信息。

第四条 居民身份证使用规范汉字和符合国家标准的数字符号填写。

民族自治地方的自治机关根据本地区的实际情况,对居民身份证用汉字登记的内容,可以决定同时使用实行区域自治的民族的文字或者选用一种当地通用的文字。

第五条 十六周岁以上公民的居民身份证的有效期为十年、二十年、长期。十六周岁至二十五周岁的,发给有效期十年的居民身份证;二十六周岁至四十五周岁的,发给有效期二十年的居民身份证;四十六周岁以上的,发给长期有效的居民身份证。

未满十六周岁的公民,自愿申请领取居民身份证的,发给有效期五年的居民身份证。

第六条 居民身份证式样由国务院公安部门制定。居民身份证由公安机关统一制作、发放。

居民身份证具备视读与机读两种功能,视读、机读的内容限于本法第三条第一款规定的项目。

公安机关及其人民警察对因制作、发放、查验、扣押居民身份证而知悉的公民的个人信息,应当予以保密。

第二章 申领和发放

第七条 公民应当自年满十六周岁之日起三个月内,向常住户口所在地的公安机关申请领取居民身份证。

未满十六周岁的公民,由监护人代为申请领取居民身份证。

第八条 居民身份证由居民常住户口所在地的县级人民政府公安机关签发。

第九条 香港同胞、澳门同胞、台湾同胞迁入内地定居的,华侨回国定居的,以及外国人、无国籍人在中华人民共和国境内定居并被批准加入或者恢复中华人民共和国国籍的,在办理常住户口登记时,应当依照本法规定申请领取居民身份证。

第十条 申请领取居民身份证,应当填写《居民身份证申领登记表》,交验居民户口簿。

第十一条 国家决定换发新一代居民身份证、居民身份证有效期满、公民姓名变更或者证件严重损坏不能辨认的,公民应当换领新证;居民身份证登记项目出现错误的,公安机关应当及时更正,换发新证;领取新证时,必须交回原证。居民身份证丢失的,应当申请补领。

未满十六周岁公民的居民身份证有前款情形的,可以申请换领、换发或者补领新证。

公民办理常住户口迁移手续时,公安机关应当在居民身份证的机读项目中记载公民常住户口所在地住址变动的情况,并告知本人。

第十二条 公民申请领取、换领、补领居民身份证,公安机关应当按照规定及时予以办理。公安机关应当自公民提交《居民身份证申领登记表》之日起六十日内发放居民身份证;交通不便的地区,办理时间可以适当延长,但延长的时间不得超过三十日。

公民在申请领取、换领、补领居民身份证期间,急需使用居民身份证的,可以申请领取临时居民身份证,公安机关应当按照规定及时予以办理。具体办法由国务院公安部门规定。

第三章 使用和查验

第十三条 公民从事有关活动,需要证明身份的,有权使用居民身份证证明身份,有关单位及其工作人员不得拒绝。

有关单位及其工作人员对履行职责或者提供服务过程中获得的居民身份证记载的公民个人信息,应当予以保密。

第十四条 有下列情形之一的,公民应当出示居民身份证证明身份:

(一)常住户口登记项目变更;
(二)兵役登记;
(三)婚姻登记、收养登记;
(四)申请办理出境手续;
(五)法律、行政法规规定需要用居民身份证证明身份的其他情形。

依照本法规定未取得居民身份证的公民,从事前款规定的有关活动,可以使用符合国家规定的其他证明方式证明身份。

第十五条 人民警察依法执行职务,遇有下列情形之一的,经出示执法证件,可以查验居民身份证:

(一)对有违法犯罪嫌疑的人员,需要查明身份的;
(二)依法实施现场管制时,需要查明有关人员身份的;
(三)发生严重危害社会治安突发事件时,需要查明现场有关人员身份的;
(四)在火车站、长途汽车站、港口、码头、机场或者在重大活动期间设区的市级人民政府规定的场所,需要查明有关人员身份的;
(五)法律规定需要查明身份的其他情形。

有前款所列情形之一,拒绝人民警察查验居民身份证的,依照有关法律规定,分别不同情形,采取措施予以处理。

任何组织或者个人不得扣押居民身份证。但是,公安机关依照《中华人民共和国刑事诉讼法》执行监视居住强制措施的情形除外。

第四章 法律责任

第十六条 有下列行为之一的,由公安机关给予警告,并处二百元以下罚款,有违法所得的,没收违法所得:

(一)使用虚假证明材料骗领居民身份证的;
(二)出租、出借、转让居民身份证的;
(三)非法扣押他人居民身份证的。

第十七条 有下列行为之一的,由公安机关处二百元以上一千元以下罚款,或者处十日以下拘留,有违法所得的,没收违法所得:

(一)冒用他人居民身份证或者使用骗领的居民身份证的;
(二)购买、出售、使用伪造、变造的居民身份证的。

伪造、变造的居民身份证和骗领的居民身份证,由公安机关予以收缴。

第十八条 伪造、变造居民身份证的,依法追究刑事责任。

有本法第十六条、第十七条所列行为之一,从事犯罪活动的,依法追究刑事责任。

第十九条 国家机关或者金融、电信、交通、教育、医疗等单位的工作人员泄露在履行职责或者提供服务过程中获得的居民身份证记载的公民个人信息,构成犯罪的,依法追究刑事责任;尚不构成犯罪的,由公安机关处十日以上十五日以下拘留,并处五千元罚款,有违法所得的,没收违法所得。

单位有前款行为,构成犯罪的,依法追究刑事责任;尚不构成犯罪的,由公安机关对其直接负责的主管人员和其他直接责任人员,处十日以上十五日以下拘留,并处十万元以上五十万元以下罚款,有违法所得的,没收违法所得。

有前两款行为,对他人造成损害的,依法承担民事责任。

第二十条 人民警察有下列行为之一的,根据情节轻重,依法给予行政处分;构成犯罪的,依法追究刑事责任:

(一)利用制作、发放、查验居民身份证的便

利,收受他人财物或者谋取其他利益的;

(二)非法变更公民身份号码,或者在居民身份证上登载本法第三条第一款规定项目以外的信息或者故意登载虚假信息的;

(三)无正当理由不在法定期限内发放居民身份证的;

(四)违反规定查验、扣押居民身份证,侵害公民合法权益的;

(五)泄露因制作、发放、查验、扣押居民身份证而知悉的公民个人信息,侵害公民合法权益的。

第五章 附 则

第二十一条 公民申请领取、换领、补领居民身份证,应当缴纳证件工本费。居民身份证工本费标准,由国务院价格主管部门会同国务院财政部门核定。

对城市中领取最低生活保障金的居民、农村中有特殊生活困难的居民,在其初次申请领取和换领居民身份证时,免收工本费。对其他生活确有困难的居民,在其初次申请领取和换领居民身份证时,可以减收工本费。免收和减收工本费的具体办法,由国务院财政部门会同国务院价格主管部门规定。

公安机关收取的居民身份证工本费,全部上缴国库。

第二十二条 现役的人民解放军军人、人民武装警察申请领取和发放居民身份证的具体办法,由国务院和中央军事委员会另行规定。

第二十三条 本法自2004年1月1日起施行,《中华人民共和国居民身份证条例》同时废止。

依照《中华人民共和国居民身份证条例》领取的居民身份证,自2013年1月1日起停止使用。依照本法在2012年1月1日以前领取的居民身份证,在其有效期内,继续有效。

国家决定换发新一代居民身份证后,原居民身份证的停止使用日期由国务院决定。

中华人民共和国出境入境管理法

· 2012年6月30日第十一届全国人民代表大会常务委员会第二十七次会议通过
· 2012年6月30日中华人民共和国主席令第57号公布
· 自2013年7月1日起施行

第一章 总 则

第一条 为了规范出境入境管理,维护中华人民共和国的主权、安全和社会秩序,促进对外交往和对外开放,制定本法。

第二条 中国公民出境入境、外国人入境出境、外国人在中国境内停留居留的管理,以及交通运输工具出境入境的边防检查,适用本法。

第三条 国家保护中国公民出境入境合法权益。

在中国境内的外国人的合法权益受法律保护。在中国境内的外国人应当遵守中国法律,不得危害中国国家安全、损害社会公共利益、破坏社会公共秩序。

第四条 公安部、外交部按照各自职责负责有关出境入境事务的管理。

中华人民共和国驻外使馆、领馆或者外交部委托的其他驻外机构(以下称驻外签证机关)负责在境外签发外国人入境签证。出入境边防检查机关负责实施出境入境边防检查。县级以上地方人民政府公安机关及其出入境管理机构负责外国人停留居留管理。

公安部、外交部可以在各自职责范围内委托县级以上地方人民政府公安机关出入境管理机构、县级以上地方人民政府外事部门受理外国人入境、停留居留申请。

公安部、外交部在出境入境事务管理中,应当加强沟通配合,并与国务院有关部门密切合作,按照各自职责分工,依法行使职权,承担责任。

第五条 国家建立统一的出境入境管理信息平台,实现有关管理部门信息共享。

第六条 国家在对外开放的口岸设立出入境边防检查机关。

中国公民、外国人以及交通运输工具应当从

对外开放的口岸出境入境，特殊情况下，可以从国务院或者国务院授权的部门批准的地点出境入境。出境入境人员和交通运输工具应当接受出境入境边防检查。

出入境边防检查机关负责对口岸限定区域实施管理。根据维护国家安全和出境入境管理秩序的需要，出入境边防检查机关可以对出境入境人员携带的物品实施边防检查。必要时，出入境边防检查机关可以对出境入境交通运输工具载运的货物实施边防检查，但是应当通知海关。

第七条 经国务院批准，公安部、外交部根据出境入境管理的需要，可以对留存出境入境人员的指纹等人体生物识别信息作出规定。

外国政府对中国公民签发签证、出境入境管理有特别规定的，中国政府可以根据情况采取相应的对等措施。

第八条 履行出境入境管理职责的部门和机构应当切实采取措施，不断提升服务和管理水平，公正执法，便民高效，维护安全、便捷的出境入境秩序。

第二章 中国公民出境入境

第九条 中国公民出境入境，应当依法申请办理护照或者其他旅行证件。

中国公民前往其他国家或者地区，还需要取得前往国签证或者其他入境许可证明。但是，中国政府与其他国家政府签订互免签证协议或者公安部、外交部另有规定的除外。

中国公民以海员身份出境入境和在国外船舶上从事工作的，应当依法申请办理海员证。

第十条 中国公民往来内地与香港特别行政区、澳门特别行政区，中国公民往来大陆与台湾地区，应当依法申请办理通行证件，并遵守本法有关规定。具体管理办法由国务院规定。

第十一条 中国公民出境入境，应当向出入境边防检查机关交验本人的护照或者其他旅行证件等出境入境证件，履行规定的手续，经查验准许，方可出境入境。

具备条件的口岸，出入境边防检查机关应当为中国公民出境入境提供专用通道等便利措施。

第十二条 中国公民有下列情形之一的，不准出境：

（一）未持有效出境入境证件或者拒绝、逃避接受边防检查的；

（二）被判处刑罚尚未执行完毕或者属于刑事案件被告人、犯罪嫌疑人的；

（三）有未了结的民事案件，人民法院决定不准出境的；

（四）因妨害国(边)境管理受到刑事处罚或者因非法出境、非法居留、非法就业被其他国家或者地区遣返，未满不准出境规定年限的；

（五）可能危害国家安全和利益，国务院有关主管部门决定不准出境的；

（六）法律、行政法规规定不准出境的其他情形。

第十三条 定居国外的中国公民要求回国定居的，应当在入境前向中华人民共和国驻外使馆、领馆或者外交部委托的其他驻外机构提出申请，也可以由本人或者经由国内亲属向拟定居地的县级以上地方人民政府侨务部门提出申请。

第十四条 定居国外的中国公民在中国境内办理金融、教育、医疗、交通、电信、社会保险、财产登记等事务需要提供身份证明的，可以凭本人的护照证明其身份。

第三章 外国人入境出境

第一节 签 证

第十五条 外国人入境，应当向驻外签证机关申请办理签证，但是本法另有规定的除外。

第十六条 签证分为外交签证、礼遇签证、公务签证、普通签证。

对因外交、公务事由入境的外国人，签发外交、公务签证；对因身份特殊需要给予礼遇的外国人，签发礼遇签证。外交签证、礼遇签证、公务签证的签发范围和签发办法由外交部规定。

对因工作、学习、探亲、旅游、商务活动、人才引进等非外交、公务事由入境的外国人，签发相应类别的普通签证。普通签证的类别和签发办法由国务院规定。

第十七条 签证的登记项目包括：签证种类、持有人姓名、性别、出生日期、入境次数、入境有效期、停留期限、签发日期、地点、护照或者其他国际旅行证件号码等。

第十八条 外国人申请办理签证，应当向驻外签证机关提交本人的护照或者其他国际旅行证件,以及申请事由的相关材料,按照驻外签证机关的要求办理相关手续、接受面谈。

第十九条　外国人申请办理签证需要提供中国境内的单位或者个人出具的邀请函件的,申请人应当按照驻外签证机关的要求提供。出具邀请函件的单位或者个人应当对邀请内容的真实性负责。

第二十条　出于人道原因需要紧急入境,应邀入境从事紧急商务、工程抢修或者具有其他紧急入境需要并持有有关主管部门同意在口岸申办签证的证明材料的外国人,可以在国务院批准办理口岸签证业务的口岸,向公安部委托的口岸签证机关(以下简称口岸签证机关)申请办理口岸签证。

旅行社按照国家有关规定组织入境旅游的,可以向口岸签证机关申请办理团体旅游签证。

外国人向口岸签证机关申请办理签证,应当提交本人的护照或者其他国际旅行证件,以及申请事由的相关材料,按照口岸签证机关的要求办理相关手续,并从申请签证的口岸入境。

口岸签证机关签发的签证一次入境有效,签证注明的停留期限不得超过三十日。

第二十一条　外国人有下列情形之一的,不予签发签证:

(一)被处驱逐出境或者被决定遣送出境,未满不准入境规定年限的;

(二)患有严重精神障碍、传染性肺结核病或者有可能对公共卫生造成重大危害的其他传染病的;

(三)可能危害中国国家安全和利益、破坏社会公共秩序或者从事其他违法犯罪活动的;

(四)在申请签证过程中弄虚作假或者不能保障在中国境内期间所需费用的;

(五)不能提交签证机关要求提交的相关材料的;

(六)签证机关认为不宜签发签证的其他情形。

对不予签发签证的,签证机关可以不说明理由。

第二十二条　外国人有下列情形之一的,可以免办签证:

(一)根据中国政府与其他国家政府签订的互免签证协议,属于免办签证人员的;

(二)持有效的外国人居留证件的;

(三)持联程客票搭乘国际航行的航空器、船舶、列车从中国过境前往第三国或者地区,在中国境内停留不超过二十四小时且不离开口岸,或者在国务院批准的特定区域内停留不超过规定时限的;

(四)国务院规定的可以免办签证的其他情形。

第二十三条　有下列情形之一的外国人需要临时入境的,应当向出入境边防检查机关申请办理临时入境手续:

(一)外国船员及其随行家属登陆港口所在城市的;

(二)本法第二十二条第三项规定的人员需要离开口岸的;

(三)因不可抗力或者其他紧急原因需要临时入境的。

临时入境的期限不得超过十五日。

对申请办理临时入境手续的外国人,出入境边防检查机关可以要求外国人本人、载运其入境的交通运输工具的负责人或者交通运输工具出境入境业务代理单位提供必要的保证措施。

第二节　入境出境

第二十四条　外国人入境,应当向出入境边防检查机关交验本人的护照或者其他国际旅行证件、签证或者其他入境许可证明,履行规定的手续,经查验准许,方可入境。

第二十五条　外国人有下列情形之一的,不准入境:

(一)未持有效出境入境证件或者拒绝、逃避接受边防检查的;

(二)具有本法第二十一条第一款第一项至第四项规定情形的;

(三)入境后可能从事与签证种类不符的活动的;

(四)法律、行政法规规定不准入境的其他情形。

对不准入境的,出入境边防检查机关可以不说明理由。

第二十六条　对未被准许入境的外国人,出入境边防检查机关应当责令其返回;对拒不返回的,强制其返回。外国人等待返回期间,不得离开限定的区域。

第二十七条 外国人出境,应当向出入境边防检查机关交验本人的护照或者其他国际旅行证件等出境入境证件,履行规定的手续,经查验准许,方可出境。

第二十八条 外国人有下列情形之一的,不准出境:

(一)被判处刑罚尚未执行完毕或者属于刑事案件被告人、犯罪嫌疑人的,但是按照中国与外国签订的有关协议,移管被判刑人的除外;

(二)有未了结的民事案件,人民法院决定不准出境的;

(三)拖欠劳动者的劳动报酬,经国务院有关部门或者省、自治区、直辖市人民政府决定不准出境的;

(四)法律、行政法规规定不准出境的其他情形。

第四章 外国人停留居留

第一节 停留居留

第二十九条 外国人所持签证注明的停留期限不超过一百八十日的,持证人凭签证并按照签证注明的停留期限在中国境内停留。

需要延长签证停留期限的,应当在签证注明的停留期限届满七日前向停留地县级以上地方人民政府公安机关出入境管理机构申请,按照要求提交申请事由的相关材料。经审查,延期理由合理、充分的,准予延长停留期限;不予延长停留期限的,应当按期离境。

延长签证停留期限,累计不得超过签证原注明的停留期限。

第三十条 外国人所持签证注明入境后需要办理居留证件的,应当自入境之日起三十日内,向拟居留地县级以上地方人民政府公安机关出入境管理机构申请办理外国人居留证件。

申请办理外国人居留证件,应当提交本人的护照或者其他国际旅行证件,以及申请事由的相关材料,并留存指纹等人体生物识别信息。公安机关出入境管理机构应当自收到申请材料之日起十五日内进行审查并作出审查决定,根据居留事由签发相应类别和期限的外国人居留证件。

外国人工作类居留证件的有效期最短为九十日,最长为五年;非工作类居留证件的有效期最短为一百八十日,最长为五年。

第三十一条 外国人有下列情形之一的,不予签发外国人居留证件:

(一)所持签证类别属于不应办理外国人居留证件的;

(二)在申请过程中弄虚作假的;

(三)不能按照规定提供相关证明材料的;

(四)违反中国有关法律、行政法规,不适合在中国境内居留的;

(五)签发机关认为不宜签发外国人居留证件的其他情形。

符合国家规定的专门人才、投资者或者出于人道等原因确需由停留变更为居留的外国人,经设区的市级以上地方人民政府公安机关出入境管理机构批准可以办理外国人居留证件。

第三十二条 在中国境内居留的外国人申请延长居留期限的,应当在居留证件有效期限届满三十日前向居留地县级以上地方人民政府公安机关出入境管理机构提出申请,按照要求提交申请事由的相关材料。经审查,延期理由合理、充分的,准予延长居留期限;不予延长居留期限的,应当按期离境。

第三十三条 外国人居留证件的登记项目包括:持有人姓名、性别、出生日期、居留事由、居留期限,签发日期、地点,护照或者其他国际旅行证件号码等。

外国人居留证件登记事项发生变更的,持证件人应当自登记事项发生变更之日起十日内向居留地县级以上地方人民政府公安机关出入境管理机构申请办理变更。

第三十四条 免办签证入境的外国人需要超过免签期限在中国境内停留的,外国船员及其随行家属在中国境内停留需要离开港口所在城市,或者具有需要办理外国人停留证件其他情形的,应当按照规定办理外国人停留证件。

外国人停留证件的有效期最长为一百八十日。

第三十五条 外国人入境后,所持的普通签证、停留居留证件损毁、遗失、被盗抢或者有符合国家规定的事由需要换发、补发的,应当按照规定向停留居留地县级以上地方人民政府公安机关出入境管理机构提出申请。

第三十六条　公安机关出入境管理机构作出的不予办理普通签证延期、换发、补发，不予办理外国人停留居留证件、不予延长居留期限的决定为最终决定。

第三十七条　外国人在中国境内停留居留，不得从事与停留居留事由不相符的活动，并应当在规定的停留居留期限届满前离境。

第三十八条　年满十六周岁的外国人在中国境内停留居留，应当随身携带本人的护照或者其他国际旅行证件，或者外国人停留居留证件，接受公安机关的查验。

在中国境内居留的外国人，应当在规定的时间内到居留地县级以上地方人民政府公安机关交验外国人居留证件。

第三十九条　外国人在中国境内旅馆住宿的，旅馆应当按照旅馆业治安管理的有关规定为其办理住宿登记，并向所在地公安机关报送外国人住宿登记信息。

外国人在旅馆以外的其他住所居住或者住宿的，应当在入住后二十四小时内由本人或者留宿人，向居住地的公安机关办理登记。

第四十条　在中国境内出生的外国婴儿，其父母或者代理人应当在婴儿出生六十日内，持该婴儿的出生证明到父母停留居留地县级以上地方人民政府公安机关出入境管理机构为其办理停留或者居留登记。

外国人在中国境内死亡的，其家属、监护人或者代理人，应当按照规定，持该外国人的死亡证明向县级以上地方人民政府公安机关出入境管理机构申报，注销外国人停留居留证件。

第四十一条　外国人在中国境内工作，应当按照规定取得工作许可和工作类居留证件。任何单位和个人不得聘用未取得工作许可和工作类居留证件的外国人。

外国人在中国境内工作管理办法由国务院规定。

第四十二条　国务院人力资源社会保障主管部门、外国专家主管部门会同国务院有关部门根据经济社会发展需要和人力资源供求状况制定并定期调整外国人在中国境内工作指导目录。

国务院教育主管部门会同国务院有关部门建立外国留学生勤工助学管理制度，对外国留学生勤工助学的岗位范围和时限作出规定。

第四十三条　外国人有下列行为之一的，属于非法就业：

（一）未按照规定取得工作许可和工作类居留证件在中国境内工作的；

（二）超出工作许可限定范围在中国境内工作的；

（三）外国留学生违反勤工助学管理规定，超出规定的岗位范围或者时限在中国境内工作的。

第四十四条　根据维护国家安全、公共安全的需要，公安机关、国家安全机关可以限制外国人、外国机构在某些地区设立居住或者办公场所；对已经设立的，可以限期迁离。

未经批准，外国人不得进入限制外国人进入的区域。

第四十五条　聘用外国人工作或者招收外国留学生的单位，应当按照规定向所在地公安机关报告有关信息。

公民、法人或者其他组织发现外国人有非法入境、非法居留、非法就业情形的，应当及时向所在地公安机关报告。

第四十六条　申请难民地位的外国人，在难民地位甄别期间，可以凭公安机关签发的临时身份证明在中国境内停留；被认定为难民的外国人，可以凭公安机关签发的难民身份证件在中国境内停留居留。

第二节　永久居留

第四十七条　对中国经济社会发展作出突出贡献或者符合其他在中国境内永久居留条件的外国人，经本人申请和公安部批准，取得永久居留资格。

外国人在中国境内永久居留的审批管理办法由公安部、外交部会同国务院有关部门规定。

第四十八条　取得永久居留资格的外国人，凭永久居留证件在中国境内居留和工作，凭本人的护照和永久居留证件出入境。

第四十九条　外国人有下列情形之一的，由公安部决定取消其在中国境内永久居留资格：

（一）对中国国家安全和利益造成危害的；

（二）被处驱逐出境的；

（三）弄虚作假骗取在中国境内永久居留资格的；

（四）在中国境内居留未达到规定时限的；

(五)不适宜在中国境内永久居留的其他情形。

第五章 交通运输工具出境入境边防检查

第五十条 出境入境交通运输工具离开、抵达口岸时,应当接受边防检查。对交通运输工具的入境边防检查,在其最先抵达的口岸进行;对交通运输工具的出境边防检查,在其最后离开的口岸进行。特殊情况下,可以在有关主管机关指定的地点进行。

出境的交通运输工具自出境检查后至出境前,入境的交通运输工具自入境后至入境检查前,未经出入境边防检查机关按照规定程序许可,不得上下人员、装卸货物或者物品。

第五十一条 交通运输工具负责人或者交通运输工具出境入境业务代理单位应当按照规定提前向出入境边防检查机关报告入境、出境的交通运输工具抵达、离开口岸的时间和停留地点,如实申报员工、旅客、货物或者物品等信息。

第五十二条 交通运输工具负责人、交通运输工具出境入境业务代理单位应当配合出境入境边防检查,发现违反本法规定行为的,应当立即报告并协助调查处理。

入境交通运输工具载运不准入境人员的,交通运输工具负责人应当负责载离。

第五十三条 出入境边防检查机关按照规定对处于下列情形之一的出境入境交通运输工具进行监护:

(一)出境的交通运输工具在出境边防检查开始后至出境前、入境的交通运输工具在入境后至入境边防检查完成前;

(二)外国船舶在中国内河航行期间;

(三)有必要进行监护的其他情形。

第五十四条 因装卸物品、维修作业、参观访问等事由需要上下外国船舶的人员,应当向出入境边防检查机关申请办理登轮证件。

中国船舶与外国船舶或者外国船舶之间需要搭靠作业的,应当由船长或者交通运输工具出入境业务代理单位向出入境边防检查机关申请办理船舶搭靠手续。

第五十五条 外国船舶、航空器在中国境内应当按照规定的路线、航线行驶。

出境入境的船舶、航空器不得驶入对外开放口岸以外地区。因不可预见的紧急情况或者不可抗力驶入的,应当立即向就近的出入境边防检查机关或者当地公安机关报告,并接受监护和管理。

第五十六条 交通运输工具有下列情形之一的,不准出境入境;已经驶离口岸的,可以责令返回:

(一)离开、抵达口岸时,未经查验准许擅自出入境的;

(二)未经批准擅自改变出入境口岸的;

(三)涉嫌载有不准出入境人员,需要查验核实的;

(四)涉嫌载有危害国家安全、利益和社会公共秩序的物品,需要查验核实的;

(五)拒绝接受出入境边防检查机关管理的其他情形。

前款所列情形消失后,出入境边防检查机关对有关交通运输工具应当立即放行。

第五十七条 从事交通运输工具出入境业务代理的单位,应当向出入境边防检查机关备案。从事业务代理的人员,由所在单位向出入境边防检查机关办理备案手续。

第六章 调查和遣返

第五十八条 本章规定的当场盘问、继续盘问、拘留审查、限制活动范围、遣送出境措施,由县级以上地方人民政府公安机关或者出入境边防检查机关实施。

第五十九条 对涉嫌违反出境入境管理的人员,可以当场盘问;经当场盘问,有下列情形之一的,可以依法继续盘问:

(一)有非法出境入境嫌疑的;

(二)有协助他人非法出境入境嫌疑的;

(三)外国人有非法居留、非法就业嫌疑的;

(四)有危害国家安全和利益,破坏社会公共秩序或者从事其他违法犯罪活动嫌疑的。

当场盘问和继续盘问应当依据《中华人民共和国人民警察法》规定的程序进行。

县级以上地方人民政府公安机关或者出入境边防检查机关需要传唤涉嫌违反出境入境管理的人员,依照《中华人民共和国治安管理处罚法》的有关规定执行。

第六十条 外国人有本法第五十九条第一款规定情形之一的,经当场盘问或者继续盘问后仍不能排除嫌疑,需要作进一步调查的,可以拘留审查。

实施拘留审查,应当出示拘留审查决定书,并在二十四小时内进行询问。发现不应当拘留审查的,应当立即解除拘留审查。

拘留审查的期限不得超过三十日;案情复杂的,经上一级地方人民政府公安机关或者出入境边防检查机关批准可以延长至六十日。对国籍、身份不明的外国人,拘留审查期限自查清其国籍、身份之日起计算。

第六十一条 外国人有下列情形之一的,不适用拘留审查,可以限制其活动范围:

(一)患有严重疾病的;

(二)怀孕或者哺乳自己不满一周岁婴儿的;

(三)未满十六周岁或者已满七十周岁的;

(四)不宜适用拘留审查的其他情形。

被限制活动范围的外国人,应当按照要求接受审查,未经公安机关批准,不得离开限定的区域。限制活动范围的期限不得超过六十日。对国籍、身份不明的外国人,限制活动范围期限自查清其国籍、身份之日起计算。

第六十二条 外国人有下列情形之一的,可以遣送出境:

(一)被处限期出境,未在规定期限内离境的;

(二)有不准入境情形的;

(三)非法居留、非法就业的;

(四)违反本法或者其他法律、行政法规需要遣送出境的。

其他境外人员有前款所列情形之一的,可以依法遣送出境。

被遣送出境的人员,自被遣送出境之日起一至五年内不准入境。

第六十三条 被拘留审查或者被决定遣送出境但不能立即执行的人员,应当羁押在拘留所或者遣返场所。

第六十四条 外国人对依照本法规定对其实施的继续盘问、拘留审查、限制活动范围、遣送出境措施不服的,可以依法申请行政复议,该行政复议决定为最终决定。

其他境外人员对依照本法规定对其实施的遣送出境措施不服,申请行政复议的,适用前款规定。

第六十五条 对依法决定不准出境或者不准入境的人员,决定机关应当按照规定及时通知出入境边防检查机关;不准出境、入境情形消失的,决定机关应当及时撤销不准出境、入境决定,并通知出入境边防检查机关。

第六十六条 根据维护国家安全和出境入境管理秩序的需要,必要时,出入境边防检查机关可以对出境入境的人员进行人身检查。人身检查应当由两名与受检查人同性别的边防检查人员进行。

第六十七条 签证、外国人停留居留证件等出境入境证件发生损毁、遗失、被盗抢或者签发后发现持证人不符合签发条件等情形的,由签发机关宣布该出境入境证件作废。

伪造、变造、骗取或者被证件签发机关宣布作废的出境入境证件无效。

公安机关可以对前款规定的或被他人冒用的出境入境证件予以注销或者收缴。

第六十八条 对用于组织、运送、协助他人非法出境入境的交通运输工具,以及需要作为办案证据的物品,公安机关可以扣押。

对查获的违禁物品,涉及国家秘密的文件、资料以及用于实施违反出境入境管理活动的工具等,公安机关应当予以扣押,并依照相关法律、行政法规规定处理。

第六十九条 出境入境证件的真伪由签发机关、出入境边防检查机关或者公安机关出入境管理机构认定。

第七章 法律责任

第七十条 本章规定的行政处罚,除本章另有规定外,由县级以上地方人民政府公安机关或者出入境边防检查机关决定;其中警告或者五千元以下罚款,可以由县级以上地方人民政府公安机关出入境管理机构决定。

第七十一条 有下列行为之一的,处一千元以上五千元以下罚款;情节严重的,处五日以上十日以下拘留,可以并处二千元以上一万元以下罚款:

(一)持用伪造、变造、骗取的出境入境证件出入境的;

(二)冒用他人出境入境证件出境入境的;

(三)逃避出境入境边防检查的;

(四)以其他方式非法出境入境的。

第七十二条 协助他人非法出境入境的，处二千元以上一万元以下罚款；情节严重的，处十日以上十五日以下拘留，并处五千元以上二万元以下罚款，有违法所得的，没收违法所得。

单位有前款行为的，处一万元以上五万元以下罚款，有违法所得的，没收违法所得，并对其直接负责的主管人员和其他直接责任人员依照前款规定予以处罚。

第七十三条 弄虚作假骗取签证、停留居留证件等出境入境证件的，处二千元以上五千元以下罚款；情节严重的，处十日以上十五日以下拘留，并处五千元以上二万元以下罚款。

单位有前款行为的，处一万元以上五万元以下罚款，并对其直接负责的主管人员和其他直接责任人员依照前款规定予以处罚。

第七十四条 违反本法规定，为外国人出具邀请函件或者其他申请材料的，处五千元以上一万元以下罚款，有违法所得的，没收违法所得，并责令其承担所邀请外国人的出境费用。

单位有前款行为的，处一万元以上五万元以下罚款，有违法所得的，没收违法所得，并责令其承担所邀请外国人的出境费用，对其直接负责的主管人员和其他直接责任人员依照前款规定予以处罚。

第七十五条 中国公民出境后非法前往其他国家或者地区被遣返的，出入境边防检查机关应当收缴其出境入境证件，出境入境证件签发机关自其被遣返之日起六个月至三年以内不予签发出境入境证件。

第七十六条 有下列情形之一的，给予警告，可以并处二千元以下罚款：

（一）外国人拒不接受公安机关查验其出境入境证件的；

（二）外国人拒不交验居留证件的；

（三）未按照规定办理外国人出生登记、死亡申报的；

（四）外国人居留证件登记事项发生变更，未按照规定办理变更的；

（五）在中国境内的外国人冒用他人出境入境证件的；

（六）未按照本法第三十九条第二款规定办理登记的。

旅馆未按照规定办理外国人住宿登记的，依照《中华人民共和国治安管理处罚法》的有关规定予以处罚；未按照规定向公安机关报送外国人住宿登记信息的，给予警告；情节严重的，处一千元以上五千元以下罚款。

第七十七条 外国人未经批准，擅自进入限制外国人进入的区域，责令立即离开；情节严重的，处五日以上十日以下拘留。对外国人非法获取的文字记录、音像资料、电子数据和其他物品，予以收缴或者销毁，所用工具予以收缴。

外国人、外国机构违反本法规定，拒不执行公安机关、国家安全机关限期迁离决定的，给予警告并强制迁离；情节严重的，对有关责任人员处五日以上十五日以下拘留。

第七十八条 外国人非法居留的，给予警告；情节严重的，处每非法居留一日五百元，总额不超过一万元的罚款或者五日以上十五日以下拘留。

因监护人或者其他负有监护责任的人未尽到监护义务，致使未满十六周岁的外国人非法居留的，对监护人或者其他负有监护责任的人给予警告，可以并处一千元以下罚款。

第七十九条 容留、藏匿非法入境、非法居留的外国人，协助非法入境、非法居留的外国人逃避检查，或者为非法居留的外国人违法提供出境入境证件的，处二千元以上一万元以下罚款；情节严重的，处五日以上十五日以下拘留，并处五千元以上二万元以下罚款，有违法所得的，没收违法所得。

单位有前款行为的，处一万元以上五万元以下罚款，有违法所得的，没收违法所得，并对其直接负责的主管人员和其他直接责任人员依照前款规定予以处罚。

第八十条 外国人非法就业的，处五千元以上二万元以下罚款；情节严重的，处五日以上十五日以下拘留，并处五千元以上二万元以下罚款。

介绍外国人非法就业的，对个人处每非法介绍一人五千元，总额不超过五万元的罚款；对单位处每非法介绍一人五千元，总额不超过十万元的罚款；有违法所得的，没收违法所得。

非法聘用外国人的，处每非法聘用一人一万元，总额不超过十万元的罚款；有违法所得的，没收违法所得。

第八十一条 外国人从事与停留居留事由不相符的活动，或者有其他违反中国法律、法规规定,不适宜在中国境内继续停留居留情形的,可以处限期出境。

外国人违反本法规定,情节严重,尚不构成犯罪的,公安部可以处驱逐出境。公安部的处罚决定为最终决定。

被驱逐出境的外国人,自被驱逐出境之日起十年内不准入境。

第八十二条　有下列情形之一的,给予警告,可以并处二千元以下罚款:

（一）扰乱口岸限定区域管理秩序的;

（二）外国船员及其随行家属未办理临时入境手续登陆的;

（三）未办理登轮证件上下外国船舶的。

违反前款第一项规定,情节严重的,可以并处五日以上十日以下拘留。

第八十三条　交通运输工具有下列情形之一的,对其负责人处五千元以上五万元以下罚款:

（一）未经查验准许擅自出境入境或者未经批准擅自改变出境入境口岸的;

（二）未按照规定如实申报员工、旅客、货物或者物品等信息,或者拒绝协助出境入境边防检查的;

（三）违反出境入境边防检查规定上下人员、装卸货物或者物品的。

出境入境交通运输工具载运不准出境入境人员出境入境的,处每载运一人五千元以上一万元以下罚款。交通运输工具负责人证明其已经采取合理预防措施的,可以减轻或者免于处罚。

第八十四条　交通运输工具有下列情形之一的,对其负责人处二千元以上二万元以下罚款:

（一）中国或者外国船舶未经批准擅自搭靠外国船舶的;

（二）外国船舶、航空器在中国境内未按照规定的路线、航线行驶的;

（三）出境入境的船舶、航空器违反规定驶入对外开放口岸以外地区的。

第八十五条　履行出境入境管理职责的工作人员,有下列行为之一的,依法给予处分:

（一）违反法律、行政法规,为不符合规定条件的外国人签发签证、外国人停留居留证件等出境入境证件的;

（二）违反法律、行政法规,审核验放不符合规定条件的人员或者交通运输工具出境入境的;

（三）泄露在出境入境管理工作中知悉的个人信息,侵害当事人合法权益的;

（四）不按照规定将依法收取的费用、收缴的罚款及没收的违法所得、非法财物上缴国库的;

（五）私分、侵占、挪用罚没、扣押的款物或者收取的费用的;

（六）滥用职权、玩忽职守、徇私舞弊,不依法履行法定职责的其他行为。

第八十六条　对违反出境入境管理行为处五百元以下罚款的,出入境边防检查机关可以当场作出处罚决定。

第八十七条　对违反出境入境管理行为处罚款的,被处罚人应当自收到处罚决定书之日起十五日内,到指定的银行缴纳罚款。被处罚人在所在地没有固定住所,不当场收缴罚款事后难以执行或者在口岸向指定银行缴纳罚款确有困难的,可以当场收缴。

第八十八条　违反本法规定,构成犯罪的,依法追究刑事责任。

第八章　附　则

第八十九条　本法下列用语的含义:

出境,是指由中国内地前往其他国家或者地区,由中国内地前往香港特别行政区、澳门特别行政区,由中国大陆前往台湾地区。

入境,是指由其他国家或者地区进入中国内地,由香港特别行政区、澳门特别行政区进入中国内地,由台湾地区进入中国大陆。

外国人,是指不具有中国国籍的人。

第九十条　经国务院批准,同毗邻国家接壤的省、自治区可以根据中国与有关国家签订的边界管理协定制定地方性法规、地方政府规章,对两国边境接壤地区的居民往来作出规定。

第九十一条　外国驻中国的外交代表机构、领事机构成员以及享有特权和豁免的其他外国人,其入出境及停留居留管理,其他法律另有规定的,依照其规定。

第九十二条　外国人申请办理签证、外国人停留居留证件等出境入境证件或者申请办理证件延期、变更的,应当按照规定缴纳签证费、证件费。

第九十三条　本法自2013年7月1日起施行。《中华人民共和国外国人入境出境管理法》和《中华人民共和国公民出境入境管理法》同时废止。

中华人民共和国海关法

- 1987年1月22日第六届全国人民代表大会常务委员会第十九次会议通过
- 根据2000年7月8日第九届全国人民代表大会常务委员会第十六次会议《关于修改〈中华人民共和国海关法〉的决定》第一次修正
- 根据2013年6月29日第十二届全国人民代表大会常务委员会第三次会议《关于修改〈中华人民共和国文物保护法〉等十二部法律的决定》第二次修正
- 根据2013年12月28日第十二届全国人民代表大会常务委员会第六次会议《关于修改〈中华人民共和国海洋环境保护法〉等七部法律的决定》第三次修正
- 根据2016年11月7日第十二届全国人民代表大会常务委员会第二十四次会议《关于修改〈中华人民共和国对外贸易法〉等十二部法律的决定》第四次修正
- 根据2017年11月4日第十二届全国人民代表大会常务委员会第三十次会议《关于修改〈中华人民共和国会计法〉等十一部法律的决定》第五次修正
- 根据2021年4月29日第十三届全国人民代表大会常务委员会第二十八次会议《关于修改〈中华人民共和国道路交通安全法〉等八部法律的决定》第六次修正

第一章 总 则

第一条 为了维护国家的主权和利益，加强海关监督管理，促进对外经济贸易和科技文化交往，保障社会主义现代化建设，特制定本法。

第二条 中华人民共和国海关是国家的进出关境（以下简称进出境）监督管理机关。海关依照本法和其他有关法律、行政法规，监管进出境的运输工具、货物、行李物品、邮递物品和其他物品（以下简称进出境运输工具、货物、物品），征收关税和其他税、费，查缉走私，并编制海关统计和办理其他海关业务。

第三条 国务院设立海关总署，统一管理全国海关。

国家在对外开放的口岸和海关监管业务集中的地点设立海关。海关的隶属关系，不受行政区划的限制。

海关依法独立行使职权，向海关总署负责。

第四条 国家在海关总署设立专门侦查走私犯罪的公安机构，配备专职缉私警察，负责对其管辖的走私犯罪案件的侦查、拘留、执行逮捕、预审。

海关侦查走私犯罪公安机构履行侦查、拘留、执行逮捕、预审职责，应当按照《中华人民共和国刑事诉讼法》的规定办理。

海关侦查走私犯罪公安机构根据国家有关规定，可以设立分支机构。各分支机构办理其管辖的走私犯罪案件，应当依法向有管辖权的人民检察院移送起诉。

地方各级公安机关应当配合海关侦查走私犯罪公安机构依法履行职责。

第五条 国家实行联合缉私、统一处理、综合治理的缉私体制。海关负责组织、协调、管理查缉走私工作。有关规定由国务院另行制定。

各有关行政执法部门查获的走私案件，应当给予行政处罚的，移送海关依法处理；涉嫌犯罪的，应当移送海关侦查走私犯罪公安机构、地方公安机关依据案件管辖分工和法定程序办理。

第六条 海关可以行使下列权力：

（一）检查进出境运输工具，查验进出境货物、物品；对违反本法或者其他有关法律、行政法规的，可以扣留。

（二）查阅进出境人员的证件；查问违反本法或者其他有关法律、行政法规的嫌疑人，调查其违法行为。

（三）查阅、复制与进出境运输工具、货物、物品有关的合同、发票、帐册、单据、记录、文件、业务函电、录音录像制品和其他资料；对其中与违反本法或者其他有关法律、行政法规的进出境运输工具、货物、物品有牵连的，可以扣留。

（四）在海关监管区和海关附近沿海沿边规定地区，检查有走私嫌疑的运输工具和有藏匿走私货物、物品嫌疑的场所，检查走私嫌疑人的身体；对有走私嫌疑的运输工具、货物、物品和走私犯罪嫌疑人，经直属海关关长或者其授权的隶属海关关长批准，可以扣留；对走私犯罪嫌疑人，扣留时间不超过二十四小时，在特殊情况下可以延长至四十八小时。

在海关监管区和海关附近沿海沿边规定地区以外,海关在调查走私案件时,对有走私嫌疑的运输工具和除公民住处以外的有藏匿走私货物、物品嫌疑的场所,经直属海关关长或者其授权的隶属海关关长批准,可以进行检查,有关当事人应当到场;当事人未到场的,在有见证人在场的情况下,可以径行检查;对其中有证据证明有走私嫌疑的运输工具、货物、物品,可以扣留。

海关附近沿海沿边规定地区的范围,由海关总署和国务院公安部门会同有关省级人民政府确定。

(五)在调查走私案件时,经直属海关关长或者其授权的隶属海关关长批准,可以查询案件涉嫌单位和涉嫌人员在金融机构、邮政企业的存款、汇款。

(六)进出境运输工具或者个人违抗海关监管逃逸的,海关可以连续追至海关监管区和海关附近沿海沿边规定地区以外,将其带回处理。

(七)海关为履行职责,可以配备武器。海关工作人员佩带和使用武器的规则,由海关总署会同国务院公安部门制定,报国务院批准。

(八)法律、行政法规规定由海关行使的其他权力。

第七条 各地方、各部门应当支持海关依法行使职权,不得非法干预海关的执法活动。

第八条 进出境运输工具、货物、物品,必须通过设立海关的地点进境或者出境。在特殊情况下,需要经过未设立海关的地点临时进境或者出境的,必须经国务院或者国务院授权的机关批准,并依照本法规定办理海关手续。

第九条 进出口货物,除另有规定的外,可以由进出口货物收发货人自行办理报关纳税手续,也可以由进出口货物收发货人委托报关企业办理报关纳税手续。

进出境物品的所有人可以自行办理报关纳税手续,也可以委托他人办理报关纳税手续。

第十条 报关企业接受进出口货物收发货人的委托,以委托人的名义办理报关手续的,应当向海关提交由委托人签署的授权委托书,遵守本法对委托人的各项规定。

报关企业接受进出口货物收发货人的委托,以自己的名义办理报关手续的,应当承担与收发货人相同的法律责任。

委托人委托报关企业办理报关手续的,应当向报关企业提供所委托报关事项的真实情况;报关企业接受委托人的委托办理报关手续的,应当对委托人所提供情况的真实性进行合理审查。

第十一条 进出口货物收发货人、报关企业办理报关手续,应当依法向海关备案。

报关企业和报关人员不得非法代理他人报关。

第十二条 海关依法执行职务,有关单位和个人应当如实回答询问,并予以配合,任何单位和个人不得阻挠。

海关执行职务受到暴力抗拒时,执行有关任务的公安机关和人民武装警察部队应当予以协助。

第十三条 海关建立对违反本法规定逃避关监管行为的举报制度。

任何单位和个人均有权对违反本法规定逃避海关监管的行为进行举报。

海关对举报或者协助查获违反本法案件的有功单位和个人,应当给予精神的或者物质的奖励。

海关应当为举报人保密。

第二章 进出境运输工具

第十四条 进出境运输工具到达或者驶离设立海关的地点时,运输工具负责人应当向海关如实申报,交验单证,并接受海关监管和检查。

停留在设立海关的地点的进出境运输工具,未经海关同意,不得擅自驶离。

进出境运输工具从一个设立海关的地点驶往另一个设立海关的地点的,应当符合海关监管要求,办理海关手续,未办结海关手续的,不得改驶境外。

第十五条 进境运输工具在进境以后向海关申报以前,出境运输工具在办结海关手续以后出境以前,应当按照交通主管机关规定的路线行进;交通主管机关没有规定的,由海关指定。

第十六条 进出境船舶、火车、航空器到达和驶离时间、停留地点、停留期间更换地点以及装卸货物、物品时间,运输工具负责人或者有关交通运输部门应当事先通知海关。

第十七条 运输工具装卸进出境货物、物品或者上下进出境旅客,应当接受海关监管。

货物、物品装卸完毕,运输工具负责人应当向海关递交反映实际装卸情况的交接单据和记录。

上下进出境运输工具的人员携带物品的，应当向海关如实申报，并接受海关检查。

第十八条 海关检查进出境运输工具时，运输工具负责人应当到场，并根据海关的要求开启舱室、房间、车门；有走私嫌疑的，并应当开拆可能藏匿走私货物、物品的部位，搬移货物、物料。

海关根据工作需要，可以派员随运输工具执行职务，运输工具负责人应当提供方便。

第十九条 进境的境外运输工具和出境的境内运输工具，未向海关办理手续并缴纳关税，不得转让或者移作他用。

第二十条 进出境船舶和航空器兼营境内客、货运输，应当符合海关监管要求。

进出境运输工具改营境内运输，需向海关办理手续。

第二十一条 沿海运输船舶、渔船和从事海上作业的特种船舶，未经海关同意，不得载运或者换取、买卖、转让进出境货物、物品。

第二十二条 进出境船舶和航空器，由于不可抗力的原因，被迫在未设立海关的地点停泊、降落或者抛掷、起卸货物、物品，运输工具负责人应当立即报告附近海关。

第三章　进出境货物

第二十三条 进口货物自进境起到办结海关手续止，出口货物自向海关申报起到出境止，过境、转运和通运货物自进境起到出境止，应当接受海关监管。

第二十四条 进口货物的收货人、出口货物的发货人应当向海关如实申报，交验进出口许可证件和有关单证。国家限制进出口的货物，没有进出口许可证件的，不予放行，具体处理办法由国务院规定。

进口货物的收货人应当自运输工具申报进境之日起十四日内，出口货物的发货人除海关特准的外应当在货物运抵海关监管区后、装货的二十四小时以前，向海关申报。

进口货物的收货人超过前款规定期限向海关申报的，由海关征收滞报金。

第二十五条 办理进出口货物的海关申报手续，应当采用纸质报关单和电子数据报关单的形式。

第二十六条 海关接受申报后，报关单证及其内容不得修改或者撤销，但符合海关规定情形的除外。

第二十七条 进口货物的收货人经海关同意，可以在申报前查看货物或者提取货样。需要依法检疫的货物，应当在检疫合格后提取货样。

第二十八条 进出口货物应当接受海关查验。海关查验货物时，进口货物的收货人、出口货物的发货人应当到场，并负责搬移货物，开拆和重封货物的包装。海关认为必要时，可以径行开验、复验或者提取货样。

海关在特殊情况下对进出口货物予以免验，具体办法由海关总署制定。

第二十九条 除海关特准的外，进出口货物在收发货人缴清税款或者提供担保后，由海关签印放行。

第三十条 进口货物的收货人自运输工具申报进境之日起超过三个月未向海关申报的，其进口货物由海关提取依法变卖处理，所得价款在扣除运输、装卸、储存等费用和税款后，尚有余款的，自货物依法变卖之日起一年内，经收货人申请，予以发还；其中属于国家对进口有限制性规定，应当提交许可证件而不能提供的，不予发还。逾期无人申请或者不予发还的，上缴国库。

确属误卸或者溢卸的进境货物，经海关审定，由原运输工具负责人或者货物的收发货人自该运输工具卸货之日起三个月内，办理退运或者进口手续；必要时，经海关批准，可以延期三个月。逾期未办手续的，由海关按前款规定处理。

前两款所列货物不宜长期保存的，海关可以根据实际情况提前处理。

收货人或者货物所有人声明放弃的进口货物，由海关提取依法变卖处理；所得价款在扣除运输、装卸、储存等费用后，上缴国库。

第三十一条 按照法律、行政法规、国务院或者海关总署规定暂时进口或者暂时出口的货物，应当在六个月内复运出境或者复运进境；需要延长复运出境或者复运进境期限的，应当根据海关总署的规定办理延期手续。

第三十二条 经营保税货物的储存、加工、装配、展示、运输、寄售业务和经营免税商店，应当符合海关监管要求，经海关批准，并办理注册手续。

保税货物的转让、转移以及进出保税场所，应当向海关办理有关手续,接受海关监管和查验。

第三十三条 企业从事加工贸易,应当按照海关总署的规定向海关备案。加工贸易制成品单位耗料量由海关按照有关规定核定。

加工贸易制成品应当在规定的期限内复出口。其中使用的进口料件,属于国家规定准予保税的,应当向海关办理核销手续;属于先征收税款的,依法向海关办理退税手续。

加工贸易保税进口料件或者制成品内销的,海关对保税的进口料件依法征税;属于国家对进口有限制性规定的,还应当向海关提交进口许可证件。

第三十四条 经国务院批准在中华人民共和国境内设立的保税区等海关特殊监管区域,由海关按照国家有关规定实施监管。

第三十五条 进口货物应当由收货人在货物的进境地海关办理海关手续,出口货物应当由发货人在货物的出境地海关办理海关手续。

经收发货人申请,海关同意,进口货物的收货人可以在设有海关的指运地、出口货物的发货人可以在设有海关的启运地办理海关手续。上述货物的转关运输,应当符合海关监管要求;必要时,海关可以派员押运。

经电缆、管道或者其他特殊方式输送进出境的货物,经营单位应当定期向指定的海关申报和办理海关手续。

第三十六条 过境、转运和通运货物,运输工具负责人应当向进境地海关如实申报,并应当在规定期限内运输出境。

海关认为必要时,可以查验过境、转运和通运货物。

第三十七条 海关监管货物,未经海关许可,不得开拆、提取、交付、发运、调换、改装、抵押、质押、留置、转让、更换标记、移作他用或者进行其他处置。

海关加施的封志,任何人不得擅自开启或者损毁。

人民法院判决、裁定或者有关行政执法部门决定处理海关监管货物的,应当责令当事人办结海关手续。

第三十八条 经营海关监管货物仓储业务的企业,应当经海关注册,并按照海关规定,办理收存、交付手续。

在海关监管区外存放海关监管货物,应当经海关同意,并接受海关监管。

违反前两款规定或者在保管海关监管货物期间造成海关监管货物损毁或者灭失的,除不可抗力外,对海关监管货物负有保管义务的人应当承担相应的纳税义务和法律责任。

第三十九条 进出境集装箱的监管办法、打捞进出境货物和沉船的监管办法、边境小额贸易进出口货物的监管办法,以及本法未具体列明的其他进出境货物的监管办法,由海关总署或者由海关总署会同国务院有关部门另行制定。

第四十条 国家对进出境货物、物品有禁止性或者限制性规定的,海关依据法律、行政法规、国务院的规定或者国务院有关部门依据法律、行政法规的授权作出的规定实施监管。具体监管办法由海关总署制定。

第四十一条 进出口货物的原产地按照国家有关原产地规则的规定确定。

第四十二条 进出口货物的商品归类按照国家有关商品归类的规定确定。

海关可以要求进出口货物的收发货人提供确定商品归类所需的有关资料;必要时,海关可以组织化验、检验,并将海关认定的化验、检验结果作为商品归类的依据。

第四十三条 海关可以根据对外贸易经营者提出的书面申请,对拟作进口或者出口的货物预先作出商品归类等行政裁定。

进口或者出口相同货物,应当适用相同的商品归类行政裁定。

海关对所作出的商品归类等行政裁定,应当予以公布。

第四十四条 海关依照法律、行政法规的规定,对与进出境货物有关的知识产权实施保护。

需要向海关申报知识产权状况的,进出口货物收发货人及其代理人应当按照国家规定向海关如实申报有关知识产权状况,并提交合法使用有关知识产权的证明文件。

第四十五条 自进出口货物放行之日起三年内或者在保税货物、减免税进口货物的海关监管期限内及其后的三年内,海关可以对与进出口货物直接有关的企业、单位的会计帐簿、会计凭证、报关单证以及其他有关资料和有关进出口货物实施稽查。具体办法由国务院规定。

第四章 进出境物品

第四十六条 个人携带进出境的行李物品、邮寄进出境的物品,应当以自用、合理数量为限,并接受海关监管。

第四十七条 进出境物品的所有人应当向海关如实申报,并接受海关查验。

海关加施的封志,任何人不得擅自开启或者损毁。

第四十八条 进出境邮袋的装卸、转运和过境,应当接受海关监管。邮政企业应当向海关递交邮件路单。

邮政企业应当将开拆及封发国际邮袋的时间事先通知海关,海关应当按时派员到场监管查验。

第四十九条 邮运进出境的物品,经海关查验放行后,有关经营单位方可投递或者交付。

第五十条 经海关登记准予暂时免税进境或者暂时免税出境的物品,应当由本人复带出境或者复带进境。

过境人员未经海关批准,不得将其所带物品留在境内。

第五十一条 进出境物品所有人声明放弃的物品、在海关规定期限内未办海关手续或者无人认领的物品,以及无法投递又无法退回的进境邮递物品,由海关依照本法第三十条的规定处理。

第五十二条 享有外交特权和豁免的外国机构或者人员的公务用品或者自用物品进出境,依照有关法律、行政法规的规定办理。

第五章 关　税

第五十三条 准许进出口的货物、进出境物品,由海关依法征收关税。

第五十四条 进口货物的收货人、出口货物的发货人、进出境物品的所有人,是关税的纳税义务人。

第五十五条 进出口货物的完税价格,由海关以该货物的成交价格为基础审查确定。成交价格不能确定时,完税价格由海关依法估定。

进口货物的完税价格包括货物的货价、货物运抵中华人民共和国境内输入地点起卸前的运输及其相关费用、保险费;出口货物的完税价格包括货物的货价、货物运至中华人民共和国境内输出地点装载前的运输及其相关费用、保险费,但是其中包含的出口关税税额,应当予以扣除。

进出境物品的完税价格,由海关依法确定。

第五十六条 下列进出口货物、进出境物品,减征或者免征关税:

(一)无商业价值的广告品和货样;

(二)外国政府、国际组织无偿赠送的物资;

(三)在海关放行前遭受损坏或者损失的货物;

(四)规定数额以内的物品;

(五)法律规定减征、免征关税的其他货物、物品;

(六)中华人民共和国缔结或者参加的国际条约规定减征、免征关税的货物、物品。

第五十七条 特定地区、特定企业或者有特定用途的进出口货物,可以减征或者免征关税。特定减税或者免税的范围和办法由国务院规定。

依照前款规定减征或者免征关税进口的货物,只能用于特定地区、特定企业或者特定用途,未经海关核准并补缴关税,不得移作他用。

第五十八条 本法第五十六条、第五十七条第一款规定范围以外的临时减征或者免征关税,由国务院决定。

第五十九条 暂时进口或者暂时出口的货物,以及特准进口的保税货物,在货物收发货人向海关缴纳相当于税款的保证金或者提供担保后,准予暂时免纳关税。

第六十条 进出口货物的纳税义务人,应当自海关填发税款缴款书之日起十五日内缴纳税款;逾期缴纳的,由海关征收滞纳金。纳税义务人、担保人超过三个月仍未缴纳的,经直属海关关长或者其授权的隶属海关关长批准,海关可以采取下列强制措施:

(一)书面通知其开户银行或者其他金融机构从其存款中扣缴税款;

(二)将应税货物依法变卖,以变卖所得抵缴税款;

(三)扣留并依法变卖其价值相当于应纳税款的货物或者其他财产,以变卖所得抵缴税款。

海关采取强制措施时,对前款所列纳税义务人、担保人未缴纳的滞纳金同时强制执行。

进出境物品的纳税义务人,应当在物品放行前缴纳税款。

第六十一条 进出口货物的纳税义务人在规

定的纳税期限内有明显的转移、藏匿其应税货物以及其他财产迹象的,海关可以责令纳税义务人提供担保;纳税义务人不能提供纳税担保的,经直属海关关长或者其授权的隶属海关关长批准,海关可以采取下列税收保全措施:

(一)书面通知纳税义务人开户银行或者其他金融机构暂停支付纳税义务人相当于应纳税款的存款;

(二)扣留纳税义务人价值相当于应纳税款的货物或者其他财产。

纳税义务人在规定的纳税期限内缴纳税款的,海关必须立即解除税收保全措施;期限届满仍未缴纳税款的,经直属海关关长或者其授权的隶属海关关长批准,海关可以书面通知纳税义务人开户银行或者其他金融机构从其暂停支付的存款中扣缴税款,或者依法变卖所扣留的货物或者其他财产,以变卖所得抵缴税款。

采取税收保全措施不当,或者纳税义务人在规定期限内已缴纳税款,海关未立即解除税收保全措施,致使纳税义务人的合法权益受到损失的,海关应当依法承担赔偿责任。

第六十二条 进出口货物、进出境物品放行后,海关发现少征或者漏征税款,应当自缴纳税款或者货物、物品放行之日起一年内,向纳税义务人补征。因纳税义务人违反规定而造成的少征或者漏征,海关在三年以内可以追征。

第六十三条 海关多征的税款,海关发现后应当立即退还;纳税义务人自缴纳税款之日起一年内,可以要求海关退还。

第六十四条 纳税义务人同海关发生纳税争议时,应当缴纳税款,并可以依法申请行政复议;对复议决定仍不服的,可以依法向人民法院提起诉讼。

第六十五条 进口环节海关代征税的征收管理,适用关税征收管理的规定。

第六章 海关事务担保

第六十六条 在确定货物的商品归类、估价和提供有效报关单证或者办结其他海关手续前,收发货人要求放行货物的,海关应当在其提供与其依法应当履行的法律义务相适应的担保后放行。法律、行政法规规定可以免除担保的除外。

法律、行政法规对履行海关义务的担保另有规定的,从其规定。

国家对进出境货物、物品有限制性规定,应当提供许可证件而不能提供的,以及法律、行政法规规定不得担保的其他情形,海关不得办理担保放行。

第六十七条 具有履行海关事务担保能力的法人、其他组织或者公民,可以成为担保人。法律规定不得为担保人的除外。

第六十八条 担保人可以以下列财产、权利提供担保:

(一)人民币、可自由兑换货币;

(二)汇票、本票、支票、债券、存单;

(三)银行或者非银行金融机构的保函;

(四)海关依法认可的其他财产、权利。

第六十九条 担保人应当在担保期限内承担担保责任。担保人履行担保责任的,不免除被担保人应当办理有关海关手续的义务。

第七十条 海关事务担保管理办法,由国务院规定。

第七章 执法监督

第七十一条 海关履行职责,必须遵守法律,维护国家利益,依照法定职权和法定程序严格执法,接受监督。

第七十二条 海关工作人员必须秉公执法,廉洁自律,忠于职守,文明服务,不得有下列行为:

(一)包庇、纵容走私或者与他人串通进行走私;

(二)非法限制他人人身自由,非法检查他人身体、住所或者场所,非法检查、扣留进出境运输工具、货物、物品;

(三)利用职权为自己或者他人谋取私利;

(四)索取、收受贿赂;

(五)泄露国家秘密、商业秘密和海关工作秘密;

(六)滥用职权,故意刁难,拖延监管、查验;

(七)购买、私分、占用没收的走私货物、物品;

(八)参与或者变相参与营利性经营活动;

(九)违反法定程序或者超越权限执行职务;

(十)其他违法行为。

第七十三条 海关应当根据依法履行职责的需要,加强队伍建设,使海关工作人员具有良好的政治、业务素质。

海关专业人员应当具有法律和相关专业知识，符合海关规定的专业岗位任职要求。

海关招收工作人员应当按照国家规定，公开考试，严格考核，择优录用。

海关应当有计划地对其工作人员进行政治思想、法制、海关业务培训和考核。海关工作人员必须定期接受培训和考核，经考核不合格的，不得继续上岗执行职务。

第七十四条 海关总署应当实行海关关长定期交流制度。

海关关长定期向上一级海关述职，如实陈述其执行职务情况。海关总署应当定期对直属海关关长进行考核，直属海关应当定期对隶属海关关长进行考核。

第七十五条 海关及其工作人员的行政执法活动，依法接受监察机关的监督；缉私警察进行侦查活动，依法接受人民检察院的监督。

第七十六条 审计机关依法对海关的财政收支进行审计监督，对海关办理的与国家财政收支有关的事项，有权进行专项审计调查。

第七十七条 上级海关应当对下级海关的执法活动依法进行监督。上级海关认为下级海关作出的处理或者决定不适当的，可以依法予以变更或者撤销。

第七十八条 海关应当依照本法和其他有关法律、行政法规的规定，建立健全内部监督制度，对其工作人员执行法律、行政法规和遵守纪律的情况，进行监督检查。

第七十九条 海关内部负责审单、查验、放行、稽查和调查等主要岗位的职责权限应当明确，并相互分离、相互制约。

第八十条 任何单位和个人均有权对海关及其工作人员的违法、违纪行为进行控告、检举。收到控告、检举的机关有权处理的，应当依法按照职责分工及时查处。收到控告、检举的机关和负责查处的机关应当为控告人、检举人保密。

第八十一条 海关工作人员在调查处理违法案件时，遇有下列情形之一的，应当回避：

（一）是本案的当事人或者是当事人的近亲属；

（二）本人或者其近亲属与本案有利害关系；

（三）与本案当事人有其他关系，可能影响案件公正处理的。

第八章 法律责任

第八十二条 违反本法及有关法律、行政法规，逃避海关监管，偷逃应纳税款、逃避国家有关进出境的禁止性或者限制性管理，有下列情形之一的，是走私行为：

（一）运输、携带、邮寄国家禁止或者限制进出境货物、物品或者依法应当缴纳税款的货物、物品进出境的；

（二）未经海关许可并且未缴纳应纳税款、交验有关许可证件，擅自将保税货物、特定减免税货物以及其他海关监管货物、物品、进境的境外运输工具，在境内销售的；

（三）有逃避海关监管，构成走私的其他行为的。

有前款所列行为之一，尚不构成犯罪的，由海关没收走私货物、物品及违法所得，可以并处罚款；专门或者多次用于掩护走私的货物、物品，专门或者多次用于走私的运输工具，予以没收，藏匿走私货物、物品的特制设备，责令拆毁或者没收。

有第一款所列行为之一，构成犯罪的，依法追究刑事责任。

第八十三条 有下列行为之一的，按走私行为论处，依照本法第八十二条的规定处罚：

（一）直接向走私人非法收购走私进口的货物、物品的；

（二）在内海、领海、界河、界湖，船舶及所载人员运输、收购、贩卖国家禁止或者限制进出境的货物、物品，或者运输、收购、贩卖依法应当缴纳税款的货物，没有合法证明的。

第八十四条 伪造、变造、买卖海关单证，与走私人通谋为走私人提供贷款、资金、帐号、发票、证明、海关单证，与走私人通谋为走私人提供运输、保管、邮寄或者其他方便，构成犯罪的，依法追究刑事责任；尚不构成犯罪的，由海关没收违法所得，并处罚款。

第八十五条 个人携带、邮寄超过合理数量的自用物品进出境，未依法向海关申报的，责令补缴关税，可以处以罚款。

第八十六条 违反本法规定有下列行为之一的，可以处以罚款，有违法所得的，没收违法所得：

（一）运输工具不经设立海关的地点进出境的；

(二)不将进出境运输工具到达的时间、停留的地点或者更换的地点通知海关的;

(三)进出口货物、物品或者过境、转运、通运货物向海关申报不实的;

(四)不按照规定接受海关对进出境运输工具、货物、物品进行检查、查验的;

(五)进出境运输工具未经海关同意,擅自装卸进出境货物、物品或者上下进出境旅客的;

(六)在设立海关的地点停留的进出境运输工具未经海关同意,擅自驶离的;

(七)进出境运输工具从一个设立海关的地点驶往另一个设立海关的地点,尚未办结海关手续又未经海关批准,中途擅自改驶境外或者境内未设立海关的地点的;

(八)进出境运输工具,不符合海关监管要求或者未向海关办理手续,擅自兼营或者改营境内运输的;

(九)由于不可抗力的原因,进出境船舶和航空器被迫在未设立海关的地点停泊、降落或者在境内抛掷、起卸货物、物品,无正当理由,不向附近海关报告的;

(十)未经海关许可,擅自将海关监管货物开拆、提取、交付、发运、调换、改装、抵押、质押、留置、转让、更换标记、移作他用或者进行其他处置的;

(十一)擅自开启或者损毁海关封志的;

(十二)经营海关监管货物的运输、储存、加工等业务,有关货物灭失或者有关记录不真实,不能提供正当理由的;

(十三)有违反海关监管规定的其他行为的。

第八十七条 海关准予从事有关业务的企业,违反本法有关规定的,由海关责令改正,可以给予警告,暂停其从事有关业务,直至撤销注册。

第八十八条 未向海关备案从事报关业务的,海关可以处以罚款。

第八十九条 报关企业非法代理他人报关的,由海关责令改正,处以罚款;情节严重的,禁止其从事报关活动。

报关人员非法代理他人报关的,由海关责令改正,处以罚款。

第九十条 进出口货物收发货人、报关企业向海关工作人员行贿的,由海关禁止其从事报关活动,并处以罚款;构成犯罪的,依法追究刑事责任。

报关人员向海关工作人员行贿的,处以罚款;构成犯罪的,依法追究刑事责任。

第九十一条 违反本法规定进出口侵犯中华人民共和国法律、行政法规保护的知识产权的货物的,由海关依法没收侵权货物,并处以罚款;构成犯罪的,依法追究刑事责任。

第九十二条 海关依法扣留的货物、物品、运输工具,在人民法院判决或者海关处罚决定作出之前,不得处理。但是,危险品或者鲜活、易腐、易失效等不宜长期保存的货物、物品以及所有人申请先行变卖的货物、物品、运输工具,经直属海关关长或者其授权的隶属海关关长批准,可以先行依法变卖,变卖所得价款由海关保存,并通知其所有人。

人民法院判决没收或者海关决定没收的走私货物、物品、违法所得、走私运输工具、特制设备,由海关依法统一处理,所得价款和海关决定处以的罚款,全部上缴中央国库。

第九十三条 当事人逾期不履行海关的处罚决定又不申请复议或者向人民法院提起诉讼的,作出处罚决定的海关可以将其保证金抵缴或者将其被扣留的货物、物品、运输工具依法变价抵缴,也可以申请人民法院强制执行。

第九十四条 海关在查验进出境货物、物品时,损坏被查验的货物、物品的,应当赔偿实际损失。

第九十五条 海关违法扣留货物、物品、运输工具,致使当事人的合法权益受到损失的,应当依法承担赔偿责任。

第九十六条 海关工作人员有本法第七十二条所列行为之一的,依法给予行政处分;有违法所得的,依法没收违法所得;构成犯罪的,依法追究刑事责任。

第九十七条 海关的财政收支违反法律、行政法规规定的,由审计机关以及有关部门依照法律、行政法规的规定作出处理;对直接负责的主管人员和其他直接责任人员,依法给予行政处分;构成犯罪的,依法追究刑事责任。

第九十八条 未按照本法规定为控告人、检举人、举报人保密的,对直接负责的主管人员和其他直接责任人员,由所在单位或者有关单位依法给予行政处分。

第九十九条 海关工作人员在调查处理违法案件时,未按照本法规定进行回避的,对直接负责的主管人员和其他直接责任人员,依法给予行政处分。

第九章 附 则

第一百条 本法下列用语的含义:

直属海关,是指直接由海关总署领导,负责管理一定区域范围内的海关业务的海关;隶属海关,是指由直属海关领导,负责办理具体海关业务的海关。

进出境运输工具,是指用以载运人员、货物、物品进出境的各种船舶、车辆、航空器和驮畜。

过境、转运和通运货物,是指由境外启运、通过中国境内继续运往境外的货物。其中,通过境内陆路运输的,称过境货物;在境内设立海关的地点换装运输工具,而不通过境内陆路运输的,称转运货物;由船舶、航空器载运进境并由原装运输工具载运出境的,称通运货物。

海关监管货物,是指本法第二十三条所列的进出口货物,过境、转运、通运货物,特定减免税货物,以及暂时进出口货物、保税货物和其他尚未办结海关手续的进出境货物。

保税货物,是指经海关批准未办理纳税手续进境,在境内储存、加工、装配后复运出境的货物。

海关监管区,是指设立海关的港口、车站、机场、国界孔道、国际邮件互换局(交换站)和其他有海关监管业务的场所,以及虽未设立海关,但是经国务院批准的进出境地点。

第一百零一条 经济特区等特定地区同境内其他地区之间往来的运输工具、货物、物品的监管办法,由国务院另行规定。

第一百零二条 本法自 1987 年 7 月 1 日起施行。1951 年 4 月 18 日中央人民政府公布的《中华人民共和国暂行海关法》同时废止。

中华人民共和国护照法

- 2006 年 4 月 29 日第十届全国人民代表大会常务委员会第二十一次会议通过
- 2006 年 4 月 29 日中华人民共和国主席令第 50 号公布
- 自 2007 年 1 月 1 日起施行

第一条 为了规范中华人民共和国护照的申请、签发和管理,保障中华人民共和国公民出入中华人民共和国国境的权益,促进对外交往,制定本法。

第二条 中华人民共和国护照是中华人民共和国公民出入国境和在国外证明国籍和身份的证件。

任何组织或者个人不得伪造、变造、转让、故意损毁或者非法扣押护照。

第三条 护照分为普通护照、外交护照和公务护照。

护照由外交部通过外交途径向外国政府推介。

第四条 普通护照由公安部出入境管理机构或者公安部委托的县级以上地方人民政府公安机关出入境管理机构以及中华人民共和国驻外使馆、领馆和外交部委托的其他驻外机构签发。

外交护照由外交部签发。

公务护照由外交部、中华人民共和国驻外使馆、领馆或者外交部委托的其他驻外机构以及外交部委托的省、自治区、直辖市和设区的市人民政府外事部门签发。

第五条 公民因前往外国定居、探亲、学习、就业、旅行、从事商务活动等非公务原因出国的,由本人向户籍所在地的县级以上地方人民政府公安机关出入境管理机构申请普通护照。

第六条 公民申请普通护照,应当提交本人的居民身份证、户口簿、近期免冠照片以及申请事由的相关材料。国家工作人员因本法第五条规定的原因出境申请普通护照的,还应当按照国家有关规定提交相关证明文件。

公安机关出入境管理机构应当自收到申请材料之日起十五日内签发普通护照;对不符合规定

不予签发的,应当书面说明理由,并告知申请人享有依法申请行政复议或者提起行政诉讼的权利。

在偏远地区或者交通不便的地区或者因特殊情况,不能按期签发护照的,经护照签发机关负责人批准,签发时间可以延长至三十日。

公民因合理紧急事由请求加急办理的,公安机关出入境管理机构应当及时办理。

第七条 普通护照的登记项目包括:护照持有人的姓名、性别、出生日期、出生地,护照的签发日期、有效期、签发地点和签发机关。

普通护照的有效期为:护照持有人未满十六周岁的五年,十六周岁以上的十年。

普通护照的具体签发办法,由公安部规定。

第八条 外交官员、领事官员及其随行配偶、未成年子女和外交信使持用外交护照。

在中华人民共和国驻外使馆、领馆或者联合国、联合国专门机构以及其他政府间国际组织中工作的中国政府派出的职员及其随行配偶、未成年子女持用公务护照。

前两款规定之外的公民出国执行公务的,由其工作单位依照本法第四条第二款、第三款的规定向外交部门提出申请,由外交部门根据需要签发外交护照或者公务护照。

第九条 外交护照、公务护照的登记项目包括:护照持有人的姓名、性别、出生日期、出生地,护照的签发日期、有效期和签发机关。

外交护照、公务护照的签发范围、签发办法、有效期以及公务护照的具体类别,由外交部规定。

第十条 护照持有人所持护照的登记事项发生变更时,应当持相关证明材料,向护照签发机关申请护照变更加注。

第十一条 有下列情形之一的,护照持有人可以按照规定申请换发或者补发护照:

(一)护照有效期即将届满的;

(二)护照签证页即将使用完毕的;

(三)护照损毁不能使用的;

(四)护照遗失或者被盗的;

(五)有正当理由需要换发或者补发护照的其他情形。

护照持有人申请换发或者补发普通护照,在国内,由本人向户籍所在地的县级以上地方人民政府公安机关出入境管理机构提出;在国外,由本人向中华人民共和国驻外使馆、领馆或者外交部委托的其他驻外机构提出。定居国外的中国公民回国后申请换发或者补发普通护照的,由本人向暂住地的县级以上地方人民政府公安机关出入境管理机构提出。

外交护照、公务护照的换发或者补发,按照外交部的有关规定办理。

第十二条 护照具备视读与机读两种功能。

护照的防伪性能参照国际技术标准制定。

护照签发机关及其工作人员对因制作、签发护照而知悉的公民个人信息,应当予以保密。

第十三条 申请人有下列情形之一的,护照签发机关不予签发护照:

(一)不具有中华人民共和国国籍的;

(二)无法证明身份的;

(三)在申请过程中弄虚作假的;

(四)被判处刑罚正在服刑的;

(五)人民法院通知有未了结的民事案件不能出境的;

(六)属于刑事案件被告人或者犯罪嫌疑人的;

(七)国务院有关主管部门认为出境后将对国家安全造成危害或者对国家利益造成重大损失的。

第十四条 申请人有下列情形之一的,护照签发机关自其刑罚执行完毕或者被遣返回国之日起六个月至三年以内不予签发护照:

(一)因妨害国(边)境管理受到刑事处罚的;

(二)因非法出境、非法居留、非法就业被遣返回国的。

第十五条 人民法院、人民检察院、公安机关、国家安全机关、行政监察机关因办理案件需要,可以依法扣押案件当事人的护照。

案件当事人拒不交出护照的,前款规定的国家机关可以提请护照签发机关宣布案件当事人的护照作废。

第十六条 护照持有人丧失中华人民共和国国籍,或者护照遗失、被盗等情形,由护照签发机关宣布该护照作废。

伪造、变造、骗取或者被签发机关宣布作废的护照无效。

第十七条 弄虚作假骗取护照的,由护照签发机关收缴护照或者宣布护照作废;由公安机关处二千元以上五千元以下罚款;构成犯罪的,依法追究刑事责任。

第十八条　为他人提供伪造、变造的护照，或者出售护照的，依法追究刑事责任；尚不够刑事处罚的，由公安机关没收违法所得，处十日以上十五日以下拘留，并处二千元以上五千元以下罚款；非法护照及其印制设备由公安机关收缴。

第十九条　持用伪造或者变造的护照或者冒用他人护照出入国(边)境的，由公安机关依照出境入境管理的法律规定予以处罚；非法护照由公安机关收缴。

第二十条　护照签发机关工作人员在办理护照过程中有下列行为之一的，依法给予行政处分；构成犯罪的，依法追究刑事责任：

（一）应当受理而不予受理的；

（二）无正当理由不在法定期限内签发的；

（三）超出国家规定标准收取费用的；

（四）向申请人索取或者收受贿赂的；

（五）泄露因制作、签发护照而知悉的公民个人信息，侵害公民合法权益的；

（六）滥用职权、玩忽职守、徇私舞弊的其他行为。

第二十一条　普通护照由公安部规定式样并监制；外交护照、公务护照由外交部规定式样并监制。

第二十二条　护照签发机关可以收取护照的工本费、加注费。收取的工本费和加注费上缴国库。

护照工本费和加注费的标准由国务院价格行政部门会同国务院财政部门规定、公布。

第二十三条　短期出国的公民在国外发生护照遗失、被盗或者损毁不能使用等情形，应当向中华人民共和国驻外使馆、领馆或者外交部委托的其他驻外机构申请中华人民共和国旅行证。

第二十四条　公民从事边境贸易、边境旅游服务或者参加边境旅游等情形，可以向公安部委托的县级以上地方人民政府公安机关出入境管理机构申请中华人民共和国出入境通行证。

第二十五条　公民以海员身份出入国境和在国外船舶上从事工作的，应当向交通部委托的海事管理机构申请中华人民共和国海员证。

第二十六条　本法自2007年1月1日起施行。本法施行前签发的护照在有效期内继续有效。

中华人民共和国户口登记条例

· 1958年1月9日全国人民代表大会常务委员会第九十一次会议通过
· 1958年1月9日中华人民共和国主席令公布
· 自公布之日起施行

第一条　为了维持社会秩序，保护公民的权利和利益，服务于社会主义建设，制定本条例。

第二条　中华人民共和国公民，都应当依照本条例的规定履行户口登记。

现役军人的户口登记，由军事机关按照管理现役军人的有关规定办理。

居留在中华人民共和国境内的外国人和无国籍的人的户口登记，除法令另有规定外，适用本条例。

第三条　户口登记工作，由各级公安机关主管。

城市和设有公安派出所的镇，以公安派出所管辖区为户口管辖区；乡和不设公安派出所的镇，以乡、镇管辖区为户口管辖区。乡、镇人民委员会和公安派出所为户口登记机关。

居住在机关、团体、学校、企业、事业等单位内部和公共宿舍的户口，由各单位指定专人，协助户口登记机关办理户口登记；分散居住的户口，由户口登记机关直接办理户口登记。

居住在军事机关和军人宿舍的非现役军人的户口，由各单位指定专人，协助户口登记机关办理户口登记。

农业、渔业、盐业、林业、牧畜业、手工业等生产合作社的户口，由合作社指定专人，协助户口登记机关办理户口登记。合作社以外的户口，由户口登记机关直接办理户口登记。

第四条　户口登记机关应当设立户口登记簿。

城市、水上和设有公安派出所的镇，应当每户发给一本户口簿。

农村以合作社为单位发给户口簿；合作社以外的户口不发给户口簿。

户口登记簿和户口簿登记的事项，具有证明公民身份的效力。

第五条 户口登记以户为单位。同主管人共同居住一处的立为一户,以主管人为户主。单身居住的自立一户,以本人为户主。居住在机关、团体、学校、企业、事业等单位内部和公共宿舍的户口共立一户或者分别立户。户主负责按照本条例的规定申报户口登记。

第六条 公民应当在经常居住的地方登记为常住人口,一个公民只能在一个地方登记为常住人口。

第七条 婴儿出生后1个月以内,由户主、亲属、抚养人或者邻居向婴儿常住地户口登记机关申报出生登记。

弃婴,由收养人或者育婴机关向户口登记机关申报出生登记。

第八条 公民死亡,城市在葬前,农村在1个月以内,由户主、亲属、抚养人或者邻居向户口登记机关申报死亡登记,注销户口。公民如果在暂住地死亡,由暂住地户口登记机关通知常住地户口登记机关注销户口。

公民因意外事故致死或者死因不明,户主、发现人应当立即报告当地公安派出所或者乡、镇人民委员会。

第九条 婴儿出生后,在申报出生登记前死亡的,应当同时申报出生、死亡两项登记。

第十条 公民迁出本户口管辖区,由本人或者户主在迁出前向户口登记机关申报迁出登记,领取迁移证件,注销户口。

公民由农村迁往城市,必须持有城市劳动部门的录用证明,学校的录取证明,或者城市户口登记机关的准予迁入的证明,向常住地户口登记机关申请办理迁出手续。

公民迁往边防地区,必须经过常住地县、市、市辖区公安机关批准。

第十一条 被征集服现役的公民,在入伍前,由本人或者户主持应征公民入伍通知书向常住地户口登记机关申报迁出登记,注销户口,不发迁移证件。

第十二条 被逮捕的人犯,由逮捕机关在通知人犯家属的同时,通知人犯常住地户口登记机关注销户口。

第十三条 公民迁移,从到达迁入地的时候起,城市在3日以内,农村在10日以内,由本人或者户主持迁移证件向户口登记机关申报迁入登记,缴销迁移证件。

没有迁移证件的公民,凭下列证件到迁入地的户口登记机关申报迁入登记:

(一)复员、转业和退伍的军人,凭县、市兵役机关或者团以上军事机关发给的证件;

(二)从国外回来的华侨和留学生,凭中华人民共和国护照或者入境证件;

(三)被人民法院、人民检察院或者公安机关释放的人,凭释放机关发给的证件。

第十四条 被假释、缓刑的犯人,被管制分子和其他依法被剥夺政治权利的人,在迁移的时候,必须经过户口登记机关转报县、市、市辖区人民法院或者公安机关批准,才可以办理迁出登记;到达迁入地后,应当立即向户口登记机关申报迁入登记。

第十五条 公民在常住地市、县范围以外的城市暂住3日以上的,由暂住地的户主或者本人在3日以内向户口登记机关申报暂住登记,离开前申报注销;暂住在旅店的,由旅店设置旅客登记簿随时登记。

公民在常住地市、县范围以内暂住,或者在常住地市、县范围以外的农村暂住,除暂住在旅店的由旅店设置旅客登记簿随时登记以外,不办理暂住登记。

第十六条 公民因私事离开常住地外出、暂住的时间超过3个月的,应当向户口登记机关申请延长时间或者办理迁移手续;既无理由延长时间又无迁移条件的,应当返回常住地。

第十七条 户口登记的内容需要变更或者更正的时候,由户主或者本人向户口登记机关申报;户口登记机关审查属实后予以变更或者更正。

户口登记机关认为必要的时候,可以向申请人索取有关变更或者更正的证明。

第十八条 公民变更姓名,依照下列规定办理:

(一)未满18周岁的人需要变更姓名的时候,由本人或者父母、收养人向户口登记机关申请变更登记;

(二)18周岁以上的人需要变更姓名的时候,由本人向户口登记机关申请变更登记。

第十九条 公民因结婚、离婚、收养、认领、分户、并户、失踪、寻回或者其他事由引起户口变动的时候,由户主或者本人向户口登记机关申报变更登记。

第二十条 有下列情形之一的，根据情节轻重，依法给予治安管理处罚或者追究刑事责任：

（一）不按照本条例的规定申报户口的；

（二）假报户口的；

（三）伪造、涂改、转让、出借、出卖户口证件的；

（四）冒名顶替他人户口的；

（五）旅店管理人不按照规定办理旅客登记的。

第二十一条 户口登记机关在户口登记工作中，如果发现有反革命分子和其他犯罪分子，应当提请司法机关依法追究刑事责任。

第二十二条 户口簿、册、表格、证件，由中华人民共和国公安部统一制定式样，由省、自治区、直辖市公安机关统筹印制。

公民领取户口簿和迁移证应当缴纳工本费。

第二十三条 民族自治地方的自治机关可以根据本条例的精神，结合当地具体情况，制定单行办法。

第二十四条 本条例自公布之日起施行。

居住证暂行条例

· 2015年11月26日中华人民共和国国务院令第663号公布
· 自2016年1月1日起施行

第一条 为了促进新型城镇化的健康发展，推进城镇基本公共服务和便利常住人口全覆盖，保障公民合法权益，促进社会公平正义，制定本条例。

第二条 公民离开常住户口所在地，到其他城市居住半年以上，符合有合法稳定就业、合法稳定住所、连续就读条件之一的，可以依照本条例的规定申领居住证。

第三条 居住证是持证人在居住地居住、作为常住人口享受基本公共服务和便利、申请登记常住户口的证明。

第四条 居住证登载的内容包括：姓名、性别、民族、出生日期、公民身份号码、本人相片、常住户口所在地住址、居住地住址、证件的签发机关

和签发日期。

第五条 县级以上人民政府应当建立健全为居住证持有人提供基本公共服务和便利的机制。县级以上人民政府发展改革、教育、公安、民政、司法行政、人力资源社会保障、住房城乡建设、卫生计生等有关部门应当根据各自职责，做好居住证持有人的权益保障、服务和管理工作。

第六条 县级以上人民政府应当将为居住证持有人提供基本公共服务和便利的工作纳入国民经济和社会发展规划，完善财政转移支付制度，将提供基本公共服务和便利所需费用纳入财政预算。

第七条 县级以上人民政府有关部门应当建立和完善人口信息库，分类完善劳动就业、教育、社会保障、房产、信用、卫生计生、婚姻等信息系统以及居住证持有人信息的采集、登记工作，加强部门之间、地区之间居住证持有人信息的共享，为推进社会保险、住房公积金等转移接续制度，实现基本公共服务常住人口全覆盖提供信息支持，为居住证持有人在居住地居住提供便利。

第八条 公安机关负责居住证的申领受理、制作、发放、签注等证件管理工作。

居民委员会、村民委员会、用人单位、就读学校以及房屋出租人应当协助做好居住证的申领受理、发放等工作。

第九条 申领居住证，应当向居住地公安派出所或者受公安机关委托的社区服务机构提交本人居民身份证、本人相片以及居住地住址、就业、就读等证明材料。

居住地住址证明包括房屋租赁合同、房屋产权证明文件、购房合同或者房屋出租人、用人单位、就读学校出具的住宿证明等；就业证明包括工商营业执照、劳动合同、用人单位出具的劳动关系证明或者其他能够证明有合法稳定就业的材料等；就读证明包括学生证、就读学校出具的其他能够证明连续就读的材料等。

未满16周岁的未成年人和行动不便的老年人、残疾人等，可以由其监护人、近亲属代为申领居住证。监护人、近亲属代为办理的，应当提供委托人、代办人的合法有效身份证件。

申请人及相关证明材料出具人应当对本条规定的证明材料的真实性、合法性负责。

对申请材料不全的，公安派出所或者受公安

机关委托的社区服务机构应当一次性告知申领人需要补充的材料。

对符合居住证办理条件的，公安机关应当自受理之日起15日内制作发放居住证；在偏远地区、交通不便的地区或者因特殊情况，不能按期制作发放居住证的，设区的市级以上地方人民政府在实施办法中可以对制作发放时限作出延长规定，但延长后最长不得超过30日。

第十条 居住证由县级人民政府公安机关签发，每年签注1次。

居住证持有人在居住地连续居住的，应当在居住每满1年之日前1个月内，到居住地公安派出所或者受公安机关委托的社区服务机构办理签注手续。

逾期未办理签注手续的，居住证使用功能中止；补办签注手续的，居住证的使用功能恢复，居住证持有人在居住地的居住年限自补办签注手续之日起连续计算。

第十一条 居住证损坏难以辨认或者丢失的，居住证持有人应当到居住地公安派出所或者受公安机关委托的社区服务机构办理换领、补领手续。

居住证持有人换领新证时，应当交回原证。

第十二条 居住证持有人在居住地依法享受劳动就业，参加社会保险，缴存、提取和使用住房公积金的权利。县级以上人民政府及其有关部门应当为居住证持有人提供下列基本公共服务：

（一）义务教育；

（二）基本公共就业服务；

（三）基本公共卫生服务和计划生育服务；

（四）公共文化体育服务；

（五）法律援助和其他法律服务；

（六）国家规定的其他基本公共服务。

第十三条 居住证持有人在居住地享受下列便利：

（一）按照国家有关规定办理出入境证件；

（二）按照国家有关规定换领、补领居民身份证；

（三）机动车登记；

（四）申领机动车驾驶证；

（五）报名参加职业资格考试、申请授予职业资格；

（六）办理生育服务登记和其他计划生育证明材料；

（七）国家规定的其他便利。

第十四条 国务院有关部门、地方各级人民政府及其有关部门应当积极创造条件，逐步扩大为居住证持有人提供公共服务和便利的范围，提高服务标准，并定期向社会公布居住证持有人享受的公共服务和便利的范围。

第十五条 居住证持有人符合居住地人民政府规定的落户条件的，可以根据本人意愿，将常住户口由原户口所在地迁入居住地。

第十六条 居住地人民政府应当根据下列规定确定落户条件：

（一）建制镇和城区人口50万以下的小城市的落户条件为在城市市区、县人民政府驻地镇或者其他建制镇有合法稳定住所。

（二）城区人口50万至100万的中等城市的落户条件为在城市有合法稳定就业并有合法稳定住所，同时按照国家规定参加城镇社会保险达到一定年限。其中，城市综合承载能力压力小的地方，可以参照建制镇和小城市标准，全面放开落户限制；城市综合承载能力压力大的地方，可以对合法稳定就业的范围、年限和合法稳定住所的范围、条件等作出规定，但对合法稳定住所不得设置住房面积、金额等要求，对参加城镇社会保险年限的要求不得超过3年。

（三）城区人口100万至500万的大城市的落户条件为在城市有合法稳定就业达到一定年限并有合法稳定住所，同时按照国家规定参加城镇社会保险达到一定年限，但对参加城镇社会保险年限的要求不得超过5年。其中，城区人口300万至500万的大城市可以对合法稳定就业的范围、年限和合法稳定住所的范围、条件等作出规定，也可结合本地实际，建立积分落户制度。

（四）城区人口500万以上的特大城市和超大城市应当根据城市综合承载能力和经济社会发展需要，以具有合法稳定就业和合法稳定住所、参加城镇社会保险年限、连续居住年限等为主要指标，建立完善积分落户制度。

第十七条 国家机关及其工作人员对在工作过程中知悉的居住证持有人个人信息，应当予以保密。

第十八条 有下列行为之一的，由公安机关给予警告、责令改正，处200元以下罚款，有违法所

得的,没收违法所得:

(一)使用虚假证明材料骗领居住证;

(二)出租、出借、转让居住证;

(三)非法扣押他人居住证。

第十九条 有下列行为之一的,由公安机关处 200 元以上 1000 元以下罚款,有违法所得的,没收违法所得:

(一)冒用他人居住证或者使用骗领的居住证;

(二)购买、出售、使用伪造、变造的居住证。

伪造、变造的居住证和骗领的居住证,由公安机关予以收缴。

第二十条 国家机关及其工作人员有下列行为之一的,依法给予处分;构成犯罪,依法追究刑事责任:

(一)符合居住证申领条件但拒绝受理、发放;

(二)违反有关规定收取费用;

(三)利用制作、发放居住证的便利,收受他人财物或者谋取其他利益;

(四)将在工作中知悉的居住证持有人个人信息出售或者非法提供给他人;

(五)篡改居住证信息。

第二十一条 首次申领居住证,免收证件工本费。换领、补领居住证,应当缴纳证件工本费。办理签注手续不得收取费用。

具体收费办法由国务院财政部门、价格主管部门制定。

第二十二条 设区的市级以上地方人民政府应当结合本行政区域经济社会发展需要及落户条件等因素,根据本条例制定实施办法。

第二十三条 本条例自 2016 年 1 月 1 日起施行。本条例施行前各地已发放的居住证,在有效期内继续有效。

中华人民共和国
外国人入境出境管理条例

· 2013 年 7 月 3 日国务院第 15 次常务会议通过
· 2013 年 7 月 12 日中华人民共和国国务院令第 637 号公布
· 自 2013 年 9 月 1 日起施行

第一章 总 则

第一条 为了规范签证的签发和外国人在中国境内停留居留的服务和管理,根据《中华人民共和国出境入境管理法》(以下简称出境入境管理法)制定本条例。

第二条 国家建立外国人入境出境服务和管理工作协调机制,加强外国人入境出境服务和管理工作的统筹、协调与配合。

省、自治区、直辖市人民政府可以根据需要建立外国人入境出境服务和管理工作协调机制,加强信息交流与协调配合,做好本行政区域的外国人入境出境服务和管理工作。

第三条 公安部应当会同国务院有关部门建立外国人入境出境服务和管理信息平台,实现有关信息的共享。

第四条 在签证签发管理和外国人在中国境内停留居留管理工作中,外交部、公安部等国务院部门应当在部门门户网站、受理出境入境证件申请的地点等场所,提供外国人入境出境管理法律法规和其他需要外国人知悉的信息。

第二章 签证的类别和签发

第五条 外交签证、礼遇签证、公务签证的签发范围和签发办法由外交部规定。

第六条 普通签证分为以下类别,并在签证上标明相应的汉语拼音字母:

(一)C 字签证,发给执行乘务、航空、航运任务的国际列车乘务员、国际航空器机组人员、国际航行船舶的船员及船员随行家属和从事国际道路运输的汽车驾驶员。

(二)D 字签证,发给入境永久居留的人员。

(三)F 字签证,发给入境从事交流、访问、考察等活动的人员。

（四）G字签证，发给经中国过境的人员。

（五）J1字签证，发给外国常驻中国新闻机构的外国常驻记者；J2字签证，发给入境进行短期采访报道的外国记者。

（六）L字签证，发给入境旅游的人员；以团体形式入境旅游的，可以签发团体L字签证。

（七）M字签证，发给入境进行商业贸易活动的人员。

（八）Q1字签证，发给因家庭团聚申请入境居留的中国公民的家庭成员和具有中国永久居留资格的外国人的家庭成员，以及因寄养等原因申请入境居留的人员；Q2字签证，发给申请入境短期探亲的居住在中国境内的中国公民的亲属和具有中国永久居留资格的外国人的亲属。

（九）R字签证，发给国家需要的外国高层次人才和急需紧缺专门人才。

（十）S1字签证，发给申请入境长期探亲的因工作、学习等事由在中国境内居留的外国人的配偶、父母、未满18周岁的子女、配偶的父母，以及因其他私人事务需要在中国境内居留的人员；S2字签证，发给申请入境短期探亲的因工作、学习等事由在中国境内停留居留的外国人的家庭成员，以及因其他私人事务需要在中国境内停留的人员。

（十一）X1字签证，发给申请在中国境内长期学习的人员；X2字签证，发给申请在中国境内短期学习的人员。

（十二）Z字签证，发给申请在中国境内工作的人员。

第七条 外国人申请办理签证，应当填写申请表，提交本人的护照或者其他国际旅行证件以及符合规定的照片和申请事由的相关材料。

（一）申请C字签证，应当提交外国运输公司出具的担保函件或者中国境内有关单位出具的邀请函件。

（二）申请D字签证，应当提交公安部签发的外国人永久居留身份确认表。

（三）申请F字签证，应当提交中国境内的邀请方出具的邀请函件。

（四）申请G字签证，应当提交前往国家（地区）的已确定日期、座位的联程机（车、船）票。

（五）申请J1字及J2字签证，应当按照中国有关外国常驻新闻机构和外国记者采访的规定履行审批手续并提交相应的申请材料。

（六）申请L字签证，应当按照要求提交旅行计划行程安排等材料；以团体形式入境旅游的，还应当提交旅行社出具的邀请函件。

（七）申请M字签证，应当按照要求提交中国境内商业贸易合作方出具的邀请函件。

（八）申请Q1字签证，因家庭团聚申请入境居留的，应当提交居住在中国境内的中国公民、具有永久居留资格的外国人出具的邀请函件和家庭成员关系证明，因寄养等原因申请入境的，应当提交委托书等证明材料；申请Q2字签证，应当提交居住在中国境内的中国公民、具有永久居留资格的外国人出具的邀请函件等证明材料。

（九）申请R字签证，应当符合中国政府有关主管部门确定的外国高层次人才和急需紧缺专门人才的引进条件和要求，并按照规定提交相应的证明材料。

（十）申请S1字及S2字签证，应当按照要求提交因工作、学习等事由在中国境内停留居留的外国人出具的邀请函件、家庭成员关系证明，或者入境处理私人事务所需的证明材料。

（十一）申请X1字签证应当按照规定提交招收单位出具的录取通知书和主管部门出具的证明材料；申请X2字签证，应当按照规定提交招收单位出具的录取通知书等证明材料。

（十二）申请Z字签证，应当按照规定提交工作许可等证明材料。

签证机关可以根据具体情况要求外国人提交其他申请材料。

第八条 外国人有下列情形之一的，应当按照驻外签证机关要求接受面谈：

（一）申请入境居留的；

（二）个人身份信息、入境事由需要进一步核实的；

（三）曾有不准入境、被限期出境记录的；

（四）有必要进行面谈的其他情形。

驻外签证机关签发签证需要向中国境内有关部门、单位核实有关信息的，中国境内有关部门、单位应当予以配合。

第九条 签证机关经审查认为符合签发条件的，签发相应类别签证。对入境后需要办理居留证件的，签证机关应当在签证上注明入境后办理居留证件的时限。

第三章 停留居留管理

第十条 外国人持签证入境后,按照国家规定可以变更停留事由、给予入境便利的,或者因使用新护照、持团体签证入境后由于客观原因需要分团停留的,可以向停留地县级以上地方人民政府公安机关出入境管理机构申请换发签证。

第十一条 在中国境内的外国人所持签证遗失、损毁、被盗抢的,应当及时向停留地县级以上地方人民政府公安机关出入境管理机构申请补发签证。

第十二条 外国人申请签证的延期、换发、补发和申请办理停留证件,应当填写申请表,提交本人的护照或者其他国际旅行证件以及符合规定的照片和申请事由的相关材料。

第十三条 外国人申请签证延期、换发、补发和申请办理停留证件符合受理规定的,公安机关出入境管理机构应当出具有效期不超过7日的受理回执,并在受理回执有效期内作出是否签发的决定。

外国人申请签证延期、换发、补发和申请办理停留证件的手续或者材料不符合规定的,公安机关出入境管理机构应当一次性告知申请人需要履行的手续和补正的申请材料。

申请人所持护照或者其他国际旅行证件因办理证件被收存期间,可以凭受理回执在中国境内合法停留。

第十四条 公安机关出入境管理机构作出的延长签证停留期限决定,仅对本次入境有效,不影响签证的入境次数和入境有效期,并且累计延长的停留期限不得超过原签证注明的停留期限。

签证停留期限延长后,外国人应当按照原签证规定的事由和延长的期限停留。

第十五条 居留证件分为以下种类:

(一)工作类居留证件,发给在中国境内工作的人员;

(二)学习类居留证件,发给在中国境内长期学习的人员;

(三)记者类居留证件,发给外国常驻中国新闻机构的外国常驻记者;

(四)团聚类居留证件,发给因家庭团聚需要在中国境内居留的中国公民的家庭成员和具有中国永久居留资格的外国人的家庭成员,以及因寄养等原因需要在中国境内居留的人员;

(五)私人事务类居留证件,发给入境长期探亲的因工作、学习等事由在中国境内居留的外国人的配偶、父母、未满18周岁的子女、配偶的父母,以及因其他私人事务需要在中国境内居留的人员。

第十六条 外国人申请办理外国人居留证件,应当提交本人护照或者其他国际旅行证件以及符合规定的照片和申请事由的相关材料,本人到居留地县级以上地方人民政府公安机关出入境管理机构办理相关手续,并留存指纹等人体生物识别信息。

(一)工作类居留证件,应当提交工作许可等证明材料;属于国家需要的外国高层次人才和急需紧缺专门人才的,应当按照规定提交有关证明材料。

(二)学习类居留证件,应当按照规定提交招收单位出具的注明学习期限的函件等证明材料。

(三)记者类居留证件,应当提交有关主管部门出具的函件和核发的记者证。

(四)团聚类居留证件,因家庭团聚需要在中国境内居留的,应当提交家庭成员关系证明和与申请事由相关的证明材料;因寄养等原因需要在中国境内居留的,应当提交委托书等证明材料。

(五)私人事务类居留证件,长期探亲的,应当按照要求提交亲属关系证明、被探望人的居留证件等证明材料;入境处理私人事务的,应当提交因处理私人事务需要在中国境内居留的相关证明材料。

外国人申请有效期1年以上的居留证件的,应当按照规定提交健康证明。健康证明自开具之日起6个月内有效。

第十七条 外国人申请办理居留证件的延期、换发、补发,应当填写申请表,提交本人的护照或者其他国际旅行证件以及符合规定的照片和申请事由的相关材料。

第十八条 外国人申请居留证件或者申请居留证件的延期、换发、补发符合受理规定的,公安机关出入境管理机构应当出具有效期不超过15日的受理回执,并在受理回执有效期内作出是否签发的决定。

外国人申请居留证件或者申请居留证件的延期、换发、补发的手续或者材料不符合规定的,公安机关出入境管理机构应当一次性告知申请人需要履行的手续和补正的申请材料。

申请人所持护照或者其他国际旅行证件因办理证件被收存期间,可以凭受理回执在中国境内合法居留。

第十九条 外国人申请签证和居留证件的延期、换发、补发,申请办理停留证件,有下列情形之一的,可以由邀请单位或者个人、申请人的亲属、有关专门服务机构代为申请:

(一)未满16周岁或者已满60周岁以及因疾病等原因行动不便的;

(二)非首次入境且在中国境内停留居留记录良好的;

(三)邀请单位或者个人对外国人在中国境内期间所需费用提供保证措施的。

外国人申请居留证件,属于国家需要的外国高层次人才和急需紧缺专门人才以及前款第一项规定情形的,可以由邀请单位或者个人、申请人的亲属、有关专门服务机构代为申请。

第二十条 公安机关出入境管理机构可以通过面谈、电话询问、实地调查等方式核实申请事由的真实性,申请人以及出具邀请函件、证明材料的单位或者个人应当予以配合。

第二十一条 公安机关出入境管理机构对有下列情形之一的外国人,不予批准签证和居留证件的延期、换发、补发,不予签发停留证件:

(一)不能按照规定提供申请材料的;

(二)在申请过程中弄虚作假的;

(三)违反中国有关法律、行政法规规定,不适合在中国境内停留居留的;

(四)不宜批准签证和居留证件的延期、换发、补发或者签发停留证件的其他情形。

第二十二条 持学习类居留证件的外国人需要在校外勤工助学或者实习的,应当经所在学校同意后,向公安机关出入境管理机构申请居留证件加注勤工助学或者实习地点、期限等信息。

持学习类居留证件的外国人所持居留证件未加注前款规定信息的,不得在校外勤工助学或者实习。

第二十三条 在中国境内的外国人因证件遗失、损毁、被盗抢等原因未持有效护照或者国际旅行证件,无法在本国驻中国有关机构补办的,可以向停留居留地县级以上地方人民政府公安机关出入境管理机构申请办理出境手续。

第二十四条 所持出境入境证件注明停留区域的外国人、出入境边防检查机关批准临时入境且限定停留区域的外国人,应当在限定的区域内停留。

第二十五条 外国人在中国境内有下列情形之一的,属于非法居留:

(一)超过签证、停留居留证件规定的停留居留期限停留居留的;

(二)免办签证入境的外国人超过免签期限停留且未办理停留居留证件的;

(三)外国人超出限定的停留居留区域活动的;

(四)其他非法居留的情形。

第二十六条 聘用外国人工作或者招收外国留学生的单位,发现有下列情形之一的,应当及时向所在地县级以上地方人民政府公安机关出入境管理机构报告:

(一)聘用的外国人离职或者变更工作地域的;

(二)招收的外国留学生毕业、结业、肄业、退学、离开原招收单位的;

(三)聘用的外国人、招收的外国留学生违反出境入境管理规定的;

(四)聘用的外国人、招收的外国留学生出现死亡、失踪等情形的。

第二十七条 金融、教育、医疗、电信等单位在办理业务时需要核实外国人身份信息的,可以向公安机关出入境管理机构申请核实。

第二十八条 外国人因外交、公务事由在中国境内停留居留证件的签发管理,按照外交部的规定执行。

第四章 调查和遣返

第二十九条 公安机关根据实际需要可以设置遣返场所。

依照出境入境管理法第六十条的规定对外国人实施拘留审查的,应当在24小时内将被拘留审查的外国人送到拘留所或者遣返场所。

由于天气、当事人健康状况等原因无法立即执行遣送出境、驱逐出境的,应当凭相关法律文书将外国人羁押在拘留所或者遣返场所。

第三十条 依照出境入境管理法第六十一条

的规定,对外国人限制活动范围的,应当出具限制活动范围决定书。被限制活动范围的外国人,应当在指定的时间到公安机关报到;未经决定机关批准,不得变更生活居所或者离开限定的区域。

第三十一条　依照出境入境管理法第六十二条的规定,对外国人实施遣送出境的,作出遣送出境决定的机关应当依法确定被遣送出境的外国人不准入境的具体期限。

第三十二条　外国人被遣送出境所需的费用由本人承担。本人无力承担的,属于非法就业的,由非法聘用的单位、个人承担;属于其他情形的,由对外国人在中国境内停留居留提供保证措施的单位或者个人承担。

遣送外国人出境,由县级以上地方人民政府公安机关或者出入境边防检查机关实施。

第三十三条　外国人被决定限期出境的,作出决定的机关应当在注销或者收缴其原出境入境证件后,为其补办停留手续并限定出境的期限。限定出境期限最长不得超过 15 日。

第三十四条　外国人有下列情形之一的,其所持签证、停留居留证件由签发机关宣布作废:

(一)签证、停留居留证件损毁、遗失、被盗抢的;

(二)被决定限期出境、遣送出境、驱逐出境,其所持签证、停留居留证件未被收缴或者注销的;

(三)原居留事由变更,未在规定期限内向公安机关出入境管理机构申报,经公安机关公告后仍未申报的;

(四)有出境入境管理法第二十一条、第三十一条规定的不予签发签证、居留证件情形的。

签发机关对签证、停留居留证件依法宣布作废,可以当场宣布作废或者公告宣布作废。

第三十五条　外国人所持签证、停留居留证件有下列情形之一的,由公安机关注销或者收缴:

(一)被签发机关宣布作废或者被他人冒用的;

(二)通过伪造、变造、骗取或者其他方式非法获取的;

(三)持有人被决定限期出境、遣送出境、驱逐出境的。

作出注销或者收缴决定的机关应当及时通知签发机关。

第五章　附　则

第三十六条　本条例下列用语的含义:

(一)签证的入境次数,是指持证人在签证有效期内可以入境的次数。

(二)签证的入境有效期,是指持证人所持签证入境的有效时间范围。非经签发机关注明,签证自签发之日起生效,于有效期满当日北京时间 24 时失效。

(三)签证的停留期限,是指持证人每次入境后被准许停留的时限,自入境次日开始计算。

(四)短期,是指在中国境内停留不超过 180 日(含 180 日)。

(五)长期、常驻,是指在中国境内居留超过 180 日。

本条例规定的公安机关出入境管理机构审批期限和受理回执有效期以工作日计算,不含法定节假日。

第三十七条　经外交部批准,驻外签证机关可以委托当地有关机构承办外国人签证申请的接件、录入、咨询等服务性事务。

第三十八条　签证的式样由外交部会同公安部规定。停留居留证件的式样由公安部规定。

第三十九条　本条例自 2013 年 9 月 1 日起施行。1986 年 12 月 3 日国务院批准,1986 年 12 月 27 日公安部、外交部公布,1994 年 7 月 13 日、2010 年 4 月 24 日国务院修订的《中华人民共和国外国人入境出境管理法实施细则》同时废止。

中华人民共和国临时居民身份证管理办法

· 2005 年 6 月 7 日公安部令第 78 号公布
· 自 2005 年 10 月 1 日起施行

第一条　根据《中华人民共和国居民身份证法》第十二条的规定,制定本办法。

第二条　居住在中华人民共和国境内的中国公民,在申请领取、换领、补领居民身份证期间,急需使用居民身份证的,可以申请领取临时居民身份证。

第三条　临时居民身份证具有证明公民身份

的法律效力。

第四条　临时居民身份证式样为聚酯薄膜密封的单页卡式，证件采用国际通用标准尺寸，彩虹印刷，正面印有证件名称和长城图案，背面登载公民本人黑白照片和身份项目。

第五条　临时居民身份证登记的项目包括：姓名、性别、民族、出生日期、常住户口所在地住址、公民身份号码、本人相片、证件的有效期和签发机关。

第六条　临时居民身份证使用规范汉字和符合国家标准的数字符号填写。

民族自治地方的自治机关根据本地区的实际情况，可以决定同时使用实行区域自治的民族的文字或者选用一种当地通用的文字。

第七条　临时居民身份证的有效期限为三个月，有效期限自签发之日起计算。

第八条　临时居民身份证由县级人民政府公安机关统一制发、管理。

第九条　具备本办法第二条规定条件的公民，可以向常住户口所在地的公安派出所申请领取临时居民身份证。

未满十六周岁的公民，由监护人代为申领临时居民身份证。

第十条　临时居民身份证由公民常住户口所在地的县级人民政府公安机关签发。

第十一条　公民申领临时居民身份证，应当交验居民户口簿、本人近期一寸免冠黑白相片，并在其《居民身份证申领登记表》中加以注明。

第十二条　公民申请领取、换领、补领临时居民身份证时，公安机关应当按照本办法的规定及时办理，并在收到申请后的三日内将临时居民身份证发给申领人。

第十三条　领取了临时居民身份证的公民在领取居民身份证时，应当交回临时居民身份证。

第十四条　公民从事有关活动，需要证明身份的，有权使用临时居民身份证证明身份。有关单位及其工作人员不得拒绝。

第十五条　人民警察依法执行职务，有权依照《中华人民共和国居民身份证法》第十五条的规定，查验公民的临时居民身份证，被查验的公民不得拒绝。

第十六条　违反本规定的，依照《中华人民共和国居民身份证法》第四章的有关规定予以处罚。

第十七条　公民申请领取、换领、补领临时居民身份证，应当缴纳证件工本费。临时居民身份证工本费标准，由公安部会同国务院价格主管部门、财政部门核定。

公安机关收取的临时居民身份证工本费，全部上缴国库。

第十八条　对公民交回和收缴的临时居民身份证，公安机关应当登记后销毁。

第十九条　本办法自2005年10月1日起施行，公安部1989年9月15日发布的《临时身份证管理暂行规定》同时废止。

中华人民共和国普通护照和出入境通行证签发管理办法

· 2007年10月25日公安部令第96号发布
· 根据2011年12月20日《公安部关于修改〈中华人民共和国普通护照和出入境通行证签发管理办法〉的决定》修订

第一条　为了规范中华人民共和国普通护照和出入境通行证的申请、审批签发和管理，保障中华人民共和国公民申请普通护照和出入境通行证的权利，根据《中华人民共和国护照法》（以下简称护照法）的规定，制定本办法。

第二条　本办法适用于公民向公安机关出入境管理机构申请普通护照和出入境通行证。

第三条　公安机关出入境管理机构应当参照国际技术标准，逐步推广签发含有电子芯片的普通护照（以下简称电子普通护照），提高护照的防伪性能。

电子芯片存储普通护照的登记项目资料和持证人的面部肖像、指纹信息等。

第四条　公民申请普通护照，应当由本人向其户籍所在地县级以上地方人民政府公安机关出入境管理机构提出，并提交下列真实有效的材料：

（一）近期免冠照片一张以及填写完整的《中国公民因私出国（境）申请表》（以下简称申请表）；

（二）居民身份证和户口簿及复印件；在居民身份证领取、换领、补领期间，可以提交临时居民身份证和户口簿及复印件；

（三）未满十六周岁的公民，应当由其监护人陪同，并提交其监护人出具的同意出境的意见、监护人的居民身份证或者户口簿、护照及复印件；

（四）国家工作人员应当按照有关规定，提交本人所属工作单位或者上级主管单位按照人事管理权限审批后出具的同意出境的证明；

（五）省级地方人民政府公安机关出入境管理机构报经公安部出入境管理机构批准，要求提交的其他材料。

现役军人申请普通护照，按照管理权限履行报批手续后，由本人向所属部队驻地县级以上地方人民政府公安机关出入境管理机构提出。

第五条　有下列情形之一的，公民可以向其户籍所在地县级以上地方人民政府公安机关出入境管理机构申请加急办理普通护照，并提交相应材料：

（一）出国奔丧、探望危重病人的；

（二）出国留学的开学日期临近的；

（三）前往国入境许可或者签证有效期即将届满的；

（四）省级地方人民政府公安机关出入境管理机构认可的其他紧急事由。

第六条　公安机关出入境管理机构受理十六周岁以上公民的电子普通护照申请，应当现场采集申请人的指纹信息。不满十六周岁的公民申请电子普通护照，监护人同意提供申请人指纹信息的，公安机关出入境管理机构可以现场采集。

申请人因指纹缺失、损坏无法按捺指纹的，可以不采集指纹信息。

第七条　公安机关出入境管理机构收到申请材料后，应当询问申请人。对申请材料齐全且符合法定形式的，应当当场受理；对申请材料不齐全或者不符合法定形式的，应当一次告知申请人需要补正的全部内容。

第八条　公安机关出入境管理机构受理普通护照的申请后，应当将申请材料报送具有审批签发权的公安机关出入境管理机构进行审批。对符合签发规定的，以公安部出入境管理机构的名义签发普通护照；对不符合规定不予签发的，应当向申请人书面说明理由，并告知申请人享有依法申请行政复议或者提起行政诉讼的权利。

第九条　普通护照持有人具有下列情形之一的，可以向其户籍所在地县级以上地方人民政府

公安机关出入境管理机构申请变更加注，并提交普通护照及复印件以及需要作变更加注事项的证明材料：

（一）有曾用名、繁体汉字姓名、外文姓名或者非标准汉语拼音姓名的；

（二）相貌发生较大变化，需要作近期照片加注的；

（三）公安部出入境管理机构认可的其他情形。

第十条　具有下列情形之一的，普通护照持有人可以向其户籍所在地县级以上地方人民政府公安机关出入境管理机构申请换发普通护照：

（一）签证页即将使用完毕的；

（二）有效期不足六个月的，或者有效期在六个月以上但有材料证明该有效期不符合前往国要求的；

（三）公安部出入境管理机构认可的其他情形。

第十一条　公民申请换发普通护照，除提交本办法第四条规定的材料外，应当提交原普通护照及复印件。

定居国外的公民短期回国申请换发普通护照的，应当向其暂住地县级以上地方人民政府公安机关出入境管理机构提出，并提交原普通护照、定居国外的证明以及暂住地公安机关出具的暂住证明及复印件。

第十二条　普通护照损毁、遗失、被盗的，公民可以向其户籍所在地县级以上地方人民政府公安机关出入境管理机构申请补发。申请时，除提交本办法第四条规定的材料外，应当提交相关材料：

（一）因证件损毁申请补发的，提交损毁的证件及损毁原因说明；

（二）因证件遗失或者被盗申请补发的，提交报失证明和遗失或者被盗情况说明。

定居国外的公民短期回国申请补发普通护照，应当向其暂住地县级以上地方人民政府公安机关出入境管理机构提出，除应当按照前款提交相应材料外，应当提交定居国外的证明以及暂住地公安机关出具的暂住证明及复印件。

第十三条　公安机关出入境管理机构为公民换发、补发普通护照时，应当宣布原普通护照作废。换发普通护照时，应当将公民原普通护照右

上角裁去；原普通护照上有前往国有效入境许可的，可将封底、封面右上角裁去，退还本人。

第十四条 公民申请普通护照或者申请普通护照变更加注、换发、补发的，公安机关出入境管理机构应当自收到申请材料之日起十五日内签发。有本办法第五条规定情形的，公安机关出入境管理机构应当自收到申请材料之日起五个工作日内签发。

在偏远地区或者交通不便地区或者因特殊情况，不能按期签发普通护照的，经省级地方人民政府公安机关出入境管理机构负责人批准，签发时间可以延长至三十日。偏远地区或者交通不便地区的范围由省级地方人民政府公安机关出入境管理机构确定，报公安部出入境管理机构备案后对外公布。

第十五条 电子普通护照采取加密措施，确保电子芯片存储的指纹信息仅限于普通护照签发机关和出入境边防检查机关在出入境管理时读取、核验和使用。

第十六条 普通护照签发机关、出入境边防检查机关及其工作人员对在出入境管理工作中知悉的公民个人信息，应当予以保密。

第十七条 申请人具有下列情形之一的，公安机关出入境管理机构不予签发普通护照：

（一）不具有中华人民共和国国籍的；

（二）无法证明身份的；

（三）在申请过程中弄虚作假的；

（四）被判处刑罚正在服刑的；

（五）人民法院通知有未了结的民事案件不能出境的；

（六）属于刑事案件被告人或者犯罪嫌疑人的；

（七）国务院有关主管部门认为出境后将对国家安全造成危害或者国家利益造成重大损失的。

公民因妨害国（边）境管理受到刑事处罚或者因非法出境、非法居留、非法就业被遣返回国的，公安机关出入境管理机构自其刑罚执行完毕或者被遣返回国之日起六个月至三年以内不予签发普通护照。

第十八条 公安机关出入境管理机构签发普通护照后，发现持照人具有本办法第十七条规定情形的，可以宣布其所持普通护照作废。

第十九条 宣布公安机关出入境管理机构签发的普通护照作废，由普通护照的审批签发机关或者上级公安机关出入境管理机构作出。

第二十条 公民从事边境贸易、边境旅游服务或者参加经国务院或者国务院主管部门批准的边境旅游线路边境旅游的，可以由本人向边境地区县级以上地方人民政府公安机关出入境管理机构申请出入境通行证，并从公安部规定的口岸出入境。

公民从事边境贸易、边境旅游服务的，可为其签发一年多次出入境有效或者三个月一次出入境有效的出入境通行证；公民参加经国务院或者国务院主管部门批准的边境旅游线路边境旅游的，可为其签发三个月一次出入境有效的出入境通行证。

第二十一条 边境地区公民申请出入境通行证，应当提交本办法第四条规定的材料。

非边境地区公民申请出入境通行证，应当提交本办法第四条第一款第（一）、（三）、（四）、（五）项规定的材料，居民身份证或者户口簿及复印件，以及下列与申请事由相关的证明材料：

（一）从事边境贸易的，提交在边境地区工商行政管理部门登记注册的经营者出具的有关证明材料；

（二）从事边境旅游服务的，提交所在的经国家旅游局批准的边境旅游组团社出具的证明材料和本人导游证；

（三）参加边境旅游的，提交经国家旅游局批准的边境旅游组团社出具的相关材料。

第二十二条 边境地区公安机关出入境管理机构应当对公民提交的出入境通行证申请材料进行审核。对非边境地区公民提交的申请材料有疑问的，应当向其户籍所在地公安机关出入境管理机构或者其所属工作单位核实。

第二十三条 出入境通行证不予变更加注或者换发。除一年多次出入境有效的出入境通行证外，出入境通行证不予补发。

第二十四条 对公民具有本办法第十七条规定情形之一的，公安机关出入境管理机构不予签发出入境通行证。

第二十五条 公民领取普通护照、出入境通行证后，应当在持证人签名栏签署本人姓名。

第二十六条 公民退出中国国籍的，应当将所持普通护照、出入境通行证交还公安机关出入境管理机构或者中华人民共和国驻外使馆、领馆或者外交部委托的其他驻外机构。公民持《前往港澳通行证》赴港澳地区定居的，应当将所持普通护照交还公安机关出入境管理机构。

第二十七条 公民在申请、换发、补发普通护照以及申请变更加注时，提交虚假或者通过非法途径获取的材料的，或者冒用他人身份证件骗取普通护照的，依照护照法第十七条的规定处理。

第二十八条 公安机关出入境管理机构应当将申请普通护照、出入境通行证的依据、条件、程序、时限、收费标准以及需要提交的全部材料的目录和申请表示范文本等在接待场所公布。

第二十九条 出入境通行证的受理和审批签发程序、签发时限、宣布作废、收缴、式样制定和监制，以及对相关违法行为的处罚等参照普通护照的有关规定执行。

第三十条 受理、审批签发普通护照、出入境通行证的公安机关出入境管理机构应当经公安部确定，并向社会公布。对具有下列情形之一的公安机关出入境管理机构，公安部可以暂停或者终止其普通护照、出入境通行证受理、审批签发权，并确定代为行使受理、审批签发权的公安机关出入境管理机构：

（一）因情况变化不再具备受理、审批签发普通护照、出入境通行证条件的；

（二）违法违规受理、审批签发普通护照、出入境通行证的；

（三）公安部规定的其他应当暂停或者终止受理、审批签发权的情形。

第三十一条 当毗邻国家的边境地区发生恐怖活动、瘟疫或者重大自然灾害以及出现公安部规定的其他情形，公安部可以暂停或者终止边境地区公安机关出入境管理机构为非边境地区公民签发出入境通行证。

第三十二条 公安机关出入境管理机构应当严格按照国务院价格行政部门会同国务院财政部门规定的标准，收取普通护照、出入境通行证的办证费用。

第三十三条 本办法自2012年3月1日起施行。2007年10月25日发布的《中华人民共和国普通护照和出入境通行证签发管理办法》（公安部令第96号）同时废止。本办法施行前公安部制定

的有关规定与本办法不一致的，以本办法为准。

外国人在中国永久居留审批管理办法

- 2004年8月15日公安部、外交部令第74号公布
- 自公布之日起施行

第一条 为规范外国人在中国永久居留审批管理工作，根据《中华人民共和国外国人入境出境管理法》及其实施细则的有关规定，制定本办法。

第二条 外国人在中国永久居留是指外国人在中国居留期限不受限制。

第三条 《外国人永久居留证》是获得在中国永久居留资格的外国人在中国境内居留的合法身份证件，可以单独使用。

第四条 获得在中国永久居留资格的外国人，凭有效护照和《外国人永久居留证》出入中国国境。

第五条 受理外国人在中国永久居留申请的机关是设区的市级人民政府公安机关，直辖市公安分、县局；审核外国人在中国永久居留申请的机关是各省、自治区、直辖市公安厅、局；审批外国人在中国永久居留申请的机关是公安部。

第六条 申请在中国永久居留的外国人应当遵守中国法律，身体健康，无犯罪记录，并符合下列条件之一：

（一）在中国直接投资、连续三年投资情况稳定且纳税记录良好的；

（二）在中国担任副总经理、副厂长等职务以上或者具有副教授、副研究员等副高级职称以上以及享受同等待遇，已连续任职满四年、四年内在中国居留累计不少于三年且纳税记录良好的；

（三）对中国有重大、突出贡献以及国家特别需要的；

（四）本款第一项、第二项、第三项所指人员的配偶及其未满18周岁的未婚子女；

（五）中国公民或者在中国获得永久居留资格的外国人的配偶，婚姻关系存续满五年、已在中国连续居留满五年、每年在中国居留不少于九个月且有稳定生活保障和住所的；

（六）未满18周岁未婚子女投靠父母的；

（七）在境外无直系亲属，投靠境内直系亲属，且年满60周岁、已在中国连续居留满五年、每年在中国居留不少于九个月并有稳定生活保障和住所的。

本条所指年限均指申请之日前连续的年限。

第七条 本办法第六条第一款第一项所指的外国人，其在中国投资实际缴付的注册资本金应当符合下列条件之一：

（一）在国家颁布的《外商投资产业指导目录》鼓励类产业投资合计50万美元以上；

（二）在中国西部地区和国家扶贫开发工作重点县投资合计50万美元以上；

（三）在中国中部地区投资合计100万美元以上；

（四）在中国投资合计200万美元以上。

第八条 本办法第六条第一款第二项所指的外国人，其任职单位应当符合下列条件之一：

（一）国务院各部门或者省级人民政府所属的机构；

（二）重点高等学校；

（三）执行国家重点工程项目或者重大科研项目的企业、事业单位；

（四）高新技术企业、鼓励类外商投资企业、外商投资先进技术企业或者外商投资产品出口企业。

第九条 申请人申请时需如实填写《外国人在中国永久居留申请表》，并提交下列材料：

（一）有效的外国护照或者能够代替护照的证件；

（二）中国政府指定的卫生检疫部门出具的或者经中国驻外使、领馆认证的外国卫生医疗机构签发的健康证明书；

（三）经中国驻外使、领馆认证的国外无犯罪记录证明；

（四）四张二英寸近期正面免冠彩色照片；

（五）本办法规定的其他有关材料。

第十条 本办法第六条第一款第一项所指人员申请时还需提交外商投资企业批准证书、登记证明以及联合年检证明、验资报告、个人完税证明。

鼓励类外商投资企业还应当提交国家鼓励发展的外商投资项目确认书。

第十一条 本办法第六条第一款第二项所指人员申请时还需提交下列材料：

（一）任职单位出具的本人职务或者职称证明；

（二）《外国专家证》或者《外国人就业证》；

（三）任职单位的登记证明以及年检证明、个人完税证明；任职单位是外商投资企业的，还需提交外商投资企业批准证书和联合年检证明；

（四）在执行国家重点工程项目或者重大科研项目的企业、事业单位中任职的人员需提交省、部级政府主管部门出具的项目证明文件；在高新技术企业中任职的人员需提交高新技术企业证书；在鼓励类外商投资企业、外商投资先进技术企业或者外商投资产品出口企业中任职的人员需提交国家鼓励发展的外商投资项目确认书或者外商投资先进技术企业确认书或者外商投资产品出口企业确认书。

第十二条 本办法第六条第一款第三项所指人员申请时还需提交中国政府主管部门出具的推荐函及有关证明。

第十三条 本办法第六条第一款第四项所指人员申请时，属于配偶的，还需提交婚姻证明；属于未满18周岁未婚子女的，还需提交本人出生证明或者亲子关系证明；属收养关系的，还需提交收养证明。外国有关机构出具的上述证明需经中国驻该国使、领馆认证。

第十四条 本办法第六条第一款第五项所指人员申请时还需提交其中国籍配偶的常住户籍证明或者其外国籍配偶的《外国人永久居留证》、婚姻证明、经公证的生活保障证明及房屋租赁或者产权证明。外国有关机构出具的上述证明需经中国驻该国使、领馆认证。

第十五条 本办法第六条第一款第六项所指人员申请时还需提交其中国籍父母的常住户籍证明或者外国籍父母的《外国人永久居留证》、本人出生证明或者亲子关系证明；属收养关系的，还需提交收养证明。外国有关机构出具的上述证明需经中国驻该国使、领馆认证。

第十六条 本办法第六条第一款第七项所指人员申请时还需提交被投靠的中国公民常住户籍证明或者外国人的《外国人永久居留证》、经公证的亲属关系证明以及投靠人国外无直系亲属关系证明、经公证的投靠人经济来源证明或者被投靠人经济担保证明、经公证的投靠人或者被投靠人的房屋租赁或者产权证明。外国有关机构出具的上述证明需经中国驻该国使、领馆认证。

第十七条 外国人申请在中国永久居留,由本人或者未满18周岁未婚子女的父母或者被委托人向主要投资地或者长期居留地的设区的市级人民政府公安机关或者直辖市公安分、县局提出申请。

由被委托人代为申请的,需提交申请人出具的委托书。申请人在国外出具的委托书,需经中国驻该国使、领馆认证。

第十八条 公安机关自受理外国人在中国永久居留的申请之日起六个月以内做出批准或者不批准的决定。

第十九条 被批准在中国永久居留的外国人,由公安部签发《外国人永久居留证》;申请人在境外的,由公安部发给《外国人永久居留身份确认表》,申请人持《外国人永久居留身份确认表》到中国驻外使、领馆办理"D"字签证,入境后30日以内向受理其申请的公安机关领取《外国人永久居留证》。

第二十条 被批准在中国永久居留的外国人,每年在中国累计居留不得少于三个月。确因实际需要每年不能在中国累计居留满三个月的,需经长期居留地省、自治区、直辖市公安厅、局批准,但五年内在中国累计居留不得少于一年。

第二十一条 《外国人永久居留证》的有效期为五年或者十年。

被批准在中国永久居留的未满18周岁的外国人,发给有效期为五年的《外国人永久居留证》;被批准在中国永久居留的18周岁以上的外国人,发给有效期为十年的《外国人永久居留证》。

第二十二条 《外国人永久居留证》有效期满、内容变更、损坏或者遗失的,持证人应当向其长期居留地的设区的市级人民政府公安机关或者直辖市公安分、县局申请换发或者补发。公安机关经审核对没有丧失在中国永久居留资格规定情形的,一个月以内换发或者补发证件。

第二十三条 持有《外国人永久居留证》的外国人应当在证件有效期满前一个月以内申请换发;证件内容变更的,应当在情况变更后一个月以内申请换发;证件损坏或者遗失的,应当及时申请换发或者补发。

第二十四条 具有在中国永久居留资格的外国人有下列情形之一的,公安部可以取消其在中国永久居留资格,同时收缴其所持《外国人永久居留证》或者宣布作废:

(一)可能对国家安全和利益造成危害的;

(二)被人民法院判处驱逐出境的;

(三)通过提供虚假材料等非法手段骗取在中国永久居留资格的;

(四)未经批准每年在中国累计居留不满三个月或者五年内在中国累计居留不满一年的。

第二十五条 本办法实施前被批准在中国永久居留的外国人,应当在本办法实施之日起六个月以内到原居留证件签发地或者长期居留地的设区的市级人民政府公安机关或者直辖市公安分、县局换领《外国人永久居留证》。

第二十六条 申请在中国永久居留以及签发、换发、补发《外国人永久居留证》,有关收费项目和标准按照国务院价格和财政主管部门的规定执行。

第二十七条 本办法中下列用语的含义:

(一)"直系亲属"指父母(配偶的父母)、祖父母(外祖父母)、已满18周岁的成年子女及其配偶、已满18周岁的成年孙子女(外孙子女)及其配偶;

(二)"以上"、"以内"皆包括本数。

第二十八条 本办法由公安部、外交部负责解释。

第二十九条 本办法自发布之日起施行。

中华人民共和国边境管理区通行证管理办法

- 1999年9月4日公安部令第42号发布
- 根据2014年6月29日《公安部关于修改部分部门规章的决定》修订

第一章 总 则

第一条 为了加强边境通行证件的管理,维护边境管理区的治安秩序,根据国家有关规定,结合我国边防管理的实际情况,制定本办法。

第二条 国家在陆地边境地区划定边境管理区(含深圳、珠海经济特区),实行《中华人民共和国边境管理区通行证》(以下简称《边境通行证》)验查管理制度。

第三条 凡进出边境管理区的人员，均适用本办法。

第四条 公安部边防管理局是全国《边境通行证》的主管部门。各省、自治区、直辖市公安厅、局负责本行政区域内的《边境通行证》管理工作。

第二章 进出边境管理区证件

第五条 凡常住边境管理区年满十六周岁的中国公民，凭《中华人民共和国居民身份证》(以下简称《居民身份证》)在本省、自治区的边境管理区通行；前往其他省、自治区的边境管理区，须持《边境通行证》。

第六条 凡居住在非边境管理区年满十六周岁的中国公民，前往边境管理区，须持《边境通行证》。

第七条 凡经由边境管理区出入国(边)境的人员，凭其出入境有效证件通行。

外国人、无国籍人前往未对外国人开放的边境管理区，须持公安机关签发的《中华人民共和国外国人旅行证》。

海外华侨、港澳台同胞前往未对外开放的边境管理区，须持《边境通行证》。

第八条 中国人民解放军和中国人民武装警察部队官兵进出边境管理区，须分别持《中国人民解放军军人通行证》、《中国人民武装警察通行证》和本人有效证件；驻在边境管埋区内的中国人民解放军和中国人民武装警察部队官兵，凭本人有效证件进出边境管理区。

第三章 《边境通行证》的申领

第九条 凡年满十六周岁的中国公民前往边境管理区，依照本办法第二章之规定，具有下列情形之一的，应当申领《边境通行证》：

(一)参加科技、文化、体育交流或者业务培训、会议，从事考察、采访、创作等活动的；

(二)从事勘探、承包工程、劳务、生产技术合作或者贸易洽谈等活动的；

(三)应聘、调动、分配工作或者就医、就学的；

(四)探亲、访友、经商、旅游的；

(五)有其他正当事由必须前往的。

第十条 申领《边境通行证》应当向常住户口所在地县级以上公安机关或者指定的公安派出所提出申请。有下列情形之一的，凭单位证明，可以向非常住户口所在地的县级以上公安机关或者指定的公安派出所提出申请：

(一)常住户口所在地与工作单位所在地在同一城市，但不在同一辖区的人员；

(二)中央各部委和省级人民政府的驻外办事处人员；

(三)已在非常住户口所在地暂住一年以上的人员；

(四)因工作调动，尚未办妥常住或者暂住户口的人员；

(五)因紧急公务，确需前往边境管理区的国家工作人员。

第十一条 海外华侨、港澳台同胞凭有效证件向有关省、自治区、直辖市公安厅、局，或者县、市公安局申领《边境通行证》。

第十二条 经省级公安、旅游部门批准，旅游公司组织赴边境管理区旅游的人员，应当在出发地的公安机关办理《边境通行证》。

第十三条 申请领取《边境通行证》的人员应当填写《边境通行证申请表》；交验本人《居民身份证》或者其他有效证件，并履行下列手续：

(一)机关、团体、事业单位人员由单位保卫(人事)部门提出审核意见；

(二)企业单位设保卫部门的，由保卫部门提出审核意见；未设保卫部门的，由企业法人提出审核意见；

(三)其他人员由常住户口所在地的公安派出所或者乡镇人民政府提出审核意见；

(四)已在边境管理区务工的人员还应当出具劳动部门的聘用合同和用工单位证明。

第十四条 有下列情形之一的，公安机关不予受理：

(一)刑事案件的被告人和公安机关、国家安全机关、人民检察院或者人民法院认定有犯罪嫌疑的人员；

(二)被判处刑罚正在服刑的人员；

(三)公安机关认为不宜前往边境管理区的人员。

第四章 《边境通行证》的签发

第十五条 《边境通行证》由县级以上公安机

关签发。边远地区和人员进出边境管理区较多的地区，经省、自治区、直辖市公安厅、局批准，由指定的公安派出所签发。

第十六条 《边境通行证》的签发应当专人负责，严格管理，简化手续，方便群众。

第十七条 签发《边境通行证》一律用黑色墨水填写或者使用微机填写，字迹工整，项目填写全面，不得涂改，并加盖发证机关的行政印章或者边境通行证专用章。

第十八条 《边境通行证》实行一人一证，并与《居民身份证》同时使用。对不满十六周岁的未成年人不单独签发证件，可与持证人偕行，但不得超过二人。

第十九条 《边境通行证》的有效期不得超过三个月，可多次往返使用；对常住或者经常入出边境管理区的人员，其证件有效期最长可到一年。

第二十条 《边境通行证》有效期满后，持证人应当向原发证机关缴销证件。证件存根、缴销的旧证件及《边境通行证申请表》的保存期为两年，销毁时应登记造册。

第五章 《边境通行证》的查验

第二十一条 前往边境管理区的人员须待本办法第二章规定的有效证件，经边防公安检查站、铁路公安部门查验后，才能进入边境管理区。

第二十二条 有下列情形之一的，边防公安检查站、铁路公安部门有权阻止进入边境管理区：

（一）未持边境通行证件的；

（二）持过期、失效边境通行证件的；

（三）持伪造、涂改的《边境通行证》、冒用他人《边境通行证》或者其他证件的；

（四）《边境通行证》未与《居民身份证》同时使用或者与假《居民身份证》同时使用的；

（五）拒绝接受查验证件的。

第六章 处 罚

第二十三条 对违反本办法规定的处罚由边防公安检查站或者县级以上公安机关执行。

第二十四条 持用伪造、涂改、过期、失效的《边境通行证》或者冒用他人《边境通行证》的，除收缴其证件外，应当视情节给予警告或者处100元以下罚款。

第二十五条 对伪造、涂改、盗窃、贩卖《边境通行证》的，除收缴其证件外，处1000元以下罚款；情节严重构成犯罪的，依法追究刑事责任。

第二十六条 拒绝、阻碍公安机关检查验证人员依法执行公务，未使用暴力、威胁方法的，依照《中华人民共和国治安管理处罚条例》的规定处罚。

第二十七条 公安机关工作人员在执行本办法时，如有利用职权索取贿赂或者其他违法行为，情节轻微的，由主管部门予以行政处分；情节严重构成犯罪的，依法追究刑事责任。

第七章 附 则

第二十八条 公安机关签发《边境通行证》，必须严格执行收费标准，使用财政部统一印制的证件收费收据。证件收费应当坚持专款专用、收支两条线的规定。

第二十九条 《边境通行证》式样由公安部制定，并统一印制。

第三十条 本办法自发布之日起施行。

港澳台居民居住证申领发放办法

- 2018年8月6日
- 国办发〔2018〕81号

第一条 为便利港澳台居民在内地(大陆)工作、学习、生活，保障港澳台居民合法权益，根据《居住证暂行条例》的有关规定，制定本办法。

第二条 港澳台居民前往内地(大陆)居住半年以上，符合有合法稳定就业、合法稳定住所、连续就读条件之一的，根据本人意愿，可以依照本办法的规定申请领取居住证。

未满十六周岁的港澳台居民，可以由监护人代为申请领取居住证。

第三条 港澳台居民居住证登载的内容包括：姓名、性别、出生日期、居住地住址、公民身份号码、本人相片、指纹信息、证件有效期限、签发机关、签发次数、港澳台居民出入境证件号码。

公民身份号码由公安机关按照公民身份号码国家标准编制。香港居民公民身份号码地址码使用810000，澳门居民公民身份号码地址码使用820000，台湾居民公民身份号码地址码使用

830000。

第四条 各级公安机关应当积极协调配合港澳事务、台湾事务、发展改革、教育、民政、司法行政、人力资源社会保障、住房城乡建设、交通运输、卫生健康等有关部门,做好居住证持有人的权益保障、服务和管理工作。

第五条 各级公安机关应当建立完善港澳台居民居住证管理信息系统,做好居住证申请受理、审核及证件制作、发放、管理工作。

第六条 港澳台居民居住证的有效期限为五年,由县级人民政府公安机关签发。

第七条 港澳台居民居住证采用居民身份证技术标准制作,具备视读与机读两种功能,视读、机读的内容限于本办法第三条规定的项目。

港澳台居民居住证的式样由公安部商国务院港澳事务办公室、国务院台湾事务办公室制定。

港澳台居民居住证由省级人民政府公安机关统一制作。

第八条 港澳台居民申请领取居住证,应当填写《港澳台居民居住证申领登记表》,交验本人港澳台居民出入境证件,向居住地县级人民政府公安机关指定的公安派出所或者户政办证大厅提交本人居住地住址、就业、就读等证明材料。

居住地住址证明包括房屋租赁合同、房屋产权证明文件、购房合同或者房屋出租人、用人单位、就读学校出具的住宿证明等;就业证明包括工商营业执照、劳动合同、用人单位出具的劳动关系证明或者其他能够证明有合法稳定就业的材料等;就读证明包括学生证、就读学校出具的其他能够证明连续就读的材料等。

第九条 居住证有效期满、证件损坏难以辨认或者居住地变更的,持证人可以换领新证;居住证丢失的,可以申请补领。换领补领新证时,应当交验本人港澳台居民出入境证件。

换领新证时,应当交回原证。

第十条 港澳台居民申请领取、换领、补领居住证,符合办理条件的,受理申请的公安机关应当自受理之日起20个工作日内发放居住证;交通不便的地区,办理时间可以适当延长,但延长的时间不得超过10个工作日。

第十一条 港澳台居民在内地(大陆)从事有关活动,需要证明身份的,有权使用居住证证明身份,有关单位及其工作人员不得拒绝。

第十二条 港澳台居民居住证持有人在居住地依法享受劳动就业,参加社会保险,缴存、提取和使用住房公积金的权利。县级以上人民政府及其有关部门应当为港澳台居民居住证持有人提供下列基本公共服务:

(一)义务教育;
(二)基本公共就业服务;
(三)基本公共卫生服务;
(四)公共文化体育服务;
(五)法律援助和其他法律服务;
(六)国家及居住地规定的其他基本公共服务。

第十三条 港澳台居民居住证持有人在内地(大陆)享受下列便利:

(一)乘坐国内航班、火车等交通运输工具;
(二)住宿旅馆;
(三)办理银行、保险、证券和期货等金融业务;
(四)与内地(大陆)居民同等待遇购物、购买公园及各类文体场馆门票、进行文化娱乐商旅等消费活动;
(五)在居住地办理机动车登记;
(六)在居住地申领机动车驾驶证;
(七)在居住地报名参加职业资格考试、申请授予职业资格;
(八)在居住地办理生育服务登记;
(九)国家及居住地规定的其他便利。

第十四条 国家机关及其工作人员对在工作过程中知悉的居住证持有人个人信息,应当予以保密。

第十五条 港澳台居民居住证持证人有下列情形之一的,其所持居住证应当由签发机关宣布作废:

(一)丧失港澳台居民身份的;
(二)使用虚假证明材料骗领港澳台居民居住证的;
(三)可能对国家主权、安全、荣誉和利益造成危害的;
(四)港澳台居民出入境证件被注销、收缴或者宣布作废的(正常换补发情形除外)。

第十六条 违反规定办理、使用居住证的,依照《居住证暂行条例》的有关规定予以处罚。

国家机关及其工作人员违反居住证管理相关

规定的,依法给予处分;构成犯罪的,依法追究刑事责任。

第十七条 首次申请领取居住证,免收证件工本费。换领、补领居住证,应当缴纳证件工本费。具体收费办法参照《居住证暂行条例》的有关规定执行。

第十八条 港澳台居民迁入内地(大陆)落户定居的,按照有关规定办理,不适用本办法。

第十九条 本办法所称"港澳台居民"是"港澳居民"和"台湾居民"的统称。其中,"港澳居民"是指在香港、澳门特别行政区定居且不具有内地户籍的中国公民;"台湾居民"是指在台湾地区定居且不具有大陆户籍的中国公民。

本办法所称"港澳台居民居住证",包括中华人民共和国港澳居民居住证、中华人民共和国台湾居民居住证。

本办法所称"港澳台居民出入境证件",包括港澳居民来往内地通行证、五年期台湾居民来往大陆通行证。

第二十条 省、自治区、直辖市人民政府可以结合本行政区域综合承载能力和经济社会发展需要等因素,根据本办法制定实施细则。

第二十一条 本办法自2018年9月1日起施行。

最高人民法院、最高人民检察院关于办理妨害国(边)境管理刑事案件应用法律若干问题的解释

- 2012年8月20日最高人民法院审判委员会第1553次会议、2012年11月19日最高人民检察院第十一届检察委员会第82次会议通过
- 2012年12月12日最高人民法院、最高人民检察院公告公布
- 自2012年12月20日起施行
- 法释〔2012〕17号

为依法惩处妨害国(边)境管理犯罪活动,维护国(边)境管理秩序,根据《中华人民共和国刑法》《中华人民共和国刑事诉讼法》的有关规定,现就办理这类案件应用法律的若干问题解释如下:

第一条 领导、策划、指挥他人偷越国(边)境或者在首要分子指挥下,实施拉拢、引诱、介绍他人偷越国(边)境等行为的,应当认定为刑法第三百一十八条规定的"组织他人偷越国(边)境"。

组织他人偷越国(边)境人数在十人以上的,应当认定为刑法第三百一十八条第一款第(二)项规定的"人数众多";违法所得数额在二十万元以上的,应当认定为刑法第三百一十八条第一款第(六)项规定的"违法所得数额巨大"。

以组织他人偷越国(边)境为目的,招募、拉拢、引诱、介绍、培训偷越国(边)境人员,策划、安排偷越国(边)境行为,在他人偷越国(边)境之前或者偷越国(边)境过程中被查获的,应当以组织他人偷越国(边)境罪(未遂)论处;具有刑法第三百一十八条第一款规定的情形之一的,应当在相应的法定刑幅度基础上,结合未遂犯的处罚原则量刑。

第二条 为组织他人偷越国(边)境,编造出境事由、身份信息或者相关的境外关系证明的,应当认定为刑法第三百一十九条第一款规定的"弄虚作假"。

刑法第三百一十九条第一款规定的"出境证件",包括护照或者代替护照使用的国际旅行证件,中华人民共和国海员证,中华人民共和国出入境通行证,中华人民共和国旅行证,中国公民往来香港、澳门、台湾地区证件,边境地区出入境通行证、签证、签注,出国(境)证明、名单,以及其他出境时需要查验的资料。

具有下列情形之一的,应当认定为刑法第三百一十九条第一款规定的"情节严重":

(一)骗取出境证件五份以上的;

(二)非法收取费用三十万元以上的;

(三)明知是国家规定的不准出境的人员而为其骗取出境证件的;

(四)其他情节严重的情形。

第三条 刑法第三百二十条规定的"出入境证件",包括本解释第二条第二款所列的证件以及其他入境时需要查验的资料。

具有下列情形之一的,应当认定为刑法第三百二十条规定的"情节严重":

(一)为他人提供伪造、变造的出入境证件或者出售出入境证件五份以上的;

(二)非法收取费用三十万元以上的;

(三)明知是国家规定的不准出入境的人员而为其提供伪造、变造的出入境证件或者向其出售出入境证件的;

(四)其他情节严重的情形。

第四条 运送他人偷越国(边)境人数在十人以上的,应当认定为刑法第三百二十一条第一款第(一)项规定的"人数众多";违法所得数额在二十万元以上的,应当认定为刑法第三百二十一条第一款第(三)项规定的"违法所得数额巨大"。

第五条 偷越国(边)境,具有下列情形之一的,应当认定为刑法第三百二十二条规定的"情节严重":

(一)在境外实施损害国家利益行为的;

(二)偷越国(边)境三次以上或者三人以上结伙偷越国(边)境的;

(三)拉拢、引诱他人一起偷越国(边)境的;

(四)勾结境外组织、人员偷越国(边)境的;

(五)因偷越国(边)境被行政处罚后一年内又偷越国(边)境的;

(六)其他情节严重的情形。

第六条 具有下列情形之一的,应当认定为刑法第六章第三节规定的"偷越国(边)境"行为:

(一)没有出入境证件出入国(边)境或者逃避接受边防检查的;

(二)使用伪造、变造、无效的出入境证件出入国(边)境的;

(三)使用他人出入境证件出入国(边)境的;

(四)使用以虚假的出入境事由、隐瞒真实身份、冒用他人身份证件等方式骗取的出入境证件出入国(边)境的;

(五)采用其他方式非法出入国(边)境的。

第七条 以单位名义或者单位形式组织他人偷越国(边)境、为他人提供伪造、变造的出入境证件或者运送他人偷越国(边)境的,应当依照刑法第三百一十八条、第三百二十条、第三百二十一条的规定追究直接负责的主管人员和其他直接责任人员的刑事责任。

第八条 实施组织他人偷越国(边)境犯罪,同时构成骗取出境证件罪、提供伪造、变造的出入境证件罪、出售出入境证件罪、运送他人偷越国(边)境罪的,依照处罚较重的规定定罪处罚。

第九条 对跨地区实施的不同妨害国(边)境管理犯罪,符合并案处理要求,有关地方公安机关依照法律和相关规定一并立案侦查,需要提请批准逮捕、移送审查起诉、提起公诉的,由该公安机关所在地的同级人民检察院、人民法院依法受理。

第十条 本解释发布实施后,《最高人民法院关于审理组织、运送他人偷越国(边)境等刑事案件适用法律若干问题的解释》(法释〔2002〕3号)不再适用。

七、危险品和特种行业管理

中华人民共和国枪支管理法

- 1996年7月5日第八届全国人民代表大会常务委员会第二十次会议通过
- 根据2009年8月27日第十一届全国人民代表大会常务委员会第十次会议《关于修改部分法律的决定》第一次修正
- 根据2015年4月24日《全国人民代表大会常务委员会关于修改〈中华人民共和国港口法〉等七部法律的决定》第二次修正

第一章 总 则

第一条 为了加强枪支管理，维护社会治安秩序，保障公共安全，制定本法。

第二条 中华人民共和国境内的枪支管理，适用本法。

对中国人民解放军、中国人民武装警察部队和民兵装备枪支的管理，国务院、中央军事委员会另有规定的，适用有关规定。

第三条 国家严格管制枪支。禁止任何单位或者个人违反法律规定持有、制造（包括变造、装配）、买卖、运输、出租、出借枪支。

国家严厉惩处违反枪支管理的违法犯罪行为。任何单位和个人对违反枪支管理的行为有检举的义务。国家对检举人给予保护，对检举违反枪支管理犯罪活动有功的人员，给予奖励。

第四条 国务院公安部门主管全国的枪支管理工作。县级以上地方各级人民政府公安机关主管本行政区域内的枪支管理工作。上级人民政府公安机关监督下级人民政府公安机关的枪支管理工作。

第二章 枪支的配备和配置

第五条 公安机关、国家安全机关、监狱、劳动教养机关的人民警察，人民法院的司法警察，人民检察院的司法警察和担负案件侦查任务的检察人员，海关的缉私人员，在依法履行职责时确有必要使用枪支的，可以配备公务用枪。

国家重要的军工、金融、仓储、科研等单位的专职守护、押运人员在执行守护、押运任务时确有必要使用枪支的，可以配备公务用枪。

配备公务用枪的具体办法，由国务院公安部门会同其他有关国家机关按照严格控制的原则制定，报国务院批准后施行。

第六条 下列单位可以配置民用枪支：

（一）经省级人民政府体育行政主管部门批准专门从事射击竞技体育运动的单位、经省级人民政府公安机关批准的营业性射击场，可以配置射击运动枪支；

（二）经省级以上人民政府林业行政主管部门批准的狩猎场，可以配置猎枪；

（三）野生动物保护、饲养、科研单位因业务需要，可以配置猎枪、麻醉注射枪。

猎民在猎区、牧民在牧区，可以申请配置猎枪。猎区和牧区的区域由省级人民政府划定。

配置民用枪支的具体办法，由国务院公安部门按照严格控制的原则制定，报国务院批准后施行。

第七条 配备公务用枪，由国务院公安部门或者省级人民政府公安机关审批。

配备公务用枪时，由国务院公安部门或者省级人民政府公安机关发给公务用枪持枪证件。

第八条 专门从事射击竞技体育运动的单位配置射击运动枪支，由国务院体育行政主管部门提出，由国务院公安部门审批。营业性射击场配置射击运动枪支，由省级人民政府公安机关报国务院公安部门批准。

配置射击运动枪支时，由省级人民政府公安机关发给民用枪支持枪证件。

第九条 狩猎场配置猎枪，凭省级以上人民政府林业行政主管部门的批准文件，报省级以上人民政府公安机关审批，由设区的市级人民政府公安机关核发民用枪支配购证件。

第十条 野生动物保护、饲养、科研单位申请配置猎枪、麻醉注射枪的,应当凭其所在地的县级人民政府野生动物行政主管部门核发的狩猎证或者特许猎捕证和单位营业执照,向所在地的县级人民政府公安机关提出;猎民申请配置猎枪的,应当凭其所在地的县级人民政府野生动物行政主管部门核发的狩猎证和个人身份证件,向所在地的县级人民政府公安机关提出;牧民申请配置猎枪的,应当凭个人身份证件,向所在地的县级人民政府公安机关提出。

受理申请的公安机关审查批准后,应当报请设区的市级人民政府公安机关核发民用枪支配购证件。

第十一条 配购猎枪、麻醉注射枪的单位和个人,必须在配购枪支后30日内向核发民用枪支配购证件的公安机关申请领取民用枪支持枪证件。

第十二条 营业性射击场、狩猎场配置的民用枪支不得携带出营业性射击场、狩猎场。

猎民、牧民配置的猎枪不得携带出猎区、牧区。

第三章 枪支的制造和民用枪支的配售

第十三条 国家对枪支的制造、配售实行特别许可制度。未经许可,任何单位或个人不得制造、买卖枪支。

第十四条 公务用枪,由国家指定的企业制造。

第十五条 制造民用枪支的企业,由国务院有关主管部门提出,由国务院公安部门确定。

配售民用枪支的企业,由省级人民政府公安机关确定。

制造民用枪支的企业,由国务院公安部门核发民用枪支制造许可证件。配售民用枪支的企业,由省级人民政府公安机关核发民用枪支配售许可证件。

民用枪支制造许可证件、配售许可证件的有效期为3年;有效期届满,需要继续制造、配售民用枪支的,应当重新申请领取许可证件。

第十六条 国家对制造、配售民用枪支的数量,实行限额管理。

制造民用枪支的年度限额,由国务院林业、体育等有关主管部门、省级人民政府公安机关提出,由国务院公安部门确定并统一编制民用枪支序号,下达到民用枪支制造企业。

配售民用枪支的年度限额,由国务院林业、体育等有关主管部门、省级人民政府公安机关提出,由国务院公安部门确定并下达到民用枪支配售企业。

第十七条 制造民用枪支的企业不得超过限额制造民用枪支,所制造的民用枪支必须全部交由指定的民用枪支配售企业配售,不得自行销售。配售民用枪支的企业应当在配售限额内,配售指定的企业制造的民用枪支。

第十八条 制造民用枪支的企业,必须严格按照国家规定的技术标准制造民用枪支,不得改变民用枪支的性能和结构;必须在民用枪支指定部位铸印制造厂的厂名、枪种代码和国务院公安部门统一编制的枪支序号,不得制造无号、重号、假号的民用枪支。

制造民用枪支的企业必须实行封闭式管理,采取必要的安全保卫措施,防止民用枪支以及民用枪支零部件丢失。

第十九条 配售民用枪支,必须核对配购证件,严格按照配购证件载明的品种、型号和数量配售;配售弹药,必须核对持枪证件。民用枪支配售企业必须按照国务院公安部门的规定建立配售账册,长期保管备查。

第二十条 公安机关对制造、配售民用枪支的企业制造、配售、储存和账册登记等情况,必须进行定期检查;必要时,可以派专人驻厂对制造企业进行监督、检查。

第二十一条 民用枪支的研制和定型,由国务院有关业务主管部门会同国务院公安部门组织实施。

第二十二条 禁止制造、销售仿真枪。

第四章 枪支的日常管理

第二十三条 配备、配置枪支的单位和个人必须妥善保管枪支,确保枪支安全。

配备、配置枪支的单位,必须明确枪支管理责任,指定专人负责,应当有牢固的专用保管设施,枪支、弹药应当分开存放。对交由个人使用的枪支,必须建立严格的枪支登记、交接、检查、保养等管理制度,使用完毕,及时收回。

配备、配置给个人使用的枪支,必须采取有效措施,严防被盗、被抢、丢失或者发生其他事故。

第二十四条　使用枪支的人员，必须掌握枪支的性能，遵守使用枪支的有关规定，保证枪支的合法、安全使用。使用公务用枪的人员，必须经过专门培训。

第二十五条　配备、配置枪支的单位和个人必须遵守下列规定：

（一）携带枪支必须同时携带持枪证件，未携带持枪证件的，由公安机关扣留枪支；

（二）不得在禁止携带枪支的区域、场所携带枪支；

（三）枪支被盗、被抢或者丢失的，立即报告公安机关。

第二十六条　配备公务用枪的人员不再符合持枪条件时，由所在单位收回枪支和持枪证件。

配置民用枪支的单位和个人不再符合持枪条件时，必须及时将枪支连同持枪证件上缴核发持枪证件的公安机关；未及时上缴的，由公安机关收缴。

第二十七条　不符合国家技术标准、不能安全使用的枪支，应当报废。配备、持有枪支的单位和个人应当将报废的枪支连同持枪证件上缴核发持枪证件的公安机关；未及时上缴的，由公安机关收缴。报废的枪支应当及时销毁。

销毁枪支，由省级人民政府公安机关负责组织实施。

第二十八条　国家对枪支实行查验制度。持有枪支的单位和个人，应当在公安机关指定的时间、地点接受查验。公安机关在查验时，必须严格审查持枪单位和个人是否符合本法规定的条件，检查枪支状况及使用情况；对违法使用枪支、不符合持枪条件或者枪支应当报废的，必须收缴枪支和持枪证件。拒不接受查验的，枪支和持枪证件由公安机关收缴。

第二十九条　为了维护社会治安秩序的特殊需要，经国务院公安部门批准，县级以上地方各级人民政府公安机关可以对局部地区合法配备、配置的枪支采取集中保管等特别管制措施。

第五章　枪支的运输

第三十条　任何单位或者个人未经许可，不得运输枪支。需要运输枪支的，必须向公安机关如实申报运输枪支的品种、数量和运输的路线、方式，领取枪支运输许可证件。在本省、自治区、直辖市内运输的，向运往地设区的市级人民政府公安机关申请领取枪支运输许可证件；跨省、自治区、直辖市运输的，向运往地省级人民政府公安机关申请领取枪支运输许可证件。

没有枪支运输许可证件的，任何单位和个人都不得承运，并应当立即报告所在地公安机关。

公安机关对没有枪支运输许可证件或者没有按照枪支运输许可证件的规定运输枪支的，应当扣留运输的枪支。

第三十一条　运输枪支必须依照规定使用安全可靠的封闭式运输设备，由专人押运；途中停留住宿的，必须报告当地公安机关。

运输枪支、弹药必须依照规定分开运输。

第三十二条　严禁邮寄枪支，或者在邮寄的物品中夹带枪支。

第六章　枪支的入境和出境

第三十三条　国家严格管理枪支的入境和出境。任何单位或者个人未经许可，不得私自携带枪支入境、出境。

第三十四条　外国驻华外交代表机构、领事机构的人员携带枪支入境，必须事先报经中华人民共和国外交部批准；携带枪支出境，应当事先照会中华人民共和国外交部，办理有关手续。

依照前款规定携带入境的枪支，不得携带出所在的驻华机构。

第三十五条　外国体育代表团入境参加射击竞技体育活动，或者中国体育代表团出境参加射击竞技体育活动，需要携带射击运动枪支入境、出境的，必须经国务院体育行政主管部门批准。

第三十六条　本法第三十四条、第三十五条规定以外的其他人员携带枪支入境、出境，应当事先经国务院公安部门批准。

第三十七条　经批准携带枪支入境的，入境时，应当凭批准文件在入境地边防检查站办理枪支登记，申请领取枪支携运许可证件，向海关申报，海关凭枪支携运许可证件放行；到达目的地后，凭枪支携运许可证件向设区的市级人民政府公安机关申请换发持枪证件。

经批准携带枪支出境的，出境时，应当凭批准文件向出境地海关申报，边防检查站凭批准文件放行。

第三十八条　外国交通运输工具携带枪支入

境或者过境的,交通运输工具负责人必须向边防检查站申报,由边防检查站加封,交通运输工具出境时予以启封。

第七章 法律责任

第三十九条 违反本法规定,未经许可制造、买卖或者运输枪支的,依照刑法有关规定追究刑事责任。

单位有前款行为的,对单位判处罚金,并对其直接负责的主管人员和其他直接责任人员依照刑法有关规定追究刑事责任。

第四十条 依法被指定、确定的枪支制造企业、销售企业,违反本法规定,有下列行为之一的,对单位判处罚金,并对其直接负责的主管人员和其他直接责任人员依照刑法有关规定追究刑事责任;公安机关可以责令其停业整顿或者吊销其枪支制造许可证件、枪支配售许可证件:

(一)超过限额或者不按照规定的品种制造、配售枪支的;

(二)制造无号、重号、假号的枪支的;

(三)私自销售枪支或者在境内销售为出口制造的枪支的。

第四十一条 违反本法规定,非法持有、私藏枪支的,非法运输、携带枪支入境、出境的,依照刑法有关规定追究刑事责任。

第四十二条 违反本法规定,运输枪支未使用安全可靠的运输设备、不设专人押运、枪支弹药未分开运输或者运输途中停留住宿不报告公安机关,情节严重的,依照刑法有关规定追究刑事责任;未构成犯罪的,由公安机关对直接责任人员处15日以下拘留。

第四十三条 违反枪支管理规定,出租、出借公务用枪的,依照刑法有关规定处罚。

单位有前款行为的,对其直接负责的主管人员和其他直接责任人员依照前款规定处罚。

配置民用枪支的单位,违反枪支管理规定,出租、出借枪支,造成严重后果或者有其他严重情节的,对其直接负责的主管人员和其他直接责任人员依照刑法有关规定处罚。

配置民用枪支的个人,违反枪支管理规定,出租、出借枪支,造成严重后果的,依照刑法有关规定处罚。

违反枪支管理规定,出租、出借枪支,情节轻微未构成犯罪的,由公安机关对个人或者单位负有直接责任的主管人员和其他直接责任人员处15日以下拘留,可以并处5000元以下罚款;对出租、出借的枪支,应当予以没收。

第四十四条 违反本法规定,有下列行为之一的,由公安机关对个人或者单位负有直接责任的主管人员和其他直接责任人员处警告或者15日以下拘留;构成犯罪的,依法追究刑事责任:

(一)未按照规定的技术标准制造民用枪支的;

(二)在禁止携带枪支的区域、场所携带枪支的;

(三)不上缴报废枪支的;

(四)枪支被盗、被抢或者丢失,不及时报告的;

(五)制造、销售仿真枪的。

有前款第(一)项至第(三)项所列行为的,没收其枪支,可以并处5000元以下罚款;有前款第(五)项所列行为的,由公安机关、工商行政管理部门按照各自职责范围没收其仿真枪,可以并处制造、销售金额5倍以下的罚款,情节严重的,由工商行政管理部门吊销营业执照。

第四十五条 公安机关工作人员有下列行为之一的,依法追究刑事责任;未构成犯罪的,依法给予行政处分:

(一)向本法第五条、第六条规定以外的单位和个人配备、配置枪支的;

(二)违法发放枪支管理证件的;

(三)将没收的枪支据为己有的;

(四)不履行枪支管理职责,造成后果的。

第八章 附 则

第四十六条 本法所称枪支,是指以火药或者压缩气体等为动力,利用管状器具发射金属弹丸或者其他物质,足以致人伤亡或者丧失知觉的各种枪支。

第四十七条 单位和个人为开展游艺活动,可以配置口径不超过4.5毫米的气步枪。具体管理办法由国务院公安部门制定。

制作影视剧使用的道具枪支的管理办法,由国务院公安部门会同国务院广播电影电视行政主管部门制定。

博物馆、纪念馆、展览馆保存或者展览枪支的管理办法,由国务院公安部门会同国务院有关行政主管部门制定。

第四十八条 制造、配售、运输枪支的主要零部件和用于枪支的弹药,适用本法的有关规定。

第四十九条 枪支管理证件由国务院公安部门制定。

第五十条 本法自1996年10月1日起施行。

民用爆炸物品安全管理条例

- 2006年4月26日国务院第134次常务会议通过
- 2006年5月10日中华人民共和国国务院令第466号公布
- 根据2014年7月29日《国务院关于修改部分行政法规的决定》修订

第一章 总 则

第一条 为了加强对民用爆炸物品的安全管理,预防爆炸事故发生,保障公民生命、财产安全和公共安全,制定本条例。

第二条 民用爆炸物品的生产、销售、购买、进出口、运输、爆破作业和储存以及硝酸铵的销售、购买,适用本条例。

本条例所称民用爆炸物品,是指用于非军事目的、列入民用爆炸物品品名表的各类火药、炸药及其制品和雷管、导火索等点火、起爆器材。

民用爆炸物品品名表,由国务院民用爆炸物品行业主管部门会同国务院公安部门制订、公布。

第三条 国家对民用爆炸物品的生产、销售、购买、运输和爆破作业实行许可证制度。

未经许可,任何单位或者个人不得生产、销售、购买、运输民用爆炸物品,不得从事爆破作业。

严禁转让、出借、转借、抵押、赠送、私藏或者非法持有民用爆炸物品。

第四条 民用爆炸物品行业主管部门负责民用爆炸物品生产、销售的安全监督管理。

公安机关负责民用爆炸物品公共安全管理和民用爆炸物品购买、运输、爆破作业的安全监督管理,监控民用爆炸物品流向。

安全生产监督、铁路、交通、民用航空主管部门依照法律、行政法规的规定,负责做好民用爆炸物品的有关安全监督管理工作。

民用爆炸物品行业主管部门、公安机关、工商行政管理部门按照职责分工,负责组织查处非法生产、销售、购买、储存、运输、邮寄、使用民用爆炸物品的行为。

第五条 民用爆炸物品生产、销售、购买、运输和爆破作业单位(以下称民用爆炸物品从业单位)的主要负责人是本单位民用爆炸物品安全管理责任人,对本单位的民用爆炸物品安全管理工作全面负责。

民用爆炸物品从业单位是治安保卫工作的重点单位,应当依法设置治安保卫机构或者配备治安保卫人员,设置技术防范设施,防止民用爆炸物品丢失、被盗、被抢。

民用爆炸物品从业单位应当建立安全管理制度、岗位安全责任制度,制订安全防范措施和事故应急预案,设置安全管理机构或者配备专职安全管理人员。

第六条 无民事行为能力人、限制民事行为能力人或者曾因犯罪受过刑事处罚的人,不得从事民用爆炸物品的生产、销售、购买、运输和爆破作业。

民用爆炸物品从业单位应当加强对本单位从业人员的安全教育、法制教育和岗位技术培训,从业人员经考核合格的,方可上岗作业;对有资格要求的岗位,应当配备具有相应资格的人员。

第七条 国家建立民用爆炸物品信息管理系统,对民用爆炸物品实行标识管理,监控民用爆炸物品流向。

民用爆炸物品生产企业、销售企业和爆破作业单位应当建立民用爆炸物品登记制度,如实将本单位生产、销售、购买、运输、储存、使用民用爆炸物品的品种、数量和流向信息输入计算机系统。

第八条 任何单位或者个人都有权举报违反民用爆炸物品安全管理规定的行为;接到举报的主管部门、公安机关应当立即查处,并为举报人员保密,对举报有功人员给予奖励。

第九条 国家鼓励民用爆炸物品从业单位采用提高民用爆炸物品安全性能的新技术,鼓励发展民用爆炸物品生产、配送、爆破作业一体化的经营模式。

第二章 生 产

第十条 设立民用爆炸物品生产企业,应当遵循统筹规划、合理布局的原则。

第十一条　申请从事民用爆炸物品生产的企业,应当具备下列条件：

（一）符合国家产业结构规划和产业技术标准；

（二）厂房和专用仓库的设计、结构、建筑材料、安全距离以及防火、防爆、防雷、防静电等安全设备、设施符合国家有关标准和规范；

（三）生产设备、工艺符合有关安全生产的技术标准和规程；

（四）有具备相应资格的专业技术人员、安全生产管理人员和生产岗位人员；

（五）有健全的安全管理制度、岗位安全责任制度；

（六）法律、行政法规规定的其他条件。

第十二条　申请从事民用爆炸物品生产的企业,应当向国务院民用爆炸物品行业主管部门提交申请书、可行性研究报告以及能够证明其符合本条例第十一条规定条件的有关材料。国务院民用爆炸物品行业主管部门应当自受理申请之日起45日内进行审查,对符合条件的,核发《民用爆炸物品生产许可证》；对不符合条件的,不予核发《民用爆炸物品生产许可证》,书面向申请人说明理由。

民用爆炸物品生产企业为调整生产能力及品种进行改建、扩建的,应当依照前款规定申请办理《民用爆炸物品生产许可证》。

民用爆炸物品生产企业持《民用爆炸物品生产许可证》到工商行政管理部门办理工商登记,并在办理工商登记后3日内,向所在地县级人民政府公安机关备案。

第十三条　取得《民用爆炸物品生产许可证》的企业应当在基本建设完成后,向省、自治区、直辖市人民政府民用爆炸物品行业主管部门申请安全生产许可。省、自治区、直辖市人民政府民用爆炸物品行业主管部门应当依照《安全生产许可证条例》的规定对其进行查验,对符合条件的,核发《民用爆炸物品安全生产许可证》。民用爆炸物品生产企业取得《民用爆炸物品安全生产许可证》后,方可生产民用爆炸物品。

第十四条　民用爆炸物品生产企业应当严格按照《民用爆炸物品生产许可证》核定的品种和产量进行生产,生产作业应当严格执行安全技术规程的规定。

第十五条　民用爆炸物品生产企业应当对民用爆炸物品做出警示标识、登记标识,对雷管编码打号。民用爆炸物品警示标识、登记标识和雷管编码规则,由国务院公安部门会同国务院民用爆炸物品行业主管部门规定。

第十六条　民用爆炸物品生产企业应当建立健全产品检验制度,保证民用爆炸物品的质量符合相关标准。民用爆炸物品的包装,应当符合法律、行政法规的规定以及相关标准。

第十七条　试验或者试制民用爆炸物品,必须在专门场地或者专门的试验室进行。严禁在生产车间或者仓库内试验或者试制民用爆炸物品。

第三章　销售和购买

第十八条　申请从事民用爆炸物品销售的企业,应当具备下列条件：

（一）符合对民用爆炸物品销售企业规划的要求；

（二）销售场所和专用仓库符合国家有关标准和规范；

（三）有具备相应资格的安全管理人员、仓库管理人员；

（四）有健全的安全管理制度、岗位安全责任制度；

（五）法律、行政法规规定的其他条件。

第十九条　申请从事民用爆炸物品销售的企业,应当向所在地省、自治区、直辖市人民政府民用爆炸物品行业主管部门提交申请书、可行性研究报告以及能够证明其符合本条例第十八条规定条件的有关材料。省、自治区、直辖市人民政府民用爆炸物品行业主管部门应当自受理申请之日起30日内进行审查,并对申请单位的销售场所和专用仓库等经营设施进行查验,对符合条件的,核发《民用爆炸物品销售许可证》；对不符合条件的,不予核发《民用爆炸物品销售许可证》,书面向申请人说明理由。

民用爆炸物品销售企业持《民用爆炸物品销售许可证》到工商行政管理部门办理工商登记后,方可销售民用爆炸物品。

民用爆炸物品销售企业应当在办理工商登记后3日内,向所在地县级人民政府公安机关备案。

第二十条　民用爆炸物品生产企业凭《民用

爆炸物品生产许可证》，可以销售本企业生产的民用爆炸物品。

民用爆炸物品生产企业销售本企业生产的民用爆炸物品，不得超出核定的品种、产量。

第二十一条 民用爆炸物品使用单位申请购买民用爆炸物品的，应当向所在地县级人民政府公安机关提出购买申请，并提交下列有关材料：

（一）工商营业执照或者事业单位法人证书；

（二）《爆破作业单位许可证》或者其他合法使用的证明；

（三）购买单位的名称、地址、银行账户；

（四）购买的品种、数量和用途说明。

受理申请的公安机关应当自受理申请之日起5日内对提交的有关材料进行审查，对符合条件的，核发《民用爆炸物品购买许可证》；对不符合条件的，不予核发《民用爆炸物品购买许可证》，书面向申请人说明理由。

《民用爆炸物品购买许可证》应当载明许可购买的品种、数量、购买单位以及许可的有效期限。

第二十二条 民用爆炸物品生产企业凭《民用爆炸物品生产许可证》购买属于民用爆炸物品的原料，民用爆炸物品销售企业凭《民用爆炸物品销售许可证》向民用爆炸物品生产企业购买民用爆炸物品，民用爆炸物品使用单位凭《民用爆炸物品购买许可证》购买民用爆炸物品，还应当提供经办人的身份证明。

销售民用爆炸物品的企业，应当查验前款规定的许可证和经办人的身份证明；对持《民用爆炸物品购买许可证》购买的，应当按照许可的品种、数量销售。

第二十三条 销售、购买民用爆炸物品，应当通过银行账户进行交易，不得使用现金或者实物进行交易。

销售民用爆炸物品的企业，应当将购买单位的许可证、银行账户转账凭证、经办人的身份证明复印件保存2年备查。

第二十四条 销售民用爆炸物品的企业，应当自民用爆炸物品买卖成交之日起3日内，将销售的品种、数量和购买单位向所在地省、自治区、直辖市人民政府民用爆炸物品行业主管部门和所在地县级人民政府公安机关备案。

购买民用爆炸物品的单位，应当自民用爆炸物品买卖成交之日起3日内，将购买的品种、数量向所在地县级人民政府公安机关备案。

第二十五条 进出口民用爆炸物品，应当经国务院民用爆炸物品行业主管部门审批。进出口民用爆炸物品审批办法，由国务院民用爆炸物品行业主管部门会同国务院公安部门、海关总署规定。

进出口单位应当将进出口的民用爆炸物品的品种、数量向收货地或者出境口岸所在地县级人民政府公安机关备案。

第四章 运 输

第二十六条 运输民用爆炸物品，收货单位应当向运达地县级人民政府公安机关提出申请，并提交包括下列内容的材料：

（一）民用爆炸物品生产企业、销售企业、使用单位以及进出口单位分别提供的《民用爆炸物品生产许可证》、《民用爆炸物品销售许可证》、《民用爆炸物品购买许可证》或者进出口批准证明；

（二）运输民用爆炸物品的品种、数量、包装材料和包装方式；

（三）运输民用爆炸物品的特性、出现险情的应急处置方法；

（四）运输时间、起始地点、运输路线、经停地点。

受理申请的公安机关应当自受理申请之日起3日内对提交的有关材料进行审查，对符合条件的，核发《民用爆炸物品运输许可证》；对不符合条件的，不予核发《民用爆炸物品运输许可证》，书面向申请人说明理由。

《民用爆炸物品运输许可证》应当载明收货单位、销售企业、承运人、一次性运输有效期限、起始地点、运输路线、经停地点、民用爆炸物品的品种、数量。

第二十七条 运输民用爆炸物品的，应当凭《民用爆炸物品运输许可证》，按照许可的品种、数量运输。

第二十八条 经由道路运输民用爆炸物品的，应当遵守下列规定：

（一）携带《民用爆炸物品运输许可证》；

（二）民用爆炸物品的装载符合国家有关标准和规范，车厢内不得载人；

（三）运输车辆安全技术状况应当符合国家有关安全技术标准的要求，并按照规定悬挂或者安装符合国家标准的易燃易爆危险物品警示标志；

（四）运输民用爆炸物品的车辆应当保持安全车速；

（五）按照规定的路线行驶，途中经停应当有专人看守，并远离建筑设施和人口稠密的地方，不得在许可以外的地点经停；

（六）按照安全操作规程装卸民用爆炸物品，并在装卸现场设置警戒，禁止无关人员进入；

（七）出现危险情况立即采取必要的应急处置措施，并报告当地公安机关。

第二十九条　民用爆炸物品运达目的地，收货单位应当进行验收后在《民用爆炸物品运输许可证》上签注，并在3日内将《民用爆炸物品运输许可证》交回发证机关核销。

第三十条　禁止携带民用爆炸物品搭乘公共交通工具或者进入公共场所。

禁止邮寄民用爆炸物品，禁止在托运的货物、行李、包裹、邮件中夹带民用爆炸物品。

第五章　爆破作业

第三十一条　申请从事爆破作业的单位，应当具备下列条件：

（一）爆破作业属于合法的生产活动；

（二）有符合国家有关标准和规范的民用爆炸物品专用仓库；

（三）有具备相应资格的安全管理人员、仓库管理人员和具备国家规定执业资格的爆破作业人员；

（四）有健全的安全管理制度、岗位安全责任制度；

（五）有符合国家标准、行业标准的爆破作业专用设备；

（六）法律、行政法规规定的其他条件。

第三十二条　申请从事爆破作业的单位，应当按照国务院公安部门的规定，向有关人民政府公安机关提出申请，并提供能够证明其符合本条例第三十一条规定条件的有关材料。受理申请的公安机关应当自受理申请之日起20日内进行审查，对符合条件的，核发《爆破作业单位许可证》；对不符合条件的，不予核发《爆破作业单位许可证》，书面向申请人说明理由。

营业性爆破作业单位持《爆破作业单位许可证》到工商行政管理部门办理工商登记后，方可从事营业性爆破作业活动。

爆破作业单位应当在办理工商登记后3日内，向所在地县级人民政府公安机关备案。

第三十三条　爆破作业单位应当对本单位的爆破作业人员、安全管理人员、仓库管理人员进行专业技术培训。爆破作业人员应当经设区的市级人民政府公安机关考核合格，取得《爆破作业人员许可证》后，方可从事爆破作业。

第三十四条　爆破作业单位应当按照其资质等级承接爆破作业项目，爆破作业人员应当按照其资格等级从事爆破作业。爆破作业的分级管理办法由国务院公安部门规定。

第三十五条　在城市、风景名胜区和重要工程设施附近实施爆破作业的，应当向爆破作业所在地设区的市级人民政府公安机关提出申请，提交《爆破作业单位许可证》和具有相应资质的安全评估企业出具的爆破设计、施工方案评估报告。受理申请的公安机关应当自受理申请之日起20日内对提交的有关材料进行审查，对符合条件的，作出批准的决定；对不符合条件的，作出不予批准的决定，并书面向申请人说明理由。

实施前款规定的爆破作业，应当由具有相应资质的安全监理企业进行监理，由爆破作业所在地县级人民政府公安机关负责组织实施安全警戒。

第三十六条　爆破作业单位跨省、自治区、直辖市行政区域从事爆破作业的，应当事先将爆破作业项目的有关情况向爆破作业所在地县级人民政府公安机关报告。

第三十七条　爆破作业单位应当如实记载领取、发放民用爆炸物品的品种、数量、编号以及领取、发放人员姓名。领取民用爆炸物品的数量不得超过当班用量，作业后剩余的民用爆炸物品必须当班清退回库。

爆破作业单位应当将领取、发放民用爆炸物品的原始记录保存2年备查。

第三十八条　实施爆破作业，应当遵守国家有关标准和规范，在安全距离以外设置警示标志并安排警戒人员，防止无关人员进入；爆破作业结束后应当及时检查、排除未引爆的民用爆炸物品。

第三十九条　爆破作业单位不再使用民用爆炸物品时，应当将剩余的民用爆炸物品登记造册，报所在地县级人民政府公安机关组织监督销毁。

发现、拣拾无主民用爆炸物品的，应当立即报告当地公安机关。

第六章 储 存

第四十条 民用爆炸物品应当储存在专用仓库内，并按照国家规定设置技术防范设施。

第四十一条 储存民用爆炸物品应当遵守下列规定：

（一）建立出入库检查、登记制度，收存和发放民用爆炸物品必须进行登记，做到账目清楚，账物相符；

（二）储存的民用爆炸物品数量不得超过储存设计容量，对性质相抵触的民用爆炸物品必须分库储存，严禁在库房内存放其他物品；

（三）专用仓库应当指定专人管理、看护，严禁无关人员进入仓库区内，严禁在仓库区内吸烟和用火，严禁把其他容易引起燃烧、爆炸的物品带入仓库区内，严禁在库房内住宿和进行其他活动；

（四）民用爆炸物品丢失、被盗、被抢，应当立即报告当地公安机关。

第四十二条 在爆破作业现场临时存放民用爆炸物品的，应当具备临时存放民用爆炸物品的条件，并设专人管理、看护，不得在不具备安全存放条件的场所存放民用爆炸物品。

第四十三条 民用爆炸物品变质和过期失效的，应当及时清理出库，并予以销毁。销毁前应当登记造册，提出销毁实施方案，报省、自治区、直辖市人民政府民用爆炸物品行业主管部门、所在地县级人民政府公安机关组织监督销毁。

第七章 法律责任

第四十四条 非法制造、买卖、运输、储存民用爆炸物品，构成犯罪的，依法追究刑事责任；尚不构成犯罪，有违反治安管理行为的，依法给予治安管理处罚。

违反本条例规定，在生产、储存、运输、使用民用爆炸物品中发生重大事故，造成严重后果或者后果特别严重，构成犯罪的，依法追究刑事责任。

违反本条例规定，未经许可生产、销售民用爆炸物品的，由民用爆炸物品行业主管部门责令停止非法生产、销售活动，处10万元以上50万元以下的罚款，并没收非法生产、销售民用爆炸物品及其违法所得。

违反本条例规定，未经许可购买、运输民用爆炸物品或者从事爆破作业的，由公安机关责令停止非法购买、运输、爆破作业活动，处5万元以上20万元以下的罚款，并没收非法购买、运输以及从事爆破作业使用的民用爆炸物品及其违法所得。

民用爆炸物品行业主管部门、公安机关对没收的非法民用爆炸物品，应当组织销毁。

第四十五条 违反本条例规定，生产、销售民用爆炸物品的企业有下列行为之一的，由民用爆炸物品行业主管部门责令限期改正，处10万元以上50万元以下的罚款；逾期不改正的，责令停产停业整顿；情节严重的，吊销《民用爆炸物品生产许可证》或者《民用爆炸物品销售许可证》：

（一）超出生产许可的品种、产量进行生产、销售的；

（二）违反安全技术规程生产作业的；

（三）民用爆炸物品的质量不符合相关标准的；

（四）民用爆炸物品的包装不符合法律、行政法规的规定以及相关标准的；

（五）超出购买许可的品种、数量销售民用爆炸物品的；

（六）向没有《民用爆炸物品生产许可证》、《民用爆炸物品销售许可证》、《民用爆炸物品购买许可证》的单位销售民用爆炸物品的；

（七）民用爆炸物品生产企业销售本企业生产的民用爆炸物品未按照规定向民用爆炸物品行业主管部门备案的；

（八）未经审批进出口民用爆炸物品的。

第四十六条 违反本条例规定，有下列情形之一的，由公安机关责令限期改正，处5万元以上20万元以下的罚款；逾期不改正的，责令停产停业整顿：

（一）未按照规定对民用爆炸物品做出警示标识、登记标识或者未对雷管编码打号的；

（二）超出购买许可的品种、数量购买民用爆炸物品的；

（三）使用现金或者实物进行民用爆炸物品交易的；

（四）未按照规定保存购买单位的许可证、银行账户转账凭证、经办人的身份证明复印件的；

（五）销售、购买、进出口民用爆炸物品，未按照规定向公安机关备案的；

（六）未按照规定建立民用爆炸物品登记制度，如实将本单位生产、销售、购买、运输、储存、使用民用爆炸物品的品种、数量和流向信息输入计算机系统的；

（七）未按照规定将《民用爆炸物品运输许可证》交回发证机关核销的。

第四十七条 违反本条例规定，经由道路运输民用爆炸物品，有下列情形之一的，由公安机关责令改正，处5万元以上20万元以下的罚款：

（一）违反运输许可事项的；

（二）未携带《民用爆炸物品运输许可证》的；

（三）违反有关标准和规范混装民用爆炸物品的；

（四）运输车辆未按照规定悬挂或者安装符合国家标准的易燃易爆危险物品警示标志的；

（五）未按照规定的路线行驶、途中经停没有专人看守或者在许可以外的地点经停的；

（六）装载民用爆炸物品的车厢载人的；

（七）出现危险情况未立即采取必要的应急处置措施、报告当地公安机关的。

第四十八条 违反本条例规定，从事爆破作业的单位有下列情形之一的，由公安机关责令停止违法行为或者限期改正，处10万元以上50万元以下的罚款；逾期不改正的，责令停产停业整顿；情节严重的，吊销《爆破作业单位许可证》：

（一）爆破作业单位未按照其资质等级从事爆破作业的；

（二）营业性爆破作业单位跨省、自治区、直辖市行政区域实施爆破作业，未按照规定事先向爆破作业所在地的县级人民政府公安机关报告的；

（三）爆破作业单位未按照规定建立民用爆炸物品领取登记制度、保存领取登记记录的；

（四）违反国家有关标准和规范实施爆破作业的。

爆破作业人员违反国家有关标准和规范的规定实施爆破作业的，由公安机关责令限期改正，情节严重的，吊销《爆破作业人员许可证》。

第四十九条 违反本条例规定，有下列情形之一的，由民用爆炸物品行业主管部门、公安机关按照职责责令限期改正，可以并处5万元以上20万元以下的罚款；逾期不改正的，责令停产停业整顿；情节严重的，吊销许可证：

（一）未按照规定在专用仓库设置技术防范设施的；

（二）未按照规定建立出入库检查、登记制度或者收存和发放民用爆炸物品，致使账物不符的；

（三）超量储存、在非专用仓库储存或者违反储存标准和规范储存民用爆炸物品的；

（四）有本条例规定的其他违反民用爆炸物品储存管理规定行为的。

第五十条 违反本条例规定，民用爆炸物品从业单位有下列情形之一的，由公安机关处2万元以上10万元以下的罚款；情节严重的，吊销其许可证；有违反治安管理行为的，依法给予治安管理处罚：

（一）违反安全管理制度，致使民用爆炸物品丢失、被盗、被抢的；

（二）民用爆炸物品丢失、被盗、被抢，未按照规定向当地公安机关报告或者故意隐瞒不报的；

（三）转让、出借、转借、抵押、赠送民用爆炸物品的。

第五十一条 违反本条例规定，携带民用爆炸物品搭乘公共交通工具或者进入公共场所，邮寄或者在托运的货物、行李、包裹、邮件中夹带民用爆炸物品，构成犯罪的，依法追究刑事责任；尚不构成犯罪的，由公安机关依法给予治安管理处罚，没收非法的民用爆炸物品，处1000元以上1万元以下的罚款。

第五十二条 民用爆炸物品从业单位的主要负责人未履行本条例规定的安全管理责任，导致发生重大伤亡事故或者造成其他严重后果，构成犯罪的，依法追究刑事责任；尚不构成犯罪的，对主要负责人给予撤职处分，对个人经营的投资人处2万元以上20万元以下的罚款。

第五十三条 民用爆炸物品行业主管部门、公安机关、工商行政管理部门的工作人员，在民用爆炸物品安全监督管理工作中滥用职权、玩忽职守或者徇私舞弊，构成犯罪的，依法追究刑事责任；尚不构成犯罪的，依法给予行政处分。

第八章 附 则

第五十四条 《民用爆炸物品生产许可证》、《民用爆炸物品销售许可证》，由国务院民用爆炸物品行业主管部门规定式样；《民用爆炸物品购买许可证》、《民用爆炸物品运输许可证》、《爆破作业单位许可证》、《爆破作业人员许可证》，由国务院公安部门规定式样。

第五十五条 本条例自 2006 年 9 月 1 日起施行。1984 年 1 月 6 日国务院发布的《中华人民共和国民用爆炸物品管理条例》同时废止。

易制毒化学品管理条例

- 2005 年 8 月 26 日中华人民共和国国务院令第 445 号公布
- 根据 2014 年 7 月 29 日《国务院关于修改部分行政法规的决定》第一次修订
- 根据 2016 年 2 月 6 日《国务院关于修改部分行政法规的决定》第二次修订
- 根据 2018 年 9 月 18 日《国务院关于修改部分行政法规的决定》第三次修订

第一章 总 则

第一条 为了加强易制毒化学品管理，规范易制毒化学品的生产、经营、购买、运输和进口、出口行为，防止易制毒化学品被用于制造毒品，维护经济和社会秩序，制定本条例。

第二条 国家对易制毒化学品的生产、经营、购买、运输和进口、出口实行分类管理和许可制度。

易制毒化学品分为三类。第一类是可以用于制毒的主要原料，第二类、第三类是可以用于制毒的化学配剂。易制毒化学品的具体分类和品种，由本条例附表列示。

易制毒化学品的分类和品种需要调整的，由国务院公安部门会同国务院药品监督管理部门、安全生产监督管理部门、商务主管部门、卫生主管部门和海关总署提出方案，报国务院批准。

省、自治区、直辖市人民政府认为有必要在本行政区域内调整分类或者增加本条例规定以外的品种的，应当向国务院公安部门提出，由国务院公安部门会同国务院有关行政主管部门提出方案，报国务院批准。

第三条 国务院公安部门、药品监督管理部门、安全生产监督管理部门、商务主管部门、卫生主管部门、海关总署、价格主管部门、铁路主管部门、交通主管部门、市场监督管理部门、生态环境主管部门在各自的职责范围内，负责全国的易制毒化学品有关管理工作；县级以上地方各级人民政府有关行政主管部门在各自的职责范围内，负责本行政区域内的易制毒化学品有关管理工作。

县级以上地方各级人民政府应当加强对易制毒化学品管理工作的领导，及时协调解决易制毒化学品管理工作中的问题。

第四条 易制毒化学品的产品包装和使用说明书，应当标明产品的名称（含学名和通用名）、化学分子式和成分。

第五条 易制毒化学品的生产、经营、购买、运输和进口、出口，除应当遵守本条例的规定外，属于药品和危险化学品的，还应当遵守法律、其他行政法规对药品和危险化学品的有关规定。

禁止走私或者非法生产、经营、购买、转让、运输易制毒化学品。

禁止使用现金或者实物进行易制毒化学品交易。但是，个人合法购买第一类中的药品类易制毒化学品药品制剂和第三类易制毒化学品的除外。

生产、经营、购买、运输和进口、出口易制毒化学品的单位，应当建立单位内部易制毒化学品管理制度。

第六条 国家鼓励向公安机关等有关行政主管部门举报涉及易制毒化学品的违法行为。接到举报的部门应当为举报者保密。对举报属实的，县级以上人民政府及有关行政主管部门应当给予奖励。

第二章 生产、经营管理

第七条 申请生产第一类易制毒化学品，应当具备下列条件，并经本条例第八条规定的行政主管部门审批，取得生产许可证后，方可进行生产：

（一）属依法登记的化工产品生产企业或者药品生产企业；

（二）有符合国家标准的生产设备、仓储设施和污染物处理设施；

（三）有严格的安全生产管理制度和环境突发事件应急预案；

（四）企业法定代表人和技术、管理人员具有安全生产和易制毒化学品的有关知识，无毒品犯罪记录；

（五）法律、法规、规章规定的其他条件。

申请生产第一类中的药品类易制毒化学品，还应当在仓储场所等重点区域设置电视监控设施以及与公安机关联网的报警装置。

第八条 申请生产第一类中的药品类易制毒化学品的，由省、自治区、直辖市人民政府药品监督管理部门审批；申请生产第一类中的非药品类易制毒化学品的，由省、自治区、直辖市人民政府安全生产监督管理部门审批。

前款规定的行政主管部门应当自收到申请之日起60日内，对申请人提交的申请材料进行审查。对符合规定的，发给生产许可证，或者在企业已经取得的有关生产许可证件上标注；不予许可的，应当书面说明理由。

审查第一类易制毒化学品生产许可申请材料时，根据需要，可以进行实地核查和专家评审。

第九条 申请经营第一类易制毒化学品，应当具备下列条件，并经本条例第十条规定的行政主管部门审批，取得经营许可证后，方可进行经营：

（一）属依法登记的化工产品经营企业或者药品经营企业；

（二）有符合国家规定的经营场所，需要储存、保管易制毒化学品的，还应当有符合国家技术标准的仓储设施；

（三）有易制毒化学品的经营管理制度和健全的销售网络；

（四）企业法定代表人和销售、管理人员具有易制毒化学品的有关知识，无毒品犯罪记录；

（五）法律、法规、规章规定的其他条件。

第十条 申请经营第一类中的药品类易制毒化学品的，由省、自治区、直辖市人民政府药品监督管理部门审批；申请经营第一类中的非药品类易制毒化学品的，由省、自治区、直辖市人民政府安全生产监督管理部门审批。

前款规定的行政主管部门应当自收到申请之日起30日内，对申请人提交的申请材料进行审查。对符合规定的，发给经营许可证，或者在企业已经取得的有关经营许可证件上标注；不予许可的，应当书面说明理由。

审查第一类易制毒化学品经营许可申请材料时，根据需要，可以进行实地核查。

第十一条 取得第一类易制毒化学品生产许可或者依照本条例第十三条第一款规定已经履行第二类、第三类易制毒化学品备案手续的生产企业，可以经销自产的易制毒化学品。但是，在厂外设立销售网点经销第一类易制毒化学品的，应当依照本条例的规定取得经营许可。

第一类中的药品类易制毒化学品药品单方制剂，由麻醉药品定点经营企业经销，且不得零售。

第十二条 取得第一类易制毒化学品生产、经营许可的企业，应当凭生产、经营许可证到市场监督管理部门办理经营范围变更登记。未经变更登记，不得进行第一类易制毒化学品的生产、经营。

第一类易制毒化学品生产、经营许可证被依法吊销的，行政主管部门应当自作出吊销决定之日起5日内通知市场监督管理部门；被吊销许可证的企业，应当及时到市场监督管理部门办理经营范围变更或者企业注销登记。

第十三条 生产第二类、第三类易制毒化学品的，应当自生产之日起30日内，将生产的品种、数量等情况，向所在地的设区的市级人民政府安全生产监督管理部门备案。

经营第二类易制毒化学品的，应当自经营之日起30日内，将经营的品种、数量、主要流向等情况，向所在地的设区的市级人民政府安全生产监督管理部门备案；经营第三类易制毒化学品的，应当自经营之日起30日内，将经营的品种、数量、主要流向等情况，向所在地的县级人民政府安全生产监督管理部门备案。

前两款规定的行政主管部门应当于收到备案材料的当日发给备案证明。

第三章　购买管理

第十四条 申请购买第一类易制毒化学品，应当提交下列证件，经本条例第十五条规定的行政主管部门审批，取得购买许可证：

（一）经营企业提交企业营业执照和合法使用需要证明；

（二）其他组织提交登记证书（成立批准文件）和合法使用需要证明。

第十五条 申请购买第一类中的药品类易制毒化学品的，由所在地的省、自治区、直辖市人民政府药品监督管理部门审批；申请购买第一类中的非药品类易制毒化学品的，由所在地的省、自治区、直辖市人民政府公安机关审批。

前款规定的行政主管部门应当自收到申请之日起10日内，对申请人提交的申请材料和证件进行审查。对符合规定的，发给购买许可证；不予许可的，应当书面说明理由。

审查第一类易制毒化学品购买许可申请材料时，根据需要，可以进行实地核查。

第十六条　持有麻醉药品、第一类精神药品购买印鉴卡的医疗机构购买第一类中的药品类易制毒化学品的，无须申请第一类易制毒化学品购买许可证。

个人不得购买第一类、第二类易制毒化学品。

第十七条　购买第二类、第三类易制毒化学品的，应当在购买前将所需购买的品种、数量，向所在地的县级人民政府公安机关备案。个人自用购买少量高锰酸钾的，无须备案。

第十八条　经营单位销售第一类易制毒化学品时，应当查验购买许可证和经办人的身份证明。对委托代购的，还应当查验购买人持有的委托文书。

经营单位在查验无误、留存上述证明材料的复印件后，方可出售第一类易制毒化学品；发现可疑情况的，应当立即向当地公安机关报告。

第十九条　经营单位应当建立易制毒化学品销售台账，如实记录销售的品种、数量、日期、购买方等情况。销售台账和证明材料复印件应当保存2年备查。

第一类易制毒化学品的销售情况，应当自销售之日起5日内报当地公安机关备案；第一类易制毒化学品的使用单位，应当建立使用台账，并保存2年备查。

第二类、第三类易制毒化学品的销售情况，应当自销售之日起30日内报当地公安机关备案。

第四章　运输管理

第二十条　跨设区的市级行政区域（直辖市为跨市界）或者在国务院公安部门确定的禁毒形势严峻的重点地区跨县级行政区域运输第一类易制毒化学品的，由运出地的设区的市级人民政府公安机关审批；运输第二类易制毒化学品的，由运出地的县级人民政府公安机关审批。经审批取得易制毒化学品运输许可证后，方可运输。

运输第三类易制毒化学品的，应当在运输前向运出地的县级人民政府公安机关备案。公安机关应当于收到备案材料的当日发给备案证明。

第二十一条　申请易制毒化学品运输许可，应当提交易制毒化学品的购销合同，货主是企业的，应当提交营业执照；货主是其他组织的，应当提交登记证书（成立批准文件）；货主是个人的，应当提交其个人身份证明。经办人还应当提交本人的身份证明。

公安机关应当自收到第一类易制毒化学品运输许可申请之日起10日内，收到第二类易制毒化学品运输许可申请之日起3日内，对申请人提交的申请材料进行审查。对符合规定的，发给运输许可证；不予许可的，应当书面说明理由。

审查第一类易制毒化学品运输许可申请材料时，根据需要，可以进行实地核查。

第二十二条　对许可运输第一类易制毒化学品的，发给一次有效的运输许可证。

对许可运输第二类易制毒化学品的，发给3个月有效的运输许可证；6个月内运输安全状况良好的，发给12个月有效的运输许可证。

易制毒化学品运输许可证应当载明拟运输的易制毒化学品的品种、数量、运入地、货主及收货人、承运人情况以及运输许可证种类。

第二十三条　运输供教学、科研使用的100克以下的麻黄素样品和供医疗机构制剂配方使用的小包装麻黄素以及医疗机构或者麻醉药品经营企业购买麻黄素片剂6万片以下、注射剂1.5万支以下，货主或者承运人持有依法取得的购买许可证明或者麻醉药品调拨单的，无须申请易制毒化学品运输许可。

第二十四条　接受货主委托运输的，承运人应当查验货主提供的运输许可证或者备案证明，并查验所运货物与运输许可证或者备案证明载明的易制毒化学品品种等情况是否相符；不相符的，不得承运。

运输易制毒化学品，运输人员应当自启运起全程携带运输许可证或者备案证明。公安机关应当在易制毒化学品的运输过程中进行检查。

运输易制毒化学品，应当遵守国家有关货物运输的规定。

第二十五条　因治疗疾病需要，患者、患者近亲属或者患者委托的人凭医疗机构出具的医疗诊断书和本人的身份证明，可以随身携带第一类中的药品类易制毒化学品药品制剂，但是不得超过医用单张处方的最大剂量。

医用单张处方最大剂量,由国务院卫生主管部门规定、公布。

第五章 进口、出口管理

第二十六条 申请进口或者出口易制毒化学品,应当提交下列材料,经国务院商务主管部门或者其委托的省、自治区、直辖市人民政府商务主管部门审批,取得进口或者出口许可证后,方可从事进口、出口活动:

(一)对外贸易经营者备案登记证明复印件;

(二)营业执照副本;

(三)易制毒化学品生产、经营、购买许可证或者备案证明;

(四)进口或者出口合同(协议)副本;

(五)经办人的身份证明。

申请易制毒化学品出口许可的,还应当提交进口方政府主管部门出具的合法使用易制毒化学品的证明或者进口方合法使用的保证文件。

第二十七条 受理易制毒化学品进口、出口申请的商务主管部门应当自收到申请材料之日起20日内,对申请材料进行审查,必要时可以进行实地核查。对符合规定的,发给进口或者出口许可证;不予许可的,应当书面说明理由。

对进口第一类中的药品类易制毒化学品的,有关的商务主管部门在作出许可决定前,应当征得国务院药品监督管理部门的同意。

第二十八条 麻黄素等属于重点监控物品范围的易制毒化学品,由国务院商务主管部门会同国务院有关部门核定的企业进口、出口。

第二十九条 国家对易制毒化学品的进口、出口实行国际核查制度。易制毒化学品国际核查目录及核查的具体办法,由国务院商务主管部门会同国务院公安部门规定、公布。

国际核查所用时间不计算在许可期限之内。

对向毒品制造、贩运情形严重的国家或者地区出口易制毒化学品以及本条例规定品种以外的化学品的,可以在国际核查措施以外实施其他管制措施,具体办法由国务院商务主管部门会同国务院公安部门、海关总署等有关部门规定、公布。

第三十条 进口、出口或者过境、转运、通运易制毒化学品的,应当如实向海关申报,并提交进口或者出口许可证。海关凭许可证办理通关手续。

易制毒化学品在境外与保税区、出口加工区等海关特殊监管区域、保税场所之间进出的,适用前款规定。

易制毒化学品在境内与保税区、出口加工区等海关特殊监管区域、保税场所之间进出的,或者在上述海关特殊监管区域、保税场所之间进出的,无须申请易制毒化学品进口或者出口许可证。

进口第一类中的药品类易制毒化学品,还应当提交药品监督管理部门出具的进口药品通关单。

第三十一条 进出境人员随身携带第一类中的药品类易制毒化学品药品制剂和高锰酸钾,应当以自用且数量合理为限,并接受海关监管。

进出境人员不得随身携带前款规定以外的易制毒化学品。

第六章 监督检查

第三十二条 县级以上人民政府公安机关、负责药品监督管理的部门、安全生产监督管理部门、商务主管部门、卫生主管部门、价格主管部门、铁路主管部门、交通主管部门、市场监督管理部门、生态环境主管部门和海关,应当依照本条例和有关法律、行政法规的规定,在各自的职责范围内,加强对易制毒化学品生产、经营、购买、运输、价格以及进口、出口的监督检查;对非法生产、经营、购买、运输易制毒化学品,或者走私易制毒化学品的行为,依法予以查处。

前款规定的行政主管部门在进行易制毒化学品监督检查时,可以依法查看现场、查阅和复制有关资料、记录有关情况、扣押相关的证据材料和违法物品;必要时,可以临时查封有关场所。

被检查的单位或者个人应当如实提供有关情况和材料、物品,不得拒绝或者隐瞒。

第三十三条 对依法收缴、查获的易制毒化学品,应当在省、自治区、直辖市或者设区的市级人民政府公安机关、海关或者生态环境主管部门的监督下,区别易制毒化学品的不同情况进行保管、回收,或者依照环境保护法律、行政法规的有关规定,由有资质的单位在生态环境主管部门的监督下销毁。其中,对收缴、查获的第一类中的药品类易制毒化学品,一律销毁。

易制毒化学品违法单位或者个人无力提供保

管、回收或者销毁费用的,保管、回收或者销毁的费用在回收所得中开支,或者在有关行政主管部门的禁毒经费中列支。

第三十四条　易制毒化学品丢失、被盗、被抢的,发案单位应当立即向当地公安机关报告,并同时报告当地的县级人民政府负责药品监督管理的部门、安全生产监督管理部门、商务主管部门或者卫生主管部门。接到报案的公安机关应当及时立案查处,并向上级公安机关报告;有关行政主管部门应当逐级上报并配合公安机关的查处。

第三十五条　有关行政主管部门应当将易制毒化学品许可以及依法吊销许可的情况通报有关公安机关和市场监督管理部门;市场监督管理部门应当将生产、经营易制毒化学品企业依法变更或者注销登记的情况通报有关公安机关和行政主管部门。

第三十六条　生产、经营、购买、运输或者进口、出口易制毒化学品的单位,应当于每年3月31日前向许可或者备案的行政主管部门和公安机关报告本单位上年度易制毒化学品的生产、经营、购买、运输或者进口、出口情况;有条件的生产、经营、购买、运输或者进口、出口单位,可以与有关行政主管部门建立计算机联网,及时通报有关经营情况。

第三十七条　县级以上人民政府有关行政主管部门应当加强协调合作,建立易制毒化学品管理情况、监督检查情况以及案件处理情况的通报、交流机制。

第七章　法律责任

第三十八条　违反本条例规定,未经许可或者备案擅自生产、经营、购买、运输易制毒化学品,伪造申请材料骗取易制毒化学品生产、经营、购买或者运输许可证,使用他人的或者伪造、变造、失效的许可证生产、经营、购买、运输易制毒化学品的,由公安机关没收非法生产、经营、购买或者运输的易制毒化学品、用于非法生产易制毒化学品的原料以及非法生产、经营、购买或者运输易制毒化学品的设备、工具,处非法生产、经营、购买或者运输的易制毒化学品货值10倍以上20倍以下的罚款,货值的20倍不足1万元的,按1万元罚款;有违法所得的,没收违法所得;有营业执照的,由市场监督管理部门吊销营业执照;构成犯罪的,依法追究刑事责任。

对有前款规定违法行为的单位或者个人,有关行政主管部门可以自作出行政处罚决定之日起3年内,停止受理其易制毒化学品生产、经营、购买、运输或者进口、出口许可申请。

第三十九条　违反本条例规定,走私易制毒化学品的,由海关没收走私的易制毒化学品;有违法所得的,没收违法所得,并依照海关法律、行政法规给予行政处罚;构成犯罪的,依法追究刑事责任。

第四十条　违反本条例规定,有下列行为之一的,由负有监督管理职责的行政主管部门给予警告,责令限期改正,处1万元以上5万元以下的罚款;对违反规定生产、经营、购买的易制毒化学品可以予以没收;逾期不改正的,责令限期停产停业整顿;逾期整顿不合格的,吊销相应的许可证:

(一)易制毒化学品生产、经营、购买、运输或者进口、出口单位未按规定建立安全管理制度的;

(二)将许可证或者备案证明转借他人使用的;

(三)超出许可的品种、数量生产、经营、购买易制毒化学品的;

(四)生产、经营、购买单位不记录或者不如实记录交易情况、不按规定保存交易记录或者不如实、不及时向公安机关和有关行政主管部门备案销售情况的;

(五)易制毒化学品丢失、被盗、被抢后未及时报告,造成严重后果的;

(六)除个人合法购买第一类中的药品类易制毒化学品药品制剂以及第三类易制毒化学品外,使用现金或者实物进行易制毒化学品交易的;

(七)易制毒化学品的产品包装和使用说明书不符合本条例规定要求的;

(八)生产、经营易制毒化学品的单位不如实或者不按时向有关行政主管部门和公安机关报告年度生产、经销和库存等情况的。

企业的易制毒化学品生产经营许可被依法吊销后,未及时到市场监督管理部门办理经营范围变更或者企业注销登记的,依照前款规定,对易制毒化学品予以没收,并处罚款。

第四十一条　运输的易制毒化学品与易制毒化学品运输许可证或者备案证明载明的品种、数量、运入地、货主及收货人、承运人等情况不符,运输许可证种类不当,或者运输人员未全程携带运输许可证或者备案证明的,由公安机关责令停运整改,处5000元以上5万元以下的罚款;有危险物品运输资质的,运输主管部门可以依法吊销其运输资质。

个人携带易制毒化学品不符合品种、数量规定的,没收易制毒化学品,处1000元以上5000元以下的罚款。

第四十二条 生产、经营、购买、运输或者进口、出口易制毒化学品的单位或者个人拒不接受有关行政主管部门监督检查的,由负有监督管理职责的行政主管部门责令改正,对直接负责的主管人员以及其他直接责任人员给予警告;情节严重的,对单位处1万元以上5万元以下的罚款,对直接负责的主管人员以及其他直接责任人员处1000元以上5000元以下的罚款;有违反治安管理行为的,依法给予治安管理处罚;构成犯罪的,依法追究刑事责任。

第四十三条 易制毒化学品行政主管部门工作人员在管理工作中有应当许可而不许可、不应当许可而滥许可,不依法受理备案,以及其他滥用职权、玩忽职守、徇私舞弊行为的,依法给予行政处分;构成犯罪的,依法追究刑事责任。

第八章 附 则

第四十四条 易制毒化学品生产、经营、购买、运输和进口、出口许可证,由国务院有关行政主管部门根据各自的职责规定式样并监制。

第四十五条 本条例自2005年11月1日起施行。

本条例施行前已经从事易制毒化学品生产、经营、购买、运输或者进口、出口业务的,应当自本条例施行之日起6个月内,依照本条例的规定重新申请许可。

附表:

易制毒化学品的分类和品种目录

第一类

1. 1—苯基—2—丙酮
2. 3,4—亚甲基二氧苯基—2—丙酮
3. 胡椒醛
4. 黄樟素
5. 黄樟油
6. 异黄樟素
7. N—乙酰邻氨基苯酸
8. 邻氨基苯甲酸
9. 麦角酸*
10. 麦角胺*
11. 麦角新碱*
12. 麻黄素、伪麻黄素、消旋麻黄素、去甲麻黄素、甲基麻黄素、麻黄浸膏、麻黄浸膏粉等麻黄素类物质*

第二类

1. 苯乙酸
2. 醋酸酐
3. 三氯甲烷
4. 乙醚
5. 哌啶

第三类

1. 甲苯
2. 丙酮
3. 甲基乙基酮
4. 高锰酸钾
5. 硫酸
6. 盐酸

说明:
一、第一类、第二类所列物质可能存在的盐类,也纳入管制。
二、带有*标记的品种为第一类中的药品类易制毒化学品,第一类中的药品类易制毒化学品包括原料药及其单方制剂。

仿真枪认定标准

· 2008年2月19日
· 公通字〔2008〕8号

一、凡符合以下条件之一的,可以认定为仿真枪:

1. 符合《中华人民共和国枪支管理法》规定的

枪支构成要件,所发射金属弹丸或其他物质的枪口比动能小于1.8焦耳/平方厘米(不含本数)、大于0.16焦耳/平方厘米(不含本数)的;

2. 具备枪支外形特征,并且具有与制式枪支材质和功能相似的枪管、枪机、机匣或者击发机构之一的;

3. 外形、颜色与制式枪支相同或者近似,并且外形长度尺寸介于相应制式枪支全枪长度尺寸的二分之一与一倍之间的。

二、枪口比动能的计算,按照《枪支致伤力的法庭科学鉴定判据》规定的计算方法执行。

三、术语解释

1. 制式枪支:国内制造的制式枪支是指已完成定型试验,并且经军队或国家有关主管部门批准投入装备、使用(含外贸出口)的各类枪支。国外制造的制式枪支是指制造商已完成定型试验,并且装备、使用或投入市场销售的各类枪支。

2. 全枪长:是指从枪管口部至枪托或枪机框(适用于无枪托的枪支)底部的长度。

管制刀具认定标准

· 2007年1月14日
· 公通字〔2007〕2号

一、凡符合下列标准之一的,可以认定为管制刀具:

1. 匕首:带有刀柄、刀格和血槽,刀尖角度小于60度的单刃、双刃或多刃尖刀(图一略)。

2. 三棱刮刀:具有三个刀刃的机械加工用刀具(图二略)。

3. 带有自锁装置的弹簧刀(跳刀):刀身展开或弹出后,可被刀柄内的弹簧或卡锁固定自锁的折叠刀具(图三略)。

4. 其他相类似的单刃、双刃、三棱尖刀:刀尖角度小于60度,刀身长度超过150毫米的各类单刃、双刃和多刃刀具(图四略)。

5. 其他刀尖角度大于60度,刀身长度超过220毫米的各类单刃、双刃和多刃刀具(图五略)。

二、未开刀刃且刀尖倒角半径R大于2.5毫米的各类武术、工艺、礼品等刀具不属于管制刀具范畴。

三、少数民族使用的藏刀、腰刀、靴刀、马刀等刀具的管制范围认定标准,由少数民族自治区(自治州、自治县)人民政府公安机关参照本标准制定。

四、述语说明:

1. 刀柄:是指刀上被用来握持的部分(图六略)。

2. 刀格(挡手):是指刀上用来隔离刀柄与刀身的部分(图六略)。

3. 刀身:是指刀上用来完成切、削、刺等功能的部分(图六略)。

4. 血槽:是指刀身上的专用刻槽(图六略)。

5. 刀尖角度:是指刀刃与刀背(或另一侧刀刃)上距离刀尖顶点10毫米的点与刀尖顶点形成的角度(图六略)。

6. 刀刃(刃口):是指刀身上用来切、削、砍的一边,一般情况下刃口厚度小于0.5毫米(图六略)。

7. 刀尖倒角:是指刀尖部所具有的圆弧度(图七略)。

易制爆危险化学品治安管理办法

· 2019年7月6日公安部令第154号公布
· 自2019年8月10日起施行

第一章 总 则

第一条 为加强易制爆危险化学品的治安管理,有效防范易制爆危险化学品治安风险,保障人民群众生命财产安全和公共安全,根据《中华人民共和国反恐怖主义法》《危险化学品安全管理条例》《企业事业单位内部治安保卫条例》等有关法律法规的规定,制定本办法。

第二条 易制爆危险化学品生产、经营、储存、使用、运输和处置的治安管理,适用本办法。

第三条 本办法所称易制爆危险化学品,是指列入公安部确定、公布的易制爆危险化学品名录,可用于制造爆炸物品的化学品。

第四条 本办法所称易制爆危险化学品从业单位,是指生产、经营、储存、使用、运输及处置易制爆危险化学品的单位。

第五条 易制爆危险化学品治安管理,应当坚持安全第一、预防为主、依法治理、系统治理的原则，强化和落实从业单位的主体责任。

易制爆危险化学品从业单位的主要负责人是治安管理第一责任人，对本单位易制爆危险化学品治安管理工作全面负责。

第六条　易制爆危险化学品从业单位应当建立易制爆危险化学品信息系统，并实现与公安机关的信息系统互联互通。

公安机关和易制爆危险化学品从业单位应当对易制爆危险化学品实行电子追踪标识管理，监控记录易制爆危险化学品流向、流量。

第七条　任何单位和个人都有权举报违反易制爆危险化学品治安管理规定的行为；接到举报的公安机关应当依法及时查处，并为举报人员保密，对举报有功人员给予奖励。

第八条　易制爆危险化学品从业单位应当加强对治安管理工作的检查、考核和奖惩，及时发现、整改治安隐患，并保存检查、整改记录。

第二章　销售、购买和流向登记

第九条　公安机关接收同级应急管理部门通报的颁发危险化学品安全生产许可证、危险化学品安全使用许可证、危险化学品经营许可证、烟花爆竹安全生产许可证情况后，对属于易制爆危险化学品从业单位的，应当督促其建立信息系统。

第十条　依法取得危险化学品安全生产许可证、危险化学品安全使用许可证、危险化学品经营许可证的企业，凭相应的许可证件购买易制爆危险化学品。民用爆炸物品生产企业凭民用爆炸物品生产许可证购买易制爆危险化学品。

第十一条　本办法第十条以外的其他单位购买易制爆危险化学品的，应当向销售单位出具以下材料：

（一）本单位《工商营业执照》《事业单位法人证书》等合法证明复印件、经办人身份证明复印件；

（二）易制爆危险化学品合法用途说明，说明应当包含具体用途、品种、数量等内容。

严禁个人购买易制爆危险化学品。

第十二条　危险化学品生产企业、经营企业销售易制爆危险化学品，应当查验本办法第十条或者第十一条规定的相关许可证件或者证明文件，不得向不具有相关许可证件或者证明文件的单位及任何个人销售易制爆危险化学品。

第十三条　销售、购买、转让易制爆危险化学品应当通过本企业银行账户或者电子账户进行交易，不得使用现金或者实物进行交易。

第十四条　危险化学品生产企业、经营企业销售易制爆危险化学品，应当如实记录购买单位的名称、地址、经办人姓名、身份证号码以及所购买的易制爆危险化学品的品种、数量、用途。销售记录以及相关许可证件复印件或者证明文件、经办人的身份证明复印件的保存期限不得少于一年。

易制爆危险化学品销售、购买单位应当在销售、购买后五日内，通过易制爆危险化学品信息系统，将所销售、购买的易制爆危险化学品的品种、数量以及流向信息报所在地县级公安机关备案。

第十五条　易制爆危险化学品生产、进口和分装单位应当按照国家有关标准和规范要求，对易制爆危险化学品作出电子追踪标识，识读电子追踪标识可显示相应易制爆危险化学品品种、数量以及流向信息。

第十六条　易制爆危险化学品从业单位应当如实登记易制爆危险化学品销售、购买、出入库、领取、使用、归还、处置等信息，并录入易制爆危险化学品信息系统。

第三章　处置、使用、运输和信息发布

第十七条　易制爆危险化学品从业单位转产、停产、停业或者解散的，应当将生产装置、储存设施以及库存易制爆危险化学品的处置方案报主管部门和所在地县级公安机关备案。

第十八条　易制爆危险化学品使用单位不得出借、转让其购买的易制爆危险化学品；因转产、停产、搬迁、关闭等确需转让的，应当向具有本办法第十条或者第十一条规定的相关许可证件或者证明文件的单位转让。

双方应当在转让后五日内，将有关情况报告所在地县级公安机关。

第十九条　运输易制爆危险化学品途中因住宿或者发生影响正常运输的情况，需要较长时间停车的，驾驶人员、押运人员应当采取相应的安全防范措施，并向公安机关报告。

第二十条　易制爆危险化学品在道路运输途中丢失、被盗、被抢或者出现流散、泄漏等情况的，

驾驶人员、押运人员应当立即采取相应的警示措施和安全措施，并向公安机关报告。公安机关接到报告后，应当根据实际情况立即向同级应急管理、生态环境、卫生健康等部门通报，采取必要的应急处置措施。

第二十一条　任何单位和个人不得交寄易制爆危险化学品或者在邮件、快递内夹带易制爆危险化学品，不得将易制爆危险化学品匿报或者谎报为普通物品交寄，不得将易制爆危险化学品交给不具有相应危险货物运输资质的企业托运。邮政企业、快递企业不得收寄易制爆危险化学品。运输企业、物流企业不得违反危险货物运输管理规定承运易制爆危险化学品。邮政企业、快递企业、运输企业、物流企业发现违反规定交寄或者托运易制爆危险化学品的，应当立即将有关情况报告公安机关和主管部门。

第二十二条　易制爆危险化学品从业单位依法办理非经营性互联网信息服务备案手续后，可以在本单位网站发布易制爆危险化学品信息。

易制爆危险化学品从业单位应当在本单位网站主页显著位置标明可供查询的互联网信息服务备案编号。

第二十三条　易制爆危险化学品从业单位不得在本单位网站以外的互联网应用服务中发布易制爆危险化学品信息及建立相关链接。

禁止易制爆危险化学品从业单位以外的其他单位在互联网发布易制爆危险化学品信息及建立相关链接。

第二十四条　禁止个人在互联网上发布易制爆危险化学品生产、买卖、储存、使用信息。

禁止任何单位和个人在互联网上发布利用易制爆危险化学品制造爆炸物品方法的信息。

第四章　治安防范

第二十五条　易制爆危险化学品从业单位应当设置治安保卫机构，建立健全治安保卫制度，配备专职治安保卫人员负责易制爆危险化学品治安保卫工作，并将治安保卫机构的设置和人员的配备情况报所在地县级公安机关备案。治安保卫人员应当符合国家有关标准和规范要求，经培训后上岗。

第二十六条　易制爆危险化学品应当按照国家有关标准和规范要求，储存在封闭式、半封闭式或者露天式危险化学品专用储存场所内，并根据危险品性能分区、分类、分库储存。

教学、科研、医疗、测试等易制爆危险化学品使用单位，可使用储存室或者储存柜储存易制爆危险化学品，单个储存室或者储存柜储存量应当在50公斤以下。

第二十七条　易制爆危险化学品储存场所应当按照国家有关标准和规范要求，设置相应的人力防范、实体防范、技术防范等治安防范设施，防止易制爆危险化学品丢失、被盗、被抢。

第二十八条　易制爆危险化学品从业单位应当建立易制爆危险化学品出入库检查、登记制度，定期核对易制爆危险化学品存放情况。

易制爆危险化学品丢失、被盗、被抢的，应当立即报告公安机关。

第二十九条　易制爆危险化学品储存场所（储存室、储存柜除外）治安防范状况应当纳入单位安全评价的内容，经安全评价合格后方可使用。

第三十条　构成重大危险源的易制爆危险化学品，应当在专用仓库内单独存放，并实行双人收发、双人保管制度。

第五章　监督检查

第三十一条　公安机关根据本地区工作实际，定期组织易制爆危险化学品从业单位监督检查；在重大节日、重大活动前或者期间组织监督抽查。

公安机关人民警察进行监督检查时应当出示人民警察证，表明执法身份，不得从事与职务无关的活动。

第三十二条　监督检查内容包括：

（一）易制爆危险化学品从业单位持有相关许可证件情况；

（二）销售、购买、处置、使用、运输易制爆危险化学品是否符合有关规定；

（三）易制爆危险化学品信息发布是否符合有关规定；

（四）易制爆危险化学品流向登记是否符合有关规定；

（五）易制爆危险化学品从业单位治安保卫机构、制度建设是否符合有关规定；

（六）易制爆危险化学品从业单位及其储存场所治安防范设施是否符合有关规定；

（七）法律、法规、规范和标准规定的其他内容。

第三十三条　监督检查应当记录在案，归档管理。监督检查记录包括：

（一）执行监督检查任务的人员姓名、单位、职务、警号；

（二）监督检查的时间、地点、单位名称、检查事项；

（三）发现的隐患问题及处理结果。

第三十四条　监督检查记录一式两份，由监督检查人员、被检查单位管理人员签字确认；被检查单位管理人员对检查记录有异议或者拒绝签名的，检查人员应当在检查记录中注明。

第三十五条　公安机关应当建立易制爆危险化学品从业单位风险评估、分级预警机制和与有关部门信息共享通报机制。

第六章　法律责任

第三十六条　违反本办法第六条第一款规定的，由公安机关责令限期改正，可以处一万元以下罚款；逾期不改正的，处违法所得三倍以下且不超过三万元罚款，没有违法所得的，处一万元以下罚款。

第三十七条　违反本办法第十条、第十一条、第十八条第一款规定的，由公安机关依照《危险化学品安全管理条例》第八十四条第二款、第三款的规定处罚。

第三十八条　违反本办法第十三条、第十五条规定的，由公安机关依照《中华人民共和国反恐怖主义法》第八十七条的规定处罚。

第三十九条　违反本办法第十四条、第十六条、第十八条第二款、第二十八条第二款规定的，由公安机关依照《危险化学品安全管理条例》第八十一条的规定处罚。

第四十条　违反本办法第十七条规定的，由公安机关依照《危险化学品安全管理条例》第八十二条第二款的规定处罚。

第四十一条　违反本办法第十九条、第二十条规定的，由公安机关依照《危险化学品安全管理条例》第八十九条第三项、第四项的规定处罚。

第四十二条　违反本办法第二十三条、第二十四条规定的，由公安机关责令改正，给予警告，对非经营活动处一千元以下罚款，对经营活动处违法所得三倍以下且不超过三万元罚款，没有违法所得的，处一万元以下罚款。

第四十三条　违反本办法第二十五条、第二十七条关于人力防范、实体防范规定，存在治安隐患的，由公安机关依照《企业事业单位内部治安保卫条例》第十九条的规定处罚。

第四十四条　违反本办法第二十七条关于技术防范设施设置要求规定的，由公安机关依照《危险化学品安全管理条例》第七十八条第二款的规定处罚。

第四十五条　任何单位和个人违反本办法规定，构成违反治安管理行为的，依照《中华人民共和国治安管理处罚法》的规定予以处罚；构成犯罪的，依法追究刑事责任。

第四十六条　公安机关发现涉及其他主管部门的易制爆危险化学品违法违规行为，应当书面通报其他主管部门依法查处。

第四十七条　公安机关人民警察在易制爆危险化学品治安管理中滥用职权、玩忽职守或者徇私舞弊，构成犯罪的，依法追究刑事责任；尚不构成犯罪的，依法给予行政处分。

第七章　附　则

第四十八条　含有易制爆危险化学品的食品添加剂、药品、兽药、消毒剂等生活用品，其生产单位按照易制爆危险化学品使用单位管理，其成品的生产、销售、购买（含个人购买）、储存、使用、运输和处置等不适用本办法，分别执行《中华人民共和国食品安全法》《中华人民共和国药品管理法》《兽药管理条例》《消毒管理办法》等有关规定。

第四十九条　易制爆危险化学品从业单位和相关场所、活动、设施等确定为防范恐怖袭击重点目标的，应当执行《中华人民共和国反恐怖主义法》的有关规定。

第五十条　易制爆危险化学品的进出口管理，依照有关对外贸易的法律、行政法规、规章的规定执行；进口的易制爆危险化学品的储存、使用、经营、运输、处置的安全管理，依照本办法的规定执行。

第五十一条　本办法所称"以下"均包括本数。

第五十二条　本办法自 2019 年 8 月 10 日起施行。

最高人民法院、最高人民检察院、公安部、工业和信息化部、住房和城乡建设部、交通运输部、应急管理部、国家铁路局、中国民用航空局、国家邮政局关于依法惩治涉枪支、弹药、爆炸物、易燃易爆危险物品犯罪的意见

- 2021年12月28日
- 法发〔2021〕35号

为依法惩治涉枪支、弹药、爆炸物、易燃易爆危险物品犯罪，维护公共安全，保护人民群众生命财产安全，根据《中华人民共和国刑法》《中华人民共和国刑事诉讼法》《中华人民共和国安全生产法》《行政执法机关移送涉嫌犯罪案件的规定》等法律、行政法规和相关司法解释的规定，结合工作实际，制定本意见。

一、总体要求

1. 严禁非法制造、买卖、运输、邮寄、储存、持有、私藏、走私枪支、弹药、爆炸物；严禁未经批准和许可擅自生产、储存、使用、经营、运输易燃易爆危险物品；严禁违反安全管理规定生产、储存、使用、经营、运输易燃易爆危险物品。依法严厉打击涉枪支、弹药、爆炸物、易燃易爆危险物品违法犯罪。

2. 人民法院、人民检察院、公安机关、有关行政执法机关应当充分认识涉枪支、弹药、爆炸物、易燃易爆危险物品违法犯罪的社会危害性，坚持人民至上、生命至上，统筹发展和安全，充分发挥工作职能，依法严惩涉枪支、弹药、爆炸物、易燃易爆危险物品违法犯罪，为经济社会发展提供坚实安全保障，不断增强人民群众获得感、幸福感、安全感。

3. 人民法院、人民检察院、公安机关、有关行政执法机关应当按照法定职责分工负责、配合协作，加强沟通协调，在履行职责过程中发现涉嫌枪支、弹药、爆炸物、易燃易爆危险物品犯罪的，应当及时相互通报情况，共同进行防范和惩治，维护社会治安大局稳定。

二、正确认定犯罪

4. 非法制造、买卖、运输、邮寄、储存、盗窃、抢夺、抢劫、持有、私藏、走私枪支、弹药、爆炸物，并利用该枪支、弹药、爆炸物实施故意杀人、故意伤害、抢劫、绑架等犯罪的，依照数罪并罚的规定处罚。

5. 违反危险化学品安全管理规定，未经依法批准或者许可擅自从事易燃易爆危险物品道路运输活动，或者实施其他违反危险化学品安全管理规定通过道路运输易燃易爆危险物品的行为，危及公共安全的，依照刑法第一百三十三条之一第一款第四项的规定，以危险驾驶罪定罪处罚。

在易燃易爆危险物品生产、经营、储存等高度危险的生产作业活动中违反有关安全管理的规定，有下列情形之一，具有发生重大伤亡事故或者其他严重后果的现实危险的，依照刑法第一百三十四条之一第三项的规定，以危险作业罪定罪处罚：

（1）委托无资质企业或者个人储存易燃易爆危险物品的；

（2）在储存的普通货物中夹带易燃易爆危险物品的；

（3）将易燃易爆危险物品谎报或者匿报为普通货物申报、储存的；

（4）其他涉及安全生产的事项未经依法批准或者许可，擅自从事易燃易爆危险物品生产、经营、储存等活动的情形。

实施前两款行为，同时构成刑法第一百三十条规定之罪等其他犯罪的，依照处罚较重的规定定罪处罚；导致发生重大伤亡事故或者其他严重后果，符合刑法第一百三十四条、第一百三十五条、第一百三十六条等规定的，依照各该条的规定定罪从重处罚。

6. 在易燃易爆危险物品生产、储存、运输、使用中违反有关安全管理的规定，实施本意见第5条前两款规定以外的其他行为，导致发生重大事故，造成严重后果，符合刑法第一百三十六条等规定的，以危险物品肇事罪等罪名定罪处罚。

7. 实施刑法第一百三十六条规定等行为，向负有安全生产监督管理职责的部门不报、谎报或者迟报相关情况的，从重处罚；同时构成刑法第一百三十九条之一规定之罪的，依照数罪并罚的规定处罚。

8.在水路、铁路、航空易燃易爆危险物品运输生产作业活动中违反有关安全管理的规定,有下列情形之一,明知存在重大事故隐患而不排除,足以危害公共安全的,依照刑法第一百一十四条的规定,以以危险方法危害公共安全罪定罪处罚;致人重伤、死亡或者使公私财产遭受重大损失的,依照刑法第一百一十五条第一款的规定处罚:

(1)未经依法批准或者许可,擅自从事易燃易爆危险物品运输的;

(2)委托无资质企业或者个人承运易燃易爆危险物品的;

(3)在托运的普通货物中夹带易燃易爆危险物品的;

(4)将易燃易爆危险物品谎报或者匿报为普通货物托运的;

(5)其他在水路、铁路、航空易燃易爆危险物品运输活动中违反有关安全管理规定的情形。

非法携带易燃易爆危险物品进入水路、铁路、航空公共交通工具或者有关公共场所,危及公共安全,情节严重的,依照刑法第一百三十条的规定,以非法携带危险物品危及公共安全罪定罪处罚。

9.通过邮件、快件夹带易燃易爆危险物品,或者将易燃易爆危险物品谎报为普通物品交寄,符合本意见第5条至第8条规定的,依照各该条的规定定罪处罚。

三、准确把握刑事政策

10.对于非法制造、买卖、运输、邮寄、储存、持有、私藏、走私枪支、弹药,以及非法制造、买卖、运输、邮寄、储存爆炸物的行为,应当依照刑法和《最高人民法院关于审理非法制造、买卖、运输枪支、弹药、爆炸物等刑事案件具体应用法律若干问题的解释》《最高人民法院、最高人民检察院关于办理走私刑事案件适用法律若干问题的解释》等规定,从严追究刑事责任。

11.对于非法制造、买卖、运输、邮寄、储存、持有、私藏、走私以压缩气体为动力且枪口比动能较低的枪支以及气枪铅弹的行为,应当依照刑法和《最高人民法院、最高人民检察院关于涉以压缩气体为动力的枪支、气枪铅弹刑事案件定罪量刑问题的批复》的规定,综合考虑案件情节,综合评估社会危害性,坚持主客观相统一,决定是否追究刑事责任以及如何裁量刑罚,确保罪责刑相适应。

12.利用信息网络非法买卖枪支、弹药、爆炸物、易燃易爆危险物品,或者利用寄递渠道非法运输枪支、弹药、爆炸物、易燃易爆危险物品,依法构成犯罪的,从严追究刑事责任。

13.确因正常生产、生活需要,以及因从事合法的生产经营活动而非法生产、储存、使用、经营、运输易燃易爆危险物品,依法构成犯罪,没有造成严重社会危害,并确有悔改表现的,可以从轻处罚。

14.将非法枪支、弹药、爆炸物主动上交公安机关,或者将未经依法批准或者许可生产、储存、使用、经营、运输的易燃易爆危险物品主动上交行政执法机关处置的,可以从轻处罚;未造成实际危害后果,犯罪情节轻微不需要判处刑罚的,可以依法不起诉或者免予刑事处罚;成立自首的,可以依法从轻、减轻或者免除处罚。

有揭发他人涉枪支、弹药、爆炸物、易燃易爆危险物品犯罪行为,查证属实的,或者提供重要线索,从而得以侦破其他涉枪支、弹药、爆炸物、易燃易爆危险物品案件等立功表现的,可以依法从轻或者减轻处罚;有重大立功表现的,可以依法减轻或者免除处罚。

四、加强行政执法与刑事司法衔接

15.有关行政执法机关在查处违法行为过程中发现涉嫌枪支、弹药、爆炸物、易燃易爆危险物品犯罪的,应当立即指定2名或者2名以上行政执法人员组成专案组专门负责,核实情况后提出移送涉嫌犯罪案件的书面报告,报本机关正职负责人或者主持工作的负责人审批。

有关行政执法机关正职负责人或者主持工作的负责人应当自接到报告之日起3日内作出批准移送或者不批准移送的决定。决定批准移送的,应当在24小时内向同级公安机关移送,并将案件移送书抄送同级人民检察院;决定不批准移送的,应当将不予批准的理由记录在案。

16.有关行政执法机关向公安机关移送涉嫌枪支、弹药、爆炸物、易燃易爆危险物品犯罪案件,应当附下列材料:

(1)涉嫌犯罪案件移送书,载明移送案件的行政执法机关名称、涉嫌犯罪的罪名、案件主办人和联系电话,并应当附移送材料清单和回执,加盖公章;

(2)涉嫌犯罪案件情况的调查报告,载明案件来源、查获枪支、弹药、爆炸物、易燃易爆危险物品情况、犯罪嫌疑人基本情况、涉嫌犯罪的主要事实、证据和法律依据、处理建议等；

（3）涉案物品清单，载明涉案枪支、弹药、爆炸物、易燃易爆危险物品的具体类别和名称、数量、特征、存放地点等，并附采取行政强制措施、现场笔录等表明涉案枪支、弹药、爆炸物、易燃易爆危险物品来源的材料；

（4）有关检验报告或者鉴定意见，并附鉴定机构和鉴定人资质证明；没有资质证明的，应当附其他证明文件；

（5）现场照片、询问笔录、视听资料、电子数据、责令整改通知书等其他与案件有关的证据材料。

有关行政执法机关对违法行为已经作出行政处罚决定的，还应当附行政处罚决定书及执行情况说明。

17.公安机关对有关行政执法机关移送的涉嫌枪支、弹药、爆炸物、易燃易爆危险物品犯罪案件，应当在案件移送书的回执上签字或者出具接受案件回执，并依照有关规定及时进行审查处理。不得以材料不全为由不接受移送案件。

18.人民检察院应当依照《行政执法机关移送涉嫌犯罪案件的规定》《最高人民检察院关于推进行政执法与刑事司法衔接工作的规定》《安全生产行政执法与刑事司法衔接工作办法》等规定，对有关行政执法机关移送涉嫌枪支、弹药、爆炸物、易燃易爆危险物品犯罪案件，以及公安机关的立案活动，依法进行法律监督。

有关行政执法机关对公安机关的不予立案决定有异议的，可以建议人民检察院进行立案监督。

19.公安机关、有关行政执法机关在办理涉枪支、弹药、爆炸物、易燃易爆危险物品违法犯罪案件过程中，发现公职人员有贪污贿赂、失职渎职或者利用职权侵犯公民人身权利和民主权利等违法行为，涉嫌构成职务犯罪的，应当依法及时移送监察机关或者人民检察院处理。

20.有关行政执法机关在行政执法和查办涉枪支、弹药、爆炸物、易燃易爆危险物品案件过程中收集的物证、书证、视听资料、电子数据以及对事故进行调查形成的报告，在刑事诉讼中可以作为证据使用。

21.有关行政执法机关对应当向公安机关移送的涉嫌枪支、弹药、爆炸物、易燃易爆危险物品犯罪案件，不得以行政处罚代替案件移送。

有关行政执法机关向公安机关移送涉嫌枪支、弹药、爆炸物、易燃易爆危险物品犯罪案件的，已经作出的警告、责令停产停业、暂扣或者吊销许可证、暂扣或者吊销执照的行政处罚决定，不停止执行。

22.人民法院对涉枪支、弹药、爆炸物、易燃易爆危险物品犯罪案件被告人判处罚金、有期徒刑或者拘役的，有关行政执法机关已经依法给予的罚款、行政拘留，应当依法折抵相应罚金或者刑期。有关行政执法机关尚未给予罚款的，不再给予罚款。

对于人民检察院依法决定不起诉或者人民法院依法免予刑事处罚的案件，需要给予行政处罚的，由有关行政执法机关依法给予行政处罚。

五、其他问题

23.本意见所称易燃易爆危险物品，是指具有爆炸、易燃性质的危险化学品、危险货物等，具体范围依照相关法律、行政法规、部门规章和国家标准确定。依照有关规定属于爆炸物的除外。

24.本意见所称有关行政执法机关，包括民用爆炸物品行业主管部门、燃气管理部门、交通运输主管部门、应急管理部门、铁路监管部门、民用航空主管部门和邮政管理部门等。

25.本意见自2021年12月31日起施行。

八、信息安全管理

中华人民共和国数据安全法

- 2021年6月10日第十三届全国人民代表大会常务委员会第二十九次会议通过
- 2021年6月10日中华人民共和国主席令第84号公布
- 自2021年9月1日起施行

第一章 总 则

第一条 为了规范数据处理活动，保障数据安全，促进数据开发利用，保护个人、组织的合法权益，维护国家主权、安全和发展利益，制定本法。

第二条 在中华人民共和国境内开展数据处理活动及其安全监管，适用本法。

在中华人民共和国境外开展数据处理活动，损害中华人民共和国国家安全、公共利益或者公民、组织合法权益的，依法追究法律责任。

第三条 本法所称数据，是指任何以电子或者其他方式对信息的记录。

数据处理，包括数据的收集、存储、使用、加工、传输、提供、公开等。

数据安全，是指通过采取必要措施，确保数据处于有效保护和合法利用的状态，以及具备保障持续安全状态的能力。

第四条 维护数据安全，应当坚持总体国家安全观，建立健全数据安全治理体系，提高数据安全保障能力。

第五条 中央国家安全领导机构负责国家数据安全工作的决策和议事协调，研究制定、指导实施国家数据安全战略和有关重大方针政策，统筹协调国家数据安全的重大事项和重要工作，建立国家数据安全工作协调机制。

第六条 各地区、各部门对本地区、本部门工作中收集和产生的数据及数据安全负责。

工业、电信、交通、金融、自然资源、卫生健康、教育、科技等主管部门承担本行业、本领域数据安全监管职责。

公安机关、国家安全机关等依照本法和有关法律、行政法规的规定，在各自职责范围内承担数据安全监管职责。

国家网信部门依照本法和有关法律、行政法规的规定，负责统筹协调网络数据安全和相关监管工作。

第七条 国家保护个人、组织与数据有关的权益，鼓励数据依法合理有效利用，保障数据依法有序自由流动，促进以数据为关键要素的数字经济发展。

第八条 开展数据处理活动，应当遵守法律、法规，尊重社会公德和伦理，遵守商业道德和职业道德，诚实守信，履行数据安全保护义务，承担社会责任，不得危害国家安全、公共利益，不得损害个人、组织的合法权益。

第九条 国家支持开展数据安全知识宣传普及，提高全社会的数据安全保护意识和水平，推动有关部门、行业组织、科研机构、企业、个人等共同参与数据安全保护工作，形成全社会共同维护数据安全和促进发展的良好环境。

第十条 相关行业组织按照章程，依法制定数据安全行为规范和团体标准，加强行业自律，指导会员加强数据安全保护，提高数据安全保护水平，促进行业健康发展。

第十一条 国家积极开展数据安全治理、数据开发利用等领域的国际交流与合作，参与数据安全相关国际规则和标准的制定，促进数据跨境安全、自由流动。

第十二条 任何个人、组织都有权对违反本法规定的行为向有关主管部门投诉、举报。收到投诉、举报的部门应当及时依法处理。

有关主管部门应当对投诉、举报人的相关信息予以保密，保护投诉、举报人的合法权益。

第二章 数据安全与发展

第十三条 国家统筹发展和安全，坚持以数据开发利用和产业发展促进数据安全，以数据安全保障数据开发利用和产业发展。

第十四条 国家实施大数据战略，推进数据基础设施建设，鼓励和支持数据在各行业、各领域的创新应用。

省级以上人民政府应当将数字经济发展纳入本级国民经济和社会发展规划，并根据需要制定数字经济发展规划。

第十五条 国家支持开发利用数据提升公共服务的智能化水平。提供智能化公共服务，应当充分考虑老年人、残疾人的需求，避免对老年人、残疾人的日常生活造成障碍。

第十六条 国家支持数据开发利用和数据安全技术研究，鼓励数据开发利用和数据安全等领域的技术推广和商业创新，培育、发展数据开发利用和数据安全产品、产业体系。

第十七条 国家推进数据开发利用技术和数据安全标准体系建设。国务院标准化行政主管部门和国务院有关部门根据各自的职责，组织制定并适时修订有关数据开发利用技术、产品和数据安全相关标准。国家支持企业、社会团体和教育、科研机构等参与标准制定。

第十八条 国家促进数据安全检测评估、认证等服务的发展，支持数据安全检测评估、认证等专业机构依法开展服务活动。

国家支持有关部门、行业组织、企业、教育和科研机构、有关专业机构等在数据安全风险评估、防范、处置等方面开展协作。

第十九条 国家建立健全数据交易管理制度，规范数据交易行为，培育数据交易市场。

第二十条 国家支持教育、科研机构和企业等开展数据开发利用技术和数据安全相关教育和培训，采取多种方式培养数据开发利用技术和数据安全专业人才，促进人才交流。

第三章 数据安全制度

第二十一条 国家建立数据分类分级保护制度，根据数据在经济社会发展中的重要程度，以及一旦遭到篡改、破坏、泄露或者非法获取、非法利用，对国家安全、公共利益或者个人、组织合法权益造成的危害程度，对数据实行分类分级保护。国家数据安全工作协调机制统筹协调有关部门制定重要数据目录，加强对重要数据的保护。

关系国家安全、国民经济命脉、重要民生、重大公共利益等数据属于国家核心数据，实行更加严格的管理制度。

各地区、各部门应当按照数据分类分级保护制度，确定本地区、本部门以及相关行业、领域的重要数据具体目录，对列入目录的数据进行重点保护。

第二十二条 国家建立集中统一、高效权威的数据安全风险评估、报告、信息共享、监测预警机制。国家数据安全工作协调机制统筹协调有关部门加强数据安全风险信息的获取、分析、研判、预警工作。

第二十三条 国家建立数据安全应急处置机制。发生数据安全事件，有关主管部门应当依法启动应急预案，采取相应的应急处置措施，防止危害扩大，消除安全隐患，并及时向社会发布与公众有关的警示信息。

第二十四条 国家建立数据安全审查制度，对影响或者可能影响国家安全的数据处理活动进行国家安全审查。

依法作出的安全审查决定为最终决定。

第二十五条 国家对与维护国家安全和利益、履行国际义务相关的属于管制物项的数据依法实施出口管制。

第二十六条 任何国家或者地区在与数据和数据开发利用技术等有关的投资、贸易等方面对中华人民共和国采取歧视性的禁止、限制或者其他类似措施的，中华人民共和国可以根据实际情况对该国家或者地区对等采取措施。

第四章 数据安全保护义务

第二十七条 开展数据处理活动应当依照法律、法规的规定，建立健全全流程数据安全管理制度，组织开展数据安全教育培训，采取相应的技术措施和其他必要措施，保障数据安全。利用互联网等信息网络开展数据处理活动，应当在网络安全等级保护制度的基础上，履行上述数据安全保护义务。

重要数据的处理者应当明确数据安全负责人和管理机构，落实数据安全保护责任。

第二十八条 开展数据处理活动以及研究开发数据新技术，应当有利于促进经济社会发展，增进人民福祉，符合社会公德和伦理。

第二十九条 开展数据处理活动应当加强风

险监测,发现数据安全缺陷、漏洞等风险时,应当立即采取补救措施;发生数据安全事件时,应当立即采取处置措施,按照规定及时告知用户并向有关主管部门报告。

第三十条 重要数据的处理者应当按照规定对其数据处理活动定期开展风险评估,并向有关主管部门报送风险评估报告。

风险评估报告应当包括处理的重要数据的种类、数量,开展数据处理活动的情况,面临的数据安全风险及其应对措施等。

第三十一条 关键信息基础设施的运营者在中华人民共和国境内运营中收集和产生的重要数据的出境安全管理,适用《中华人民共和国网络安全法》的规定;其他数据处理者在中华人民共和国境内运营中收集和产生的重要数据的出境安全管理办法,由国家网信部门会同国务院有关部门制定。

第三十二条 任何组织、个人收集数据,应当采取合法、正当的方式,不得窃取或者以其他非法方式获取数据。

法律、行政法规对收集、使用数据的目的、范围有规定的,应当在法律、行政法规规定的目的和范围内收集、使用数据。

第三十三条 从事数据交易中介服务的机构提供服务,应当要求数据提供方说明数据来源,审核交易双方的身份,并留存审核、交易记录。

第三十四条 法律、行政法规规定提供数据处理相关服务应当取得行政许可的,服务提供者应当依法取得许可。

第三十五条 公安机关、国家安全机关因依法维护国家安全或者侦查犯罪的需要调取数据,应当按照国家有关规定,经过严格的批准手续,依法进行,有关组织、个人应当予以配合。

第三十六条 中华人民共和国主管机关根据有关法律和中华人民共和国缔结或者参加的国际条约、协定,或者按照平等互惠原则,处理外国司法或者执法机构关于提供数据的请求。非经中华人民共和国主管机关批准,境内的组织、个人不得向外国司法或者执法机构提供存储于中华人民共和国境内的数据。

第五章 政务数据安全与开放

第三十七条 国家大力推进电子政务建设,提高政务数据的科学性、准确性、时效性,提升运用数据服务经济社会发展的能力。

第三十八条 国家机关为履行法定职责的需要收集、使用数据,应当在其履行法定职责的范围内依照法律、行政法规规定的条件和程序进行;对在履行职责中知悉的个人隐私、个人信息、商业秘密、保密商务信息等数据应当依法予以保密,不得泄露或者非法向他人提供。

第三十九条 国家机关应当依照法律、行政法规的规定,建立健全数据安全管理制度,落实数据安全保护责任,保障政务数据安全。

第四十条 国家机关委托他人建设、维护电子政务系统,存储、加工政务数据,应当经过严格的批准程序,并应当监督受托方履行相应的数据安全保护义务。受托方应当依照法律、法规的规定和合同约定履行数据安全保护义务,不得擅自留存、使用、泄露或者向他人提供政务数据。

第四十一条 国家机关应当遵循公正、公平、便民的原则,按照规定及时、准确地公开政务数据。依法不予公开的除外。

第四十二条 国家制定政务数据开放目录,构建统一规范、互联互通、安全可控的政务数据开放平台,推动政务数据开放利用。

第四十三条 法律、法规授权的具有管理公共事务职能的组织为履行法定职责开展数据处理活动,适用本章规定。

第六章 法律责任

第四十四条 有关主管部门在履行数据安全监管职责中,发现数据处理活动存在较大安全风险的,可以按照规定的权限和程序对有关组织、个人进行约谈,并要求有关组织、个人采取措施进行整改,消除隐患。

第四十五条 开展数据处理活动的组织、个人不履行本法第二十七条、第二十九条、第三十条规定的数据安全保护义务的,由有关主管部门责令改正,给予警告,可以并处五万元以上五十万元以下罚款,对直接负责的主管人员和其他直接责任人员可以处一万元以上十万元以下罚款;拒不改正或者造成大量数据泄露等严重后果的,处五十万元以上二百万元以下罚款,并可以责令暂停相关业务、停业整顿、吊销相关业务许可证或者吊销营业执照,对直接负责的主管人员和其他直接责任人员处五万元以上二十万元以下罚款。

违反国家核心数据管理制度，危害国家主权、安全和发展利益的，由有关主管部门处二百万元以上一千万元以下罚款，并根据情况责令暂停相关业务、停业整顿、吊销相关业务许可证或者吊销营业执照；构成犯罪的，依法追究刑事责任。

第四十六条　违反本法第三十一条规定，向境外提供重要数据的，由有关主管部门责令改正，给予警告，可以并处十万元以上一百万元以下罚款，对直接负责的主管人员和其他直接责任人员可以处一万元以上十万元以下罚款；情节严重的，处一百万元以上一千万元以下罚款，并可以责令暂停相关业务、停业整顿、吊销相关业务许可证或者吊销营业执照，对直接负责的主管人员和其他直接责任人员处十万元以上一百万元以下罚款。

第四十七条　从事数据交易中介服务的机构未履行本法第三十三条规定的义务的，由有关主管部门责令改正，没收违法所得，处违法所得一倍以上十倍以下罚款，没有违法所得或者违法所得不足十万元的，处十万元以上一百万元以下罚款，并可以责令暂停相关业务、停业整顿、吊销相关业务许可证或者吊销营业执照；对直接负责的主管人员和其他直接责任人员处一万元以上十万元以下罚款。

第四十八条　违反本法第三十五条规定，拒不配合数据调取的，由有关主管部门责令改正，给予警告，并处五万元以上五十万元以下罚款，对直接负责的主管人员和其他直接责任人员处一万元以上十万元以下罚款。

违反本法第三十六条规定，未经主管机关批准向外国司法或者执法机构提供数据的，由有关主管部门给予警告，可以并处十万元以上一百万元以下罚款，对直接负责的主管人员和其他直接责任人员可以处一万元以上十万元以下罚款；造成严重后果的，处一百万元以上五百万元以下罚款，并可以责令暂停相关业务、停业整顿、吊销相关业务许可证或者吊销营业执照，对直接负责的主管人员和其他直接责任人员处五万元以上五十万元以下罚款。

第四十九条　国家机关不履行本法规定的数据安全保护义务的，对直接负责的主管人员和其他直接责任人员依法给予处分。

第五十条　履行数据安全监管职责的国家工作人员玩忽职守、滥用职权、徇私舞弊的，依法给予处分。

第五十一条　窃取或者以其他非法方式获取数据，开展数据处理活动排除、限制竞争，或者损害个人、组织合法权益的，依照有关法律、行政法规的规定处罚。

第五十二条　违反本法规定，给他人造成损害的，依法承担民事责任。

违反本法规定，构成违反治安管理行为的，依法给予治安管理处罚；构成犯罪的，依法追究刑事责任。

第七章　附　则

第五十三条　开展涉及国家秘密的数据处理活动，适用《中华人民共和国保守国家秘密法》等法律、行政法规的规定。

在统计、档案工作中开展数据处理活动，开展涉及个人信息的数据处理活动，还应当遵守有关法律、行政法规的规定。

第五十四条　军事数据安全保护的办法，由中央军事委员会依据本法另行制定。

第五十五条　本法自 2021 年 9 月 1 日起施行。

中华人民共和国反电信网络诈骗法

- 2022 年 9 月 2 日第十三届全国人民代表大会常务委员会第三十六次会议通过
- 2022 年 9 月 2 日中华人民共和国主席令第 119 号公布
- 自 2022 年 12 月 1 日起施行

第一章　总　则

第一条　为了预防、遏制和惩治电信网络诈骗活动，加强反电信网络诈骗工作，保护公民和组织的合法权益，维护社会稳定和国家安全，根据宪法，制定本法。

第二条　本法所称电信网络诈骗，是指以非法占有为目的，利用电信网络技术手段，通过远程、非接触等方式，诈骗公私财物的行为。

第三条　打击治理在中华人民共和国境内实施的电信网络诈骗活动或者中华人民共和国公民在境外实施的电信网络诈骗活动，适用本法。

境外的组织、个人针对中华人民共和国境内实施电信网络诈骗活动的，或者为他人针对境内实施电信网络诈骗活动提供产品、服务等帮助的，依照本法有关规定处理和追究责任。

第四条 反电信网络诈骗工作坚持以人民为中心，统筹发展和安全；坚持系统观念、法治思维，注重源头治理、综合治理；坚持齐抓共管、群防群治，全面落实打防管控各项措施，加强社会宣传教育防范；坚持精准防治，保障正常生产经营活动和群众生活便利。

第五条 反电信网络诈骗工作应当依法进行，维护公民和组织的合法权益。

有关部门和单位、个人应当对在反电信网络诈骗工作过程中知悉的国家秘密、商业秘密和个人隐私、个人信息予以保密。

第六条 国务院建立反电信网络诈骗工作机制，统筹协调打击治理工作。

地方各级人民政府组织领导本行政区域内反电信网络诈骗工作，确定反电信网络诈骗目标任务和工作机制，开展综合治理。

公安机关牵头负责反电信网络诈骗工作，金融、电信、网信、市场监管等有关部门依照职责履行监管主体责任，负责本行业领域反电信网络诈骗工作。

人民法院、人民检察院发挥审判、检察职能作用，依法防范、惩治电信网络诈骗活动。

电信业务经营者、银行业金融机构、非银行支付机构、互联网服务提供者承担风险防控责任，建立反电信网络诈骗内部控制机制和安全责任制度，加强新业务涉诈风险安全评估。

第七条 有关部门、单位在反电信网络诈骗工作中应当密切协作，实现跨行业、跨地域协同配合，快速联动，加强专业队伍建设，有效打击治理电信网络诈骗活动。

第八条 各级人民政府和有关部门应当加强反电信网络诈骗宣传，普及相关法律和知识，提高公众对各类电信网络诈骗方式的防骗意识和识骗能力。

教育行政、市场监管、民政等有关部门和村民委员会、居民委员会，应当结合电信网络诈骗受害群体的分布等特征，加强对老年人、青少年等群体的宣传教育，增强反电信网络诈骗宣传教育的针对性、精准性，开展反电信网络诈骗宣传教育进学校、进企业、进社区、进农村、进家庭等活动。

各单位应当加强内部防范电信网络诈骗工作，对工作人员开展防范电信网络诈骗教育；个人应当加强电信网络诈骗防范意识。单位、个人应当协助、配合有关部门依照本法规定开展反电信网络诈骗工作。

第二章 电信治理

第九条 电信业务经营者应当依法全面落实电话用户真实身份信息登记制度。

基础电信企业和移动通信转售企业应当承担对代理商落实电话用户实名制管理责任，在协议中明确代理商实名制登记的责任和有关违约处置措施。

第十条 办理电话卡不得超出国家有关规定限制的数量。

对经识别存在异常办卡情形的，电信业务经营者有权加强核查或者拒绝办卡。具体识别办法由国务院电信主管部门制定。

国务院电信主管部门组织建立电话用户开卡数量核验机制和风险信息共享机制，并为用户查询名下电话卡信息提供便捷渠道。

第十一条 电信业务经营者对监测识别的涉诈异常电话卡用户应当重新进行实名核验，根据风险等级采取有区别的、相应的核验措施。对未按规定核验或者核验未通过的，电信业务经营者可以限制、暂停有关电话卡功能。

第十二条 电信业务经营者建立物联网卡用户风险评估制度，评估未通过的，不得向其销售物联网卡；严格登记物联网卡用户身份信息；采取有效技术措施限定物联网卡开通功能、使用场景和适用设备。

单位用户从电信业务经营者购买物联网卡再将载有物联网卡的设备销售给其他用户的，应当核验和登记用户身份信息，并将销量、存量及用户实名信息传送给号码归属的电信业务经营者。

电信业务经营者对物联网卡的使用建立监测预警机制。对存在异常使用情形的，应当采取暂停服务、重新核验身份和使用场景或者其他合同约定的处置措施。

第十三条 电信业务经营者应当规范真实主叫号码传送和电信线路出租，对改号电话进行封堵拦截和溯源核查。

电信业务经营者应当严格规范国际通信业务出入口局主叫号码传送，真实、准确向用户提示来电号码所属国家或者地区，对网内和网间虚假主叫、不规范主叫进行识别、拦截。

第十四条　任何单位和个人不得非法制造、买卖、提供或者使用下列设备、软件：

（一）电话卡批量插入设备；

（二）具有改变主叫号码、虚拟拨号、互联网电话违规接入公用电信网络等功能的设备、软件；

（三）批量账号、网络地址自动切换系统，批量接收提供短信验证、语音验证的平台；

（四）其他用于实施电信网络诈骗等违法犯罪的设备、软件。

电信业务经营者、互联网服务提供者应当采取技术措施，及时识别、阻断前款规定的非法设备、软件接入网络，并向公安机关和相关行业主管部门报告。

第三章　金融治理

第十五条　银行业金融机构、非银行支付机构为客户开立银行账户、支付账户及提供支付结算服务，和与客户业务关系存续期间，应当建立客户尽职调查制度，依法识别受益所有人，采取相应风险管理措施，防范银行账户、支付账户等被用于电信网络诈骗活动。

第十六条　开立银行账户、支付账户不得超出国家有关规定限制的数量。

对经识别存在异常开户情形的，银行业金融机构、非银行支付机构有权加强核查或者拒绝开户。

中国人民银行、国务院银行业监督管理机构组织有关清算机构建立跨机构开户数量核验机制和风险信息共享机制，并为客户提供查询名下银行账户、支付账户的便捷渠道。银行业金融机构、非银行支付机构应当按照国家有关规定提供开户情况和有关风险信息。相关信息不得用于反电信网络诈骗以外的其他用途。

第十七条　银行业金融机构、非银行支付机构应当建立开立企业账户异常情形的风险防控机制。金融、电信、市场监管、税务等有关部门建立开立企业账户相关信息共享查询系统，提供联网核查服务。

市场主体登记机关应当依法对企业实名登记履行身份信息核验职责；依照规定对登记事项进行监督检查，对可能存在虚假登记、涉诈异常的企业重点监督检查，依法撤销登记的，依照前款的规定及时共享信息；为银行业金融机构、非银行支付机构进行客户尽职调查和依法识别受益所有人提供便利。

第十八条　银行业金融机构、非银行支付机构应当对银行账户、支付账户及支付结算服务加强监测，建立完善符合电信网络诈骗活动特征的异常账户和可疑交易监测机制。

中国人民银行统筹建立跨银行业金融机构、非银行支付机构的反洗钱统一监测系统，会同国务院公安部门完善与电信网络诈骗犯罪资金流转特点相适应的反洗钱可疑交易报告制度。

对监测识别的异常账户和可疑交易，银行业金融机构、非银行支付机构应当根据风险情况，采取核实交易情况、重新核验身份、延迟支付结算、限制或者中止有关业务等必要的防范措施。

银行业金融机构、非银行支付机构依照第一款规定开展异常账户和可疑交易监测时，可以收集异常客户互联网协议地址、网卡地址、支付受理终端信息等必要的交易信息、设备位置信息。上述信息未经客户授权，不得用于反电信网络诈骗以外的其他用途。

第十九条　银行业金融机构、非银行支付机构应当按照国家有关规定，完整、准确传输直接提供商品或者服务的商户名称、收付款客户名称及账号等交易信息，保证交易信息的真实、完整和支付全流程中的一致性。

第二十条　国务院公安部门会同有关部门建立完善电信网络诈骗涉案资金即时查询、紧急止付、快速冻结、及时解冻和资金返还制度，明确有关条件、程序和救济措施。

公安机关依法决定采取上述措施的，银行业金融机构、非银行支付机构应当予以配合。

第四章　互联网治理

第二十一条　电信业务经营者、互联网服务提供者为用户提供下列服务，在与用户签订协议或者确认提供服务时，应当依法要求用户提供真实身份信息，用户不提供真实身份信息的，不得提供服务：

（一）提供互联网接入服务；

(二)提供网络代理等网络地址转换服务;

(三)提供互联网域名注册、服务器托管、空间租用、云服务、内容分发服务;

(四)提供信息、软件发布服务,或者提供即时通讯、网络交易、网络游戏、网络直播发布、广告推广服务。

第二十二条 互联网服务提供者对监测识别的涉诈异常账号应当重新核验,根据国家有关规定采取限制功能、暂停服务等处置措施。

互联网服务提供者应当根据公安机关、电信主管部门要求,对涉案电话卡、涉诈异常电话卡所关联注册的有关互联网账号进行核验,根据风险情况,采取限期改正、限制功能、暂停使用、关闭账号、禁止重新注册等处置措施。

第二十三条 设立移动互联网应用程序应当按照国家有关规定向电信主管部门办理许可或者备案手续。

为应用程序提供封装、分发服务的,应当登记并核验应用程序开发运营者的真实身份信息,核验应用程序的功能、用途。

公安、电信、网信等部门和电信业务经营者、互联网服务提供者应当加强对分发平台以外途径下载传播的涉诈应用程序重点监测、及时处置。

第二十四条 提供域名解析、域名跳转、网址链接转换服务的,应当按照国家有关规定,核验域名注册、解析信息和互联网协议地址的真实性、准确性,规范域名跳转,记录并留存所提供相应服务的日志信息,支持实现对解析、跳转、转换记录的溯源。

第二十五条 任何单位和个人不得为他人实施电信网络诈骗活动提供下列支持或者帮助:

(一)出售、提供个人信息;

(二)帮助他人通过虚拟货币交易等方式洗钱;

(三)其他为电信网络诈骗活动提供支持或者帮助的行为。

电信业务经营者、互联网服务提供者应当依照国家有关规定,履行合理注意义务,对利用下列业务从事涉诈支持、帮助活动进行监测识别和处置:

(一)提供互联网接入、服务器托管、网络存储、通讯传输、线路出租、域名解析等网络资源服务;

(二)提供信息发布或者搜索、广告推广、引流推广等网络推广服务;

(三)提供应用程序、网站等网络技术、产品的制作、维护服务;

(四)提供支付结算服务。

第二十六条 公安机关办理电信网络诈骗案件依法调取证据的,互联网服务提供者应当及时提供技术支持和协助。

互联网服务提供者依照本法规定对有关涉诈信息、活动进行监测时,发现涉诈违法犯罪线索、风险信息的,应当依照国家有关规定,根据涉诈风险类型、程度情况移送公安、金融、电信、网信等部门。有关部门应当建立完善反馈机制,将相关情况及时告知移送单位。

第五章 综合措施

第二十七条 公安机关应当建立完善打击治理电信网络诈骗工作机制,加强专门队伍和专业技术建设,各警种、各地公安机关应当密切配合,依法有效惩处电信网络诈骗活动。

公安机关接到电信网络诈骗活动的报案或者发现电信网络诈骗活动,应当依照《中华人民共和国刑事诉讼法》的规定立案侦查。

第二十八条 金融、电信、网信部门依照职责对银行业金融机构、非银行支付机构、电信业务经营者、互联网服务提供者落实本法规定情况进行监督检查。有关监督检查活动应当依法规范开展。

第二十九条 个人信息处理者应当依照《中华人民共和国个人信息保护法》等法律规定,规范个人信息处理,加强个人信息保护,建立个人信息被用于电信网络诈骗的防范机制。

履行个人信息保护职责的部门、单位对可能被电信网络诈骗利用的物流信息、交易信息、贷款信息、医疗信息、婚介信息等实施重点保护。公安机关办理电信网络诈骗案件,应当同时查证犯罪所利用的个人信息来源,依法追究相关人员和单位责任。

第三十条 电信业务经营者、银行业金融机构、非银行支付机构、互联网服务提供者应当对从业人员和用户开展反电信网络诈骗宣传,在有关业务活动中对防范电信网络诈骗作出提示,对本领域新出现的电信网络诈骗手段及时向用户作出提醒，对非法买卖、出租、出借本人有关卡、账户、账号等被用于电信网络诈骗的法律责任作出警示。

新闻、广播、电视、文化、互联网信息服务等单位，应当面向社会有针对性地开展反电信网络诈骗宣传教育。

任何单位和个人有权举报电信网络诈骗活动，有关部门应当依法及时处理，对提供有效信息的举报人依照规定给予奖励和保护。

第三十一条　任何单位和个人不得非法买卖、出租、出借电话卡、物联网卡、电信线路、短信端口、银行账户、支付账户、互联网账号等，不得提供实名核验帮助；不得假冒他人身份或者虚构代理关系开立上述卡、账户、账号等。

对经设区的市级以上公安机关认定的实施前款行为的单位、个人和相关组织者，以及因从事电信网络诈骗活动或者关联犯罪受过刑事处罚的人员，可以按照国家有关规定记入信用记录，采取限制其有关卡、账户、账号等功能和停止非柜面业务、暂停新业务、限制入网等措施。对上述认定和措施有异议的，可以提出申诉，有关部门应当建立健全申诉渠道、信用修复和救济制度。具体办法由国务院公安部门会同有关主管部门规定。

第三十二条　国家支持电信业务经营者、银行业金融机构、非银行支付机构、互联网服务提供者研究开发有关电信网络诈骗反制技术，用于监测识别、动态封堵和处置涉诈异常信息、活动。

国务院公安部门、金融管理部门、电信主管部门和国家网信部门等应当统筹负责本行业领域反制技术措施建设，推进涉电信网络诈骗样本信息数据共享，加强涉诈用户信息交叉核验，建立有关涉诈异常信息、活动的监测识别、动态封堵和处置机制。

依据本法第十一条、第十二条、第十八条、第二十二条和前款规定，对涉诈异常情形采取限制、暂停服务等处置措施的，应当告知处置原因、救济渠道及需要提交的资料等事项，被处置对象可以向作出决定或者采取措施的部门、单位提出申诉。作出决定的部门、单位应当建立完善申诉渠道，及时受理申诉并核查，核查通过的，应当即时解除有关措施。

第三十三条　国家推进网络身份认证公共服务建设，支持个人、企业自愿使用。电信业务经营者、银行业金融机构、非银行支付机构、互联网服务提供者对存在涉诈异常的电话卡、银行账户、支付账户、互联网账号，可以通过国家网络身份认证公共服务对用户身份重新进行核验。

第三十四条　公安机关应当会同金融、电信、网信部门组织银行业金融机构、非银行支付机构、电信业务经营者、互联网服务提供者等建立预警劝阻系统，对预警发现的潜在被害人，根据情况及时采取相应劝阻措施。对电信网络诈骗案件应当加强追赃挽损，完善涉案资金处置制度，及时返还被害人的合法财产。对遭受重大生活困难的被害人，符合国家有关救助条件的，有关方面依照规定给予救助。

第三十五条　经国务院反电信网络诈骗工作机制决定或者批准，公安、金融、电信等部门对电信网络诈骗活动严重的特定地区，可以依照国家有关规定采取必要的临时风险防范措施。

第三十六条　对前往电信网络诈骗活动严重地区的人员，出境活动存在重大涉电信网络诈骗活动嫌疑的，移民管理机构可以决定不准其出境。

因从事电信网络诈骗活动受过刑事处罚的人员，设区的市级以上公安机关可以根据犯罪情况和预防再犯罪的需要，决定自处罚完毕之日起六个月至三年以内不准其出境，并通知移民管理机构执行。

第三十七条　国务院公安部门等会同外交部门加强国际执法司法合作，与有关国家、地区、国际组织建立有效合作机制，通过开展国际警务合作等方式，提升在信息交流、调查取证、侦查抓捕、追赃挽损等方面的合作水平，有效打击遏制跨境电信网络诈骗活动。

第六章　法律责任

第三十八条　组织、策划、实施、参与电信网络诈骗活动或者为电信网络诈骗活动提供帮助，构成犯罪的，依法追究刑事责任。

前款行为尚不构成犯罪的，由公安机关处十日以上十五日以下拘留；没收违法所得，处违法所得一倍以上十倍以下罚款，没有违法所得或者违法所得不足一万元的，处十万元以下罚款。

第三十九条　电信业务经营者违反本法规定，有下列情形之一的，由有关主管部门责令改正，情节较轻的，给予警告、通报批评，或者处五万元以上五十万元以下罚款;情节严重的,处五十万元以上五百万元以下罚款,并可以由有关主管部门责令暂停相关业务、停业整顿、吊销相关业务许可证或者吊销营业执照,对其直接负责的主管人员和其他直接责任人员,处一万元以上二十万元以下罚款:

(一)未落实国家有关规定确定的反电信网络诈骗内部控制机制的;

(二)未履行电话卡、物联网卡实名制登记职责的;

(三)未履行对电话卡、物联网卡的监测识别、监测预警和相关处置职责的;

(四)未对物联网卡用户进行风险评估,或者未限定物联网卡的开通功能、使用场景和适用设备的;

(五)未采取措施对改号电话、虚假主叫或者具有相应功能的非法设备进行监测处置的。

第四十条 银行业金融机构、非银行支付机构违反本法规定,有下列情形之一的,由有关主管部门责令改正,情节较轻的,给予警告、通报批评,或者处五万元以上五十万元以下罚款;情节严重的,处五十万元以上五百万元以下罚款,并可以由有关主管部门责令停止新增业务、缩减业务类型或者业务范围、暂停相关业务、停业整顿、吊销相关业务许可证或者吊销营业执照,对其直接负责的主管人员和其他直接责任人员,处一万元以上二十万元以下罚款:

(一)未落实国家有关规定确定的反电信网络诈骗内部控制机制的;

(二)未履行尽职调查义务和有关风险管理措施的;

(三)未履行对异常账户、可疑交易的风险监测和相关处置义务的;

(四)未按照规定完整、准确传输有关交易信息的。

第四十一条 电信业务经营者、互联网服务提供者违反本法规定,有下列情形之一的,由有关主管部门责令改正,情节较轻的,给予警告、通报批评,或者处五万元以上五十万元以下罚款;情节严重的,处五十万元以上五百万元以下罚款,并可以由有关主管部门责令暂停相关业务、停业整顿、关闭网站或者应用程序、吊销相关业务许可证或者吊销营业执照,对其直接负责的主管人员和其他直接责任人员,处一万元以上二十万元以下罚款:

(一)未落实国家有关规定确定的反电信网络诈骗内部控制机制的;

(二)未履行网络服务实名制职责,或者未对涉案、涉诈电话卡关联注册互联网账号进行核验的;

(三)未按照国家有关规定,核验域名注册、解析信息和互联网协议地址的真实性、准确性,规范域名跳转,或者记录并留存所提供相应服务的日志信息的;

(四)未登记核验移动互联网应用程序开发运营者的真实身份信息或者未核验应用程序的功能、用途,为其提供应用程序封装、分发服务的;

(五)未履行对涉诈互联网账号和应用程序,以及其他电信网络诈骗信息、活动的监测识别和处置义务的;

(六)拒不依法为查处电信网络诈骗犯罪提供技术支持和协助,或者未按规定移送有关违法犯罪线索、风险信息的。

第四十二条 违反本法第十四条、第二十五条第一款规定的,没收违法所得,由公安机关或者有关主管部门处违法所得一倍以上十倍以下罚款,没有违法所得或者违法所得不足五万元的,处五十万元以下罚款;情节严重的,由公安机关并处十五日以下拘留。

第四十三条 违反本法第二十五条第二款规定,由有关主管部门责令改正,情节较轻的,给予警告、通报批评,或者处五万元以上五十万元以下罚款;情节严重的,处五十万元以上五百万元以下罚款,并可以由有关主管部门责令暂停相关业务、停业整顿、关闭网站或者应用程序,对其直接负责的主管人员和其他直接责任人员,处一万元以上二十万元以下罚款。

第四十四条 违反本法第三十一条第一款规定的,没收违法所得,由公安机关处违法所得一倍以上十倍以下罚款,没有违法所得或者违法所得不足二万元的,处二十万元以下罚款;情节严重的,并处十五日以下拘留。

第四十五条 反电信网络诈骗工作有关部门、单位的工作人员滥用职权、玩忽职守、徇私舞弊,或者有其他违反本法规定行为,构成犯罪的,依法追究刑事责任。

第四十六条　组织、策划、实施、参与电信网络诈骗活动或者为电信网络诈骗活动提供相关帮助的违法犯罪人员，除依法承担刑事责任、行政责任以外，造成他人损害的，依照《中华人民共和国民法典》等法律的规定承担民事责任。

电信业务经营者、银行业金融机构、非银行支付机构、互联网服务提供者等违反本法规定，造成他人损害的，依照《中华人民共和国民法典》等法律的规定承担民事责任。

第四十七条　人民检察院在履行反电信网络诈骗职责中，对于侵害国家利益和社会公共利益的行为，可以依法向人民法院提起公益诉讼。

第四十八条　有关单位和个人对依照本法作出的行政处罚和行政强制措施决定不服的，可以依法申请行政复议或者提起行政诉讼。

第七章　附　则

第四十九条　反电信网络诈骗工作涉及的有关管理和责任制度，本法没有规定的，适用《中华人民共和国网络安全法》《中华人民共和国个人信息保护法》《中华人民共和国反洗钱法》等相关法律规定。

第五十条　本法自 2022 年 12 月 1 日起施行。

中华人民共和国网络安全法

- 2016 年 11 月 7 日第十二届全国人民代表大会常务委员会第二十四次会议通过
- 2016 年 11 月 7 日中华人民共和国主席令第 53 号公布
- 自 2017 年 6 月 1 日起施行

第一章　总　则

第一条　为了保障网络安全，维护网络空间主权和国家安全、社会公共利益，保护公民、法人和其他组织的合法权益，促进经济社会信息化健康发展，制定本法。

第二条　在中华人民共和国境内建设、运营、维护和使用网络，以及网络安全的监督管理，适用本法。

第三条　国家坚持网络安全与信息化发展并重，遵循积极利用、科学发展、依法管理、确保安全的方针，推进网络基础设施建设和互联互通，鼓励网络技术创新和应用，支持培养网络安全人才，建立健全网络安全保障体系，提高网络安全保护能力。

第四条　国家制定并不断完善网络安全战略，明确保障网络安全的基本要求和主要目标，提出重点领域的网络安全政策、工作任务和措施。

第五条　国家采取措施，监测、防御、处置来源于中华人民共和国境内外的网络安全风险和威胁，保护关键信息基础设施免受攻击、侵入、干扰和破坏，依法惩治网络违法犯罪活动，维护网络空间安全和秩序。

第六条　国家倡导诚实守信、健康文明的网络行为，推动传播社会主义核心价值观，采取措施提高全社会的网络安全意识和水平，形成全社会共同参与促进网络安全的良好环境。

第七条　国家积极开展网络空间治理、网络技术研发和标准制定、打击网络违法犯罪等方面的国际交流与合作，推动构建和平、安全、开放、合作的网络空间，建立多边、民主、透明的网络治理体系。

第八条　国家网信部门负责统筹协调网络安全工作和相关监督管理工作。国务院电信主管部门、公安部门和其他有关机关依照本法和有关法律、行政法规的规定，在各自职责范围内负责网络安全保护和监督管理工作。

县级以上地方人民政府有关部门的网络安全保护和监督管理职责，按照国家有关规定确定。

第九条　网络运营者开展经营和服务活动，必须遵守法律、行政法规，尊重社会公德，遵守商业道德，诚实信用，履行网络安全保护义务，接受政府和社会的监督，承担社会责任。

第十条　建设、运营网络或者通过网络提供服务，应当依照法律、行政法规的规定和国家标准的强制性要求，采取技术措施和其他必要措施，保障网络安全、稳定运行，有效应对网络安全事件，防范网络违法犯罪活动，维护网络数据的完整性、保密性和可用性。

第十一条　网络相关行业组织按照章程，加强行业自律，制定网络安全行为规范，指导会员加强网络安全保护，提高网络安全保护水平，促进行业健康发展。

第十二条　国家保护公民、法人和其他组织依法使用网络的权利，促进网络接入普及、提升网络服务水平，为社会提供安全、便利的网络服务，保障网络信息依法有序自由流动。

任何个人和组织使用网络应当遵守宪法法律，遵守公共秩序，尊重社会公德，不得危害网络安全，不得利用网络从事危害国家安全、荣誉和利益，煽动颠覆国家政权、推翻社会主义制度，煽动分裂国家、破坏国家统一，宣扬恐怖主义、极端主义，宣扬民族仇恨、民族歧视，传播暴力、淫秽色情信息，编造、传播虚假信息扰乱经济秩序和社会秩序，以及侵害他人名誉、隐私、知识产权和其他合法权益等活动。

第十三条 国家支持研究开发有利于未成年人健康成长的网络产品和服务，依法惩治利用网络从事危害未成年人身心健康的活动，为未成年人提供安全、健康的网络环境。

第十四条 任何个人和组织有权对危害网络安全的行为向网信、电信、公安等部门举报。收到举报的部门应当及时依法作出处理；不属于本部门职责的，应当及时移送有权处理的部门。

有关部门应当对举报人的相关信息予以保密，保护举报人的合法权益。

第二章 网络安全支持与促进

第十五条 国家建立和完善网络安全标准体系。国务院标准化行政主管部门和国务院其他有关部门根据各自的职责，组织制定并适时修订有关网络安全管理以及网络产品、服务和运行安全的国家标准、行业标准。

国家支持企业、研究机构、高等学校、网络相关行业组织参与网络安全国家标准、行业标准的制定。

第十六条 国务院和省、自治区、直辖市人民政府应当统筹规划，加大投入，扶持重点网络安全技术产业和项目，支持网络安全技术的研究开发和应用，推广安全可信的网络产品和服务，保护网络技术知识产权，支持企业、研究机构和高等学校等参与国家网络安全技术创新项目。

第十七条 国家推进网络安全社会化服务体系建设，鼓励有关企业、机构开展网络安全认证、检测和风险评估等安全服务。

第十八条 国家鼓励开发网络数据安全保护和利用技术，促进公共数据资源开放，推动技术创新和经济社会发展。

国家支持创新网络安全管理方式，运用网络新技术，提升网络安全保护水平。

第十九条 各级人民政府及其有关部门应当组织开展经常性的网络安全宣传教育，并指导、督促有关单位做好网络安全宣传教育工作。

大众传播媒介应当有针对性地面向社会进行网络安全宣传教育。

第二十条 国家支持企业和高等学校、职业学校等教育培训机构开展网络安全相关教育与培训，采取多种方式培养网络安全人才，促进网络安全人才交流。

第三章 网络运行安全

第一节 一般规定

第二十一条 国家实行网络安全等级保护制度。网络运营者应当按照网络安全等级保护制度的要求，履行下列安全保护义务，保障网络免受干扰、破坏或者未经授权的访问，防止网络数据泄露或者被窃取、篡改：

（一）制定内部安全管理制度和操作规程，确定网络安全负责人，落实网络安全保护责任；

（二）采取防范计算机病毒和网络攻击、网络侵入等危害网络安全行为的技术措施；

（三）采取监测、记录网络运行状态、网络安全事件的技术措施，并按照规定留存相关的网络日志不少于六个月；

（四）采取数据分类、重要数据备份和加密等措施；

（五）法律、行政法规规定的其他义务。

第二十二条 网络产品、服务应当符合相关国家标准的强制性要求。网络产品、服务的提供者不得设置恶意程序；发现其网络产品、服务存在安全缺陷、漏洞等风险时，应当立即采取补救措施，按照规定及时告知用户并向有关主管部门报告。

网络产品、服务的提供者应当为其产品、服务持续提供安全维护；在规定或者当事人约定的期限内，不得终止提供安全维护。

网络产品、服务具有收集用户信息功能的，其提供者应当向用户明示并取得同意；涉及用户个人信息的，还应当遵守本法和有关法律、行政法规关于个人信息保护的规定。

第二十三条 网络关键设备和网络安全专用

产品应当按照相关国家标准的强制性要求，由具备资格的机构安全认证合格或者安全检测符合要求后，方可销售或者提供。国家网信部门会同国务院有关部门制定、公布网络关键设备和网络安全专用产品目录，并推动安全认证和安全检测结果互认，避免重复认证、检测。

第二十四条 网络运营者为用户办理网络接入、域名注册服务，办理固定电话、移动电话等入网手续，或者为用户提供信息发布、即时通讯等服务，在与用户签订协议或者确认提供服务时，应当要求用户提供真实身份信息。用户不提供真实身份信息的，网络运营者不得为其提供相关服务。

国家实施网络可信身份战略，支持研究开发安全、方便的电子身份认证技术，推动不同电子身份认证之间的互认。

第二十五条 网络运营者应当制定网络安全事件应急预案，及时处置系统漏洞、计算机病毒、网络攻击、网络侵入等安全风险；在发生危害网络安全的事件时，立即启动应急预案，采取相应的补救措施，并按照规定向有关主管部门报告。

第二十六条 开展网络安全认证、检测、风险评估等活动，向社会发布系统漏洞、计算机病毒、网络攻击、网络侵入等网络安全信息，应当遵守国家有关规定。

第二十七条 任何个人和组织不得从事非法侵入他人网络、干扰他人网络正常功能、窃取网络数据等危害网络安全的活动；不得提供专门用于从事侵入网络、干扰网络正常功能及防护措施、窃取网络数据等危害网络安全活动的程序、工具；明知他人从事危害网络安全的活动的，不得为其提供技术支持、广告推广、支付结算等帮助。

注释"侵入"，是指未经他人授权，通过技术手段进入他人网络。"干扰他人网络正常功能"，是指对网络功能进行删除、修改、增加、干扰，造成计算机信息系统不能正常运行。"窃取网络数据"，是指未经他人允许，采用技术手段，获取网络中存储、传输、处理的数据的行为。"技术支持"是指从事危害网络安全的行为提供互联网接入、服务器托管、网络存储、通讯传输等技术方面的帮助。"广告推广"是指从事危害网络安全的行为做广告宣传或推广，帮助其扩大影响或者获取收入来源。"支付结算"是指为从事危害网络安全的行为或行为人提供收款、转账、取款、付款等服务，为行为人获得资金支持提供便利。

链接《电信条例》第 56~65 条；《刑法》第 285~287 条；《互联网用户账号名称管理规定》

第二十八条 网络运营者应当为公安机关、国家安全机关依法维护国家安全和侦查犯罪的活动提供技术支持和协助。

第二十九条 国家支持网络运营者之间在网络安全信息收集、分析、通报和应急处置等方面进行合作，提高网络运营者的安全保障能力。

有关行业组织建立健全本行业的网络安全保护规范和协作机制，加强对网络安全风险的分析评估，定期向会员进行风险警示，支持、协助会员应对网络安全风险。

第三十条 网信部门和有关部门在履行网络安全保护职责中获取的信息，只能用于维护网络安全的需要，不得用于其他用途。

第二节 关键信息基础设施的运行安全

第三十一条 国家对公共通信和信息服务、能源、交通、水利、金融、公共服务、电子政务等重要行业和领域，以及其他一旦遭到破坏、丧失功能或者数据泄露，可能严重危害国家安全、国计民生、公共利益的关键信息基础设施，在网络安全等级保护制度的基础上，实行重点保护。关键信息基础设施的具体范围和安全保护办法由国务院制定。

国家鼓励关键信息基础设施以外的网络运营者自愿参与关键信息基础设施保护体系。

第三十二条 按照国务院规定的职责分工，负责关键信息基础设施安全保护工作的部门分别编制并组织实施本行业、本领域的关键信息基础设施安全规划，指导和监督关键信息基础设施运行安全保护工作。

第三十三条 建设关键信息基础设施应当确保其具有支持业务稳定、持续运行的性能，并保证安全技术措施同步规划、同步建设、同步使用。

第三十四条 除本法第二十一条的规定外，关键信息基础设施的运营者还应当履行下列安全保护义务：

（一）设置专门安全管理机构和安全管理负责人，并对该负责人和关键岗位的人员进行安全背景审查；

（二）定期对从业人员进行网络安全教育、技术培训和技能考核；

（三）对重要系统和数据库进行容灾备份；

（四）制定网络安全事件应急预案，并定期进行演练；

（五）法律、行政法规规定的其他义务。

第三十五条　关键信息基础设施的运营者采购网络产品和服务，可能影响国家安全的，应当通过国家网信部门会同国务院有关部门组织的国家安全审查。

第三十六条　关键信息基础设施的运营者采购网络产品和服务，应当按照规定与提供者签订安全保密协议，明确安全和保密义务与责任。

第三十七条　关键信息基础设施的运营者在中华人民共和国境内运营中收集和产生的个人信息和重要数据应当在境内存储。因业务需要，确需向境外提供的，应当按照国家网信部门会同国务院有关部门制定的办法进行安全评估；法律、行政法规另有规定的，依照其规定。

第三十八条　关键信息基础设施的运营者应当自行或者委托网络安全服务机构对其网络的安全性和可能存在的风险每年至少进行一次检测评估，并将检测评估情况和改进措施报送相关负责关键信息基础设施安全保护工作的部门。

第三十九条　国家网信部门应当统筹协调有关部门对关键信息基础设施的安全保护采取下列措施：

（一）对关键信息基础设施的安全风险进行抽查检测，提出改进措施，必要时可以委托网络安全服务机构对网络存在的安全风险进行检测评估；

（二）定期组织关键信息基础设施的运营者进行网络安全应急演练，提高应对网络安全事件的水平和协同配合能力；

（三）促进有关部门、关键信息基础设施的运营者以及有关研究机构、网络安全服务机构等之间的网络安全信息共享；

（四）对网络安全事件的应急处置与网络功能的恢复等，提供技术支持和协助。

第四章　网络信息安全

第四十条　网络运营者应当对其收集的用户信息严格保密，并建立健全用户信息保护制度。

第四十一条　网络运营者收集、使用个人信息，应当遵循合法、正当、必要的原则，公开收集、使用规则，明示收集、使用信息的目的、方式和范围，并经被收集者同意。

网络运营者不得收集与其提供的服务无关的个人信息，不得违反法律、行政法规的规定和双方的约定收集、使用个人信息，并应当依照法律、行政法规的规定和与用户的约定，处理其保存的个人信息。

第四十二条　网络运营者不得泄露、篡改、毁损其收集的个人信息；未经被收集者同意，不得向他人提供个人信息。但是，经过处理无法识别特定个人且不能复原的除外。

网络运营者应当采取技术措施和其他必要措施，确保其收集的个人信息安全，防止信息泄露、毁损、丢失。在发生或者可能发生个人信息泄露、毁损、丢失的情况时，应当立即采取补救措施，按照规定及时告知用户并向有关主管部门报告。

第四十三条　个人发现网络运营者违反法律、行政法规的规定或者双方的约定收集、使用其个人信息的，有权要求网络运营者删除其个人信息；发现网络运营者收集、存储的其个人信息有错误的，有权要求网络运营者予以更正。网络运营者应当采取措施予以删除或者更正。

第四十四条　任何个人和组织不得窃取或者以其他非法方式获取个人信息，不得非法出售或者非法向他人提供个人信息。

第四十五条　依法负有网络安全监督管理职责的部门及其工作人员，必须对在履行职责中知悉的个人信息、隐私和商业秘密严格保密，不得泄露、出售或者非法向他人提供。

第四十六条　任何个人和组织应当对其使用网络的行为负责，不得设立用于实施诈骗，传授犯罪方法，制作或者销售违禁物品、管制物品等违法犯罪活动的网站、通讯群组，不得利用网络发布涉及实施诈骗，制作或者销售违禁物品、管制物品以及其他违法犯罪活动的信息。

第四十七条　网络运营者应当加强对其用户发布的信息的管理，发现法律、行政法规禁止发布或者传输的信息的，应当立即停止传输该信息，采取消除等处置措施，防止信息扩散，保存有关记录，并向有关主管部门报告。

第四十八条　任何个人和组织发送的电子信息、提供的应用软件，不得设置恶意程序，不得含有法律、行政法规禁止发布或者传输的信息。

电子信息发送服务提供者和应用软件下载服务提供者，应当履行安全管理义务，知道其用户有前款规定行为的，应当停止提供服务，采取消除等处置措施，保存有关记录，并向有关主管部门报告。

第四十九条　网络运营者应当建立网络信息安全投诉、举报制度，公布投诉、举报方式等信息，及时受理并处理有关网络信息安全的投诉和举报。

网络运营者对网信部门和有关部门依法实施的监督检查，应当予以配合。

第五十条　国家网信部门和有关部门依法履行网络信息安全监督管理职责，发现法律、行政法规禁止发布或者传输的信息的，应当要求网络运营者停止传输，采取消除等处置措施，保存有关记录；对来源于中华人民共和国境外的上述信息，应当通知有关机构采取技术措施和其他必要措施阻断传播。

第五章　监测预警与应急处置

第五十一条　国家建立网络安全监测预警和信息通报制度。国家网信部门应当统筹协调有关部门加强网络安全信息收集、分析和通报工作，按照规定统一发布网络安全监测预警信息。

第五十二条　负责关键信息基础设施安全保护工作的部门，应当建立健全本行业、本领域的网络安全监测预警和信息通报制度，并按照规定报送网络安全监测预警信息。

第五十三条　国家网信部门协调有关部门建立健全网络安全风险评估和应急工作机制，制定网络安全事件应急预案，并定期组织演练。

负责关键信息基础设施安全保护工作的部门应当制定本行业、本领域的网络安全事件应急预案，并定期组织演练。

网络安全事件应急预案应当按照事件发生后的危害程度、影响范围等因素对网络安全事件进行分级，并规定相应的应急处置措施。

第五十四条　网络安全事件发生的风险增大时，省级以上人民政府有关部门应当按照规定的权限和程序，并根据网络安全风险的特点和可能造成的危害，采取下列措施：

（一）要求有关部门、机构和人员及时收集、报告有关信息，加强对网络安全风险的监测；

（二）组织有关部门、机构和专业人员，对网络安全风险信息进行分析评估，预测事件发生的可能性、影响范围和危害程度；

（三）向社会发布网络安全风险预警，发布避免、减轻危害的措施。

第五十五条　发生网络安全事件，应当立即启动网络安全事件应急预案，对网络安全事件进行调查和评估，要求网络运营者采取技术措施和其他必要措施，消除安全隐患，防止危害扩大，并及时向社会发布与公众有关的警示信息。

第五十六条　省级以上人民政府有关部门在履行网络安全监督管理职责中，发现网络存在较大安全风险或者发生安全事件的，可以按照规定的权限和程序对该网络的运营者的法定代表人或者主要负责人进行约谈。网络运营者应当按照要求采取措施，进行整改，消除隐患。

第五十七条　因网络安全事件，发生突发事件或者生产安全事故的，应当依照《中华人民共和国突发事件应对法》、《中华人民共和国安全生产法》等有关法律、行政法规的规定处置。

第五十八条　因维护国家安全和社会公共秩序，处置重大突发社会安全事件的需要，经国务院决定或者批准，可以在特定区域对网络通信采取限制等临时措施。

第六章　法律责任

第五十九条　网络运营者不履行本法第二十一条、第二十五条规定的网络安全保护义务的，由有关主管部门责令改正，给予警告；拒不改正或者导致危害网络安全等后果的，处一万元以上十万元以下罚款，对直接负责的主管人员处五千元以上五万元以下罚款。

关键信息基础设施的运营者不履行本法第三十三条、第三十四条、第三十六条、第三十八条规定的网络安全保护义务的，由有关主管部门责令改正，给予警告；拒不改正或者导致危害网络安全等后果的，处十万元以上一百万元以下罚款，对直接负责的主管人员处一万元以上十万元以下罚款。

第六十条　违反本法第二十二条第一款、第二款和第四十八条第一款规定，有下列行为之一的，由有关主管部门责令改正，给予警告；拒不改正或者导致危害网络安全等后果的，处五万元以

上五十万元以下罚款,对直接负责的主管人员处一万元以上十万元以下罚款:

(一)设置恶意程序的;

(二)对其产品、服务存在的安全缺陷、漏洞等风险未立即采取补救措施,或者未按照规定及时告知用户并向有关主管部门报告的;

(三)擅自终止为其产品、服务提供安全维护的。

第六十一条 网络运营者违反本法第二十四条第一款规定,未要求用户提供真实身份信息,或者对不提供真实身份信息的用户提供相关服务的,由有关主管部门责令改正;拒不改正或者情节严重的,处五万元以上五十万元以下罚款,并可以由有关主管部门责令暂停相关业务、停业整顿、关闭网站、吊销相关业务许可证或者吊销营业执照,对直接负责的主管人员和其他直接责任人员处一万元以上十万元以下罚款。

第六十二条 违反本法第二十六条规定,开展网络安全认证、检测、风险评估等活动,或者向社会发布系统漏洞、计算机病毒、网络攻击、网络侵入等网络安全信息的,由有关主管部门责令改正,给予警告;拒不改正或者情节严重的,处一万元以上十万元以下罚款,并可以由有关主管部门责令暂停相关业务、停业整顿、关闭网站、吊销相关业务许可证或者吊销营业执照,对直接负责的主管人员和其他直接责任人员处五千元以上五万元以下罚款。

第六十三条 违反本法第二十七条规定,从事危害网络安全的活动,或者提供专门用于从事危害网络安全活动的程序、工具,或者为他人从事危害网络安全的活动提供技术支持、广告推广、支付结算等帮助,尚不构成犯罪的,由公安机关没收违法所得,处五日以下拘留,可以并处五万元以上五十万元以下罚款;情节较重的,处五日以上十五日以下拘留,可以并处十万元以上一百万元以下罚款。

单位有前款行为的,由公安机关没收违法所得,处十万元以上一百万元以下罚款,并对直接负责的主管人员和其他直接责任人员依照前款规定处罚。

违反本法第二十七条规定,受到治安管理处罚的人员,五年内不得从事网络安全管理和网络运营关键岗位的工作;受到刑事处罚的人员,终身不得从事网络安全管理和网络运营关键岗位的工作。

第六十四条 网络运营者、网络产品或者服务的提供者违反本法第二十二条第三款、第四十一条至第四十三条规定,侵害个人信息依法得到保护的权利的,由有关主管部门责令改正,可以根据情节单处或者并处警告、没收违法所得、处违法所得一倍以上十倍以下罚款,没有违法所得的,处一百万元以下罚款,对直接负责的主管人员和其他直接责任人员处一万元以上十万元以下罚款;情节严重的,并可以责令暂停相关业务、停业整顿、关闭网站、吊销相关业务许可证或者吊销营业执照。

违反本法第四十四条规定,窃取或者以其他非法方式获取、非法出售或者非法向他人提供个人信息,尚不构成犯罪的,由公安机关没收违法所得,并处违法所得一倍以上十倍以下罚款,没有违法所得的,处一百万元以下罚款。

第六十五条 关键信息基础设施的运营者违反本法第三十五条规定,使用未经安全审查或者安全审查未通过的网络产品或者服务的,由有关主管部门责令停止使用,处采购金额一倍以上十倍以下罚款;对直接负责的主管人员和其他直接责任人员处一万元以上十万元以下罚款。

第六十六条 关键信息基础设施的运营者违反本法第三十七条规定,在境外存储网络数据,或者向境外提供网络数据的,由有关主管部门责令改正,给予警告,没收违法所得,处五万元以上五十万元以下罚款,并可以责令暂停相关业务、停业整顿、关闭网站、吊销相关业务许可证或者吊销营业执照;对直接负责的主管人员和其他直接责任人员处一万元以上十万元以下罚款。

第六十七条 违反本法第四十六条规定,设立用于实施违法犯罪活动的网站、通讯群组,或者利用网络发布涉及实施违法犯罪活动的信息,尚不构成犯罪的,由公安机关处五日以下拘留,可以并处一万元以上十万元以下罚款;情节较重的,处五日以上十五日以下拘留,可以并处五万元以上五十万元以下罚款。关闭用于实施违法犯罪活动的网站、通讯群组。

单位有前款行为的,由公安机关处十万元以上五十万元以下罚款,并对直接负责的主管人员和其他直接责任人员依照前款规定处罚。

第六十八条　网络运营者违反本法第四十七条规定，对法律、行政法规禁止发布或者传输的信息未停止传输、采取消除等处置措施、保存有关记录的，由有关主管部门责令改正，给予警告，没收违法所得；拒不改正或者情节严重的，处十万元以上五十万元以下罚款，并可以责令暂停相关业务、停业整顿、关闭网站、吊销相关业务许可证或者吊销营业执照，对直接负责的主管人员和其他直接责任人员处一万元以上十万元以下罚款。

电子信息发送服务提供者、应用软件下载服务提供者，不履行本法第四十八条第二款规定的安全管理义务的，依照前款规定处罚。

第六十九条　网络运营者违反本法规定，有下列行为之一的，由有关主管部门责令改正；拒不改正或者情节严重的，处五万元以上五十万元以下罚款，对直接负责的主管人员和其他直接责任人员，处一万元以上十万元以下罚款：

（一）不按照有关部门的要求对法律、行政法规禁止发布或者传输的信息，采取停止传输、消除等处置措施的；

（二）拒绝、阻碍有关部门依法实施的监督检查的；

（三）拒不向公安机关、国家安全机关提供技术支持和协助的。

第七十条　发布或者传输本法第十二条第二款和其他法律、行政法规禁止发布或者传输的信息的，依照有关法律、行政法规的规定处罚。

第七十一条　有本法规定的违法行为的，依照有关法律、行政法规的规定记入信用档案，并予以公示。

第七十二条　国家机关政务网络的运营者不履行本法规定的网络安全保护义务的，由其上级机关或者有关机关责令改正；对直接负责的主管人员和其他直接责任人员依法给予处分。

第七十三条　网信部门和有关部门违反本法第三十条规定，将在履行网络安全保护职责中获取的信息用于其他用途的，对直接负责的主管人员和其他直接责任人员依法给予处分。

网信部门和有关部门的工作人员玩忽职守、滥用职权、徇私舞弊，尚不构成犯罪的，依法给予处分。

第七十四条　违反本法规定，给他人造成损害的，依法承担民事责任。

违反本法规定，构成违反治安管理行为的，依法给予治安管理处罚；构成犯罪的，依法追究刑事责任。

第七十五条　境外的机构、组织、个人从事攻击、侵入、干扰、破坏等危害中华人民共和国的关键信息基础设施的活动，造成严重后果的，依法追究法律责任；国务院公安部门和有关部门并可以决定对该机构、组织、个人采取冻结财产或者其他必要的制裁措施。

第七章　附　则

第七十六条　本法下列用语的含义：

（一）网络，是指由计算机或者其他信息终端及相关设备组成的按照一定的规则和程序对信息进行收集、存储、传输、交换、处理的系统。

（二）网络安全，是指通过采取必要措施，防范对网络的攻击、侵入、干扰、破坏和非法使用以及意外事故，使网络处于稳定可靠运行的状态，以及保障网络数据的完整性、保密性、可用性的能力。

（三）网络运营者，是指网络的所有者、管理者和网络服务提供者。

（四）网络数据，是指通过网络收集、存储、传输、处理和产生的各种电子数据。

（五）个人信息，是指以电子或者其他方式记录的能够单独或者与其他信息结合识别自然人个人身份的各种信息，包括但不限于自然人的姓名、出生日期、身份证件号码、个人生物识别信息、住址、电话号码等。

第七十七条　存储、处理涉及国家秘密信息的网络的运行安全保护，除应当遵守本法外，还应当遵守保密法律、行政法规的规定。

第七十八条　军事网络的安全保护，由中央军事委员会另行规定。

第七十九条　本法自2017年6月1日起施行。

全国人民代表大会常务委员会关于加强网络信息保护的决定

· 2012 年 12 月 28 日第十一届全国人民代表大会常务委员会第三十次会议通过

为了保护网络信息安全，保障公民、法人和其他组织的合法权益，维护国家安全和社会公共利益，特作如下决定：

一、国家保护能够识别公民个人身份和涉及公民个人隐私的电子信息。

任何组织和个人不得窃取或者以其他非法方式获取公民个人电子信息，不得出售或者非法向他人提供公民个人电子信息。

二、网络服务提供者和其他企业事业单位在业务活动中收集、使用公民个人电子信息，应当遵循合法、正当、必要的原则，明示收集、使用信息的目的、方式和范围，并经被收集者同意，不得违反法律、法规的规定和双方的约定收集、使用信息。

网络服务提供者和其他企业事业单位收集、使用公民个人电子信息，应当公开其收集、使用规则。

三、网络服务提供者和其他企业事业单位及其工作人员对在业务活动中收集的公民个人电子信息必须严格保密，不得泄露、篡改、毁损，不得出售或者非法向他人提供。

四、网络服务提供者和其他企业事业单位应当采取技术措施和其他必要措施，确保信息安全，防止在业务活动中收集的公民个人电子信息泄露、毁损、丢失。在发生或者可能发生信息泄露、毁损、丢失的情况时，应当立即采取补救措施。

五、网络服务提供者应当加强对其用户发布的信息的管理，发现法律、法规禁止发布或者传输的信息的，应当立即停止传输该信息，采取消除等处置措施，保存有关记录，并向有关主管部门报告。

六、网络服务提供者为用户办理网站接入服务，办理固定电话、移动电话等入网手续，或者为用户提供信息发布服务，应当在与用户签订协议或者确认提供服务时，要求用户提供真实身份信息。

七、任何组织和个人未经电子信息接收者同意或者请求，或者电子信息接收者明确表示拒绝的，不得向其固定电话、移动电话或者个人电子邮箱发送商业性电子信息。

八、公民发现泄露个人身份、散布个人隐私等侵害其合法权益的网络信息，或者受到商业性电子信息侵扰的，有权要求网络服务提供者删除有关信息或者采取其他必要措施予以制止。

九、任何组织和个人对窃取或者以其他非法方式获取、出售或者非法向他人提供公民个人电子信息的违法犯罪行为以及其他网络信息违法犯罪行为，有权向有关主管部门举报、控告；接到举报、控告的部门应当依法及时处理。被侵权人可以依法提起诉讼。

十、有关主管部门应当在各自职权范围内依法履行职责，采取技术措施和其他必要措施，防范、制止和查处窃取或者以其他非法方式获取、出售或者非法向他人提供公民个人电子信息的违法犯罪行为以及其他网络信息违法犯罪行为。有关主管部门依法履行职责时，网络服务提供者应当予以配合，提供技术支持。

国家机关及其工作人员对在履行职责中知悉的公民个人电子信息应当予以保密，不得泄露、篡改、毁损，不得出售或者非法向他人提供。

十一、对有违反本决定行为的，依法给予警告、罚款、没收违法所得、吊销许可证或者取消备案、关闭网站、禁止有关责任人员从事网络服务业务等处罚，记入社会信用档案并予以公布；构成违反治安管理行为的，依法给予治安管理处罚。构成犯罪的，依法追究刑事责任。侵害他人民事权益的，依法承担民事责任。

十二、本决定自公布之日起施行。

中华人民共和国计算机信息系统安全保护条例

· 1994 年 2 月 18 日中华人民共和国国务院令第 147 号发布
· 根据 2011 年 1 月 8 日《国务院关于废止和修改部分行政法规的决定》修订

第一章 总 则

第一条 为了保护计算机信息系统的安全，

促进计算机的应用和发展,保障社会主义现代化建设的顺利进行,制定本条例。

第二条 本条例所称的计算机信息系统,是指由计算机及其相关的和配套的设备、设施(含网络)构成的,按照一定的应用目标和规则对信息进行采集、加工、存储、传输、检索等处理的人机系统。

第三条 计算机信息系统的安全保护,应当保障计算机及其相关的和配套的设备、设施(含网络)的安全,运行环境的安全,保障信息的安全,保障计算机功能的正常发挥,以维护计算机信息系统的安全运行。

第四条 计算机信息系统的安全保护工作,重点维护国家事务、经济建设、国防建设、尖端科学技术等重要领域的计算机信息系统的安全。

第五条 中华人民共和国境内的计算机信息系统的安全保护,适用本条例。

未联网的微型计算机的安全保护办法,另行制定。

第六条 公安部主管全国计算机信息系统安全保护工作。

国家安全部、国家保密局和国务院其他有关部门,在国务院规定的职责范围内做好计算机信息系统安全保护的有关工作。

第七条 任何组织或者个人,不得利用计算机信息系统从事危害国家利益、集体利益和公民合法利益的活动,不得危害计算机信息系统的安全。

第二章 安全保护制度

第八条 计算机信息系统的建设和应用,应当遵守法律、行政法规和国家其他有关规定。

第九条 计算机信息系统实行安全等级保护。安全等级的划分标准和安全等级保护的具体办法,由公安部会同有关部门制定。

第十条 计算机机房应当符合国家标准和国家有关规定。

在计算机机房附近施工,不得危害计算机信息系统的安全。

第十一条 进行国际联网的计算机信息系统,由计算机信息系统的使用单位报省级以上人民政府公安机关备案。

第十二条 运输、携带、邮寄计算机信息媒体进出境的,应当如实向海关申报。

第十三条 计算机信息系统的使用单位应当建立健全安全管理制度,负责本单位计算机信息系统的安全保护工作。

第十四条 对计算机信息系统中发生的案件,有关使用单位应当在24小时内向当地县级以上人民政府公安机关报告。

第十五条 对计算机病毒和危害社会公共安全的其他有害数据的防治研究工作,由公安部归口管理。

第十六条 国家对计算机信息系统安全专用产品的销售实行许可证制度。具体办法由公安部会同有关部门制定。

第三章 安全监督

第十七条 公安机关对计算机信息系统安全保护工作行使下列监督职权:

(一)监督、检查、指导计算机信息系统安全保护工作;

(二)查处危害计算机信息系统安全的违法犯罪案件;

(三)履行计算机信息系统安全保护工作的其他监督职责。

第十八条 公安机关发现影响计算机信息系统安全的隐患时,应当及时通知使用单位采取安全保护措施。

第十九条 公安部在紧急情况下,可以就涉及计算机信息系统安全的特定事项发布专项通令。

第四章 法律责任

第二十条 违反本条例的规定,有下列行为之一的,由公安机关处以警告或者停机整顿:

(一)违反计算机信息系统安全等级保护制度,危害计算机信息系统安全的;

(二)违反计算机信息系统国际联网备案制度的;

(三)不按照规定时间报告计算机信息系统中发生的案件的;

(四)接到公安机关要求改进安全状况的通知后,在限期内拒不改进的;

(五)有危害计算机信息系统安全的其他行为的。

第二十一条　计算机机房不符合国家标准和国家其他有关规定的，或者在计算机机房附近施工危害计算机信息系统安全的，由公安机关会同有关单位进行处理。

第二十二条　运输、携带、邮寄计算机信息媒体进出境，不如实向海关申报的，由海关依照《中华人民共和国海关法》和本条例以及其他有关法律、法规的规定处理。

第二十三条　故意输入计算机病毒以及其他有害数据危害计算机信息系统安全的，或者未经许可出售计算机信息系统安全专用产品的，由公安机关处以警告或者对个人处以5000元以下的罚款、对单位处以1.5万元以下的罚款；有违法所得的，除予以没收外，可以处以违法所得1至3倍的罚款。

第二十四条　违反本条例的规定，构成违反治安管理行为的，依照《中华人民共和国治安管理处罚法》的有关规定处罚；构成犯罪的，依法追究刑事责任。

第二十五条　任何组织或者个人违反本条例的规定，给国家、集体或者他人财产造成损失的，应当依法承担民事责任。

第二十六条　当事人对公安机关依照本条例所作出的具体行政行为不服的，可以依法申请行政复议或者提起行政诉讼。

第二十七条　执行本条例的国家公务员利用职权，索取、收受贿赂或者有其他违法、失职行为，构成犯罪的，依法追究刑事责任；尚不构成犯罪的，给予行政处分。

第五章　附　则

第二十八条　本条例下列用语的含义：

计算机病毒，是指编制或者在计算机程序中插入的破坏计算机功能或者毁坏数据，影响计算机使用，并能自我复制的一组计算机指令或者程序代码。

计算机信息系统安全专用产品，是指用于保护计算机信息系统安全的专用硬件和软件产品。

第二十九条　军队的计算机信息系统安全保护工作，按照军队的有关法规执行。

第三十条　公安部可以根据本条例制定实施办法。

第三十一条　本条例自发布之日起施行。

关键信息基础设施安全保护条例

- 2021年4月27日国务院第133次常务会议通过
- 2021年7月30日中华人民共和国国务院令第745号公布
- 自2021年9月1日起施行

第一章　总　则

第一条　为了保障关键信息基础设施安全，维护网络安全，根据《中华人民共和国网络安全法》，制定本条例。

第二条　本条例所称关键信息基础设施，是指公共通信和信息服务、能源、交通、水利、金融、公共服务、电子政务、国防科技工业等重要行业和领域的，以及其他一旦遭到破坏、丧失功能或者数据泄露，可能严重危害国家安全、国计民生、公共利益的重要网络设施、信息系统等。

第三条　在国家网信部门统筹协调下，国务院公安部门负责指导监督关键信息基础设施安全保护工作。国务院电信主管部门和其他有关部门依照本条例和有关法律、行政法规的规定，在各自职责范围内负责关键信息基础设施安全保护和监督管理工作。

省级人民政府有关部门依据各自职责对关键信息基础设施实施安全保护和监督管理。

第四条　关键信息基础设施安全保护坚持综合协调、分工负责、依法保护，强化和落实关键信息基础设施运营者（以下简称运营者）主体责任，充分发挥政府及社会各方面的作用，共同保护关键信息基础设施安全。

第五条　国家对关键信息基础设施实行重点保护，采取措施，监测、防御、处置来源于中华人民共和国境内外的网络安全风险和威胁，保护关键信息基础设施免受攻击、侵入、干扰和破坏，依法惩治危害关键信息基础设施安全的违法犯罪活动。

任何个人和组织不得实施非法侵入、干扰、破坏关键信息基础设施的活动，不得危害关键信息基础设施安全。

第六条　运营者依照本条例和有关法律、行

政法规的规定以及国家标准的强制性要求，在网络安全等级保护的基础上，采取技术保护措施和其他必要措施，应对网络安全事件，防范网络攻击和违法犯罪活动，保障关键信息基础设施安全稳定运行，维护数据的完整性、保密性和可用性。

第七条　对在关键信息基础设施安全保护工作中取得显著成绩或者作出突出贡献的单位和个人，按照国家有关规定给予表彰。

第二章　关键信息基础设施认定

第八条　本条例第二条涉及的重要行业和领域的主管部门、监督管理部门是负责关键信息基础设施安全保护工作的部门（以下简称保护工作部门）。

第九条　保护工作部门结合本行业、本领域实际，制定关键信息基础设施认定规则，并报国务院公安部门备案。

制定认定规则应当主要考虑下列因素：

（一）网络设施、信息系统等对于本行业、本领域关键核心业务的重要程度；

（二）网络设施、信息系统等一旦遭到破坏、丧失功能或者数据泄露可能带来的危害程度；

（三）对其他行业和领域的关联性影响。

第十条　保护工作部门根据认定规则负责组织认定本行业、本领域的关键信息基础设施，及时将认定结果通知运营者，并通报国务院公安部门。

第十一条　关键信息基础设施发生较大变化，可能影响其认定结果的，运营者应当及时将相关情况报告保护工作部门。保护工作部门自收到报告之日起3个月内完成重新认定，将认定结果通知运营者，并通报国务院公安部门。

第三章　运营者责任义务

第十二条　安全保护措施应当与关键信息基础设施同步规划、同步建设、同步使用。

第十三条　运营者应当建立健全网络安全保护制度和责任制，保障人力、财力、物力投入。运营者的主要负责人对关键信息基础设施安全保护负总责，领导关键信息基础设施安全保护和重大网络安全事件处置工作，组织研究解决重大网络安全问题。

第十四条　运营者应当设置专门安全管理机构，并对专门安全管理机构负责人和关键岗位人员进行安全背景审查。审查时，公安机关、国家安全机关应当予以协助。

第十五条　专门安全管理机构具体负责本单位的关键信息基础设施安全保护工作，履行下列职责：

（一）建立健全网络安全管理、评价考核制度，拟订关键信息基础设施安全保护计划；

（二）组织推动网络安全防护能力建设，开展网络安全监测、检测和风险评估；

（三）按照国家及行业网络安全事件应急预案，制定本单位应急预案，定期开展应急演练，处置网络安全事件；

（四）认定网络安全关键岗位，组织开展网络安全工作考核，提出奖励和惩处建议；

（五）组织网络安全教育、培训；

（六）履行个人信息和数据安全保护责任，建立健全个人信息和数据安全保护制度；

（七）对关键信息基础设施设计、建设、运行、维护等服务实施安全管理；

（八）按照规定报告网络安全事件和重要事项。

第十六条　运营者应当保障专门安全管理机构的运行经费、配备相应的人员，开展与网络安全和信息化有关的决策应当有专门安全管理机构人员参与。

第十七条　运营者应当自行或者委托网络安全服务机构对关键信息基础设施每年至少进行一次网络安全检测和风险评估，对发现的安全问题及时整改，并按照保护工作部门要求报送情况。

第十八条　关键信息基础设施发生重大网络安全事件或者发现重大网络安全威胁时，运营者应当按照有关规定向保护工作部门、公安机关报告。

发生关键信息基础设施整体中断运行或者主要功能故障、国家基础信息以及其他重要数据泄露、较大规模个人信息泄露、造成较大经济损失、违法信息较大范围传播等特别重大网络安全事件或者发现特别重大网络安全威胁时，保护工作部门应当在收到报告后，及时向国家网信部门、国务院公安部门报告。

第十九条　运营者应当优先采购安全可信的网络产品和服务；采购网络产品和服务可能影响国家安全的，应当按照国家网络安全规定通过安全审查。

第二十条 运营者采购网络产品和服务,应当按照国家有关规定与网络产品和服务提供者签订安全保密协议,明确提供者的技术支持和安全保密义务与责任,并对义务与责任履行情况进行监督。

第二十一条 运营者发生合并、分立、解散等情况,应当及时报告保护工作部门,并按照保护工作部门的要求对关键信息基础设施进行处置,确保安全。

第四章 保障和促进

第二十二条 保护工作部门应当制定本行业、本领域关键信息基础设施安全规划,明确保护目标、基本要求、工作任务、具体措施。

第二十三条 国家网信部门统筹协调有关部门建立网络安全信息共享机制,及时汇总、研判、共享、发布网络安全威胁、漏洞、事件等信息,促进有关部门、保护工作部门、运营者以及网络安全服务机构等之间的网络安全信息共享。

第二十四条 保护工作部门应当建立健全本行业、本领域的关键信息基础设施网络安全监测预警制度,及时掌握本行业、本领域关键信息基础设施运行状况、安全态势,预警通报网络安全威胁和隐患,指导做好安全防范工作。

第二十五条 保护工作部门应当按照国家网络安全事件应急预案的要求,建立健全本行业、本领域的网络安全事件应急预案,定期组织应急演练;指导运营者做好网络安全事件应对处置,并根据需要组织提供技术支持与协助。

第二十六条 保护工作部门应当定期组织开展本行业、本领域关键信息基础设施网络安全检查检测,指导监督运营者及时整改安全隐患、完善安全措施。

第二十七条 国家网信部门统筹协调国务院公安部门、保护工作部门对关键信息基础设施进行网络安全检查检测,提出改进措施。

有关部门在开展关键信息基础设施网络安全检查时,应当加强协同配合、信息沟通,避免不必要的检查和交叉重复检查。检查工作不得收取费用,不得要求被检查单位购买指定品牌或者指定生产、销售单位的产品和服务。

第二十八条 运营者对保护工作部门开展的关键信息基础设施网络安全检查检测工作,以及公安、国家安全、保密行政管理、密码管理等有关部门依法开展的关键信息基础设施网络安全检查工作应当予以配合。

第二十九条 在关键信息基础设施安全保护工作中,国家网信部门和国务院电信主管部门、国务院公安部门等应当根据保护工作部门的需要,及时提供技术支持和协助。

第三十条 网信部门、公安机关、保护工作部门等有关部门,网络安全服务机构及其工作人员对于在关键信息基础设施安全保护工作中获取的信息,只能用于维护网络安全,并严格按照有关法律、行政法规的要求确保信息安全,不得泄露、出售或者非法向他人提供。

第三十一条 未经国家网信部门、国务院公安部门批准或者保护工作部门、运营者授权,任何个人和组织不得对关键信息基础设施实施漏洞探测、渗透性测试等可能影响或者危害关键信息基础设施安全的活动。对基础电信网络实施漏洞探测、渗透性测试等活动,应当事先向国务院电信主管部门报告。

第三十二条 国家采取措施,优先保障能源、电信等关键信息基础设施安全运行。

能源、电信行业应当采取措施,为其他行业和领域的关键信息基础设施安全运行提供重点保障。

第三十三条 公安机关、国家安全机关依据各自职责依法加强关键信息基础设施安全保卫,防范打击针对和利用关键信息基础设施实施的违法犯罪活动。

第三十四条 国家制定和完善关键信息基础设施安全标准,指导、规范关键信息基础设施安全保护工作。

第三十五条 国家采取措施,鼓励网络安全专门人才从事关键信息基础设施安全保护工作;将运营者安全管理人员、安全技术人员培训纳入国家继续教育体系。

第三十六条 国家支持关键信息基础设施安全防护技术创新和产业发展,组织力量实施关键信息基础设施安全技术攻关。

第三十七条 国家加强网络安全服务机构建设和管理,制定管理要求并加强监督指导,不断提升服务机构能力水平,充分发挥其在关键信息基础设施安全保护中的作用。

第三十八条　国家加强网络安全军民融合，军地协同保护关键信息基础设施安全。

第五章　法律责任

第三十九条　运营者有下列情形之一的，由有关主管部门依据职责责令改正，给予警告；拒不改正或者导致危害网络安全等后果的，处10万元以上100万元以下罚款，对直接负责的主管人员处1万元以上10万元以下罚款：

（一）在关键信息基础设施发生较大变化，可能影响其认定结果时未及时将相关情况报告保护工作部门的；

（二）安全保护措施未与关键信息基础设施同步规划、同步建设、同步使用的；

（三）未建立健全网络安全保护制度和责任制的；

（四）未设置专门安全管理机构的；

（五）未对专门安全管理机构负责人和关键岗位人员进行安全背景审查的；

（六）开展与网络安全和信息化有关的决策没有专门安全管理机构人员参与的；

（七）专门安全管理机构未履行本条例第十五条规定的职责的；

（八）未对关键信息基础设施每年至少进行一次网络安全检测和风险评估，未对发现的安全问题及时整改，或者未按照保护工作部门要求报送情况的；

（九）采购网络产品和服务，未按照国家有关规定与网络产品和服务提供者签订安全保密协议的；

（十）发生合并、分立、解散等情况，未及时报告保护工作部门，或者未按照保护工作部门的要求对关键信息基础设施进行处置的。

第四十条　运营者在关键信息基础设施发生重大网络安全事件或者发现重大网络安全威胁时，未按照有关规定向保护工作部门、公安机关报告的，由保护工作部门、公安机关依据职责责令改正，给予警告；拒不改正或者导致危害网络安全等后果的，处10万元以上100万元以下罚款，对直接负责的主管人员处1万元以上10万元以下罚款。

第四十一条　运营者采购可能影响国家安全的网络产品和服务，未按照国家网络安全规定进行安全审查的，由国家网信部门等有关主管部门依据职责责令改正，处采购金额1倍以上10倍以下罚款，对直接负责的主管人员和其他直接责任人员处1万元以上10万元以下罚款。

第四十二条　运营者对保护工作部门开展的关键信息基础设施网络安全检查检测工作，以及公安、国家安全、保密行政管理、密码管理等有关部门依法开展的关键信息基础设施网络安全检查工作不予配合的，由有关主管部门责令改正；拒不改正的，处5万元以上50万元以下罚款，对直接负责的主管人员和其他直接责任人员处1万元以上10万元以下罚款；情节严重的，依法追究相应法律责任。

第四十三条　实施非法侵入、干扰、破坏关键信息基础设施，危害其安全的活动尚不构成犯罪的，依照《中华人民共和国网络安全法》有关规定，由公安机关没收违法所得，处5日以下拘留，可以并处5万元以上50万元以下罚款；情节较重的，处5日以上15日以下拘留，可以并处10万元以上100万元以下罚款。

单位有前款行为的，由公安机关没收违法所得，处10万元以上100万元以下罚款，并对直接负责的主管人员和其他直接责任人员依照前款规定处罚。

违反本条例第五条第二款和第三十一条规定，受到治安管理处罚的人员，5年内不得从事网络安全管理和网络运营关键岗位的工作；受到刑事处罚的人员，终身不得从事网络安全管理和网络运营关键岗位的工作。

第四十四条　网信部门、公安机关、保护工作部门和其他有关部门及其工作人员未履行关键信息基础设施安全保护和监督管理职责或者玩忽职守、滥用职权、徇私舞弊的，依法对直接负责的主管人员和其他直接责任人员给予处分。

第四十五条　公安机关、保护工作部门和其他有关部门在开展关键信息基础设施网络安全检查工作中收取费用，或者要求被检查单位购买指定品牌或者指定生产、销售单位的产品和服务的，由其上级机关责令改正，退还收取的费用；情节严重的，依法对直接负责的主管人员和其他直接责任人员给予处分。

第四十六条　网信部门、公安机关、保护工作部门等有关部门、网络安全服务机构及其工作人员将在关键信息基础设施安全保护工作中获取的信息用于其他用途,或者泄露、出售、非法向他人提供的,依法对直接负责的主管人员和其他直接责任人员给予处分。

第四十七条 关键信息基础设施发生重大和特别重大网络安全事件,经调查确定为责任事故的,除应当查明运营者责任并依法予以追究外,还应查明相关网络安全服务机构及有关部门的责任,对有失职、渎职及其他违法行为的,依法追究责任。

第四十八条 电子政务关键信息基础设施的运营者不履行本条例规定的网络安全保护义务的,依照《中华人民共和国网络安全法》有关规定予以处理。

第四十九条 违反本条例规定,给他人造成损害的,依法承担民事责任。

违反本条例规定,构成违反治安管理行为的,依法给予治安管理处罚;构成犯罪的,依法追究刑事责任。

第六章 附 则

第五十条 存储、处理涉及国家秘密信息的关键信息基础设施的安全保护,还应当遵守保密法律、行政法规的规定。

关键信息基础设施中的密码使用和管理,还应当遵守相关法律、行政法规的规定。

第五十一条 本条例自2021年9月1日起施行。

互联网上网服务营业场所管理条例

- 2002年9月29日中华人民共和国国务院令第363号公布
- 根据2011年1月8日《国务院关于废止和修改部分行政法规的决定》第一次修订
- 根据2016年2月6日《国务院关于修改部分行政法规的决定》第二次修订
- 根据2019年3月24日《国务院关于修改部分行政法规的决定》第三次修订
- 根据2022年3月29日《国务院关于修改和废止部分行政法规的决定》第四次修订

第一章 总 则

第一条 为了加强对互联网上网服务营业场所的管理,规范经营者的经营行为,维护公众和经营者的合法权益,保障互联网上网服务经营活动健康发展,促进社会主义精神文明建设,制定本条例。

第二条 本条例所称互联网上网服务营业场所,是指通过计算机等装置向公众提供互联网上网服务的网吧、电脑休闲室等营业性场所。

学校、图书馆等单位内部附设的为特定对象获取资料、信息提供上网服务的场所,应当遵守有关法律、法规,不适用本条例。

第三条 互联网上网服务营业场所经营单位应当遵守有关法律、法规的规定,加强行业自律,自觉接受政府有关部门依法实施的监督管理,为上网消费者提供良好的服务。

互联网上网服务营业场所的上网消费者,应当遵守有关法律、法规的规定,遵守社会公德,开展文明、健康的上网活动。

第四条 县级以上人民政府文化行政部门负责互联网上网服务营业场所经营单位的设立审批,并负责对依法设立的互联网上网服务营业场所经营单位经营活动的监督管理;公安机关负责对互联网上网服务营业场所经营单位的信息网络安全、治安及消防安全的监督管理;工商行政管理部门负责对互联网上网服务营业场所经营单位登记注册和营业执照的管理,并依法查处无照经营活动;电信管理等其他有关部门在各自职责范围内,依照本条例和有关法律、行政法规的规定,对互联网上网服务营业场所经营单位分别实施有关监督管理。

第五条 文化行政部门、公安机关、工商行政管理部门和其他有关部门及其工作人员不得从事或者变相从事互联网上网服务经营活动,也不得参与或者变相参与互联网上网服务营业场所经营单位的经营活动。

第六条 国家鼓励公民、法人和其他组织对互联网上网服务营业场所经营单位的经营活动进行监督,并对有突出贡献的给予奖励。

第二章 设 立

第七条 国家对互联网上网服务营业场所经营单位的经营活动实行许可制度。未经许可,任何组织和个人不得从事互联网上网服务经营活动。

第八条　互联网上网服务营业场所经营单位从事互联网上网服务经营活动，应当具备下列条件：

（一）有企业的名称、住所、组织机构和章程；

（二）有与其经营活动相适应的资金；

（三）有与其经营活动相适应并符合国家规定的消防安全条件的营业场所；

（四）有健全、完善的信息网络安全管理制度和安全技术措施；

（五）有固定的网络地址和与其经营活动相适应的计算机等装置及附属设备；

（六）有与其经营活动相适应并取得从业资格的安全管理人员、经营管理人员、专业技术人员；

（七）法律、行政法规和国务院有关部门规定的其他条件。

互联网上网服务营业场所的最低营业面积、计算机等装置及附属设备数量、单机面积的标准，由国务院文化行政部门规定。

审批从事互联网上网服务经营活动，除依照本条第一款、第二款规定的条件外，还应当符合国务院文化行政部门和省、自治区、直辖市人民政府文化行政部门规定的互联网上网服务营业场所经营单位的总量和布局要求。

第九条　中学、小学校园周围200米范围内和居民住宅楼（院）内不得设立互联网上网服务营业场所。

第十条　互联网上网服务营业场所经营单位申请从事互联网上网服务经营活动，应当向县级以上地方人民政府文化行政部门提出申请，并提交下列文件：

（一）企业营业执照和章程；

（二）法定代表人或者主要负责人的身份证明材料；

（三）资金信用证明；

（四）营业场所产权证明或者租赁意向书；

（五）依法需要提交的其他文件。

第十一条　文化行政部门应当自收到申请之日起20个工作日内作出决定；经审查，符合条件的，发给同意筹建的批准文件。

申请人完成筹建后，应当向同级公安机关承诺符合信息网络安全审核条件，并经公安机关确认当场签署承诺书。申请人还应当依照有关消防管理法律法规的规定办理审批手续。

申请人执信息网络安全承诺书并取得消防安全批准文件后，向文化行政部门申请最终审核。文化行政部门应当自收到申请之日起15个工作日内依据本条例第八条的规定作出决定；经实地检查并审核合格的，发给《网络文化经营许可证》。

对申请人的申请，有关部门经审查不符合条件的，或者经审核不合格的，应当分别向申请人书面说明理由。

文化行政部门发放《网络文化经营许可证》的情况或互联网上网服务营业场所经营单位拟开展经营活动的情况，应当向同级公安机关通报或报备。

第十二条　互联网上网服务营业场所经营单位不得涂改、出租、出借或者以其他方式转让《网络文化经营许可证》。

第十三条　互联网上网服务营业场所经营单位变更营业场所地址或者对营业场所进行改建、扩建，变更计算机数量或者其他重要事项的，应当经原审核机关同意。

互联网上网服务营业场所经营单位变更名称、住所、法定代表人或者主要负责人、注册资本、网络地址或者终止经营活动的，应当依法到工商行政管理部门办理变更登记或者注销登记，并到文化行政部门、公安机关办理有关手续或者备案。

第三章　经　营

第十四条　互联网上网服务营业场所经营单位和上网消费者不得利用互联网上网服务营业场所制作、下载、复制、查阅、发布、传播或者以其他方式使用含有下列内容的信息：

（一）反对宪法确定的基本原则的；

（二）危害国家统一、主权和领土完整的；

（三）泄露国家秘密、危害国家安全或者损害国家荣誉和利益的；

（四）煽动民族仇恨、民族歧视，破坏民族团结，或者侵害民族风俗、习惯的；

（五）破坏国家宗教政策，宣扬邪教、迷信的；

（六）散布谣言，扰乱社会秩序，破坏社会稳定的；

（七）宣传淫秽、赌博、暴力或者教唆犯罪的；

（八）侮辱或者诽谤他人，侵害他人合法权益的；

（九）危害社会公德或者民族优秀文化传统

的;

(十)含有法律、行政法规禁止的其他内容的。

第十五条 互联网上网服务营业场所经营单位和上网消费者不得进行下列危害信息网络安全的活动:

(一)故意制作或者传播计算机病毒以及其他破坏性程序的;

(二)非法侵入计算机信息系统或者破坏计算机信息系统功能、数据和应用程序的;

(三)进行法律、行政法规禁止的其他活动的。

第十六条 互联网上网服务营业场所经营单位应当通过依法取得经营许可证的互联网接入服务提供者接入互联网,不得采取其他方式接入互联网。

互联网上网服务营业场所经营单位提供上网消费者使用的计算机必须通过局域网的方式接入互联网,不得直接接入互联网。

第十七条 互联网上网服务营业场所经营单位不得经营非网络游戏。

第十八条 互联网上网服务营业场所经营单位和上网消费者不得利用网络游戏或者其他方式进行赌博或者变相赌博活动。

第十九条 互联网上网服务营业场所经营单位应当实施经营管理技术措施,建立场内巡查制度,发现上网消费者有本条例第十四条、第十五条、第十八条所列行为或者其他违法行为的,应当立即予以制止并向文化行政部门、公安机关举报。

第二十条 互联网上网服务营业场所经营单位应当在营业场所的显著位置悬挂《网络文化经营许可证》和营业执照。

第二十一条 互联网上网服务营业场所经营单位不得接纳未成年人进入营业场所。

互联网上网服务营业场所经营单位应当在营业场所入口处的显著位置悬挂未成年人禁入标志。

第二十二条 互联网上网服务营业场所每日营业时间限于8时至24时。

第二十三条 互联网上网服务营业场所经营单位应当对上网消费者的身份证等有效证件进行核对、登记,并记录有关上网信息。登记内容和记录备份保存时间不得少于60日,并在文化行政部门、公安机关依法查询时予以提供。登记内容和记录备份在保存期内不得修改或者删除。

第二十四条 互联网上网服务营业场所经营单位应当依法履行信息网络安全、治安和消防安全职责,并遵守下列规定:

(一)禁止明火照明和吸烟并悬挂禁止吸烟标志;

(二)禁止带入和存放易燃、易爆物品;

(三)不得安装固定的封闭门窗栅栏;

(四)营业期间禁止封堵或者锁闭门窗、安全疏散通道和安全出口;

(五)不得擅自停止实施安全技术措施。

第四章 罚 则

第二十五条 文化行政部门、公安机关、工商行政管理部门或者其他有关部门及其工作人员,利用职务上的便利收受他人财物或者其他好处,违法批准不符合法定设立条件的互联网上网服务营业场所经营单位,或者不依法履行监督职责,或者发现违法行为不予依法查处,触犯刑律的,对直接负责的主管人员和其他直接责任人员依照刑法关于受贿罪、滥用职权罪、玩忽职守罪或者其他罪的规定,依法追究刑事责任;尚不够刑事处罚的,依法给予降级、撤职或者开除的行政处分。

第二十六条 文化行政部门、公安机关、工商行政管理部门或者其他有关部门的工作人员,从事或者变相从事互联网上网服务经营活动的,参与或者变相参与互联网上网服务营业场所经营单位的经营活动的,依法给予降级、撤职或者开除的行政处分。

文化行政部门、公安机关、工商行政管理部门或者其他有关部门有前款所列行为的,对直接负责的主管人员和其他直接责任人员依照前款规定依法给予行政处分。

第二十七条 违反本条例的规定,擅自从事互联网上网服务经营活动的,由文化行政部门或者由文化行政部门会同公安机关依法予以取缔,查封其从事违法经营活动的场所,扣押从事违法经营活动的专用工具、设备;触犯刑律的,依照刑法关于非法经营罪的规定,依法追究刑事责任;尚不够刑事处罚的,由文化行政部门没收违法所得及其从事违法经营活动的专用工具、设备;违法经营额1万元以上的,并处违法经营额5倍以上10倍以下的罚款;违法经营额不足1万元的,并处1

万元以上 5 万元以下的罚款。

第二十八条 文化行政部门应当建立互联网上网服务营业场所经营单位的经营活动信用监管制度，建立健全信用约束机制，并及时公布行政处罚信息。

第二十九条 互联网上网服务营业场所经营单位违反本条例的规定，涂改、出租、出借或者以其他方式转让《网络文化经营许可证》，触犯刑律的，依照刑法关于伪造、变造、买卖国家机关公文、证件、印章罪的规定，依法追究刑事责任；尚不够刑事处罚的，由文化行政部门吊销《网络文化经营许可证》，没收违法所得；违法经营额 5000 元以上的，并处违法经营额 2 倍以上 5 倍以下的罚款；违法经营额不足 5000 元的，并处 5000 元以上 1 万元以下的罚款。

第三十条 互联网上网服务营业场所经营单位违反本条例的规定，利用营业场所制作、下载、复制、查阅、发布、传播或者以其他方式使用含有本条例第十四条规定禁止含有的内容的信息，触犯刑律的，依法追究刑事责任；尚不够刑事处罚的，由公安机关给予警告，没收违法所得；违法经营额 1 万元以上的，并处违法经营额 2 倍以上 5 倍以下的罚款；违法经营额不足 1 万元的，并处 1 万元以上 2 万元以下的罚款；情节严重的，责令停业整顿，直至由文化行政部门吊销《网络文化经营许可证》。

上网消费者有前款违法行为，触犯刑律的，依法追究刑事责任；尚不够刑事处罚的，由公安机关依照治安管理处罚法的规定给予处罚。

第三十一条 互联网上网服务营业场所经营单位违反本条例的规定，有下列行为之一的，由文化行政部门给予警告，可以并处 15000 元以下的罚款；情节严重的，责令停业整顿，直至吊销《网络文化经营许可证》：

（一）在规定的营业时间以外营业的；
（二）接纳未成年人进入营业场所的；
（三）经营非网络游戏的；
（四）擅自停止实施经营管理技术措施的；
（五）未悬挂《网络文化经营许可证》或者未成年人禁入标志的。

第三十二条 公安机关应当自互联网上网服务营业场所经营单位正式开展经营活动 20 个工作日内，对其依法履行信息网络安全职责情况进行实地检查。检查发现互联网上网服务营业场所经营单位未履行承诺的信息网络安全责任的，由公安机关给予警告，可以并处 15000 元以下罚款；情节严重的，责令停业整顿，直至由文化行政部门吊销《网络文化经营许可证》。

第三十三条 互联网上网服务营业场所经营单位违反本条例的规定，有下列行为之一的，由文化行政部门、公安机关依据各自职权给予警告，可以并处 15000 元以下的罚款；情节严重的，责令停业整顿，直至由文化行政部门吊销《网络文化经营许可证》：

（一）向上网消费者提供的计算机未通过局域网的方式接入互联网的；
（二）未建立场内巡查制度，或者发现上网消费者的违法行为未予制止并向文化行政部门、公安机关举报的；
（三）未按规定核对、登记上网消费者的有效身份证件或者记录有关上网信息的；
（四）未按规定时间保存登记内容、记录备份，或者在保存期内修改、删除登记内容、记录备份的；
（五）变更名称、住所、法定代表人或者主要负责人、注册资本、网络地址或者终止经营活动，未向文化行政部门、公安机关办理有关手续或者备案的。

第三十四条 互联网上网服务营业场所经营单位违反本条例的规定，有下列行为之一的，由公安机关给予警告，可以并处 15000 元以下的罚款；情节严重的，责令停业整顿，直至由文化行政部门吊销《网络文化经营许可证》：

（一）利用明火照明或者发现吸烟不予制止，或者未悬挂禁止吸烟标志的；
（二）允许带入或者存放易燃、易爆物品的；
（三）在营业场所安装固定的封闭门窗栅栏的；
（四）营业期间封堵或者锁闭门窗、安全疏散通道或者安全出口的；
（五）擅自停止实施安全技术措施的。

第三十五条 违反国家有关信息网络安全、治安管理、消防管理、工商行政管理、电信管理等规定，触犯刑律的，依法追究刑事责任；尚不够刑事处罚的，由公安机关、工商行政管理部门、电信管理机构依法给予处罚；情节严重的，由原发证机关吊销许可证件。

第三十六条 互联网上网服务营业场所经营单位违反本条例的规定，被吊销《网络文化经营许可证》的，自被吊销《网络文化经营许可证》之日起5年内，其法定代表人或者主要负责人不得担任互联网上网服务营业场所经营单位的法定代表人或者主要负责人。

擅自设立的互联网上网服务营业场所经营单位被依法取缔的，自被取缔之日起5年内，其主要负责人不得担任互联网上网服务营业场所经营单位的法定代表人或者主要负责人。

第三十七条 依照本条例的规定实施罚款的行政处罚，应当依照有关法律、行政法规的规定，实行罚款决定与罚款收缴分离；收缴的罚款和违法所得必须全部上缴国库。

第五章 附 则

第三十八条 本条例自2002年11月15日起施行。2001年4月3日信息产业部、公安部、文化部、国家工商行政管理局发布的《互联网上网服务营业场所管理办法》同时废止。

公安机关互联网安全监督检查规定

· 2018年9月15日公安部令第151号发布
· 自2018年11月1日起施行

第一章 总 则

第一条 为规范公安机关互联网安全监督检查工作，预防网络违法犯罪，维护网络安全，保护公民、法人和其他组织合法权益，根据《中华人民共和国人民警察法》《中华人民共和国网络安全法》等有关法律、行政法规，制定本规定。

第二条 本规定适用于公安机关依法对互联网服务提供者和联网使用单位履行法律、行政法规规定的网络安全义务情况进行的安全监督检查。

第三条 互联网安全监督检查工作由县级以上地方人民政府公安机关网络安全保卫部门组织实施。

上级公安机关应当对下级公安机关开展互联网安全监督检查工作情况进行指导和监督。

第四条 公安机关开展互联网安全监督检查，应当遵循依法科学管理、保障和促进发展的方针，严格遵守法定权限和程序，不断改进执法方式，全面落实执法责任。

第五条 公安机关及其工作人员对履行互联网安全监督检查职责中知悉的个人信息、隐私、商业秘密和国家秘密，应当严格保密，不得泄露、出售或者非法向他人提供。

公安机关及其工作人员在履行互联网安全监督检查职责中获取的信息，只能用于维护网络安全的需要，不得用于其他用途。

第六条 公安机关对互联网安全监督检查工作中发现的可能危害国家安全、公共安全、社会秩序的网络安全风险，应当及时通报有关主管部门和单位。

第七条 公安机关应当建立并落实互联网安全监督检查工作制度，自觉接受检查对象和人民群众的监督。

第二章 监督检查对象和内容

第八条 互联网安全监督检查由互联网服务提供者的网络服务运营机构和联网使用单位的网络管理机构所在地公安机关实施。互联网服务提供者为个人的，可以由其经常居住地公安机关实施。

第九条 公安机关应当根据网络安全防范需要和网络安全风险隐患的具体情况，对下列互联网服务提供者和联网使用单位开展监督检查：

（一）提供互联网接入、互联网数据中心、内容分发、域名服务的；

（二）提供互联网信息服务的；

（三）提供公共上网服务的；

（四）提供其他互联网服务的；

对开展前款规定的服务未满一年的，两年内曾发生过网络安全事件、违法犯罪案件的，或者因未履行法定网络安全义务被公安机关予以行政处罚的，应当开展重点监督检查。

第十条 公安机关应当根据互联网服务提供者和联网使用单位履行法定网络安全义务的实际情况，依照国家有关规定和标准，对下列内容进行监督检查：

（一）是否办理联网单位备案手续，并报送接入单位和用户基本信息及其变更情况；

（二）是否制定并落实网络安全管理制度和操作规程，确定网络安全负责人；

（三）是否依法采取记录并留存用户注册信息和上网日志信息的技术措施；

（四）是否采取防范计算机病毒和网络攻击、网络侵入等技术措施；

（五）是否在公共信息服务中对法律、行政法规禁止发布或者传输的信息依法采取相关防范措施；

（六）是否按照法律规定的要求为公安机关依法维护国家安全、防范调查恐怖活动、侦查犯罪提供技术支持和协助；

（七）是否履行法律、行政法规规定的网络安全等级保护等义务。

第十一条　除本规定第十条所列内容外，公安机关还应当根据提供互联网服务的类型，对下列内容进行监督检查：

（一）对提供互联网接入服务的，监督检查是否记录并留存网络地址及分配使用情况；

（二）对提供互联网数据中心服务的，监督检查是否记录所提供的主机托管、主机租用和虚拟空间租用的用户信息；

（三）对提供互联网域名服务的，监督检查是否记录网络域名申请、变动信息，是否对违法域名依法采取处置措施；

（四）对提供互联网信息服务的，监督检查是否依法采取用户发布信息管理措施，是否对已发布或者传输的法律、行政法规禁止发布或者传输的信息依法采取处置措施，并保存相关记录；

（五）对提供互联网内容分发服务的，监督检查是否记录内容分发网络与内容源网络链接对应情况；

（六）对提供互联网公共上网服务的，监督检查是否采取符合国家标准的网络与信息安全保护技术措施。

第十二条　在国家重大网络安全保卫任务期间，对与国家重大网络安全保卫任务相关的互联网服务提供者和联网使用单位，公安机关可以对下列内容开展专项安全监督检查：

（一）是否制定重大网络安全保卫任务所要求的工作方案、明确网络安全责任分工并确定网络安全管理人员；

（二）是否组织开展网络安全风险评估，并采取相应风险管控措施堵塞网络安全漏洞隐患；

（三）是否制定网络安全应急处置预案并组织开展应急演练，应急处置相关设施是否完备有效；

（四）是否依法采取重大网络安全保卫任务所需要的其他网络安全防范措施；

（五）是否按照要求向公安机关报告网络安全防范措施及落实情况。

对防范恐怖袭击的重点目标的互联网安全监督检查，按照前款规定的内容执行。

第三章　监督检查程序

第十三条　公安机关开展互联网安全监督检查，可以采取现场监督检查或者远程检测的方式进行。

第十四条　公安机关开展互联网安全现场监督检查时，人民警察不得少于二人，并应当出示人民警察证和县级以上地方人民政府公安机关出具的监督检查通知书。

第十五条　公安机关开展互联网安全现场监督检查可以根据需要采取以下措施：

（一）进入营业场所、机房、工作场所；

（二）要求监督检查对象的负责人或者网络安全管理人员对监督检查事项作出说明；

（三）查阅、复制与互联网安全监督检查事项相关的信息；

（四）查看网络与信息安全保护技术措施运行情况。

第十六条　公安机关对互联网服务提供者和联网使用单位是否存在网络安全漏洞，可以开展远程检测。

公安机关开展远程检测，应当事先告知监督检查对象检查时间、检查范围等事项或者公开相关检查事项，不得干扰、破坏监督检查对象网络的正常运行。

第十七条　公安机关开展现场监督检查或者远程检测，可以委托具有相应技术能力的网络安全服务机构提供技术支持。

网络安全服务机构及其工作人员对工作中知悉的个人信息、隐私、商业秘密和国家秘密，应当严格保密，不得泄露、出售或者非法向他人提供。公安机关应当严格监督网络安全服务机构落实网络安全管理与保密责任。

第十八条　公安机关开展现场监督检查，应

当制作监督检查记录,并由开展监督检查的人民警察和监督检查对象的负责人或者网络安全管理人员签名。监督检查对象负责人或者网络安全管理人员对监督检查记录有异议的,应当允许其作出说明;拒绝签名的,人民警察应当在监督检查记录中注明。

公安机关开展远程检测,应当制作监督检查记录,并由二名以上开展监督检查的人民警察在监督检查记录上签名。

委托网络安全服务机构提供技术支持的,技术支持人员应当一并在监督检查记录上签名。

第十九条 公安机关在互联网安全监督检查中,发现互联网服务提供者和联网使用单位存在网络安全风险隐患,应当督促指导其采取措施消除风险隐患,并在监督检查记录上注明;发现有违法行为,但情节轻微或者未造成后果的,应当责令其限期整改。

监督检查对象在整改期限届满前认为已经整改完毕的,可以向公安机关书面提出提前复查申请。

公安机关应当自整改期限届满或者收到监督检查对象提前复查申请之日起三个工作日内,对整改情况进行复查,并在复查结束后三个工作日内反馈复查结果。

第二十条 监督检查过程中收集的资料、制作的各类文书等材料,应当按照规定立卷存档。

第四章 法律责任

第二十一条 公安机关在互联网安全监督检查中,发现互联网服务提供者和联网使用单位有下列违法行为的,依法予以行政处罚:

(一)未制定并落实网络安全管理制度和操作规程,未确定网络安全负责人的,依照《中华人民共和国网络安全法》第五十九条第一款的规定予以处罚;

(二)未采取防范计算机病毒和网络攻击、网络侵入等危害网络安全行为的技术措施的,依照《中华人民共和国网络安全法》第五十九条第一款的规定予以处罚;

(三)未采取记录并留存用户注册信息和上网日志信息措施的,依照《中华人民共和国网络安全法》第五十九条第一款的规定予以处罚;

(四)在提供互联网信息发布、即时通讯等服务中,未要求用户提供真实身份信息,或者对不提供真实身份信息的用户提供相关服务的,依照《中华人民共和国网络安全法》第六十一条的规定予以处罚;

(五)在公共信息服务中对法律、行政法规禁止发布或者传输的信息未依法或者不按照公安机关的要求采取停止传输、消除等处置措施、保存有关记录的,依照《中华人民共和国网络安全法》第六十八条或者第六十九条第一项的规定予以处罚;

(六)拒不为公安机关依法维护国家安全和侦查犯罪的活动提供技术支持和协助的,依照《中华人民共和国网络安全法》第六十九条第三项的规定予以处罚。

有前款第四至六项行为违反《中华人民共和国反恐怖主义法》规定的,依照《中华人民共和国反恐怖主义法》第八十四条或者第八十六条第一款的规定予以处罚。

第二十二条 公安机关在互联网安全监督检查中,发现互联网服务提供者和联网使用单位,窃取或者以其他非法方式获取、非法出售或者非法向他人提供个人信息,尚不构成犯罪的,依照《中华人民共和国网络安全法》第六十四条第二款的规定予以处罚。

第二十三条 公安机关在互联网安全监督检查中,发现互联网服务提供者和联网使用单位在提供的互联网服务中设置恶意程序的,依照《中华人民共和国网络安全法》第六十条第一项的规定予以处罚。

第二十四条 互联网服务提供者和联网使用单位拒绝、阻碍公安机关实施互联网安全监督检查的,依照《中华人民共和国网络安全法》第六十九条第二项的规定予以处罚;拒不配合反恐怖主义工作的,依照《中华人民共和国反恐怖主义法》第九十一条或者第九十二条的规定予以处罚。

第二十五条 受公安机关委托提供技术支持的网络安全服务机构及其工作人员,从事非法侵入监督检查对象网络、干扰监督检查对象网络正常功能、窃取网络数据等危害网络安全的活动的,依照《中华人民共和国网络安全法》第六十三条的规定予以处罚;窃取或者以其他非法方式获取、非法出售或者非法向他人提供在工作中获悉的个人信息的,依照《中华人民共和国网络安全法》第六十四条第二款的规定予以处罚，构成犯罪的，依法追究刑事责任。

前款规定的机构及人员侵犯监督检查对象的商业秘密，构成犯罪的，依法追究刑事责任。

第二十六条 公安机关及其工作人员在互联网安全监督检查工作中，玩忽职守、滥用职权、徇私舞弊，对直接负责的主管人员和其他直接责任人员依法予以处分；构成犯罪的，依法追究刑事责任。

第二十七条 互联网服务提供者和联网使用单位违反本规定，构成违反治安管理行为的，依法予以治安管理处罚；构成犯罪的，依法追究刑事责任。

第五章 附 则

第二十八条 对互联网上网服务营业场所的监督检查，按照《互联网上网服务营业场所管理条例》的有关规定执行。

第二十九条 本规定自 2018 年 11 月 1 日起施行。

网络安全审查办法

- 2021 年 12 月 28 日国家互联网信息办公室、中华人民共和国国家发展和改革委员会、中华人民共和国工业和信息化部、中华人民共和国公安部、中华人民共和国国家安全部、中华人民共和国财政部、中华人民共和国商务部、中国人民银行、国家市场监督管理总局、国家广播电视总局、中国证券监督管理委员会、国家保密局、国家密码管理局令第 8 号公布
- 自 2022 年 2 月 15 日起施行

第一条 为了确保关键信息基础设施供应链安全，保障网络安全和数据安全，维护国家安全，根据《中华人民共和国国家安全法》《中华人民共和国网络安全法》《中华人民共和国数据安全法》《关键信息基础设施安全保护条例》，制定本办法。

第二条 关键信息基础设施运营者采购网络产品和服务，网络平台运营者开展数据处理活动，影响或者可能影响国家安全的，应当按照本办法进行网络安全审查。

前款规定的关键信息基础设施运营者、网络平台运营者统称为当事人。

第三条 网络安全审查坚持防范网络安全风险与促进先进技术应用相结合、过程公正透明与知识产权保护相结合、事前审查与持续监管相结合、企业承诺与社会监督相结合，从产品和服务以及数据处理活动安全性、可能带来的国家安全风险等方面进行审查。

第四条 在中央网络安全和信息化委员会领导下，国家互联网信息办公室会同中华人民共和国国家发展和改革委员会、中华人民共和国工业和信息化部、中华人民共和国公安部、中华人民共和国国家安全部、中华人民共和国财政部、中华人民共和国商务部、中国人民银行、国家市场监督管理总局、国家广播电视总局、中国证券监督管理委员会、国家保密局、国家密码管理局建立国家网络安全审查工作机制。

网络安全审查办公室设在国家互联网信息办公室，负责制定网络安全审查相关制度规范，组织网络安全审查。

第五条 关键信息基础设施运营者采购网络产品和服务的，应当预判该产品和服务投入使用后可能带来的国家安全风险。影响或者可能影响国家安全的，应当向网络安全审查办公室申报网络安全审查。

关键信息基础设施安全保护工作部门可以制定本行业、本领域预判指南。

第六条 对于申报网络安全审查的采购活动，关键信息基础设施运营者应当通过采购文件、协议等要求产品和服务提供者配合网络安全审查，包括承诺不利用提供产品和服务的便利条件非法获取用户数据、非法控制和操纵用户设备，无正当理由不中断产品供应或者必要的技术支持服务等。

第七条 掌握超过 100 万用户个人信息的网络平台运营者赴国外上市，必须向网络安全审查办公室申报网络安全审查。

第八条 当事人申报网络安全审查，应当提交以下材料：

（一）申报书；

（二）关于影响或者可能影响国家安全的分析报告；

(三)采购文件、协议、拟签订的合同或者拟提交的首次公开募股(IPO)等上市申请文件;

(四)网络安全审查工作需要的其他材料。

第九条 网络安全审查办公室应当自收到符合本办法第八条规定的审查申报材料起10个工作日内,确定是否需要审查并书面通知当事人。

第十条 网络安全审查重点评估相关对象或者情形的以下国家安全风险因素:

(一)产品和服务使用后带来的关键信息基础设施被非法控制、遭受干扰或者破坏的风险;

(二)产品和服务供应中断对关键信息基础设施业务连续性的危害;

(三)产品和服务的安全性、开放性、透明性、来源的多样性,供应渠道的可靠性以及因为政治、外交、贸易等因素导致供应中断的风险;

(四)产品和服务提供者遵守中国法律、行政法规、部门规章情况;

(五)核心数据、重要数据或者大量个人信息被窃取、泄露、毁损以及非法利用、非法出境的风险;

(六)上市存在关键信息基础设施、核心数据、重要数据或者大量个人信息被外国政府影响、控制、恶意利用的风险,以及网络信息安全风险;

(七)其他可能危害关键信息基础设施安全、网络安全和数据安全的因素。

第十一条 网络安全审查办公室认为需要开展网络安全审查的,应当自向当事人发出书面通知之日起30个工作日内完成初步审查,包括形成审查结论建议和将审查结论建议发送网络安全审查工作机制成员单位、相关部门征求意见;情况复杂的,可以延长15个工作日。

第十二条 网络安全审查工作机制成员单位和相关部门应当自收到审查结论建议之日起15个工作日内书面回复意见。

网络安全审查工作机制成员单位、相关部门意见一致的,网络安全审查办公室以书面形式将审查结论通知当事人;意见不一致的,按照特别审查程序处理,并通知当事人。

第十三条 按照特别审查程序处理的,网络安全审查办公室应当听取相关单位和部门意见,进行深入分析评估,再次形成审查结论建议,并征求网络安全审查工作机制成员单位和相关部门意见,按程序报中央网络安全和信息化委员会批准后,形成审查结论并书面通知当事人。

第十四条 特别审查程序一般应当在90个工作日内完成,情况复杂的可以延长。

第十五条 网络安全审查办公室要求提供补充材料的,当事人、产品和服务提供者应当予以配合。提交补充材料的时间不计入审查时间。

第十六条 网络安全审查工作机制成员单位认为影响或者可能影响国家安全的网络产品和服务以及数据处理活动,由网络安全审查办公室按程序报中央网络安全和信息化委员会批准后,依照本办法的规定进行审查。

为了防范风险,当事人应当在审查期间按照网络安全审查要求采取预防和消减风险的措施。

第十七条 参与网络安全审查的相关机构和人员应当严格保护知识产权,对在审查工作中知悉的商业秘密、个人信息,当事人、产品和服务提供者提交的未公开材料,以及其他未公开信息承担保密义务;未经信息提供方同意,不得向无关方披露或者用于审查以外的目的。

第十八条 当事人或者网络产品和服务提供者认为审查人员有失客观公正,或者未能对审查工作中知悉的信息承担保密义务的,可以向网络安全审查办公室或者有关部门举报。

第十九条 当事人应当督促产品和服务提供者履行网络安全审查中作出的承诺。

网络安全审查办公室通过接受举报等形式加强事前事中事后监督。

第二十条 当事人违反本办法规定的,依照《中华人民共和国网络安全法》、《中华人民共和国数据安全法》的规定处理。

第二十一条 本办法所称网络产品和服务主要指核心网络设备、重要通信产品、高性能计算机和服务器、大容量存储设备、大型数据库和应用软件、网络安全设备、云计算服务,以及其他对关键信息基础设施安全、网络安全和数据安全有重要影响的网络产品和服务。

第二十二条 涉及国家秘密信息的,依照国家有关保密规定执行。

国家对数据安全审查、外商投资安全审查另有规定的,应当同时符合其规定。

第二十三条 本办法自2022年2月15日起施行。2020年4月13日公布的《网络安全审查办法》(国家互联网信息办公室、国家发展和改革委员会、工业和信息化部、公安部、国家安全部、财政部、商务部、中国人民银行、国家市场监督管理总局、国家广播电视总局、国家保密局、国家密码管理局令第6号)同时废止。

网络产品安全漏洞管理规定

- 2021年7月12日
- 工信部联网安〔2021〕66号

第一条　为了规范网络产品安全漏洞发现、报告、修补和发布等行为,防范网络安全风险,根据《中华人民共和国网络安全法》,制定本规定。

第二条　中华人民共和国境内的网络产品(含硬件、软件)提供者和网络运营者,以及从事网络产品安全漏洞发现、收集、发布等活动的组织或者个人,应当遵守本规定。

第三条　国家互联网信息办公室负责统筹协调网络产品安全漏洞管理工作。工业和信息化部负责网络产品安全漏洞综合管理,承担电信和互联网行业网络产品安全漏洞监督管理。公安部负责网络产品安全漏洞监督管理,依法打击利用网络产品安全漏洞实施的违法犯罪活动。

有关主管部门加强跨部门协同配合,实现网络产品安全漏洞信息实时共享,对重大网络产品安全漏洞风险开展联合评估和处置。

第四条　任何组织或者个人不得利用网络产品安全漏洞从事危害网络安全的活动,不得非法收集、出售、发布网络产品安全漏洞信息;明知他人利用网络产品安全漏洞从事危害网络安全的活动的,不得为其提供技术支持、广告推广、支付结算等帮助。

第五条　网络产品提供者、网络运营者和网络产品安全漏洞收集平台应当建立健全网络产品安全漏洞信息接收渠道并保持畅通,留存网络产品安全漏洞信息接收日志不少于6个月。

第六条　鼓励相关组织和个人向网络产品提供者通报其产品存在的安全漏洞。

第七条　网络产品提供者应当履行下列网络产品安全漏洞管理义务,确保其产品安全漏洞得到及时修补和合理发布,并指导支持产品用户采取防范措施:

(一)发现或者获知所提供网络产品存在安全漏洞后,应当立即采取措施并组织对安全漏洞进行验证,评估安全漏洞的危害程度和影响范围;对属于其上游产品或者组件存在的安全漏洞,应当立即通知相关产品提供者。

(二)应当在2日内向工业和信息化部网络安全威胁和漏洞信息共享平台报送相关漏洞信息。报送内容应当包括存在网络产品安全漏洞的产品名称、型号、版本以及漏洞的技术特点、危害和影响范围等。

(三)应当及时组织对网络产品安全漏洞进行修补,对于需要产品用户(含下游厂商)采取软件、固件升级等措施的,应当及时将网络产品安全漏洞风险及修补方式告知可能受影响的产品用户,并提供必要的技术支持。

工业和信息化部网络安全威胁和漏洞信息共享平台同步向国家网络与信息安全信息通报中心、国家计算机网络应急技术处理协调中心通报相关漏洞信息。

鼓励网络产品提供者建立所提供网络产品安全漏洞奖励机制,对发现并通报所提供网络产品安全漏洞的组织或者个人给予奖励。

第八条　网络运营者发现或者获知其网络、信息系统及其设备存在安全漏洞后,应当立即采取措施,及时对安全漏洞进行验证并完成修补。

第九条　从事网络产品安全漏洞发现、收集的组织或者个人通过网络平台、媒体、会议、竞赛等方式向社会发布网络产品安全漏洞信息的,应当遵循必要、真实、客观以及有利于防范网络安全风险的原则,并遵守以下规定:

(一)不得在网络产品提供者提供网络产品安全漏洞修补措施之前发布漏洞信息;认为有必要提前发布的,应当与相关网络产品提供者共同评估协商,并向工业和信息化部、公安部报告,由工业和信息化部、公安部组织评估后进行发布。

(二)不得发布网络运营者在用的网络、信息系统及其设备存在安全漏洞的细节情况。

(三)不得刻意夸大网络产品安全漏洞的危害和风险,不得利用网络产品安全漏洞信息实施恶意炒作或者进行诈骗、敲诈勒索等违法犯罪活动。

(四)不得发布或者提供专门用于利用网络产品安全漏洞从事危害网络安全活动的程序和工具。

（五）在发布网络产品安全漏洞时,应当同步发布修补或者防范措施。

（六）在国家举办重大活动期间,未经公安部同意,不得擅自发布网络产品安全漏洞信息。

（七）不得将未公开的网络产品安全漏洞信息向网络产品提供者之外的境外组织或者个人提供。

（八）法律法规的其他相关规定。

第十条 任何组织或者个人设立的网络产品安全漏洞收集平台,应当向工业和信息化部备案。工业和信息化部及时向公安部、国家互联网信息办公室通报相关漏洞收集平台,并对通过备案的漏洞收集平台予以公布。

鼓励发现网络产品安全漏洞的组织或者个人向工业和信息化部网络安全威胁和漏洞信息共享平台、国家网络与信息安全信息通报中心漏洞平台、国家计算机网络应急技术处理协调中心漏洞平台、中国信息安全测评中心漏洞库报送网络产品安全漏洞信息。

第十一条 从事网络产品安全漏洞发现、收集的组织应当加强内部管理,采取措施防范网络产品安全漏洞信息泄露和违规发布。

第十二条 网络产品提供者未按本规定采取网络产品安全漏洞补救或者报告措施的,由工业和信息化部、公安部依据各自职责依法处理;构成《中华人民共和国网络安全法》第六十条规定情形的,依照该规定予以处罚。

第十三条 网络运营者未按本规定采取网络产品安全漏洞修补或者防范措施的,由有关主管部门依法处理;构成《中华人民共和国网络安全法》第五十九条规定情形的,依照该规定予以处罚。

第十四条 违反本规定收集、发布网络产品安全漏洞信息的,由工业和信息化部、公安部依据各自职责依法处理;构成《中华人民共和国网络安全法》第六十二条规定情形的,依照该规定予以处罚。

第十五条 利用网络产品安全漏洞从事危害网络安全活动,或者为他人利用网络产品安全漏洞从事危害网络安全的活动提供技术支持的,由公安机关依法处理;构成《中华人民共和国网络安全法》第六十三条规定情形的,依照该规定予以处罚;构成犯罪的,依法追究刑事责任。

第十六条 本规定自2021年9月1日起施行。

常见类型移动互联网应用程序必要个人信息范围规定

· 2021年3月12日
· 国信办秘字〔2021〕14号

第一条 为了规范移动互联网应用程序（App）收集个人信息行为,保障公民个人信息安全,根据《中华人民共和国网络安全法》,制定本规定。

第二条 移动智能终端上运行的App存在收集用户个人信息行为的,应当遵守本规定。法律、行政法规、部门规章和规范性文件另有规定的,依照其规定。

App包括移动智能终端预置、下载安装的应用软件,基于应用软件开放平台接口开发的、用户无需安装即可使用的小程序。

第三条 本规定所称必要个人信息,是指保障App基本功能服务正常运行所必需的个人信息,缺少该信息App即无法实现基本功能服务。具体是指消费侧用户个人信息,不包括服务供给侧用户个人信息。

第四条 App不得因为用户不同意提供非必要个人信息,而拒绝用户使用其基本功能服务。

第五条 常见类型App的必要个人信息范围：

（一）地图导航类,基本功能服务为"定位和导航",必要个人信息为:位置信息、出发地、到达地。

（二）网络约车类,基本功能服务为"网络预约出租汽车服务、巡游出租汽车电召服务",必要个人信息包括：

1. 注册用户移动电话号码；

2. 乘车人出发地、到达地、位置信息、行踪轨迹；

3. 支付时间、支付金额、支付渠道等支付信息（网络预约出租汽车服务）。

（三）即时通信类,基本功能服务为"提供文字、图片、语音、视频等网络即时通信服务",必要个人信息包括：

1. 注册用户移动电话号码；

2. 账号信息：账号、即时通信联系人账号列表。

（四）网络社区类，基本功能服务为"博客、论坛、社区等话题讨论、信息分享和关注互动"，必要个人信息为：注册用户移动电话号码。

（五）网络支付类，基本功能服务为"网络支付、提现、转账等功能"，必要个人信息包括：

1. 注册用户移动电话号码；

2. 注册用户姓名、证件类型和号码、证件有效期限、银行卡号码。

（六）网上购物类，基本功能服务为"购买商品"，必要个人信息包括：

1. 注册用户移动电话号码；

2. 收货人姓名（名称）、地址、联系电话；

3. 支付时间、支付金额、支付渠道等支付信息。

（七）餐饮外卖类，基本功能服务为"餐饮购买及外送"，必要个人信息包括：

1. 注册用户移动电话号码；

2. 收货人姓名（名称）、地址、联系电话；

3. 支付时间、支付金额、支付渠道等支付信息。

（八）邮件快件寄递类，基本功能服务为"信件、包裹、印刷品等物品寄递服务"，必要个人信息包括：

1. 寄件人姓名、证件类型和号码等身份信息；

2. 寄件人地址、联系电话；

3. 收件人姓名（名称）、地址、联系电话；

4. 寄递物品的名称、性质、数量。

（九）交通票务类，基本功能服务为"交通相关的票务服务及行程管理（如票务购买、改签、退票、行程管理等）"，必要个人信息包括：

1. 注册用户移动电话号码；

2. 旅客姓名、证件类型和号码、旅客类型。旅客类型通常包括儿童、成人、学生等；

3. 旅客出发地、目的地、出发时间、车次/船次/航班号、席别/舱位等级、座位号（如有）、车牌号及车牌颜色（ETC服务）；

4. 支付时间、支付金额、支付渠道等支付信息。

（十）婚恋相亲类，基本功能服务为"婚恋相亲"，必要个人信息包括：

1. 注册用户移动电话号码；

2. 婚恋相亲人的性别、年龄、婚姻状况。

（十一）求职招聘类，基本功能服务为"求职招聘信息交换"，必要个人信息包括：

1. 注册用户移动电话号码；

2. 求职者提供的简历。

（十二）网络借贷类，基本功能服务为"通过互联网平台实现的用于消费、日常生产经营周转等的个人申贷服务"，必要个人信息包括：

1. 注册用户移动电话号码；

2. 借款人姓名、证件类型和号码、证件有效期限、银行卡号码。

（十三）房屋租售类，基本功能服务为"个人房源信息发布、房屋出租或买卖"，必要个人信息包括：

1. 注册用户移动电话号码；

2. 房源基本信息：房屋地址、面积/户型、期望售价或租金。

（十四）二手车交易类，基本功能服务为"二手车买卖信息交换"，必要个人信息包括：

1. 注册用户移动电话号码；

2. 购买方姓名、证件类型和号码；

3. 出售方姓名、证件类型和号码、车辆行驶证号、车辆识别号码。

（十五）问诊挂号类，基本功能服务为"在线咨询问诊、预约挂号"，必要个人信息包括：

1. 注册用户移动电话号码；

2. 挂号时需提供患者姓名、证件类型和号码、预约挂号的医院和科室；

3. 问诊时需提供病情描述。

（十六）旅游服务类，基本功能服务为"旅游服务产品信息的发布与订购"，必要个人信息包括：

1. 注册用户移动电话号码；

2. 出行人旅游目的地、旅游时间；

3. 出行人姓名、证件类型和号码、联系方式。

（十七）酒店服务类，基本功能服务为"酒店预订"，必要个人信息包括：

1. 注册用户移动电话号码；

2. 住宿人姓名和联系方式、入住和退房时间、入住酒店名称。

（十八）网络游戏类，基本功能服务为"提供网络游戏产品和服务"，必要个人信息为：注册用户移动电话号码。

(十九)学习教育类,基本功能服务为"在线辅导、网络课堂等",必要个人信息为:注册用户移动电话号码。

(二十)本地生活类,基本功能服务为"家政维修、家居装修、二手闲置物品交易等日常生活服务",必要个人信息为:注册用户移动电话号码。

(二十一)女性健康类,基本功能服务为"女性经期管理、备孕育儿、美容美体等健康管理服务",无须个人信息,即可使用基本功能服务。

(二十二)用车服务类,基本功能服务为"共享单车、共享汽车、租赁汽车等服务",必要个人信息包括:

1. 注册用户移动电话号码;
2. 使用共享汽车、租赁汽车服务用户的证件类型和号码,驾驶证件信息;
3. 支付时间、支付金额、支付渠道等支付信息;
4. 使用共享单车、分时租赁汽车服务用户的位置信息。

(二十三)投资理财类,基本功能服务为"股票、期货、基金、债券等相关投资理财服务",必要个人信息包括:

1. 注册用户移动电话号码;
2. 投资理财用户姓名、证件类型和号码、证件有效期限、证件影印件;
3. 投资理财用户资金账户、银行卡号码或支付账号。

(二十四)手机银行类,基本功能服务为"通过手机等移动智能终端设备进行银行账户管理、信息查询、转账汇款等服务",必要个人信息包括:

1. 注册用户移动电话号码;
2. 用户姓名、证件类型和号码、证件有效期限、证件影印件、银行卡号码、银行预留移动电话号码;
3. 转账时需提供收款人姓名、银行卡号码、开户银行信息。

(二十五)邮箱云盘类,基本功能服务为"邮箱、云盘等",必要个人信息为:注册用户移动电话号码。

(二十六)远程会议类,基本功能服务为"通过网络提供音频或视频会议",必要个人信息为:注册用户移动电话号码。

(二十七)网络直播类,基本功能服务为"向公众持续提供实时视频、音频、图文等形式信息浏览服务",无须个人信息,即可使用基本功能服务。

(二十八)在线影音类,基本功能服务为"影视、音乐搜索和播放",无须个人信息,即可使用基本功能服务。

(二十九)短视频类,基本功能服务为"不超过一定时长的视频搜索、播放",无须个人信息,即可使用基本功能服务。

(三十)新闻资讯类,基本功能服务为"新闻资讯的浏览、搜索",无须个人信息,即可使用基本功能服务。

(三十一)运动健身类,基本功能服务为"运动健身训练",无须个人信息,即可使用基本功能服务。

(三十二)浏览器类,基本功能服务为"浏览互联网信息资源",无须个人信息,即可使用基本功能服务。

(三十三)输入法类,基本功能服务为"文字、符号等输入",无须个人信息,即可使用基本功能服务。

(三十四)安全管理类,基本功能服务为"查杀病毒、清理恶意插件、修复漏洞等",无须个人信息,即可使用基本功能服务。

(三十五)电子图书类,基本功能服务为"电子图书搜索、阅读",无须个人信息,即可使用基本功能服务。

(三十六)拍摄美化类,基本功能服务为"拍摄、美颜、滤镜等",无须个人信息,即可使用基本功能服务。

(三十七)应用商店类,基本功能服务为"App搜索、下载",无须个人信息,即可使用基本功能服务。

(三十八)实用工具类,基本功能服务为"日历、天气、词典翻译、计算器、遥控器、手电筒、指南针、时钟闹钟、文件传输、文件管理、壁纸铃声、截图录屏、录音、文档处理、智能家居助手、星座性格测试等",无须个人信息,即可使用基本功能服务。

(三十九)演出票务类,基本功能服务为"演出购票",必要个人信息包括:

1. 注册用户移动电话号码;
2. 观演场次、座位号(如有);
3. 支付时间、支付金额、支付渠道等支付信息。

第六条　任何组织和个人发现违反本规定行为的，可以向相关部门举报。

相关部门收到举报后，应当依法予以处理。

第七条　本规定自 2021 年 5 月 1 日起施行。

数据出境安全评估办法

- 2022 年 7 月 7 日国家互联网信息办公室令第 11 号公布
- 自 2022 年 9 月 1 日起施行

第一条　为了规范数据出境活动，保护个人信息权益，维护国家安全和社会公共利益，促进数据跨境安全、自由流动，根据《中华人民共和国网络安全法》、《中华人民共和国数据安全法》、《中华人民共和国个人信息保护法》等法律法规，制定本办法。

第二条　数据处理者向境外提供在中华人民共和国境内运营中收集和产生的重要数据和个人信息的安全评估，适用本办法。法律、行政法规另有规定的，依照其规定。

第三条　数据出境安全评估坚持事前评估和持续监督相结合、风险自评估与安全评估相结合，防范数据出境安全风险，保障数据依法有序自由流动。

第四条　数据处理者向境外提供数据，有下列情形之一的，应当通过所在地省级网信部门向国家网信部门申报数据出境安全评估：

（一）数据处理者向境外提供重要数据；

（二）关键信息基础设施运营者和处理 100 万人以上个人信息的数据处理者向境外提供个人信息；

（三）自上年 1 月 1 日起累计向境外提供 10 万人个人信息或者 1 万人敏感个人信息的数据处理者向境外提供个人信息；

（四）国家网信部门规定的其他需要申报数据出境安全评估的情形。

第五条　数据处理者在申报数据出境安全评估前，应当开展数据出境风险自评估，重点评估以下事项：

（一）数据出境和境外接收方处理数据的目的、范围、方式等的合法性、正当性、必要性；

（二）出境数据的规模、范围、种类、敏感程度，数据出境可能对国家安全、公共利益、个人或者组织合法权益带来的风险；

（三）境外接收方承诺承担的责任义务，以及履行责任义务的管理和技术措施、能力等能否保障出境数据的安全；

（四）数据出境中和出境后遭到篡改、破坏、泄露、丢失、转移或者被非法获取、非法利用等的风险，个人信息权益维护的渠道是否通畅等；

（五）与境外接收方拟订立的数据出境相关合同或者其他具有法律效力的文件等（以下统称法律文件）是否充分约定了数据安全保护责任义务；

（六）其他可能影响数据出境安全的事项。

第六条　申报数据出境安全评估，应当提交以下材料：

（一）申报书；

（二）数据出境风险自评估报告；

（三）数据处理者与境外接收方拟订立的法律文件；

（四）安全评估工作需要的其他材料。

第七条　省级网信部门应当自收到申报材料之日起 5 个工作日内完成完备性查验。申报材料齐全的，将申报材料报送国家网信部门；申报材料不齐全的，应当退回数据处理者并一次性告知需要补充的材料。

国家网信部门应当自收到申报材料之日起 7 个工作日内，确定是否受理并书面通知数据处理者。

第八条　数据出境安全评估重点评估数据出境活动可能对国家安全、公共利益、个人或者组织合法权益带来的风险，主要包括以下事项：

（一）数据出境的目的、范围、方式等的合法性、正当性、必要性；

（二）境外接收方所在国家或者地区的数据安全保护政策法规和网络安全环境对出境数据安全的影响；境外接收方的数据保护水平是否达到中华人民共和国法律、行政法规的规定和强制性国家标准的要求；

（三）出境数据的规模、范围、种类、敏感程度，出境中和出境后遭到篡改、破坏、泄露、丢失、转移或者被非法获取、非法利用等的风险；

（四）数据安全和个人信息权益是否能够得到充分有效保障；

（五）数据处理者与境外接收方拟订立的法律文件中是否充分约定了数据安全保护责任义务；

（六）遵守中国法律、行政法规、部门规章情况；

（七）国家网信部门认为需要评估的其他事项。

第九条 数据处理者应当在与境外接收方订立的法律文件中明确约定数据安全保护责任义务，至少包括以下内容：

（一）数据出境的目的、方式和数据范围，境外接收方处理数据的用途、方式等；

（二）数据在境外保存地点、期限，以及达到保存期限、完成约定目的或者法律文件终止后出境数据的处理措施；

（三）对于境外接收方将出境数据再转移给其他组织、个人的约束性要求；

（四）境外接收方在实际控制权或者经营范围发生实质性变化，或者所在国家、地区数据安全保护政策法规和网络安全环境发生变化以及发生其他不可抗力情形导致难以保障数据安全时，应当采取的安全措施；

（五）违反法律文件约定的数据安全保护义务的补救措施、违约责任和争议解决方式；

（六）出境数据遭到篡改、破坏、泄露、丢失、转移或者被非法获取、非法利用等风险时，妥善开展应急处置的要求和保障个人维护其个人信息权益的途径和方式。

第十条 国家网信部门受理申报后，根据申报情况组织国务院有关部门、省级网信部门、专门机构等进行安全评估。

第十一条 安全评估过程中，发现数据处理者提交的申报材料不符合要求的，国家网信部门可以要求其补充或者更正。数据处理者无正当理由不补充或者更正的，国家网信部门可以终止安全评估。

数据处理者对所提交材料的真实性负责，故意提交虚假材料的，按照评估不通过处理，并依法追究相应法律责任。

第十二条 国家网信部门应当自向数据处理者发出书面受理通知书之日起45个工作日内完成数据出境安全评估；情况复杂或者需要补充、更正材料的，可以适当延长并告知数据处理者预计延长的时间。

评估结果应当书面通知数据处理者。

第十三条 数据处理者对评估结果有异议的，可以在收到评估结果15个工作日内向国家网信部门申请复评，复评结果为最终结论。

第十四条 通过数据出境安全评估的结果有效期为2年，自评估结果出具之日起计算。在有效期内出现以下情形之一的，数据处理者应当重新申报评估：

（一）向境外提供数据的目的、方式、范围、种类和境外接收方处理数据的用途、方式发生变化影响出境数据安全的，或者延长个人信息和重要数据境外保存期限的；

（二）境外接收方所在国家或者地区数据安全保护政策法规和网络安全环境发生变化以及发生其他不可抗力情形、数据处理者或者境外接收方实际控制权发生变化、数据处理者与境外接收方法律文件变更等影响出境数据安全的；

（三）出现影响出境数据安全的其他情形。

有效期届满，需要继续开展数据出境活动的，数据处理者应当在有效期届满60个工作日前重新申报评估。

第十五条 参与安全评估工作的相关机构和人员对在履行职责中知悉的国家秘密、个人隐私、个人信息、商业秘密、保密商务信息等数据应当依法予以保密，不得泄露或者非法向他人提供、非法使用。

第十六条 任何组织和个人发现数据处理者违反本办法向境外提供数据的，可以向省级以上网信部门举报。

第十七条 国家网信部门发现已经通过评估的数据出境活动在实际处理过程中不再符合数据出境安全管理要求的，应当书面通知数据处理者终止数据出境活动。数据处理者需要继续开展数据出境活动的，应当按照要求整改，整改完成后重新申报评估。

第十八条 违反本办法规定的，依据《中华人民共和国网络安全法》、《中华人民共和国数据安全法》、《中华人民共和国个人信息保护法》等法律法规处理；构成犯罪的，依法追究刑事责任。

第十九条 本办法所称重要数据，是指一旦遭到篡改、破坏、泄露或者非法获取、非法利用等，可能危害国家安全、经济运行、社会稳定、公共健康和安全等的数据。

第二十条 本办法自 2022 年 9 月 1 日起施行。本办法施行前已经开展的数据出境活动,不符合本办法规定的,应当自本办法施行之日起 6 个月内完成整改。

最高人民法院、最高人民检察院、公安部关于办理信息网络犯罪案件适用刑事诉讼程序若干问题的意见

· 2022 年 8 月 26 日
· 法发〔2022〕23 号

为依法惩治信息网络犯罪活动,根据《中华人民共和国刑法》《中华人民共和国刑事诉讼法》以及有关法律、司法解释的规定,结合侦查、起诉、审判实践,现就办理此类案件适用刑事诉讼程序问题提出以下意见。

一、关于信息网络犯罪案件的范围

1. 本意见所称信息网络犯罪案件包括:
（1）危害计算机信息系统安全犯罪案件;
（2）拒不履行信息网络安全管理义务、非法利用信息网络、帮助信息网络犯罪活动的犯罪案件;
（3）主要行为通过信息网络实施的诈骗、赌博、侵犯公民个人信息等其他犯罪案件。

二、关于信息网络犯罪案件的管辖

2. 信息网络犯罪案件由犯罪地公安机关立案侦查。必要时,可以由犯罪嫌疑人居住地公安机关立案侦查。

信息网络犯罪案件的犯罪地包括用于实施犯罪行为的网络服务使用的服务器所在地、网络服务提供者所在地、被侵害的信息网络系统及其管理者所在地、犯罪过程中犯罪嫌疑人、被害人或者其他涉案人员使用的信息网络系统所在地、被害人被侵害时所在地以及被害人财产遭受损失地等。

涉及多个环节的信息网络犯罪案件,犯罪嫌疑人为信息网络犯罪提供帮助的,其犯罪地、居住地或者被帮助对象的犯罪地公安机关可以立案侦查。

3. 有多个犯罪地的信息网络犯罪案件,由最初受理的公安机关或者主要犯罪地公安机关立案侦查。有争议的,按照有利于查清犯罪事实、有利于诉讼的原则,协商解决;经协商无法达成一致的,由共同上级公安机关指定有关公安机关立案侦查。需要提请批准逮捕、移送审查起诉、提起公诉的,由立案侦查的公安机关所在地的人民检察院、人民法院受理。

4. 具有下列情形之一的,公安机关、人民检察院、人民法院可以在其职责范围内并案处理:
（1）一人犯数罪的;
（2）共同犯罪的;
（3）共同犯罪的犯罪嫌疑人、被告人还实施其他犯罪的;
（4）多个犯罪嫌疑人、被告人实施的犯罪行为存在关联,并案处理有利于查明全部案件事实的。

对为信息网络犯罪提供程序开发、互联网接入、服务器托管、网络存储、通讯传输等技术支持,或者广告推广、支付结算等帮助,涉嫌犯罪的,可以依照第一款的规定并案侦查。

有关公安机关依照前两款规定并案侦查的案件,需要提请批准逮捕、移送审查起诉、提起公诉的,由该公安机关所在地的人民检察院、人民法院受理。

5. 并案侦查的共同犯罪或者关联犯罪案件,犯罪嫌疑人人数众多、案情复杂的,公安机关可以分案移送审查起诉。分案移送审查起诉的,应当对并案侦查的依据、分案移送审查起诉的理由作出说明。

对于前款规定的案件,人民检察院可以分案提起公诉,人民法院可以分案审理。

分案处理应当以有利于保障诉讼质量和效率为前提,并不得影响当事人质证权等诉讼权利的行使。

6. 依照前条规定分案处理,公安机关、人民检察院、人民法院在分案前有管辖权的,分案后对相关案件的管辖权不受影响。根据具体情况,分案处理的相关案件可以由不同审级的人民法院分别审理。

7. 对于共同犯罪或者已并案侦查的关联犯罪案件,部分犯罪嫌疑人未到案,但不影响对已到案共同犯罪或者关联犯罪的犯罪嫌疑人、被告人的犯罪事实认定的,可以先行追究已到案犯罪嫌疑人、被告人的刑事责任。之前未到案的犯罪嫌疑人、被告人归案后,可以由原办案机关所在地公安机关、人民检察院、人民法院管辖其所涉及的案件。

8.对于具有特殊情况,跨省(自治区、直辖市)指定异地公安机关侦查更有利于查清犯罪事实、保证案件公正处理的重大信息网络犯罪案件,以及在境外实施的信息网络犯罪案件,公安部可以商最高人民检察院和最高人民法院指定侦查管辖。

9.人民检察院对于审查起诉的案件,按照刑事诉讼法的管辖规定,认为应当由上级人民检察院或者同级其他人民检察院起诉的,应当将案件移送有管辖权的人民检察院,并通知移送起诉的公安机关。人民检察院认为需要依照刑事诉讼法的规定指定审判管辖的,应当协商同级人民法院办理指定管辖有关事宜。

10.犯罪嫌疑人被多个公安机关立案侦查的,有关公安机关一般应当协商并案处理,并依法移送案件。协商不成的,可以报请共同上级公安机关指定管辖。

人民检察院对于审查起诉的案件,发现犯罪嫌疑人还有犯罪被异地公安机关立案侦查的,应当通知移送审查起诉的公安机关。

人民法院对于提起公诉的案件,发现被告人还有其他犯罪被审查起诉、立案侦查的,可以协商人民检察院、公安机关并案处理,但可能造成审判过分迟延的除外。决定对有关犯罪并案处理,符合《中华人民共和国刑事诉讼法》第二百零四条规定的,人民检察院可以建议人民法院延期审理。

三、关于信息网络犯罪案件的调查核实

11.公安机关对接受的案件或者发现的犯罪线索,在审查中发现案件事实或者线索不明,需要经过调查才能够确认是否达到刑事立案标准的,经公安机关办案部门负责人批准,可以进行调查核实;经过调查核实达到刑事立案标准的,应当及时立案。

12.调查核实过程中,可以采取询问、查询、勘验、检查、鉴定、调取证据材料等不限制被调查对象人身、财产权利的措施,不得对被调查对象采取强制措施,不得查封、扣押、冻结被调查对象的财产,不得采取技术侦查措施。

13.公安机关在调查核实过程中依法收集的电子数据等材料,可以根据有关规定作为证据使用。

调查核实过程中收集的材料作为证据使用的,应当随案移送,并附批准调查核实的相关材料。

调查核实过程中收集的证据材料经查证属实,且收集程序符合有关要求的,可以作为定案依据。

四、关于信息网络犯罪案件的取证

14.公安机关向网络服务提供者调取电子数据的,应当制作调取证据通知书,注明需要调取的电子数据的相关信息。调取证据通知书及相关法律文书可以采用数据电文形式。跨地域调取电子数据的,可以通过公安机关信息化系统传输相关数据电文。

网络服务提供者向公安机关提供电子数据的,可以采用数据电文形式。采用数据电文形式提供电子数据的,应当保证电子数据的完整性,并制作电子证明文件,载明调证法律文书编号、单位电子公章、完整性校验值等保护电子数据完整性方法的说明等信息。

数据电文形式的法律文书和电子证明文件,应当使用电子签名、数字水印等方式保证完整性。

15.询(讯)问异地证人、被害人以及与案件有关联的犯罪嫌疑人的,可以由办案地公安机关通过远程网络视频等方式进行并制作笔录。

远程询(讯)问的,应当由协作地公安机关事先核实被询(讯)问人的身份。办案地公安机关应当将询(讯)问笔录传输至协作地公安机关。询(讯)问笔录经被询(讯)问人确认并逐页签名、捺指印后,由协作地公安机关协作人员签名或者盖章,并将原件提供给办案地公安机关。询(讯)问人员收到笔录后,应当在首页右上方写明"于某年某月某日收到",并签名或者盖章。

远程询(讯)问的,应当对询(讯)问过程同步录音录像,并随案移送。

异地证人、被害人以及与案件有关联的犯罪嫌疑人亲笔书写证词、供词的,参照执行本条第二款规定。

16.人民检察院依法自行侦查、补充侦查,或者人民法院调查核实相关证据的,适用本意见第14条、第15条的有关规定。

17.对于依照本意见第14条的规定调取的电子数据,人民检察院、人民法院可以通过核验电子签名、数字水印、电子数据完整性校验值及调证法律文书编号是否与证明文件一致等方式,对电子数据进行审查判断。

对调取的电子数据有疑问的，由公安机关、提供电子数据的网络服务提供者作出说明，或者由原调取机关补充收集相关证据。

五、关于信息网络犯罪案件的其他问题

18.采取技术侦查措施收集的材料作为证据使用的，应当随案移送，并附采取技术侦查措施的法律文书、证据材料清单和有关说明材料。

移送采取技术侦查措施收集的视听资料、电子数据的，应当由两名以上侦查人员制作复制件，并附制作说明，写明原始证据材料、原始存储介质的存放地点等信息，由制作人签名，并加盖单位印章。

19.采取技术侦查措施收集的证据材料，应当经过当庭出示、辨认、质证等法庭调查程序查证。

当庭调查技术侦查证据材料可能危及有关人员的人身安全，或者可能产生其他严重后果的，法庭应当采取不暴露有关人员身份和技术侦查措施使用的技术设备、技术方法等保护措施。必要时，审判人员可以在庭外对证据进行核实。

20.办理信息网络犯罪案件，对于数量特别众多且具有同类性质、特征或者功能的物证、书证、证人证言、被害人陈述、视听资料、电子数据等证据材料，确因客观条件限制无法逐一收集的，应当按照一定比例或者数量选取证据，并对选取情况作出说明和论证。

人民检察院、人民法院应当重点审查取证方法、过程是否科学。经审查认为取证不科学的，应当由原取证机关作出补充说明或者重新取证。

人民检察院、人民法院应当结合其他证据材料，以及犯罪嫌疑人、被告人及其辩护人所提辩解、辩护意见，审查认定取得的证据。经审查，对相关事实不能排除合理怀疑的，应当作出有利于犯罪嫌疑人、被告人的认定。

21.对于涉案人数特别众多的信息网络犯罪案件，确因客观条件限制无法收集证据逐一证明、逐人核实涉案账户的资金来源，但根据银行账户、非银行支付账户等交易记录和其他证据材料，足以认定有关账户主要用于接收、流转涉案资金的，可以按照该账户接收的资金数额认定犯罪数额，但犯罪嫌疑人、被告人能够作出合理解释的除外。案外人提出异议的，应当依法审查。

22.办理信息网络犯罪案件，应当依法及时查封、扣押、冻结涉案财物，督促涉案人员退赃退赔，及时追赃挽损。

公安机关应当全面收集证明涉案财物性质、权属情况、依法应予追缴、没收或者责令退赔的证据材料，在移送审查起诉时随案移送并作出说明。其中，涉案财物需要返还被害人的，应当尽可能查明被害人损失情况。人民检察院应当对涉案财物的证据材料进行审查，在提起公诉时提出处理意见。人民法院应当依法作出判决，对涉案财物作出处理。

对应当返还被害人的合法财产，权属明确的，应当依法及时返还；权属不明的，应当在人民法院判决、裁定生效后，按比例返还被害人，但已获退赔的部分应予扣除。

23.本意见自2022年9月1日起施行。《最高人民法院、最高人民检察院、公安部关于办理网络犯罪案件适用刑事诉讼程序若干问题的意见》（公通字〔2014〕10号）同时废止。

最高人民法院、最高人民检察院关于办理侵犯公民个人信息刑事案件适用法律若干问题的解释

- 2017年3月20日最高人民法院审判委员会第1712次会议、2017年4月26日最高人民检察院第十二届检察委员会第63次会议通过
- 2017年5月8日最高人民法院、最高人民检察院公告公布
- 自2017年6月1日起施行
- 法释〔2017〕10号

为依法惩治侵犯公民个人信息犯罪活动，保护公民个人信息安全和合法权益，根据《中华人民共和国刑法》《中华人民共和国刑事诉讼法》的有关规定，现就办理此类刑事案件适用法律的若干问题解释如下：

第一条 刑法第二百五十三条之一规定的"公民个人信息"，是指以电子或者其他方式记录的能够单独或者与其他信息结合识别特定自然人身份或者反映特定自然人活动情况的各种信息，包括姓名、身份证件号码、通信通讯联系方式、住址、账号密码、财产状况、行踪轨迹等。

第二条 违反法律、行政法规、部门规章有关公民个人信息保护的规定的,应当认定为刑法第二百五十三条之一规定的"违反国家有关规定"。

第三条 向特定人提供公民个人信息,以及通过信息网络或者其他途径发布公民个人信息的,应当认定为刑法第二百五十三条之一规定的"提供公民个人信息"。

未经被收集者同意,将合法收集的公民个人信息向他人提供的,属于刑法第二百五十三条之一规定的"提供公民个人信息",但是经过处理无法识别特定个人且不能复原的除外。

第四条 违反国家有关规定,通过购买、收受、交换等方式获取公民个人信息,或者在履行职责、提供服务过程中收集公民个人信息的,属于刑法第二百五十三条之一第三款规定的"以其他方法非法获取公民个人信息"。

第五条 非法获取、出售或者提供公民个人信息,具有下列情形之一的,应当认定为刑法第二百五十三条之一规定的"情节严重":

(一)出售或者提供行踪轨迹信息,被他人用于犯罪的;

(二)知道或者应当知道他人利用公民个人信息实施犯罪,向其出售或者提供的;

(三)非法获取、出售或者提供行踪轨迹信息、通信内容、征信信息、财产信息五十条以上的;

(四)非法获取、出售或者提供住宿信息、通信记录、健康生理信息、交易信息等其他可能影响人身、财产安全的公民个人信息五百条以上的;

(五)非法获取、出售或者提供第三项、第四项规定以外的公民个人信息五千条以上的;

(六)数量未达到第三项至第五项规定标准,但是按相应比例合计达到有关数量标准的;

(七)违法所得五千元以上的;

(八)将在履行职责或者提供服务过程中获得的公民个人信息出售或者提供给他人,数量或者数额达到第三项至第七项规定标准一半以上的;

(九)曾因侵犯公民个人信息受过刑事处罚或者二年内受过行政处罚,又非法获取、出售或者提供公民个人信息的;

(十)其他情节严重的情形。

实施前款规定的行为,具有下列情形之一的,应当认定为刑法第二百五十三条之一第一款规定的"情节特别严重":

(一)造成被害人死亡、重伤、精神失常或者被绑架等严重后果的;

(二)造成重大经济损失或者恶劣社会影响的;

(三)数量或者数额达到前款第三项至第八项规定标准十倍以上的;

(四)其他情节特别严重的情形。

第六条 为合法经营活动而非法购买、收受本解释第五条第一款第三项、第四项规定以外的公民个人信息,具有下列情形之一的,应当认定为刑法第二百五十三条之一规定的"情节严重":

(一)利用非法购买、收受的公民个人信息获利五万元以上的;

(二)曾因侵犯公民个人信息受过刑事处罚或者二年内受过行政处罚,又非法购买、收受公民个人信息的;

(三)其他情节严重的情形。

实施前款规定的行为,将购买、收受的公民个人信息非法出售或者提供的,定罪量刑标准适用本解释第五条的规定。

第七条 单位犯刑法第二百五十三条之一规定之罪的,依照本解释规定的相应自然人犯罪的定罪量刑标准,对直接负责的主管人员和其他直接责任人员定罪处罚,并对单位判处罚金。

第八条 设立用于实施非法获取、出售或者提供公民个人信息违法犯罪活动的网站、通讯群组,情节严重的,应当依照刑法第二百八十七条之一的规定,以非法利用信息网络罪定罪处罚;同时构成侵犯公民个人信息罪的,依照侵犯公民个人信息罪定罪处罚。

第九条 网络服务提供者拒不履行法律、行政法规规定的信息网络安全管理义务,经监管部门责令采取改正措施而拒不改正,致使用户的公民个人信息泄露,造成严重后果的,应当依照刑法第二百八十六条之一的规定,以拒不履行信息网络安全管理义务罪定罪处罚。

第十条 实施侵犯公民个人信息犯罪,不属于"情节特别严重",行为人系初犯,全部退赃,并确有悔罪表现的,可以认定为情节轻微,不起诉或者免予刑事处罚;确有必要判处刑罚的,应当从宽处罚。

第十一条 非法获取公民个人信息后又出售或者提供的,公民个人信息的条数不重复计算。

向不同单位或者个人分别出售、提供同一公民个人信息的，公民个人信息的条数累计计算。

对批量公民个人信息的条数，根据查获的数量直接认定，但是有证据证明信息不真实或者重复的除外。

第十二条　对于侵犯公民个人信息犯罪，应当综合考虑犯罪的危害程度、犯罪的违法所得数额以及被告人的前科情况、认罪悔罪态度等，依法判处罚金。罚金数额一般在违法所得的一倍以上五倍以下。

第十三条　本解释自2017年6月1日起施行。

最高人民法院、最高人民检察院、公安部关于办理电信网络诈骗等刑事案件适用法律若干问题的意见

- 2016年12月19日
- 法发〔2016〕32号

为依法惩治电信网络诈骗等犯罪活动，保护公民、法人和其他组织的合法权益，维护社会秩序，根据《中华人民共和国刑法》《中华人民共和国刑事诉讼法》等法律和有关司法解释的规定，结合工作实际，制定本意见。

一、总体要求

近年来，利用通讯工具、互联网等技术手段实施的电信网络诈骗犯罪活动持续高发，侵犯公民个人信息，扰乱无线电通讯管理秩序，掩饰、隐瞒犯罪所得、犯罪所得收益等上下游关联犯罪不断蔓延。此类犯罪严重侵害人民群众财产安全和其他合法权益，严重干扰电信网络秩序，严重破坏社会诚信，严重影响人民群众安全感和社会和谐稳定，社会危害性大，人民群众反映强烈。

人民法院、人民检察院、公安机关要针对电信网络诈骗等犯罪的特点，坚持全链条全方位打击，坚持依法从严从快惩处，坚持最大力度最大限度追赃挽损，进一步健全工作机制，加强协作配合，坚决有效遏制电信网络诈骗等犯罪活动，努力实现法律效果和社会效果的高度统一。

二、依法严惩电信网络诈骗犯罪

（一）根据《最高人民法院、最高人民检察院关于办理诈骗刑事案件具体应用法律若干问题的解释》第一条的规定，利用电信网络技术手段实施诈骗，诈骗公私财物价值三千元以上、三万元以上、五十万元以上的，应当分别认定为刑法第二百六十六条规定的"数额较大""数额巨大""数额特别巨大"。

二年内多次实施电信网络诈骗未经处理，诈骗数额累计计算构成犯罪的，应当依法定罪处罚。

（二）实施电信网络诈骗犯罪，达到相应数额标准，具有下列情形之一的，酌情从重处罚：

1. 造成被害人或其近亲属自杀、死亡或者精神失常等严重后果的；
2. 冒充司法机关等国家机关工作人员实施诈骗的；
3. 组织、指挥电信网络诈骗犯罪团伙的；
4. 在境外实施电信网络诈骗的；
5. 曾因电信网络诈骗犯罪受过刑事处罚或者二年内曾因电信网络诈骗受过行政处罚的；
6. 诈骗残疾人、老年人、未成年人、在校学生、丧失劳动能力人的财物，或者诈骗重病患者及其亲属财物的；
7. 诈骗救灾、抢险、防汛、优抚、扶贫、移民、救济、医疗等款物的；
8. 以赈灾、募捐等社会公益、慈善名义实施诈骗的；
9. 利用电话追呼系统等技术手段严重干扰公安机关等部门工作的；
10. 利用"钓鱼网站"链接、"木马"程序链接、网络渗透等隐蔽技术手段实施诈骗的。

（三）实施电信网络诈骗犯罪，诈骗数额接近"数额巨大""数额特别巨大"的标准，具有前述第（二）条规定的情形之一的，应当分别认定为刑法第二百六十六条规定的"其他严重情节""其他特别严重情节"。

上述规定的"接近"，一般应掌握在相应数额标准的百分之八十以上。

（四）实施电信网络诈骗犯罪，犯罪嫌疑人、被告人实际骗得财物的，以诈骗罪（既遂）定罪处罚。诈骗数额难以查证，但具有下列情形之一的，应当认定为刑法第二百六十六条规定的"其他严重情节"，以诈骗罪（未遂）定罪处罚：

1. 发送诈骗信息五千条以上的，或者拨打诈骗电话五百人次以上的；

2.在互联网上发布诈骗信息,页面浏览量累计五千次以上的。

具有上述情形,数量达到相应标准十倍以上的,应当认定为刑法第二百六十六条规定的"其他特别严重情节",以诈骗(未遂)定罪处罚。

上述"拨打诈骗电话",包括拨出诈骗电话和接听被害人回拨电话。反复拨打、接听同一电话号码,以及反复向同一被害人发送诈骗信息的,拨打、接听电话次数、发送信息条数累计计算。

因犯罪嫌疑人、被告人故意隐匿、毁灭证据等原因,致拨打电话次数、发送信息条数的证据难以收集的,可以根据经查证属实的日拨打人次数、日发送信息条数,结合犯罪嫌疑人、被告人实施犯罪的时间、犯罪嫌疑人、被告人的供述等相关证据,综合予以认定。

(五)电信网络诈骗既有既遂,又有未遂,分别达到不同量刑幅度的,依照处罚较重的规定处罚;达到同一量刑幅度的,以诈骗罪既遂处罚。

(六)对实施电信网络诈骗犯罪的被告人裁量刑罚,在确定量刑起点、基准刑时,一般应就高选择。确定宣告刑时,应当综合全案事实情节,准确把握从重、从轻量刑情节的调节幅度,保证罪责刑相适应。

(七)对实施电信网络诈骗犯罪的被告人,应当严格控制适用缓刑的范围,严格掌握适用缓刑的条件。

(八)对实施电信网络诈骗犯罪的被告人,应当更加注重依法适用财产刑,加大经济上的惩罚力度,最大限度剥夺被告人再犯的能力。

三、全面惩处关联犯罪

(一)在实施电信网络诈骗活动中,非法使用"伪基站""黑广播",干扰无线电通讯秩序,符合刑法第二百八十八条规定的,以扰乱无线电通讯管理秩序罪追究刑事责任。同时构成诈骗罪的,依照处罚较重的规定定罪处罚。

(二)违反国家有关规定,向他人出售或者提供公民个人信息,窃取或者以其他方法非法获取公民个人信息,符合刑法第二百五十三条之一规定的,以侵犯公民个人信息罪追究刑事责任。

使用非法获取的公民个人信息,实施电信网络诈骗犯罪行为,构成数罪的,应当依法予以并罚。

(三)冒充国家机关工作人员实施电信网络诈骗犯罪,同时构成诈骗罪和招摇撞骗罪的,依照处罚较重的规定定罪处罚。

(四)非法持有他人信用卡,没有证据证明从事电信网络诈骗犯罪活动,符合刑法第一百七十七条之一第一款第(二)项规定的,以妨害信用卡管理罪追究刑事责任。

(五)明知是电信网络诈骗犯罪所得及其产生的收益,以下列方式之一予以转账、套现、取现的,依照刑法第三百一十二条第一款的规定,以掩饰、隐瞒犯罪所得、犯罪所得收益罪追究刑事责任。但有证据证明确实不知道的除外:

1.通过使用销售点终端机具(POS机)刷卡套现等非法途径,协助转换或者转移财物的;

2.帮助他人将巨额现金散存于多个银行账户,或在不同银行账户之间频繁划转的;

3.多次使用或者使用多个非本人身份证明开设的信用卡、资金支付结算账户或者多次采用遮蔽摄像头、伪装等异常手段,帮助他人转账、套现、取现的;

4.为他人提供非本人身份证明开设的信用卡、资金支付结算账户后,又帮助他人转账、套现、取现的;

5.以明显异于市场的价格,通过手机充值、交易游戏点卡等方式套现的。

实施上述行为,事前通谋的,以共同犯罪论处。

实施上述行为,电信网络诈骗犯罪嫌疑人尚未到案或案件尚未依法裁判,但现有证据足以证明该犯罪行为确实存在的,不影响掩饰、隐瞒犯罪所得、犯罪所得收益罪的认定。

实施上述行为,同时构成其他犯罪的,依照处罚较重的规定定罪处罚。法律和司法解释另有规定的除外。

(六)网络服务提供者不履行法律、行政法规规定的信息网络安全管理义务,经监管部门责令采取改正措施而拒不改正,致使诈骗信息大量传播,或者用户信息泄露造成严重后果的,依照刑法第二百八十六条之一的规定,以拒不履行信息网络安全管理义务罪追究刑事责任。同时构成诈骗罪的,依照处罚较重的规定定罪处罚。

(七)实施刑法第二百八十七条之一、第二百八十七条之二规定之行为,构成非法利用信息网络罪、帮助信息网络犯罪活动罪,同时构成诈骗罪的，依照处罚较重的规定定罪处罚。

（八）金融机构、网络服务提供者、电信业务经营者等在经营活动中，违反国家有关规定，被电信网络诈骗犯罪分子利用，使他人遭受财产损失的，依法承担相应责任。构成犯罪的，依法追究刑事责任。

四、准确认定共同犯罪与主观故意

（一）三人以上为实施电信网络诈骗犯罪而组成的较为固定的犯罪组织，应依法认定为诈骗犯罪集团。对组织、领导犯罪集团的首要分子，按照集团所犯的全部罪行处罚。对犯罪集团中组织、指挥、策划者和骨干分子依法从严惩处。

对犯罪集团中起次要、辅助作用的从犯，特别是在规定期限内投案自首、积极协助抓获主犯、积极协助追赃的，依法从轻或减轻处罚。

对犯罪集团首要分子以外的主犯，应当按照其所参与的或者组织、指挥的全部犯罪处罚。全部犯罪包括能够查明具体诈骗数额的事实和能够查明发送诈骗信息条数、拨打诈骗电话人次数、诈骗信息网页浏览次数的事实。

（二）多人共同实施电信网络诈骗，犯罪嫌疑人、被告人应对其参与期间诈骗团伙实施的全部诈骗行为承担责任。在其所参与的犯罪环节中起主要作用的，可以认定为主犯；起次要作用的，可以认定为从犯。

上述规定的"参与期间"，从犯罪嫌疑人、被告人着手实施诈骗行为开始起算。

（三）明知他人实施电信网络诈骗犯罪，具有下列情形之一的，以共同犯罪论处，但法律和司法解释另有规定的除外：

1. 提供信用卡、资金支付结算账户、手机卡、通讯工具的；
2. 非法获取、出售、提供公民个人信息的；
3. 制作、销售、提供"木马"程序和"钓鱼软件"等恶意程序的；
4. 提供"伪基站"设备或相关服务的；
5. 提供互联网接入、服务器托管、网络存储、通讯传输等技术支持，或者提供支付结算等帮助的；
6. 在提供改号软件、通话线路等技术服务时，发现主叫号码被修改为国内党政机关、司法机关、公共服务部门号码，或者境外用户改为境内号码，仍提供服务的；
7. 提供资金、场所、交通、生活保障等帮助的；
8. 帮助转移诈骗犯罪所得及其产生的收益，套现、取现的。

上述规定的"明知他人实施电信网络诈骗犯罪"，应当结合被告人的认知能力，既往经历，行为次数和手段，与他人关系，获利情况，是否曾因电信网络诈骗受过处罚，是否故意规避调查等主客观因素进行综合分析认定。

（四）负责招募他人实施电信网络诈骗犯罪活动，或者制作、提供诈骗方案、术语清单、语音包、信息等的，以诈骗共同犯罪论处。

（五）部分犯罪嫌疑人在逃，但不影响对已到案共同犯罪嫌疑人、被告人的犯罪事实认定的，可以依法先行追究已到案共同犯罪嫌疑人、被告人的刑事责任。

五、依法确定案件管辖

（一）电信网络诈骗犯罪案件一般由犯罪地公安机关立案侦查，如果由犯罪嫌疑人居住地公安机关立案侦查更为适宜的，可以由犯罪嫌疑人居住地公安机关立案侦查。犯罪地包括犯罪行为发生地和犯罪结果发生地。

"犯罪行为发生地"包括用于电信网络诈骗犯罪的网站服务器所在地，网站建立者、管理者所在地，被侵害的计算机信息系统或其管理者所在地，犯罪嫌疑人、被害人使用的计算机信息系统所在地，诈骗电话、短信息、电子邮件等的拨打地、发送地、到达地、接受地，以及诈骗行为持续发生的实施地、预备地、开始地、途经地、结束地。

"犯罪结果发生地"包括被害人被骗时所在地，以及诈骗所得财物的实际取得地、藏匿地、转移地、使用地、销售地等。

（二）电信网络诈骗最初发现地公安机关侦办的案件，诈骗数额当时未达到"数额较大"标准，但后续累计达到"数额较大"标准，可由最初发现地公安机关立案侦查。

（三）具有下列情形之一的，有关公安机关可以在其职责范围内并案侦查：

1. 一人犯数罪的；
2. 共同犯罪的；
3. 共同犯罪的犯罪嫌疑人还实施其他犯罪的；
4. 多个犯罪嫌疑人实施的犯罪存在直接关联，并案处理有利于查明案件事实的。

（四）对因网络交易、技术支持、资金支付结算等关系形成多层级链条、跨区域的电信网络诈骗等犯罪案件，可由共同上级公安机关按照有利于查清犯罪事实、有利于诉讼的原则，指定有关公安机关立案侦查。

（五）多个公安机关都有权立案侦查的电信网络诈骗等犯罪案件，由最初受理的公安机关或者主要犯罪地公安机关立案侦查。有争议的，按照有利于查清犯罪事实、有利于诉讼的原则，协商解决。经协商无法达成一致的，由共同上级公安机关指定有关公安机关立案侦查。

（六）在境外实施的电信网络诈骗等犯罪案件，可由公安部按照有利于查清犯罪事实、有利于诉讼的原则，指定有关公安机关立案侦查。

（七）公安机关立案、并案侦查，或因有争议，由共同上级公安机关指定立案侦查的案件，需要提请批准逮捕、移送审查起诉、提起公诉的，由该公安机关所在地的人民检察院、人民法院受理。

对重大疑难复杂案件和境外案件，公安机关应在指定立案侦查前，向同级人民检察院、人民法院通报。

（八）已确定管辖的电信诈骗共同犯罪案件，在逃的犯罪嫌疑人归案后，一般由原管辖的公安机关、人民检察院、人民法院管辖。

六、证据的收集和审查判断

（一）办理电信网络诈骗案件，确因被害人人数众多等客观条件的限制，无法逐一收集被害人陈述的，可以结合已收集的被害人陈述，以及经查证属实的银行账户交易记录、第三方支付结算账户交易记录、通话记录、电子数据等证据，综合认定被害人数及诈骗资金数额等犯罪事实。

（二）公安机关采取技术侦查措施收集的案件证明材料，作为证据使用的，应当随案移送批准采取技术侦查措施的法律文书和所收集的证据材料，并对其来源等作出书面说明。

（三）依照国际条约、刑事司法协助、互助协议或平等互助原则，请求证据材料所在地司法机关收集，或通过国际警务合作机制、国际刑警组织启动合作取证程序收集的境外证据材料，经查证属实，可以作为定案的依据。公安机关应对其来源、提取人、提取时间或者提供人、提供时间以及保管移交的过程等作出说明。

对其他来自境外的证据材料，应当对其来源、提供人、提供时间以及提取人、提取时间进行审查。能够证明案件事实且符合刑事诉讼法规定的，可以作为证据使用。

七、涉案财物的处理

（一）公安机关侦办电信网络诈骗案件，应当随案移送涉案赃款赃物，并附清单。人民检察院提起公诉时，应一并移交受理案件的人民法院，同时就涉案赃款赃物的处理提出意见。

（二）涉案银行账户或者涉案第三方支付账户内的款项，对权属明确的被害人的合法财产，应当及时返还。确因客观原因无法查实全部被害人，但有证据证明该账户系用于电信网络诈骗犯罪，且被告人无法说明款项合法来源的，根据刑法第六十四条的规定，应认定为违法所得，予以追缴。

（三）被告人已将诈骗财物用于清偿债务或者转让给他人，具有下列情形之一的，应依法追缴：

1. 对方明知是诈骗财物而收取的；
2. 对方无偿取得诈骗财物的；
3. 对方以明显低于市场的价格取得诈骗财物的；
4. 对方取得诈骗财物系源于非法债务或者违法犯罪活动的。

他人善意取得诈骗财物的，不予追缴。

最高人民法院、最高人民检察院、公安部关于办理电信网络诈骗等刑事案件适用法律若干问题的意见（二）

· 2021 年 6 月 17 日
· 法发〔2021〕22 号

为进一步依法严厉惩治电信网络诈骗犯罪，对其上下游关联犯罪实行全链条、全方位打击，根据《中华人民共和国刑法》《中华人民共和国刑事诉讼法》等法律和有关司法解释的规定，针对司法实践中出现的新的突出问题，结合工作实际，制定本意见。

一、电信网络诈骗犯罪地，除《最高人民法院、最高人民检察院、公安部关于办理电信网络诈骗等刑事案件适用法律若干问题的意见》规定的犯罪行为发生地和结果发生地外，还包括：

（一）用于犯罪活动的手机卡、流量卡、物联网卡的开立地、销售地、转移地、藏匿地；

（二）用于犯罪活动的信用卡的开立地、销售地、转移地、藏匿地、使用地以及资金交易对手资金交付和汇出地；

（三）用于犯罪活动的银行账户、非银行支付账户的开立地、销售地、使用地以及资金交易对手资金交付和汇出地；

（四）用于犯罪活动的即时通讯信息、广告推广信息的发送地、接受地、到达地；

（五）用于犯罪活动的"猫池"（Modem Pool）、GOIP设备、多卡宝等硬件设备的销售地、入网地、藏匿地；

（六）用于犯罪活动的互联网账号的销售地、登录地。

二、为电信网络诈骗犯罪提供作案工具、技术支持等帮助以及掩饰、隐瞒犯罪所得及其产生的收益，由此形成多层级犯罪链条的，或者利用同一网站、通讯群组、资金账户、作案窝点实施电信网络诈骗犯罪的，应当认定为多个犯罪嫌疑人、被告人实施的犯罪存在关联，人民法院、人民检察院、公安机关可以在其职责范围内并案处理。

三、有证据证实行为人参加境外诈骗犯罪集团或犯罪团伙，在境外针对境内居民实施电信网络诈骗犯罪行为，诈骗数额难以查证，但一年内出境赴境外诈骗犯罪窝点累计时间30日以上或多次出境赴境外诈骗犯罪窝点的，应当认定为刑法第二百六十六条规定的"其他严重情节"，以诈骗罪依法追究刑事责任。有证据证明其出境从事正当活动的除外。

四、无正当理由持有他人的单位结算卡的，属于刑法第一百七十七条之一第一款第（二）项规定的"非法持有他人信用卡"。

五、非法获取、出售、提供具有信息发布、即时通讯、支付结算等功能的互联网账号密码、个人生物识别信息，符合刑法第二百五十三条之一规定的，以侵犯公民个人信息罪追究刑事责任。

对批量持有互联网账号密码、个人生物识别信息的条数，根据查获的数量直接认定，但有证据证明信息不真实或者重复的除外。

六、在网上注册办理手机卡、信用卡、银行账户、非银行支付账户时，通过网上认证，使用他人身份证件信息并替换他人身份证件相片，属于伪造身份证件行为，符合刑法第二百八十条第三款规定的，以伪造身份证件罪追究刑事责任。

使用伪造、变造的身份证件或者盗用他人身份证件办理手机卡、信用卡、银行账户、非银行支付账户，符合刑法第二百八十条之一第一款规定的，以使用虚假身份证件、盗用身份证件罪追究刑事责任。

实施上述两款行为，同时构成其他犯罪的，依照处罚较重的规定定罪处罚。法律和司法解释另有规定的除外。

七、为他人利用信息网络实施犯罪而实施下列行为，可以认定为刑法第二百八十七条之二规定的"帮助"行为：

（一）收购、出售、出租信用卡、银行账户、非银行支付账户，具有支付结算功能的互联网账号密码、网络支付接口、网上银行数字证书的；

（二）收购、出售、出租他人手机卡、流量卡、物联网卡的。

八、认定刑法第二百八十七条之二规定的行为人明知他人利用信息网络实施犯罪，应当根据行为人收购、出售、出租前述第七条规定的信用卡、银行账户、非银行支付账户，具有支付结算功能的互联网账号密码、网络支付接口、网上银行数字证书，或者他人手机卡、流量卡、物联网卡等的次数、张数、个数，并结合行为人的认知能力、既往经历、交易对象、与实施信息网络犯罪的行为人的关系、提供技术支持或者帮助的时间和方式、获利情况以及行为人的供述等主客观因素，予以综合认定。

收购、出售、出租单位银行结算账户、非银行支付机构单位支付账户，或者电信、银行、网络支付等行业从业人员利用履行职责或提供服务便利，非法开办并出售、出租他人手机卡、信用卡、银行账户、非银行支付账户等的，可以认定为《最高人民法院、最高人民检察院关于办理非法利用信息网络、帮助信息网络犯罪活动等刑事案件适用法律若干问题的解释》第十一条第（七）项规定的"其他足以认定行为人明知的情形"。但有相反证据的除外。

九、明知他人利用信息网络实施犯罪，为其犯罪提供下列帮助之一的，可以认定为《最高人民法院、最高人民检察院关于办理非法利用信息网络、

帮助信息网络犯罪活动等刑事案件适用法律若干问题的解释》第十二条第一款第(七)项规定的"其他情节严重的情形":

(一)收购、出售、出租信用卡、银行账户、非银行支付账户,具有支付结算功能的互联网账号密码、网络支付接口、网上银行数字证书 5 张(个)以上的;

(二)收购、出售、出租他人手机卡、流量卡、物联网卡 20 张以上的。

十、电商平台预付卡、虚拟货币、手机充值卡、游戏点卡、游戏装备等经销商,在公安机关调查案件过程中,被明确告知其交易对象涉嫌电信网络诈骗犯罪,仍与其继续交易,符合刑法第二百八十七条之二规定的,以帮助信息网络犯罪活动罪追究刑事责任。同时构成其他犯罪的,依照处罚较重的规定定罪处罚。

十一、明知是电信网络诈骗犯罪所得及其产生的收益,以下列方式之一予以转账、套现、取现,符合刑法第三百一十二条第一款规定的,以掩饰、隐瞒犯罪所得、犯罪所得收益罪追究刑事责任。但有证据证明确实不知道的除外。

(一)多次使用或者使用多个非本人身份证明开设的收款码、网络支付接口等,帮助他人转账、套现、取现的;

(二)以明显异于市场的价格,通过电商平台预付卡、虚拟货币、手机充值卡、游戏点卡、游戏装备等转换财物、套现的;

(三)协助转换或者转移财物,收取明显高于市场的"手续费"的。

实施上述行为,事前通谋的,以共同犯罪论处;同时构成其他犯罪的,依照处罚较重的规定定罪处罚。法律和司法解释另有规定的除外。

十二、为他人实施电信网络诈骗犯罪提供技术支持、广告推广、支付结算等帮助,或者窝藏、转移、收购、代为销售及以其他方法掩饰、隐瞒电信网络诈骗犯罪所得及其产生的收益,诈骗犯罪行为可以确认,但实施诈骗的行为人尚未到案,可以依法先行追究已到案的上述犯罪嫌疑人、被告人的刑事责任。

十三、办案地公安机关可以通过公安机关信息化系统调取异地公安机关依法制作、收集的刑事案件受案登记表、立案决定书、被害人陈述等证据材料。调取时不得少于两名侦查人员,并应记载调取的时间、使用的信息化系统名称等相关信息,调取人签名并加盖办案地公安机关印章。经审核证明真实的,可以作为证据使用。

十四、通过国(区)际警务合作收集或者境外警方移交的境外证据材料,确因客观条件限制,境外警方未提供相关证据的发现、收集、保管、移交情况等材料的,公安机关应当对上述证据材料的来源、移交过程以及种类、数量、特征等作出书面说明,由两名以上侦查人员签名并加盖公安机关印章。经审核能够证明案件事实的,可以作为证据使用。

十五、对境外司法机关抓获并羁押的电信网络诈骗犯罪嫌疑人,在国内接受审判的,境外的羁押期限可以折抵刑期。

十六、办理电信网络诈骗犯罪案件,应当充分贯彻宽严相济刑事政策。在侦查、审查起诉、审判过程中,应当全面收集证据,准确甄别犯罪嫌疑人、被告人在共同犯罪中的层级地位及作用大小,结合其认罪态度和悔罪表现,区别对待,宽严并用,科学量刑,确保罚当其罪。

对于电信网络诈骗犯罪集团、犯罪团伙的组织者、策划者、指挥者和骨干分子,以及利用未成年人、在校学生、老年人、残疾人实施电信网络诈骗的,依法从严惩处。

对于电信网络诈骗犯罪集团、犯罪团伙中的从犯,特别是其中参与时间相对较短、诈骗数额相对较低或者从事辅助性工作并领取少量报酬,以及初犯、偶犯、未成年人、在校学生等,应当综合考虑其在共同犯罪中的地位作用、社会危害程度、主观恶性、人身危险性、认罪悔罪表现等情节,可以依法从轻、减轻处罚。犯罪情节轻微的,可以依法不起诉或者免予刑事处罚;情节显著轻微危害不大的,不以犯罪论处。

十七、查扣的涉案账户内资金,应当优先返还被害人,如不足以全额返还的,应当按照比例返还。

九、扫黑除恶

中华人民共和国反有组织犯罪法

- 2021年12月24日第十三届全国人民代表大会常务委员会第三十二次会议通过
- 2021年12月24日中华人民共和国主席令第101号公布
- 自2022年5月1日起施行

理解与适用

2021年12月24日,中华人民共和国第十三届全国人民代表大会常务委员会第三十二次会议通过《中华人民共和国反有组织犯罪法》(以下简称《反有组织犯罪法》),自2022年5月1日起施行。《反有组织犯罪法》系统总结扫黑除恶专项斗争实践经验,保障在法治轨道上常态化开展扫黑除恶工作。

《反有组织犯罪法》共九章七十七条,包括总则、预防和治理、案件办理、涉案财产认定和处置、国家工作人员涉有组织犯罪的处理、国际合作、保障措施、法律责任等章。

《反有组织犯罪法》主要规定了五个方面的内容:

(一)将党中央决策部署转化为法律,写入总则

一是规定了立法宗旨、指导思想、基本原则。二是规定了有组织犯罪概念。将有组织犯罪限定为组织、领导、参加黑社会性质组织犯罪,以及黑社会性质组织、恶势力组织实施的犯罪。此外,将恶势力组织上升为法律概念,规定了信息网络有组织犯罪的认定标准。

(二)突出防治要求和责任

一是规定了预防政策和预防主体。明确了承担预防和治理工作的主体及其职责,综合运用法律、经济、行政、科技等手段,加强源头治理,依法建立健全科学高效的有组织犯罪预防和治理体系。二是规定了一般预防措施与特殊预防措施。明确了宣传教育、基层组织预防、行业监管等一般预防措施。同时,针对国内外有组织犯罪的发展态势和跨境有组织犯罪的危害性,强调对境外黑社会组织入境渗透、发展的严格防控。三是规定了相关法律责任。明确了具有防范义务的责任主体未尽职责时应承担的责任,明确单位和个人报案、控告、举报和救济的权利。同时,对部分危害较轻的行为,不作为犯罪处理,以实现分化瓦解、教育挽救的目的。

(三)规范情报线索处置、案件办理机制

一是确立了线索统一归口管理模式。规定核查阶段可对嫌疑财产采取紧急处置措施,对重点嫌疑人可限制出入境。同时,充分考虑保障当事人合法权益不受侵害,对相关措施设置了严格的审批程序。二是充分体现了从严打击有组织犯罪的要求。规定了软暴力手段认定、侦查措施授权、证据综合运用、特殊组织成员处理、财产刑适用等内容。为多举措降低再犯可能性,规定了减刑、假释的从严控制要求,将财产刑执行情况和配合处置涉案财产情况与减刑、假释挂钩,并对从业禁止、异地服刑、社区矫正等作了专门规定。三是规定了国际合作。规定了合作原则、合作部门及合作中取得证据材料的效力问题。

(四)固化"打财断血""打伞破网"经验做法

一是规定了涉案财产调查相关制度。规定在侦查起诉阶段,应当全面调查涉案财产状况,金融机构等有关单位应当在法定时限内协助配合;在审判阶段,人民法院应当准确认定涉案财产权属性质。二是规定了对涉案财产的处理措施。三是规定了对国家工作人员涉有组织犯罪的查处。将查办国家工作人员涉有组织犯罪明确为反有组织犯罪工作重点,构建国家工作人员涉有

组织犯罪线索移送制度,明确从重处罚和从重处分情形;对于针对从事反有组织犯罪工作的执法、司法人员的举报,规定审慎原则。

(五)明确相关保障制度

一是规定了组织保障。规定公安机关和有关部门应当建立反有组织犯罪工作专门力量,提升反有组织犯罪工作能力。二是规定了制度保障。规定对证人的特殊保护制度。三是规定了物质保障。规定国务院和县级以上地方各级人民政府应当按照事权划分,将反有组织犯罪工作经费列入财政预算。

第一章 总 则

第一条 【立法目的】为了预防和惩治有组织犯罪,加强和规范反有组织犯罪工作,维护国家安全、社会秩序、经济秩序,保护公民和组织的合法权益,根据宪法,制定本法。

第二条 【有组织犯罪、恶势力组织的概念及境外黑社会组织的法律适用】本法所称有组织犯罪,是指《中华人民共和国刑法》第二百九十四条规定的组织、领导、参加黑社会性质组织犯罪,以及黑社会性质组织、恶势力组织实施的犯罪。

本法所称恶势力组织,是指经常纠集在一起,以暴力、威胁或者其他手段,在一定区域或者行业领域内多次实施违法犯罪活动,为非作恶,欺压群众,扰乱社会秩序、经济秩序,造成较为恶劣的社会影响,但尚未形成黑社会性质组织的犯罪组织。

境外的黑社会组织到中华人民共和国境内发展组织成员、实施犯罪,以及在境外对中华人民共和国国家或者公民犯罪的,适用本法。

注释 本法所称有组织犯罪,是指《刑法》第二百九十四条规定的组织、领导、参加黑社会性质组织犯罪,以及黑社会性质组织、恶势力组织实施的犯罪。具体包括三个方面的犯罪:

一是《刑法》第二百九十四条规定的组织、领导、参加黑社会性质组织犯罪,即《刑法》第二百九十四条第一款规定的犯罪。具体包括组织黑社会性质组织、领导黑社会性质组织、参加黑社会性质组织三种犯罪行为。

二是黑社会性质组织实施的犯罪,即黑社会性质组织实施的刑法规定的具体犯罪。包括黑社会性质组织的组织者、领导者直接组织、策划、指挥、参与实施的犯罪;为该组织争夺势力范围、打击竞争对手、形成强势地位、谋取经济利益、树立非法权威、扩大非法影响、寻求非法保护、增强犯罪能力等实施的犯罪;黑社会性质组织成员为逞强称霸、插手纠纷、报复他人、替人行凶、非法敛财而实施的犯罪等。

三是恶势力组织实施的犯罪,即恶势力组织实施的刑法规定的具体犯罪。

实务问答 1. 黑社会性质组织的特征是什么?

《刑法》第二百九十四条第五款在有关法律解释的基础上作了规定,具体包括四个方面的特征:

(1)组织特征,即形成较稳定的犯罪组织,人数较多,有明确的组织者、领导者,骨干成员基本固定。形成较稳定的犯罪组织,主要是指组织形成后,在一定时期内持续存在。对于存在、发展时间短、犯罪活动尚不突出的,或者本条第二款规定的尚未形成黑社会性质组织的恶势力组织,或者为了某一具体目的而形成的犯罪集团等,都不属于黑社会性质组织。

(2)经济特征,即有组织地通过违法犯罪活动或者其他手段获取经济利益,具有一定的经济实力,以支持该组织的活动。有组织地通过违法犯罪活动或者其他手段获取经济利益,主要是指有组织地通过违法犯罪活动或者其他不正当手段获取经济利益;由组织成员提供或者通过其他单位、组织、个人的资助获取经济利益,也包括通过合法的经营活动获取经济利益。具有一定的经济实力,既包括通过上述方式获取一定数量的经济利益,也包括可以调动一定规模的经济资源用以支持该组织活动的能力。

(3)行为特征,即以暴力、威胁或者其他手段,有组织地多次进行违法犯罪活动,为非作恶,欺压、残害群众。使用暴力、威胁手段是黑社会性质组织实施违法犯罪活动的基本手段。对于一些暴力、威胁色彩虽不十分明显,但实际是以组织的势力、影响和能力为依托,以暴力、威胁的现实可能性为基础,对他人形成心理强制,足以限制人身自由、危及人身财产安全,影响正常社会秩序、经济秩序的手段,如有组织地进行滋扰、纠缠、哄闹、聚众造势等"软暴力"手段,根据本法第二十三条第二款的规定,可以认定为有组织犯罪的犯罪手段。有组织地多次进行违法犯罪活动,为非作恶,欺压、残害群众,主要是指为确立、维持、扩大组织的势力、影响、利益或者按照组织要求多次实施违法犯罪活动,侵犯不特定多数人的人身权利、民主权利、财产权利,破坏经济秩序、社会秩序。

(4)危害性特征,即通过实施违法犯罪活动,或者利用国家工作人员的包庇或者纵容,称霸一方,在一定区域或者行业内,形成非法控制或者重大影响,严重破坏经济、社会生活秩序。在一定区域或者行业内,形成非法控制或者重大影响,严重破坏经济、社会生活秩序,包括对一定行业的生产、经营形成垄断,或者对涉及一定行业的准入、经营、竞争等经济活动形成重要影响;插手民间纠纷、经济纠纷,在相关区域或者行业内造成严重影响的;干扰、破坏他人正常生产、经营、生活,并在相关区域或者行业内造成严重影响的;利用组织的势力、影响,帮助组织成员或他人获取政治地位,或者在党政机关、基层组织中担任一定职务的;等等。

犯罪组织应当同时具备上述四个方面的特征,才能认定为黑社会性质组织。

2. 恶势力组织的特征是什么?

对恶势力组织的特征,可以从三个方面的具体特征和一个总体特征来把握:

三个方面的具体特征:

(1)组织特征,即经常纠集在一起,具有一定的组织性。这是恶势力组织区别于为特定犯罪目的临时形成的犯罪组织的特征。根据《最高人民法院、最高人民检察院、公安部、司法部关于办理恶势力刑事案件若干问题的意见》,恶势力一般为3人以上,纠集者相对固定。纠集者,是指在恶势力实施的违法犯罪活动中起组织、策划、指挥作用的违法犯罪分子。

(2)行为特征,即以暴力、威胁或者其他手段,在一定区域或者行业领域内多次实施违法犯罪活动,为非作恶,欺压群众。暴力、威胁也是恶势力组织实施犯罪的基本手段,"其他手段"也包括本法第二十三条第二款规定的"软暴力"手段。"行业领域"既包括交通运输、资源开采、集贸市场等合法行业,也包括黄赌毒等非法领域。"多次实施违法犯罪活动",根据《最高人民法院、最高人民检察院、公安部、司法部关于办理恶势力刑事案件若干问题的意见》,是指在2年之内,以暴力、威胁或者其他手段,在一定区域或者行业内多次实施违法犯罪活动,且包括纠集者在内,至少应有2名相同的成员多次参与实施违法犯罪活动。

(3)危害性特征,即扰乱社会秩序、经济秩序,造成较为恶劣的社会影响。恶势力犯罪集团应当具备"为非作恶、欺压百姓"特征,其行为"造成较为恶劣的社会影响",因而实施违法犯罪活动必然具有一定的公然性,且手段应具有较严重的强迫性、压制性。普通犯罪集团实施犯罪活动如仅为牟取不法经济利益,缺乏造成较为恶劣社会影响的意图,在行为方式的公然性、犯罪手段的强迫压制程度等方面与恶势力犯罪集团存在区别,可按犯罪集团处理,但不应认定为恶势力犯罪集团。(最高人民法院指导案例187号:吴强等敲诈勒索、抢劫、故意伤害案)

一个总体特征是尚未形成黑社会性质组织。即恶势力组织在组织上还不及黑社会性质组织严密稳定,在行为上不及黑社会性质组织恶劣,在危害性上不及黑社会性质组织的非法控制或者重大影响,更不具备黑社会性质组织的经济特征。从犯罪组织发展的规律来看,恶势力组织是黑社会性质组织的前身、雏形,如果不加以打击惩治,很可能在一段时期后发展为黑社会性质组织。

链接《刑法》第294条;《全国人民代表大会常务委员会关于〈中华人民共和国刑法〉第二百九十四条第一款的解释》;《最高人民法院、最高人民检察院、公安部、司法部关于办理恶势力刑事案件若干问题的意见》第4-12条

第三条 【反有组织犯罪工作方针】反有组织犯罪工作应当坚持总体国家安全观,综合运用法律、经济、科技、文化、教育等手段,建立健全反有组织犯罪工作机制和有组织犯罪预防治理体系。

第四条 【反有组织犯罪工作原则】反有组织犯罪工作应当坚持专门工作与群众路线相结合,坚持专项治理与系统治理相结合,坚持与反腐败相结合,坚持与加强基层组织建设相结合,惩防并举、标本兼治。

实务问答 反有组织犯罪的工作原则是什么?

一是反有组织犯罪工作应当坚持专门工作与群众路线相结合。黑恶势力犯罪对人民生命财产安全和获得感、幸福感造成严重威胁,与有组织犯

罪作斗争,必须坚持以人民为中心的发展思想,践行"一切为了群众、一切依靠群众""从群众中来,到群众中去"的群众路线,实行专门工作与群众路线相结合。专项斗争的实践证明,这是我们克敌制胜的重要法宝,具有鲜明的中国特色,是做好反有组织犯罪工作必须长期坚持的重要原则。《国家安全法》第九条规定,维护国家安全,应当坚持预防为主、标本兼治,专门工作与群众路线相结合,充分发挥专门机关和其他有关机关维护国家安全的职能作用,广泛动员公民和组织,防范、制止和依法惩治危害国家安全的行为。《刑事诉讼法》第六条中规定,人民法院、人民检察院和公安机关进行刑事诉讼,必须依靠群众。本条规定的这一原则与国家安全法和刑事诉讼法的规定是衔接一致的。

二是反有组织犯罪工作应当坚持专项治理与系统治理相结合。"专项治理"是指针对黑恶势力犯罪活动滋生和蔓延的具体领域、具体问题,精准施策,"靶向治疗",解决突出问题,化解风险隐患。"系统治理"是指从犯罪控制和社会治理的全局着眼,综合运用多种措施手段,从源头上减少和预防有组织犯罪。专项治理与系统治理相结合的原则,体现了整体与局部并重,当前与长远相结合的辩证思维,有利于实现长治久安。本法第二章关于预防和治理的规定,特别是关于重点行业治理的规定体现了这一原则。

三是反有组织犯罪工作应当坚持与反腐败相结合。我国的社会治理体系和政府与社会的关系与西方不同,从多年来扫黑除恶斗争的实践经验来看,虽然"保护伞"的存在不是认定黑社会性质组织的必要条件,但黑恶势力的发展壮大,离不开掌握相关领域公权力的公职人员的包庇纵容甚至参与。扫黑除恶专项斗争取得胜利的重要经验,就是坚持政法机关与纪检监察机关密切协作配合,对黑恶势力与保护伞"一案双查"。

四是反有组织犯罪工作应当坚持与加强基层组织建设相结合。这里规定的"基层组织",是指基层群众性自治组织,即村民委员会、居民委员会。

五是反有组织犯罪工作应当惩防并举、标本兼治。这一原则是指既要注重对有组织犯罪活动的依法惩治,又要重视通过多种手段进行反有组织犯罪预防治理。通过惩治和治理两手抓,实现打击和震慑"治标"与建立长效机制"治本"的结合,促进社会长治久安。本条规定的前四项原则都体现了惩防并举、标本兼治的精神。

链接《国家安全法》第9条;《刑事诉讼法》第6条;《公安机关反有组织犯罪工作规定》第3条

第五条 【依法进行反有组织犯罪工作、尊重和保障人权】反有组织犯罪工作应当依法进行,尊重和保障人权,维护公民和组织的合法权益。

第六条 【有关国家机关的反有组织犯罪工作职责】监察机关、人民法院、人民检察院、公安机关、司法行政机关以及其他有关国家机关,应当根据分工,互相配合,互相制约,依法做好反有组织犯罪工作。

有关部门应当动员、依靠村民委员会、居民委员会、企业事业单位、社会组织,共同开展反有组织犯罪工作。

第七条 【协助、配合义务及对协助、配合方给予保护】任何单位和个人都有协助、配合有关部门开展反有组织犯罪工作的义务。

国家依法对协助、配合反有组织犯罪工作的单位和个人给予保护。

第八条 【举报、表彰和奖励】国家鼓励单位和个人举报有组织犯罪。

对举报有组织犯罪或者在反有组织犯罪工作中作出突出贡献的单位和个人,按照国家有关规定给予表彰、奖励。

注释"举报"是指当事人以外的其他知情人向公安机关、人民检察院、人民法院、全国扫黑办等机关检举、揭发有组织犯罪犯罪嫌疑人的犯罪事实或者犯罪嫌疑人线索的行为。"举报有组织犯罪",是指举报与有组织犯罪相关的行为,举报的对象包括实施有组织犯罪的组织和个人,也包括有组织犯罪行为背后的"保护伞"。举报的形式是多样的,有关单位和个人可以亲自到有关部门举报,也可以通过信件、邮件、电话、网络平台举报,可以口头提出,也可以书面提出,举报可以实名,也可以匿名。

链接《宪法》第41条;《刑事诉讼法》第57条、第64条、第81条、第110—112条

第二章 预防和治理

第九条 【有组织犯罪的预防和治理工作】各级人民政府和有关部门应当依法组织开展有组

犯罪预防和治理工作,将有组织犯罪预防和治理工作纳入考评体系。

村民委员会、居民委员会应当协助人民政府以及有关部门开展有组织犯罪预防和治理工作。

第十条 【反有组织犯罪的宣传教育】承担有组织犯罪预防和治理职责的部门应当开展反有组织犯罪宣传教育,增强公民的反有组织犯罪意识和能力。

监察机关、人民法院、人民检察院、公安机关、司法行政机关应当通过普法宣传、以案释法等方式,开展反有组织犯罪宣传教育。

新闻、广播、电视、文化、互联网信息服务等单位,应当有针对性地面向社会开展反有组织犯罪宣传教育。

第十一条 【教育行政部门、学校的义务】教育行政部门、学校应当会同有关部门建立防范有组织犯罪侵害校园工作机制,加强反有组织犯罪宣传教育,增强学生防范有组织犯罪的意识,教育引导学生自觉抵制有组织犯罪,防范有组织犯罪的侵害。

学校发现有组织犯罪侵害学生人身、财产安全,妨害校园及周边秩序的,有组织犯罪组织在学生中发展成员的,或者学生参加有组织犯罪活动的,应当及时制止,采取防范措施,并向公安机关和教育行政部门报告。

第十二条 【村(居)民委员会成员候选人资格审查制度】民政部门应当会同监察机关、公安机关等有关部门,对村民委员会、居民委员会成员候选人资格进行审查,发现因实施有组织犯罪受过刑事处罚的,应当依照有关规定及时作出处理;发现有组织犯罪线索的,应当及时向公安机关报告。

第十三条 【行业预防治理的长效机制】市场监管、金融监管、自然资源、交通运输等行业主管部门应当会同公安机关,建立健全行业有组织犯罪预防和治理长效机制,对相关行业领域内有组织犯罪情况进行监测分析,对有组织犯罪易发的行业领域加强监督管理。

实务问答 有组织犯罪易发的行业领域包括哪些?

这里所说的"易发的行业领域",主要是指曾经发生黑恶势力组织犯罪或者容易发生黑恶势力组织犯罪的重点行业领域。根据2018年至2020年开展的为期三年扫黑除恶专项斗争的实践总结,易发的行业领域主要有金融放贷、工程建设、交通运输、市场流通、自然资源、生态环境、文化旅游、教育卫生、信息网络和社会治安等行业领域。相关行业领域的主管部门对本行业领域内的公司、企业、场所应当进行监测分析,对有组织犯罪易发的行业领域需要重点关注,及时发现问题,堵塞漏洞,防范黑恶势力组织犯罪。

链接《公安机关反有组织犯罪工作规定》第13条

第十四条 【监察和政法机关的意见建议】监察机关、人民法院、人民检察院、公安机关在办理案件中发现行业主管部门有组织犯罪预防和治理工作存在问题的,可以书面向相关行业主管部门提出意见建议。相关行业主管部门应当及时处理并书面反馈。

注释 监察机关、人民法院、人民检察院、公安机关提出意见建议必须是在办理案件中发现的问题,这里所说的"办理案件",主要是指监察机关办理职务违法和职务犯罪案件;人民法院审判案件;人民检察院办理检察、批准逮捕、直接受理案件的侦查、提起公诉案件;公安机关办理侦查、拘留、执行逮捕、预审案件。

监察机关、人民法院、人民检察院、公安机关可以书面向相关行业主管部门提出意见建议。这里所说的"书面向相关行业主管部门提出意见建议",主要是指扫黑除恶专项斗争的"三书一函",即监察机关的监察建议书、人民法院的司法建议书、人民检察院的检察建议书、公安机关的公安提示函。

"及时处理",就是要求相关行业主管部门在收到"三书一函"建议后,应当高度重视,认真核实,对存在的问题切实整改落实,对于不存在问题的要及时予以说明。"书面反馈",就是要求相关行业主管部门不仅对"三书一函"提出的意见建议切实落实,还要在落实以后以书面形式反馈给提出意见建议的监察机关、人民法院、人民检察院、公安机关。

链接《监察法》第4条;《刑事诉讼法》第4条;《公安机关反有组织犯罪工作规定》第14-18条

第十五条 【重点区域、行业领域、场所的预防治理】公安机关可以会同有关部门根据本地有组织犯罪情况,确定预防和治理的重点区域、行业领域或者场所。

重点区域、行业领域或者场所的管理单位应当采取有效措施,加强管理,并及时将工作情况向公安机关反馈。

注释 "根据本地有组织犯罪情况",主要是指根据本区域、行业领域、场所曾发生黑恶势力组织犯罪,存在滋生黑恶势力组织犯罪风险以及社会治安综合治理等情况。"区域",是指一定的地域空间,如社区、广场、商品批发城等;"行业",是指生产、服务或其他经济社会的经营单位或者个体的组织结构体系,又称为产业,如金融、交通运输、自然资源、市场流通、文化旅游、信息网络等;"领域",是指一种专门活动或一种特定范围,如收保护费的市霸、行霸,经营"黄赌毒",非法高利放贷,暴力讨债,经营地下钱庄等;"场所",是指特定建筑物或公共空间活动处所,如学校、歌舞厅、酒吧、网吧等。这里所说的"重点区域、行业领域或者场所",主要是指易发生有组织犯罪,需要重点监测、整治、管理的区域、行业领域或者场所。

链接《公安机关反有组织犯罪工作规定》第19条

第十六条 【防范有组织犯罪信息的传播】电信业务经营者、互联网服务提供者应当依法履行网络信息安全管理义务,采取安全技术防范措施,防止含有宣扬、诱导有组织犯罪内容的信息传播;发现含有宣扬、诱导有组织犯罪内容的信息的,应当立即停止传输,采取消除等处置措施,保存相关记录,并向公安机关或者有关部门报告,依法为公安机关侦查有组织犯罪提供技术支持和协助。

网信、电信、公安等主管部门对含有宣扬、诱导有组织犯罪内容的信息,应当按照职责分工,及时责令有关单位停止传输、采取消除等处置措施,或者下架相关应用、关闭相关网站、关停相关服务。有关单位应当立即执行,并保存相关记录,协助调查。对互联网上来源于境外的上述信息,电信主管部门应当采取技术措施,及时阻断传播。

第十七条 【履行反洗钱义务】国务院反洗钱行政主管部门、国务院其他有关部门、机构应当促进金融机构和特定非金融机构履行反洗钱义务。发现与有组织犯罪有关的可疑交易活动的,有关主管部门可以依法进行调查,经调查不能排除洗钱嫌疑的,应当及时向公安机关报案。

第十八条 【监管、教育、矫正和安置帮教】监狱、看守所、社区矫正机构对有组织犯罪的罪犯,应当采取有针对性的监管、教育、矫正措施。

有组织犯罪的罪犯刑满释放后,司法行政机关应当会同有关部门落实安置帮教必要措施,促进其顺利融入社会。

第十九条 【个人财产及日常活动报告制度】对因组织、领导黑社会性质组织被判处刑罚的人员,设区的市级以上公安机关可以决定其自刑罚执行完毕之日起,按照国家有关规定向公安机关报告个人财产及日常活动。报告期限不超过五年。

实务问答 个人财产及日常活动报告制度的适用对象、决定程序、报告内容以及报告期限是什么?

(1)适用对象,是因组织、领导黑社会性质的组织被判处刑罚的人员。即根据《刑法》第二百九十四条第一款规定,因组织、领导黑社会性质组织犯罪被判处七年以上有期徒刑,并处没收财产的罪犯。公安机关应当会同刑罚执行机关,根据罪犯的犯罪情节、服刑期间改造表现对其社会危险性、再犯罪的可能性进行评估,对确有必要在刑满释放后继续采取监督管理措施的,才决定适用这一制度。

(2)决定程序。决定适用个人财产及日常活动报告制度的主体是设区的市级以上公安机关,即设区的市、自治州、地区,包括省级公安机关和公安部。

(3)报告的内容。被公安机关决定适用报告制度的人员应当"按照国家有关规定向公安机关报告个人财产及日常活动"。"个人财产"是指个人拥有的存款、债券、股票、基金份额、房产、汽车等财产。"日常活动"是指个人重要的活动情况,如个人去向、从业情况、开办企业情况等。

(4)报告的期限。报告的期限是刑罚执行完毕之日起不超过五年。这里规定的"刑罚执行完毕",应当是指主刑执行完毕。"不超过五年"是指报告的最长期限是五年,公安机关可以根据报告人员的具体情况,在五年以下确定具体期限。

链接《刑法》第294条;《公安机关反有组织犯罪工作规定》第20-25条

第二十条 【任职审查及监管】曾被判处刑罚的黑社会性质组织的组织者、领导者或者恶势力组织的首要分子开办企业或者在企业中担任高级管理人员的,相关行业主管部门应当依法审查,对其经营活动加强监督管理。

第二十一条 【境外黑社会组织入境管理】移民管理、海关、海警等部门应当会同公安机关严密防范境外的黑社会组织入境渗透、发展、实施违法犯罪活动。

出入境证件签发机关、移民管理机构对境外的黑社会组织的人员，有权决定不准其入境、不予签发入境证件或者宣布其入境证件作废。

移民管理、海关、海警等部门发现境外的黑社会组织的人员入境的，应当及时通知公安机关。发现相关人员涉嫌违反我国法律或者发现涉嫌有组织犯罪物品的，应当依法扣留并及时处理。

注释 公安机关在工作中发现境外的黑社会组织的人员可能入境渗透、发展、实施违法犯罪活动的，根据工作需要，可以通知移民管理、海关、海警等部门并提出处置建议。移民管理、海关、海警等部门发现境外的黑社会组织的人员入境并通知公安机关的，公安机关应当及时依法处理。

链接《反恐怖主义法》第39条、第40条；《海警法》第5条；《出境入境管理法》第21条、第59条、第60条；《公安机关反有组织犯罪工作规定》第26条

第三章　案件办理

第二十二条　【案件办理原则和刑事政策】办理有组织犯罪案件，应当以事实为根据，以法律为准绳，坚持宽严相济。

对有组织犯罪的组织者、领导者和骨干成员，应当严格掌握取保候审、不起诉、缓刑、减刑、假释和暂予监外执行的适用条件，充分适用剥夺政治权利、没收财产、罚金等刑罚。

有组织犯罪的犯罪嫌疑人、被告人自愿如实供述自己的罪行，承认指控的犯罪事实，愿意接受处罚的，可以依法从宽处理。

注释 宽严相济刑事政策对于最大限度地预防和减少犯罪、化解社会矛盾、维护社会和谐具有重要意义。有组织犯罪作为众多刑事犯罪中的类型之一，也适用宽严相济的刑事政策，实践中要根据犯罪的具体情况，做到该宽则宽，当严则严，宽严相济，罚当其罪，对于认罪悔罪态度好、接受刑罚处罚、有改造的积极性、主动性的犯罪嫌疑人、被告人，应当给予宽大处理，有利于最大限度减少社会对立，促进社会和谐稳定。

《最高人民法院、最高人民检察院、公安部、国家安全部、司法部关于适用认罪认罚从宽制度的指导意见》对认罪认罚从宽制度的适用在实体和程序方面作出规定。

适用认罪认罚要有"认罪""认罚"两个方面的态度和行为。认罪主要是指犯罪嫌疑人、被告人自愿如实供述自己的罪行，承认指控的犯罪事实，是一种积极主动的认罪态度。认罚主要是指真诚悔罪，接受处罚。"从宽"包括实体上的从宽和程序上的从宽，实体上的主要是对自首、坦白等具有认罪认罚性质的情节，可以在检察机关的量刑建议中作为量刑依据；程序上的主要是结合有组织犯罪人员的行为性质、情节、危害等，可以采取取保候审、监视居住等措施。在落实认罪认罚从宽的同时也必须要坚持刑法、刑事诉讼法的基本原则。

链接《刑法》第27条、第50条第2款、第81条第2款；《刑事诉讼法》第6条；《最高人民法院、最高人民检察院、公安部、国家安全部、司法部关于适用认罪认罚从宽制度的指导意见》

第二十三条　【利用网络、"软暴力"手段实施黑恶犯罪的认定】利用网络实施的犯罪，符合本法第二条规定的，应当认定为有组织犯罪。

为谋取非法利益或者形成非法影响，有组织地进行滋扰、纠缠、哄闹、聚众造势等，对他人形成心理强制，足以限制人身自由、危及人身财产安全，影响正常社会秩序、经济秩序的，可以认定为有组织犯罪的犯罪手段。

注释 "利用网络实施犯罪"是指以网络作为工具实施犯罪。根据《最高人民法院、最高人民检察院、公安部、司法部关于办理利用信息网络实施黑恶势力犯罪刑事案件若干问题的意见》第十二条的规定，通过线上线下相结合的方式，有组织地多次利用信息网络实施违法犯罪活动，侵犯不特定多人的人身权利、民主权利、财产权利，破坏经济秩序、社会秩序的，应当认定为符合《刑法》第二百九十四条第五款第三项规定的黑社会性质组织行为特征。单纯通过线上方式实施的违法犯罪活动，且不具有为非作恶、欺压残害群众特征的，一般不应作为黑社会性质组织行为特征的认定依据。

实务问答 1. 利用信息网络实施违法犯罪的黑恶势力组织特征是什么？

根据《最高人民法院、最高人民检察院、公安部、司法部关于办理利用信息网络实施黑恶势力犯罪刑事案件若干问题的意见》第十条的规定，认定利用信息网络实施违法犯罪的黑恶势力组织特

征，要从违法犯罪的起因、目的，以及组织、策划、指挥、参与人员是否相对固定，组织形成后是否持续进行犯罪活动、是否有明确的职责分工、行为规范、利益分配机制等方面综合判断。利用信息网络实施违法犯罪的黑恶势力组织成员之间一般通过即时通讯工具、通讯群组、电子邮件、网盘等信息网络方式联络，对部分组织成员通过信息网络方式联络实施黑恶势力违法犯罪活动，即使相互未见面、彼此不熟识，不影响对组织特征的认定。

2.什么是"软暴力"？

"软暴力"是指为谋取非法利益或者形成非法影响，有组织地进行滋扰、纠缠、哄闹、聚众造势等，对他人形成心理强制，足以限制人身自由、危及人身财产安全，影响正常社会秩序、经济秩序的行为。《最高人民法院、最高人民检察院、公安部、司法部关于办理实施"软暴力"的刑事案件若干问题的意见》，对"软暴力"的表现形式作了规定，具体包括跟踪贴靠、扬言传播疾病、揭发隐私、恶意举报、诬告陷害、破坏、霸占财物等侵犯人身权利、民主权利、财产权利的手段；贴报喷字、拉挂横幅、燃放鞭炮、播放哀乐、摆放花圈、断水断电、堵门阻工，以及通过驱赶从业人员、派驻人员据守等方式直接或间接控制厂房、办公区、经营场所等扰乱正常生活、工作、生产、经营秩序的手段；摆场架势示威、聚众哄闹滋扰、拦路闹事等扰乱社会秩序的手段。在实践中，行为方式是多样的，需要达到"对他人形成心理强制，足以限制人身自由、危及人身财产安全，影响正常社会秩序、经济秩序"的程度，才能认定为"软暴力"。

链接《刑法》第 274 条、第 287 条之一、第 287 条之二、第 290 条、第 293 条、第 293 条之一；《最高人民法院、最高人民检察院、公安部、司法部关于办理实施"软暴力"的刑事案件若干问题的意见》；《最高人民法院、最高人民检察院、公安部、司法部关于办理利用信息网络实施黑恶势力犯罪刑事案件若干问题的意见》；《公安机关反有组织犯罪工作规定》第 35 条

第二十四条 【线索收集处置】 公安机关应当依法运用现代信息技术，建立有组织犯罪线索收集和研判机制，分级分类进行处置。

公安机关接到对有组织犯罪的报案、控告、举报后，应当及时开展统计、分析、研判工作，组织核查或者移送有关主管机关依法处理。

注释 主要是在对报案、控告、举报内容分析研判的基础上，筛查出有效线索和信息，根据重要性、紧迫性、危害性、涉密性等作进一步分级处理，对于线索和信息内容涉及的有组织犯罪的类型、罪名等作初步研判，为下一步移送到对应有管辖权的机关作前置处理。

链接《刑事诉讼法》第 19 条；《反恐怖主义法》第 77 条；《国家安全法》第 53 条；《最高人民法院、最高人民检察院、公安部、司法部关于办理利用信息网络实施黑恶势力犯罪刑事案件若干问题的意见》；《公安机关反有组织犯罪工作规定》第 27 条

第二十五条 【国家机关线索移送】 有关国家机关在履行职责时发现有组织犯罪线索，或者接到对有组织犯罪的举报的，应当及时移送公安机关等主管机关依法处理。

注释《国家监察委员会、最高人民法院、最高人民检察院、公安部、司法部关于在扫黑除恶专项斗争中分工负责、互相配合、互相制约严惩公职人员涉黑涉恶违法犯罪问题的通知》，对监察机关、公安机关、人民检察院、人民法院、司法行政机关发现有组织犯罪线索的移送作出明确规定：监察机关、公安机关、人民检察院、人民法院、司法行政机关要建立公职人员涉黑涉恶违法犯罪线索移送制度，对工作中收到、发现的不属于本单位管辖的公职人员涉黑涉恶违法犯罪线索，应当及时移送有管辖权的单位处置。公安机关、人民检察院、人民法院、司法行政机关在工作中发现公职人员涉黑涉恶违法犯罪中的涉嫌贪污贿赂、失职渎职等职务违法和职务犯罪等应由监察机关管辖的问题线索，应当移送监察机关。监察机关在信访举报、监督检查、审查调查等工作中发现公职人员涉黑涉恶违法犯罪线索的，应当将其中涉嫌包庇、纵容黑社会性质组织犯罪等由公安机关管辖的案件线索移送公安机关处理。监察机关、公安机关、人民检察院、人民法院、司法行政机关在工作中发现司法工作人员涉嫌利用职权实施的侵犯公民权利、损害司法公正案件线索的，根据有关规定，经沟通后协商确定管辖机关。

此外，本法第十三条规定市场监管、金融监管、自然资源、交通运输等行业主管部门应当会同公安机关对行业领域内有组织犯罪情况进行监测分析，并加强治理。因此，这些行业监管部门在监督管理过程中发现有组织犯罪的线索、情况等应

及时移送公安机关等部门,做好行政管理与刑事侦查的衔接。

实务问答 对黑恶势力案件的举报主要通过哪些方式来实现?

对黑恶势力案件的举报主要是通过电话、信件、网络、信访等方式实现,包括公安机关、检察机关、人民法院在受理控告、申诉、信访案件及政府信访部门在接访过程中的举报。目前已在全国推出智能化举报平台12377,可以通过电话、扫码或者点击网址链接(https://www.12377.cn/)的方式发布举报信息,举报种类上可以进行线索举报、行业乱象举报,还可以在平台上实时查询处理进度。

链接 《国家监察委员会、最高人民法院、最高人民检察院、公安部、司法部关于在扫黑除恶专项斗争中分工负责、互相配合、互相制约严惩公职人员涉黑涉恶违法犯罪问题的通知》

第二十六条 【线索调查和信息收集】 公安机关核查有组织犯罪线索,可以按照国家有关规定采取调查措施。公安机关向有关单位和个人收集、调取相关信息和材料的,有关单位和个人应当如实提供。

注释 有组织犯罪线索由县级公安机关负责核查,上级公安机关认为必要时可以提级核查或者指定其他公安机关核查。上级公安机关应当加强对线索核查工作的监督指导,必要时可以组织抽查、复核。

对有组织犯罪线索,经县级以上公安机关负责人批准后启动核查。核查有组织犯罪线索,可以依照有关法律和规定采取询问、查询、勘验、检查、鉴定和调取证据材料等不限制被调查对象人身、财产权利的调查措施。采取前款规定的调查措施,依照《公安机关办理刑事案件程序规定》的有关规定进行审批,制作法律文书。公安机关向有关单位和个人收集、调取相关信息和材料时,应当告知其必须如实提供。

链接 《刑法》第96条;《反恐怖主义法》第51条;《刑事诉讼法》第54条;《公安机关办理刑事案件电子数据取证规则》;《公安机关办理刑事案件程序规定》;《公安机关反有组织犯罪工作规定》第28-29条

第二十七条 【查询财产信息和紧急止付、临时冻结、临时扣押的紧急措施】 公安机关核查有组织犯罪线索,经县级以上公安机关负责人批准,可以查询嫌疑人员的存款、汇款、债券、股票、基金份额等财产信息。

公安机关核查黑社会性质组织犯罪线索,发现涉案财产有灭失、转移的紧急风险的,经设区的市级以上公安机关负责人批准,可以对有关涉案财产采取紧急止付或者临时冻结、临时扣押的紧急措施,期限不得超过四十八小时。期限届满或者适用紧急措施的情形消失的,应当立即解除紧急措施。

注释 公安机关查询嫌疑人员的财产信息,应当是核查有组织犯罪线索的需要,所要查询的财产必须是嫌疑人员的财产。公安机关查询嫌疑人员的财产信息,有关单位和个人应当予以配合,为查询工作提供方便、提供协助,不得阻碍。适用的审批程序作了规定,要求经县级以上公安机关负责人批准,才能采取该措施。

链接 《刑事诉讼法》第144条;《反洗钱法》第26条;《商业银行法》第29条、第30条;《公安机关办理刑事案件程序规定》第174条;《公安机关反有组织犯罪工作规定》第30条

第二十八条 【立案侦查】 公安机关核查有组织犯罪线索,发现犯罪事实或者犯罪嫌疑人的,应当依照《中华人民共和国刑事诉讼法》的规定立案侦查。

注释 根据《公安机关办理刑事案件程序规定》的规定,刑事案件由犯罪地的公安机关管辖。如果由犯罪嫌疑人居住地的公安机关管辖更为适宜的,可以由犯罪嫌疑人居住地的公安机关管辖。几个公安机关都有权管辖的刑事案件,由最初受理的公安机关管辖。必要时,可以由主要犯罪地的公安机关管辖。对管辖不明确或者有争议的刑事案件,可以由有关公安机关协商。协商不成的,由共同的上级公安机关指定管辖。

公安机关在核查有组织犯罪线索时,发现犯罪事实或者犯罪嫌疑人并属于自己管辖的,应当依法立案。对认为不属于自己管辖的,按照法律和有关规定移送有权管辖的公安机关。

链接 《刑事诉讼法》第109条、第113条;《监察法》第34条;《公安机关办理刑事案件程序规定》第29条、第30条;《公安机关反有组织犯罪工作规定》第32条

第二十九条 【限制出境措施】 公安机关办理有组织犯罪案件,可以依照《中华人民共和国出境

入境管理法》的规定,决定对犯罪嫌疑人采取限制出境措施,通知移民管理机构执行。

第三十条 【羁押措施】对有组织犯罪案件的犯罪嫌疑人、被告人,根据办理案件和维护监管秩序的需要,可以采取异地羁押、分别羁押或者单独羁押等措施。采取异地羁押措施的,应当依法通知犯罪嫌疑人、被告人的家属和辩护人。

第三十一条 【特殊侦查措施】公安机关在立案后,根据侦查犯罪的需要,依照《中华人民共和国刑事诉讼法》的规定,可以采取技术侦查措施、实施控制下交付或者由有关人员隐匿身份进行侦查。

注释 公安机关采取本条规定的有关特殊技术侦查措施必须在"立案"后,对于在有组织犯罪案件刑事立案以前,或者在有关调查核查阶段,未依法立案的,不得采取本条规定的特殊侦查措施。该措施的适用要依照刑事诉讼法的规定,包括有关侦查措施的适用条件、对象、程序等都应当依照刑事诉讼法的规定进行。公安机关是否采取技术侦查措施要"根据侦查犯罪的需要",即并不意味着公安机关只要办理有组织犯罪案件都必须采取技术侦查措施,而是要根据侦查犯罪的需要,结合有组织犯罪涉及的具体犯罪情况,收集获取证据的需要等。

实务问答 1. 什么是技术侦查措施?

技术侦查措施,是指侦查机关为侦查犯罪需要,根据国家有关规定,采取的一种特殊侦查措施,包括记录监控、行踪监控、通信监控、场所监控等措施,如电子侦听、电话监听、电子监控、秘密拍照或者秘密录像、秘密获取某些物证、邮件检查等专门技术手段。随着科学技术的发展,技术侦查手段也会不断地发展变化。技术侦查措施的适用对象是犯罪嫌疑人、被告人以及与犯罪活动直接关联的人员。

《公安机关办理刑事案件程序规定》依据刑事诉讼法规定,对适用技术侦查措施的情形作了进一步明确规定。除了法律明确规定的危害国家安全犯罪、恐怖活动犯罪、黑社会性质的组织犯罪、重大毒品犯罪案件以外,还规定了故意杀人、故意伤害致人重伤或者死亡、强奸、抢劫、绑架、放火、爆炸、投放危险物质等严重暴力犯罪案件;集团性、系列性、跨区域性重大犯罪案件;利用电信、计算机网络、寄递渠道等实施的重大犯罪案件,以及针对计算机网络实施的重大犯罪案件;以及依法可能判处七年以上有期徒刑的其他严重危害社会的犯罪案件。

根据《刑事诉讼法》第一百五十一条、第一百五十二条等的规定,对有组织犯罪采取技术侦查措施,特别需要注意执行以下规定:(1)采取技术侦查措施需要经过严格的批准手续,批准决定应当根据侦查犯罪的需要,确定采取技术侦查措施的种类和适用对象。(2)批准决定自签发之日起三个月以内有效。对于不需要继续采取技术侦查措施的,应当及时解除;对于复杂、疑难案件,期限届满仍有必要继续采取技术侦查措施的,经过批准,有效期可以延长,每次不得超过三个月。(3)采取技术侦查措施,必须严格按照批准的措施种类、适用对象和期限执行。同时,根据刑事诉讼法的规定,公安机关依法采取技术侦查措施,有关单位和个人应当配合,并对有关情况予以保密。

2. 什么是控制下交付?

控制下交付主要是指侦查机关在发现非法或可疑交易后,在对交易活动进行秘密监控的情况下,允许非法、可疑物品或者用于犯罪的货币继续流转,从而查明参与该项犯罪的人员,彻底查明案件。实践中主要是在侦破诸如毒品、走私、假币等犯罪中使用。是否实施控制下交付,应当由侦查机关根据侦查犯罪的需要决定。

3. 什么是有关人员隐匿身份侦查?

《刑事诉讼法》第一百五十三条第一款规定:"为了查明案情,在必要的时候,经公安机关负责人决定,可以由有关人员隐匿其身份实施侦查。但是,不得诱使他人犯罪,不得采用可能危害公共安全或者发生重大人身危险的方法。"采取隐匿身份侦查的"有关人员",既包括公安机关的侦查人员,也包括侦查机关指派的适宜进行隐匿身份实施侦查的其他人员。根据刑事诉讼法的规定,采取隐匿身份实施侦查的,应当经公安机关负责人批准,也就是说,批准权由县级以上各级公安机关负责人行使。

链接 《刑事诉讼法》第 150-153 条;《公安机关办理刑事案件程序规定》第 263 条;《公安机关反有组织犯罪工作规定》第 40 条

第三十二条 【分案处理】犯罪嫌疑人、被告人检举、揭发重大犯罪的其他共同犯罪人或者提供侦破重大案件的重要线索或者证据,同案处理可能导致其本人或者近亲属有人身危险的,可以分案处理。

第三十三条【从宽处罚情形】犯罪嫌疑人、被告人积极配合有组织犯罪案件的侦查、起诉、审判等工作,有下列情形之一的,可以依法从宽处罚,但对有组织犯罪的组织者、领导者应当严格适用:

(一)为查明犯罪组织的组织结构及其组织者、领导者、首要分子的地位、作用提供重要线索或者证据的;

(二)为查明犯罪组织实施的重大犯罪提供重要线索或者证据的;

(三)为查处国家工作人员涉有组织犯罪提供重要线索或者证据的;

(四)协助追缴、没收尚未掌握的赃款赃物的;

(五)其他为查办有组织犯罪案件提供重要线索或者证据的情形。

对参加有组织犯罪组织的犯罪嫌疑人、被告人不起诉或者免于刑事处罚的,可以根据案件的不同情况,依法予以训诫、责令具结悔过、赔礼道歉、赔偿损失,或者由主管部门予以行政处罚或者处分。

第三十四条【对黑社会性质组织人员的财产处罚】对黑社会性质组织的组织者、领导者,应当依法并处没收财产。对其他组织成员,根据其在犯罪组织中的地位、作用以及所参与违法犯罪活动的次数、性质、违法所得数额、造成的损失等,可以依法并处罚金或者没收财产。

第三十五条【对有组织犯罪的罪犯从严管理】对有组织犯罪的罪犯,执行机关应当依法从严管理。

黑社会性质组织的组织者、领导者或者恶势力组织的首要分子被判处十年以上有期徒刑、无期徒刑、死刑缓期二年执行的,应当跨省、自治区、直辖市异地执行刑罚。

第三十六条【特定的有组织犯罪的罪犯减刑、假释程序】对被判处十年以上有期徒刑、无期徒刑、死刑缓期二年执行的黑社会性质组织的组织者、领导者或者恶势力组织的首要分子减刑的,执行机关应当依法提出减刑建议,报经省、自治区、直辖市监狱管理机关复核后,提请人民法院裁定。

对黑社会性质组织的组织者、领导者或者恶势力组织的首要分子假释的,适用前款规定的程序。

第三十七条【人民法院审理减刑、假释案件的程序规定】人民法院审理黑社会性质组织罪犯的减刑、假释案件,应当通知人民检察院、执行机关参加审理,并通知被报请减刑、假释的罪犯参加,听取其意见。

第三十八条【办理减刑、假释案件要考虑财产刑的履行和涉案财产的处置情况】执行机关提出减刑、假释建议以及人民法院审理减刑、假释案件,应当充分考虑罪犯履行生效裁判中财产性判项、配合处置涉案财产等情况。

第四章 涉案财产认定和处置

第三十九条【办理有组织犯罪案件对涉案财物进行查封、扣押、冻结】办理有组织犯罪案件中发现的可用以证明犯罪嫌疑人、被告人有罪或者无罪的各种财物、文件,应当依法查封、扣押。

公安机关、人民检察院、人民法院可以依照《中华人民共和国刑事诉讼法》的规定查询、冻结犯罪嫌疑人、被告人的存款、汇款、债券、股票、基金份额等财产。有关单位和个人应当配合。

实务问答 可以依法查询、冻结犯罪嫌疑人、被告人的财产的适用主体有哪些?

适用主体为公安机关、人民检察院、人民法院。这些主体是办理有组织犯罪案件各环节的主体。办案主体要依照刑事诉讼法的规定查询、冻结财产。刑事诉讼法中对公安机关、人民检察院、人民法院在符合相关条件的情况下查询、冻结犯罪嫌疑人、被告人财产作了明确的规定。相关财产属于犯罪嫌疑人、被告人或者与其犯罪有牵连的人的存款、汇款、债券、股票、基金份额。当依法有权进行查询、冻结涉案财产的公安机关、人民检察院、人民法院实施查询、冻结措施时,有关单位和个人必须配合。这里的"配合"主要是指为查询、冻结工作提供方便和协助,履行冻结手续,不得以保密为由阻碍等。

链接《刑事诉讼法》第 102 条、第 115 条、第 117 条、第 141 条、第 144 条、第 145 条、第 196 条、第 298 条;《最高人民法院关于适用〈中华人民共和国刑事诉讼法〉的解释》第 189 条、第 341 条、第 342 条、第 343 条、第 613 条;《公安机关反有组织犯罪工作规定》第 45 条

第四十条【对涉嫌有组织犯罪的组织及其

成员财产调查】公安机关、人民检察院、人民法院根据办理有组织犯罪案件的需要,可以全面调查涉嫌有组织犯罪的组织及其成员的财产状况。

注释 1. 对财产进行调查的主体。根据《刑事诉讼法》第五十四条第一款的规定,人民法院、人民检察院和公安机关有权向有关单位和个人收集、调取证据。有关单位和个人应当如实提供证据。公安机关、人民检察院、人民法院是刑事诉讼中收集、调查、核实证据的主体,赋予其相应的财产调查权符合刑事诉讼法的内在要求。

2. 对涉嫌有组织犯罪的组织及其成员的财产状况进行调查的范围为全面调查。全面调查,是指对涉嫌有组织犯罪的组织及其成员的所有财产进行调查,而不以是否为涉案财产为限制。具体范围包括有组织犯罪组织及其成员的所有合法财产与非法财产。

3. 对涉嫌有组织犯罪的组织及其成员的财产状况进行调查的前提条件。要求公安机关、人民检察院、人民法院在办理有组织犯罪过程中,实施该财产调查措施,要根据办理有组织犯罪案件的需要。根据办理有组织犯罪案件的需要,是指办案机关认为有必要的理由对涉嫌有组织犯罪的组织及其成员财产状况进行调查,如果不采取财产调查措施,就可能导致涉案财产有关的事实、证据无法查清等后果,给有组织犯罪查处带来阻碍。只要是出于办理有组织犯罪案件的需要,公安机关、人民检察院、人民法院即有权实施财产调查措施。

链接《最高人民法院关于刑事裁判涉财产部分执行的若干规定》第4条;《最高人民法院、最高人民检察院、公安部、司法部关于办理黑恶势力刑事案件中财产处置若干问题的意见》

第四十一条 【查封、扣押、冻结、处置涉案财物的要求】查封、扣押、冻结、处置涉案财物,应当严格依照法定条件和程序进行,依法保护公民和组织的合法财产权益,严格区分违法所得与合法财产、本人财产与其家属的财产,减少对企业正常经营活动的不利影响。不得查封、扣押、冻结与案件无关的财物。经查明确实与案件无关的财物,应当在三日以内解除查封、扣押、冻结,予以退还。对被害人的合法财产,应当及时返还。

查封、扣押、冻结涉案财物,应当为犯罪嫌疑人、被告人及其扶养的家属保留必需的生活费用和物品。

第四十二条 【公安机关可以向反洗钱行政主管部门查询信息数据、提请协查】公安机关可以向反洗钱行政主管部门查询与有组织犯罪相关的信息数据,提请协查与有组织犯罪相关的可疑交易活动,反洗钱行政主管部门应当予以配合并及时回复。

实务问答什么是"可疑交易活动"?

可疑交易活动,是指公安机关发现或者有合理理由怀疑有关的交易活动与有组织犯罪相关。《金融机构大额交易和可疑交易报告管理办法》第十一条规定,金融机构发现或者有合理理由怀疑客户、客户的资金或者其他资产、客户的交易或者试图进行的交易与洗钱、恐怖融资等犯罪活动相关的,不论所涉资金金额或者资产价值大小,应当提交可疑交易报告。第十二条规定,金融机构应当制定本机构的交易监测标准,并对其有效性负责。交易监测标准包括并不限于客户的身份、行为,交易的资金来源、金额、频率、流向、性质等存在异常的情形,并应当参考以下因素:(1)中国人民银行及其分支机构发布的反洗钱、反恐怖融资规定及指引、风险提示、洗钱类型分析报告和风险评估报告。(2)公安机关、司法机关发布的犯罪形势分析、风险提示、犯罪类型报告和工作报告。(3)本机构的资产规模、地域分布、业务特点、客户群体、交易特征,洗钱和恐怖融资风险评估结论。(4)中国人民银行及其分支机构出具的反洗钱监管意见。(5)中国人民银行要求关注的其他因素。

链接《反洗钱法》第4条、第6条、第8条、第10条;《商业银行法》第29条、第30条;《邮政法》第3条;《金融机构大额交易和可疑交易报告管理办法》第11条、第12条;《公安机关反有组织犯罪工作规定》第46条

第四十三条 【涉案财产的先行处置】对下列财产,经县级以上公安机关、人民检察院或者人民法院主要负责人批准,可以依法先行出售、变现或者变卖、拍卖,所得价款由扣押、冻结机关保管,并及时告知犯罪嫌疑人、被告人或者其近亲属:

(一)易损毁、灭失、变质等不宜长期保存的物品;

(二)有效期即将届满的汇票、本票、支票等;

(三)债券、股票、基金份额等财产,经权利人申请,出售不损害国家利益、被害人利益,不影响

诉讼正常进行的。

注释 "易损毁、灭失、变质等不宜长期保存的物品",主要是指因为财产自身的物理特性而导致其易损毁、灭失、变质等,不适宜长期保存,如鲜活、易腐的货物等,对于这些物品,如果不及时处理,就必然造成财物的损失。

对于易损毁、灭失、变质等不宜长期保存的物品和有效期即将届满的汇票、本票、支票等,经县级以上公安机关、人民检察院或者人民法院主要负责人批准,即可以依法先行出售、变现或者变卖、拍卖。但是对于"债券、股票、基金份额等财产"的处置,除需经批准外,还需要满足"经权利人申请,出售不损害国家利益、被害人利益,不影响诉讼正常进行"的条件。法律之所以作出特别要求,主要是因为债券、股票、基金份额等财产的价值具有波动性,其不同于易损毁、灭失、变质等不宜长期保存的物品和有效期即将届满的汇票、本票、支票等,需要由权利人选择适当的时机进行处置。启动程序是由权利人提出申请,权利人未提出申请,扣押、冻结机关不能依职权作出先行处置决定;对权利人提出申请的,司法机关还应当审查先行处置是否会损害国家利益、被害人利益,是否影响诉讼正常进行,对于不损害国家利益、被害人利益,不影响诉讼正常进行的,才可以经批准先行处置。

链接 《刑事诉讼法》第 245 条;《公安机关反有组织犯罪工作规定》第 47 条

第四十四条 【涉案财产的甄别和处理】公安机关、人民检察院应当对涉案财产审查甄别。在移送审查起诉、提起公诉时,应当对涉案财产提出处理意见。

在审理有组织犯罪案件过程中,应当对与涉案财产的性质、权属有关的事实、证据进行法庭调查、辩论。人民法院应当依法作出判决,对涉案财产作出处理。

注释 "审查甄别",是要求公安机关、人民检察院、人民法院要对涉案财物的权属、来源、性质等进行审查分类,区分财物是犯罪人所有还是被害人所有,是犯罪工具还是赃款赃物,同时在本阶段程序终结时提出具体的处理意见。

链接 《刑事诉讼法》第 245 条;《最高人民法院、最高人民检察院、公安部、司法部关于办理黑恶势力刑事案件中财产处置若干问题的意见》第 6 条、第 11 条

第四十五条 【涉案财产的追缴、没收】有组织犯罪组织及其成员违法所得的一切财物及其孳息、收益,违禁品和供犯罪所用的本人财物,应当依法予以追缴、没收或者责令退赔。

依法应当追缴、没收的涉案财产无法找到、灭失或者与其他合法财产混合且不可分割的,可以追缴、没收其他等值财产或者混合财产中的等值部分。

被告人实施黑社会性质组织犯罪的定罪量刑事实已经查清,有证据证明其在犯罪期间获得的财产高度可能属于黑社会性质组织犯罪的违法所得及其孳息、收益,被告人不能说明财产合法来源的,应当依法予以追缴、没收。

第四十六条 【涉案财产追缴、没收的特殊情形】涉案财产符合下列情形之一的,应当依法予以追缴、没收:

(一)为支持或者资助有组织犯罪活动而提供给有组织犯罪组织及其成员的财产;

(二)有组织犯罪组织成员的家庭财产中实际用于支持有组织犯罪活动的部分;

(三)利用有组织犯罪组织及其成员的违法犯罪活动获得的财产及其孳息、收益。

第四十七条 【犯罪嫌疑人、被告人逃匿、死亡案件违法所得没收程序】黑社会性质组织犯罪案件的犯罪嫌疑人、被告人逃匿,在通缉一年后不能到案,或者犯罪嫌疑人、被告人死亡,依照《中华人民共和国刑法》规定应当追缴其违法所得及其他涉案财产的,依照《中华人民共和国刑事诉讼法》有关犯罪嫌疑人、被告人逃匿、死亡案件违法所得的没收程序的规定办理。

第四十八条 【依法查处与有组织犯罪相关的洗钱以及掩饰、隐瞒犯罪所得、犯罪所得收益等犯罪】监察机关、公安机关、人民检察院发现与有组织犯罪相关的洗钱以及掩饰、隐瞒犯罪所得、犯罪所得收益等犯罪的,应当依法查处。

第四十九条 【利害关系人对涉案财物处理不服的异议及救济】利害关系人对查封、扣押、冻结、处置涉案财物提出异议的,公安机关、人民检察院、人民法院应当及时予以核实,听取其意见,依法作出处理。

公安机关、人民检察院、人民法院对涉案财物作出处理后,利害关系人对处理不服的,可以提出

申诉或者控告。

第五章　国家工作人员涉有组织犯罪的处理

第五十条　【国家工作人员涉有组织犯罪的处理】国家工作人员有下列行为的,应当全面调查,依法作出处理:

(一)组织、领导、参加有组织犯罪活动的;

(二)为有组织犯罪组织及其犯罪活动提供帮助的;

(三)包庇有组织犯罪组织、纵容有组织犯罪活动的;

(四)在查办有组织犯罪案件工作中失职渎职的;

(五)利用职权或者职务上的影响干预反有组织犯罪工作的;

(六)其他涉有组织犯罪的违法犯罪行为。

国家工作人员组织、领导、参加有组织犯罪的,应当依法从重处罚。

第五十一条　【建立线索办理沟通机制及有组织违法犯罪的报案、控告、举报】监察机关、人民法院、人民检察院、公安机关、司法行政机关应当加强协作配合,建立线索办理沟通机制,发现国家工作人员涉嫌本法第五十条规定的违法犯罪的线索,应当依法处理或者及时移送主管机关处理。

任何单位和个人发现国家工作人员与有组织犯罪有关的违法犯罪行为,有权向监察机关、人民检察院、公安机关等部门报案、控告、举报。有关部门接到报案、控告、举报后,应当及时处理。

第五十二条　【依法查办有组织犯罪案件】依法查办有组织犯罪案件或者依照职责支持、协助查办有组织犯罪案件的国家工作人员,不得有下列行为:

(一)接到报案、控告、举报不受理,发现犯罪信息、线索隐瞒不报、不如实报告,或者未经批准、授权擅自处置,不移送犯罪线索、涉案材料;

(二)向违法犯罪人员通风报信,阻碍案件查处;

(三)违背事实和法律处理案件;

(四)违反规定查封、扣押、冻结、处置涉案财物;

(五)其他滥用职权、玩忽职守、徇私舞弊的行为。

注释 本条对依法查办有组织犯罪案件或者依照职责支持、协助查办有组织犯罪案件的国家工作人员,作了禁止性规定。本条明确了适用的对象为依法查办有组织犯罪案件或者依照职责支持、协助查办有组织犯罪案件的国家工作人员,具体是指在查办有组织犯罪案件过程中,负有一定职责的监察机关、人民法院、人民检察院、公安机关、司法行政机关等工作人员。这些工作人员的特殊性在于,在查办有组织犯罪案件过程中具有相应的职责,同时对案件也具有一定的处置权限。尤其是负责查办案件的司法工作人员,往往是第一时间掌握案件线索等信息的专业人员,对案件如何处置具有相应的话语权,能够直接影响案件的查办进程。同时,这些工作人员往往是查办有组织犯罪案件的一线人员或审批人员,更容易接触案件事实和相关人员,也更容易受到黑恶势力的诱导、收买等成为"保护伞",从而存在比一般国家工作人员更高的廉政风险。

链接《刑法》第294条;《最高人民法院、最高人民检察院、公安部、司法部关于办理黑恶势力犯罪案件若干问题的指导意见》第22条;《国家监察委员会、最高人民法院、最高人民检察院、公安部、司法部关于在扫黑除恶专项斗争中分工负责、互相配合、互相制约严惩公职人员涉黑涉恶违法犯罪问题的通知》;《公安机关反有组织犯罪工作规定》第55条

第五十三条　【对从事反有组织犯罪工作人员的名誉保障】有关机关接到对从事反有组织犯罪工作的执法、司法工作人员的举报后,应当依法处理,防止犯罪嫌疑人、被告人等利用举报干扰办案、打击报复。

对利用举报等方式歪曲捏造事实、诬告陷害从事反有组织犯罪工作的执法、司法工作人员的,应当依法追究责任;造成不良影响的,应当按照规定及时澄清事实,恢复名誉,消除不良影响。

注释 "依法处理"主要是指收到举报的相关部门应当依照法定程序、职权等对举报线索进行甄别,防止犯罪嫌疑人、被告人等利用举报干扰办案、打击报复。"打击报复"表现为相关人员利用职权或者其他手段对从事反有组织犯罪工作的执法、司法工作人员进行打击、报复、陷害等,侵犯其人身权利、民主权利的行为,具体方式多种多样,如以暴力、威胁或者非法限制人身自由的方式侵犯人身安全;非法占有或者毁损财产;栽赃陷害执法、

司法工作人员等。既可能涉及职务职级调整也可能涉及福利待遇，严重的可能是直接侵犯人身财产的显性打击报复，也可能更多地表现为利用职权进行变相打击的隐性报复。

对于从事反有组织犯罪工作的执法、司法工作人员被举报的，有关部门应当首先了解事实，认真调查有关情况，确认是利用举报等方式歪曲捏造事实，诬告陷害从事反有组织犯罪工作的，应当采取适当方式向知悉不实情况的单位和社会公众及时通报真实情况，防止不实信息继续扩散，对履职情况作出解释说明，消除单位和社会公众对办理案件过程和办理案件结果的质疑。对于因诬告陷害遭受调查处理的人员，应当及时停止调查处理。关于澄清事实和消除影响的范围、方式，应当结合有关情况确定，要在相应范围内消除不良影响，维护从事反有组织犯罪工作的执法、司法工作人员的良好声誉。从事反有组织犯罪工作的执法、司法工作人员也可以拿起法律的武器，依法要求侵权人承担相应的法律责任，维护自己的合法权益。

链接 《宪法》第41条；《刑法》第243条、第254条；《治安管理处罚法》第42条；《公务员法》第59条、第62条；《公职人员政务处分法》第32条；《公安机关反有组织犯罪工作规定》第57条

第六章 国际合作

第五十四条 【开展反有组织犯罪国际合作】中华人民共和国根据缔结或者参加的国际条约，或者按照平等互惠原则，与其他国家、地区、国际组织开展反有组织犯罪合作。

第五十五条 【开展反有组织犯罪国际合作的具体机制】国务院有关部门根据国务院授权，代表中国政府与外国政府和有关国际组织开展反有组织犯罪情报信息交流和执法合作。

国务院公安部门应当加强跨境反有组织犯罪警务合作，推动与有关国家和地区建立警务合作机制。经国务院公安部门批准，边境地区公安机关可以与相邻国家或者地区执法机构建立跨境有组织犯罪情报信息交流和警务合作机制。

第五十六条 【反有组织犯罪的刑事司法协助、引渡】涉及有组织犯罪的刑事司法协助、引渡，依照有关法律的规定办理。

第五十七条 【反有组织犯罪国际合作中的证据使用】通过反有组织犯罪国际合作取得的材料可以在行政处罚、刑事诉讼中作为证据使用，但依据条约规定或者我方承诺不作为证据使用的除外。

第七章 保障措施

第五十八条 【为反有组织犯罪工作提供各项保障】国家为反有组织犯罪工作提供必要的组织保障、制度保障和物质保障。

第五十九条 【加强反有组织犯罪队伍建设】公安机关和有关部门应当依照职责，建立健全反有组织犯罪专业力量，加强人才队伍建设和专业训练，提升反有组织犯罪工作能力。

第六十条 【反有组织犯罪工作的经费保障】国务院和县级以上地方各级人民政府应当按照事权划分，将反有组织犯罪工作经费列入本级财政预算。

第六十一条 【对在有组织犯罪案件中作证等相关人员的保护措施】因举报、控告和制止有组织犯罪活动，在有组织犯罪案件中作证，本人或者其近亲属的人身安全面临危险的，公安机关、人民检察院、人民法院应当按照有关规定，采取下列一项或者多项保护措施：

（一）不公开真实姓名、住址和工作单位等个人信息；

（二）采取不暴露外貌、真实声音等出庭作证措施；

（三）禁止特定的人接触被保护人员；

（四）对人身和住宅采取专门性保护措施；

（五）变更被保护人员的身份，重新安排住所和工作单位；

（六）其他必要的保护措施。

实务问答 对在有组织犯罪案件中作证等相关人员的保护措施有哪些？

本条是对因举报、控告和制止有组织犯罪活动，在有组织犯罪案件中作证，本人或者其近亲属的人身安全面临危险时可以采取保护措施的规定。具体的保护措施包括下列一项或者多项保护措施：

1. 不公开真实姓名、住址和工作单位等个人信息。这是对被保护人的个人身份不予公开的保护措施。在刑事诉讼中，人民法院、人民检察院和公安机关对于依法决定不公开证人等人员的

真实姓名、住址和工作单位等个人信息的,可以在判决书、裁定书、起诉书、询问笔录等法律文书、证据材料中使用化名等代替证人等人员的个人信息。但是,应当书面说明使用化名的情况并标明密级,单独成卷。辩护律师经法庭许可,查阅对证人等人员使用化名情况的,应当签署保密承诺书。证人保护密卷不得提供给人民法院、人民检察院和公安机关的承办人员以外的人员查阅,法律另有规定的除外。对上述证人询问过程制作同步录音录像的,应当对视音频资料进行处理,避免暴露证人外貌、声音等。在公安机关以外的场所询问证人时,应当对询问场所进行清理、控制,无关人员不得在场,并避免与犯罪嫌疑人接触。

2. 采取不暴露外貌、真实声音等出庭作证措施。是指人民法院在有关人员出庭参与诉讼时,采取技术措施不使其外貌、声音等暴露给被告人、旁听人员等,但应当保证控辩双方质证的顺利进行。

3. 禁止特定的人接触被保护人员。这是禁止可能实施打击报复的特定人员在一定期间内接触被保护人的措施。根据《公安机关办理刑事案件证人保护工作规定》,采取禁止特定人员接触被保护人措施的,公安机关应当制作禁止令,书面告知特定人员,禁止其在一定期限内接触被保护人。特定人员违反禁止令,接触被保护人,公安机关应当依法进行调查处理,对犯罪嫌疑人视情采取或者变更强制措施,其他人员构成违反治安管理行为的,依法给予治安管理处罚;涉嫌犯罪的,依法追究刑事责任。

4. 对人身和住宅采取专门性保护措施。该措施包括派警力保护相关人员人身和住宅的安全。第三类、第四类措施要付出更大的人力、物力成本,对面临比较迫切的重大危险的人,可以考虑采取此类措施。根据《公安机关办理刑事案件证人保护工作规定》,被保护人面临重大人身安全危险的,经被保护人同意,公安机关可以在被保护人的人身或者住宅安装定位、报警、视频监控等装置。必要时,可以指派专门人员对被保护人的住宅进行巡逻、守护,或者在一定期限内开展贴身保护,防止侵害发生。证人保护部门对人身和住宅采取专门性保护措施,需要由被保护人居住地辖区公安派出所或者公安机关其他部门协助落实的,应当及时将协助函送交有关派出所或者部门。有关派出所或部门应当及时安排人员协助证人保护部门落实证人保护工作。有条件的地方,可以聘请社会安保力量承担具体保护工作。

5. 变更被保护人员的身份,重新安排住所和工作单位。本项保护措施是在刑事诉讼法相关保护规定的基础上,根据反有组织犯罪需要,新增加的保护措施。

6. 其他必要的保护措施。"其他必要的保护措施"是个兜底性的条款,可以理解为因案情特殊,对因举报、控告和制止有组织犯罪活动,在有组织犯罪案件中作证,本人或者其近亲属确实面临非常重大的危险,可能因作证遭受打击报复时,公安机关有义务采取一切有利于保护其人身安全的保护措施。

链接《刑事诉讼法》第64条;《反恐怖主义法》第76条;《最高人民法院关于适用〈中华人民共和国刑事诉讼法〉的解释》第256条;《人民检察院刑事诉讼规则》第79条、第132条;《公安机关办理刑事案件程序规定》第71条、第75条;《公安机关办理刑事案件证人保护工作规定》第9条、第10条、第11条;《公安机关反有组织犯罪工作规定》第66条

第六十二条 【有组织犯罪案件中保护措施的批准和执行机关】采取本法第六十一条第三项、第四项规定的保护措施,由公安机关执行。根据本法第六十一条第五项规定,变更被保护人员身份的,由国务院公安部门批准和组织实施。

公安机关、人民检察院、人民法院依法采取保护措施,有关单位和个人应当配合。

注释 根据本法规定,由公安机关负责执行的具体的保护措施包括:

1. 禁止特定的人接触被保护人员。这是禁止可能实施打击报复的特定人员在一定期限内接触被保护人的措施。采取禁止特定人员接触被保护人措施的,公安机关应当制作禁止令,书面告知特定人员,禁止其在一定期限内接触被保护人。特定人员违反禁止令,接触被保护人,公安机关应当依法进行调查处理,对犯罪嫌疑人视情形采取或者变更强制措施,其他人员构成违反治安管理行为的,依法给予治安管理处罚;涉嫌犯罪的,依法追究刑事责任。

2.对人身和住宅采取专门性保护措施。包括派警力保护相关人员人身和住宅的安全。被保护人面临重大人身安全危险的,经被保护人同意,公安机关可以在被保护人的人身或者住宅安装定位、报警、视频监控等装置。必要时,可以指派专门人员对被保护人的住宅进行巡逻、守护,或者在一定期限内开展贴身保护,防止侵害发生。

根据本法规定,由国务院公安部门批准和组织实施的保护措施为,变更被保护人员的身份,重新安排住所和工作单位。

链接《刑法》第307条、第308条;《刑事诉讼法》第64条;《公安机关办理刑事案件程序规定》第2条、第74条、第75条

第六十三条 【对侦破或查明案件起重要作用的有组织犯罪人员的保护】实施有组织犯罪的人员配合侦查、起诉、审判等工作,对侦破案件或者查明案件事实起到重要作用的,可以参照证人保护的规定执行。

第六十四条 【对办理有组织犯罪案件的工作人员及其近亲属的保护措施】对办理有组织犯罪案件的执法、司法工作人员及其近亲属,可以采取人身保护、禁止特定的人接触等保护措施。

第六十五条 【对反有组织犯罪工作相关人员伤残或者死亡人员的抚恤优待】对因履行反有组织犯罪工作职责或者协助、配合有关部门开展反有组织犯罪工作导致伤残或者死亡的人员,按照国家有关规定给予相应的待遇。

注释 履行反有组织犯罪工作职责的人员,是指在反有组织犯罪工作中承担一定职责的单位和部门的人员;协助、配合反有组织犯罪工作的人员,是指本身并没有反有组织犯罪工作职责,而积极为反有组织犯罪工作提供帮助的人员。

链接《人民警察抚恤优待办法》;《工伤保险条例》;《烈士褒扬条例》

第八章 法律责任

第六十六条 【有组织犯罪相关的刑事责任】组织、领导、参加黑社会性质组织,国家机关工作人员包庇、纵容黑社会性质组织,以及黑社会性质组织、恶势力组织实施犯罪的,依法追究刑事责任。

境外的黑社会组织的人员到中华人民共和国境内发展组织成员、实施犯罪,以及在境外对中华人民共和国国家或者公民犯罪的,依法追究刑事责任。

第六十七条 【涉未成年人从重追究刑事责任的情形】发展未成年人参加黑社会性质组织、境外的黑社会组织,教唆、诱骗未成年人实施有组织犯罪,或者实施有组织犯罪侵害未成年人合法权益的,依法从重追究刑事责任。

第六十八条 【对有组织犯罪罪犯适用的从业禁止】对有组织犯罪的罪犯,人民法院可以依照《中华人民共和国刑法》有关从业禁止的规定,禁止其从事相关职业,并通报相关行业主管部门。

第六十九条 【对尚不构成犯罪情形的处罚】有下列情形之一,尚不构成犯罪的,由公安机关处五日以上十日以下拘留,可以并处一万元以下罚款;情节较重的,处十日以上十五日以下拘留,并处一万元以上三万元以下罚款;有违法所得的,除依法应当返还被害人的以外,应当予以没收:

(一)参加境外的黑社会组织的;

(二)积极参加恶势力组织的;

(三)教唆、诱骗他人参加有组织犯罪组织,或者阻止他人退出有组织犯罪组织的;

(四)为有组织犯罪活动提供资金、场所等支持、协助、便利的;

(五)阻止他人检举揭发有组织犯罪、提供有组织犯罪证据,或者明知他人有有组织犯罪行为,在司法机关向其调查有关情况、收集有关证据时拒绝提供的。

教唆、诱骗未成年人参加有组织犯罪组织或者阻止未成年人退出有组织犯罪组织,尚不构成犯罪的,依照前款规定从重处罚。

第七十条 【违反日常报告制度的处罚】违反本法第十九条规定,不按照公安机关的决定如实报告个人财产及日常活动的,由公安机关给予警告,并责令改正;拒不改正的,处五日以上十日以下拘留,并处三万元以下罚款。

第七十一条 【对金融机构等相关单位未协助采取紧急止付、临时冻结措施的处罚】金融机构等相关单位未依照本法第二十七条规定协助公安机关采取紧急止付、临时冻结措施的,由公安机关责令改正;拒不改正的,由公安机关处五万元以上二十万元以下罚款,并对直接负责的主管人员和其他直接责任人员处五万元以下罚款;情节严重的,公安机关可以建议有关主管部门对直接负责

的主管人员和其他直接责任人员依法给予处分。

第七十二条【电信业务经营者、互联网服务提供者违反本法规定的处罚】电信业务经营者、互联网服务提供者有下列情形之一的,由有关主管部门责令改正;拒不改正或者情节严重的,由有关主管部门依照《中华人民共和国网络安全法》的有关规定给予处罚:

(一)拒不为侦查有组织犯罪提供技术支持和协助的;

(二)不按照主管部门的要求对含有宣扬、诱导有组织犯罪内容的信息停止传输、采取消除等处置措施、保存相关记录的。

第七十三条【拒不履行、拖延履行及拒不配合反有组织犯罪法定职责的法律责任】有关国家机关、行业主管部门拒不履行或者拖延履行反有组织犯罪法定职责,或者拒不配合反有组织犯罪调查取证,或者在其他工作中滥用反有组织犯罪工作有关措施的,由其上级机关责令改正;情节严重的,对负有责任的领导人员和直接责任人员,依法给予处分;构成犯罪的,依法追究刑事责任。

第七十四条【反有组织犯罪工作保密以及违反规定泄露的法律责任的规定】有关部门和单位、个人应当对在反有组织犯罪工作过程中知悉的国家秘密、商业秘密和个人隐私予以保密。违反规定泄露国家秘密、商业秘密和个人隐私的,依法追究法律责任。

注释 本条规定的"国家秘密",依照保守国家秘密法的有关规定,是指关系国家安全和利益,依照法定程序确定,在一定时间内只限一定范围的人员知悉的事项。国家秘密包括符合上述规定的下列秘密事项:国家事务重大决策中的秘密事项;国防建设和武装力量活动中的秘密事项;外交和外事活动中的秘密事项以及对外承担保密义务的秘密事项;国民经济和社会发展中的秘密事项;科学技术中的秘密事项;维护国家安全活动和追查刑事犯罪中的秘密事项;经国家保密行政管理部门确定的其他秘密事项。政党的秘密事项中符合上述规定的,也属于国家秘密。国家秘密的密级分为绝密、机密、秘密三级。绝密级国家秘密是最重要的国家秘密,泄露会使国家安全和利益遭受特别严重的损害;机密级国家秘密是重要的国家秘密,泄露会使国家安全和利益遭受严重的损害;秘密级国家秘密是一般的国家秘密,泄露会使国家安全和利益遭受损害。

根据《反不正当竞争法》的规定,"商业秘密",是指不为公众所知悉、具有商业价值并经权利人采取相应保密措施的技术信息、经营信息等商业信息。商业秘密都具有一定的经济价值,必须予以保护,以维护社会主义市场经济秩序。

本条规定的"个人隐私",是指公民不愿意公开的、与其人身权密切相关的、隐秘的事件或者事实,如个人财产、住址、生育能力、收养子女等。对这些信息应当予以保密,不得非法向外界泄露、传播、扩散,让不该知悉的人知悉。根据《民法典》第一千零三十二条的规定,自然人享有隐私权。任何组织或者个人不得以刺探、侵扰、泄露、公开等方式侵害他人的隐私权。隐私是自然人的私人生活安宁和不愿为他人知晓的私密空间、私密活动、私密信息。

链接《保守国家秘密法》第2条、第49条;《刑法》第219条、第264条、第253条之一、第308条之一、第398条

第七十五条【国家工作人员涉有组织犯罪的处理】国家工作人员有本法第五十条、第五十二条规定的行为,构成犯罪的,依法追究刑事责任;尚不构成犯罪的,依法给予处分。

第七十六条【对行政处罚和行政强制措施决定不服的行政复议、行政诉讼】有关单位和个人对依照本法作出的行政处罚和行政强制措施决定不服的,可以依法申请行政复议或者提起行政诉讼。

第九章 附 则

第七十七条【反有组织犯罪法的生效日期】本法自2022年5月1日起施行。

公安机关反有组织犯罪工作规定

· 2022年8月26日公安部令第165号公布
· 自2022年10月1日起施行

第一章 总 则

第一条 为了保障《中华人民共和国反有组织犯罪法》的贯彻实施,保证公安机关依法、规范、高效开展反有组织犯罪工作,保护公民和组织的

合法权益,根据有关法律、行政法规,制定本规定。

第二条 公安机关反有组织犯罪的职责任务,是收集、研判有组织犯罪相关信息,核查有组织犯罪线索,侦查有组织犯罪案件,实施《中华人民共和国反有组织犯罪法》规定的相关行政处罚,在职权范围内落实有组织犯罪预防和治理工作。

第三条 公安机关开展反有组织犯罪工作,应当坚持专门工作与群众路线相结合,坚持专项治理与系统治理相结合,坚持与反腐败相结合,坚持与加强基层组织建设相结合,惩防并举、标本兼治。

第四条 公安机关开展反有组织犯罪工作,应当符合法律、行政法规和本规章的规定,做到严格规范执法,尊重保障人权。

第五条 公安机关应当不断加强反有组织犯罪工作的专业化、规范化、信息化建设,促进反有组织犯罪各项工作的科学、精准、高效开展。

第六条 公安机关应当发挥职能作用,加强与相关部门信息共享、工作联动,充分调动各种资源,促进对有组织犯罪的源头治理。

各地公安机关、各警种部门之间应当加强协作、配合,依法履行反有组织犯罪各项工作职责。

第七条 公安机关应当建立科学的反有组织犯罪工作考评机制,全面考察基础工作、力量建设、预防治理、查处违法犯罪等各方面情况,综合评价反有组织犯罪工作质效。

第二章 预防和治理

第八条 公安机关应当结合公安工作职责,通过普法宣传、以案释法等方式,积极开展反有组织犯罪宣传教育,增强公民的反有组织犯罪意识和能力。

第九条 公安机关应当积极配合教育行政部门、学校建立防范有组织犯罪侵害校园工作机制,加强反有组织犯罪宣传教育,增强学生对有组织犯罪的识别能力和防范意识,教育引导学生自觉抵制有组织犯罪,防范有组织犯罪的侵害。

第十条 公安机关发现互联网上含有宣扬、诱导有组织犯罪内容的信息,应当及时责令电信业务经营者、互联网服务提供者停止传输、采取消除等处置措施,或者下架相关应用、关闭相关网站、关停相关服务,并保存相关记录,协助调查。

第十一条 公安机关应当建立有组织犯罪监测评估体系,根据辖区内警情、线索、案件及社会评价等情况,定期对本辖区有组织犯罪态势进行评估,并将评估结果报送上级公安机关。

第十二条 公安机关应当配合民政等有关部门,对村民委员会、居民委员会成员候选人资格依法进行审查,并及时处理有关有组织犯罪线索。

第十三条 公安机关应当配合市场监管、金融监管、自然资源、交通运输等行业主管部门,建立健全行业有组织犯罪预防和治理长效机制。

第十四条 公安机关在办理案件中发现相关行业主管部门有组织犯罪预防和治理工作存在问题,需要书面提出意见建议的,可以向相关行业主管部门发送公安提示函。

发函机关认为有必要的,可以抄送同级人民政府、人大、监察机关,或者被提示单位的上级机关。

第十五条 制发公安提示函,应当立足公安职能,结合侦查工作,坚持准确及时、必要审慎、注重实效的原则。

第十六条 公安机关可以直接向同级行业主管部门发送公安提示函。

需要向下级行业主管部门发送的,可以直接制发,也可以指令对应的下级公安机关制发。

需要向上级行业主管部门发送的,应当层报与其同级的公安机关转发,上级公安机关认为有必要的,也可以直接制发。

发现异地的行业主管部门有组织犯罪预防和治理工作存在问题的,应当书面通报其所在地同级公安机关处理。

第十七条 公安提示函应当写明具体问题、发现途径、理由和依据、意见和建议、反馈要求等。

第十八条 公安机关根据有组织犯罪态势评估结果、公安提示函反馈情况等,可以会同有关部门确定预防和治理的重点区域、行业领域或者场所。

第十九条 对有组织犯罪预防和治理的重点区域、行业领域或者场所,当地公安机关应当根据职权加强治安行政管理、会同或者配合有关部门加大监督检查力度、开展专项整治。

第二十条 对因组织、领导黑社会性质组织被判处刑罚的人员,其户籍地设区的市级公安机关可以决定其自刑罚执行完毕之日起向公安机关报告个人财产及日常活动,并制作责令报告个人财产及日常活动决定书。

前款规定的户籍地公安机关认为由原办案地公安机关作出决定更为适宜的，可以商请由其决定。协商不成的，由共同的上级公安机关指定。

认为无需报告的，应当报上一级公安机关同意；无需报告的情况发生变化，有报告必要的，依照本规定作出责令报告个人财产及日常活动决定。

第二十一条　责令报告个人财产及日常活动决定书应当载明报告期限、首次报告时间、后续报告间隔期间，报告内容、方式，接受报告的公安机关及地址、联系方式，以及不如实报告的法律责任等。

首次报告时间不迟于刑罚执行完毕后一个月，两次报告间隔期间为二至六个月。

责令报告个人财产及日常活动决定书应当在其刑罚执行完毕之日前三个月内作出并送达和宣告，可以委托刑罚执行机关代为送达和宣告。

依据本规定第二十条第三款作出责令报告个人财产及日常活动决定的，不受第二款首次报告期限和前款期限限制。

第二十二条　作出决定的公安机关负责接受个人财产及日常活动报告。必要时，也可以指定下一级公安机关接受报告。

报告期间，经报告义务人申请，接受报告的公安机关认为确有必要的，报决定机关批准，可以变更接受报告的公安机关。跨决定机关管辖区域变更的，层报共同的上级公安机关决定。

接受报告的公安机关变更的，应当做好工作交接。

第二十三条　报告义务人应当按照责令报告个人财产及日常活动决定书的要求，到公安机关报告个人财产及日常活动情况。

在报告间隔期间，报告义务人的个人财产及日常活动情况可能出现较大变动或者存在重大错报、漏报等情况的，接受报告的公安机关可以通知报告义务人书面或者口头补充报告有关情况。

报告义务人住址、工作单位、通讯方式、出入境证件、重大财产发生变动的，应当在变动后的二十四小时内向公安机关报告。

第二十四条　公安机关可以要求报告义务人报告下列个人财产及日常活动情况：

（一）住址、工作单位、通讯方式；

（二）动产、不动产、现金、存款、财产性权利等财产状况；

（三）经商办企业、从事职业及薪酬、投资收益、经营收益等非职业性经济收入，大额支出等财产变动情况；

（四）日常主要社会交往，婚姻状况，接触特定人员和出入特定场所情况，出境入境情况等；

（五）受到行政、刑事调查及处罚的情况，涉及民事诉讼情况。

报告义务人对前款第二、三、五项规定的报告情况，应当提供证明材料。

第二十五条　个人财产及日常活动报告期限不超过五年，期限届满或者报告义务人在报告期内死亡的，报告义务自动解除。

第二十六条　公安机关在工作中发现境外的黑社会组织的人员可能入境渗透、发展、实施违法犯罪活动的，根据工作需要，可以通知移民管理、海关、海警等部门并提出处置建议。

移民管理、海关、海警等部门发现境外的黑社会组织的人员入境并通知公安机关的，公安机关应当及时依法处理。

第三章　线索核查处置

第二十七条　公安机关应当依法运用现代信息技术，建立有组织犯罪线索收集和研判机制，分级分类进行处置。

公安机关对有组织犯罪线索应当及时开展统计、分析、研判工作，依法组织核查；对不属于公安机关职责范围的事项，移送有关主管机关依法处理。

第二十八条　有组织犯罪线索由县级公安机关负责核查，上级公安机关认为必要时可以提级核查或者指定其他公安机关核查。

上级公安机关应当加强对线索核查工作的监督指导，必要时可以组织抽查、复核。

第二十九条　对有组织犯罪线索，经县级以上公安机关负责人批准后启动核查。

核查有组织犯罪线索，可以依照有关法律和规定采取询问、查询、勘验、检查、鉴定和调取证据材料等不限制被调查对象人身、财产权利的调查措施。

采取前款规定的调查措施，依照《公安机关办理刑事案件程序规定》的有关规定进行审批，制作法律文书。

公安机关向有关单位和个人收集、调取相关信息和材料时，应当告知其必须如实提供。

第三十条　公安机关核查黑社会性质组织犯罪线索，发现涉案财产有灭失、转移的紧急风险的，经设区的市级以上公安机关负责人批准后，可以对有关涉案财产采取紧急止付或者临时冻结、临时扣押的紧急措施，期限不得超过四十八小时。

期限届满或者适用紧急措施的情形消失的，应当立即解除紧急措施；符合立案条件的，办案部门应当在紧急措施期限届满前依法立案侦查，并办理冻结、扣押手续。

第三十一条　有组织犯罪线索核查结论，应当经核查的公安机关负责人批准后作出。有明确举报人、报案人或者控告人的，除无法告知或者可能影响后续侦查工作的以外，应当告知核查结论。

对有控告人的有组织犯罪线索，决定对所控告的事实不予立案的，公安机关应当在核查结论作出后制作不予立案通知书，在三日以内送达控告人。

第三十二条　公安机关核查有组织犯罪线索，发现犯罪事实或者犯罪嫌疑人的，应当依照《中华人民共和国刑事诉讼法》的规定立案侦查。

第四章　案件办理

第三十三条　公安机关办理有组织犯罪案件，应当以事实为根据，以法律为准绳，依法全面收集证据，综合审查判断，准确认定有组织犯罪。

第三十四条　对有组织犯罪的组织者、领导者和骨干成员取保候审的，由办案的公安机关主要负责人组织集体讨论决定。

第三十五条　为谋取非法利益或者形成非法影响，有组织地进行滋扰、纠缠、哄闹、聚众造势等，对他人形成心理强制，足以限制人身自由、危及人身财产安全，影响正常社会秩序、经济秩序的，可以认定为有组织犯罪的犯罪手段。

第三十六条　对于利用信息网络实施的犯罪案件，符合有组织犯罪特征和认定标准的，应当按照有组织犯罪案件侦查、移送起诉。

第三十七条　根据有组织犯罪案件侦查需要，公安机关可以商请人民检察院派员参加案件会商，听取其关于案件定性、证据收集、法律适用等方面的意见。

第三十八条　公安机关办理有组织犯罪案件，可以依照《中华人民共和国出境入境管理法》的规定，决定对犯罪嫌疑人采取限制出境措施，按规定通知移民管理机构执行；对于不需要继续采取限制出境措施的，应当及时解除。

第三十九条　根据办理案件及维护监管秩序的需要，可以对有组织犯罪案件的犯罪嫌疑人、被告人采取异地羁押、分别羁押或者单独羁押等措施。采取异地羁押措施的，应当依法通知犯罪嫌疑人、被告人的家属和辩护人。

第四十条　公安机关在立案后，根据侦查犯罪的需要，依照《中华人民共和国刑事诉讼法》的规定，可以采取技术侦查措施、实施控制下交付或者由有关人员隐匿身份进行侦查。

公安机关实施控制下交付或者由有关人员隐匿身份进行侦查的，应当进行风险评估，制定预案，经县级以上公安机关负责人批准后实施。

采取技术侦查、控制下交付、隐匿身份侦查措施收集的与案件有关的材料，可以作为刑事诉讼证据使用。如果使用该证据可能危及有关人员的人身安全，或者可能产生其他严重后果的，应当采取不暴露有关人员身份和使用的技术设备、侦查方法等保护措施。无法采取保护措施或者采取保护措施不足以防止产生严重后果的，可以建议由审判人员在庭外对证据进行核实。

第四十一条　公安机关侦查有组织犯罪案件，应当依法履行认罪认罚从宽告知、教育义务，敦促犯罪嫌疑人如实供述自己的罪行。

犯罪嫌疑人认罪认罚的，应当在起诉意见书中写明自愿认罪认罚的情况和从宽处理意见，并随案移送相关证据材料。

第四十二条　公安机关对于罪行较轻、自愿认罪认罚、采用非羁押性强制措施足以防止发生《中华人民共和国刑事诉讼法》第八十一条第一款规定的社会危险性的犯罪嫌疑人，依法可不适用羁押性强制措施；已经被羁押的，可以依法变更强制措施。

第四十三条　犯罪嫌疑人检举、揭发重大犯罪的其他共同犯罪人或者提供侦破重大案件的重要线索或者证据，同案处理可能导致其本人或者近亲属有人身危险，经县级以上公安机关负责人批准，可以分案处理。

公安机关决定分案处理的，应当就案件管辖

等问题书面征求人民法院、人民检察院意见并达成一致,防止分案处理出现证据灭失、证据链脱节或者影响有组织犯罪认定等情况。

第四十四条 犯罪嫌疑人、被告人有《中华人民共和国反有组织犯罪法》第三十三条第一款所列情形之一的,经县级以上公安机关主要负责人批准,公安机关可以向人民检察院提出从宽处理的意见,并说明理由。

对有组织犯罪的组织者、领导者,应当严格适用。

第五章 涉案财产调查与处置

第四十五条 公安机关根据办理有组织犯罪案件的需要,可以全面调查涉嫌有组织犯罪的组织及其成员财产的来源、性质、用途、权属及价值,依法采取查询、查封、扣押、冻结等措施。

全面调查的范围包括:有组织犯罪组织的财产;组织成员个人所有的财产;组织成员实际控制的财产;组织成员出资购买的财产;组织成员转移至他人名下的财产;组织成员涉嫌洗钱及掩饰、隐瞒犯罪所得、犯罪所得孳息、收益等犯罪涉及的财产;其他与有组织犯罪组织及其成员有关的财产。

第四十六条 公安机关根据反有组织犯罪工作需要,可以向反洗钱行政主管部门查询与有组织犯罪相关的信息数据、提请协查与有组织犯罪相关的可疑交易活动。

第四十七条 对下列财产,经县级以上公安机关主要负责人批准,可以依法先行处置,所得价款由扣押、冻结机关保管,并及时告知犯罪嫌疑人、被告人或者其近亲属:

(一)易损毁、灭失、变质等不宜长期保存的物品;

(二)有效期即将届满的汇票、本票、支票等;

(三)债券、股票、基金份额等财产,经权利人申请,出售不损害国家利益、被害人利益,不影响诉讼正常进行的。

第四十八条 有组织犯罪组织及其成员依法应当被追缴、没收的涉案财产无法找到、灭失或者与其他合法财产混合且不可分割的,公安机关应当积极调查、收集有关证据,并在起诉意见书中说明。

第四十九条 有证据证明犯罪嫌疑人在犯罪期间获得的财产高度可能属于黑社会性质组织犯罪的违法所得及其孳息、收益,公安机关应当要求犯罪嫌疑人说明财产来源并予以查证,对犯罪嫌疑人不能说明合法来源的,应当随案移送审查起诉,并对高度可能性作出说明。

第五十条 有组织犯罪案件移送审查起诉时,公安机关应当对涉案财产提出书面处理意见及理由、依据。

黑社会性质组织犯罪案件,一般应当对涉案财产材料单独立卷。

第五十一条 黑社会性质组织犯罪案件的犯罪嫌疑人逃匿,在通缉一年后不能到案,或者犯罪嫌疑人死亡,依照《中华人民共和国刑法》规定应当追缴其违法所得及其他涉案财产的,依照《中华人民共和国刑事诉讼法》及《公安机关办理刑事案件程序规定》有关犯罪嫌疑人逃匿、死亡案件违法所得的没收程序的规定办理。

第五十二条 对于不宜查封、扣押、冻结的经营性财产,经县级以上公安机关主要负责人批准,可以申请当地政府指定有关部门或者委托有关机构代管或者托管。

不宜查封、扣押、冻结情形消失的,公安机关可以依法对相关财产采取查封、扣押、冻结措施。

第五十三条 利害关系人对查封、扣押、冻结、处置涉案财物提出异议的,公安机关应当及时予以核实,听取其意见,依法作出处理,并书面告知利害关系人。经查明确实与案件无关的财物,应当在三日以内解除相关措施,并予以退还。

公安机关对涉案财物作出处理后,利害关系人对处理不服的,可以提出申诉或者控告。受理申诉或者控告的公安机关应当及时进行调查核实,在收到申诉、控告之日起三十日以内作出处理决定并书面回复。

第六章 国家工作人员涉有组织犯罪的处理

第五十四条 公安机关在反有组织犯罪工作中,发现国家工作人员涉嫌《中华人民共和国反有组织犯罪法》第五十条第一款所列情形之一的,应当按照职权进行初步核查。

经核查,属于公安机关管辖的,应当全面调查,依法作出处理;不属于公安机关管辖的,应当及时移送主管机关。

第五十五条 依法从事反有组织犯罪工作的民警,不得有下列行为:

（一）接到报案、控告、举报不受理，发现犯罪信息、线索隐瞒不报、不如实报告，或者未经批准、授权擅自处置，不移送犯罪线索、涉案材料；

（二）向违法犯罪人员通风报信，阻碍案件查处；

（三）违反规定泄露国家秘密、商业秘密和个人隐私；

（四）违背事实和法律处理案件；

（五）违反规定查封、扣押、冻结、处置涉案财物；

（六）其他滥用职权、玩忽职守、徇私舞弊的行为。

违反上述规定构成犯罪的，依法追究刑事责任；尚不构成犯罪的，依规依纪依法给予处分。

第五十六条　公安机关应当与监察机关、人民法院、人民检察院、司法行政机关加强协作配合，建立线索办理沟通机制。

对于重大疑难复杂的国家工作人员涉有组织犯罪案件，公安机关可以商监察机关、人民检察院同步立案、同步查处，根据案件办理需要，依法移送相关证据、共享有关信息，确保全面查清案件事实。

第五十七条　公安机关接到对从事反有组织犯罪工作民警的举报后，应当审慎对待，依规依纪依法处理，防止犯罪嫌疑人、被告人等利用举报干扰办案、打击报复。

对利用举报等方式歪曲捏造事实、诬告陷害从事反有组织犯罪工作民警的，应当依规依纪依法追究责任；造成不良影响的，应当按照规定及时澄清事实，恢复民警名誉，消除不良影响。

第七章　国际合作

第五十八条　公安部根据中华人民共和国缔结或者参加的国际条约，或者按照平等互惠原则，开展与其他国家、地区、国际组织的反有组织犯罪合作。

第五十九条　公安部根据国务院授权，代表中国政府与外国政府和有关国际组织开展反有组织犯罪情报信息交流和执法合作。

公安部依照有关法律规定，通过推动缔结条约、协定和签订警务合作文件等形式，加强跨境反有组织犯罪警务合作，推动与有关国家、地区、国际组织建立警务合作机制。

经公安部批准，边境地区公安机关可以与相邻国家或者地区执法机构建立跨境有组织犯罪情报信息交流和警务合作机制。

第六十条　通过跨境反有组织犯罪刑事司法协助和警务合作取得的材料可以在行政处罚、刑事诉讼中作为证据使用，但依据条约规定或者我方承诺不作为证据使用的除外。

第六十一条　公安机关开展跨境反有组织犯罪国际合作其他事宜及具体程序，依照有关法律和《公安机关办理刑事案件程序规定》等有关规定办理。

第八章　保障措施

第六十二条　公安机关应当为反有组织犯罪工作提供必要的组织保障、制度保障和物质保障。

第六十三条　公安机关应当建立健全反有组织犯罪专业力量，加强骨干人才培养使用，设立常态化反有组织犯罪专门队伍和情报线索处置平台，确保各级公安机关具备数量充足、配备精良、业务过硬的专门队伍开展反有组织犯罪工作。

第六十四条　公安机关应当加强反有组织犯罪专家人才队伍建设，建立健全选拔、培养、使用机制。

公安机关应当将反有组织犯罪专业训练工作纳入年度教育训练计划。

第六十五条　各级公安机关应当将反有组织犯罪工作经费列入本单位年度预算予以保障。

第六十六条　因举报、控告和制止有组织犯罪活动，在有组织犯罪案件中作证，本人或者其近亲属的人身安全面临危险的，公安机关应当按照有关规定，采取下列一项或者多项保护措施：

（一）不公开真实姓名、住址和工作单位等个人信息；

（二）禁止特定的人接触被保护人员；

（三）对人身和住宅采取专门性保护措施；

（四）变更被保护人员的身份，重新安排住所和工作单位；

（五）其他必要的保护措施。

采取前款第四项规定的保护措施的，由公安部批准和组织实施。

案件移送审查起诉时，应当将采取保护措施的相关情况一并移交人民检察院。

第六十七条　公安机关发现证人因作证，本

人或者其近亲属的人身安全面临危险,或者证人向公安机关请求予以保护,公安机关经评估认为确有必要采取保护措施的,应当制作呈请证人保护报告书,报县级以上公安机关负责人批准实施。

人民法院、人民检察院决定对证人采取第六十六条第一款第二、三项保护措施的,由县级以上公安机关凭人民法院、人民检察院的决定文书执行,并将执行保护的情况及时通知决定机关。必要时,可以请人民法院、人民检察院协助执行。

第六十八条　实施有组织犯罪的人员配合侦查、起诉、审判等工作,有《中华人民共和国反有组织犯罪法》第三十三条第一款所列情形之一,对侦破案件或者查明案件事实起到重要作用的,或者有其他重大立功表现的,可以参照证人保护的规定执行。

第六十九条　对办理有组织犯罪案件的人民警察及其近亲属,可以采取人身保护、禁止特定的人接触等保护措施。

第七十条　公安机关实施证人保护的其他事项,适用《公安机关办理刑事案件证人保护工作规定》。

各级公安机关可以结合本地实际,组建专门的证人保护力量,设置证人保护安全场所。

第九章　法律责任

第七十一条　公安机关开展反有组织犯罪工作,对有关组织和个人违反《中华人民共和国反有组织犯罪法》的行为,依法追究其相应的法律责任。

第七十二条　实施《中华人民共和国反有组织犯罪法》第六十九条所列行为的,依照《公安机关办理行政案件程序规定》确定案件管辖。

实施《中华人民共和国反有组织犯罪法》第六十九条第一款第一项行为的,也可以由抓获地公安机关管辖。

相关违法行为系在侦查有组织犯罪过程中发现的,也可以由负责侦查有组织犯罪的公安机关管辖。

第七十三条　《中华人民共和国反有组织犯罪法》第七十条规定的行政处罚,由接受报告的公安机关管辖。

第七十四条　《中华人民共和国反有组织犯罪法》第七十一条规定的行政处罚,由金融机构等相关单位所在地公安机关管辖,也可以由负责侦查有组织犯罪的公安机关管辖。

第七十五条　公安机关调查有组织犯罪,要求有关国家机关、行业主管部门予以配合相关工作或者提供相关证据,有关国家机关、行业主管部门没有正当理由不予配合的,层报相应的上级公安机关书面通报其上级机关。

第十章　附　则

第七十六条　本规定自 2022 年 10 月 1 日起施行。

最高人民法院、最高人民检察院、公安部、司法部关于办理恶势力刑事案件若干问题的意见

- 2019 年 2 月 28 日
- 法发〔2019〕10 号

为认真贯彻落实中央开展扫黑除恶专项斗争的部署要求,正确理解和适用最高人民法院、最高人民检察院、公安部、司法部《关于办理黑恶势力犯罪案件若干问题的指导意见》(法发〔2018〕1 号,以下简称《指导意见》),根据刑法、刑事诉讼法及有关司法解释、规范性文件的规定,现对办理恶势力刑事案件若干问题提出如下意见:

一、办理恶势力刑事案件的总体要求

1. 人民法院、人民检察院、公安机关和司法行政机关要深刻认识恶势力违法犯罪的严重社会危害,毫不动摇地坚持依法严惩方针,在侦查、起诉、审判、执行各阶段,运用多种法律手段全面体现依法从严惩处精神,有力震慑恶势力违法犯罪分子,有效打击和预防恶势力违法犯罪。

2. 人民法院、人民检察院、公安机关和司法行政机关要严格坚持依法办案,确保在案件事实清楚、证据确实、充分的基础上,准确认定恶势力和恶势力犯罪集团,坚决防止人为拔高或者降低认定标准。要坚持贯彻落实宽严相济刑事政策,根据犯罪嫌疑人、被告人的主观恶性、人身危险性、在恶势力、恶势力犯罪集团中的地位、作用以及在具体犯罪中的罪责,切实做到宽严有据,罚当其罪,实现政治效果、法律效果和社会效果的统一。

3.人民法院、人民检察院、公安机关和司法行政机关要充分发挥各自职能，分工负责，互相配合，互相制约，坚持以审判为中心的刑事诉讼制度改革要求，严格执行"三项规程"，不断强化程序意识和证据意识，有效加强法律监督，确保严格执法、公正司法，充分保障当事人、诉讼参与人的各项诉讼权利。

二、恶势力、恶势力犯罪集团的认定标准

4.恶势力，是指经常纠集在一起，以暴力、威胁或者其他手段，在一定区域或者行业内多次实施违法犯罪活动，为非作恶，欺压百姓，扰乱经济、社会生活秩序，造成较为恶劣的社会影响，但尚未形成黑社会性质组织的违法犯罪组织。

5.单纯为牟取不法经济利益而实施的"黄、赌、毒、盗、抢、骗"等违法犯罪活动，不具有为非作恶、欺压百姓特征的，或者因本人及近亲属的婚恋纠纷、家庭纠纷、邻里纠纷、劳动纠纷、合法债务纠纷而引发以及其他确属事出有因的违法犯罪活动，不应作为恶势力案件处理。

6.恶势力一般为3人以上，纠集者相对固定。纠集者，是指在恶势力实施的违法犯罪活动中起组织、策划、指挥作用的违法犯罪分子。成员较为固定且符合恶势力其他认定条件，但多次实施违法犯罪活动是由不同的成员组织、策划、指挥，也可以认定为恶势力，有前述行为的成员均可以认定为纠集者。

恶势力的其他成员，是指知道或应当知道与他人经常纠集在一起是为了共同实施违法犯罪，仍按照纠集者的组织、策划、指挥参与违法犯罪活动的违法犯罪分子，包括已有充分证据证明但尚未归案的人员，以及因法定情形不予追究法律责任，或者因参与实施恶势力违法犯罪活动已受到行政或刑事处罚的人员。仅因临时雇佣或被雇佣、利用或被利用以及受蒙蔽参与少量恶势力违法犯罪活动的，一般不应认定为恶势力成员。

7."经常纠集在一起，以暴力、威胁或者其他手段，在一定区域或者行业内多次实施违法犯罪活动"，是指犯罪嫌疑人、被告人于2年之内，以暴力、威胁或者其他手段，在一定区域或者行业内多次实施违法犯罪活动，且包括纠集者在内，至少应有2名相同的成员多次参与实施违法犯罪活动。对于"纠集在一起"时间明显较短，实施违法犯罪活动刚刚达到"多次"标准，且不足以造成较为恶劣影响的，一般不应认定为恶势力。

8.恶势力实施的违法犯罪活动，主要为强迫交易、故意伤害、非法拘禁、敲诈勒索、故意毁坏财物、聚众斗殴、寻衅滋事，但也包括具有为非作恶、欺压百姓特征，主要以暴力、威胁为手段的其他违法犯罪活动。

恶势力还可能伴随实施开设赌场、组织卖淫、强迫卖淫、贩卖毒品、运输毒品、制造毒品、抢劫、抢夺、聚众扰乱社会秩序、聚众扰乱公共场所秩序、交通秩序以及聚众"打砸抢"等违法犯罪活动，但仅有前述伴随实施的违法犯罪活动，且不能认定具有为非作恶、欺压百姓特征的，一般不应认定为恶势力。

9.办理恶势力刑事案件，"多次实施违法犯罪活动"至少应包括1次犯罪活动。对于反复实施强迫交易、非法拘禁、敲诈勒索、寻衅滋事等单一性质的违法行为，单次情节、数额尚不构成犯罪，但按照刑法或者有关司法解释、规范性文件的规定累加后应作为犯罪处理的，在认定是否属于"多次实施违法犯罪活动"时，可将已用于累加的违法行为计为1次犯罪活动，其他违法行为单独计算违法活动的次数。

已被处理或者已作为民间纠纷调处，后经查证确属恶势力违法犯罪活动的，均可以作为认定恶势力的事实依据，但不符合法定情形的，不得重新追究法律责任。

10.认定"扰乱经济、社会生活秩序，造成较为恶劣的社会影响"，应当结合侵害对象及其数量、违法犯罪次数、手段、规模、人身损害后果、经济损失数额、违法所得数额、引起社会秩序混乱的程度以及对人民群众安全感的影响程度等因素综合把握。

11.恶势力犯罪集团，是指符合恶势力全部认定条件，同时又符合犯罪集团法定条件的犯罪组织。

恶势力犯罪集团的首要分子，是指在恶势力犯罪集团中起组织、策划、指挥作用的犯罪分子。恶势力犯罪集团的其他成员，是指知道或者应当知道是为共同实施犯罪而组成的较为固定的犯罪组织，仍接受首要分子领导、管理、指挥，并参与该组织犯罪活动的犯罪分子。

恶势力犯罪集团应当有组织地实施多次犯罪活动，同时还可能伴随实施违法活动。恶势力犯罪集团所实施的违法犯罪活动，参照《指导意见》第十条第二款的规定认定。

12. 全部成员或者首要分子、纠集者以及其他重要成员均为未成年人、老年人、残疾人的，认定恶势力、恶势力犯罪集团时应当特别慎重。

三、正确运用宽严相济刑事政策的有关要求

13. 对于恶势力的纠集者、恶势力犯罪集团的首要分子、重要成员以及恶势力、恶势力犯罪集团共同犯罪中罪责严重的主犯，要正确运用法律规定加大惩处力度，对依法应当判处重刑或死刑的，坚决判处重刑或死刑。同时要严格掌握取保候审，严格掌握不起诉，严格掌握缓刑、减刑、假释，严格掌握保外就医适用条件，充分利用资格刑、财产刑等法律手段全方位从严惩处。对于符合刑法第三十七条之一规定的，可以依法禁止其从事相关职业。

对于恶势力、恶势力犯罪集团的其他成员，在共同犯罪中罪责相对较小、人身危险性、主观恶性相对不大的，具有自首、立功、坦白、初犯等法定或酌定从宽处罚情节，可以依法从轻、减轻或免除处罚。认罪认罚或者仅参与实施少量的犯罪活动且只起次要、辅助作用，符合缓刑条件的，可以适用缓刑。

14. 恶势力犯罪集团的首要分子检举揭发与该犯罪集团及其违法犯罪活动有关联的其他犯罪线索，如果在认定立功的问题上存在事实、证据或法律适用方面的争议，应当严格把握。依法应认定为立功或者重大立功的，在决定是否从宽处罚、如何从宽处罚时，应当根据罪责刑相一致原则从严掌握。可能导致全案量刑明显失衡的，不予从宽处罚。

恶势力犯罪集团的其他成员如果能够配合司法机关查办案件，有提供线索、帮助收集证据或者其他协助行为，并在侦破恶势力犯罪集团案件、查处"保护伞"等方面起到较大作用的，即使依法不能认定立功，一般也应酌情对其从轻处罚。

15. 犯罪嫌疑人、被告人同时具有法定、酌定从严和法定、酌定从宽处罚情节的，量刑时要根据所犯具体罪行的严重程度，结合被告人在恶势力、恶势力犯罪集团中的地位、作用、主观恶性、人身危险性等因素整体把握。对于恶势力的纠集者、恶势力犯罪集团的首要分子、重要成员，量刑时要体现总体从严。对于在共同犯罪中罪责相对较小、人身危险性、主观恶性相对不大，且能够真诚认罪悔罪的其他成员，量刑时要体现总体从宽。

16. 恶势力刑事案件的犯罪嫌疑人、被告人自愿如实供述自己的罪行，承认指控的犯罪事实，愿意接受处罚的，可以依法从宽处理，并。对于犯罪性质恶劣、犯罪手段残忍、社会危害严重的犯罪嫌疑人、被告人，虽然认罪认罚，但不足以从轻处罚的，不适用该制度。

四、办理恶势力刑事案件的其他问题

17. 人民法院、人民检察院、公安机关经审查认为案件符合恶势力认定标准的，应当在起诉意见书、起诉书、判决书、裁定书等法律文书中的案件事实部分明确表述，列明恶势力的纠集者、其他成员、违法犯罪事实以及据以认定的证据；符合恶势力犯罪集团认定标准的，应当在上述法律文书中明确定性，列明首要分子、其他成员、违法犯罪事实以及据以认定的证据，并引用刑法总则关于犯罪集团的相关规定。被告人及其辩护人对恶势力定性提出辩解和辩护意见，人民法院可以在裁判文书中予以评析回应。

恶势力刑事案件的起诉意见书、起诉书、判决书、裁定书等法律文书，可以在案件事实部分先概述恶势力、恶势力犯罪集团的概括事实，再分述具体的恶势力违法犯罪事实。

18. 对于公安机关未在起诉意见书中明确认定，人民检察院在审查起诉期间发现构成恶势力或者恶势力犯罪集团，且相关违法犯罪事实已经查清，证据确实、充分，依法应追究刑事责任的，应当作出起诉决定，根据查明的事实向人民法院提起公诉，并在起诉书中明确认定为恶势力或者恶势力犯罪集团。人民检察院认为恶势力相关违法犯罪事实不清、证据不足，或者存在遗漏恶势力违法犯罪事实、遗漏同案犯罪嫌疑人等情形需要补充侦查的，应当提出具体的书面意见，连同案卷材料一并退回公安机关补充侦查；人民检察院也可以自行侦查，必要时可以要求公安机关提供协助。

对于人民检察院未在起诉书中明确认定，人民法院在审判期间发现构成恶势力或恶势力犯罪集团的，可以建议人民检察院补充或者变更起诉；人民检察院不同意或者在七日内未回复意见的，人民法院不应主动认定，可仅就起诉指控的犯罪事实依照相关规定作出判决、裁定。

审理被告人或者被告人的法定代理人、辩护

人、近亲属上诉的案件时，一审判决认定黑社会性质组织有误的，二审法院应当纠正，符合恶势力、恶势力犯罪集团认定标准，应当作出相应认定；一审判决认定恶势力或恶势力犯罪集团有误的，应当纠正，但不得升格认定；一审判决未认定恶势力或恶势力犯罪集团的，不得增加认定。

19. 公安机关、人民检察院、人民法院应当分别以起诉意见书、起诉书、裁判文书所明确的恶势力、恶势力犯罪集团，作为相关数据的统计依据。

20. 本意见自2019年4月9日起施行。

最高人民法院、最高人民检察院、公安部、司法部关于办理"套路贷"刑事案件若干问题的意见

- 2019年2月28日
- 法发〔2019〕11号

为持续深入开展扫黑除恶专项斗争，准确甄别和依法严厉惩处"套路贷"违法犯罪分子，根据刑法、刑事诉讼法、有关司法解释以及最高人民法院、最高人民检察院、公安部、司法部《关于办理黑恶势力犯罪案件若干问题的指导意见》等规范性文件的规定，现对办理"套路贷"刑事案件若干问题提出如下意见：

一、准确把握"套路贷"与民间借贷的区别

1. "套路贷"，是对以非法占有为目的，假借民间借贷之名，诱使或迫使被害人签订"借贷"或变相"借贷""抵押""担保"等相关协议，通过虚增借贷金额、恶意制造违约、肆意认定违约、毁匿还款证据等方式形成虚假债权债务，并借助诉讼、仲裁、公证或者采用暴力、威胁以及其他手段非法占有被害人财物的相关违法犯罪活动的概括性称谓。

2. "套路贷"与平等主体之间基于意思自治而形成的民事借贷关系存在本质区别。民间借贷的出借人是为了到期按照协议约定的内容收回本金并获取利息，不具有非法占有他人财物的目的，也不会在签订、履行借贷协议过程中实施虚增借贷金额、制造虚假给付痕迹、恶意制造违约、肆意认定违约、毁匿还款证据等行为。

司法实践中，应当注意非法讨债引发的案件与"套路贷"案件的区别，犯罪嫌疑人、被告人不具有非法占有目的，也未使用"套路"与借款人形成虚假债权债务，不应视为"套路贷"。因使用暴力、威胁以及其他手段强行索债构成犯罪的，应当根据具体案件事实定罪处罚。

3. 实践中，"套路贷"的常见犯罪手法和步骤包括但不限于以下情形：

（1）制造民间借贷假象。犯罪嫌疑人、被告人往往以"小额贷款公司""投资公司""咨询公司""担保公司""网络借贷平台"等名义对外宣传，以低息、无抵押、无担保、快速放款等为诱饵吸引被害人借款，继而以"保证金""行规"等虚假理由诱使被害人基于错误认识签订金额虚高的"借贷"协议或相关协议。有的犯罪嫌疑人、被告人还会以被害人先前借贷违约等理由，迫使对方签订金额虚高的"借贷"协议或相关协议。

（2）制造资金走账流水等虚假给付事实。犯罪嫌疑人、被告人按照虚高的"借贷"协议金额将资金转入被害人账户，制造已将全部借款交付被害人的银行流水痕迹，随后便采取各种手段将其中全部或者部分资金收回，被害人实际上并未取得或者完全取得"借贷"协议、银行流水上显示的钱款。

（3）故意制造违约或者肆意认定违约。犯罪嫌疑人、被告人往往会以设置违约陷阱、制造还款障碍等方式，故意造成被害人违约，或者通过肆意认定违约，强行要求被害人偿还虚假债务。

（4）恶意垒高借款金额。当被害人无力偿还时，有的犯罪嫌疑人、被告人会安排其所属公司或者指定的关联公司、关联人员为被害人偿还"借款"，继而与被害人签订金额更大的虚高"借贷"协议或相关协议，通过这种"转单平账""以贷还贷"的方式不断垒高"债务"。

（5）软硬兼施"索债"。在被害人未偿还虚高"借款"的情况下，犯罪嫌疑人、被告人借助诉讼、仲裁、公证或者采用暴力、威胁以及其他手段向被害人或者被害人的特定关系人索取"债务"。

二、依法严惩"套路贷"犯罪

4. 实施"套路贷"过程中，未采用明显的暴力或者威胁手段，其行为特征从整体上表现为以非法占有为目的，通过虚构事实、隐瞒真相骗取被害人财物的，一般以诈骗罪定罪处罚；对于在实施"套路贷"过程中多种手段并用，构成诈骗、敲诈勒

索、非法拘禁、虚假诉讼、寻衅滋事、强迫交易、抢劫、绑架等多种犯罪的,应当根据具体案件事实,区分不同情况,依照刑法及有关司法解释的规定数罪并罚或者择一重处。

5.多人共同实施"套路贷"犯罪,犯罪嫌疑人、被告人在所参与的犯罪中起主要作用的,应当认定为主犯,对其参与或组织、指挥的全部犯罪承担刑事责任;起次要或辅助作用的,应当认定为从犯。

明知他人实施"套路贷"犯罪,具有以下情形之一的,以相关犯罪的共犯论处,但刑法和司法解释等另有规定的除外:

(1)组织发送"贷款"信息、广告,吸引、介绍被害人"借款"的;

(2)提供资金、场所、银行卡、账号、交通工具等帮助的;

(3)出售、提供、帮助获取公民个人信息的;

(4)协助制造走账记录等虚假给付事实的;

(5)协助办理公证的;

(6)协助以虚假事实提起诉讼或者仲裁的;

(7)协助套现、取现、办理动产或不动产过户等,转移犯罪所得及其产生的收益的;

(8)其他符合共同犯罪规定的情形。

上述规定中的"明知他人实施'套路贷'犯罪",应当结合行为人的认知能力、既往经历、行为次数和手段、与同案人、被害人的关系、获利情况、是否曾因"套路贷"受过处罚、是否故意规避查处等主客观因素综合分析认定。

6.在认定"套路贷"犯罪数额时,应当与民间借贷相区别,从整体上予以否定性评价,"虚高债务"和以"利息""保证金""中介费""服务费""违约金"等名目被犯罪嫌疑人、被告人非法占有的财物,均应计入犯罪数额。

犯罪嫌疑人、被告人实际给付被害人的本金数额,不计入犯罪数额。

已经着手实施"套路贷",但因意志以外原因未得逞的,可以根据相关罪名所涉及的刑法、司法解释规定,按照已着手非法占有的财物数额认定犯罪未遂。既有既遂,又有未遂,犯罪既遂部分与未遂部分分别对应不同法定刑幅度的,应当先决定未遂部分是否减轻处罚,确定未遂部分对应的法定刑幅度,再与既遂部分对应的法定刑幅度进行比较,选择处罚较重的法定刑幅度,并酌情从重处罚;二者在同一量刑幅度的,以犯罪既遂酌情从重处罚。

7.犯罪嫌疑人、被告人实施"套路贷"违法所得的一切财物,应当予以追缴或者责令退赔;对被害人的合法财产,应当及时返还。有证据证明是犯罪嫌疑人、被告人为实施"套路贷"而交付给被害人的本金,赔偿被害人损失后如有剩余,应依法予以没收。

犯罪嫌疑人、被告人已将违法所得的财物用于清偿债务、转让或者设置其他权利负担,具有下列情形之一的,应当依法追缴:

(1)第三人明知是违法所得财物而接受的;

(2)第三人无偿取得或者以明显低于市场的价格取得违法所得财物的;

(3)第三人通过非法债务清偿或者违法犯罪活动取得违法所得财物的;

(4)其他应当依法追缴的情形。

8.以老年人、未成年人、在校学生、丧失劳动能力的人为对象实施"套路贷",或者因实施"套路贷"造成被害人或其特定关系人自杀、死亡、精神失常、为偿还"债务"而实施犯罪活动的,除刑法、司法解释另有规定的外,应当酌情从重处罚。

在坚持依法从严惩处的同时,对于认罪认罚、积极退赃、真诚悔罪或者具有其他法定、酌定从轻处罚情节的被告人,可以依法从宽处罚。

9.对于"套路贷"犯罪分子,应当根据其所触犯的具体罪名,依法加大财产刑适用力度。符合刑法第三十七条之一规定的,可以依法禁止从事相关职业。

10.三人以上为实施"套路贷"而组成的较为固定的犯罪组织,应当认定为犯罪集团。对首要分子应按照集团所犯全部罪行处罚。

符合黑恶势力认定标准的,应当按照黑社会性质组织、恶势力或者恶势力犯罪集团侦查、起诉、审判。

三、依法确定"套路贷"刑事案件管辖

11."套路贷"犯罪案件一般由犯罪地公安机关侦查,如果由犯罪嫌疑人居住地公安机关立案侦查更为适宜的,可以由犯罪嫌疑人居住地公安机关立案侦查。犯罪地包括犯罪行为发生地和犯罪结果发生地。

"犯罪行为发生地"包括为实施"套路贷"所设立的公司所在地、"借贷"协议或相关协议签订地、非法讨债行为实施地、为实施"套路贷"而进行诉讼、仲裁、公证的受案法院、仲裁委员会、公证机构所在地,以及"套路贷"行为的预备地、开始地、途经地、结束地等。

"犯罪结果发生地"包括违法所得财物的支付地、实际取得地、藏匿地、转移地、使用地、销售地等。

除犯罪地、犯罪嫌疑人居住地外,其他地方公安机关对于公民扭送、报案、控告、举报或者犯罪嫌疑人自首的"套路贷"犯罪案件,都应当立即受理,经审查认为有犯罪事实的,移送有管辖权的公安机关处理。

黑恶势力实施的"套路贷"犯罪案件,由侦办黑社会性质组织、恶势力或者恶势力犯罪集团案件的公安机关进行侦查。

12. 具有下列情形之一的,有关公安机关可以在其职责范围内并案侦查:

（1）一人犯数罪的；
（2）共同犯罪的；
（3）共同犯罪的犯罪嫌疑人还实施其他犯罪的；
（4）多个犯罪嫌疑人实施的犯罪存在直接关联,并案处理有利于查明案件事实的。

13. 本意见自2019年4月9日起施行。

最高人民法院、最高人民检察院、公安部、司法部印发《关于办理非法放贷刑事案件若干问题的意见》的通知

· 2019 年 7 月 23 日

各省、自治区、直辖市高级人民法院、人民检察院、公安厅（局）、司法厅（局）、解放军军事法院、军事检察院,新疆维吾尔自治区高级人民法院生产建设兵团分院、新疆生产建设兵团人民检察院、公安局、司法局：

为依法惩治非法放贷犯罪活动,切实维护国家金融市场秩序与社会和谐稳定,有效防范因非法放贷诱发涉黑涉恶以及其他违法犯罪活动,保护公民、法人和其他组织合法权益,最高人民法院、最高人民检察院、公安部、司法部联合制定了《关于办理非法放贷刑事案件若干问题的意见》,请认真贯彻执行。

最高人民法院、最高人民检察院、公安部、司法部关于办理非法放贷刑事案件若干问题的意见

为依法惩治非法放贷犯罪活动,切实维护国家金融市场秩序与社会和谐稳定,有效防范因非法放贷诱发涉黑涉恶以及其他违法犯罪活动,保护公民、法人和其他组织合法权益,根据刑法、刑事诉讼法及有关司法解释、规范性文件的规定,现对办理非法放贷刑事案件若干问题提出如下意见：

一、违反国家规定,未经监管部门批准,或者超越经营范围,以营利为目的,经常性地向社会不特定对象发放贷款,扰乱金融市场秩序,情节严重的,依照刑法第二百二十五条第（四）项的规定,以非法经营罪定罪处罚。

前款规定中的"经常性地向社会不特定对象发放贷款",是指2年内向不特定多人（包括单位和个人）以借款或其他名义出借资金10次以上。

贷款到期后延长还款期限的,发放贷款次数按照1次计算。

二、以超过36%的实际年利率实施符合本意见第一条规定的非法放贷行为,具有下列情形之一的,属于刑法第二百二十五条规定的"情节严重",但单次非法放贷行为实际年利率未超过36%的,定罪量刑时不得计入：

（一）个人非法放贷数额累计在200万元以上的,单位非法放贷数额累计在1000万元以上的；

（二）个人违法所得数额累计在80万元以上的,单位违法所得数额累计在400万元以上的；

（三）个人非法放贷对象累计在50人以上的,单位非法放贷对象累计在150人以上的；

（四）造成借款人或者其近亲属自杀、死亡或者精神失常等严重后果的。

具有下列情形之一的,属于刑法第二百二十五条规定的"情节特别严重"：

（一）个人非法放贷数额累计在1000万元以上的,单位非法放贷数额累计在5000万元以上的；

（二）个人违法所得数额累计在400万元以上的,单位违法所得数额累计在2000万元以上的；

（三）个人非法放贷对象累计在250人以上

的,单位非法放贷对象累计在750人以上的;

(四)造成多名借款人或者其近亲属自杀、死亡或者精神失常等特别严重后果的。

三、非法放贷数额、违法所得数额、非法放贷对象数量接近本意见第二条规定的"情节严重""情节特别严重"的数额、数量起点标准,并具有下列情形之一的,可以分别认定为"情节严重""情节特别严重":

(一)2年内因实施非法放贷行为受过行政处罚2次以上的;

(二)以超过72%的实际年利率实施非法放贷行为10次以上的。

前款规定中的"接近",一般应当掌握在相应数额、数量标准的80%以上。

四、仅向亲友、单位内部人员等特定对象出借资金,不得适用本意见第一条的规定定罪处罚。但具有下列情形之一的,定罪量刑时应当与向不特定对象非法放贷的行为一并处理:

(一)通过亲友、单位内部人员等特定对象向不特定对象发放贷款的;

(二)以发放贷款为目的,将社会人员吸收为单位内部人员,并向其发放贷款的;

(三)向社会公开宣传,同时向不特定多人和亲友、单位内部人员等特定对象发放贷款的。

五、非法放贷数额应当以实际出借给借款人的本金金额认定。非法放贷行为人以介绍费、咨询费、管理费、逾期利息、违约金等名义和以从本金中预先扣除等方式收取利息的,相关数额在计算实际年利率时均应计入。

非法放贷行为人实际收取的除本金之外的全部财物,均应计入违法所得。

非法放贷行为未经处理的,非法放贷次数和数额、违法所得数额、非法放贷对象数量等应当累计计算。

六、为从事非法放贷活动,实施擅自设立金融机构、套取金融机构资金高利转贷、骗取贷款、非法吸收公众存款等行为,构成犯罪的,应当择一重罪处罚。

为强行索要因非法放贷而产生的债务,实施故意杀人、故意伤害、非法拘禁、故意毁坏财物、寻衅滋事等行为,构成犯罪的,应当数罪并罚。

纠集、指使、雇佣他人采用滋扰、纠缠、哄闹、聚众造势等手段强行索要债务,尚不单独构成犯罪,但实施非法放贷行为已构成非法经营罪的,应当按照非法经营罪的规定酌情从重处罚。

以上规定的情形,刑法、司法解释另有规定的除外。

七、有组织地非法放贷,同时又有其他违法犯罪活动,符合黑社会性质组织或者恶势力、恶势力犯罪集团认定标准的,应当分别按照黑社会性质组织或者恶势力、恶势力犯罪集团侦查、起诉、审判。

黑恶势力非法放贷的,据以认定"情节严重""情节特别严重"的非法放贷数额、违法所得数额、非法放贷对象数量起点标准,可以分别按照本意见第二条规定中相应数额、数量标准的50%确定;同时具有本意见第三条第一款规定情形的,可以分别按照相应数额、数量标准的40%确定。

八、本意见自2019年10月21日起施行。对于本意见施行前发生的非法放贷行为,依照最高人民法院《关于准确理解和适用刑法中"国家规定"的有关问题的通知》(法发〔2011〕155号)的规定办理。

最高人民法院、最高人民检察院、公安部、司法部关于办理利用信息网络实施黑恶势力犯罪刑事案件若干问题的意见

·2019年7月23日

为认真贯彻中央关于开展扫黑除恶专项斗争的部署要求,正确理解和适用最高人民法院、最高人民检察院、公安部、司法部《关于办理黑恶势力犯罪案件若干问题的指导意见》(法发〔2018〕1号,以下简称《指导意见》),根据刑法、刑事诉讼法、网络安全法及有关司法解释、规范性文件的规定,现对办理利用信息网络实施黑恶势力犯罪案件若干问题提出以下意见:

一、总体要求

1. 各级人民法院、人民检察院、公安机关及司法行政机关应当统一执法思想、提高执法效能,坚持"打早打小",坚决依法严厉惩处利用信息网络实施的黑恶势力犯罪,有效维护网络安全和经济、社会生活秩序。

2. 各级人民法院、人民检察院、公安机关及司法行政机关应当正确运用法律，严格依法办案，坚持"打准打实"，认真贯彻落实宽严相济刑事政策，切实做到宽严有据、罚当其罪，实现政治效果、法律效果和社会效果的统一。

3. 各级人民法院、人民检察院、公安机关及司法行政机关应当分工负责、互相配合、互相制约，切实加强与相关行政管理部门的协作，健全完善风险防控机制，积极营造线上线下社会综合治理新格局。

二、依法严惩利用信息网络实施的黑恶势力犯罪

4. 对通过发布、删除负面或虚假信息，发送侮辱性信息、图片，以及利用信息、电话骚扰等方式，威胁、要挟、恐吓、滋扰他人，实施黑恶势力违法犯罪的，应当准确认定，依法严惩。

5. 利用信息网络威胁他人，强迫交易，情节严重的，依照刑法第二百二十六条的规定，以强迫交易罪定罪处罚。

6. 利用信息网络威胁、要挟他人，索取公私财物，数额较大，或者多次实施上述行为的，依照刑法第二百七十四条的规定，以敲诈勒索罪定罪处罚。

7. 利用信息网络辱骂、恐吓他人，情节恶劣，破坏社会秩序的，依照刑法第二百九十三条第一款第二项的规定，以寻衅滋事罪定罪处罚。

编造虚假信息，或者明知是编造的虚假信息，在信息网络上散布，或者组织、指使人员在信息网络上散布，起哄闹事，造成公共秩序严重混乱的，依照刑法第二百九十三条第一款第四项的规定，以寻衅滋事罪定罪处罚。

8. 侦办利用信息网络实施的强迫交易、敲诈勒索等非法敛财类案件，确因被害人人数众多等客观条件的限制，无法逐一收集被害人陈述的，可以结合已收集的被害人陈述，以及经查证属实的银行账户交易记录、第三方支付结算账户交易记录、通话记录、电子数据等证据，综合认定被害人人数以及涉案资金数额等。

三、准确认定利用信息网络实施犯罪的黑恶势力

9. 利用信息网络实施违法犯罪活动，符合刑法、《指导意见》以及最高人民法院、最高人民检察院、公安部、司法部《关于办理恶势力刑事案件若干问题的意见》等规定的恶势力、恶势力犯罪集团、黑社会性质组织特征和认定标准的，应当依法认定为恶势力、恶势力犯罪集团、黑社会性质组织。

认定利用信息网络实施违法犯罪活动的黑社会性质组织时，应当依照刑法第二百九十四条第五款规定的"四个特征"进行综合审查判断，分析"四个特征"相互间的内在联系，根据在网络空间和现实社会中实施违法犯罪活动对公民人身、财产、民主权利和经济、社会生活秩序所造成的危害，准确评价，依法予以认定。

10. 认定利用信息网络实施违法犯罪的黑恶势力组织特征，要从违法犯罪的起因、目的，以及组织、策划、指挥、参与人员是否相对固定，组织形成后是否持续进行犯罪活动、是否有明确的职责分工、行为规范、利益分配机制等方面综合判断。利用信息网络实施违法犯罪的黑恶势力组织成员之间一般通过即时通讯工具、通讯群组、电子邮件、网盘等信息网络方式联络，对部分组织成员通过信息网络方式联络实施黑恶势力违法犯罪活动，即使相互未见面、彼此不熟识，不影响对组织特征的认定。

11. 利用信息网络有组织地通过实施违法犯罪活动或者其他手段获取一定数量的经济利益，用于违法犯罪活动或者支持该组织生存、发展的，应当认定为符合刑法第二百九十四条第五款第二项规定的黑社会性质组织经济特征。

12. 通过线上线下相结合的方式，有组织地多次利用信息网络实施违法犯罪活动，侵犯不特定多人的人身权利、民主权利、财产权利，破坏经济秩序、社会秩序的，应当认定为符合刑法第二百九十四条第五款第三项规定的黑社会性质组织行为特征。单纯通过线上方式实施的违法犯罪活动，且不具有为非作恶、欺压残害群众特征的，一般不应作为黑社会性质组织行为特征的认定依据。

13. 对利用信息网络实施黑恶势力犯罪非法控制和影响的"一定区域或者行业"，应当结合危害行为发生地或者危害行业的相对集中程度，以及犯罪嫌疑人、被告人在网络空间和现实社会中的控制和影响程度综合判断。虽然危害行为发生地、危害的行业比较分散，但涉案犯罪组织利用信息网络多次实施强迫交易、寻衅滋事、敲诈勒索等违法犯罪活动，在网络空间和现实社会造成重大影响,严重破坏经济、社会生活秩序的,应当认定为"在一定区域或者行业内,形成非法控制或者重大影响"。

四、利用信息网络实施黑恶势力犯罪案件管辖

14. 利用信息网络实施的黑恶势力犯罪案件管辖依照《关于办理黑社会性质组织犯罪案件若干问题的规定》和《关于办理网络犯罪案件适用刑事诉讼程序若干问题的意见》的有关规定确定,坚持以犯罪地管辖为主、被告人居住地管辖为辅的原则。

15. 公安机关可以依法对利用信息网络实施的黑恶势力犯罪相关案件并案侦查或者指定下级公安机关管辖,并案侦查或者由上级公安机关指定管辖的公安机关应当全面调查收集能够证明黑恶势力犯罪事实的证据,各涉案地公安机关应当积极配合。并案侦查或者由上级公安机关指定管辖的案件,需要提请批准逮捕、移送审查起诉、提起公诉的,由立案侦查的公安机关所在地的人民检察院、人民法院受理。

16. 人民检察院对于公安机关提请批准逮捕、移送审查起诉的利用信息网络实施的黑恶势力犯罪案件,人民法院对于已进入审判程序的利用信息网络实施的黑恶势力犯罪案件,被告人及其辩护人提出的管辖异议成立,或者办案单位发现没有管辖权的,受案人民检察院、人民法院经审查,可以依法报请与有管辖权的人民检察院、人民法院共同的上级人民检察院、人民法院指定管辖,不再自行移交。对于在审查批准逮捕阶段,上级检察机关已经指定管辖的案件,审查起诉工作由同一人民检察院受理。人民检察院、人民法院认为应当分案起诉、审理的,可以依法分案处理。

17. 公安机关指定下级公安机关办理利用信息网络实施的黑恶势力犯罪案件的,应当同时抄送同级人民检察院、人民法院。人民检察院认为需要依法指定审判管辖的,应当协商同级人民法院办理指定管辖有关事宜。

18. 本意见自 2019 年 10 月 21 日起施行。

最高人民法院、最高人民检察院、公安部、司法部关于办理黑恶势力刑事案件中财产处置若干问题的意见

· 2019 年 4 月 9 日

为认真贯彻中央关于开展扫黑除恶专项斗争的重大决策部署,彻底铲除黑恶势力犯罪的经济基础,根据刑法、刑事诉讼法及最高人民法院、最高人民检察院、公安部、司法部《关于办理黑恶势力犯罪案件若干问题的指导意见》(法发〔2018〕1号)等规定,现对办理黑恶势力刑事案件中财产处置若干问题提出如下意见:

一、总体工作要求

1. 公安机关、人民检察院、人民法院在办理黑恶势力犯罪案件时,在查明黑恶势力组织违法犯罪事实并对黑恶势力成员依法定罪量刑的同时,要全面调查黑恶势力组织及其成员的财产状况,依法对涉案财产采取查询、查封、扣押、冻结等措施,并根据查明的情况,依法作出处理。

前款所称处理既包括对涉案财产中犯罪分子违法所得、违禁品、供犯罪所用的本人财物以及其他等值财产等依法追缴、没收,也包括对被害人的合法财产等依法返还。

2. 对涉案财产采取措施,应当严格依照法定条件和程序进行。严禁在立案之前查封、扣押、冻结财物。凡查封、扣押、冻结的财物,都应当及时进行审查,防止因程序违法、工作瑕疵等影响案件审理以及涉案财产处置。

3. 对涉案财产采取措施,应当为犯罪嫌疑人、被告人及其所扶养的亲属保留必需的生活费用和物品。

根据案件具体情况,在保证诉讼活动正常进行的同时,可以允许有关人员继续合理使用有关涉案财产,并采取必要的保值保管措施,以减少案件办理对正常办公和合法生产经营的影响。

4. 要彻底摧毁黑社会性质组织的经济基础,防止其死灰复燃。对于组织者、领导者一般应当并处没收个人全部财产。对于确属骨干成员或者为该组织转移、隐匿资产的积极参加者,可以并处

没收个人全部财产。对于其他组织成员，应当根据所参与实施违法犯罪活动的次数、性质、地位、作用、违法所得数额以及造成损失的数额等情节，依法决定财产刑的适用。

5. 要深挖细查并依法打击黑恶势力组织进行的洗钱以及掩饰、隐瞒犯罪所得、犯罪所得收益等转变涉案财产性质的关联犯罪。

二、依法采取措施全面收集证据

6. 公安机关侦查期间，要根据《公安机关办理刑事案件适用查封、冻结措施相关规定》(公通字〔2013〕30号)等有关规定，会同有关部门全面调查黑恶势力及其成员的财产状况，并可以根据诉讼需要，先行依法对下列财产采取查询、查封、扣押、冻结等措施：

（1）黑恶势力组织的财产；

（2）犯罪嫌疑人个人所有的财产；

（3）犯罪嫌疑人实际控制的财产；

（4）犯罪嫌疑人出资购买的财产；

（5）犯罪嫌疑人转移至他人名下的财产；

（6）犯罪嫌疑人涉嫌洗钱以及掩饰、隐瞒犯罪所得、犯罪所得收益等犯罪涉及的财产；

（7）其他与黑恶势力组织及其违法犯罪活动有关的财产。

7. 查封、扣押、冻结已登记的不动产、特定动产及其他财产，应当通知有关登记机关，在查封、扣押、冻结期间禁止被查封、扣押、冻结的财产流转，不得办理被查封、扣押、冻结财产权属变更、抵押等手续。必要时可以提取有关产权证照。

8. 公安机关对于采取措施的涉案财产，应当全面收集证明其来源、性质、用途、权属及价值的有关证据，审查判断是否应当依法追缴、没收。

证明涉案财产来源、性质、用途、权属及价值的有关证据一般包括：

（1）犯罪嫌疑人、被告人关于财产来源、性质、用途、权属、价值的供述；

（2）被害人、证人关于财产来源、性质、用途、权属、价值的陈述、证言；

（3）财产购买凭证、银行往来凭证、资金注入凭证、权属证明等书证；

（4）财产价格鉴定、评估意见；

（5）可以证明财产来源、性质、用途、权属、价值的其他证据。

9. 公安机关对应当依法追缴、没收的财产中

黑恶势力组织及其成员聚敛的财产及其孳息、收益的数额，可以委托专门机构评估；确实无法准确计算的，可以根据有关法律规定及查明的事实、证据合理估算。

人民检察院、人民法院对于公安机关委托评估、估算的数额有不同意见的，可以重新委托评估、估算。

10. 人民检察院、人民法院根据案件诉讼的需要，可以依法采取上述相关措施。

三、准确处置涉案财产

11. 公安机关、人民检察院应当加强对在案财产审查甄别。在移送审查起诉、提起公诉时，一般应当对采取措施的涉案财产提出处理意见建议，并将采取措施的涉案财产及其清单随案移送。

人民检察院经审查，除对随案移送的涉案财产提出处理意见外，还需要对继续追缴的尚未被足额查封、扣押的其他违法所得提出处理意见建议。

涉案财产不宜随案移送的，应当按照相关法律、司法解释的规定，提供相应的清单、照片、录像、封存手续、存放地点说明、鉴定、评估意见、变价处理凭证等材料。

12. 对于不宜查封、扣押、冻结的经营性财产，公安机关、人民检察院、人民法院可以申请当地政府指定有关部门或者委托有关机构代管或者托管。

对易损毁、灭失、变质等不宜长期保存的物品，易贬值的汽车、船艇等物品，或者市场价格波动大的债券、股票、基金等财产，有效期即将届满的汇票、本票、支票等，经权利人同意或者申请，并经县级以上公安机关、人民检察院或者人民法院主要负责人批准，可以依法出售、变现或者先行变卖、拍卖，所得价款由扣押、冻结机关保管，并及时告知当事人或者其近亲属。

13. 人民检察院在法庭审理时应当对证明黑恶势力犯罪涉案财产情况进行举证质证，对于既能证明具体个罪又能证明经济特征的涉案财产情况相关证据在具体个罪中出示后，在经济特征中可以简要说明，不再重复出示。

14. 人民法院作出的判决，除应当对随案移送的涉案财产作出处理外，还应当在判决书中写明需要继续追缴尚未被足额查封、扣押的其他违法所得；对随案移送财产进行处理时，应当列明相关

财产的具体名称、数量、金额、处置情况等。涉案财产或者有关当事人人数较多，不宜在判决书正文中详细列明的，可以概括叙述并另附清单。

15.涉案财产符合下列情形之一的，应当依法追缴、没收：

（1）黑恶势力组织及其成员通过违法犯罪活动或者其他不正当手段聚敛的财产及其孳息、收益；

（2）黑恶势力组织成员通过个人实施违法犯罪活动聚敛的财产及其孳息、收益；

（3）其他单位、组织、个人为支持该黑恶势力组织活动资助或者主动提供的财产；

（4）黑恶势力组织及其成员通过合法的生产、经营活动获取的财产或者组织成员个人、家庭合法财产中，实际用于支持该组织活动的部分；

（5）黑恶势力组织成员非法持有的违禁品以及供犯罪所用的本人财物；

（6）其他单位、组织、个人利用黑恶势力组织及其成员违法犯罪活动获取的财产及其孳息、收益；

（7）其他应当追缴、没收的财产。

16.应当追缴、没收的财产已用于清偿债务或者转让，或者设置其他权利负担，具有下列情形之一的，应当依法追缴：

（1）第三人明知是违法犯罪所得而接受的；

（2）第三人无偿或者以明显低于市场的价格取得涉案财物的；

（3）第三人通过非法债务清偿或者违法犯罪活动取得涉案财物的；

（4）第三人通过其他方式恶意取得涉案财物的。

17.涉案财产符合下列情形之一的，应当依法返还：

（1）有证据证明确属被害人合法财产的；

（2）有证据证明确与黑恶势力及其违法犯罪活动无关的。

18.有关违法犯罪事实查证属实后，对于有证据证明权属明确且无争议的被害人、善意第三人或者其他人员合法财产及其孳息，凡返还不损害其他利害关系人的利益，不影响案件正常办理的，应当在登记、拍照或者录像后，依法及时返还。

四、依法追缴、没收其他等值财产

19.有证据证明依法应当追缴、没收的涉案财产无法找到、被他人善意取得、价值灭失或者与其他合法财产混合且不可分割的，可以追缴、没收其他等值财产。

对于证明前款各种情形的证据，公安机关或者人民检察院应当及时调取。

20.本意见第19条所称"财产无法找到"，是指有证据证明存在依法应当追缴、没收的财产，但无法查证财产去向、下落的。被告人有不同意见的，应当出示相关证据。

21.追缴、没收的其他等值财产的数额，应当与无法直接追缴、没收的具体财产的数额相对应。

五、其他

22.本意见所称孳息，包括天然孳息和法定孳息。

本意见所称收益，包括但不限于以下情形：

（1）聚敛、获取的财产直接产生的收益，如使用聚敛、获取的财产购买彩票中奖所得收益等；

（2）聚敛、获取的财产用于违法犯罪活动产生的收益，如使用聚敛、获取的财产赌博赢利所得收益、非法放贷所得收益、购买并贩卖毒品所得收益等；

（3）聚敛、获取的财产投资、置业形成的财产及其收益；

（4）聚敛、获取的财产和其他合法财产共同投资或者置业形成的财产中，与聚敛、获取的财产对应的份额及其收益；

（5）应当认定为收益的其他情形。

23.本意见未规定的黑恶势力刑事案件财产处置工作其他事宜，根据相关法律法规、司法解释等规定办理。

24.本意见自2019年4月9日起施行。

最高人民法院、最高人民检察院、公安部、司法部关于办理实施"软暴力"的刑事案件若干问题的意见

·2019年4月9日

为深入贯彻落实中央关于开展扫黑除恶专项斗争的决策部署，正确理解和适用最高人民法院、最高人民检察院、公安部、司法部《关于办理黑恶

势力犯罪案件若干问题的指导意见》(法发〔2018〕1号,以下简称《指导意见》)关于对依法惩处采用"软暴力"实施犯罪的规定,依法办理相关犯罪案件,根据《刑法》《刑事诉讼法》及有关司法解释、规范性文件,提出如下意见：

一、"软暴力"是指行为人为谋取不法利益或形成非法影响,对他人或者在有关场所进行滋扰、纠缠、哄闹、聚众造势等,足以使他人产生恐惧、恐慌进而形成心理强制,或者足以影响、限制人身自由、危及人身财产安全,影响正常生活、工作、生产、经营的违法犯罪手段。

二、"软暴力"违法犯罪手段通常的表现形式有：

(一)侵犯人身权利、民主权利、财产权利的手段,包括但不限于跟踪贴靠、扬言传播疾病、揭发隐私、恶意举报、诬告陷害、破坏、霸占财物等；

(二)扰乱正常生活、工作、生产、经营秩序的手段,包括但不限于非法侵入他人住宅、破坏生活设施、设置生活障碍、贴报喷字、拉挂横幅、燃放鞭炮、播放哀乐、摆放花圈、泼洒污物、断水断电、堵门阻工,以及通过驱赶从业人员、派驻人员据守等方式直接或间接地控制厂房、办公区、经营场所等；

(三)扰乱社会秩序的手段,包括但不限于摆场架势示威、聚众哄闹滋扰、拦路闹事等；

(四)其他符合本意见第一条规定的"软暴力"手段。

通过信息网络或者通讯工具实施,符合本意见第一条规定的违法犯罪手段,应当认定为"软暴力"。

三、行为人实施"软暴力",具有下列情形之一,可以认定为足以使他人产生恐惧、恐慌进而形成心理强制或者足以影响、限制人身自由、危及人身财产安全或者影响正常生活、工作、生产、经营的：

(一)黑恶势力实施的；

(二)以黑恶势力名义实施的；

(三)曾因组织、领导、参加黑社会性质组织、恶势力犯罪集团、恶势力以及因强迫交易、非法拘禁、敲诈勒索、聚众斗殴、寻衅滋事等犯罪受过刑事处罚后又实施的；

(四)携带凶器实施的；

(五)有组织地实施的或者使他人认为暴力、威胁具有现实可能性的；

(六)其他足以使他人产生恐惧、恐慌进而形成心理强制或者足以影响、限制人身自由、危及人身财产安全或者影响正常生活、工作、生产、经营的情形。

由多人实施的,编造或明示暴力违法犯罪经历进行恐吓的,或者以自报组织、头目名号、统一着装、显露纹身、特殊标识以及其他明示、暗示方式,足以使他人感知相关行为的有组织性的,应当认定为"以黑恶势力名义实施"。

由多人实施的,只要有部分行为人符合本条第一款第(一)项至第(四)项所列情形的,该项即成立。

虽然具体实施"软暴力"的行为人不符合本条第一款第(一)项、第(三)项所列情形,但雇佣者、指使者或者纠集者符合的,该项成立。

四、"软暴力"手段属于《刑法》第二百九十四条第五款第(三)项"黑社会性质组织行为特征"以及《指导意见》第14条"恶势力"概念中的"其他手段"。

五、采用"软暴力"手段,使他人产生心理恐惧或者形成心理强制,分别属于《刑法》第二百二十六条规定的"威胁"、《刑法》第二百九十三条第一款第(二)项规定的"恐吓",同时符合其他犯罪构成要件的,应当分别以强迫交易罪、寻衅滋事罪定罪处罚。

《关于办理寻衅滋事刑事案件适用法律若干问题的解释》第二条至第四条中的"多次"一般应当理解为二年内实施寻衅滋事行为三次以上。三次以上寻衅滋事行为既包括同一类别的行为,也包括不同类别的行为；既包括未受行政处罚的行为,也包括已受行政处罚的行为。

六、有组织地多次短时间非法拘禁他人的,应当认定为《刑法》第二百三十八条规定的"以其他方法非法剥夺他人人身自由"。非法拘禁他人三次以上、每次持续时间在四小时以上,或者非法拘禁他人累计时间在十二小时以上的,应当以非法拘禁罪定罪处罚。

七、以"软暴力"手段非法进入或者滞留他人住宅,应当认定为《刑法》第二百四十五条规定的"非法侵入他人住宅",同时符合其他犯罪构成要件的,应当以非法侵入住宅罪定罪处罚。

八、以非法占有为目的,采用"软暴力"手段强行索取公私财物,同时符合《刑法》第二百七十四条规定的其他犯罪构成要件的,应当以敲诈勒索罪定罪处罚。

《关于办理敲诈勒索刑事案件适用法律若干问题的解释》第三条中"二年内敲诈勒索三次以上",包括已受行政处罚的行为。

九、采用"软暴力"手段,同时构成两种以上犯罪的,依法按照处罚较重的犯罪定罪处罚,法律另有规定的除外。

十、根据本意见第五条、第八条规定,对已受行政处罚的行为追究刑事责任的,行为人先前所受的行政拘留处罚应当折抵刑期,罚款应当抵扣罚金。

十一、雇佣、指使他人采用"软暴力"手段强迫交易、敲诈勒索,构成强迫交易罪、敲诈勒索罪的,对雇佣者、指使者,一般应当以共同犯罪中的主犯论处。

为强索不受法律保护的债务或者因其他非法目的,雇佣、指使他人采用"软暴力"手段非法剥夺他人人身自由构成非法拘禁罪,或者非法侵入他人住宅、寻衅滋事,构成非法侵入住宅罪、寻衅滋事罪的,对雇佣者、指使者,一般应当以共同犯罪中的主犯论处;因本人及近亲属合法债务、婚恋、家庭、邻里纠纷等民间矛盾而雇佣、指使,没有造成严重后果的,一般不作为犯罪处理,但经有关部门批评制止或者处理处罚后仍继续实施的除外。

十二、本意见自2019年4月9日起施行。

最高人民法院、最高人民检察院、公安部、司法部关于跨省异地执行刑罚的黑恶势力罪犯坦白检举构成自首立功若干问题的意见

· 2019年10月21日

各省、自治区、直辖市高级人民法院、人民检察院、公安厅(局)、司法厅(局),新疆维吾尔自治区高级人民法院生产建设兵团分院、新疆生产建设兵团人民检察院、公安局、司法局、监狱管理局:

为认真贯彻落实中央开展扫黑除恶专项斗争的部署要求,根据刑法、刑事诉讼法和有关司法解释、规范性文件的规定,现对办理跨省异地执行刑罚的黑恶势力罪犯坦白交代本人犯罪和检举揭发他人犯罪案件提出如下意见:

一、总体工作要求

1. 人民法院、人民检察院、公安机关、监狱要充分认识黑恶势力犯罪的严重社会危害,在办理案件中加强沟通协调,促使黑恶势力罪犯坦白交代本人犯罪和检举揭发他人犯罪,进一步巩固和扩大扫黑除恶专项斗争成果。

2. 人民法院、人民检察院、公安机关、监狱在办理跨省异地执行刑罚的黑恶势力罪犯坦白、检举构成自首、立功案件中,应当贯彻宽严相济刑事政策,充分发挥职能作用,坚持依法办案,快办快结,保持密切配合,形成合力,实现政治效果、法律效果和社会效果的统一。

二、排查和移送案件线索

3. 监狱应当依法从严管理跨省异地执行刑罚的黑恶势力罪犯,积极开展黑恶势力犯罪线索排查,加大政策宣讲力度,教育引导罪犯坦白交代司法机关还未掌握的本人其他犯罪行为,鼓励罪犯检举揭发他人犯罪行为。

4. 跨省异地执行刑罚的黑恶势力罪犯检举揭发他人犯罪行为、提供重要线索,或者协助司法机关抓捕其他犯罪嫌疑人的,各部门在办案中应当采取必要措施,保护罪犯及其近亲属人身和财产安全。

5. 跨省异地执行刑罚的黑恶势力罪犯坦白、检举的,监狱应当就基本犯罪事实、涉案人员和作案时间、地点等情况对罪犯进行询问,形成书面材料后报省级监狱管理机关。省级监狱管理机关根据案件性质移送原办案侦查机关所在地省级公安机关、人民检察院或者其他省级主管部门。

6. 原办案侦查机关所在地省级公安机关、人民检察院收到监狱管理机关移送的案件线索材料后,应当进行初步审查。经审查认为属于公安机关或者人民检察院管辖的,应当按照有关管辖的规定处理。经审查认为不属于公安机关或者人民检察院管辖的,应当及时退回移送的省级监狱管理机关,并书面说明理由。

三、办理案件程序

7. 办案侦查机关收到罪犯坦白、检举案件线索或者材料后,应当及时进行核实。依法不予立案的,应当说明理由,并将不予立案通知书送达罪犯服刑监狱。依法决定立案的,应当在立案后十日内,将立案情况书面告知罪犯服刑监狱。依法

决定撤销案件的,应当将案件撤销情况书面告知罪犯服刑监狱。

8. 人民检察院审查起诉跨省异地执行刑罚的黑恶势力罪犯坦白、检举案件,依法决定不起诉的,应当在作出不起诉决定后十日内将有关情况书面告知罪犯服刑监狱。

9. 人民法院审理跨省异地执行刑罚的黑恶势力罪犯坦白案件,可以依法适用简易程序、速裁程序。有条件的地区,可以通过远程视频方式开庭审理。判决生效后十日内,人民法院应当向办案侦查机关和罪犯服刑监狱发出裁判文书。

10. 跨省异地执行刑罚的黑恶势力罪犯在服刑期间,检举揭发他人犯罪、提供重要线索,或者协助司法机关抓捕其他犯罪嫌疑人的,办案侦查机关应当在人民法院判决生效后十日内根据人民法院判决对罪犯是否构成立功或重大立功提出书面意见,与案件相关材料一并送交监狱。

11. 跨省异地执行刑罚的黑恶势力罪犯在原审判决生效前,检举揭发他人犯罪活动、提供重要线索,或者协助司法机关抓捕其他犯罪嫌疑人的,在原审判决生效后才被查证属实的,参照本意见第10条情形办理。

12. 跨省异地执行刑罚的黑恶势力罪犯检举揭发他人犯罪,构成立功或者重大立功的,监狱依法向人民法院提请减刑。对于检举他人犯罪行为基本属实,但未构成立功或者重大立功的,监狱可以根据有关规定给予日常考核奖励或者物质奖励。

13. 公安机关、人民检察院、人民法院认为需要提审跨省异地执行刑罚的黑恶势力罪犯的,提审人员应当持工作证等有效证件和县级以上公安机关、人民检察院、人民法院出具的介绍信等证明材料到罪犯服刑监狱进行提审。

14. 公安机关、人民检察院、人民法院认为需要将异地执行刑罚的黑恶势力罪犯跨省解回侦查、起诉、审判的,办案地省级公安机关、人民检察院、人民法院应当先将解回公函及相关材料送监狱所在地省级公安机关、人民检察院、人民法院审核。经审核确认无误的,监狱所在地省级公安机关、人民检察院、人民法院应当出具确认公函,与解回公函及材料一并转送监狱所在地省级监狱管理机关审批。监狱所在地省级监狱管理机关应当在收到上述材料后三日内作出是否批准的书面决定。批准将罪犯解回侦查、起诉、审判的,办案地公安机关、人民检察院、人民法院应当派员到监狱办理罪犯离监手续。案件办理结束后,除将罪犯依法执行死刑外,应当将罪犯押解回原服刑监狱继续服刑。

15. 本意见所称"办案侦查机关",是指依法对案件行使侦查权的公安机关、人民检察院。

最高人民法院、最高人民检察院、公安部、司法部关于依法严惩利用未成年人实施黑恶势力犯罪的意见

· 2020年3月23日
· 高检发〔2020〕4号

扫黑除恶专项斗争开展以来,各级人民法院、人民检察院、公安机关和司法行政机关坚决贯彻落实中央部署,严格依法办理涉黑涉恶案件,取得了显著成效。近期,不少地方在办理黑恶势力犯罪案件时,发现一些未成年人被胁迫、利诱参与、实施黑恶势力犯罪,严重损害了未成年人健康成长,严重危害社会和谐稳定。为保护未成年人合法权益,依法从严惩治胁迫、教唆、引诱、欺骗等利用未成年人实施黑恶势力犯罪的行为,根据有关法律规定,制定本意见。

一、突出打击重点,依法严惩利用未成年人实施黑恶势力犯罪的行为

(一)黑社会性质组织、恶势力犯罪集团、恶势力,实施下列行为之一的,应当认定为"利用未成年人实施黑恶势力犯罪":

1. 胁迫、教唆未成年人参加黑社会性质组织、恶势力犯罪集团、恶势力,或者实施黑恶势力违法犯罪活动的;

2. 拉拢、引诱、欺骗未成年人参加黑社会性质组织、恶势力犯罪集团、恶势力,或者实施黑恶势力违法犯罪活动的;

3. 招募、吸收、介绍未成年人参加黑社会性质组织、恶势力犯罪集团、恶势力,或者实施黑恶势力违法犯罪活动的;

4. 雇用未成年人实施黑恶势力违法犯罪活动的;

5.其他利用未成年人实施黑恶势力犯罪的情形。

黑社会性质组织、恶势力犯罪集团、恶势力，根据刑法和《最高人民法院、最高人民检察院、公安部、司法部关于办理黑恶势力犯罪案件若干问题的指导意见》《最高人民法院、最高人民检察院、公安部、司法部关于办理恶势力刑事案件若干问题的意见》等法律、司法解释性质文件的规定认定。

（二）利用未成年人实施黑恶势力犯罪，具有下列情形之一的，应当从重处罚：

1.组织、指挥未成年人实施故意杀人、故意伤害致人重伤或者死亡、强奸、绑架、抢劫等严重暴力犯罪的；

2.向未成年人传授实施黑恶势力犯罪的方法、技能、经验的；

3.利用未达到刑事责任年龄的未成年人实施黑恶势力犯罪的；

4.为逃避法律追究，让未成年人自首、做虚假供述顶罪的；

5.利用留守儿童、在校学生实施犯罪的；

6.利用多人或者多次利用未成年人实施犯罪的；

7.针对未成年人实施违法犯罪的；

8.对未成年人负有监护、教育、照料等特殊职责的人员利用未成年人实施黑恶势力违法犯罪活动的；

9.其他利用未成年人违法犯罪应当从重处罚的情形。

（三）黑社会性质组织、恶势力犯罪集团利用未成年人实施犯罪的，对犯罪集团首要分子，按照集团所犯的全部罪行，从重处罚。对犯罪集团的骨干成员，按照其组织、指挥的犯罪，从重处罚。

恶势力利用未成年人实施犯罪的，对起组织、策划、指挥作用的纠集者，恶势力共同犯罪中罪责严重的主犯，从重处罚。

黑社会性质组织、恶势力犯罪集团、恶势力成员直接利用未成年人实施黑恶势力犯罪的，从重处罚。

（四）有胁迫、教唆、引诱等利用未成年人参加黑社会性质组织、恶势力犯罪集团、恶势力，或者实施黑恶势力犯罪的行为，虽然未成年人并没有加入黑社会性质组织、恶势力犯罪集团、恶势力，或者没有实际参与实施黑恶势力违法犯罪活动，对黑社会性质组织、恶势力犯罪集团、恶势力的首要分子、骨干成员、纠集者、主犯和直接利用的成员，即便有自首、立功、坦白等从轻减轻情节的，一般也不予从轻或者减轻处罚。

（五）被黑社会性质组织、恶势力犯罪集团、恶势力利用，偶尔参与黑恶势力犯罪活动的未成年人，按其所实施的具体犯罪行为定性，一般不认定为黑恶势力犯罪组织成员。

二、严格依法办案，形成打击合力

（一）人民法院、人民检察院、公安机关和司法行政机关要加强协作配合，对利用未成年人实施黑恶势力犯罪的，在侦查、起诉、审判、执行各阶段，要全面体现依法从严惩处精神，及时查明利用未成年人的犯罪事实，避免纠缠细枝末节。要加强对下指导，对利用未成年人实施黑恶势力犯罪的重特大案件，可以单独或者联合挂牌督办。对于重大疑难复杂和社会影响较大的案件，办案部门应当及时层报上级人民法院、人民检察院、公安机关和司法行政机关。

（二）公安机关要注意发现涉黑涉恶案件中利用未成年人犯罪的线索，落实以审判为中心的刑事诉讼制度改革要求，强化程序意识和证据意识，依法收集、固定和运用证据，并可以就案件性质、收集证据和适用法律等听取人民检察院意见建议。从严掌握取保候审、监视居住的适用，对利用未成年人实施黑恶势力犯罪的首要分子、骨干成员、纠集者、主犯和直接利用的成员，应当依法提请人民检察院批准逮捕。

（三）人民检察院要加强对利用未成年人实施黑恶势力犯罪案件的立案监督，发现应当立案而不立案的，应当要求公安机关说明理由，认为理由不能成立的，应当依法通知公安机关立案。对于利用未成年人实施黑恶势力犯罪的案件，人民检察院可以对案件性质、收集证据和适用法律等提出意见建议。对于符合逮捕条件的依法坚决批准逮捕，符合起诉条件的依法坚决起诉。不批准逮捕要求公安机关补充侦查、审查起诉阶段退回补充侦查的，应当分别制作详细的补充侦查提纲，写明需要补充侦查的事项、理由、侦查方向、需要补充收集的证据及其证明作用等，送交公安机关开展相关侦查补证活动。

（四）办理利用未成年人实施黑恶势力犯罪案件要将依法严惩与认罪认罚从宽有机结合起来。

对利用未成年人实施黑恶势力犯罪的,人民检察院要考虑其利用未成年人的情节,向人民法院提出从严处罚的量刑建议。对于虽然认罪,但利用未成年人实施黑恶势力犯罪,犯罪性质恶劣、犯罪手段残忍、严重损害未成年人身心健康,不足以从宽处罚的,在提出量刑建议时要依法从严从重。对被黑恶势力利用实施犯罪的未成年人,自愿如实认罪、真诚悔罪,愿意接受处罚的,应当依法提出从宽处理的量刑建议。

(五)人民法院要对利用未成年人实施黑恶势力犯罪案件及时审判,从严处罚。严格掌握缓刑、减刑、假释的适用,严格掌握暂予监外执行的适用条件。依法运用财产刑、资格刑,最大限度铲除黑恶势力"经济基础"。对于符合刑法第三十七条之一规定的,应当依法禁止其从事相关职业。

三、积极参与社会治理,实现标本兼治

(一)认真落实边打边治边建要求,积极参与社会治理。深挖黑恶势力犯罪分子利用未成年人实施犯罪的根源,剖析重点行业领域监管漏洞,及时预警预判,及时通报相关部门,提出加强监管和行政执法的建议,从源头遏制黑恶势力向未成年人群体侵蚀蔓延。对被黑恶势力利用尚未实施犯罪的未成年人,要配合有关部门及早发现、及时挽救。对实施黑恶势力犯罪但未达到刑事责任年龄的未成年人,要通过落实家庭监护、强化学校教育管理、送入专门学校矫治、开展社会化帮教等措施做好教育挽救和犯罪预防工作。

(二)加强各职能部门协调联动,有效预防未成年人被黑恶势力利用。建立与共青团、妇联、教育等部门的协作配合工作机制,开展针对未成年人监护人的家庭教育指导、针对教职工的法治教育培训,教育引导未成年人远离违法犯罪。推动建立未成年人涉黑涉恶预警机制,及时阻断未成年人与黑恶势力的联系,防止未成年人被黑恶势力诱导利用。推动网信部门开展专项治理,加强未成年人网络保护。加强与街道、社区等基层组织的联系,重视和发挥基层组织在预防未成年人涉黑涉恶犯罪中的重要作用,进一步推进社区矫正机构对未成年社区矫正对象采取有针对性的矫正措施。

(三)开展法治宣传教育,为严惩利用未成年人实施黑恶势力犯罪营造良好社会环境。充分发挥典型案例的宣示、警醒、引领、示范作用,通过以案释法,选择典型案件召开新闻发布会,向社会公布严惩利用未成年人实施黑恶势力犯罪的经验和做法,揭露利用未成年人实施黑恶势力犯罪的严重危害性。加强重点青少年群体的法治教育,在黑恶势力犯罪案件多发的地区、街道、社区等,强化未成年人对黑恶势力违法犯罪行为的认识,提高未成年人防范意识和法治观念,远离黑恶势力及其违法犯罪。

图书在版编目（CIP）数据

中华人民共和国公安注释法典 / 中国法制出版社编. —北京：中国法制出版社，2023.10
（注释法典）
ISBN 978-7-5216-3426-6

Ⅰ.①中… Ⅱ.①中… Ⅲ.①公安-法规-法律解释-中国 Ⅳ.①D922.145

中国国家版本馆 CIP 数据核字（2023）第 067884 号

责任编辑：王林林　　　　　　　　　　　　　　　封面设计：周黎明

中华人民共和国公安注释法典
ZHONGHUA RENMIN GONGHEGUO GONG'AN ZHUSHI FADIAN

经销/新华书店
印刷/三河市紫恒印装有限公司
开本/710 毫米×1000 毫米　16 开　　　印张/ 44.75　字数/ 1183 千
版次/2023 年 10 月第 1 版　　　　　　2023 年 10 月第 1 次印刷

中国法制出版社出版
书号 ISBN 978-7-5216-3426-6　　　　　　　　　　　定价：98.00 元

北京市西城区西便门西里甲 16 号西便门办公区
邮政编码：100053　　　　　　　　　　　　　传真：010-63141600
网址 http://www.zgfzs.com　　　　　　　　　编辑部电话：010-63141672
市场营销部电话：010-63141612　　　　　　　印务部电话：010-63141606

（如有印装质量问题，请与本社印务部联系。）